Conheça o
Saraiva Conecta

Uma plataforma que apoia o leitor em sua jornada de estudos e de atualização.

Estude *online* com conteúdos complementares ao livro e que ampliam a sua compreensão dos temas abordados nesta obra.

Tudo isso com a **qualidade Saraiva Educação** que você já conhece!

Veja como acessar

No seu computador
Acesse o *link*
https://somos.in/CCDPT6

No seu celular ou tablet
Abra a câmera do seu celular ou aplicativo específico e aponte para o *QR Code* disponível no livro.

Faça seu cadastro

1. Clique em **"Novo por aqui? Criar conta"**.

2. Preencha as informações – insira um *e-mail* que você costuma usar, ok?

3. Crie sua senha e clique no botão **"CRIAR CONTA"**.

Pronto! Agora é só aproveitar o conteúdo desta obra!*

Qualquer dúvida, entre em contato pelo *e-mail* **suportedigital@saraivaconecta.com.br**

Confira o material do professor
Cleucio Santos Nunes
para você:

https://somos.in/CCDPT6

* Sempre que quiser, acesse todos os conteúdos exclusivos pelo *link* ou pelo *QR Code* indicados. O seu acesso tem validade de 24 meses.

CLEUCIO SANTOS NUNES

CURSO COMPLETO DE
DIREITO PROCESSUAL TRIBUTÁRIO

6ª edição
2024

Av. Paulista, 901, Edifício CYK, 4º andar
Bela Vista – São Paulo – SP – CEP 01310-100

SAC | sac.sets@saraivaeducacao.com.br

Diretoria executiva	Flávia Alves Bravin
Diretoria editorial	Ana Paula Santos Matos
Gerência de produção e projetos	Fernando Penteado
Gerência de conteúdo e aquisições	Thais Cassoli Reato Cézar
Gerência editorial	Livia Céspedes
Novos projetos	Aline Darcy Flôr de Souza
	Dalila Costa de Oliveira
Edição	Iris Ferrão
Design e produção	Jeferson Costa da Silva (coord.)
	Karina Lourenço Kempter
	Guilherme Salvador
	Lais Soriano
	Rosana Peroni Fazolari
	Tiago Dela Rosa
	Verônica Pivisan
Planejamento e projetos	Cintia Aparecida dos Santos
	Daniela Maria Chaves Carvalho
	Emily Larissa Ferreira da Silva
	Kelli Priscila Pinto
Diagramação	Luciano Assis
Revisão	Magda Carlos
Capa	Tiago Dela Rosa
Produção gráfica	Marli Rampim
	Sergio Luiz Pereira Lopes
Impressão e acabamento	BMF Gráfica e Editora

DADOS INTERNACIONAIS DE CATALOGAÇÃO NA PUBLICAÇÃO (CIP)
VAGNER RODOLFO DA SILVA – CRB-8/9410

N972C   Nunes, Cleucio Santos
Curso Completo de Direito Processual Tributário/
Cleucio Santos Nunes. – 6. ed. – São Paulo: Saraiva
Jur, 2024.
912 p.
ISBN: 978-85-5362-148-4 (impresso)
1. Direito. 2. Direito Processual Tributário. I.
Título.

2023-3140
CDD 347.9:336.2
CDU 343.8104

Índices para catálogo sistemático:
1. Direito Processual Tributário   347.9:336.2
2. Direito Processual Tributário   343.8104

Data de fechamento da edição: 18-01-2024

Dúvidas? Acesse www.saraivaeducacao.com.br

Nenhuma parte desta publicação poderá ser reproduzida por qualquer meio ou forma sem a prévia autorização da Saraiva Educação. A violação dos direitos autorais é crime estabelecido na Lei n. 9.610/98 e punido pelo art. 184 do Código Penal.

CÓD. OBRA   17189   CL   608729   CAE   847530

Para Margaret, minha mulher,
professora competente, advogada brilhante
e companheira, com todo o meu amor.

Ao Caetano, a quem admiro por tanta sensibilidade,
inteligência e cultura, com o amor do seu pai.

Aos meus alunos de ontem e de hoje, que me estimulam
a não perder nunca a vontade de aprender.

Nota à sexta edição

Apresentamos ao público a 6ª edição deste Curso Completo de Direito Processual Tributário. O presente livro tem se mostrado um forte aliado nos estudos e análises sobre o processo tributário. Desde sua primeira edição, a obra procurou se aprofundar nos diversos assuntos do processo tributário, visando oferecer ao leitor não exatamente um manual de estudos práticos, mas, sobretudo, um livro que se aprofunda nos conceitos, na história, nos princípios e nas normas do processo aplicáveis à área tributária.

Essa estratégia de abordagem fez deste curso um livro indispensável para quem deseja entender como inicia e termina um procedimento de cobrança dos tributos, os meios de defesa do contribuinte, tanto no âmbito administrativo quanto no judicial, e a relação desses processos com os seus fundamentos teóricos.

Por essa razão, o curso tem sido utilizado por pesquisadores e profissionais que necessitam de uma visão panorâmica e ao mesmo tempo aprofundada do processo tributário.

Além dessas qualidades, a obra lembra daquele que está iniciando na área. Por isso, sua sistematização e linguagem pretendem facilitar o acesso dos estudantes e candidatos aos exames da OAB, aos concursos na área tributária, reunindo um bom número de jurisprudência sobre quase todos os temas controvertidos.

Em sua 6ª edição, essas qualidades são mantidas e acrescenta ou atualiza os mais novos assuntos do processo tributário, tais como a transação tributária, as controvérsias em torno do voto de qualidade no Carf, o alcance da coisa julgada nas ações judiciais de trato continuativo, o que foi objeto dos temas 881 e 885 do Supremo Tribunal Federal. Outra novidade para esta 6ª edição é a indicação das diversas propostas de alteração do Processo Tributário que se encontram em tramitação no Congresso Nacional. Aproveitamos para também, na medida do possível, atualizar as diversas normas complementares do procedimento de constituição do crédito tributário.

Acreditamos que o livro vem se consolidando como uma das poucas obras completas sobre este tema tão importante e a cada edição procura atender os leitores nas suas diversas expectativas.

Desejamos uma boa leitura a todas as pessoas e nos colocamos à disposição para eventuais trocas de conhecimento, sempre visando o aperfeiçoamento da obra.

Nota à quinta edição

Trazemos ao público a 5ª edição deste *Curso Completo de Direito Processual Tributário* com atualizações relevantes.

Nesta edição, incluímos no Capítulo 4 comentários ao "Contencioso Tributário de Pequeno Valor", criado pela Lei n. 13.988, de 2020, referente ao Processo Administrativo Federal.

A propósito dessa lei, na edição anterior analisamos a chamada "Transação Tributária Federal" à luz da MP n. 899, de 2019. Depois que o livro estava circulando, a MP foi convertida em lei, razão pela qual, nesta 5ª edição, comentamos o procedimento de transação com as alterações feitas pela Lei de Conversão. Dentre as mudanças, foi extinto o voto de qualidade no contencioso administrativo federal nos casos de determinação ou exigência do crédito tributário. Essa matéria está em apreciação no Supremo Tribunal Federal, o que poderá ainda suscitar alterações. Nesta edição, aproveitamos para comentar o entendimento que está prevalecendo até o momento.

No Capítulo 5, a presente edição traz também a orientação do Supremo Tribunal Federal sobre a averbação e a indisponibilidade de bens inscritos na Dívida Ativa da União.

No caso do processo judicial, comentamos a decisão, também do Supremo Tribunal Federal, referente à proibição da concessão de liminar em Mandado de Segurança, envolvendo, dentre outras hipóteses, matéria tributária. Desde a primeira edição deste *Curso*, criticamos as vedações previstas na Lei do Mandado de Segurança sobre esse assunto e, finalmente, a Suprema Corte pacificou a questão, o que mereceu nosso comentário no Capítulo 8, na subseção referente à liminar em Mandado de Segurança.

Além desses pontos, atualizamos a obra fazendo referência à legislação mais atual em matéria de procedimentos tributários federais, o que permite um estudo aprofundado dos temas e um ótimo auxílio para os profissionais da área.

Desejo, assim, uma boa leitura.

Nota à quarta edição

Este *Curso Completo de Direito Processual Tributário* tem se mostrado um livro ideal para estudantes e professores acompanharem suas aulas de Direito Tributário. Além disso, temos recebido relatos de que é uma boa ferramenta ao exame da OAB em Direito Tributário, aos profissionais e às pesquisas mais avançadas.

O livro chega à sua 4ª edição investindo na área da pesquisa, com novas reflexões sobre os rumos que o Sistema Processual Tributário poderá seguir. Nas edições anteriores demonstramos pontos de estrangulamento do sistema, especialmente o grande número de Execuções Fiscais tramitando no Poder Judiciário sem expectativa de solução. Por outro lado, não se pode ignorar a elevada quantidade de processos tributários em curso nos órgãos fazendários e nos tribunais administrativos tributários. Acrescentem-se nessa conta os processos inscritos em dívida ativa, mas não executados, e as cobranças fiscais em aberto, isto é, tributos lançados, mas não pagos e nem impugnados.

Em 2019 o montante de débitos inscritos na dívida alcançou impressionantes R$ 2,1 trilhões. Esse valor é mais da metade do orçamento da União para o mesmo exercício, com receitas estimadas em R$ 3,3 trilhões, lembrando que nesta última cifra ingressam todas as receitas, inclusive as de natureza não fiscal.

Os números em questão exigem medidas corretivas urgentes. Se, por um lado, é importante aprovar-se uma reforma tributária que simplifique o regime tributário, por outro, sem alterações no respectivo sistema processual, corre-se o risco de as reformas não serem efetivas.

Nesta edição reforçamos, no Capítulo 9, os fundamentos de uma reforma processual tributária que fortaleça o processo administrativo, garantindo que suas decisões sejam definitivas. Para tanto, são necessárias alterações constitucionais que permitam ao contribuinte optar pelo processo administrativo ciente de que, com essa opção, não poderá rediscutir a matéria no Poder Judiciário, salvo no caso de algumas questões específicas.

Incluímos também uma subseção com comentários sobre a possível regulamentação da arbitragem tributária no Brasil, tema que tem ganhado atenção entre os especialistas e já conta com duas propostas legislativas de regulamentação. Para tornar o livro sempre atual, acrescentamos breves comentários à recente Medida Provisória n. 899, de 16 de outubro de 2019, que pretende regulamentar a transação referente aos tributos federais. Lembramos que, por se tratar de Medida Provisória, o texto poderá passar por alterações no Congresso Nacional ou até ser rejeitado, razão pela qual nossa análise se atém tão somente ao texto da Medida, não se aplicando, obviamente, a eventuais alterações realizadas na lei de conversão.

Desejamos a todos uma proveitosa leitura.

Cleucio Santos Nunes

Nota à terceira edição

Caro leitor, nesta edição do *Curso completo de direito processual tributário*, ampliamos a obra para analisar alguns pontos que ganharam repercussão entre uma e outra edição. O primeiro deles é o debate sobre o voto de qualidade nas decisões do CARF. Apresentamos nossos argumentos enfatizando a inconveniência de se criar regime de voto de desempate em órgãos de composição paritária, especialmente quando se concede ao agente competente a prerrogativa de decidir duas vezes sobre o mesmo assunto. O segundo tema relevante que destacamos é o exame do que se pode considerar "O Novo Processo Tributário Federal", que permite a indisponibilidade de bens do devedor inscrito na dívida ativa e cria procedimentos específicos para o ajuizamento de Execuções Fiscais seletivas. As normas em torno deste assunto são dotadas de pontos polêmicos e que colocam em dúvida sua constitucionalidade e legalidade. Embora seja impossível esgotar em um só livro todos os assuntos de uma determinada disciplina jurídica, os acréscimos em questão visaram tornar a obra sempre atual e mais completa, como sugere o seu título. Boa leitura.

Brasília, agosto de 2018.

Cleucio Santos Nunes

Nota à segunda edição

Apresentamos aos leitores a segunda edição deste *Curso completo de direito processual tributário*, revista, ampliada, atualizada ao CPC de 2015 e ao atual Regimento Interno do Conselho Administrativo de Recursos Fiscais Federais (RICARF). O *Curso* é um livro completo, que trata dos dois grandes blocos dos processos que envolvem os contribuintes e a Fazenda Pública, ou seja, os processos administrativo e judicial em matéria tributária.

O processo administrativo pode ser subdivido em "procedimentos não contenciosos" e "processos contenciosos". O processo judicial, por sua vez, desdobra-se em ações judiciais requeridas pela Fazenda Pública e as de iniciativa dos contribuintes.

Para analisar um instituto jurídico de maneira didática, conforme exige a ideia de um livro na forma de "curso de direito", é fundamental que se determine um ponto de partida do qual os demais elementos vão se desdobrando até formar o todo que constitui o objeto da análise. No caso do processo tributário, esse ponto de partida é a obrigação tributária principal, que consiste no dever de pagar o tributo. No Brasil, e em boa parte dos países, para se exigir o pagamento de um tributo é necessário que se estabeleçam procedimentos regulados em lei. Isso se deve em grande parte à ideia de que, nos regimes democráticos, para que se possa privar alguém de seus bens ou de sua liberdade, é necessário desenvolver-se um "devido processo legal". Observe-se que, por mais justificado que seja o dever de pagar tributos de um ponto de vista moral, quando o Poder Público exige o pagamento de um tributo, está-se diante de uma possibilidade de restrição à liberdade e à propriedade dos particulares. Em razão das restrições sobre os mencionados direitos fundamentais, faz-se necessário garantir ao contribuinte o contraditório e a ampla defesa, como pressupostos de validade de um processo equilibrado e justo.

A locução "processo tributário", portanto, é um gênero que agrega os dois tipos de processo mencionados no início, isto é, os processos administrativo e judicial tributário. Com relação ao "processo administrativo", que se desenvolve no âmbito da administração pública, tão logo nasça a obrigação tributária principal com a ocorrência do fato gerador, a Fazenda se torna juridicamente apta a iniciar um procedimento de apuração do valor que o contribuinte deverá pagar a título de tributo. É possível também que a lei determine que caberá ao próprio sujeito passivo (contribuinte) o dever de apurar o quanto de tributo deverá ser pago. No direito brasileiro, recebem o nome de "lançamento tributário" esses procedimentos destinados a formalizar uma pretensão que, de um modo geral, estabelece o montante de tributo devido.

Assim, em um primeiro momento, o crédito tributário necessita ser apurado para que se mostre materialmente uma pretensão tributária, isto é, um ato resultante de um procedimento anterior que seja suficiente para viabilizar o cumprimento da obrigação (lançamento tributário). Depois que essa pretensão é formalizada, o contribuinte deve ser cientificado para pagar o crédito. Considerando as complexidades do sistema legal tributário, diversas interpretações sobre a legislação tributária poderão ser desenvolvidas, exigindo-se a certeza de que os valores apresentados na notificação de lançamento são efetivamente certos e devidos. Dessa variedade de interpretações nasce o direito de o contribuinte contestar o lançamento, desenvolvendo-se uma nova fase em que o contraditório e a ampla defesa são fundamentais para que se chegue a uma conclusão se o crédito tributário é ou não devido. Se a decisão administrativa concluir que o crédito deve ser pago e se o contribuinte não pagar o tributo no prazo determinado, a Fazenda deverá cobrar a dívida perante o Poder Judiciário, dando ensejo a um processo judicial. O contribuinte, por sua vez, poderá tomar a iniciativa de, mesmo antes de se iniciar o lançamento, demandar a justiça para que seja afastada a exigibilidade da obrigação tributária, instaurando-se também, dessa forma, um processo judicial tributário. No nosso sistema processual, mesmo depois de confirmado o crédito tributário por decisão administrativa de segunda instância, o contribuinte tem o direito de pedir a revisão da decisão administrativa perante o Poder Judiciário quando não concordar com o seu resultado, gerando, novamente, um processo judicial tributário.

Em alguns casos, o contribuinte pode ter pago o crédito tributário e, posteriormente, se convence de que o valor não era devido, nascendo o direito de requerer a restituição dos valores adimplidos indevidamente, o que poderá ser exercido na própria administração tributária ou em juízo.

Nota à segunda edição

É sempre importante lembrar que o tempo é peça-chave do direito e, se os direitos não forem exercidos nos prazos legalmente estipulados, o próprio sistema jurídico impede que esses direitos sejam constituídos ou reivindicados a qualquer momento, ao que se dá o nome de decadência e prescrição.

Este livro, em síntese, visa organizar de forma didática, em nove capítulos, esses e outros pontos que compõem uma complexa teia de institutos e regras jurídicas que formam a matéria Direito Processual Tributário.

O Capítulo 1 se dedica a apresentar os fundamentos do processo tributário, dando ênfase à distinção conceitual entre "procedimento" e "processo". Conforme será explicado, ambos os termos não se confundem e o domínio de suas respectivas definições é essencial para a compreensão do processo tributário em sua totalidade, especialmente sobre os limites do poder da administração tributária e os direitos do contribuinte. O capítulo finaliza justificando que a locução "processo tributário" é um gênero do qual decorrem as espécies "processo administrativo" e "processo judicial tributário". Nesse capítulo apresentamos também uma subdivisão didática que facilita a compreensão de seus principais conceitos, formas e características práticas.

No Capítulo 2 são organizados e expostos os princípios que influenciam de uma forma preponderante o processo tributário em sua acepção ampla, envolvendo as esferas administrativa e judicial. Os princípios em questão são antigos conhecidos do direito constitucional e da teoria geral do processo. Assim, o objetivo do capítulo é explicar seus respectivos conteúdos normativos e como devem ser aplicados no processo tributário.

Para o Capítulo 3 reservamos o estudo dos procedimentos administrativos tributários em uma fase que não se considera contenciosa, uma vez que não são assegurados ao contribuinte o contraditório e a ampla defesa, exatamente porque não se formalizou ainda uma pretensão administrativa, suficiente para limitar direitos do contribuinte. Dividimos os procedimentos administrativos tributários em dois grandes grupos. Primeiramente, os procedimentos de iniciativa do Fisco, consistente nos lançamentos de ofício e nas fiscalizações. Em segundo lugar, os procedimentos de iniciativa do sujeito passivo, em que são reivindicados direitos que dependem do pronunciamento oficial da Fazenda para que possam ser usufruídos, como é o caso dos pedidos de restituição de tributos, compensação e parcelamentos.

O Capítulo 4 examina a fase litigiosa do processo tributário, em que devem ser assegurados pela autoridade administrativa o contraditório e a

XVII

ampla defesa, além de outras garantias e princípios processuais. Em razão das finalidades didáticas do livro, escolhemos como objeto da análise o processo administrativo tributário federal, uma vez que seria quase impossível discorrer sobre o processo administrativo tributário de todas as unidades da federação. Além disso, o processo administrativo federal possui um rito bem organizado, que permite ser estudado como uma referência a ser seguida por outros processos administrativos fazendários. Foram analisados, portanto, o desenvolvimento do processo na primeira instância e, especialmente, os recursos interpostos ao CARF, órgão de segunda instância administrativa responsável pela solução dos recursos apresentados pelos contribuintes ou pela Fazenda.

O Capítulo 5 analisa o instituto da dívida ativa e seus desdobramentos, em especial a preparação ao processo de execução fiscal, que depende da expedição de um título executivo, que é a Certidão de Dívida Ativa (CDA). Nesse capítulo expusemos implicações sobre a validade da CDA, a possibilidade do seu protesto extrajudicial, a dispensa da inscrição em alguns casos e as consequências comerciais e sociais decorrentes da dívida ativa.

Do Capítulo 6 até o 8 o livro trata do processo judicial tributário, iniciando com uma visão geral sobre institutos do processo civil e sua aplicação às lides tributárias. A abordagem se funda no CPC de 2015, mas, quando se mostrou conveniente, fizemos as devidas comparações entre as regras do CPC de 1973 e as atuais. O Capítulo 6 analisa também um tema seminal às discussões tributárias, que são as tutelas provisórias de urgência, especialmente quando se trata dos institutos da restituição e da compensação. Ao longo da última década, construiu-se uma miríade de leis e entendimentos jurisprudenciais que praticamente impediram o deferimento de tutelas liminares para a compensação e restituição de tributos. Apresentamos fundamentos para uma revisão jurisprudencial em torno do assunto, notadamente em função da tutela provisória de evidência, que poderá ser deferida liminarmente quando estiver o pleito da parte fundado em tese repetitiva ou em súmula vinculante. Sustentamos o argumento de que, se o crédito alegado pelo contribuinte estiver documentalmente comprovado e baseado em tese repetitiva, ou em súmula vinculante, a tutela de evidência deverá ser concedida tanto para restituir quanto para compensar tributos. Assim, ao que tudo indica, o CPC de 2015 permite que se lancem novas luzes sobre a jurisprudência dominante, de modo a

Nota à segunda edição

viabilizar o deferimento de tutela de evidência autorizativa da restituição ou compensação tributárias. Outras questões são também analisadas nesse capítulo, em especial a demonstração de como uma petição do processo tributário deve ser elaborada, levando em consideração as peculiaridades desse tipo de lide.

No Capítulo 7 discorremos sobre as ações judiciais de iniciativa da Fazenda Pública, que são: a medida cautelar fiscal e a execução fiscal. Esta última medida é a que exige análise mais minuciosa, especialmente em relação à garantia do juízo, a possibilidade de redirecionamento da execução à pessoa física dos sócios gerentes e os meios de defesa do executado. A jurisprudência sobre esses itens é muito complexa e variada, razão pela qual tivemos a preocupação de selecionar para a análise os principais e mais atuais julgados sobre o assunto.

Por sua vez, o Capítulo 8 trata das demandas judiciais que podem ser intentadas pelos contribuintes, iniciando pelo mandado de segurança em matéria tributária, a ação declaratória, as diversas aplicações da ação anulatória, a repetição de indébito, as medidas judiciais para a compensação tributária e a ação de consignação em pagamento. Para cada uma dessas medidas procuramos analisar os ensinamentos de doutrina e a jurisprudência dominante sobre os seus respectivos cabimentos nas lides tributárias, com destaque às tutelas de urgência. Na mesma linha, para todas as medidas dedicamos subseções demonstrando didaticamente como poderá ser elaborada a peça judicial e as principais fases do seu rito processual.

No último Capítulo, tomamos a iniciativa de apresentar algumas propostas fundamentais de modernização do processo tributário brasileiro, visando sua melhor eficiência e efetividade. As propostas podem ser sintetizadas na ideia de que, da forma como se encontra, o processo administrativo tributário é pouco eficiente na medida em que as decisões proferidas pelas Fazendas Públicas são "provisórias", porque poderão ser revistas pelo Poder Judiciário. A principal proposta prevê a alteração da Constituição Federal para permitir que as decisões administrativas sejam definitivas aos contribuintes que optarem pelo processo administrativo tributário. Desse modo, não poderá ser requerida a anulação da decisão administrativa quando o processo for resolvido em uma segunda instância colegiada. Para que os contribuintes se sintam seguros em confiar na definitividade das decisões administrativas, a estrutura dos órgãos decisórios necessita ser profundamente alterada. Propomos, portanto, que os tribunais administrativos tributários de segunda instância deverão ser compostos por julgadores de carreira, admitidos por concurso público, devendo-se assegurar aos membros desses colegiados as mesmas garantias e deveres constitucionais da magistratura. Apesar de parecer um modelo custoso para o Estado, os ganhos de eficiência processual serão significativos, na medida em que os contribuintes passarão a confiar mais nas decisões administrativas e o conteúdo jurídico dos julgados não poderá ser revisto no Poder Judiciário. Dessa forma, é intuitivo que os juízes serão desonerados de boa parte das demandas fiscais, podendo se dedicar melhor a outros tipos de controvérsias.

O modelo de tribunais administrativos que propomos deve ser orientado pelo princípio da economicidade, não devendo se deixar levar pela criação de uma estrutura orgânica cara, corporativista e burocrática, razão pela qual, na União e nos Estados, os subsídios de seus membros deverão ter como limite os valores recebidos pelos procuradores fazendários das respectivas fazendas. Além disso, propomos: a) uma adequada regulamentação às transações e conciliações no processo administrativo; b) a possibilidade do cumprimento em juízo da "decisão administrativa definitiva", sem a instauração do processo de execução fiscal, tal qual atualmente está previsto no CPC para a sentença arbitral; c) a criação de tribunais administrativos nos Estados com competência para decidir os processos estaduais e municipais; d) a alienação da dívida ativa e outras medidas.

O presente *Curso completo de direito processual tributário*, em sua segunda edição revista e ampliada, é preferencialmente indicado a estudantes de graduação e pós-graduação em direito. Pode ser dirigido também aos profissionais da área já familiarizados com os temas abordados, entre os quais, advogados, procuradores fazendários, juízes e auditores fiscais. A todos desejamos uma boa leitura, salientando que eventuais críticas serão sempre analisadas e consideradas muito bem-vindas para o aperfeiçoamento da obra.

Brasília, agosto de 2017.

Cleucio Santos Nunes

Abreviaturas

ADC   Ação Declaratória de Constitucionalidade

ADCT   Ato das Disposições Constitucionais Transitórias

ADE   Ato Declaratório Executivo

ADI   Ação Direta de Inconstitucionalidade

AFRF   Auditores Fiscais da Receita Federal

AGU   Advocacia-Geral da União

AI   Auto de Infração

ANAC   Agência Nacional de Aviação Civil

AR   Aviso de Recebimento

CADIN   Cadastro Informativo de Créditos não Quitados com o Setor Público Federal

CARF   Conselho Administrativo de Recursos Fiscais

CDA   Certidão de Dívida Ativa

CDC   Código de Defesa do Consumidor

CGBT   Central Geral dos Trabalhadores do Brasil

CGSN   Comitê Gestor do Simples Nacional

CNC   Confederação Nacional do Comércio

CND   Certidão Negativa de Débito

CNI   Confederação Nacional da Indústria

CNPJ   Cadastro Nacional de Pessoas Jurídicas

CNS   Confederação Nacional de Serviços

CNT   Confederação Nacional dos Transportes

COFINS   Contribuição para o Financiamento da Seguridade Social

COSIT/SRF   Coordenação-Geral de Tributação da Receita Federal do Brasil

CPC	Código de Processo Civil
CPEN	Certidão Positiva com Efeito de Negativa
CPF	Cadastro de Pessoas Físicas
CPMF	Contribuição Provisória sobre Movimentação ou Transmissão de Valores e de Créditos e Direitos de Natureza Financeira
CPP	Contribuição Patronal Previdenciária
CPPT	Código de Procedimento e de Processo Tributário de Portugal
CRA	Cota de Reserva Ambiental
CSLL	Contribuição Social sobre o Lucro Líquido
CSRF	Câmara Superior de Recursos Fiscais do CARF
CTN	Código Tributário Nacional
CTPV	Contencioso Tributário de Pequeno Valor
CUT	Central Única dos Trabalhadores
CVM	Comissão de Valores Mobiliários
DAA	Declaração Anual de Ajustes
DARF	Documento de Arrecadação de Receitas Federais
DASN-SIMEI	Declaração Anual do Simples Nacional
DAU	Dívida Ativa da União
DCTF	Declaração de Débitos e Créditos Tributários Federais
DEFIS	Declaração de Informações Socioeconômicas e Fiscais
DIRF	Declaração de Imposto de Renda de Pessoa Física
DISIT/SRF	Divisão de Tributação das Superintendências Regionais da Receita Federal do Brasil
DL	Decreto Legislativo Itália
DOU	Diário Oficial da União
DRF	Delegacia da Receita Federal
DRJ	Delegacia da Receita Federal de Julgamento
DRPJ	Declaração de Rendimento de Pessoa Jurídica

Abreviaturas

DTE	Domicílio Tributário Eletrônico
E-CAC	Centro Virtual de Atendimento ao Contribuinte
EPP	Empresa de Pequeno Porte
FGTS	Fundo de Garantia por Tempo de Serviço
GFIP	Guia de Recolhimento do Fundo de Garantia por Tempo de Serviço e Informações à Previdência Social
GIA/ICMS	Guia de Informação e Apuração de ICMS
ICMS	Imposto sobre Operações Relativas à Circulação de Mercadorias e sobre Prestações de Serviços de Transporte Interestadual e Intermunicipal e de Comunicação
ICP-Brasil	Infraestrutura de Chaves Públicas Brasileira
IE	Imposto de Exportação
II	Imposto de Importação
IN	Instrução Normativa
IN/RFB	Instrução Normativa da Receita Federal do Brasil
IOF	Imposto sobre Operações Financeiras
IPI	Imposto sobre Produtos Industrializados
IPTU	Imposto sobre a Propriedade Territorial e Predial Urbana
IPVA	Imposto sobre Veículos Automotores
IR	Imposto sobre a Renda
IRPJ	Imposto sobre a Renda da Pessoa Jurídica
IRRF	Imposto de Renda Retido na Fonte
ISS	Imposto sobre Serviços de Qualquer Natureza
ITBI	Imposto sobre a Transmissão de Bens Imóveis *Intervivos*
ITR	Imposto sobre a Propriedade Territorial Rural
LEF	Lei de Execução Fiscal
LGT	*Ley General Tributaria de la España*
LJFP	Lei do Juizado Especial da Fazenda Pública
LMCF	Lei da Medida Cautelar Fiscal

LMS	Lei do Mandado de Segurança – Lei n. 12.016, de 2009
LPF	*Livre des Procédures Fiscales du France*
LSN	Lei do Simples Nacional
ME	Microempresas
MEI	Microempreendedor Individual
MP	Medida Provisória
MPF	Mandado de Procedimento Fiscal
NFLD	Notificação Fiscal de Lançamento de Débito
NL	Notificação de Lançamento
OAB	Ordem dos Advogados do Brasil
OJ	Orientação Jurisprudencial da Justiça do Trabalho
PAF	Processo Administrativo Tributário Federal
PAF-SN	Processo Administrativo Fiscal do Simples Nacional
PASEP	Programa de Formação do Patrimônio do Servidor Público
PER/DCOMP	Pedido de Restituição, Ressarcimento ou Reembolso e Declaração de Compensação
PFN	Procuradoria da Fazenda Nacional
PGDAS-D	Programa Gerador do Documento de Arrecadação do Simples Nacional – Declaratório
PGFN	Procuradoria-Geral da Fazenda Nacional
PIS	Programa de Integração Social
PL	Projeto de Lei
PLC	Projeto de Lei Complementar
PRDI	Pedido de Revisão de Dívida Inscrita
RE	Recurso Extraordinário
RFB	Receita Federal do Brasil
RI/STF	Regimento Interno do Supremo Tribunal Federal
RI/STJ	Regimento Interno do Superior Tribunal de Justiça
RICARF	Regimento Interno do Conselho Administrativo de Recursos Fiscais

Abreviaturas

RPV	Requisição de Pequeno Valor
SEFAZ	Secretarias de Fazenda dos Estados
SFR	Secretaria da Receita Federal do Brasil
SIMEI	Sistema de Recolhimento de Valores Fixos Mensais dos Tributos Abrangidos pelo Simples Nacional
SIMPLES NACIONAL	Regime Especial Unificado de Arrecadação de Tributos e Contribuições devidos pelas Microempresas e Empresas de Pequeno Porte
SLAT	Pedido de Suspensão de Liminar ou Antecipação de Tutela
SM	Salários Mínimos
STF	Supremo Tribunal Federal
STJ	Superior Tribunal de Justiça
STM	Superior Tribunal Militar
Taxa SELIC	Taxa Referencial do Sistema Especial de Liquidação e de Custódia
TDPF-D	Termo de Distribuição de Procedimento Fiscal de Diligência
TDPF-E	Termo de Distribuição de Procedimento Fiscal Especial
TDPF-F	Termo de Distribuição de Procedimento Fiscal de Fiscalização
TFR	Tribunal Federal de Recursos
TIT	Tribunal de Impostos e Taxas
TJ	Tribunal de Justiça
TRF	Tribunal Regional Federal
TSE	Tribunal Superior Eleitoral
TST	Tribunal Superior do Trabalho
UFESP	Unidades Fiscais do Estado de São Paulo
UFIR	Unidade de Referência Fiscal
UGT	União Geral dos Trabalhadores

Sumário

Nota à sexta edição. VII

Nota à quinta edição. IX

Nota à quarta edição XI

Nota à terceira edição. XIII

Nota à segunda edição XV

Abreviaturas. XXI

CAPÍTULO **1**

Introdução ao processo tributário

1.1 Processualização dos poderes do Estado.   1

    1.1.1 Fundamentos da processualidade.   1

    1.1.2 Conceito de processualização.   5

1.2 Da processualização.   9

    1.2.1 História da processualização   9

    1.2.2 Processualização como conquista do Estado moderno . . . 15

1.3 A necessária distinção entre procedimento e processo 20

    1.3.1 Identificação do procedimento e do processo. 25

        1.3.1.1 Procedimento em razão do Estado democrático
            de direito 28

        1.3.1.2 Procedimento para legitimar o exercício do poder 30

        1.3.1.3 Procedimento para conceder transparência ao
            ato do Poder Público 30

XXVII

CURSO COMPLETO DE DIREITO PROCESSUAL TRIBUTÁRIO

	1.3.1.4	Procedimento para o controle da vontade do Estado e do exercício do poder	31
	1.3.1.5	Procedimento para formalizar uma pretensão. .	32
	1.3.2	Conceito de procedimento e de processo	33
1.4	Sentidos jurídicos da locução "processo tributário"		35
1.5	Distinções entre procedimento e processo administrativo em matéria tributária.		37
1.6	Tipos de procedimentos administrativos tributários e o processo administrativo tributário		39
1.7	O processo tributário.		40

CAPÍTULO **2**

Princípios e garantias do direito processual tributário

2.1	Evolução do conceito de princípio		43
	2.1.1	Princípio como norma jurídica	45
	2.1.2	A passagem dos princípios como norma de comportamento para a condição de normas jurídicas	47
	2.1.3	Identificação dos princípios jurídicos.	49
2.2	Conteúdo jurídico dos vocábulos "princípio" e "regra"		50
2.3	Conteúdo jurídico do vocábulo "garantia"		51
2.4	Instrumentos gerais de ponderação.		53
	2.4.1	O instrumento da proporcionalidade	55
	2.4.2	O instrumento da razoabilidade.	57
2.5	Sistematização dos princípios e das garantias constitucionais do procedimento e do processo tributário		58

Sumário

2.6	Princípios exclusivos dos procedimentos administrativos	63
	2.6.1 Princípio da inquisitoriedade	63
	2.6.2 Princípio da cientificação	68
2.7	Princípios comuns aos procedimentos e aos processos administrativo e judicial	70
	2.7.1 Princípio do devido processo legal	71
	2.7.2 Princípio da oficialidade	77
	2.7.3 Princípio do formalismo moderado	78
	2.7.4 Princípio da verdade material	81
2.8	Princípios exclusivos do processo judicial	83
	2.8.1 Princípio do acesso à jurisdição	83
	2.8.2 Princípio dispositivo	89
2.9	Garantias exclusivas do processo contencioso: administrativo ou judicial	93
	2.9.1 Garantia do contraditório	93
	2.9.2 Garantia da ampla defesa	97
	2.9.2.1 Garantia da ampla defesa e o direito à alegação	98
	2.9.2.2 Garantia da ampla defesa e o direito à prova	99
	2.9.2.3 Garantia da ampla defesa e o direito de recorrer	104
2.10	Garantias comuns aos procedimentos e ao processo tributário contencioso	108
	2.10.1 Direito de petição	108
	2.10.2 Garantia do dever de fundamentação das decisões	112
	2.10.3 Garantia da publicidade	116
	2.10.4 Garantia da acessibilidade	121
	2.10.5 Garantia de duração razoável do processo	121

XXIX

2.11 Garantia exclusiva dos procedimentos e do processo administrativo contencioso: gratuidade 123

CAPÍTULO **3**

Procedimentos administrativos tributários

3.1 Procedimentos administrativos de exigência do crédito tributário 127

    3.1.1 Lançamento tributário como procedimento ou ato administrativo 131

    3.1.2 Modalidades de lançamento tributário 133

        3.1.2.1 Lançamento por declaração ou misto 133

        3.1.2.2 Lançamento por homologação 135

        3.1.2.3 Lançamento por arbitramento 139

        3.1.2.4 Lançamento de ofício ou direto 140

3.2 Fases dos procedimentos de constituição do crédito tributário. . . 143

    3.2.1 Fase preparatória 145

    3.2.2 Fase notificatória 148

3.3 Procedimentos de fiscalização das obrigações tributárias 149

    3.3.1 Conceito de legislação tributária para os fins da atividade de fiscalização 152

    3.3.2 Prerrogativas da fiscalização diante dos direitos fundamentais 157

        3.3.2.1 Fiscalizações tributárias independentemente do consentimento do fiscalizado 159

        3.3.2.2 Fiscalizações tributárias e a apreensão de mercadorias ou documentos fiscais. 160

        3.3.2.3 A entrega de documentos obrigatórios nas repartições fiscais 163

Sumário

3.3.2.4	Poder de fiscalização sobre quaisquer livros fiscais ou documentos	164
3.3.2.5	Prazo decadencial de guarda de livros e comprovantes de lançamentos	165
3.3.3	Legitimação do poder de fiscalizar pelo procedimento	166
3.3.3.1	Controvérsias a respeito de decadência e seus efeitos sobre o lançamento de ofício	167
3.3.3.2	Duração razoável do procedimento de constituição do crédito	172
3.3.3.3	Conclusão da fiscalização	178
3.3.4	Dever de informar ao fisco	179
3.3.4.1	Distinção entre os sigilos bancário e fiscal	182
3.3.4.2	O sigilo bancário antes e depois da Constituição Federal de 1988	184
3.3.4.3	O sigilo bancário perante a LC n. 105/2001	187
3.3.4.4	Retroatividade da Lei n. 10.174/2001 aos fatos geradores anteriores à sua vigência	190
3.3.5	Dever de sigilo fiscal imposto à Fazenda	191
3.3.6	Fiscalização do Simples Nacional	194
3.3.7	Novos procedimentos fiscalizatórios: georreferenciamento, notificações por WhatsApp e outros aplicativos	200
3.4	Procedimentos administrativos tributários de iniciativa do sujeito passivo	202
3.4.1	A consulta fiscal	204
3.4.1.1	Legitimidade e objeto da consulta federal	207
3.4.1.2	Formalização e declarações obrigatórias da consulta federal	209
3.4.1.3	Competência territorial e material para consulta fiscal federal	210

XXXI

CURSO COMPLETO DE DIREITO PROCESSUAL TRIBUTÁRIO

	3.4.1.4	Efeitos da consulta federal	211
	3.4.1.5	Recurso especial de divergência na consulta federal..................................	217
	3.4.1.6	Ineficácia da consulta	218
3.4.2	Procedimentos de ressarcimento, restituição e compensação		219
	3.4.2.1	Regras gerais sobre restituição e compensação no CTN	223
	3.4.2.2	Os procedimentos de restituição, ressarcimento e compensação de tributos federais	226
	3.4.2.3	O art. 170-A do CTN e outras questões relevantes sobre a compensação	232
3.4.3	O parcelamento..................................		236
	3.4.3.1	Suspensão de Execução Fiscal diante do pedido de parcelamento........................	241
	3.4.3.2	A opção pelo parcelamento e a suspensão e extinção da punibilidade penal	244
	3.4.3.3	O pedido de parcelamento como suposta confissão de dívida........................	246

CAPÍTULO **4**

Processo administrativo tributário contencioso

4.1	Aspectos gerais	251
4.2	Origens do processo administrativo tributário	254
4.2.1	Jurisdição administrativa	259
4.2.2	Processo administrativo tributário no direito comparado...	261
4.2.3	Síntese do processo tributário no direito comparado	266

Sumário

4.3   O auto de infração e a notificação de lançamento 271

4.4   Admissão da defesa: início do processo administrativo. 278

     4.4.1   Requisito temporal. 280

     4.4.2   Requisito da legitimidade e do interesse. 288

     4.4.3   Requisitos formais 290

         4.4.3.1   Competência para processar e julgar a defesa . . . 292

         4.4.3.2   Qualificação do sujeito passivo, fatos e fundamentos da defesa 294

         4.4.3.3   Indicação das provas 295

         4.4.3.4   Discussão judicial concomitante. 298

     4.4.4   Requisitos formais da defesa no processo eletrônico 303

     4.4.5   Elaboração da defesa 304

         4.4.5.1   Preâmbulo 304

         4.4.5.2   Narração dos fatos 306

         4.4.5.3   Fundamentação jurídica. 306

         4.4.5.4   Pedido de improcedência 307

4.5   Instrução do processo 308

     4.5.1   A preclusão da prova diante da verdade material 312

     4.5.2   Limites à preclusão da prova no processo contencioso de compensação 314

4.6   Resolução do processo administrativo: decisão de primeira instância 317

4.7   Recursos contra a decisão de primeira instância. 320

     4.7.1   O recurso voluntário 321

     4.7.2   Elaboração do recurso voluntário. 323

         4.7.2.1   Exposição dos fatos 323

XXXIII

		4.7.2.2	Fundamentos para a reforma da decisão	323
		4.7.2.3	Pedido de reforma	324
	4.7.3	Recurso de ofício		324
4.8	Decisão de segunda instância administrativa			326
	4.8.1	Recursos de competência de julgamento do CARF		331
	4.8.2	Processamento dos recursos		332
		4.8.2.1	O problema do voto de qualidade	336
		4.8.2.2	Do julgamento em reunião assíncrona e pelo rito sumário	340
	4.8.3	Dos recursos cabíveis contra as decisões do CARF		343
		4.8.3.1	Dos embargos de declaração	343
		4.8.3.2	Do recurso especial	345
		4.8.3.3	Do agravo	347
	4.8.4	Das súmulas e resoluções da CSRF		349
	4.8.5	Da desistência dos recursos		350
	4.8.6	Do recurso hierárquico		351
	4.8.7	Da suspeição e do impedimento dos Conselheiros		355
	4.8.8	Do contencioso tributário de pequeno valor		358
4.9	Nulidades no processo administrativo fiscal			360
	4.9.1	Classificação das nulidades do processo		361
	4.9.2	Extensão das nulidades		364
4.10	Processo administrativo fiscal do Simples Nacional			364
4.11	Imutabilidade da decisão administrativa de última instância contrária à Fazenda Pública			365
4.12	A transação de tributos federais			368
	4.12.1	A transação de créditos inscritos na DAU		373

Sumário

4.12.2 A transação no contencioso de relevante e disseminada
controvérsia 374

4.12.3 A transação no contencioso tributário de pequeno valor ... 376

CAPÍTULO **5**
Dívida ativa

5.1 Aspectos gerais 379

5.2 Conceito e finalidade de dívida ativa..................... 380

5.3 Inscrição na dívida ativa 382

    5.3.1 Principais consequências da inscrição na dívida........ 387

        5.3.1.1 Exequibilidade do crédito................. 387

        5.3.1.2 Presunção de certeza e liquidez 388

        5.3.1.3 O encargo de 20% do débito inscrito de tributos
federais.................................. 390

        5.3.1.4 Outros efeitos da inscrição na dívida ativa 396

        5.3.1.5 Protesto da certidão de dívida ativa 399

        5.3.1.6 A inconstitucionalidade da indisponibilidade
coercitiva de bens do devedor inscrito na DAU ... 401

        5.3.1.7 Análise dos arts. 20-B a 20-E da Lei n. 10.522,
de 2002 405

        5.3.1.8 Ilegalidade da regulamentação das consequên-
cias do ato de inscrição na dívida ativa 408

        5.3.1.9 Da antecipação da garantia à Execução Fiscal... 410

        5.3.1.10 Do Pedido de Revisão de Dívida Inscrita (PRDI) .. 411

        5.3.1.11 Da averbação pré-executória de bens do devedor
inscrito.................................. 413

        5.3.1.12 O entendimento do STF sobre a averbação pré-
executória.................................. 416

XXXV

| 5.3.2 | Decadência e prescrição do crédito tributário em face da inscrição na dívida | 420 |

	5.3.2.1	Decadência e inscrição na dívida	420
	5.3.2.2	Prescrição e inscrição na dívida	422
	5.3.2.3	Dispensa da inscrição na dívida ativa	427

5.4 Requisitos do termo de inscrição na dívida ativa 429

5.4.1 Identificação do devedor 430

5.4.2 Valor, origem, natureza e fundamento legal da dívida inscrita 433

5.5 Nulidade do ato de inscrição na dívida ativa................. 435

CAPÍTULO **6**

Processo judicial tributário

6.1 Noções básicas... 443

6.1.1 O processo judicial tributário........................ 448

6.1.2 Juizado Especial da Fazenda Pública 452

	6.1.2.1	Competência do Juizado Especial da Fazenda Pública	454
	6.1.2.2	Partes e procedimento do Juizado Especial da Fazenda Pública	457
	6.1.2.3	Cumprimento do acordo ou da sentença no Juizado Especial da Fazenda Pública	458

6.2 A petição inicial no processo judicial tributário 460

6.2.1 Providências preliminares à elaboração da petição inicial... 461

6.2.2 Fixação da competência jurisdicional................. 464

6.2.3 Qualificação das partes........................... 467

6.2.4	A exposição da causa de pedir		468
6.2.5	O pedido		470
6.2.6	Tutelas provisórias		471
	6.2.6.1	Disposições gerais da tutela de urgência	473
	6.2.6.2	Tutela provisória antecipada no processo tributário	477
		6.2.6.2.1 A petição inicial e o procedimento na tutela antecipada antecedente	479
		6.2.6.2.2 A audiência de conciliação e de mediação no processo tributário	486
	6.2.6.3	Tutela provisória cautelar no processo tributário	488
	6.2.6.4	Tutela provisória de evidência no processo tributário	495
	6.2.6.5	Restrições à tutela provisória contra a Fazenda Pública	498
		6.2.6.5.1 A inconsistência dos óbices à concessão por força do duplo grau necessário	502
		6.2.6.5.2 A falsa premissa do impedimento à tutela antecipada com base no regime de precatórios	504
		6.2.6.5.3 A superação dos óbices à antecipação da tutela contra Fazenda Pública	506
	6.2.6.6	Tutelas provisórias nas causas de repetição de valores	509
	6.2.6.7	Tutelas provisórias na compensação de créditos tributários	512
6.2.7	Atribuição do valor da causa nas ações tributárias		517
6.2.8	Requerimento de produção de provas		520

CURSO COMPLETO DE DIREITO PROCESSUAL TRIBUTÁRIO

6.2.9	Documentos que devem acompanhar a inicial	521
6.2.10	Distribuição	523
	6.2.10.1 Distribuição em regime de urgência	523
	6.2.10.2 Possibilidade de distribuição por meios eletrô-nicos.	524
	6.2.10.3 Os ônus da sucumbência nas ações tributárias .	526

CAPÍTULO 7
Ações judiciais de iniciativa da Fazenda Pública

7.1	Medida cautelar fiscal	531
	7.1.1 Extensão do objeto da medida aos bens dos sócios	532
	7.1.2 Requisitos da petição inicial.	534
	7.1.3 Procedimento.	536
7.2	Execução Fiscal	539
	7.2.1 Suspensão e interrupção da prescrição na Execução Fiscal . . .	541
	7.2.2 Prescrição intercorrente	543
	7.2.3 A petição inicial de execução fiscal.	544
	7.2.4 Competência jurisdicional	544
	7.2.5 Exclusividade do juízo da execução fiscal	545
	7.2.6 Competência na execução fiscal e as ações declaratórias ou anulatórias	548
	7.2.7 Legitimidade processual.	552
	7.2.7.1 Responsabilidade de terceiros na execução fiscal . .	553
	7.2.7.2 Redirecionamento da execução fiscal	554
	7.2.8 Causa de pedir, pedido e valor da causa.	566
	7.2.9 Provas e documentos que acompanham a inicial	567

Sumário

7.2.10 Procedimento da execução fiscal 569

    7.2.10.1 Citação do devedor. 569

    7.2.10.2 Procedimento da execução fiscal ante a ausência de defesa do executado. 571

    7.2.10.3 Procedimento da execução fiscal nos casos de rejeição liminar dos embargos (intempestividade e penhora insuficiente) 573

7.2.11 Penhora de bens. 578

    7.2.11.1 Antecipação da penhora 581

    7.2.11.2 Indisponibilidade de bens e direitos do devedor . . 584

7.2.12 Impacto da execução comum na execução fiscal 586

    7.2.12.1 Indicação de bens à penhora pelo exequente . . . 588

    7.2.12.2 Penhora sobre bens de corresponsáveis ou do meeiro 591

    7.2.12.3 Penhora de percentual de faturamento de empresa. 591

    7.2.12.4 Penhora on-line de recursos financeiros 592

7.2.13 Medidas de defesa do executado na execução fiscal 596

    7.2.13.1 Exceção de pré-executividade. 596

        7.2.13.1.1 Sucumbência na exceção de pré-executividade 598

        7.2.13.1.2 Petição de exceção de pré-executividade 599

    7.2.13.2 Embargos à execução 600

        7.2.13.2.1 Prazo para oposição dos embargos à execução 602

        7.2.13.2.2 Juízo competente 603

        7.2.13.2.3 Valor da causa 603

		7.2.13.2.4	Documentos que deverão instruir a ação	604
		7.2.13.2.5	Provas e incidentes processuais	605
		7.2.13.2.6	Recursos	606
		7.2.13.2.7	Resposta aos embargos à execução	608

7.3 Regras especiais à execução fiscal de tributos federais 608

    7.3.1 Dos limites da responsabilidade tributária 611

    7.3.2 Dos vícios jurídicos na indisponibilidade de bens da Execução Fiscal federal 613

    7.3.3 Da suspensão da execução e a inconstitucionalidade da regra de interrupção da prescrição intercorrente 616

CAPÍTULO **8**

Ações judiciais de iniciativa do sujeito passivo da obrigação tributária

8.1 Mandado de Segurança em matéria tributária 619

    8.1.1 Fundamentação legal e cabimento do Mandado de Segurança 623

    8.1.2 Legitimidade processual 629

    8.1.3 Liminar 631

    8.1.4 Valor da causa 638

    8.1.5 Provas no Mandado de Segurança 639

    8.1.6 A prova no Mandado de Segurança Preventivo 644

    8.1.7 Exaurimento da instância administrativa 647

    8.1.8 Procedimento do Mandado de Segurança 648

        8.1.8.1 Ajuizamento da ação 648

        8.1.8.2 Despacho inicial 649

8.1.8.3   Notificação da autoridade e informações 651

8.1.8.4   Oitiva do Ministério Público............... 652

8.1.8.5   Sentença............................... 652

      8.1.8.5.1   Cassação da liminar pela sentença denegatória de segurança e meios para sua manutenção 655

      8.1.8.5.2   Implicações entre a sentença e a coisa julgada no mandado de segurança.. 660

      8.1.8.5.3   O alcance da coisa julgada do Mandado de Segurança e as relações jurídicas tributárias de trato sucessivo.. 662

      8.1.8.5.4   A coisa julgada tributária de trato sucessivo e as decisões supervenientes do STF 665

      8.1.8.5.5   Eficácia mandamental *versus* natureza declaratória da sentença no Mandado de Segurança 672

8.1.8.6   Recursos no Mandado de Segurança......... 673

      8.1.8.6.1   Agravo de instrumento.......... 673

      8.1.8.6.2   Apelação, remessa de ofício e demais recursos em Mandado de Segurança 675

8.1.8.7   Suspensão da liminar ou da sentença de Mandado de Segurança...................... 677

8.1.9   Mandado de Segurança Coletivo no direito tributário ... 682

8.1.9.1   Disciplina do Mandado de Segurança Coletivo na LMS................................ 684

8.1.9.2   Distinção entre interesses e direitos difusos, coletivos e individuais homogêneos 686

8.1.9.3   Limites do Mandado de Segurança Coletivo em matéria tributária 689

CURSO COMPLETO DE DIREITO PROCESSUAL TRIBUTÁRIO

8.2　Ação Declaratória. 693

    8.2.1　Cabimento no processo tributário 694

    8.2.2　Requisitos da petição inicial. 696

        8.2.2.1　Competência de foro e funcional 696

        8.2.2.2　Legitimidade. 698

        8.2.2.3　Causa de pedir e pedido. 699

        8.2.2.4　Pedido e a opção pelas tutelas provisórias de urgência. 699

        8.2.2.5　Requerimentos de citação e produção de prova. . 703

        8.2.2.6　Valor da causa e audiência de conciliação ou de mediação 704

    8.2.3　Síntese do rito 705

8.3　Ação Anulatória. 708

    8.3.1　Fundamentos da ação anulatória 709

    8.3.2　Cabimento da ação anulatória 711

    8.3.3　Ação anulatória de débito fiscal e a exigência de depósito (Lei n. 6.830, de 1980, art. 38) 714

        8.3.3.1　Suspensão da exigibilidade mediante depósito na ação anulatória. 716

        8.3.3.2　Suspensão da exigibilidade sem depósito na ação anulatória. 719

    8.3.4　Implicações sobre ação anulatória e o ajuizamento de execução fiscal 721

    8.3.5　Ação anulatória depois de consumado o prazo para embargos à execução fiscal 724

    8.3.6　Conversão do depósito em renda da Fazenda Pública . . . 726

8.4　Ação de Repetição de Indébito 736

    8.4.1　Cabimento no processo tributário 737

Sumário

8.4.2 Restituição de tributos indiretos (CTN, art. 166) 741

8.4.3 Prazo para propositura da ação 750

8.4.4 Repetição de indébito fundada em inconstitucionalidade de lei tributária 755

8.4.5 Requisitos da inicial 760

    8.4.5.1 Competência e legitimidade 760

    8.4.5.2 Causa de pedir e pedido 768

        8.4.5.2.1 A incidência de acréscimos legais na repetição de indébito 768

        8.4.5.2.2 Cumulação de pedidos 778

    8.4.5.3 Provas e valor à causa 779

8.5 Medidas judiciais para compensação no Direito Tributário 781

8.5.1 Das medidas judiciais 781

8.5.2 Prescrição do direito à compensação e atualização do crédito do sujeito passivo 787

8.5.3 Compensação e precatórios judiciais 788

8.5.4 Requisitos da petição inicial 793

    8.5.4.1 Juízo competente 793

    8.5.4.2 Causa de pedir e pedido 794

    8.5.4.3 Valor da causa 794

    8.5.4.4 Provas 795

8.6 Ação de Consignação em Pagamento 795

8.6.1 Hipóteses de cabimento 799

    8.6.1.1 Recusa de recebimento e subordinação do recebimento ao cumprimento de outras obrigações . . 799

    8.6.1.2 Recusa e subordinação ao recebimento de tributo e imputação de pagamento 802

    8.6.1.3 Direito a consignação fundada na dúvida 804

XLIII

| 8.6.2 | Requisitos da petição inicial | 806 |

| | 8.6.2.1 | Competência e legitimidade | 806 |

| | 8.6.2.2 | Causa de pedir, pedido, provas e valor da causa | 809 |

8.6.3 Procedimento da ação de consignação em pagamento ... 810

8.6.4 Implicações sobre os ônus da sucumbência 815

CAPÍTULO 9
Propostas básicas para um novo processo tributário

9.1 Aspectos gerais 819

9.2 Dos tribunais administrativos 823

9.3 Possibilidade de transação administrativa ou conciliações tributárias 827

9.4 Das decisões administrativas definitivas 830

9.5 Alienação ou securitização da dívida ativa 835

9.6 Do cumprimento da decisão administrativa definitiva 838

9.7 Disposições processuais gerais vinculativas a todas as unidades da federação 839

9.8 Da arbitragem no processo tributário 840

9.8.1 Aspectos gerais da arbitragem 840

9.8.2 Óbices à arbitragem no processo tributário 842

9.8.3 A arbitragem tributária em Portugal 842

9.8.4 Das propostas de regulamentação da arbitragem tributária no Brasil 843

Súmulas do processo tributário 847

Bibliografia 853

CAPÍTULO **1**
Introdução ao processo tributário

1.1 PROCESSUALIZAÇÃO DOS PODERES DO ESTADO

1.1.1 Fundamentos da processualidade

No Estado moderno são nítidas as tarefas institucionais do Poder Público, que se condensam nas funções de legislar, de aplicar a legislação e de julgar. Tais funções são manifestações de poder das respectivas autoridades.

É preciso compreender, primeiramente, por que é fundamental ao exercício do poder agir-se por intermédio de procedimentos ou de processos. Esses vocábulos guardam em suas raízes a noção de sequência articulada de atos. O "ato" seria, muito singelamente, a unidade de exteriorização de determinada ação; o "procedimento" e o "processo", por conseguinte, seriam o conjunto organizado desses atos.

Assim, é adequado considerar, à primeira vista, que o processo e os procedimentos servem para "organizar" a exteriorização das ações estatais à procura de determinada finalidade. Portanto, para o exercício das funções (legislativa, de execução da lei e de solução de conflitos), o Poder Público necessita ter organização, caso contrário poderá perder o controle de suas ações gerando, naturalmente, a prática da arbitrariedade.

Do ponto de vista meramente racional e burocrático, processo e procedimento cumprem essa finalidade relativamente óbvia, isto é, de organização das ações estatais.

Seria ingênuo, entretanto, considerar os procedimentos e o processo somente como sequência de atos organizados. Do ponto de vista do direito, não se ignoram acepções mais profundas do que vem a ser o processo e, consequentemente, a "processualização da atividade estatal", sobretudo a partir de sua fase publicista, nas décadas de cinquenta e sessenta do século XX[1].

Existe, contudo, um elemento de natureza política que não pode ser descartado dessa análise. Nos regimes democráticos, processo e procedimento são necessários como instrumentos de expressão da própria democracia, que pressupõe controle da atividade estatal através de órgãos instituídos ou pelo próprio cidadão[2]. Em última análise, a sociedade tomará suas decisões políticas com base no que conhece sobre os gestores públicos que exercem o poder. Um dos meios de informação da sociedade é a documentação das ações do governante, o que se corporifica em procedimentos ou processos.

É verdade que as democracias da atualidade não se sustentam na crença ingênua de que a escolha dos governantes decorra necessariamente dos registros existentes em procedimentos administrativos. As perspectivas econômicas, o carisma e as formas de comunicação social são ainda fortes instrumentos de formação das convicções do eleitor. De qualquer maneira, os procedimentos administrativos viabilizam o controle social da ação do governante por meio de instituições. Isso, evidentemente, permite que a democracia se efetive, pois, o agente público cujos procedimentos tenham demonstrado sua má conduta frente à legalidade poderá ser punido e retirado das instâncias de poder.

O Estado de direito, embora em sua gênese possa reclamar, igualmente, a documentação dos atos referentes ao exercício da autoridade, não é suficiente para assegurar a "participação popular na criação e reconstrução do

---

1   "A concepção publicista do processo levou à ideia de ação como direito independente do direito subjetivo material; levou ao deslocamento da preocupação científica para o tema da jurisdição e possibilitou ressaltar a ideia desta como poder estatal; por sua vez, a ideia do processo como relação jurídica permitiu visualizá-lo como um conjunto de posições jurídicas ativas e passivas, de cada um dos seus sujeitos (poderes, faculdades, deveres, sujeições e ônus) e não somente como simples sucessão de atos". Cf. MEDAUAR, Odete. *A processualidade no direito administrativo*. 2. ed. São Paulo: RT, 2008, p. 19.

2   Conforme as fortes palavras de Sergio Ferraz e Adilson Dallari, "Processo e democracia: binômio incindível. Claro: não qualquer processo, mas o devido processo legal (em sentido formal), como direito humano fundamental, assim posto nos arts. 8º e 10 da Declaração Universal dos Direitos Humanos, de 1948". Cf. *Processo administrativo*. 2. ed. São Paulo: Malheiros, 2007, p. 23.

Capítulo 1   Introdução ao processo tributário

Estado"[3]. Por exemplo, os Estados autocráticos são também "estados de direito", desde que possuam processo de elaboração das leis, povo e soberania.

O que caracteriza a passagem de um Estado de direito para "Estado democrático de direito", é a baixa carga de leis restritivas de liberdade. Observada essa premissa, as marcas de um Estado democrático de direito precisam revelar a viabilização de dignidade da pessoa humana, pelo intermédio de direitos sociais que promovam o máximo possível de igualdade. A marca fundamental do Estado democrático de direito reside na promoção de meios que permitam adequada distribuição de renda e mobilidade econômica às pessoas. A negação ou impossibilidade desses direitos que caracterizam o Estado democrático de direito leva à caracterização de um conflito subjacente ou até mesmo exposto, que consiste na própria negação do Estado democrático de direito, o qual não se realiza diante da ausência significativa daqueles direitos.

Os instrumentos de efetivação dos direitos que marcam a existência de um Estado democrático de direito são, em um primeiro momento, os "procedimentos" inerentes às funções estatais. Isso porque, desde a eleição dos representantes do povo até a promoção de políticas públicas pelo Poder Executivo, que se prestam à implantação dos direitos inatos ao Estado democrático de direito, os procedimentos são o meio que conduz as políticas do plano abstrato de sua criação ao da efetividade. Quando os direitos inerentes ao Estado democrático de direito não são entregues, os processos administrativo ou judicial passam a ser o meio de reivindicação dos mencionados direitos[4].

Por conseguinte, a autoridade estatal, no Estado democrático de direito, só se realiza por intermédio de procedimentos e de processos. Desde logo, adotemos o critério de que a palavra "autoridade" deve ser compreendida em seu significado abrangente, isto é, "de exercício de funções legítimas". Assim, tanto o juiz quanto o legislador exercem suas respectivas autoridades cumprindo as funções para as quais foram designados pela lei. O mesmo se diga do agente do Poder Executivo no momento de aplicar a legislação.

---

3   LEAL, Rosemiro Pereira. *Teoria geral do processo*: primeiros estudos. 7. ed. Rio de Janeiro: Forense, 2008, p. 34.

4   LEAL, Rosemiro Pereira. *Teoria geral do processo*, p. 34.

Ainda que se trate do desenvolvimento de políticas públicas ou de regulação do interesse público, a atividade do agente será considerada como exercício da autoridade.

Exercer a autoridade exige, consequentemente, o armazenamento da história dos atos que compõem o conjunto de ações reveladoras daquele exercício. Caso contrário, não se terá o desempenho da autoridade, simplesmente porque os registros históricos dos elementos materiais que levaram à formação e exteriorização do ato perderam-se no tempo.

O registro da materialidade dos fatos, que leva à tomada de decisões no âmbito do exercício da autoridade, sofre a ação do tempo. Os fatos não se aprisionam por si, necessitando da ação humana de sua reprodução o mais próximo da realidade, a fim de que se reconstituam no tempo[5]. O resgate histórico dos fatos dá sua própria compostura existencial. No fundo, para o exercício da autoridade, não tem relevância dizer que o fato "existe", pois, o presente é tão efêmero que sua fugacidade não permite a aplicação da lei instantaneamente. Para a aplicação da lei é necessário, normalmente, o resgate histórico dos fatos. São raros os exemplos do exercício da autoridade simultaneamente aos acontecimentos que o justificam[6].

Na maioria das vezes o exercício da autoridade decorre de uma preparação[7]. Essa preparação consiste na formalização de fatos representados por

---

5   "O núcleo de todas as teorias clássicas do procedimento é a relação com a verdade ou com a verdadeira justiça como objetivo". Cf. LUHMANN, Niklas. *Legitimação pelo procedimento*. Brasília: UnB, 1980, p. 21.

6   As conclusões de Sergio Ferraz e Adilson Dallari retratam com perfeição o ponto: "Em acabamento, pode-se, enfim, conceituar: a fórmula "processo administrativo" traduz uma série de atos, lógica e juridicamente concatenados, dispostos com o propósito de ensejar a manifestação de vontade da Administração. Múltiplas serão as faces de tal manifestação. Assim, tanto poderá ser ela a formulação de uma política administrativa, quanto a dirimência de um litígio. Pouco importa: no campo da licitude apenas os atos instantâneos ou urgentíssimos (*v.g.*, a extinção de um incêndio, prevenção de um desabamento iminente) ou os não imediatamente conectados a uma volição (*v.g.*, a passagem de um sinal luminoso do amarelo para o vermelho) independem de prévia *processualização*. Fora daí, 'administração' e 'processo administrativo' serão conceitos sinônimos". Cf. *Processo administrativo*, p. 25.

7   Para Luhmann, o procedimento decorre de um sistema que reduz complexidades possíveis, de modo que a decisão é resultado desse trabalho de redução de complexidades.

Capítulo 1   Introdução ao processo tributário

documentos que veiculam argumentos e informações a respeito daqueles fatos. A necessidade de fazer o registro histórico dos fatos dá ensejo à formalização dos procedimentos e processos.

Com base no que foi exposto, verifica-se que procedimentos e processos são necessários, pois são o meio de afirmação da democracia e do Estado de direito. Seus traços em comum residem na formalização dos registros históricos dos fatos em sequência organizada.

1.1.2 Conceito de processualização

Na doutrina, o vocábulo "processualidade" dos poderes do Estado adquiriu conotação voltada para a instrumentalidade do processo[8]. Entende-se por instrumentalidade, em síntese, a consideração de que o processo, em sentido lato (nisso se inclui o procedimento), encerra relação jurídica diversa do direito material criado por leis de conteúdo não exatamente procedimental. Disso decorre a conclusão de que o processo é um instrumento de alcance das finalidades da lei material[9]. O processo (em sentido lato) pode ser praticado por quaisquer das funções estatais (legislativa, de execução da

---

Daí por que, o procedimento prepara o exercício da autoridade em dinâmico sistema de redução de complexidades (variações de fato que, caso não sejam reduzidas pela ação normativa e organizada do procedimento, tornariam a decisão algo impreciso ou indeterminável). "Os procedimentos pressupõem sempre uma organização básica, sendo possíveis só como sistemas parciais dum sistema maior, que lhes sobrevive, que os representa e que lhes mantém determinadas regras de comportamento. Dentro deste quadro, possuem, porém, uma autonomia para a organização duma história própria e é através desta *história do processo jurídico* que reduzem ainda mais a complexidade que lhes é atribuída.... À medida que o processo se desenrola, reduzem-se as possibilidades de atuação dos participantes. Cada um tem de tomar em consideração aquilo que já disse, ou se absteve de dizer. As declarações comprometem. As oportunidades desperdiçadas não voltam mais. Os protestos atrasados não são dignos de crédito. Só por meio de ardis especiais se pode voltar a abrir uma complexidade já reduzida, se pode conseguir uma nova segurança e se pode fazer que volte a acontecer o que já aconteceu; agindo assim, geralmente, desperta-se a indignação dos outros participantes, sobretudo quando se tenta isso demasiado tarde". Cf. LUHMANN, Niklas. *Legitimação pelo procedimento*, p. 41-42.

8   MEDAUAR, Odete. *A processualidade no direito administrativo*, p. 19.

9   DINAMARCO, Cândido Rangel et al. *Teoria geral do processo*. 16. ed. São Paulo: Malheiros, 2000, p. 41.

CURSO COMPLETO DE DIREITO PROCESSUAL TRIBUTÁRIO

lei e jurisdicional). Isso porque, em quaisquer delas, o que se busca é a segurança das relações pessoais e a pacífica convivência social, seja com a promoção de políticas públicas pelo Poder Executivo (que devem ser confirmadas por meio de lei)[10], seja na solução dos conflitos pelo Poder Judiciário. Todas essas funções serão exercidas por procedimentos ou processos.

Embora os procedimentos e o processo se sustentem sobre a mesma base semântica, isto é, "como instrumentos organizados de efetivação do poder" no âmbito do Estado democrático de direito, ambos não se confundem. Não existem diferenças ontológicas entre os dois institutos, mas são distintos em razão de características jurídicas necessariamente atribuídas a um e a outro. O procedimento rege a preparação dos atos necessários ao exercício da autoridade e, a partir de determinado momento, o procedimento pode assumir novas características. Esse fenômeno pode se dar naturalmente ou por força da legalidade. Assim, para resistir a determinada pretensão administrativa manifestada em um procedimento a pessoa interessada poderá formular petições, juntar documentos e produzir diversos tipos de prova. O direito de defesa exercido como reação espontânea de quem é exigido por injunções administrativas, ou a previsão em lei desse direito de defesa a partir de um procedimento administrativo, oferecem os primeiros elementos distintivos entre os dois institutos.

Tanto o "procedimento" quanto o "processo" são regidos pelo "princípio do devido processo legal"[11]. Este princípio, em primeira análise, explica-se pela necessidade de que ambos os instrumentos dependam de previsão em lei. Essa previsão poderá mostrar-se ampla ou específica.

Nesse ponto é necessário observar que em razão da generalidade de conteúdo jurídico da expressão "procedimento", tal poderá se desenvolver sem

---

10 BUCCI, Maria Paula Dallari. *Direito administrativo e políticas públicas*. São Paulo: Saraiva, 2002, p. 254.

11 "O que caracteriza fundamentalmente o *processo* é a celebração *contraditória* do procedimento, assegurada a participação dos interessados mediante exercício das faculdades e poderes integrantes da relação jurídica processual. A observância do procedimento em si próprio e dos níveis constitucionalmente satisfatórios de participação efetiva e equilibrada, segundo a generosa cláusula *due process of law*, é que legitima o ato final do processo, vinculativo dos participantes". DINAMARCO, Cândido Rangel. *A instrumentalidade do processo*. 13. ed. São Paulo: Malheiros, 2008, p. 77.

Capítulo 1   Introdução ao processo tributário

previsão em lei específica[12]. Apesar de não ser a situação ideal, pode não existir lei geral sobre procedimentos que deverão ser adotados pela administração, o que não impediria o gestor público de agir nem de observar o "princípio do devido processo legal". Para regular os procedimentos no âmbito da administração, quando não houver lei em sentido estrito, deverão ser baixadas Portarias, Instruções Normativas e outros atos da mesma natureza para regular a conduta dos gestores.

Com relação ao processo, os desdobramentos do princípio do devido processo legal são outros, de modo que o processo pressupõe a existência de garantias aos destinatários de sua decisão.

Por conseguinte, seja no processo judicial ou no administrativo, determinadas garantias são condições sem as quais o processo será nulo. Tais garantias, em síntese, decorrem da essência do princípio do "devido processo legal". São elas: o "contraditório" e a "ampla defesa".

É necessário esclarecer, porém, em que momento o procedimento se transforma em processo. Esse instante é marcado pela formação de pretensão jurídica e a resistência ao seu objeto pela parte adversa. Enquanto isso não ocorrer tem-se simplesmente um procedimento.

Ressalte-se, contudo, que será possível a formação de pretensão por parte do Poder Público nos procedimentos administrativos e não ocorrer resistência do interessado. Nesse caso, não há que se falar tecnicamente de "processo", em sentido estrito. O que caracteriza o processo, tanto o judicial quanto o administrativo é a combinação de pretensão e resistência da parte demandada. Essa afirmação é comprovada pelo fato de que, logicamente, não existe "resistência" do demandado sem que tenha havido "pretensão" do demandante.

---

12   Conforme as anotações de Luhmann, o que dá legitimidade ao procedimento é, essencialmente, a aceitação de seu resultado pelos interessados e pela comunidade. As normas que dão conformidade jurídica ao procedimento não pertenceriam à sua essência. Daí por que: "À positivação do direito, isto é, a tese de que todo direito é posto por decisão, corresponde a estabelecer o conceito de legitimidade sobre o reconhecimento das decisões como obrigatórias. Este é o conceito mais amplo. Compreende, também, o reconhecimento das premissas de decisão, contanto que se decida sobre elas (noutro tempo e através doutras passagens). Igualmente, leis, atos administrativos, sentenças etc. são, pois, legítimos como decisões, quando e enquanto se reconhecer que são obrigatoriamente válidos e devem fundamentar o próprio comportamento". Cf. LUHMANN, Niklas. *Legitimação pelo procedimento*, p. 32.

CURSO COMPLETO DE DIREITO PROCESSUAL TRIBUTÁRIO

No processo administrativo tributário, a administração poderá notificar o sujeito passivo acerca do lançamento e este não resistir à pretensão, quer por desinteresse, quer por aceitá-lo como válido. Nessas hipóteses, o procedimento é concluído por meio de determinada pretensão (o ato de notificação do lançamento), porém não haverá processo, diante da ausência de resistência do demandado.

Essas observações gerais são necessárias para que se compreenda com clareza o processo tributário em sua totalidade, o que envolve a análise do procedimento e do processo administrativo em sentido estrito. Os mesmos argumentos também se aplicam ao processo judicial, isto é, a existência de uma pretensão (o pedido do autor) e resistência da parte demandada (contestação do réu), devendo o juiz exercer sua autoridade por intermédio de um processo. É possível, porém, mesmo no Poder Judiciário, que o juiz exerça sua autoridade independentemente da formação do processo em sentido estrito. Isso ocorre, por exemplo, quando o feito é extinto sem resolução de mérito por deficiência da petição inicial. Também não haverá "processo judicial" na hipótese de o réu reconhecer a juridicidade do pedido, sem contestá-lo.

Em um primeiro momento, tem-se "procedimento" enquanto se estiver diante do exercício de funções estatais que ainda não possuam pretensão jurídica (manifestação de poder ou de vontade), na medida em que estão se organizando os elementos materiais necessários à formação dessa pretensão. Mesmo após a formação da pretensão (ato decorrente do procedimento), é possível que o procedimento não se converta em processo. Isso se dará nos casos em que, finalizada a pretensão, o demandado não apresente resistência. Haverá "processo", enfim, toda vez que o procedimento terminar com a formação de uma pretensão e esta ser refutada pelo destinatário da pretensão.

O procedimento, em razão de seu conteúdo jurídico comportar genericamente o exercício da autoridade estatal, poderá ser iniciado, inclusive, pelo particular, que veiculará determinada pretensão perante o Poder Público. Em geral, essa pretensão é a aplicação da lei em favor do agente privado, que alega possuir determinado direito. O exame da legalidade da pretensão do particular não corresponde ao conceito de processo, porque o seu desenvolvimento não se dá mediante resistência de uma das partes a respeito da pretensão da outra. Nas demandas administrativas de iniciativa do particular, para a obtenção de algum direito, que depende de análise da administração,

8

Capítulo 1 Introdução ao processo tributário

tem-se apenas o exame da legalidade pelo Poder Público. Não se considera essa hipótese resistência da administração à pretensão do particular, pois cabe justamente ao Estado aplicar a lei que poderá atender ou não ao interesse do cidadão. Se, por exemplo, o contribuinte possuir direito a determinado benefício fiscal, ou se demandar a administração por meio de consulta, cabe ao Poder Público aplicar a lei ao caso concreto, outorgando, se for caso, o direito do particular ou solucionando a consulta.

Conforme foi possível observar, tanto o processo quanto o procedimento, administrativo ou judicial, na essência, são regidos pelo princípio do devido processo legal. Outros princípios, garantias e regras influenciam fortemente no regime jurídico do processo e do procedimento tributários. O processo tributário possui minúcias que devem se ajustar ao apanhado teórico geral que ora desenvolvemos. Para tanto, é fundamental que se examinem os eixos da matéria, que residem, necessariamente, nos princípios e garantias relativas ao processo. O Capítulo 2 exporá quais princípios são norteadores dos procedimentos e dos processos. Demonstrará, igualmente, que determinados princípios do processo dependem de garantias para sua efetividade. O mencionado capítulo procurará sistematizar os princípios e garantias, conforme o âmbito de aplicação dos institutos, isto é, serão classificados em grupos distintos os princípios e garantias do processo tributário administrativo e judicial, bem como os que se aplicam somente a um ou a outro. A análise tratará também de breve abordagem sobre o conteúdo da teoria dos princípios jurídicos.

Com esses fundamentos, pode-se conceituar *a processualidade dos poderes do Estado* como a reunião de todas ou quaisquer modalidades de atuação formalmente organizadas em procedimentos ou processos, que se regem, ao menos, pelo princípio do devido processo legal, e se relacionam com as funções do Estado, sem as quais não se efetiva o conceito de estado democrático de direito.

1.2 DA PROCESSUALIZAÇÃO

1.2.1 História da processualização

No período pré-romano, os povos da antiguidade prescindiam de meios processuais para solução de conflitos. No entanto, é presumível que o Estado, ainda que em sua estrutura antiga, tomasse decisões que afetassem

9

o súdito não tendo a obrigação jurídica de seguir procedimentos formais. À solução de conflitos que prescinde de regras jurídicas dá-se o nome de "autotutela"[13].

Segundo Rosemiro Pereira Leal, a "autotutela" é diferente da "autodefesa", permitida tanto para o Poder Público quanto ao indivíduo no âmbito da democracia moderna. A autotutela como instrumento de solução de conflitos pressupõe a ausência de regras jurídicas para a solução das controvérsias; a autodefesa, por sua vez, "é uma tutela substituta do provimento jurisdicional, legalmente permitida e que se faz pelos ditames diretos da norma preexistente à lesão ou ameaça de lesão a direitos"[14].

Nos primórdios, a civilização conhecia a autocomposição como forma de solução de controvérsias, o que poderia se dar por meio de renúncia, submissão, desistência e transação. Conforme o nome indica, a renúncia consistia no silêncio do prejudicado que não reagia à agressão sobre si próprio ou ao seu patrimônio. De acordo com a submissão, o ofendido resignava-se com a solução encontrada para o conflito. A desistência era o abandono da oposição oferecida, o que fazia desaparecer o conflito. A transação era a troca equilibrada de interesses que levava à solução da pendência[15].

Como se observa, a autocomposição praticada pelos povos antigos não é diferente do que atualmente ocorre nos processos judiciais e, de certa forma, nos processos administrativos. Tanto assim, após a assunção do monopólio da jurisdição pelo Estado, tais meios de composição foram assimilados pelos processos formais.

A mediação e a arbitragem também eram conhecidas dos povos antigos e, resumidamente, consistia na eleição de terceiros predestinados ao conhecimento da justiça para solucionar o confronto de interesses. Assim, sacerdotes, anciãos, líderes, místicos, reis, nobres, técnicos, alquimistas, caciques, pajés eram escolhidos para resolver os litígios num tempo em que tais instrumentos de pacificação não eram editados em leis formais elaboradas pelo Estado[16].

---

13   LEAL, Rosemiro Pereira. *Teoria geral do processo*, p. 23.

14   LEAL, Rosemiro Pereira. *Teoria geral do processo*, p. 23.

15   LEAL, Rosemiro Pereira. *Teoria geral do processo*, p. 23.

16   LEAL, Rosemiro Pereira. *Teoria geral do processo*, p. 23.

Capítulo 1   Introdução ao processo tributário

Com o advento do direito romano, direito e ação passam a ser conceitos estritamente conexos daquele sistema jurídico[17]. A partir do século VIII a.C., ainda no direito romano, a noção de processualização passou por algumas etapas. Rosemiro Pereira Leal informa as seguintes fases: a) período da *legis actiones*, b) período formular do direito romano arcaico, c) período formular do direito romano clássico e d) período da *cognitio extra ordinem* do direito romano pós-clássico[18].

O período da *legis actiones* caracterizou-se pela existência de um magistrado ou árbitro aptos a solucionar o conflito, a elaboração de leis pelo magistrado tendentes a resolver a demanda e pelo excessivo rigor formal, ditada por palavras sacramentais. Tal regime deu origem à conhecida Lei das XII Tábuas, que consolidou o direito vigente à época.

Com a expulsão dos reis e o surgimento da república a partir do século V a.C., o sistema da *legis actiones* perde impulso, sobretudo em razão do rigor formal. Em seu lugar inicia o regime "formular do direito romano arcaico". De acordo com o autor mencionado, o sistema caracterizava-se pelas presenças de um árbitro e de um pretor para a solução dos conflitos. Os árbitros eram peritos na arte de interpretar o direito, razão pela qual eram chamados de jurisconsultos. O pretor encarregava-se da "fórmula", documento equivalente a um misto de compromisso arbitral com petição inicial, conforme se entende na atualidade. Esse documento, além de conter um resumo dos fatos e o objeto da demanda, indicava um árbitro escolhido pelos litigantes e possuía cláusula que vinculava as partes ao cumprimento da solução a ser apresentada pelo árbitro-jurisconsulto.

A fase formular do direito romano clássico encerra o período da indicação do árbitro pelas partes, dando fim ao perfil privado do magistrado que soluciona conflitos. Essa etapa, que vai do século II a.C. até III d.C., concedeu mais poderes ao pretor, que passou a indicar o árbitro, além de orientá-lo sobre as regras que deveria observar na condução da solução da contenda. Isso demonstra forte tendência à publicização das formas de solução dos conflitos, porque a escolha do árbitro pelo pretor, que era nomeado pelo

---

17   CRETELLA JÚNIOR, J. *Curso de direito romano*. 4. ed. Rio de Janeiro: Forense, 1970, p. 355-356.

18   LEAL, Rosemiro Pereira. *Teoria geral do processo*, p. 23.

governo, torna o processo composto por agentes públicos. Daí por que fala-se que tal fase põe fim ao período privado da solução das controvérsias, também conhecido como período formular.

Até o século III a.C., apesar da marcante publicização mencionada no item anterior, não se proibiu a indicação de árbitros pelas partes para resolver controvérsias. Entre 284 e 565 d.C., observou-se o enfraquecimento do império romano e o surgimento de regimes absolutistas no ocidente, dando margem à edição de regras que expressavam a vontade do soberano. O pretor, nomeado pelo monarca, passa a ter mais poderes de resolver os dissídios sem a interferência de árbitros. Nessa época, vedou-se a possibilidade de os particulares indicarem árbitros privados, selando definitivamente a passagem do regime privado de solução dos conflitos para o sistema público[19].

Não é fácil estabelecer uma data precisa em que tenha surgido o processo. A processualização do poder é um movimento em evolução. O que se percebe é que, desde o período da autocomposição, a ânsia de se resolver controvérsias de interesses sugere a prática de atos que visavam a solução final do conflito. Isso, entretanto, não preenche o conceito de processo como se observa na atualidade. Modernamente, o processo é definido como um conjunto de princípios e garantias fundamentais previstas na Constituição, sem as quais não se chega a uma decisão justa.

Nesses tempos imemoriais, é impossível precisar se a solução dos conflitos contava com um rito que garantisse direitos fundamentais como se tem atualmente. Mas não se ignora que um mínimo de processualização existia, ainda que não fosse pautada por uma estrutura organizadamente formal como nos dias de hoje.

Daí por que pode-se considerar que a processualização do poder adquiriu contornos semelhantes ao que atualmente se concebe como tal, com a racionalidade do Estado[20]. Consoante o registro de Max Weber, o Estado racional é "o único em que pode florescer o capitalismo moderno. Este descansa sobre um funcionalismo especializado e um direito racional"[21].

---

19 LEAL, Rosemiro Pereira. *Teoria geral do processo*, p. 26.

20 WEBER, Max. *Economia e sociedade*. Brasília: UnB, 2004, v. II, p. 517.

21 WEBER, Max. *Economia e sociedade*, p. 518.

Capítulo 1 **Introdução ao processo tributário**

O Estado racional, que se estabeleceu no ocidente já a partir do século XI, permitiu a consolidação do capitalismo como sistema de produção e trouxe com isso a necessidade de o Poder Público criar instrumentos de defesa daquele sistema. No oriente, mais exatamente na China, o Estado não conseguiu racionalizar-se, apesar da criação de um funcionalismo público especializado. Ocorre que esse funcionalismo, ao contrário do que aconteceu no ocidente, sustentava-se na figura do *mandarim*, espécie de literato que tende a resolver questões administrativas de Estado com o conhecimento profundo de literatura e poesia[22].

No ocidente, por força dos valores pregados pelo cristianismo e da expansão do urbanismo das cidades, a presença do Estado dá-se por meio de processos racionalmente concebidos. O funcionalismo especializado do Estado racional referido por Weber buscou a "forma" de solução dos conflitos no direito romano, no qual o pretor dava as orientações procedimentais ao árbitro, de como o conflito deveria ser resolvido, independentemente do conteúdo justo da decisão. A justiça fundada em valores éticos não era preocupação do direito romano. A solução do conflito teria que se fundar simplesmente em um direito estatuído e tal solução passava pelo rito de um processo[23].

Como se observa, nos primórdios do Estado racional, a tônica da processualização é a solução do conflito intersubjetivo, isto é, a controvérsia privada. Não se via nitidamente a atuação do Estado perante o indivíduo ou voltada às coletividades. Nesse cenário de falta de planejamento não se pode conceber a formação de um Estado realizador de políticas públicas, que se verticalizam em face da sociedade através de procedimentos.

---

22 WEBER, Max. *Economia e sociedade*, p. 517.

23 "O direito racional do Estado ocidental moderno, segundo o qual decide o funcionalismo especializado, origina-se em seus aspectos formais, mas não no conteúdo, no direito romano. Este foi, inicialmente, um produto da cidade-estado romana, que nunca viu chegar ao poder a democracia, no sentido da cidade grega, e, junto com ela, sua justiça. Um tribunal grego de heliastas exercia uma justiça de cádi; as partes impressionavam os juízes com efusões emocionais, lágrimas e insultos do adversário. Este procedimento era adotado em Roma, como mostram os discursos de Cícero, também no processo político, mas não no processo civil, no qual o pretor instituía um *iudex*, dando-lhe instruções estritas referentes aos pressupostos da condenação do réu ou ao indeferimento da queixa". Cf. WEBER, Max. *Economia e sociedade*, p. 518.

CURSO COMPLETO DE DIREITO PROCESSUAL TRIBUTÁRIO

Note-se que o Estado racional já conhece o conceito de democracia fundado pelos gregos da antiguidade, mas não se observa qualquer atuação controlada do Estado por meio de procedimentos formais, que possam oferecer os subsídios para o controle das atividades estatais.

Essa atuação baseada em procedimentos formais só foi possível com a formação de uma estrutura burocrática do Estado racional[24]. Tal estrutura buscou oferecer respostas às vicissitudes do capitalismo moderno que necessitava de regras claras para se firmar. A burocracia estatal, dividida em funções (legislativa, de execução e de julgamento), confunde-se com a necessidade de se estabelecer procedimentos que possam registrar o desenvolvimento dos fatos que motivam as decisões do Estado.

O surgimento da processualização do poder, portanto, pode ser dividido em dois momentos históricos perceptíveis. Primeiramente, desde a composição dos litígios de natureza privada, o ocidente conheceu instrumentos de processualização, notadamente com base no direito romano. A partir do momento em que os mecanismos de solução foram assumidos pelo Estado, tem-se a atuação processualizada do poder estatal como método de organização para a solução da controvérsia[25]. Em outro momento, com a consolidação do capitalismo, verificou-se a necessária elaboração de normas claras que pudessem assegurar a viabilidade do sistema de produção. É evidente que a aplicação dessas regras haveria de passar pela administração burocrática de sua efetividade, o que teria que se dar pela atuação do Poder Executivo e do Judiciário. A estrutura burocrática que se ergueu no Estado, aliada ao sistema produtivo, deu margem à formação da processualização do poder sob o enfoque do interesse público e não apenas da solução da controvérsia privada. Por conseguinte, o exercício do poder passou a se estabelecer por intermédio de procedimentos burocráticos, que vão desde a elaboração das leis até a sua aplicação[26].

---

24 WEBER, Max. *Economia e sociedade*, p. 530.

25 "Processo é, como já mencionado, é um método de trabalho. São passos necessários para atingir determinada finalidade, praticados por todos aqueles que serão atingidos, ou são responsáveis, por essa finalidade". Cf. FRANCO, Fernão Borba. *Processo administrativo*. São Paulo: Atlas, 2008, p. 63.

26 "Também historicamente o 'progresso' em direção ao Estado burocrático, que sentencia e administra na base de um direito racionalmente estatuído e de regulamentos racionalmente

Capítulo 1 **Introdução ao processo tributário**

É importante salientar que o vocábulo "processo" adquiriu robustez semântica com o reconhecimento, no ocidente, da 39ª (trigésima nona) cláusula, da Magna Carta, que consagrou o princípio do "devido processo legal" (*due process of law*). De acordo com o item referido, ninguém seria punido ou tributado sem que se observassem as leis da terra. Esse preceito evoluiu para o que atualmente se compreende como princípio do "devido processo legal". A análise do conteúdo jurídico desse princípio será mais bem realizada adiante (Capítulo 2). Por ora, basta ressaltar que a expressão "processo", obteve força e popularidade nos regimes jurídicos desde 1215, na Inglaterra, com a promulgação da Magna Carta do Rei João Sem Terra. Observe-se, entretanto, que o sentido da palavra "processo", naquela época, guardava ênfase na sanção jurídica que a pessoa poderia sofrer em sua esfera de direitos, de modo que o processo era o meio regular de se aplicar sanções.

1.2.2 Processualização como conquista do Estado moderno

Existe certo consenso na Teoria Geral do Estado de que o estado moderno tomou forma na Idade Média. Os Tratados de Paz de Westfália[27] são as principais demonstrações documentais de que o ocidente estava diante da formação de novo tipo de Estado[28]. Os Acordos de Paz de Westfália têm significação meramente formal do que passou a significar o Estado Moderno que, na realidade, é o resultado da concepção burguesa das relações econômicas.

---

concebidos, encontra-se em conexão muito íntima com o desenvolvimento capitalista moderno". Cf. WEBER, Max. *Economia e sociedade*, p. 530.

27 Os Tratados de Paz de Westfália, em resumo, constituem o concerto internacional entre os países envolvidos na Guerra dos Trinta Anos, pelo qual se reconheceu a independência das Províncias Unidas dos Países Baixos e da Suíça. Foi finalmente celebrado em 24 de outubro de 1648, em Münster, local pertencente à histórica região de Westfália, hoje Alemanha. Por intermédio desses tratados, que são designados no plural, pois que resultaram de longas conversações internacionais, iniciadas em 1643, os países passaram a reconhecer uns a soberania do outro, independentemente da importância política ou da extensão territorial. Outra conquista dos Tratados foi a ruptura com a interferência direta do clero sobre assuntos de Estado.

28 Dalmo de Abreu Dallari aponta os Tratados de Paz de Westfália como os marcos formais de caracterização do Estado Moderno. Cf. *Elementos de teoria geral do Estado*. 24. ed. São Paulo: Saraiva, 2003, p. 70.

CURSO COMPLETO DE DIREITO PROCESSUAL TRIBUTÁRIO

Observe-se que o chamado estado medieval, antecessor do Estado Moderno, caracterizou-se pela influência de três fatores: a) a ascensão da Igreja Católica sobre assuntos temporais (de Estado); b) a prática de invasões pelos Bárbaros; c) o feudalismo como modo de produção econômica. Tais fatores, coordenados, geraram imensas fragilidades aos regimes imperiais, incapazes de gerir a ordem necessária para dar sustentação ao capitalismo. Aponta-se como principal deficiência do Estado Medieval, a incontável multiplicidade de ordens jurídicas (imperial, eclesiástica, o direito das monarquias inferiores, as ordenações dos feudos e as regras das corporações de ofício)[29].

O estado moderno, por sua vez, procura sanar tais deficiências a partir da noção de unidade territorial dotada de um poder soberano, este último adquirido e compreendido sob a inegável influência de Westfália. A soberania, entendida como fundamento primordial do estado moderno, conceitua-se, em síntese, como única expressão de poder de um Estado a ser observada interna e externamente. Isso significa que por meio do conceito de soberania foi possível erradicar-se a disputa de poder entre ordens jurídicas internas, marca indelével do estado medieval. O Imperador assumiu a soberania do poder sobre as demais ordens. Igualmente – e isso se deveu sobretudo a Westfália – a definição de soberania passou a significar "independência", de modo que pode haver entre os países poderes iguais, mas nenhum superior ao do outro.

Não é concebível também a existência de Estado sem território, pois a soberania necessita ser aplicada em algum lugar. Esse *locus* é o território do Estado. Assim, a delimitação física da soberania é o território que se reconhece para sua atuação.

O estado moderno, portanto, submergido nessas características, era do tipo unitário, baseado na noção de centralização política. Isso não excluía a possibilidade de o território do Estado poder ser dividido em províncias, colônias, regiões etc. Importa ressaltar que o conceito de soberania impunha a existência de uma ordem jurídica única, de modo que as divisões políticas do Estado não concorriam com o estado soberano.

---

29 DALLARI, Dalmo de Abreu. *Elementos de teoria geral do Estado*, p. 70.

Capítulo 1   **Introdução ao processo tributário**

Não obstante ser possível identificar-se a presença da processualização como forma de se alcançar finalidade específica por parte do Poder Público, no caso dos atos praticados pela Administração, não havia preocupação teórico-jurídica com o que ocorria antes da prática do ato. Assim, o procedimento utilizado para a realização do ato não necessitava ser algo regulamentado pela lei. Daí por que, até o fim do século XIX, a ênfase da análise do exercício do poder não residia no que precede o ato, isto é, no procedimento. O que ressaltava nessa época era eventual controle do ato pelo Judiciário. O direito administrativo da ocasião resumia-se à prática de atos discricionários, razão pela qual o procedimento era livre para o governante[30].

Somente no início do século XX, na Alemanha, a doutrina voltou-se para o exame da preparação do ato[31]. Essa análise influenciou o desenvolvimento da teoria do ato complexo pelo direito italiano. Assim, o ato complexo, por envolver mais de um órgão e atos administrativos, assemelhava-se ao que atualmente se entende por procedimento. Sucede que essa tese logo perdeu força, uma vez que o ato complexo, apesar de envolver diversos órgãos, não perde a característica natural de ato. Portanto, o que prepara os procedimentos do ato complexo não se confunde com o próprio ato. Aliás, os atos administrativos simples são também precedidos de atividades preparatórias, razão pela qual o procedimento não é inerente ao ato complexo, nem deve ser com ele confundido.

O termo procedimento, pois, dissociou-se da expressão ato complexo, porquanto aquele não pressupõe necessariamente convergência e homogeneidade de atuações e vontades para o alcance de um único fim.

Atualmente, não há como se confundir procedimento com ato complexo. A doutrina, às vezes, chama o procedimento de processo administrativo e, a partir dessa generalização procura distinguir o "processo administrativo" do "ato administrativo complexo". Esse critério não é adequado, porque o processo, naturalmente, envolve interesses contrapostos e é orientado por princípios constitucionais que pressupõem a divergência de interesses. Assim, é evidente que processo não se confunde com ato complexo, uma vez que este tem como pressuposto a convergência de vontades. Dito de outro

---

30   MEDAUAR, Odete. *A processualidade no direito administrativo*, p. 58.

31   MEDAUAR, Odete. *A processualidade no direito administrativo*, p. 58.

17

modo, no ato complexo, mais de um órgão atua na formação do ato por exigência legal, mas as opiniões devem ser consensuais.

A diferença entre procedimento e ato administrativo complexo, reside, portanto, na constatação de que o ato administrativo, ainda que complexo, é resultado do procedimento. Daí por que procedimento é o encadeamento de atos que leva à manifestação de vontade ou de poder consistente no ato.

No século passado, quando inicia a consolidação das teorias em torno da existência do procedimento como algo que prepara o ato administrativo, predominava a tendência de confundir o procedimento no ato, não havendo relevância em torná-lo autônomo. Posteriormente à teoria do ato complexo como espécie de procedimento, surgiu o argumento de que, se o ato complexo não se confunde com o procedimento é porque não existe relação entre os dois. Passou-se ao argumento do "ato-procedimento". Por essa teoria, "os atos da série eram partes integrantes do ato final, faltando-lhes vida jurídica autônoma"[32].

Somente a partir da década de quarenta do século XX o procedimento adquire autonomia em relação ao ato administrativo, figurando como sequência formal de atos, composto por fases, visando o exercício do poder ou a manifestação da vontade estatal.

Essa independência do procedimento em relação ao ato foi de substancial importância para o controle judicial do ato administrativo. Na medida em que o império da legalidade se firmou no século XX, a manifestação de vontade da administração ou o exercício do poder deixam de ser atitudes meramente discricionárias. A preparação do ato administrativo, pois, é o que assegura a certeza de que a legalidade foi obedecida e que os atos administrativos foram praticados de modo equilibrado.

Nos anos cinquenta do século passado, emergiu a teoria de que o procedimento é expressão dinâmica da função estatal[33]. Assim, o procedimento viabiliza que o poder saia do plano abstrato e se transforme em ato concreto.

---

32 MEDAUAR, Odete. *A processualidade no direito administrativo*, p. 61.

33 Conforme explica Odete Medauar, a teoria de que o procedimento é manifestação de funções do Estado derivou dos estudos de Feliciano Bevenutti, na Itália. *A processualidade no direito administrativo*, p. 61.

Capítulo 1   **Introdução ao processo tributário**

Além disso, o procedimento como realização do poder e da função estatal, traz objetividade à prática dos atos administrativos. Dessa forma, ao exercer o poder, a autoridade o fará por meio de regras preestabelecidas. A teoria da função permite que se conclua que a autoridade age não por critérios subjetivos, mas por força das funções que lhe são atribuídas. Essa impessoalidade é fundamental para a democracia e ao alcance do interesse público.

Paralelamente a essa ordem de argumentos, pela teoria da função, o agente desempenha suas atribuições legais objetivando um fim previsto na lei. Essa finalidade, para ser atingida, depende de motivações de fato que se vinculam à finalidade pretendida. Assim, o procedimento, sendo expressão dinâmica das funções estatais, é a interseção necessária entre os motivos da prática do ato e a finalidade legal pretendida.

O "processo", por sua vez, no estado moderno, adquiriu conotação de garantia constitucional, notadamente após a afirmação do princípio do devido processo legal, que trouxe o conteúdo das garantias da ampla defesa e do contraditório.

Assim, é impossível conceber-se, na atualidade, a solução de conflito de interesses sem passar pelo processo que garanta igualdade de tratamento às partes, bilateralidade de comunicação e direito de provar e recorrer. Sem tais garantias mínimas não se obtém julgamento justo.

É certo que no Estado moderno o processo obteve força, sobretudo porque é, na maioria das vezes, associado à jurisdição. Assim, o poder jurisdicional é limitado, no mínimo, pelas garantias do contraditório e da ampla defesa e outros princípios processuais.

Ressalte-se que o processo não se vinculou somente à sua expressão de instrumento de solução de conflitos no âmbito da justiça. A evolução do conceito de procedimento, conforme se viu, foi acompanhada da constatação de que na administração pública o processo ocupou espaço importante. Na atualidade, o poder decisório da administração é veiculado pelo processo. A não observação dos princípios e garantias do processo na administração enseja o controle jurisdicional, de modo que a decisão adotada pela administração poderá ser revista pelo Poder Judiciário em razão de vício de forma, isto é, o reconhecimento judicial de defeito no processo, independentemente do mérito da decisão administrativa.

19

1.3 A NECESSÁRIA DISTINÇÃO ENTRE PROCEDIMENTO E PROCESSO

Os conceitos de procedimento e de processo devem ser diferentes, embora seja razoável admitir que as distinções sejam sutis, podendo até não ter relevância em alguns casos. Observe-se, por exemplo, quando a expressão procedimento é utilizada como sinônimo de "rito de um processo". Nesse sentido, é irrelevante estabelecer-se um conceito com densidade jurídica para a palavra, uma vez que o conceito de processo abarcaria o de procedimento como sendo uma de suas formas. Do ponto de vista coloquial pode-se também tomar uma expressão pela outra sem maiores discussões. Aliás, como lembra Eduardo Couture, "tudo o que se desenvolve através de encadeamento lógico de fatos e atos é processo"[34].

Sustentamos, entretanto, que é necessário se fazer a separação dos institutos, e essa assertiva decorre das próprias funções estatais[35].

As funções estatais dividem-se, resumidamente, na de elaboração das leis, na sua conversão em atos concretos, bem como na sua interpretação para a solução de litígios. Os poderes da república são responsáveis pelo desempenho dessas funções. Saliente-se, primeiramente, que a "essência do regime político republicano encontra-se na distinção entre o interesse próprio de cada um em particular e o bem comum de todos, com a exigência de que este se sobreponha sempre àquele"[36]. Ao Poder Legislativo cabe precipuamente a função de elaborar as leis (função de legislar); o Poder Executivo faz a conversão da lei em realizações concretas de vontade do Poder Público (função de executar a lei); por fim, o Judiciário interpreta o direito

---

34 "En su acepción común, el vocábulo 'proceso' significa progreso, transcurso del tiempo, acción de ir hacia adelante, desenvolvimiento. En si mismo, todo proceso es una secuencia". COUTURE, Eduardo J. *Fundamentos del derecho procesal civil*. 3. ed. Buenos Aires: Depalma, 1976, p. 121.

35 Após discorrer sobre o conteúdo teórico dos elementos que formam o desenvolvimento das atividades necessárias ao cumprimento das finalidades do Estado, Régis Fernandes de Oliveira chega à seguinte definição de função administrativa: "Função administrativa é a atividade exercida pelo Estado ou por quem faça suas vezes, como parte interessada em relação jurídica estabelecida sob a lei ou diretamente realizada através de decretos expedidos por autorização constitucional, para a execução das finalidades estabelecidas no ordenamento jurídico". Cf. *Ato administrativo*. 5. ed. São Paulo: RT, 2007, p. 45.

36 COMPARATO, Fábio Konder. *Ética*: direito, moral e religião no mundo moderno. São Paulo: Companhia das Letras, 2006, p. 617.

Capítulo 1   Introdução ao processo tributário

para a solução dos casos conflituosos que chegam ao seu conhecimento (função de julgar).

O desenvolvimento dessas funções dá-se de forma precípua para cada um desses poderes, razão pela qual não são exclusivas, podendo uns desempenharem as funções do outro no exato limite de suas competências, mediante previsão legal. Isso decorre do fato de os poderes serem independentes, porém harmônicos entre si (CF, art. 2º). Assim, o fato de o Poder Legislativo exercer funções administrativas internas, não usurpa as competências institucionais do Poder Executivo, que, nesse sentido, pratica atos de execução das leis que interessam a toda sociedade, mas também pode exercer o poder de regulamentar internamente as condutas de seus agentes. Isso não autoriza a conclusão de que o Poder Executivo está legislando no lugar do Legislativo. Por outro lado, tanto o Poder Legislativo quanto o Executivo podem exercer a função de julgar, desde que nos limites de suas respectivas competências. O Poder Judiciário, por sua vez, também é obrigado a executar atos de gestão e de regulamentação de condutas internas de seus membros e servidores.

As competências precípuas dos poderes da república são estabelecidas pela Constituição Federal. No caso do Poder Legislativo, nos arts. 44 a 75; o Poder Executivo dos arts. 76 a 91 e o Poder Judiciário tem suas atribuições definidas nos arts. 92 a 126.

Ressalte-se, no âmbito dos estados, Distrito Federal e municípios, as funções estatais são estabelecidas nas Constituições estaduais e leis orgânicas, devendo ser harmônicas com as normas gerais estatuídas na Constituição Federal (CF, art. 18).

O Ministério Público e a advocacia, embora não se possa defini-los como poderes republicanos, são essenciais ao desempenho adequado das funções do Poder Judiciário. Assim, essas instituições têm suas competências também estabelecidas na Constituição Federal (arts. 129 e 133), que são regulamentadas, respectivamente, pela Lei Orgânica do Ministério Público da União (Lei Complementar n. 75, de 1993), Lei Orgânica do Ministério Público dos Estados (Lei n. 8.625, de 1993) e pelo Estatuto da Advocacia (Lei n. 8.906, de 1994).

Saliente-se que, antes do desempenho de qualquer função estatal, cabe ao povo a expressão máxima de poder. Assim, na democracia, a Constituição Federal, que define funções estatais e divide competências, é produto do

21

CURSO COMPLETO DE DIREITO PROCESSUAL TRIBUTÁRIO

encontro do povo em Assembleia Nacional Constituinte. Esta é ente abstrato que, formado por representantes eleitos pelo povo, destina-se a elaborar a Constituição.

A necessária divisão conceitual entre procedimento e processo é essencial para o desempenho das funções estatais, na medida em que processos e procedimentos são desenvolvidos em todos os poderes da república, mantendo, entretanto, características diferentes em razão das finalidades que visam alcançar. Na doutrina, há autores que consideram o conceito de processo abrangendo o de "procedimento"[37]. Outros sustentam a tese da "autonomia" entre os dois institutos[38].

---

37 Apenas para exemplificar: FERRAZ, Sergio; DALLARI, Adilson Abreu. *Processo administrativo*. 2. ed. São Paulo: Malheiros, 2007, p. 35-41. Para esses autores, o vocábulo processo prevalece sobre o procedimento por razoes lógicas, normativas e ideológicas. MOREIRA, Egon Bockmann. *Processo Administrativo: princípios constitucionais e a Lei 9.784/1999*, 3. ed. São Paulo: Malheiros, p. 60. Esse autor, após realizar razoável resenha da doutrina sobre o tema, conclui que processo é relação jurídica autônoma de direito público e, por tal razão, prevalece sobre o procedimento; MEDAUAR, Odete. *A processualidade no direito administrativo*. 2. ed. São Paulo: RT, 2008, p. 44. Nessa obra, sustenta-se o entendimento de que o processo rege o sentido da locução "processualidade ampla". Assim, haverá processos jurisdicional, administrativo e legislativo, conforme a função estatal. COSTA, Nelson Nery. *Processo administrativo e suas espécies*. 2. ed. Rio de Janeiro: Forense, 2000, p. 12. Segundo o autor, é irrelevante distinguir-se processo de procedimento, deixando entrever o termo *processo* deve preponderar, pois que procedimento é simplesmente rito dos processos. XAVIER, Alberto. *Princípios do processo administrativo e judicial tributário*. Rio de Janeiro: Forense, 2005, p. 5. A despeito de ter enfrentado o tema mais profundamente na obra "Do procedimento administrativo", de 1976, agora sob a égide da Constituição Federal de 1988, o autor reforça o argumento de que o vocábulo processo absorve o procedimento, uma vez que o primeiro é o procedimento com o objeto de solucionar um litígio.

38 MARINS, James. *Direito processual tributário brasileiro*: administrativo e judicial. 2. ed. São Paulo: Dialética, 2002, p. 331. O autor entende que o processo é norteado pelas garantias do contraditório e da ampla defesa, as quais não caracterizam os procedimentos. MACHADO SEGUNDO, Hugo de Brito. *Processo tributário*. São Paulo: Atlas, 2004, p. 27. Para esse autor os vocábulos são distintos, apesar de enxergar certa predominância da expressão processo. Sucede que, em determinada fase, o processo pode não se caracterizar pela participação das partes em contraditório, razão pela qual, não deve atribuir a essa etapa o nome *processo*, mas *procedimento*. FRANCO, Fernão Borba. *Processo administrativo*. São Paulo: Atlas, 2008, p. 185. Após abordar as diversas variações do tema, conclui o autor que o procedimento complementa o conceito de processo, mas com este não se confunde, de modo que o processo caracteriza-se pela presença dos princípios ou

Capítulo 1 **Introdução ao processo tributário**

A distinção entre procedimento e processo não é meramente semântica, mas sobretudo conceitual. A doutrina tem demonstrado por diversos argumentos que as expressões possuem conotações diferentes, mas quase sempre se recorre a dois elementos objetivos que permitem separar os sentidos jurídicos dos vocábulos.

O primeiro desses elementos é o "normativo". Assim, considerando que a Constituição Federal, no art. 5º, LV, ao estatuir as garantias do contraditório e da ampla defesa, referiu-se às locuções "processo judicial" e "processo administrativo", isso seria suficiente para determinar que no direito brasileiro há somente "processos", relegando-se o procedimento para plano inexpressivo. Acresça-se a essa ordem de ideias que a Lei n. 9.784, de 1999, que regula o "processo administrativo federal", concede ao procedimento a simples qualidade de "rito" dos processos, sem qualquer conotação de relação jurídica autônoma, conforme anota Egon Bockmann Moreira[39].

O exercício da competência estatal, no Estado democrático de direito, não encontra outra forma de expressão a não ser pelo procedimento, na medida em que se volta ao atendimento do interesse público. Mesmo quando a administração atua aparentemente para a satisfação de interesses privados, no fundo, o interesse em questão é de toda a sociedade, por força dos princípios da legalidade, isonomia, impessoalidade e moralidade. Daí por que são os procedimentos públicos veículos de conversão do poder em atitude concreta, sob o pálio da legalidade. Assim, a menção ao processo judicial e ao processo administrativo, contida no inciso LV do art. 5º da Constituição Federal, não pode ser resumida a ponto de excluir os procedimentos administrativos como institutos autônomos e com a função de permitir o controle social das funções públicas. De acordo com Marçal Justen Filho, o mencionado dispositivo constitucional impede que a "competência estatal seja utilizada para sacrificar o interesse privado sem a possibilidade de o interessado fiscalizar a atuação dos agentes públicos e ser previamente ouvido"[40].

---

garantias do contraditório, ampla defesa, igualdade das partes, imparcialidade do julgador, as quais, quando presentes no procedimento, transformam este em processo.

39 MOREIRA, Egon Bockmann. *Processo Administrativo: princípios constitucionais e a Lei 9.784/1999*, p. 60.

40 JUSTEN FILHO, Marçal. *O direito das agências reguladoras independentes*. São Paulo: Dialética, 2002, p. 560.

CURSO COMPLETO DE DIREITO PROCESSUAL TRIBUTÁRIO

Outro elemento comumente utilizado na análise da divisão entre os vocábulos processo e procedimento, é o "critério da lide". O processo depende da verificação de uma lide para que possa se afirmar como tal, isto é, sem um conflito de interesses objetivamente estabelecido entre pelo menos duas partes não haverá processo. Assim, o processo seria o procedimento qualificado pela lide[41]. O procedimento, por sua vez, ficaria reservado às situações em que o Poder Público desempenhasse suas funções sem, necessariamente, exigir a participação de particulares interessados, razão pela qual não haveria lide para ser resolvida.

Por outro lado, o argumento que sustenta ser o processo caracterizado pela lide não pode ser conduzido a extremos, a ponto de somente reconhecer que existe processo quando se tratar de uma lide exposta perante um juiz[42].

Toda manifestação de poder na democracia deve desenvolver-se por meio de procedimentos, podendo ocorrer, em determinado momento, controvérsia sobre os interesses da administração pública e os defendidos pelo particular. Nessa hipótese, a expressão procedimento (que, conforme foi visto, não possui a carga semântica de solucionar conflitos), deve ser substituída. Para que se aceite a solução da lide (controvérsia) como "justa", são indispensáveis a atuação de conquistas civilizatórias, como o devido processo legal, o contraditório e a ampla defesa. A expressão processo é empregada para designar o procedimento revestido dessas características. Assim, todo processo se inicia por meio de um procedimento que, a partir de determinado momento, poderá se transformar ou não em um processo.

Mesmo o processo judicial se inicia como um procedimento para depois se transmudar em processo. O autor da ação, ao procurar a justiça protocolando sua petição inicial, dá início a um procedimento. O juiz, ao determinar a citação do réu, aceita a petição inicial e cria as condições necessárias à formação da lide. Essa fase preliminar, portanto, é um procedimento, porque

---

41 "Com efeito, o Processo define-se por sua qualidade-regente do procedimento. Quando o procedimento não se faz em contraditório, tem-se somente procedimento, não processo". LEAL, Rosemiro Pereira. *Teoria geral do processo*, p. 93.

42 JUSTEN FILHO, Marçal. Considerações sobre o processo administrativo fiscal. *Revista dialética de direito tributário*, v. 33, p. 108-132.

Capítulo 1 Introdução ao processo tributário

expressa a legitimidade do poder estatal de propiciar a formação da lide, que ocorrerá caso o réu resista à pretensão do autor. Assim, apesar de o processo decorrer do procedimento, existem diferenças ontológicas entre ambos os termos que necessitam ser mais bem examinadas.

1.3.1 Identificação do procedimento e do processo

Ao longo dos séculos XVIII a XX foram várias as escolas que procuraram explicar o processo como sequência de atos destinada a solucionar conflitos jurídicos.

Na doutrina, costuma-se selecionar as seguintes teorias para explicar o que é o processo: a) "teoria do processo como contrato"; b) "teoria do processo como quase-contrato"; c) "teoria do processo como relação jurídica"; d) "teoria do processo como situação jurídica"; e) "teoria do processo como instituição"; f) "teoria do processo como procedimento em contraditório"; g) "teoria constitucionalista do processo".

A "teoria do processo como contrato" nasceu no século XVIII, na França, e pregava que o processo era um contrato entre as partes litigantes, celebrado para a solução do conflito perante um árbitro. A "teoria do processo como quase-contrato", também de origem francesa (1850), entendia que se o processo não for um contrato, porque nem sempre se tem o consentimento da parte adversa, deverá ser um quase-contrato, pois o autor, ao demandar o juiz, faz com este um pacto subliminar de aceitar eventual decisão desfavorável. A "teoria do processo como relação jurídica" é uma escola teórica que argumenta ser o processo uma relação jurídica entre autor, juiz e réu que independe do direito material. Foi idealizada por Bülow, em 1868, cooptou vários adeptos e sobrevive forte até os dias atuais. De todas as teorias, a do "processo como situação jurídica" é a menos plausível e a mais incompreensível. Foi concebida por Goldshimidt, na Alemanha, em 1925. De acordo com seus fundamentos, o processo é um complexo de fatos e fundamentos alegados pelas partes com os quais a sentença do juiz não tem relação de causalidade, cabendo ao julgador a decisão que lhe parecer mais conveniente. A "teoria do processo como instituição", concepção idealizada pelo espanhol Guasp, em 1940, argumenta que o processo é um complexo de atos, um método de atuação que se desenvolve de forma unitária, mediante regras estabelecidas pelo direito, com o fim de se obter justiça. O processo, como instituição, se fundamentaria apenas em elementos sociológicos e não exatamente jurídicos. A "teoria do processo como procedimento em contraditório" é considerada um divisor de águas no dissenso entre processo e procedimento. Possui a virtude de conceber o processo como uma fase que pode ocorrer no procedimento, em que passa a existir lide, emergindo daí um rol de garantias e princípios constitucionais que darão equilíbrio à discussão. Foi desenvolvida pelo italiano Elio Fazzalari. A "teoria constitucionalista do processo", originou-se no pós-guerra, portanto a partir de 1945, sustentando que o processo só teria condições de se desenvolver validamente, caso garantisse o contraditório e a ampla defesa, institutos jurídicos que caracterizam a essência do devido processo legal estatuído nas Constituições dos países[43].

De todas as teorias, a mais influente foi a doutrina que considerou o processo como "relação jurídica". A doutrina italiana do início do século XX, cujos principais artífices foram Chiovenda, Carnelutti, Calamandrei e Liebman, aprimorou os fundamentos dessa corrente. Entre os autores nacionais, o expoente dessa concepção é Cândido Rangel Dinamarco[44]. Segundo essa doutrina, o processo é relação jurídica entre o autor, o juiz e o réu[45]. Essa relação ora triangular (entre o autor, o juiz e o réu), ora bilateral (entre autor e réu) ou linear (entre o autor e o juiz) independe do direito material criado e regulado por outra legislação. O processo teria dinâmica autônoma e normas próprias. Daí por que o processo deve ser de domínio dos profissionais que com ele atuam. Eventuais falhas e dificuldades de interpretação serão resolvidas por meio de normas vinculadas à lógica e aos princípios processuais.

A identificação da relação jurídica processual, segundo Couture, reside na conduta dos sujeitos do processo em suas conexões recíprocas[46].

No campo da divisão entre os conceitos de processo e de procedimento, conforme anota Rosemiro Pereira Leal, essa teoria afirmou que o

---

43 LEAL, Rosemiro. *Teoria geral do processo*, p. 77-84. COUTURE, Eduardo J. *Fundamentos del derecho procesal civil*, p. 126-145; DINAMARCO, Cândido Rangel et. al. *Teoria geral do processo*, p. 275-289.

44 DINAMARCO, Cândido Rangel et al. *Teoria geral do processo*. DINAMARCO, Cândido Rangel. *A instrumentalidade do processo*. 13. ed. São Paulo: Malheiros, 2008.

45 COUTURE, Eduardo J. *Fundamentos del derecho procesal civil*, p. 135.

46 COUTURE, Eduardo J. *Fundamentos del derecho procesal civil*, p. 134.

Capítulo 1 **Introdução ao processo tributário**

procedimento era a expressão material do processo, uma vez que este, enquanto relação jurídica, mostrava-se abstrato e imaterial[47].

A teoria da relação jurídica compreende o processo como complexo de atos que constituem uma unidade. A sequência dos atos que integram o processo, para essa doutrina, é deslocada para o campo do procedimento[48]. Assim, procedimento é atividade concreta e dinâmica; processo é relação jurídica.

A doutrina do processo como relação jurídica, embora possua a virtude de distinguir a relação processual da relação de direito material, não conseguiu diferençar o "processo" em relação ao "procedimento" do ponto de vista das "funções estatais". A rigor, tanto o procedimento quanto o processo são abstrações criadas pela lei e, nesse sentido, é difícil negar que o procedimento não seja também uma relação jurídica.

No campo abstrato, portanto, o que irá distinguir o processo do procedimento, conforme a doutrina de Elio Fazzalari, será a ocorrência da "lide", que pode se dar em algum momento do procedimento[49].

O pensamento de Fazzalari está melhor adaptado à identificação da linha divisória entre processo e procedimento, pois demonstra com argumentos reais, lógicos e plausíveis, que o procedimento poderá conter uma fase diferente da outra, marcada pelo dissenso de interesses[50]. Por outro lado, o procedimento poderá se estabelecer sem qualquer controvérsia, desenvolvendo-se sob a prática sistemática de atos unilaterais do Poder Público. A discórdia de interesses, que em direito recebe o nome de "lide", é o que inicia a caracterização do processo e o separa do procedimento.

Com esses fundamentos, observa-se que o procedimento possui motivações que o caracterizam peculiarmente. Além disso, considerando que o processo pode ser antecedido de um procedimento, segue-se que haverá procedimentos e processos no âmbito das três funções estatais.

As motivações dos procedimentos podem ser segmentadas: a) em razão do Estado democrático de direito; b) para legitimar o exercício do poder; c) para conceder transparência ao ato do Poder Público; d) procedimento

---

47   LEAL, Rosemiro Pereira. *Teoria geral do processo*, p. 79.

48   COUTURE, Eduardo J. *Fundamentos del derecho procesal civil*, p. 122.

49   FAZZALARI, Elio. *Istituzioni di diritto processuale*. 8. ed. Padova: CEDAM, 1996, p. 83.

50   FAZZALARI, Elio. *Istituzioni di diritto processuale*, p. 84.

para o controle da vontade do Estado e do exercício do poder; e) para formalizar uma pretensão.

O processo, por sua vez, tem como motivação a controvérsia de interesses, que poderá igualmente ocorrer no âmbito dos três poderes. Saliente-se que a jurisdição enquanto função do Estado tem no processo seu meio natural de expressão. Daí por que a jurisdição é tipicamente voltada para a resolução de controvérsia jurídica. Isso não impede que, antes de iniciada a controvérsia, possa existir procedimento como forma de viabilização do processo judicial.

Além da controvérsia, no mínimo, duas garantias constitucionais devem estar presentes para que o processo seja devidamente caracterizado e produza resultados juridicamente válidos. São as garantias constitucionais do "contraditório" e da "ampla defesa". Essas garantias constituem o mínimo para que um processo se desenvolva. Outros princípios e garantias podem influenciar no desenvolvimento válido do processo, que, juntamente com as duas outras garantias citadas, serão examinados no Capítulo 2 deste livro.

1.3.1.1 Procedimento em razão do Estado democrático de direito

Conceituar "Estado democrático de direito" exige um rol de fundamentos históricos e extrajurídicos que, se fossem analisados neste trabalho, provavelmente o levariam para considerações distantes dos seus objetivos específicos. Este é um livro de direito processual, especificamente de processo tributário, e o estudo do Estado democrático de direito ingressa nas complexidades do direito constitucional, da ciência política, da economia, da filosofia política etc. No entanto, o conceito de procedimento como instrumento institucional de manifestação de vontade e de poder estatais está intimamente relacionado com os modos de ser do Estado, em especial no mundo contemporâneo. Por esse motivo, serão feitas algumas considerações, ainda que superficiais, sobre Estado democrático de direito como parte dos argumentos que serão desenvolvidos sobre procedimento, enquanto vontade e manifestação de poder do Estado na democracia.

Em geral, afirma-se que a passagem do "Estado de direito" para o "Estado democrático de direito", é marcada pela previsão de meios que permitam efetivar igualdade entre as pessoas. Assim, além dos direitos e garantias individuais conhecidos desde a formação da "teoria do Estado de direito", tais como liberdade, propriedade, intimidade, segurança entre outras, no "Estado democrático de direito", a ênfase é a promoção de direitos sociais que propiciem

Capítulo 1   **Introdução ao processo tributário**

índices mais elevados de igualdade e maior mobilidade econômica para todos. Os direitos à educação, à saúde, à habitação, ao trabalho, à seguridade social, à cultura, juntamente com os direitos individuais consagrados desde o Estado de direito liberal, são essenciais à formação do Estado democrático de direito.

O Estado cumpre papel relevante na viabilização de todos esses direitos. Primeiramente, entretanto, devem os governos não interferir na livre iniciativa, a fim de que o sistema econômico produza os bens necessários à absorção de capital e de bens de produção suficientes para alimentar e realimentar a economia. Cabe ao Estado, por outro lado, desenvolver as políticas públicas que permitam o alcance da igualdade desejada. É atribuição do Poder Público, igualmente, regular o mercado de serviços públicos com o propósito de evitar distorções e prejuízos, garantindo acesso aos serviços para todos.

O desempenho das funções estatais no Estado democrático de direito é controlado por instituições democráticas, estabelecidas a partir do processo legislativo de participação representativa da sociedade. Assim, o Poder Judiciário, o Ministério Público e os órgãos de controle de contas – entidades previstas na Constituição Federal – são fundamentais ao desenvolvimento válido, estável e justo das atividades do Estado.

Na democracia moderna, regime de governo que orienta o Estado democrático de direito, o povo está acima de todas as instituições. Fabio Konder Comparato, após discorrer sobre "os grandes princípios éticos" da "verdade", "justiça", e "amor", complementa-os com outros de natureza política, quais sejam, "liberdade", "igualdade", "segurança" e "solidariedade". E arremata argumentando que o regime democrático se realiza em leis decorrentes desses princípios[51]. As respostas dadas pelo Poder Público no desempenho de suas atribuições constitucionais e legais, necessitam ser materializadas em procedimentos, caso contrário, não se consumará o controle da atividade estatal, que é essencial à subsistência da democracia.

---

51   "Podemos, em conclusão, definir o regime democrático como aquele em que a soberania pertence ao povo, no interior de um Estado, ou ao conjunto dos povos, no plano mundial, para a realização do bem comum de todos (princípio republicano), submetendo-se sempre o exercício desse poder soberano às normas jurídicas que consubstanciam os grandes princípios éticos expostos no capítulo anterior [*verdade, justiça, amor, liberdade, igualdade, segurança e solidariedade*]". Cf. COMPARATO, Fabio Konder. *Ética* p. 665.

Por conseguinte, o Estado democrático de direito atua na formação da vontade estatal (promovendo políticas públicas) ou exercendo o poder (convergindo a lei em injunções ou atos concretos) através de procedimentos. Sem procedimento, não há controle e sem este não existe Estado democrático de direito.

1.3.1.2 Procedimento para legitimar o exercício do poder

No Estado democrático de direito, os agentes públicos, em geral, têm suas competências definidas em lei. A instauração de procedimentos para veicular a vontade do agente que, de resto, faz o Poder Público operar no mundo concreto, deve ser condição para o exercício de tais competências.

O procedimento, ao mesmo tempo em que se revela como freio ao arbítrio ou ao abuso de poder, é prova de cumprimento do dever e de respeito à legalidade, o que favorece ao próprio agente público.

Ressalte-se que, na democracia, a manifestação de poder só pode ser compreendida como coerção se for legítima. O que legitima a coerção é a aceitação da legitimidade da ordem proferida pela autoridade. Observe-se, em última análise, que a obrigatoriedade do cumprimento da ordem se efetiva quando o obrigado aceita o seu mandamento ou admite ser coagido a cumpri-la. Em qualquer caso, os atos que levam à aceitação da ordem ou à sua coercibilidade devem ser controlados pelo procedimento ou por processos[52].

1.3.1.3 Procedimento para conceder transparência ao ato do Poder Público

No Estado democrático de direito, o procedimento é indispensável para conferir transparência dos atos de gestão pública ou de manifestação de poder. É essencial à consolidação e mantença da democracia que a sociedade tenha acesso às decisões e atos das autoridades públicas, como

---

52 "Pode definir-se a legitimidade como uma disposição generalizada para aceitar decisões de conteúdo ainda não definido, dentro de certos limites de tolerância". Cf. LUHMANN, Niklas. *Legitimação pelo procedimento*, p. 30.

Capítulo 1   Introdução ao processo tributário

também às fases que os antecedem, para que se possa observar a pertinência de suas motivações[53].

Além disso, a transparência permite que os órgãos de controle possam cumprir os deveres institucionais de velar pela legalidade ou pela adequada utilização dos recursos públicos. Assim, o procedimento é meio de se efetivar o princípio da transparência. Enquanto o princípio da transparência é norma que corrobora na necessária existência do procedimento, este é veículo de expressão do princípio.

1.3.1.4 Procedimento para o controle da vontade do Estado e do exercício do poder

O Estado, no cumprimento das metas inerentes ao Estado democrático de direito, manifesta sua vontade por meio de atos ou ajustes com o particular. Tais atos ou ajustes vão desde a aquisição de bens e serviços, até ao oferecimento de bens sociais vinculados às políticas públicas. Em geral, os ajustes para aquisição de bens e serviços são precedidos de procedimento licitatório, o que culmina na celebração de um contrato com o particular.

Para que os órgãos de controle possam examinar o cumprimento da legalidade é imprescindível que a manifestação de vontade resulte de um procedimento que permita historiar os atos e opções legais adotadas pelo gestor.

Aliás, o princípio da legalidade é aplicado e exteriorizado por meio de procedimentos. Sem procedimento, o exame da legalidade dependeria de impressões subjetivas e imprecisas, tanto dos órgãos de controle quanto dos agentes controlados. A democracia teria dificuldades de se afirmar perante tão elevado grau de abstração.

O mesmo se diga quando se tratar do exercício da autoridade. As injunções administrativas que caracterizam o exercício do poder de polícia,

---

53 "O processo administrativo é formalidade legal e requisito indispensável à validade do ato, responsável pela democratização da atividade administrativa, garantindo a transparência e seus fins – o controle, a eficiência, a justiça, a aproximação entre Administração Pública e administrados, a renovação do modo de suas relações e a legitimidade ao uso do poder". Cf. MARTINS JÚNIOR, Wallace Paiva. *Transparência administrativa*: publicidade, motivação, e participação popular. São Paulo: Saraiva, 2004, p. 370.

como são as fiscalizações e a regulação, dependem de procedimentos, porque, de outro modo, o destinatário de tais injunções não conseguiria aferir o cumprimento da legalidade e, desta forma, aceitar a legalidade do ato praticado. Ainda que o particular não aceite o ato praticado, somente haverá meios de se insurgir contra eventual vício se houver procedimento. Nesse sentido, o procedimento cumpre função bivalente: é simultaneamente meio de aferição do respeito à legalidade como também de comprovação de seu descumprimento.

1.3.1.5 Procedimento para formalizar uma pretensão

O cumprimento da legalidade no Estado democrático de direito exige respeito às normas pré-estatuídas. Existem normas que devem ser observadas ainda quando se trate de ato discricionário. Assim, a discricionariedade ocorre dentro de balizas legais, caso contrário poderá se transformar em arbítrio.

Existem normas que conferem poderes ao Estado (também conhecidos como "poder/dever"). Para exercer esses poderes/deveres conferidos pela legislação perante o particular, o Estado, mesmo como uma entidade abstrata, manifesta sua vontade de agir, conceitualmente considerada como o "poder/dever". A vontade de agir é documentada, ou historiada em uma sucessão de atos, que recebe o nome de "procedimento". A pretensão da administração pública é resultante do procedimento. O poder/dever ou a vontade administrativa de agir é documentada em termos, geralmente escritos. Constituída a pretensão administrativa, o Poder Público estará apto a exigir o seu cumprimento perante o obrigado.

A pretensão resultante do procedimento somente poderá ser considerada válida se os atos, que compõem o procedimento e, portanto, que precedem a pretensão tiverem atendido à legalidade. O vício de origem causa a nulidade da pretensão por pressupor a ausência de legitimidade para a formação da pretensão administrativa.

A cobrança de tributos, por exemplo, realizada por meio do procedimento do lançamento, é típico procedimento que gera uma pretensão administrativa, consistente em um crédito tributário a ser exigido do contribuinte. Assim, a obrigação tributária decorrente do fato gerador é formalmente documentada em uma pretensão obtida por meio de um procedimento legal.

Capítulo 1   Introdução ao processo tributário

1.3.2 Conceito de procedimento e de processo

Com base nos fundamentos apresentados, conclui-se que não há como confundir os vocábulos procedimento e processo. Trata-se de institutos diferentes no tocante às suas respectivas finalidades e regimes jurídicos.

Note-se que o fim do procedimento é, resumidamente, atestar a legitimidade das manifestações de poder estatal. Isso poderá ocorrer em quaisquer dos poderes republicanos. É que o procedimento está atrelado à manifestação de vontade do agente com legitimidade para agir ou ao exercício do poder propriamente dito. A manifestação de vontade pode guardar características de discricionariedade ou de vinculação à lei.

A comprovação do cumprimento da legalidade não se reduz à análise dos atos de vontade ou de poder. Esses atos são produtos do procedimento, razão pela qual o controle de legalidade deve ser exercido em sua totalidade, isto é, sobre o procedimento e o seu resultado.

Há realmente relação de interdependência entre o procedimento e o ato da autoridade. Essa interdependência é determinada pelos valores defendidos pela democracia e em razão da compostura jurídica do Estado democrático de direito que exige, inevitavelmente, obediência à legalidade.

A democracia se constrói pelas opções políticas estatuídas na Constituição. Essa construção será puramente formal se não existir controle social do exercício do poder. Esse controle, primeiramente, é exercido por instituições jurídicas, que necessitam do procedimento como base material e jurídica para o desempenho dessa função de controle.

Assim, "procedimento" é a sucessão lógica de atos, devidamente formalizados em meio físico ou eletrônico, que, associando elementos de fato e de direito pertinentes, resulta em atos de manifestação de vontade e de exercício de poder que constituem pretensões administrativas, de modo a oferecer condições de se exercer controle de legitimidade e de legalidade pelas instituições constituídas ou pelos interessados.

O processo, por sua vez, será precedido de um procedimento. O que caracteriza o processo é a existência de controvérsia sobre interesses determinados, a que se dá o nome de lide.

Note-se que, apesar de todas as teorias que procuraram explicar o processo em sua conotação racional, a "teoria da instrumentalidade do processo" é a que melhor se encaixa nas suas características centrais. O processo,

CURSO COMPLETO DE DIREITO PROCESSUAL TRIBUTÁRIO

de acordo com essa teoria, deve ser analisado nos seguintes planos: a) do alcance da paz social; b) do atingimento da ordem jurídica justa; c) da negação do processo como fim em si mesmo[54].

Com relação ao primeiro, observa-se que o processo desempenha função instrumental no sentido de se obter a paz social. A previsão no ordenamento jurídico do processo para a solução de controvérsias tende a erradicar a barbárie e solução arbitrária das próprias razões. A justiça é um ideal e a solução justa pelo processo é a justiça possível, da qual o processo é instrumento em que a legitimidade do julgador é elemento jurídico de persuasão para que o vencido se conforme com o resultado obtido. Logo, percebe-se que o processo é o elo entre as leis materiais e a solução "justa possível". Por fim, o processo é instrumento porque não é um fim em si mesmo. É meta para se alcançar a distribuição dos bens da vida em controvérsia jurídica. Daí por que os vícios e defeitos do processo não devem, abstrata e cegamente, inviabilizar essa meta. Dessa última noção instrumental do processo nasce o princípio da instrumentalidade das formas.

A instrumentalidade do processo, entretanto, tem o descuido de vincular o processo à função jurisdicional, na medida em que argumenta ser o processo, em síntese, instrumento para se alcançar a justiça. O processo se presta para solucionar controvérsias como atividade fundamental na democracia. A jurisdição não seria nada sem o processo, mas não é menos certo que a controvérsia de interesses pode advir em quaisquer esferas de poder, havendo a necessidade de se resolver o litígio pelo processo[55]. Para ficar apenas com um exemplo, os processos administrativos disciplinares são constituídos de controvérsia entre a administração e o servidor, o que pode ocorrer nos três poderes.

A controvérsia poderá envolver particulares na disputa de interesses intersubjetivos. No âmbito da administração dos poderes, o interessado poderá, igualmente, opor-se às injunções ou pretensões do Poder Público. O interessado será qualquer pessoa, natural ou jurídica, de direito público ou privado.

---

54 DINAMARCO, Cândido Rangel et. al. *Teoria geral do processo*, p. 41-42.

55 Rosemiro Pereira Leal lança críticas severas sobre a instrumentalidade do processo. Em resumo, entende que o direito de ação é que "instaura o procedimento e não a jurisdição, logo, é esta instrumento do processo e não vice-versa". *Teoria geral do processo*, p. 79.

Capítulo 1   Introdução ao processo tributário

As discussões que constituem a lide versarão a respeito do próprio mérito da injunção administrativa ou da pretensão, como também acerca da aplicação das próprias normas que regem o processo, quando eventualmente se desviarem dos princípios e garantias constitucionais do processo. Quanto ao mérito, o meio de se estabelecer o debate de forma equilibrada e justa há de se desenvolver através de sequência lógica de atos, que permita a verificação da legalidade da condução do processo pelas partes e por toda a sociedade. Daí por que, salvo raras exceções, o processo necessita ser público, pois, no âmbito da democracia, todos têm interesse na aplicação correta do direito.

No tocante à forma por meio da qual o processo deverá se desenvolver, observe-se que o ponto determinante do equilíbrio processual é o respeito às normas que regulam o seu desenvolvimento. A vulneração dessas regras implica o desenvolvimento inadequado do processo, o que pode contaminar o mérito da decisão, caso a ofensa à legalidade tenha sido determinante para a conclusão de mérito.

O processo é orientado por princípios de índole constitucional, eis que seu teor jurídico advém dos direitos fundamentais (CF, art. 5º). O princípio que comanda o processo é o "devido processo legal" (*due process of law*), que indica ser necessário o estabelecimento de processo regulado por lei, sempre que alguém estiver sob a ameaça de ser privado dos seus bens ou de sua liberdade (CF, art. 5º, LIV). O princípio do devido processo legal só consegue se efetivar no processo caso sejam cumpridas as garantias do contraditório e da ampla defesa (CF, art. 5º, LV).

Com base nesses elementos, é possível definir processo como: o conjunto de atos logicamente ordenados, que têm por fim conduzir à solução de litígio em quaisquer dos poderes republicanos, a partir da instauração de um procedimento, devendo ser sempre orientado, no mínimo, pelo princípio do devido processo legal e pelas garantias do contraditório e da ampla defesa.

1.4 SENTIDOS JURÍDICOS DA LOCUÇÃO "PROCESSO TRIBUTÁRIO"

A locução "processo tributário", em sentido lato, abrange tanto os procedimentos administrativos para a constituição do crédito tributário, quanto o processo administrativo em que se verificam divergências entre sujeito passivo e Fazenda Pública. Também pode ser considerado processo administrativo

CURSO COMPLETO DE DIREITO PROCESSUAL TRIBUTÁRIO

tributário, no mesmo sentido amplo, toda investida do contribuinte contra a Fazenda Pública para o atendimento de seu interesse.

Os subitens a seguir cuidarão dos ajustes necessários à compreensão do que se considera geralmente como "processo tributário", sempre partindo da premissa de que processo e procedimento são diferentes, porque aquele depende da existência de "pretensão" do demandante e "resistência" da parte demandada. O procedimento, por sua vez, dá-se pelo curso natural do exercício da autoridade estatal, mediante previsão em lei específica ou como decorrência do princípio do devido processo legal.

O alcance do processo administrativo tributário, entretanto, não se atém somente à cobrança do tributo. Inicialmente, todo procedimento relativo a assuntos fazendários, na esfera administrativa, pode ser admitido como "processo tributário".

James Marins divide o processo tributário em três regimes, dos quais dois se referem ao processo administrativo fiscal. São eles a "fase do procedimento", considerada um percurso para a prática do ato de lançamento; e o "processo" como instrumento de solução dos conflitos fiscais[56]. O outro regime é o processo judicial, constituído pela mesma finalidade do "processo" administrativo.

A doutrina de Alberto Xavier alerta para o fato de existir mais de um modelo de procedimento tributário, que variam conforme a natureza da atividade a que estiverem relacionados. Assim, ao lado do "procedimento administrativo de lançamento", que visa preparar a prática do ato administrativo de cobrança do crédito tributário, tem-se o "procedimento administrativo de aplicação de penalidades", objetivando punir o sujeito passivo por meio de norma penal tributária. Existe também o "procedimento de arrecadação e cobrança", que tem por finalidade não apenas a preparação do ato de exigência do crédito tributário, mas também a execução do próprio ato de cobrança. Por fim, tem o "procedimento de fiscalização", pelo qual se exerce a atividade de polícia fiscal, independentemente de casos individualizados[57].

---

56   MARINS, James. *Direito processual tributário brasileiro*: administrativo e judicial. 2. ed. São Paulo: Dialética, 2002, p. 160.

57   XAVIER, Alberto. *Do lançamento*: teoria geral do ato, do procedimento e do processo tributário. 2. ed. Rio de Janeiro: Forense, 1998, p. 117.

Capítulo 1 Introdução ao processo tributário

São tipos de procedimentos administrativos tributários especiais, segundo ainda Alberto Xavier: "os procedimentos de consulta", "restituição", "ressarcimento e compensação", "reconhecimento de benefícios fiscais", "parcelamento de débitos", "representação para fins penais", entre outros[58].

Apesar de todas essas modalidades de processo tributário, a referida síntese de James Marins, que divide o processo tributário em três regimes (procedimento, processo administrativo e processo judicial), é bastante funcional, porquanto remete à clássica distinção entre procedimento e processo.

1.5 DISTINÇÕES ENTRE PROCEDIMENTO E PROCESSO ADMINISTRATIVO EM MATÉRIA TRIBUTÁRIA

A locução "processo administrativo" é bastante eclética, sobretudo porque o vocábulo "processo" possui diversos sentidos, e popularmente é utilizada para designar o conjunto de documentos que expressam informações, arrazoados, decisões, certidões e provas. Assim é que todo conjunto de documentos que tende a tramitação no âmbito de entidades públicas ou privadas é considerado um processo.

No que diz com o processo administrativo, a questão se mostra mais controvertida, na medida em que a noção que se enraizou no ocidente sobre processo dá mais ênfase aos processos judiciais (civil e penal). A visão panorâmica da tradição do processo judicial pressupõe a figura do juiz como integrante neutro da relação processual. O processo administrativo brasileiro, por sua vez, que segue em parte a orientação do direito saxão, não reserva lugar para um magistrado decidir conflitos entre o Estado e o indivíduo no âmbito da própria administração pública[59]. Talvez isso explique os motivos da frequente confusão entre processo e procedimentos administrativos.

---

58 XAVIER, Alberto. *Do lançamento*, p. 117.

59 O regime de Direito administrativo francês tem por princípio a constituição de um Conselho com funções jurisdicionais distintas da jurisdição comum. Daí se falar em princípio da "dualidade de jurisdição". A Inglaterra e os Estados Unidos da América do Norte, diferentemente, sujeitaram a Administração ao crivo do juiz imparcial, provavelmente para reduzir a força do Poder Executivo sobre suas democracias. A doutrina esclarece, entretanto, que não existe total divisão de atribuições no sistema de dualidade de jurisdição, já que, mesmo no direito francês, apontam-se diversas matérias em que o

CURSO COMPLETO DE DIREITO PROCESSUAL TRIBUTÁRIO

O processo administrativo é normalmente associado à noção de procedimento, conforme anota Celso Antônio Bandeira de Mello[60]. Essa conclusão tem suas bases, certamente, na compreensão de que o processo não é privilégio da atuação jurisdicional[61].

No âmbito da administração, há muito tempo se entende ser processo administrativo o procedimento que envolve situações em que o administrado é considerado acusado. Tanto assim que a Constituição anterior, de 1967, previa apenas a instauração de processo administrativo quando o particular fosse destinatário de uma acusação. O vocábulo "acusado", a despeito de sua amplitude, presumia – como continua presumindo – a existência de fatos praticados pelo administrado contra interesses da administração. É o que ocorre com o servidor que responde imputações no âmbito das repartições governamentais. O mesmo ocorre nos casos de procedimentos contenciosos de licitação ou de concursos em que particulares contendem entre si ou o Poder Público com os particulares.

Consoante se observa, existe inegável influência do processo judicial sobre a concepção do processo administrativo, sugerindo, em regra, a polaridade de interesses em conflito, o que não estaria presente nos procedimentos.

Conselho Administrativo está impedido de julgar, ainda que se trate de matéria relativa direta e indiretamente ao Estado. Cf. DI PIETRO, Maria Sylvia Zanella. 18. ed. São Paulo: Atlas, 2005, p. 33-41.

60 "Sem embargo, cremos que a terminologia adequada para designar o objeto em causa é 'processo', sendo 'procedimento' a modalidade ritual de cada processo". Cf. BANDEIRA DE MELLO, Celso Antônio. *Curso de direito administrativo*. 13. ed. São Paulo: Malheiros, 2001, p. 433.

61 Apesar da falsa reserva de atuação que se criou em atribuir à justiça a função de solucionar litígios por meio de processos, cabendo ao direito administrativo a adoção de procedimentos, já processos administrativos se reduziam aos disciplinares ou punitivos, os primeiros registros de aplicação mais ampla do processo administrativo, datam da primeira metade do século XX. Celso Antônio Bandeira de Mello cita os austríacos Merkel e Tezner, cujas obras datam de 1923, como os pioneiros na constatação de que o processo não seria prerrogativa do Poder Judiciário. Não à toa, segundo opinião dominante, em 1925, naquele país, foi editada a primeira lei sobre processo administrativo. Cf. BANDEIRA DE MELLO, Celso Antônio. *Curso de direito administrativo*, p. 434, n. 7.

Capítulo 1   Introdução ao processo tributário

1.6 TIPOS DE PROCEDIMENTOS ADMINISTRATIVOS TRIBUTÁRIOS E O PROCESSO ADMINISTRATIVO TRIBUTÁRIO

Com base nos fundamentos acima, entendemos que a diferença entre "processo e procedimento administrativos", reside no fato de que o "processo administrativo tributário" é denominação ampla que abrange "dois" regimes de procedimentos administrativos e "um" regime de processo administrativo propriamente dito.

Em matéria tributária, o primeiro regime que se destaca é o "procedimento administrativo tributário", assim entendido qualquer meio de execução de atos administrativos em matéria tributária, no qual não tenha havido objeção do particular ou recusa da Fazenda Pública a pretensões do sujeito passivo. Daí por que o "procedimento administrativo tributário" será "obrigatório ou vinculado" e "voluntário", conforme a parte que tomar a iniciativa de sua instauração. O "procedimento administrativo tributário obrigatório ou vinculado", existirá quando for instaurado e desenvolvido somente em prol dos interesses da Fazenda. São exemplos, o lançamento tributário, as fiscalizações, as apreensões de mercadorias e notificações em geral. O "procedimento administrativo tributário voluntário" ocorrerá quando sua instauração for requerida por iniciativa do sujeito passivo da obrigação tributária. É o caso, por exemplo, dos pedidos de consulta, restituição, ressarcimento, compensação, reconhecimento de benefícios fiscais, parcelamento e outros. Nestes casos não é adequado chamar esse tipo de procedimento de "processo", porque não existe, propriamente, resistência da parte adversa, mas simples verificação, pelo Poder Público, do cabimento da pretensão do particular aos requisitos legais.

O outro regime é chamado neste livro de "processo administrativo tributário". Nesta modalidade, o interessado se opõe à continuidade da execução dos atos do procedimento, embargando-a de tal modo, que a marcha dos atos é suspensa enquanto se decide sobre tal embargo, o que é conhecido, normalmente, como "impugnações" ou "reclamações administrativas".

O procedimento administrativo deixa de ser tal para se transformar em "processo administrativo tributário" no momento em que ocorrer resistência do sujeito passivo. Assim, o lançamento tributário, que nasce como "procedimento", poderá se tornar "processo administrativo tributário", bastando, para tanto, haver resistência do sujeito passivo ao seu desenvolvimento.

39

Do mesmo modo, os "procedimentos tributários" iniciados pelo particular poderão se transformar em "processos administrativos tributários". Isso se dará quando o Fisco indeferir a pretensão do particular, opondo resistência à demanda administrativa do contribuinte. Por conseguinte, entendemos que o critério de diferenciação entre as duas locuções (procedimento administrativo tributário) e (processo administrativo tributário) resume-se à resistência ou não dos interessados. Além disso, todo processo administrativo tributário decorre de um procedimento administrativo tributário.

1.7 O PROCESSO TRIBUTÁRIO

Com base nos fundamentos desenvolvidos, a locução "processo tributário" é um gênero que abrange tanto o processo quanto os procedimentos. Entende-se por "processo em sentido estrito" o procedimento em que tenha sido formalizada uma pretensão e uma lide, isto é, a parte interessada formula requerimento em que refuta a pretensão que foi dirigida contra ela. O procedimento é caracterizado pela ausência inicial de uma pretensão formal e de lide, resumindo-se na coleta de fatos ou de provas para a formalização da pretensão. Depois de formalizada a pretensão, para o nascimento do conceito de processo, será necessário que a parte interessada refute a pretensão formal. Assim, todo processo propriamente dito advém de um procedimento, mas nem todo procedimento será um processo. Nos processos deverão ser asseguradas as garantias do contraditório e da ampla defesa, dentre outros princípios e garantias, o que não será necessário nos procedimentos diante da ausência de pretensão formal e pela finalidade do procedimento, que é a de reunir fatos e provas para a formalização da pretensão.

Fixadas as premissas que diferenciam os conceitos de "processo" e de "procedimento", pode-se propor o seguinte acordo semântico para facilitação da linguagem e das explicações daqui em diante. Assim, sem prejuízo da conhecida generalização "processo tributário" (abarcando as fases com ou sem contencioso), toda vez que se fizer referência à expressão "processo", o leitor deverá subtender que se trata do seu conceito em sentido estrito, isto é, do "processo contencioso", no qual se pressupõe existir uma "pretensão" e uma "lide". O "procedimento", por sua vez, pressupõe o contrário, ou seja, trata-se de uma sequência de atos praticados pela autoridade

Capítulo 1 **Introdução ao processo tributário**

pública em que não existe lide, isto é, resistência da parte sobre determinada pretensão.

Com esse acordo semântico estabelecido, podemos conceituar o "processo tributário" nos seguintes termos: processo tributário é um ramo específico do direito processual, tendo por base a matéria tributária e destinado à regulamentação e ao estudo dos procedimentos e do processo contencioso, nos âmbitos administrativo e judicial.

A partir desse conceito e para facilitar o estudo, propomos classificar o "processo tributário" como uma generalização da qual decorrem algumas espécies. Primeiramente, o "processo tributário" deve ser dividido em dois grandes grupos, que são: "o processo administrativo tributário" e "o processo judicial tributário".

O processo administrativo tributário se subdivide em: "procedimentos administrativos" e "processo administrativo contencioso". Os "procedimentos administrativos" poderão ser de iniciativa do Fisco, hipótese em que podem ser chamados de "procedimentos obrigatórios ou vinculados"; ou poderão ser iniciados pelos sujeitos passivos das obrigações tributárias, quando poderão ser nomeados de "procedimentos voluntários". O processo administrativo, que pressupõe a existência de uma lide, será de iniciativa do sujeito passivo, que refutará a pretensão fiscal. O mesmo ocorre nos casos em que a Fazenda rejeita demandas dos contribuintes, como, por exemplo, o indeferimento de pedidos de parcelamentos, de restituição e de compensação, de benefícios tributários etc. Nestes casos, em função das garantias do contraditório e da ampla defesa, o sujeito passivo tem o direito de contestar a decisão do Fisco, instaurando-se, a partir daí, um processo contencioso.

O "processo judicial tributário", em síntese, consiste no conjunto de ações judiciais do processo civil na defesa dos interesses da Fazenda e dos contribuintes. Algumas ações são amplamente conhecidas e disciplinadas pelas regras do CPC; outras possuem normas especiais previstas amplamente no CTN ou em leis específicas, como é o caso da Lei de Execuções Fiscais e da Medida Cautelar Fiscal. Assim, o processo judicial tributário poderá ser subdividido em: "ações de iniciativa da Fazenda Pública" e "ações de iniciativa do sujeito passivo", compreendendo neste último caso o "contribuinte" e o "responsável", conforme a definição do art. 121 do CTN. O quadro abaixo resumirá a presente classificação:

41

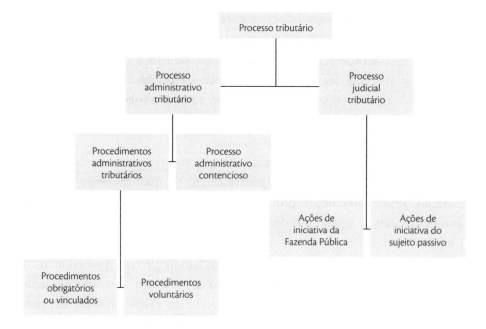

Os próximos capítulos desenvolverão os conceitos fundamentais tratados nesta fase de abertura, iniciando pelos "princípios e garantias do processo tributário", em seguida: "os procedimentos e processo administrativo tributários", "a dívida ativa", "as características gerais do processo judicial tributário" e as "ações judiciais de iniciativa da Fazenda Pública" e as de "iniciativa do contribuinte".

Uma observação final para essa parte: pretendendo familiarizar o leitor com a prática do processo tributário, não seremos muito rigorosos com os acordos semânticos demonstrados nesta subseção, que servirão mais para efeito de aprofundamento dos estudos. Assim, nos capítulos que se seguem, utilizaremos, para o "processo administrativo" as expressões "procedimento" e "processo administrativo contencioso", conforme explicado acima. Para o "processo judicial", será normalmente utilizada a locução "processo judicial tributário", que abrangerá as ações de iniciativa da Fazenda Pública e as dos sujeitos passivos.

CAPÍTULO 2
Princípios e garantias do direito processual tributário

2.1 EVOLUÇÃO DO CONCEITO DE PRINCÍPIO

O vocábulo "princípio" vem do latim *principium, principii*, que transmite a ideia de começo, origem, base[1]. A noção de princípio, justamente com lastro no vernáculo latino, se espraia para as mais diversas searas das ciências e do vocabulário popular, assumindo características de hábitos de linguagem, tais como as expressões "em princípio", "a princípio".

A filosofia, entretanto, já havia tomado a expressão como fundamento de um raciocínio. Para Aristóteles, o que se entende atualmente a respeito de princípio era nomeado de *arkhê*. Esta palavra poderia ser desdobrada em sete acepções[2]. De acordo com o estagirita, *arkhê* significava: a) ponto de partida do movimento de algo; b) ponto de partida de uma ciência; c) o primeiro elemento na construção de algo ou no desenvolvimento de um organismo vivo; d) aquilo que se origina de algo; e) os chefes ou príncipes nas cidades e os diferentes regimes políticos; f) artes ou técnicas que se sobrepõem às outras (como a arquitetura); g) ponto de partida do conhecimento de algo (premissa ou hipóteses para a conclusão de um raciocínio)[3].

Dois sentidos parecem ser comuns nas diversas acepções da *arkhê*. Trata-se do princípio como gênese de algo e como origem do conhecimento. Daí

---
1   *Dicionário Houaiss da língua portuguesa*. Rio de Janeiro: Objetiva, 2004.
2   ARISTÓTELES. *A metafísica* (1012 *b*, 34 e seguintes) apud COMPARATO, Fabio Konder. *Ética*, p. 484.
3   COMPARATO, Fabio Konder. *Ética*, p. 484.

as locuções *principium essendi* e *principium cognoscendi* difundidas na escolástica. Aristóteles remeteu a noção de princípio como parte do todo, sendo que o *princípio* seria algo que em si não necessita seguir outra coisa, e que, pelo contrário, algo está a decorrer do "princípio"[4].

Na idade moderna, o termo deixou as demais acepções de lado, preponderando a noção de que princípio é fundamento do conhecimento (*principium cognoscendi*). No campo da política, Montesquieu, na conhecida obra "O espírito das leis" (1747), separou as noções de princípio enquanto "essência das coisas" do sentido de "origem do conhecimento". Conforme suas reflexões iniciais sobre política, destacou que a "natureza" de um governo não se confunde com os "princípios" por ele seguidos. A natureza está relacionada ao modo de ser do governo (visão estática daquilo que é). Os princípios, contrariamente, prendem-se à vontade dos agentes que fazem o governo agir (visão dinâmica do que é)[5].

Percebe-se claramente com Montesquieu que, do ponto de vista da política, o vocábulo princípio assumiu conotação de busca de alguma finalidade. Na democracia, o princípio é a "virtude", já que nesse regime de governo o valor que se sublima é o bem comum[6]. Para executar o bem comum é necessário que o governante entregue mais de si para todos do que querer muito de todos para si. Em relação à monarquia, o princípio perseguido, segundo Montesquieu, é a honra. Se por um lado a democracia é alimentada pela virtude, a monarquia se assenta nas ideias de preferências e distinções, dando margem a um governo de regalias aos que, no juízo do Imperador, são dignos de honra. Nos regimes despóticos, o temor é o princípio que dirige os fins do governo, eis que terá que se impor pela força, ao invés dos outros dois princípios[7].

Em resumo, conforme observa Fabio Konder Comparato, com Montesquieu "se encontra em germe a distinção entre princípios e regras, estas como dedução daqueles"[8].

---

4   ARISTÓTELES. *A metafísica* (1450 b, 26).

5   MONTESQUIEU, Charles de Secondat. *O espírito das leis.* Tradução Cristina Murachco. 2. ed. São Paulo: Martins Fontes, 2000, p. 31.

6   MONTESQUIEU, Charles de Secondat. *O espírito das leis*, p. 32.

7   MONTESQUIEU, Charles de Secondat. *O espírito das leis*, p. 38.

8   COMPARATO, Fabio Konder. *Ética*, p. 485.

Capítulo 2   **Princípios e garantias do direito processual tributário**

O argumento de que princípio pode ser norma superior da qual decorrem leis particulares, tornou-se explícita, contudo, a partir do pensamento de Leibniz e Wolff[9]. Mas foi com Kant, em sua "Crítica da razão pura", que os princípios assumiram características de norma deôntica, como proposições gerais de "dever ser"[10]. Assim, as normas que compõem os princípios expressam determinada vontade, da qual decorrem leis específicas.

Por qualquer pista que se investigue o vocábulo, quer semântico, quer filosófico, pode-se concluir que "princípio" encerra sempre a ideia de início ou fundamento, portanto, estrutura de algo que existe.

Não basta entender seu significado para a compreensão de seu modo de ser no sistema racional do direito. As questões a serem desvendadas nesse contexto são: os princípios jurídicos são normas jurídicas? Caso sejam, inserem-se no ordenamento jurídico ou se situam fora dele? Há princípios exclusivos de cada segmento do Direito? Como identificar um princípio?

Tentaremos responder essas indagações brevemente, pois o propósito não é teorizar em torno dos princípios jurídicos, mas apenas encontrar linha de argumentação e identidade para tais institutos, de modo que se possa apresentá-los e demonstrar sua utilidade no campo da elaboração e efetividade das regras jurídicas processuais.

2.1.1 Princípio como norma jurídica

Desde a antiguidade grega, a reflexão em torno do que é a justiça e dos fundamentos que levam à sua efetividade intrigam o homem. Dos séculos VIII a II a.C. existem concepções de que há um *direito universal*, cujos princípios planariam sobre quaisquer povos. Assim, haveria leis que prescindiriam da forma escrita (*agraphoi nomói*) que vigorariam em face da humanidade e não exatamente diante de determinada nação. Para Aristóteles, conforme anota Comparato, as leis podem ser divididas em *ídioi nomoi* (leis próprias de cada povo) ou *koinoi nomoi* (leis comuns a todo gênero humano)[11]. Ainda de acordo com Aristóteles, a existência de leis escritas e não escritas

---

9   COMPARATO, Fabio Konder. *Ética*, p. 485.

10   KANT, Immanuel. *Crítica da razão pura*. Tradução: Lucimar A. Coghi Anselmi; Fúlvio Lubisco. São Paulo: Martin Claret, 2009, p. 117-119; 506-515.

11   COMPARATO, Fabio Konder. *Ética*, p. 486.

migrou para a ideia de justiça. A justiça política (*politikon dikáion*) subdivi-dia-se em *physikon* (justiça natural) e *nómikon* (justiça legal)[12]. No fundo, a filosofia grega pretendia demonstrar a existência de uma justiça quase que divina, perene, que não dependeria do movimento da história e das normas elaboradas pela humanidade no contexto de cada fase histórica.

Essas reflexões levavam à constatação de que o direito posto em leis era incapaz de resolver com justiça todos os conflitos da vida. Dessa observação nasce o conceito de "equidade", como virtude das pessoas razoáveis. Ser justo, pois, "era ser indulgente com as fraquezas humanas; ater-se não à letra da lei, mas a intenção do legislador; não ao fato praticado pelo réu, mas à sua intenção ao praticá-lo; não à parte, mas ao todo; não ao homem atual, mas a toda a sua vida pregressa"[13].

Os romanos absorveram esses fundamentos, gerando a máxima do ju-risconsulto Celso, de que o direito é "arte do bom e do equitativo" (*ars boni et aequi*).

Em resumo, a antiguidade greco-romana via na virtude da equidade a base de uma justiça para todos os povos, de sorte que se podia considerar a equidade um princípio de humanidade e não exatamente uma norma jurí-dica ou um princípio jurídico.

Na idade média, a forte influência eclesiástica rompe com a ética univer-sal em torno da equidade, "na medida em que se admite a supremacia abso-luta da fé monoteísta na organização da vida em sociedade"[14]. Essa ruptura é reforçada com a passagem para a idade moderna, que acirrou a ideia de Estados nacionais, na medida em que fracassaram a autoridade universal do Papa e do imperador, não mais se cogitando de princípios universais para a humanidade. Daí a afirmação de que, no absolutismo monárquico, duas morais se distinguiam: a do príncipe e a do súdito. Em razão disso, a moral do príncipe expressa nas leis por ele editadas, passou a prevalecer sobre o direito natural, dando origem ao direito imposto (direito positivo).

Os conhecidos ideais da Revolução Francesa (1789), que se opuseram ao regime absolutista, inauguram a fase dos princípios ético-políticos. Embora

---

12   COMPARATO, Fabio Konder. *Ética*, p. 487.

13   COMPARATO, Fabio Konder. *Ética*, p. 488.

14   COMPARATO, Fabio Konder. *Ética*, p. 489.

Capítulo 2 **Princípios e garantias do direito processual tributário**

não se possa exatamente classificá-los como normas jurídicas, a "liberdade", a "igualdade" e a "fraternidade" deram ensejo à elaboração dos direitos humanos.

Ocorre que, simultaneamente à Revolução Francesa, e justamente por causa dela, o sistema de produção capitalista pôde se difundir e praticamente dominar toda a Europa e as Américas. Da Revolução Francesa até hoje, a humanidade vive o dilema de tentar ajustar valores éticos equitativos de promoção do bem comum (o conceito de justiça universal da antiguidade grega), com os fundamentos burgueses do Estado liberal, nascido da Revolução Francesa. Para o liberalismo, a sociedade se funda na liberdade das pessoas, argumento que do ponto de vista econômico é alimentado pelo capitalismo com o sentimento de satisfação do interesse próprio, o que rivaliza com a noção de bem comum.

Não obstante, os valores pregados pela Revolução Francesa inspiraram estatutos de direitos humanos em diversas nações. Entretanto, somente após a Segunda Guerra, em 1948, foi possível uma Declaração Universal dos Direitos Humanos. Os princípios universais do direito, porém, ingressaram nas ordens jurídicas antes desse evento.

2.1.2 A passagem dos princípios como norma de comportamento para a condição de normas jurídicas

Paulo Bonavides informa que historicamente houve três fases bem distintas da juridicidade dos princípios do direito, quais sejam, a "jusnaturalista", a "positivista" e a "pós-positivista"[15].

A primeira caracterizou-se pela ausência de "normatividade" dos princípios jurídicos, os quais, como vimos, eram singelas abstrações, pois não ingressavam no rol do direito posto, servindo muito mais como inspiração ético-valorativa aos postulados de justiça. Referida fase, diz Norberto Bobbio, citado por Bonavides, vingou até por volta de 1880, ocasião em que passou dessa fase para o positivismo radical[16].

A fase positivista dos princípios jurídicos, que se iniciou no século XIX, estendeu-se até a primeira metade do século XX e teve a virtude de compreender os princípios como "norma jurídica". Enquanto normas jurídicas, os princípios foram inseridos nos Códigos, fazendo, em conjunto com o advento

---

15   BONAVIDES, Paulo. *Curso de direito constitucional*. 9. ed. São Paulo: Malheiros, 2000, p. 232.

16   BONAVIDES, Paulo. *Curso de direito constitucional*, p. 233.

da "escola histórica positivista do direito", a derrocada do "jusnaturalismo clássico"[17]. A despeito de ter elevado os princípios à condição de norma jurídica, a escola positivista, entretanto, utilizava-os para reafirmar a importância da lei na regulação específica de toda a conduta humana, servindo os princípios, aliás, ainda muito amplos e abstratos, de instrumentos de integração do direito diante de lacunas na lei[18].

A terceira fase foi a "pós-positivista", cujo principal artífice, o norte-americano Ronald Dworkin, contestou as doutrinas positivistas, tomando como um dos fundamentos de sua crítica o distanciamento do positivismo à ideia de juridicidade dos princípios[19].

Assim, os princípios deixaram de ser simples normas de preenchimento do vazio legislativo e passaram a figurar nas próprias Constituições, alcançando destacado papel de fundamentos dos mais diversos sistemas jurídicos. Além de se caracterizarem como "normas jurídicas", dotados de todos os aspectos que distinguem as normas do direito, os princípios passaram a ter a função de impor obrigações legais.

Feita essa digressão em torno da história dos princípios jurídicos, é possível responder às questões formuladas no subitem 2.1.

Quanto à natureza dos princípios, tais se apresentam como "normas jurídicas", a fim de que possam ter efetividade na orientação da elaboração de outras normas e na aplicação concreta do direito, caso contrário pode-se retornar à fase "jusnaturalista".

---

17 BONAVIDES, Paulo. *Curso de direito constitucional*, p. 235.

18 No escólio de Gordillo Cañas, Paulo Bonavides assevera que os princípios na fase *juspositivista* "entraram nos Códigos unicamente como 'válvula de segurança' e não como algo que se sobrepusesse à lei, ou lhe fosse anterior, senão que, extraídos da mesma, foram ali introduzidos 'para estender sua eficácia de modo a impedir o vazio normativo'". *Curso de direito constitucional*, p. 235.

19 A esse respeito, são dignos de realce os embates entre Dworkin e Hart, este último ilustre representante da escola "juspositivista" de Oxford. Aliás, é o próprio jurista britânico que reconhece a crítica de Dworkin quando afirma: "Durante muito tempo, a mais conhecida das críticas de Dworkin a este livro [refere-se à obra *O conceito de direito*] foi a de que ele apresenta, erradamente, o direito como consistindo apenas em regras de 'tudo ou nada', e ignora uma espécie diferente de padrão jurídico, a saber, os princípios jurídicos, que desenham um papel importante e distintivo no raciocínio jurídico e no julgamento". HART, Herbert. *O conceito de direito*, p. 321.

Capítulo 2 **Princípios e garantias do direito processual tributário**

Uma vez que são normas jurídicas, resta verificar em que lugar do ordenamento jurídico os princípios estão inseridos. Perante as duas correntes posteriores ao jusnaturalismo, os princípios encaixam-se no ordenamento do direito. Para a doutrina positivista, nos Códigos civilistas; ao pós-positivismo, foram inseridos no âmbito das Constituições, apresentando-se como fundamentos do ordenamento jurídico.

Pode haver princípios nos diversos subsistemas do ordenamento? A resposta é positiva, pois cada ramo do sistema jurídico, por mais que se prime por sua unicidade, possui determinados valores que melhor representam os fins de suas respectivas normas. Por esse motivo, é possível falar-se em princípios do direito processual, do tributário, do penal, do ambiental etc. A última questão do subitem 2.1 merece destaque, razão pela qual será aberta a subseção a seguir.

2.1.3 Identificação dos princípios jurídicos

Há quem sustente ser uma opção de quem observa considerar uma ou outra norma como um princípio jurídico[20]. Neste estudo, entendemos que os princípios, devido a seu caráter de norma estrutural, são inevitáveis para a mantença e harmonia do sistema jurídico em bases sólidas e reais de justiça.

É certo que a maioria dos princípios se encontra inserida no texto constitucional. Não é por menos que a Constituição é a norma jurídica que fundamenta todo o ordenamento jurídico. Por estarem topograficamente situados na mais relevante das normas, os princípios adquirem contornos de norma de natureza política, típicos do Estado democrático de direito.

Daí que, nos regimes democráticos, os princípios do direito são quase sempre os mesmos, apenas se modificando em detalhes numa ou noutra área de aplicação das normas jurídicas. Servem também para dar compostura comum às normas decorrentes do sistema a que pertencem. Assim, os princípios surgem como realidades inevitáveis; a função principal da doutrina é,

---

20 Roque Carrazza assevera, na companhia de José Souto Maior Borges, que a valência entre princípios explícitos ou implícitos não se distingue. "Aliás [palavras do primeiro autor] as normas jurídicas não trazem sequer expressa sua condição de princípios ou de regras. É o jurista que, ao debruçar-se sobre elas, as identifica e as hierarquiza". Cf. CARRAZZA, Roque Antonio. *Curso de direito constitucional tributário.* 8. ed. São Paulo: Malheiros, 1996, p. 30.

49

pois, nomeá-los por meio da teoria, a fim de que possam desempenhar o papel de normas orientadoras de outras normas, desenvolvidas a partir da identificação do princípio.

Finalmente, princípios do direito são normas jurídicas, mas com a qualidade de serem reconhecidas como estruturas do sistema jurídico. É a teoria do direito que os identifica e estuda, cabendo aos agentes do Poder Público, legitimados, dar-lhes aplicação concreta, já que o descumprimento de um princípio jurídico não só invalida a lei ou o ato infralegal, como também corrompe a harmonia do sistema jurídico.

O desafio do jurista é interpretar e dar efetividade aos princípios. Para isso, vale a distinção didática entre *princípios, regras, garantias* e *instrumentos abstratos de ponderação.*

2.2 CONTEÚDO JURÍDICO DOS VOCÁBULOS "PRINCÍPIO" E "REGRA"

Os "princípios" são normas jurídicas que prescindem de um enunciado explícito e descritivo de determinados fatos. As "regras", por sua vez, descrevem situações hipotéticas ou se referem a conceitos, instituições ou competências, visando, neste último caso, não exatamente regular condutas, mas definir formas de linguagem para permitir a aplicação sistêmica do direito.

Por não descreverem fatos, mas veicularem ideais ou valores, os princípios são normas dotadas de densa carga de finalidade. Toda norma, em geral, pretende alcançar um fim. Aliás, o direito não se larga ao acaso nem surge do nada. Há, no mínimo, por trás de toda norma – e nisso se incluem os princípios – alguma causa e finalidade. Sem esses elementos a norma é vazia e desnecessária.

No caso dos princípios, o conteúdo da norma que mais sobressai é a finalidade que visa atingir. Por outro lado, determinadas normas, por exemplo as regras jurídicas, poderão ser elaboradas visando atingir outras finalidades. Isso, de um modo geral, dá ensejo à violação dos princípios pelas regras quando estas, a pretexto de alcançar outros objetivos para os quais foram instituídas, não cumprem as finalidades dos princípios que lhe dariam sustentação legítima ou validade normativa.

Humberto Ávila ressalta que, embora as regras também se centrem na finalidade que lhes dá suporte, seu conteúdo imediato é a descrição normativa que deverá corresponder a um fato. A materialidade do princípio,

Capítulo 2 Princípios e garantias do direito processual tributário

diferentemente, é a referência imediata a uma finalidade. Esta tem a ver com um "estado de coisas a ser promovido"[21]. Esse estado de coisas pode ser um conjunto de situações ideais tais como: a garantia de que alguém, na situação de acusado, possa se defender por meio de um processo cujas regras sejam previamente estabelecidas; conceda-se todo direito de defesa; a cada oitiva de uma parte, permita-se que a outra também seja ouvida, entre outras. Esse estado de coisas (situações ideais ligeiramente exemplificadas) obriga o exercício do poder a se dirigir ao alcance dessas finalidades. Para isso, deverão ser desenvolvidos meios que efetivem esse estado de coisas. Não desenvolver os "meios" para o alcance dos "fins" é desrespeitar o princípio. Na medida em que os princípios são normas jurídicas inseridas em um sistema normativo, deverão ser engendrados os "meios" ou "instrumentos", igualmente jurídicos, que deem força efetiva aos princípios.

Por exemplo, a autoridade pública que indeferir um pedido de produção de provas lícitas sem que tenham sido descumpridas regras procedimentais (como o prazo para requerer) impede um dos "meios" de alcance do princípio da ampla defesa no processo. Assim, continuando com os exemplos, se a autoridade administrativa finalizar o lançamento tributário sem notificar ou tentar informar o sujeito passivo da obrigação tributária sobre o lançamento realizado, caracterizará supressão do meio necessário ao alcance da situação ideal pretendida pelo princípio do contraditório.

Como se observa, o princípio não descreve fatos na expectativa de que tais se realizem para a efetivação de suas normas. Essa característica é inerente às regras. Os princípios revelam ideais que, para serem atingidos, dependem de meios que deverão ser cumpridos pelos seus destinatários (em geral o Poder Público). A necessidade de cumprimento dos meios de alcance dos princípios revela sua normatividade jurídica, sem que tenha que descrever fatos que devam ser realizados ou omitidos para a efetivação de sua norma.

2.3 CONTEÚDO JURÍDICO DO VOCÁBULO "GARANTIA"

As "garantias" são muito semelhantes aos princípios e a distinção entre um e outro conceito é de ordem funcional para o processo e não exatamente

---

21 ÁVILA, Humberto. *Teoria dos princípios*: da definição à aplicação dos princípios jurídicos. 2. ed. São Paulo: Malheiros, 2003, p. 70.

uma diferenciação de essência. De um modo geral, os princípios "declaram" direitos; as garantias "limitam" o poder[22]. A diferença, contudo, seja de índole meramente racional ou abstrata, auxilia na compreensão de enunciados normativos para a adequada identificação de seus destinatários.

O "devido processo legal" é um princípio, porque se explica, em síntese, como direito fundamental a um processo que permita ao acusado defender-se em igualdade de condições com o acusador. O devido processo legal tem lugar quando alguém se vê ameaçado em sua liberdade ou propriedade de seus bens. Assim, o devido processo legal é um princípio voltado à proteção da liberdade e da propriedade.

As garantias são instrumentos de proteção à ameaça ou violação de direitos fundamentais consagrados no texto da Constituição. José Afonso da Silva sintetiza a diferença entre garantias e direitos, ressaltando "que as garantias constitucionais são também direitos, não como outorga de um bem e vantagem em si, mas *direitos instrumentais*, porque destinados a tutelar um *direito principal*"[23].

É relevante diferençar os institutos em questão, pois o conjunto de direitos fundamentais encerra enunciados muito concisos, os quais, por si só, não permitem conclusão imediata do que é necessário para que se afirmem no terreno da efetividade das normas. Para que não sejam resignados à ineficácia factual, a Constituição assegura aos direitos fundamentais instrumentos para que possam ser reivindicados ou protegidos. Daí a presença das garantias constitucionais dos direitos fundamentais.

A necessidade dessa distinção entre direitos fundamentais e garantias de direitos fundamentais, percebida no final do século XIX, é esclarecida com precisão por poucos. Os argumentos de Rui Barbosa são normalmente lembrados em função do seu pioneirismo em se debruçar sobre o tema. Para o publicista, a confusão entre "direitos" e "garantias" adultera o sentido natural das palavras em questão, eis que "direito" "é a faculdade reconhecida, natural, ou legal, de praticar ou não praticar certos atos"[24]. As "garantias" ou a

---

22   MORAES, Alexandre de. *Direito constitucional*. 13. ed. São Paulo: Atlas, 2003, p. 61.

23   SILVA, José Afonso. *Curso de direito constitucional positivo*. 25. ed. São Paulo: Malheiros, 2005, p. 417.

24   BARBOSA, Rui. *A constituição e os atos inconstitucionais*, apud BONAVIDES, Paulo. *Curso de direito constitucional*, p. 483-484.

Capítulo 2   Princípios e garantias do direito processual tributário

segurança de um direito é o requisito de legalidade, que o defende contra a ameaça de certas classes de atentados de ocorrência mais ou menos fácil[25].

O exame teórico da existência de princípios jurídicos do processo bem como os instrumentos de sua proteção e efetividade (as garantias) é permeado por outra ordem de instrumentos, de conteúdo abstrato, mas que estão presentes no exercício de interpretação das normas constitucionais, especialmente em razão das peculiaridades apresentadas nas relações humanas, ainda que em face do Estado. Trata-se dos instrumentos da "razoabilidade" e "proporcionalidade" que devem ser ponderados nas situações de aporia jurídica, nascidas em razão da maleabilidade e fluidez conceitual dos direitos e garantias constitucionais do processo frente aos casos concretos.

2.4 INSTRUMENTOS GERAIS DE PONDERAÇÃO

Chamamos de "instrumentos gerais de ponderação" o uso da razoabilidade e da proporcionalidade para efetivar princípios, regras e garantias[26].

A doutrina normalmente considera os postulados da razoabilidade e proporcionalidade como princípios[27]. Humberto Ávila, conquanto enxergue nos vocábulos "proporcionalidade" e "razoabilidade", e em outros instrumentos de ponderação (bem como na própria ponderação), a função de "postulados normativos", lembra que não existe consenso na

---

25   BONAVIDES, Paulo. *Curso de direito constitucional*, p. 483-484.

26   Para Humberto Ávila razoabilidade e a proporcionalidade são *postulados normativos* e os separa em dois grandes grupos: *postulados inespecíficos* e *específicos*. No primeiro aloja os postulados da *ponderação, concordância prática e proibição de excesso*. Para o autor, referidos postulados não têm uma base material e um critério a priori. Daí por que podem se relacionar com alguns bens, interesses, valores, direitos, princípios, razões. No caso dos postulados específicos, estão presentes elementos materiais e critérios, tais como sujeitos, critério de discrímen e finalidade. Assim, são postulados específicos a *igualdade, razoabilidade e proporcionalidade*. Cf. ÁVILA, Humberto. *Teoria dos princípios*, p. 85-117.

27   Odete Medauar discorre dando conta de que os autores brasileiros têm distinguido os conceitos de "razoabilidade" e "proporcionalidade". O direito comparado, entretanto, notadamente o direito constitucional francês e o alemão unificaram os sentidos de razoabilidade e de proporcionalidade em um só princípio, qual seja, o da "proporcionalidade". Cf. MEDAUAR, Odete. *Direito administrativo moderno*. 4. ed. São Paulo: RT, 2000, p. 153-154.

53

doutrina sobre o que são efetivamente para o direito a razoabilidade e a proporcionalidade[28].

Entendemos que "razoabilidade" e "proporcionalidade" não são exatamente princípios. O grau de abstração e falta de especificidade do que pode ser razoável ou proporcional não condiz com a noção de princípio que pressupõe determinado enunciado, voltado a um fim específico. Ao falar-se em um princípio de "acesso à jurisdição", a densidade de abstracionismo não é o seu principal elemento normativo, porquanto os vocábulos que se juntam para expressar o mencionado princípio indicam uma finalidade expressiva, isto é, "a pessoa poderá buscar a justiça para proteger direitos". Igualmente, referir-se ao "dever de motivar as decisões" como um princípio do processo (princípio da motivação), não guarda características abstratas como elemento principal, pois encerra a finalidade de que a "resolução de litígios ou a prática de atos administrativos formais dependem da exposição de causas fáticas e jurídicas".

Os vocábulos "razoabilidade" e "proporcionalidade", devido às suas respectivas vaguezas de sentido, não expressam uma finalidade determinada que se pretenda ver assegurada. Por isso transitam no meio das normas como instrumentos para o alcance mais efetivo possível do sentido socialmente esperado. Assim, pode-se aplicar "razoabilidade" e "proporcionalidade" nos princípios e garantias constitucionais do processo tributário, como também na interpretação das regras jurídicas descritivas de fatos ou condutas.

A ponderação desses termos sobre fatos concretos é uma técnica quase que intuitiva de afirmação do direito, sobretudo quando princípios, regras e garantias se entrecruzam forjando a percepção de que irão colidir uns com

---

28 "As dificuldades de enquadramento da proporcionalidade, por exemplo, na categoria de regras e princípios evidenciam-se nas próprias concepções daqueles que a inserem em tais categorias. Mesmo os adeptos da compreensão dos aqui denominados *postulados normativos aplicativos* como regras de segundo grau reconhecem que eles, ao lado dos deveres de otimização, seriam uma *forma específica de regras* (*eine besondere Form von Regeln*). Também os adeptos de sua compreensão como princípios reconhecem que eles funcionam como máxima ou *topos* argumentativo que mescla o caráter de regras e de princípios. Outros já os enquadram, com sólida argumentação, na categoria de princípios distintos, denominados de *princípios de legitimação*. Há, ainda, aqueles que os representam como normas metódicas". Cf. ÁVILA, Humberto. *Teoria dos princípios*, p. 82.

Capítulo 2 **Princípios e garantias do direito processual tributário**

os outros se não forem harmonizados. Os critérios de razoabilidade e proporcionalidade, ponderados pelo aplicador da norma, sobre as normas em rota de colisão, permite que se façam escolhas sensatas e aceitavelmente corretas. Os instrumentos da razoabilidade e da proporcionalidade, em linguagem figurada, servem como o "algodão entre os cristais".

2.4.1 O instrumento da proporcionalidade

Neste ponto cabe examinar a diáfana fronteira entre a razoabilidade e a proporcionalidade no plano da teoria e da prática. Considerar algo como "proporcional" tem a ver com as medidas do excesso e da falta. Assim, se ao se interpretarem regras e princípios ocorrer restrição ou elasticidades demasiadas em face de parâmetro normativo adequado, é necessário verificar-se a proporcionalidade que impeça a situação pender mais para um lado, de sorte a deslegitimar a outra situação aceitavelmente justa. A proporcionalidade está no atendimento dos meios para o alcance da finalidade da norma, pois que, a norma vencida pelo critério da proporcionalidade não poderia prevalecer, sob pena de esvaziar um princípio, ou inutilizar a regra socialmente mais adequada para a solução do caso.

Buscando-se como exemplo o processo tributário, no julgamento da ADI 1976/DF, o Supremo Tribunal Federal (STF) aplicou a "proporcionalidade" entre o conflito de duas normas. O § 2º do art. 33 do Decreto n. 70.235, de 1972, com redação determinada pela Lei n. 10.522, de 2002, foi declarado inconstitucional, especialmente por não ter havido proporcionalidade entre "meio" e "fim" pretendido com a alteração legal. A alteração em questão estabeleceu o "arrolamento de bens" como requisito de admissibilidade de recurso administrativo em processo tributário federal.

A restrição estabelecida pela norma em questão tinha nitidamente a intenção de evitar a interposição de recursos meramente protelatórios e desafogar o acúmulo de processos administrativos no então Conselho de Contribuintes. Embora pudesse existir conexão entre o "meio" (restrição ao direito de recorrer) e o "fim" (coibição à má-fé processual e diminuição de demandas na segunda instância), o "meio" era desproporcional, porque poderiam ser evitados tais resultados por instrumentos menos restritivos aos direitos individuais de todo e qualquer recorrente do processo tributário federal.

Também não se mostrava eficiente à conclusão do processo, porquanto obrigava o interessado a demandar a justiça para tentar afastar a exigência.

CURSO COMPLETO DE DIREITO PROCESSUAL TRIBUTÁRIO

Além de gerar intensa litigiosidade em torno da disposição legal, a medida restritiva do arrolamento de bens também não conseguia impedir o acúmulo de processos no tribunal administrativo, nem evitava os recursos sabidamente protelatórios, pois que a Justiça poderia retirar o óbice imposto pela lei a fim de assegurar a ampla defesa.

Havia inegável inadequação do meio em relação ao fim colimado. Note-se que se alinharia muito mais à finalidade pretendida pela lei a imposição de multa ao litigante de má-fé, do que obstaculizar a interposição do recurso administrativo pelo estabelecimento de ônus econômico. Ao se submeter a medida restritiva ao exame de intensidade da restrição aos direitos individuais, logo se observava que a abstrata imposição de multa é menos grave ao patrimônio do particular do que o depósito ou arrolamento de bens na proporção de 30% do valor do débito tributário. Isso porque a multa não atingiria qualquer recorrente, mas somente o que abusou do direito de recorrer.

A medida da intensidade do que é proporcional para o direito não atua exatamente sobre uma base material numérica. A proporcionalidade, no caso em exame, não reside na fração aritmética aplicável. Se não fosse assim, bastaria que a lei estabelecesse um percentual aleatoriamente menor do que 30% e dessa forma estaria atendida a proporcionalidade. Nesse ponto vale ressaltar que a proporcionalidade é um instrumento de "otimização" dos fins dos princípios jurídicos. Tais fins devem ser alcançados por necessidade de harmonização do sistema.

Não preenche também o elemento suposto da proporcionalidade o fato de a intensidade da restrição incidir sobre o aumento ou diminuição do patrimônio do recorrente neste caso, eis que a finalidade do princípio da ampla defesa é também garantir a interposição de todos os recursos a ela inerentes. Resulta disso que o depósito reduz a ampla defesa ou a elimina conforme o poder econômico do recorrente. A multa pela litigância de má-fé garante o alcance da finalidade do princípio do devido processo legal, atingindo um efeito proporcional à finalidade da norma restritiva de direitos, qual seja, o desestímulo aos recursos meramente protelatórios.

Assim, a noção de intensidade de restrição aos direitos como medida de aferição da proporcionalidade, situa-se na ideia de adequação entre meio e fim, de modo que se garanta a efetividade dos princípios jurídicos. A intensidade, neste caso, não pode se fundar em uma ordem de ideias de montante, quantidade ou extensão.

Capítulo 2   Princípios e garantias do direito processual tributário

2.4.2 O instrumento da razoabilidade

A "razoabilidade" é retirada de outro fundamento lógico, diferente da proporcionalidade. Para a verificação do que é razoável no âmbito do direito, torna-se necessário harmonizar-se o "geral" com o "específico"[29]. A presunção que o direito deve adotar, sob pena de cometer injustiça ou iniquidades, é a normalidade das circunstâncias de fato. A norma jurídica, ao extrapolar a normalidade, faz do diferente a regra, distorcendo a noção do que é razoável.

Por meio da razoabilidade, o jurista faz comparações entre o que é trivialmente esperado e a norma deve se acoplar a essa expectativa. A norma institucional que para atender certo fim presume normal o que se sabe não ser o comum, não é razoável, justamente por ferir esse senso de normalidade perceptível por todos.

A adequação da normalidade geral ao caso concreto leva à noção de equidade milenarmente conhecida. A razoabilidade é a ponderação de alcance da equidade e, consequentemente, de aplicação efetiva do dever de justiça.

Harmonizando-se o todo à parte de modo a se evitar injustiça, observa-se que isso só é possível caso ocorra a aplicação congruente de normas gerais acolhidas pelo direito, sobre normas concretas que devem atuar coerentemente na efetivação das normas gerais. Se as normas gerais espelham valores sedimentados pela sociedade, as regras e demais normas devem ser coerentes com aquelas outras, sob pena de frustrarem a congruência do sistema. A razoabilidade se distingue da proporcionalidade, pois, o dever de congruência na razoabilidade é de norma para norma, enquanto na proporcionalidade a congruência se situa entre o meio e o fim inseridos na própria norma aplicável.

Um exemplo da aplicação da razoabilidade no processo tributário, ocorreu no julgamento da ADI 1055-7/DF. O dever de congruência entre a norma geral (os princípios que refletem a normalidade desejada) e a Lei n. 8.866 de 1994 (regra concreta) foi escancaradamente violado. A lei em questão previu que o responsável tributário que não realizasse o depósito de valores retidos ou recebidos de terceiros em favor da Fazenda Pública seria considerado

---

29   ÁVILA, Humberto. *Teoria dos princípios*, p. 102.

57

CURSO COMPLETO DE DIREITO PROCESSUAL TRIBUTÁRIO

depositário infiel, para o que se prescreveu a sanção de prisão civil. De acordo com o art. 4º, §§ 2º e 3º, da referida Lei, caso o réu não recolhesse ou depositasse a importância pertencente ao Poder Público nos quinze dias subsequentes à citação, o juiz deveria decretar a prisão do réu na qualidade de depositário infiel. Além disso, o réu seria declarado revel caso a contestação não viesse acompanhada da guia de depósito recolhida.

A indagação que segue ao se examinar o dispositivo é a seguinte: qual a utilidade de se instituir um procedimento judicial e conceder-se direito de defesa ao réu, se para o exercício da defesa deveria ser recolhida ou depositada a importância que é objeto do litígio? Foge à normalidade a presunção adotada pela citada lei. A base fática escolhida pelo legislador não era normal nem congruente com as normas gerais (princípios que espelham o senso comum). A falta de congruência entre o que é geral e o específico abre margem à falta de razoabilidade da lei.

Não existindo congruência entre o geral e o especifico por distorção do senso comum, o que resulta é a arbitrariedade. A resposta do sistema ao arbítrio praticado com a subversão dos princípios (normas gerais) é, exatamente, a preponderância do princípio sobre a violação de sua normatividade. Isso porque os princípios atuam em favor da normalidade do Estado de direito e da coerência do próprio sistema jurídico, que visa colocar o indivíduo a salvo do abuso de poder.

A razoabilidade, portanto, atua como instrumento de ponderação para o alcance da efetividade dos princípios violados pela norma ou ato concreto. No exemplo citado, verificou-se inegável ofensa aos princípios da ampla defesa e do devido processo legal, na medida em que o dispositivo de lei declarado inconstitucional pela Suprema Corte neutralizou a eficácia do direito de defesa do réu, com a exigência irrazoável do depósito ou recolhimento do valor retido, sob pena de prisão e revelia do requerido.

2.5 SISTEMATIZAÇÃO DOS PRINCÍPIOS E DAS GARANTIAS CONSTITUCIONAIS DO PROCEDIMENTO E DO PROCESSO TRIBUTÁRIO

A imensa variedade de princípios do processo e a própria confusão corrente que se faz entre procedimento e processo propiciam um quadro de princípios e garantias de difícil sistematização.

Capítulo 2 **Princípios e garantias do direito processual tributário**

Alguns princípios que são próprios dos procedimentos administrativos – nisso se inclui, por certo, os procedimentos fiscais – imiscuem-se no âmbito do processo como se fossem extensões do procedimento. De fato, se adotarmos como marco teórico que divide o procedimento do processo, primeiramente, a formação de uma pretensão por parte do fisco e, em seguida, a apresentação de impugnação a essa pretensão pelo sujeito passivo, tem-se a influência de princípios como "legalidade", "vinculação" e "oficialidade" atuando na fase do processo, sendo que tais também estão presentes no procedimento. As garantias processuais também podem atuar promiscuamente sobre os procedimentos e processos como é o caso das garantias de "acessibilidade", "celeridade" ou "duração razoável", "gratuidade" e "dever de fundamentação".

Outra complexidade que envolve o tema dos princípios do processo, é que alguns figuram tanto no processo judicial quanto no processo administrativo, como é caso do "devido processo legal" e das "garantias do contraditório" e da "ampla defesa".

A doutrina de James Marins explica que a dificuldade científica de definição e sistematização lógica dos princípios que atuam no processo e nos procedimentos administrativos é de tamanha monta, que se levantam, nas obras mais expressivas sobre o tema, cinquenta e um princípios processuais[30].

No âmbito do processo, mais se verificam "garantias" do que exatamente "princípios", pois o processo, em regra, é desenvolvido perante autoridade pública. Assim, ergue-se em torno do processo vasto arsenal de "garantias constitucionais", que procura dar ao processo, ao mesmo tempo, instrumentos para a proteção de direitos e equilíbrio para o alcance da justa distribuição dos bens da vida.

No processo tributário são diversas as garantias constitucionais, que não diferem das garantias do processo geral. Não existe por parte dos autores consenso sobre como se dividem as garantias, os direitos fundamentais ou os princípios do processo. Aliás, "não raro o direito fundamental se exprime pela norma de garantia; está subentendido nesta"[31].

---

30   MARINS, James. *Direito processual tributário brasileiro*, p. 168.

31   SILVA, José Afonso. *Curso de direito constitucional positivo*, p. 413.

CURSO COMPLETO DE DIREITO PROCESSUAL TRIBUTÁRIO

Assim, é necessário, nesse ponto, tomar-se certas decisões metodológicas, a fim de tentar sistematizar a matéria por um critério coerente. Em primeiro lugar, adotamos o critério de identificar "princípios" que são típicos dos "procedimentos", isto é, o *iter* procedimental em que não há as garantias do contraditório e da ampla defesa, justamente porque não existe ainda pretensão finalizada pela administração[32]. O processo, administrativo ou judicial, caracteriza-se pela existência de uma pretensão. No processo administrativo tributário brasileiro, a pretensão é investida contra o sujeito passivo de obrigação tributária, o que abre oportunidade de este se defender perante órgãos da própria administração. Assim, haverá princípios e garantias que atuam exclusivamente no processo, seja administrativo ou judicial. Outros princípios podem estar presentes tanto na fase procedimental quanto no processo contencioso.

Optamos também pela distinção básica entre "princípios" e "garantias" do processo, com fundamento na destinação do conteúdo da norma que veicula ambos os institutos. Consideramos como "princípios do processo tributário", as normas com conteúdo nitidamente declaratório de uma faculdade do indivíduo, e desde que relativas ao tema do processo. Por outro lado, classificamos como "garantias do processo tributário" outros tipos de normas que possuem características instrumentais, porque têm como destinatário a autoridade pública encarregada de presidir ou de julgar a controvérsia do processo.

Alertamos para o fato de que os autores geralmente identificam um conjunto variado de princípios do direito processual geral e do processo tributário[33]. Preferimos um rol enxuto de princípios com o intuito de robustecer

---

32 "[...] na atividade administrativa fiscal, o domínio procedimental vai desde a fiscalização até a formalização da pretensão do Estado através do *ato administrativo de lançamento* ou de aplicação de penalidades e o campo processual terá início somente com a resistência formal do contribuinte a essa pretensão através da impugnação administrativa aos termos do ato de lançamento ou de aplicação de penalidade." E arremata: "Não há contraditório no procedimento administrativo, mesmo que o contribuinte seja chamado a se pronunciar ou a oferecer explicações sobre atos ou documentos de interesse tributário". Cf. MARINS, James. *Direito processual tributário brasileiro*, p. 170-171.

33 Nesse sentido: CAIS, Cleide Previtalli. *O processo tributário*, p. 37-134 e 241-285; MACHADO SEGUNDO, Hugo de Brito. *Processo tributário*, p. 31-66; CASTRO, Alexandre Barros. *Teoria e prática do direito processual tributário*, p. 120-125; XAVIER,

Capítulo 2 **Princípios e garantias do direito processual tributário**

as normas neles contidas e transmitidas. Para adquirir a estatura de princípio, entendemos que a norma deve conter grau de abstracionismo elevado e finalidade a ser alcançada. Nem todo desdobramento ou conjunto de regras verificado no processo deve ser um princípio, sob pena de se esvaziarem o conteúdo e finalidade das "regras" do processo. Igualmente, optamos por um conjunto de garantias do processo que se dirige ao processo tributário, ainda que tenha também aplicação nas demais modalidades de processo. Não pretendemos, portanto, examinar todas as garantias constitucionais e princípios que asseguram os direitos humanos ou o direito processual[34]. A finalidade da presente abordagem é analisar os princípios e garantias que influenciam necessariamente no procedimento e no processo tributário, de forma que, a ausência de qualquer um deles impede que o processo tributário se desenvolva de forma justa e equilibrada. Devemos lembrar, no entanto, que os princípios gerais do processo judicial são aplicáveis ao processo

---

Alberto. *Princípios do processo administrativo e judicial tributário*, p. 5-10, 27, 115, 127-152, 156-161, 177-213 e 217; ROCHA, Sérgio André. *Processo administrativo fiscal*, p. 47-98; CAMPOS, Dejalma. *Direito processual tributário*, p. 24-26; ROCHA, Carmen Lúcia Antunes. Princípios constitucionais do processo administrativo no direito brasileiro. *Revista de informação legislativa*, n. 136 out/dez. 1997, p. 5-28; TAVOLARO, Agostinho Toffoli. Princípios fundamentais do processo. In: CAMPOS, Marcelo. *Direito processual tributário*, p. 9-26.

34 Dos autores nacionais, James Marins é quem apresenta uma das listas mais esmiuçadas de princípios. E identifica vários princípios do direito processual tributário, a saber: *Princípios comuns ao procedimento e ao processo administrativo tributário*: princípio da legalidade objetiva, princípio da vinculação, princípio da oficialidade, princípio da verdade material, princípio do dever de investigação, princípio do dever de colaboração; *Princípios do procedimento administrativo fiscal*: princípio da inquisitoriedade, princípio da cientificação, princípio da acessibilidade dos autos, princípio do formalismo moderado, princípio da fundamentação, princípio da celeridade, princípio da gratuidade; *Princípios do Processo Administrativo Tributário*: princípio do devido processo legal, princípio do contraditório, princípio da ampla defesa, princípio da ampla competência decisória, princípio da ampla instrução probatória, princípio do duplo grau de cognição, princípio do julgador competente. *Princípios do processo judicial, inclusive o tributário*: princípio da isonomia, princípio do juiz e do promotor natural, princípio da inafastabilidade do controle jurisdicional (princípio do direito de ação), princípio do contraditório, princípio da proibição da prova ilícita, princípio da publicidade dos atos processuais, princípio do duplo grau de jurisdição, princípio da motivação das decisões judiciais. Cf. *Direito processual tributário brasileiro*, p. 173-196 e p. 368-369.

judicial tributário, simplesmente porque o direito processual tributário é regido pela teoria geral do processo.

Cumpre registrar que os procedimentos e o processo administrativo tributários, recebem influência direta dos princípios gerais do direito administrativo, inseridos no *caput* do art. 37 da Constituição Federal, quais sejam, legalidade, publicidade, impessoalidade e eficiência. O princípio da moralidade, devido a sua transversalidade, é de aplicação generalizada, não mantendo relação direta e imediata com o processo.

Em matéria de direito processual, os princípios, ao lado das garantias, são de indiscutível importância, como, aliás, em todas as disciplinas do direito público porque emanam da Constituição. Além disso, os princípios e as garantias adiante arrolados não são exclusivos do processo tributário, incluídos nessa locução os procedimentos administrativos, o processo administrativo contencioso e o processo judicial, todos sobre questões tributárias. Pretendemos, nas subseções a seguir, simplesmente fazer a devida vinculação dos conceitos e características dos princípios e garantias dos procedimentos e do processo contencioso, seja este último administrativo ou judicial, como uma estratégia didática de abordagem. Esta estratégia tem por finalidade oferecer elementos de melhor compreensão dos fundamentos do processo tributário e poderão ser aplicados na análise dos capítulos seguintes deste livro.

Faremos uma sistematização dos princípios e regras que influenciam o processo tributário em seu sentido lato, isto é, incluindo a fase administrativa e o processo judicial. Trata-se de uma sistematização não estanque e feita na medida do possível, porque ficará perceptível que determinados princípios e garantias influem tanto nos procedimentos quanto nos processos contenciosos. Assim, utilizamos o critério da preponderância para organizá--los em grupos de maior influência sobre a fase administrativa ou judicial. Alguns princípios e garantias atuam exclusivamente no procedimento ou no processo administrativo contencioso, não sendo verificáveis preponderantemente no processo judicial, razão pela qual foram considerados com essa característica de exclusividade.

Isto posto, os princípios e garantias do processo tributário poderão ser organizados conforme o quadro abaixo, seguindo suas respectivas preponderâncias:

Capítulo 2　Princípios e garantias do direito processual tributário

Princípios exclusivos aos procedimentos administrativos	– Inquisitoriedade – Cientificação
Princípios comuns aos procedimentos e ao processo (administrativo e judicial)	– Princípio do devido processo legal – Princípio da oficialidade – Princípio do formalismo moderado – Princípio da verdade material
Princípios exclusivos do processo judicial	– Princípio do acesso à jurisdição – Princípio dispositivo
Garantias exclusivas do processo contencioso (administrativo ou judicial)	– Garantia do contraditório – Garantia da ampla defesa
Garantias comuns aos procedimentos e ao processo tributário contencioso	– Garantia do direito de petição – Garantia do dever de fundamentação – Garantia da publicidade – Garantia da acessibilidade – Garantia de duração razoável do processo
Garantia exclusiva dos procedimentos e do processo administrativo contencioso	– Garantia da gratuidade

2.6 PRINCÍPIOS EXCLUSIVOS DOS PROCEDIMENTOS ADMINISTRATIVOS

Devemos considerar, preliminarmente, que os princípios da "inquisitoriedade" e da "cientificação" não são exclusivos dos procedimentos administrativos tributários. Trata-se de normas abstratas dirigidas a todos e com a vocação de serem aplicadas em outros procedimentos administrativos não contenciosos. No Capítulo 3 do presente livro serão analisados os diversos tipos de procedimentos administrativos tributários de iniciativa da Fazenda e dos Contribuintes, razão pela qual convém se conhecer, em linhas gerais, seus princípios orientadores.

2.6.1 Princípio da inquisitoriedade

Processo e procedimento diferem, essencialmente, na necessidade de aplicação do princípio da inquisitoriedade. Este princípio deriva do poder de investigação, da apuração ou da averiguação que é dado à autoridade pública, na busca constante da isonomia, no cumprimento da legalidade, na garantia de manutenção da ordem pública e, sobretudo, na guarda da indisponibilidade do interesse público.

63

CURSO COMPLETO DE DIREITO PROCESSUAL TRIBUTÁRIO

O "princípio do inquisitório", portanto, é o que sustenta os procedimentos administrativos, na medida em que serve de fundamento à efetividade dos valores referidos e de outros relacionados ao alcance do bem comum. Explica-se o princípio em análise pela finalidade de desvendar fatos já ocorridos da forma mais fiel possível à realidade do momento em que ocorreu.

Como se sabe, o "fato" é um fenômeno que, depois de praticado, não renasce em outro momento. Daí por que, em geral, o direito tem que se contentar com a representação formal dos fatos, o que pode se dar por meio de documentos, objetos, palavras, sons e até imagens. Essa representação da realidade é feita por aproximação, porque desconhecemos uma técnica capaz de resgatar o tempo para obter outra vez o mesmo fato.

Essa incapacidade enseja a produção das provas. De acordo com o princípio do inquisitório, quando se tratar de interesse público indisponível, como é o caso das obrigações tributárias, há a necessidade de o Poder Público desvendar, pela máxima aproximação possível, se os fatos supostos ocorreram e quais os detalhes dessa ocorrência. Assim, não poderia a autoridade pública, necessitando comprovar fatos para satisfazer os interesses da administração fiscal, ficar à mercê do particular em relação a seus interesses disponíveis.

Por exemplo, ao iniciar um procedimento de fiscalização no estabelecimento do contribuinte, a administração tributária deverá se pautar pela necessidade de comprovar, efetivamente, se o sujeito passivo gerou a obrigação fiscal, qual o montante gerado, o momento da prática do fato gerador, quem praticou o fato ou quem é o responsável pela obrigação tributária. Essas averiguações não podem ser meramente presumíveis, sob pena de colocar o interesse público em situação de vulnerabilidade ou violar direitos fundamentais do contribuinte. Basta que se perceba o seguinte: caso a autoridade tributária não faça as devidas apurações da realidade, o fisco ou o contribuinte poderão ser lesados. Na hipótese de o fato gerador ter efetivamente ocorrido e a administração não ter adotado as cautelas que caracterizam o princípio do inquisitório, a Fazenda deixará de receber o tributo quando possuía direito ao recebimento. Na hipótese inversa, não tendo ocorrido o fato gerador, a inconsequente investida do Fisco, sem a observância dos instrumentos processuais de inquisitoriedade, significará brutal violação a direitos individuais do contribuinte.

Capítulo 2 **Princípios e garantias do direito processual tributário**

Essa necessária aproximação dos fatos à sua representação formal (prova), leva a um desdobramento do princípio do inquisitório, que se chama "verdade material". Significa que a meta do processo inquisitivo é desvendar os fatos[35].

A participação da pessoa contra quem se investigam fatos poderá impedir que se alcance essa pretensão de provar a realidade. É natural que o investigado não se deixe sujeitar, inerte, à coleta de dados que deverão comprovar, por aproximação, a realidade em que esteve inserido, especialmente quando tais dados possam se voltar contra seu interesse.

Por esse motivo, os procedimentos inquisitivos não são conciliáveis com as garantias constitucionais da ampla defesa e do contraditório, diferentemente do que deve ocorrer no processo administrativo ou judicial, eis que nestes casos o pressuposto é assegurar as mencionadas garantias.

Assim, o "processo contencioso" não pode ser inquisitório, porquanto há que se garantir a ampla defesa e o contraditório ao seu adequado desenvolvimento. O direito de defesa amplo e o contraditório, são garantias constitucionais inerentes ao Estado de direito. Tratando-se de "procedimento", dependendo dos interesses que pretenda resguardar, o princípio da inquisitoriedade atribui legalidade e coerência ao seu correto desenvolvimento.

Ressalte-se, por isso mesmo, que nem todo procedimento deve ser inquisitório. Isso ocorre quando o procedimento está contido no processo, não havendo que se falar em inquisitoriedade, pois o procedimento, neste caso, é somente uma característica do processo. No processo judicial, por exemplo, os procedimentos comum e de execução são tipos de processo. Por conseguinte, deve-se aplicar nesses procedimentos a ampla defesa e o contraditório, além de outras garantias e princípios do processo[36].

---

35   A explicação de James Marins sobre a verdade material no processo tributário é elucidativa: "a exigência da *verdade material* corresponde à busca pela aproximação entre a realidade factual e sua representação formal; aproximação entre os eventos ocorridos na dinâmica econômica e o registro formal de sua existência; entre a materialidade do evento econômico (fato imponível) e sua formalização através do lançamento tributário. MARINS, James. *Direito processual tributário brasileiro*, p. 177.

36   Sobre a relevância do procedimento no processo judicial, o que faz dele mais do que uma sequência de atos, mas instrumento adequado de alcance dos fins da jurisdição, confira-se o seguinte argumento de Marinoni: "O procedimento, em abstrato – como lei ou módulo legal – ou no plano dinâmico – como sequência de atos –, tem evidentemente

CURSO COMPLETO DE DIREITO PROCESSUAL TRIBUTÁRIO

Esses exemplos levam a uma conclusão por ora parcial: o princípio do inquisitório somente é cabível quando o procedimento for autônomo. De fato, quando o procedimento for mero tipo de processo, a inquisitoriedade não se aplica, pois que devem prevalecer os pressupostos do processo, que são, minimamente, a ampla defesa e o contraditório. Mas nem todo procedimento autônomo, isto é, que não seja considerado tipo de processo deverá se nortear pelo princípio do inquisitório. Existem procedimentos em que a meta da verdade material é desnecessária, porquanto o interesse em voga poderá ser disponível pelo seu titular. É o caso dos procedimentos judiciais de jurisdição voluntária, previstos no Código de Processo Civil (CPC) nos arts. 719 a 770. Nesses casos, a lei estabelece que, para usufruir determinado direito, faz-se necessário desenvolver-se um procedimento perante a justiça. Igualmente, no âmbito da administração pública, ao requerer uma certidão ou inscrição em um concurso público, o procedimento se desenvolve sem pretender à verdade material, daí por que não é inquisitório. Em tais procedimentos, o interesse é disponível, porquanto o particular poderá desistir do procedimento a qualquer instante.

Assim, pode-se chegar a outra conclusão: para a aplicação do inquisitório, o procedimento, além de autônomo (porque não faz parte de um processo ou nem o tipifica) deve velar pela garantia de efetivação de interesses indisponíveis. Neste contexto se inserem os procedimentos tributários.

O lançamento, as fiscalizações ou apreensões de bens ou mercadorias são, inicialmente, procedimentos autônomos que velam pela efetividade de interesses indisponíveis, porque se destinam a exigir o pagamento de receitas públicas ou o cumprimento da legalidade, que não poderão ser renunciados pelo administrador sem comando legal. Para o alcance dessa finalidade, o procedimento há que se desenvolver escorado no princípio do inquisitório e a expressão prática do princípio será o desenvolvimento de todos os meios lícitos de provas para desvendar os fatos o mais próximo possível da realidade.

De acordo com o princípio do inquisitório, a autoridade pública poderá requisitar documentos ou autorizar *ex officio* a realização de provas até

---

compromisso com os fins da jurisdição e com os direitos do cidadão". Cf. MARINONI, Luis Guilherme. Teoria geral do processo. In: *Curso de processo civil.* 3. ed. São Paulo: Revista dos Tribunais, v. 1, p. 401.

Capítulo 2 Princípios e garantias do direito processual tributário

que o procedimento esteja devidamente instruído com dados capazes de garantir o alcance do interesse público perseguido e, consequentemente, o bem comum.

Note-se que o "inquisitório" é o oposto do princípio do "dispositivo do processo"[37]. Por este princípio, observa-se que a autoridade processante possui limitações para agir à busca da verdade dos fatos. Daí falar-se em "verdade formal" para distinguir da "verdade material"[38]. No fundo, os regimes da verdade formal e material são sistemas probatórios por meio dos quais os princípios do dispositivo e do inquisitório se expressam. De acordo com o sistema da verdade formal, a autoridade que preside o processo está vinculada às provas produzidas pelas partes em sistema de ônus que leva à preclusão do direito, caso não sejam apresentadas no tempo determinado. Justamente por isso, a autoridade processante não pode agir de ofício caso as provas não cheguem ao seu conhecimento. No sistema probatório da verdade formal, o pressuposto é: se as partes não procuraram provar os fatos é porque não têm interesse na demonstração da verdade, ficando a cargo do juiz valorar as provas até então produzidas e decidir com ou sem base nelas. Como não é lícito à autoridade processante, no sistema da verdade formal, reconstituir os fatos por iniciativa própria, isto é, determinando de ofício a realização de provas para seu convencimento, fica atrelada às

---

37 Alberto Xavier, ao examinar o tema, alerta para questão fundamental, relacionada à objetividade e subjetividade do processo: "Problema fundamental da teoria da impugnação no processo administrativo tributário consiste em saber se esta desempenha uma *função objetiva* ou uma *função subjetiva*: desempenhará uma função objetiva se tiver por finalidade a defesa da ordem jurídica e dos interesses públicos confiados à administração fiscal; desempenhará uma função subjetiva se tiver por fim a proteção dos direitos subjetivos e interesses legítimos dos particulares que a utilizam". Cf. XAVIER, Alberto. *Princípios do processo administrativo e judicial tributário*. Rio de Janeiro: Forense, 2005, p. 155. Essa consideração leva à reflexão de que a impugnação formulada pelo sujeito passivo no processo administrativo fiscal é um marco divisório entre os princípios da *inquisitoriedade* e o *dispositivo*. Na fase de coletas de dados relativos à obrigação tributária, que é de iniciativa do fisco, a característica fundamental do procedimento é a ausência de contraditório e de ampla defesa. Tão logo o sujeito passivo é notificado do procedimento de lançamento do débito fiscal, uma vez apresentando impugnação, segue-se o aparecimento do *processo dispositivo* e, portanto, composto pelas garantias constitucionais.

38 MARINS, James. *Direito processual tributário brasileiro*, p. 177-179.

provas produzidas que se conectam ao que a parte pediu. A decisão que extrapolar à pretensão da parte demandante ou à defesa do acusado é inadequada por violar o direito da parte de dispor sobre o próprio interesse. O sistema da verdade material, conforme explicado, exige do Poder Público a produção das provas necessárias ao cumprimento da legalidade e proteção do interesse público indisponível.

2.6.2 Princípio da cientificação

Entende-se por "princípio da cientificação" o direito de o sujeito passivo ser comunicado, formalmente, de todas as atividades administrativas que afetem diretamente sua esfera de interesse jurídico[39].

A cientificação, muito embora possa ser considerada um princípio jurídico comum aos procedimentos e aos processos administrativos, cremos que esteja presente somente nos procedimentos, pois, no processo contencioso, uma vez que já existe pretensão fiscal formulada, a garantia constitucional apropriada é o contraditório.

Assim como o contraditório, a cientificação decorre da "bilateralidade de comunicação", isto porque serve para notificar o sujeito passivo dos atos necessários à devida formalização e ultimação do procedimento. A exigência de documentos por parte da Fazenda Pública na condução de procedimento administrativo fiscal pressupõe o atendimento da bilateralidade de comunicação, porque o Poder Público e o particular podem se comunicar no curso do procedimento.

O parágrafo único do art. 173 do CTN demonstra a presença do princípio da cientificação no procedimento tributário de lançamento, ao estabelecer que a constituição do crédito tributário se extingue com o decurso do prazo de 5 anos, contado da data em que tenha sido iniciada a constituição do crédito tributário pela "notificação", ao sujeito passivo, "de qualquer medida preparatória indispensável ao lançamento".

O Decreto n. 70.235, de 1972, no art. 7º, I, igualmente, alude ao princípio da cientificação ao estabelecer que o procedimento fiscal tem início com: "o primeiro ato de ofício, escrito, praticado por servidor competente, 'cientificado' o sujeito passivo da obrigação tributária ou seu preposto".

---

39   MARINS, James. *Direito processual tributário brasileiro*, p. 183.

Capítulo 2   Princípios e garantias do direito processual tributário

No âmbito do contraditório, a bilateralidade de comunicação processual que fundamenta o princípio da cientificação também está presente. A Lei n. 9.784, de 1999, que estabelece normas gerais ao Processo Administrativo Federal, no art. 2º, parágrafo único, X, na mesma linha da legislação citada, também se refere à comunicação dos atos processuais. Com efeito, o dispositivo prevê que o processo administrativo, dentre outros critérios, atenderá ao seguinte: "garantia dos direitos à comunicação, à apresentação de alegações finais, à produção de provas e à interposição de recursos, nos processos de que possam resultar sanções e nas situações de litígio".

Entendemos que tal dispositivo insere-se mais adequadamente no conteúdo jurídico da garantia do "contraditório", que é mais ampla do que a cientificação, porque a lei em questão disciplina regras do processo administrativo contencioso e não exatamente os procedimentos. Assim, a expressão "comunicação" contida no dispositivo da Lei n. 9.784, de 1999 tem a finalidade de garantir o direito de se refutar as pretensões da Administração Federal, tanto assim que a garantia ocorrerá "nos processos de que possam resultar sanções e nas situações de litígio".

O princípio da cientificação, decorrente da bilateralidade de comunicação, aproxima-se do dever de colaboração do administrado com a regularidade e finalização dos procedimentos administrativos.

A cientificação não se restringe à comunicabilidade entre a administração processante e o contribuinte. Note-se que o responsável tributário ou terceiros relacionados à obrigação tributária poderão ser instados a contribuir com informações, de acordo com o teor do art. 197 do CTN[40].

Por conseguinte, no caso das fiscalizações tributárias, a Fazenda poderá exigir dos agentes e instituições mencionadas no art. 197 do CTN, a entrega de documentos e de informações sobre a movimentação fiscal de contribuintes e isso não constitui ofensa às garantias constitucionais do contraditório e da ampla defesa. Evidentemente, não poderá a administração exigir

---

40   "Têm, contribuinte e terceiros, não apenas a obrigação de fornecer os documentos solicitados pela autoridade tributária, mas também o dever de *suportar* as atividades averiguatórias, referentes ao patrimônio, os rendimentos e as atividades econômicas dos contribuintes e que possa ser identificados através do exame de mercadorias, livros, arquivos, documentos fiscais ou comerciais etc." MARINS, James. *Direito processual tributário brasileiro*, p. 180.

de tais agentes o que o próprio Poder Público não poderia licitamente realizar. Assim, o Fisco não imporá, ainda que à busca da instrução ideal do processo, a prática do desrespeito da intimidade ou a invasão à residência de alguém, ou a violação de correspondências, de comunicações telefônicas, mesmo que pela rede mundial de computadores.

O CTN, aliás, exclui do dever de colaboração por parte de terceiros, a situação em que o informante do fato a ser provado estiver protegido pelo sigilo profissional relacionado ao respectivo fato (CTN, art. 197, parágrafo único). Fica ressalvada sempre a possibilidade de que tais informações devam ser prestadas por força de decisão judicial (CF, art. 5º, XI e XII, e CTN, art. 198, § 1º, I).

O princípio da cientificação, de acordo com a finalidade que possui de permitir que o particular não seja surpreendido com injunções do Poder Público, que possam constranger seu patrimônio, garante transparência na condução dos procedimentos fiscais. Com essas características, no âmbito dos procedimentos tributários, a cientificação respalda a democracia, na medida em que cria instrumento de inibição à prática de arbitrariedades.

2.7 PRINCÍPIOS COMUNS AOS PROCEDIMENTOS E AOS PROCESSOS ADMINISTRATIVO E JUDICIAL

Assim como no caso dos princípios dos procedimentos administrativos, os princípios que serão analisados a seguir não são exclusivos do processo tributário, mas atuam nesse segmento do direito processual. Consideramos comuns aos procedimentos administrativos e ao processo contencioso tributário, tanto na esfera administrativa quanto na judicial, os seguintes princípios: a) princípio do devido processo legal; b) princípio da oficialidade; c) princípio do formalismo moderado. Esses princípios são normas de conteúdo abstrato, dirigidas indistintamente a todos como potenciais sujeitos de um processo.

É importante esclarecer, desde logo, a função do "princípio do devido processo legal" nesta subseção. Este princípio é norma de extrema abrangência e orienta qualquer tipo de processo oficial, ou seja, quando for conduzido por autoridade do Estado. Desse modo, o "princípio do devido processo legal" atua também sobre os procedimentos administrativos porque, conforme será visto, seu conceito não se resume às garantias do "contraditório" e da

Capítulo 2 **Princípios e garantias do direito processual tributário**

"ampla defesa", estes últimos são típicos institutos dos processos contenciosos, razão pela qual não seriam aplicáveis aos procedimentos administrativos de caráter não contencioso. No entanto, o "princípio do devido processo legal" exige que, para restringir a liberdade ou a propriedade das pessoas, é necessário a existência de regras jurídicas predefinidas e enunciadas por um sistema legítimo de poder. O princípio do devido processo legal é perfeitamente aplicável aos procedimentos administrativos tributários porque, por meio desse postulado, impede-se que a exigência de tributos e demais obrigações tributárias ocorram sem regras previamente conhecidas e compatíveis com os objetivos da Constituição Federal. Em um regime democrático, o "devido processo legal" é aplicável a qualquer modalidade de exercício do poder burocrático sobre o indivíduo, revelando-se como medida fundamental contra o arbítrio estatal e impeditiva de um procedimento "inventado" pela autoridade pública. Assim, toda sua historicidade, fundamentos e explicações contemporâneas devem ser estendidas aos procedimentos administrativos tributários, com exceção das garantias do contraditório e da ampla defesa, que serão examinadas em subseção própria.

2.7.1 Princípio do devido processo legal

O princípio do devido processo legal evoluiu a partir da intensa batalha relativa ao pagamento de tributos, que sempre se travou entre o indivíduo e o Estado. Alberto Nogueira relata que o princípio finca suas raízes no ocidente, na Inglaterra, com a Magna Carta, de 1215, ventilado pela expressão *law of the land*[41]. Trata-se da construção de um direito histórico, em que todo homem livre somente seria privado de sua liberdade ou de seus bens, por meio de um juízo e segundo as leis do país.

O capítulo 39, considerado por muitos o ponto nodal da Magna Carta do Rei João Sem Terra, foi firmado pelo mencionado monarca em contexto histórico tumultuado, em que os senhores feudais resistiam à "tendência de instituição de um poder soberano"[42].

---

41 NOGUEIRA, Alberto. *O devido processo legal tributário*. 3. ed. Rio de Janeiro: Renovar, 2002, p. 29.

42 COMPARATO, Fábio Konder. *A afirmação histórica dos direitos humanos*. 3. ed. São Paulo: Saraiva, 2004, p. 70.

CURSO COMPLETO DE DIREITO PROCESSUAL TRIBUTÁRIO

O poder do suserano na Inglaterra enfraqueceu-se a partir de dramáticas disputas pelo trono entre o Rei João e dinastias rivais. Além disso, o ataque das forças do Rei Felipe Augusto contra o ducado da Normandia, que pertencia por herança ao reinado inglês, foi decisivo para o aumento da captação de tributos, a fim de se financiarem as empreitadas bélicas do Rei[43].

O senhor feudal, como moeda de troca para aceitação pacífica da pressão tributária, exigiu do Rei o reconhecimento de diversos direitos fundamentais que já vinham sendo exigidos por meio de declarações e petições desde o final do século XII. Não bastasse a necessidade de ceder às exigências dos barões da época, o Rei João rivalizou com o clero ao não aceitar a nomeação do cardeal indicado pelo Papa Inocêncio III para ser primaz da Inglaterra, razão pela qual foi excomungado. Desalinhado da igreja e sem dinheiro, entregou a Inglaterra a Roma em 1213, pelo que teve sua excomunhão revogada[44].

Descontentes com as atitudes do Rei, de baionetas em punho, os senhores feudais se rebelaram. Como condição para o fim da revolta, João Sem Terra foi obrigado a assinar a Magna Carta, documento que, redigido originalmente em latim, tinha por escopo declarar a liberdade da Igreja e dos barões do reino, estes últimos considerados os senhores feudais anglicanos[45].

Apesar da aparente finalidade de declarar direitos eclesiásticos, a cláusula que mais se destacou da Magna Carta foi a de número 39, que estabelecia: "Nenhum homem livre será detido ou preso, nem privado de seus bens, banido ou exilado ou, de algum modo, prejudicado, nem agiremos ou mandaremos agir contra ele, se não mediante um juízo legal de seus pares ou segundo a lei da terra".

O compromisso do Rei sintetizou-se no reinado de Eduardo III, em 1354, na locução *due process of law*[46]. Mais tarde, imigrou para as colônias

---

43 COMPARATO, Fábio Konder. *A afirmação histórica dos direitos humanos*, p. 71.

44 COMPARATO, Fábio Konder. *A afirmação histórica dos direitos humanos*, p. 72.

45 *Magna Charta Libertatum seu Concordiam inter regem Johannem et Barones pro concessione libertatum ecclesiae et regni Agliae* (Carta Magna das Liberdades ou Concordância entre o rei João e os Barões para a outorga das liberdades da igreja e do reino inglês).

46 NOGUEIRA, Alberto. *O devido processo legal tributário*, p. 29.

Capítulo 2 **Princípios e garantias do direito processual tributário**

inglesas da América, em 1641, com a Declaração de Liberdades na baía de Massachussetts e mais posteriormente nas leis de Nova York e de Nova Jersey. No entanto, foi a Emenda XIV que, incorporada à Constituição americana em 1868, consagrou definitivamente o princípio *due process of law* no direito americano[47].

No Brasil, a cláusula esteve presente desde a primeira Constituição republicana[48]. Atualmente, encontra-se expressa no art. 5º, LIV, da Constituição de 1988, com a seguinte redação: "ninguém será privado da liberdade ou de seus bens sem o devido processo legal".

A Constituição vigente adotou a essência da Magna Carta de 1215, desmistificando a ênfase que os textos constitucionais anteriores deram à aplicação do princípio somente ao processo penal. Outra característica da nova declaração do princípio é a sua separação das garantias constitucionais que o complementam, que são o "contraditório" e a "ampla defesa". No texto atual, observa-se que primeiramente enuncia-se norma de abrangência geral, consistente em expressão sintética que, em si mesma, não é autoexplicável. Afinal, o que pode ser "o devido processo legal" como requisito necessário para que alguém possa ser privado, legitimamente, de sua liberdade ou de seus bens?

A resposta é de cunho histórico, porquanto, como se viu, desde a Magna Carta o senhor feudal se impôs perante o Rei para exigir obediência a determinados direitos, sem os quais a convivência não poderia ser pacífica. Um desses direitos teve origem na limitação a que o Rei se obrigou a observar ao exigir tributos, qual seja, a observância das "leis do país".

É certo, entretanto, que o "devido processo legal" é princípio que se identifica com o desenvolvimento da marcha do processo composta por garantias que se justificam para conferir equilíbrio na distribuição do direito das partes litigantes. O pressuposto da justiça praticada concretamente pelo Poder Público é a existência de um processo equilibrado.

O movimento político que deu ensejo ao reconhecimento do que se compreende na atualidade como o *due process of law* nasceu da resistência da

---

47 NOGUEIRA, Alberto. *O devido processo legal tributário*, p. 30.

48 Constituições Federais: 1891, art. 72, § 16; 1934, art. 113, inciso 24; 1937, art. 122, inciso 11; 1946, art. 141, § 25; 1967-1969, art. 153, § 15.

CURSO COMPLETO DE DIREITO PROCESSUAL TRIBUTÁRIO

burguesia econômica de se sujeitar ao arbítrio do Rei à exigência de tributos para o financiamento das guerras. Essa historicidade, isto é, o movimento político que dá substância à cláusula 39 da Magna Carta, auxilia no entendimento de que o princípio se separa das garantias dele decorrentes, quais sejam, a ampla defesa e o contraditório. Tais garantias são especificações do princípio, verificadas posteriormente como desdobramento lógico de sua efetividade. Os fundamentos que firmam a necessidade e existência do princípio do devido processo legal residem na resistência da burguesia ao absolutismo do poder do Rei, em especial quanto à cobrança de tributos.

Daí por que, se por um lado é prático afirmar que o "devido processo legal" se confunde com as garantias da ampla defesa e do contraditório, por outro, reduz a rica historicidade do princípio a uma exegese simplificada em que normas de conteúdos jurídicos distintos passam a ser a mesma coisa[49]. Se o devido processo legal se igualasse no seu sentido jurídico às garantias do contraditório e da ampla defesa que lhe conferem efetividade, não haveria motivo para o constituinte separar as normas em dois incisos (CF, art. 5º LIV e LV). A Constituição de 1988, corretamente, trata do "princípio", no inciso LIV do art. 5º, norma de alcance amplo voltada à pessoa. No inciso seguinte do mesmo artigo, o texto constitucional se dirige à autoridade processante, prescrevendo que esta deverá assegurar ao processado o contraditório e a ampla defesa.

O princípio do "devido processo legal" não deve ser compreendido simplesmente no nível funcional do processo, em que são efetivados os instrumentos do contraditório e da ampla defesa, tais como as contestações, provas e recursos. Convém se entender o porquê e o conteúdo da norma declaratória de que a privação da liberdade ou da propriedade dependem de um "devido processo legal". As causas se buscam na história, pois há séculos o conteúdo normativo do princípio se radica na noção de que a solução de conflitos envolvendo a liberdade e a propriedade deve se pautar em um procedimento "justo". A ideia de "processo justo", neste caso, coincide com

---

49 Alberto Xavier sustenta na linha dos textos constitucionais anteriores, que o princípio do devido processo legal é expressão da ampla defesa e do contraditório, ao afirmar: "direito de defesa e contraditório são, por seu turno, manifestações do princípio mais amplo do 'devido processo legal'..." Cf. *Princípios do processo administrativo e judicial tributário*, p. 6.

Capítulo 2 **Princípios e garantias do direito processual tributário**

equilíbrio de oportunidades de pronunciamento das partes, o direito de estas reconstituírem fatos em favor de sua defesa e de poder se manifestar sobre as alegações do adversário.

A doutrina divide o devido processo legal em duas acepções. Uma de direito material, razão pela qual o princípio se desdobra em *substantive due process*. A outra acepção tem natureza processual e, portanto, denota a noção de instrumento de efetivação dos direitos plasmados no sistema jurídico. Daí o fato de o princípio desmembrar-se também em *procedural due process*[50].

O princípio se apresenta como *substantive due process* no momento em que as leis e demais atos normativos são elaborados. No fundo, a cláusula *substantive due process* pretende imunizar a Constituição de medidas incoerentes ou ofensivas às suas normas, de modo a preocupar o legislador, ou quem a ele se equipare, com o resultado de sua produção legislativa, que não poderá redundar em medidas inconstitucionais.

No direito tributário, o *substantive due process* evidencia-se nos postulados do art. 150 da Constituição Federal, que prescreve um rol de limitações à cobrança de tributos. Por conseguinte, o legislador não poderá providenciar leis tributárias que afrontem as normas do artigo mencionado, sob pena de poderem ser afastadas do sistema por inconstitucionalidade.

O *procedural due process*, por sua vez, possui sentido estritamente processual. Nessa acepção, o princípio do devido processo legal reúne o conteúdo de norma fundamental do processo e resvala na justificativa da instauração de procedimentos. Quando se tratar de "processo", para que o princípio do devido processo legal se realize efetivamente na forma de *procedural due process*, são imprescindíveis a presença de garantias constitucionais inerentes ao desenvolvimento adequado do processo. Daí a previsão dos postulados do contraditório e da ampla defesa no inciso LV do art. 5º da Constituição Federal, a conferir aplicação prática ao princípio do devido processo legal. Evidentemente, os demais princípios do processo, de índole fiscal ou não, também são decorrências do princípio do devido processo legal na acepção do *procedural due process*[51].

---

50   MARINS, James. *Direito processual tributário brasileiro*, p. 187-188.

51   James Marins ressalta que, além do "contraditório" e da "ampla defesa" como garantias do "devido processo legal", encontram-se também os princípios da "ampla competência

CURSO COMPLETO DE DIREITO PROCESSUAL TRIBUTÁRIO

A divisão do devido processo legal nos sentidos material e processual apresenta-se como instrumento da racionalidade jurídica, que empresta às leis infraconstitucionais conteúdos que persigam finalidades coerentes aos objetivos da Constituição Federal. A razoabilidade substancial das leis também deve ser aferida a partir dos propósitos constitucionais expressos no art. 3º da Constituição Federal. Isso não pode passar despercebido do legislador e do intérprete no momento de cada qual, a seu turno, elaborar ou interpretar as leis. Em relação ao aspecto processual do princípio, a racionalidade jurídica pretende atribuir ao processo um sentido de realização de justiça, considerando-o meio para o alcance dessa finalidade. Em precedente elucidativo, o Ministro Carlos Veloso, do STF, ainda que na forma de *obter dictum* reconheceu a divisão do devido processo legal nas duas acepções comentadas:

> Abrindo o debate, deixo expresso que a Constituição de 1988 consagra o devido processo legal nos seus dois aspectos, substantivo e processual, nos incisos LIV e LV, do art. 5º, respectivamente. [...] *Due process of law*, com conteúdo substantivo – *substantive due process* – constitui limite ao Legislativo, no sentido de que as leis devem ser elaboradas com justiça, devem ser dotadas de razoabilidade (*reasonableness*) e de racionalidade (*rationality*), devem guardar, segundo W. Holmes, um real e substancial nexo com o objetivo que se quer atingir. Paralelamente, *due process of law*, com caráter processual – *procedural due process* – garante às pessoas um procedimento judicial justo, com direito de defesa (STF, ADI 1.511-MC, fragmentos do voto do Min. Carlos Velloso, j. 16-10-1996, *DJ* 6-6-2003).

Assim, o "devido processo legal" é a própria concepção do processo como condição legítima, na democracia, de impingir contra alguém a perda ou restrição parcial de seu patrimônio ou de sua liberdade. Além dos bens fundamentais, liberdade e patrimônio, o devido processo legal se espraia na defesa dos direitos fundamentais inscritos no *caput* do art. 5º da Constituição. Assim, as garantias do direito à vida, à igualdade, à segurança, à intimidade e à propriedade, também são tuteladas pelo devido processo legal, de sorte que qualquer ameaça de ofensa a esses direitos poderá ser obstada por meio de investidas processuais.

---

decisória", "ampla instrução probatória", "duplo grau de cognição", "julgador competente". Cf. *Direito processual tributário*, p. 191-196.

Capítulo 2   Princípios e garantias do direito processual tributário

As garantias por meio das quais o princípio do devido processo legal se efetiva são verificações feitas em momento posterior à sua idealização, pois que são normas operacionais que atuam na dinâmica do processo. Por essa razão, as normas do devido processo legal, da ampla defesa e do contraditório aparecem separadas no texto constitucional. O "princípio do devido processo legal" enuncia um direito fundamental que estabelece requisito constitucional de que ninguém será privado dos seus bens ou liberdade sem que se instaure um procedimento ou processo previamente definidos em lei e mediante a definição de autoridade competente para processar e julgar a demanda. As garantias do contraditório e da ampla defesa, situadas no inciso LV do art. 5º da Constituição ocorrem em momento posterior à instauração do processo, quando se tem definida a autoridade competente para sua condução. O sentido das garantias do contraditório e da ampla defesa advertem que as autoridades do Estado deverão assegurar, no momento de elaboração das normas do processo, ou da sua aplicação efetiva, o conteúdo normativo das mencionadas garantias, o que será abordado adiante.

2.7.2 Princípio da oficialidade

Entende-se por "princípio da oficialidade", também conhecido como "impulso oficial", o dever de a autoridade processante dar andamento aos procedimentos e processos administrativos contenciosos, independentemente de manifestação do particular.

Os procedimentos administrativos tributários deverão chegar à sua conclusão, formalizando a pretensão fiscal por meio do lançamento, ainda que o sujeito passivo não contribua para sua finalização. Isso é possível porque o princípio da oficialidade impõe a formulação de regras procedimentais que prevejam um começo e fim aos procedimentos administrativos.

Tratando-se de processo administrativo contencioso, o expediente deverá alcançar também uma conclusão, em que a administração tributária reveja o ato impugnado e aceite as alegações do contribuinte, total ou parcialmente, ou não as acolha, mantendo a pretensão fiscal. Observe-se que nos sistemas de jurisdição una, como é o caso do Brasil, a atividade da administração no âmbito do processo tributário dá-se em virtude do princípio geral de direito administrativo, chamado de "tutela" ou "autotutela" administrativas. De acordo com o primeiro princípio, entende-se que administração deverá rever seus atos quando provocada; e, no segundo caso, poderá

77

rever os atos de ofício, quando detectar qualquer ilegalidade. No direito brasileiro, entretanto, com a tutela ou autotutela administrativas, não se tem, exatamente, função jurisdicional. No Brasil, a função jurisdicional é reservada ao Poder Judiciário, de modo que as decisões proferidas pela justiça contra as quais não caibam mais recursos se tornam definitivas. A decisão lançada no processo administrativo poderá ser revista pelo Poder Judiciário ainda que se trate de última decisão administrativa. O amparo jurídico a essa assertiva, funda-se na norma do art. 5º, XXXV, da Constituição Federal, que estabelece: "a lei não excluirá da apreciação do Poder Judiciário, lesão ou ameaça a direito".

Assim, mesmo que se trate de processo administrativo, o feito deverá chegar a seu termo independentemente de impulso do particular, porquanto a administração atuará norteada pelo princípio da autotutela. É necessário ressaltar, contudo, que não se deve confundir o princípio da oficialidade com o sistema probatório da verdade material, que se funda no princípio da inquisitoriedade. A verdade material é típica dos procedimentos, porque, nestes casos, cabe à Fazenda Pública perseguir a "verdade" dos fatos em prol do interesse público. Ainda que o particular não exerça o dever de colaboração, a administração tributária lançará mão de instrumentos necessários – e desde que dentro da legalidade – para comprovar a ocorrência dos fatos que embasarão sua pretensão arrecadatória. Tratando-se de processo administrativo tributário contencioso, o ônus de provar é compartilhado com o particular, razão pela qual, conforme o art. 16, IV, do Decreto n. 70.235, de 1972, cabe ao sujeito passivo requerer as provas com a apresentação da impugnação. Se não o fizer, o direito de provar precluirá, salvo exceções previstas em lei (Decreto n. 70.235, de 1972, art. 16, § 4º).

Quando o procedimento for iniciado pelo contribuinte, o princípio da oficialidade também tem aplicação, pois o procedimento é instaurado para o atendimento do interesse público, razão pela qual a autoridade é obrigada a dar impulso ao procedimento até que alcance o seu termo final. Neste caso, se a decisão administrativa depender de diligência do contribuinte para a qual foi intimado e não a cumpriu, o procedimento será arquivado.

2.7.3 Princípio do formalismo moderado

O processo administrativo tributário contencioso também está sujeito ao princípio geral do processo administrativo conhecido como princípio da

Capítulo 2 **Princípios e garantias do direito processual tributário**

eficiência. Afronta qualquer noção de eficiência na solução de processos administrativos, como é o caso da cobrança de tributos, o desenvolvimento de processos que exijam do particular o cumprimento de regras excessivamente burocráticas, escondidas sob o falso fundamento de segurança ou de obtenção da verdade.

Ao mesmo tempo em que o processo tributário é meio de averbação do procedimento fiscal, daí o cabimento de "contraditório" e da "ampla defesa", não poderá perder-se nos desvãos de práticas formais exageradas, que servem somente para dificultar a efetividade daquelas garantias constitucionais.

Por tais motivos, o princípio do formalismo moderado significa que a prática dos atos processuais se revestirá de formas simples, sem que se perca a segurança e certeza dos fundamentos para as decisões.

A Lei n. 9.784, de 1999, que estabelece normas gerais ao processo administrativo federal, reconhece, no inciso IX do parágrafo único do art. 2º, a existência daquele princípio, considerando-o, entretanto, como critério informativo do processo. De acordo com o dispositivo, o processo administrativo deverá observar "a adoção de formas simples, suficientes para propiciar adequado grau de certeza, segurança e respeito aos direitos do administrado".

O Decreto n. 70.235, de 1972, que dispõe sobre o processo administrativo fiscal federal, contém, igualmente, norma que se dirige à finalidade do formalismo moderado, ao prescrever: "os atos e termos processuais, quando a lei não prescrever forma determinada, conterão somente o indispensável à sua finalidade, sem espaço em branco, e sem entrelinhas, rasuras ou emendas não ressalvadas" (art. 2º, *caput*).

O princípio do formalismo moderado abre margem à aplicação das inovações tecnológicas no processo. Na atualidade, a legislação processual tem primado pelo chamado "processo eletrônico", o qual, por si só, reduz tempo e formas em seu modo de expressão, sem falar na economia financeira que propicia à máquina administrativa e ao particular. No caso do Processo Administrativo Tributário Federal (PAF), o parágrafo único do art. 2º, com redação determinada pela Lei n. 12.865, de 2013, prevê a possibilidade de que os atos e termos processuais possam "ser formalizados, tramitados, comunicados e transmitidos em formato digital, conforme disciplinado em ato da administração tributária". Cabe à administração tributária regular como se dará a formalização e processamento dos documentos eletrônicos.

Na linha da informalidade ou formalismo moderado, encontra-se a oralidade do processo. A oralidade "se volta à finalidade do processo, em sua tarefa principal de veículo de pretensões de direito material, como o triunfo da forma sobre o formalismo"[52].

Diferentemente do que ocorre no direito processual civil, no processo administrativo tributário, a ideia de segurança dos atos e termos do processo está enraizada no desenvolvimento de processos em forma escrita[53]. Por exemplo, o PAF deverá ser formalizado por escrito, conforme prevê o art. 15 (para o caso da impugnação) e o art. 46 (para a consulta), ambos do Decreto n. 70.235, de 1972. A forma escrita implicará excesso de formalidade, quando, por exemplo, exigir o tipo e tamanho de fonte em que a peça deve ser redigida, a quantidade de páginas, a observação de regras da ABNT etc.

A finalidade do princípio do formalismo moderado, evidentemente, milita a favor do administrado, pois é esperado que a administração não imponha medidas burocráticas que inviabilizem o exercício do direito de defesa. O princípio também deverá atuar informando o desenvolvimento do processo, a fim de preservar o interesse público, que poderá não ser alcançado pelo excesso de formalidade. O formalismo moderado ajuda a garantir o direito de defesa por meios formalmente simples e econômicos.

Pertence igualmente aos fins do formalismo moderado, a celeridade e economia processuais, que favorecem a efetividade do processo e o alcance de segurança jurídica. James Marins lembra que: "a eliminação de formalidades desnecessárias concorre positivamente para a celeridade e a economia administrativa e contribui para o primado da eficiência, consagrado constitucionalmente no art. 37 da Constituição Federal de 1988"[54].

Dessas explicações, resulta que a exigência de autenticações de documentos, reconhecimentos de firmas, formatações rigorosas aos textos, obrigação de se postular por uma única forma (como, por exemplo, apenas pela internet), são exemplos de violação ao princípio do formalismo moderado.

---

52   GUEDES, Jefferson Carlos Carús. *Princípio da oralidade*. São Paulo: RT, 2003, p. 84.

53   Conforme observa Jefferson Guedes, é pelo "princípio da liberdade das formas ou da informalidade que se excluem de uma forma determinada os atos processuais, senão quando a lei expressamente o exigir, reputando-se válidos os que, realizados de outro modo, preencham a finalidade essencial (art. 154; art. 214, §§ 1º e 2º [ambos do CPC/1973])". *Princípio da oralidade*, p. 84. A oralidade no processo civil, portanto, decorre da liberdade das formas.

54   MARINS, James. *Direito processual tributário*, p. 185.

Capítulo 2 Princípios e garantias do direito processual tributário

2.7.4 Princípio da verdade material

Sem prejuízo de se analisar a verdade material como um sistema de provas, conforme mencionamos na subseção 2.6.1, o princípio da verdade material é verdadeiro alicerce de todo processo tributário.

A locução "processo tributário" é um gênero que abriga o processo administrativo e judicial tributários. O processo administrativo engloba tanto a fase procedimental, sem as garantias do contraditório e da ampla defesa, quanto a fase contenciosa, na qual, obviamente, as citadas garantias são asseguradas. O processo judicial, por sua vez, guarda as ações de iniciativa da Fazenda Pública e as do contribuinte. Essas noções foram melhor desenvolvidas ao longo de todo o capítulo 1 deste livro.

Por ora, a intenção é explorar este princípio angular do processo tributário, como uma espécie de fundamento e simultaneamente finalidade de todo o processo.

Quando se fala em *verdade material* no âmbito do processo, há que se distinguir do seu oposto, que é a *verdade formal*. Ambas as expressões estão associadas ao campo da prova, por isso nos referimos anteriormente como um sistema probatório ao analisarmos o princípio da inquisitoriedade.

A *verdade material* na qualidade de princípio do processo significa que tanto os procedimentos quanto o processo contencioso se destinam a descobrir ou se aproximar da verdade dos fatos ocorridos. Isso em matéria tributária possui um peso moral extremamente relevante, pois, por intermédio do processo, este compreendido no seu sentido lato, é que se pode assegurar, dentro do que for possível, o valor exato da receita pública. Nos casos em que o processo não tem por objeto a determinação ou exigência do crédito tributário, mas a aplicação de penalidades, igualmente, a verdade material deverá orientar o processo para que não seja punido quem não teve responsabilidade pela infração.

É diferente da verdade formal, em que a finalidade não é exatamente buscar a verdade, mas valorar a prova conforme sejam oferecidas pelas partes interessadas. No processo tributário, especialmente no processo administrativo, a função da verdade material é permitir que se investigue o que ocorreu para que a Fazenda não seja prejudicada. Em contrapartida, não é aceitável que o processo seja resolvido na dúvida e, assim, cobrar-se do contribuinte mais do que devia, ou puni-lo pelo que não cometeu.

Por isso, o princípio da verdade material rege o processo tributário desde a fase procedimental, de modo que a autoridade tributária deverá se valer de todos os instrumentos necessários para comprovar que o crédito tributário existe e o valor do seu montante exato. Por isso, a legislação dispõe de meios, tais como intimações, requisições de movimentação bancária, circularização de outros contribuintes, oitiva de testemunhas e tantos outros meios probatórios, a fim de se exigir o valor correto do crédito tributário.

Na fase contenciosa, o contribuinte tem o direito de refutar os ele-mentos trazidos com a fase do procedimento e comprovar que a acusa-ção fiscal não se sustenta, quando for o caso. Daí por que, o direito do contribuinte de provar não deve ser interpretado com rigor formal, pois a intenção da prova é atingir a verdade do que ocorreu e, com isso, se exigir o valor exato do crédito.

O julgador, igualmente, deverá propor diligências quando não se sentir apto em decidir, ou seja, não tem certeza de que os fatos ocorreram como demonstrados. A diligência é um instrumento de alcance da verdade material com a função prudencial de evitar decisões inexatas e deve ser utilizada sempre que os fatos assim exigirem, ainda que isso custe mais tempo para a solução final do processo.

Esse raciocínio deve ser estendido aos casos em que se discute a aplicação de penalidades. O procedimento de fiscalização é peça-chave para uma correta instrução processual, em que as provas da infração necessitam constar dos autos e se relacionarem com a imputação da conduta ilícita. Além disso, o procedimento fiscal deve estar muito bem fundamentado, com a descrição dos fatos imputados e sua relação com as provas coletadas. A deficiência probatória e de fundamentação causam o afastamento da verdade material e, consequentemente, poderão resultar na nulidade do auto de infração.

A efetivação do princípio da verdade material é um dever da autoridade fiscal e dos julgadores do processo tributário. Neste último caso, o julgador administrativo exerce uma função singular, pois cabe a ele zelar pela primazia da verdade material, corrigindo o processo quando este tender a se desviar da verdade dos fatos. Lamentavelmente, nem sempre o julgador tributário, no âmbito administrativo, tem a percepção de que sua função não é propriamente produzir uma decisão justa, mas aplicar a legislação a fim de se chegar à verdade dos fatos. Vê-se que o processo tributário não é um fim

Capítulo 2   **Princípios e garantias do direito processual tributário**

em si mesmo, mas um instrumento para se alcançar a verdade. Por isso, impedir o contribuinte de apresentar todas as provas necessária para chegar à verdade implica violar o princípio da verdade material.

Em prol da verdade material, a autoridade tributária, na fase de procedimento, e até mesmo o julgador, na fase contenciosa, podem determinar que se realizem provas de ofício. Ao juiz, no processo judicial tributário, nada impede que determine provas *ex officio* em busca da verdade e exatidão do crédito tributário.

2.8 PRINCÍPIOS EXCLUSIVOS DO PROCESSO JUDICIAL

Consideramos como princípios exclusivos do processo judicial neste livro "o acesso à jurisdição" e o "princípio dispositivo". Evidentemente que a respeito do processo judicial atuam direta e indiretamente outros princípios. Para efeitos didáticos e visando os fins da abordagem sobre processo tributário, os dois princípios em questão preponderam sobre o processo judicial, o que não significa que não possam manter relações com o processo administrativo. Observe-se, por exemplo, que, no processo tributário, é lícito ao sujeito passivo da obrigação procurar a justiça sem ter que percorrer obrigatoriamente a via administrativa. Isso explica por si só uma relação entre o princípio do acesso à jurisdição e o processo administrativo. A análise que será desenvolvida a seguir, no entanto, enfoca o princípio na perspectiva de direito fundamental no Estado democrático de direito, em que qualquer pessoa poderá levar questões jurídicas ao conhecimento da justiça e, com efeito, competirá ao Poder Judiciário analisar o cabimento e a solução da controvérsia. Em razão disso, o princípio prepondera sobre o processo judicial. Os mesmos fundamentos podem ser estendidos ao princípio dispositivo.

Assim, o vocábulo "exclusivo" presente no título desta subseção deve ser compreendido com as cautelas mencionadas acima, como uma estratégia didática de apresentação dos temas.

2.8.1 Princípio do acesso à jurisdição

O acesso à jurisdição é fundamental à efetividade da "democracia" e ao pleno funcionamento do "Estado de direito". Em síntese, considera-se "Estado de direito", nos regimes democráticos, o sistema político de submissão dos poderes do Estado à legalidade, sendo esta construída por representantes do povo, eleitos precipuamente para essa função.

A ideia de "Estado de direito" é essencialmente liberal, porque nasce dos fundamentos políticos do liberalismo, radicado na noção de que o Estado deve se sujeitar ao império da lei; os poderes estatais haveriam de ser divididos e os direitos individuais estariam garantidos pelas instituições do Estado[55].

Não se pode negar as virtudes do "Estado de direito" na evolução histórica da liberdade das pessoas, pois subverteu a ideia de súdito, frequente nos regimes autocráticos e autoritários. A doutrina do Estado de direito sustenta que os indivíduos são livres para defender os valores que pensam, idealizam, creem ou optam; ou ainda, protege a propriedade privada do arbítrio estatal.

O "Estado de direito" evoluiu para o "estado social de direito", na medida em que aquele não conseguiu oferecer justiça social e autêntica participação democrática do povo no poder[56]. Além disso, a locução "Estado de direito" ensejou a confusão entre a organização estatal e a adequada compreensão da palavra "direito". Dito de outro modo, todo Estado é "Estado de direito", basta que, para tanto, suas manifestações sejam lastreadas em normas jurídicas. Por isso não é impróprio dizer, com Carl Schmitt, que a história testemunhou a presença de um Estado de direito feudal, estamental, burguês dentre outros. A promiscuidade de sentidos entre os termos "Estado" e "direito", permite concluir que qualquer Estado é "estado de direito", desde que este se imponha como instrumento de alcance da ordem pública e de estabilidade da convivência humana[57].

Essa concepção de "Estado de direito", certamente, neutraliza as vantagens que podem ser auferidas desse regime político. Se qualquer Estado pode ser "Estado de direito", significa que o vocábulo "direito" perde a força semântica necessária para consolidar certas expectativas de um Estado.

---

55 SILVA, José Afonso. *Curso de direito constitucional positivo*, p. 112-113.

56 SILVA, José Afonso. *Curso de direito constitucional positivo*, p. 118.

57 "La expresión 'Estado de Derecho' puede tener tantos significados distintos como la propia palabra "derecho" y como organizaciones a las que se aplica la palabra 'Estado'. Hay un Estado de Derecho feudal, otro estamental, otro burgués, otro nacional, otro social, además de otros conforme al derecho natural, al derecho racional y al derecho histórico". Cf. SCHMITT, Carl. *Legalidad y legitimidad*. Traducción de Jose Diaz Garcia. Madrid: Aguilar, 1971, p. 22-23.

Capítulo 2 **Princípios e garantias do direito processual tributário**

Assim, o "Estado de direito" deve ter como eixo de seu conceito a submissão do Estado ao império da lei, à repartição de poderes e à garantia de direitos individuais, todos admitidos como instituições inerentes também ao conceito de direito.

A influência de Kelsen é decisiva para a neutralização e talvez da distorção do conceito legítimo de "Estado de direito", na medida em que o positivismo kelseniano afastou a materialidade que poderia dar robustez semântica ao vocábulo "direito", especialmente quando empregado para qualificar a entidade Estado. Para o jusfilósofo, não existe dualidade entre Estado e Direito, de modo que "uma quantidade de indivíduos forma uma comunidade apenas porque uma ordem normativa regulamenta sua conduta recíproca"[58]. Para essa doutrina, a noção de sociedade (comunidade) se confunde com ordem normativa, pois não subiste sociedade sem regulamentação recíproca de conduta.

Para a doutrina kelseniana, se Estado pressupõe povo e território, tais elementos coexistem sob uma ordem jurídica, eis que não seria admissível existir uma ordem jurídica elaborada pelo povo e esse povo alheio ou separado dela. Para Kelsen, a afirmação de que as relações sociais havidas em uma sociedade são realizadas por seus membros é uma metáfora, porque a ordem jurídica é a comunidade. Portanto, qualquer alteração nas relações sociais é uma modificação da ordem jurídica[59].

Essa concepção de Estado infundido nas ideias de ordem jurídica, direito e sociedade, distorceu o conceito de Estado de direito em sua acepção depurada, revelando-se insuficiente para explicar o conceito de Estado como entidade voltada ao atendimento de direitos individuais.

As carências econômicas experimentadas pela sociedade no desenvolvimento da política liberal, foram marcadas pelo acirramento da desigualdade econômica. A simples exortação à existência de um Estado de direito neutro, abstencionista e incentivador do individualismo, não foi capaz de coibir o avanço do acúmulo de capital em poder de poucos e a expansão exponencial de carências em relação a muitos.

---

58 KELSEN, Hans. *Teoria geral do direito e do Estado*. 3. ed. São Paulo: Martins Fontes, 2000, p. 263.

59 KELSEN, Hans. *Teoria geral do direito e do Estado*, p. 263.

CURSO COMPLETO DE DIREITO PROCESSUAL TRIBUTÁRIO

A desigualdade econômica provocou mudanças no modo de ser do Estado de direito liberal. Por esse motivo, surge, na primeira metade do século XX, o "estado social de direito", moldado para oferecer bem-estar e reduzir as desigualdades sociais e econômicas.

Apesar dessa nova denominação, viu-se que o "estado social de direito" não ficou imune ao poder de penetração do capital econômico no controle das políticas sociais. O estado social de direito, justamente porque não se desvencilhou da influência dos donos do capital no processo de tomada de decisão, o que contraria a noção autêntica de democracia, não diferençou, na essência, do "Estado de direito" anterior[60].

Entre o "Estado de direito liberal" e "o Estado social de direito", o ponto de equilíbrio é a democracia. Se as noções de Estado de direito e Estado social não são absolutamente precisas, a de democracia é ainda muito mais fluida.

Na teoria política, sabe-se que "democracia" é o governo realizado pelo povo e, portanto, voltado aos seus interesses. Talvez seja utópica a referência de que todo o povo pode governar e assim o fazendo atenderá, de forma autêntica, suas vicissitudes. Afinal, com quais instrumentos poderia o povo governar a si próprio sem que as pessoas renunciem a certos interesses individuais dentro da sociedade? Dessa utopia desponta a ilustrativa conclusão de Rosseau: "se existisse um povo de deuses, ele se governaria democraticamente". E conclui, melancólico: "um governo tão perfeito não seria conveniente aos homens"[61].

A democracia possui como expectativa o funcionamento eficiente de mecanismos de controle das decisões políticas e a participação justa na distribuição da riqueza. A teoria do Estado tomou emprestado o vocábulo "democracia" com essa aspiração política, sendo o "controle social das decisões" e a "participação de todos na distribuição igualitária da riqueza" os fundamentos do "Estado democrático de direito".

Enquanto no estado social a ênfase era a promoção da justiça social por intermédio da oferta de bens sociais, no "Estado democrático de direito" se vai além, porquanto o que se pretende é justiça social sem dirigismo estatal,

---

60   SILVA, José Afonso da. *Curso de direito constitucional positivo*, p. 116.

61   ROUSSEAU, Jean-Jacques. *Do contrato social*. São Paulo: Hemus, 1981, p. 78.

Capítulo 2   **Princípios e garantias do direito processual tributário**

práticas utilizadas pelo comunismo iniciado no final do século XIX. Por meio do "Estado democrático de direito", não há ruptura com o capital econômico em poder da sociedade, porém o que se crê é que com a efetivação de direitos fundamentais individuais e sociais, seja possível alcançar-se um patamar adequado de garantia de dignidade da pessoa humana.

Um dos instrumentos de efetivação do "Estado democrático de direito" é o acesso ao Poder Judiciário, independente e apto a dar respostas rápidas, portanto efetivas, contra a ofensa aos direitos individuais e coletivos, bem como contra a opressão estatal.

Sem acesso amplo à justiça não há "democracia" nem "Estado de direito", uma vez que aquela se funda na noção de controle social, o que se realiza, em último caso, por meio de decisões judiciais que devem interpretar o direito com isenção, entregando a cada qual o que lhe cabe. Vedado o amplo acesso à justiça, em especial se a vedação se referir aos litígios envolvendo o Poder Público, a negação à "democracia" e ao "Estado de direito" são mais explícitos, pois não haveria a última instância a livrar o indivíduo da humilhação e do julgo arbitrário da autoridade.

No processo tributário, a certeza de que a Constituição garante acesso amplo à justiça, é uma maneira de afirmar a "democracia" e também o funcionamento do "Estado democrático de direito".

Dizer que o "amplo acesso à Justiça" é um princípio do processo ou um direito fundamental da pessoa, não permite, entretanto, que se conclua seja vedado à lei disciplinar a forma como esse acesso deve ser exercido. A adequada interpretação do princípio impede a exclusão indisfarçável ou velada do direito de se demandar a Justiça para solução de conflitos de interesses.

São exemplos de limitações disciplinadoras do princípio do amplo acesso à justiça, as regras do processo civil que dispõem sobre a extinção da ação quando faltar legitimidade ou interesse de agir (CPC, art. 485, VI), requisitos obrigatórios que as petições iniciais deverão observar (CPC, art. 319), prescrição e decadência (CPC, art. 487, II), perempção, litispendência e coisa julgada (485, V), e outras exigências processuais previstas no art. 485 do CPC que levam à extinção do processo sem resolução do mérito. Essas limitações não podem ser consideradas como exclusões do acesso à justiça, o que seria vedado pelo princípio. O processo necessita de regras e pressupostos para o seu desenvolvimento, como meio de equilí-

87

brio entre os interesses contrapostos pelas partes e para sua própria eficácia. Daí a imposição de disciplina procedimental e de institutos que, aparentemente, dificultariam o acesso ao Poder Judiciário, como no caso dos exemplos referidos.

As situações de violação ao princípio da "inafastabilidade dos dissídios jurisdicionais", como também é conhecido o princípio do "amplo acesso à justiça", ocorrem normalmente de forma velada. A Súmula 667 do STF ilustra essa ocorrência: "Viola a garantia constitucional de acesso à jurisdição a taxa judiciária calculada sem limite sobre o valor da causa".

Era comum as leis de organização judiciária dos Estados estabelecerem valores indeterminados à taxa judiciária e às custas processuais, levando em conta, unicamente, a proporcionalidade do valor da causa. Nesses casos, o montante da taxa judiciária e das custas era calculado em percentuais referentes ao valor atribuído à causa.

Não obstante eventuais dúvidas sobre o cabimento de taxa de serviço sobre a prestação jurisdicional como atividade fim do Poder Judiciário, o que sugere tratar-se de serviço geral (não específico e nem divisível), a jurisprudência do STF firmou o entendimento de que a ausência de um valor limite para as taxas e custas judiciais, afronta o "princípio do acesso à justiça". A simples fixação de um percentual sobre o valor da causa pode não expressar adequadamente os custos efetivos da justiça na prestação jurisdicional. De fato, geralmente são iguais as despesas do Estado em processar uma causa de mil ou de milhões de reais. A hora de serviço dos magistrados e a dos serventuários não varia conforme a complexidade, tempo de duração do processo ou dedicação de tais servidores sobre o caso. Nem mesmo o volume dos autos é capaz de medir com exatidão o custo dos serviços para efeito da fixação do valor da taxa. Daí por que é recomendável a previsão de valores fixos, calculados sobre a média das despesas com o processo.

Por outro lado, a fixação de percentuais proporcionais ao valor da causa poderia contribuir para a efetivação do princípio da capacidade contributiva sobre a mencionada espécie tributária. Assim: tanto mais alto fosse o valor da causa, maior seria o da taxa judiciária. No entanto, desde a vigência da Constituição anterior, o STF tem entendido que desrespeita o princípio do amplo acesso ao Judiciário, a imposição de taxa judiciária abusiva, capaz

Capítulo 2   **Princípios e garantias do direito processual tributário**

de impedir o acesso de muitos à prestação jurisdicional[62].

O acesso à justiça é, portanto, um princípio da democracia. Sua realização não se dá isoladamente, de modo que outros princípios podem servir de instrumentos à sua efetividade. Nesse sentido, Cármen Lúcia Antunes Rocha, afirma que: "são os subprincípios arrolados e efetivados pelos sistemas constitucionais contemporâneos que adensaram a jurisdição como meio constitucional essencial assegurador de todos os outros direitos reconhecidos e declarados nos ordenamentos jurídicos"[63].

2.8.2 Princípio dispositivo

O processo judicial é informado pelo "princípio dispositivo", especialmente em razão do art. 2º do CPC, que proclama: "O processo começa por iniciativa da parte e se desenvolve por impulso oficial, salvo as exceções previstas em lei". O "princípio dispositivo" é uma decorrência lógica de outro princípio inerente ao processo judicial conhecido como "princípio da inércia da jurisdição" (*ne procedat judex ex officio*). Conforme lembra Fabrício Castagna Lunardi: "Quando analisado do ponto de vista das partes, tal princípio [refere-se ao princípio da inércia da jurisdição] é conhecido como princípio dispositivo e informa que o processo somente se inicia por pedido da parte"[64]. Em reforço a esse entendimento, o art. 141 do CPC dispõe que: "O juiz decidirá o mérito nos limites propostos pelas partes, sendo-lhe vedado conhecer de questões não suscitadas a cujo respeito a lei exige iniciativa da parte". De uma forma geral, o princípio dispositivo, conjugado com o postulado da "inércia da jurisdição", assegura a presunção de imparcialidade do órgão jurisdicional, pois cabe ao juiz decidir somente o que foi requerido pelas partes.

O princípio dispositivo também pode ser um desdobramento lógico da "garantia do direito de petição" e do "princípio do acesso à justiça". Com

---

62   STF. RP 1.077, Rel. Min. Moreira Alves, j. 28-3-1984, *DJ* 28-9-1984.

63   ROCHA, Cármen Lúcia Antunes. Princípios constitucionais do processo administrativo no direito brasileiro. *Revista de informação legislativa*. Brasília, n. 136, p. 8, out./dez. 1997.

64   LUNARDI, Fabrício Castagna. *Curso de direito processual civil*. São Paulo: Saraiva, 2016, p. 84.

fundamento no direito de petição, assegura-se a todos o direito fundamental de postular interesses perante os poderes públicos (CF, art. 5º, XXXIV, *a*), o que igualmente vincula a atuação da autoridade pública ao interesse que foi "disposto" pela parte em sua petição. O art. 2º do CPC permite ao juiz, excepcionalmente, agir de ofício, isto é, sem que a parte requeira o magistrado poderá tomar decisões no processo visando a melhor prestação jurisdicional. O art. 322, § 2º, do CPC, por exemplo, declara que: "A interpretação do pedido considerará o conjunto da postulação e observará o princípio da boa-fé". Assim, o juiz poderá interpretar o pedido da parte de modo a assegurar a melhor prestação jurisdicional, ainda que não haja pedido específico sobre o ponto determinado por essa interpretação. O importante é que o juiz não fuja do contexto do que foi postulado para evitar decisões que ultrapassem o pedido e, portanto, o princípio dispositivo. Quanto à relação entre o princípio dispositivo e o princípio do acesso à justiça, considerando que a lei não excluirá da apreciação do Poder Judiciário lesão ou ameaça a direito (CF, art. 5º, XXXV), o juiz fica limitado à lide proposta, não podendo substituir as partes para defender um ou outro interesse. A legitimidade de não postular determinado interesse pertence às partes e não ao órgão jurisdicional.

Nas hipóteses de interesses indisponíveis, como é o caso dos bens públicos e assuntos fazendários, a ordem jurídica atribui a determinadas instituições o poder de demandar a justiça para proteger esse tipo de interesse. Isso é necessário para não se romper com o sistema do princípio dispositivo, que é base da atuação da justiça. Assim, a defesa dos interesses indisponíveis em juízo é exercida, geralmente, pelo Ministério Público (CF, art. 129, II e art. 176 do CPC). Tratando-se de assuntos fazendários, como é o caso da cobrança de tributos, cabe aos Procuradores da Fazenda Pública exercer sua representação em juízo, ingressando com as respectivas ações judiciais ou defendendo a Fazenda das medidas contra ela intentadas (CF, arts. 131 e 132 e art. 182 do CPC).

Fixado o entendimento de que o princípio dispositivo atua preponderantemente no processo judicial, resta saber se poderá influenciar também nos procedimentos e processos administrativos contenciosos. Cremos que não é possível a aplicação do princípio dispositivo nos procedimentos administrativos, porque estes são regidos pelo sistema probatório da "verdade material". Conforme visto na subseção 2.6.1, esse sistema de provas implica

Capítulo 2   Princípios e garantias do direito processual tributário

a ideia de certeza, de modo que sua aplicação no processo tributário presume que a Fazenda deverá exigir o cumprimento da obrigação fiscal nos limites precisos do respectivo fato gerador. Daí por que não seria adequado sustentar que a Fazenda pudesse dispor subjetivamente do crédito tributário, deixando de cobrar valores por não ter interesse na produção de determinada prova.

Mesmo nos casos das presunções do direito tributário, como no lançamento por arbitramento (CTN, art. 148), não se pode afirmar que ocorra a influência do princípio dispositivo propriamente dito. No lançamento por arbitramento, garante-se ao contribuinte o direito de refutar os valores arbitrados (presumidos) pelo Fisco, tais como as pautas fiscais. O direito à impugnação permitirá que se chegue ao valor mais próximo possível da realidade, de modo que o valor arbitrado perde em grande parte sua força presuntiva. Além disso, o arbitramento não é a forma de lançamento mais comum, constituindo uma exceção verificável somente nas situações em que o contribuinte fornece informações imprecisas ou inidôneas sobre a ocorrência do fato gerador. A jurisprudência do STJ prima pela utilização da base de cálculo "real" para os tributos, devendo as presunções ser aplicadas, excepcionalmente, quando as informações prestadas pelos contribuintes forem inidôneas[65].

Com relação ao processo contencioso, igualmente, o princípio dispositivo deve ser aplicado com reservas, porque a iniciativa de impugnar o crédito tributário não é da Fazenda, mas do contribuinte. Assim, o sujeito passivo poderá optar por impugnar apenas uma parte do crédito tributário contra ele exigido. Neste caso, o processo administrativo se limitará à parcela impugnada, o que não significa que a Fazenda deixará de exigir o montante de tributo que não tenha sido contestado. Retorna-se, portanto, ao ponto da indisponibilidade do interesse público (no caso a receita pública) e da ver-

---

65   STJ. REsp 23.313/GO, Rel. Min. Demócrito Reinaldo, j. 18-11-1992, *DJ* 15-2-1993. No mesmo sentido: STJ. REsp 89.504/SP, Rel. Min. Milton Luiz Pereira, *DJ* 19-8-1996; STJ. REsp 81.642/SP, Rel. Min. Milton Luiz Pereira, *DJU* 4-11-1996; STJ. REsp 56.527/ SP, Rel. Min. Garcia Vieira, *DJ* 20-2-1996; STJ. REsp 38.801/SP, Rel. Min. Milton Luiz Pereira, *DJ* 15-5-1995; STJ. REsp 24.861/CE, Rel. Min. Gomes de Barros, *DJ* 21-2-1994; STJ. REsp 7.449/SP, Rel. Min. Milton Luiz Pereira, *DJ* 16-8-1993; STJ. REsp 24.083/SP, Rel. Min. César Rocha, *DJ* 24-5-1993.

CURSO COMPLETO DE DIREITO PROCESSUAL TRIBUTÁRIO

dade material. Não cabe à autoridade administrativa renunciar à parcela do crédito tributário que não tenha sido impugnada pelo sujeito passivo, mas este poderá abrir mão de contestar a totalidade da exigência fiscal, o que significa, de alguma forma, aplicação subsidiária do princípio dispositivo no processo administrativo.

Sobre o princípio dispositivo no processo administrativo contencioso, outro tema que sobressai seria a possibilidade de a administração tributária considerar em sua decisão pontos que não tenham sido impugnados pelo contribuinte. Nesse caso, conforme explica Alberto Xavier, significa a derrogação do princípio dispositivo pela verdade material. Nas palavras do autor:

> O artigo 16, inciso III do PAF (na redação dada pelo artigo 1º da Lei n. 8.748/93) atribuiu ao impugnante a delimitação do objeto do processo, pela menção na impugnação dos "motivos de fato e de direito em que se fundamenta, os pontos de discordância e as razões que possuir"; e ainda da "síntese dos motivos de fato e de direito em que se fundamenta o pedido" (art. 16, inciso VI, acrescentado pela Medida Provisória n. 75, de 24 de outubro de 2002). Por sua vez, o mesmo artigo 17 do mesmo diploma (também na redação dada pela Lei n. 9.532/97) veio dispor que "considerar-se-á não impugnada a matéria que não tenha sido expressamente contestada pela impugnante". Todas estas disposições são inegáveis aflorações do princípio dispositivo, de índole subjetiva, no processo administrativo fiscal tributário. Adiante complementa: "uma coisa, porém, é a inimpugnabilidade do ato, por iniciativa do particular, outra – totalmente distinta – reside em saber se o órgão de julgamento pode oficiosamente, por inspiração do princípio inquisitório, conhecer de fundamentos não alegados, caso em que, sendo afirmativa a resposta, a inimpugnabilidade não constituiria obstáculo à cognoscibilidade". [...] o conhecimento de fundamentos não alegados é, sem dúvida, manifestação do princípio inquisitório e, por conseguinte, derrogação do princípio dispositivo no processo tributário administrativo[66].

Vê-se, portanto, considerando que à Fazenda não seria lícito exigir a título de tributo nada além do que o valor efetivamente devido, a falta de impugnação do contribuinte sobre este ponto específico não poderá impedir a autoridade administrativa de afastar a respectiva cobrança, quando for o caso.

---

66 XAVIER, Alberto. *Princípios do processo administrativo e judicial tributário*, p. 162-166.

Capítulo 2   Princípios e garantias do direito processual tributário

2.9 GARANTIAS EXCLUSIVAS DO PROCESSO CONTENCIOSO: ADMINISTRATIVO OU JUDICIAL

Consideramos como garantias exclusivas do processo contencioso o "contraditório" e a "ampla defesa", devendo ser observado, primeiramente, que as normas que contém esses postulados constitucionais se dirigem à autoridade pública. Além disso, conforme explicado anteriormente, as garantias em questão se desdobram do "princípio do devido processo legal", mas, diferentemente do que ocorre com o mencionado princípio, as garantais do contraditório e da ampla defesa atuam somente sobre os processos contenciosos, sejam estes administrativos ou judiciais. Não custa lembrar que, assim como as demais garantais que serão analisadas neste livro, o contraditório e a ampla defesa não são privilégios do processo tributário, estando presentes em qualquer processo oficial.

2.9.1 Garantia do contraditório

A "garantia do contraditório" pode equivaler ao princípio da "bilateralidade da audiência", porque também significa um instrumento de comunicação entre os litigantes e a autoridade pública[67]. O sentido de "bilateralidade da audiência" é mais amplo do que a conotação do vocábulo contraditório, embora esta última expressão seja a mais utilizada em razão de sua força sintética.

O "contraditório" pressupõe a existência de um litígio, em que uma parte demanda a autoridade julgadora, a fim de dirimir conflito de interesse proposto perante a outra parte. O "litígio", por sua vez, só se estabelece depois que a parte demandada refuta a pretensão do demandante. Portanto, o contraditório é a garantia constitucional que toda pessoa tem de responder, contestar ou refutar pretensão proposta contra si em processo conduzido por autoridade estatal.

---

67   Cleide Previtalli Cais faz referência à obra de Arruda Alvim, que alerta para o fato de que *bilateralidade da audiência* expressa mais adequadamente o conceito de contraditório, porque, na atualidade, basta que se dê oportunidade de o réu se defender. Para a validade do processo não seria indispensável a participação do requerido, porquanto é possível que o processo tramite à sua revelia, não podendo, portanto, faltar a citação do réu para participar do processo. Cf. *O processo tributário*, p. 94.

93

CURSO COMPLETO DE DIREITO PROCESSUAL TRIBUTÁRIO

A "bilateralidade da audiência", que preferimos chamar de "bilateralidade de comunicação", por sua vez, é um princípio mais abrangente, porque contém a ideia de contraditório e de cientificação. Entende-se por "bilateralidade da audiência" o direito do réu de ser ouvido no processo, devendo o juiz propiciar os meios para essa comunicação, especialmente pela citação. Assim, a demanda judicial é tipicamente regida pela "bilateralidade da audiência", porque a oitiva do réu é medida de isonomia em relação a pretensão do demandante, embora, em algumas hipóteses, o processo possa ser extinto, desde logo, sem a oitiva do réu. A "bilateralidade de comunicação" se diferencia sutilmente da "bilateralidade de audiência", porque, naquela (bilateralidade de comunicação), assegura-se a qualquer pessoa o direito de tomar ciência da existência do procedimento ou do processo de que seja alvo, não se aplicando somente ao réu do processo judicial. Nenhum procedimento ou processo, administrativo ou judicial, pode iniciar e terminar à revelia da parte interessada, e isso explica a abrangência do princípio da bilateralidade de comunicação. No entanto, em termos práticos, entendemos que a distinção entre as duas formas do princípio é irrelevante, podendo ser consideradas como equivalentes. Para facilitar a linguagem, consideraremos as duas expressões como sinônimas.

Observe-se, por exemplo, o caso de um procedimento de fiscalização. O contribuinte tem o direito de ser cientificado dos atos que estão ocorrendo no procedimento, sobretudo quando a realização de uma diligência depender de sua colaboração. Na mesma linha, o resultado do procedimento deve ser comunicado ao contribuinte para que possa decidir se o acatará ou resistirá. A cientificação dos atos dos procedimentos administrativos se desdobra do amplo princípio da bilateralidade de comunicação. Assim, é razoável admitir que nos procedimentos fiscais, embora não exista a obrigação de se aplicar as garantias do contraditório e da ampla defesa, poderá a administração exigir a apresentação de dados e documentos do particular fiscalizado. Isso dará ensejo à bilateralidade de comunicação, que tem como espécie o que a doutrina considera como princípio da "cientificação dos procedimentos"[68].

---

68 Nas palavras de James Marins: "Assiste ao particular o direito de ser comunicado formalmente sempre que houver qualquer atividade administrativa que se refira à sua esfera de interesse jurídico, de modo a que se dê integral cumprimento ao *princípio da cientificação*. Deve ser tido como inválido, e portanto, insuscetível de amparar o lançamento fiscal

Capítulo 2   **Princípios e garantias do direito processual tributário**

Outro exemplo: em um processo judicial, o réu poderá ser citado da petição inicial e não opor resistência, isto é, poderá não contestar o pedido ou ainda reconhecer a sua procedência. Nestes casos, não se pode considerar que houve tecnicamente o exercício do contraditório, que possui uma significação semântica muito mais forte. A citação, portanto, realiza o princípio da bilateralidade da audiência pois, caso o réu não resista à pretensão ou reconheça a juridicidade do pedido, não haverá a formação de uma lide, resolvendo-se o processo por meio de um simples procedimento. Esses argumentos demonstram que, nos procedimentos, não existe o exercício do contraditório, embora seja indispensável a efetivação da bilateralidade de comunicação.

O contraditório, por sua vez, é um meio de comunicação que poderá ser "direto" ou "indireto" entre duas ou mais pessoas que litigam. No processo judicial, o contraditório é meio de comunicação "indireto". Isso porque a mensagem de uma parte somente chega ao conhecimento da outra por intermédio da autoridade competente. Por esse motivo, o contraditório não é necessário nos procedimentos não contenciosos regidos pelo princípio inquisitório. A vocação dos procedimentos é simplesmente colher provas para servir de elemento de convicção sobre a ocorrência dos fatos. Assim, a garantia do contraditório não se encaixa adequadamente na sistemática dos procedimentos, porque o contraditório pressupõe a resistência do demandado sobre o que alega o demandante.

No processo administrativo tributário, isto é, depois de impugnada a pretensão da administração tributária pelo sujeito passivo, a comunicação decorrente do contraditório dá-se de forma "direta", uma vez que o órgão competente é o mesmo que decidirá o processo. No processo administrativo, portanto, apresentada a impugnação pelo administrado tem-se o contraditório, caso contrário a pretensão fiscal se resolverá por mero procedimento.

A Constituição Federal brasileira prevê o contraditório no art. 5º, LV, ao estatuir que: "aos litigantes, em processo judicial ou administrativo, e aos acusados em geral são assegurados o contraditório e ampla defesa, com os meios e recursos a ela inerentes".

---

todo procedimento fiscalizatório ou apuratório realizado sem conhecimento do contribuinte". Cf. *Direito processual tributário brasileiro*, p. 183.

A doutrina costuma argumentar que o contraditório é um desdobramento do devido processo legal, daí por que sua historicidade é a mesma do mencionado princípio. Se, por um lado, existe identidade histórica entre o princípio do devido processo legal e a garantia do contraditório; por outro, o conteúdo normativo de um e de outra é diferente do ponto de vista da efetividade[69].

A Constituição Federal, ao estabelecer, no art. 5º, LIV, que ninguém será privado de sua liberdade ou de seus bens sem o devido processo legal, separou o princípio (*due process of law*) de suas respectivas garantias, dentre as quais o "contraditório", que aparece no texto constitucional no inciso seguinte do mesmo artigo. Essa separação deve-se ao fato de que o "princípio do devido processo legal", que é norma finalística, impõe que qualquer forma de procedimento ou de processo deverá ser previamente regulada por lei. Isso explica por que, mesmo nos procedimentos em que não são garantidos o contraditório e a ampla defesa, são reconhecidos outros direitos constitucionais do "acusado", tais como o de ser assistido por advogado, o de não se incriminar e o de manter-se em silêncio[70].

O contraditório, entretanto, é uma garantia constitucional do processo contencioso, porque protege o direito de uma parte responder às alegações da outra, de sorte que se tenha um processo justo, equilibrado e isonômico.

Quanto ao processo tributário, o "procedimento" se transforma em "processo" a partir da apresentação tempestiva da impugnação administrativa, em que o sujeito passivo pode refutar a pretensão fiscal, utilizando todos os argumentos de defesa que entenda cabíveis. A passagem entre o procedimento e o processo é assegurada pela garantia constitucional do contraditório.

---

69 "O direito à tutela jurisdicional obtida pelo exercício do princípio do pleno acesso ao Judiciário e o direito ao devido processo legal conduzem a outro princípio básico aos estudiosos do direito processual: o do contraditório, sem cujo cumprimento não se instaura relação processual válida (CPC, arts. 214 e 247)". CAIS, Cleide Previtalli. Cf. *O processo tributário*, p. 90. No mesmo sentido: MARINS, James. Cf. *Direito processual tributário brasileiro*, p. 188.

70 STF. HC 82.354, Rel. Min. Sepúlveda Pertence, j. 10-8-2004, *DJ* 24-9-2004.

Capítulo 2   **Princípios e garantias do direito processual tributário**

2.9.2 Garantia da ampla defesa

A garantia constitucional da "ampla defesa" possui a mesma origem do "contraditório", tratando-se de postulados democráticos originários da Magna Carta de 1215.

A ampla defesa é considerada "garantia constitucional" e não exatamente um princípio, em razão dos mesmos motivos sustentados para o contraditório. Em síntese, a ampla defesa se destina a efetivar o devido processo legal, uma vez que o processo não será justo sem a segurança de um amplo sistema de alegações, provas e recursos disponibilizados às partes do processo.

Na Constituição Federal, a garantia da ampla defesa está situada também no inciso LV, do art. 5º: "aos litigantes, em processo judicial ou administrativo, e aos acusados em geral são assegurados o contraditório e 'ampla defesa', com os meios e recursos a ela inerentes".

Na teoria, o conteúdo jurídico da "ampla defesa" envolve três tipos de direito, que são: a) o "direito de alegar"; b) o "direito à prova"; c) o "direito ao recurso". Em resumo, o "direito de alegar" significa que todos os argumentos de defesa do "acusado" serão apreciados e motivadamente aceitos ou recusados pela autoridade competente. Isso não se confunde com o contraditório porque, nesta garantia, assegura-se somente o direito do réu de ser ouvido, mediante a citação no processo judicial ou a notificação no processo administrativo. Os "argumentos de defesa" contidos na contestação ou na impugnação administrativa configuram o direito à alegação que, em conjunto com os demais direitos formam a "ampla defesa". O "direito à prova" garante às partes apresentar todas as provas juridicamente possíveis. Por sua vez, o "direito ao recurso", implica se garantir a revisão da decisão de primeira instância por um órgão colegiado. Assim, no processo tributário, os direitos à prova e aos recursos devem beneficiar ambas as partes.

Com relação ao "direito de alegar" argumentos de defesa, tratando-se de processo administrativo tributário, observa-se que essa garantia se destina somente ao sujeito passivo da obrigação tributária (contribuinte ou responsável), porque, no processo administrativo, a iniciativa da cobrança do tributo ou de exigências acessórias pertence ao Fisco. No processo judicial, o direito de se defender dependerá de quem estiver na condição de réu. Se a

97

CURSO COMPLETO DE DIREITO PROCESSUAL TRIBUTÁRIO

demanda for intentada pelo sujeito passivo da obrigação tributária, caberá à Fazenda o direito de alegar a ampla defesa e, na hipótese inversa, caberá ao sujeito passivo usufruir da garantia.

Sobre o direito de provar e de recorrer, a garantia é das partes, pois, no processo administrativo tributário, judicial ou administrativo, tanto a Fazenda quanto o particular têm direito de produzir as provas necessárias e adequadas para a decisão do conflito e de interpor recursos à segunda instância colegiada. O legislador, quando elaborar a lei processual; e a autoridade, ao presidir os processos, serão os destinatários da norma da ampla defesa, porque não poderão suprimir nem mitigar a garantia que a Constituição Federal quis que fosse ampla.

2.9.2.1 Garantia da ampla defesa e o direito à alegação

Em um "processo ideal", o direito de alegar garantiria ao demandado não apenas a apresentação formal de todos os argumentos que entender adequados à sua defesa, mas também o dever de a autoridade julgadora apreciar os argumentos articulados pelo réu e se pronunciar "motivadamente" sobre cada um deles. Sabemos que, na prática forense ou dos processos administrativos, verificam-se sentenças que não enfrentam todos os argumentos da defesa, com certa tolerância dos órgãos recursais. Nesse sentido já expressou o STJ que: "Se os fundamentos adotados bastam para justificar o concluído na decisão, o julgador não está obrigado a rebater, um a um, os argumentos utilizados pela parte" (Agravo Regimental no Recurso Especial 1.029.073/ES, Rel. Min. Sidnei Beneti, j. 13-5-2008, *DJ* 3-6-2008).

Para a formação intelectual do seu convencimento, o juiz deverá considerar os argumentos do autor e do réu dialeticamente, de sorte a concluir que, apesar do que sustenta a defesa, pelos motivos apontados na decisão, não é o caso de se acolherem suas alegações, o que abrirá margem à aceitação ou não do pedido do autor. Essa dinâmica, essencialmente dialética, é o que garante efetividade prática à norma da ampla defesa no processo judicial, sob pena de se confundir com o contraditório, que consagra apenas o direito das partes de serem ouvidas.

Em atendimento à garantia da ampla defesa e ao direito de alegar, o juiz deverá motivar sua decisão, de modo que a conclusão seja coerente com o debate dialético do processo. Diferentemente do CPC anterior, o CPC de

Capítulo 2   Princípios e garantias do direito processual tributário

2015 possui norma que disciplina o direito de alegar com regras mais condizentes com a garantia da ampla defesa. De acordo com o art. 489, § 1º, IV: "Não se considera fundamentada qualquer decisão judicial, seja ela interlocutória, sentença ou acórdão, que: IV – não enfrentar todos os argumentos deduzidos no processo capazes de, em tese, infirmar a conclusão adotada pelo julgador".

A regra atual é melhor do que a anterior que se limitava, no art. 458, II, do CPC de 1973 a estabelecer como requisito da sentença: "os fundamentos, em que o juiz analisará as questões de fato e de direito". Por ser muito vago, o dispositivo permitia interpretações mais complacentes com a tese de que a fundamentação da decisão não precisaria enfrentar os argumentos apresentados pelo réu para acolher o pedido do autor. O art. 489, IV, do CPC de 2015 obriga o juiz a se manifestar expressamente na decisão sobre todos os argumentos levantados no processo, portanto, por ambas as partes, desde que tais argumentos sejam capazes de contrariar as conclusões da decisão. Assim, o CPC não determina que o juiz se pronuncie necessariamente sobre "todos" os argumentados suscitados pelo autor e pelo réu, mas somente àqueles que influenciarão na decisão.

Os mesmos fundamentos teóricos ora apresentados para o processo judicial podem ser estendidos ao processo administrativo, de modo que o órgão competente deverá apreciar todos os argumentos apresentados pelas partes e fundamentar sua decisão considerando esses argumentos.

2.9.2.2 Garantia da ampla defesa e o direito à prova

A locução "ampla defesa" pressupõe também o direito de provar que, conforme se viu, estabelece que aos "acusados em geral" são garantidos o contraditório e a ampla defesa com "todos os recursos a ela inerentes" (CF art. 5º, LV). Cremos que a palavra "recursos", antecedida do pronome "todos", leva à conclusão de que, para se defender, o acusado poderá lançar mão de qualquer meio de defesa que demonstre a veracidade dos seus argumentos ou a improcedência das alegações do demandante.

Nem sempre as palavras são suficientes para convencer o julgador. Assim, o direito à prova constitui o principal instrumento da ampla defesa, na medida em que tem por finalidade demonstrar a verdade de fatos ocorridos que influenciarão no resultado da demanda.

A questão que deve ser analisada desde logo é se a garantia da ampla defesa admite limites "quantitativos" ou "qualitativos" para a produção de provas. Isso implica saber se as leis processuais que regulamentam a garantia constitucional poderão impor a quantidade de provas produzidas em um processo ou se determinada prova poderá ser considerada inválida.

Iniciaremos a análise pelo processo judicial civil. Assim, o art. 369 do CPC declara: "As partes têm o direito de empregar todos os meios legais, bem como os moralmente legítimos, ainda que não especificados neste Código, para provar a verdade dos fatos em que se funda o pedido ou a defesa e influir eficazmente na convicção do juiz". Em seguida, estabelece o art. 370 que: "Caberá ao juiz, de ofício ou a requerimento da parte, determinar as provas necessárias ao julgamento do mérito". Com efeito, o processo civil brasileiro, ramo no qual se encaixa o processo tributário, abraçou a possibilidade de limites quantitativos às provas com que o autor e o réu poderão se valer para comprovar a verdade dos fatos alegados.

Realmente, cabe ao juiz, prudentemente, evitar a produção de provas em quantidade desnecessária ou impertinentes, como medida de controle do direito de demanda e de defesa. Tanto assim que o parágrafo único do art. 370 do CPC prevê: "O juiz indeferirá, em decisão fundamentada, as diligências inúteis ou meramente protelatórias". O dispositivo vem ao encontro da efetividade do processo, de modo que uma justiça célere e efetiva deve primar pela produção racional das provas, evitando-se assim que o processo, a pretexto de cumprir fielmente a ampla defesa, se transforme em procedimento procrastinatório e contrário à ideia de justiça. Assim, entendemos, na linha do CPC, que a ampla defesa não poderá ser confundida com a ausência de limites quantitativos à produção das provas, cabendo à parte interessada e ao juiz exercer o controle desses limites.

No tocante aos limites qualitativos, deve-se observar desde logo que o inciso LVI do art. 5º da Constituição Federal proclama o seguinte: "são inadmissíveis, no processo, as provas obtidas por meios ilícitos". Uma das principais preocupações no exame da ampla defesa é conciliar as fronteiras entre o que se consideram provas obtidas por meios lícitos ou ilícitos.

O STF possui uma forte jurisprudência sobre o tema das provas obtidas por meios ilícitos, seguindo a chamada "teoria dos frutos da árvore envene-

Capítulo 2 Princípios e garantias do direito processual tributário

nada" em que uma prova obtida de forma ilícita poderá contaminar outras, ainda que produzidas licitamente[71].

A "teoria dos frutos envenenados" é perfeitamente extensível ao processo tributário, administrativo ou judicial. Assim, por exemplo, devem ser desconsideradas provas obtidas pela Fiscalização mediante apreensões irregulares de bens, mercadorias ou dados, ou ainda, mediante escutas telefônicas ou buscas em domicílio não autorizadas pela justiça. Nesse sentido, o STF entende ser ilícita a prova obtida mediante a apreensão de documentos da empresa por agentes fiscais sem autorização da justiça, embora no caso concreto, a prova tenha sido considerada válida porque a parte interessada não conseguiu comprovar o alegado vício na sua obtenção[72].

O art. 369 do CPC considera lícitas as provas obtidas por meios "moralmente legítimos", ainda que não especificados no CPC. A Constituição Federal, no entanto, admite somente as provas obtidas por meios lícitos, o que transmite a ideia de que provas vedadas pelo direito, não reguladas em lei ou obtida por meios que violem garantias da pessoa, não serão admitidas. O CPC, ao permitir provas produzidas por meios "moralmente legítimos", abre a possibilidade de ser utilizado meio probatório não previsto em lei, desde que não ofenda a cultura ou os bons costumes. A interpretação mais sensata para o preceito constitucional não poderá ir ao extremo de se impedir a apresentação de uma prova obtida por meio não previsto em lei, o que negaria a função esperada do processo, que é solucionar a controvérsia com justiça. Se a prova alcançada por meio não regulado em lei for essencial à solução justa da controvérsia, deverá ser valorada pelo juiz, desde que os meios de sua obtenção não tenham violado direitos fundamentais, como seria o caso da prova obtida mediante tortura, violência, fraudes ou com a

---

71 STF. Recurso em *Habeas Corpus* 90.376, Rel. Min. Celso de Mello, j. 3-4-2007, *DJ* 18-5-2007.

72 "Prova: alegação de ilicitude da prova obtida mediante apreensão de documentos por agentes fiscais, em escritório de empresa – compreendido no alcance da garantia constitucional da inviolabilidade do domicílio – e de contaminação das provas daquelas derivadas: tese substancialmente correta, prejudicada no caso, entretanto, pela ausência de demonstração concreta de que os fiscais não estavam autorizados a entrar ou permanecer no escritório da empresa, o que não se extrai do acórdão recorrido" (STF. AgR no RE 331.303, Rel. Min. Sepúlveda Pertence, j. 10-2-2004, *DJ* 12-3-2004).

CURSO COMPLETO DE DIREITO PROCESSUAL TRIBUTÁRIO

prática de crimes. Em precedente sobre gravação de conversa como meio de prova, a jurisprudência do STF pacificou o entendimento de que tal medida é possível, ainda que sem o consentido do interlocutor, quando constituir o exercício do direito de defesa[73].

Na mesma linha de validação das provas, pequenas irregularidades formais na sua obtenção não têm o poder de invalidar o processo, desde que se consiga dar idoneidade à prova por outro meio válido, atendendo-se a finalidade de qualquer prova que é demonstrar a verdade[74].

Em geral, o ônus da prova é de quem alega, razão pela qual, em regra, cabe ao autor da demanda comprovar as alegações deduzidas contra a parte contrária (CPC, art. 319, VI). No processo judicial, o ônus da prova também é atribuído ao réu quando alegar fato impeditivo, modificativo ou extintivo do direito do autor (CPC, art. 373, II). Poderá também ser invertido nas hipóteses manifestamente previstas em lei, como ocorre, por exemplo, nas relações de consumo. O art. 6º do Código de Defesa do Consumidor estabelece que o ônus da prova poderá ser invertido, de modo que o réu, fornecedor do produto ou do serviço, deverá provar que não é responsável pelo vício imputado pelo consumidor, autor da ação[75].

De um modo geral, a análise feita do "direito à prova" como expressão da garantia da ampla defesa é extensível ao "processo administrativo contencioso", exceto quanto à inversão do ônus da prova. James Marins sus-

---

73 "A gravação de conversa entre dois interlocutores, feita por um deles, sem conhecimento do outro, com a finalidade de documentá-la, futuramente, em caso de negativa, nada tem de ilícita, principalmente quando constitui exercício de defesa" (STF. AgR. no AI n. 503.617, Rel. Min. Carlos Velloso, j. 1º-2-2005, *DJ* 4-3-2005). No mesmo sentido: STF. AgRg no RE 402.035, Rel. Min. Ellen Gracie, j. 9-12-2003, *DJ* 6-2-2004; STF. HC 74.678, Rel. Min. Moreira Alves, j. 10-6-1997, *DJ* 15-8-1997.

74 "A falta de autenticação de cópia de laudo pericial juntado aos autos não caracteriza prova ilícita desde que a omissão possa ser suprida por outro meio idôneo. Precedente. Não configura prova ilícita o laudo de engenharia subscrito por diversos engenheiros, alguns sem inscrição profissional no CREA" (STF. HC 78.937, Rel. Min. Maurício Corrêa, j. 18-5-1999, *DJ* 29-8-2003).

75 Lei n. 8.078/1990, art. 6º: "São direitos básicos do consumidor: VIII – a facilitação da defesa dos seus direitos, inclusive com a inversão do ônus da prova, a seu favor, no processo civil, quando, a critério do juiz, for verossímil a alegação ou quando for ele hipossuficiente, segundo as regras ordinárias de experiência".

Capítulo 2 **Princípios e garantias do direito processual tributário**

tenta que tanto a legislação processual quanto os órgãos julgadores administrativos não podem restringir, "nem criar presunções fazendárias absolutas ou presunções relativas que colimem inverter o *onus probandi* ou exigir prova negativa"[76]. Assim, a inversão do ônus da prova no processo administrativo caracterizaria ofensa à garantia da ampla defesa e, portanto, nulidade do processo[77].

Com relação aos "procedimentos administrativos", como é o caso do lançamento tributário, não há que se falar tecnicamente em "direito à prova" ou "ônus da prova" por parte da administração fiscal, uma vez que a constituição do crédito tributário pelo lançamento decorre de obrigação legal. A doutrina de Alberto Xavier elucida este ponto com os seguintes argumentos:

> Ao contrário de que entendia a antiga jurisprudência do *Reichsfinanzhof* e do Supremo Tribunal Administrativo da Prússia, apoiada na doutrina por Rauschning, Berger e Louveaux, segundo a qual no procedimento de lançamento existiria uma repartição do ônus da prova semelhante à que vigora no processo civil, cabendo à Administração provar os fatos constitutivos do seu direito e ao contribuinte provar os fatos impeditivos, é hoje concepção dominante que não pode falar-se num ônus da prova do Fisco, nem em sentido material, nem em sentido formal. Com efeito, se é certo que este se sujeita às consequências desfavoráveis resultantes da falta de prova, não o é menos que a averiguação da verdade material não é objeto de um simples ônus, mas de um dever jurídico. Trata-se, portanto, de um verdadeiro *encargo da prova* ou *dever de investigação*, que não se vê vantagem em designar por novos conceitos, ambíguos quanto à sua natureza jurídica, como o de ônus da prova objetivo (*objektive Beweislast*), ônus da probabilidade (*Vermutungslast*) ou situação, base ou condição da prova (*Beweislagen*)[78].

Realmente, o "ônus da prova" supõe que uma parte tem que comprovar fatos a um terceiro, isto é, ao julgador competente. É o que ocorre no processo judicial, ou no processo administrativo, em que a parte interessada poderá comprovar fatos ao juiz ou à administração julgadora. Nos procedimentos tributários iniciados pelo Fisco (por exemplo no lançamento de ofício),

---

76 MARINS, James. *Direito processual tributário brasileiro*, p. 194.

77 MARINS, James. *Direito processual tributário brasileiro*, p. 194.

78 XAVIER, Alberto. *Do lançamento*: teoria geral do ato, do procedimento e do processo tributário. 2. ed. Rio de Janeiro: Forense, 1998, p. 145-146.

CURSO COMPLETO DE DIREITO PROCESSUAL TRIBUTÁRIO

compete à Fazenda, como instrumento de alcance da verdade material, formalizar os dados que levam à cobrança do crédito tributário ou ao cumprimento de obrigações acessórias. Por conseguinte, não faria sentido considerar que a Fazenda possui o ônus de provar para si os fatos necessários à conclusão do procedimento. Saliente-se também que o "ônus da prova" é uma faculdade, cabendo ao interessado deliberar se comprova ou não os fatos alegados, úteis à acusação ou à defesa. Nos procedimentos administrativos – exatamente porque se destinam a efetivar a verdade material – a prova é um "dever" da administração, praticamente se confundindo com o próprio procedimento. Em síntese: os procedimentos tributários constituem modelos institucionalizados de se comprovar fatos ocorridos.

Quanto aos procedimentos tributários de iniciativa do sujeito passivo, tais como requerimentos de parcelamentos, consultas fiscais, benefícios tributários, pedidos de compensação ou de restituição, igualmente, entendemos que não se trata tecnicamente de "direito à prova" no âmbito da ampla defesa. Isso porque o direito à prova pressupõe a existência do litígio, em que as partes procuram convencer o julgador sobre suas alegações. Nos procedimentos de iniciativa do contribuinte, conforme será explicado mais detalhadamente no Capítulo 3, o interessado deverá preencher requisitos legais que necessitam ser apresentados à autoridade administrativa. Não se trata exatamente de "ônus da prova" com o objetivo de se exercer a garantia da ampla defesa. Na doutrina, porém, existem argumentos de que nessas hipóteses é cabível o ônus da prova e o exercício da ampla defesa[79].

2.9.2.3 Garantia da ampla defesa e o direito de recorrer

A ampla defesa, prevista no inciso LV do art. 5º da Constituição Federal, expressa as garantias constitucionais do "direito de alegar", o "direito de provar o alegado" e também o "direito de recorrer das decisões desfavoráveis" ao menos a uma segunda instância. O direito ao recurso é um consectário lógico e racional do sistema processual, na medida em que as decisões devem ser revistas por outro órgão julgador como um pressuposto de afirmação do

---

79 Alessandra Dabul, citando, inclusive, outros doutrinadores que apoiam sua tese, entende existir ônus da prova nos procedimentos e processos administrativos tributários, segundo a regra do processo civil, de que tal ônus cabe a quem alega. Cf. *Da prova no processo administrativo tributário*. 2. ed. Curitiba: Juruá, 2007, p. 118-121.

Capítulo 2   **Princípios e garantias do direito processual tributário**

que ficou decidido ou de correção de eventuais erros cometidos com a primeira decisão.

Assim, a supressão do direito ao recurso significa ofensa à ampla defesa. Por outro lado, assim como no caso do "direito à prova", os recursos podem ser sujeitos a limitações quantitativas ou qualitativas como critério de racionalização do processo.

No processo judicial civil, são várias as limitações quantitativas ao direito de recorrer, e isso não implica exatamente em violação à ampla defesa porque o direito ao recurso não é suprimido. No processo administrativo, semelhantemente, o sistema processual costuma prever somente uma segunda instância para a revisão das decisões.

No caso do processo judicial, em síntese, o sistema recursal é composto dos recursos de: Apelação para as sentenças (CPC, arts. 1.009 a 1.014) e de Agravo de Instrumento contra as decisões interlocutórias (CPC, arts. 1.015 a 1.020). Também são possíveis o recurso de Embargos de Declaração para esclarecer obscuridade ou eliminar contradição; ou ainda, para suprir omissão de ponto ou questão sobre o qual o juiz deveria se pronunciar de ofício ou a requerimento (CPC, arts. 1.022 a 1.026). Cabe também o recurso de Agravo Interno (CPC, art. 1.021) e os recursos ao STF e STJ (CPC, arts. 1.027 a 1.044).

Com relação ao aspecto "qualitativo", o sistema recursal do direito processual civil impõe limitações à interposição dos recursos, tais como a fixação de prazos, a exigência de requisitos formais para admissão dos recursos, a necessidade de "repercussão geral" para o cabimento do Recurso Extraordinário etc. (CPC, art. 1.035). Esses e outros requisitos podem estar presentes como pressupostos de admissibilidade dos recursos administrativos e, assim como nos recursos judiciais, são necessários para manter o equilíbrio e racionalidade do sistema recursal.

Um caso especial de limitação quantitativa de recursos no processo tributário, ocorre na Execução Fiscal, regulada pela Lei n. 6.830, de 1980. O art. 34 impede a interposição de recurso de apelação contra a sentença que decide embargos à execução, cujo valor do débito não ultrapasse cinquenta Obrigações do Tesouro Nacional – OTN. É a chamada "execução de alçada", em que o recurso cabível contra a sentença serão os Embargos Infringentes perante o próprio juiz prolator da sentença. A maior parte da doutrina sustenta que não cabe nenhum outro recurso na execução de alçada além dos

105

CURSO COMPLETO DE DIREITO PROCESSUAL TRIBUTÁRIO

Embargos Infringentes e Embargos de Declaração. Não seriam cabíveis nem Agravo de Instrumento contra as decisões interlocutórias nos casos de execução de alçada[80]. No entanto, é pacífico o entendimento do STF, em respeito à ampla defesa e ao direito de recorrer, o cabimento de Recurso Extraordinário contra a sentença nas Execuções de Alçada[81].

No processo administrativo, igualmente, existem iniciativas no sentido de limitar a discussão a uma única instância administrativa. O art. 10 da Medida Provisória 232, de 2004, previa alteração no art. 25 do Decreto n. 70.235, de 1972, em que as impugnações fiscais federais inferiores a R$ 50.000,00 (cinquenta mil reais) seriam decididas em uma única instância administrativa, o que não foi convertido na Lei n. 11.119, de 2005.

O processo administrativo tributário do Estado de São Paulo, regulado pela Lei Estadual n. 13.457, de 2009, prescreve limitações à interposição de recursos à segunda instância administrativa. Somente caberá recurso ordinário para o Tribunal de Impostos e Taxas – TIT, órgão de segunda instância administrativa, caso o débito discutido exceda a 2.000 Unidades Fiscais do Estado de São Paulo – UFESP. Abaixo desse valor, caberá recurso voluntário ao próprio órgão julgador prolator da decisão de primeira instância[82].

No STF, há precedente aceitando a limitação de recursos administrativos a uma instância apenas, ainda que o critério seja o valor discutido no processo[83]. Em que pese o precedente citado, é salutar ao sistema processual recursal e à ampla defesa – esta última como direito fundamental – que qualquer decisão possa ser revista por outra instância como medida ga-

---

80 PAULSEN, Leandro et al. *Direito processual tributário*. 4. ed. Porto Alegre: Livraria do Advogado, 2008, p. 400-403.

81 STF RCL 508/SP, Rel. Min. Sepúlveda Pertence, j. 23-2-1995, *DJ* 12-5-1995. No mesmo sentido: STF RE 136.153/DF.

82 Lei estadual n.13.457, de 2009: Da decisão favorável à Fazenda Pública do Estado no julgamento da defesa, em que o débito fiscal exigido na data da lavratura do auto de infração corresponda a até 20.000 (vinte mil) Unidades Fiscais do Estado de São Paulo – UFESPs, poderá o autuado interpor recurso voluntário, dirigido ao Delegado Tributário de Julgamento. (NR) § 4º - O recurso voluntário será decidido por Delegado Tributário de Julgamento, independentemente de qual seja a Unidade de Julgamento que proferiu a decisão recorrida.

83 STF RE 201297-DF, Rel. Min. Moreira Alves, j. 1º-10-1996, *DJ* 5-9-1997.

Capítulo 2 **Princípios e garantias do direito processual tributário**

rantidora de um processo justo. O entendimento do STF sobre esse ponto específico desprestigia a ampla defesa e estimula a revisão das decisões administrativas pelo Poder Judiciário, uma vez que, na maioria das vezes, o sujeito passivo, não podendo recorrer na esfera administrativa, ingressa com ações na justiça para suprimir essa lacuna.

Saliente-se que o direito de recorrer advém do reconhecimento da falibilidade humana, de modo que a decisão monocrática será tanto mais correta e eficiente, quanto mais o julgador contar com a possibilidade de sua decisão ser reformada[84]. Sem esse sentimento de revisão das decisões por outra instância, a tendência de quem julga é de se acomodar na crença de que seu entendimento é o mais correto, razão pela qual a garantia de acesso à segunda instância é sábia e democrática. Nesse sentido, argumenta Sérgio André Rocha:

> Por outro lado, a existência de um recurso contra a decisão de primeira instância trata-se de eficaz mecanismo de controle desta, ainda mais se tendo em conta que os órgãos de segunda instância são normalmente colegiados, o que possibilita um debate maior acerca do caso sob apreciação[85].

Em reforço desse entendimento, a Súmula Vinculante 21 do STF rechaçou a possibilidade de a Fazenda Pública exigir o recolhimento de depósito ou de arrolamento de bens como condição de admissibilidade de recursos administrativos[86]. A súmula em questão deve lançar novas luzes sobre a interpretação de leis que determinam o pagamento prévio da multa fixada no processo administrativo em primeira instância como condição para admissibilidade do recurso administrativo. No entanto, o STF possui precedentes no sentido de que é compatível com a Constituição o pagamento de multa imposta na decisão de primeira instância como condição para recorrer[87].

---

84 DINAMARCO, Cândido Rangel et al. *Teoria geral do processo*. 16. ed. São Paulo: Malheiros, 2000, p. 170.

85 ROCHA, Sérgio André. *O processo administrativo fiscal*: controle administrativo do lançamento, p. 99.

86 Súmula Vinculante 21, do STF: "é inconstitucional a exigência de depósito ou arrolamento prévios de dinheiro ou bens para admissibilidade de recurso administrativo".

87 STF. Recurso Extraordinário 210.246/GO, Rel. Min. Ilmar Galvão; Rel. p/ acórdão, Min. Nelson Jobim, j. 12-11-1997, *DJ* 17-3-2000. No mesmo sentido: STF. RE 210.246; STF. RE 282.243 e STF. RE 348.751.

As limitações qualitativas ao direito de recorrer configuram grande desafio da teoria e da prática do direito processual. Restringir o direito de recorrer à segunda instância, seja administrativa ou judicial, fundado no valor da causa em discussão, se por um lado pode não ofender a ampla defesa, por outro mostra inegável contraste com o princípio da isonomia. O direito de recorrer deve existir para todos, independentemente do valor discutido no processo. Nos casos em que os custos em se processar o recurso não compensar por razões de economicidade, a melhor solução será a remissão do débito ou o arquivamento temporário do processo, até que o recorrente reúna outros processos, hipótese em que os valores deverão ser somados para julgamento conjunto de todos os recursos. Outra medida como, por exemplo, a fixação de teses nos recursos administrativos, poderá impedir que subam para a segunda instância recursos contrários ao entendimento fixado. Esse sistema de limitação qualitativa dos recursos por meio de teses é muito mais compatível com a ampla defesa do que a limitação de valor, que ignora o conteúdo da discussão.

2.10 GARANTIAS COMUNS AOS PROCEDIMENTOS E AO PROCESSO TRIBUTÁRIO CONTENCIOSO

2.10.1 Direito de petição

A Constituição Federal brasileira consagra a "garantia do direito de petição" no art. 5º, XXXIV, *a*, com a seguinte prescrição: "são a todos assegurados, independentemente do pagamento de taxas: a) o direito de petição aos Poderes Públicos em defesa de direitos ou contra ilegalidade ou abuso de poder".

O direito de petição originou-se na Inglaterra, na Idade Média, depois que o Grande Conselho do Reino, que foi sucedido posteriormente pelo parlamento inglês, conquistou o direito de pedir a sanção das leis[88]. Em 1628 é identificado como o *right of petition*, documento apresentado pelo parlamento inglês ao Rei Carlos I, e se voltava à proibição da cobrança de tributos sem autorização parlamentar, bem como contra a prisão sem culpa formalizada[89]. Os historiadores afirmam, no entanto, que desde a Magna

---

88 SILVA, José Afonso da. *Curso de direito constitucional positivo*, p. 442.

89 COMPARATO, Fábio Konder. *A afirmação histórica dos direitos humanos*, p. 93.

Capítulo 2   Princípios e garantias do direito processual tributário

Carta de 1215 já se subentendia a presença do *right of petition* como garantia do indivíduo contra a opressão do suserano. A inserção do *due process of law* no art. 39 da Magna Carta é demonstração inequívoca, embora subliminar, de que a defesa dos direitos haveria de ser assegurada por um direito de postulação à autoridade, segundo as "leis da terra"[90]. Finalmente, o direito de petição incorporou-se na categoria de direito individual com a proclamação do *Bill of Rights*, em 1689, com o seguinte enunciado: "os súditos têm direito de petição ao rei, sendo ilegais todas as prisões e perseguições contra o exercício desse direito"[91].

Daqueles tempos para os atuais, a garantia do direito de petição no Estado de direito e, posteriormente, no Estado democrático de direito, tem servido como meio de assegurar ao indivíduo o direito de invocar a atuação do Poder Público para a correção de ilegalidades contra os direitos individuais.

A acepção jurídica dessa garantia constitucional deve ser interpretada amplamente. Ao se assegurar o direito de petição para a salvaguarda de "direitos" ou para corrigir "ilegalidades ou abuso de poder", coloca-se em

---

90 Sobre o *direito de petição*, José Afonso da Silva lembra que tal direito nasceu na Inglaterra e "que resultou das Revoluções inglesas de 1628, especialmente, mas que já se havia insinuado na própria Magna Carta de 1215". Cf. *Curso de direito constitucional positivo*, p. 442.

91 O *Bill of Rights* tem *status* de lei fundamental, de modo que o direito inglês, que segue o sistema consuetudinário, se vale dessa e de outras fontes para legislar. O contexto histórico de sua aprovação é explicado pela saída forçada de Jaime II, irmão de Carlos II, do reinado da Inglaterra. Este último, e seu outro irmão, Carlos I, viveram às turras com a nobreza em razão de suas ligações secretas com o arque inimigo dos nobres, o rei da França Luis XIV. Jaime II deu continuidade à política de recebimento de subsídios financeiros da França para não ter que cobrar tributos da nobreza, o que ajudaria a abafar os focos de rebelião contra a tendência iniciada desde o reinado de Carlos I (encerrado em 1642) de se restabelecer o catolicismo como religião de Estado. O nascimento do herdeiro de Jaime II acirrou as rivalidades da nobreza e do clero contra o Rei, diante da ameaça de continuação da mesma dinastia. Esse fato desencadeou uma rebelião que acabou com a deposição de Jaime II e a ascensão de Guilherme de Orange para assumir o reino inglês a convite dos partidos dominantes do parlamento. Guilherme de Orange, que era marido de Maria Stuart, primogênita de Jaime II, mas que professava a religião protestante, aceitou, como condição para assumir o trono, cumprir uma Declaração de Direitos como "Lei Fundamental do Reino", o *bill of rights*. COMPARATO, Fábio Konder. *A afirmação histórica dos direitos humanos*, p. 89-90.

discussão a dualidade dos dois sistemas de direito difundidos no ocidente, isto é, o *common law* e o *civil law*. Pela tradição inglesa (*common law*), desde a Magna Carta, o direito é menos legislado e mais construído a partir das decisões proferidas pelas cortes, que se valem dos princípios condensadores de normas de convivência pacífica e de respeito aos direitos individuais. Para que essa dinâmica do direito se desenvolva, é imprescindível a existência de um "direito de petição" por meio do qual se veiculam à autoridade judiciária os conflitos de interesses, devendo a justiça apontar a melhor solução. A tradição francesa, radicada no direito romano (*civil law*), enuncia os direitos por meio das leis, e a partir daí se pretende alcançar certa função pedagógica, de sorte que, estando os direitos declarados nas leis, constrói-se a expectativa de que serão preservados. Assim, a pessoa somente invocaria o direito de petição caso o seu direito previsto em lei fosse violado. Essa separação de sistemas é nítida em matéria de direitos fundamentais, de tal sorte que no sistema inglês o direito de petição possui relevância primária, porque é meio de construção do pensamento jurídico e do direito. De acordo com a tradição francesa, ocorre justamente o oposto, porquanto o direito de petição tem importância secundária. Pela tradição francesa, primeiramente, escrevem-se os direitos fundamentais, sendo o direito de petição garantia de salvaguarda desses direitos enunciados[92].

O Brasil, nesse particular, segue a tradição francesa, porque a Constituição brasileira é do tipo sistemática, e tenta exaurir um rol extenso de direitos. A postulação de direitos perante os poderes públicos viabilizada pelo direito de petição destina-se a proteger os direitos enunciados e não exatamente para construí-los.

Assim, qualquer violação a direitos, seja de natureza privada ou abuso de poder praticado por autoridade pública, permite à pessoa física ou jurídica, nacional ou estrangeira, dirigir-se à autoridade competente para reclamar proteção a seus direitos[93].

---

92 COMPARATO, Fábio Konder. *A afirmação histórica dos direitos humanos*, p. 85-86.

93 ARAUJO, Luis Alberto David; NUNES JÚNIOR, Vidal Serrano. *Curso de direito constitucional*. 9. ed. São Paulo: Saraiva, 2005, p. 164.

Capítulo 2   **Princípios e garantias do direito processual tributário**

Tem-se entendido que o direito de petição transcende o restrito campo da proteção de direitos, servindo também de alicerce jurídico para a manifestação do pensamento e de liberdades, bem como para informar, denunciar ou manifestar certa aspiração perante as autoridades[94]. Além disso, o direito de petição é instrumento processual em que a pessoa leva ao conhecimento da autoridade pública violação a determinado direito que possua, não podendo a autoridade furtar-se de responder a postulação[95]. Por essa razão, o direito de petição é considerado uma garantia e não exatamente um direito.

No âmbito do processo tributário, a garantia do direito de petição cumpre papel relevante nos procedimentos administrativos, porque a cobrança de tributos, ou outras medidas administrativas de caráter fiscal (apreensão de mercadorias, documentos, livros ou o começo de despacho aduaneiro), implicam a ameaça ou consumação da privação do patrimônio do administrado. Tais medidas intentadas pela autoridade pública podem representar ofensa a direito, ilegalidade ou abuso de poder. Daí a garantia do direito de petição, que dirige sua mensagem prescritiva mais exatamente à autoridade pública competente para processar e julgar o conflito. Isso significa que a autoridade deverá receber o pleito do sujeito passivo, processá-lo e decidi-lo de acordo com a legalidade e as regras do processo.

A garantia constitucional do direito de petição não se confunde com o princípio de acesso ao judiciário, porque este princípio se refere especificamente à postulação de direitos perante este poder republicano. O direito de petição é mais abrangente por assegurar o pleito de direitos perante qualquer autoridade pública e não apenas ao juiz. Por outro lado, tanto o princípio do acesso quanto o direito de petição podem ser disciplinados por leis, desde que estas não excluam o acesso à justiça nem inviabilizem a garantia do direito de petição[96].

---

94   SILVA, José Afonso da. *Curso de direito constitucional positivo*, p. 443.

95   SILVA, José Afonso da. *Curso de direito constitucional positivo*, p. 443.

96   Segundo a doutrina, apesar de o direito de petição não contemplar reserva legal expressa no texto constitucional, "o legislador não está impedido, porém, de adotar medidas destinadas a conferir adequada aplicação ou de fixar normas de organização e procedimento destinadas a conferir maior efetividade a essa garantia". Cf. MENDES, Gilmar et al. *Curso de direito constitucional*. 2. ed. Saraiva: São Paulo, 2008, p. 569.

2.10.2 Garantia do dever de fundamentação das decisões

A Constituição Federal, no art. 93, IX, estabelece que: "todos os julgamentos dos órgãos do Poder Judiciário serão públicos, e fundamentadas todas as decisões, sob pena de nulidade". O dispositivo passou por ajustes de redação com a Emenda Constitucional n. 45, de 2004.

Trata-se de garantia do processo, pois, em uma primeira leitura, dirige-se a autoridade julgadora do processo judicial. Também as decisões administrativas dos tribunais que integram a estrutura do Poder Judiciário deverão ser motivadas, conforme o inciso X do art. 93 da Constituição Federal, com redação dada pela mesma Emenda Constitucional[97].

Essa garantia pode ser observada sob dois aspectos. O primeiro diz com a utilidade da fundamentação das decisões; o outro, tem a ver com o Estado de direito e a democracia, enquanto fundamentos do estado moderno. Quanto ao primeiro aspecto, sem apresentar argumentos de fato e de direito que levaram ao convencimento do julgador, torna-se inviável a possibilidade de o interessado contestar a decisão em outra instância. Aliás, a garantia da ampla defesa, com todos os recursos a ela inerentes, exige o dever de fundamentar as decisões judiciais ou administrativas, caso contrário seria inviável o direito de recorrer. Igualmente, o dever de fundamentar as decisões permite que se verifique se todos os argumentos foram enfrentados pelo julgador[98].

Por outro lado, o dever de fundamentar – e nesse ponto se insere a segunda acepção do termo – tem conteúdo de ordem política, que resvala nos fundamentos do Estado de direito e na realização da democracia. As decisões devem ser fundamentadas porque esse requisito serve de antídoto à arbitrariedade[99].

---

97 "Magistrado. Promoção por antiguidade. Recusa. Indispensabilidade de fundamentação. Art. 93, X, da CF. Nulidade irremediável do ato, por não haver sido indicada, nem mesmo na ata do julgamento, a razão pela qual o recorrente teve o seu nome preterido no concurso para promoção por antiguidade" (STF. RE 235.487, Rel. Min. Ilmar Galvão, j. 15-6-2000, *DJ* 21-6-2002).

98 "Fundamentar o ato ou a decisão administrativa significa declarar expressamente a norma legal e o acontecimento fático que autoriza a prática do ato ou a prolação da decisão". Cf. MARINS, James. *Direito processual tributário*, p. 185.

99 "[...] A decisão judicial não é um ato autoritário, um ato que nasce do arbítrio do julgador, daí a necessidade da sua apropriada fundamentação. A lavratura do acórdão dá

Capítulo 2   **Princípios e garantias do direito processual tributário**

Somente por meio da demonstração dos fatos e dos argumentos jurídicos expendidos na decisão terão o interessado e a sociedade condições de observar os parâmetros que levaram o julgador a concluir a quem deve distribuir o direito ou aplicar a lei, neste último caso quando se tratar de decisões administrativas. O controle democrático das decisões, essencial para a sobrevivência adequada do próprio sistema, inicia seu processo de efetivação com a transparência das decisões praticadas pelas autoridades[100].

Se o ordenamento legal permitisse a edição de decisões não fundamentadas, não se consagraria como um sistema jurídico, pois não haveria parâmetros para se aferir o subjetivismo das decisões e sua compatibilidade com o próprio sistema de direito, permitindo-se, portanto, o autoritarismo.

Destaque-se que o dever de fundamentar as decisões não se resume a uma obrigação meramente burocrática e formal. Note-se que fundamentar implica narrar os fatos, enfrentar os argumentos expendidos pelas partes, valorar se as provas são idôneas e concluir logicamente com os argumentos de convencimento utilizados. Sem isso a decisão é nula, conforme disposição constitucional[101].

No plano federal, a Lei n. 9.784, de 1999, no inciso VII do parágrafo único do art. 2º, dispõe que nos processos administrativos, dentre outros critérios, será observada: "a indicação dos pressupostos de fato e de direito que determinarem a decisão". No direito administrativo estuda-se também o "princípio da motivação dos atos administrativos", que não se confunde propriamente com a garantia de "fundamentar as decisões". O art. 93, X da Constituição Federal não se referiu expressamente ao dever de se fundamentar as decisões administrativas como norma ampla dos procedimentos e dos processos administrativos. Nada obsta, entretanto, que pela similaridade de propósitos entre o "dever de fundamentar as decisões judiciais" com os fins das decisões administrativas, que se estenda a norma do art. 93, X da Constituição Federal aos processos administrativos.

---

consequência à garantia constitucional da motivação dos julgados" (STF. RE 540.995, Rel. Min. Menezes Direito, j. 19-2-2008, *DJe* 2-5-2008).

100 ROCHA, Sérgio André. *O processo administrativo* fiscal, p. 80.

101 STF. HC 80.892, Rel. Min. Celso de Mello, j. 16-10-2001, *DJ* 23-11-2007.

A legislação federal distingue o "dever de fundamentar", considerado requisito das decisões administrativas, do instituto da "motivação dos atos administrativos", esta última compreendida como forma compulsória dos atos administrativos (parágrafo único, VII, do art. 2º combinado com art. 50 ambos da Lei n. 9.784, de 1999). A doutrina de James Marins distingue o "dever de fundamentação", garantia que é própria do processo, da "motivação" dos atos administrativos, este, consagrado princípio do direito administrativo e que se volta à prática dos atos discricionários[102].

O princípio da motivação se insere mais adequadamente na teoria do direito administrativo, revelando-se como um princípio que instrui a prática de atos discricionários. Nesse caso, é fundamental que a autoridade revele os "motivos" que levaram a determinada escolha, ficando o ato praticado vinculado a esses motivos. Por outro lado, o dever de fundamentar, como garantia do processo, exige da autoridade julgadora a exposição do seu convencimento sobre as alegações e provas lançadas no curso do processo, sem margem para discricionariedades. No fundo, a "motivação" são os fundamentos do ato discricionário no caso concreto; por sua vez, o "dever de fundamentação" é a garantia de que as decisões administrativas consideraram os fatos e alegações expostas para uma conclusão coerente com esses elementos.

Nos procedimentos administrativos, a autoridade terá que fundamentar sua decisão, ainda que seja para expor qual a legislação que está sendo aplicada. Nos atos discricionários, não há a necessidade de se apontar fundamentos legais, caso a escolha da autoridade tenha se baseado em razões de fato que justificam a conveniência e oportunidade de sua decisão. Daí por que a "motivação" é mais ampla e tem a ver com os fatos que determinaram a escolha da autoridade como a mais adequada. No "dever de fundamentar", as impressões subjetivas da autoridade não serão determinantes para a decisão se a lei dispuser de forma diferente.

Insistimos nessa distinção entre a "motivação" e "dever de fundamentar" em razão de sua importância nos procedimentos tributários. Observe-se que atos e procedimentos administrativos devem ser, em regra, "fundamentados" e não exatamente "motivados" porque a exigência de tributos é ato vinculado e não discricionário. Por exemplo, ao indeferir pedido de

---

102 MARINS, James. *Direito processual tributário brasileiro*, p. 186.

Capítulo 2 Princípios e garantias do direito processual tributário

parcelamento, a autoridade poderia entender, subjetivamente, que a parte interessada mereceria o deferimento do pedido, razão pela qual, caso o ato fosse "discricionário", deveria "motivar" as razões de "conveniência e oportunidade" para essa escolha. Entretanto, considerando que o parcelamento implica o pagamento do crédito tributário, matéria sujeita a estrita legalidade, se as regras do parcelamento não forem preenchidas pelo contribuinte, o pedido será indeferido, devendo a autoridade "fundamentar" os motivos de sua decisão.

Uma questão controvertida sobre o dever de fundamentação das decisões está relacionada com o entendimento jurisprudencial de que o juiz não está obrigado a enfrentar todos os argumentos expendidos nas peças processuais, especialmente na inicial e na contestação. A jurisprudência do STF segue este último entendimento, embora o art. 489, § 1º IV considere como "não fundamentada", a sentença que deixar de enfrentar todos os argumentos deduzidos no processo capazes de, em tese, infirmar a conclusão adotada pelo julgador. Em decisão anterior ao CPC de 2015, o STF concluiu que: "o magistrado não está vinculado pelo dever de responder todos os fundamentos alegados pela parte recorrente"[103]. E, nessa mesma linha: "A Constituição Federal não exige que o acórdão se pronuncie sobre todas as alegações deduzidas pelas partes"[104].

Se o argumento suscitado pela parte afastaria determinado fundamento da sentença, o juiz não poderá se omitir de o enfrentar[105]. Também não se considera fundamentada a decisão vaga e imprecisa que, em razão dessas características, caberia em qualquer caso (CPC, art. 489, § 1º, III)[106].

Em resumo, a garantia do "direito de fundamentar" é um dos pilares do Estado de direito, sem o qual as decisões emitidas por órgãos ou autoridades públicas poderiam tender ao subjetivismo ou ao arbítrio de suas razões. Nas democracias modernas, é elementar como medida de controle dos atos do

---

103 STF. AgR. no RE 511.581, Rel. Min. Eros Grau, j. 24-6-2008, *DJe* 15-8-2008.

104 STF. HC 83.073, Rel. Min. Nelson Jobim, j. 17-6-2003, *DJ* 20-2-2004. No mesmo sentido: STF. HC 82.476, Rel. Min. Carlos Velloso, j. 3-6-2003, *DJ* 29-8-2003; STF. AgR no RE 285.052, Rel. Min. Carlos Velloso, j. 11-6-2002, *DJ* 28-6-2002. No mesmo sentido: STF. MS 26.163, Rel. Min. Cármen Lúcia, j. 24-4-2008, *DJe* 5-9-2008.

105 STF. AgR na ADPF 79, voto do Min. Cezar Peluso, j. 18-6-2007, *DJ* 17-8-2007.

106 STF. RE 217.631, Rel. Min. Sepúlveda Pertence, j. 9-9-1997, *DJ* 24-10-1997.

CURSO COMPLETO DE DIREITO PROCESSUAL TRIBUTÁRIO

Poder Público – em que se inclui a atuação do Poder Judiciário – a externalização dos motivos que convenceram os órgãos julgadores a acolher ou a negar direitos que lhe foram postulados.

2.10.3 Garantia da publicidade

O sistema processual constitucional garante publicidade das decisões judiciais, conforme se observa da norma contida no inciso IX do art. 93, "todos os julgamentos dos órgãos do Poder Judiciário serão públicos". A consequência pelo descumprimento dessa exigência, conforme determina o dispositivo citado, será a "nulidade" da decisão. A Constituição permite, entretanto, que a lei restrinja "a presença, em determinados atos, às próprias partes e a seus advogados, ou somente a estes". O critério para tanto é "a preservação do direito à intimidade do interessado no sigilo". O interesse da parte, no entanto, não poderá prejudicar o interesse público à informação. Tais excertos são extraídos do texto da norma do dispositivo aludido, com redação determinada pela Emenda Constitucional n. 45, de 2004.

A publicidade dos atos processuais é fundamental para a manutenção do Estado de direito, pois, semelhantemente ao que ocorre com o dever de fundamentação, evita a arbitrariedade estatal na tomada de decisões.

Essa garantia processual se estende aos procedimentos e processos administrativos. Neste caso, alicerça-se na norma do art. 37 da Constituição Federal, que consagra o princípio da "publicidade no direito administrativo".

O inciso IX do art. 93 da Constituição Federal, no entanto, refere-se à publicidade dos julgamentos, o que não deve excluir, evidentemente, a aplicação da norma aos atos processuais. Obrigando-se a autoridade que preside o processo a publicar os atos decisórios, e declarando o texto constitucional que as sessões judiciais, em regra, serão públicas, estabelece-se meio de viabilizar controle social sobre os atos e decisões processuais. Esse controle é salutar para a democracia, pois permite o acompanhamento da sociedade sobre a aplicação da lei nos litígios[107].

---

[107] Conforme salienta Sérgio André Rocha: "Nesse contexto, o princípio da publicidade aparece como uma garantia da democracia, na medida em que determina que aos administrados seja dado conhecimento dos atos que venham a interferir em sua esfera jurídica, admitido o sigilo apenas em determinadas situações, justificáveis pelas circunstâncias

Capítulo 2 Princípios e garantias do direito processual tributário

Ainda que a causa verse sobre direitos disponíveis, a publicidade das decisões judiciais é necessária para que terceiros interessados possam se habilitar no processo, demonstrando seu interesse jurídico na causa. Tratando-se de ações judiciais que velam por direitos indisponíveis ou sobre o controle de constitucionalidade das leis, ou da legalidade dos atos do Poder Público, a publicidade como garantia do processo é salutar para que se possa presumir que toda a sociedade tenha tomado conhecimento das conclusões do processo. Assim, os atos processuais guardam em seu âmago características de interesse público que, portanto, não pertencem unicamente às partes, mas a todos.

Um ponto relevante sobre o princípio da publicidade no processo é a forma de sua efetivação. No fundo, a garantia de publicidade dos atos processuais é uma consequência da garantia do contraditório e se insere no contexto do princípio do devido processo legal. Assim, no processo administrativo, por exemplo, deve-se preferir a ciência pessoal dos atos processuais à notificação por edital[108]. Os primeiros interessados no resultado dos atos processuais são as partes, daí por que a ciência inequívoca aos litigantes é o que concede efetividade real ao princípio do contraditório. Por outro lado, dar ciência das decisões processuais a apenas uma das partes não cumpre com fidelidade a intenção da norma do inciso LV do art. 5º da Constituição Federal, pois o controle das decisões é exercido por ambos os litigantes.

No âmbito do Poder Judiciário, o meio regular para a citação será a via postal ou por oficial de justiça (CPC, art. 246, I e II). Somente em situações especiais é admitida a citação por edital (CPC, art. 256). As intimações dos atos processuais, de acordo com o art. 272 do CPC, nas capitais dos Estados e no Distrito Federal, serão feitas pela imprensa oficial, quando não realizadas por meio eletrônico. O Ministério Público será intimado pessoalmente, assim como as Fazendas Públicas (CPC, art. 180 e 183, § 1º). Na ação de Execução Fiscal, a Fazenda será também intimada pessoalmente, por intermédio de seus procuradores, conforme prevê o art. 25 da Lei n. 6.830, de 1980. Embora o art. 270 do CPC declare que sempre que possível as intimações serão realizadas por meio eletrônico, o STJ possui precedente não con-

---

(não é de se exigir, por exemplo, que um inquérito policial seja público, o que inviabilizaria seus próprios fins)". Cf. *O processo administrativo fiscal*, p. 71.

108 STF. RE 157905/SP, Rel. Min. Marco Aurélio, j. 6-8-1997, *DJ* 25-9-1998.

siderando atendida a garantia de publicidade dos atos processuais se a comunicação for por telefone[109].

Essas previsões legais levam à conclusão de que a garantia de publicidade dos atos processuais em órgãos de imprensa não pode servir de instrumento para neutralizar a efetividade do contraditório no processo. A publicidade se presta também para dar efetividade ao contraditório, devendo primeiramente tentar-se cientificar as partes acerca dos atos processuais de forma eficaz. Somente na impossibilidade de se dar ciência aos interessados é que o sistema processual poderá admitir que a publicação do ato substitua a ciência individualizada.

No processo administrativo federal, o inciso V do parágrafo único do art. 2º da Lei n. 9.784 de 1999, determina que se observe o dever de "divulgação oficial dos atos administrativos, ressalvadas as hipóteses de sigilo previstas na Constituição". No processo administrativo tributário, a garantia da publicidade é empregada como instrumento de efetividade ao devido processo legal e à garantia do contraditório. Seguindo a mesma linha, no caso do processo administrativo tributário federal, o art. 23 do Decreto n. 70.235, de 1972, determina que, primeiramente, tente-se exaurir os meios de intimação pessoal do administrado. Caso restem infrutíferos tais métodos, serão aplicados meios fictos de notificação, através da publicidade dos atos em órgãos de imprensa.

Assim, a garantia de publicidade dos atos processuais distingue-se sutilmente do princípio constitucional da publicidade, porque este guarda relação com a essência dos atos administrativos, que primam pelo controle de transparência e necessidade de informação, o que se presume do interesse de todos[110]. A publicidade dos atos e decisões processuais, por sua vez, serve como instrumento de efetividade do devido processo legal e da garantia do contraditório[111].

---

109 STJ. RMS 17.898/MG, Rel. Min. Eliana Calmon, j. 21-9-2004, *DJ* 29-11-2004.

110 "A publicidade não é elemento formativo do ato; é requisito de eficácia e moralidade. Por isso mesmo, os atos irregulares não se convalidam com a publicação, nem os regulares a dispensam para sua exequibilidade, quando a lei ou o regulamento a exige". Cf. MEIRELLES, Hely Lopes. *Direito administrativo brasileiro*. 33. ed. São Paulo: Malheiros, 2008, p. 94.

111 "A publicidade dos atos processuais é corolário do princípio da proteção judicial efetiva. As garantias da ampla defesa, do contraditório, do devido processo legal apenas são eficazes se o processo desenvolver-se sob o controle das partes e da opinião pública". Cf.

Capítulo 2   **Princípios e garantias do direito processual tributário**

Por outro lado, publicidade dos atos processuais também pretende garantir controle social das decisões proferidas, devendo-se observar, em alguns casos, a proteção da intimidade das partes do processo, o que pode restringir a publicidade dos atos processuais.

Assim, a regra é que os atos processuais, judiciais ou administrativos, sejam públicos, podendo ter acesso aos autos qualquer pessoa. No processo judicial civil, embora seja reconhecida a publicidade dos atos processuais, em casos especiais, o processo deverá tramitar em segredo de justiça (CPC, art. 189). Os inquéritos policiais, igualmente, poderão tramitar sob sigilo para preservar a própria investigação (CPP, art. 20). Assim, o sigilo do inquérito não viola a publicidade, mas deverá ser facultado o conhecimento dos autos ao advogado do investigado para o cumprimento de diligências[112]. A jurisprudência do STF ratifica a necessidade dos direitos fundamentais do indiciado no curso do inquérito policial, entre os quais o de "fazer-se assistir por advogado, o de não se incriminar e o de manter-se em silêncio"[113].

Acrescente-se que a Súmula Vinculante 14, do STF, pacificou as discussões sobre o direito de o defensor do acusado ter acesso ao inquérito policial ou qualquer outro procedimento investigatório[114]. Apesar de o texto da súmula se referir às investigações policiais, pode ser estendida sua aplicação aos demais procedimentos administrativos. O acesso aos autos da investigação pelo advogado não significa exatamente garantia de contraditório e de ampla defesa nos procedimentos investigatórios. O objetivo da súmula vinculante é explicitar a garantia da acessibilidade.

Nos processos administrativos contenciosos, o sigilo poderá ser aplicado desde que devidamente motivado e amparado em lei. Esse entendimento é respaldado pelo art. 5º, LX, da Constituição Federal, que permite sejam

---

MENDES, Gilmar Ferreira et al. *Curso de direito constitucional*. 2. ed. São Paulo: Saraiva, 2008, p. 502.

112 STF. HC 88.190, Rel. Min. Cezar Peluso, j. 29-8-2006, *DJ* 6-10-2006. No mesmo sentido: STF. HC 92.331, Rel. Min. Marco Aurélio, j. 18-3-2008, *DJe* 1º-8-2008.

113 STF. HC 82.354, Rel. Min. Sepúlveda Pertence, j. 10-8-2004, *DJ* 24-9-2004.

114 Súmula Vinculante 14: "É direito do defensor, no interesse do representado, ter acesso amplo aos elementos de prova que, já documentados em procedimento investigatório realizado por órgão com competência de polícia judiciária, digam respeito ao exercício do direito de defesa".

cobertos pelo sigilo os "atos processuais quando a defesa da intimidade ou o interesse social o exigirem". É importante salientar que a norma constitucional citada é uma exceção para proteger a imagem da pessoa ou o interesse público. Nesse sentido, já decidiu o STJ que empresa poderá invocar, excepcionalmente, a proteção ao sigilo de informações quando estas, uma vez divulgadas, possam acarretar prejuízos à sua imagem nos planos nacional ou internacional[115]. A negativa de acesso a dados, fora dessas situações excepcionais, enseja a impetração de *habeas data*[116].

Consideramos abusivas determinadas práticas que impedem acesso aos autos do processo, judicial ou administrativo, a quem não é parte ou procurador. Somente o sigilo legalmente decretado no processo poderá restringir o acesso aos autos. Se os atos processuais são públicos, o processo também será "público", de sorte que, não decretado o sigilo, qualquer pessoa ou o advogado poderá consultar os autos nas dependências do fórum ou da repartição administrativa. O terceiro interessado terá que demonstrar seu interesse jurídico ao juiz ou à autoridade administrativa para poder acessar os autos. Deduz-se da jurisprudência do STJ que somente havendo o decreto de sigilo do processo será permitida a limitação de acesso ao conteúdo dos autos[117].

Para finalizar, a garantia de publicidade do processo é decorrência do Estado democrático de direito, uma vez que a "Constituição de 1988 institui uma ordem democrática fundada no valor da publicidade (*Öffentlichkeit*), substrato axiológico de toda a atividade do Poder Público"[118]. No entanto, a própria ordem constitucional permite excetuar-se a garantia em análise, podendo a autoridade pública estender ou restringir o sigilo do processo de acordo com o caso concreto, o que atende de forma mais adequada ao conceito de publicidade[119].

---

115 STJ. MS 12.876/DF, Rel. Min. Humberto Martins, j. 24-10-2007, *DJ* 12-11-2007.

116 STJ. HD 91/DF, Rel. Min. Arnaldo Esteves Lima, j. 14-3-2007, *DJ* 16-4-2007.

117 STJ. RMS 19.987/SP, Rel. Min. Humberto Martins, j. 10-10-2006, *DJ* 20-10-2006. No mesmo sentido: STJ. RMS 18.383/SC, Rel. Min. Humberto Gomes de Barros, j. 19-5-2005, *DJ* 27-6-2005.

118 MENDES, Gilmar Ferreira et al. *Curso de direito constitucional*, p. 503-504.

119 "A cada caso será aplicada uma medida diferenciada do que seja o sigilo necessário à eficiência das investigações. E, nesse sentido, a mutação das circunstâncias fáticas po-

Capítulo 2   **Princípios e garantias do direito processual tributário**

2.10.4 Garantia da acessibilidade

A garantia da "acessibilidade" é aplicável aos processos judiciais e administrativos, embora não se confunda com o "princípio do acesso à justiça" e nem com a garantia constitucional da "publicidade dos processos". Como garantia do processo, a acessibilidade tem a ver com o direito de se obter informações dos autos, que podem ser fornecidas através de cópias, certidões ou pela simples consulta na repartição pública. O direito de acesso se estende ao procurador do interessado, que poderá ser o advogado ou outra pessoa capaz que comprove seu poder de representação.

A acessibilidade, enquanto garantia do particular no processo, dirige-se diretamente à autoridade pública que não poderá negar acesso aos autos ao interessado ou ao seu representante.

Apesar de, em geral, considerar-se o processo tributário como público, não será possível em todos os casos o acesso dos autos a terceiros. Nas situações em que o processo fiscal for instruído com dados sobre a situação econômica ou financeira do sujeito passivo ou de terceiros, o acesso se restringe ao sujeito passivo ou ao seu procurador, sob pena de violação ao art. 198 do CTN.

No processo administrativo federal, a garantia de acesso está estampada no art. 3º, inciso II, da Lei n. 9.784, de 1999, que assegura ao administrado o direito de: "ciência da tramitação dos processos administrativos em que tenha a condição de interessado, ter vista dos autos, obter cópias de documentos neles contidos e conhecer as decisões proferidas".

2.10.5 Garantia de duração razoável do processo

A Emenda Constitucional n. 45, de 2004, acrescentou o inciso LXXVIII ao art. 5º da Constituição Federal determinando o que se popularizou chamar de "princípio da duração razoável do processo". Essa norma estabelece que os processos judiciais e administrativos deverão ter duração razoável, devendo-se garantir meios de celeridade processual.

---

derá justificar tanto a ampliação como a restrição, total ou parcial, do sigilo inicialmente decretado, sempre tendo em vista a efetividade das investigações criminais, assim como o interesse social". Cf. MENDES, Gilmar Ferreira et al. *Curso de direto constitucional*, p. 503.

CURSO COMPLETO DE DIREITO PROCESSUAL TRIBUTÁRIO

Tal norma pode ser melhor classificada como "garantia" do processo, porque o dispositivo constitucional estabelece que "são assegurados a razoável duração do processo e os meios que garantam a celeridade de sua tramitação". Assim, a norma é dirigida à autoridade pública, que deverá primar pela celeridade na conclusão dos processos de um modo geral.

A garantia da duração processual razoável decorre de demandas internacionais voltadas à proteção dos direitos humanos. A demora abusiva na conclusão dos processos violaria o Estado de direito, a dignidade da pessoa humana e a própria efetividade da proteção judicial[120]. De fato, equivale a negar acesso à justiça a prestação jurisdicional ineficiente por ser excessivamente lenta. A solução abusivamente demorada dos processos, judiciais ou administrativos, favorece ao conflito e à perturbação social, gerando situação de insegurança jurídica inconciliável com os valores democráticos e com o próprio Estado de direito.

No processo penal, por exemplo, a lentidão dos processos pode levar o indivíduo a situações degradantes, como as prisões cautelares por períodos excessivos ou a prisão além do tempo fixado na sentença. No Brasil, é notório o grande número de ações judiciais indenizatórias que tramitam há mais de uma década sem definição, incluindo-se nessa estatística a inadimplência dos precatórios. Também no processo tributário é possível se considerar que, de forma indireta, a demora na solução dos litígios, administrativos ou judiciais, conduz à violação da dignidade humana. A lentidão dos processos gera situação de instabilidade em que o contribuinte tem dificuldades de planejar sua economia e, consequentemente, seu futuro. No caso das empresas, é fundamental a estabilidade de sua situação econômica – e isso inclui a resolução de discussões tributárias – sob pena de comprometer investimentos, metas de crescimento, o plano de negócios e, enfim, a sobrevivência financeira da companhia e dos empregos.

Por conseguinte, entendemos que o princípio da dignidade da pessoa humana deve ser analisado de forma transversal. Assim, a indefinição dos processos ou a demora excessiva de sua conclusão desrespeita os valores de proteção da pessoa e coloca o jurisdicionado em situação de vulnerabilidade, sobretudo quando se tratar do hipossuficiente ou do acusado por crime.

---

120 MENDES, Gilmar Ferreira et al. *Curso de direito constitucional*, p. 499.

Capítulo 2 **Princípios e garantias do direito processual tributário**

Não existe uma definição temporal para a locução "duração razoável do processo", embora a lei fixe prazos para a execução dos atos processuais. No PAF, por exemplo, o Decreto n. 70.235, de 1972, estabelece que "salvo disposição em contrário, o servidor executará os atos processuais no prazo de oito dias" (art. 4º). A fixação de prazo geral para prática de atos processuais corrobora com tendência de duração razoável do processo. Entretanto, não há sanção para a hipótese de descumprimento daquele prazo.

A Lei n. 11.457, de 2007, no art. 24, prevê que: "É obrigatório que seja proferida decisão administrativa no prazo máximo de 360 (trezentos e sessenta) dias a contar do protocolo de petições, defesas ou recursos administrativos do contribuinte". Por outro lado, não é fixada qualquer consequência na hipótese de não cumprimento do mencionado prazo.

Em linha com a garantia da duração razoável, nas subseções 3.3.3.2 e 3.3.3.3 deste livro, discorreremos sobre a tese de extinção do processo administrativo no prazo máximo de 5 anos, contados da notificação, com base no parágrafo único do art. 173 do CTN e da necessidade de prazos para concluir fiscalizações, conforme prevê o art. 196 do CTN.

Nos processos judiciais, igualmente, a legislação fixa prazo para prática de alguns atos processuais, mas o acúmulo de processos ou a falta de servidores poderá levar à lentidão na solução das demandas, colocando em risco a garantia de duração razoável.

A finalidade da garantia constitucional de duração razoável do processo, contudo, é manter as autoridades em situação de alerta. Não é admissível que os processos tramitem de forma indefinida ou excessivamente lenta por falta de impulso oficial. Cabe à parte interessada pleitear respeito à regra constitucional e exigir a tramitação célere do processo.

2.11 GARANTIA EXCLUSIVA DOS PROCEDIMENTOS E DO PROCESSO ADMINISTRATIVO CONTENCIOSO: GRATUIDADE

O processo administrativo tributário se desenvolve sob o fundamento da autotutela administrativa. Por mais que se argumente haver presunção de veracidade na notificação de lançamento tributário ou em autos de infração ou de apreensão, o particular tem a garantia constitucional da ampla defesa e do contraditório. Tais garantias obrigam o Poder Público a rever o procedimento de apuração do crédito tributário ou o que resultou na aplicação de penalidade.

O processo administrativo tributário contencioso não é propriamente instaurado no interesse do sujeito passivo, mas sim para alcançar o interesse público, que neste caso consiste no recebimento da receita fiscal.

Assim, não há base lógica ou jurídica para a cobrança de taxas ou qualquer outra exigência pecuniária no processo administrativo tributário contencioso se o processo não é instaurado no interesse do contribuinte, mas para o recebimento regular da receita pública[121]. O objeto do processo, nesse caso, é a receita pública, bem de caráter indisponível e de titularidade da sociedade, arrecadado e administrado pelo Estado.

Quando se tratar de procedimento instaurado por iniciativa do sujeito passivo, como requerimentos de isenção ou de imunidade de tributos, também entendemos não ser admissível a cobrança de taxas, porque, pelos mesmos fundamentos, a desoneração tributária implica, na maioria dos casos, renúncia de receita pública. Igualmente, mesmo que se trate de consulta ou de requerimento de exclusão de obrigação acessória, não se deve exigir o pagamento de prestações pecuniárias, pois que o interesse em questão é o da sociedade e não unicamente o do sujeito passivo.

Não se deve confundir os fundamentos para a exigência de taxa pelo exercício do poder de polícia com a garantia de gratuidade processual. A exigência de taxa, neste caso, possui finalidade distinta do exercício do direito de defesa no processo administrativo, apesar de ambas envolverem o controle de legalidade exercido pelo Poder Público.

Para a caracterização do exercício do poder de polícia é necessário que o particular mobilize a administração em seu interesse. Isto porque pretende executar determinada atividade que depende do exame da legalidade. Desse exame de legalidade para o exercício de determinada atividade é que decorre o poder de polícia. As emissões de habilitação de motorista, de alvará de funcionamento, do "habite-se" e das licenças para construir são exemplos clássicos de atos administrativos resultantes de procedimentos em que é lícita a exigência de taxa pelo exercício do poder de polícia.

---

121 MARINS, James. *Direito processual tributário brasileiro*, p. 187.

Capítulo 2 **Princípios e garantias do direito processual tributário**

Note-se que o interesse em questão não é unicamente da administração, mas também do particular.

No processo tributário, por outro lado, a defesa do sujeito passivo é realizada para que se possa ter certeza da cobrança e do seu respectivo valor. A manifestação contrária do sujeito passivo desloca o lançamento tributário para uma zona de incerteza, devendo a Fazenda rever a legalidade do lançamento como medida de efetividade da autotutela administrativa. O interesse em discussão, nesse caso, não pertence exatamente ao sujeito passivo, mas ao Estado. Eventual revisão do lançamento tributário que favoreça ao particular depois de encerrado o processo administrativo é simples efeito da autotutela. No processo administrativo tributário, o objeto é a pretensão do Fisco de cobrar o crédito ou exigir o cumprimento da obrigação acessória, razão pela qual a titularidade do interesse é do Poder Público, que toma a iniciativa da cobrança. Vê-se, pois, que no processo administrativo, ocorre justamente o oposto da hipótese de incidência da taxa de polícia, em que a iniciativa do procedimento é do particular, embora o bem que se pretende tutelar seja também o interesse público.

No processo administrativo federal geral, há disposição legal proibindo a cobrança de despesas processuais, ressalvadas as previstas em lei (Lei n. 9.784, de 1999, art. 2º, parágrafo único, XI). A ressalva deve amparar situações extremamente excepcionais, cuja resposta da Administração atenderá ao direito subjetivo do interessado. Assim, na hipótese de realização de prova que enseja despesas extraordinárias à administração, e sendo a prova de interesse exclusivo do sujeito passivo que a requereu, é lícita a imputação das despesas ao particular. É o caso, por exemplo, de diligências em localidades diversas ou que ensejam aquisição de equipamentos, bens ou serviços para sua realização. No processo tributário, a modalidade de prova mais complexa é a prova pericial, que costuma ser realizada por agente tributário da administração. No caso do processo tributário federal, existe previsão nesse sentido (Decreto n. 70.235, de 1972, arts. 18, § 1º e 20).

125

CAPÍTULO **3**
Procedimentos administrativos tributários

3.1 PROCEDIMENTOS ADMINISTRATIVOS DE EXIGÊNCIA DO CRÉDITO TRIBUTÁRIO

Para a compreensão adequada do trâmite dos procedimentos administrativos tributários convém recorrer ao respectivo direito material. Os procedimentos administrativos tributários, na essência, revelam as atividades desenvolvidas pelo Poder Público para obter o cumprimento das obrigações tributárias, em especial o pagamento do tributo.

No art. 113, o CTN esclarece que a obrigação tributária poderá ser "principal" ou "acessória". No primeiro caso, a obrigação tributária "tem por objeto o pagamento de tributo ou penalidade pecuniária e extingue-se juntamente com o crédito dela decorrente" (CTN, art. 113, § 1º). No segundo caso, a obrigação tributária "decorre da legislação tributária e tem por objeto as prestações, positivas ou negativas, nela previstas no interesse da arrecadação ou da fiscalização dos tributos". Na prática, a obrigação tributária principal se define pela obrigação de "pagar" o crédito tributário e a acessória na "prestação" de um dever jurídico que não implique o pagamento de tributo. São exemplos de obrigações acessórias a escrituração de livros comerciais e contábeis, a entrega de declarações, a emissão de nota fiscal etc.

Tratando-se da obrigação tributária principal, a "constituição do crédito tributário" desperta controvérsias[1]. O CTN, no art. 113, proclamou que a obrigação tributária nasce com a ocorrência do fato gerador e, mais adiante, no art. 142, exigiu determinado procedimento para a constituição do crédito

---

1 AMARO, Luciano. *Direito tributário brasileiro*. 12. ed. São Paulo: Saraiva, 2006, p. 333-338.

127

CURSO COMPLETO DE DIREITO PROCESSUAL TRIBUTÁRIO

relativo a essa obrigação. Esse "procedimento" foi denominado de "lançamento tributário".

A principal controvérsia pode ser explicada da seguinte forma: conforme foi dito, para o art. 113 do CTN a obrigação tributária nasce com a "ocorrência do fato gerador". O art. 142 do CTN, estabelece, no entanto, que o "crédito tributário" é constituído pelo lançamento. Se a obrigação tributária principal se define como uma obrigação de pagar determinado valor a título de tributo, segue-se que o crédito tributário é essencial ao nascimento da obrigação, pois, sem se saber quanto é o crédito, em princípio, não tem como a obrigação ser cumprida. Ao estabelecer que a autoridade administrativa "constituirá" o crédito tributário pelo lançamento, o art. 142 separa o crédito tributário da obrigação tributária, dando margem a se concluir que o nascimento da obrigação tributária principal dependeria da formalização do lançamento e não da ocorrência do fato gerador como prevê o art. 113 do CTN.

A leitura dos dois dispositivos pode sugerir a conclusão de que o CTN, nesse ponto, é contraditório[2]. Se a obrigação tributária nasce com a ocorrência do fato gerador, não poderia determinado procedimento correspondente a essa obrigação chegar ao mesmo resultado, isto é, ao surgimento da obrigação tributária.

Essa contradição entre os arts. 113 e 142 do CTN ensejou a formulação de duas correntes doutrinárias que pretendem explicar o conteúdo dessas normas. Trata-se das teorias "constitutiva" e "declaratória" do crédito tributário. De acordo com a primeira, a obrigação tributária somente surge depois de concluído o procedimento do lançamento com a notificação do contribuinte pela autoridade competente. A outra teoria sustenta que a obrigação tributária, realmente, nasce com a ocorrência do fato gerador, porém o procedimento do lançamento destina-se a ratificá-la, declarando formalmente que a obrigação existe. Paulo de Barros Carvalho entende que o evento do mundo dos fatos é diferente do tratamento que o direito concede ao mencionado evento. Assim, o fato jurídico tributário, capaz de ensejar a obrigação tributária, só poderá ser considerado como tal depois que a autoridade tributária realiza o lançamento. Nessa oportunidade, será

---

2   AMARO, Luciano. *Direito tributário brasileiro*, p. 339.

Capítulo 3 **Procedimentos administrativos tributários**

apreciado, juridicamente, se o evento realizado no mundo fenomênico reúne as qualidades jurídicas para ensejar a obrigação tributária[3]. Conclui enveredando para a tese de que o lançamento constitui o direito subjetivo ao crédito tributário e, simultaneamente, o dever jurídico de o contribuinte pagá-lo[4].

A relevância de se abordar esse assunto, conforme lembra Luís Eduardo Schoueri, reside em alguns pontos[5]. Primeiramente, a contagem do prazo da prescrição para a Fazenda Pública exigir o crédito tributário é afetada pela certeza de quando teve início a obrigação tributária (se com a ocorrência do fato gerador ou depois de realizado o lançamento). Igualmente, para a decadência (perda do direito de se constituir o crédito tributário), é importante se saber quando o crédito foi "constituído", pois, depois dessa constituição, não há mais que se falar em decadência (caducidade). Se a obrigação tributária nascer com a ocorrência do fato gerador e o lançamento for mero ato declaratório a respeito do nascimento dessa obrigação, a decadência passa a ser questão meramente colateral, resolvendo-se as questões sobre a perda do direito de exigir o crédito tributário pelo instituto da prescrição. Se, por outro lado, é o lançamento o que constitui o crédito e faz nascer a obrigação tributária, a não consumação do lançamento dentro de certo lapso temporal poderá fulminar o direito ao crédito, não nascendo, portanto, a obrigação por força da decadência. No chamado "Direito Penal Tributário" a questão também adquire relevo, porque se o fato jurídico tributário (fato gerador), depende da conclusão do procedimento do lançamento para ser considerado como tal (antes disso seria um simples evento e não um fato jurídico que faz nascer a obrigação tributária), por óbvio, faltará justa causa para instauração de inquérito ou para a ação penal sobre crime contra a ordem tributária, sem a certeza de que a obrigação tributária já tenha se constituído no mundo jurídico. Esse foi o entendimento do STF sobre a matéria: STF. HC 81.611, Rel. Min. Sepúlveda Pertence, Pleno, j. 10-12-2003, *DJ* 13-5-2005.

---

3   CARVALHO, Paulo de Barros. *Curso de direito tributário*. 25. ed. São Paulo: Saraiva, 2013, p. 345.

4   CARVALHO, Paulo de Barros. *Curso de direito tributário*, p. 384.

5   SCHOUERI, Luís Eduardo. *Direito tributário*. 2. ed. São Paulo: Saraiva, 2012, p. 552-553.

CURSO COMPLETO DE DIREITO PROCESSUAL TRIBUTÁRIO

Observe-se que é essencial para se definir "lançamento por homologação" saber se a obrigação tributária nasce com a ocorrência do fato gerador ou com sua constituição por meio de um procedimento administrativo. Isso porque, se o contribuinte não estivesse obrigado a pagar o tributo a partir da ocorrência do fato gerador, ficaria difícil sustentar a sistemática da modalidade de lançamento em que, primeiramente se paga o crédito para depois se ter certeza sobre os elementos constitutivos da obrigação, certeza esta que ocorre somente depois, com a homologação por parte da Fazenda (CTN, art. 150). Se não for assim, teria que, logicamente, se admitir que somente haveria lançamento quando o procedimento fosse privativo da Fazenda Pública, o que ocorreria nos casos em que o tributo está sujeito às modalidades de lançamento "de ofício" ou "por declaração".

Sobre o assunto, Hugo de Brito Machado esclarece que a obrigação tributária pode nascer ilíquida, conforme tantas obrigações jurídicas. Uma colisão entre veículos faz surgir, em tese, a obrigação de o responsável pelo acidente indenizar a vítima pelos danos causados. No momento do acidente, porém, pode não ser possível quantificar o valor da indenização, diante da falta de dados para isso. Às vezes, sequer existe reconhecimento por parte de quem deu causa ao sinistro de que é o autor dos fatos. Portanto, será necessário reconhecer essa responsabilidade antes de se fixar o valor da dívida. Isso demonstra que as obrigações jurídicas podem nascer de fatos incompletos quanto a sua respectiva exigibilidade. Daí a necessidade de se liquidar a obrigação. O lançamento tributário, portanto, é procedimento realizado para que a obrigação tributária se torne líquida e exigível[6].

Filiamo-nos ao entendimento de que a obrigação tributária nasce com a ocorrência do fato gerador. O lançamento tributário é procedimento realizado pela Fazenda ou pelo sujeito passivo, necessário para, nas modalidades de lançamento de ofício ou misto, viabilizar a exigibilidade do crédito tributário, sem a qual não poderá a Fazenda determinar o pagamento do crédito tributário.

---

6   MACHADO, Hugo de Brito. *Comentários ao Código Tributário Nacional*. São Paulo: Atlas, 2005, v. 3, p. 42.

Capítulo 3 **Procedimentos administrativos tributários**

3.1.1 Lançamento tributário como procedimento ou ato administrativo

O art. 142 do CTN estabelece que a finalidade do procedimento do lançamento é: "determinar a matéria tributável, calcular o montante do tributo devido, identificar o sujeito passivo e, sendo caso, propor a aplicação da penalidade cabível". Em princípio, o objetivo do lançamento é reunir em procedimento administrativo os elementos essenciais que compõem e identificam a obrigação tributária.

Diante do tratamento dado pelo CTN ao lançamento, cabe saber se este é "procedimento" ou "ato", a fim de que se possam examinar suas modalidades.

De acordo com a redação do art. 142 do CTN, o lançamento é "procedimento administrativo" de competência privativa da Fazenda Pública. Considerando, entretanto, o próprio sentido léxico da palavra "lançamento", podem ser levantadas dúvidas se lançamento é de fato um procedimento. Isso porque a palavra tem mais a ver com o resultado do procedimento, que é informar o devedor sobre o quantitativo de sua dívida fiscal, do que os atos necessários para se chegar a esse resultado.

Assim, lançamento tem sido compreendido como "ato administrativo"[7]. Entendemos que, de acordo com o caso concreto, o lançamento poderá ser uma coisa ou outra. Será procedimento quando o lançamento exigir a produção de vários e sucessivos atos em momentos e repartições diferentes da Administração Tributária. Portanto, não se pode em todos os casos desprezar o procedimento realizado pela Fazenda Pública que resulta na "notificação do lançamento" e reduzir o procedimento à ideia de simples ato administrativo. Nos lançamentos do IPTU e do IPVA, por exemplo, algumas repartições administrativas poderão atuar inserindo informações nos sistemas administrativos

---

7   Hugo de Brito Machado em seus *Comentários ao Código Tributário Nacional*, já citado, na página 71, lista os seguintes autores que defendem a tese de que procedimento é ato administrativo: Paulo de Barros Carvalho. *Curso de direito tributário*. 13. ed. São Paulo: Saraiva, 2000, p. 383-398; José Eduardo Soares de Melo. *Curso de direito tributário*. São Paulo: Dialética, 1997, p. 200; Alberto Xavier. *Do lançamento no direito tributário brasileiro*. São Paulo: Resenha Tributária, 1977, p. 39 e, do mesmo autor, *Do lançamento tributário: teoria geral do ato do procedimento e do processo tributário*. 2. ed. Rio de Janeiro: Forense, 1997, p. 23; Roque Carrazza. *Curso de direito constitucional tributário*. 16. ed. São Paulo: Malheiros, 2001, p. 569; Sacha Calmon Navarro Coelho. 2. ed. Rio de Janeiro: Forense, 1999, p. 655.

CURSO COMPLETO DE DIREITO PROCESSUAL TRIBUTÁRIO

até se chegar na ultimação do procedimento com a expedição da notificação de lançamento ao contribuinte e isso poderá levar alguns dias. No lançamento do ITBI, conforme a jurisprudência do STJ, a base de cálculo poderá ser fixada por arbitramento, com apoio no art. 148 do CTN. Para arbitrar o valor da base de cálculo, o Fisco poderá ter que se valer de informações que não estão disponíveis facilmente, podendo até ter que diligenciar no mercado imobiliário para apurar o valor de mercado. As diligências e análises que formarão a base de cálculo do imposto sugerem uma sucessão de atos utilizados para uma expressão final de poder da Administração Fiscal que será, enfim, o lançamento tributário. No fundo, a compreensão de que lançamento seja "ato administrativo" confunde a "notificação do lançamento" com o "próprio procedimento". Realmente, a notificação do lançamento é ato, aliás, o último ato do procedimento antes de iniciar sua fase externa, apta a gerar efeitos jurídicos perante o sujeito passivo. Considerar o lançamento como ato, remonta às discussões da época em que o procedimento era confundido com o ato administrativo complexo (v. Capítulo 1, subseção 1.2.2).

Por outro lado, se o lançamento consistir em uma simples conferência de dados em poder da Administração, que por um simples comando emite a notificação de lançamento, por que não o considerar como ato administrativo? Assim, de acordo com a complexidade na obtenção de informações e o tempo consumido em função dessas complexidades, que demandam a intervenção de diversos órgãos administrativos para sua consumação, o lançamento poderá ser procedimento ou ato administrativo. Seja procedimento ou ato, o importante é saber que o lançamento é indispensável para que a obrigação tributária se torne certa, líquida e exigível.

Dessas noções sobre lançamento, duas observações devem ser feitas desde logo. A primeira é que o sujeito passivo, depois de ser notificado do lançamento com a informação de quanto é o valor devido (*quantum debeatur*) e dos demais resultados da apuração feita com base no art. 142 do CTN, poderá aceitar o lançamento realizando o pagamento do crédito tributário. Nesta hipótese, a obrigação tributária se resolverá apenas através do procedimento. É possível, entretanto, depois de notificado, que o sujeito passivo impugne o lançamento. Neste caso, o procedimento dará ensejo a um processo administrativo tributário, de modo que o lançamento somente será concluído com a finalização do processo administrativo. A instauração do processo administrativo por iniciativa do sujeito passivo (impugnação),

Capítulo 3   Procedimentos administrativos tributários

poderá, contudo, levar à confirmação do lançamento, à revisão dos seus resultados, ou até à sua anulação administrativa.

3.1.2 Modalidades de lançamento tributário

No direito tributário distinguem-se as modalidades de lançamento em três espécies, quais sejam, "lançamento por declaração", também chamado de "lançamento misto", "lançamento de ofício" ou "lançamento direto" e "lançamento por homologação".

Cada uma dessas espécies mereceu tratamento jurídico específico pelo CTN. Das três modalidades, a última é a mais adotada atualmente, seguida da espécie lançamento de ofício. O lançamento por declaração ou misto, em razão de seu procedimento burocrático e custoso, não tem atraído os órgãos fazendários, de sorte que são poucos os tributos lançados por essa modalidade.

3.1.2.1 Lançamento por declaração ou misto

Considera-se lançamento por declaração a modalidade em que o sujeito passivo (contribuinte ou responsável) deve fornecer dados ao sujeito ativo por meio de declarações, cabendo ao Poder Público efetivar o lançamento.

O CTN se refere ao lançamento por declaração no art. 147 com a seguinte definição: "O lançamento é efetuado com base na declaração do sujeito passivo ou de terceiro, quando um ou outro, na forma da legislação tributária, presta à autoridade administrativa informações sobre matéria de fato, indispensáveis à sua efetivação".

Como se observa, essa modalidade de lançamento é também chamada de lançamento "misto", porque o CTN exige a participação do particular e da Fazenda na formalização do lançamento. A locução "lançamento por declaração" também é utilizada para nomear esse tipo de lançamento, pois, neste caso, o Fisco depende de declaração emitida pelo sujeito passivo ou por terceiro para que o lançamento se efetive.

Ainda que haja a definição do valor do tributo pelo contribuinte ou terceiro, o lançamento só terá validade depois de ratificado pela autoridade competente[8]. Assim, o lançamento por declaração se ajusta à definição legal

---

8   AMARO, Luciano. *Direito tributário brasileiro*, p. 358.

do art. 142 do CTN, pois não bastam as informações prestadas pelo contribuinte para que o lançamento seja realizado.

No ponto, a indagação que segue é saber se nessa modalidade de lançamento está presente algum procedimento, enquanto sequência lógica de atos destinados às finalidades constantes do art. 142 do CTN.

Ressalte-se que na espécie de lançamento em exame, o sujeito passivo ou terceiro é obrigado a prestar informações sobre a matéria de fato, que poderá levar à determinação do fato gerador de obrigação tributária e demais elementos finalísticos do lançamento (o tributo a que corresponde o fato gerador, o sujeito passivo e eventual penalidade). Assim, o particular inicia o procedimento que só é finalizado após a notificação de lançamento feita pela autoridade pública.

Além disso, o § 1º do art. 147 do CTN estabelece que o declarante poderá retificar a declaração apresentada ao fisco nas hipóteses de redução ou exclusão do tributo, desde que justificadamente e que isso ocorra antes da notificação do lançamento. Por conseguinte, no lançamento misto, a administração tributária, de posse das informações relativas ao fato gerador, oferecidas pelo particular, desenvolve verdadeiro procedimento para determinar a existência de crédito tributário. O sujeito passivo, ou terceiro, não poderá retificar a declaração depois de notificado do lançamento, porque não será mais o caso de "retificação", mas de "impugnação" ao lançamento. Observe-se, entretanto, se o lançamento misto não fosse procedimento – mas ato ou processo tributário – não existiria oportunidade para retificações. Se não fosse caso de procedimento, cada retificação seria uma declaração nova, apta a produzir outro ato de lançamento. A declaração entregue ao fisco inicia, portanto, a marcha procedimental que resultará na notificação sobre a obrigação tributária.

O § 2º do art. 147 do CTN, por sua vez, prevê que caso ocorram erros sobre os fatos declarados, a autoridade competente os retificará de ofício contra ou a favor do contribuinte. É importante salientar que a retificação que prejudique o particular ensejará notificação do interessado para se defender. Caso a retificação seja impugnada, o procedimento se convola em processo administrativo tributário contencioso.

A espécie lançamento por declaração não é muito frequente e a tendência do legislador, sobretudo após os avanços e facilidades de controle oferecidos pela informática, é atribuir ao sujeito passivo o ônus de apurar o cré-

Capítulo 3   **Procedimentos administrativos tributários**

dito tributário. Ao fisco, cabe somente o controle das práticas realizadas pelo sujeito passivo, o que irá configurar o lançamento por homologação.

3.1.2.2 Lançamento por homologação

De acordo com o art. 150 do CTN, o lançamento por homologação é o procedimento em que o sujeito passivo (contribuinte ou responsável) apura o valor do crédito tributário, devendo pagá-lo previamente ao exame do Fisco. Este, por sua vez, tem o prazo de 5 anos, contados da data de ocorrência do fato gerador para homologar as atividades realizadas pelo contribuinte relativas à apuração do crédito tributário, o que inclui o pagamento antecipado do tributo. Caso a Fazenda não homologue expressamente o pagamento antecipado pelo contribuinte no prazo legal de 5 anos, ocorrerá a homologação tácita, extinguindo definitivamente o crédito tributário. Assim, o pagamento antecipado fica sujeito à condição resolutória de o Fisco homologá-lo expressamente dentro do prazo de cinco anos, ou de forma tácita, após o decurso desse prazo[9]. Para poder exercer a atividade homologatória, compete ao sujeito passivo prestar informações sobre a sua movimentação fiscal, por meio das quais a Fazenda poderá aceitá-las como válidas ou questioná-las.

A modalidade de lançamento por homologação gera algumas controvérsias entre o conceito de lançamento dado pelo art. 142 do CTN e a sistemática

---

9   CTN, art. 150: "O lançamento por homologação, que ocorre quanto aos tributos cuja legislação atribua ao sujeito passivo o dever de antecipar o pagamento sem prévio exame da autoridade administrativa, opera-se pelo ato em que a referida autoridade, tomando conhecimento da atividade assim exercida pelo obrigado, expressamente a homologa. § 1º O pagamento antecipado pelo obrigado nos termos deste artigo extingue o crédito, sob condição resolutória da ulterior homologação ao lançamento. § 2º Não influem sobre a obrigação tributária quaisquer atos anteriores à homologação, praticados pelo sujeito passivo ou por terceiro, visando à extinção total ou parcial do crédito. § 3º Os atos a que se refere o parágrafo anterior serão, porém, considerados na apuração do saldo porventura devido e, sendo o caso, na imposição de penalidade, ou sua graduação. § 4º Se a lei não fixar prazo a homologação, será ele de cinco anos, a contar da ocorrência do fato gerador; expirado esse prazo sem que a Fazenda Pública se tenha pronunciado, considera-se homologado o lançamento e definitivamente extinto o crédito, salvo se comprovada a ocorrência de dolo, fraude ou simulação".

135

da mencionada espécie de lançamento definida pelo art. 150 do CTN. Em síntese, enquanto o art. 142 estabelece que o lançamento é ato privativo da autoridade administrativa, o art. 150 atribui ao sujeito passivo a prática dos atos necessários ao cumprimento da obrigação tributária, devendo o sujeito passivo apurar o crédito e pagá-lo no prazo previsto na legislação antes da homologação do Fisco. A controvérsia reside no ponto em que, se o lançamento é ato privativo da Fazenda Pública, não poderia o contribuinte fazê-lo no lugar da Fazenda, como ocorre no lançamento por homologação.

Luciano Amaro aponta a contradição do CTN, explicando que a antecipação do pagamento sem exame prévio da Fazenda descaracteriza o lançamento como procedimento a ser desenvolvido por autoridade pública. Assim, se o CTN não chamou o lançamento por homologação como "autolançamento", o que também seria impróprio na visão do autor, teria sido melhor dispensar do procedimento do lançamento os tributos em que a lei previsse a mencionada sistemática. Nesse caso, só ocorreria o lançamento se o contribuinte se omitisse em suas obrigações legais[10].

Para Hugo de Brito Machado, o que caracteriza o lançamento como "ato privativo da Fazenda Pública", no caso dos tributos sujeitos ao "lançamento por homologação", é o próprio "ato de homologação" que recai sobre toda a atividade exercida pelo sujeito passivo, incluindo ou não o pagamento do tributo. O autor esclarece, no entanto, que a homologação tácita somente ocorre quando houver pagamento do tributo porque, sem homologação, o crédito tributário não tem como se extinguir definitivamente e não seria razoável que o crédito tributário ficasse pendente de homologação por prazo indeterminado. Quando não houver pagamento antecipado, mesmo assim poderá ocorrer homologação, porque o que é objeto desse ato não é o pagamento, mas os procedimentos realizados pelo contribuinte para apurar o crédito tributário, condição para que o crédito se torne exigível[11].

Considerados os fundamentos expostos no Capítulo 1 sobre processualização dos poderes do Estado, entendemos que o lançamento por homologação pode ser dividido em duas etapas.

---

10 AMARO, Luciano. *Direito tributário brasileiro*, p. 363.

11 MACHADO, Hugo de Brito. *Comentários ao Código Tributário Nacional*, v. III, p. 183-185.

Capítulo 3 **Procedimentos administrativos tributários**

A primeira, que fica a cargo do contribuinte apurar o crédito tributário e pagá-lo antes de pronunciamento da Fazenda, não constitui procedimento administrativo pelo simples fato de que não é realizado por autoridade administrativa nem pretende expressar poder ou vontade do Estado. Trata-se de uma obrigação do particular sujeita à futura supervisão estatal. Na segunda etapa, o Fisco poderá desenvolver um procedimento administrativo, caso discorde da apuração realizada pelo contribuinte ou do valor pago antecipadamente. Nesse caso, adotará as providências administrativas necessárias para apurar os valores fiscais sob a sua responsabilidade e não mais com base nas informações do contribuinte. Por essa razão, poderá a administração tributária instaurar um procedimento fiscalizatório no estabelecimento do sujeito passivo ou convocá-lo para prestar esclarecimentos necessários, a fim de apurar se há ou não saldo devedor de tributo. Nesse caso, haverá procedimento administrativo não homologatório da apuração realizada pelo contribuinte na primeira etapa, seguido da formalização de lançamento de ofício de eventual saldo devedor tributário, com base no inciso V do art. 149 do CTN. Por outro lado, se o Fisco aceitar a apuração feita pelo sujeito passivo sem a cobrança de diferenças, ou se deixar transcorrer o prazo de 5 anos, não há que se falar em procedimento administrativo nesse caso, mas simples ato administrativo de homologação, comissivo ou omissivo.

Duas questões relevantes sobre o lançamento por homologação merecem breves comentários.

A primeira se refere à parte inicial do § 4º do art. 150 do CTN, ao estabelecer que, "se a lei não fixar prazo à homologação", este será de 5 anos, contado da data de ocorrência do fato gerador. Assim, em tese, lei específica de cada Fazenda Pública poderia determinar outro prazo para que ocorresse a decadência do direito ao lançamento, caso o sujeito passivo não pague o crédito tributário que ele próprio apurou. Por se tratar de prazo extintivo da obrigação tributária, entendemos que o Fisco não poderá ampliar a regra geral (prazo de 5 anos), porque, neste caso, poderia ser favorecido com base na sua própria possibilidade de demora. A hipótese contrária, porém, será plenamente aceitável, podendo ser fixado prazo menor do que 5 anos à homologação. Essa redução de prazo seria mais condizente com a atualidade, em que a maioria dos tributos está sujeita ao

137

lançamento por homologação e as facilidades trazidas pela informática oferecem mais rapidez na realização dos controles fiscais fazendários.

A segunda questão diz respeito à parte final do § 4º do art. 150 do CTN, que prevê a possibilidade de o Fisco constituir o crédito tributário depois de decorrido o prazo de 5 anos contados da realização do fato gerador, nos casos de dolo, fraude ou simulação. Trata-se de questão tormentosa, especialmente porque, pela literalidade do dispositivo, não se fixou um prazo decadencial para a Fazenda constituir crédito tributário que não pode ser lançado dentro dos 5 anos, em razão dos citados vícios jurídicos. Luciano Amaro analisa as diversas argumentações doutrinárias sobre o tema e, na sua opinião, embora considere que não seja a melhor solução para o problema, admite a aplicação da regra do art. 173, I do CTN[12]. Isso porque não poderia a Fazenda ficar sem um prazo extintivo ao direito de lançar o crédito tributário, ainda que não tenha conseguido fazê-lo em razão de dolo, fraude ou simulação.

O § 4º do art. 150 do CTN é uma exceção à regra geral, uma vez que prevê a data de ocorrência do fato gerador como termo inicial de contagem do prazo de decadência. Essa regra, portanto, é menos favorável à Fazenda Pública do que a do art. 173 do CTN, em que o prazo decadencial se inicia no ano seguinte ao do fato gerador. Por essa razão, nos casos de dolo, fraude ou simulação em que houver pagamento do crédito tributário menor do que o devido por força desses vícios jurídicos, o próprio dispositivo determina a exclusão da regra menos favorável à Fazenda. Tendo em vista que o legislador não definiu norma específica para essa hipótese, a interpretação mais consentânea com o princípio da segurança jurídica será a aplicação da regra geral de decadência no direito tributário, prevista no inciso I do art. 173 do CTN. Assim, por exemplo, na hipótese em que o valor recolhido do tributo é menor do que o devido porque o valor recolhido foi determinado mediante fraude, a Fazenda deverá constituir o crédito tributário que entende correto em 5 anos, contados do exercício financeiro seguinte ao do fato gerador. Dessa forma, dá-se aplicação à norma do art. 173, I, do CTN como regra geral, supletiva ao § 4º do art. 150 do CTN.

---

12   AMARO, Luciano. *Direito tributário brasileiro*, p. 409.

Capítulo 3   **Procedimentos administrativos tributários**

3.1.2.3 Lançamento por arbitramento

Pode-se considerar o lançamento por arbitramento não exatamente como uma modalidade autônoma de lançamento, mas como uma consequência do lançamento por declaração. Para fins didáticos, entendemos que esse procedimento fica em um meio-termo entre o lançamento por declaração e o de ofício. Considerando também que possui uma peculiaridade, que é a possibilidade de formação de processos administrativos ou judiciais incidentalmente ao procedimento do lançamento, cremos ser conveniente examiná-lo nesta subseção específica.

No art. 148, o CTN prevê a possibilidade de a autoridade administrativa arbitrar a base de cálculo do tributo fundada em preços ou valores de bens, direitos, serviços e atos jurídicos. Conforme o dispositivo citado, o Fisco somente arbitrará a base de cálculo dos tributos, "sempre que sejam omissos ou não mereçam fé as declarações ou os esclarecimentos prestados, ou os documentos expedidos pelo sujeito passivo ou pelo terceiro legalmente obrigado". A parte final do artigo em análise ressalva que, na hipótese de a Fazenda contestar a documentação apresentada pelo contribuinte será dada oportunidade ao contraditório administrativo ou o uso de medidas judiciais. O acesso à justiça independe de qualquer "autorização" ou "previsão" em lei, porque decorre do disposto no art. 5º, XXXV, da Constituição Federal.

Com relação à impugnação administrativa quando o Fisco considerar as informações do contribuinte inidôneas, o que servirá de motivação para o lançamento por arbitramento, será formado um processo administrativo específico para se resolver este incidente. Caso acolhida a impugnação, deverá o fisco realizar o lançamento utilizando como base de cálculo a forma prevista na legislação, sem o direito de arbitrar o valor.

Por exemplo, no lançamento tributário do ITBI, o STJ tem entendido ser possível o arbitramento a que alude o art. 148 do CTN, desde que presentes seus requisitos legais, quais sejam, omissões de declarações ou falta de idoneidade dos documentos apresentados pelo contribuinte, necessários para o cálculo do tributo. Assim, o Fisco não está vinculado a utilizar o valor venal constante do IPTU porque este, por se fundar na Planta Genérica de Valores, que é abstrata e nem sempre está atualizada, pode não retratar a realidade do mercado imobiliário. Da mesma forma, se o valor da escritura de compra e

139

CURSO COMPLETO DE DIREITO PROCESSUAL TRIBUTÁRIO

venda ou de direitos imobiliários não se mostrar idôneo, o Fisco poderá utilizar o arbitramento para calcular o ITBI[13].

Os precedentes do STJ ressaltam, no entanto, que o arbitramento não poderá ocorrer sem procedimento ou processo administrativo, especialmente porque o contribuinte tem o direito de refutar as presunções de inidoneidade da Fazenda Pública. Encerrado o procedimento de arbitramento do lançamento com ou sem o incidente de impugnação do contribuinte, este será notificado da exigibilidade do crédito tributário conforme as demais modalidades de lançamento tributário.

3.1.2.4 Lançamento de ofício ou direto

O CTN prevê o lançamento de ofício no art. 149, estabelecendo diversas hipóteses em que o procedimento é realizado por iniciativa do Poder Público. Em síntese, o dispositivo trata de situações em que o Fisco realiza o lançamento por meios próprios, por determinação legal, ou quando o sujeito passivo oferece declarações ou informações e nestas são verificadas irregularidades, falhas ou erros que conduzem à revisão de ofício de lançamento já efetuado[14].

---

13   STJ. Agravo Regimental no Recurso Especial 1.226.872/SP, Rel. Min. Castro Meira, 2ª T., j. 27-3-2012, *DJe* 23-4-2012.

14   "Art. 149. O lançamento é efetuado e revisto de ofício pela autoridade administrativa nos seguintes casos: I – quando a lei assim o determine; II – quando a declaração não seja prestada, por quem de direito, no prazo e na forma da legislação tributária; III – quando a pessoa legalmente obrigada, embora tenha prestado declaração nos termos do inciso anterior, deixe de atender, no prazo e na forma da legislação tributária, a pedido de esclarecimento formulado pela autoridade administrativa, recuse-se a prestá-lo ou não o preste satisfatoriamente, a juízo daquela autoridade; IV – quando se comprove falsidade, erro ou omissão quanto a qualquer elemento definido na legislação tributária como sendo de declaração obrigatória; V – quando se comprove omissão ou inexatidão, por parte da pessoa legalmente obrigada, no exercício da atividade a que se refere o artigo seguinte; VI – quando se comprove ação ou omissão do sujeito passivo, ou de terceiro legalmente obrigado, que dê lugar à aplicação de penalidade pecuniária; VII – quando se comprove que o sujeito passivo, ou terceiro em benefício daquele, agiu com dolo, fraude ou simulação; VIII – quando deva ser apreciado fato não conhecido ou não provado por ocasião do lançamento anterior; IX – quando se comprove que, no lançamento anterior, ocorreu fraude ou falta funcional da autoridade que o efetuou, ou omissão, pela mesma autoridade, de ato ou formalidade especial."

Capítulo 3 **Procedimentos administrativos tributários**

A hipótese do inciso I do art. 149 do CTN ocorre nos casos em que o tributo possui fato gerador atrelado a situações permanentes, como, por exemplo, a propriedade imobiliária ou a de veículos automotores. Tais situações tendem a se repetir, pois a propriedade de imóveis ou de veículos, fora os casos em que se desenvolve atividade econômica de compra e venda desses bens, permanece de um exercício financeiro para outro.

Assim, a lei obriga o particular a manter registrados os bens perante repartições específicas, e com base nos dados constantes desses registros realiza-se o procedimento do lançamento sem qualquer participação do sujeito passivo.

Geralmente, o IPTU e o IPVA estão sujeitos a esse tipo de lançamento. Os demais tributos, em regra, sujeitam-se ao lançamento por homologação. Nem mesmo ITR, que incide sobre a propriedade territorial rural, depende de lançamento de ofício. Conforme o teor do art. 10 da Lei n. 9.393, de 1996, cabe ao contribuinte realizar a apuração do valor do tributo devido e antecipar o pagamento sob condição resolutória de a Fazenda manifestar-se sobre a correção do pagamento.

As situações descritas nos incisos II a IV do art. 149 do CTN referem-se ao lançamento por declaração, quando ocorrer irregularidades ou omissões nas informações prestadas pelo declarante que impliquem diminuição do valor do tributo que deve ser lançado. Nesses casos, cabe à Fazenda, de posse das informações de fato constantes da declaração entregue pelo contribuinte ou terceiro, proceder unilateralmente ao lançamento de ofício. Caso o lançamento já tenha sido feito e as irregularidades sejam percebidas posteriormente, o procedimento será de "revisão de ofício", pois que implica no exercício da autotutela administrativa. Da revisão de ofício poderá decorrer novo lançamento de ofício, caso se verifique a ocorrência de débito. Se isso não se verificar, o procedimento encerra-se como simples revisão.

O art. 149, V, do CTN trata de omissões ou inexatidões nas atividades atinentes ao lançamento por homologação. Conforme foi visto, no lançamento por homologação cabe ao sujeito passivo realizar a apuração do tributo devido e pagar o crédito tributário antecipadamente a qualquer pronunciamento da Fazenda. Dentro do lapso temporal de 5 anos, caso a lei específica não fixe outro prazo, a autoridade competente exercerá seu poder de polícia, a fim de verificar se o pagamento, a apuração dos valores, documentos e registros foram corretamente observados pelo sujeito passivo. Esse

141

exame que a autoridade pública tem o dever de fazer é o procedimento de revisão de ofício, o qual poderá resultar em lançamento de ofício, caso se verifique débito.

A hipótese do inciso VI do art.149 do CTN merece críticas, uma vez que a doutrina contesta a utilização do lançamento – que é procedimento típico de constituição do crédito tributário – para se apurar infrações contra a legislação tributária, o que enseja a aplicação de penalidades[15]. A confusão começa com o disposto no § 3º do art. 113 do CTN, que prescreve: "a obrigação acessória, pelo simples fato da sua inobservância, converte-se em obrigação principal relativamente à penalidade pecuniária". O CTN estabeleceu o mesmo procedimento de apuração da obrigação principal para exigência de multa, que decorre do descumprimento de outras obrigações fiscais. Assim, no art. 149, VI, o CTN tenta manter-se fiel a essa disposição e autoriza o procedimento de "lançamento" para aplicação de multa.

É importante frisar que o dispositivo comentado alude a penalidade pecuniária, que significa "multa". Portanto, trata-se de procedimento de revisão de ofício da conduta particular que pode resultar na aplicação desse tipo de penalidade. É evidente que, depois de formalizado o lançamento para a cobrança da multa deverá ser dada oportunidade de o contribuinte se defender, como ocorre com o lançamento do crédito tributário, incidindo, portanto, as regras do processo administrativo fiscal.

O disposto no inciso VII do art. 149 do CTN, semelhantemente ao inciso anterior, sugere a adoção de lançamento ou revisão de ofício nos casos de dolo, fraude ou simulação. Observe-se que tais eventos não são determinantes, por si só, para o lançamento tributário. É possível que, apesar desses vícios, não haja tributo a ser lançado. É evidente que se essas ocorrências implicarem débito tributário ou imposição de penalidades, cabe ao fisco proceder ao lançamento de ofício ou imposição da sanção, o que poderá desencadear processo administrativo tributário. Também é óbvio que para saber se existiu dolo, fraude ou simulação, o fisco tem que exercer seu poder de polícia de revisão da conduta e das informações prestadas pelo particular.

A situação a que alude o inciso VIII do art. 149 do CTN refere-se à revisão de ofício, pois parte do pressuposto de que o lançamento já foi realizado

---

15   AMARO, Luciano. *Direito tributário brasileiro*, p. 361.

Capítulo 3 **Procedimentos administrativos tributários**

e, na sequência de seu procedimento, não se tinha conhecimento de determinado fato ou este não foi devidamente comprovado. Dessa revisão poderá resultar novo lançamento, que será de ofício, pois que realizado pela Fazenda Pública.

Para finalizar, tem-se o que dispõe o inciso IX do art. 149 do CTN que, igualmente ao inciso anterior, trata de procedimento de revisão e não de lançamento de ofício, pois tem como premissa o lançamento já realizado.

Ressalte-se que todos esses procedimentos de lançamento de ofício serão regulados por leis específicas de cada Fazenda Pública com competência para tributar. À exceção da hipótese constante do inciso I do art. 149 do CTN, as demais são decorrências da revisão de ofício a cargo do Fisco, podendo ensejar a notificação de lançamento tributário de ofício. Se isso ocorrer, o sujeito passivo terá o direito de se defender por meio das garantias legais do processo administrativo. Conforme as distinções entre procedimento e processo expostas no Capítulo 1, na fase procedimental de constituição do lançamento de ofício (CTN, art. 149), o contribuinte não terá o direito de se defender, justamente porque, nessa fase, o Fisco ainda não constituiu sua pretensão fiscal.

3.2 FASES DOS PROCEDIMENTOS DE CONSTITUIÇÃO DO CRÉDITO TRIBUTÁRIO

Conforme se demonstrou, o lançamento tributário é um procedimento, quer porque existe determinação legal nesse sentido (CTN, art. 142), quer pela natureza da relação jurídica tributária, que põe em lados opostos o sujeito ativo (Fazenda Pública) e sujeito passivo (contribuinte ou responsável), exigindo da Fazenda Pública a formalização de uma pretensão contra o sujeito passivo. Esse procedimento é desenvolvido normalmente no âmbito de órgãos pertencentes às Secretarias de Fazenda dos Estados, do Distrito Federal e dos Municípios. Os tributos federais têm seus respectivos procedimentos de lançamento desenvolvidos na Receita Federal do Brasil, órgão da Secretaria da Receita Federal (SRF), vinculado ao Ministério da Fazenda.

Lembre-se sempre que a obrigação tributária decorre da lei. Assim, o pagamento do tributo realizado voluntariamente, isto é, sem exigência em uma lei, poderá ser considerado como simples doação. O elemento essencial do tributo é a obrigação legal que determina o seu pagamento pela prática de um fato gerador.

Essa lógica impositiva é o que legitima o Poder Público a agir, constituindo o crédito tributário por meio do procedimento do lançamento. A legitimidade do poder estatal reside na exigência de formalização de um procedimento que será tanto mais complexa quanto mais intricada for a relação com o sujeito passivo.

Nos tributos sujeitos ao lançamento por homologação, na primeira fase, não existe procedimento administrativo na acepção jurídica autêntica do termo, isto é, "procedimento" como sequência lógica de atos determinados e executados pelo sujeito ativo da relação tributária. Somente depois que o tributo é ou não pago, inicia-se diante do Fisco o poder de rever a conduta do sujeito passivo, podendo ser ou não homologada. Esta segunda fase pode se caracterizar como lançamento enquanto procedimento (subseção 3.1.2.2).

Como se observa, em todas as modalidades de lançamento há intervenção estatal por meio de procedimentos, ainda que seja para realizar o lançamento de ofício nos casos em que a obrigação tributária inicia sua resolução por meio de apuração do crédito atribuída ao particular, como ocorre com a primeira fase do lançamento por homologação.

É, portanto, da essência da relação jurídica tributária a intervenção do Poder Público, senão para constituir o crédito tributário, ao menos para exercer seu poder de controle das atividades delegadas ao sujeito passivo no caso dos tributos sujeito ao lançamento por homologação.

Essa constatação leva à conclusão de que o procedimento de lançamento possuirá fases e, tão logo se alcance sua pretensão, tende a findar-se naturalmente, ou dará ensejo à formação de um processo administrativo contencioso. Essas fases podem ser divididas em "preparatória" e "notificatória".

A divisão do lançamento em fases, de forma direta ou indireta, está presente nos desdobramentos dos arts. 147 a 150 do CTN e dependerá da modalidade de lançamento a que o tributo estiver sujeito. Em geral, a primeira fase (preparatória) consiste na obtenção de informações do contribuinte ou na análise de dados fiscais em poder do Fisco; a segunda fase (notificatória) será de cientificação do lançamento ao sujeito passivo nos casos de lançamento de ofício ou por declaração.

Capítulo 3 **Procedimentos administrativos tributários**

Apesar de essas fases poderem estar presentes nas modalidades de lançamento, este somente será extinto se ocorrer uma das hipóteses do art. 156 do CTN. Por outro lado, quando o contribuinte decide impugnar o lançamento na via administrativa é possível se sustentar que o procedimento administrativo se extingue para dar lugar ao nascimento do processo administrativo em sentido estrito, com todas as garantias constitucionais do processo, especialmente o contraditório e a ampla defesa (CF, art. 5º, LIV e LV).

A seguir analisaremos os desdobramentos das fases preparatória e notificatória das modalidades de lançamento, para, posteriormente, analisar-se o procedimento fiscalizatório e suas consequências.

3.2.1 Fase preparatória

No caso do lançamento por declaração (CTN, art. 147), ao se estabelecer que o sujeito passivo ou terceiro prestará informações sobre matéria de fato indispensável à efetivação do lançamento, cria-se uma fase preparatória consistente na própria entrega da declaração, que apenas dá início ao procedimento.

Ao receber a declaração do sujeito passivo, compete à Administração Fiscal analisar as informações e, se for caso, diligenciar para que se tenha certeza do que foi informado. Nos procedimentos e processos tributários, conforme se viu na subseção 2.6.1, segue-se o sistema probatório da verdade material. Assim, a autoridade pública deve primar pela investigação que leve à verdade do que efetivamente ocorreu. Observe-se também que, apesar de se tratar de uma fase meramente procedimental, a autoridade pública não está impedida de se comunicar com o sujeito passivo da obrigação tributária, eis que nos procedimentos atua o princípio da bilateralidade de comunicação, conforme visto na subseção 2.6.2.

Não é correto sustentar que nessa fase procedimental tenha o sujeito passivo garantidos o contraditório e a ampla defesa, uma vez que o conteúdo normativo dessas garantias poderá levar à impossibilidade de se alcançar a verdade material na fase do procedimento. Por outro lado, a verdade material é tão somente um sistema probatório que não significa uma "verdade sacramental", que não poderá ser refutada no processo administrativo ou judicial. Além disso, não se pode perder de vista que o procedimento do lançamento se presta às finalidades contidas no art. 142 do CTN. De acordo com esse dispositivo, o lançamento é o procedimento destinado a: "verificar

145

a ocorrência do fato gerador da obrigação correspondente, determinar a matéria tributável, calcular o montante do tributo devido, identificar o sujeito passivo e, sendo caso, propor a aplicação da penalidade cabível".

A fase preparatória do procedimento, além de analisar as informações e eventualmente realizar diligências, poderá separar o que se compreende como obrigação tributária, de eventuais irregularidades decorrentes de infração à legislação.

Assim, além de se proceder ao lançamento tributário, a fase preparatória poderia servir para se apurar infrações fiscais mediante procedimentos e processos administrativos próprios. Na prática, não é isso que ocorre. Por força do art. 149, IV, VI e VII, o lançamento da obrigação tributária é realizado em conjunto com a multa por eventuais irregularidades cometidas pelo contribuinte contra a legislação tributária.

Esse procedimento não é correto para os fins e princípios do direito processual. Saliente-se que a multa é penalidade e, como tal, será aplicada no final do processo. Quando a autoridade pública detecta a partir das informações prestadas pelo sujeito passivo o cometimento de infrações, deveria cientificá-lo dessa ocorrência e instaurar processo administrativo separado do lançamento tributário (este último deveria se destinar somente à cobrança do crédito tributário relativo aos tributos e não às multas). No processo referente às infrações, o interessado teria oportunidade de se defender com todas as garantias do devido processo legal e, caso se concluísse pela ocorrência da infração, seria imposta a sanção, que é a multa. No entanto, conforme alertado na subseção 3.1.2.4, o CTN fundiu os procedimentos de apuração do crédito tributário com a aplicação de multas contra infrações à legislação tributária, criando um procedimento mais dinâmico, embora questionável sob o ponto de vista da ordem processual.

Na fase preparatória, é possível que se constate a ocorrência de outras irregularidades. Assim, essa fase serve também para se depurar os fatos que envolvem a obrigação tributária. Eventuais ilícitos penais ou sonegação de tributos de competência de outra Fazenda Pública podem ser descobertos, devendo as autoridades competentes ser comunicadas para adoção de providências.

No caso do art. 148 do CTN, o lançamento por arbitramento também terá uma fase preparatória, consistente na verificação de que o lançamento não tem condições de ser realizado somente com base nas informações prestadas pelo contribuinte, porque os documentos apresentados não são idôneos.

Capítulo 3 **Procedimentos administrativos tributários**

Nesse caso, a parte final do dispositivo em análise garante o contraditório administrativo ou judicial ao sujeito passivo, criando-se um incidente no curso do procedimento, conforme analisado na subseção 3.1.2.3. Resolvidos os incidentes, o procedimento poderá retomar o seu curso.

No lançamento de ofício (CTN, art. 149), quando se tratar da hipótese do inciso I, a fase preparatória consistirá na aferição dos dados em poder do Fisco. Nos demais incisos, essa primeira fase possui características semelhantes à fase preparatória do lançamento por declaração ou do arbitramento. No caso do IPTU ou do IPVA, por exemplo, tributos tipicamente sujeitos ao lançamento de ofício ou direto, cabe à Fazenda Pública, primeiramente, acessar seus registros, identificar o sujeito passivo e calcular o valor do tributo.

Esse procedimento geralmente é interno, uma vez que o Fisco tem todas as informações de fato e de direito ao seu alcance. Concluída essa fase, é expedida a notificação, que deve refletir os elementos analisados na fase preparatória, seguindo-se à notificação do sujeito passivo.

No lançamento por homologação, para fins didáticos, pode-se dividi-lo em duas etapas. Na primeira, não há procedimento administrativo, eis que é desenvolvida inteiramente pelo sujeito passivo. A outra etapa, porém, isto é, a que vai do pagamento antecipado até o ato de homologação, poderá ensejar a formação de procedimento a cargo do Poder Público.

Para a presente análise (as fases do procedimento administrativo do lançamento tributário), importa somente a segunda etapa, que poderá ocorrer basicamente de duas formas. A primeira consiste na verificação das informações prestadas pelo sujeito passivo após a apuração dos elementos relacionados ao fato gerador. No caso dos tributos federais, o sujeito passivo é obrigado a entregar, periodicamente, declaração com informações resumidas dos tributos gerados, que se chama Declaração de Débitos e Créditos Tributários Federais (DCTF) e Declaração de Débitos e Créditos Tributários Federais Previdenciários e a de Outras Entidades e Fundos (DCTFWeb), atualmente disciplinadas pela Instrução Normativa/RFB n. 2.005, de 29-1-2021[16]. De acordo com o art. 5º da mencionada IN, a DCTF deverá ser entregue pelo

---

16 É importe frisar que os atos normativos expedidos pela Administração Tributária são alterados com muita frequência. Assim, na prática do processo administrativo tributário é sempre importante verificar-se se estão em vigor e se não sofreram alterações.

contribuinte até o 15º (décimo quinto) dia útil do 2º (segundo) mês subsequente ao de ocorrência dos fatos geradores. A DCTFWeb deverá ser apresentada mensalmente até o dia 15 do mês subsequente ao dos fatos geradores e ambas serão objeto de procedimento de auditoria interna, conforme o art. 15 da IN. Caso sejam encontrados saldos de tributos a pagar ou valores de diferenças apuradas nos procedimentos de auditoria interna, poderá o sujeito passivo ser notificado por meio de cobrança administrativa, enviada eletronicamente[17]. Na hipótese de a auditoria interna não detectar diferenças de débitos tributários sobre os valores pagos antecipadamente pelo contribuinte, ocorrerá a homologação tácita após o decurso de 5 anos, contados da ocorrência do fato gerador (CTN, art. 150, § 4º).

Se o contribuinte não realizar o pagamento antecipado, conforme determina o § 1º do art. 150 do CTN, isso não o exime da obrigação de entregar a DCTF e a DCTFWeb, porque as obrigações principal e acessória são independentes, podendo também, nessa hipótese, ser notificado para pagamento do débito informado e não pago. Caso não seja efetuado o pagamento dentro do prazo será o débito inscrito diretamente na Dívida Ativa da União (DAU). O procedimento de inscrição na dívida ativa será objeto dos comentários do Capítulo 5.

A outra maneira de se instaurar procedimento na segunda etapa do lançamento por homologação será mediante fiscalização ou auditoria externa, isto é, diretamente sobre os registros fiscais dos contribuintes. A Fazenda poderá determinar aos seus fiscais que diligenciem no estabelecimento do sujeito passivo, a fim de apurar se as informações prestadas são fidedignas ou se, em razão delas, há motivos para cobrança de outros ou mais tributos.

3.2.2 Fase notificatória

Considera-se fase notificatória a que dá ciência ao interessado da conclusão do procedimento, consistente na pretensão da Fazenda de exigir o crédito tributário.

O documento, físico ou eletrônico de notificação do sujeito passivo é o instrumento que materializa a fase notificatória. Esse instrumento é fundamental à validade do procedimento. Sem notificação não há como exigir-se

---

17   De acordo com o art. 15, § 1º, da IN/RFB n. 2.005/2021.

Capítulo 3 **Procedimentos administrativos tributários**

do sujeito passivo o cumprimento da obrigação. A falta ou vício de legalidade na notificação torna nulo o procedimento a partir dessa fase. Aliás, a nulidade do ato notificatório poderá ser argumento de defesa no momento da impugnação ao lançamento.

Da notificação deverão constar os dados indispensáveis para a identificação clara da obrigação tributária, mencionados no art. 142 do CTN. Por exemplo, o art. 11 do Decreto n. 70.235, de 1972, que disciplina o PAF, estabelece os seguintes requisitos que deverão constar da Notificação de Lançamento decorrente de fiscalizações: a) qualificação do notificado, b) valor do crédito tributário e o prazo para recolhimento ou impugnação, c) assinatura da autoridade responsável ou de superior, indicando-se o cargo e número de matrícula. A assinatura na notificação de lançamento poderá ser aposta por meio eletrônico. Cumpre observar que, lamentavelmente, a maioria dos lançamentos diretos de IPTU e de IPVA não traz informação sobre o prazo de impugnação, o que pode acarretar dificuldades ao contribuinte que pretenda impugnar o lançamento tributário. Caso o contribuinte impugne fora do prazo e não conste da notificação o prazo para impugnação, não deverá ser decretada a intempestividade da defesa administrativa.

A fase notificatória, evidentemente, funda-se nos princípios da cientificação e do devido processo legal, examinados nas subseções 2.6.2 e 2.7.1, respectivamente.

O CTN, por se tratar de lei geral em matéria tributária, evidentemente, não traça os detalhes do procedimento. Cada ente governamental adotará as regras necessárias para efetivar a notificação do sujeito passivo, sendo hoje o meio mais utilizado o da via postal, com aviso de recebimento. A notificação pessoal ou eletrônica poderá também ser adotada, desde que devidamente reguladas por lei.

3.3 PROCEDIMENTOS DE FISCALIZAÇÃO DAS OBRIGAÇÕES TRIBUTÁRIAS

Conforme foi analisado nas subseções anteriores, as modalidades de lançamento tributário praticamente monopolizam as atenções do CTN sobre a disciplina dos procedimentos a cargo da administração tributária. A par disso, os arts. 194 a 200 do CTN trazem regras gerais e importantes sobre o procedimento de fiscalização das obrigações tributárias, destinando o Capí-

149

tulo I do Título IV do Livro Segundo para essa matéria. O ordenamento jurídico reconhece o poder do Estado de tributar e para garantir efetividade ao exercício desse poder são previstas regras e prioridades à atividade de fiscalização, sem as quais o poder de tributar poderia ficar comprometido. Nesse Sentido, Hugo de Brito Machado lembra que: "A atribuição constitucional da *competência tributária* implica atribuição do *poder de fiscalizar*"[18].

Não se deve perder de vista também que a cobrança dos tributos segue a noção do que se compreende como atos vinculados da Administração Pública (CTN, art. 3º). Isso quer dizer que a autoridade pública, sem previsão legal, não terá a alternativa de deixar de exigir o tributo quando os fatos reunirem todas as condições legais para a cobrança.

Realmente, o tema da fiscalização é relevante no direito tributário, o que inclui a efetivação de suas regras pelo procedimento. O assunto não passou despercebido até pelo Constituinte, que reservou o § 3º do art. 131 da Constituição Federal para a "execução da dívida ativa de natureza tributária". É evidente que para execução de seus ativos tributários o poder público terá que desenvolver eficiente atividade de fiscalização. Nessa linha, a Emenda Constitucional n. 42, de 2003, acrescentou o inciso XXII ao art. 37 da Constituição Federal, classificando as administrações tributárias das Fazendas federal, estaduais, do Distrito Federal e dos municípios, como "atividades essenciais ao funcionamento do Estado", declarando, inclusive, que terão recursos prioritários para o exercício de suas atividades.

Isso demonstra a preocupação do sistema jurídico com a arrecadação e fiscalização tributárias. Como é evidente, a eficiência do Poder Público, bem como o desempenho de suas obrigações e funções estão atrelados à arrecadação de tributos, que, em regra, mantêm a burocracia estatal.

A fiscalização de tributos deve ser exercida por servidores públicos de carreira. Esse entendimento se encontrava pacificado no direito brasileiro há algum tempo e o inciso XXII, do art. 37 da Constituição Federal, incluído pela Emenda Constitucional n. 42, de 2003, reforçou essa certeza, na medida em que proclamou ser a atividade de fiscalização, essencial ao funcionamento do Estado, devendo ser exercida por servidores de carreira. Trata-se de uma garantia da sociedade, eis que a fiscalização de tributos não pode

---

18   MACHADO, Hugo de Brito. *Comentários ao Código Tributário Nacional*, v. III, p. 744.

Capítulo 3 **Procedimentos administrativos tributários**

ficar sujeita a influências do poder econômico ou a intervenções discricioná-rias dos governos. A estabilidade do servidor público no cargo, para o caso do exercício do poder de polícia de fiscalização de tributos, é fundamental para que se cumpra a lei nos seus exatos termos. Além disso, os fiscais de tributos devem possuir condições de trabalho adequadas para o desempe-nho de seu ofício. Por esse motivo, o orçamento das administrações deverá contemplar recursos financeiros suficientes para a fiscalização. Saliente-se que não se trata de favorecer ao chamado "arrocho fiscal". A falta de fiscali-zação adequada, geralmente, favorece a sonegação, tornando injusta a rela-ção tributária entre o Estado e o particular, uma vez que o bom pagador seria penalizado com o pagamento regular dos tributos em contraposição à con-corrência desleal praticada pelo sonegador. Além disso, a instituição de tri-butos deve corresponder às necessidades públicas. As deficiências do setor de fiscalização afetam desde as funções monopolizadas pelo Poder Público até o oferecimento de políticas públicas.

A aceitação da sociedade à atuação dos fiscais está atrelada a aspectos culturais. Esses aspectos têm a ver com a consciência da população sobre a importância de se pagarem os tributos. Por outro lado, essa consciência só é alcançada naturalmente se o Estado der demonstrações do uso justo da re-ceita fiscal, desenvolvendo políticas que atendam às carências coletivas e mediante a prestação de serviços públicos adequados. Essa consciência do dever de pagar tributos e de suas respectivas finalidades talvez seja o antído-to contra as práticas sonegadoras. Na mesma linha, a consciência da impor-tância dos tributos deve nutrir a postura da fiscalização e, assim como serve de óbice à sonegação, deve servir de barreira às perniciosas práticas de fis-cais que se deixam seduzir pelo "dinheiro fácil", produto da corrupção. A remuneração dos fiscais proporcional à dignidade e importância social do cargo é igualmente elemento indispensável no combate à corrupção.

Apesar das medidas legais atuais de fortalecimento da atividade fiscali-zadora de tributos, a fiscalização, no Estado democrático de direito, não poderá resultar em arbítrio por parte das autoridades públicas, daí a neces-sidade de ser regulada por lei.

A disciplina da ação fiscalizadora através de lei traz garantias de obediên-cia aos primados democráticos de parte a parte. Para a autoridade é necessário porque estabelece os limites de atuação de cada órgão e dos respectivos cargos que integram a fiscalização. Isso evita a realização dobrada de funções, fican-

151

do cada agente com tarefas determinadas. Quanto ao sujeito passivo, a fixação prévia das regras que norteiam a atividade fiscal se alinha ao princípio do devido processo legal, que coordena a tramitação dos procedimentos e dos processos. A previsão em lei do desenvolvimento do procedimento fiscalizatório torna transparente a relação entre Poder Público e contribuinte, o que é essencial na democracia. Além disso, possui a virtude de permitir o ajuizamento de medidas preventivas ou repressivas contra o abuso de poder, na hipótese de as regras procedimentais violarem direitos fundamentais.

Em matéria de fiscalização, o ponto nodal é a limitação do poder, eis que fiscalizar, essencialmente, é exercer o poder de polícia, que se define amplamente como restrições à liberdade e à propriedade em prol do interesse público. Sobre o tema específico da competência do agente público em matéria de fiscalização das obrigações tributárias, o CTN possui normas gerais que orientam a elaboração de normas específicas por parte das administrações tributárias dos entes federados. Essas normas gerais podem ser agrupadas, para análise, a partir dos seguintes assuntos: a) conceito de legislação tributária para os fins da atividade de fiscalização; b) prerrogativas do poder de fiscalizar diante dos direitos fundamentais; c) legitimação do poder de fiscalizar pelo procedimento; d) dever de informar ao fisco; e) dever de sigilo fiscal imposto à Fazenda.

3.3.1 Conceito de legislação tributária para os fins da atividade de fiscalização

O art. 194 do CTN, que inicia a disciplina das normas gerais sobre fiscalização tributária, não deve ser interpretado à margem dos princípios da "Separação dos Poderes" e do "Estado democrático de direito". Em suma, o dispositivo estabelece que a "legislação tributária" regulará em caráter geral ou, especificamente, "a competência e os poderes das autoridades administrativas em matéria de fiscalização"[19].

---

19   CTN, art. 194: "A legislação tributária, observado o disposto nesta Lei, regulará, em caráter geral, ou especificamente em função da natureza do tributo de que se tratar, a competência e os poderes das autoridades administrativas em matéria de fiscalização da sua aplicação. Parágrafo único. A legislação a que se refere este artigo aplica-se às pessoas naturais ou jurídicas, contribuintes ou não, inclusive às que gozem de imunidade tributária ou de isenção de caráter pessoal".

Capítulo 3 **Procedimentos administrativos tributários**

Entende-se por princípio da Separação dos Poderes, a norma geral e abstrata em que cada um dos poderes da república possui funções institucionais preponderantes, de modo que essas funções não se sobreponham nas esferas de competência de cada poder. Assim, os atos do Poder Executivo ou as decisões do Poder Judiciário não podem substituir as leis em sentido estrito e vice-versa.

O princípio do Estado democrático de direito poderá ser concebido como o direito de a sociedade participar das deliberações relacionadas às limitações de suas liberdades. Assim, a atividade fiscalizatória, que de todas as funções estatais é uma das que mais simboliza a limitação das liberdades individuais pelo Estado, deverá ser regulamentada por meio de leis que garantam participação popular, ainda que no âmbito da democracia representativa.

Voltando-se ao ponto do art. 194 do CTN, deve-se, primeiramente, ter cuidado ao interpretar o conceito de "legislação tributária" a que se refere o artigo em questão. De acordo com o art. 96 do CTN, a locução "legislação tributária" compreende "as leis, os tratados e as convenções internacionais, os decretos e as normas complementares que versem, no todo ou em parte, sobre tributos e relações jurídicas a eles pertinentes".

Assim, em primeira leitura, corre-se o risco de considerar que atos infralegais das diversas esferas de governo, tais como decretos, portarias e instruções normativas teriam condição de fixar competências em matéria de fiscalização. Não deve ser essa a melhor exegese, observe-se que o procedimento é meio de legitimação do poder. O procedimento de fiscalização poderá culminar na exigência de crédito tributário ou na imposição de penalidade por infração. Por conseguinte, o procedimento fiscalizatório poderá afetar diretamente o patrimônio ou a liberdade do contribuinte, mediante a constituição do crédito tributário (lançamento) ou com a imposição de penalidade. Atos infralegais não poderão definir competências nesses casos porque também afrontarão o princípio da legalidade, declarado no art. 5º, II, da Carta Magna[20].

É necessário entender, no entanto, que o vocábulo "lei", em seu sentido estrito, isto é, como norma dependente de processo legislativo constitucio-

---

20   MACHADO, Hugo de Brito. *Curso de direito tributário*. 20. ed. São Paulo: Malheiros, 2002, p. 210.

153

nal, no qual haja debate e aprovação pelo Poder Legislativo e posterior sanção pelo Poder Executivo, nem sempre consegue contemplar todas as situações da realidade que a própria lei pretende regular.

A lei que dispõe sobre a atividade de fiscalização normalmente não consegue prever e regular todas as situações que o fiscal irá se deparar na prática. Daí a importância dos regulamentos, que como atos infralegais, poderão descer às particularidades dos fatos que a lei regula amplamente. Para os tributos federais, normas básicas sobre fiscalização são estabelecidas nos arts. 7º ao 13 do Decreto n. 70.235, de 1972.

Normas diferentes da lei poderão regular formas e ritos, mas não fixar "competências de fiscalização" ou "obrigações que o particular deverá observar", que ao final poderão ensejar a punição do contribuinte.

No caso dos tributos federais, por exemplo, a fiscalização é exercida pelos membros da carreira de Auditores Fiscais da Receita Federal (AFRF) conforme prevê o art. 5º da Lei n. 10.593, de 2002. O art. 2º da Lei n. 11.457, de 2007, por sua vez, atribui à SRF exercer, dentre outras competências, "fiscalizar" as obrigações tributárias federais. O art. 1º do Decreto n. 6.104, de 2007, complementa a mencionada lei, estabelecendo que o início de fiscalização a ser exercida pelos agentes fiscais se dará por meio de Mandado de Procedimento Fiscal (MPF). O modelo do mandado, bem como detalhes referentes às auditorias fiscais são fixados por Portaria da Receita Federal do Brasil (RFB)[21]. As obrigações de manter livros fiscais escriturados e de emitir nota fiscal são exemplos de que as obrigações fiscais que podem ensejar punições devem ser atribuídas por lei. Assim, a lei que regulamenta impostos como o IPI, o ICMS e o IR estabelecem exigências que devem ser auditadas e fiscalizadas por auditores fiscais, cabendo aos atos normativos

---

21 As Portarias e demais atos normativos em matéria tributária são revogados ou alterados com muita frequência. Atualmente, a Portaria RFB n. 6.478, de 27-12-2017, "dispõe sobre o planejamento das atividades fiscais e estabelece normas para a execução de procedimentos fiscais relativos ao controle aduaneiro do comércio exterior e aos tributos administrados pela Secretaria da Receita Federal do Brasil". De acordo com o art. 2º dessa Portaria, o MPF foi alterado para: a) Termo de Distribuição de Procedimento Fiscal de Fiscalização (TDPF-F), para instauração de procedimento de fiscalização; b) Termo de Distribuição de Procedimento Fiscal de Diligência (TDPF-D), para realização de diligência; e Termo de Distribuição de Procedimento Fiscal Especial (TDPF-E), para prevenção de risco de subtração de prova. Recomendamos ao leitor que sempre se certifique da vigência desse tipo de norma.

Capítulo 3 **Procedimentos administrativos tributários**

do Poder Executivo, como Portarias e Instruções Normativas, fixar as formas e procedimentos necessários ao cumprimento dessas exigências.

A jurisprudência do STF sustenta que os atos normativos do Poder Executivo não podem criar obrigações ou restringir direitos uma vez que essas atribuições são reservadas à lei em sentido estrito. No ponto, eis o seguinte julgado:

> O princípio da reserva de lei atua como expressiva limitação constitucional ao poder do Estado, cuja competência regulamentar, por tal razão, não se reveste de suficiente idoneidade jurídica que lhe permita restringir direitos ou criar obrigações. Nenhum ato regulamentar pode criar obrigações ou restringir direitos, sob pena de incidir em domínio constitucionalmente reservado ao âmbito de atuação material da lei em sentido formal (STF. Ação Cautelar 1.033 Agravo Regimental em Questão de Ordem, Rel. Min. Celso de Mello, j. 25-5-2006, *DJ* 16-6-2006).

O *caput* do art. 194 do CTN, quando alude ao conceito de legislação tributária, inclui os tratados internacionais em matéria de tributação. Esse tema sugere análise sobre a competência territorial da atividade fiscalizatória e os limites da soberania entre os países. Na era da globalização, as relações econômicas capazes de gerar tributos são praticadas por empresas transnacionais ou até por pessoas físicas via meios eletrônicos e sofisticados, devendo a fiscalização tributária estar munida de instrumentos legais para exercer sua função fiscalizadora. Por essa razão, a Lei Complementar n. 104, de 2001, acrescentou o parágrafo único do art. 199 do CTN, com a seguinte redação: "a Fazenda Pública da União, na forma estabelecida em tratados, acordos ou convênios, poderá permutar informações com Estados estrangeiros no interesse da arrecadação e da fiscalização de tributos".

Os tratados e demais atos internacionais de permuta de informações no campo da fiscalização tributária, consoante exige o parágrafo único do art. 199 do CTN, cumprem função fundamental no sistema tributário. Os tratados internacionais se destinam a regular como a troca de informações relativa a contribuintes pode se dar entre o Brasil e outro país estrangeiro. A legislação tributária brasileira não tem como projetar seus efeitos sobre outros estados nacionais pela obvia razão de respeito mútuo à soberania entre os países. Assim, somente haverá condições de se regularem procedimentos fiscais que visem impedir a evasão fiscal, caso sejam previstos e regulados em acordos internacionais.

CURSO COMPLETO DE DIREITO PROCESSUAL TRIBUTÁRIO

Nas relações internacionais, os instrumentos jurídicos voltados a viabilizar as fiscalizações tributárias e até a recuperação de ativos fiscais, recebe a denominação geral de Acordos de Troca de Informações Tributárias ou *Tax Information Exchange Agreements* (TIEAs). O Decreto Federal n. 8.842, de 2016, ratifica a Convenção Multilateral sobre Assistência Administrativa Mútua em Matéria Fiscal, a qual o Brasil se vinculou perante a Organização para a Cooperação e o Desenvolvimento Econômico (OCDE).

Apesar de o Decreto ratificar a Convenção Multilateral com algumas reservas, no campo da fiscalização tributária internacional, o Brasil se obrigou a trocas automáticas e espontâneas de informações fiscais, fiscalizações tributárias simultâneas e fiscalizações tributárias no exterior, conforme os arts. 6º ao 9º da mencionada Convenção Internacional.

Com a adesão do país à Convenção Multilateral, é possível se celebrar acordos bilaterais em que as partes adotem mecanismos jurídico-administrativos de fiscalizações tributárias, com poderes de atuar no território dos países signatários reciprocamente.

Quanto a legislação interna, o conceito de legislação tributária e sua extensão à atividade de fiscalização, inserem-se na combinação do próprio art. 194 com os arts. 102 e 199 do CTN.

Em princípio, considerando-se a autonomia política dos entes federados a que alude o art. 18 da Constituição Federal, a fiscalização e arrecadação de tributos fica restrita aos limites territoriais de cada ente federado. Em matéria de fiscalização tributária, no entanto, a autonomia política das unidades federativas deve ser interpretada em harmonia com a regularidade fiscal. Daí a necessidade de "convênios", regulamentando a troca de informações entre as Fazendas Públicas sobre a exigência de tributos (CTN, art. 102).

Para o caso específico de normas de fiscalização, o art. 199, *caput*, do CTN, estabelece o seguinte: "a Fazenda Pública da União e as dos Estados, do Distrito Federal e dos Municípios prestar-se-ão mutuamente assistência para a fiscalização dos tributos respectivos e permuta de informações, na forma estabelecida, em caráter geral ou específico, por lei ou convênio".

Os instrumentos jurídicos que viabilizam a troca de informações fiscais, consoante reza o dispositivo, podem ser a lei ou convênio. O ideal seria que a União estabelecesse normas gerais sobre procedimentos fiscais para todas as unidades federadas, dentre as quais se incluiriam os procedimentos de trocas de informações fiscais dos contribuintes de cada estado ou município.

Capítulo 3 **Procedimentos administrativos tributários**

Diante da ausência dessa lei, os convênios poderão ser subscritos pelo Poder Executivo de cada ente federado para essa finalidade. Convém sempre advertir que os convênios celebrados para finalidades fiscalizatórias entre unidade federadas – e exatamente porque são atos firmados pelo Poder Executivo – não poderão suprimir garantias constitucionais do contribuinte. Assim, sempre que se intentar qualquer medida administrativa contra o contribuinte que possa acarretar o cumprimento de obrigações tributárias ou acessórias, será garantido o contraditório ou a ampla defesa perante a autoridade administrativa competente.

A fiscalização é autorizada a atuar sobre quaisquer pessoas, naturais ou jurídicas, ainda que não sejam contribuintes. É o que dispõe o parágrafo único do art. 194 do CTN. O Código Tributário Nacional não restringe a atividade de fiscalização ao setor privado. Assim, estão sujeitas à fiscalização as pessoas jurídicas de direito público quanto às suas obrigações tributárias e fiscais concernentes aos tributos não atingidos pela imunidade recíproca, prevista no art. 150, VI, *a* da Constituição Federal.

Com relação aos benefícios tributários, a função de fiscalizar destina-se também a aferir a regularidade dos requisitos para a fruição de imunidades e de isenções.

3.3.2 Prerrogativas da fiscalização diante dos direitos fundamentais

O art. 195 do CTN traz disposição geral relativa aos procedimentos fiscalizatórios.

> Art. 195. Para os efeitos da legislação tributária, não têm aplicação quaisquer disposições legais excludentes ou limitativas do direito de examinar mercadorias, livros, arquivos, documentos, papéis e efeitos comerciais ou fiscais, dos comerciantes industriais ou produtores, ou da obrigação destes de exibi-los.
>
> Parágrafo único. Os livros obrigatórios de escrituração comercial e fiscal e os comprovantes dos lançamentos neles efetuados serão conservados até que ocorra a prescrição dos créditos tributários decorrentes das operações a que se refiram.

A norma contida no artigo em referência insere-se diretamente no contexto dos direitos fundamentais do contribuinte. Isso porque é concedido à

CURSO COMPLETO DE DIREITO PROCESSUAL TRIBUTÁRIO

Fazenda Pública o poder de examinar documentos que se relacionam à intimidade financeira, à liberdade e ao desempenho econômico dos particulares. O poder de impor ao sujeito passivo o dever de exibir documentos ou mercadorias afeta direitos fundamentais da pessoa, que se vê compelida a demonstrar à autoridade fiscal dados que, em princípio, dizem respeito somente à esfera dos interesses privativos do indivíduo.

A interpretação adequada do artigo em questão deve ser retirada do § 1º do art. 145 da Constituição, que estabelece:

> Sempre que possível, os impostos terão caráter pessoal e serão graduados segundo a capacidade econômica do contribuinte, facultado à administração tributária, especialmente para conferir efetividade a esses objetivos, identificar, respeitados os direitos individuais e nos termos da lei, o patrimônio, os rendimentos e as atividades econômicas do contribuinte.

É claro que a parte final do dispositivo da Constituição não se vincula apenas à disciplina dos impostos. A interpretação sistemática do texto constitucional autoriza que se estenda a norma em referência à atividade fiscalizadora das demais espécies tributárias. Os princípios que protegem os direitos individuais insertos no art. 5º da Constituição Federal e as garantias individuais do contribuinte, previstas no art. 150, também da Carta Magna, são balizas do Estado democrático de direito, que fundam a ordem jurídica nacional. Assim, qualquer procedimento da administração pública deverá se pautar pela obediência aos direitos fundamentais.

O art. 195 do CTN, por sua vez, estabelece que o conceito de legislação tributária não poderá ser turbado pela incidência de normas que excluam do fisco certas prerrogativas, as quais viabilizam o exato cumprimento das obrigações tributárias pelo sujeito passivo. Por conseguinte, a fiscalização fazendária tem o direito de examinar e exigir a exibição de mercadorias, livros, arquivos, documentos e papéis relacionados às operações que possam ocasionar a incidência de tributos.

Assim, se para fiscalizar, a Fazenda Pública tem prerrogativas previstas no art. 195 do CTN; por outro lado, os contribuintes possuem assegurado o respeito aos seus direitos fundamentais que deverão ser regulamentados nos termos da lei.

O assunto tem tudo a ver com o procedimento enquanto instrumento de legitimação do poder estatal na democracia, tema abordado no Capítulo 1.

Capítulo 3 **Procedimentos administrativos tributários**

Caso a lei retire da administração fiscal o poder de examinar ou de exigir a apresentação do material citado no art. 195 do CTN, colocará em situação de fragilidade, em última análise, as finanças públicas, o que compromete as funções do Estado. A ordem jurídica democrática não poderá tolerar, entretanto, que para atingir essa finalidade, os procedimentos fiscais violem garantias individuais, autorizando a prática de atos fiscais atentatórios aos direitos fundamentais. Esse é o dilema dos procedimentos fiscais tributários, qual seja: saber-se o limite em que os procedimentos fiscalizatórios sejam eficazes sem violar direitos fundamentais.

3.3.2.1 Fiscalizações tributárias independentemente do consentimento do fiscalizado

Hugo de Brito Machado argumenta que a tipificação do crime de "excesso de exação" (CP, art. 316, § 1º), cujo fato típico constitui a prática de condutas vexatórias ou gravosas como forma de cobrança de tributos, gera a controvérsia de que certos procedimentos fiscais poderão violar os direitos humanos[22]. Ressalta o autor que o contribuinte tem direito ao silêncio perante a autoridade tributária, ainda que se trate de procedimento fiscal. Salienta que o fisco não poderá apreender mercadorias como garantia do pagamento de tributo, sob pena de ofensa à proteção constitucional à propriedade. Por fim, acrescenta que a ação dos órgãos fiscalizadores no estabelecimento do contribuinte só poderá ocorrer com o consentimento deste, caso contrário haverá violação de domicílio, repudiada pela Constituição Federal[23].

Saliente-se que a fiscalização das obrigações tributárias é tão salutar para o Estado democrático de direito quanto os direitos e garantias fundamentais o são para o indivíduo. Por conseguinte, não se poderá excluir da fiscalização a prerrogativa de examinar documentos ou de exigir sua apresentação à autoridade pública, sob o argumento de que se deve preservar o direito ao silêncio, garantia constitucional mais apropriada ao acusado por crime. O contribuinte fiscalizado não pode ser considerado, nem em tese, autor de crime, simplesmente porque poderá estar regular com suas obrigações tributárias, cabendo à fiscalização constatar essa circunstância.

---

22   MACHADO, Hugo de Brito. *Comentários ao Código Tributário Nacional*, v. III, p. 751-757.

23   MACHADO, Hugo de Brito. *Comentários ao Código Tributário Nacional*, v. III, p. 751-757.

A sujeição do contribuinte à ação fiscal é um ônus da vida em sociedade. Em princípio, a garantia constitucional da "inviolabilidade de domicílio" não se aplica ao poder de fiscalização tributário, pois os dados fiscais não interessam apenas à pessoa do contribuinte. Aliás, a obrigação de se manter escriturações contábeis e fiscais decorre da lei, porque afeta o interesse público relativo à adimplência correta das obrigações tributárias. Desde que o fiscal se identifique idoneamente e porte Mandado de Fiscalização ou documento equivalente, a recusa do particular em permitir o trabalho da fiscalização em seu estabelecimento não encontrará amparo no CTN, nem na Constituição Federal.

É necessário, portanto, conciliar os interesses da fiscalização com a garantia da privacidade da pessoa, seja esta física ou jurídica. A norma do inciso X do art. 5º da Constituição Federal não autoriza o particular a se furtar do ônus das fiscalizações. Note-se que fiscalização é injunção administrativa atrelada ao exercício do poder de polícia, que limita a liberdade e a propriedade em relação a todos, desde que a atividade fiscalizatória esteja regulada em lei e a presença do fiscal no estabelecimento seja o único meio de obtenção de dados não sigilosos do contribuinte. Os procedimentos do fiscal no estabelecimento deverão ser pautados na lei e não podem constranger o sujeito passivo ao cumprimento de ordens abusivas, vexatórias ou não previstas em lei. O desrespeito a essas regras poderá caracterizar o crime de "excesso de exação" (CP, art. 316, § 1º).

3.3.2.2 Fiscalizações tributárias e a apreensão de mercadorias ou documentos fiscais

Às vezes, a pretexto de "fiscalizar" o contribuinte, a Fazenda executa medidas coercitivas de apreensão de bens ou de mercadorias no interesse da fiscalização.

Primeiramente, com relação à "apreensão de mercadorias", essa medida será proporcional ao texto da Constituição Federal desde que respaldada em lei e se a apreensão se destinar a reprimir a circulação de mercadorias proibidas. Realmente, não se concilia com a garantia de proteção à propriedade (CF, art. 5º, XXII), a apreensão de mercadorias como meio coercitivo do pagamento de tributos. Nesse ponto, vale a exegese do § 1º do art. 145, da Constituição Federal, que indica constituir desrespeito aos direitos funda-

Capítulo 3 **Procedimentos administrativos tributários**

mentais despojar a pessoa de seus bens para obrigá-la a pagar tributo, se o Poder Público dispõe de outros meios menos restritivos de direitos fundamentais para alcançar a mesma finalidade (cobrar a dívida tributária). A mercadoria, mesmo que seja objeto de obrigação fiscal não adimplida, é propriedade do sujeito passivo e sua apreensão só se justifica se o bem significar verdadeira ou potencial ameaça a terceiros. Caso contrário, a apreensão de mercadoria não passará de odioso confisco ou chantagem para obtenção acelerada do pagamento do débito tributário. Nesse sentido, é sempre atual a Súmula 323 do STF, aprovada em 1963: "É inadmissível a apreensão de mercadorias como meio coercitivo para pagamento de tributos".

No tocante à "apreensão de bens ou documentos fiscais" pela autoridade tributária, a questão resvala no direito constitucional à "inviolabilidade do domicílio", um tema sempre delicado, pois, no limite, o procedimento fiscal poderá julgar necessário apreender bens do contribuinte com informações fiscais, ou buscar documentos contendo o mesmo tipo de informação. A diligência da fiscalização no estabelecimento do contribuinte poderá ser necessária para a plena auditoria fiscal, nem sempre possível ser realizada remotamente por meio de informações eletrônicas.

A busca e apreensão de documentos fiscais, incluindo-se no conceito de "documentos", hardware, software, disco rígido etc., contendo informações fiscais, é diferente da fiscalização no estabelecimento do contribuinte independentemente do seu consentimento. Nas medidas de "busca e apreensão", o consentimento do contribuinte é requisito de validade do procedimento. Na hipótese de recusa, somente por meio de autorização judicial, em que fique devidamente fundamenta a causa da busca e apreensão, será possível obter-se contra a vontade do contribuinte os documentos ou bens mencionados.

Observe-se que os documentos fiscais e contábeis do contribuinte são instrumentos essenciais à organização de sua atividade econômica. Sua apreensão indevida, ainda que para servir de prova em processos administrativos ou judiciais, desrespeita a legalidade e, pois, contamina a validade das provas produzidas nesses processos. O art. 195 do CTN autoriza somente o exame de documentos e obriga o particular a exibir dados fiscais, mas não concede ao fisco o direito de apreender a documentação sem ordem judicial. Diante disso, a apreensão para ser lícita deve ser motivada perante a autoridade judiciária que decidirá sobre o pleito da administração tributária. Nesse

CURSO COMPLETO DE DIREITO PROCESSUAL TRIBUTÁRIO

sentido, a jurisprudência do STF tem assentado que escritório de contabilidade se insere no conceito estendido de "casa" para efeito da garantia constitucional da inviolabilidade de domicílio, prevista no art. 5º, X da Constituição Federal.

> Fiscalização tributária. Apreensão de livros contábeis e documentos fiscais realizada, em escritório de contabilidade, por agentes fazendários e policiais federais, sem mandado judicial. Inadmissibilidade. [...] Para os fins da proteção jurídica a que se refere o art. 5º, XI, da Constituição da República, o conceito normativo de "casa" revela-se abrangente e, por estender-se a qualquer compartimento privado não aberto ao público, onde alguém exerce profissão ou atividade (CP, art. 150, § 4º, III), compreende, observada essa específica limitação espacial (área interna não acessível ao público), os escritórios profissionais, inclusive os de contabilidade, "embora sem conexão com a casa de moradia propriamente dita" (Nelson Hungria). Doutrina. Precedentes. Sem que ocorra qualquer das situações excepcionais taxativamente previstas no texto constitucional (art. 5º, XI), nenhum agente público, ainda que vinculado à administração tributária do Estado, poderá, contra a vontade de quem de direito (*invito domino*), ingressar, durante o dia, sem mandado judicial, em espaço privado não aberto ao público, onde alguém exerce sua atividade profissional, sob pena de a prova resultante da diligência de busca e apreensão assim executada reputar-se inadmissível, porque impregnada de ilicitude material. Doutrina. Precedentes específicos, em tema de fiscalização tributária, a propósito de escritórios de contabilidade (STF). O atributo da autoexecutoriedade dos atos administrativos, que traduz expressão concretizadora do *privilège du preálable*, não prevalece sobre a garantia constitucional da inviolabilidade domiciliar, ainda que se cuide de atividade exercida pelo Poder Público em sede de fiscalização tributária (HC 93.050, Rel. Min. Celso de Mello, j. 10-6-2008, 2ª T., *DJe* 1º-8-2008).

Em resumo, a fiscalização tributária em condições normais no estabelecimento do contribuinte não depende de sua aceitação, porque não poderá o Fisco ficar à mercê do consentimento do contribuinte em ser fiscalizado, não se aplicando propriamente a garantia constitucional da inviolabilidade de domicilio (CF, art. 5º, XI). Por outro lado, buscas e apreensões, de mercadorias ou de informações fiscais, resvalam na mencionada garantia constitucional, dependendo sempre de ordem judicial para que sua efetivação seja válida. Ressalte-se, no caso de apreensões de mercadorias em trânsito será

Capítulo 3 **Procedimentos administrativos tributários**

dispensável a ordem judicial se aquelas oferecem riscos a terceiros, hipótese em que a atuação fiscal goza do atributo de autoexecutoriedade.

3.3.2.3 A entrega de documentos obrigatórios nas repartições fiscais

Em edições anteriores deste *Curso*, chegamos a considerar abusiva a exigência de documentos de manutenção obrigatória do contribuinte para exame fora do seu estabelecimento.

Os motivos para essa afirmação se fundavam, praticamente, na hipótese de que tais documentos poderiam ser exigidos por outras administrações tributárias e, estando na posse de um órgão fiscal, poderia dificultar a auditoria por parte de outras Fazendas.

Reformamos esse entendimento porque isso não seria um óbice para a realização de fiscalizações tributárias por mais de uma Fazenda Pública em face do mesmo contribuinte. Note-se que, além da possibilidade de compartilhamento de informações, conforme prevê o art. 199 do CTN, havendo a necessidade de uma administração examinar documentos do contribuinte que estejam com outra Fazenda, nada obsta que o contribuinte informe essa circunstância à autoridade fiscal.

Assim, nos termos dos arts. 194 e 195 do CTN, as normas regulamentadoras do procedimento de fiscalização poderão prever que o fiscal notificará o contribuinte a entregar, dentro de determinado prazo, os documentos necessários à auditoria tributária, tais como escrituração contábil, notas fiscais, movimentação bancária e livros fiscais, como Livros Diário e Razão, Livro de Apuração do Lucro Real (Lalur), entre outros.

Ressalte-se que determinadas informações fiscais são enviadas eletronicamente pelo contribuinte e armazenadas nos sistemas das Fazendas Públicas, de modo que a fiscalização poderá acessá-los diretamente, bastando instaurar o procedimento fiscal e notificar o contribuinte a respeito. No âmbito federal, por exemplo, o acesso direto à Declaração de Informações Econômico-Fiscais da Pessoa Jurídica (DIPJ), à Declaração de Imposto de Renda Retido na Fonte (DIRF), à Declaração de Débitos e Créditos Federais e até Escrituração Contábil Digital (ECD), mediante o Sistema Público de Escrituração Digital (SPED), pode dispensar a intimação do contribuinte para entrega desses documentos em papel.

163

3.3.2.4 Poder de fiscalização sobre quaisquer livros fiscais ou documentos

Outra prática dos procedimentos fiscais tributários diz respeito ao poder de examinar quaisquer livros ou documentos da empresa. Hugo de Brito Machado contesta essa possibilidade, sustentando que somente os livros que a legislação comercial e fiscal determinar de posse obrigatória poderão ser exigidos. O *caput* do art. 195 do CTN, porém, não restringe o exame a livros ou documentos obrigatórios. Lembre-se que o poder de investigação dado à fiscalização tributária se orienta pelo sistema probatório da verdade material. Assim, qualquer documento que possa levar à identificação de obrigação tributária eventualmente omitida ou ocultada pelo sujeito passivo será susceptível de exame. Caso contrário, não teria o fisco condições de detectar, por exemplo, a perniciosa prática de "caixa dois". Registros "contábeis" de "caixa dois" não constam de livros oficiais[24].

A norma do *caput* do art. 195 do CTN estabelece o objeto do poder de fiscalização, isto é, mercadorias, livros e documentos em geral, encontrados com o contribuinte, que possam sugerir a ocorrência de fato gerador tributário. O disposto no parágrafo único do mencionado artigo, no entanto, trata de hipótese diversa, embora relacionada com o assunto regulado no *caput*. Trata o parágrafo único do lapso temporal em que o contribuinte deverá guardar os documentos fiscais. Nesse caso, refere-se a lei apenas aos livros obrigatórios e comprovantes de lançamento. Não poderia a lei obrigar o sujeito passivo a manter guardados quaisquer documentos, inclusive os que pudessem responsabilizá-lo por infrações. Documentos caracterizados como dispensáveis à fiscalização e que poderão incriminar o contribuinte não poderão ser de guarda obrigatória porque significariam a produção de provas contra a própria pessoa. Quando se tratar de preceitos permissivos, como é o caso da guarda de documentos fiscais, a lei terá que se referir apenas a condutas ou objetos lícitos. Assim, os livros e documentos obrigatórios deverão ser mantidos incólumes pelo sujeito passivo durante todo o prazo de constituição do crédito tributário.

---

24 A Súmula 439, do STF, estabelece: "estão sujeitos à fiscalização tributária ou previdenciária quaisquer livros comerciais, limitado o exame aos pontos objeto da investigação".

Capítulo 3   **Procedimentos administrativos tributários**

3.3.2.5 Prazo decadencial de guarda de livros e comprovantes de lançamentos

A propósito da parte final do subitem anterior, o parágrafo único do art. 195 do CTN estabelece que o dever de conservação dos livros e comprovantes de lançamentos efetuados naqueles livros, durará até que ocorra a "prescrição" dos créditos tributários decorrentes das operações a que se refiram. Primeiramente, não há dúvida quanto à necessidade de conservação dos livros fiscais. Em relação à guarda dos comprovantes de lançamento nos livros, quis a lei obrigar o sujeito passivo a manter sob seus cuidados durante certo lapso temporal notas fiscais, recibos de pagamento, escrituras públicas, dentre outros, até a consumação do prazo de prescrição. Poderia o legislador ter se referido também ao comprovante de recolhimento do tributo, pois, na hipótese de a Fazenda exigir dívida paga, esses comprovantes constituiriam meio de prova contra a cobrança em duplicidade.

A palavra "prescrição", utilizada no dispositivo, gera controvérsias. Isso porque a prescrição se refere, como sabido, ao direito de exigir o crédito, o que só poderá ocorrer depois do lançamento. Assim, tendo o CTN limitado o dever de manutenção dos documentos e livros até a prescrição do crédito tributário, poderá levar à conclusão de que, mesmo depois de constituído o crédito tributário pelo lançamento, o contribuinte teria que conservar os documentos em questão até eventual ocorrência de prescrição (CTN, art. 174). Em verdade, se a Fazenda perder o direito de lançar o crédito tributário por força da decadência, não fará sentido que se obrigue o sujeito passivo a manter referida documentação, pois a decadência elimina a possibilidade de prescrição.

A falta de clareza do CTN nessa questão induz que se interprete a norma da forma juridicamente mais segura. Assim, o melhor que se tem a fazer é guardar os documentos pelo prazo de cinco anos, contados na forma do art. 173 do CTN, para os tributos sujeitos aos lançamentos de ofício e por declaração. Tratando-se de lançamento por homologação, o prazo de cinco anos deverá ser contado na forma do art. 150, § 4º, do CTN, isto é, a partir da data de ocorrência do fato gerador, ressalvadas as hipóteses de dolo, fraude ou simulação, em que seria aplicada a regra do art. 173, I, do CTN.

3.3.3 Legitimação do poder de fiscalizar pelo procedimento

O art. 196 do CTN é prova autêntica de que o poder, para se legitimar na democracia, depende do procedimento. Conforme o dispositivo:

> Art. 196. A autoridade administrativa que *proceder ou presidir* a quaisquer diligências de fiscalização *lavrará os termos necessários para que se documente o início do procedimento*, na forma da legislação aplicável, que fixará prazo máximo para a conclusão daquelas.
>
> Parágrafo único. Os termos a que se refere este artigo serão lavrados, sempre que possível, em um dos livros fiscais exibidos; quando lavrados em separado deles se entregará, à pessoa sujeita à fiscalização, cópia autenticada pela autoridade a que se refere este artigo.

Embora não tenha sido redigido de forma didática, o artigo em análise tem a virtude de indicar a necessidade de que a ação da fiscalização junto ao sujeito passivo deverá ser documentada em procedimento. A expressão procedimento empregada pelo CTN deve ser entendida no sentido de que o poder estatal se legitima por "sequência lógica de atos devidamente formalizados" e não por outro meio. Assim, qualquer exigência do fiscal que não seja documentada, como ordens verbais ou outras delegadas a terceiros sem legitimidade, devem ser repudiadas por caracterizarem arbítrio. O instrumento de aferição da legalidade da conduta do Estado no exercício da fiscalização é o procedimento, que conterá a sucessão das diligências efetuadas tanto por parte da fiscalização quanto do contribuinte, conferindo transparência no cumprimento da legalidade.

A garantia de uma ação fiscal correta é o procedimento. Nessa fase, porém, não há espaço para o contraditório. As exigências feitas pela fiscalização, desde que fundadas na legalidade, são necessárias à verificação do cumprimento da lei pelo sujeito passivo. Caso a exigência não esteja pautada na lei, ou não exista lei específica para a situação e a cobrança fiscal se mostre infundada, ou desproporcional aos direitos fundamentais, terá o particular direito a se opor através de medidas administrativas ou judiciais. Isso, porém, não caracterizará exatamente impugnação ao procedimento que deu causa à investigação fiscal, mas solução de ponto incidente do procedimento, resultante de exigência ou atitude arbitrária do fisco no exercício da competência procedimental.

O CTN, no art. 196, tem disposição mais contida do que vem a ser procedimento para efeito da legitimação do poder de fiscalizar. Ocupa-se, basica-

Capítulo 3   **Procedimentos administrativos tributários**

mente, de dois objetivos. O primeiro é selar o termo inicial do prazo de duração da fiscalização, o que será analisado no subitem 3.3.3.3. O outro é marcar o momento a partir do qual o sujeito passivo não poderá mais se valer dos benefícios da "denúncia espontânea" a que se refere o art. 138 do CTN[25].

3.3.3.1 Controvérsias a respeito de decadência e seus efeitos sobre o lançamento de ofício

A atividade de fiscalização poderá resultar na exigência de obrigações tributárias principal ou acessória, de modo que, ao realizar o lançamento, poderão ser apurados valores tributários e aplicação de multas. Fiscalizar, portanto, é o procedimento de constituição do crédito com base no art. 196 do CTN.

Por outro lado, o direito de constituição do crédito tributário não deve ser ilimitado, caso contrário o contribuinte ficaria sempre ameaçado de cobranças tributárias a qualquer tempo. Entende-se por "decadência" a perda de um direito que, no caso em questão, é a perda do direito de a Fazenda Pública constituir o crédito tributário pelo lançamento, de modo a extinguir o crédito (CTN, art. 156, V). Atrelado a esse instituto tem-se a "prescrição", que significa a perda do direito de se exigir em juízo o cumprimento de um direito já constituído, extinguindo também o crédito tributário (CTN, art. 156, V). Tratando-se de obrigação tributária principal (dever de pagar o tributo e eventualmente multas), a prescrição implica perda do direito de se cobrar judicialmente o contribuinte por meio de Execução Fiscal, após o decurso de 5 anos, permitindo a lei, no entanto, algumas hipóteses de interrupção desse prazo (CTN, art. 174). Por ora, tem relevância somente estudar o tema da "decadência", pois esta subseção analisa as variações do tema da atividade fiscalizatória, que é desenvolvida pela Fazenda com o intuito de constituir o crédito tributário, formar, portanto, uma pretensão fiscal.

Os arts. 150 e 173 do CTN disciplinam a decadência em matéria tributária conforme a modalidade de lançamento. O art. 150, § 4º trata da decadência no lançamento por homologação e o art. 173 regula as regras de decadência para os lançamentos direto ou por declaração.

---

25 SOUZA, Maria Helena Raul de. In: FREITAS, Vladimir Passos de (coord.). Código *tributário nacional comentado*. 4. ed. São Paulo: Revista dos Tribunais, 2007, p. 932.

Tratando-se, primeiramente, do art. 173 do CTN, prevê-se o prazo de 5 anos à Fazenda Pública para constituir o crédito tributário. Considerando que o dispositivo se refere à "Fazenda Pública", conclui-se que o artigo se aplica para os lançamentos direto ou por declaração, em que o procedimento é realizado pelo Poder Público. A contagem do prazo de decadência no direito tributário envolve intensas discussões doutrinárias, quer em razão da importância natural do tema (afinal cuida de desoneração do sujeito passivo e a respectiva perda de receita tributária), quer porque o CTN previu regras de difícil interpretação sobre esse assunto. Por força dos propósitos deste livro (que é tratar de procedimento e de processos tributários), limitaremos a questão ao restrito campo do procedimento, sem desprezar, evidentemente, a importância que a matéria desperta.

De acordo com o art. 173 do CTN, existem dois marcos iniciais de contagem do prazo de 5 anos para constituição do crédito tributário nos casos de lançamento de oficio e por declaração. O primeiro desses marcos, disciplinado no inciso I do art. 173 do CTN, é "o primeiro dia do exercício seguinte àquele em que o lançamento poderia ter sido efetuado". O segundo termo inicial, previsto no inciso II do mesmo artigo, estabelece "a data de decisão definitiva que anular por vício formal, lançamento realizado anteriormente". O parágrafo único do art. 173 do CTN, por sua vez, dispõe: "o direito a que se refere este artigo extingue-se definitivamente com o decurso do prazo nele previsto, contado da data em que tenha sido iniciada a constituição do crédito tributário pela notificação, ao sujeito passivo, de qualquer medida preparatória indispensável ao lançamento".

O art. 173 do CTN está mais bem adaptado para os casos de lançamento direto em que a Fazenda não necessita realizar fiscalização, porque já possui em seus arquivos oficiais os dados necessários para o lançamento tributário, bastando tão somente notificar o sujeito passivo para o pagamento. Por exemplo, no IPTU, para o fato gerador do imposto ocorrido em 1º-1-2022, a Prefeitura poderá lançar até 31-12-2027.

Tratando-se do lançamento por homologação e considerando a hipótese de o contribuinte não ter declarado nem pagado antecipadamente o crédito tributário na forma do art. 150, § 1º, do CTN, a jurisprudência dominante do STJ tem entendido que o prazo decadencial será contado na forma do art. 173, I, e não como dispõe o art. 150, § 4º, ambos do CTN. Na prática, o termo inicial dos 5 anos não será a data de ocorrência do fato gerador con-

Capítulo 3 **Procedimentos administrativos tributários**

forme dispõe o § 4º do art. 150, mas o primeiro dia do exercício financeiro seguinte ao que o lançamento poderia ter sido efetuado.

> Processual civil. Recurso Especial Representativo de Controvérsia. Artigo 543-C, do CPC. Tributário. Tributo sujeito a lançamento por homologação. Contribuição previdenciária. Inexistência de pagamento antecipado. Decadência do direito de o fisco constituir o crédito tributário. Termo inicial. Artigo 173, I, do CTN. Aplicação cumulativa dos prazos previstos nos artigos 150, § 4º, e 173, do CTN. Impossibilidade. 1. O prazo decadencial quinquenal para o Fisco constituir o crédito tributário (lançamento de ofício) conta-se do primeiro dia do exercício seguinte àquele em que o lançamento poderia ter sido efetuado, nos casos em que a lei não prevê o pagamento antecipado da exação ou quando, a despeito da previsão legal, o mesmo inocorre, sem a constatação de dolo, fraude ou simulação do contribuinte, inexistindo declaração prévia do débito (Precedentes da Primeira Seção: REsp 766.050/PR, Rel. Ministro Luiz Fux, julgado em 28-11-2007, *DJ* 25-2-2008; AgRg nos EREsp 216.758/SP, Rel. Ministro Teori Albino Zavascki, julgado em 22-3-2006, *DJ* 10-4-2006; e EREsp 276.142/SP, Rel. Ministro Luiz Fux, julgado em 13-12-2004, *DJ* 28-2-2005). 2. É que a decadência ou caducidade, no âmbito do Direito Tributário, importa no perecimento do direito potestativo de o Fisco constituir o crédito tributário pelo lançamento, e, consoante doutrina abalizada, encontra-se regulada por cinco regras jurídicas gerais e abstratas, entre as quais figura a regra da decadência do direito de lançar nos casos de tributos sujeitos ao lançamento de ofício, ou nos casos dos tributos sujeitos ao lançamento por homologação em que o contribuinte não efetua o pagamento antecipado (Eurico Marcos Diniz de Santi, "Decadência e Prescrição no Direito Tributário", 3. ed., Max Limonad, São Paulo, 2004, págs. 163/210). 3. O *dies a quo* do prazo quinquenal da aludida regra decadencial rege-se pelo disposto no artigo 173, I, do CTN, sendo certo que o *"primeiro dia do exercício seguinte àquele em que o lançamento poderia ter sido efetuado"* corresponde, iniludivelmente, ao primeiro dia do exercício seguinte à ocorrência do fato imponível, ainda que se trate de tributos sujeitos a lançamento por homologação, revelando-se inadmissível a aplicação cumulativa/concorrente dos prazos previstos nos artigos 150, § 4º, e 173, do *Codex* Tributário, ante a configuração de desarrazoado prazo decadencial decenal (Alberto Xavier, "Do Lançamento no Direito Tributário Brasileiro", 3. ed., Ed. Forense, Rio de Janeiro, 2005, págs. 91/104; Luciano Amaro, "Direito Tributário Brasileiro", 10. ed., Ed. Saraiva, 2004, págs. 396/400; e Eurico Marcos Diniz de Santi, "Decadência e Prescrição no Direito Tributá-

rio", 3. ed., Max Limonad, São Paulo, 2004, págs. 183/199). 5. *In casu*, consoante assente na origem: (i) cuida-se de tributo sujeito a lançamento por homologação; (ii) a obrigação *ex lege* de pagamento antecipado das contribuições previdenciárias não restou adimplida pelo contribuinte, no que concerne aos fatos imponíveis ocorridos no período de janeiro de 1991 a dezembro de 1994; e (iii) a constituição dos créditos tributários respectivos deu-se em 26-3-2001. 6. Destarte, revelam-se caducos os créditos tributários executados, tendo em vista o decurso do prazo decadencial quinquenal para que o Fisco efetuasse o lançamento de ofício substitutivo. 7. Recurso especial desprovido. Acórdão submetido ao regime do artigo 543-C, do CPC, e da Resolução STJ 08/2008 (STJ. Recurso Especial 973.733/SC, Rel. Min. Luiz Fux, Primeira Seção, j. 12-8-2009, *DJe* 8-9-2009).

Nesses casos, a norma do art. 173, I, do CTN se aplica às fiscalizações. Assim, se o contribuinte não declarou nem pagou antecipadamente o crédito tributário, ou se ficarem comprovadas as hipóteses de dolo, fraude ou simulação, a Fazenda deverá exigir do sujeito passivo o pagamento do crédito tributário que constituiu por meio de fiscalização (lançamento de ofício), observando o limite temporal de 5 anos anteriores à data de notificação do lançamento, tendo como termo inicial o primeiro dia do exercício financeiro seguinte ao do fato gerador. Caso o contribuinte tenha declarado e pago o tributo, o prazo iniciará sua contagem a partir da data de ocorrência do fato gerador, aplicando-se a regra do § 4º do art. 150 do CTN.

Por exemplo, em se tratando de Imposto de Renda de Pessoa Jurídica, tributo de apuração trimestral, caso o contribuinte não tenha pagado o tributo, ou não declarado que deve, o prazo de 5 anos para a Fazenda notificar o sujeito passivo do lançamento de ofício realizado se inicia a partir de 1º de janeiro do ano seguinte ao quarto trimestre, que se encerrou em 31 de dezembro.

Por outro lado, tratando-se ainda do mesmo imposto, se o contribuinte pagou ou declarou que deve, o prazo de cinco anos inicia sua contagem da data do fato gerador, no caso, incluindo dezembro do respectivo ano e não a partir de janeiro do ano seguinte.

Assim, na hipótese de não pagamento, ou de dolo, fraude ou simulação, se a Fazenda notificar o contribuinte em 16-11-2021, de um lançamento de imposto de renda do quarto trimestre de 2016, ainda estará no prazo, pois a decadência ocorrerá em 31-12-2022, já que o prazo de 5 anos iniciou sua contagem em 1º-1-2017. Caso o contribuinte tenha pagado ou declarado que deve, e não estando presentes as hipóteses de dolo, fraude ou simula-

Capítulo 3 **Procedimentos administrativos tributários**

ção, se a notificação do lançamento ocorrer na referida data (16-11-2021), a Fazenda terá decaído do direito de lançar eventuais diferenças do imposto de renda do ano-calendário 2016, apuradas pela fiscalização, referente aos primeiro, segundo e terceiro trimestres e, obviamente, os anteriores, porque teria até 30-9-2021 para realizar a notificação do contribuinte referente aos três primeiros trimestres de 2016.

A norma do inciso II do art. 173 do CTN traz outra hipótese de contagem do prazo decadencial e se aplica para os casos de anulação de lançamento por vício formal, gerando-se, em razão do reconhecimento da nulidade, o direito de o Fisco realizar novo lançamento.

O termo inicial de contagem dos cinco anos para a caducidade do direito à constituição do crédito tributário será a data em que a decisão que declara o vício formal se torna definitiva, isto é, não mais sujeita a recurso administrativo. Caso a nulidade seja reconhecida por decisão do Poder Judiciário, em razão de ação anulatória movida pelo contribuinte, o prazo quinquenal iniciará da data em que a decisão transitar em julgado, isto é, quando se torna definitiva.

A hipótese do inciso II do art. 173, na prática, trata de um caso esdrúxulo de suspensão e de interrupção da decadência, recebendo severas críticas da doutrina. Luciano Amaro explica que a suspensão da decadência ocorre porque, enquanto não se decide se o lançamento é ou não nulo, o prazo decadencial não poderá fluir. É também um caso de interrupção da decadência porque, não tendo ainda se consumado o seu termo final, o reconhecimento da nulidade formal do lançamento devolve o prazo quinquenal à Fazenda para realizar novo lançamento[26].

Em que pesem as críticas da doutrina, não existe nenhum impedimento constitucional para que o legislador estabeleça prazos de interrupção ou de suspensão da decadência, embora, realmente, não seja conveniente esse tipo de previsão legal. No entanto, a disciplina desses institutos pertence à competência da lei geral tributária, conforme dispõe o art. 146, III, *b*, da Constituição Federal. Note-se que o lançamento nulo não gera direitos nem obrigações, o que justifica a prerrogativa de a Fazenda refazê-lo e do contribuinte de não pagar o valor do crédito nulo, ou de pedir a restituição ou compen-

---

26 AMARO, Luciano. *Direito tributário brasileiro*, p. 407-408.

sação se tiver recolhido o valor respectivo. Nesse sentido, a Súmula 473 do STF declara que os atos nulos praticados pela Administração não originam direitos, podendo ser refeitos[27].

3.3.3.2 Duração razoável do procedimento de constituição do crédito

O parágrafo único do art. 173 do CTN estabelece que o direito de a Fazenda Pública constituir o crédito tributário extingue-se definitivamente com o decurso do prazo previsto no *caput*, que é de cinco anos. O termo inicial desse prazo será contado: "da data em que tenha sido iniciada a constituição do crédito tributário pela notificação, ao sujeito passivo, de qualquer medida preparatória indispensável ao lançamento".

A doutrina sobre o assunto pode ser resumida às seguintes teses. A primeira sustenta ser a regra do parágrafo único do art. 173 do CTN hipótese de antecipação da contagem do prazo de extinção do direito de constituir o crédito tributário, defendida, entre outros autores, por Luciano Amaro[28]. Assim, caso a Fazenda emita qualquer notificação ao sujeito passivo relativa ao lançamento antes de iniciada a contagem do prazo de decadência, essa notificação antecipa o início da contagem do prazo decadencial. Por exemplo, se o fato gerador do tributo ocorreu em 28-2-2017, o prazo decadencial, contado na forma do art. 173, I do CTN, iniciará em 1º-1-2018. Se o Fisco enviar qualquer notificação referente ao lançamento em 28-3-2017, antecipará a contagem do prazo decadencial para essa data. A segunda é sustentada por Hugo de Brito Machado, que esclarece ser a norma em questão caso de "prescrição intercorrente". Isso porque parte do pressuposto de que o procedimento administrativo de lançamento não poderá ficar sem uma solução de continuidade, mesmo após a cientificação do contribuinte. Assim, uma vez notificado, encerra-se a fase de constituição do crédito tributário, iniciando-se a etapa de sua exigência, que poderá culminar com o

---

27 Súmula STF 473: "A administração pode anular seus próprios atos, quando eivados de vícios que os tornam ilegais, porque deles não se originam direitos; ou revogá-los, por motivo de conveniência ou oportunidade, respeitados os direitos adquiridos, e ressalvada, em todos os casos, a apreciação judicial".

28 AMARO, Luciano. *Direito tributário brasileiro*, p. 408.

Capítulo 3   **Procedimentos administrativos tributários**

ajuizamento de Execução Fiscal. A regra do parágrafo único do art. 173 do CTN impõe ao Fisco o dever de constituir e cobrar judicialmente o crédito tributário no período de cinco anos, contados da notificação realizada ao contribuinte, "de qualquer medida preparatória indispensável ao lançamento". Portanto, ultrapassado esse prazo, o crédito tributário será extinto pela prescrição intercorrente no próprio processo administrativo[29].

Na nossa opinião, o parágrafo único do art. 173 fixou um prazo de "duração razoável" para a constituição definitiva do crédito tributário e sua respectiva cobrança, não se tratando, tecnicamente, de "prescrição intercorrente". É que para essa modalidade de prescrição é necessária previsão legal explícita, que não suscite dúvidas. Embora a tese da prescrição faça muito sentido, nossa ponderação é que a expressão "prescrição intercorrente" se choca com a regra do art. 174 do CTN, que prevê a "constituição definitiva" do crédito tributário como termo inicial da prescrição. Se assim, "as medidas preparatórias" a que faz referência o parágrafo único do art. 173 do CTN, não poderão regular prazo de prescrição, se esta exige um ato definitivo de constituição do crédito e não preparatório. Assim, a questão não é exatamente de "prescrição intercorrente", mas de "duração razoável do processo", de modo que o parágrafo único do art. 173 do CTN, por um acidente intertemporal, acabou por antecipar, no processo tributário, o que está atualmente previsto no art. 5º, LXXVIII, da Constituição Federal.

Nossa divergência com a opinião de Hugo de Brito Machado, portanto, é meramente terminológica. No conteúdo, entretanto, nossa interpretação se concilia com a sustentada pelo eminente professor. Isso porque se assenta na ideia de segurança jurídica. Não podem os processos administrativos tributários, mesmo depois de instaurados pela impugnação, ficar sem uma solução definitiva em um tempo razoável. Nesse sentido, a notificação do lançamento seria a "medida preparatória" a que alude o parágrafo único do art. 173 do CTN. Assim, a norma em questão teria fixado um prazo limite para se resolver tanto a constituição do crédito tributário quanto sua eventual impugnação, que são os 5 anos contados da notificação do contribuinte.

É verdade que o dispositivo em questão demonstra a pretensão de regular prazo decadencial, isto é, de "constituição do crédito tributário" e não

---

29   MACHADO, Hugo de Brito. *Comentário ao Código Tributário Nacional*, v. III, p. 554-560.

propriamente fixar regra de "prescrição", ou seja, para a "cobrança do crédito tributário em juízo". Assim, em princípio, não se poderia afirmar que a regra do parágrafo único do art. 173 abrangeria também o processo administrativo, muito menos a ação judicial para a cobrança do crédito. Sobre esse assunto, entretanto, deve-se interpretar a legislação de forma sistemática e lógica. Observe-se que o art. 156, V, do CTN determina que a "prescrição" e a "decadência" extinguem o "crédito tributário". Isso significa que, no direito tributário, a prescrição não se presta apenas para fulminar o direito de ação judicial, mas também o crédito constituído. Para a finalidade de "extinguir o crédito tributário", prescrição e decadência possuem a mesma natureza e efeitos, isto é, pôr fim a uma relação jurídica. Por outro lado, se o parágrafo único do art. 173 estabelece que o direito de constituição do crédito tributário se extingue com o decurso do prazo de 5 anos contados de qualquer medida preparatória do lançamento, isso significa que, ocorrendo essa hipótese, a prescrição é abrangida pela decadência, não havendo mais crédito a ser exigido. Assim, o parágrafo único do art. 173 do CTN rege todo "processo de constituição do crédito tributário", abrangendo a fase do procedimento até a cobrança em juízo.

Nem se diga que, com essa interpretação, o art. 174 do CTN (que regula a prescrição) ficaria sem utilidade normativa. Este dispositivo será aplicado quando o crédito tributário é definitivamente constituído dentro do prazo de 5 anos, seguindo-se as regras de contagem dos arts. 173 e 150, § 4º, ambos do CTN. Por exemplo, se em um lançamento de ofício o contribuinte é notificado, se defende por meio de impugnação e o seu processo é decidido em última instância em 4 anos contados da notificação, deve-se aplicar a regra do art. 174 do CTN. Assim, o termo inicial da prescrição para a Execução Fiscal será a data do vencimento do tributo não pago. Caso, entretanto, o contribuinte seja notificado do lançamento, apresente impugnação e o Fisco demore mais de 5 anos para resolver seu processo na via administrativa, será aplicada a regra do parágrafo único do art. 173, sendo desnecessária a incidência da norma do art. 174, também do CTN.

No entanto, nenhuma dessas interpretações reflete o entendimento da jurisprudência que, nesse tocante, sustenta tese exageradamente favorável ao Fisco, culminando com a baixa efetividade dos processos administrativos. Para os tribunais, o prazo de prescrição inicia sua contagem a partir da "constituição definitiva" do crédito tributário. Assim, também nas fiscaliza-

Capítulo 3 **Procedimentos administrativos tributários**

ções, é necessário saber quando se dá a constituição "definitiva" do crédito, pois a partir desse evento começa a contar os 5 anos para a prescrição do direito à cobrança do respectivo crédito. Para a jurisprudência, ao se encerrar uma fiscalização e notificar o contribuinte, o crédito tributário não estará constituído definitivamente, caso o contribuinte impugne o lançamento. Isso ocorrendo, a exigibilidade do crédito é suspensa até a conclusão do processo administrativo (CTN, art. 151, III). Encerrado esse processo e notificado o contribuinte sobre o seu resultado, caso tenha sido mantido o auto de infração total ou parcialmente, o crédito estará definitivamente constituído, iniciando a contagem do prazo de prescrição na forma do art. 174 do CTN.

De acordo com essa interpretação, realmente, um crédito tributário não pago poderá levar anos e anos na esfera administrativa até o ajuizamento da Execução Fiscal, o que inclusive é uma realidade. Na nossa opinião, a jurisprudência deveria se posicionar sobre a questão, à luz da garantia constitucional de "duração razoável dos processos" observada amplamente, isto é, incluindo os procedimentos administrativos e os processos propriamente ditos. Essa interpretação acabaria por forçar o Fisco a concluir o processo administrativo no prazo de 5 anos, contado da notificação do auto de infração ao contribuinte. Isso traria maior segurança às relações jurídicas tributárias, evitando que os processos se "eternizassem" nas instâncias administrativas.

No âmbito federal, o Conselho Administrativo de Recursos Fiscais (CARF) chegou a sumular tese que se opõe ao argumento da prescrição intercorrente no processo administrativo fiscal. Nesse sentido é a Súmula do CARF n. 11: "Não se aplica a prescrição intercorrente no processo administrativo fiscal".

Desde os anos oitenta, o STF tem firmado o entendimento de que o crédito tributário somente se constitui depois da lavratura do auto de infração. A partir desse ato é que inicia a contagem do prazo de prescrição na forma do art. 174 do CTN. É importante destacar, que esse precedente e os demais que se seguiram a ele, datam dos anos oitenta, praticamente duas décadas antes da inserção da "garantia da duração razoável" na Constituição Federal, que ocorreu com a Emenda Constitucional n. 42, de 2003. Nesse sentido:

> Prazos de prescrição e de decadência em direito tributário. Com a lavratura do auto de infração, consuma-se o lançamento do crédito tributário (art. 142 do CTN). Por outro lado, a decadência só é admissível no período anterior a essa lavratura; depois, entre a ocorrência dela e até que flua o prazo

175

para a interposição do recurso administrativo, ou enquanto não for decidido o recurso dessa natureza de que se tenha valido o contribuinte, não mais corre prazo para decadência, e ainda não se iniciou a fluência de prazo para prescrição; decorrido o prazo para interposição do recurso administrativo, sem que ela tenha ocorrido, ou decidido o recurso administrativo interposto pelo contribuinte, há a constituição definitiva do crédito tributário, a que alude o artigo 174, começando a fluir, daí, o prazo de prescrição da pretensão do fisco. É esse o entendimento atual de ambas as turmas do S.T.F. Embargos de divergência conhecidos e recebidos (STF. Recurso Extraordinário 94.462/SP, Rel. Min. Moreira Alves, Pleno, DJ 17-2-1982)[30].

O STJ compartilha da mesma orientação, como é possível se observar de acórdãos mais recentes quando comparados com os precedentes da Suprema Corte.

2. Consoante os aspectos fáticos delineados no acórdão recorrido, nota-se que o crédito tributário foi devidamente constituído por meio da lavratura do auto de infração ocorrida em 16-2-2005 (referente a fatos geradores ocorridos em 2002). Não há falar em decadência no caso dos autos, uma vez que foi respeitado o prazo de cinco anos previsto no art. 173 do CTN. 3. Nos termos do art. 174 do CTN, a partir do momento da constituição definitiva do crédito, passa-se a contar o lustro prescricional e não o prazo decadencial, como afirmado pela recorrente (STJ. Recurso Especial 1.650.295/MT, Rel. Min. Herman Benjamin, 2ª T, DJ 19-4-2017)[31].

Em complementação ao precedente transcrito, a Súmula 622 do STJ fixa a orientação de que, depois de constituído o crédito tributário pelo lançamento, não há mais que se falar em decadência, mas prescrição, cujo termo inicial será a data de constituição definitiva do crédito tributário. Assim, na hipótese de o contribuinte ter impugnado o crédito ou recorrido da decisão de primeira instância e perder a discussão. Para a súmula, a partir da notificação do lançamento ou do resultado do julgamento e esgotado o prazo para o pagamento voluntário do tributo, tem-se a constituição definitiva do

---

30 No mesmo sentido os seguintes precedentes: RE 100.378/MG, DJ 2-12-1983; Agravo de Instrumento 96.616/RJ, DJ 25-5-1984.

31 No mesmo sentido os seguintes precedentes: Agravo Regimental no Agravo no Recurso Especial 800.136/RO, Rel. Min. Benedito Gonçalves, DJe 2-3-2016; Agravo Regimental no Recurso Especial 1.358.305/RS, Rel. Min. Assusete Magalhães, DJe 17-3-2016.

Capítulo 3 **Procedimentos administrativos tributários**

crédito tributário, considerada como data do início do prazo de prescrição. Eis o teor da súmula:

> Súmula 622 do STJ: A notificação do auto de infração faz cessar a contagem da decadência para a constituição do crédito tributário; exaurida a instância administrativa com o decurso do prazo para a impugnação ou com a notificação de seu julgamento definitivo e esgotado o prazo concedido pela Administração para o pagamento voluntário, inicia-se o prazo prescricional para a cobrança judicial.

Em que pese a jurisprudência dos tribunais superiores não ser a melhor solução para o difícil tema, especialmente quando se leva em consideração a segurança jurídica e a duração razoável dos processos, não há como ignorar seu alinhamento à força normativa do art. 174 do CTN, que fixa como termo inicial da prescrição do crédito tributário a data de sua "constituição definitiva". A ideia de definitividade dos atos constitutivos presume a hipótese de não ser mais possível questionamentos a seu respeito. Nesse sentido, uma "medida preparatória" ao lançamento (CTN, art. 173, parágrafo único) jamais poderia ser "definitiva". Isso, no entanto, não exclui a previsão de um prazo máximo para a solução "definitiva" de todo o processo de constituição e exigência do tributo no âmbito da administração em tempo razoável. É o que parece ter antevisto o parágrafo único do art. 173 do CTN, entendido hoje como "duração razoável do processo" em matéria tributária.

É necessário frisar que o entendimento jurisprudencial não se concilia com a previsão constitucional de duração razoável do processo, extensível aos procedimentos administrativos (CF, art. 5º, LXXVIII). Esse argumento é fortalecido diante do fato de que na época atual a técnica da informática facilita o trabalho de todos que atuam com os procedimentos e processos administrativos. Apesar do acúmulo de procedimentos e de processos tributários, cinco anos é um prazo razoável, devendo as administrações fiscais se equiparem para atender esse prazo. Essa suposição é reforçada com o fato de que em 1966, ano em que o CTN foi promulgado, já havia sido previsto um prazo fatal para a constituição definitiva do crédito tributário. Nessa ocasião, os procedimentos fiscais eram provavelmente mais lentos, mormente em razão da falta de computadores e programas de informática. Para a época, portanto, o prazo não estaria fora de contexto como hoje também continua não estando. O trabalho do intérprete é também conciliar a exegese histórica com a realidade contemporânea.

177

CURSO COMPLETO DE DIREITO PROCESSUAL TRIBUTÁRIO

Esses argumentos levam igualmente à conclusão de que as leis específicas de cada Fazenda Pública deveriam fixar prazos menores ou iguais ao prazo geral para a conclusão dos procedimentos e processos administrativos. Na ausência de lei nesse sentido, é lícito ao contribuinte exigir, judicialmente, o reconhecimento da caducidade do direito de a Fazenda constituir o crédito definitivamente, em razão da decadência estatuída no parágrafo único do art. 173 do CTN. O fundamento para este pleito será a razoável duração do processo de constituição do crédito tributário com amparo no parágrafo único do art. 173 do CTN e no art. 5º, LXXVIII, da CF. Deve ser garantido à Fazenda, por óbvio, o direito de comprovar que não deu causa à extrapolação do prazo de 5 anos, hipótese em que a decadência poderá não ser reconhecida.

Entendemos que este pleito não poderá ser deduzido perante a própria administração tributária, por se tratar de matéria referente à interpretação de dispositivo constitucional sobre norma limitadora de direitos da Fazenda, o que poderá resvalar em controle de constitucionalidade do dispositivo do CTN, o que é vedado à administração tributária decidir.

3.3.3.3 Conclusão da fiscalização

Os argumentos desenvolvidos na subseção anterior não se confundem com o estabelecimento de prazos, igualmente razoáveis, para a conclusão dos procedimentos fiscalizatórios. Naquela subseção, demonstramos que o parágrafo único art. 173 do CTN poderá ser interpretado como norma que estabelece o prazo total de 5 anos para conclusão de todo o processo de constituição e cobrança do crédito tributário. Nesta subseção, entretanto, pretendemos comentar a necessidade de se estabelecer prazo para a conclusão dos procedimentos fiscalizatórios, conforme exige o art. 196 do CTN.

No caso dos tributos federais, o art. 7º, § 2º, do Decreto n. 70.235, de 1972, que tem força de lei ordinária, possui regra que se aproxima da finalidade constitucional de duração razoável do procedimento. Isso porque estabelece que os atos de ofício que dão início ao procedimento fiscal de constituição do crédito tributário terão validade de 60 dias, prorrogável, por igual período, "com qualquer outro ato escrito que indique o prosseguimento dos trabalhos".

Capítulo 3 **Procedimentos administrativos tributários**

Atualmente, nas fiscalizações de tributos federais, realizadas pela RFB, a instauração do procedimento fiscal dá-se com a expedição dos seguintes termos, previstos no art. 2º da Portaria/RFB n. 6.478, de 2017: a) Termo de Distribuição de Procedimento Fiscal de Fiscalização (TDPF-F), para instauração de procedimento de fiscalização; b) Termo de Distribuição de Procedimento Fiscal de Diligência (TDPF-D), para realização de diligência; e c) Termo de Distribuição de Procedimento Fiscal Especial (TDPF-E), para prevenção de risco de subtração de prova[32]. De acordo com o art. 11 da mencionada Portaria, os TDPF-F e TDPF-D terão validade de 120 e 60 dias, respectivamente, contados da data de suas expedições. Prevê também o § 1º do art. 11 que os mencionados prazos poderão ser prorrogados até a efetiva conclusão do procedimento de fiscalização. O mencionado artigo esclarece também que os prazos serão contados excluindo-se o dia do começo e incluindo-se o do fim. O art. 12 da citada norma prevê que o TDPF será extinto com o decurso do prazo de sua vigência, sem prejuízo da continuidade do procedimento fiscal. De acordo com o art. 13 da Portaria, os atos praticados após a extinção do TDPF por decurso do prazo de vigência não serão considerados nulos, podendo ser expedido novo TDPF para continuidade da fiscalização.

Convém frisar, embora o art. 11 da Portaria seja omisso, que as prorrogações deverão ser motivadas, conforme sugere o § 2º do art. 7º do Decreto n. 70.235, de 1972. A motivação, nesse caso, não se trata de uma simples formalidade burocrática, mas uma garantia aos direitos do contribuinte de que a fiscalização necessita, justificadamente, de mais prazo. Sem motivação todas as prorrogações são nulas e a motivação de uma delas não convalida as anteriores que possuírem esse tipo de vício[33].

3.3.4 Dever de informar ao fisco

Ainda sobre a análise das normas gerais de procedimento de fiscalização de obrigações tributárias, o art. 197 do CTN estabelece que determinadas pessoas que possuem relações com terceiros em razão de seus respectivos

---

32 Essa legislação é muito instável, sendo revogada e alterada com muita frequência. Recomendamos ao leitor que sempre se certifique de sua vigência.

33 Nesse sentido: STJ. Recurso Especial 666.277, Rel. Min. Eliana Calmon, 2ª T., v.u., j. 3-11-2005, *DJ* 21-11-2005.

CURSO COMPLETO DE DIREITO PROCESSUAL TRIBUTÁRIO

ofícios, deverão prestar à autoridade administrativa "todas" as informações de que disponham com relação aos bens, negócios ou atividades de terceiros[34].

Desde logo, é necessário afastar-se a conclusão de que as pessoas arroladas no art. 197 do CTN, tais como os tabeliães, administradores de bens de terceiros, corretores, leiloeiros etc., deverão prestar todas ou quaisquer informações de que tenham conhecimento, especialmente se essas informações puderem incriminá-los. Sobre a regra do art. 197 do CTN prevalece o direito constitucional ao "silêncio" (CF, art. 5º, LXIII), não sendo tais pessoas obrigadas a produzir provas contra si[35].

Assim, a autoridade administrativa tributária somente poderá exigir dos terceiros arrolados no art. 197 do CTN, informações pertinentes à "incidência de tributos" relativos aos bens, negócios ou atividades dos contribuintes com quem possuem relação.

Nos procedimentos de fiscalização, consoante foi visto na subseção 2.6.1, impera o sistema probatório da verdade material. Assim, deverá o Poder Público colher todas as provas autorizadas pelo direito, que consigam aproximar ao máximo os fatos comprovados ao que realmente ocorreu. Essa necessidade de se aplicar o sistema da verdade material no procedimento tributário decorre do fato de que a cobrança do tributo é receita pública e obrigação do contribuinte, não se permitindo que a Fazenda receba mais ou menos do que a lei estabelece. Interpretação diferente poderá levar à ruptura com o princípio da legalidade, que norteia as atividades de exigência fiscal.

É lícito, portanto, que a autoridade fiscal exija por escrito informações de um tabelião sobre os valores que envolveram uma alienação de imóvel,

---

34 CTN, art. 197: "Mediante intimação escrita, são obrigados a prestar à autoridade administrativa todas as informações de que disponham com relação aos bens, negócios ou atividades de terceiros: I – os tabeliães, escrivães e demais serventuários de ofício; II – os bancos, casas bancárias, Caixas Econômicas e demais instituições financeiras; III – as empresas de administração de bens; IV – os corretores, leiloeiros e despachantes oficiais; V – os inventariantes; VI – os síndicos, comissários e liquidatários; VII – quaisquer outras entidades ou pessoas que a lei designe, em razão de seu cargo, ofício, função, ministério, atividade ou profissão. Parágrafo único. A obrigação prevista neste artigo não abrange a prestação de informações quanto a fatos sobre os quais o informante esteja legalmente obrigado a observar segredo em razão de cargo, ofício, função, ministério, atividade ou profissão".

35 MACHADO, Hugo de Brito. *Comentários ao Código Tributário Nacional*, v. III, p. 767-769.

Capítulo 3   Procedimentos administrativos tributários

pois que a escritura, além de ser pública, poderá auxiliar na apuração de tributo vinculado ao negócio jurídico expresso naquele documento. De posse dessas informações, o Poder Público poderá, no máximo, utilizá-las em lançamento de ofício para o qual possua procedimento instaurado. Não será lícito, porém, a invocação do art. 197 do CTN para constranger o tabelião a entregar documentos ou informações que possam resultar na apuração de crime que se refira à conduta do referido serventuário. O mesmo raciocínio se aplica às demais pessoas arroladas nos incisos do art. 197 do CTN.

A relevância do dever de prestar informações para a autoridade fiscal previsto no artigo em referência reside, entretanto, no fato de a norma dirigir-se a determinadas pessoas que não são exatamente o contribuinte. É evidente que, quando se tratar do sujeito passivo (contribuinte ou responsável), este poderá ser obrigado a prestar informações em razão da prática de fatos geradores ou da relação de responsabilidade tributária. Assim, por exemplo, ao informar seu saldo bancário e rendimentos à autoridade tributária do Imposto sobre a Renda, não há, evidentemente, qualquer ofensa à intimidade do contribuinte, justamente porque o fato gerador da obrigação tributária em questão é a sua renda auferida. As informações relativas à renda constituem obrigações acessórias que deverão também ser cumpridas, visando-se o interesse da arrecadação fiscal (CTN, art. 113, § 2º).

As obrigações acessórias, contudo, poderão atingir terceiros que não praticaram o fato gerador do tributo. A norma do art. 197 do CTN se insere nessa lógica, na medida em que obriga determinadas pessoas ao dever de informar o fisco sobre fatos relacionados a obrigações tributárias de terceiros com os quais aquelas mantenham relações profissionais ou negociais. Do inciso I ao VII, do artigo analisado, há referência explícita a pessoas determinadas, de modo que não é lícito à autoridade fiscal exigir informações de pessoas que não estejam arroladas no dispositivo legal. Não será admissível a exigência das informações de quem tenha relações de parentesco ou de amizade com o contribuinte, porque deve existir pertinência lógica e temática entre a exigência e a apuração dos dados tributários investigados[36].

Das pessoas e instituições listadas nos incisos I a VII do art. 197 do CTN, as que mais trazem indagações de ordem jurídica são as instituições finan-

---

36 AMARO, Luciano. *Direito tributário brasileiro*, p. 483.

181

CURSO COMPLETO DE DIREITO PROCESSUAL TRIBUTÁRIO

ceiras. Isso porque a Constituição Federal, no art. 5º, X e XII protege o sigilo de dados, que só poderão ser divulgados nos limites constitucionais. Nas subseções a seguir serão feitas considerações sobre o tema do sigilo de dados bancários e os poderes da autoridade fiscal.

3.3.4.1 Distinção entre os sigilos bancário e fiscal

A diferença entre os sigilos bancário e fiscal reside na identificação de quem é o destinatário da norma proibitiva. No caso do art. 197 do CTN tem-se que o dever de informar recai sobre as pessoas referidas nos incisos do mencionado artigo. Essas pessoas e instituições, em razão de seus respectivos cargos, ofícios, funções, ministérios, atividades ou profissões, deverão guardar sigilo sobre as informações de que são possuidoras (CTN, art. 197, parágrafo único)[37].

A interpretação dos efeitos jurídicos dessa norma é complexa, pois, aparentemente, o parágrafo único do art. 197 do CTN nega as afirmações do *caput*. Harmonizando-se as disposições, tem-se que as pessoas referidas no dispositivo são obrigadas a prestar as informações exigidas pela autoridade fiscal, desde que essas informações não incorram na violação de sigilos legalmente estatuídos. Assim, o sigilo bancário dos contribuintes, num primeiro momento, está incluído na proibição de sua divulgação pelas instituições financeiras.

O sigilo fiscal, por sua vez, deve ser observado pela Fazenda Pública ou por seus servidores, que não poderá divulgar, salvo nos casos das exceções expressamente previstas nos §§ 1º e 3º do art. 198 e no art. 199 do CTN, a situação econômica ou financeira, ou ainda a natureza e o estado dos negócios ou atividades dos contribuintes[38].

---

37 SOUZA, Maria Helena Raul de. Administração Tributária. In: FREITAS, Vladimir (coord.). *Código Tributário Nacional comentado*. 4. ed. São Paulo: RT, 2007, p. 965.

38 CTN. "Art. 198. Sem prejuízo do disposto na legislação criminal, é vedada a divulgação, por parte da Fazenda Pública ou de seus servidores, de informação obtida em razão do ofício sobre a situação econômica ou financeira do sujeito passivo ou de terceiros e sobre a natureza e o estado de seus negócios ou atividades. § 1º Excetuam-se do disposto neste artigo, além dos casos previstos no art. 199, os seguintes: I – requisição de autoridade judiciária no interesse da justiça; II – solicitações de autoridade administrativa no interesse da Administração Pública, desde que seja comprovada a instauração regular de processo administrativo,

Capítulo 3 **Procedimentos administrativos tributários**

O artigo em referência teve sua redação determinada pela Lei Complementar n. 104, de 2001. Como se observa, trata-se de preceito proibitivo dirigido à administração tributária e seus agentes. Assim, ressalvadas as hipóteses dos §§ 1º e 3º do artigo sob análise, tanto a Fazenda quanto a autoridade fiscal são impedidas de divulgar dados econômicos ou financeiros relativos aos contribuintes ou terceiros, ainda que estes tenham sido alvos de fiscalização. Os motivos dessa proibição são nitidamente de natureza constitucional, uma vez que a situação econômica ou financeira do indivíduo somente poderá ser objeto de divulgação por ele próprio, eis que se insere no conteúdo normativo do direito à intimidade.

Considerando que o poder do Estado de exercer fiscalizações tributárias e, portanto, de exigir a apresentação de dados econômicos e financeiros se insere na busca da formalização do crédito tributário, tais dados devem ficar vinculados somente à fiscalização.

Por conseguinte, a violação do dever de sigilo fiscal pela administração tributária ensejará reparação do dano, com fundamento no art. 37, § 6º, da Constituição Federal, garantindo ao Poder Público o direito de regresso contra o servidor público faltoso, que divulgou indevidamente os dados. Aliás, o agente público que desrespeitar o dever de sigilo poderá ser incurso nas penas do art. 325 do Código Penal, que preceitua o crime de "violação de sigilo funcional".

Como foi dito, o dever de sigilo fiscal possui exceções previstas no art. 198 do CTN, que se refere ao art. 199, permitindo à Fazenda Pública permutar informações, na forma de lei geral ou específica, ou ainda mediante convênio entre as fazendas interessadas. O CTN, enquanto norma geral, poderia ter estabelecido as diretrizes centrais para esse tipo de troca de informações e não simplesmente remeter a outras leis a definição de como a troca de informações fiscais entre as Fazendas Públicas deverá ocorrer. No entanto, as leis específicas ou os convênios entre as Fazendas interessadas

---

no órgão ou na entidade respectiva, com o objetivo de investigar o sujeito passivo a que se refere a informação, por prática de infração administrativa. § 2º O intercâmbio de informação sigilosa, no âmbito da Administração Pública, será realizado mediante processo regularmente instaurado, e a entrega será feita pessoalmente à autoridade solicitante, mediante recibo, que formalize a transferência e assegure a preservação do sigilo. § 3º Não é vedada a divulgação de informações relativas a: I – representações fiscais para fins penais; II – inscrições na Dívida Ativa da Fazenda Pública; III – parcelamento ou moratória".

deverão determinar a forma como poderão ser transferidas as informações, sempre obedecendo o dever de sigilo fiscal. A permuta de informações fiscais sigilosas pode ser estendida às relações da Fazenda Pública brasileira com a de outros países, devendo existir, para tanto, tratados ou convênios internacionais nesse sentido (v. subseção 3.3.1).

O § 1º do art. 198 do CTN prevê também exceções ao sigilo fiscal nos casos de "requisição de autoridade judiciária no interesse da justiça" e de "solicitações de autoridade administrativa no interesse da Administração Pública". Neste último caso, a solicitação da autoridade administrativa dependerá de instauração regular de processo administrativo, "com o objetivo de investigar o sujeito passivo a que se refere a informação, por prática de infração administrativa". Outra exceção à regra do sigilo fiscal é a norma do § 3º do art. 198 do CTN, que permite a divulgação de informações relativas a representações fiscais, inscrições em dívida ativa, parcelamentos ou moratória.

3.3.4.2 O sigilo bancário antes e depois da Constituição Federal de 1988

À época em que o CTN foi promulgado, a garantia do direito individual à intimidade não era prevista na Constituição Federal. O art. 141 da Constituição Federal de 1946, que dispunha sobre os direitos e garantias individuais, não fazia qualquer remissão à proteção de dados relativos à pessoa. Isso talvez explique a redação do II do art. 197 do CTN, que obriga os " bancos, casas bancárias, Caixas Econômicas e demais instituições financeiras prestar à autoridade administrativa todas as informações de que disponham com relação aos bens, negócios ou atividades de terceiros". A Constituição de 1967 e a Emenda Constitucional n. 1, de 1969, igualmente, não se referiram a proteção de dados sigilosos[39].

A Lei n. 4.595, de 1964, que estabelece normas gerais sobre o sistema financeiro nacional, permitia o fornecimento de informações financeiras ao Poder Judiciário e às Comissões Parlamentares de Inquérito (CPIs). A autoridade fiscal também poderia ter acesso às informações bancárias dos correntistas, desde que existisse processo instaurado para apuração de infração à legislação tributária, devendo a autoridade guardar segredo sobre as informações

---

39 Os direitos e garantias individuais, na Constituição de 1967, alterada pela EC 1/969, eram previstos no artigo 153 que também não se refere ao sigilo de dados.

Capítulo 3 **Procedimentos administrativos tributários**

obtidas[40]. O descumprimento dessas restrições poderia caracterizar crime punido com pena de reclusão. O art. 38 da Lei n. 4.595, de 1964, que dispunha sobre essa matéria foi revogado pela Lei Complementar n. 105, de 2001. Na área de valores mobiliários, A Lei n. 6.385, 1976, com redação dada pela Lei n. 10.303, de 2001, também prevê o compartilhamento de informações entre o Banco Central, a Secretaria da Receita Federal e a Comissão de Valores Mobiliários, não podendo o dever de guardar sigilo das informações ser invocado como óbice ao intercâmbio de informações entre os órgãos fiscalizadores[41].

---

40 Lei n. 4.595, de 1964. "Art. 38. As instituições financeiras conservarão sigilo em suas operações ativas e passivas e serviços prestados. § 1º As informações e esclarecimentos ordenados pelo Poder Judiciário, prestados pelo Banco Central da República do Brasil ou pelas instituições financeiras, e a exibição de livros e documentos em Juízo, se revestirão sempre do mesmo caráter sigiloso, só podendo a eles ter acesso as partes legítimas na causa, que deles não poderão servir-se para fins estranhos à mesma. § 2º O Banco Central da República do Brasil e as instituições financeiras públicas prestarão informações ao Poder Legislativo, podendo, havendo relevantes motivos, solicitar sejam mantidas em reserva ou sigilo. § 3º As Comissões Parlamentares de Inquérito, no exercício da competência constitucional e legal de ampla investigação (art. 53 da Constituição Federal e Lei n. 1579, de 18 de março de 1952), obterão as informações que necessitarem das instituições financeiras, inclusive através do Banco Central da República do Brasil. § 4º Os pedidos de informações a que se referem os §§ 2º e 3º, deste artigo, deverão ser aprovados pelo Plenário da Câmara dos Deputados ou do Senado Federal e, quando se tratar de Comissão Parlamentar de Inquérito, pela maioria absoluta de seus membros. § 5º *Os agentes fiscais tributários do Ministério da Fazenda e dos Estados somente poderão proceder a exames de documentos, livros e registros de contas de depósitos, quando houver processo instaurado e os mesmos forem considerados indispensáveis pela autoridade competente. § 6º O disposto no parágrafo anterior se aplica igualmente à prestação de esclarecimentos e informes pelas instituições financeiras às autoridades fiscais, devendo sempre estas e os exames serem conservados em sigilo, não podendo ser utilizados senão reservadamente.* § 7º A quebra do sigilo de que trata este artigo constitui crime e sujeita os responsáveis à pena de reclusão, de um a quatro anos, aplicando-se, no que couber, o Código Penal e o Código de Processo Penal, sem prejuízo de outras sanções cabíveis".

41 Lei n. 6.385, de 1976: "Art. 28. O Banco Central do Brasil, a Comissão de Valores Mobiliários, a Secretaria de Previdência Complementar, a Secretaria da Receita Federal e Superintendência de Seguros Privados manterão um sistema de intercâmbio de informações, relativas à fiscalização que exercem, nas áreas de suas respectivas competências, no mercado de valores mobiliários (Redação dada pela Lei n. 10.303, de 31-10-2001). Parágrafo único. O dever de guardar sigilo de informações obtidas através do exercício do poder de fiscalização pelas entidades referidas no *caput* não poderá ser invocado como impedimento para o intercâmbio de que trata este artigo (Parágrafo incluído pela Lei n. 10.303, de 31-10-2001)".

Com o advento da Constituição de 1988, foi previsto no art. 5º, XII o direito fundamental de proteção ao sigilo de "dados". Essa proteção constitucional se lastreia no direito à intimidade, igualmente inviolável, nos termos do inciso X, também do art. 5º da Constituição: "são invioláveis *a intimidade*, a vida privada, a honra e a imagem das pessoas, assegurado o direito a indenização pelo dano material ou moral decorrente de sua violação".

Assim, apesar de as Leis n. 4.595, de 1964 e 6.385, de 1976, juntamente com o art. 197 do CTN, permitirem o acesso de dados bancários às autoridades tributárias, a Constituição Federal vigente impediu a recepção desses dispositivos, porque esse tipo de informação passou a ser considerada sigilosa e só poderia ser transmitida à autoridade tributária, se precedida de ordem judicial. Em um primeiro momento, o STJ decidiu que o sigilo bancário só poderia ser divulgado mediante decisão judicial.

> Tributário. Sigilo bancário. Quebra com base em procedimento administrativo-fiscal. Impossibilidade. O sigilo bancário do contribuinte não pode ser quebrado com base em procedimento administrativo-fiscal, por implicar indevida intromissão na privacidade do cidadão, garantia esta expressamente amparada pela Constituição Federal (artigo 5º, inciso X). Por isso, cumpre às instituições financeiras manter sigilo acerca de qualquer informação ou documentação pertinente a movimentação ativa e passiva do correntista/contribuinte, bem como dos serviços bancários a ele prestados. Observadas tais vedações, cabe-lhes atender às demais solicitações de informações encaminhadas pelo fisco, desde que decorrentes de procedimento fiscal regularmente instaurado e subscritas por autoridade administrativa competente. Apenas o Poder Judiciário, por um de seus órgãos, pode eximir as instituições financeiras do dever de segredo em relação às matérias arroladas em lei. Interpretação integrada e sistemática dos artigos 38, parágrafo 5º, da Lei n. 4.595/64 e 197, inciso II e parágrafo 1º do CTN. Recurso improvido, sem discrepância (STJ. Recurso Especial 37.566-5/RS, Rel. Min. Demócrito Reinaldo, *DJ* 28-3-1994).

O sigilo bancário passou a ser um tema tormentoso na doutrina e na jurisprudência. Por um lado, a Carta Magna talvez tenha pretendido dar resposta à altura aos abusos cometidos nos anos de regime militar, criando vedação constitucional à tentação da autoridade pública de obter dados que digam respeito à intimidade da pessoa. Por outro lado, a proibição em questão viabilizou distorções e favoreceu a sonegação e aos crimes contra a ordem tributária. Protegidas pelo sigilo bancário, pessoas amealharam fortunas e as

Capítulo 3 **Procedimentos administrativos tributários**

sonegaram da tributação. Note-se que a autorização judicial para a "quebra" de sigilo bancário teria que ser motivada em processo criminal em que houvesse indícios de crime contra a ordem tributária, o que nem sempre é factível, especialmente quando a autoridade administrativa necessita dessas informações para poder realizar o lançamento tributário.

Em 2001 foi promulgada a Lei Complementar n. 105, que disciplinou a "transferência" de dados financeiros às autoridades fazendárias, observadas determinadas regras. A chamada transferência de dados financeiros causou polêmica pois, em um primeiro momento, poderia ser confundida com a "quebra" do sigilo bancário, que levaria à possibilidade de divulgação de dados sobre a movimentação financeira dos correntistas. Se o sigilo bancário fosse considerado um direito individual relativo à intimidade, a chamada transferência de dados financeiros sem autorização judicial não poderia ser autorizada sequer por Emenda Constitucional, por ferir cláusula pétrea (CF, art. 60, § 4º, IV). Tanto assim que foram propostas ADI no Supremo Tribunal Federal contestando a "quebra ou transferência de sigilo bancário"[42].

3.3.4.3 O sigilo bancário perante a LC n. 105/2001

A Lei Complementar n. 105, de 2001, dentre várias regras que estabeleceu sobre o sigilo de dados bancários, previu o seguinte:

> Art. 6º As autoridades e os agentes fiscais tributários da União, dos Estados, do Distrito Federal e dos Municípios somente poderão examinar documentos, livros e registros de instituições financeiras, inclusive os referentes a contas de depósitos e aplicações financeiras, quando houver processo administrativo instaurado ou procedimento fiscal em curso e tais exames sejam considerados indispensáveis pela autoridade administrativa competente.
>
> Parágrafo único. O resultado dos exames, as informações e os documentos a que se refere este artigo serão conservados em sigilo, observada a legislação tributária.

Conforme se viu, essa previsão legal não é novidade no direito brasileiro, pois o § 2º do art. 38 da Lei n. 4.595, de 1964, possuía conteúdo semelhante, tendo sido revogado pela Lei Complementar 105, de 2001. A questão é

---

42 Trata-se das ADIs 2.390, 2.386, 2.397 e 2.859, de relatoria do original do Ministro Menezes Direito, sucedida pela do Ministro Dias Toffoli.

CURSO COMPLETO DE DIREITO PROCESSUAL TRIBUTÁRIO

saber se existe antinomia do art. 6º da Lei da Complementar em face do inciso XII do art. 5º da Constituição Federal.

Antes da edição da Lei Complementar n. 105, de 2001, inclusive com base em precedente do STJ, a interpretação sistemática do art. 38 da Lei n. 4.595, de 1964, conduzia ao entendimento de que não era possível à fiscalização tributária solicitar às instituições financeiras dados sobre contribuintes correntistas, sem que houvesse decisão judicial autorizando a obtenção dos dados[43]. Logo após o advento da lei surgiram também opiniões no sentindo de que seria possível o acesso dos dados bancários pela própria administração[44]. Mesmo após a Lei Complementar n. 105, de 2001, permaneceram argumentos doutrinários contrários à validade da quebra do sigilo bancário, sem prévia determinação judicial[45]. Outra parte da doutrina apoiou

---

43 "O sigilo bancário, no entanto, não é absoluto, como de resto, não é absoluto o próprio direito à intimidade. Ele possui limites legais e naturais que lhe estabelecem contornos. Os limites legais e naturais fulcram-se na lei. Mas, enquanto os primeiros constituem derrogações expressas do sigilo com escopo na ordem pública, os limites naturais são apenas abrandamentos da obrigação do Banco e se fundam na vontade do titular do bem protegido ou nos princípios gerais do direito... A garantia jurídica do sigilo bancário está na proteção pública e privada que, em nosso ordenamento, se dispensa ao instituto". Cf. COVELLO, Sérgio Carlos. O sigilo bancário como proteção à intimidade. *Revista de Direito Bancário e do Mercado de Capitais*, n. 3, p. 89-90, set./dez. 1998.

44 "Para isto, tem o Fisco um dever-poder, para identificar o patrimônio e os rendimentos auferidos pelos contribuintes, com discricionariedade sobre o momento, a oportunidade e a forma de agir. Por sua vez, os contribuintes não possuem qualquer direito subjetivo de se furtarem (confessar ou declarar) para o fisco o seu patrimônio". Cf. SEIXAS FILHO, Aurélio Pitanga. Princípios constitucionais tributário. *Caderno de Pesquisas Tributárias* n. 18, p. 233-243, São Paulo: Resenha Tributária, 1993.

45 "A nosso ver, existem realmente inconstitucionalidades na lei complementar em tela [o autor refere-se à LC n. 105], que criou, aliás, uma situação evidentemente absurda. Enquanto o particular pode ter o seu sigilo bancário quebrado pela autoridade administrativa, o servidor público está protegido pela garantia de que, somente mediante decisão judicial o seu sigilo bancário pode ser quebrado. Com isso se fez verdadeira inversão. O servidor público, para o qual o sigilo bancário não é tão importante, a não ser para impedir investigações em torno de práticas ilícitas, está protegido. Já o particular, que, ao menos enquanto agente da atividade econômica, tem no sigilo bancário uma garantia da qual evidentemente necessita para o desempenho de suas atividades, não desfruta de idêntica proteção". Cf. MACHADO, Hugo de Brito. *Comentários ao Código Tributário Nacional*, v. III, p. 767-788; "Se não existem provas mínimas ou indí-

Capítulo 3 **Procedimentos administrativos tributários**

a iniciativa do legislador, admitindo o acesso da administração fiscal a dados bancários[46].

Na primeira edição deste livro, sustentamos que o sigilo bancário só poderia ser afastado mediante ordem da justiça, sendo vedado à autoridade administrativa obter diretamente informações econômicas ou financeiras do contribuinte perante os bancos, ainda que a título de mera transferência de informações. É que a autoridade administrativa necessitaria demonstrar perante a justiça indícios de atividade criminosa para que pudesse ter acesso a esse tipo de dado da vida privada dos indivíduos. Hoje, no entanto, somos levados a pensar diferente. Desde que o órgão fiscal mantenha o sigilo das informações e as utilize estritamente para determinar a ocorrência de fatos geradores tributários que, sem as informações bancárias seria impossível chegar-se a tal conclusão, acreditamos que não há ofensa à cláusula que protege o sigilo de dados, porque estes permanecerão sendo protegidos.

Atualmente a questão está pacificada no âmbito do STF, que considerou constitucional a Lei Complementar n. 105, de 2001, no julgamento da ADI 2390/DF e apensos, de relatoria do Min. Dias Toffoli, ocorrido em 2016. Naquele julgado, em síntese, assentou-se o entendimento de que a lei não previu a "quebra" do sigilo bancário, mas tão somente a "transferência" de dados sigilosos da instituição financeira para a Fazenda Pública, que deverá manter o sigilo. Assim, a administração tributária poderá solicitar, sem prévia autorização judicial, informações sobre movimentações bancárias dos contribuintes

---

cios da ocorrência de um delito, muito menos de sua autoria, não se pode pedir o levantamento do sigilo para a *descoberta* de um delito que ainda não se conhece, mas se imagina possa ter ocorrido. Meras acusações, assentadas naquilo que *seria possível*, não são fundamentação adequada à luz da jurisprudência do Supremo Tribunal Federal para justificar a quebra de sigilo bancário, pois a 'possibilidade' levantada em si mesma, como mera possibilidade é um 'absurdo' tão vazio, inespecífico e genérico que poderia ser aplicado a qualquer cidadão, por mais honesto que fosse". Cf. DERZI, Misabel de Abreu Machado. O sigilo bancário e a guerra pelo capital. *Revista de Direito Tributário,* n. 81, p. 256-276.

46 "Destarte, a autoridade fiscal poderá ser responsabilizada se quebrar o sigilo fiscal a respeito dos informes bancários recebidos, ou se requisitar e obter informações bancárias a respeito do contribuinte com o descuramento das exigências legais". Cf. SARAIVA FILHO, Oswaldo Othon de Pontes. Relativizar o sigilo bancário em face da administração tributária. *Fórum administrativo,* n. 5, p. 746-767, jul. 2001.

CURSO COMPLETO DE DIREITO PROCESSUAL TRIBUTÁRIO

que estiverem respondendo procedimentos ou processos administrativos tributários que justifiquem a obtenção das informações. Na ADI 2390/DF, foi feita a ressalva aos estados e municípios que somente poderão solicitar tais informações depois que a matéria for regulamentada pelas respectivas Fazendas. No âmbito federal, o Decreto n. 3.724, de 2001, regulamenta a requisição, acesso e uso das informações obtidas das instituições financeiras e entidades a elas equiparadas. No caso das demais Fazendas, para que possam ter o mesmo acesso, deverão baixar decreto nesse sentido, sem discrepar, evidentemente, dos limites fixados pela Lei Complementar.

Ainda sobre esse tema, o STF, no julgamento do Recurso Extraordinário (RE) n. 601.314/SP, em 2016, reconheceu a repercussão geral da matéria concernente a transferência de dados bancários prevista no art. 6º da Lei Complementar n. 105, de 2001, e fixou a seguinte tese, referente ao item "a" do Tema 225:

> O art. 6º da Lei Complementar 105/01 não ofende o direito ao sigilo bancário, pois realiza a igualdade em relação aos cidadãos, por meio do princípio da capacidade contributiva, bem como estabelece requisitos objetivos e o translado do dever de sigilo da esfera bancária para a fiscal.

De acordo com o precedente da Suprema Corte, a lei complementar realiza o princípio da igualdade tributária entre os cidadãos na medida em que seus poderes investigatórios de fiscalização podem ser ampliados para impedir que contribuintes encontrem meios de sonegar tributos, protegidos pelo sigilo bancário.

3.3.4.4 Retroatividade da Lei n. 10.174/2001 aos fatos geradores anteriores à sua vigência

O RE em questão também pacificou outro ponto controvertido trazido com a lei complementar. Trata-se da Lei n. 10.174, de 2001, que permitiu à RFB utilizar informações bancárias repassadas pelas instituições financeiras ao órgão fiscal, em função da sistemática de recolhimento da revogada CPMF. No ponto, o questionamento formulado contra a Lei n. 10.174, de 2001, tinha a ver com a sua aplicação para fatos geradores de tributos anteriores à sua vigência e se essa aplicação ofenderia o princípio da irretroatividade da lei tributária, previsto no art. 150, III, *a*, da Constituição Federal. No acórdão paradigma ficou assentado que a lei em tela não ofendeu o prin-

Capítulo 3 **Procedimentos administrativos tributários**

cípio constitucional da irretroatividade por se tratar de norma de natureza instrumental, cujo objeto é regulamentar os poderes de fiscalização tributária, e não exatamente criar obrigações fiscais ao contribuinte. Assim, a Lei n. 10.174, de 2001, se alinha ao disposto no art. 144, § 1º, do CTN, em que se permite a aplicação de lei posterior ao lançamento tributário, que institua novos critérios de apuração ou processos de fiscalização, ainda que essa lei posterior amplie os poderes de investigação da autoridade administrativa. Sobre esse ponto, o citado precedente fixou a seguinte tese correspondente ao item "b" do Tema 225:

> A Lei 10.174/01 não atrai a aplicação do princípio da irretroatividade das leis tributárias, tendo em vista o caráter instrumental da norma, nos termos do artigo 144, § 1º, do CTN.

Com o julgamento da ADI 2.390/DF e do RE 601.314/SP, resolveu-se o problema da constitucionalidade do acesso da administração tributária a dados bancários dos contribuintes, guardados por instituições financeiras. Assim, ao órgão fazendário é permitido requisitar aos bancos informações sobre as movimentações financeiras dos contribuintes, desde que instaure procedimento ou processo administrativo que justifique a solicitação e mantenha o sigilo das informações recebidas.

3.3.5 Dever de sigilo fiscal imposto à Fazenda

Na subseção 3.3.4.1, fez-se a distinção entre os sigilos bancário e fiscal. Naquela oportunidade, observou-se que a Lei Complementar n. 104, de 2001, alterou a redação do art. 198 do CTN, criando algumas exceções ao preceito proibitivo que impede a divulgação de informações fiscais dos contribuintes em poder do fisco. Nesta abordagem, em razão da relevância do tema, mormente em função de seus reflexos nos direitos fundamentais da pessoa, serão lançados comentários para maior reflexão.

A redação do art. 198 do CTN, anteriormente à LC 104 de 2001, era a seguinte:

> Art. 198. Sem prejuízo do disposto na legislação criminal, é vedada a divulgação, para qualquer fim, por parte da Fazenda Pública ou de seus funcionários, de qualquer informação, obtida em razão do ofício, sobre a situação econômica ou financeira dos sujeitos passivos ou de terceiros e sobre a natureza e o estado dos seus negócios ou atividades.

191

Parágrafo único. Excetuam-se do disposto neste artigo, unicamente, os casos previstos no artigo seguinte e os de requisição regular da autoridade judiciária no interesse da justiça.

O "artigo seguinte", a que se refere o parágrafo único, encontrava-se assim disposto: "A Fazenda Pública da União e as dos Estados, do Distrito Federal e dos Municípios prestar-se-ão mutuamente assistência para a fiscalização dos tributos respectivos e permuta de informações, na forma estabelecida, em caráter geral ou específico, por lei ou convênio".

De acordo com a redação original do CTN, tanto a Fazenda Pública quanto seus agentes eram impedidos de divulgar dados relativos à situação econômica ou financeira dos sujeitos passivos ou de terceiros. A vedação se estendia sobre assuntos relacionados à natureza e ao estado dos negócios ou atividades das pessoas referidas.

Conclui-se, portanto, que o agente público que infringisse a regra do art. 198 do CTN, além de responder pelo crime de violação de sigilo profissional (CP, art. 325), poderia ser responsabilizado por infração administrativa. O Poder Público, caso tivesse atuado através de um de seus órgãos, deveria reparar o dano sofrido pelo particular, ressalvando-se, evidentemente, o direito de regresso da administração contra a falta do servidor (CF, art. 37, § 6º).

A Lei Complementar n. 104, de 2001, alterou a redação do art. 198 do CTN, introduzindo exceções ao dever de a administração tributária manter sigilo sobre os mencionados dados.

Art. 198. Sem prejuízo do disposto na legislação criminal, é vedada a divulgação, por parte da Fazenda Pública ou de seus servidores, de informação obtida em razão do ofício sobre a situação econômica ou financeira do sujeito passivo ou de terceiros e sobre a natureza e o estado de seus negócios ou atividades.

§ 1º Excetuam-se do disposto neste artigo, além dos casos previstos no art. 199, os seguintes:

I – requisição de autoridade judiciária no interesse da justiça;

II – solicitações de autoridade administrativa no interesse da Administração Pública, desde que seja comprovada a instauração regular de processo administrativo, no órgão ou na entidade respectiva, com o objetivo de investigar o sujeito passivo a que se refere a informação, por prática de infração administrativa.

Capítulo 3 **Procedimentos administrativos tributários**

§ 2º O intercâmbio de informação sigilosa, no âmbito da Administração Pública, será realizado mediante processo regularmente instaurado, e a entrega será feita pessoalmente à autoridade solicitante, mediante recibo, que formalize a transferência e assegure a preservação do sigilo.

§ 3º Não é vedada a divulgação de informações relativas a:

I – representações fiscais para fins penais;

II – inscrições na Dívida Ativa da Fazenda Pública;

III – parcelamento ou moratória.

A primeira das exceções à proteção do sigilo fiscal consta do § 1º do art. 198, que faz remissão ao art. 199 do CTN, que, por sua vez, prevê o seguinte:

Art. 199. A Fazenda Pública da União e as dos Estados, do Distrito Federal e dos Municípios prestar-se-ão mutuamente assistência para a fiscalização dos tributos respectivos e permuta de informações, na forma estabelecida, em caráter geral ou específico, por lei ou convênio.

A Lei Complementar n. 104, de 2001, incluiu parágrafo único ao artigo transcrito com a seguinte previsão: "A Fazenda Pública da União, na forma estabelecida em tratados, acordos ou convênios, poderá permutar informações com Estados estrangeiros no interesse da arrecadação e da fiscalização de tributos". Conforme mencionado na subseção 3.3.1, o parágrafo único está alinhado às normas internacionais de cooperação fiscal, de modo que acordos internacionais ou tratados poderão disciplinar a permuta de informações fiscais entre os países.

Com relação ao *caput* do art. 199 do CTN, convém lembrar que o Brasil é um Estado federado, orientado, obviamente, pelo princípio do pacto federativo. Na acepção ampla desse princípio, os entes federados devem cooperar entre si na busca constante da união e harmonia políticas. O compartilhamento de informações fiscais, desde que preservado o sigilo entre as administrações, é expressão clara de eficácia do princípio do pacto federativo. Em reforço desse argumento, a Emenda Constitucional n. 42, de 2003, introduziu o inciso XXII ao art. 37 da Constituição Federal, que, na parte final, dispõe que as administrações tributárias atuarão de forma integrada "inclusive com o compartilhamento de cadastros e de informações fiscais, na forma da lei ou convênio". Diante dessa norma constitucional, não há como se questionar a licitude do compartilhamento de dados fiscais entre as Fazendas Públicas, pois a troca dessas informações é necessária ao cumprimento da regra constitucional.

Quanto ao disposto nos incisos I e II do § 1º do art. 198 do CTN, não existe qualquer óbice à validade dessas normas. Isso porque a requisição de informações pelo juiz dá-se no interesse da justiça. Presume-se, portanto, a existência de processo judicial, orientado pelos princípios constitucionais do processo, em especial a ampla defesa e o contraditório. Além disso, a requisição judicial de informações fiscais servirá para obtenção de provas que deverão ser valoradas imparcialmente pelo juiz. Por conseguinte, a requisição da autoridade judicial equivale à necessária transferência de dados para permitir a adequada solução da ação judicial.

O § 2º do art. 198 do CTN exige que "o intercâmbio de informação sigilosa, no âmbito da Administração Pública, será realizado mediante processo regularmente instaurado". A expressão "processo" deve ser compreendida em sentido amplo abrangendo também os procedimentos de lançamento de ofício. A instauração do procedimento ou do processo administrativos garante que a fiscalização tributária somente deverá solicitar informações fiscais dos contribuintes, em poder de outras Fazendas Públicas, havendo causa fundada para essa providência, comprovada no processo administrativo.

As exceções ao sigilo fiscal contidas no § 3º do art. 198 do CTN, também acrescentado pela Lei Complementar n. 104, de 2001, preveem que poderão ser divulgadas informações fiscais relativas: a) representações fiscais para fins penais; b) inscrições na Dívida Ativa da Fazenda Pública; c) parcelamento ou moratória. Tais exceções se prestam para viabilizar a prática desses atos, que podem depender das informações sigilosas contidas no procedimento de fiscalização.

3.3.6 Fiscalização do Simples Nacional

Em 1996, a Lei n. 9.317 regulamentou o Sistema Integrado do Pagamento de Impostos e Contribuições, espécie de regime tributário especial para microempresas e empresas de pequeno porte, aplicável, em geral, aos tributos de competência da União, ao que se chamou de Simples Federal. A mencionada lei, entretanto, no art. 4º, facultava aos estados ou aos municípios a possibilidade de aderirem ao sistema, por meio de convênios. Posteriormente, a Lei citada foi revogada pela Lei Complementar n. 123, de 2006, que instituiu o Estatuto da Microempresa e da Empresa de Pequeno Porte, estabelecendo também o regime fiscal diferenciado a essas modalidades empresariais, cumprindo deste modo a determinação prevista no art. 146, III,

Capítulo 3   **Procedimentos administrativos tributários**

d, da Constituição Federal. As Microempresas e Empresas de Pequeno Porte são conhecidas, respectivamente, pelas siglas ME e EPP.

A Emenda Constitucional n. 42, de 2003, alterou a redação do art. 146, III da Constituição Federal para incluir a alínea *d* e o parágrafo único, permitindo dessa forma a adoção de regimes especiais ou simplificados, relativos ao recolhimento do ICMS, das contribuições à seguridade social e da contribuição ao PIS/PASEP. Com essa previsão, a Constituição Federal previu um regime tributário nacional especial para as ME e EPP, que o art. 12 da Lei Complementar n. 123, de 2006, chama de "Regime Especial Unificado de Arrecadação de Tributos e Contribuições devidos pelas Microempresas e Empresas de Pequeno Porte – Simples Nacional". O Simples Nacional, portanto, unifica o pagamento de tributos relativos a todas as esferas federativas, o que é extensível aos procedimentos fiscalizatórios e de cobrança do crédito tributário. Além das normas contidas na citada lei complementar, serão baixados outros atos normativos pelo Comitê Gestor do Simples Nacional (CGSN), vinculado ao Ministério da Fazenda, composto por 4 representantes da SRF, como representantes da União; 2 dos Estados e do Distrito Federal; e 2 dos Municípios, para tratar dos aspectos tributários. Daqui em diante a mencionada lei complementar será chamada pela sigla LSN, referente a Lei do Simples Nacional.

De acordo com o art. 3º da LSN, consideram-se "microempresas ou empresas de pequeno porte, a sociedade empresária, a sociedade simples, a empresa individual de responsabilidade limitada e o empresário", neste último caso de acordo com o previsto no art. 966 do Código Civil. As entidades a que se refere o dispositivo legal também deverão estar registradas no Registro de Empresas Mercantis ou no Registro Civil de Pessoas Jurídicas. A distinção essencial entre microempresa e empresa de pequeno porte reside na receita bruta anual de uma e de outra. No primeiro caso, a microempresa deverá auferir, em cada ano calendário, receita bruta anual igual ou inferior a R$ 360.000,00 (trezentos e sessenta mil reais); a empresa de pequeno porte auferirá, em cada ano-calendário, receita bruta superior a R$ 360.000,00 (trezentos e sessenta mil reais) e igual ou inferior a R$ 4.800.000,00 (quatro milhões e oitocentos mil reais).

Com o propósito de retirar da informalidade muitos empreendedores individuais, a Lei Complementar n. 155, de 2016, estabeleceu normas gerais de natureza tributária ao Microempreendedor Individual (MEI). A Lei Complementar n. 188, de 2021, fez algumas alterações nas normas referentes ao MEI. O art. 18-A da LSN traz as regras gerais de natureza fiscal do MEI e, de acordo com o § 1º do mencionado artigo, considera-se MEI, em linhas gerais, o "empresário" que exerça qualquer atividade econômica na forma do art. 966 do Código Civil ou o que exerce atividades rurais, devendo auferir receita anual de até R$ 81.000,00 (oitenta e um mil reais) e que possa optar pelo Simples Nacional. De acordo com o art. 18-E, § 3º, da LSN, o MEI inclui-se no conceito de microempresa, exceto, obviamente, quanto ao valor da receita anual.

Consoante ao art. 13 da LSN integram o Simples Nacional para as ME e EPP os seguintes tributos, que serão recolhidos em documento único: a) Imposto sobre a Renda da Pessoa Jurídica – IRPJ; b) Imposto sobre Produtos Industrializados – IPI (exceto o IPI incidente na importação de bens e serviços); c) Contribuição Social sobre o Lucro Líquido – CSLL; d) Contribuição para o Financiamento da Seguridade Social – Cofins e para o PIS/Pasep (exceto nos casos de importação, hipótese em que o tributo será recolhido com as regras comuns à demais empresas); f) Contribuição Patronal Previdenciária – CPP para a Seguridade Social, a cargo da pessoa jurídica, de que trata o art. 22 da Lei n. 8.212, de 24 de julho de 1991 (exceto no caso da microempresa e da empresa de pequeno porte que se dediquem às atividades de prestação de serviços referidas nos §§ 5º-C e 5º-D do art. 18 da LSN); g) Imposto sobre Operações Relativas à Circulação de Mercadorias e Sobre Prestações de Serviços de Transporte Interestadual e Intermunicipal e de Comunicação – ICMS; h) Imposto sobre Serviços de Qualquer Natureza – ISS.

O MEI poderá aderir ao Sistema de Recolhimento de Valores Fixos Mensais dos Tributos Abrangidos pelo Simples Nacional (SIMEI). Este sistema de recolhimento somente é possível ao MEI. Feita a adesão, o MEI se torna isento do pagamento dos seguintes tributos: IRPJ, CSLL, PIS/Pasep, Cofins e IPI (excedo quando incidirem sobre a importação). No entanto, o MEI é obrigado a recolher os seguintes tributos: IOF, II, IE, PIS/Pasep, Cofins e IPI (incidentes sobre a importação), ITR, IR (incidente sobre ganhos ou rendimentos líquidos em aplicações de renda fixa ou sobre ganhos de capital na alienação de bens do ativo permanente), IR (incidente sobre os pagamentos ou créditos da pessoa jurídica a pessoas físicas), FGTS, Contribuição Previdenciária Patronal (somente se mantiver empregados). Além desses tributos, o MEI deverá pagar 5% do limite mínimo do salário de contribuição, a título

Capítulo 3 **Procedimentos administrativos tributários**

de Contribuição Previdenciária relativa à pessoa do empresário, como contribuinte individual; R$ 1,00 (um real) de ICMS e R$ 5,00 (cinco reais) de ISS, conforme for contribuinte desses tributos. A opção pelo SIMEI não dispensa a obrigatoriedade de se fazer a retenção de outros tributos conforme previsto na legislação específica de IRRF, CSLL, PIS/Pasep e Cofins.

Os tributos do Simples Nacional estão sujeitos ao lançamento por homologação e os contribuintes optantes deverão entregar Declaração Única no cumprimento de obrigações acessórias, conforme prevê o art. 25 da LSN. A declaração de que trata o citado dispositivo, em verdade, é um aplicativo disponível no portal do Simples na internet, chamado de Programa Gerador do Documento de Arrecadação do Simples Nacional – Declaratório (PGDAS-D). Por meio desse programa, o contribuinte poderá realizar o cálculo dos tributos e, portanto, formalizar o lançamento mensal dos tributos que está obrigado a pagar. Além do PGDAS-D, de periodicidade mensal, o optante do Simples Nacional deverá entregar anualmente a Declaração de Informações Socioeconômicas e Fiscais – DEFIS, que consta como um módulo do PGDAS-D.

Além das declarações mencionadas, o contribuinte do Simples deverá cumprir a obrigação de "emitir documento fiscal de venda ou prestação de serviço, de acordo com instruções expedidas pelo Comitê Gestor". A empresa deverá também "manter em boa ordem e guarda os documentos que fundamentaram a apuração dos impostos e contribuições devidos e o cumprimento das obrigações acessórias". Essa obrigação se estende "enquanto não decorrido o prazo decadencial e de prescrição" (LSN, art. 26).

De um modo geral, as obrigações fiscais do MEI serão disciplinadas pelo CGSN (atualmente disciplinadas pela Resolução CGSN n. 140, de 2018, e suas alterações), mas deverá declarar seus débitos tributários em Documento Único, conforme prazos e periodicidade definidos pelo CGSN. Em razão da Declaração Única, o MEI está dispensado de entregar a Guia de Recolhimento do Fundo de Garantia por Tempo de Serviço e Informações à Previdência Social – GFIP.

Os procedimentos fiscalizatórios do Simples Nacional estão definidos no art. 33 da LSN. A fiscalização do cumprimento das obrigações principal e acessória do Simples Nacional cabe à RFB e aos órgãos fazendários das demais Fazendas Públicas. As Secretarias de Fazenda dos Estados – SEFAZ poderão celebrar convênios com os municípios do seu território, atribuindo a estes o poder fiscalizatório das obrigações fiscais relativas ao estado. A fiscalização, depois de iniciada, poderá abranger todos os estabelecimentos da ME ou da EPP. A autoridade fiscalizadora, seja federal, estadual ou municipal poderá fiscalizar quaisquer das obrigações tributárias a que está sujeita a empresa optante, independentemente da competência tributária. Essa possibilidade de fiscalização única tem previsão no art. 33, § 1º-C, da LSN que, por sua vez, se funda no art. 146, parágrafo único, IV da Constituição Federal. A competência para autuação pelo não cumprimento de obrigações acessórias pertence à Fazenda em relação a qual a obrigação deveria ter sido cumprida. Consoante ao § 2º do art. 33 da LSN, caberá à RFB a fiscalização do recolhimento das contribuições à seguridade social exigidas das empresas do Simples que atuem nas áreas de construção de imóveis e obras de engenharia em geral, inclusive sob a forma de subempreitada, execução de projetos e serviços de paisagismo, bem como decoração de interiores; serviço de vigilância, limpeza ou conservação e serviços advocatícios. O crédito tributário não pago, apurado em procedimento de fiscalização, será exigido em lançamento de ofício pela autoridade competente que realizou a fiscalização.

No âmbito federal, existe um expressivo contencioso administrativo de empresas que foram excluídas do Simples Nacional. Os casos mais comuns se referem ao indeferimento da opção ou exclusão do contribuinte, quando se apura que este está em débito com o INSS, ou com as Fazendas federal, estadual ou municipal (LC n. 123, de 2006, art. 17, V). A LSN prevê também os casos de exclusão de ofício do contribuinte do sistema simplificado, o que também dá margem para controvérsias. As causas mais frequentes são: (i) embaraço à fiscalização (LSN, art. 29, II); (ii) prática reiterada de infração à legislação tributária (LSN, art. 29, V); (iii) comercialização de mercadoria considerada como produto de contrabando (LSN, art. 29, VII); (iv) falta de comprovação de escrituração contábil ou de identificação de movimentação bancária (LSN, art. 29, VIII).

Outra situação comum são os planejamentos tributários em que o contribuinte é acusado de desmembrar a atividade da empresa, formando um grupo econômico de fato. Segundo a fiscalização, isso acontece, geralmente, quando o empresário observa que seu empreendimento tem potencial de crescimento e poderá, em breve, ultrapassar os limites de receita para se manter no Simples Nacional. Para evitar que isso ocorra, são criadas várias empresas para explorar o mesmo objeto da empresa original, figurando

Capítulo 3 **Procedimentos administrativos tributários**

como sócios das empresas novas, parentes, ex-funcionários ou pessoas de confiança do fundador da primeira empresa. Normalmente, a gestão de fato dessas empresas é atribuída ao sócio original, que recebe procurações dos sócios de direito (que constam do contrato social) para administrar as empresas. É comum também que todas as empresas funcionem no mesmo endereço e compartilhem o pagamento de despesas e de funcionários.

Nesses casos, o contribuinte poderá ser alvo de fiscalização, devendo a autoridade tributária realizar todas as diligências necessárias para colher provas de que essas situações ocorreram ou estão ocorrendo. O procedimento fiscal, nesses casos, culminará com a lavratura de uma Representação Fiscal para exclusão do contribuinte do Simples por interposta pessoa (LSN, art. 29, IV). Essa representação será encaminhada para autoridade competente, em geral, o Delegado da Receita, para que, acolhendo a representação, expeça o Ato Declaratório Executivo de exclusão do Contribuinte do Simples (ADE). A exclusão da empresa, normalmente, possui efeitos prospectivos ou retroativos, conforme a causa da exclusão, na forma do art. 31 da LSN.

Por consequência da exclusão, o contribuinte será intimado para comprovar a apuração de suas obrigações tributárias no regime comum, devendo recolher a diferença entre os pagamentos que realizou na forma do Simples e os tributos do regime regular (LSN, art. 32).

O início do procedimento fiscal exclui a espontaneidade, nos termos do Decreto n. 70.235, de 1972, art. 7º, § 1º, de modo que será aplicada multa de ofício de 75%. Dependendo da situação, essa multa poderá ser acrescida de multa qualificada de 150%, caso fiquem comprovadas, com a interposição de pessoa, as hipóteses de sonegação fiscal, fraude ou conluio, previstas nos arts. 71 a 73 da Lei n. 4.502, de 1964, conforme alude o art. 44 da Lei n. 9.430, de 1996.

O regime do Simples Nacional foi concebido para ser um regime fiscal de cumprimento de obrigações fiscais mais facilitado ao contribuinte, especialmente em função das características das empresas optantes (ME, EPP e MEI). No entanto, transformou-se em sistema tributário paralelo, tão ou mais complexo que o regime normal. Os custos de conformidade das empresas optantes, em razão de tantas exigências e complexidades – a começar pela extensão da LSN – são desproporcionais aos propósitos de um regime tributário simplificado para pequenas empresas.

199

3.3.7 Novos procedimentos fiscalizatórios: georreferenciamento, notificações por WhatsApp e outros aplicativos

As inovações da tecnologia têm se mostrado ferramentas úteis às medidas fiscalizatórias do Poder Público. O chamado "georreferenciamento via satélite", adotado em diversas áreas de fiscalização do Poder Público, migrou à seara tributária, o que não o exonera de algumas advertências jurídicas importantes.

A ideia de georreferenciamento se refere a uma forma de se definir as dimensões e localização de imóveis urbanos ou rurais por métodos topográficos obtidos via satélite. Assim, os Fiscos federal e municipal poderão se valer das informações oferecidas por satélites para identificar imóveis rurais ou urbanos, visando o lançamento dos impostos incidentes sobre as propriedades imobiliárias localizadas nas respectivas zonas de competência. Como se sabe, o ITR, "Imposto sobre a Propriedade Territorial Rural", de competência da União, incide sobre imóveis situados na zona rural. O IPTU, "Imposto sobre a Propriedade Territorial e Predial Urbana", que compete aos municípios e ao Distrito Federal, tem por hipótese de incidência a propriedade dos imóveis abrangidos pela zona urbana, esta última definida em lei municipal.

Considerando que no caso do ITR o lançamento tributário segue a modalidade do lançamento por homologação, o georreferenciamento por satélite poderá ser utilizado como contraprova da administração das declarações prestadas pelos contribuintes sobre as dimensões do imóvel.

Tratando-se de IPTU, na mesma linha do ITR, a fiscalização municipal poderá utilizar as informações dos satélites para atualizar as dimensões dos imóveis que constam dos seus respectivos cadastros, especialmente nos casos em que o contribuinte não informa à administração pública eventuais alterações das áreas ocupadas ou construídas.

Sem pretender ingressar nos aspectos técnicos referentes à precisão das informações fornecidas pelas imagens via satélite, o georreferenciamento, por si, não constitui uma afronta aos princípios e garantias constitucionais dos procedimentos tributários. Assim como o georreferenciamento pode ser executado por fiscais pessoas físicas (topógrafos), nada obsta que seja também realizado por satélite. Trata-se de simples adaptação dos meios de obtenção de informações às tecnologias disponíveis. Observe-se que, conforme ressaltado na subseção 2.6.1, os procedimentos administrativos tributários são orienta-

Capítulo 3 **Procedimentos administrativos tributários**

dos pelo princípio inquisitório e seu sistema probatório é o da verdade real. Assim, o georreferenciamento por satélite pode configurar instrumento tecnológico que auxilia a fiscalização na apuração precisa e atual das dimensões dos imóveis. Nesse sentido, o georreferenciamento poderá atender ao princípio do formalismo moderado, também presente nos procedimentos tributários.

No caso dos imóveis rurais, a Lei n. 10.267, de 2001, alterou a Lei Geral de Registros Públicos (Lei n. 6.015, de 1973, art. 176, § 3º), para prever que os desmembramentos, parcelamentos ou remembramentos de imóveis rurais deverão ser georreferenciados de acordo com o Sistema Geodésico Brasileiro, que é feito por satélite. Nessa linha, o Novo Código Florestal, Lei n. 12.651, de 2012, instituiu a Cota de Reserva Ambiental (CRA), espécie de título nominativo representativo de área com vegetação nativa, existente ou em processo de recuperação. Para emissão do CRA, dentre outras exigências, o proprietário do imóvel rural deverá apresentar: "memorial descritivo do imóvel, com a indicação da área a ser vinculada ao título, contendo pelo menos um ponto de amarração georreferenciado relativo ao perímetro do imóvel e um ponto de amarração georreferenciado relativo à Reserva Legal" (Lei n. 12.651, de 2012, art. 45, § 1º, V). Assim, o georreferenciamento via satélite é uma realidade que dificilmente deixará de ser utilizada na eficiência e diminuição de custos fiscalizatórios.

O que não se permite, em hipótese nenhuma, quando o georreferenciamento for realizado por satélite, a vulneração às garantias do contraditório e da ampla defesa, na eventual alteração das dimensões do imóvel conhecidas pelo contribuinte. Tratando-se de alteração das declarações sobre o imóvel prestadas pelo contribuinte, como ocorre no caso de ITR, entendemos que deverá ser aplicada a regra do art. 148 do CTN, o que transforma o lançamento originalmente por homologação em lançamento por arbitramento. Por conseguinte, deverá a Fazenda assegurar o direito de o contribuinte impugnar as informações obtidas pelo satélite que destoam de suas declarações originais. Essa oportunidade de impugnação se dará antes da conclusão do procedimento, o que resulta em ganhos de eficiência significativos, pois, caso a questão técnica das dimensões do imóvel se resolvam, esse ponto não poderá ser objeto de nova impugnação administrativa depois que o lançamento estiver concluído. Fica ressalvado, em qualquer caso, a possibilidade de se ingressar com ação judicial para contestar a decisão administrativa desfavorável ao contribuinte.

Tratando-se de revisão de ofício das informações cadastrais arquivadas na administração fiscal, como é o caso do IPTU, eventuais alterações das dimensões dos imóveis detectadas pelo georreferenciamento deverão ser evidenciadas ao contribuinte na notificação de lançamento do imposto. Caso o sujeito passivo discorde das alterações perpetradas, poderá impugná-las administrativamente ou na via judicial, razão pela qual as informações têm que constar do lançamento tributário.

Quanto às notificações fiscais por meio de novas tecnologias, tais como o e-mail, o telefone ou até aplicativos de mensagens, entendemos não existir óbice desde que o contribuinte consinta com esse meio de cientificação e não seja abusivamente assediado ou constrangido. Assim, antes de inscrever o crédito tributário na dívida ativa ou de executá-lo judicialmente, seria salutar que a Fazenda procurasse o contribuinte por meio dessas novas tecnologias de comunicação e oferecesse proposta de pagamento do crédito tributário com abatimento de penalidades. Saliente-se, no entanto, que essas propostas de diminuição do crédito tributário deverão ser autorizadas em lei e não poderá a administração fiscal demonstrar abuso desse meio de comunicação ou atuar de forma constrangedora. Igualmente, caso o crédito tributário esteja sendo discutido na via administrativa ou judicial, por meio de procurador constituído, não deverá a administração procurar o contribuinte diretamente, senão por meio do seu advogado.

Em verdade, essas modalidades de comunicação deverão ocorrer dentro do horário de expediente administrativo e se revelarem como uma alternativa aos meios tradicionais de notificação.

A título de exemplo, registre-se que a Lei n. 14.195, de 2021, alterou a redação do art. 246 do CPC para permitir a citação por correio eletrônico (e-mail).

3.4 PROCEDIMENTOS ADMINISTRATIVOS TRIBUTÁRIOS DE INICIATIVA DO SUJEITO PASSIVO

Os procedimentos que serão analisados a seguir não ingressam no campo das fiscalizações, como os até então estudados, embora possam remeter à noção de exercício do poder de polícia em certo momento. O tema proposto é vasto, porque são inúmeros os procedimentos que o sujeito passivo dispõe para resolver pendências tributárias em face da administração pública.

Capítulo 3 **Procedimentos administrativos tributários**

Tomando-se por base o art. 5º, XXXIV, da Constituição Federal, que consagra os direitos de petição e de requerimento de certidões perante as repartições públicas, pode-se ter alguma noção das variadas hipóteses de provocação do Poder Público para o atendimento de demandas do sujeito passivo.

Exatamente por isso, não teremos a pretensão de esgotar o assunto. O propósito da presente abordagem é destacar os procedimentos que se formam no Poder Público, a fim de desatar questões fiscais que mais impactam e, por esse motivo, são mais utilizados pelos particulares. Cremos que com a análise dos procedimentos fiscais que será desenvolvida a seguir, será possível uma visão panorâmica do sistema processual tributário brasileiro no âmbito administrativo.

É salutar também prestar um esclarecimento prefacial. Considerando que a competência para disciplinar procedimentos e processos é concorrente (CF, art. 24, XI), cada ente federado tem a atribuição institucional de regulamentar seus respectivos procedimentos em matéria tributária. Em prol dessa visão panorâmica, elegemos a "consulta fiscal", os "pedidos administrativos de restituição ou de compensação" e os "parcelamentos" dos tributos federais como referência. Isso não significa que a legislação federal a ser comentada sirva de norma geral para as demais Fazendas Públicas. No âmbito da competência concorrente em processo administrativo tributário, não existe no Brasil uma "lei geral" a estabelecer normas básicas, o que seria muito salutar para a racionalidade do processo administrativo tributário. De qualquer forma, diante do fato de que a União detém a maior parte da competência tributária; e considerando também o amplo alcance da legislação federal, a análise dos procedimentos federais poderá transmitir uma ideia geral de como esses procedimentos poderão se desenvolver nas demais Fazenda Públicas.

Conforme sugere o título desta subseção, o sujeito passivo poderá dirigir-se à administração tributária competente a fim de dirimir dúvidas, requerer providências, o reconhecimento de direitos ou a expedição de documentos relativos à sua situação fiscal. Esses exemplos demonstram que o sujeito passivo atua na dinâmica da efetividade das normas tributárias em substituição ao Poder Público, ou na defesa de seus próprios interesses. O fato de o particular tomar a iniciativa de instaurar o procedimento não desnatura a função que os procedimentos administrativos possuem, de "instrumentalização do exercício do poder na democracia". Note-se que a resposta da administração é condição essencial para a licitude de algumas opções

203

tomadas pelo particular no que atina ao exercício de determinados direitos. Daí por que, se ao contribuinte é concedido o direito de postular perante a administração, a esta é conferida a obrigação de resolver o requerimento mediante a aferição dos critérios legais necessários à outorga do direito postulado. Essa obrigatoriedade de resolver a pendência instalada pelo particular é o que caracteriza o procedimento. O requerimento formulado pelo sujeito passivo não guarda em si todas as características do procedimento. Somente a atuação do Poder Público quanto às medidas necessárias para a solução do pleito do particular constituem o procedimento em sua autenticidade. De acordo com a nossa classificação, a consulta é procedimento administrativo voluntário (v. subitem 1.6).

Saliente-se que o procedimento, por não ser necessariamente contencioso, é marcado pela faculdade da observância das garantias processuais relacionadas ao contraditório e a ampla defesa, mas devem estar presentes os demais princípios e garantias específicos dos procedimentos, que foram examinados no Capítulo 2.

3.4.1 A consulta fiscal

O procedimento de consulta fiscal possui amparo na Constituição Federal, podendo se fundar no direito de petição do particular (CF, art. 5º, XXXIV, a) ou na garantia constitucional do direito à informação (CF, art. 5º XXXIII).

Para Kelly Magalhães Faleiro, "com a consulta fiscal o que se persegue é a informação do entendimento da Administração Pública quanto ao modo de aplicação de determinada regra tributária a um fato"[47]. Isso levaria à conclusão de que a consulta tem por fundamento constitucional o direito à informação, previsto no art. 5º, XXXIII da Constituição Federal. A consulta fiscal não decorreria somente do "direito de petição", porque esta garantia constitucional visa a "defesa de direitos ou contra ilegalidade ou abuso de poder", pressupondo a existência de um litígio[48].

---

47 FALEIRO, Kelly Magalhães. *Procedimento de consulta fiscal.* São Paulo: Noeses, 2005, p. 4.

48 "Na verdade, o direito de pedir está contido no direito à informação, pois se é certo que alguém tem o direito de ser informado é porque antes tem o direito de pedir a informação". Cf. FALEIRO, Kelly Magalhães. *Procedimento de consulta fiscal*, p. 4.

Capítulo 3 **Procedimentos administrativos tributários**

Na consulta o bem jurídico amparado é a informação sobre questão de ordem pública, na medida em que a parte tem direito à solução de dúvida formulada perante o Fisco, ainda que o seu resultado não seja favorável ao consulente. O direito de petição, por sua vez, é compreendido como o direito potestativo de se formular requerimentos em face do Poder Público para a solução de controvérsias, independentemente de ser uma consulta. De qualquer forma, para pedir a solução de uma dúvida perante o Fisco a pretensão também se funda no direito de petição.

Na prática, portanto, tanto um quanto outro fundamento constitucional dá amparo à consulta, mas, de fato, não parece adequado sustentar que somente o direito de petição daria suporte à consulta tributária porque este direito fundamental se destina a defesa de direitos ou contra ilegalidades ou abuso de poder. Assim, o peticionário deverá alegar a ocorrência de uma dessas circunstâncias sobre sua esfera de direitos. Com relação à consulta, a pretensão do consulente é simplesmente obter informação segura de como deve aplicar a legislação tributária sobre determinado fato. Consequentemente, não existe na hipótese da consulta ofensa a direitos que devam ser protegidos, inclusive por ilegalidade ou abuso de poder. A falta de resposta à consulta, no entanto, poderia ensejar recursos, estes logicamente fundados no direito de petição.

O CTN não dedicou nenhum capítulo ou seção especialmente à consulta fiscal, mas aborda o instituto de forma superficial no § 2º do art. 161. Nesse dispositivo está expresso que os acréscimos legais sobre o principal do crédito tributário não pago no tempo correto, não incidem "na pendência de *consulta* formulada pelo devedor dentro do prazo legal para pagamento do crédito".

Assim, o procedimento de consulta é uma medida administrativa que pode ser adotada pelo sujeito passivo e, enquanto não for respondida, o CTN considera que o contribuinte não incorre em mora. Formulada a consulta, caberá à Fazenda solucioná-la, a fim de que o contribuinte possa cumprir a obrigação tributária corretamente. Por isso, enquanto não for resolvida a consulta impondo o cumprimento da obrigação ao contribuinte, não poderá ocorrer a incidência de juros moratórios e penalidades sobre a obrigação consultada, caso contrário o direito à consulta não faria sentido.

205

CURSO COMPLETO DE DIREITO PROCESSUAL TRIBUTÁRIO

Ressalte-se que no Brasil a maior parte dos tributos está sujeita ao lançamento por homologação em que a obrigação de apurar o crédito tributário é transferida ao contribuinte, que deverá pagar o tributo antecipadamente, cabendo ao Fisco pronunciar-se no prazo de 5 anos sobre o montante pago e se os procedimentos realizados para apuração do crédito estão corretos (CTN, art. 150). Essa modalidade de lançamento tem sido marcada por "custos de conformidade" bastante elevados nos casos dos impostos e contribuições federais, o que não é diferente com relação ao ICMS, de competência estadual[49]. Associadas a esses custos, as multas pelo descumprimento ou cumprimento incorreto das obrigações fiscais são altas, o que aumenta os custos de conformidade, caso essas obrigações não sejam observadas corretamente. Daí por que a consulta se inclui como estratégia possível no rol de medidas do planejamento tributário das empresas[50].

Conforme já explicado, com exceção do § 2º do art. 161 do CTN, não existem normas gerais sobre o procedimento da consulta, ficando a cargo da União e de cada estado federado e do Distrito Federal, amparados no art. 24, XI da Constituição Federal, fixar suas próprias regras sobre consulta fiscal. Os municípios têm também legitimidade para regular o procedimento de consulta, com fundamento no art. 30, I e II, também da Constituição Federal. A ausência de lei expressa regulamentando o procedimento da consulta não será óbice para o direito de se questionar a administração fiscal sobre questões de fato e de direito relacionadas ao cumprimento de obrigações

---

49   Pode se conceituar os "custos de conformidade" das empresas como: "o custo dos recursos necessários ao cumprimento das determinações legais tributárias pelos contribuintes". CINTRA, Marcos. Paradigmas tributários: do extrativismo colonial à globalização na era eletrônica. In: DE SANTI, Eurico Marcos Diniz (coord.). *Curso de direito tributário e finanças públicas*. São Paulo: Saraiva, 2008, p. 23.

50   "No Brasil o custo de conformidade chega a 0,75% do PIB na média das empresas abertas, e podem alcançar 5,82% do PIB nas companhias abertas com receita bruta anual de até R$ 100 milhões. Isto implica dizer que, além da receita efetivamente arrecadada de quase 40% do PIB, o esforço tributário ainda exige pelo menos outros 0,75% (ou 5,82%) do PIB para o custeio das obrigações tributárias acessórias e para as despesas do pesado contencioso fiscal existente. Apenas os custos de arrecadação dos tributos federais correspondem a 1,35% da receita, e a 0,36% do PIB". Cf. CINTRA, Marcos. Paradigmas tributários: do extrativismo colonial à globalização na era eletrônica. In: DE SANTI, Eurico Marcos Diniz (coord.). *Curso de direito tributário e finanças públicas*, p. 23.

Capítulo 3 **Procedimentos administrativos tributários**

tributárias. Considerando que o direito à consulta decorre de normas constitucionais (direito à informação e direito de petição), segue-se que a qualquer contribuinte é lícito formular consultas fiscais[51].

Em relação aos tributos federais, o procedimento de consulta está previsto nos arts. 46 a 58 do Decreto n. 70.235, de 1972, devendo esses dispositivos ser combinados com os arts. 48 a 50 da Lei n. 9.430, de 1996, todos regulamentados atualmente pela IN/RFB n. 2.058, de 2021[52]. O art. 50 da Lei n. 9.430, de 1996, determina a aplicação dos arts. 46 a 53 do Decreto n. 70.235, de 1972 aos procedimentos de consulta relativos à classificação de mercadorias.

Como se percebe, o procedimento de consulta era unicamente disciplinado no âmbito federal pelo Decreto n. 70.235, de 1972 que, dentre outras disposições previa: a) a existência de duas instâncias administrativas para decidir procedimentos de consulta; b) a interposição de recurso voluntário pelo sujeito passivo quando o resultado da consulta fosse contrário às suas pretensões; c) remessa obrigatória da autoridade administrativa quando o resultado da consulta fosse favorável ao sujeito passivo; d) não cabimento de pedido de reconsideração contra as decisões que resolvesse a consulta ou declarasse sua ineficácia. No entanto, essas previsões legais, que constavam dos arts. 54 a 58 do Decreto n. 70.235, de 1972, foram revogadas pelo art. 49 da Lei n. 9.430, de 1996.

Nas subseções a seguir serão analisadas as regras principais sobre consulta tributária federal constantes das duas leis mencionadas, o que pode servir de paradigma à consulta fiscal dos demais entes federados.

3.4.1.1 Legitimidade e objeto da consulta federal

Para apresentar consulta é necessário que o interessado tenha legitimidade para tanto, o que significa a demonstração de que o objeto consultado afeta o contribuinte diretamente. A legitimação ativa da consulta fiscal será, obviamente, do sujeito passivo da obrigação tributária, assim entendida, nos

---

51 MACHADO SEGUNDO, Hugo de Brito. *Processo Tributário*. 8. ed. São Paulo: Atlas, 2015, p. 212.

52 Convém sempre ressaltar que esse tipo de norma administrativa é frequentemente alterado pela administração tributária, devendo o leitor se certificar de sua vigência.

termos dos incisos I e II do parágrafo único do art. 121 do CTN, o contribuinte ou o responsável. Sobre o assunto, Carlos Jeniêr esclarece que nem sempre o interesse na solução da consulta afeta diretamente o contribuinte:

> O verdadeiro fundamento material e requisito essencial para a apresentação e acolhimento da consulta formulada é a existência de *fundada dúvida* em relação a certo procedimento a ser adotado pelo sujeito, que, como se verá, pode ou não ser o sujeito passivo (direto) da obrigação tributária[53].

Assim, o parágrafo único do art. 46 do Decreto n. 70.235, de 1972, estende a legitimação ativa da consulta "aos órgãos da administração pública e as entidades representativas de categorias econômicas ou profissionais". Isso significa que a consulta poderá assumir abrangência coletiva em favor da administração, em que os efeitos da decisão poderão vincular diversos órgãos comandados pelo consulente. Assim, um ministério da administração federal poderá consultar a Receita Federal do Brasil sobre determinado item da legislação tributária federal e o resultado da consulta vinculará todos os órgãos desse ministério. Se a consulta for formulada pelo Ministério do Planejamento, por exemplo, seu resultado poderá ter força vinculativa aos demais Ministérios, desde que haja orientação desse órgão ministerial nesse sentido e não ocorra ofensa à autonomia de gestão de cada ministério.

Conforme o parágrafo único do art. 46 do Decreto n. 70.235, de 1972 as entidades representativas de categorias econômicas ou profissionais, como os conselhos de classes, associações e sindicatos, também poderão formular consultas de caráter coletivo que orientará seus integrantes. Exatamente em razão do caráter vinculativo da consulta feita por órgãos coletivos aos seus membros, é recomendável que a entidade seja autorizada em assembleia a formular o pleito consultivo, de modo que os efeitos da consulta atingirão somente os membros que participaram da assembleia.

No mesmo sentido, tratando-se de pessoa jurídica que possua mais de um estabelecimento, a consulta deverá ser formulada pelo estabelecimento matriz, que se encarregará de distribuir a resposta para as filiais. Na consulta, portanto, não prevalece a regra de domicílio tributário fixada pelo art. 127, II, do CTN, que prevê autonomia entre os estabelecimentos de uma

---

53 JENIÊR, Carlos Augusto. O processo de consulta fiscal. In: DE PAULA, Rodrigo Francisco (coord.). *Processo administrativo fiscal federal*. Belo Horizonte: Del Rey, 2006, p. 442.

Capítulo 3 **Procedimentos administrativos tributários**

mesma empresa, evitando-se assim o risco de respostas conflitantes às consultas entre os órgãos fiscais, o que depõe contra a segurança jurídica.

A consulta deverá recair sobre fato determinado, oferecendo-se à medida função específica de sanear questões pontuais que justificam a dúvida e não questionamentos generalizados e incontroversos. O interesse do consulente deve ser, portanto, a solução de dúvida concreta que afeta a gestão tributária de suas atividades econômicas ou patrimoniais. Por tais motivos o art. 46 do Decreto n. 70.235, de 1972, em sua parte final, condiciona o cabimento da consulta a dispositivos legais aplicáveis a fato determinado, afastando a consulta formulada "em tese".

3.4.1.2 Formalização e declarações obrigatórias da consulta federal

De acordo com o art. 47 do Decreto n. 70.235, de 1972, a consulta deve ser formulada por escrito. A medida poderá também ser formulada por meio eletrônico, devendo os procedimentos necessários ser disciplinados pela Secretaria da Receita Federal (SRF), conforme prevê o art. 48, § 14, da Lei 9.430, de 1996.

A IN/RFB n. 2.058, de 2021, prevê como regra que a consulta será formulada por meio eletrônico (art. 3º) e só excepcionalmente poderá ser apresentada em papel (art. 11).

O consulente ou o seu procurador digital deverá, portanto, abrir o procedimento por meio do e-CAC, precedido de sua adesão ao DTE. O art. 11 da IN, supracitado, permite que órgão da administração formalize consulta por escrito, devendo fazê-lo na conformidade do Anexo II da norma, e o órgão será representado por seu representante legal no CNPJ ou por pessoa investida de poderes de representação. Nesse caso, deverá ser juntada cópia do ato de nomeação ou de delegação de competência que permita identificar a outorga dos poderes de representação.

O consulente, conforme o caso, deverá informar a opção de sua consulta, se voltada a matéria referente a pessoa física ou jurídica.

Depois que o procedimento é aberto no e-CAC, será fornecido o respectivo número de ordem e disponibilizada oportunidade de juntada do texto da consulta e de documentos necessários à sua instrução, por três dias úteis. Caso não seja juntada a consulta nesse prazo, não produzirá efeitos.

209

3.4.1.3 Competência territorial e material para consulta fiscal federal

A competência territorial é disciplina amplamente pelo art. 47 do Decreto n. 70.235, de 1972, ao estabelecer que a consulta terá que ser apresentada "no domicílio tributário do consulente", ao órgão local da entidade incumbida de administrar o tributo relativo ao objeto da consulta. Tratando-se do procedimento federal, como é o caso, essa redação deve ser interpretada à luz da Lei n. 11.457, de 2007, que unificou os órgãos de receita federal e previdenciária. Desse modo, somente a Receita Federal do Brasil que responderá pleitos de consulta sobre tributos federais e contribuições à seguridade social.

O § 1º do art. 48 da Lei n. 9.430, de 1996, estabelece que a competência para solucionar ou declarar a ineficácia de consulta federal caberá a unidade central ou descentralizada, conforme regulamentação da RFB. A IN/RFB n. 2.058, de 2021, atribui a competência de análise da consulta às Divisões de Tributação das Superintendências Regionais da Receita Federal do Brasil (Disit) e às coordenações de área da Coordenação-Geral de Tributação (Cosit) da SRF. A análise consiste em um exame preambular da matéria consultada, podendo incluir o complemento da instrução do procedimento (art. 29). A solução da consulta, no entanto, compete à Cosit (art. 30). A Cosit é um órgão central, vinculado à Subsecretaria de Tributação e Contencioso da Secretaria da Receita Federal, com funcionamento em Brasília, Distrito Federal. Convém que a solução das consultas fiscais federais esteja afeta a órgão da administração central para diminuir o risco de divergências de entendimento.

O § 3º do art. 48 da Lei n. 9.430, de 1996, exclui o cabimento de recurso ou pedido de reconsideração da solução da consulta ou do despacho que declarar sua ineficácia. Embora tenha certa lógica o não cabimento de recurso ou reconsideração contra a solução da consulta, se considerarmos que essa decisão é tomada por um órgão central, seria oportuno que a legislação atual retornasse ao sistema anterior previsto no art. 56 do Decreto n. 70.235, de 1972. Naquele dispositivo previa-se o cabimento de recurso voluntário contra a decisão de primeira instância que resolvesse a consulta. Essa antiga previsão fortalecia o controle administrativo das decisões na medida em que permitia sua revisão por outra instância. A questão se agrava quando se exclui o direito de recorrer contra a decisão que declara a ineficácia da consulta, pois, nesta hipótese, o mérito não será apreciado em razão de questões formais que

Capítulo 3 **Procedimentos administrativos tributários**

podem não ter sido cumpridas na visão de um órgão administrativo, mas poderiam ser desconsideradas por outra instância, se coubesse recurso.

No entanto, o § 5º do art. 48 da Lei n. 9.430, de 1996, prevê o cabimento de "recurso especial de divergência", quando houver "diferença de conclusões entre soluções de consultas relativas a uma mesma matéria, fundada em idêntica norma jurídica". A regra faz todo sentido, quer em função dos argumentos articulados acima, quer porque a função da consulta é especialmente dirimir dúvidas e não seria aceitável que o órgão consultor deixasse pairar incertezas de entendimento sobre o mesmo assunto consultado por diferentes contribuintes. Os comentários sobre o recurso especial de divergência serão expostos adiante.

3.4.1.4 Efeitos da consulta federal

Pode-se distinguir os efeitos da consulta em "preliminares" e "finais"[54]. Por obvio, os efeitos preliminares ocorrem tão logo a consulta é formulada, de sorte que, em geral, a matéria consultada não poderá ser objeto de autuações por parte do Fisco sob o argumento de descumprimento da obrigação tributária. Os efeitos finais, por sua vez, servem de consolidação dos efeitos preliminares. Assim, resolvida a consulta, a situação indagada adquire segurança jurídica, não podendo a administração autuar o sujeito passivo sobre o não cumprimento de obrigações decorrentes da matéria consultada, salvo alteração de entendimento por parte da administração. Nesse caso, a nova orientação terá validade somente para as situações posteriores ao resultado da consulta anterior, embora seja razoável defender-se a tese de que a retroatividade do novo entendimento será admissível se for mais favorável ao contribuinte.

A base legal para essas afirmações vem, primeiramente, do que dispõe o art. 161, § 2º, do CTN, que exclui a incidência de juros moratórios, multas e exigência de garantias legais, quando houver consulta fiscal formulada antes da data de vencimento do crédito tributário. A referência à data do "vencimento do crédito" feita no dispositivo serve para prevenir, exatamente, a incidência de juros moratórios. Isso porque, caso a consulta tenha por objeto dúvida sobre o pagamento do crédito tributário, e se a sua resposta

---

54 JENIÊR, Carlos Augusto. O processo de consulta fiscal. In: DE PAULA, Rodrigo Francisco (coord.). *Processo administrativo fiscal federal*, p. 466.

211

CURSO COMPLETO DE DIREITO PROCESSUAL TRIBUTÁRIO

for desfavorável ao consulente, este terá que pagar o crédito tributário, não devendo ser computados juros moratórios desde a formulação do pedido, exatamente porque a dívida tributária não estava vencida. Assim, a consulta tem o poder de suspender a aplicação de juros moratórios até o prazo legal para o cumprimento da obrigação quando sua solução for contrária ao consulente.

No caso dos tributos federais, o art. 48 do Decreto n. 70.235, de 1972, por sua vez, confirma o argumento dos efeitos preliminares da consulta ao estabelecer que nenhum procedimento fiscal será instaurado contra o sujeito passivo relativamente à espécie consultada. Esse efeito suspensivo inicia a partir da apresentação da consulta até o trigésimo dia subsequente à data da ciência: a) de decisão de primeira instância da qual não haja sido interposto recurso; b) de decisão de segunda instância. A impossibilidade de autuação fiscal sobre o ponto consultado se funda na finalidade esperada com a previsão legal da consulta. Se o contribuinte pudesse ser autuado pela administração fiscal, ainda que sua consulta não tivesse sido respondida, o instituto em questão não teria qualquer utilidade prática, caindo no descrédito. Assim, ao formular uma consulta perante a administração, presume-se que a dúvida será essencial para o correto cumprimento da obrigação fiscal. Por conseguinte, o assunto consultado somente poderá ser alvo de autuação depois que a consulta é respondida e se o contribuinte agir contrariamente à orientação dada pela Fazenda. Note-se que, respondida a consulta contra os interesses do contribuinte, a suspensão de autuações se estende até 30 dias contados da ciência da decisão de primeira instância da qual não tenha sido interposto recurso, ou da ciência da decisão de segunda instância, se esta for, obviamente, também desfavorável ao consulente. Ultrapassado esse prazo, e se o contribuinte agir contrariamente à solução da consulta, poderá ser autuado e multado. O recurso, no caso, é o referente à divergência entre soluções (art. 48, § 5º, da Lei n. 9.430, de 1996).

Apesar dessas considerações sobre os efeitos da consulta, no processo federal, o art. 49 do Decreto n. 70.235, de 1972, prevê regra que, se não for interpretada adequadamente, põe por terra todos os benefícios e utilidades advindos da consulta. Segundo o dispositivo: "A consulta não suspende o prazo para recolhimento de tributo, retido na fonte ou autolançado antes ou depois de sua apresentação, nem o prazo para apresentação de declaração de rendimentos".

Capítulo 3 **Procedimentos administrativos tributários**

A rigor, conforme se intuiu, a consulta pode ser forte aliada na efetivação da segurança jurídica, evitando processos administrativos contenciosos ou demandas judiciais. A previsão do art. 49 do Decreto n. 70.235, de 1972, se não for interpretada adequadamente, pode reduzir o objeto das consultas a questões colaterais à obrigação tributária principal, excluindo a incidência dos tributos do rol de dúvidas que podem ser resolvidas por meio de consultas tributárias. Isso ocorre quando a consulta versar sobre matéria relativa ao recolhimento de tributo descontado do contribuinte pelo responsável tributário ou nos casos de "autolançamento". Considerando que a locução "autolançamento" equivale ao "lançamento por homologação", segue-se que, para os tributos federais, o instituto da consulta ficaria restrito a outras questões que não se confundissem com o dever de pagar o crédito tributário. Igualmente, não seria objeto de consulta a obrigação de entregar a Declaração de Imposto de Renda, seja de pessoa física ou jurídica.

Essas conclusões preliminares decorrem da combinação do art. 48 com o art. 49, ambos do Decreto n. 70.235, de 1972. Se o art. 49 não suspende o prazo para recolhimento do tributo retido na fonte ou quando estiver sujeito ao "autolançamento", significa que, caso seja formulada consulta sobre essas matérias específicas, o sujeito passivo permanecerá obrigado ao pagamento dos tributos em questão, sob pena da incidência dos acréscimos legais e consequente exigibilidade do crédito tributário correspondente. Isso porque, em uma interpretação literal, não haveria como compatibilizar uma norma que manda pagar o crédito (art. 49) com uma que exclui a possibilidade de autuação fiscal pelo seu não cumprimento (art. 48), quando a matéria estiver sujeita à consulta perante o Fisco. A norma do art. 49 excluiria a do art. 48, embora ambas constem do Decreto n. 70.235, de 1972.

Para resolver a questão, uma das propostas da doutrina é desconsiderar o art. 49 do Decreto n. 70.235, de 1972, em razão de sua antinomia com o § 2º do art. 161 do CTN. Considerando que o CTN é norma geral em matéria tributária, as leis regulamentadoras de seus dispositivos deverão ser harmônicas com ele e não contraditórias[55]. Se o dispositivo do CTN determina que na pendência de consulta fiscal não são exigíveis juros moratórios e

---

55 JENIÊR, Carlos Augusto. O processo de consulta fiscal. In: DE PAULA, Rodrigo Francisco (coord.). *Processo administrativo fiscal federal*, p. 468.

213

CURSO COMPLETO DE DIREITO PROCESSUAL TRIBUTÁRIO

multas, não poderia a lei federal regulamentadora dispor de modo a neutra-lizar os efeitos da norma do CTN, como faz o art. 49 do Decreto n. 70.235, de 1972. Essa tese, embora plausível e respeitável, dependeria de pronun-ciamento do Poder Judiciário, não podendo a administração tributária desconsiderar o artigo de lei, ainda que em respeito à tutela administrativa.

Entendemos que a regra do art. 49 do Decreto n. 70.235, de 1972, ape-sar de discutível, pode ser dividida em três hipóteses, sendo que, nas duas primeiras, a consulta não suspenderá a obrigação principal de recolher o tributo, possuindo efeitos preliminares meramente declaratórios. A última hipótese afeta simplesmente a obrigação acessória.

A primeira hipótese do art. 49 do Decreto n. 70.235, de 1972, se refere ao regime de retenção de tributos feita pelo responsável tributário em rela-ção ao fato gerador praticado por terceiro, nos casos de responsabilidade tributária por substituição (CTN, art. 128 e CF, art. 150, § 7º). Isso porque, na linha do que dispõe o art. 49 do Decreto em questão, a consulta somente não suspende a obrigação de recolher o tributo, quando este for descontado de terceiro. Assim, suponhamos que uma empresa possua dúvida plausível se está obrigada a realizar o desconto de IRRF de empresa que lhe prestou serviços. Apesar da apresentação da consulta, conforme o art. 49 do Decreto n. 70.235, de 1972, o prazo para o recolhimento do tributo retido não é suspenso, podendo a empresa, caso deixe de descontar e recolher o IRRF ser autuada pelo não cumprimento da obrigação de realizar as retenções. Os valores não recolhidos (não descontados) serão cobrados normalmente, com os acréscimos legais de juros moratórios e correção, não se aplicando o disposto no § 2º do art. 161 do CTN, que manda excluir juros moratórios na pendência de consulta formulada. A intenção do art. 49 do Decreto n. 70.235, de 1972 é impedir que o responsável tributário deixe de recolher tributo que, afinal, não será debitado do seu caixa, mas da economia do terceiro, considerado como contribuinte.

A segunda hipótese trata dos tributos "autolançados" ou sujeitos ao lança-mento por homologação. Se interpretado literalmente, o art. 49 do Decreto n. 70.235, de 1972, nesse ponto específico, neutraliza os efeitos da consulta feita sobre a incidência dos tributos federais, isto porque, todos esses tributos, ou quase todos, estão sujeitos a essa modalidade de lançamento. Assim, a melhor forma de conciliar o artigo em questão com a própria finalidade da consulta é restringir sua hipótese aos tributos indiretos, em que o encargo fi-

Capítulo 3 **Procedimentos administrativos tributários**

nanceiro é transferido do contribuinte de direito para o contribuinte de fato. Sobre o ponto específico, Carlos Jeniêr explica o seguinte:

> Aplicando esse entendimento aos tributos sujeitos ao regime de homologação (autolançamento), destacamos que, somente nos casos em que restar demonstrado, a partir do documentário fiscal, o repasse do ônus tributário a terceiros (clientes, por exemplo), restaria legítima assim a aplicação do disposto no art. 49 do Decreto n. 70.235/72, com o afastamento das disposições do art. 161, § 2º do CTN, uma vez que, inclusive, por expressa disposição do próprio CTN (art. 166), a restituição de eventuais valores indevidamente recolhidos, não poderá ser realizada, a princípio, ao consulente[56].

Com essa interpretação, a regra do art. 49 do Decreto n. 70.235, de 1972, seria aplicável em tributos indiretos que, no caso dos tributos federais, tem-se como exemplo o IPI, devendo ficar comprovado que o contribuinte de direito (vendedor da mercadoria) repassou o valor do imposto, objeto da consulta, ao adquirente do produto industrializado (contribuinte de fato). Nesses dois primeiros casos, a consulta produziria efeitos preliminares meramente declaratórios, porque, na prática, o tributo terá que ser recolhido apesar da obrigação principal ser o objeto da consulta. Caso a resposta seja favorável ao responsável tributário (primeira hipótese) ou ao contribuinte (segunda hipótese), os valores recolhidos deverão ser atualizados e restituídos pelo fisco.

Quanto a terceira hipótese, a consulta não suspende o prazo para entrega de declaração de rendimento, conhecidas pelas siglas DIRF (Declaração de Imposto de Renda de Pessoa Física) ou DRPJ (Declaração de Rendimento de Pessoa Jurídica). Assim, se a consulta tiver por objeto a obrigação de entregar a DIRF ou a DRPJ, terá, igualmente, efeitos meramente declaratórios, desobrigando o contribuinte de futuras entregas das declarações, caso a resposta à consulta seja favorável ao consulente.

O art. 50 do Decreto n. 70.235, de 1972, estabelece: "A decisão de segunda instância não obriga ao recolhimento de tributo que deixou de ser retido ou autolançado após a decisão reformada e de acordo com a orientação desta, no período compreendido entre as datas de ciência das duas de-

---

56 JENIÊR, Carlos Augusto. O processo de consulta fiscal. In: DE PAULA, Rodrigo Francisco (coord.). *Processo administrativo fiscal federal*, p. 469.

215

cisões". Assim, caso o responsável tributário tenha dirigido consulta ao órgão competente e obteve resposta favorável de primeira instância, que o autoriza a não realizar as retenções, se essa decisão for reformada na segunda instância, esta última decisão não obrigará o recolhimento do tributo entre as datas da primeira e da segunda decisão. O mesmo entendimento se aplica quando a consulta versar sobre obrigação de pagar tributo sujeito ao lançamento por homologação. Lembremos que, atualmente, a hipótese de recurso contra as decisões que resolvem consulta está restrita ao recurso de divergência, que será analisado adiante.

Tratando-se de consulta formulada por entidade representativa de categoria econômica ou profissional, o impedimento de se instaurar procedimento fiscal contra o consulente, só alcançará os associados ou filiados das mencionadas entidades depois que a entidade é cientificada da decisão, que deverá ser favorável (Decreto n. 70.235, de 1972, art. 51). A regra visa preservar somente os interesses do Fisco, permitindo, por exemplo, que empresas vinculadas a tais entidades representativas fiquem vulneráveis a autuações, apesar da consulta formulada por seu órgão de classe, deixando de lado a coletivização dos interesses tributários das entidades de classe. Seria mais adequado que o dispositivo em questão fosse revogado.

As decisões proferidas pela administração tributária sobre consultas deverão ser publicadas, atendendo-se assim ao princípio da publicidade, previsto no art. 37 da Constituição Federal. O art. 48, § 4º, da Lei n. 9.430, de 1996, prevê a obrigatoriedade de se publicar o resultado da consulta fiscal na imprensa oficial, na forma disposta em ato normativo federal. A relevância em se dar publicidade à solução das consultas fiscais reside não somente no atendimento do comando constitucional, mas especialmente para permitir que outros contribuintes possam se orientar conforme a solução dada para o consulente.

O § 12 do art. 48 da Lei n. 9.430, de 1996, esclarece que, caso a administração fiscal altere o entendimento emitido em solução de consulta anterior, a nova decisão atingirá somente os fatos geradores ocorridos após a publicação da última decisão no Diário Oficial, ou depois da ciência do consulente. Se a nova decisão for mais favorável ao recorrente, esta poderá retroagir ao período em que vigorava a solução de consulta anterior, que era menos favorável (IN/RFB n. 2.058, de 2021, art. 26).

Capítulo 3 **Procedimentos administrativos tributários**

3.4.1.5 Recurso especial de divergência na consulta federal

Conforme mencionado na subseção 3.4.1.3, o § 5º do art. 48 da Lei n. 9.430, de 1996 prevê o cabimento de recurso especial de divergência no procedimento da consulta, quando houver conclusões diferentes na solução de consultas relativas à mesma matéria e fundadas em idêntica norma jurídica. Diz ainda o dispositivo que o mencionado recurso não terá efeito suspensivo, de modo que a resposta dada ao consulente deverá ser observada, mesmo que o recurso esteja pendente de decisão. De acordo ainda com a regra, o recurso será interposto perante a "unidade central", ou seja, o órgão que possui competência para também decidir a consulta, que atualmente é a Cosit.

O recurso deverá ser interposto no prazo de 30 dias contado da data de ciência da solução da consulta, devendo o recorrente comprovar a divergência que funda suas alegações recursais (Lei n. 9.430, de 1996, art. 48, §§ 6º e 7º). É permitido a terceiros que tomarem conhecimento de solução de consulta divergente da solução que estiver cumprindo sobre a mesma matéria, apresentar também recurso de divergência, no mesmo prazo, contado da data de publicação da solução que fundamentar a divergência (Lei n. 9.430, de 1996, art. 48, § 10). Na mesma linha, o § 9º do mencionado dispositivo legal, estabelece que: "qualquer servidor da administração tributária deverá, a qualquer tempo, formular representação ao órgão que houver proferido a decisão, encaminhando as soluções divergentes sobre a mesma matéria, de que tenha conhecimento". Assim, enquanto para o sujeito passivo a solução de divergência é uma faculdade, para o servidor da administração tributária é um dever.

O § 8º do art. 48 da Lei n. 9.430, de 1996, remete à SRF a competência para dispor sobre o juízo de admissibilidade do recurso. De acordo com o art. 35 da IN/RFB n. 2.058, de 2021, compete à Desit e à Cosit realizar o exame de admissibilidade do recurso (IN/RFB n. 2.058, de 2021, art. 36). A solução da divergência poderá ter efeitos retroativos quando o recurso for interposto e o resultado for mais favorável ao da consulta que estiver sendo cumprida (IN/RFB n. 2.058, art. 35, § 2º c/c art. 26). A solução da divergência acarretará a publicação de ato específico, uniformizando o entendimento, dando-se ciência ao destinatário da decisão reformada (Lei n. 9.430, de 1996, art. 48, § 11).

217

3.4.1.6 Ineficácia da consulta

Ainda que a parte interessada preencha todos os requisitos formais à admissão e resposta da consulta fiscal, esta não produzirá efeitos e, por conseguinte, será considerada ineficaz, se presentes quaisquer das situações descritas no art. 52 do Decreto n. 70.235, de 1972.

Além da inobservância dos arts. 46 e 47 do Decreto n. 70.235, de 1972, são hipóteses de ineficácia da consulta, se for formulada: a) por quem tiver sido intimado a cumprir obrigação relativa ao fato objeto da consulta; b) por quem estiver sob procedimento fiscal iniciado para apurar fatos que se relacionem com a matéria consultada; c) quando o fato já houver sido objeto de decisão anterior, ainda não modificada, proferida em consulta ou litígio em que tenha sido parte o consulente; d) quando o fato estiver disciplinado em ato normativo, publicado antes de sua apresentação; e) quando o fato estiver definido ou declarado em disposição literal de lei; f) quando o fato for definido como crime ou contravenção penal; g) quando não descrever, completa ou exatamente, a hipótese a que se referir, ou não contiver os elementos necessários à sua solução salvo se a inexatidão ou omissão for escusável, a critério da autoridade julgadora. Será também considerada ineficaz a consulta, se não preencher os demais requisitos formais.

As hipóteses das letras "a" e "b" transcritas acima sugerem que a consulta pressupõe espontaneidade do contribuinte, semelhantemente ao que dispõe o art. 138 do CTN, que prevê o instituto da denúncia espontânea. Assim, tratando-se da hipótese do item "a", se o sujeito passivo foi intimado para cumprir a obrigação e em seguida decide consultar o Fisco sobre essa obrigação, será a medida declarada ineficaz porque o meio processualmente adequado de se opor ao cumprimento de obrigações fiscais devidamente notificadas é a impugnação administrativa (o que será examinado no Capítulo 4). O mesmo raciocínio se aplica para hipótese do item "b", porque, depois que os fatos que seriam objeto de consulta estiverem sob fiscalização, o pleito consultivo, igualmente, carece de objeto, pois a autuação significará a interpretação preliminar da Fazenda sobre a matéria, restando ao sujeito passivo a impugnação. Em relação ao item "c", de fato, se o sujeito passivo foi orientado em consulta anterior, não poderá renovar o pleito, salvo o caso de recurso especial de divergência. No caso das letras "d" e "e", é importante

Capítulo 3 **Procedimentos administrativos tributários**

frisar que a regulamentação pelo ato normativo, ou a lei, deverá ser clara o bastante para não ensejar qualquer dúvida que justifique a consulta. A previsão do item "f" procura evitar que a administração tributária, que não tem jurisdição penal, se pronuncie sobre a existência de crime, especialmente os que ofendam a ordem tributária. Por fim, o item "g" trata de falhas que podem sugerir a inépcia da consulta, podendo, conforme o caso, a deficiência da peça ser afastada pela autoridade julgadora.

3.4.2 Procedimentos de ressarcimento, restituição e compensação

Na Teoria Geral do Direito, a vedação ao enriquecimento sem causa funciona como um aforisma que se aplica a qualquer pessoa, não sendo diferente ao Estado. Com base nessa ideia, pode-se dizer que os pedidos de restituição, ressarcimento e compensação decorrem desse princípio geral do direito, razão pela qual nem careceriam de uma previsão explícita nos estatutos jurídicos. De uma forma ampla, o art. 37 da Constituição Federal, ao consagrar os princípios da administração pública, dentre os quais o da moralidade, pode fundamentar o dever do Estado em devolver valores que tenha recebido indevidamente a qualquer título, especialmente quando a origem desse recebimento decorra da exigência de tributos. No mesmo sentido, o art. 108, III do CTN autoriza a Fazenda a, na falta de legislação tributária específica, aplicar os princípios gerais do direito público, dentre os quais se encaixam a "proibição do enriquecimento sem causa da administração pública" e o "princípio da moralidade administrativa". Embora essa tese seja plausível no âmbito teórico, no dia a dia da administração pública seria insustentável, pois no direito administrativo, ramo do direito que rege amplamente as relações do Poder Público com os particulares, prevalece o princípio da legalidade, a exigir leis que disciplinem e autorizem a prática dos atos administrativos, especialmente quando se tratar de recursos financeiros. Se com tantas leis o trato dessa matéria enseja diversas controvérsias, sem elas, a situação ficaria mais instável.

Tratando-se da compensação especificamente, Hugo de Brito Machado vai além e reafirma que o direito à compensação decorre da Constituição Federal, ou seja: trata-se de "decorrência natural da garantia do direito de propriedade, que a Constituição expressamente assegura, combinada com os princípios constitucionais, entre os quais se destacam o da moralidade, o da isonomia e o da razoabilidade"[57].

Sobre a efetividade do instituto em questão, uma tese que também se suscita diante da ausência de norma específica do ente federado, seria a aplicação, por analogia, das normas federais para estados e municípios que não tiverem regulamentado o assunto. No entanto, o entendimento da jurisprudência do STJ é contrário, conforme o seguinte julgado:

> 1. A jurisprudência do STJ firmou-se no sentido de que a ausência de lei estadual autorizativa impede pedido de compensação tributária. Impede, igualmente, a suspensão da exigibilidade amparada em pedido administrativo que busque implementá-la. Precedentes: STJ, AgRg no REsp 1.034.405/RS, Rel. Ministro Sérgio Kukina, Primeira Turma, *DJe* de 17-9-2013; STJ, AgRg no AgRg no REsp 1.422.173/RS, Rel. Ministro Herman Benjamin, Segunda Turma, *DJe* de 20-6-2014; STJ, AgRg no AREsp 462.057/RS, Rel. Ministro Humberto Martins, Segunda Turma, *DJe* de 7-5-2014 (STJ Recurso Especial 1.676.258/SP, Rel. Min. Herman Benjamin, j. 5-9-2017, *DJe* 13-9-2017).

De qualquer forma, a ausência de lei específica regulamentando essas modalidades de restituição de pagamentos tributários indevidos não pode ser um óbice ao exercício da tutela jurídica, sob pena de a inércia legislativa premiar o enriquecimento sem causa. Daí por que, quando não houver lei específica regulamentando os procedimentos administrativos de restituição ou de compensação, será sempre lícito ao contribuinte ingressar com a ação judicial de Repetição de Indébito, fundada na regra geral do art. 165 do CTN.

Quanto aos conceitos de "ressarcimento", "restituição do indébito tributário" e "compensação", tem-se o seguinte: considera-se "ressarcimento", o procedimento de devolução de valores por parte da Fazenda Pública, decorrentes da própria sistemática de recolhimento dos tributos. É o que ocorre, por exemplo, com os tributos sujeitos à não cumulatividade em que os contribuintes poderão acumular créditos em sua escrita fiscal, ou quando a lei concede créditos ao contribuinte, em que o aproveitamento desses créditos faz parte da própria apuração dos valores tributários devidos. Conforme esclarece James Marins: "o ressarcimento fiscal, diferentemente da repetição de indébito, não decorre de erro ou ilegalidade, mas de obrigação legal ine-

---

57 MACHADO, Hugo de Brito. *Comentários ao Código Tributário Nacional*, p. 487-488, v. III.

Capítulo 3 **Procedimentos administrativos tributários**

rente ao regime jurídico de certos tributos ou de certas modalidades de incentivos fiscais"[58].

Percebe-se, portanto, que a origem do crédito de titularidade do sujeito passivo não deriva necessariamente de falhas na apuração do crédito tributário, ou por questões de interpretação da legalidade tributária que levam à ideia de recebimento indevido do tributo. A própria sistemática de apuração do tributo prevê a utilização de valores que, se não forem devidamente apropriados pelo contribuinte, constituirão o enriquecimento sem causa da Fazenda, na medida em que os valores não lhe pertencem, mas ao próprio sujeito passivo. Por exemplo, a Lei n. 9.363, de 1996, prevê um crédito presumido de IPI no percentual de 5,37% sobre a base de cálculo do imposto para as empresas produtoras e exportadoras de mercadorias nacionais. O crédito presumido do IPI, nesse caso, tem a finalidade de ressarcir as mencionadas empresas dos valores de PIS/Cofins incidentes sobre as aquisições, no mercado interno, de matérias-primas, produtos intermediários e material de embalagem, utilizados no processo produtivo daquelas empresas. Assim, os valores que resultarem do percentual de 5,37% sobre a base de cálculo do IPI para as empresas em questão, constituem crédito presumido de IPI para ressarcir o pagamento de outros tributos incidentes no processo industrial das empresas produtoras e exportadoras. Como se vê, a hipótese de ressarcimento não tem relação com pagamentos indevidos decorrentes de erros, interpretações jurídicas ou decisões judiciais que declarem que o tributo não era devido. O CTN não disciplina especificamente o ressarcimento tributário, de modo que as regras para a efetivação desse direito devem constar da legislação tributária de cada Fazenda Pública.

A "restituição do indébito tributário", diferentemente do ressarcimento, origina-se de causas jurídicas relacionadas a erros materiais cometidos pelo Fisco ou pelo contribuinte na apuração do crédito tributário, conforme o lançamento for de ofício ou por homologação, ou ainda, em razão de modificação de decisão que teria obrigado o contribuinte a pagar o crédito tributário. A expressão "restituição" é compreendida normalmente como o direito do contribuinte à devolução de recebimentos indevidos pela Fazenda Pública de origem tributária, exercido na "esfera administrativa", en-

---

58   MARINS, James. *Direito processual tributário brasileiro*. 9. ed. São Paulo: RT, 2016, p. 336.

quanto o termo "repetição de indébito", corresponderia ao mesmo direito na via judicial.

O art. 165 do CTN disciplina as hipóteses em que o pagamento do crédito tributário é considerado indevido, razão pela qual o sujeito passivo tem direito à restituição. O instituto está previsto como forma de "extinção do crédito tributário", constante do Capítulo IV do Título III do Livro Segundo do CTN. A "restituição" do pagamento indevido não está bem alocada no Capítulo referente à extinção do crédito tributário, porque não pressupõe a existência de crédito de titularidade da Fazenda para ser extinto. Ao contrário, na restituição, o crédito é do sujeito passivo.

A "compensação tributária", por sua vez, vem prevista genericamente no art. 170 do CTN como modalidade de "extinção" do crédito tributário, o que é procedente. Diferentemente da restituição, na compensação, o sujeito passivo utiliza crédito de que é titular perante a Fazenda para quitar tributos devidos ou vincendos. Nesse caso, o crédito tributário – que é o tributo vencido ou vincendo – será pago com os créditos que a Fazenda deve ao contribuinte. Daí por que a compensação "extingue" os mencionados créditos tributários.

Os pedidos administrativos de "ressarcimento", "restituição" e de "compensação" serão examinados nas subseções a seguir, porque entendemos que se trata de "procedimentos administrativos voluntários", isto é, iniciados pela vontade do sujeito passivo, sem possuir, em princípio, caráter contencioso. Nesse sentido, se contrapõem aos "procedimentos administrativos vinculados", como é caso das fiscalizações (subseção 3.3 deste Capítulo) e aos "processos administrativos contenciosos" (Capítulo 4), que, neste último caso, iniciam com autuações ou notificações fiscais emitidas pela Fazenda, cabendo ao sujeito passivo se defender. É importante salientar que, no âmbito federal, o regime de devolução dos tributos pagos indevidamente, e de ressarcimento, preveem uma fase administrativa contenciosa. Isso ocorre quando não é homologada a declaração de compensação, conforme será explicado adiante.

O interesse jurídico que prevalece no ressarcimento, na restituição ou na compensação tributárias é do sujeito passivo (contribuinte ou responsável). Tratando-se do ressarcimento, cabe ao sujeito passivo adotar as medidas necessárias para efetivar seu direito ao ressarcimento, não sendo usual a Fazenda agir de ofício. Para efeitos do processo tributário, o motivo dos pedi-

Capítulo 3 **Procedimentos administrativos tributários**

dos de restituição e compensação tributárias na esfera administrativa é o pagamento indevido do tributo. Em qualquer caso, no entanto, as medidas visam impedir que se consolide imutavelmente o enriquecimento sem causa do Poder Público. Isso não significa, por outro lado, que a Fazenda não possa restituir de ofício tributo recebido indevidamente, embora isso não seja uma prática usual. Alguns tipos de restituição ocorrem sem muitos percalços ou interpretações de argumentos jurídicos, porque derivam de um simples encontro de contas sob controle da própria Fazenda. É o que ocorre, por exemplo, com a restituição do Imposto de Renda Retido na Fonte (IRRF), paga após a entrega da declaração anual de ajustes. Mesmo nessa hipótese, não é correto dizer que a restituição ocorreu de ofício, porque necessita da entrega da declaração do imposto, o que equivale à iniciativa do contribuinte para impulsionar o procedimento.

A competência para legislar sobre matéria da restituição e da compensação é concorrente, na forma do art. 24, § 1º, da Constituição Federal. Assim, a União estabelece as normas gerais, o que é feito pelo CTN, nos arts. 165 a 169 (para a restituição) e 170 e 170-A (para a compensação). Os demais entes federados poderão ter regras próprias no trato dessas matérias, atendendo seus interesses fiscais, sem descuidar das garantias constitucionais do contribuinte. Além disso, as regras locais não poderão discrepar das normas gerais previstas no CTN, sob pena de violação ao disposto no § 4º do art. 24, combinado com art. 146, III, da Constituição Federal.

3.4.2.1 Regras gerais sobre restituição e compensação no CTN

O CTN não possui normas específicas sobre ressarcimento, encaixando-se o instituto nas regras gerais sobre restituição ou compensação. Os arts. 165 a 169 do CTN preveem a restituição do indébito tributário enquanto os arts. 170 e 170-A tratam da compensação. O art. 165 do CTN estabelece as hipóteses genéricas de restituição de indébito tributário nos incisos I a III, a saber: a) cobrança ou pagamento espontâneo de tributo indevido ou maior que o devido em face da legislação tributária aplicável, ou da natureza ou circunstâncias materiais do fato gerador efetivamente ocorrido; b) erro na identificação do sujeito passivo, na determinação da alíquota aplicável, no cálculo do montante do débito ou na elaboração ou conferência de qualquer documento relativo ao pagamento; c) reforma, anulação, revogação ou rescisão de decisão condenatória.

223

CURSO COMPLETO DE DIREITO PROCESSUAL TRIBUTÁRIO

O artigo em questão é alvo de algumas críticas da doutrina, conforme resenha Luciano Amaro[59]. Em geral, argumenta-se que o CTN foi prolixo na disciplina do tema, porque bastaria mencionar o cabimento da restituição sempre que ocorresse pagamento indevido de valores ao Fisco, evitando-se tipificar as hipóteses em que a restituição seria cabível.

De qualquer forma, o dispositivo do CTN procura abraçar, especificamente, três situações básicas. A primeira – e mais comum – decorre do pagamento de tributo que não seria exigível ou foi pago a mais do que o devido (CTN, art. 165, I). A segunda, trata de equívoco na identificação do sujeito passivo, ou, de um modo geral, de falhas sobre o cálculo do tributo que levam ao pagamento superior ao devido (CTN, art. 165, II). A terceira, pressupõe que o contribuinte pagou o tributo em razão de decisão judicial, que o obrigou nesse sentido, e que foi posteriormente reformada, anulada, revogada ou rescindida, fazendo surgir o direito à restituição (CTN, art. 165, III).

De uma forma geral, "compensação" é modalidade especial de extinção de obrigações, prevista no Código Civil, no art. 368: "se duas pessoas forem ao mesmo tempo credor e devedor uma da outra as duas obrigações extinguem-se até onde se compensarem". De acordo com a redação do artigo citado, subentende-se que a compensação não dependeria de vontade das partes e operaria de pleno direito. No entanto, a doutrina divide a compensação em três espécies: a) compensação legal, b) compensação convencional e c) compensação judicial[60]. A primeira modalidade, naturalmente, decorre de previsão legal e não admite oposição de uma das partes. A segunda, caracteriza-se pela possibilidade de as partes, para viabilizá-la, transigirem sobre os requisitos necessários à compensação. Para isso, as concessões não poderão afetar a ordem pública, como, por exemplo, compensação voluntária sobre dívida alimentar de menor. A forma convencional de compensação tem por fundamento o respeito à boa fé, aos bons costumes e a função social do contrato (CC, arts. 187, 421 e 422). A terceira modalidade decorre de ordem judicial em que autor e réu são mutuamente devedores e credores.

A compensação tributária, por sua vez, vem prevista no art. 170 do CTN com a seguinte disposição:

---

59 AMARO, Luciano. *Direito tributário brasileiro*, p. 419-424.

60 DINIZ, Maria Helena. *Curso de direito civil brasileiro*. 22. ed. São Paulo: Saraiva, 2007, p. 310.

Capítulo 3 **Procedimentos administrativos tributários**

A lei pode, nas condições e sob as garantias que estipular, ou cuja estipulação em cada caso atribuir à autoridade administrativa, autorizar a compensação de créditos tributários com créditos líquidos e certos, vencidos ou vincendos, do sujeito passivo contra a Fazenda pública.

De acordo com essa regra, a "lei" de cada Fazenda Pública irá estabelecer as condições em que a compensação será autorizada pela autoridade administrativa. A mencionada lei poderá também prever a exigência de garantias, a fim de prevenir os direitos da Fazenda ou atribuir à autoridade tributária poderes para arbitrá-la. A compensação tributária, conforme definido anteriormente, consiste na utilização de crédito de titularidade do contribuinte perante a Fazenda Pública para o pagamento de créditos tributários vencidos ou vincendos. A liquidez e certeza do crédito serão apuradas de acordo com as regras administrativas, de modo que o contribuinte poderá tomar a iniciativa de declarar a existência dos créditos que entende possuir, cabendo ao Fisco reconhecê-los ou não. Caso não sejam reconhecidos os créditos como aproveitáveis, com base nas garantias constitucionais do contraditório e da ampla defesa, o procedimento da compensação poderá se transformar em um processo administrativo em sentido estrito, podendo o sujeito passivo impugnar a decisão negativa ao direito à compensação.

Nota-se que no âmbito tributário, o encontro de contas (crédito do contribuinte para extinguir crédito tributário) é típica modalidade legal de compensação. Isso porque o art. 170 do CTN considera a "lei" o instrumento normativo que estabelecerá as condições por meio das quais a compensação será efetivada.

Essas observações são relevantes, pois, o direito à compensação em matéria tributária, conforme salienta Hugo de Brito Machado, é direito potestativo eis que uma vez oposto em face do contraente extingue automaticamente o direito de crédito deste em face daquele[61]. Dito de outro modo, atendidos os requisitos legais, a Fazenda não poderá recusar a opção do contribuinte pela compensação. Isso leva a uma série de consequências, porquanto o legislador, ao disciplinar o direito à compensação não poderá dificultá-lo a ponto de torná-lo praticamente inviável, como ocorreu no passado.

---

61 MACHADO, Hugo de Brito. *Comentários ao Código Tributário Nacional*, p. 476, v. III.

O art. 170-A do CTN remete à ideia de que, se o sujeito passivo, em vez de pleitear a compensação na esfera administrativa, ingressar com ação judicial em que visa receber os créditos que pretende compensar, o aproveitamento desses créditos só poderá ser realizado depois que a ação judicial transitar em julgado. A regra do art. 170-A será objeto de análise na oportunidade em que comentarmos as Tutelas provisórias na compensação de créditos tributário (subseção 6.2.6.7).

3.4.2.2 Os procedimentos de restituição, ressarcimento e compensação de tributos federais

O sujeito passivo que pagar indevidamente tributos nas hipóteses do art. 165 do CTN, poderá pedir a restituição dos valores pagos perante a própria administração tributária, no caso em questão, será a RFB. Os casos de pagamento indevido de multas e juros moratórios também poderão ser restituídos administrativamente. Tratando-se de ressarcimento, é possível, igualmente, a postulação administrativa dos créditos não aproveitados ou remanescentes. Assim, para os tributos administrados pela RFB, os procedimentos administrativos para os pleitos de restituição ou de ressarcimento deverão ser observadas as regras disciplinadas pela IN/RFB n. 2.055, de 2021. Em síntese, o art. 8º, § 1º, da IN disciplina que a restituição será requerida pelo sujeito passivo mediante utilização do programa Pedido de Restituição, Ressarcimento ou Reembolso e Declaração de Compensação (PER/DCOMP), que é disponibilizado pela página da RFB na internet. Somente na impossibilidade de o contribuinte utilizar o pedido eletrônico é que poderá fazê-lo por meio físico, mediante o protocolo de formulário, constante dos Anexos I da IN/RFB n. 2.055, de 2021.

Quanto ao ressarcimento, os arts. 41 a 46 e 48 a 56 da IN dispõem, respectivamente, sobre ressarcimentos de créditos de IPI e da contribuição para o PIS/Pasep e da Cofins. Os arts. 57 e 58 tratam do ressarcimento referente ao Regime Especial de Reintegração de Valores Tributários para as Empresas Exportadoras (Reintegra). Em todos esses casos, o pedido de ressarcimento deverá ocorrer por meio de PER/DCOMP, sendo autorizado o pedido por formulário físico na hipótese de impossibilidade do uso do meio eletrônico. O art. 47 da IN prevê também o pedido de ressarcimento de créditos de IPI referente à aquisição de produtos industrializados por Missões Diplomáticas e repartições diplomáticas nos casos que especifica, devendo o cré-

Capítulo 3 **Procedimentos administrativos tributários**

dito estar destacado na nota fiscal de saída do produto. Os arts. 59 e seguintes da IN disciplinam o procedimento de reembolso de valores relativos a salário-família e salário-maternidade, que poderão também ser compensados com contribuições à seguridade social, mediante PER/DCOMP ou formulário próprio. Caso sejam deferidos os pedidos de restituição, ressarcimento ou reembolso, serão depositados em conta-corrente informada pelo requerente, conforme prevê o art. 154 da IN.

Com relação à compensação, no âmbito federal, existem basicamente duas leis que regulamentam o exercício desse direito. A primeira regulamentação veio com o art. 66 da Lei n. 8.383, de 1991, alterado posteriormente pela Lei n. 9.250, de 1995. A outra, está prevista nos arts. 73 e 74 da Lei n. 9.430, de 1996 e alterações advindas com as Leis n. 10.637, de 2002, 10.833, 2003, 11.051, de 2004, 11.941, de 2009, 12.844, de 2013, 13.097, de 2015, 13.137, de 2015, e 13.670, de 2018.

O art. 66 da Lei n. 8.383, de 1991, prevê somente a compensação como espécie de restituição de tributos pagos indevidamente, com a seguinte redação:

> Art. 66. Nos casos de pagamento indevido ou a maior de tributos, contribuições federais, inclusive previdenciárias, e receitas patrimoniais, mesmo quando resultante de reforma, anulação, revogação ou rescisão de decisão condenatória, o contribuinte poderá efetuar a compensação desse valor no recolhimento de importância correspondente a período subsequente.
>
> § 1º A compensação só poderá ser efetuada entre tributos, contribuições e receitas da mesma espécie.
>
> § 2º É facultado ao contribuinte optar pelo pedido de restituição.
>
> § 3º A compensação ou restituição será efetuada pelo valor do tributo ou contribuição ou receita corrigido monetariamente com base na variação da UFIR.
>
> § 4º As Secretarias da Receita Federal e do Patrimônio da União e o Instituto Nacional do Seguro Social – INSS expedirão as instruções necessárias ao cumprimento do disposto neste artigo.

Hoje não há dúvidas de que o artigo transcrito regulamentou o art. 170 do CTN para permitir ao sujeito passivo que, por sua conta e risco, realizasse a compensação de valores apurados como pagamento indevido de tributos ou de receitas patrimoniais (como preços públicos pagos indevidamente pelo uso de bens públicos) com tributos vincendos.

No entanto, à época em que a regra foi instituída houve controvérsias sobre a efetividade da compensação com base na lei transcrita. Primeiramente, abriu-se a discussão se seria permitido o encontro de contas pelo contribuinte independentemente de pronunciamento prévio da Fazenda. Gabriel Lacerda Troianelli defendeu a tese de que a compensação do art. 66 da Lei n. 8.383, de 1991, não dependia de autorização prévia do fisco. Referiu-se a outros autores, como a André Martins de Andrade, que sustentava ser o artigo em questão hipótese de "abatimento" e não exatamente de "compensação". Isso porque, para este último autor, a compensação só teria lugar em face de crédito tributário e o artigo em referência aludia a um abatimento de tributo a ser lançado, portanto, não havia ainda lançamento e crédito tributários constituídos[62]. Hugo de Brito Machado abriu divergência semelhante, concluindo que o art. 66 da Lei n. 8.383, de 1991, não regulamentou o art. 170 do CTN, porque a compensação tributária prevista no CTN permitiria ao contribuinte confrontar qualquer crédito contra créditos tributários. Assim, não importava a origem dos créditos do contribuinte, devendo tão somente ser líquidos e certos, o que não era o caso do art. 66 da Lei n. 8.383, de 1991, que se referiu a créditos de origem tributária que o contribuinte poderia compensar com tributos em períodos subsequentes. Assim, a hipótese do art. 66 da Lei n. 8.383, de 1991, se aplicaria somente aos casos de lançamento por homologação, em que os créditos são inerentes à relação tributária[63].

O STJ, em um primeiro momento, chegou a decidir que a compensação dependia de manifestação da autoridade fiscal.

> Tributário. Compensação. Impossibilidade. A compensação prevista pelo art. 66 da Lei 8.383/91 não pode ser efetuada pelo contribuinte ao seu livre arbítrio. Necessário se faz, para começar, o reconhecimento, em definitivo, de seu crédito pelo órgão fazendário competente ou pelo Poder Judiciário. Recurso improvido (STJ. Recurso Especial 56.355/PR, Rel. Min. Cesar Asfor Rocha, j. 14-12-1994, *DJ* 20-2-1995).

---

62 ANDRADE, André Martins de. O instituto da compensação e o crédito financeiro de ressarcimento de indébito fiscal, apud TROIANELLI, Gabriel Lacerda. Compensação do indébito tributário. In ROCHA, Valdir de Oliveira (coord.). *Problemas de processo judicial tributário*, p. 81.

63 MACHADO, Hugo de Brito. *Comentários ao Código Tributário Nacional*, v. III, p. 492.

Capítulo 3 **Procedimentos administrativos tributários**

Posteriormente, a mesma corte, modificou esse entendimento e admitiu que a compensação poderia ocorrer por conta e risco do contribuinte em sua escrita fiscal.

> Tributário. Compensação. Finsocial. Cofins. Ação declaratória. Possibilidade. O lançamento da compensação entre crédito e débito tributários. Efetiva-se por iniciativa do contribuinte e com risco para ele. O fisco, em considerando que os créditos não são compensáveis, ou que não é correto o alcance da superposição de créditos e débitos, praticará o lançamento por homologação (previsto no art. 150 do CTN). É lícito, porém, ao contribuinte pedir ao judiciário, declaração de que seu crédito é compensável com determinado débito tributário. Os créditos provenientes de pagamentos indevidos, a título de contribuição para o Finsocial, são compensáveis com valores devidos como Cofins (STJ. Recurso Especial 78.386/MG, Rel. Min. Demócrito Reinaldo, j. 11-12-1996, *DJ* 7-4-1997).

Com o segundo entendimento do STJ, pacificou-se a questão do direito potestativo à compensação, podendo ser exercido pelo contribuinte por sua conta e risco. Embora o art. 66 da Lei n. 8.383, de 1991 esteja em vigor, o regime de compensação previsto nesse dispositivo acarreta algumas desvantagens quando comparado com a Lei n. 9.430, de 1996 e alterações posteriores. Primeiramente, o § 1º do art. 66 da Lei n. 8.383, de 1991 limita a compensação para tributos da mesma espécie. Assim, pelo procedimento da lei de 1991, só é possível compensar imposto federal com outro imposto federal, contribuição com outra contribuição. Além disso, a Lei n. 9.250, de 1995, estabeleceu no art. 39, que a compensação prevista no art. 66 da Lei n. 8.383, de 1991, deveria operar com tributos de mesma destinação constitucional. A Lei n. 9.430, de 1996 não faz essas limitações e, ao contrário, autoriza a compensação de créditos apurados com quaisquer tributos e contribuições administrados pela RFB. Com o advento da Lei n. 9.430, de 1996, a compensação será efetuada mediante declaração entregue ao Fisco, que poderá homologá-la dentro do prazo legal, diminuindo os riscos de autuação por suposta opção ilegal com a compensação, uma vez que a administração estará ciente do procedimento desde o início.

Diante do exposto, passaremos a analisar, em linhas gerais, o sistema de restituição ou de ressarcimento mediante a compensação, previsto na Lei n. 9.430, de 1996. Antes, entretanto, o art. 73, prevê o seguinte:

Art. 73. A restituição e o ressarcimento de tributos administrados pela Secretaria da Receita Federal do Brasil ou a restituição de pagamentos efetuados mediante DARF e GPS cuja receita não seja administrada pela Secretaria da Receita Federal do Brasil será efetuada depois de verificada a ausência de débitos em nome do sujeito passivo credor perante a Fazenda Nacional.

Parágrafo único. Existindo débitos, não parcelados ou parcelados sem garantia, inclusive inscritos em Dívida Ativa da União, os créditos serão utilizados para quitação desses débitos, observado o seguinte:

I – o valor bruto da restituição ou do ressarcimento será debitado à conta do tributo a que se referir;

II – a parcela utilizada para a quitação de débitos do contribuinte ou responsável será creditada à conta do respectivo tributo.

Conforme se observa, o regime da Lei n. 9.430, de 1996 é mais abrangente e procura afastar controvérsias sobre a natureza jurídica do instituto e, inclusive, quanto a origem dos créditos. Note-se que, pela regra do *caput*, o sujeito passivo poderá obter o ressarcimento ou a restituição de créditos mediante a compensação. Assim, a compensação é modalidade de devolução de valores recebidos pela Fazenda Pública nos casos de ressarcimento ou de restituição a que alude amplamente o art. 165 do CTN.

De acordo com a redação dada pela Lei n. 12.844, de 2013, ao art. 73 da Lei n. 9.430, de 1996, criou-se um regime de "compensação de ofício" em que o contribuinte somente poderá obter o ressarcimento ou restituição de seus créditos se não possuir débitos com a Fazenda não parcelados ou parcelados sem garantia. Dito de outro modo, a Fazenda é autorizada a utilizar créditos do sujeito passivo no pagamento de débitos que este possua com o Fisco federal. Atualmente, a matéria é regulamentada pelos arts. 92 a 97 da IN, e, em síntese, a autoridade administrativa concederá o prazo de 15 dias ao sujeito passivo para se manifestar sobre a compensação de ofício. Se este não responder à notificação, a compensação será finalizada restituindo-se ao titular eventuais diferenças de valor. Caso não concorde com a compensação, o crédito do sujeito passivo não será restituído ou ressarcido enquanto o débito não for quitado. Quando se tratar de pessoa jurídica, a verificação da existência de débito deverá ser efetuada em relação a todos os seus estabelecimentos, inclusive obras de construção civil.

O art. 74 da Lei n. 9.430, de 1996, prevê e regula, em linhas gerais, o procedimento administrativo para o ressarcimento ou restituição de créditos

Capítulo 3 Procedimentos administrativos tributários

decorrentes de obrigação tributária, inclusive quando esses créditos provierem de decisão judicial transitada em julgado, mediante a compensação com débitos relativos a quaisquer tributos e contribuições. Em rigor, os valores tributários devidos à Fazenda Pública são chamados na linguagem do CTN de "crédito tributário" e não "débito", como se refere o artigo da lei em análise. Para facilitar a comunicação, adotaremos o termo "débito" (o valor devido pelo contribuinte) como sinônimo de "crédito tributário" (o valor a ser recebido pela Fazenda de natureza tributária). A citada IN/RFB n. 2.055, de 2021, complementa a previsão legal, regulamentando os detalhes do procedimento[64]. De acordo ainda com a norma do art. 74 da Lei n. 9.430, de 1996, os débitos tributários deverão ser próprios do sujeito passivo que realizar a compensação, de modo que não poderá aproveitar seu crédito para compensar com dívida tributária de terceiros. Além disso, tanto os créditos quanto os débitos tributários deverão ser administrados pela RFB, impedindo-se, assim, que se compensem créditos de outra Fazenda Pública com débitos federais e vice-versa.

O procedimento, disciplinado nos incisos e parágrafos do art. 74 da Lei n. 9.430, de 1996, se inicia com a entrega de declaração (PER/DCOMP) em que serão arrolados os créditos passíveis de restituição e os débitos tributários que serão extintos com a compensação. Com a entrega da declaração o débito tributário compensado é extinto sob condição resolutória de sua ulterior homologação. A data do envio da PER/DCOMP é o termo inicial do prazo de 5 anos para a Fazenda homologar a operação de compensação. Embora não esteja expressamente previsto no dispositivo legal, caso a Fazenda deixe fluir inerte o prazo mencionado, deverá ocorrer a "homologação tácita", semelhantemente ao que acontece com o lançamento por homologação. Essa é a interpretação lógica e sistemática decorrente da previsão do prazo de 5 anos para a homologação. A PER/DCOMP é considerada confissão de dívida na hipótese de não ser homologada a compensação, devendo o sujeito passivo ser intimado para pagamento dos valores compensados indevidamente no prazo de 30 dias, contado da ciência do ato de não homologação. Se não efetuado o pagamento, os valores serão encaminhados à Procuradoria da Fazenda Nacional para inscrição em dívida ativa.

---

64 Lembremos sempre que as normas regulamentadoras emitidas pela RFB são frequentemente alteradas, devendo o leitor se certificar dos termos de sua vigência.

CURSO COMPLETO DE DIREITO PROCESSUAL TRIBUTÁRIO

O sujeito passivo tem o direito de se opor à não homologação da compensação, devendo fazê-lo por meio de "manifestação de inconformidade" no prazo de 30 dias contados da data da ciência do ato de não homologação. Caso a manifestação de inconformidade não seja acolhida na primeira instância, caberá recurso ao Conselho Administrativo de Recursos Fiscais – CARF, devendo seguir as regras do Decreto n. 70.235, de 1972. A manifestação de inconformidade e o recurso contra a decisão que a julgar improcedente suspendem a exigibilidade do crédito tributário, na forma do inciso III do art. 151 do CTN, não cabendo a aplicação de multas de ofício em razão do direito de petição e das garantais do contraditório e da ampla defesa, exercidos com as mencionadas medidas reclamatórias.

O § 3º do art. 74 da Lei n. 9.430, de 1996, estabelece as hipóteses em que é vedada a compensação mediante a entrega de PER/DCOMP. A compensação será considerada como "não declarada" nos casos do § 12 do art. 74 da Lei n. 9.430, de 1996, destacando-se as hipóteses em que o crédito do sujeito passivo: a) refira-se a título público; b) seja decorrente de decisão judicial não transitada em julgado; c) não se refira a tributos e contribuições administrados pela SRF; d) tenha como fundamento a alegação de inconstitucionalidade de lei. Não será caso de indeferimento do pedido, se o crédito do sujeito passivo estiver fundado em: a) declaração de inconstitucionalidade proferida pelo STF em Ação Direta de Inconstitucionalidade (ADI) ou em Ação Declaratória de Constitucionalidade (ADC); b) lei que tenha tido sua execução suspensa pelo Senado Federal; c) lei que tenha sido julgada inconstitucional em sentença judicial transitada em julgado a favor do contribuinte; d) matéria que seja objeto de súmula vinculante aprovada pelo STF, nos termos do art. 103-A da Constituição Federal.

3.4.2.3 O art. 170-A do CTN e outras questões relevantes sobre a compensação

O art. 170-A do CTN, introduzido pela Lei Complementar n. 104, de 2001, será objeto de análise detalhada na subseção 6.2.6.7. Por ora, devemos chamar atenção para o seguinte. De acordo com o dispositivo mencionado: "É vedada a compensação mediante o aproveitamento de tributo, objeto de contestação judicial pelo sujeito passivo, antes do trânsito em julgado da respectiva decisão judicial". No STJ é pacífico o entendimento de que, caso o sujeito passivo decida discutir judicialmente o crédito que alega

Capítulo 3   Procedimentos administrativos tributários

possuir, não poderá realizar a compensação antes do trânsito em julgado da decisão. Na prática, os precedentes do STJ se dirigem à autoridade judicial que passou a ficar impedida de conceder liminares ou tutelas de urgência para autorizar a compensação tributária. Se o aproveitamento dos créditos, nesses casos de discussões judiciais só poderá ocorrer após o trânsito em julgado da decisão, segue-se que não será permitido ao sujeito passivo, ainda que na via administrativa, apresentar PER/DCOMP com o fim de compensar créditos cuja certeza de sua procedência ainda depende de pronunciamento definitivo e irreformável da justiça.

Nesse sentido é o Tema 345 de Recursos Repetitivos do STJ, que fixou a seguinte tese:

> Em se tratando de compensação de crédito objeto de controvérsia judicial, é vedada a sua realização "antes do trânsito em julgado da respectiva decisão judicial", conforme prevê o art. 170-A do CTN, vedação que, todavia, não se aplica a ações judiciais propostas em data anterior à vigência desse dispositivo, introduzido pela LC 104/2001.

Com o entendimento jurisprudencial e, em reverência à nova sistemática processual que dá força aos precedentes jurisdicionais, está pacificada a impossibilidade de se obter, pelo Poder Judiciário, decisão que viabilize a compensação por meio de tutelas de urgência. Resta ao sujeito passivo de tributos federais, portanto, ao apurar créditos passíveis de ressarcimento ou restituição, compensá-los mediante o PER/DCOMP, seguindo-se as regras do art. 74 da Lei n. 9.430, de 1996.

Outras questões relevantes, porém, pontuais, sobre compensação, podem ser abordadas para uma análise totalizante da matéria, como é o caso do termo inicial de contagem do prazo de prescrição para a postulação do pedido de restituição por meio de compensação. O assunto será tratado com mais detalhes nas subseções 8.4.3 e 8.5.2, que analisarão as ações judiciais de Repetição de Indébito e de Compensação. No momento, vale destacar que o prazo para se postular o ressarcimento ou restituição, mediante compensação na esfera administrativa, segue as mesmas regras da ação judicial, isto é, 5 anos contados da data do pagamento indevido. Esse entendimento sempre foi aplicado para as modalidades de lançamento de ofício e por declaração (CTN, art. 165

233

c/c art. 168)[65]. Quanto aos tributos sujeitos ao lançamento por homologação, a interpretação jurisprudencial sobre a contagem do prazo para a restituição do indébito adquiriu algumas peculiaridades.

Até a entrada em vigor da Lei Complementar n. 118, de 2005, a contagem desse prazo obedecia a interpretação dada pelo STJ à matéria, apesar de toda a controvérsia causada com o entendimento da Corte Superior. No ponto, o STJ concluiu que os pagamentos indevidos de tributos submetidos ao lançamento por homologação poderiam ser repetidos até os 10 anos posteriores à ocorrência do fato gerador. Isso porque, nessa modalidade de lançamento, é necessário decorrer 5 anos a partir do fato gerador para que o crédito tributário se extinga definitivamente, tendo o sujeito passivo o direito de ingressar com Repetição de Indébito em até 5 anos, contados da data da "extinção do crédito tributário", o que deu ensejo à tese do "5 + 5" para a Repetição do Indébito Tributário[66]. Com o advento da Lei Complementar n. 118, de 2005, nos casos de lançamento por homologação, o início do prazo para a Repetição do Indébito tributário passou a ser "a data do pagamento indevido" e não mais os 5 anos posteriores em que ocorria a extinção do crédito tributário. Apesar de todas as controvérsias jurídicas em torno do assunto, tanto o STJ quanto STF pacificaram o entendimento de que, os contribuintes que ajuizaram ações de Repetição de Indébito até a entrada em vigor da Lei Complementar n. 118, de 2005, o que ocorreu em 9-6-2005, puderam repetir os pagamentos indevidos dos últimos 10 anos, valendo-se, portanto, da "tese dos 5 + 5"[67]. Os contribuintes que, no entanto, moveram suas ações após essa data, passaram a poder restituir somente os cinco anos anteriores de pagamentos indevidos.

Essa última interpretação sobre a repetição de indébito tributário conferida pelo Poder Judiciário é aplicada na compensação operacionalizada na

---

65   Nesse sentido: STJ. Recurso Especial 797.293/SP. Min. Teori Albino Zavascki. 1ª T., v.u., j. 16-4-2009, *DJ* 6-5-2009.

66   Para fins de conhecimento histórico vale consultar o seguinte precedente do STJ: Agravo Regimental no Recurso Especial 239.584/MG, Rel. Min. José Delgado, 1ª T., v.u., j. 16-3-2000, *DJ* 2-5-2000.

67   Precedente do STJ: AI nos Embargos de Divergência em Recurso Especial 644.736/PE, Rel. Min. Teori Albino Zavascki, Corte Especial, v.u., j. 6-6-2007, *DJ* 27-8-2007. Precedente do STF: STF. Recurso Extraordinário 566.621/RS. Rel. Ministra Ellen Gracie, *DJe* 11-10-2011.

Capítulo 3 **Procedimentos administrativos tributários**

esfera administrativa. No âmbito federal, tem-se, inclusive, a Súmula 91 do CARF, com o seguinte verbete:

Ao pedido de restituição pleiteado administrativamente antes de 9 de junho de 2005, no caso de tributo sujeito a lançamento por homologação, aplica-se o prazo prescricional de 10 (dez) anos, contado do fato gerador.

Outra questão relevante é a incidência de juros moratórios sobre o crédito do sujeito passivo. O tema será também analisado em minúcias na subseção 8.4.5.2.1, referente à ação judicial de Repetição de Indébito. Vale destacar no momento, entretanto, que sobre o valor principal do crédito de titularidade do contribuinte devem ser acrescidos juros moratórios e correção monetária. No caso dos tributos federais pagos indevidamente, conforme previu o art. 39, § 4º, da Lei n. 9.250, de 1995, desde 1º-1-1996, passou a ser aplicada a Taxa Selic como índice de correção monetária e juros compensatórios. Conforme alerta James Marins: "A natureza jurídica da Taxa Selic anuncia-se indiscutivelmente compensatória, pois visa indenizar o credor pelo dano patrimonial sofrido no tempo em que a Fazenda Nacional reteve em seu poder as quantias cobradas indevidamente"[68].Assim, além dos juros compensatórios calculados com a Taxa Selic, à conta do crédito acumulado do sujeito passivo deveria incidir juros moratórios, conforme alude o parágrafo único do art. 167 do CTN: "A restituição vence juros não capitalizáveis, a partir do trânsito em julgado da decisão definitiva que a determinar". Ocorre, conforme será mais bem explicado no Capítulo 8, subseção 8.4.5.2.1, o STJ, depois de diversas controvérsia, fixou o entendimento de que, nos casos dos tributos federais, após 1º-1-1996, data da entrada em vigor da Lei n. 9.250, de 1995, não seria mais possível incluir-se juros moratórios na conta da restituição de indébito, uma vez que a Taxa Selic, inclui a inflação do período e a taxa de juros real[69].

Em resumo, até 31-12-1995 – antes da entrada em vigor da Lei n. 9.250, de 1995 – era lícito ao contribuinte, ao pedir a restituição de tributos federais, incluir juros moratórios incidentes desde o trânsito em julgado da decisão que

---

68 MARINS, James. *Direito processual tributário brasileiro*. 9. ed. São Paulo: RT, 2016, p. 350.

69 Cf. STJ. Recurso Especial 1.045.752/RJ, Rel. Min. Eliana Calmon, 2ª T., v.u., j. 28-10-2008, *DJe* 17-11-2008.

CURSO COMPLETO DE DIREITO PROCESSUAL TRIBUTÁRIO

condenou a Fazenda Pública a repetir o indébito. Após aquela data passou a ser permitida somente a aplicação da Taxa Selic como índice de correção e juros, na restituição tributária, ainda que operacionalizada na forma de compensação. Conforme já mencionado, a questão será analisada em detalhes no Capítulo 8, subseção 8.4.5.2.1, referente à ação de repetição de indébito.

3.4.3 O parcelamento

Assim como a consulta, a restituição e a compensação, os pedidos de parcelamento são procedimentos administrativos de iniciativa do sujeito passivo, contribuinte ou responsável tributário. O parcelamento pode ser compreendido como uma espécie de moratória, na medida em que esta prorroga ou define novo prazo para o cumprimento da obrigação tributária principal[70]. Além disso, a proximidade entre os dois institutos fica evidenciada porque ambos suspendem a exigibilidade do crédito tributário (CTN, art. 151, I e VI).

A Lei Complementar n. 104, de 2001, acrescentou o art. 155-A ao CTN, visando pôr fim a algumas controvérsias geradas com a prática frequente das fazendas públicas em conceder o mencionado favor fiscal. Realmente, no Brasil, os programas de parcelamentos de débitos se tornaram um hábito, especialmente nos períodos pré-eleitorais ou quando o Poder Executivo pretende aprovar reformas e encontra dificuldades nos parlamentos. A fim de atrair as bases eleitorais são criados programas de parcelamento de débitos tributários, vulgarmente chamados de "anistias fiscais", utilizados como instrumento para obtenção de apoio dos segmentos econômicos. Na mesma linha, os parcelamentos podem ser utilizados como estratégia de recuperação dos ativos fiscais, pois o sistema judicial de cobrança nem sempre é eficiente, de modo que o parcelamento passa a ser um estímulo ao devedor a quitar sua dívida fiscal em longo prazo e com isso regularizar sua situação perante o Fisco. Na prática, para a Fazenda, antes o recebimento parcelado do crédito tributário do que a incerteza de recebimento pela via convencio-

---

70 "A primeira das hipóteses de que cogita o Código Tributário Nacional para a suspensão da exigibilidade do crédito tributário é a moratória, i. é., a prorrogação ou a concessão de novo prazo para o cumprimento da obrigação tributária". Cf. SCHOUERI, Luís Eduardo. *Direito tributário*, p. 575.

236

Capítulo 3 **Procedimentos administrativos tributários**

nal da Execução Fiscal. Em síntese, esses fatores dão causa à criação dos programas de parcelamento de débitos tributários, normalmente seguidos da diminuição de juros e de multas.

No passado, diante da falta de regras gerais aos parcelamentos, o benefício fiscal ficava à mercê da discricionariedade do gestor público, que se via autorizado a conceber as regras para a concessão do benefício por atos administrativos, reservando-se à lei somente a autorização geral para o recebimento parcelado do crédito tributário vencido.

Assim, a partir da Lei Complementar n. 104, de 2001, que acrescentou o art. 155-A ao CTN, a forma e as condições para o parcelamento deverão ser disciplinadas em "lei específica". A quantidade de parcelas, eventual redução de juros ou de multas, a exigência ou não de garantias, a renúncia às reclamações administrativas ou ações judiciais sobre o crédito tributário parcelado, são, portanto, matérias a serem previstas na lei que criar o programa de parcelamento. O fato de esses pontos constarem da lei diminui a discricionariedade do Poder Executivo sobre a matéria. Assim, para a Fazenda, por razões de política fiscal e econômica, é preferível receber o valor parcelado a se sujeitar às dificuldades da cobrança judicial.

Uma das críticas mais comuns aos programas de parcelamento, é a eventual desigualdade gerada entre o contribuinte que realiza o pagamento dos tributos nos prazos legais, cioso de suas obrigações tributárias, e o contribuinte que, visando obter alguma vantagem, utiliza a estratégia de não pagar os tributos no tempo devido, aguardando a criação do programa de parcelamento. Duas questões devem ser salientadas com essa afirmação. A primeira é que, embora possa configurar uma estratégia de negócios o não pagamento regular dos tributos visando-se o programa de parcelamento, o não pagamento do crédito tributário no prazo correto gera ônus, tais como os juros moratórios e as medidas de exigência do crédito tributário, especialmente a inscrição na dívida ativa. Além disso, tratando-se dos tributos federais, o contribuinte terá seu nome inscrito no Cadastro de Inadimplentes – Cadin e ficará impedido de obter certidões negativas. A segunda questão, é que esse planejamento tributário às avessas acarreta complicações que poderiam não ocorrer se o contribuinte optasse por planos de elisão fiscal realizados com amparo na legalidade. A complexidade do sistema fiscal brasileiro pode levar a discussões sobre a real incidência dos tributos, e com uma boa assessoria na área de planejamentos tributários pode-se evitar o seu recolhimento

237

indevido. Daí por que o contribuinte poderá refletir se a melhor opção é contratar uma boa assessoria profissional na área de planejamento tributário ou simplesmente deixar de recolher os tributos à espera do surgimento de um programa de parcelamento fiscal.

Por esse motivo, o § 1º do art. 155-A do CTN prevê que os parcelamentos não poderão excluir juros e multas, salvo disposição de lei em contrário. Assim, caberá à lei específica que conceder o parcelamento deliberar sobre as mencionadas exclusões. Essa norma se dirige à alegação de que o parcelamento equivaleria à denúncia espontânea a que se refere o art. 138 do CTN, que prevê a exclusão de penalidades tributárias quando o contribuinte denuncia espontaneamente uma infração que tenha cometido, acompanhada do pagamento do tributo quando houver débito tributário. A espontaneidade se caracteriza pela denúncia do contribuinte antes de qualquer procedimento administrativo ou medida de fiscalização, relacionados com a infração (CTN, art. 138, parágrafo único). Com fundamento nessa tese, tratando-se de parcelamento, considerando que é um procedimento de iniciativa do sujeito passivo, caso não tenha havido nenhuma medida fiscalizatória da Fazenda sobre o débito parcelado, o contribuinte teria direito à exclusão de multas de mora ou de ofício eventualmente cabíveis no montante do crédito tributário. Esse entendimento se aplicaria para a hipótese em que o programa de parcelamento oferecer também redução dos juros moratórios. No entanto, esses benefícios fiscais (isto é, a exclusão de multa de mora ou de ofício e de redução dos juros moratórios), somente poderá ser postulado se a lei específica do parcelamento assim estabelecer, caso contrário não caberá a interpretação sistemática, favorável ao contribuinte, de exclusão de multa de mora e de ofício do valor do crédito tributário parcelado. Nesse sentido já entendeu a Segunda Turma do STJ:

> 1. Nos termos do art. 155-A, *caput*, e § 1º, do CTN, o parcelamento tributário deve ser concedido na forma e condição estabelecidas em lei específica e, em regra, não importa exclusão de juros e multas. A regra geral é que incida atualização monetária no parcelamento do crédito tributário, a menos que a lei disponha de modo diverso. 2. A Lei 11.941/2009 não exclui o cômputo de juros moratórios sobre o crédito tributário, no período entre a adesão e a consolidação da dívida. 3. Desta forma os débitos para com o Fisco Federal, antes mesmo de serem consolidados no programa de parcelamento instituído pela Lei n. 11.941/09, ficam sujeitos à incidência de juros

Capítulo 3 **Procedimentos administrativos tributários**

de mora calculados com base na Taxa SELIC consoante o teor do art. 61, § 6º, da Lei n. 9.430/96.

4. Precedentes: REsp 1407591/PE, Rel. Ministro Herman Benjamin, Segunda Turma, *DJe* 3-2-2015; REsp 1403992/PE, Mauro Campbell Marques, Segunda Turma, julgado em 11-11-2014, *DJe* 18-11-2014 (STJ. Agravo Regimental no Recurso Especial 1.551.994/RS, Rel. Min. Mauro Campbell Marques, 2ª T., j. 15-10-2015, *DJe* 22-10-2015).

Embora seja possível a comparação entre o parcelamento e a denúncia espontânea, no ponto em que ambos os procedimentos são de iniciativa do sujeito passivo, a denúncia espontânea tem por finalidade precípua a "confissão" do contribuinte sobre infrações à legislação tributária. O parcelamento, na medida em que depende de uma lei específica que o institua, é um estímulo oferecido pelo Poder Público para o contribuinte quitar seus débitos, o que, de certa forma, se diferencia da noção de espontaneidade pretendida na denúncia espontânea.

O § 2º do art. 155-A do CTN determina a aplicação subsidiária das regras gerais sobre moratória para o parcelamento. De acordo com o art. 152 do CTN, a moratória poderá ser concedida em caráter geral ou individual. As normas da moratória que se compatibilizam com o parcelamento são as que se referem à modalidade individual, pois os parcelamentos dependem da demanda do contribuinte interessado e que deverá atender aos requisitos legais à outorga do benefício.

O art. 153, I a III, do CTN prevê que a lei que conceder a moratória, inclusive em caráter individual, deverá fixar o prazo de duração do favor legal e as condições para o deferimento. Deverá também, se for o caso, especificar os tributos alcançados pelo benefício, o número de prestações e seus vencimentos e eventuais garantias. De acordo com o art. 154 do CTN: a moratória abrange somente os créditos tributários "definitivamente constituídos à data da lei ou do despacho que a conceder, ou cujo lançamento já tenha sido iniciado àquela data por ato regularmente notificado ao sujeito passivo". A regra é obviamente aplicável aos parcelamentos que se reportam a créditos tributários vencidos, razão pela qual estão sujeitos à incidência de juros e multa moratória. O parágrafo único do art. 154 do CTN prevê que "a moratória não aproveita aos casos de dolo, fraude ou simulação do sujeito passivo ou do terceiro em benefício daquele". Por se tratar de um benefício fiscal, a lei poderá excluir os casos em que o crédito tributário foi constituído em decorrência do tipo de conduta mencionada no dispositivo. A previsão poderá ser aplicada aos parcelamentos também, ou seja, na hipótese de o crédito tributário ter sido constituído em decorrência das mencionadas atitudes antiéticas do sujeito passivo, não poderá ser objeto de parcelamento.

A moratória individual poderá ser revogada de oficio nas hipóteses do art. 155 do CTN, quais sejam, quando o beneficiado não "satisfazia ou deixou de satisfazer as condições ou não cumprira ou deixou de cumprir os requisitos para a concessão do favor". De acordo ainda com o dispositivo, o crédito tributário deverá ser cobrado acrescido de juros moratórios e da penalidade cabível (que em matéria tributária normalmente é a multa) nos casos de dolo ou simulação. Nas demais hipóteses não será imposta penalidade. A regra é igualmente aplicável aos parcelamentos com algumas adaptações. Os parcelamentos são instrumentalizados na forma de acordo com o Fisco, podendo ser protocolados por meio eletrônico ou físico. O deferimento do pedido de parcelamento poderá ocorrer previamente ou não ao pagamento das parcelas. Caso se verifique o não preenchimento dos requisitos necessários ao benefício, o acordo não será autorizado ou homologado, neste último caso quando não depender de deferimento prévio, razão pela qual foi possível ao contribuinte iniciar o pagamento das parcelas desde o protocolo do pedido.

Entendemos que a lei do parcelamento deverá garantir direito a reclamação administrativa contra a decisão que indeferir ou não homologar o pedido de parcelamento, ou ainda quando excluir o contribuinte do programa, hipóteses em que o procedimento se converterá em processo administrativo (contencioso). Nos termos do art. 151, III do CTN, essa reclamação suspenderá a exigibilidade do crédito tributário, não podendo a Fazenda prosseguir nos atos de cobrança do débito enquanto não decidir, definitivamente, a reclamação administrativa. No entanto, não tem sido esse o entendimento do STJ sobre a matéria, ao concluir que o art. 151, III do CTN é aplicável somente nos casos em que o lançamento tributário é impugnado.

2. "A reclamação administrativa interposta contra ato de exclusão do contribuinte do parcelamento não é capaz de suspender a exigibilidade do crédito tributário, sendo inaplicável o disposto no art. 151, inciso III, do CTN, pois as reclamações e recursos previstos no referido artigo são aqueles que discutem o próprio lançamento, ou seja, a exigibilidade do crédito tributário" (Recurso Especial 1.372.368/PR, Rel. Min. Humberto Martins, 2ª T., j. 5-5-2015, *DJe* 11-5-2015).

Capítulo 3   Procedimentos administrativos tributários

Em que pese a jurisprudência da Corte Superior, a regra do art. 151, III do CTN, ao prever a suspensão da exigibilidade do crédito tributário por força de reclamações interpostas pelo sujeito passivo, não se restringe à impugnação ao lançamento, sendo aplicável a qualquer insurgência do contribuinte na via administrativa, enquanto o crédito for exigível. Com a exclusão do sujeito passivo do parcelamento ou ato equivalente, o crédito tributário voltará à situação original de exigibilidade, que havia sido suspensa com o protocolo do pedido ou pelo pagamento das parcelas. Como se sabe, a reclamação administrativa visa garantir o contraditório e a ampla defesa contra decisões do Fisco, permitindo a efetividade do princípio da tutela administrativa. A exigência do crédito tributário na concomitância da reclamação desnatura a finalidade visada pela norma do art. 151, III, do CTN. Não obstante, ficará a critério do contribuinte discutir judicialmente o ato de indeferimento ou de exclusão do parcelamento, hipótese em que a justiça poderá determinar a suspensão da exigibilidade no processo judicial.

Caso o sujeito passivo, depois de ter o seu parcelamento deferido ou homologado não cumpra sua parte no acordo, as parcelas serão antecipadas e a dívida será cobrada na forma como se cobram créditos tributários, isto é, com inscrição na dívida ativa e mediante execução fiscal. Quanto à incidência de multa, ficará a cargo da lei específica relativa ao parcelamento a definição da imposição de penalidades na hipótese de ruptura do acordo.

Essas são, em linhas gerais, as regras básicas para os parcelamentos com fundamento nas disposições do CTN. Nas subseções a seguir serão analisados alguns efeitos jurídicos decorrentes dos pedidos de parcelamento que costumam gerar controvérsias, quais sejam: a) a suspensão de Execução Fiscal diante do pedido de parcelamento; b) a opção pelo parcelamento e a suspensão e extinção da punibilidade penal; c) o pedido de parcelamento como suposta confissão de dívida.

3.4.3.1 Suspensão de Execução Fiscal diante do pedido de parcelamento

Conforme o inciso VI do art. 151 do CTN, o parcelamento é um dos casos de suspensão da exigibilidade do crédito tributário. Assim, enquanto o sujeito passivo estiver honrando o acordo, não poderá a Fazenda adotar medidas constritivas visando a execução do crédito tributário. Esse entendimento se aplica para os casos em que não tenha sido decidida a reclamação

241

CURSO COMPLETO DE DIREITO PROCESSUAL TRIBUTÁRIO

contrária ao indeferimento do pedido, a não homologação ou exclusão do contribuinte do programa de parcelamento.

No entanto, conforme explicado, o STJ entende que, nos casos de "reclamações administrativas" interpostas contra o ato de exclusão do parcelamento, não deve ser suspensa a exigibilidade do crédito. Por outro lado, quando o parcelamento estiver sendo pago em dia, evidentemente, a suspensão da exigibilidade é garantida por expressa previsão legal (CTN, art. 151, VI). Uma vez suspensa a exigibilidade do crédito tributário, o Fisco não poderá recusar a expedição de Certidão Positiva com Efeito de Negativa (CPEN), nos termos dos arts. 205 e 206 do CTN. A questão é saber quando exatamente se dá a suspensão da exigibilidade do crédito tributário nos casos de parcelamento. No âmbito federal, os parcelamentos de débitos tributários costumam ocorrer mediante o pagamento antecipado das parcelas, independentemente de pronunciamento prévio da Receita Federal[71]. Posteriormente, será apreciado se o contribuinte atende aos requisitos para a homologação do acordo. Caso não sejam atendidos os pressupostos legais, o parcelamento não será homologado e o contribuinte excluído do programa. Nesses casos, em que o procedimento consiste na opção pelo parcelamento mediante o pagamento antecipado das parcelas, entendemos que a suspensão da exigibilidade deve ocorrer a partir do pagamento da primeira prestação, de modo a regularizar a situação do contribuinte perante o Fisco.

O STJ, em julgamento de Recurso Repetitivo, fixou a Tese 365 com o seguinte verbete: "A produção do efeito suspensivo da exigibilidade do crédito tributário, advindo do parcelamento, condiciona-se à homologação expressa ou tácita do pedido formulado pelo contribuinte junto ao Fisco". É necessário, porém, explicar o teor dessa disposição abstrata. O acórdão paradigma da tese (Recurso Especial 957.509/RS), referiu-se a um caso em que o tribunal de origem teria determinado a extinção de Execução Fiscal e consequente anulação da CDA, após o protocolo da opção pelo parcelamento e pagamento das primeiras parcelas, porém, antes da homologação pela autoridade tributária. No entendimento do STJ, não poderia o tribunal originário "extinguir" a Execução Fiscal proposta antes da homologação expressa ou tácita do parcelamento. Entretanto, na própria ementa do julgado da Corte

---

71 É o caso do Programa Especial de Regularização Tributária (Pert), instituído pela Lei n. 13.496, de 2017.

Capítulo 3 **Procedimentos administrativos tributários**

Superior, fica evidente que a opção pelo parcelamento, juntamente com o pagamento das primeiras parcelas, é suficiente para suspender a exigibilidade do crédito tributário, mas não é capaz de impedir o ajuizamento da execução fiscal se isso ocorrer antes da homologação do parcelamento. Por fim, concluiu o STJ que o caso era de simples suspensão do feito executivo e não de sua extinção. Eis o ponto específico do acórdão:

> 6. *In casu*, restou assente na origem que: "*[...] a devedora formalizou sua opção pelo PAES em 31 de julho de 2003 (fl. 59). A partir deste momento, o crédito ora em execução não mais lhe era exigível, salvo se indeferido o benefício. Quanto ao ponto, verifico que o crédito em foco foi realmente inserido no PAES, nada havendo de concreto nos autos a demonstrar que a demora na concessão do benefício deu-se por culpa da parte executada. Presente, portanto, causa para a suspensão da exigibilidade do crédito. Agora, ajuizada a presente execução fiscal em setembro de 2003, quando já inexequível a dívida em foco, caracterizou-se a falta de interesse de agir da parte exequente. Destarte, a extinção deste feito é medida que se impõe*". 7. À época do ajuizamento da demanda executiva (23-9-2003), inexistia homologação expressa ou tácita do pedido de parcelamento protocolizado em 31-7-2003, razão pela qual merece reparo a decisão que extinguiu o feito com base nos artigos 267, VI (ausência de condição da ação), e 618, I (nulidade da execução ante a inexigibilidade da obrigação consubstanciada na CDA), do CPC. 8. É que a suspensão da exigibilidade do crédito tributário, perfectibilizada após a propositura da ação, ostenta o condão somente de obstar o curso do feito executivo e não de extingui-lo (STJ. Recurso Especial 957.509/RS, Rel. Min. Luiz Fux, 1ª Seção, j. 9-8-2010, *DJe* 25-8-2010).

Assim, a Execução Fiscal proposta "após" a homologação do pedido de parcelamento deverá ser extinta por falta de interesse de agir, só podendo ser ajuizada caso o contribuinte descumpra o acordo por inadimplência. No mesmo sentido, reafirmamos o entendimento de que a opção pelo parcelamento seguida do pagamento das parcelas suspende a exigibilidade do crédito tributário, devendo, nesse caso, ser expedida CPEN, conforme preveem os arts. 205 e 206 do CTN. Nesse sentido já decidiu o STJ:

> Processual Civil. Tributário. Execução Fiscal. Parcelamento. Certidão Positiva Com Efeitos De Negativa. Admissibilidade.
>
> 1. Expedição de Certidão Positiva de Débito com efeitos de Negativa – CND, na forma do art. 206 do CTN, traduz, em essência, a *thema decidendum*.
>
> 2. *"Ao contribuinte que tem a exigibilidade do crédito suspensa pelo parcelamento concedido, o qual vem sendo regularmente cumprido, é assegurado o direito*

243

à expedição de certidão positiva com efeitos de negativa, independentemente da prestação de garantia real não exigida quando da sua concessão" (REsp 366.441/ RS) (STJ. Agravo Regimental no Recurso Especial 1.209.674/RJ. Rel. Min. Humberto Martins, j. 18-11-2010, *DJe* 29-11-2010).

Diante da suspensão da exigibilidade pela opção do parcelamento, ficará interrompida a prescrição do direito de cobrança judicial do crédito tributário. De acordo com o parágrafo único, inciso IV, do art. 174 do CTN, a prescrição se interrompe: "por qualquer ato inequívoco ainda que extrajudicial, que importe em reconhecimento do débito pelo devedor", como é o caso da opção pelo parcelamento.

3.4.3.2 A opção pelo parcelamento e a suspensão e extinção da punibilidade penal

A Lei n. 8.137, de 1990, prevê os tipos penais considerados como "crimes contra a ordem tributária". Em síntese, estabelece o art. 1º da referida lei, que essa modalidade delituosa consiste em "suprimir ou reduzir tributo, ou contribuição social e qualquer acessório", mediante condutas fraudulentas nos documentos ou declarações fiscais.

A supressão ou redução de tributos por meio das condutas tipificadas no art. 1º da Lei n. 8.137, de 1990, leva, evidentemente, à exigência do crédito tributário devido. Assim, o pagamento parcelado da dívida fiscal deverá gerar também o efeito de suspender a pretensão punitiva enquanto durar o parcelamento e se não ocorrer ruptura do acordo. Evidentemente, o pedido de parcelamento, por si só, não terá o poder de extinguir a punibilidade, devendo o acordo ser honrado para que produza o efeito extintivo.

Desde 1995, a Lei n. 9.249, aplicável a qualquer processo penal de crime contra a ordem tributária ou de sonegação fiscal, federal, estadual ou municipal, prevê a "extinção da punibilidade" na hipótese de o acusado pagar o crédito tributário antes do recebimento da denúncia criminal pelo juiz[72]. Por outro lado, nos casos de parcelamento não havia lei prevendo os efeitos que

---

72 Lei n. 9.249, de 1995. Art. 34. Extingue-se a punibilidade dos crimes definidos na Lei n. 8.137, de 27 de dezembro de 1990, e na Lei n. 4.729, de 14 de julho de 1965, quando o agente promover o pagamento do tributo ou contribuição social, inclusive acessórios, antes do recebimento da denúncia.

Capítulo 3 **Procedimentos administrativos tributários**

o acordo poderia gerar na esfera criminal, quando o débito tributário decorresse de conduta considerada criminosa. No âmbito federal, a Lei n. 11.941, de 2009, previu a possibilidade de parcelamento de débitos tributários, inclusive de parcelamentos anteriores, que poderiam ser consolidados no novo parcelamento. O art. 67 da mencionada lei, estabeleceu que: "Na hipótese de parcelamento do crédito tributário antes do oferecimento da denúncia, essa somente poderá ser aceita na superveniência de inadimplemento da obrigação objeto da denúncia". O art. 68, por sua vez, autorizou a suspensão da pretensão punitiva dos débitos que fossem objeto do parcelamento regulado pela referida Lei n. 11.941, de 2009. O art. 68 não fez referência se a opção pelo parcelamento deveria ocorrer antes do recebimento da denúncia. Diante da omissão legislativa, pode-se inferir que a opção pelo parcelamento de que cuidava a Lei n. 11.941, de 2009 suspenderia a ação penal em qualquer fase. O STJ admitiu essa interpretação limitando, porém, os efeitos do art. 68 da Lei n. 11.941, de 2009 até o trânsito em julgado da sentença penal condenatória. Nesse sentido:

> 3. A suspensão da pretensão punitiva estatal fundada no art. 68 da Lei n. 11.941/2009 somente é cabível se a inclusão do débito tributário em programa de parcelamento ocorrer em momento anterior ao trânsito em julgado da sentença penal condenatória.
>
> 4. Ocorrendo o parcelamento do débito tributário antes do trânsito em julgado da condenação, como no caso dos autos, ficará suspensa a pretensão punitiva do Estado até ulterior revogação do benefício ou extinção da punibilidade dos agentes pelo integral pagamento, sendo inviável a prolação de acórdão confirmatório da condenação e trânsito em julgado da condenação em sua vigência (STJ. *Habeas Corpus* 353.827/PI. Rel. Min. Reynaldo Soares da Fonseca. 5ª T., j. 16-8-2016, *DJe* 25-8-2016).

Posteriormente, o art. 6º da Lei n. 12.382, de 2011, alterou a redação do art. 83 da Lei n. 9.430, de 1996, prevendo várias regras sobre a suspensão da pretensão punitiva e extinção da punibilidade de crimes contra a ordem tributária nos casos de parcelamento, aplicáveis a qualquer débito tributário.

Assim, nos casos de parcelamento do crédito tributário, só será admitida representação criminal contra o contribuinte que supostamente tiver praticado crimes contra a ordem tributária, caso seja excluído do programa. Com efeito, na pendência do parcelamento, ainda que não tenha sido deferido ou homologado o parcelamento, não cabe representação da fiscalização tributária para o Ministério Público, visando-se a responsabilização penal por crime contra a ordem tributária. Se já houver inquérito ou processo criminal instaurados, caso o sujeito passivo, pessoa física ou a pessoa jurídica da qual pertença o acusado, optar pelo parcelamento, a punibilidade será também suspensa, desde que a opção se dê antes do recebimento da denúncia. Por óbvio, na pendência do parcelamento ficará também suspensa a prescrição da ação penal, extinguindo-se a punibilidade com o pagamento total do crédito ao fim do parcelamento. As regras relativas à suspensão da pretensão punitiva ou de extinção da punibilidade não serão aplicadas nos casos em que o parcelamento não puder ser concedido por vedação legal. O entendimento atual do STJ sobre os argumentos acima pode ser resumido com a seguinte ementa:

> Penal. Sonegação Fiscal. Parcelamento do Débito Tributário na Vigência da Lei n. 12.382/2011. Suspensão do Curso do Processo. Extinção da Punibilidade. Inaplicabilidade. Trancamento da Ação Penal. Impossibilidade. 1. Realizado o parcelamento do débito tributário na vigência da Lei n. 12.382/2011, por sonegação fiscal ocorrida em 2012 e 2013, suspende-se o processo e a pretensão punitiva enquanto durar avença estipulada para o pagamento dos tributos em atraso. 2. Impossibilidade de se trancar a ação penal, por falta de justa causa, pois a extinção do débito tributário somente ocorre com o integral pagamento da dívida (STJ. Recurso em *Habeas Corpus* 71.158/SC. Rel. Ministra Maria Thereza de Assis Moura, 6ª T., j. 20-10-2016, *DJe* 11-11-2016).

É importante frisar que as mencionadas regras a respeito da suspensão da pretensão punitiva e extinção da punibilidade nos casos de parcelamento do crédito tributário, aplicam-se para os crimes contra a ordem tributária e de sonegação fiscal, previstos, respectivamente, nas Leis n. 8.137, de 1990 e 4.729, de 1965. Além disso, as mencionadas disposições estendem-se aos crimes contra a Previdência Social de que tratam os arts. 168-A e 337-A do Código Penal.

3.4.3.3 O pedido de parcelamento como suposta confissão de dívida

Pode ocorrer de a lei específica do parcelamento declarar que a adesão do sujeito passivo ao programa constitui "confissão de dívida irretratável", devendo o interessado renunciar às reclamações administrativas e ações ju-

Capítulo 3 **Procedimentos administrativos tributários**

diciais que eventualmente tenha intentado contra os créditos tributários parcelados. É o que prevê, por exemplo, o art. 5º da Lei n. 13.496, de 2017, que define as regras gerais do Pert.

No ponto, deve-se esclarecer se, juridicamente, esse tipo de condição para o deferimento ou homologação do parcelamento é válida e se pode levar à exclusão do sujeito passivo do programa.

Primeiramente, convém lembrar que, não será em todos os casos que a opção pelo parcelamento implicará o reconhecimento de que o crédito tributário é devido. São várias as contingências que podem levar o sujeito passivo a se vincular aos programas de parcelamento, tais como, a necessidade de regularização fiscal para expedição de CPEN (CTN, art. 206), a exclusão do nome do contribuinte dos cadastros de inadimplentes e as dificuldades em obter crédito ou de participar de licitações públicas. Some-se a essas hipóteses, tratando-se de crédito tributário definitivamente constituído, poderá o contribuinte, ou seu representante legal nos casos de débito de pessoa jurídica, vincular-se aos programas de parcelamento visando a suspensão da pretensão penal punitiva.

Não seria impossível – ao contrário é o que ocorre na maioria das vezes – o contribuinte acreditar na procedência da discussão judicial sobre o crédito tributário parcelável, mas a demora para a solução definitiva da demanda conspira contra as vantagens da celebração do acordo de parcelamento da dívida. A opção pelo parcelamento levará a suspensão da exigibilidade do crédito tributário com base no art. 151, VI do CTN. Por outro lado, nem sempre é possível no processo judicial obter-se tutela de urgência que determine a suspensão da exigibilidade do crédito tributário fundada unicamente nos argumentos jurídicos do contribuinte. Na atualidade, tem sido prática usual dos juízos exigir o depósito do montante do crédito para determinar a suspensão da exigibilidade. Não são todos os litigantes tributários que têm disponibilidade de realizar o depósito do montante integral do crédito. Lembremos que, de acordo com a Súmula 112 do STJ, "o depósito somente suspende a exigibilidade do crédito tributário se for integral e em dinheiro". Não obstante, de forma parcelada, será mais plausível que o contribuinte consiga dispor do montante do crédito e obter a suspensão de sua exigibilidade. É importante frisar que isso faz parte das estratégias jurídico-processuais que o sujeito passivo poderá adotar e, antes de serem indevidamente enxergadas como um ilícito, o planejamento tributário de índole processual

247

que conduza à suspensão da exigibilidade do crédito tributário é um direito do contribuinte.

Acrescente-se a esse contexto que, normalmente, os programas preveem remissões parciais e anistias, o que estimula fortemente na decisão pelo acordo. Assim, nem sempre o sujeito passivo opta pelo parcelamento espontaneamente, mas é levado a essa opção por força das circunstâncias.

Isto posto, com relação ao processo administrativo tributário, realmente, não faz sentido que, perante a própria administração credora o contribuinte faça um acordo para pagamento parcelado e mantenha discussão administrativa que possa levar ao reconhecimento de que o tributo não é devido. Nessa hipótese, pesa a impossibilidade de decisões conflitantes perante o mesmo órgão administrativo. Assim, a renúncia à reclamação administrativa está implícita à opção do parcelamento como condição essencial ao seu deferimento ou homologação.

Por outro lado, a lei não deveria impor como condição de aceitação do acordo a renúncia ao direito de ação judicial exercido contra o crédito tributário parcelado. Note-se que antes de aderir ao programa o sujeito passivo já teria ingressado com as medidas judiciais. O resultado dessas demandas poderá influenciar na consolidação do pagamento do crédito tributário, na medida em que, sendo julgada procedente a ação movida pelo contribuinte, o seu trânsito em julgado implicará a devolução das parcelas pagas e interrupção do pagamento das prestações vincendas. No fundo, a imposição de desistência ou renúncia das medidas judiciais poderá levar ao enriquecimento sem causa da Fazenda nos casos em que o crédito tributário possa ser invalidado por decisão judicial. A opção pelo parcelamento não pode consistir em uma espécie de loteria do "tudo ou nada", em que, sopesado o risco de decisão desfavorável no processo judicial, o contribuinte seja levado a firmar um acordo em que deve renunciar ao direito de discutir exigência tributária indevida.

Não se pode confundir o exercício do direito de ação perante o Poder Judiciário com a tutela administrativa desenvolvida na própria administração pública. A diferença entre a renúncia ao direito de manter reclamações administrativas cujo objeto seja o crédito que se visa parcelar e a continuidade do prosseguimento de medidas judiciais com o mesmo objeto, reside nos órgãos responsáveis por suas respectivas decisões. O direito de ação é exercido de forma potestativa perante o Poder Judiciário, que deverá decidir a demanda

Capítulo 3   **Procedimentos administrativos tributários**

com a neutralidade esperada de suas funções institucionais. O juiz não tem interesse no resultado da demanda, cabendo-lhe tão somente resolver a causa em consonância com a legalidade, que poderá pender ou não em favor do contribuinte. É diferente do processo administrativo em que o Poder Executivo, ainda que se invista da tarefa de rever a legalidade dos seus atos, tem interesse no recebimento do crédito, não sendo aceitável que defira um pedido de pagamento parcelado e mantenha a neutralidade necessária para decidir reclamação administrativa que refuta a legalidade da cobrança.

Na doutrina, James Marins chama a atenção para o ponto em que o crédito tributário é constituído com base no que dispõe a lei e não em razão da vontade dos sujeitos da relação. Por essa razão não cabe às partes, unilateralmente, "extinguir ou mesmo modificar o conteúdo da relação obrigacional, especialmente quando está em jogo a incerteza sobre a constitucionalidade da norma jurídica tributária"[73]. Daí por que não poderá a lei do parcelamento impor ao sujeito passivo que renuncie ao direito de que o Poder Judiciário decida sobre a constitucionalidade de norma que será essencial também para a validade jurídica do parcelamento.

A jurisprudência do STJ possui o entendimento de que o parcelamento, embora possa se revestir das características de confissão de dívida, "não inibe o questionamento judicial da obrigação tributária, no que se refere aos seus aspectos jurídicos". Por essa razão, não será lícito rever matéria de fato relativa ao acordo, como, por exemplo, os valores confessados. No entanto, questões como a constitucionalidade da hipótese de incidência ou eventual afronta às regras gerais do CTN, na medida em que são questões de ordem "jurídica" poderão ser discutidas judicialmente na concomitância do parcelamento. Nesse sentido é o Tema 375 de Recursos Repetitivos do STJ, em que restou assentado o seguinte entendimento.

> A confissão da dívida não inibe o questionamento judicial da obrigação tributária, no que se refere aos seus aspectos jurídicos. Quanto aos aspectos fáticos sobre os quais incide a norma tributária, a regra é que não se pode rever judicialmente a confissão de dívida efetuada com o escopo de obter parcelamento de débitos tributários. No entanto, como na situação presente, a matéria de fato constante de confissão de dívida pode ser invalidada quan-

---

73   MARINS, James. *Direito processual tributário brasileiro*. 9. ed. São Paulo: RT, 2016, p. 364.

do ocorre defeito causador de nulidade do ato jurídico (v.g., erro, dolo, simulação e fraude).

No acórdão representativo da controvérsia (Recurso Especial 1.133.027/SP), discutiu-se a possibilidade de se reexaminar questão de fato, quando esta possuir nulidade que foi transposta ao acordo de parcelamento. O tribunal concluiu ser possível rediscutir matéria de fato nessa situação excepcional.

Em síntese, a confissão de dívida exigida pelos programas de parcelamento de débitos tributários não poderá excluir do contribuinte o direito de acesso ao Poder Judiciário para obter decisão sobre a validade jurídica do crédito tributário que, afinal, é o objeto do parcelamento, tese essa embasada na proibição do enriquecimento sem causa da Fazenda.

CAPÍTULO **4**
Processo administrativo tributário contencioso

4.1 ASPECTOS GERAIS

No Brasil, em razão da autonomia das unidades federativas, cada ente federado possui competência para legislar sobre o processo administrativo contencioso no âmbito do seu território. Assim, existe uma legislação que rege o processo administrativo tributário contencioso da União e diversas leis, com a mesma finalidade, para disciplinar o processo contencioso fiscal de cada unidade federada. Trata-se de uma quantidade significativa de legislação que, para os fins deste livro, não convém analisar uma a uma. Por essa razão, o presente capítulo visará, essencialmente, examinar o PAF, cujas normas gerais encontram-se previstas no Decreto n. 70.235, de 1972, e suas alterações e que pode servir de paradigma para a análise dos processos administrativos das demais unidades federadas. Para reforçar o estudo, lembramos que as características centrais do conceito de processo administrativo foram examinadas no Capítulo 1, para o qual remetemos o leitor.

De qualquer modo, é relevante relembrar que o vocábulo "processo" supõe a existência de determinada "pretensão" por parte de alguém em face de outra pessoa. No caso do processo administrativo brasileiro, que se desenvolve no âmbito das repartições públicas sem poder jurisdicional, essa pretensão pode ser manifestada pelo próprio Poder Público ou pelo particular.

Quando a manifestação couber ao Poder Público, a pretensão terá decorrido da finalização de um procedimento administrativo conduzido pela autoridade pública, que se responsabiliza pela coleta de dados ou de provas, podendo concluir que deve ser exigido do particular o cumprimento de determinada obrigação. No caso de a manifestação ser de iniciativa do

251

CURSO COMPLETO DE DIREITO PROCESSUAL TRIBUTÁRIO

particular, ocorre o contrário, isto é, o Poder Público é demandado para atender determinada pretensão do particular. Caso a demanda não seja atendida e o particular não se conforme com esse resultado, poderá recorrer da decisão administrativa, formando, portanto, um processo administrativo contencioso.

Quanto ao Poder Público, o que assegura a dedução da pretensão é o poder de exigibilidade dos atos administrativos. No que concerne ao particular, a legitimação de sua pretensão é decorrência do direito de petição, garantia fundamental da pessoa assegurada no art. 5º, XXXIV, *a,* da Constituição Federal.

Registre-se também que o processo se distingue do procedimento em razão da existência das garantias constitucionais do contraditório e da ampla defesa, que são fundamentos do processo, mas não têm sua aplicação assegurada nos procedimentos.

Em relação ao processo administrativo tributário, a pretensão oferecida pela Fazenda poderá ter como objeto a exigência de obrigação tributária principal (dever de pagar tributo) ou acessória (dever de cumprir qualquer outra obrigação que não constitua pagar tributo). Uma vez deduzida a pretensão, o sujeito passivo da obrigação terá direito a resisti-la, oferecendo sua defesa por meio de impugnações, recursos ou, simplesmente, reclamações (CTN, art. 151, III).

O sujeito passivo, conforme se afirmou, poderá também formular pretensão em face da Fazenda Pública. Nessa hipótese, porém, o particular quer a entrega ou a proteção do direito que alega ter titularidade. A resistência do Poder Público a essa pretensão faz também surgir processo administrativo tributário.

A oferta de uma pretensão por parte da administração tributária ou do sujeito passivo não presume por si o início de um processo administrativo tributário. Isso porque tanto o contribuinte quanto o Poder Público poderão acolher o objeto da pretensão. Nesse caso, não há que se falar, tecnicamente, em "processo", mas sim de "procedimento". Por exemplo, caso a Fazenda exija do sujeito passivo determinado tributo, realizando para tanto o lançamento de ofício, e se o contribuinte não resistir a essa pretensão, pagando a obrigação, ou simplesmente não se defendendo, o procedimento chegará a seu termo final sem se transformar em um processo administrativo contencioso.

252

Capítulo 4 Processo administrativo tributário contencioso

Daí por que é fácil concluir que "o processo" surge na medida em que a autoridade pública admite a resistência à pretensão, pois a oposição de interesses, regularmente admitida pelo sistema processual, é o que dará ensejo à aplicação das garantias do contraditório e da ampla defesa. Quem admite a defesa é a autoridade pública com competência para desempenhar este ato do processo. Deverão existir regras procedimentais sobre o desenvolvimento do processo, dentre as quais a de admissão da defesa do sujeito passivo.

De acordo com Cleide Previtalli Cais, na esteira de Rubens Gomes de Souza, o processo tributário administrativo resume controvérsia entre o Fisco e o contribuinte em relação à existência, características ou montante da obrigação tributária. No fundo, para essa doutrina, o processo administrativo fiscal revela o inconformismo do sujeito passivo da obrigação tributária com o lançamento tributário. Ao contestar a "existência" da obrigação tributária, o particular pretende demonstrar que o fato gerador da obrigação não ocorreu ou, caso tenha sido praticado, não possui características legais que permitam identificar o fato ocorrido com a sua descrição na lei. Quando discute "características" da obrigação fiscal, quer o contribuinte desqualificar a verificação do fato gerador realizada pela fiscalização, ainda que admita a ocorrência daquele fato. Se refutar o "valor do montante" da obrigação principal, deseja o administrado, obviamente, com base em fatos ou alegações jurídicas, reduzir ou não pagar a quantia tributária devida[1].

Assentadas essas premissas, pode-se sustentar que o "processo administrativo tributário" é uma generalização para abrigar as espécies "procedimento administrativo tributário" (não contencioso) e "processo administrativo tributário contencioso". É verdade que, conforme se viu no Capítulo 3, determinados procedimentos administrativos que iniciam de forma "não contenciosa" podem se transformar em "processos administrativos contenciosos". É o que ocorre, por exemplo, com o procedimento federal de restituição por meio de compensação tributária regulado pela Lei n. 9.430, de 1996, que, no art. 74, § 9º, prevê o direito de o sujeito passivo ingressar com "manifestação de inconformidade" contra a decisão que não homologar seu pedido de compensação. Isso, porém, não desnatura o procedimento, que se desenvolve por iniciativa do contribuinte e, caso seja homologado,

---

1 CAIS, Cleide Previtalli. *O processo tributário*. 5. ed. São Paulo: RT, 2006, p. 248.

253

não permite que nasça um processo administrativo contencioso. Assim, qualquer que seja a Fazenda Pública, a exigência de obrigações tributárias tem início com o procedimento que poderá se transformar em processo na hipótese de o contribuinte não se conformar com o resultado do procedimento. Para facilitar a linguagem, daqui em diante, a locução "processo administrativo" significará o "processo contencioso" decorrente de um procedimento administrativo "não contencioso" de iniciativa do Fisco ou do contribuinte.

4.2 ORIGENS DO PROCESSO ADMINISTRATIVO TRIBUTÁRIO

É quase impossível apontar-se com exatidão o surgimento de um instituto jurídico, até porque o direito é resultado da história de suas próprias causas. Nenhuma lei ou conceito jurídico brota do nada ou de uma mente criativa, porque o direito, essencialmente, pretende regular os fatos da vida com base na experiência. Daí por que, ao se pesquisar a historicidade de um instituto jurídico, talvez seja mais relevante situar o período em que se tornou mais evidenciado, relacionando-se diversos acontecimentos daquele momento, especialmente os de ordem política, econômica e social. Assim, as "origens" (no plural) do processo administrativo tributário, quer apresentar ao leitor visão panorâmica que permitirá compreender-se o processo administrativo tributário em sua perspectiva evolutiva.

Pode-se dizer que a importância de um processo administrativo tributário, no direito ocidental, coincide com a verificação do Estado moderno que abrigou em seu seio o que conhecemos hoje por Estado de direito.

O Estado moderno teria surgido com a derrocada dos regimes absolutista da Europa, em especial a Revolução Francesa, de 1789. No entanto, os fundamentos desse fato histórico decorrem de um movimento de gerações em gerações, que pode ser contado desde a Carta Magna Inglesa de 1215, também conhecida como "Carta do Rei João Sem Terra". É possível considerar, portanto, na linha do que vem sendo argumentado, tanto o surgimento do Estado Moderno quanto o do Estado de direito, são conquistas da civilização humana decorrentes de uma longa e lenta afirmação de interesses. O estado moderno, antes da Revolução Francesa, já vinha surgindo aos poucos. Dalmo Dallari assevera que a celebração dos Tratados de Paz de Westfália documentou a existência de novo tipo de Estado,

Capítulo 4 **Processo administrativo tributário contencioso**

centrado na ideia de unidade territorial e um poder soberano, característi-cas do Estado Moderno[2].

Anota Cleide Previtalli Cais que a "processualização do direito tributá-rio" coincide com a conquista da "processualização do direito criminal"[3]. A Idade Média do Ocidente foi marcada pela opressão do suserano sobre o súdito na exigência de obrigações. A consequência do seu descumprimento era a aplicação de sanções pelo próprio Príncipe[4].

Antes dos Tratados de Wesfália e da Revolução Francesa, no ano de 1354, o princípio do *due process of law* (traduzido para "devido processo legal"), foi considerado como garantia de Direito Tributário[5].

Em 1641 o "devido processo legal" migra para os Estados Unidos com a "Declaração de Liberdades" proclamada na colônia de Massachusetts. Em seguida foi reconhecido nas leis de Nova York e de Nova Jersey.

A Revolução Francesa instaura uma nova ordem jurídica que predomina até os nossos dias, a qual se assenta na noção de Estado de direito, que tem como referência fundamental o respeito à legalidade por todos, inclusive por quem detém a autoridade estatal[6].

O surgimento do constitucionalismo que marcou o início do século XX difundiu a inclusão do processo administrativo nas Constituições. O proces-so, como instrumento de alcance de determinada finalidade perseguida pelo

---

2   DALLARI, Dalmo. *Elementos de teoria geral do Estado*. 24. ed. São Paulo: Saraiva, 2003, p. 70.

3   CAIS, Cleide Previtali. *O processo tributário*, p. 246-247.

4   CAIS, Cleide Previtali. *O processo tributário*, p. 246-247.

5   Alberto Nogueira informa: "desde a Great Charter (capítulo 39), quando o princípio era formulado como *per legem terrae*, ou *law of the land* em 1215, envolvendo três séculos mais tarde (1354) no reinado de Eduardo III para a nova fórmula *due processo of law* e, em 1628, com a *Petition of Rights*, inspirada por Lord Coke (recusa de um pagamento de empréstimo compulsório instituído por Carlos I), sempre encontramos o desenvolvi-mento dessa garantia com matéria tributária". NOGUEIRA, Alberto. *O devido processo legal tributário*. 3. ed. Rio de Janeiro: Renovar, 2002, p. 29.

6   Di Pietro mostra, com apoio na doutrina de Osvaldo Aranha Bandeira de Mello, que o direito administrativo, base da concepção do processo administrativo, é fruto do Estado de direito inserido no contexto do aparecimento histórico do estado moderno. DI PIETRO, Maria Sylvia Zanella. *Direito administrativo*, p. 24.

CURSO COMPLETO DE DIREITO PROCESSUAL TRIBUTÁRIO

Estado, necessitou constar dos textos constitucionais a fim de garantir liberdades individuais e proteger o indivíduo da histórica opressão estatal. Os preceitos constitucionais relativos ao processo, naturalmente, influenciaram a Declaração dos Direitos do Homem de 1948.

No âmbito do direito tributário, a primeira notícia de processo administrativo no Brasil surge com a criação do Conselho da Fazenda pelo Marquês de Pombal, em 1761. Esse Conselho conservava características de um tribunal contencioso. Em 1831, o Conselho perde a função jurisdicional contenciosa, de sorte que os conflitos de natureza fiscal ficaram restritos ao processo judicial até a Constituição de 1946[7].

Em retrospectiva, no início do Brasil republicano, não se deu muita atenção à consolidação de um processo administrativo. Aliás, sequer o processo administrativo geral possuía normas sistematizadas. Somente em 1999, com a edição da Lei n. 9.784, de 29 de janeiro daquele ano, ocorreu sistematização das normas processuais administrativas federais.

A doutrina noticia como pioneira nessa área, a Lei n. 33, de 26-12-1996, do Estado de Sergipe, que disciplinou a organização dos procedimentos administrativos daquela unidade federada. Antes da lei federal de 1999, o Estado de São Paulo também sistematizou seu processo administrativo por meio da Lei n. 10.177, de 30-12-1998[8].

Esse vazio legislativo na disciplina do processo administrativo talvez seja explicável em razão das instabilidades políticas vivenciadas pelo país desde o final do século XIX.

Outro fator digno de realce que justifica a falta de leis organizadoras do processo administrativo – especialmente quanto ao processo tributário – pode ser a baixa carga tributária em relação ao crescimento do país até o início dos anos oitenta do século XX.

Observe-se que o início do período republicano foi marcado pela atividade econômica agrícola de abastecimento interno e de exportação do café. É lógico concluir que a atividade tributária não era intensa a ponto de exigir a regulamentação de um processo administrativo tributário sistemático. De

---

7   PAULSEN, Leandro et al. *Direito processual tributário*, p. 12.

8   BANDEIRA DE MELLO, Celso Antônio. *Curso de direito administrativo*. 23. ed. São Paulo: Malheiros, 2007, p. 468.

Capítulo 4 **Processo administrativo tributário contencioso**

1889 até 1930, vários governos sucederam, mas não promoveram políticas de desenvolvimento do país.

A Era Vargas (1930 até 1945) marcou-se pela restrição de garantias individuais, razão pela qual não havia espaço para a regulação de processo administrativo geral ou tributário. A conquista da democracia, em 1946, não foi capaz de desenvolver adequadamente a efetivação do processo administrativo tributário, provavelmente em razão do crescimento econômico acelerado e com baixa carga tributária.

Esse crescimento emendou com os governos Dutra e Juscelino sem que a regulamentação do processo administrativo pudesse ser uma necessidade indispensável. O período de governo militar (1964 até 1985), marcado pela forte repressão às garantias individuais, naturalmente não convivia de forma harmoniosa com a disciplina do processo administrativo tributário. Apesar disso, a Constituição de 1967 e as alterações introduzidas em seu texto pelas Emendas n. 1, de 1969 e 7, de 1977, romperam a tradição vinda desde 1831, de não se atribuir a um órgão administrativo a função de decidir litígios tributários[9]. Daí o surgimento do Decreto n. 70.235, de 6-3-1972, cuja germinação, curiosamente, iniciou antes da Emenda Constitucional n. 1, de 1969, com a edição do Decreto-lei n. 822, de 17-10-1969, que outorgou ao Poder Executivo competência para regular o processo administrativo fiscal[10].

O processo administrativo tributário, entretanto, somente ganhou volume e relevância com a Constituição Federal de 1988[11]. A partir dessa Constituição o país assumiu diversos compromissos sociais, o que implicou aumento da intervenção estatal sobre a sociedade. O Estado intervencionista se destaca pelo elevado número de prestações de serviços públicos, obviamente refletindo na carga tributária.

Os anos oitenta e noventa do século XX notabilizaram-se pelo crescimento da instituição e cobrança de tributos, motivados pela concepção de planos econômicos que visavam combater a inflação. De todos esses planos, o Plano Real foi o que mais motivou o aumento da tributação no país (1994).

---

9   PAULSEN, Leandro. *Direito processual tributário*, p. 12.

10   PAULSEN, Leandro. *Direito processual tributário*, p. 12.

11   MARINS, James. *Direito processual tributário brasileiro*, p. 152.

CURSO COMPLETO DE DIREITO PROCESSUAL TRIBUTÁRIO

Isso certamente aumentou o número de lides tributárias. Esse aumento da exigência de tributos se deveu ao fato de o Plano Real ter se alicerçado na implantação de política de câmbio controlada, incentivo às exportações e a elevação da cobrança de tributos. Uma coisa leva a outra: aumentando-se a exigência de tributos, aumenta também o número de dissídios tributários.

Antes da Constituição Federal de 1988, porém, o próprio CTN, Lei n. 5.172, de 25-10-1966, trouxe no Título IV o capítulo I, que trata da fiscalização da atividade do pagamento de tributos. Os arts. 194 a 200 do CTN estabelecem normas gerais às administrações fiscais a respeito dos preceitos básicos para a cobrança dos tributos.

No âmbito federal, o Decreto n. 70.235, de 1972, conforme mencionado, também apresentou normas referentes ao processo de cobrança de tributos, mas foi alterado por diversas leis, podendo-se concluir que, na atualidade, tem-se praticamente uma nova legislação do processo administrativo fiscal federal[12]. Ainda sobre o Decreto n. 70.235, de 1972, deve-se observar que a disciplina do processo administrativo segue o princípio da legalidade que rege a Administração Pública, conforme previsto no art. 37 da Constituição Federal. Assim, para a ordem jurídica vigente, as regras do processo administrativo tributário deverão ser previstas em "lei no sentido estrito", isto é, aquela que decorre do processo legislativo típico, normalmente presente nas democracias, processo esse constituído por discussão no parlamento e sanção pelo Chefe do Poder Executivo. Não é o caso do Decreto n. 70.235, de 1972, que foi baixado unicamente pelo Poder Executivo, razão pela qual é formalmente um "decreto" e não uma "lei". Considerando o período em que foi baixado, isto é, da ditadura militar, a ordem jurídica da época dava condições jurídicas para sua validade, razão pela qual a Constituição atual o recepcionou nos pontos em que não era incompatível com a ordem jurídica constitucional vigente. Para sua alteração, no entanto, é necessário que seja por "lei em sentido estrito". Além do mencionado Decreto – que funciona como "lei" do PAF – ressalte-se o Decreto n. 7.574, de 2011, que regulamenta

---

12 O Decreto n. 70.235/1972 nos últimos trinta anos foi alterado pela seguinte legislação: Decreto n. 83.304/1979, Lei n. 8.748/1993, Lei n. 9.532/1997, Medida Provisória n. 2.158-35/2001, Medida Provisória n. 2.176-79/2001, Lei n. 10.522/2002, Medida Provisória n. 232/2004, Lei n. 11.119/2005, Lei n. 11.196/2005, Lei n. 11.457/2007, Medida Provisória n. 449/2008, convertida na Lei n. 11.941/2009, Lei n. 12.844/2013, Lei n. 12.865/2013, Lei n. 13.097/2013 e Lei n. 13.140/2015.

Capítulo 4 **Processo administrativo tributário contencioso**

o PAF, estabelecendo normas que complementam o Decreto n. 70.235, de 1972, como ocorre normalmente com as leis gerais.

4.2.1 Jurisdição administrativa

Os sistemas de direito administrativo conhecidos no Ocidente apontam para dois tipos de regimes de controle de validade das atividades estatais, o que inclui a prática dos atos, procedimentos e processos administrativos. Esses sistemas são os de "jurisdição una" e "dupla jurisdição". Por meio desses sistemas, visa-se garantir a revisão da atividade administrativa, a fim de se impedir que a opressão estatal se instale.

Entende-se como regime de "jurisdição una" aquele em que toda atividade administrativa pode ser revista por outro poder do Estado, no caso o Poder Judiciário. Nesse sistema, tem-se que a justiça é aplicada por um dos poderes estatais, tanto para os conflitos privados, quanto aos dissídios entre as entidades públicas ou entre estas e os particulares. Daí por que o judiciário é considerado um órgão de justiça comum, que tem competência para rever qualquer matéria cível e penal, inclusive as de fundo administrativo, isto é, as que envolvem os atos e decisões da administração pública. No regime de jurisdição una, caberá ao Poder Judiciário, quando demandado sobre processos ou procedimentos administrativos que contenham qualquer mácula jurídica, dar uma espécie de "palavra final", o que faz de suas decisões definitivas.

Por conseguinte, a decisão do órgão julgador aplicada nos processos ou nos procedimentos administrativos, no sistema de jurisdição una, não tem força de resolver a contenda definitivamente. Havendo insatisfação por parte do particular com o resultado da decisão administrativa, poderá ser demandada a justiça para que se pronuncie.

Nos regimes de única jurisdição, só excepcionalmente o judiciário não poderá rever atos administrativos. Isso ocorre com relação ao mérito do ato, pois que, nesta hipótese, a razão da divergência reside sobre critérios de conveniência e oportunidade, os quais a lei delega ao administrador a função de decidir sobre a aplicação desses critérios nos casos concretos. Se o Poder Judiciário puder ingressar no exame do mérito do ato, correrá o risco de substituir o administrador em suas funções concedidas pela lei, o que poderá caracterizar violação ao princípio constitucional de separação dos poderes (CF, art. 2º). Esse tema é complexo, pois, em alguns casos, ainda

259

que incomuns, o Judiciário poderá intervir no mérito do ato administrativo a fim de resguardar direitos individuais ou o interesse público.

O Brasil adota o sistema de "jurisdição una", porque o inciso XXXV do art. 5º da Constituição Federal proclama o seguinte: "a lei não excluirá da apreciação do Poder Judiciário lesão ou ameaça a direito". A exegese dessa norma leva ao entendimento de que a Constituição não excepcionou qualquer litígio da possibilidade de revisão pelo Poder Judiciário, incluindo os atos do Poder Público, que eventualmente ameacem ou transgridam direitos.

A opção pelo regime de jurisdição una é ratificada pelo STF com a Súmula 473, que autoriza a administração pública a anular seus próprios atos quando contiverem vício de legalidade, ou poderá também revogá-los por razões de conveniência e oportunidade, ressalvada, em todos os casos, a apreciação judicial.

> Súmula 473 do STF: A administração pode anular seus próprios atos, quando eivados de vícios que os tornam ilegais, porque dêles não se originam direitos; ou revogá-los, por motivo de conveniência ou oportunidade, respeitados os direitos adquiridos, e ressalvada, em todos os casos, a apreciação judicial.

O sistema de dupla jurisdição, por sua vez, distingue-se por pressupor a existência de pelo menos dois órgãos jurisdicionais atuando em matérias distintas, mas ambos com o poder de emitir decisões definitivas. De acordo com esse regime, além da justiça comum com competência para decidir sobre matéria cível e penal, haverá também um tribunal administrativo que resolverá os litígios entre órgãos ou entidades administrativas, ou entre estes e o particular. No ponto, tanto o tribunal administrativo quanto a justiça comum decidirão suas respectivas causas de forma definitiva. Assim, observadas as regras processuais, a decisão do tribunal administrativo de última instância não será revista pelo Poder Judiciário. Na competência desse tribunal administrativo está incluída toda sorte de questões administrativas, inclusive as fiscais.

No sistema de dupla jurisdição, o vocábulo "jurisdição" é utilizado em sentido amplo, pois além do Poder Judiciário, outro órgão com independência institucional tem o poder de preferir decisões definitivas. No caso dos países que aderem ao regime de jurisdição una o termo "jurisdição", deve ser empregado para a atuação julgadora do Poder Judiciário. Daí por que, tecnicamente, seria preferível chamar os órgãos administrativos de "órgãos revisores da

Capítulo 4 **Processo administrativo tributário contencioso**

legalidade". No Brasil, são vários os estados e municípios da federação que nomeiam seus respectivos órgãos julgadores fiscais de "Tribunais Administrativos". Ressalte-se, entretanto, que tais órgãos não possuem funções jurisdicionais a permitir que suas decisões "transitem em julgado", excluindo, desse modo, a revisão judicial. Para facilitar a comunicação, e desde que se tenha clareza de que os processos administrativos no Brasil poderão ser rediscutidos na Justiça, não há problemas em chamar de "tribunais" as instâncias decisórias da administração pública ou considerá-las, atipicamente, como "jurisdição administrativa".

4.2.2 Processo administrativo tributário no direito comparado

Nos países da Europa de base jurídica latina, é um pouco dividida a opção pelos regimes de "una" ou "dupla jurisdição". Portugal e Espanha adotam, assim como o Brasil, o regime de jurisdição una. A França e a Itália (este último relativamente) seguem o sistema de jurisdição dupla.

De acordo com a Constituição portuguesa, o princípio do acesso à Justiça é garantido sem restrições. Da mesma forma, o administrado tem assegurado o direito de impugnar atos administrativos, não possuindo a decisão administrativa a característica de definitividade[13].

Na Espanha ocorre algo semelhante ao sistema português. Conforme o art. 24 da Constituição daquele país, todos têm direito a obter tutela jurisdicional efetiva. O art. 105 da Carta Política espanhola entrega à lei a função de regular o procedimento administrativo de produção dos atos da administração. O art. 106 prevê a existência de tribunais administrativos sem, entretanto, atribuir a esses órgãos funções jurisdicionais[14].

---

13 Artigo 20º *Acesso ao direito e tutela jurisdicional efectiva* 1. *A todos é assegurado o acesso ao direito e aos tribunais para defesa dos seus direitos e interesses legalmente protegidos, não podendo a justiça ser denegada por insuficiência de meios económicos. Artigo 268.º Direitos e garantias dos administrados 4. É garantido aos administrados tutela jurisdicional efectiva dos seus direitos ou interesses legalmente protegidos, incluindo, nomeadamente, o reconhecimento desses direitos ou interesses, a impugnação de quaisquer actos administrativos que os lesem, independentemente da sua forma, a determinação da prática de actos administrativos legalmente devidos e a adopção de medidas cautelares adequadas.*

14 Artículo 24. 1. *Todas las personas tienen derecho a obtener tutela efectiva de los jueces y tribunales en el ejercicio de sus derechos e intereses legítimos, sin que, en ningún caso, pueda*

261

CURSO COMPLETO DE DIREITO PROCESSUAL TRIBUTÁRIO

A França possui conhecidamente sistema de jurisdição dupla. Assim, o contencioso administrativo, isto é, as discussões entre o cidadão e a administração pública ou entre pessoas jurídicas de direito público e privado e o Poder Público devem ser solucionadas por um Conselho de Estado. Esse Conselho possui funções jurisdicionais, administrativas e também meramente consultivas.

Sobre a última dessas funções, o Conselho opina a respeito de atos veiculadores de políticas que serão desenvolvidas pelo Governo, bem como sobre a maioria dos projetos de lei. É importante ressaltar que os pareceres do Conselho, nessas matérias, não têm força vinculante, mas raramente deixam de ser observados.

A função de administrar está atrelada à própria estrutura do Conselho, composta por quarenta e um tribunais administrativos, oito cortes administrativas de apelação e jurisdições especializadas, cabendo ao Conselho exercer a gestão desses órgãos. A função administrativa é auxiliada por um órgão de consulta do Conselho de Estado, que se chama Conselho Superior dos Tribunais Administrativos e das Cortes Administrativas de Apelação. Trata-se de órgão opinativo em questões relacionadas à carreira dos magistrados administrativos e projetos de regulamentação das atividades do Conselho de Estado. Daí por que é composto por membros do próprio Conselho e da sociedade.

No ponto, a função que mais sobressai é a jurisdicional, uma vez que somente o juiz administrativo poderá anular ou reformar as decisões do

---

producirse indefensión. Artículo 105. La ley regulará: a) La audiencia de los ciudadanos, directamente o a través de las organizaciones y asociaciones reconocidas por la ley, en el procedimiento de elaboración de las disposiciones administrativas que les afecten. b) El acceso de los ciudadanos a los archivos y registros administrativos, salvo en lo que afecte a la seguridad y defensa del Estado, la averiguación de los delitos y la intimidad de las personas. c) El procedimiento a través del cual deben producirse los actos administrativos, garantizando, cuando proceda, la audiencia del interesado. Artículo 106. 1. Los Tribunales controlan la potestad reglamentaria y la legalidad de La actuación administrativa, así como el sometimiento de ésta a los fines que La justifica. 2. Los particulares, en los términos establecidos por la ley, tendrán derecho a ser indemnizados por toda lesión que sufran en cualquiera de sus bienes y derechos, salvo en los casos de fuerza mayor, siempre que la lesión sea consecuencia del funcionamiento de los servicios públicos.

Capítulo 4 **Processo administrativo tributário contencioso**

Poder Executivo. Por conseguinte, a justiça comum não tem competência para rever as decisões do Conselho de Estado Francês[15].

O país gaulês é o mais claro exemplo de jurisdição dupla do mundo. Isso se deve a aspectos históricos relacionados à forte influência da doutrina de separação dos poderes entre os franceses. A França conviveu muito intensamente com a influência do Poder Legislativo, que detinha algumas funções jurisdicionais sobre assuntos de administração pública[16].

Essa concepção de dupla jurisdição, às vezes, leva o instituto do contencioso administrativo a ser confundido com o próprio processo administrativo. Contemporaneamente, porém, não há por que se confundir os institutos. O contencioso administrativo caracteriza-se pelo exercício de funções jurisdicionais por órgão do Poder Executivo, independentemente das funções do Poder Judiciário. Trata-se, pois, da existência de um tribunal administrativo neutro e imparcial que atua nos processos que envolvem o poder público, sem prejuízo da atuação da justiça comum, que não terá competência para decidir litígios que envolvam o Estado.

No regime Francês, portanto, tem-se um Conselho de Estado que desempenha funções administrativas de gestão de sua própria estrutura, cumulativas com as atribuições de aconselhar o Poder Executivo e de opinar sobre projetos de lei, bem como a função de resolver ou decidir demandas do cidadão dirigidas contra a administração ou vice-versa. Saliente-se que a função julgadora do Conselho é independente, pois suas decisões terão efeitos compulsórios e não podem ser revistas pela justiça comum[17].

Com relação à Itália, encontra-se também a previsão de um Conselho de Estado. Semelhantemente ao que ocorre na França, esse órgão desempenha

---

15   A síntese das funções do Conselho de Estado da França foi baseada nas informações da página do Conselho na rede mundial de computadores: <http://www.conseil-constitutionnel.fr/conseil-constitutionnel/francais/le>.

16   MEDAUAR, Odete. *A processualidade no direito administrativo*, p. 48.

17   Sérgio André Rocha: "Vale a pena destacar que não estando o Conselho de Estado inserido na estrutura do Poder Judiciário, não se encontra, da mesma maneira, subordinado hierarquicamente ao Poder Executivo, o que certamente comprometeria sua imparcialidade como órgão de cúpula no deslinde de litígios de natureza administrativa". Cf. ROCHA, Sérgio André. *Processo administrativo fiscal*. 2. ed. Rio de Janeiro: *Lumen Juris*, 2007, p. 114.

CURSO COMPLETO DE DIREITO PROCESSUAL TRIBUTÁRIO

também a função consultiva e de jurisdição administrativa[18]. De acordo com o art. 97 da Constituição italiana, a administração pública deverá desempenhar suas funções com imparcialidade. Isso induz à existência de órgãos administrativos capazes de decidir conflitos que envolvam o Poder Público sob a diretriz da função jurisdicional e não simplesmente através da revisão da legalidade. Essa característica leva à independência do Conselho de Estado perante o Governo[19].

Compete ao Conselho de Estado italiano, quanto às suas funções jurisdicionais, dirimir os conflitos com a administração pública[20]. No âmbito dessa função, conforme o art. 125 da Constituição daquele país, o Conselho será composto por órgãos de jurisdição administrativa de primeiro grau nas regiões em que a lei determinar[21].

O regime italiano, porém, assegura acesso à jurisdição a seus cidadãos no art. 24 da Constituição da República. Essa regra, combinada com a do art. 103, do mesmo estatuto, conduz ao entendimento de que a jurisdição administrativa exercida pelo Conselho de Estado e demais órgãos inferiores é limitada à matéria definida por lei infraconstitucional. Trata-se de uma característica que se distingue do sistema francês, que não admite exceções à competência jurisdicional do Conselho de Estado.

O art. 113 da Constituição da Itália, porém, assegura a tutela jurisdicional perante órgãos de jurisdição ordinária ou administrativa, determinando que a lei definirá que os órgãos jurisdicionais poderão anular os atos da administração pública, devendo essa mesma lei regular os efeitos da anulação[22].

---

18   Constitução Italiana. Art. 100. *Il Consiglio di Stato è organo di consulenza giuridico-amministrativa e di tutela della giustizia nell'amministrazione. [...] La legge assicura l'indipendenza dei due Istituti e dei loro componenti di fronte al Governo.*

19   Art. 97. *I publici uffici sono organizzati secondo disposizioni di legge, in modo che siano assicurati il buon andamento e l'imparzialità dell'amministrazione.*

20   Art. 103. *Il Consiglio di Stato e gli altri organi di giustizia amministrativa hanno giurisdizione per la tutela nei confronti della pubblica amministrazione degli interessi legittimi e, in particolari materie indicate dalla legge, anche dei diritti soggetivi.*

21   Art. 125. *Nella Regione sono istituiti organi di giustizia ammnistrativa di primo grado, secondo l'ordinamento stabilito dalla legge della Repubblica. Possono istituirsi sezioni con sede diversa dal capoluogo della Regione.*

22   Art. 113. *Contro gli atti della pubblica amministrazione è sempre ammessa la tutela giurisdizionale dei diritti e degli interessi legittimi dinanzi agli organi di giurisdizione ordinaria o*

Capítulo 4 **Processo administrativo tributário contencioso**

Diante desse permissivo constitucional, a doutrina coloca em dúvida se a Itália segue efetivamente o regime de jurisdição dupla[23]. Observe-se que o art. 113 da Constituição garante acesso à jurisdição ordinária ou administrativa na hipótese de se litigar contra atos da administração pública. A norma constitucional pode levar ao entendimento de que é facultativo ingressar-se com impugnações perante os tribunais administrativos ou em face da justiça comum. Isso, evidentemente, descaracteriza o regime de dupla jurisdição.

A Argentina, por sua vez, embora em sua Constituição não haja previsão expressa do princípio de amplo acesso à jurisdição, assegura, no art. 14, o direito de petição às autoridades públicas[24].

Na Colômbia, o direito de petição é assegurado pelo art. 23 da Constituição daquele país e o art. 229 prevê o amplo acesso à jurisdição[25]. Por outro lado, prevê o direito a qualquer pessoa de pedir à autoridade judiciária o cumprimento de leis ou atos administrativos nos casos de omissão pela autoridade pública[26]. Com relação às funções jurisdicionais do Poder Executivo, o art. 116 da Constituição colombiana concede à autoridade

---

amministrativa. [...] La legge determina quali organi di giurisdizione possono annullare gli atti della pubblica amministrazione nei casi e con gli effetti previsti dalla legge stessa.

23 Sergio André Rocha, citando Monica Sifuentes, lembra que a "doutrina italiana tem se debruçado sobre a resolução dos conflitos de jurisdição entre as duas ordens, considerando que o sistema atual não tem conseguido resolver satisfatoriamente os problemas". Cf. *Processo administrativo fiscal*, p. 122.

24 *Constitución de la Nación Argentina. Artículo 14. Todos los habitantes de la Nación gozan de los siguientes derechos conforme a las leyes que reglamenten su ejercicio; a saber: de trabajar y ejercer toda industria lícita; de navegar y comerciar; de peticionar a las autoridades; de entrar, permanecer, transitar y salir del territorio argentino; de publicar sus ideas por la prensa sin censura previa; de usar y disponer de su propiedad; de asociarse con fines útiles; de profesar libremente su culto; de enseñar y aprender.*

25 *Constitución Política de Colombia. Art. 23. Toda persona tiene derecho a presentar peticiones respetuosas a las autoridades por motivos de interés general o particular y a obtener pronta resolución. El legislador podrá reglamentar su ejercicio ante organizaciones privadas para garantizar los derechos fundamentales. Art. 229. Se garantiza el derecho de toda persona para acceder a la administración de justicia. La ley indicará en qué casos podrá hacerlo sin la representación de abogado.*

26 *Constitución Política de Colombia. Art. 87. Toda persona podrá acudir ante la autoridad judicial para hacer efectivo el cumplimiento de una ley o un acto administrativo. En caso de prosperar la acción, la sentencia ordenará a la autoridad renuente el cumplimiento del deber omitido.*

administrativa atuação jurisdicional em casos excepcionais, previstos em lei[27]. Os arts. 236 a 238, também da Carta colombiana, preveem a existência de um Conselho de Estado com funções de contencioso administrativo, mas admite a revisão judicial dos atos administrativos, ainda que seja permitido ao Conselho de Estado suspender, provisoriamente, os efeitos dos atos administrativos que sejam suscetíveis de impugnação judicial[28].

A Constituição do Uruguai assegura o direito de petição no art. 30 e dos arts. 307 a 321, prevê a atuação do "contencioso administrativo", por um Tribunal Contencioso Administrativo, com competência para decidir em última instância administrativa a nulidade de atos administrativos praticados pelas autoridades públicas e demais órgãos administrativos. Assim, no Uruguai, os processos de revisão da legalidade e validade dos atos administrativos serão resolvidos por um tribunal com competência para essa finalidade[29].

4.2.3 Síntese do processo tributário no direito comparado

Em relação especificamente ao processo administrativo tributário, nos países citados como referências, encontram-se poucas discrepâncias entre o processo administrativo geral e o processo tributário. Assim, em Portugal e na Espanha, países em que a jurisdição é una, a matéria fiscal pode ser resolvida no âmbito administrativo e a legalidade da decisão poderá ser revista pelo Poder Judiciário. Em Portugal, o Decreto-lei n. 433, de 1999, institui o Código de Procedimento e de Processo Tributário (CPPT). Conforme o nome sugere, o CPPT estabelece normas de procedimentos tributários,

---

27 *Constitución Política de Colombia. Art. 116. Excepcionalmente la ley podrá atribuir función jurisdiccional en materias precisas a determinadas autoridades administrativas. Sin embargo no les será permitido adelantar la instrucción de sumarios ni juzgar delitos.*

28 *Constitución Política de Colombia. Art. 238. La jurisdicción de lo contencioso administrativo podrá suspender provisionalmente, por los motivos y con los requisitos que establezca la ley, los efectos de los actos administrativos que sean susceptibles de impugnación por vía judicial.*

29 *Constitución de la República del Uruguay. Art. 30. Todo habitante tiene derecho de petición para ante todas y cualesquiera autoridades de la República. Art. 309. El Tribunal de lo Contencioso Administrativo conocerá de las demandas de nulidad de actos administrativos definitivos, cumplidos por la Administración, en el ejercicio de sus funciones, contrarios a una regla de derecho o con desviación de poder. La jurisdicción del Tribunal comprenderá también los actos administrativos definitivos emanados de los demás órganos del Estado, de los Gobiernos Departamentales, de los Entes Autónomos y de los Servicios Descentralizados.*

Capítulo 4 **Processo administrativo tributário contencioso**

de processo judicial tributário, de cobrança coercitiva das dívidas exigíveis em processo de execução fiscal e recursos jurisdicionais.

Tratando-se dos procedimentos, o art. 45 do CPPT prevê a garantia do contraditório até que se dê a decisão administrativa, podendo o contribuinte ser ouvido de forma oral, para os casos de menor complexidade, ou por escrito nos demais casos, sendo que, na modalidade oral, as alegações do contribuinte serão reduzidas a termo[30]. Assim, no âmbito do procedimento é lícito ao sujeito passivo apresentar "reclamação graciosa", que não poderá ser deduzida na concomitância de processo judicial com o mesmo fundamento[31]. A reclamação não suspende a exigibilidade do crédito, salvo se oferecida garantia e será decidida por órgão local ou regional conforme o domicílio tributário do contribuinte ou responsável, cabendo recurso hierárquico contra a decisão que indeferir total ou parcialmente a reclamação. A decisão do recurso hierárquico é também suscetível de recurso contencioso administrativo, salvo se de tal decisão já tiver sido deduzida impugnação judicial com o mesmo objeto[32]. Diferentemente do Brasil, em Portugal, o processo judicial tributário é também regulado pelo CPPT e os processos judiciais são julgados pelos juízes tributários, com competência especializada na área fiscal, mas pertencem à estrutura do Poder Judiciário, conforme dispõe o art. 221 da Constituição portuguesa[33].

---

30 CPPT. Artigo 45.º. Contraditório 1 – O procedimento tributário segue o princípio do contraditório, participando o contribuinte, nos termos da lei, na formação da decisão. 2 – O contribuinte é ouvido oralmente ou por escrito, conforme o objectivo do procedimento. 3 – No caso de audiência oral, as declarações do contribuinte serão reduzidas a termo.

31 CPPT. Art. 68.º. Procedimento de reclamação graciosa. 1 – O procedimento de reclamação graciosa visa a anulação total ou parcial dos actos tributários por iniciativa do contribuinte, incluindo, nos termos da lei, os substitutos e responsáveis. 2 – Não pode ser deduzida reclamação graciosa quando tiver sido apresentada impugnação judicial com o mesmo fundamento.

32 CPPT. Artigo 76.º. Recurso hierárquico. Relações com o recurso contencioso. 1 – Do indeferimento total ou parcial da reclamação graciosa cabe recurso hierárquico no prazo previsto no artigo 66.º, n. 2, com os efeitos previstos no artigo 67.º, n. 1. 2 – A decisão sobre o recurso hierárquico é passível de recurso contencioso, salvo se de tal decisão já tiver sido deduzida impugnação judicial com o mesmo objecto.

33 CPPT. Art. 1.º. Âmbito. O presente Código aplica-se, sem prejuízo do disposto no direito comunitário, noutras normas de direito internacional que vigorem directamente na ordem interna, na lei geral tributária ou em legislação especial, incluindo as normas que regulam a liquidação e cobrança dos tributos parafiscais: a) Ao procedimento tributário; b) Ao processo judicial

CURSO COMPLETO DE DIREITO PROCESSUAL TRIBUTÁRIO

Na Espanha, o art. 6º da Lei n. 58, de 2003 (*Ley General Tributaria* – LGT), prevê que os atos de cobrança dos tributos e de aplicação de penalidades são impugnáveis na via administrativa e judicial[34]. No modelo espanhol, o não pagamento do crédito tributário na data estipulada pela legislação conduz à instauração do processo administrativo de arrecadação, chamado de *apremio*[35]. A apresentação por parte do contribuinte de um pedido de diferimento, parcelamento ou compensação suspende a tramitação do processo de cobrança enquanto tramitam os mencionados expedientes. O procedimento de *apremio* é inteiramente administrativo e, de acordo com o art. 165.2 da LGT, será suspenso automaticamente pelo órgão de arrecadação, sem necessidade de garantia, quando o interessado demonstrar erro material, de cálculo ou de fato na determinação da dívida, ou ainda que a dívida tenha sido paga, compensada, parcelada ou suspensa, ou, por fim, que esteja prescrita. O art. 167 da LGT disciplina o início do procedimento de *apremio*, esclarecendo que o contribuinte será notificado para o pagamento do débito e seus encargos. O título que embasa o procedimento de *apremio* terá a mesma força executiva de uma sentença judicial para se proceder contra os bens e direitos do devedor tributário. Contra o título que funda o processo de *apremio* somente será possível alegar as matérias prescritas no art. 167.3 da LGT. Se a dívida não for paga no prazo legal os bens do devedor serão penhorados no processo administrativo de *apremio*, seguindo-se a ordem de preferência do art. 169.2 da LGT. Os bens penhorados serão leiloados ou adjudicados pela Fazenda Pública, na forma do art. 172 da LGT. O procedimento de

---

tributário; c) À cobrança coerciva das dívidas exigíveis em processo de execução fiscal; d) Aos recursos jurisdicionais. Constituição da República Portuguesa. Art. 212. 1. O Supremo Tribunal Administrativo é o órgão superior da hierarquia dos tribunais administrativos e fiscais, sem prejuízo da competência própria do Tribunal Constitucional. 2. O Presidente do Supremo Tribunal Administrativo é eleito de entre e pelos respectivos juízes. 3. Compete aos tribunais administrativos e fiscais o julgamento das acções e recursos contenciosos que tenham por objecto dirimir os litígios emergentes das relações jurídicas administrativas e fiscais.

34 *LGT. Art. 6. Impugnabilidad de los actos de aplicación de los tributos y de imposición de sanciones. El ejercicio de la potestad reglamentaria y los actos de aplicación de los tributos y de imposición de sanciones tienen carácter reglado y son impugnables en vía administrativa y jurisdiccional en los términos establecidos en las leyes.*

35 *LGT. Art. 160. 2. La recaudación de las deudas tributarias podrá realizarse: b) En período ejecutivo, mediante el pago o cumplimiento espontáneo del obligado tributario o, en su defecto, a través del procedimiento administrativo de apremio.*

268

Capítulo 4 **Processo administrativo tributário contencioso**

apremio se encerra com as hipóteses do art. 173 da LGT, que são as seguintes: a) o pagamento do débito; b) declaração de que o débito é incobrável em razão da impossibilidade financeira do devedor; ou c) declaração de que a dívida está extinta por outro motivo. Na hipótese de impossibilidade de cobrança, o processo será reabilitado tão logo a Fazenda tenha conhecimento de que o devedor voltou a ter condições de pagar a dívida.

Com relação à França, o art. 190 do *Livre des Procédures Fiscales* (LPF) prevê as normas gerais sobre contencioso fiscal, garantindo aos contribuintes o prazo de 30 dias para impugnar as cobranças administrativas dos tributos e penalidades[36]. Conforme o art. 191 do LPF, o ônus da prova incumbe ao contribuinte que pretender demonstrar a improcedência da cobrança fiscal. Quando, ao contrário, a iniciativa da medida administrativa competir ao Fisco, o ônus da prova se inverte. Conforme o art. 199 L, do LPF, a competência para apreciar a reclamação do contribuinte é de um tribunal administrativo[37]. Caso a reclamação administrativa do contribuinte seja admitida total ou parcialmente, não terá direito a indenizações, mas receberá os valores pagos indevidamente acrescidos de juros moratórios[38]. Os tributos cuja apuração fica a cargo do próprio contribuinte (o que entre nós se equipararia ao "lançamento

---

36   *LPF. Chapitre premier: Le contentieux de l'établissement de l'impôt et les dégrèvements d'office. Art. L 190. Relèvent de la même juridiction les réclamations qui tendent à obtenir la réparation d'erreurs commises par l'administration dans la détermination d'un résultat déficitaire ou d'un excédent de taxe sur la valeur ajoutée déductible sur la taxe sur la valeur ajoutée collectée au titre d'une période donnée, même lorsque ces erreurs n'entraînent pas la mise en recouvrement d'une imposition supplémentaire. Les réclamations peuvent être présentées à compter de la réception de la réponse aux observations du contribuable mentionnée à l'article L. 57, ou à compter d'un délai de 30 jours après la notification prévue à l'article L. 76 ou, en cas de saisine de la commission départementale ou nationale des impôts directs et des taxes sur le chiffre d'affaires, à compter de la notification de l'avis rendu par cette commission.*

37   *LPF, art. L 199. En matière d'impôts directs et de taxes sur le chiffre d'affaires ou de taxes assimilées, les décisions rendues par l'administration sur les réclamations contentieuses et qui ne donnent pas entière satisfaction aux intéressés peuvent être portées devant le tribunal administratif. Il en est de même pour les décisions intervenues en cas de contestation pour la fixation du montant des abonnements prévus à l'article 1700 du code général des impôts pour les établissements soumis à l'impôt sur les spectacles.*

38   *LPF, art. L 207. Lorsqu'une réclamation contentieuse est admise en totalité ou en partie, le contribuable ne peut prétendre à des dommages-intérêts ou à des indemnités quelconques, à l'exception des intérêts moratoires prévus par l'article L. 208.*

CURSO COMPLETO DE DIREITO PROCESSUAL TRIBUTÁRIO

por homologação"), terão suas controvérsias solucionadas pela jurisdição ordinária. A revisão dos atos administrativos de ofício em matéria tributária é decidida, em primeira instância, somente pelos órgãos de jurisdição administrativa, chamados de "Tribunais Administrativos". O Conselho de Estado, em matéria fiscal, funciona como Corte de Cassação, podendo anular atos inseridos em sua competência de órgão recursal[39]. Saliente-se que o controle dos atos administrativos fiscais se subdivide ainda entre "atos especiais" e "atos gerais". No primeiro caso, a jurisdição é exercida unicamente pela jurisdição administrativa e, quanto aos atos gerais, caso estes causem danos patrimoniais ao contribuinte, ou tenham por objeto a aplicação de sanção penal, a competência para julgar o processo será da justiça ordinária[40].

Para os italianos, o processo administrativo fiscal é regido por legislação própria e não se confunde com as competências do tribunal administrativo ou da jurisdição comum. Daí por que se fala na existência de "jurisdição-administrativo-fiscal", composta por Comissões Tributárias de Primeiro e Segundo Graus e pela Comissão Tributária Central, sediada em Roma[41]. O processo é regido pelos Decretos Legislativos n. 545 e n. 546, ambos do ano de 1992. O primeiro organiza os órgãos de jurisdição tributária e o segundo trata do procedimento de cobrança e as medidas de defesa do contribuinte. Em resumo, o processo tributário italiano se desenvolve entre as partes, contribuinte e Fazenda Pública, perante as Comissões Tributárias, diferentemente do processo administrativo tributário brasileiro em que a própria Fazenda Pública tem competência para rever a legalidade dos seus atos. Conforme os arts. 18 e 21 do Decreto Legislativo n. 546, de 1992, o "recurso" do contribuinte (equivalente à impugnação do processo brasileiro) deve ser dirigido à Comissão Tributária da província do contribuinte, no prazo de 60 dias, contados da cientificação da cobrança e deverá conter determinados requisitos[42]. A cobrança poderá ser suspensa cautelarmente a requerimento

---

39 ROCHA, Sérgio André. *Processo administrativo fiscal*, p. 116.

40 ROCHA, Sérgio André. *Processo administrativo fiscal*, p. 116.

41 ROCHA, Sérgio André. *Processo administrativo fiscal*, p. 123.

42 *DL n. 546, art. 18. 1. 1. Il processo e' introdotto con ricorso alla commissione tributaria provinciale. Art. 21. Il ricorso deve essere proposto a pena di inammissibilita' entro sessanta giorni dalla data di notificazione dell'atto impugnato. La notificazione della cartella di pagamento vale anche come notificazione del ruolo.*

Capítulo 4 **Processo administrativo tributário contencioso**

do contribuinte com a apresentação do recurso ou em ato separado, nos casos de dano grave ou irreparável, podendo ficar sujeita à prestação de garantia. O efeito suspensivo cautelar cessa com a decisão de primeira instância ou caso se alterem as condições que justificaram a concessão do efeito suspensivo (DL, 546, de 1992, arts. 47). O processo poderá ser encerrado por desistência do contribuinte ou se este não cumprir as providências processuais que estavam a seu cargo (DL, 546, de 1992, arts. 45 e 46). Diferentemente do processo tributário brasileiro, as partes poderão se conciliar, conforme prevê o art. 48, devendo o acordo fixar a forma de pagamento da dívida fiscal, constituindo os termos do acordo título executivo para a hipótese do seu não cumprimento. Contra a decisão de primeira instância são cabíveis os recursos de apelação, de cassação e de revogação, regulados pelos arts. 50 e seguintes do Decreto Legislativo n. 546, de 1992 e subsidiariamente pelo Código de Processo Civil Italiano. Compete à Comissão Regional decidir o recurso de apelação cabendo efeito suspensivo nos casos de dano grave ou irreparável. Na hipótese de urgência excepcional, o presidente do órgão julgador poderá determinar a suspensão da exigibilidade da decisão de primeiro grau até o julgamento final do recurso (DL, 546, de 1992, art. 52). Para a suspensão da exigibilidade em grau recursal poderá ser exigida também garantia do débito.

Em linhas gerais são essas as principais normas de processo administrativo tributário de alguns países com sistemas jurídicos de base latina, como é o caso do Brasil. Observa-se, portanto, que em todas as nações citadas não se exclui o direito de contestação das exigências fiscais, o que demonstra a relevância do processo tributário nos países democráticos. Realizadas essas breves comparações de sistemas normativos, desse ponto em diante será analisado o processo administrativo contencioso brasileiro, com ênfase no processo administrativo tributário federal[43].

4.3 O AUTO DE INFRAÇÃO E A NOTIFICAÇÃO DE LANÇAMENTO

De acordo com a Teoria Geral do Processo Tributário analisada no Capítulo 1, o procedimento administrativo (não contencioso) antecede a fase do processo administrativo fiscal contencioso.

---

43 Frise-se que as normas estrangeiras citadas neste livro estão atualizadas até 2018, ano da 2ª edição deste *Curso*.

CURSO COMPLETO DE DIREITO PROCESSUAL TRIBUTÁRIO

No presente capítulo, será utilizado como paradigma o PAF, regido basicamente pelo Decreto n. 70.235, de 1972 e pelo Decreto n. 7.574, de 2011, que o regulamenta. Conforme o art. 7º do Decreto n. 70.235, de 1972, o PAF tem início com: a) o primeiro ato de ofício, escrito, praticado por servidor competente, cientificando o sujeito passivo da obrigação tributária ou seu preposto; b) a apreensão de mercadorias, documentos ou livros; c) o começo de despacho aduaneiro de mercadoria importada.

Assim, uma vez ocorrido um desses eventos, o sujeito passivo terá direito à defesa, demonstrando sua oposição a qualquer dessas pretensões administrativas. A defesa, portanto, trava a polaridade necessária entre a "exigibilidade do ato administrativo" e o "direito de petição".

É importante frisar que, embora o processo administrativo contencioso seja decorrência lógica do procedimento administrativo (não contencioso), em alguns casos, no entanto, o procedimento administrativo não enseja, necessariamente, um processo contencioso. Isso ocorre quando, por exemplo, a própria administração, no curso do procedimento de constituição do crédito tributário conclui que não existe obrigação tributária exigível, razão pela qual o lançamento não será efetuado. Nessa linha de entendimento, é possível também que o Fisco realize o lançamento tributário, notifique o contribuinte e este pague o valor correspondente, extinguindo-se, portanto, o crédito tributário, hipótese em que também não existirá processo contencioso. A partir desses exemplos, pode-se concluir que o processo administrativo tributário contencioso não iniciaria propriamente com os atos a que alude o art. 7º do Decreto n. 70.235, de 1972, mas com a apresentação da impugnação por parte do sujeito passivo.

Tanto assim que o art. 14 do Decreto n. 70.235, de 1972 é taxativo: "A impugnação da exigência instaura a fase litigiosa do procedimento". Isso significa que, antes da impugnação, determinados atos foram necessariamente praticados para que se pudesse chegar à fase contenciosa. Com efeito, o art. 7º do Decreto n. 70.235, de 1972, estabelece os atos administrativos que dão causa à fase contenciosa do processo administrativo fiscal, que se inicia com a apresentação da impugnação administrativa.

As hipóteses do art. 7º do Decreto n. 70.235, de 1972, são regulamentadas por "atos normativos" que se encaixam na previsão do art. 100, I do CTN. Atualmente, no âmbito federal, a Portaria RFB n. 6.478, de 2017, disciplina a fase de procedimentos fiscais de arrecadação dos tributos admi-

Capítulo 4 **Processo administrativo tributário contencioso**

nistrados pela RFB. De acordo com o art. 2º da citada norma, o procedimento inicia com a expedição do TDPF-F, para instauração de procedimento de fiscalização. O documento é necessário para legitimar a atuação dos AFRF e não se confunde com a formalização da pretensão tributária, normalmente constituída na forma de auto de infração.

Apesar de a legislação federal não ser clara sobre as distinções em questão, é fundamental entender que os art. 7º e 8º do Decreto n. 70.235, de 1972, tratam da finalização da fase procedimental, em que não são garantidos o contraditório e a ampla defesa, pois a mencionada fase se destina à coleta de dados e informações necessários à apuração do cumprimento das obrigações tributárias. Caso se verifique que as obrigações não foram cumpridas, a administração fiscal poderá se valer de dois instrumentos para formalizar sua pretensão, quais sejam, o "auto de infração" (AI) ou a "notificação de lançamento" (NL). Esses instrumentos estão previstos no art. 9º do Decreto n. 70.235, de 1972:

> Art. 9º A exigência do crédito tributário e a aplicação de penalidade isolada serão formalizados em autos de infração ou notificações de lançamento, distintos para cada tributo ou penalidade, os quais deverão estar instruídos com todos os termos, depoimentos, laudos e demais elementos de prova indispensáveis à comprovação do ilícito.

A MP n. 449, de 2008, convertida na Lei n. 11.941, de 2009, dentre outros objetivos, visou adequar o PAF à Lei n. 11.457, de 2007, que unificou as Receitas Federal e Previdenciária. No ponto, a regra do art. 9º do Decreto n. 70.235, de 1972, é de suma importância para se compreender, na prática, a necessária distinção entre procedimento fiscal (não contencioso) de processo administrativo tributário (contencioso). Note-se que o artigo em questão inicia fazendo referência à "exigência do crédito tributário", o que denota que o procedimento ingressou em nova etapa, caracterizada pelo atributo da "exigibilidade" dos atos administrativos. Assim, a lavratura do AI ou da NL demonstra que para a administração a exigência da obrigação tributária é inequívoca, salvo a competente revisão de ofício, que poderá se dar a qualquer momento, ou se acolhida a impugnação do sujeito passivo. Observe-se também que o art. 9º do Decreto n. 70.235, de 1972, traz outra disposição indispensável à caracterização do término da fase procedimental quando menciona que o AI ou a NL deverão ser instruídos com diversos tipos de provas. Os documentos em questão devem vir instruídos com os ele-

273

mentos de prova indispensáveis à comprovação da exigência fiscal, justamente porque inauguram a fase litigiosa que dará ensejo ao processo contencioso, caso o contribuinte se defenda por meio da impugnação. O ônus da prova é sempre de quem "acusa" e, no processo contencioso fiscal, a exigência do crédito tributário por AI ou NL equivale a uma peça acusatória, podendo a defesa do sujeito passivo se fundar na inviabilidade das provas que dão sustentação à exigibilidade fiscal ou em outras alegações.

Embora o Decreto n. 70.235, de 1972 se refira ao AI e à NL para formalizar a exigência fiscal, a terminologia desses instrumentos não é essencial para a validade do ato de cobrança do crédito tributário.

> Tributário. IRPF. Notificação de lançamento. Variação patrimonial a descoberto. Não que se reconhece vício formal por ter sido lavrada "Notificação de Lançamento" e não "Auto de Infração", porquanto todos os requisitos exigidos e prerrogativas do contribuinte quanto ao seu direito à impugnação e recurso foram observados, nos termos do Dec. 70.235/72 [...] (TRF 4ª R. 2ª T., AC 2003.71.00.002897-9, Rel. Juiz Leandro Paulsen, *DJU* 25-1-2006, p. 158).

Na época em que existia a Receita Previdenciária, órgão federal com competência para fiscalizar a exigência de contribuições à seguridade social, o AI era utilizado para o lançamento de obrigações acessórias ou ao pagamento de multas. A Notificação Fiscal de Lançamento de Débito (NFLD) cabia para exigir o pagamento do principal e acréscimos legais. Tratando-se de tributos federais, mesmo antes da unificação das Receitas Federal e Previdenciária, promovida pela Lei n. 11.457, de 2007, era mais frequente a lavratura do AI como substituto da NFLD, na medida em que o não pagamento do tributo constituía também uma forma de infração à legislação tributária, tornando desnecessária a emissão dos dois documentos[44].

Na atualidade, a formalização do AI e da NL está disciplina nos arts. 10 e 11 do Decreto n. 70.235, de 1972, distinguindo-se basicamente no ponto

---

44 Nesse sentido: "A autoridade fiscal que, em cumprimento ao mandado de procedimento fiscal, verificar a ocorrência de infração à legislação tributária, procederá ao lançamento do tributo devido e da multa de ofício. A denominação do documento que formaliza a constituição do crédito é irrelevante. No âmbito da SRF, temos o auto de infração. No âmbito da SRP temos a notificação Fiscal de Lançamento de Débito. E outras denominações podem existir por força da legislação tributária. Importa é que o documento contenha os requisitos exigidos por lei". Cf. PAULSEN, Leandro et al. *Direito processual tributário*. Porto Alegre: Livraria do Advogado, 2008, p. 32.

em que o AI deve conter a indicação da "disposição legal infringida e a penalidade aplicável". Além disso, o AI deve indicar "o local, a data e a hora da lavratura". A NL, por sua vez, conterá "o valor do crédito tributário e o prazo para recolhimento ou impugnação". Assim, o AI se dirige aos casos do cometimento de infração contra a legislação tributária, podendo as infrações serem constatadas no local do estabelecimento do contribuinte ou no trânsito de bens ou mercadorias, enquanto a NL se volta tão somente à cobrança do crédito tributário, juros e correção monetária.

A competência para lavratura do auto do AI no âmbito federal cabe aos AFRF. A exigência de que o AI deverá ser lavrado no local da infração indica que esse documento será utilizado nos casos em que a infração se relaciona a tributo incidente sobre o transporte de coisas ou quando a auditoria fiscal é realizada no estabelecimento do sujeito passivo e nesse local são encontradas infrações à legislação tributária. Ressalte-se que a autuação será válida mesmo que formalizada por AFRF de circunscrição administrativa diversa da do domicílio tributário do sujeito passivo. Assim, a formalização da exigência previne a circunscrição administrativa (*jurisdição*) e prorroga a competência da autoridade que conhecer primeiramente do caso. Nesse sentido é a Súmula CARF 6, com a seguinte orientação: "É legítima a lavratura de auto de infração no local em que foi constatada a infração, ainda que fora do estabelecimento do contribuinte".

O AI deverá ser lavrado em qualquer hipótese de descumprimento de obrigações tributárias, ainda que não impliquem exigência de crédito tributário (Decreto n. 70.235/1972, art. 9º, §§ 4º, 5º e 6º).

Apesar das regras de prorrogação de competência de lugar, é importante frisar que a competência funcional é improrrogável. De acordo com o art. 12 do Decreto n. 70.235, de 1972, o servidor que verificar a ocorrência de infração à legislação tributária federal e não for competente para formalizar a exigência, comunicará o fato em representação circunstanciada a seu chefe imediato, que adotará as providências necessárias.

Quanto à NL, observa-se que a norma legal se volta para os casos de não cumprimento de obrigação principal. Daí por que o fiscal poderá realizar a apuração de eventuais débitos na própria repartição fiscal em que atua e, posteriormente, emitir a NL, o que equivale a um lançamento de ofício na forma do art. 149 do CTN.

CURSO COMPLETO DE DIREITO PROCESSUAL TRIBUTÁRIO

Ressalte-se que a ausência de qualquer um dos requisitos formais do AI ou da NL pode levar à decretação de suas respectivas invalidades, conforme já decidiu o TRF da 3ª Região.

> Direito processual civil. Execução fiscal. Certidão de dívida ativa originada de auto de infração que não atende ao disposto no art. 10 do decreto n. 70.235/72. Vício insanável. Nulidade do título exequendo. I – Se o auto de infração é lavrado em desatenção ao disposto no art. 10 do decreto n. 70.235/72, encontra-se ele eivado de nulidade absoluta, a qual retira a liquidez e a certeza da certidão de dívida ativa dele originada (TRF 3ª R. 4ª T., AC 95.03.029761-3. Rel. Souza Pires, j. 23-6-1999, *DJ* 15-10-1999).

Feitas essas considerações, é de se concluir que cada um dos eventos a que se refere o art. 7º do Decreto n. 70.235, de 1972, poderá culminar na lavratura de AI ou NL. Deve ser lavrado AI quando houver violação a preceito legal que exija a imposição de multa de ofício de 75%, como é o caso de falta de pagamento ou de recolhimento de tributo, de falta de declaração ou declaração inexata (art. 44, I, da Lei n. 9.430, de 1996). Igualmente, caberá a lavratura de auto de infração nas situações que ensejam aplicação de multa qualificada de 150%, em que ficar comprovada a prática de sonegação fiscal, fraude ou conluio, nos termos dos arts. 71 a 73 da Lei n. 4.502, de 1964 c/c art. 44, § 1º, da Lei n. 9.430, de 1996. A NL deverá ser utilizada para formalizar a pretensão fiscal relativa à exigência do débito tributário decorrente do não cumprimento da obrigação principal, isto é, o montante tributário devido, acrescido de multa de ofício de 75%. Em ambos os casos, de AI e de NL, serão calculados juros de mora e correção pela Taxa Selic, na forma do art. 61 da Lei n. 9.430, de 1996.

O art. 9º do Decreto n. 70.235, de 1972, exige também que se lavre auto de infração, nos casos de aplicação de multa isolada, como na hipótese do § 17 do art. 74 da Lei n. 9.430, de 1996, que prevê multa isolada quando a compensação não for homologada[45].

Lavrado o AI ou a NL, o sujeito passivo é intimado para cumprir a obrigação ou se defender. Tratando-se de obrigação tributária principal (dever

---

45   A constitucionalidade de exigência de multa isolada, especialmente a prevista no § 17 do art. 74 da Lei n. 9.430, de 1996, é objeto de discussão no STF. Sobre o caso, veja-se a ADI 4905-MC, Rel. Min. Gilmar Mendes.

Capítulo 4 **Processo administrativo tributário contencioso**

de pagar o tributo), os arts. 52 e 53 do Decreto n. 7.574, de 2011, preveem a diminuição de valores relativos ao crédito, como forma de instigar o sujeito passivo a pagar o crédito tributário e, obviamente, renunciar à sua defesa. Assim, se dentro do prazo de 30 dias correspondente à defesa, o sujeito passivo pagar ou compensar o débito com crédito que possua perante a RFB, será reduzido em 50% o valor da multa de ofício, eventualmente constante do lançamento. Caso apresente impugnação e perca a discussão em primeira instância, a multa de ofício será reduzida em 30%, se o contribuinte não recorrer da decisão.

Se a matéria comportar remessa de ofício, será igualmente reduzida a multa de ofício em 30%, na hipótese de o pagamento ou compensação ser efetuado no prazo de 30 dias contados da ciência da decisão. Caberá remessa de ofício quando a decisão de primeira instância exonerar o contribuinte do pagamento de crédito tributário superior a R$ 15.000.000,00 (quinze milhões de reais) ou deixar de aplicar pena de perda de mercadorias ou outros bens, cominada à infração denunciada na formalização da exigência[46].

No mesmo sentido, será aplicada redução da multa de ofício de 40% e de 20%, respectivamente, nas mesmas hipóteses mencionadas no parágrafo anterior, conforme determina o art. 53 do Decreto n. 7.574, de 2011. As reduções de multa aplicam-se também às penalidades aplicadas isoladamente.

Não sendo cumprida nem impugnada a exigência, a autoridade competente declarará o sujeito passivo revel, permanecendo o processo no órgão da RFB, pelo prazo de 30 dias, para cobrança amigável. Decorrido esse prazo sem que tenha havido pagamento do débito, o sujeito passivo será declarado remisso e o procedimento encaminhado à Procuradoria da Fazenda Nacional (PFN) para a cobrança executiva. Note-se que, neste caso, o procedimento não se converterá em processo contencioso, diante do não exercício do direito de defesa do sujeito passivo (Decreto n. 70.235, de 1972, art. 21). Caso o contribuinte apresente impugnação parcial, a parcela incontroversa deverá ser recolhida. Não sendo realizado o pagamento, a unidade da Receita Federal preparadora, antes de remeter os autos a julgamento, providenciará a formação de autos apartados para a imediata cobrança da parte não contes-

---

46   A fixação do valor para o recurso de ofício no PAF consta da Portaria MF n. 2, de 2023.

CURSO COMPLETO DE DIREITO PROCESSUAL TRIBUTÁRIO

tada, consignando essa circunstância no processo original. Findo o prazo de 30 dias para cobrança amigável sem que tenha sido pago ou parcelado o crédito tributário, o órgão preparador remeterá o processo à PFN para promover a cobrança executiva (Decreto n. 7.574, de 2011, art. 54).

4.4 ADMISSÃO DA DEFESA: INÍCIO DO PROCESSO ADMINISTRATIVO

A defesa administrativa no processo administrativo tributário é o principal meio de resistência do sujeito passivo contra a pretensão fiscal, em geral formalizada em NL, AI ou apreensões. A defesa não é peça exclusiva da atividade da advocacia, de modo que qualquer pessoa física com capacidade civil poderá subscrevê-la, em causa própria ou em nome do sujeito passivo, neste último caso sempre dotado de procuração.

Os arts. 14, 15 e 16 do Decreto n. 70.235, de 1972 chamam a medida de defesa do sujeito passivo de "impugnação". Este termo é uma das espécies de "reclamações administrativas" a que se refere o art. 151, III do CTN. As "reclamações administrativas", por sua vez, são uma expressão generalizada para designar as medidas administrativas de iniciativa do sujeito passivo destinadas a se opor às exigências fiscais que impliquem a exigibilidade de crédito tributário. A locução "reclamações administrativas", portanto, engloba a "impugnação", os "recursos" e a "manifestação de inconformidade", esta última utilizada para se opor aos casos de não homologação de pedidos de restituição ou parcelamento, ou ainda contra a decisão que excluir o contribuinte dos programas de parcelamento fiscal. Voltando ao ponto, a impugnação contra o AI ou a NL suspende a exigibilidade do crédito tributário, conforme o art. 151, III, do CTN, o que significa, na prática, que a Fazenda não poderá prosseguir nos atos necessários à exigência do pagamento do crédito tributário enquanto não se resolver a causa que determinou a sua suspensão.

Para admissão dessa medida, é necessário que se observem alguns requisitos processuais. Esses requisitos podem ser estudados em relação ao tempo (requisito temporal), às pessoas e ao interesse processual (requisito da legitimidade e do interesse) e à forma (requisitos formais).

Ultrapassados esses pressupostos, a impugnação deverá ser recebida, dando-se início ao processo administrativo fiscal. Ressalte-se que a Lei n. 9.784, de 1999, que disciplina normas gerais do processo administrativo federal, estabelece em seu art. 5º que o processo administrativo poderá ini-

Capítulo 4 **Processo administrativo tributário contencioso**

ciar-se por provocação do particular ou de ofício. Com relação ao processo administrativo fiscal, esta última possibilidade não faz surgir o processo contencioso, conforme exposto no Capítulo 1, subseção 1.3.1 do presente livro. A administração, quando age de ofício, ainda que se trate de injunções contra o administrado, executa a lei e, nesse sentido, inicia um "procedimento" de cumprimento da legalidade, em princípio, não contencioso. O processo administrativo tem início somente quando o particular pede a revisão da legalidade perante a própria administração.

No âmbito do PAF, a Súmula CARF 162 orienta que a fase contenciosa do processo tributário tem início com a apresentação da defesa: "O direito ao contraditório e à ampla defesa somente se instaura com a apresentação de impugnação ao lançamento".

Dessa forma, procura o órgão administrativo esclarecer que na fase procedimental, especialmente em se tratando de fiscalizações, não são garantidos o contraditório e a ampla defesa. Assim, a validade do procedimento não está condicionada à abertura de prazo para o contribuinte rebater os atos do fiscal enquanto a fiscalização não é encerrada. Igualmente, não é o caso de se assegurar, no curso do procedimento fiscal, produção de provas que respaldem eventual necessidade de o contribuinte rebater diligências fiscais.

Note-se, no entanto, que a fiscalização poderá intimar o sujeito passivo para apresentar documentos que sejam necessários para a auditoria fiscal, tais como escrituração contábil, comercial e declarações fiscais. No entanto, encerrado o procedimento fiscal, deverão ser assegurados o contraditório e a ampla defesa ao sujeito passivo, sob pena de nulidade do processo.

A forma e os pressupostos de admissibilidade das impugnações contra autuações relativas a tributos estaduais ou municipais dependerão da legislação local, pois que tais entidades são regidas por suas próprias Constituições e leis específicas, não sendo alcançadas, normalmente, pelas leis da União. Ressalte-se, entretanto, que a legislação local não poderá discrepar dos princípios e garantias constitucionais do processo, conforme explicado no Capítulo 2.

No processo administrativo tributário não é lícito se exigir taxa de serviço pela movimentação da máquina administrativa para decidir conflitos de natureza fiscal. Conforme foi explicado no Capítulo 2, subseção 2.11, a garantia da gratuidade processual rege os processos administrativos tributários, de modo que a exigência de taxas administrativas implicaria limitação à ampla defesa. Além disso, o direito à impugnação não implica utilização de

279

CURSO COMPLETO DE DIREITO PROCESSUAL TRIBUTÁRIO

serviço público nem exercício do poder de polícia, inexistindo, pois, fato gerador à cobrança de taxa.

Conforme o art. 17 do Decreto n. 70.235, de 1972, abraçou-se a teoria da eventualidade no processo, em que toda matéria de defesa deverá ser suscitada. Vale ressaltar que a questão de fato ou de direito que não for expressamente impugnada não será considerada para fins de decisão.

Tratando-se de exigência de crédito tributário em face de órgão ou entidade da administração pública federal, o art. 14-A do Decreto n. 70.235, de 1972, introduzido pela Lei n. 13.140, de 2015, autoriza a submissão de litígio fiscal à arbitragem da Advocacia-Geral da União (AGU). Nessa hipótese, o pedido de arbitragem suspende a exigibilidade do crédito tributário enquanto não solucionada, na forma do art. 151, III do CTN. Assim, por exemplo, débitos de contribuições previdenciárias de um Ministério ou a inadimplência de impostos ou de contribuições por parte de uma empresa estatal, caso estejam sob a arbitragem da AGU, não poderão ser inscritos na dívida ativa e cobrados mediante Execução Fiscal enquanto não resolvidos.

4.4.1 Requisito temporal

É necessário um esclarecimento inicial para esta subseção. Atualmente, o PAF tramita, na maioria dos casos, de forma digital, de modo que os comentários sobre intimação pela via postal ou pessoalmente não condizem muito com a realidade do momento. No entanto, existe um passivo de processos iniciados na forma física, isto é, em papel, e que foram digitalizados para poder tramitar por meio eletrônico. Nesses processos, as intimações ora foram realizadas por via postal, ora pessoalmente, ensejando os comentários a seguir, pois podem ser úteis para a solução de alguns problemas recorrentes.

Deve-se considerar também, de acordo com a regra do §5° do art. 23 do Decreto n. 70.235, de 1972, que a intimação por meio eletrônico depende de consentimento expresso do sujeito passivo. Assim, se este consentimento não tiver sido dado, a RFB deverá intimar o contribuinte pelos meios usuais, especialmente correspondência por AR.

No PAF, o prazo para impugnação é de 30 dias (Decreto n. 70.235, de 1972, art. 10, V c/c art. 15), contado da intimação. A informação do prazo de defesa (impugnação) é requisito do AI ou da NL. O prazo em questão pode variar de acordo com a legislação local, mas, uma vez fixado, caracteriza-se como prazo peremptório, isto é, não poderá ser prorrogado pela

Capítulo 4   **Processo administrativo tributário contencioso**

autoridade pública. Acresça-se que a contagem do prazo é contínua, ou seja, não sofre interrupções. Conforme o art. 5º do Decreto n. 70.235, de 1972, o prazo de 30 dias será contado excluindo o dia do começo e incluindo-se o do vencimento, não devendo iniciar ou vencer em dia que não tenha expediente na administração tributária competente para receber o pedido de impugnação. A arrecadação dos tributos federais é realizada pelas unidades da RFB da localidade do contribuinte, de modo que o direito de defesa deverá seguir os feriados locais. Se não houver expediente da RFB em determinado município ou estado em razão de feriado local, não iniciará nem vencerá o prazo para impugnação administrativa.

A intimação para apresentação da defesa poderá se dar de três modos: a) pessoalmente; b) por via postal; c) por meio eletrônico, consoante ao art. 23 do Decreto n. 70.235, de 1972.

A intimação pessoal a que se refere o inciso I do art. 23 do Decreto n. 70.235, de 1972 será formalizada pela autoridade que lavrar o AI ou por agente do órgão preparador. Em geral, a intimação pessoal é feita pelo próprio AFRF responsável pelo procedimento de fiscalização, o que igualmente pode ser estendido para a hipótese de notificação de lançamento.

Quando pessoal, a intimação poderá se dar na repartição fiscal ou em outro local. Na maioria das vezes a intimação pessoal é realizada no estabelecimento do autuado, mediante a coleta de sua assinatura em protocolo. A propósito deste último ponto, o dispositivo em questão também estabelece que o recebimento da intimação poderá ser efetuado por mandatário ou preposto. Nestes casos, a fim de evitar discussões acerca da validade da intimação, é prudente que o auditor fiscal exija a prova do mandato ou da carta de preposição, devendo anexar cópia à via em que consta o recebimento. Na hipótese de recusa do contribuinte, o agente fiscal deverá declarar esse fato em termo próprio. Considerando que a manifestação do fiscal tem fé pública, sua declaração escrita valerá como intimação realizada. O STJ, na linha do dispositivo legal citado, entende que a declaração da autoridade que intimou o sujeito passivo supre a sua recusa[47].

Saliente-se que a intimação será considerada realizada na data da assinatura do notificado na cópia do AI ou, no caso de recusa, da data em que for

---

47   STJ. Recurso Especial 833.625/MG, Rel. Min. Castro Meira, j. 6-6-2006, *DJ* 28-6-2006.

CURSO COMPLETO DE DIREITO PROCESSUAL TRIBUTÁRIO

feita a declaração por parte da autoridade tributária (Decreto n. 70.235/1972, art. 23, § 2º, I).

No âmbito do PAF, na época em que prevalecia a tramitação dos processos por meio físico, a forma mais comum de intimação era a via postal, embora não existisse ordem de preferência entre as modalidades de cientificação do contribuinte, conforme decidido pelo STJ[48].

Naqueles casos, era postada correspondência com Aviso de Recebimento (AR) para o endereço do contribuinte, contendo cópia integral do AI ou da NL, devidamente instruída com os documentos relativos à infração cometida. Conforme o § 4º do art. 23 do Decreto n. 70.235, de 1972, o endereço para o qual era enviada a correspondência equivalente à intimação referia-se ao que o contribuinte declarava para fins cadastrais perante a administração tributária. Assim, no caso de pessoa natural, o endereço do contribuinte constante de sua declaração de rendimentos poderia ser utilizado para fins de intimação. O STJ ratificou esse entendimento, considerando ser ônus do sujeito passivo manter seus dados atualizados perante a administração tributária[49].

Se o sujeito passivo fosse pessoa jurídica, o endereço constante do CNPJ era o que deveria ser utilizado pela Fazenda para a modalidade de intimação postal, conforme orientação jurisprudencial do STJ[50].

A fim de evitar prejuízos processuais, o contribuinte deveria manter atualizado seu domicílio fiscal. A falta de eleição de domicílio fiscal não era óbice para intimações administrativas, devendo ser aplicado o disposto no art. 127 do CTN. O STJ entendeu que era obrigação do particular manter seus cadastros fiscais atualizados. A omissão do contribuinte nesse sentido não poderia impedir a validade da intimação fiscal enviada para o endereço constante dos cadastros fiscais, apesar de não ser o atual[51].

---

48 STJ. Embargos de Declaração no Agravo Regimental no Recurso Especial 963.584/RS, Rel. Min. Herman Benjamin, j. 2-6-2009, *DJe* 20-8-2009.

49 STJ. Recurso Especial 1.197.906/RJ, Rel. Min. Mauro Campbell Marques, j. 4-9-2012, *DJe* 12-9-2012.

50 STJ. Recurso Especial 998.285/PR, Rel. Min. Herman Benjamin, j. 7-2-2008, *DJe* 9-3-2009.

51 STJ. Recurso Especial 923.400/CE, Rel. Min. Luiz Fux, j. 18-11-2008, *DJ* 15-12-2008.

Capítulo 4   **Processo administrativo tributário contencioso**

A jurisprudência do CARF é no sentido de que as intimações fiscais deverão ser encaminhadas ao endereço constante dos arquivos fiscais fornecidos pelo contribuinte. Nesse sentido tem-se a Súmula 9 do CARF com o seguinte enunciado:

> É válida a ciência da notificação por via postal realizada no domicílio fiscal eleito pelo contribuinte, confirmada com a assinatura do recebedor da correspondência, ainda que este não seja o representante legal do destinatário.

Em casos muito excepcionais, o antigo Conselho de Contribuintes entendeu que, se o sujeito passivo comprovasse satisfatoriamente a mudança de domicílio tributário, a intimação no endereço cadastrado não seria válida, podendo a defesa ser recebida ainda que fora do prazo[52].

Com relação à intimação por via postal, tinha-se também os questionamentos sobre a legitimidade para o seu recebimento, isto é, se a correspondência só poderia ser recebida pelo representante legal do contribuinte ou se por terceiros. O ponto ganhava relevo nos casos em que a notificação era feita em portarias de condomínios ou de empresas perante funcionários terceirizados. No passado, e com base no CPC de 1973, o STJ chegou a firmar o entendimento de que a citação no processo judicial só poderia ser feita perante o representante legal do citado ou diante do próprio citando[53].

Tratando-se de processo administrativo tributário, os tribunais também seguiram a linha de orientação do STJ, concluindo ser requisito de validade da intimação por via postal, que a entrega do AR fosse feita perante o próprio contribuinte ou seu representante legal[54].

Atualmente, no entanto, a jurisprudência pacífica do STJ possui a orientação de que a correspondência com AR poderá ser recebida por terceiros, ainda que não seja o representante legal do contribuinte. Nesse sentido com menção a diversos precedentes:

> TRIBUTÁRIO E PROCESSUAL CIVIL. AGRAVO INTERNO NO AGRAVO EM RECURSO ESPECIAL. MANDADO DE SEGURANÇA. PROCESSO ADMINISTRATIVO FISCAL. ACÓRDÃO RECORRIDO. ALEGADA OFENSA AO

---

52   CSRF. Recurso Especial 106.131850, Rela. Conselheira Maria Helena Cotta Cardozo, sessão de 13-12-2005.

53   STJ. 1ª T., Recurso Especial 57.370/RS, Rel. Min. Demócrito Reinaldo, *DJU* 22-5-1995.

54   TRF. 1ª R. 3ª T., Remessa *ex officio* 96.01.01899-9/MG, Rel. Juiz Jamil Rosa de Jesus, j. 23-10-1998, *DJe* 12-2-1999.

ART. 535, I E II, DO CPC/73. INEXISTÊNCIA. DEFESA ADMINISTRATIVA. INTIMAÇÃO POSTAL. ENTREGA NO ENDEREÇO DO DOMICÍLIO FISCAL DO CONTRIBUINTE. DECRETO 70.235/72. TERMO INICIAL DO PRAZO. RECEBIMENTO PELO PORTEIRO DE PRÉDIO RESIDENCIAL. VALIDADE. PRECEDENTES DO STJ. AGRAVO INTERNO IMPROVIDO.

IV. Na forma da jurisprudência do Superior Tribunal de Justiça, "conforme prevê o art. 23, II do Decreto n. 70.235/72, inexiste obrigatoriedade para que a efetivação da intimação postal seja feita com a ciência do contribuinte pessoa física, exigência extensível tão somente para a intimação pessoal, bastando apenas a prova de que a correspondência foi entregue no endereço de seu domicílio fiscal, podendo ser recebida por porteiro do prédio ou qualquer outra pessoa a quem o senso comum permita atribuir a responsabilidade pela entrega da mesma, cabendo ao contribuinte demonstrar a ausência dessa qualidade" (STJ, REsp 1.197.906/RJ, Rel. Ministro Mauro Campbell Marques, Segunda Turma, DJe de 12-9-2012). Nesse sentido: STJ, REsp 1.029.153/DF, Rel. Ministro Francisco Falcão, Primeira Turma, DJe de 25-3-2008; RHC 20.823/RS, Rel. Ministro Celso Limongi (Desembargador convocado do TJ/SP), Sexta Turma, DJe de 3-11-2009. (V. Agravo interno improvido. STJ. Agravo Interno no Agravo em Recurso Especial 932.816/DF. Relatora Ministra Assusete Magalhães, j. 12-6-2018, DJe 19-6-2018).

Com o advento do CPC de 2015, a questão tende a se resolver definitivamente, note-se que o § 2º do art. 248 autoriza o funcionário responsável pelo recebimento de correspondências a receber citações pelos Correios. O § 4º do mencionado artigo estabelece, porém, que nos condomínios edilícios ou nos loteamentos com controle de acesso, será válida a citação entregue ao funcionário da portaria, podendo "recusar o recebimento, se declarar, por escrito, sob as penas da lei, que o destinatário da correspondência está ausente". Na hipótese, deve-se dar aplicação subsidiária do CPC sobre o Decreto n. 70.235, de 1972, que não possui regra específica sobre este ponto.

Nos casos de intimação pela via postal, o prazo de 30 dias para protocolar a impugnação devia ser contado na forma do inciso II do § 2º do art. 23 do Decreto n. 70.235, de 1972, isto é, o prazo de defesa iniciaria sua contagem a partir da data do recebimento da correspondência grafada no AR. Se omitida essa data, deveriam ser contados 15 dias após a data da expedição da intimação para iniciar a contagem do prazo de 30 dias para o protocolo da defesa.

Como forma de assegurar o princípio constitucional da ampla defesa, a jurisprudência do CARF garante o direito de o sujeito passivo comprovar,

Capítulo 4 **Processo administrativo tributário contencioso**

por outros meios, eventual erro dos Correios na aposição da data de recebimento do AR, que possa levar à perda do prazo para o protocolo da defesa.

> Processo Administrativo Fiscal. Tempestividade da Peça de Impugnação. Erro de Fato. Comprovação por Meio da Informação dos Correios Contida no Histórico do Objeto. Comprovada a ocorrência de erro de fato do serviço dos Correios na oposição da data referente ao recebimento da notificação fiscal (lançamento fiscal) no Aviso de Recebimento (AR), há de se garantir ao contribuinte o direito da comprovação dessa data por meio de outro documento dos Correios, tal como a consulta ao Histórico do Objeto, permitindo-se o direito à apreciação das demais questões postuladas na peça de impugnação pela primeira instância (DRJ), em atendimento à garantia constitucional da ampla defesa e do contraditório, bem como pela aplicação da regra contida no art. 10 da Lei 13.105/2015 (Novo CPC) (CARF. Acórdão 2402-005.280, Rel. Cons. Ronaldo De Lima Macedo, j. 11-5-2016)[55].

De acordo com os §§ 4º e 5º do art. 23 do Decreto n. 70.235, de 1972, a intimação por meio eletrônico depende de autorização do sujeito passivo. Nesse caso, a Fazenda Pública fornecerá um endereço eletrônico ao contribuinte ou responsável, dando-lhe inclusive orientações sobre o acesso e manutenção da conta, o que servirá de meio de contato para fins de intimações. As regras a respeito do termo inicial dos 30 (trinta) dias para impugnação, na modalidade de intimação eletrônica, estão contidas nas alíneas do inciso III do § 2º do art. 23 do Decreto n. 70.235, de 1972. As regras são as seguintes: a) quinze dias contados da data registrada no comprovante de entrega no domicílio tributário do sujeito passivo; b) na data em que o sujeito passivo efetuar consulta no endereço eletrônico a ele atribuído pela administração tributária, se ocorrida antes do prazo de quinze dias referido; c) na data registrada no meio magnético ou equivalente utilizado pelo sujeito passivo.

Essas regras eram conhecidas da legislação fiscal federal desde o advento da Lei n. 11.196, de 2005, que previu o processo eletrônico no âmbito da extinta Receita Federal. A modalidade de processo eletrônico foi regulamentada pela Portaria SRF n. 259, de 2006. A Medida Provisória n. 449, de 2008, convertida na Lei n. 11.941, de 2009, alterou determinados pontos

---

55 No mesmo sentido: CARF. Acórdão 2402-005.282, publicado em 13-6-2016; Acórdão 2402-005.281, publicado em 13-6-2016.

relativos ao processo tributário eletrônico federal, o que mereceu a adequação da Portaria SRF n. 259, pela Portaria RFB n. 574, de 2009.

Atualmente, o processo digital no âmbito da RFB é regulamentado pela IN/RFB n. 2.022, de 2021. O art. 2º da IN torna praticamente obrigatório o processo digital, na medida em que prevê a opção pela entrega de documento em formato digital apenas para casos muito restritos, como de pessoa física ou equiparada a pessoa jurídica, MEI, pessoa jurídica isenta ou imune e optantes do Simples Nacional, que estão sujeitos a outro sistema eletrônico.

No ponto específico das regras sobre intimação para apresentação de impugnação por parte do sujeito passivo, os arts. 15 a 18 da IN preveem as regras de intimação praticamente reproduzindo as que estão previstas no Decreto n. 70.235, de 1972, para o processo eletrônico, supramencionadas.

Para a viabilidade da intimação por meio eletrônico, o conceito de domicílio tributário foge do tradicional, disposto no art. 127 do CTN. O domicílio, neste caso, é o endereço que a RFB fornecerá ao contribuinte. Para a validade da impugnação no sistema eletrônico, é necessário que se atendam determinados requisitos, disciplinados nos arts. 9º a 12 da IN.

O § 1º do art. 23 do Decreto n. 70.235, de 1972, prevê a intimação por edital, cabendo essa modalidade quando a ciência pessoal ou via postal for infrutífera, ou nos casos em que o sujeito passivo tiver declarada inapta sua inscrição no cadastro fiscal. O edital em questão será publicado: a) na página da RFB na internet; b) em dependência da RFB franqueada ao público (normalmente em mural próprio no saguão de entrada das unidades da RFB); ou c) uma única vez, em órgão da imprensa oficial local. No caso de intimação por edital, o prazo de 30 dias para impugnação iniciará sua contagem após 15 dias da data de publicação do edital (Decreto 70.235, de 1972, art. 23, § 2º, IV).

Estabelece o art. 23, § 3º, do Decreto n. 70.235, de 1972, que não há ordem de preferência entre os meios de intimação pessoal, por via postal ou eletrônica, de modo que cabe à administração fiscal a escolha de uma das modalidades. Na maioria das vezes, o Fisco prefere a intimação pela via postal. Assim, se esta restar infrutífera, a intimação poderá ser realizada por edital. No ponto, a questão que sobressai é saber se a intimação por edital pressupõe o esgotamento das demais modalidades ou se basta o insucesso de uma delas para viabilizar a publicação do edital. Na nossa opinião, o edital deve ser utilizado como medida extrema, nos casos em que o sujeito passivo não é localizado no domicílio tributário eleito, depois de mais de

Capítulo 4 **Processo administrativo tributário contencioso**

uma tentativa de localização nesse endereço por via postal. Caso o Fisco tenha optado pela notificação pessoal no estabelecimento do sujeito passivo, caberá ao fiscal informar nos autos do processo que diligenciou mais de uma vez no domicílio tributário do sujeito passivo e que este não foi localizado. O STJ possui jurisprudência sobre esse tema com algumas oscilações, embora a tendência seja a de seguir a lei literalmente.

No Agravo Regimental no Recurso Especial 132.8251/SC, o colegiado concluiu ser possível a intimação por edital, bastando que tenha sido frustrado o envio da carta com AR, desde que não tenha havido irregularidade na remessa da correspondência pelo fisco.

Em outro julgado, o STJ entendeu que a intimação por edital não teria sido válida, porque havia notícia nos autos de que a correspondência contendo a intimação não foi entregue ao destinatário[56].

Tratando-se de pena de perdimento de bens lastreada no Decreto-lei n. 1.455, de 1976, o STJ deu interpretação subsidiária a regra do art. 23, § 1º, do Decreto n. 70.235, de 1972, de modo que a publicação do edital somente poderia ocorrer caso as intimações por AR e pessoal não tivessem sucesso[57].

No âmbito do processo administrativo não são diferentes as decisões do CARF. No Acórdão 1402-002.466, ficou assentado que, nos casos em que o contribuinte estiver com seu cadastro fiscal suspenso, não haverá necessidade de se providenciar as intimações por carta ou pessoal, podendo ser intimado, desde logo, por edital[58].

Por outro lado, com relação ainda à intimação por edital, esta deverá ocorrer somente após diligenciadas as intimações por via postal e pessoal, há o seguinte precedente do CARF, esclarecendo que a administração tributária deverá esgotar ambas as possibilidades, dando interpretação mais favorável à efetividade da ampla defesa e do contraditório[59].

---

56 STJ. Agravo Regimental no Recurso Especial 1.406.529/PR, Rel. Min. Napoleão Nunes Maia Filho, j. 16-6-2014, *DJe* 6-8-2014.

57 STJ. Recurso Especial 1.561.153/RS, Rel. Min. Mauro Campbell Marques, j. 17-11-2015, *DJe* 24-11-2015.

58 CARF. Recursos de Ofício e Voluntário 19515.720152/2015-45, Acórdão 1402-002.466, Rel. Cons. Fernando Brasil de Oliveira Pinto, j. 12-4-2017.

59 CARF. Recurso Voluntário 10840.003842/2004-17, Acórdão 2201-003.632, Rel. Cons. Carlos Henrique de Oliveira, j. 22-5-2017.

CURSO COMPLETO DE DIREITO PROCESSUAL TRIBUTÁRIO

A pesquisa da jurisprudência do CARF, de forma geral, permite concluir que o Conselho oferece interpretação sistemática ao disposto no § 1º do art. 23 do Decreto n. 70.235, de 1972, de modo que somente será admitida a intimação por edital, caso o órgão administrativo fiscal tenha tentado a intimação postal via AR e, tendo esta sido infrutífera, não consiga também intimar pessoalmente o sujeito passivo em seu domicílio tributário[60]. Somente depois dessa última diligência e caso também não seja bem-sucedida, poderá o Fisco publicar edital para cientificar o contribuinte sobre a exigência tributária. Em linha semelhante, o CARF também já decidiu que não basta a devolução do AR para a viabilidade da intimação editalícia, é necessária a demonstração de que a diligência foi infrutífera[61].

4.4.2 Requisito da legitimidade e do interesse

Para impugnar a pretensão fiscal materializada em AI ou NL, é necessário se ter legitimidade e interesse. Com relação à primeira exigência, o sujeito passivo da obrigação tributária será a parte legítima para impugnar. A locução "sujeito passivo" deve ser compreendida em seu sentido jurídico, isto é, inclui o contribuinte e o responsável, conforme o parágrafo único do art. 121 do CTN.

O sujeito passivo, pessoa natural ou jurídica, poderá ser representado por procurador. O mandatário não necessita possuir qualificação profissional em direito ou qualquer outra profissão afim. Deverá, porém, comprovar sua condição de representante por meio de procuração. É necessário também que o mandatário, assim como o sujeito passivo em se tratando de pessoa física, sejam capazes, na forma da legislação civil[62].

---

60 Nesse sentido são os seguintes Acórdão do CARF: Acórdão 2402-005.757, publicado em 5-4-2017; Acórdão 2201-003.633, publicado em 29-5-2017; Acórdão 2401-004.711, publicado em 3-5-2017; Acórdão 3402-003.871, publicado em 7-3-2017.

61 CARF. Acórdão 1401-001.643, publicado em 25-11-2016. Por outro lado, o CARF já decidiu de acordo com a literalidade do art. 21, § 1º, do Decreto n. 70.235, de 1972, entendendo que basta a frustração de um dos meios de intimação, pessoal ou pela via postal, para o cabimento da intimação por edital. CARF. Acórdão 2202-003.586, publicado em 21-9-2016.

62 De acordo com o art. 10 da Lei n. 9.784/1999, que dispõe sobre normas gerais do processo administrativo federal, com aplicação subsidiária ao processo administrativo tribu-

288

Capítulo 4   Processo administrativo tributário contencioso

Quando se tratar de obrigação tributária da pessoa jurídica, não se deve esquecer que é contra esta que o AI deverá ser lavrado e, portanto, é a entidade que terá o ônus de se defender.

Nos casos em que ficar comprovada conduta dos sócios-gerentes que se enquadre na responsabilidade pessoal prevista no art. 135, III, do CTN, o auto de infração deverá fundamentar, de forma analítica e detalhada, os fatos que levaram à configuração desse tipo de responsabilidade.

Ressalte-se que a fundamentação deverá relacionar os acontecimentos com as provas colhidas. Não basta para a caracterização da responsabilidade pessoal das pessoas mencionadas no dispositivo legal a simples referência genérica de que houve sonegação fiscal, fraude ou conluio, por exemplo. É indispensável que se demonstre a conduta do sócio considerada como um dos ilícitos mencionados.

É verdade, por outro lado, que a fiscalização geralmente se atém à análise de documentos contábeis, informações bancárias ou declarações fiscais, e essa documentação pertence à pessoa jurídica e não à pessoa física dos seus gestores. Mas é necessário pontuar que a pessoa jurídica é uma abstração do direito, de modo que os atos de gerência são presumivelmente praticados pelas pessoas que figuram no contrato social como suas administradoras. Daí por que se pressupõe que os casos de ilícitos tributários foram deliberados, diretamente praticados ou deveriam ser de conhecimento dos gestores.

Assim, a atribuição de responsabilidade com base no art. 135, III, do CTN depende de articulada fundamentação e cotejo dos fatos com as provas obtidas.

Cumprido esse requisito, os sócios gerentes deverão também ser intimados para se defender. No âmbito do PAF, é pacífico o entendimento de que, nesses casos, a defesa da pessoa jurídica não se confunde com a da pessoa física dos sócios gerentes. Por isso, deverão ser apresentadas impugnações em nome da pessoa jurídica e das pessoas a quem foi atribuída responsabilidade pessoal. De preferência, tais defesas devem ser elaboradas em peças autônomas. Caso sejam realizadas em peça única, isto é, a pessoa jurídica se defende juntamente com os gestores, é necessário indicar no preâmbulo da petição os nomes dos sócios gerentes responsáveis e juntar procuração ou-

---

tário, "são capazes, para fins de processo administrativo, os maiores de dezoito anos, ressalvada previsão especial em ato normativo próprio".

CURSO COMPLETO DE DIREITO PROCESSUAL TRIBUTÁRIO

torgada por eles para suas respectivas defesas, caso esta seja elaborada por advogado ou outro procurador.

Nesse sentido, a Súmula CARF 172 orienta que a pessoa jurídica não tem legitimidade para apresentar argumentos de defesa em nome da pessoa física dos responsáveis: "A pessoa indicada no lançamento na qualidade de contribuinte não possui legitimidade para questionar a responsabilidade imputada a terceiros pelo crédito tributário lançado".

4.4.3 Requisitos formais

A impugnação, assim como a totalidade do PAF, deve ser desenvolvida na forma escrita, conforme prevê o art. 15 do Decreto n. 70.235, de 1972, e o art. 56 do Decreto n. 7.574, de 2011. O meio através do qual se exterioriza a peça impugnatória poderá ser o papel ou o eletrônico e deve ser protocolizada a impugnação na unidade da RFB do domicílio do sujeito passivo. Na hipótese de erro do contribuinte sobre o local de protocolo da impugnação, a unidade da RFB recebedora da defesa encaminhará para a unidade competente, de modo que o sujeito passivo não será prejudicado (Decreto n. 7.574, de 2011, art. 56, § 1º). Embora não seja a opção mais segura para o sujeito passivo, é admitido o envio da impugnação por via postal com AR, que servirá de prova do protocolo da impugnação. A correspondência, naturalmente, deverá ser postada até o vencimento do prazo dentro do expediente dos Correios. Do AR deverá constar de forma inequívoca a indicação da unidade da RFB competente e o número do AI ou NL. Apesar não ser exigência legal, convém informar no AR que se trata de impugnação administrativa. Caso não seja possível a comprovação do AR, será considerada como data da apresentação da impugnação a constante do carimbo aposto pelos Correios no envelope que contiver a remessa, quando da postagem da correspondência. No caso de remessa da impugnação por via postal, dos autos do processo deverá ser juntado o envelope referente a impugnação (Decreto n. 7.574, de 2011, art. 56 §§ 5º e 7º).

De acordo com o art. 15 do Decreto n. 70.235, de 1972, o prazo para apresentação da defesa escrita é de 30 dias, contados a partir da intimação. Conforme foi visto na subseção 4.4.1, o prazo é contado de acordo com a forma de intimação que poderá ser pessoal, pelos Correios, por via eletrônica ou por edital.

Capítulo 4   **Processo administrativo tributário contencioso**

O sujeito passivo não está obrigado a ser representado por advogado. A lei apenas faculta-lhe o direito de defesa técnica (Lei n. 9.784, de 1999, art. 3º IV, aplicada subsidiariamente) que, normalmente, é oferecida por um profissional do direito, habilitado e inscrito na Ordem dos Advogados do Brasil (Lei n. 8.906/94, art. 3º – Estatuto da Advocacia). Caso o sujeito passivo opte por ser defendido por advogado, é indispensável a anexação de procuração com poderes para esse tipo de representação (Estatuto da Advocacia, art. 5º). Sem este documento, a representação processual não está regularizada. Se o prazo de defesa estiver próximo do vencimento e não haja tempo hábil para providenciar a procuração, a fim de evitar a preclusão, o Estatuto da Advocacia permite que o advogado protocole a impugnação sem a procuração. Ficará obrigado, entretanto, a apresentar o documento no prazo de 15 dias, que pode ser prorrogado por igual período pela autoridade competente (Estatuto da Advocacia, art. 5º, § 1º).

É admissível também que a defesa seja feita por outros profissionais da área, como o contador, por exemplo. Também neste caso é necessária a anexação de procuração conferindo poderes a esse profissional.

Tratando-se de pessoa jurídica, deverá ser juntada cópia autenticada do contrato social da empresa ou dos estatutos, conforme o caso, em especial com a cláusula de administração, isto é, a que dá poderes de representação aos sócios ou administradores. A autoridade administrativa necessita saber se a pessoa que firmou a procuração recebeu poderes para representar a pessoa jurídica.

Diante da falta de disposição expressa no Decreto n. 70.235, de 1972, é aconselhável que se providencie o reconhecimento da firma dos representantes legais do sujeito passivo sempre que houver dúvida quanto à sua autenticidade (Lei n. 9.784, de 1999, art. 22, § 2º). Não existindo dúvida, defendemos a aplicação do disposto nos arts. 411, III e 412, do CPC de 2015, por analogia, uma vez que o processo administrativo, conforme foi visto no Capítulo 2, subseção 2.7.3, também é regido pelo princípio da formalidade moderada.

A impugnação deverá mencionar, por força do disposto no art. 16 do Decreto n. 70.235, de 1972: a) a autoridade julgadora a quem é dirigida; b) a qualificação do impugnante; c) os motivos de fato e de direito em que se fundamenta, os pontos de discordância e as razões e provas que possuir; d) as diligências, ou perícias que o impugnante pretenda sejam efetuadas, expostos

291

os motivos que as justifiquem, com a formulação dos quesitos referentes aos exames desejados, assim como, no caso de perícia, o nome, o endereço e a qualificação profissional do seu perito; e) se a matéria impugnada foi submetida à apreciação judicial, devendo ser juntada cópia da petição.

4.4.3.1 Competência para processar e julgar a defesa

De acordo com a literalidade do art. 15 do Decreto n. 70.235, de 1972, haverá um órgão ao qual é apresentada a defesa, e outro considerado julgador, a quem a petição deve ser dirigida (art. 16, I). É evidente que a redação legal não está adaptada à realidade atual do processo, que dispensa a fase de um protocolo do processo em papel perante a DRF, o que ocorre somente em situações muito excepcionais.

Assim, a competência para decidir em primeira instância a defesa administrativa será das Delegacias da Receita Federal de Julgamento (DRJ), conforme prevê o art. 25, I, do Decreto n. 70.235, de 1972.

De acordo com a Portaria/RFB n. 4.086, de 2020, a competência das DRJ é definida de acordo com o tributo ou a penalidade que concentrar a discussão.

No PAF, há uma distinção entre "órgão preparador" do processo, que é a DRF do domicílio do impugnante e a "autoridade julgadora", qual seja, a DRJ competente para decidir o processo na primeira instância, conforme os arts. 15 e 16, I, do Decreto n. 70.235, de 1972. À DRF compete simplesmente receber o protocolo da impugnação, quando em papel, e encaminhar à DRJ competente. Tratando-se de processo eletrônico, a administração tributária poderá atribuir o preparo do processo a outra DRF, conforme critérios internos (Decreto n. 70.235, de 1972, art. 24, parágrafo único).

Até o advento da MP n. 2.158-35, de 2001, a decisão de processos administrativos tributários federais, em primeira instância, era monocrática. Assim, cabia ao Delegado da Receita Federal decidir sobre a impugnação, normalmente baseado em parecer emitido por auditor fiscal da própria Receita. Essa sistemática mudou com a edição da Medida Provisória referida, de sorte que o julgamento, ainda que em primeira instância administrativa, passou a ser de competência de órgãos colegiados, designados por DRJ, conforme visto.

A competência e o procedimento nas sessões de julgamento nas DRJ estão disciplinados na Portaria MF n. 20, de 2023. Os membros das

Capítulo 4 **Processo administrativo tributário contencioso**

DRJ devem ser os ocupantes da carreira de AFRF. O órgão é composto por turmas de julgamento, ordinárias e especiais e Câmaras Recursais de Julgamento. Cada uma dessas turmas é composta por cinco julgadores, podendo chegar a sete, titulares ou pró-tempore, tendo um presidente que comandará as sessões. As Câmaras Recursais possuem competência para julgar os recursos interpostos no âmbito do contencioso fiscal de pequeno valor, conforme previsto pelo art. 50 da Portaria. Sobre a competência e o rito de julgamento dos recursos em questão, remetemos o leitor para a subseção 4.8.8.

A nomeação dos presidentes de turma e de julgadores compete ao Secretário Especial da Receita Federal. A competência das turmas em cada DRJ é definida por Portaria da RFB. Ao julgador incumbe elaborar relatório, voto e ementa nos processos em que for relator, propor diligência e proferir voto. Salvo se autorizado pelo presidente da turma, o relator deverá pautar seus processos para julgamento ou propor diligências no prazo de 60 dias, contados da distribuição. Compete ao presidente deliberar sobre a proposta de diligência em 8 dias. Caso discorde, deverá submeter a matéria à turma, que decidirá. Na hipótese de realização de diligência, o relator deverá pautar o feito para julgamento em até 90 dias do recebimento.

As sessões das DRJ poderão ser presenciais ou não presenciais, neste último caso podendo ocorrer por videoconferência ou virtualmente, por meio de agendamento de pauta e prazo definido para os julgadores postarem seus votos em ambiente virtual.

As decisões das DRJ são tomadas por maioria simples de votos, não se admitindo abstenções e cabe ao presidente, além do voto ordinário, o de qualidade, devendo as decisões serem formalizadas em acórdãos.

Os julgadores estão impedidos de participar do julgamento de processos em que: a) tenha participado da ação fiscal, praticado ato decisório ou proferido parecer no processo; b) sejam parte seu cônjuge, companheiro, parentes consanguíneos ou afins até o 3º (terceiro) grau, c) tenha interesse direto ou indireto na matéria. Será suspeito o julgador que possuir amizade íntima ou inimizade notória com o sujeito passivo ou com pessoa interessada no resultado do processo, ou com seus respectivos cônjuges, companheiros, parentes e afins até o 3º (terceiro) grau. O impedimento ou suspeição poderá ser alegado de ofício pelo julgador ou suscitado por qualquer membro da turma, cabendo ao arguido, nesse caso, pronunciar-se sobre a alegação, que, não sendo por ele reconhecida, é submetida à deliberação da

293

Turma. Reconhecido impedimento ou a suspeição, o processo será remetido a outro membro da turma.

Será proferido novo acórdão nos casos de inexatidões ou de erros de escrita ou de cálculo, arguidos pela autoridade que tiver que executar a decisão ou o sujeito passivo, devendo demonstrar com precisão a inexatidão ou o erro, sob pena de rejeição em despacho irrecorrível do Presidente da Turma. Não cabe pedido de reconsideração contra a decisão de primeira instância.

4.4.3.2 Qualificação do sujeito passivo, fatos e fundamentos da defesa

Quanto a qualificação, recomenda-se descrever o nome ou razão social completos, inscrição no CPF ou CNPJ, conforme o impugnante for pessoa física ou jurídica, endereço completo e, se possível, o e-mail.

Com relação aos fatos e fundamentos sobre os quais se funda a impugnação, importante registrar que se trata de uma peça de defesa e, como tal, deverá expor todos os argumentos persuasórios sobre a ilegalidade ou abuso da exigência fiscal. Para tanto, contribuem a análise da legislação, entendimentos de doutrina e de jurisprudência.

A impugnação poderá rebater todos ou apenas parte dos fatos e dos fundamentos jurídicos constantes da exigência fiscal. Embora se caracterize como peça de defesa, a impugnação necessita ser deduzida logicamente, pois decorre de inegável silogismo. Assim, haverá a narração dos fatos, os quais consistem em resumo do que levou o Fisco a autuar ou notificar o sujeito passivo acerca do descumprimento da obrigação. A narração dos fatos, conforme o título sugere, implica a simples descrição dos acontecimentos, sem que se ingresse nos argumentos jurídicos que devem ser articulados.

Os fundamentos jurídicos, por sua vez, consistem na argumentação jurídica utilizada pelo impugnante, que deverá possuir razões suficientes visando convencer a administração fiscal a rever seu ato. Na fundamentação, todos os argumentos jurídicos de defesa deverão ser utilizados, inclusive questões processuais preliminares, tais como exceções, suspeições e impedimentos.

Conforme o art. 17 do Decreto n. 70.235, de 1972, "considerar-se-á não impugnada a matéria que não tenha sido expressamente contestada pelo impugnante".

Capítulo 4 **Processo administrativo tributário contencioso**

Ressalte-se que impugnação é um texto de persuasão em que o sujeito passivo pretende convencer a administração fiscal de que o AI ou NL não possuem consistência jurídica, quer porque se baseou em fatos equivocados ou inexistentes, quer porque o direito não ampararia a pretensão do Fisco.

Para o convencimento do julgador, a primeira preocupação que deverá ter o redator da peça é redigir corretamente. Convém também possuir poder de síntese, evitando períodos longos e textos repetitivos. Alguns recursos persuasivos são recomendáveis, tais como a citação de textos doutrinários e jurisprudências. Deve-se evitar, porém, o excesso de transcrições repetitivas. Para se mencionar decisões no mesmo sentido, recomenda-se o emprego da técnica de se transcrever uma ementa, mencionando-se apenas a identificação dos julgados correlatos no corpo do texto.

Na impugnação, o requerente apresentará argumentos contra todos os fatos que entender necessário refutar, considerando-se não impugnada a matéria que não tenha sido expressamente contestada pelo sujeito passivo (Decreto n. 70.235, de 1972, art. 17).

No PAF, assim como em qualquer processo, é vedado à parte ou aos procuradores empregar expressões injuriosas nas petições, cabendo à autoridade mandar riscá-las de ofício ou a requerimento do ofendido. O julgador poderá determinar ao impugnante que comprove a vigência de direito estrangeiro, estadual ou municipal, que tenha sido alegado na peça defensiva (Decreto n. 70.235, de 1972, art. 16, §§ 1º a 3º).

4.4.3.3 Indicação das provas

O inciso III do art. 16 do Decreto n. 70.235, de 1972, estabelece que o sujeito passivo fará menção às provas que possui e com as quais pretende ilidir a pretensão do fisco. O inciso seguinte, por sua vez, refere-se às diligências ou perícias, dando entender que as provas do inciso III podem ser quaisquer outras diversas das que são mencionadas no inciso IV. Os dois incisos cuidam de provas e, por razões de técnica legislativa, foram desmembradas as modalidades em dois dispositivos.

Havendo a necessidade de provas documentais, estas deverão ser juntadas com a impugnação, sob pena de preclusão, isto é, não haverá outra oportunidade para a juntada dos documentos. Se os documentos não forem de domínio do impugnante até a protocolização da medida, deverá se atentar à regra do § 4º do art. 16 do Decreto n. 70.235, de 1972. De acordo com esse dispositivo, a preclusão não ocorrerá nas seguintes hipóteses em que os documentos não foram juntados com a impugnação, desde que: a) fique demonstrada a impossibilidade de sua apresentação oportuna, por motivo de força maior; b) refira-se a fato ou a direito superveniente; c) destine-se a contrapor fatos ou razões posteriormente trazidas aos autos.

A juntada de documentos após a impugnação deverá ser requerida à autoridade julgadora, mediante petição em que se demonstre, com fundamentos, a ocorrência de uma das condições mencionadas. Caso já tenha sido proferida a decisão, os documentos apresentados permanecerão nos autos para, se for interposto recurso, serem apreciados pela autoridade julgadora de segunda instância. (Decreto n. 70.235, de 1972, art. 16, §§ 5º e 6º).

Sobre este assunto, vale destacar, que o processo administrativo tributário é orientado pelos princípios da verdade material e do formalismo moderado. Além disso, é um processo sem partes que litigam perante um juiz imparcial. Na verdade, o processo administrativo contencioso é um meio de se chegar à verdade dos fatos da forma mais próxima possível. É diferente do processo judicial em que autor e réu discutem quem tem direito diante do Estado-juiz. No processo judicial, embora até certo ponto seja defensável a busca da verdade material, não se pode ignorar, seja em razão da celeridade ou do equilíbrio da relação processual, que se uma parte deixa de requerer provas, não terá outra oportunidade de realizar este ato. No processo administrativo, como cabe à própria administração tributária que praticou o ato impugnado decidir se mantém ou não a exigência fiscal, e por não existir parte contrária, entendemos que, eventualmente,se o contribuinte não juntar determinada prova com a impugnação, poderá fazê-lo no recurso voluntário, especialmente se a necessidade dessa prova se tornou evidente ao contribuinte com a decisão de primeira instância. Dito de outro, caso a prova tivesse sido juntada com a defesa em primeira instância, provavelmente, o resultado do julgamento poderia ter sido outro e a prova determinante para esse resultado diverso.

Assim, em prol dos princípios da verdade material e do formalismo moderado, defendemos o entendimento de que, dependendo do caso concreto, é possível se juntar provas documentais na fase de recurso voluntário. Existem situações em que o contribuinte somente percebe que determinada prova deveria ser produzida depois do julgamento em primeira instância.

Capítulo 4 Processo administrativo tributário contencioso

Neste caso, não traz nenhum prejuízo para o sistema processual permitir a juntada de documento novo no recurso voluntário, a fim de dar oportunidade de a Turma Ordinária do CARF apreciar se tal documento seria fundamental para resolver a lide. Se não houver supressão de instância, a Turma Julgadora poderá analisar a prova e, conforme o caso, decidir o mérito do recurso considerando a prova produzida. Caso entenda que a DRJ deva decidir com base na prova apresentada, deverá devolver o processo à primeira instância para novo julgamento, levando em conta a prova trazida com o recurso. Uma outra hipótese decorre do fato de a prova trazida com o recurso voluntário suscitar análise de fatos pela unidade de origem, isto é, a Delegacia da Receita Federal que analisou tecnicamente os fatos. Neste caso, entendemos que o julgamento deve ser convertido em diligência para apreciação da prova com os fatos correspondentes. Retornando o processo para o CARF, a Turma deverá decidir se resolve o processo ou se restitui à DRJ para evitar supressão de instância.

Na subseção 4.5.2 retomaremos o assunto com mais detalhes.

Quanto às diligências e perícias, é necessário salientar que o processo administrativo se funda na garantia da ampla defesa (Capítulo 2, subseção 2.9.2). Destarte, todos os meios de provas lícitos são admitidos no processo administrativo tributário, dentre os quais os pleitos de prova oral, depoimento pessoal ou inspeções por parte da autoridade julgadora. As discussões administrativas em matéria tributária, porém, não costumam demandar essas modalidades probatórias. Na imensa maioria das vezes, as provas no processo administrativo se resumem a documentos e perícias contábeis.

Tratando-se da realização de diligências e perícias, o art. 18 c/c o art. 28, ambos do Decreto n. 70.235, de 1972, conferem à DRJ competência para o seu deferimento, podendo ser indeferidas se considerar prescindíveis ou impraticáveis, em decisão fundamentada, apreciada pelo colegiado da DRJ antes de se decidir o mérito. De acordo com o art. 20 da Portaria MF n. 20, de 2023, o relator do processo na DRJ proporá as diligências e perícias, cabendo ao Presidente da Turma o seu deferimento. Caso discorde da proposta, o Presidente deverá submetê-la à decisão da respectiva turma. Se for deferida a perícia, será designado servidor, como perito da União, para realizá-la, sendo também intimado o assistente técnico do sujeito passivo para apresentar o seu laudo. O prazo para a perícia e laudos será fixado de

297

acordo com a sua complexidade, podendo ser prorrogado a juízo da autoridade (Decreto n. 70.235, de 1972, art. 18, §§ 1º e 2º).

É importante destacar que, na forma do art. 16, IV, do Decreto n. 70.235, de 1972, caso o impugnante pretenda a produção de prova pericial e deseje indicar assistente técnico, deverá informar os dados do assistente na impugnação, bem como formular os quesitos que queira sejam respondidos, sob pena de considerar como não formulados.

O § 3º do art. 18 do Decreto n. 70.235, de 1972 prevê regra em que, caso a diligência ou perícia resulte em agravamento da exigência inicial, inovação ou alteração da fundamentação legal da exigência, "será lavrado auto de infração ou emitida notificação de lançamento complementar". Nesse caso, será devolvido ao sujeito passivo o prazo para impugnação com relação à matéria modificada.

4.4.3.4 Discussão judicial concomitante

Nas lides tributárias pode ocorrer de o sujeito passivo ingressar com ação judicial antes ou depois de ter sido notificado da exigência fiscal e o objeto de ambas as medidas serem coincidentes, ou o objeto de uma mais abrangente que o da outra. O inciso V do art. 16 do Decreto n. 70.235, de 1972, incluído pela Lei n. 11.196, de 2001, determina ao sujeito passivo que mencione na impugnação, "se a matéria impugnada foi submetida à apreciação judicial, devendo ser juntada cópia da petição". Essa exigência visa prevenir decisões contraditórias entre as instâncias administrativa e judicial e, embora guarde alguma controvérsia como será visto a seguir, homenageia o sistema de jurisdição una. Considerando que as decisões administrativas podem ficar sujeitas à decisão final do Poder Judiciário, o processo administrativo contencioso restará prejudicado, na medida em que a decisão do processo judicial prevalecerá.

Assim, de acordo com o art. 48 da Portaria/MF n. 20, de 2023: "O pedido de parcelamento, a confissão irretratável da dívida, a extinção sem ressalva do débito, por qualquer de suas modalidades, ou a propositura de ação judicial contra a Fazenda Nacional com o mesmo objeto importa a desistência do processo pelo sujeito passivo".

Sobre a renúncia do direito ao processo administrativo em razão do ajuizamento de medida judicial, os órgãos vinculados ao PAF aplicam aos casos

Capítulo 4   Processo administrativo tributário contencioso

concretos o Parecer Normativo/Cosit n. 7, de 2014, aprovado pelo Secretário da Receita Federal, com várias conclusões, destacando-se para o tema específico, os itens "e" e "i", transcritos a seguir:

> e) a renúncia às instâncias administrativas não impede que a Fazenda Pública dê prosseguimento normal aos seus procedimentos, a despeito do ingresso do sujeito passivo em juízo; proferirá, assim, decisão formal, declaratória da definitividade da exigência discutida ou da decisão recorrida, e deixará de apreciar suas razões e de conhecer de eventual petição por ele apresentada, encaminhando o processo para a inscrição em DAU do débito, quando existente, salvo a ocorrência de hipótese que suspenda a exigibilidade do crédito tributário, nos termos dos incisos II, IV e V do art. 151 do CTN;

> i) é irrelevante, na espécie, que o processo judicial tenha sido extinto sem resolução de mérito, na forma do art. 267 do CPC, pois a renúncia às instâncias administrativas, em decorrência da opção pela via judicial, é definitiva, insuscetível de retratação;

Como informado, o Parecer em questão foi aprovado por despacho do Secretário da Receita Federal, razão pela qual possui força vinculante para os órgãos de primeira administrativa, com competência para processar e julgar o PAF (CTN, art. 100, II). Com relação ao conjunto de conclusões do Parecer Normativo, chamam a atenção as alíneas "e" e "i", que, aliás, se entrelaçam.

Embora pareçam questões de menor importância, a "renúncia" à instância administrativa em razão do ajuizamento de medidas judiciais é um dos temas mais difíceis de se resolver no âmbito da jurisdição una. O parágrafo único art. 38 da Lei n. 6.830, de 1980 – (LEF) tenta disciplinar a matéria com uma redação que necessita de interpretação histórica e sistemática para que sua regra possa fazer sentido. Estabelece o mencionado dispositivo o seguinte:

> Art. 38. A discussão judicial da Dívida Ativa da Fazenda Pública só é admissível em execução, na forma desta Lei, salvo as hipóteses de mandado de segurança, ação de repetição do indébito ou ação anulatória do ato declarativo da dívida, esta precedida do depósito preparatório do valor do débito, monetariamente corrigido e acrescido dos juros e multa de mora e demais encargos.

> Parágrafo único. A propositura, pelo contribuinte, da ação prevista neste artigo importa em renúncia ao poder de recorrer na esfera administrativa e desistência do recurso acaso interposto.

Primeiramente, o dispositivo transcrito necessita ser interpretado conforme o momento de sua edição. Antes da Constituição de 1988, em que não

299

CURSO COMPLETO DE DIREITO PROCESSUAL TRIBUTÁRIO

vigorava a cláusula constitucional de inafastabilidade dos dissídios jurisdicionais, prevista no art. 5º, XXXV, da Constituição Federal, poderia ser exigida a realização de depósito como requisito de admissibilidade de ações visando discutir a validade da dívida ativa da Fazenda Pública. Observe-se que o parágrafo único se refere "à ação", no singular, isto é, não se trata de qualquer ação em que haverá "renúncia" ou "desistência" do processo administrativo, mas somente a ação anulatória do ato declarativo da dívida ativa, precedida de depósito. A renúncia ou desistência do processo administrativo fazia todo sentido nesse caso, porque o depósito garantia a suspensão da exigibilidade do crédito e, caso o sujeito passivo ganhasse ou perdesse a ação judicial, tudo se resolveria com o depósito. Se vencesse teria o direito de levantar o valor depositado e, caso saísse vencido, o depósito seria convertido em pagamento do tributo, extinguindo-se o crédito tributário em qualquer caso.

Como se sabe, atualmente, a Súmula Vinculante 28 do STF afasta a exigência de depósito como condição de procedibilidade de ações que visem discutir a exigibilidade do crédito tributário, caindo no vazio a norma jurídica em questão. Por outro lado, a hipótese do parágrafo único do art. 38 da LEF não pode ser aplicada aos casos em que o sujeito passivo ingressou com ação judicial antes de o crédito ser inscrito na dívida ativa. Note-se que a inscrição em dívida ativa – hipótese a que se refere as ações judiciais mencionadas pelo art. 38 da LEF – pressupõe o esgotamento do processo administrativo, tornando o crédito tributário mais do que "exigível", isto é, passando a ser "exequível". Em resumo, tratando-se de ações judiciais contra a exigibilidade do crédito tributário antes da inscrição na dívida ativa, não há que se falar na incidência da norma do art. 38 da LEF como regra reguladora dos casos de "renúncia" ou "desistência" do processo administrativo tributário.

Tratando-se do PAF, no entanto, o art. 62 do Decreto n. 70.235, de 1972, possui a seguinte previsão:

> Art. 62. Durante a vigência de medida judicial que determinar a suspensão da cobrança, do tributo não será instaurado procedimento fiscal contra o sujeito passivo favorecido pela decisão, relativamente, à matéria sobre que versar a ordem de suspensão.
>
> Parágrafo único. Se a medida referir-se a matéria objeto de processo fiscal, o curso deste não será suspenso, exceto quanto aos atos executórios.

O *caput* do artigo transcrito se refere a "procedimento fiscal", o que, conforme visto no Capítulo 1, é diferente do conceito de processo. Assim,

Capítulo 4 **Processo administrativo tributário contencioso**

pressupondo que o legislador utilizou os termos corretamente, tem-se o seguinte: se o sujeito passivo ingressou com medida judicial preventivamente ao início de procedimento fiscal e obteve decisão favorável para suspender a exigência do crédito tributário, não poderá a Fazenda instaurar fiscalização sobre o objeto da ação.

Essa hipótese possui alguns desdobramentos, especialmente em razão da decadência do crédito tributário, pois, caso a ação judicial não se resolva definitivamente em 5 anos, é possível que a Fazenda perca o direito à constituição do crédito tributário. Daí por que é razoável assegurar à administração tributária a instauração do procedimento, sem, no entanto, exigir o crédito. Esse entendimento poderá ter como base legal o próprio parágrafo único transcrito, se utilizarmos a locução processo fiscal em sentido lato.

Aliás, o CARF possui súmulas que dialogam com essa ideia de que a decisão judicial somente suspende os atos executórios, sem impedir a instauração de procedimentos fiscais para prevenir decadência. Nesse sentido é a Súmula CARF 165, com a seguinte orientação: "Não é nulo o lançamento de ofício referente a crédito tributário depositado judicialmente, realizado para fins de prevenção da decadência, com reconhecimento da suspensão de sua exigibilidade e sem a aplicação de penalidade ao sujeito passivo".

Caso a decisão judicial perca eficácia antes da lavratura do auto de infração, segundo a Súmula CARF 50, é exigível multa de ofício, presumindo-se, logicamente, a possibilidade de instauração do procedimento fiscal na concomitância da decisão. Veja-se: "É cabível a exigência de multa de ofício se a decisão judicial que suspendia a exigibilidade do crédito tributário perdeu os efeitos antes da lavratura do auto de infração".

Na mesma linha, tem-se a Súmula CARF 48, com o seguinte enunciado: "A suspensão da exigibilidade do crédito tributário por força de medida judicial não impede a lavratura de auto de infração".

A Súmula CARF 17 estabelece não ser possível aplicar multa de ofício nos lançamentos realizados para prevenir decadência, quando a suspensão se deu antes de iniciado o procedimento fiscal: "Não cabe a exigência de multa de ofício nos lançamentos efetuados para prevenir a decadência, quando a exigibilidade estiver suspensa na forma dos incisos IV ou V do art. 151 do CTN e a suspensão do débito tenha ocorrido antes do início de qualquer procedimento de ofício a ele relativo".

CURSO COMPLETO DE DIREITO PROCESSUAL TRIBUTÁRIO

Assim, de modo geral, o ajuizamento de ação judicial visando a suspensão da exigibilidade do crédito tributário não impede a instauração de procedimento fiscal, desde que não seja aplicada multa de ofício nem sejam praticados atos executórios enquanto não resolvida a ação contrariamente à pretensão do sujeito passivo.

Por outro lado, tratando-se de processo administrativo contencioso, resta analisar a premissa desta subseção, qual seja, se a ação judicial que possua o mesmo objeto do PAF pode determinar a renúncia da discussão administrativa.

Pode-se entender também que o parágrafo único do art. 62 transcrito se refira ao processo judicial que possua o mesmo objeto do PAF. Nesse caso, somente os atos executórios, como a inscrição na dívida ativa, a expedição da respectiva certidão, a propositura de Execução Fiscal ou até notificações para pagamento, seriam suspensos. O objetivo da regra é evitar atos executórios por parte do Fisco sem um pronunciamento definitivo do Poder Judiciário sobre a exigibilidade do crédito tributário.

Dessa hipótese duas questões sobressaem como relevantes. A primeira é, caso o sujeito passivo obtenha decisão que determine expressamente a suspensão da exigibilidade do crédito tributário, quer com ou sem o depósito do montante exigido, a Fazenda fica impedida de exigir e de executar o crédito tributário enquanto não se resolve a ação (CTN, art. 151, II e IV e V). A segunda questão decorre dos casos em que o sujeito passivo ingressa com medida judicial e não obtém a suspensão da exigibilidade do crédito tributário. Nesta hipótese, obviamente, o processo não será suspenso, podendo ser o crédito inscrito na dívida e executado.

No ponto, conforme prevê o inciso V do art. 16 do Decreto n. 70.235, de 1972, o sujeito passivo deverá declarar que ingressou com ação judicial sobre o mesmo objeto da exigência fiscal e, conforme interpretação dada a esse dispositivo, isso implicará "desistência" do PAF ou, conforme o caso, "renúncia" ao direito de recorrer na via administrativa. Nessa situação, o item "e" do Parecer/Cosit n. 7, de 2014, orienta que o processo seguirá para "decisão formal, declaratória da definitividade da exigência discutida ou da decisão recorrida". Com esse entendimento, o crédito tributário só não será inscrito na dívida caso haja depósito do seu montante ou decisão judicial determinando a suspensão de sua exigibilidade.

Capítulo 4 **Processo administrativo tributário contencioso**

Assim, de acordo com o Parecer em questão, o ajuizamento da ação judicial sem suspensão da exigibilidade do crédito tributário equivale à renúncia da via administrativa pelo contribuinte. Por conseguinte, a cobrança fiscal será mantida, pois, com a mencionada renúncia, não haverá como ser modificada administrativamente.

Registre-se que, se o PAF abranger matéria diferente da que foi levada a juízo, ficará sujeita à inexecução de atos executórios, por óbvio, somente a questão que for objeto de decisão judicial, seguindo o processo administrativo em relação às demais matérias. Sobre o assunto, no âmbito dos recursos ao CARF, tem-se a Súmula 1 com o seguinte enunciado: "Importa renúncia às instâncias administrativas a propositura pelo sujeito passivo de ação judicial por qualquer modalidade processual, antes ou depois do lançamento de ofício, com o mesmo objeto do processo administrativo, sendo cabível apenas a apreciação, pelo órgão de julgamento administrativo, de matéria distinta da constante do processo judicial".

4.4.4 Requisitos formais da defesa no processo eletrônico

Os requisitos estudados nas subseções anteriores se referem ao processo administrativo tributário físico (em papel). No caso do processo eletrônico, as normas aplicáveis ao PAF encontram-se dispostas na IN RFB/2022, de 2021. De um modo geral, a impugnação administrativa será enviada à RFB por meio do e-CAC, conforme mencionado na subseção 4.4.1. Os protocolos das peças serão enviados em formato digital, devendo conter assinatura eletrônica avançada ou qualificada, nos termos do Decreto n. 10.543, de 2020. O envio eletrônico de documentos dispensa, obviamente, o protocolo em papel, mas os meios de prova que não puderem ser apresentados em digital serão protocolados em unidade da RFB do domicílio do sujeito passivo para posterior digitalização ou tratamento híbrido (Decreto n. 8.539, de 2015).

Atualmente, é inegável a forte tendência da adoção do processo eletrônico por várias razões que vão desde a comodidade do litigante, que não terá o dever de se deslocar à repartição fiscal para protocolizar documentos, até por motivações socialmente justificáveis, como a economia de papel, o que se alinha às políticas ambientais de desenvolvimento sustentável.

CURSO COMPLETO DE DIREITO PROCESSUAL TRIBUTÁRIO

É recomendável que o Poder Público incentive a adoção do processo eletrônico, divulgando sua existência e facilitando seu acesso. Além disso, o processo eletrônico tende a ser concluído mais rapidamente.

Saliente-se, no entanto, que os órgãos públicos deverão preservar o sigilo processual, uma vez que a matéria poderá envolver a proteção prevista no art. 198 do CTN. Assim, é importante que as páginas e os programas que hospedarem o processo administrativo tributário possuam mecanismos de segurança contra o acesso indevido de terceiros.

4.4.5 Elaboração da defesa

Não existe forma estabelecida na legislação para se elaborar a peça de impugnação, mas a defesa do sujeito passivo no processo administrativo será mais convincente quanto mais se aproximar das técnicas de elaboração das petições do processo judicial cível. Assim, a impugnação é uma peça defensiva que se recomenda seja redigida na forma de requerimento e deverá observar os requisitos legais estabelecidos no art. 16 do Decreto n. 70.235, de 1972.

A peça de impugnação poderá ser dividida nas seguintes partes: a) preâmbulo; b) descrição dos fatos; c) fundamentação jurídica; d) pedido de improcedência do AI ou NL, acompanhado de requerimento de provas, se for o caso.

4.4.5.1 Preâmbulo

Considera-se preâmbulo a parte da petição de defesa que contém os dados relativos à competência, qualificação do impugnante e a demonstração do interesse de se defender.

Assim, a peça de defesa deverá ser deduzida na forma de requerimento, o que pressupõe o direcionamento do texto e dos documentos que a acompanham à autoridade competente para para processá-la ou, conforme o caso, julgá-la. Essa referência deverá ser escrita por extenso no alto da primeira folha da petição. Por conseguinte, o requerimento não deve ser dirigido a um ente ou órgão abstrato, mas a uma autoridade pública com competência para conhecê-la primeiramente.

No caso do PAF, conforme se viu na subseção 4.4.3.1, o órgão competente para decidir em primeira instância será a DRJ, cuja competência é

304

Capítulo 4 Processo administrativo tributário contencioso

definida conforme o tributo objeto da exigência fiscal. Por outro lado, a autoridade preparadora será o Delegado da Receita Federal do domicílio tributário do sujeito passivo. Considerando que a distribuição do PAF para as DRJ é procedimento interno da RFB, a peça poderá ser dirigida à autoridade preparadora, qual seja, o Delegado da Receita Federal da localidade do contribuinte e este remeterá o processo para o órgão competente de julgamento, conforme o tributo em discussão.

No Poder Executivo, os requerimentos processuais para autoridades de escalões governamentais abaixo de Ministros de Estado poderão ser dirigidos aos mencionados servidores, utilizando-se simplesmente o vocativo "Senhor" ou "Senhora", seguido do cargo com iniciais maiúsculas. Por exemplo: "Senhor ou Senhora Delegado ou Delegada da Receita Federal, seguido da localidade do sujeito passivo". No entanto, é da praxe processual, usar-se os pronomes, "ilustríssimo" ou "ilustríssima", conforme o gênero, de modo que não existe erro em se manter essa tradição. Já o pronome "excelentíssimo", deve ser empregado para autoridades de alto escalão de governo, tais como Presidente da República e Ministros de Estado[63].

Em seguida, ainda no alto da petição, deverá ser feita referência ao número do auto de infração ou da notificação, que será indispensável para localização dos autos em que a defesa será anexada. Em seguida, deverá se qualificar o impugnante, destacando-se, para pessoas físicas, o seu nome completo, CPF e e-mail; para pessoas jurídicas, a razão social, endereço, CNPJ e e-mail. Quando o sujeito passivo for pessoa física e estiver litigando em causa própria (não é necessário ser advogado para apresentar defesas administrativas), o interessado se dirigirá à autoridade administrativa diretamente. Quando for pessoa jurídica ou pessoa física representada por advogado ou outro procurador, deverá fazer referência a essa circunstância como, por exemplo: "fulano de tal, por seu advogado, vem perante Vossa Senhoria apresentar impugnação contra o AI n....."; ou ainda: "fulano de tal, por seu procurador...".

A impugnação administrativa, justamente porque em nosso sistema jurídico o regime é de jurisdição una, o processo servirá de instrumento para

---

63 A propósito do tema, consulte-se o *Manual de redação da Presidência da República*. 3ª edição revista, atualizada e ampliada pela Subchefia para Assuntos Jurídicos da Casa Civil da Presidência da República, 2018.

CURSO COMPLETO DE DIREITO PROCESSUAL TRIBUTÁRIO

eventual revisão da pretensão administrativa (exigência fiscal). Assim, não haverá menção à parte contrária. A rigor, o impugnante pedirá ao órgão administrativo que reveja a pretensão administrativa em razão dos fundamentos jurídicos e provas que rebatem a pretensão fiscal.

A fundamentação legal para a impugnação administrativa será o art. 5º, XXXIV, *a,* da Constituição Federal, que consagra o direito de petição, o art. 16 do Decreto n. 70.235, de 1972, e, subsidiariamente, a Lei n. 9.784, de 1999.

4.4.5.2 Narração dos fatos

A petição de impugnação é um texto em que se pretende persuadir o órgão julgador a se convencer dos argumentos de defesa. Assim, é recomendável que se priorize o discurso direto, objetivo e bem redigido. Deve ser dada atenção especial à boa linguagem, evitando-se termos chulos ou ofensivos[64]. A boa técnica recomenda também que se adote a metodologia de dividir a petição por tópicos, devendo-se dar destaque à chamada do respectivo tópico. Por exemplo: DOS FATOS. Assim, o leitor da petição saberá que o texto pertinente a essa chamada se referirá somente aos fatos que levaram à constituição do crédito tributário ou de qualquer outra exigência fiscal, tais como uma simples NL ou a lavratura de um AI, ou ainda, se é o caso de "manifestação de inconformidade" em pedidos de compensação não homologados, entre outros. É recomendável que, nessa etapa da peça, não se confunda a "narração dos fatos" com os "fundamentos jurídicos". Isso porque toda petição – e não é diferente com a impugnação administrativa – segue um silogismo composto de premissas maior, menor e conclusão. A primeira premissa são os fatos que precisam ser expostos ao julgador; a segunda, a fundamentação jurídica; e a terceira, será o pedido, no caso, a improcedência da pretensão administrativa.

4.4.5.3 Fundamentação jurídica

A fundamentação jurídica, à qual se deve dar também destaque à chamada do item, é a parte da petição responsável pela articulação dos

---

64 Decreto n. 70.235, de 1972, art. 16, § 2º: É defeso ao impugnante, ou a seu representante legal, empregar expressões injuriosas nos escritos apresentados no processo, cabendo ao julgador, de ofício ou a requerimento do ofendido, mandar riscá-las.

306

Capítulo 4   **Processo administrativo tributário contencioso**

argumentos de direito que servirão de base para o convencimento da autoridade julgadora. Tanto para admitir a impugnação como procedente, quanto para recusá-la, será a fundamentação jurídica a base para a resolução do processo administrativo.

Na fundamentação jurídica sugere-se que se evitem transcrições longas de textos doutrinários ou de julgados repetitivos. No caso dos argumentos de doutrina, se houver mais de um autor acompanhando os argumentos de defesa no ponto próximo ou exato da discussão, deve-se transcrever a essência do texto, evitando-se a transcrição de várias páginas. É preferível para textos com função persuasória a utilização do recurso da paráfrase, em que o autor da petição interpreta com seus argumentos próprios os ensinamentos da doutrina, fazendo citações literais somente dos pontos que entender mais contundentes para sua tese argumentativa. A mesma linha de entendimento é aplicável para as transcrições de jurisprudência, devendo-se transcrever a ementa ou trechos do voto de um acórdão ou decisão precisamente no ponto arguido. Outros precedentes no mesmo sentido poderão ser referenciados (sem transcrição de toda a ementa), citando-se o tribunal julgador, o número do acórdão, o nome do Relator e a data de julgamento.

Na fundamentação, todos os argumentos úteis à defesa deverão ser expostos, sob pena de não serem mais apreciados adiante.

4.4.5.4 Pedido de improcedência

O pedido de improcedência formulado na peça de defesa é consequência lógica dos fatos e da fundamentação jurídica, devendo guardar coerência com esses elementos de sua formação. Assim, o pedido deverá ter por objeto que o órgão julgador determine a total ou parcial improcedência da pretensão fiscal. Não é correto do ponto de vista da técnica processual a inversão de sentido do pedido, isto é, o sujeito passivo pedir ao órgão compete que julgue procedente a defesa e, por consequência, torne o crédito tributário inexigível.

Por se tratar de medida administrativa, na qual a função do Estado corresponde à revisão da legalidade, não vigora o princípio da sucumbência, razão pela qual o vencido não terá que arcar com os ônus sucumbenciais.

307

4.5 INSTRUÇÃO DO PROCESSO

Na subseção 4.4.3.3 demonstramos que a indicação das provas com as quais o impugnante pretende rebater a pretensão do Fisco é requisito formal da peça de defesa. Se as provas não forem requeridas, nem os documentos anexados, poderá precluir o direito à prova. Sem prejuízo do que foi exposto naquela subseção, nosso sistema jurídico garante aos "acusados em geral" a ampla defesa com todos os recursos a ela inerentes (CF, art. 5º, LV). Conforme examinado no Capítulo 2, subseção 2.9.2.2, a ampla defesa pressupõe garantia do direito de se comprovar que os fatos alegados não existiram ou não ocorreram como alega o acusador.

Essas considerações levam à antiga dicotomia entre os sistemas probatórios da verdade material e formal, analisados também no Capítulo 2, subseção 2.6.1. O sistema da verdade material é ínsito aos procedimentos, porque estes são norteados pelo princípio inquisitório. Assim, para constituir sua pretensão tributária, a Fazenda deverá estreitar a reconstituição da verdade (fatos) ao ponto mais próximo de sua efetiva ocorrência. Isso porque não seria admissível em um sistema jurídico conduzido pela legalidade que o Fisco pudesse promover exigências tributárias infundadas ou baseadas no exame precário dos fatos. Ao exigir o cumprimento da obrigação tributária, pressupõe-se que a Fazenda se cercou de todos os elementos probatórios possíveis, os quais expressam a realidade dos fatos que se pode reconstituir. Assim, é inerente ao procedimento o sistema da verdade material, caracterizado por essa estreita aproximação da prova aos fatos ocorridos.

O processo, de um modo geral, e de acordo com a finalidade que pretender, poderá se valer ou não do sistema da verdade material, também conhecido como "verdade substancial". Quando a pretensão for punitiva, como acontece no processo penal, o sistema da "verdade material" é aplicável. É assim porque o valor perseguido pelo Estado processante é a preservação da ordem pública ou de valores éticos indispensáveis à harmoniosa convivência social. Além disso, a finalidade do processo penal é punir o infrator, a fim de que seja reeducado, ainda que para essa reeducação tenha que se segregar o condenado da convivência social, privando-o de sua liberdade ou se lhe aplicando outra penalidade socioeducativa, que não constitua exatamente a privação da liberdade. Com efeito, especialmente para preservar a ordem

Capítulo 4 **Processo administrativo tributário contencioso**

pública e para que a sentença penal possa produzir seus efeitos esperados, não pode existir dúvidas sobre os fatos que motivaram a sanção criminal.

Em relação ao processo cível, os bens tutelados são disponíveis pelas partes. Por conseguinte, o sistema processual é orientado pelo "princípio dispositivo", o que presume que as partes deverão pedir ao julgador o direito que pretendem ver protegido. Para isso, as provas que auxiliarão no desvendamento dos acontecimentos terão que ser igualmente requeridas. Daí por que, no processo cível, o sistema probatório se desenvolve logicamente por outro sistema, não necessitando ser o da verdade material. Nesse caso, as provas deverão ser trazidas ao processo para o conhecimento da autoridade julgadora.

Os meios de obtenção das provas deverão ser lícitos, pois, do contrário, contaminarão os atos processuais que se basearam nas provas ilícitas, especialmente as decisões. Se uma prova não for trazida ao processo no momento determinado pela lei, a parte perderá o direito, pois o processo não pertence exatamente aos interesses das partes. O processo é da sociedade e a lei limita os meios de prova e momento de sua produção, a fim de que o processo seja igual e justo para todos os envolvidos. Assim, o processo cível se basta com o sistema da "verdade formal", caracterizado pela produção das provas trazidas pelas partes. Não cabe ao julgador determinar a produção de outras provas, pois passaria a dispor sobre o interesse dos jurisdicionados, substituindo-os, portanto, em suas funções.

Atualmente, pode-se considerar que não existe mais uma divisão estanque entre o processo cível e o penal quanto à aplicação dos sistemas de "verdade material" e "verdade formal". De uma forma geral, cabe a utilização de um e de outro sistema em ambas as modalidades processuais, o que, evidentemente, influi sobre a produção das provas na teoria do processo administrativo. De acordo com Cândido Rangel Dinamarco, a partir do final do século XIX, mesmo no caso do processo cível de tutela de interesses disponíveis, "os poderes do juiz foram paulatinamente aumentados"[65]. Conforme ainda com o autor, o juiz passou: "de espectador inerte à posição ativa, coube-lhe não só impulsionar o andamento da causa, mas também

---

65 DINAMARCO, Cândido Rangel et al. *Teoria geral do processo*, p. 64.

determinar provas, conhecer *ex officio* de circunstâncias que até então dependiam da alegação das partes..."[66].

Por outro lado, até o processo penal, que sempre se caracterizou pelo regime da inquisitoriedade e, por via de consequência, ao sistema probatório da verdade material, fez suas concessões ao sistema da verdade formal. O art. 386, V, do CPP dispõe que o juiz absolverá o réu, desde que reconheça: "não existir prova de ter o réu concorrido para a infração penal". Considerando o respeito à coisa julgada prevista no art. 5º, XXXVI, da Constituição Federal, segue-se que alguém acusado da prática de um crime será inocentado, ainda que sejam encontradas novas provas que o incriminem, caso tenha sido absolvido do mesmo crime por falta de provas em outro processo e a sentença absolutória tenha transitado em julgado. Nessa hipótese, a busca da verdade plena no processo penal é flexibilizada[67].

O Brasil não seguiu exatamente o sistema da verdade formal nem no processo civil. Observe-se que o art. 130 do CPC, de 1973, e o art. 370 do CPC, de 2015, autorizam o juiz a determinar de ofício provas que entender necessárias para julgar o mérito. Esse poder do julgador vale para qualquer espécie de processo cível, ainda que se refira a interesses disponíveis das partes.

Essas considerações, embora claramente pertinentes ao processo judicial, servem de lastro para algumas conclusões no âmbito do processo administrativo. Tratando-se de processo tributário, o ponto ganha relevo, pois, na divisão sistêmica das lides judiciais, a exigência de obrigação tributária tem natureza cível. Assim, o sistema probatório, bem como o princípio norteador da atividade jurisdicional, deveria ser, respectivamente, a "verdade formal" e o "princípio dispositivo". Se no processo judicial o sistema seria o da verdade formal, esse mesmo sistema deveria ser aplicável, logicamente, ao processo administrativo tributário.

No entanto, não é o que se verifica no processo administrativo. Primeiramente porque, conforme explicado, mesmo no processo cível, a tendência atual é a de conferir ao juiz poderes para determinar de ofício a produção de provas. Por outro lado, conforme tem-se visto ao longo deste livro, o processo administrativo tributário decorre do procedimento de constituição da

---

66   DINAMARCO, Cândido Rangel et al. *Teoria geral do processo*, p. 64.

67   DINAMARCO, Cândido Rangel et al. *Teoria geral do processo*, p. 65.

Capítulo 4 Processo administrativo tributário contencioso

exigência fiscal. Inexiste com o encerramento da fase procedimental uma solução de continuidade do procedimento que o faça caducar juridicamente. Ao contrário, o procedimento é o que dá causa ao processo administrativo contencioso, exercendo sobre ele várias influências, inclusive principiológicas. Saliente-se, que o regime do processo administrativo tributário contencioso é orientado pelo princípio dispositivo, pois cabe ao sujeito passivo impugnante alegar toda matéria de defesa e requerer as provas com que pretende desconstituir a pretensão administrativa, sob pena de preclusão. Isso não significa, entretanto, que o processo administrativo não possa absorver o regime da verdade material se, no fundo, a exigência tributária constitui direito indisponível da Fazenda, tendo por escopo a revisão da legalidade. A ausência de provas no processo quando estas podem ser produzidas, poderá prejudicar tanto o contribuinte quanto a própria Fazenda, porque a verdade não foi descoberta. Assim, caso o impugnante não requeira as provas com que poderia ser dirimida a controvérsia, nada obsta, em homenagem à verdade material, que a autoridade julgadora determine as provas que possam formar melhor o seu convencimento para uma decisão que resulte da verdade dos fatos.

Nesse sentido, o art. 18 do Decreto n. 70.235, de 1972, dispõe que: "A autoridade julgadora de primeira instância determinará, de ofício ou a requerimento do impugnante, a realização de diligências ou perícias, quando entendê-las necessárias, indeferindo as que considerar prescindíveis ou impraticáveis, observando o disposto no art. 28, in fine". No mesmo sentido, estabelece o art. 29 do mesmo decreto: "Na apreciação da prova, a autoridade julgadora formará livremente sua convicção, podendo determinar as diligências que entender necessárias".

As modalidades de provas e o procedimento de sua produção foram expostos na subseção 4.4.3.3 deste Capítulo. Destaque-se, contudo, que a disposição do art. 18 do Decreto n. 70.235, de 1972, permite concluir que o PAF tem típica fase instrutória, que inicia com o oferecimento da impugnação, podendo ser complementada em momento posterior, a requerimento do impugnante (sistema da verdade formal) ou por determinação da autoridade (sistema da verdade material).

A Portaria/MF n. 20, de 2023, no art. 20, permite a aplicação do sistema da verdade material ao disciplinar que o relator do processo em primeira instância poderá propor as diligências que entender necessárias para a deci-

311

são. Assim, ao considerar que o processo não está bem instruído, pode o julgador propor que se revejam documentos fiscais, esclareçam-se pontos obscuros ou até seja realizada perícia, ainda que tais provas não tenham sido requeridas pelo impugnante.

Vale salientar que o sistema da verdade material no processo administrativo tributário não poderá neutralizar a lei quanto às restrições procedimentais relativas à preclusão. Não tendo sido requeridas as provas pelo impugnante, não poderá ser reaberta essa oportunidade pelo simples interesse do sujeito passivo, mas se a prova for necessária, a análise de sua necessidade ficará a critério do julgador.

O PAF admite a utilização de prova emprestada relativa a laudos e pareceres técnicos sobre produtos, exarados em outros processos administrativos fiscais e transladados mediante certidão de inteiro teor ou cópia fiel. Essa possibilidade ocorrerá nos seguintes casos: a) quando tratarem de produtos originários do mesmo fabricante, com igual denominação, marca e especificação; b) quando tratarem de máquinas, aparelhos, equipamentos, veículos e outros produtos complexos de fabricação em série, do mesmo fabricante, com iguais especificações, marca e modelo (Decreto n. 70.235, de 1972, art. 30, § 3º).

4.5.1 A preclusão da prova diante da verdade material

De acordo com o art. 16, III c/c § 4º do Decreto n. 70.235, de 1972, o sujeito passivo deverá apresentar as provas com que pretende comprovar suas alegações com a impugnação. Essa regra se estende, por óbvio, à manifestação de inconformidade, como nos processos contenciosos de compensação ou de exclusão do Simples.

Assim, tratando-se de prova documental – meio mais comum de prova no processo tributário –, exceto nas hipóteses do § 4º mencionado, se o contribuinte não juntar os documentos com a defesa na primeira instância, não terá mais oportunidade de fazê-lo.

Trata-se de hipótese de preclusão temporal, em favor da organização do processo ou da efetivação do princípio da oficialidade, pois, do contrário, o interessado, requerendo provas a qualquer momento, poderia conduzir o processo, inclusive imbuído de má-fé, à falta de efetividade, forçando a demora demasiada de sua conclusão.

Maria Teresa Martínez López e Marcela Cheffer Bianchini explicam, no entanto, que o tema da preclusão do direito à prova no processo tributário

Capítulo 4 **Processo administrativo tributário contencioso**

possui certa dose de polêmica, e citam, como exemplos, os arts. 3º, III, e 38 da Lei n. 9.784, de 1999 (Lei Geral do Processo Administrativo), que se mostram mais flexíveis do que o art. 16, III, do Decreto n. 70.235, de 1972[68]. Com efeito, preveem os mencionados dispositivos:

> Art. 3º O administrado tem os seguintes direitos perante a Administração, sem prejuízo de outros que lhe sejam assegurados: [...]
>
> III – formular alegações e apresentar documentos antes da decisão, os quais serão objeto de consideração pelo órgão competente;
>
> Art. 38. O interessado poderá, na fase instrutória e antes da tomada da decisão, juntar documentos e pareceres, requerer diligências e perícias, bem como aduzir alegações referentes à matéria objeto do processo.
>
> § 1º Os elementos probatórios deverão ser considerados na motivação do relatório e da decisão.
>
> § 2º Somente poderão ser recusadas, mediante decisão fundamentada, as provas propostas pelos interessados quando sejam ilícitas, impertinentes, desnecessárias ou protelatórias.

Vê-se, portanto, que a Lei Geral admite a juntada de provas posteriormente à defesa, tendo como limite a decisão. É evidente que os artigos transcritos se alinham à verdade material, relativizando a obrigatoriedade de apresentação de provas na primeira oportunidade de o administrado falar no processo, geralmente com a juntada da impugnação.

As autoras alertam que a decisão mencionada pelos dispositivos só poderá ser a da primeira instância. Dessa forma, não poderia o sujeito passivo anexar provas na fase recursal, pois a instrução processual ocorreria até a decisão de primeiro grau.

Apesar dessas considerações iniciais, informam que no âmbito do PAF, especialmente no extinto Conselho de Contribuintes, havia regra procedimental que permitia a juntada de documentos mesmo depois de protocolada a impugnação, enquanto o processo estivesse com o Relator. Essa previsão constava do art. 18, § 7º, do Regimento Interno do Conselho, mas não foi mantida com a criação do CARF.

---

68 LÓPEZ, Maria Teresa Martínez; BIANCHINI, Marcela Cheffer. Aspectos polêmicos sobre o momento de apresentação da prova no processo administrativo fiscal federal. In: NEDER, Marcos Vinicius; DE SANTI, Eurico Marcos Diniz; FERRAGUT, Maria Rita (coord.). *A prova no processo tributário*. São Paulo: Dialética, 2010, p. 41-42.

CURSO COMPLETO DE DIREITO PROCESSUAL TRIBUTÁRIO

De qualquer forma, as autoras trazem decisões da época do Conselho de Contribuintes na linha de que a prova poderia ser produzida na fase recursal, levando-se em consideração o princípio da instrumentalidade processual e a busca da verdade material[69].

Concluem, porém, que, diante da ausência de previsão no Regimento Interno do CARF, o direito à produção de provas, com a juntada de documentos, preclui com o protocolo da impugnação, salvo as hipóteses do § 4º do art. 16 do Decreto n. 70.235, de 1972.

A questão da prova no PAF, quando relacionada à busca da verdade material, possui peculiaridades que não conseguem ser resolvidas com uma regra tão abstrata como a do art. 16 mencionado. A verdade material, embora neste livro seja considerada como um sistema probatório e não propriamente um princípio, não perde a função relevante de orientar, de um modo geral, a finalidade da prova no processo tributário. Como foi visto, a prova visa a busca da verdade, a fim de evitar o enriquecimento sem causa da Fazenda, especialmente quando o que estiver em discussão for a exigência do crédito tributário, ou reconhecimento de direitos do contribuinte, os quais conduzam à extinção daquele crédito, como no caso da compensação.

Exatamente em razão dessas peculiaridades, convém fazer-se alguma análise sobre a prova documental no processo de compensação. É o que faremos na subseção seguinte.

4.5.2 Limites à preclusão da prova no processo contencioso de compensação

Sobre este ponto, deve-se registrar que nos processos contenciosos de compensação o contribuinte, na manifestação de inconformidade contra o despacho decisório, pode ter instruído a peça com documentação contábil que informa os valores lançados, e que deverão ser cruzados com o PER/DCOMP e, dessa forma, ter certeza dos valores que compõem o seu direito crédito.

É importante registrar que, na imensa maioria dos casos, o procedimento de compensação é analisado por meio de sistemas informatizados, que cru-

---

69 Acórdão 108-09.622/2008; CSRF. Acórdãos: 03-04.981/2006, 03-04.194/2004 e 03-04.371/2005. Acórdãos: 108-09655/2008, 203-11.384/2006, 203-11.385/2006, 303-34.308/2007 e 302-39.947/2008.

Capítulo 4 **Processo administrativo tributário contencioso**

zam os dados do contribuinte a partir da transmissão do PER/DCOMP e emitem um despacho decisório eletrônico. Esse despacho contém informações básicas sobre a não homologação da compensação, acompanhado de um anexo. Geralmente, quando o crédito indicado pelo contribuinte provém de saldo negativo de IPRJ ou de CSLL, as parcelas que compõem o crédito são estimativas pagas por meio de compensações anteriores ou imposto ou contribuição retidas na fonte. Um número considerável de litígios se forma a partir do cruzamento desses dados com os valores informados na DCOMP, na DCTF e na DIPJ do contribuinte. Qualquer inconsistência encontrada pelo sistema geralmente leva à não homologação da compensação.

Ocorre que as informações constantes de declarações eletrônicas não são facilmente justificadas, pois, às vezes, demandam explicações e provas que não são aceitáveis nos documentos eletrônicos, o que enseja a necessidade de o contribuinte apresentar manifestação de inconformidade para comprovar o seu crédito.

Diante do que consegue concluir do despacho eletrônico, se o problema foi a não confirmação de compensações anteriores ou de retenções na fonte, em geral, o contribuinte junta com a defesa na primeira instância, os PER/DCOMPs anteriores e, eventualmente, a DIRF com as retenções na fonte.

Às vezes, nestes casos, a decisão da DRJ mantém o despacho decisório, sob a alegação de que o crédito não foi devidamente comprovado, pois faltaram os documentos que respaldam os lançamentos contábeis, como notas fiscais, extratos bancários, contratos etc.

Note-se que, com o despacho decisório, o contribuinte não foi orientado sobre o que deveria juntar na defesa para comprovação do seu crédito. Ressalte-se que o art. 16, III, do Decreto n. 70.235, de 1972, foi concebido para a apresentação de defesa contra lançamento tributário (auto de infração e notificação de lançamento). Tanto assim que se refere à "impugnação" e não à manifestação de inconformidade, sendo que esta é que constitui o meio de defesa no contencioso da compensação. Por outro lado, o § 11 do art. 74 da Lei n. 9.430, de 1996, ao prever as regras básicas de defesa do contribuinte na compensação, determina a aplicação do Decreto n. 70.235, de 1972. Daí por que é necessário interpretar-se o Decreto em consonância com as peculiaridades do procedimento compensatório.

Nesses casos em que a DRJ, analisando a manifestação de inconformidade, simplesmente fundamenta a decisão alegando que o direito creditório não foi

315

suficientemente provado, em prol da verdade material, defendemos a possibilidade de se juntar os documentos comprobatórios com o recurso voluntário.

Note-se que não se trata de uma recriação da fase instrutória que realmente foi aberta com o oferecimento da impugnação. No entanto, considerando que a DRJ utilizou como razões de decidir a insuficiência de documentos apresentados com a manifestação de inconformidade, a verdade material pode ser comprometida se não for assegurado o direito de o contribuinte demonstrar a verdade, ainda que na fase recursal. Caso se interprete o art. 16, III, do Decreto de modo meramente literal, ou com apego rigoroso ao conceito de preclusão, corre-se o risco de, neste caso, vulnerar-se princípios e garantias fundamentais, como a ampla defesa, o princípio do formalismo moderado e a própria verdade material. Isso poderá levar, ainda que não intencionalmente, ao enriquecimento sem causa da Fazenda Pública, contra o fato de que o crédito tributário deverá ser exigido no montante efetivamente devido.

Trata-se da aplicação subsidiária dos arts. 3º, III, e 38 da Lei n. 9.784, de 1999, analisados na subseção anterior, diante da ausência de regra específica sobre a fase instrutória de processo contencioso de compensação. Registre-se, outra vez, que toda a concepção do Decreto n. 70.235, de 1972, destina-se a regular o processo de defesa contra o lançamento tributário, realizado por meio de auto de infração ou notificação de lançamento. Esses procedimentos, por serem de iniciativa da Fazenda, devem ser devidamente instruídos com todos os documentos necessários, de modo que a defesa do contribuinte é orientada com base nos documentos juntados pela fiscalização. Diferente do procedimento de compensação, que é iniciado pelo sujeito passivo e, no caso de não homologação da compensação, é expedido, em regra, um despacho eletrônico pouco analítico a respeito das causas da não homologação.

Assim, excepcionalmente, com fundamento nos dispositivos legais da Lei Geral do Processo Administrativo, na verdade material e nos princípios em questão, é defensável admitir a juntada dessas provas com o recurso voluntário, oportunidade em que a segunda instância, no caso o CARF, poderá apreciar tais documentos e decidir. Na hipótese de a análise necessitar de investigação mais aprofundada, convém converter o julgamento em diligência, nos termos do art. 18 do Decreto n. 70.235, de 1972, para que a unidade de origem da RFB audite a documentação e emita relatório analítico, apontando se existe ou não o crédito reclamado.

Capítulo 4 **Processo administrativo tributário contencioso**

A rigor, esse tipo de conversão da decisão em diligência deveria ocorrer ainda na primeira instância, pela DRJ. Por conseguinte, se a documentação juntada permitisse concluir que o crédito existia, o caso se resolveria na primeira instância. Porém, se a DRJ não adotar essa providência, é sustentável a aceitação das provas com o recurso voluntário, conforme foi exposto.

Por outro lado, se a decisão da DRJ externou quais documentos faltaram para comprovação do crédito e o contribuinte não os juntou com o recurso voluntário, entendemos não ser possível ao CARF, de ofício ou a requerimento do interessado, determinar a juntada para posterior análise, porque, nesta hipótese, a instrução estaria sendo reaberta na fase recursal, o que confronta com o art. 16, III c/c § 4º do Decreto n. 70.235, de 1972.

4.6 RESOLUÇÃO DO PROCESSO ADMINISTRATIVO: DECISÃO DE PRIMEIRA INSTÂNCIA

No âmbito do PAF, o julgamento em primeira instância ocorrerá nas DRJ, de acordo com a competência definida nos atos normativos da Secretaria da Receita Federal, conforme exposto na subseção 4.4.3.1. Por outro lado, os arts. 27 a 32 do Decreto n. 70.235, de 1972 traçam normas gerais do julgamento do processo administrativo em primeira instância, enfatizando que têm prioridade de julgamento, por razões óbvias, os processos que envolvam crimes contra a ordem tributária ou de valores elevados. As deliberações das DRJ serão tomadas pela maioria de votos, cabendo ao presidente da turma o voto de qualidade. Atualmente, a Portaria/MF n. 20, de 2023, disciplina os detalhes das sessões de julgamento nas DRJ.

A resolução do processo, quando implicar análise de matéria preliminar, também decidirá o mérito, salvo se existir incompatibilidade entre as matérias (Decreto n. 70.235, de 1972, art. 28). Dessa forma, evita-se que se decida a matéria preliminar, reabrindo-se o processo para discussão de mérito em outra sessão.

As decisões, ainda que se destinem ao simples indeferimento de diligências, deverão ser fundamentadas, sobretudo em razão do disposto no art. 93, X, da Constituição Federal, que consagra a garantia constitucional de motivação das decisões administrativas.

Semelhantemente à sentença judicial, a decisão administrativa do processo fiscal deverá possuir a seguinte estrutura: relatório resumido do processo, os fundamentos legais da decisão, conclusão e intimações (Decreto n. 70.235, de 1972, art. 31). A decisão deverá se referir, expressamente, a todos os AI e NL objeto do processo, bem como às razões de defesa suscitadas pelo impugnante contra todas as exigências fiscais. Podem ser sanadas inexatidões materiais por erro manifesto no texto da decisão, por provocação da parte interessada ou de ofício.

O órgão julgador não deverá se pronunciar sobre matéria de constitucionalidade de lei ou de tratados, salvo nos casos das exceções a que se refere o art. 26-A do Decreto n. 70.235, de 1972, introduzido pela Lei n. 11.941, de 2009[70].

Apesar de as DRJs serem órgãos colegiados, o Decreto n. 70.235, de 1972, e as Portarias que regulamentam o julgamento em primeira instância não preveem sessões abertas ao público nem a possibilidade de sustentação oral pelos advogados das partes[71]. Para Hugo de Brito Machado, a criação de órgão colegiado para decidir os processos de primeira instância teria servido de primeiro passo para extinção da segunda instância administrativa, tradicionalmente composta de forma paritária, com representantes da Fazenda e dos Contribuintes e, portanto, órgão de natureza colegiada[72]. Isso porque, resolvido o processo na primeira instância, de forma coletiva, seria dispensável uma segunda instância também colegiada. Essa expectativa de extinção da segunda instância não se confirmou, tanto que com a edição da Lei n. 11.941, de 2009, disciplinou-se o novo regime jurídico do órgão recursal, que passou a se chamar Conselho Administrativo de Recursos Fiscais (CARF). É de fato

---

70 Decreto n. 70.235/1972: art. 26-A. No âmbito do processo administrativo fiscal, fica vedado aos órgãos de julgamento afastar a aplicação ou deixar de observar tratado, acordo internacional, lei ou decreto, sob fundamento de inconstitucionalidade. § 6º O disposto no *caput* não se aplica aos casos de tratado, acordo internacional, lei ou ato normativo: I – que já tenha sido declarado inconstitucional por decisão plenária definitiva do Supremo Tribunal Federal; II – que fundamente crédito tributário objeto de: a) dispensa legal de constituição ou de ato declaratório do Procurador-Geral da Fazenda Nacional, na forma dos arts. 18 e 19 da Lei n. 10.522, de 19 de junho de 2002; b) súmula da Advocacia--Geral da União, na forma do art. 43 da Lei Complementar n. 73, de 10 de fevereiro de 1993; ou c) pareceres do Advogado-Geral da União aprovados pelo Presidente da República, na forma do art. 40 da Lei Complementar n. 73, de 1993.

71 Portaria/MF n.20, de 2023, art. 45, prevê o seguinte: "O ementário dos acórdãos formalizados no mês deve conter a matéria, o exercício correspondente, a data da sessão e o número do acórdão e ser divulgado no sítio da RFB na Internet".

72 MACHADO, Hugo de Brito. *Comentários ao Código Tributário Nacional*, p. 826-827, v. III.

Capítulo 4 **Processo administrativo tributário contencioso**

questionável criar-se um órgão colegiado para proferir decisões em processos administrativos e impedir a parte interessada de acompanhar o julgamento e intervir oralmente. Pertence à essência das decisões colegiadas seu pronunciamento em sessões públicas, em que se assegure a participação oral das partes ou de seus procuradores, caso contrário não se distinguirão das decisões monocráticas, a não ser na quantidade de julgadores.

A decisão de primeira instância administrativa poderá ser para extinguir o processo quando faltar algum dos requisitos legais à admissão da defesa, ou quando for acolhida preliminar alegada pelo contribuinte, que prejudique a análise de mérito. Quanto à matéria de fundo, a exigência será declarada total ou parcialmente procedente, resolvendo-se o mérito da causa. Se a decisão for favorável ao sujeito passivo, este será cientificado, extinguindo-se o crédito tributário na forma do art. 156, IX, do CTN, salvo as hipóteses de remessa de ofício que serão expostas adiante. Na hipótese de rejeição total ou parcial da defesa administrativa, o sujeito passivo será igualmente cientificado do resultado do processo, facultando-se o direito de pagar ou compensar o valor considerado devido, com o desconto de 30% da multa de lançamento de ofício (Decreto n. 7.574, de 2011, art. 52, § 1º), ou recorrer, mediante recurso voluntário a ser interposto no prazo de 30 dias, contados da ciência da decisão.

O art. 42 do Decreto n. 70.235, de 1972, estabelece que são definitivas as decisões administrativas nos seguintes casos: a) de primeira instância esgotado o prazo para recurso voluntário sem que este tenha sido interposto; b) de segunda instância de que não caiba recurso ou, se cabível, quando decorrido o prazo sem sua interposição; c) de instância especial. Prevê igualmente o dispositivo que: "Serão também definitivas as decisões de primeira instância na parte que não for objeto de recurso voluntário ou não estiver sujeita a recurso de ofício". A referência à "decisão administrativa definitiva", deve ser compreendida como resolução final do processo no âmbito da administração pública. No Brasil, por força do regime de jurisdição una, as decisões administrativas desfavoráveis ao contribuinte poderão ser revistas pelo Poder Judiciário, o que demonstra inexistir decisão administrativa definitiva. A recíproca não é verdadeira, pois, tratando-se de decisão administrativa de última instância em que se decida pela inviabilidade da obrigação tributária, o resultado será imutável.

319

4.7 RECURSOS CONTRA A DECISÃO DE PRIMEIRA INSTÂNCIA

Recurso é uma medida processual que visa a modificação de uma decisão anterior como garantia de ampla defesa e da busca da decisão justa. A decisão proferida por apenas um órgão julgador pode conter desde erros materiais a entendimentos sobre o mérito, que poderão ser reapreciados, visando-se interpretação que melhor se coadune com a ideia de legalidade. Assim, os recursos são fundamentais para a primazia do devido processo legal e ao pressuposto de que a decisão final foi debatida o suficiente para uma decisão segura e exaustiva. Fora a possibilidade das conciliações ou acordos realizados no âmbito do processo, a decisão arbitrada por um terceiro – sejam estes órgãos administrativos ou até o Poder Judiciário – não pode pressupor a plena satisfação das partes com a solução da controvérsia. Geralmente, uma decisão arbitrada pelo Estado deixa uma das partes insatisfeita ou com a sensação de "injustiça". Isso porque a justiça no caso concreto, que se revela pela tradicional ideia de equidade proposta em Aristóteles em *Ética a Nicômaco*, dependeria da figura de um árbitro com capacidades quase que magistrais para encontrar o significado verdadeiro de justiça, capaz de satisfazer plenamente as partes.

Tratando-se do processo administrativo, em que a função é meramente de rever a legalidade dos atos praticados anteriormente, essa sensação de solução justa fica mais distante ainda, porque é da essência do processo tributário da atualidade primar pela objetividade. Assim, a lei será aplicada conforme suas prescrições, restringindo-se a controvérsia aos aspectos interpretativos do que a legislação estabelece. As decisões administrativas se reportam aos casos de ambiguidade textual, incompatibilidade ou dificuldades de aplicação do texto aos casos concretos, ocorrência de decadência e erros cometidos na fase procedimental. Os recursos no processo administrativo tributário, portanto, destinam-se a transmitir muito mais a sensação de certeza jurídica do que de "justiça" de suas decisões. A confirmar essa premissa, as regras atuais do processo administrativo, especialmente as do PAF, excluem da apreciação dos órgãos administrativos a análise de questões vinculadas à constitucionalidade da lei tributária, salvo as hipóteses excepcionais. Com efeito, as decisões do PAF em primeira instância e os recursos guardam, realmente, a mera finalidade de confirmar a legalidade aplicável à controvérsia levada ao conhecimento do órgão.

Capítulo 4 **Processo administrativo tributário contencioso**

De qualquer forma, os recursos são fundamentais para a afirmação do processo administrativo como instrumento de efetivação de princípios e garantias constitucionais democráticas, especialmente o devido processo legal, contraditório e ampla defesa. Suprimir a segunda instância nos processos administrativos implica violação desses postulados constitucionais, salvo quando a dívida é de valor inexpressivo e a provocação de uma segunda instância não compensar financeiramente.

No PAF, não cabe pedido de reconsideração contra a decisão de primeira instância, conforme prevê o art. 36 do Decreto n. 70.235, de 1972. O CARF possui competência para julgar os seguintes recursos: voluntário, remessa de ofício, embargos de declaração, recurso especial de divergência e agravo.

A Lei n. 13.988, de 2020, no art. 23, previu a criação do "Contencioso Tributário de Pequeno Valor" (CTPV), de modo que os processos administrativos de até 60 salários mínimos, serão decididos perante órgão recursal da própria RFB.

Nas subseções a seguir serão analisados esses recursos administrativos que podem servir de referência nos processos administrativos das demais entidades federadas. Serão analisados primeiramente os recursos contra as decisões de primeira instância, de competência do CARF, que são o recurso voluntário e a remessa de ofício. Na sequência, serão examinados os recursos interpostos contra decisões da segunda instância, ou seja, os embargos de declaração, o recurso especial de divergência e o agravo. Por fim, serão apreciadas as regras gerais de julgamento do recurso voluntário interposto no âmbito do CTPV.

4.7.1 O recurso voluntário

Conforme o art. 33 do Decreto n. 70.235, de 1972, da decisão de primeira instância caberá recurso voluntário que deverá ser interposto no prazo de 30 dias, contado da ciência da decisão recorrida. O recurso voluntário será recebido nos efeitos suspensivo e devolutivo, significando que a segunda instância apreciará novamente toda a matéria de fato (efeito devolutivo) e a decisão de primeira instância não produzirá efeitos enquanto o recurso não for definitivamente decidido (efeito suspensivo). A contagem do prazo para recorrer deve atender às regras explicadas na sub-

CURSO COMPLETO DE DIREITO PROCESSUAL TRIBUTÁRIO

seção 4.4.1, isto é, serão computados dias corridos, excluindo-se o dia do começo e incluindo-se o do fim.

O recurso voluntário deverá ser remetido à primeira, segunda ou terceira seções conforme a matéria que constitui o objeto do recurso. O Decreto n. 70.235, de 1972, não dispõe exatamente sobre este ponto, razão pela qual deverão ser observadas as regras de competência de cada seção, conforme dispõe o RICARF. A autoridade competente da Receita Federal do domicílio do contribuinte funcionará como autoridade preparadora do recurso e encaminhará a medida recursal ao CARF, órgão julgador de segunda instância[73].

O recurso será interposto contra a decisão de primeira instância pelo sujeito passivo quando for vencido na discussão, podendo recorrer, se for o caso, somente de parte da decisão que entender desfavorável. Nesta última hipótese, a parte do crédito tributário que não foi impugnada será considerada incontroversa e o contribuinte notificado para o seu pagamento ou compensação, com a redução de 30% da multa de ofício, conforme prevê o art. 52, § 2º, do Decreto n. 7.574, de 2011. Se o crédito incontroverso não for pago no prazo de 30 dias, será encaminhado para inscrição na dívida ativa (Decreto n. 70.235 de 1972, arts. 21, § 1º e art. 43).

Saliente-se, que na fase recursal não é permitido juntar-se novos documentos ou se requerer novas provas ou diligências. Esses pleitos devem constar da impugnação, conforme foi explicado na subseção 4.4.3.3. Só será admitida prova documental posteriormente à apresentação da defesa caso ocorra uma das seguintes situações: a) fique demonstrada a impossibilidade de sua apresentação oportuna, por motivo de força maior; b) refira-se a fato ou a direito superveniente; c) destine-se a contrapor fatos ou razões posteriormente trazidas aos autos (Decreto n. 70.235/1972, art. 16, § 4º).

No entanto, algumas situações excepcionais poderão permitir a juntada de provas documentais fora das hipóteses do § 4º do art. 16, do Decreto n. 70.235, de 1972, como instrumentos de efetivação do princípio da verdade material ou do formalismo moderado (v. subseções 4.4.3.3 e 4.5.2).

---

73 O Conselho Administrativo de Recursos Fiscais Federais (CARF) sucedeu o Conselho de Contribuintes do Ministério da Fazenda, o que foi disciplinado primeiramente pela MP n. 449, de 2008, convertida na Lei n. 11.941, de 2009.

Capítulo 4 **Processo administrativo tributário contencioso**

4.7.2 Elaboração do recurso voluntário

O Recurso Voluntário poderá ser apresentado na forma de petição de interposição acompanhada das razões recursais ou em texto contínuo. A petição de interposição consiste em requerimento dirigido ao Delegado da Receita Federal do domicílio do recorrente, contendo identificação do contribuinte. Nessa fase, são dispensáveis todos os dados identificadores do recorrente, bastando tão somente o nome completo. Além disso, deverá ser citado o número do processo e a menção de que se pretende "interpor recurso voluntário" contra a decisão de primeira instância, nos termos das razões recursais, que deverão ser anexadas ou em petição contínua.

Assim, o Recurso Voluntário é composto por petição de interposição e razões anexas. Nas razões, basta que o recorrente destaque o nome do recurso no centro da página e, em seguida, mencione o nome do recorrente e o ato contra o qual se recorre (a decisão de primeira instância). Em seguida, poderá fazer breve saudação formal aos Conselheiros julgadores e iniciar o texto das razões.

As razões recursais podem ser estruturadas em três partes: a) exposição dos fatos; b) fundamentos para a reforma da decisão; c) pedido de reforma.

4.7.2.1 Exposição dos fatos

Expor os fatos significa narrar os acontecimentos do processo até a fase em que se interpõe o recurso. Não é recomendável a técnica de se fundir essa narrativa com os fundamentos do pedido de reforma. Daí por que se sugere a adoção da metodologia de tópicos para a elaboração de cada item das razões, tal qual o esquema de elaboração da impugnação. A narração dos fatos não necessita ser exaustiva. Nesse caso, basta menção às ocorrências mais relevantes, por exemplo: invocação do objeto da autuação, resumo da defesa, as provas eventualmente produzidas e, no caso de diligência ou de perícia, as respectivas conclusões e a síntese da decisão recorrida.

4.7.2.2 Fundamentos para a reforma da decisão

Nessa fase das razões recursais, o recorrente deverá apresentar os argumentos jurídicos para a modificação do que foi decidido pelo órgão recorrido. Na fundamentação, podem ser articulados os mesmos ou novos argumentos de convencimento ao órgão julgador. Observe-se que o órgão recursal tem a

323

função de rever a decisão anterior, daí por que não será impróprio reforçar os argumentos já deduzidos e que não convenceram o julgador de primeira instância. Mas é importante frisar que o recurso não é uma repetição literal da defesa anterior. Cabe ao recorrente analisar os pontos frágeis da decisão recorrida e explorá-los rebatendo ponto a ponto.

Note-se que o recorrente tem o direito e não a obrigação de recorrer. Se entender que a decisão de primeira instância está correta e que não há o que rediscutir no CARF, recomenda-se que o recurso não seja interposto, pois, neste caso, terá caráter meramente protelatório.

A argumentação poderá conter, além do discurso coeso formulado pelo recorrente, citações doutrinárias ou jurisprudenciais. É importante salientar que a peça bem redigida não implica o abuso de citações repetitivas. Preferimos a técnica de se citar uma ementa de julgado sobre o ponto que está em debate e, caso existam outros acórdãos na mesma linha, estes poderão ser referenciados através da identificação do tribunal julgador, o número do julgado, nome do relator e data do julgamento no corpo do texto. Quanto a doutrina, a mesma técnica poderá ser utilizada, mediante a citação do trecho relevante de determinado autor ou autores.

4.7.2.3 Pedido de reforma

A pretensão processual do recurso voluntário é a reforma da decisão. Reformar uma decisão, na linguagem do processo, significa modificar sua conclusão, total ou parcialmente, conforme os fundamentos e o pedido deduzido no recurso. O pedido de reforma é o que caracteriza, na essência, o recurso. A reforma deverá atender aos interesses de quem recorre, sob pena de o recorrente carecer do interesse de recorrer.

O órgão julgador ficará restrito ao que foi requerido nas razões recursais, ou seja, o pedido deverá se referir à necessidade de reforma da decisão por força dos fundamentos apresentados nas razões recursais.

4.7.3 Recurso de ofício

O "recurso de ofício" será melhor designado como "remessa de ofício" ou "remessa necessária". Isso porque a finalidade da medida é a segurança de que a decisão de primeira instância tomada contra a própria administração é a mais adequada sob o fundamento da legalidade. As exigências fiscais, especial-

Capítulo 4 **Processo administrativo tributário contencioso**

mente o pagamento do crédito tributário, tratam de matéria relativa a interesses de toda a sociedade. Assim, a resolução da controvérsia fiscal em primeira instância que contrarie os interesses da Fazenda suscita a ideia de certeza jurídica de que a exigência tributária deve ser improcedente, razão pela qual a revisão da decisão originária passa a ser obrigatória. O art. 34 do Decreto n. 70.235, de 1972, prevê a remessa necessária quando a decisão de primeira instância: a) exonerar o sujeito passivo do pagamento de tributo e encargos de multa de valor total (lançamento principal e decorrente) a ser fixado em ato do Ministro de Estado da Fazenda; b) deixar de aplicar pena de perda de mercadorias ou outros bens cominadas à infração denunciada na formalização da exigência. Atualmente, o valor de exoneração do crédito fiscal que obriga à remessa de ofício é R$ 15.000.000,00 (quinze milhões de reais), incluindo o principal, juros, correções e multas, conforme a Portaria/MF n. 23, de 2023. Esse valor deverá ser verificado por processo, de modo que, no caso de apensamento de processos de uma mesma parte, havendo algum deles em que o valor supere aquela cifra, deverá ser separado e remetido de ofício ao CARF. A remessa deverá ser feita pelo Presidente da Turma de Julgamento da DRJ que resolveu o processo, mediante declaração nos autos.

O art. 27 da Lei n. 10.522, de 2002, dispensa a remessa de ofício, independentemente do valor, nas hipóteses em que são reconhecidos direitos creditícios, cuja iniciativa é do contribuinte. Nestes casos, não se trata de decisão em que o Fisco tenha que rever a legalidade de seus atos, mas, ao contrário, se os atos do contribuinte estão de acordo com a legalidade. Assim, não cabe remessa necessária contra as decisões de primeira instância: a) quando se tratar de pedido de restituição de tributos; b) quando se tratar de ressarcimento de créditos do IPI, da Contribuição para o PIS/Pasep e da Cofins; c) quando se tratar de reembolso do salário-família e do salário-maternidade; d) quando se tratar de homologação de compensação. Ainda de acordo com o dispositivo, não caberá remessa necessária nos casos de redução de penalidade por retroatividade benigna e nas hipóteses de resolução objetiva da controvérsia, que dispensam confirmações, quais sejam, quando a decisão estiver fundamentada em decisão proferida em ADI ou em súmula vinculante proferida pelo STF.

O Decreto n. 70.235, de 1972, não fixa prazo para a remessa necessária e, ao contrário, estabelece que: "não sendo interposto o recurso, o servidor que verificar o fato representará à autoridade julgadora, por intermédio de seu chefe imediato, no sentido de que seja observada aquela formalidade" (Decreto n. 70.235, de 1972, § 2º, do art. 34). A regra pode levar à conclusão de que a remessa necessária poderá ser feita a qualquer momento. Essa interpretação atenta contra a segurança do sistema jurídico, pois serviria para justificar a remessa oficial a qualquer tempo. Se quando o sujeito passivo perde a discussão deve observar o prazo para interposição do recurso voluntário, com a remessa necessária não poderia ser diferente. Diante da falta de regra específica, pelo princípio da paridade dos prazos, deve-se aplicar, por analogia, a regra do art. 33 do Decreto n. 70.235, de 1972. Assim, entendemos que, decorrido o prazo de 30 dias contados da prolação da decisão contrária à Fazenda, caso não seja providenciada a remessa de ofício ao CARF, o feito deverá ser arquivado. Por conseguinte, a regra do § 2º do art. 34 do Decreto só seria eficaz, caso o servidor representasse à autoridade julgadora dentro do prazo de 30 dias.

O art. 35 do Decreto n. 70.235, de 1972 prescreve que "o recurso, mesmo perempto, será encaminhado ao órgão de segunda instância, que julgará a perempção". A perempção, conceitualmente, se define pela hipótese em que o autor da ação abandona a causa, dando ensejo à extinção do processo. A hipótese regulada pelo dispositivo em questão talvez se vincule melhor ao conceito de preclusão temporal, de modo que o recurso, ainda que interposto fora do prazo, deverá ser apreciado pelo órgão recursal de segunda instância, que poderá relevar os motivos da extemporaneidade.

Caso seja dado provimento à remessa de ofício, não caberá recurso voluntário contra essa decisão por parte do contribuinte. Em tese, o sujeito passivo poderá interpor recurso especial de divergência, conforme será visto adiante. A redação anterior do § 1º do art. 33 do Decreto n. 70.235, de 1972, possuía a seguinte regra: "no caso de provimento a recurso de ofício, o prazo para interposição de recurso voluntário começará a fluir da ciência, pelo sujeito passivo, da decisão proferida no julgamento do recurso de ofício". Esse dispositivo foi revogado pela Lei n. 12.096, de 2009, não havendo mais essa possibilidade.

4.8 DECISÃO DE SEGUNDA INSTÂNCIA ADMINISTRATIVA

O julgamento do processo administrativo tributário, na segunda instância administrativa federal, conforme o art. 37 do Decreto n. 70.235, de

Capítulo 4 Processo administrativo tributário contencioso

1972, deverá seguir as disposições do Regimento Interno do Conselho Administrativo de Recursos Fiscais (RICARF). O RICARF, que foi originalmente aprovado em 2015, já foi alterado várias vezes, pelas seguintes Portarias do Ministro da Fazenda: 39, de 2016; 152, de 2016; 169, de 2016; 329, de 2017; e 153, de 2018; 14.814, de 2021; e 3.125, de 2022. No final de 2023 foi aprovada a Portaria/MF n. 1634, de 22.12.2023, aprovando o Novo Regimento Interno do CARF. Diante disso, serão analisados os principais dispositivos referentes ao processo administrativo no âmbito do CARF, sugerindo-se ao leitor, se possível, verificar a vigência dos dispositivos citados diante das frequentes alterações.

Conforme esclarecido anteriormente, a Medida Provisória 449, de 2009, convertida na Lei n. 11.941 daquele ano, criou o CARF que, por sua vez, substituiu o Conselho de Contribuintes do Ministério da Fazenda, órgão colegiado e composto por representantes da Fazenda e dos Contribuintes, para decidir, em segunda e última instância, os processos administrativos fiscais. Essencialmente, o CARF manteve as competências e características do Conselho de Contribuintes, isto é, seguiu sendo a instância recursal do PAF e composto por representantes dos dois lados (Fazenda e Contribuintes), diferentemente das DRJ, que são formadas unicamente por auditores fiscais. As diferenças entre os dois órgãos residem basicamente na estrutura organizacional e na distribuição da competência interna.

A estrutura e competência do CARF foram inicialmente definidas por seu próprio Regimento Interno, aprovado pela Portaria do Ministério da Fazenda n. 256, de 2009. De acordo com a mencionada norma, o CARF é: "órgão colegiado, paritário, integrante da estrutura do Ministério da Fazenda" (Portaria/MF n. 256, de 2009, art. 1º). Conforme se mencionou, na atualidade, o órgão é regido pelo seu novo Regimento Interno, aprovado pela Portaria/MF n. 1634, de 2023 e alterações posteriores.

As regras de designação de conselheiros estão definidas pelos arts. 68 a 80 do RICARF. Cumpre salientar que a escolha de conselheiro representante da Fazenda Nacional recairá dentre os nomes constantes de lista tríplice elaborada pela RFB. A nomeação de conselheiro representante dos contribuintes decorrerá de nomes constantes, também de lista tríplice, elaborada pelas confederações representativas de categorias econômicas de nível nacional e pelas centrais sindicais (CNI, CNC, CNS, CNT, CUT, UGT, CGBT).

A Portaria MF n. 329, de 2017, previu a possibilidade de o Presidente do CARF realizar "certame de seleção" para preenchimento de vagas quando as confederações representativas não apresentassem os nomes das listas tríplices para os cargos vagos. Essa competência já havia sido revogada pelo art. 20, V do RICARF anterior. O RICARF de 2023, por sua vez, prevê que as listas tríplices com a indicação dos nomes dos candidatos a conselheiros deverão ser encaminhadas pelas representações no prazo de 90 dias da data do vencimento do mandato do conselheiro a ser substituído, ou 15 dias contados da abertura da vaga no caso de desligamento do conselheiro. Caso a Confederação não apresente a lista no prazo, será solicitada a outra confederação. O RICARF de 2023 trouxe a seguinte novidade: na hipótese de as Confederações não suprirem as vagas existentes, o CARF poderá divulgá-las para que interessados, que preencham os requisitos regimentais, encaminhem o respectivo currículo ao órgão, que o repassará à representação indicada pelo candidato.

Acrescente-se que a finalidade do CARF é: "julgar recursos de ofício e voluntário de decisão de 1ª instância, bem como os recursos de natureza especial, que versem sobre a aplicação da legislação referente a tributos administrados pela Secretaria Especial da Receita Federal do Brasil do Ministério da Fazenda (RFB)" (Portaria/MF n. 1634, de 2023, art. 1º – RICARF).

A estrutura do Conselho se divide em dois grandes blocos: a) administrativo e b) judicante, conforme o art. 2º, I e II do RICARF. Para os fins deste livro, a função judicante é a que será examinada. Conforme o atual RICARF, da Portaria/MF n. 1634, de 2023, o órgão judicante passou a ter a seguinte estrutura básica, definida no art. 2º: a) 3 Seções de Julgamento com competência especializada por matéria, sendo que cada seção possui 4 câmaras. b) Turmas Ordinárias pertencentes às Câmaras; c) Turmas Extraordinárias vinculadas às Seções; d) serviços de assessoria técnica em cada seção; e) Câmara Superior de Recursos Fiscais – CSRF, composta por 3 Turmas e um Pleno.

Cada Turma é composta por seis Conselheiros, sendo três de representação da Fazenda e outros três representando os contribuintes. As Turmas Extraordinárias funcionarão no âmbito das Seções.

De acordo com o art. 65 do RICARF, as Turmas Extraordinárias julgam, preferencialmente, recursos voluntários relativos à exigência de crédito tri-

Capítulo 4 **Processo administrativo tributário contencioso**

butário ou de reconhecimento de direito creditório, até o valor em litígio de dois mil salários mínimos. Neste valor se incluem o principal mais multas ou, no caso de reconhecimento de direito creditório, o valor do crédito pleiteado, na data do sorteio para as Turmas.

As Turmas Extraordinárias poderão decidir também processos que tratem de: a) exclusão e inclusão do Simples e do Simples Nacional, desvinculados de exigência de crédito tributário; b) isenção de IPI e IOF em favor de taxistas e deficientes físicos, desvinculados de exigência de crédito tributário; e c) exclusivamente de isenção de IRPF por moléstia grave, qualquer que seja o valor.

O §1º do art. 65 do RICARF estabelece também que "ato do Presidente do CARF poderá definir outras hipóteses para julgamento pelas turmas extraordinárias, visando à adequação da distribuição do acervo entre as Seções, Câmaras e Turmas e à celeridade de sua tramitação".

Compete à Primeira Seção processar e julgar recursos de ofício e voluntário de decisão de primeira instância, que versem sobre aplicação da legislação relativa aos tributos do quadro abaixo (RICARF, art. 43):

1ª Seção	a) Imposto sobre a Renda da Pessoa Jurídica (IRPJ); b) Contribuição Social sobre o Lucro Líquido (CSLL); c) Imposto sobre a Renda Retido na Fonte (IRRF), exceto nas hipóteses previstas no inciso II do art. 44; d) CSLL, IRRF, Contribuição para o PIS/Pasep ou Contribuição para o Financiamento da Seguridade Social (Cofins), Imposto sobre Produtos Industrializados (IPI), Contribuição Previdenciária sobre a Receita Bruta (CPRB), quando reflexos do IRPJ, formalizados com base nos mesmos elementos de prova, sem prejuízo do disposto no § 2º do art. 45; e) exclusão, inclusão e exigência de tributos decorrentes da aplicação da legislação referente ao Sistema Integrado de Pagamento de Impostos e Contribuições das Microempresas e das Empresas de Pequeno Porte (Simples) e ao tratamento diferenciado e favorecido a ser dispensado às microempresas e empresas de pequeno porte no âmbito dos Poderes da União, dos Estados, do Distrito Federal e dos Municípios, na apuração e recolhimento dos impostos e contribuições da União, dos Estados, do Distrito Federal e dos Municípios, mediante regime único de arrecadação (Simples Nacional), bem como exigência de crédito tributário decorrente da exclusão desses regimes, independentemente da natureza do tributo exigido; f) penalidades pelo descumprimento de obrigações acessórias pelas pessoas jurídicas, relativamente aos tributos de que trata este artigo; e g) tributos, penalidades, empréstimos compulsórios, anistia e matéria correlata não incluídos na competência julgadora das demais Seções.

A Segunda Seção processará e julgará recursos de ofício e voluntário de decisão de primeira instância, que versem sobre aplicação da seguinte legislação (RICARF, art. 44):

CURSO COMPLETO DE DIREITO PROCESSUAL TRIBUTÁRIO

	a) Imposto sobre a Renda da Pessoa Física (IRPF);
	b) IRRF, quando o mérito da exação discuta a natureza de rendimentos sujeitos à declaração de ajuste anual da pessoa física, bem como nos casos de aplicação do art. 74 da Lei n. 8.383, de 30 de dezembro de 1991;
2ª Seção	c) Imposto sobre a Propriedade Territorial Rural (ITR);
	d) Contribuições Previdenciárias, inclusive as instituídas a título de substituição e as devidas a terceiros, definidas no art. 3º da Lei n. 11.457, de 16 de março de 2007; e
	e) penalidades pelo descumprimento de obrigações acessórias pelas pessoas físicas e jurídicas, relativamente aos tributos de que trata este artigo.

À Terceira Seção, por sua vez, cabe processar e julgar recursos de ofício e voluntário de decisão de primeira instância, que versem sobre aplicação da legislação da seguinte matéria (RICARF, 45):

	a) Contribuição para o PIS/Pasep e Cofins, inclusive quando incidentes na importação de bens e serviços;
	b) Contribuição para o Fundo de Investimento Social (FINSOCIAL);
	c) IPI;
	d) crédito presumido de IPI para ressarcimento da Contribuição para o PIS/Pasep e da Cofins;
	e) Contribuição Provisória sobre Movimentação ou Transmissão de Valores e de Créditos e Direitos de Natureza Financeira (CPMF);
	f) Imposto Provisório sobre a Movimentação ou a Transmissão de Valores e de Créditos e Direitos de Natureza Financeira (IPMF);
	g) Imposto sobre Operações de Crédito, Câmbio e Seguro, ou relativas a Títulos ou Valores Mobiliários (IOF);
	h) Contribuições de Intervenção no Domínio Econômico (CIDE);
	i) Imposto sobre a Importação (II);
	j) Imposto sobre a Exportação (IE);
3ª Seção	k) contribuições, taxas e infrações cambiais e administrativas relacionadas com a importação e a exportação;
	l) classificação tarifária de mercadorias;
	m) isenção, redução e suspensão de tributos incidentes na importação e na exportação;
	n) vistoria aduaneira, dano ou avaria, falta ou extravio de mercadoria;
	o) omissão, incorreção, falta de manifesto ou documento equivalente, bem como falta de volume manifestado;
	p) infração relativa à fatura comercial e a outros documentos exigidos na importação e na exportação;
	q) trânsito aduaneiro e demais regimes aduaneiros especiais, e regimes aplicados em áreas especiais, salvo a hipótese prevista no inciso XVII do art. 105 do Decreto-Lei nº 37, de 18 de novembro de 1966;
	r) remessa postal internacional, salvo as hipóteses previstas nos incisos XV e XVI, do art. 105, do Decreto-Lei nº 37, de 1966;
	s) valor aduaneiro;
	t) bagagem; e

Capítulo 4 **Processo administrativo tributário contencioso**

3ª Seção	u) penalidades pelo descumprimento de obrigações acessórias pelas pessoas físicas e jurídicas, relativamente aos tributos de que trata este artigo, e pelo atraso ou falta de entrega da Declaração de Débitos e Créditos Tributários Federais (DCTF) e da Declaração de Débitos e Créditos Tributários Federais Previdenciários e de outras Entidades e Fundos (DCTFWeb). A Terceira Seção processará e julgará também recursos de ofício ou voluntário relativos a lançamentos decorrentes do descumprimento de normas antidumping ou de medidas compensatórias.

Estão incluídos na competência das Seções os recursos interpostos em processos administrativos de compensação, ressarcimento, restituição e reembolso, bem como de reconhecimento de isenção ou de imunidade tributária. No caso de compensação, a competência da seção é definida de acordo com o crédito alegado pelo contribuinte, ainda que o crédito tributário (o tributo devido) a ser compensado seja de competência de outra câmara ou seção especializada.

A CSRF, por meio de suas três Turmas é competente para julgar o recurso especial, observada a especialização das Seções de julgamento (RICARF, art. 50). A Primeira Turma da CSRF julgará os recursos especiais referentes às matérias da Primeira Seção. A Segunda Turma decidirá os recursos especiais da Segunda Seção e à Terceira Turma caberá decidir os recursos especiais referentes às matérias da Terceira Seção. Ao Pleno da CSRF compete a uniformização de decisões divergentes, em tese, das turmas da CSRF, por meio de resolução. (RICARF, art. 51)

4.8.1 Recursos de competência de julgamento do CARF

Conforme foi visto, o CARF possui competência para decidir recursos interpostos contra decisões da Primeira Instância e do próprio Conselho. Os recursos da Primeira Instância são o "recurso voluntário" e "recurso de ofício", ou "remessa de ofício", cabendo à Primeira, Segunda e Terceira Seções o julgamento desses recursos conforme a matéria (v. quadro de distribuição da competência na subseção anterior). Contra as decisões proferidas pelo próprio CARF (segunda instância) poderão ser interpostos os recursos: embargos de declaração, recurso especial. O recurso de agravo, embora tenha seu processamento previsto no art. 122, não foi elencado no rol do art. 115 do RICARF. (RICARF, art. 115). Nas subseções a seguir serão analisados, em síntese, o processamento de todos os recursos de competência do CARF, o que inclui os recursos voluntário e de ofício, cujo cabimento foi examinado nas subseções 4.7.1 e 4.7.3 e as hipóteses de interposição dos recursos na segunda instância.

4.8.2 Processamento dos recursos

Os procedimentos processuais para decisões do CARF estão regulados nos arts. 86 a 122 do RICARF. A seguir será feito um resumo desses procedimentos para que se possa ter uma visão geral do funcionamento do órgão em sua atuação judicante, necessária à atuação do Contribuinte e da Fazenda.

A distribuição dos processos tanto para as Turmas das Câmaras das Seções de Julgamento quanto para cada Conselheiro pertencente às Turmas será realizada eletronicamente, seguindo-se a competência material de cada Seção. Nos casos em que houver multiplicidade de recursos com a mesma questão de direito, será formado lote e definido como paradigma o recurso mais representativo da controvérsia. O caso paradigma e os demais recursos do lote serão julgados na mesma sessão, sendo-lhes aplicado o mesmo resultado. O sorteio dos lotes de processos aos relatores será realizado em sessão pública, podendo o sorteado estar ou não presente à sessão de sua Turma. Independem de sorteio os processos que retornarem de diligência, ou em razão de recurso especial, os conexos, os decorrentes ou reflexos e os com embargos de declaração, que serão distribuídos aos respectivos relatores ou redatores para o acórdão. Serão, no entanto, sorteados a outro Relator, o retorno de processo com acórdão de recurso especial e os embargos de declaração, nos casos em que o Relator originário não pertencer mais à Turma competente (RICARF, arts. 86 a 89).

Os processos ingressados no CARF serão disponibilizados mensalmente ao Procurador da Fazenda Nacional, que terá 15 dias contados do recebimento da relação para requisitar os processos em que irá se manifestar, podendo apresentar contrarrazões aos Recursos Voluntários ou de ofício, no prazo de 30 dias, contados do recebimento dos processos (RICARF, art. 88). O recorrente ou seu representante legal, assim como os Procuradores da Fazenda Nacional que atuarem no CARF, têm direito de pedir vista dos autos ou cópias de peças por meio do sistema de processo eletrônico (RICARF, art. 91).

Com o novo regimento, os arts. 92 a 101 disciplinam as modalidades de sessão que serão praticadas no CARF. As reuniões serão públicas, podendo ser realizadas de forma síncrona ou assíncrona. Na modalidade síncrona, os conselheiros deverão se reunir simultaneamente de forma presencial, não presencial ou híbrida. Será presencial quando for no mesmo espaço físico;

Capítulo 4 **Processo administrativo tributário contencioso**

não presencial, se a sessão se der por videoconferência ou tecnologia similar; na modalidade híbrida, os conselheiros participarão de forma presencial e não presencial.

A modalidade assíncrona consiste na prática de se depositar os relatórios e votos em sistema eletrônico, que será regulamentado por ato do Presidente do CARF. Neste caso, em respeito ao princípio da publicidade, relatório, votos e, quando for o caso, sustentações orais, ficarão disponíveis para visualização pública, desde o início da reunião de julgamento em sistema eletrônico. Enquanto não for aprovado o sistema eletrônico da modalidade assíncrona, as reuniões seguirão o rito sumário e simplificado previsto no Capítulo II do Título II e as regras transitórias do art. 132 do RICARF.

A definição de quando a reunião será síncrona ou assíncrona observará o disposto no art. 93 do RICARF.

A pauta de julgamento deve ser publicada no DOU e na página do CARF na internet com antecedência mínima de 10 dias. As sessões de julgamento deverão ocorrer observando-se, primeiramente, o quórum regimental, deliberações sobre matéria de expediente e relatoria, debate e votação dos recursos pautados. Embora o RICARF não esclareça se o quórum para abertura da sessão seja a maioria absoluta, esta é a melhor interpretação, devendo os julgamentos ocorrer respeitando a paridade de Conselheiros para cada lado. Assim, se à sessão estiverem presentes dois Conselheiros da representação da Fazenda, a decisão só será válida caso haja também dois Conselheiros da representação dos contribuintes. O respeito à paridade é necessário a fim de se cumprir a devida proporcionalidade de representação do órgão paritário (RICARF, art. 64).

O recurso será anunciado pelo Presidente da Turma, sendo ofertada a palavra ao Relator que fará o relatório do processo. Em seguida, será facultado às partes, ou aos seus respectivos representantes legais, realizar sustentações orais pelo prazo de 15 minutos e de 10 minutos para os embargos de declaração, prorrogáveis por igual período, a critério do Presidente da Turma. Nos casos de pluralidade de sujeitos passivos será de 30 minutos, divididos entre eles. As partes terão direito de fazer sustentação oral novamente, caso o julgamento seja interrompido e na continuação do julgamento em nova sessão ocorrer mudança na composição da Turma. Será igualmente oportunizada nova sustentação oral às partes quando o processo retornar de diligência feita na primeira instância, ainda que não tenha havido alteração

333

na composição da Turma e as partes já tenham realizado sustentação oral antes de o processo ter baixado em diligência. O objetivo desta última regra, por óbvio, é a garantia do contraditório e da ampla defesa sobre as diligências realizadas (RICARF, arts. 96, V e 111, § 4º). Na sequência, o Relator proferirá o seu voto, seguindo-se eventuais debates ou esclarecimentos entre os demais Conselheiros para, ao final, serem tomados pelo Presidente os votos de todos os membros da Turma, devendo o Presidente votar por último. As decisões poderão ser concluídas por maioria simples de votos. Excepcionalmente, o Presidente poderá autorizar novos debates depois de iniciada a votação. Até a proclamação do resultado, os Conselheiros poderão alterar seus respectivos votos. O conselheiro que não se sentir em condições de proferir seu voto na mesma sessão poderá pedir vista dos autos (RICARF, art. 110).

No julgamento, as questões preliminares serão resolvidas antes do mérito e este não será apreciado se for incompatível com as preliminares. Caso rejeitadas as preliminares, será julgado o mérito, não podendo nenhum Conselheiro se abster de votar, salvo na hipótese de não ter assistido à leitura do relatório feita na mesma sessão de julgamento, hipótese em que será considerado ausente, podendo votar se declarar-se esclarecido (RICARF, art. 111, §§ 2º e 3º).

O regimento anterior previa que o CARF não poderia deixar de observar tratado, acordo internacional, lei ou decreto, sob o fundamento de inconstitucionalidade. O regimento atual, no caput do art. 98, se limita a proibir o órgão de não observar as normas citadas. Vale considerar, no ponto, que isso não significa impedir o tribunal de interpretar as mencionadas leis. A redação anterior era melhor porque restringia a proibição para os casos de controle de constitucionalidade, uma vez que esta função estava – e ainda está – reservada ao Poder Judiciário. Seja como for, entendemos que com a nova redação a turma não está impedida de interpretar a legislação diante do caso concreto, o que não se confunde com a negativa de vigência. Assim, o CARF poderá dar à norma interpretação divergente da que foi dada pela fiscalização, afastando-a do caso concreto ou atribuindo outra significação ao seu conteúdo. As exceções a essa restrição, ou seja, as hipóteses em que o CARF poderá deixar de aplicar tratado, acordo internacional, lei ou decreto, constam do parágrafo único do art. 98 do regimento atual e são praticamente as mesmas previstas no RICARF anterior.

Capítulo 4 **Processo administrativo tributário contencioso**

Vale registrar que o regimento atual vincula os conselheiros do CARF a reproduzirem as decisões de mérito do STF ou do STJ em matéria infraconstitucional, na sistemática da repercussão geral ou dos recursos repetitivos, desde que transitadas em julgado (RICARF, art. 99). Essa vinculação não se aplica nos casos de recurso extraordinário, com repercussão geral reconhecida, pendente de julgamento no STF, sobre o mesmo tema decidido pelo STJ, na sistemática dos recursos repetitivos. Isso significa que os Conselheiros estarão livres para decidir contra ou a favor ao STJ, ainda que a matéria esteja pendente de decisão no STF.

O art. 100 do RICARF estabelece que a afetação do tema de recurso submetido à repercussão geral ou a recursos repetitivos não permite o sobrestamento do recurso no âmbito do CARF. No entanto, o sobrestamento será obrigatório, nos casos em que o STF já decidiu o mérito e concluiu pela inconstitucionalidade da norma, mas a decisão não transitou ainda em julgado. Este sobrestamento se aplica também no caso de matéria exclusivamente infraconstitucional, decidida pelo STJ e que declare a ilegalidade da norma.

Essa previsão pretende resolver, por exemplo, as situações em que o STF ou STJ já decidiram o mérito da questão pela inconstitucionalidade ou ilegalidade da norma, mas o interessado apresentou embargos de declaração que não foram ainda julgados. Neste caso, tecnicamente,o processo não transitou em julgado, mas o recurso, nesta hipótese, não tem o poder de modificar o que foi decidido no mérito.

O parágrafo único do art. 100 possui a seguinte redação: "O sobrestamento do julgamento previsto no caput não se aplica na hipótese em que o julgamento do recurso puder ser concluído independentemente de manifestação quanto ao tema afetado". Este dispositivo serve para as situações em que o recurso no CARF se refere à matéria afetada, mas o caso concreto em si pode ser resolvido, independentemente do que for decidido pelo Judiciário. Por exemplo, quando o recurso administrativo puder ser resolvido por questões processuais, preliminares de nulidade, de decadência ou de prescrição ou ausência de provas.

Semelhantemente ao indeferimento liminar do pedido, previsto no art. 332 do CPC de 2015, o art. 101 do novo RICARF prevê que o recurso não será conhecido, quando a decisão de primeira instância adotar como razão de decidir: a) decisão plenária do STF em controle de constitucionalidade via ADI ou ADC; b) súmula vinculante; c) súmula do CARF. O parágrafo

335

único, acertadamente, exclui a aplicação da regra de não conhecimento, quando houver outra matéria a ser apreciada no recurso ou o recurso voluntário contiver argumentação com os motivos de fato ou de direito pelos quais o enunciado das súmulas ou as decisões não se aplicariam ao caso concreto. Dessa forma, cabe ao relator do recurso no CARF, primeiramente, analisar se o caso se encaixa nas exceções, hipótese em que não deverá votar pelo não conhecimento, mas, obviamente, caberá à turma analisar o cabimento ou não da exceção.

As decisões dos órgãos colegiados do CARF serão tomadas por meio de Acórdãos ou de Resoluções, assinados pelo Presidente, pelo Relator ou Redator designado para o Acórdão (para os casos em que o Relator sair vencido do julgamento) e pelos Conselheiros que apresentarem declaração de voto, neste último caso, o voto deve ser apresentado em 15 dias contados da data do julgamento. Os Acórdãos serão utilizados para os casos de decisão sobre os recursos cabíveis no órgão colegiado e as Resoluções serão adotadas quando for cabível à turma pronunciar-se sobre o mesmo recurso, em momento posterior, como no caso de conversão do julgamento em diligência ou sobrestamento. Dos Acórdãos e Resoluções deverão constar também os nomes dos demais Conselheiros presentes ou ausentes à sessão, os que eventualmente ficaram vencidos e os respectivos motivos, bem como especificar se algum conselheiro estava impedido. Dos acórdãos será dada ciência ao recorrente ou ao interessado e, se a decisão for desfavorável à Fazenda Nacional, também ao seu representante (RICARF, art. 114).

4.8.2.1 O problema do voto de qualidade

O julgamento pelas Turmas será tomado por maioria simples, incluindo o voto do Presidente da Turma que, em caso de empate, pronunciará o voto de qualidade (RICARF, Anexo, art. 97).

A previsão de voto de qualidade para órgão paritário não deveria existir porque leva a distorções da proporcionalidade de representação. No entanto, a regra do RICARF vem respaldada pelo § 9º do art. 25 do Decreto n. 70.235, de 1972.

Não se deve construir um paralelo entre os tribunais judiciários e os Tribunais administrativos tributários para esse efeito, pois existe uma diferença essencial. Os órgãos julgadores colegiados pertencentes à estrutura do Poder Judiciário não possuem vínculos de representação com as partes em

Capítulo 4   **Processo administrativo tributário contencioso**

litígio. Exatamente por isso são compostos em número ímpar, razão pela qual o Presidente da sessão poderá receber a incumbência de desempatar as opiniões divergentes. É diferente dos tribunais administrativos paritários, regime que prepondera no sistema processual tributário brasileiro, em que contribuintes e Fisco decidirão os processos em necessária igualdade de representação. Daí por que, os órgãos julgadores fracionários são formados com números iguais de integrantes. Por conseguinte, o sistema de voto de qualidade não atende à premissa da igualdade de representação, pois, havendo empate entre os conselheiros, se uma das representações receber a incumbência de desempatar, o regime de paridade será necessariamente violado, qualquer que seja a decisão.

Assim, para respeitar o sistema paritário, a regra do voto de desempate deveria ser revogada do Decreto n. 70.235, de 1972, e, consequentemente, abolida do RICARF e de qualquer outro Regimento Interno de Tribunal Administrativo Tributário. Tratando-se do CARF, o problema tem se mostrado mais grave, pois nas Turmas Ordinárias e na CSRF há precedentes em que o Presidente do órgão, que regimentalmente deve ser um representante da Fazenda, tem votado como membro e, caso com o seu voto ocorra empate, o Presidente vota outra vez para desempatar. Esse sistema não é proporcional, pois o voto duplo do Presidente do órgão desequilibra o resultado do julgamento, na medida em que a Fazenda vota duas vezes. Diferentemente do que já sustentamos no passado, o problema do voto de qualidade não é se a tendência do voto do Presidente é favorável ou não à Fazenda, o que se está a criticar é o peso duplo do voto de um dos Conselheiros.

Seja como for, dados do primeiro semestre de 2016 apontam o seguinte: de 506 processos resolvidos por voto de qualidade no CARF, somente 11 tiveram decisões favoráveis ao contribuinte, contra 446 contrárias. Isso significa que 98% das decisões dos processos resolvidos por voto de desempate foram favoráveis à Fazenda[74]. Mais recentemente, levantamento realizado pelo Portal de Notícias Jurídicas Jota, informa que desde a edição da MP n. 1.160, de 12.01.2023, que restabeleceu o voto de qualidade no CARF, conforme será explicado, foram resolvidos por essa modalidade de votação 153

---

74   Disponível em: <https://www.jota.info/opiniao-e-analise/artigos/resultados-gerais-carf-1o--semestre-de-2016-08022017>. Acesso em: 17 jul. 2018.

CURSO COMPLETO DE DIREITO PROCESSUAL TRIBUTÁRIO

processos, favoráveis à Fazenda Pública, correspondendo a 94,7%.[75] Não deve prevalecer o argumento de que, para equilibrar a prerrogativa do voto de qualidade em favor da Fazenda, o contribuinte possui o direito de rediscutir o processo administrativo na Justiça, o que é vedado ao Fisco. Se não existisse o voto de desempate, as decisões necessariamente dependeriam de solução unânime ou majoritária. Em um modelo como esse sugerido, caso a decisão da Turma terminasse em empate deveria caber recurso para outra instância administrativa que pudesse rediscutir e resolver a matéria. Assim, o empate na Turma Ordinária deveria ser resolvido, excepcionalmente, por recursos à CSRF.

É importante frisar o caso dos processos que têm por objeto a imposição de multas ou outras penalidades. Na hipótese de empate, caberia a aplicação sistemática dos arts. 106, II, c/c 112 do CTN, de modo que o resultado do julgamento deveria ser o acolhimento da tese favorável ao contribuinte.

De qualquer forma, defendemos o argumento de que o voto de qualidade, de minerva ou de desempate – expressões que na prática se equivalem – não é conciliável com o regime de paridade de representação em órgãos julgadores da estrutura do Poder Executivo. O melhor regime para esse tipo de órgão julgador é o de decisões unânimes ou por maioria. O voto de qualidade no sistema paritário de decisões administrativas afronta o devido processo legal e, por conseguinte, a paridade de armas, a isonomia processual e a impessoalidade, porque uma das representações julgadoras terá sempre a prerrogativa do desempate, razão pela qual o voto terá peso duplo.

Independentemente destas observações, a Lei n. 13.988, de 2020, no art. 28, acrescentou o art. 19-E à Lei n. 10.522, de 2002, prevendo o seguinte:

> Art. 28. A Lei n. 10.522, de 19 de julho de 2002, passa a vigorar acrescida do seguinte art. 19-E:
>
> "Art. 19-E. Em caso de empate no julgamento do processo administrativo de determinação e exigência do crédito tributário, não se aplica o voto de qualidade a que se refere o § 9º do art. 25 do Decreto n. 70.235, de 6 de março de 1972 , resolvendo-se favoravelmente ao contribuinte".

---

75 Disponível em: < https://www.jota.info/tributos-e-empresas/tributario/quase-95-dos--votos-de-qualidade-proferidos-pelo-carf-em-2023-beneficiaram-a-uniao-03052023>

Capítulo 4 **Processo administrativo tributário contencioso**

O dispositivo em questão esteve envolvido em certa polêmica. Primeiramente, porque a Lei n. 13.988, de 2020, resultou da conversão da MP n. 899, de 16 de outubro de 2019. A MP citada visou apenas regulamentar o instituto da transação do contencioso tributário federal, o que, por si só, já seria discutível por meio dessa espécie normativa, pois não estaria presente, ao menos, o requisito da urgência. Vê-se, portanto, que o Poder Executivo não pretendeu resolver o problema do voto de qualidade por MP.

A inclusão do art. 28 se deu no debate da proposta do Executivo no Congresso Nacional. Esse tipo de estratégia é condenável do ponto de vista do processo legislativo, havendo precedentes do STF na linha de que viola o procedimento de elaboração das leis pegar carona em MP para regulamentar outras matérias, de conteúdo estranho ao da MP[76].

A outra controvérsia gerada com a regulamentação foi a solução dada pelo art. 19-E, qual seja, tratando-se de determinação ou exigência de crédito tributário (cobrança do tributo), na hipótese de empate no julgamento não seria aplicável o voto de qualidade, devendo a matéria ser resolvida a favor do sujeito passivo.

O art. 28 da Lei n. 13.988, de 2020, no ponto, foi alvo de três ADIs. no STF.

Apesar disso, o assunto passou por alterações legislativas no início de 2023. A MP 1.160, de 12.01.2023 revogou o art. 19-E da Lei n.10.522, de 2002, com a redação dada pelo art. 28 da Lei n. 13.988, de 2020. Na prática, a MP restabeleceu o voto de qualidade, na medida em que o seu art. 1º previa o seguinte:

> Art. 1º Na hipótese de empate na votação no âmbito do Conselho Administrativo de Recursos Fiscais, o resultado do julgamento será proclamado na forma do disposto no § 9º do art. 25 do Decreto n. 70.235, de 6 de março de 1972.

A MP em questão teve sua vigência encerrada em 1º.6.2023,tendo o Poder Executivo enviado o PL n. 2.384, de 2023 em seu lugar. Esse PL foi aprovado, tendo se transformado na Lei n. 14.689, de 20.09.2023, que restaurou o voto de qualidade, na forma do § 9º do art. 25 do Decreto n. 70.235, de 1972.

---

76 STF. ADI 5.127/DF, Rel. p/ acórdão Min. Edson Fachin, j. 15-10-2015, *DJe* 11-5-2016.

Em síntese, depois dessas idas e vindas, o voto de qualidade foi restabelecido e, nos casos de empate nas turmas, cabe ao Presidente do respectivo colegiado desempatar.

A Lei n. 14.689, de 2023 acrescentou alguns dispositivos ao art. 25 do Decreto n. 70.235, de 1972, como, por exemplo, o § 9º-A, que exclui multas e estabelece o cancelamento de representação criminal, nos casos em que o julgamento no CARF for resolvido favoravelmente à Fazenda por voto de qualidade.

O art. 25-A previu a exclusão dos juros moratórios na hipótese de o contribuinte decidir pagar em 90 dias, podendo parcelar em até 12 meses, o crédito tributário resultante de processos resolvidos pelo voto de qualidade. Já o § 3º do art. 25-A estabeleceu a possibilidade de se pagar a dívida tributária dos processos decididos por voto de qualidade com créditos de prejuízos fiscais ou de base de cálculo negativa de CSLL na forma do regulamento. O § 10 prevê até o pagamento desse tipo de crédito tributário por precatórios.

Durante o prazo de 90 dias para o pagamento ou adoção das providências mencionadas, o contribuinte terá direito à CPEN.

Os acréscimos feitos pela Lei n. 14.689, de 2023, mostram bem o caráter polêmico do voto de qualidade. As facilidades criadas para o pagamento do crédito tributário decorrente desse instituto, revelam uma espécie de concessão do legislador para compensar um sistema de decisão em que a Fazenda tem a prerrogativa de desempatar.

4.8.2.2 Do julgamento em reunião assíncrona e pelo rito sumário

O art. 92 do RICARF de 2023 trouxe uma alteração relevante, que são as reuniões de julgamento de forma assíncrona. De acordo com o § 2º do art. 92, "na reunião assíncrona, relatório, votos e, quando for o caso, sustentações orais, postados no sistema eletrônico, ficarão disponíveis para visualização pública, desde o início da reunião de julgamento".

No âmbito do CARF, "reunião" é um conjunto de sessões de julgamento e, no caso da modalidade assíncrona, uma reunião corresponde a um período de até 5 dias úteis consecutivos de sessões, sendo que, cada dia útil equivale a duas sessões de julgamento.

Conforme o art. 93, § 2º do RICARF serão julgados em reunião assíncrona, preferencialmente, os processos de Turmas Extraordinárias ou os que não comportarem reuniões síncronas.

Capítulo 4 **Processo administrativo tributário contencioso**

De acordo com o art. 65 do RICARF, as Turmas Extraordinárias decidirão recursos voluntários relativos a crédito tributário ou direito creditório até o valor de 2000 salários mínimos, incluídos os acréscimos legais. Além de outras hipóteses a serem definidas pelo Presidente do CARF, visando a adequação do acervo e a celeridade processual, são também de competência das Turmas Extraordinárias, processos de: a) exclusão e inclusão do Simples e do Simples Nacional, desvinculados da exigência do crédito tributário; b) isenção de IPI e IOF em favor de taxistas e deficientes físicos, desvinculado do crédito tributário; c) isenção de IRPF por moléstia grave, qualquer que seja o valor.

Conforme mencionado, as reuniões serão também assíncronas quando não for caso de reunião síncrona. As reuniões síncronas, por sua vez, ocorrerão nas hipóteses do art. 93, § 1º, ou seja, os casos de prioridade previstos no art. 86, I, IV ou V do regimento, os que tratem de exigência de crédito tributário em valor definido pelo Presidente do CARF ou outros casos determinados em ato dessa autoridade.

Fixados os casos de cabimento de reuniões assíncronas, o procedimento para esse tipo de reunião vem definido, em linhas gerais, nos arts. 103 e 104 do RICARF. Merece destaque a forma como pode ser feita sustentação oral, que será mediante arquivo de áudio ou de áudio e vídeo, limitado a 15 minutos, o que já era possível nas reuniões síncronas por videoconferência realizadas desde o período da pandemia da Covid-19.

O art. 104 prevê os casos de exclusão do processo da reunião assíncrona. São os casos de controvérsia jurídica relevante e disseminada ou de elevada complexidade de análise de provas. Conforme o § 3º do art. 16 da Lei 13.988, de 2020, consideram-se controvérsias jurídicas relevantes e disseminadas as que ultrapassem os interesses subjetivos da causa. Poderão apresentar o requerimento de exclusão: a) o relator, antes de aberta a reunião; b) qualquer outro conselheiro da turma; c) as partes no prazo para apresentação de sustentação oral, que é de até 5 dias após a publicação da pauta.

Se a reunião não ocorrer de forma assíncrona, será realizada, obviamente, na modalidade síncrona, podendo ser presencial, não presencial ou híbrida.

De acordo com o art. 105, a reunião assíncrona terá duração de até 5 dias úteis e poderá coincidir, total ou parcialmente, com o de reunião síncrona do mesmo colegiado.

341

Em linhas gerais, a reunião assíncrona prevista no RICARF de 2023, se assemelha ao chamado plenário virtual, modalidade de julgamento adotada pelo STF para dar mais vazão ao número elevado de processos. Assim, durante o período dos 5 dias de reunião, o relator e os demais conselheiros deverão depositar os seus votos. Depois de todos os votos depositados, ainda que antes do prazo de duração da reunião será proclamado o resultado.

O art. 132 do RICARF não esclarece se haverá algum tipo de acesso público aos votos e sustentação nas reuniões assíncronas. O art. 92, entretanto, declara que as reuniões serão públicas, ressalvadas as hipóteses de rito sumário e simplificado de julgamento disciplinado no art. 132. Este dispositivo, por sua vez, estabelece que, enquanto não for aprovado o sistema eletrônico de votos das reuniões assíncronas, estas serão realizadas conforme o rito sumário e simplificado previsto nesse art. 132. Assim, ao menos enquanto não for definido o sistema de votos, as reunião assíncronas poderiam ocorrer sem acesso aos contribuintes. Acreditamos que essa não é a melhor interpretação para a questão. Ainda que se trate de casos em que será cabível reunião assíncrona, deverá ser assegurado o acesso de terceiros aos votos durante o período da reunião.

O rito sumário e simplificado, previsto no art. 132 do RICARF, recebe este nome porque, na prática, não haverá sustentação oral e os conselheiros deverão se manifestar sobre os votos depositados no sistema eletrônico, sem concessão de vista. Caso haja requerimento de sustentação oral, o processo será retirado de pauta e o julgamento convertido para sessão síncrona, conforme disponibilidade de pauta.

Conforme se observa, o CARF tem rumado para um caminho de imprimir celeridade processual a qualquer custo, ainda que em sacrifício do aprofundamento do debate em busca da verdade material.

Umas das principais justificativas para não se reconhecer a extinção do processo administrativo pela prescrição intercorrente, ou em razão da extrapolação de sua duração razoável, é a necessidade de se buscar a verdade material, o que pode atrasar uma conclusão mais rápida da controvérsia. Não nos opomos às medidas de solução mais eficientes do processo tributário, mas reuniões assíncronas ou ritos sumários e simplificados deveriam caber em casos pouco complexos e de valor irrisório. Note-se que a alçada de valor para as reuniões assíncronas é de 2000 salários mínimos, o que equivale, atualmente, a R$ 2.640.000,00 (RICARF, art. 65 c/c 92, § 2º).

Capítulo 4 **Processo administrativo tributário contencioso**

Para as discussões tributárias de pequenos contribuintes, pessoas jurídicas, ou contribuintes pessoas físicas, a maioria dos processos, provavelmente, será resolvida em reuniões assíncronas que não se sabe bem ao certo como serão.

A expectativa é que não se renuncie princípios processuais e a ideia geral de segurança jurídica em prol da celeridade processual, que pode ser obtida por outros meios.

4.8.3 Dos recursos cabíveis contra as decisões do CARF

Conforme explicado na subseção 4.7.1 e 4.7.3, contra as decisões de primeira instância cabem os recursos voluntário e remessa de ofício. No âmbito do CARF, poderão ser interpostos recursos contra as decisões proferidas pelos órgãos fracionários do colegiado, que de acordo com o art. 115 do RICARF são os embargos de declaração e recurso especial. O novo regimento prevê no art. 122 o agravo, sugerindo que não se trata de recurso, pois não teria a função de reformar decisão anterior, mas tão somente viabilizar ou não a admissibilidade de recurso especial.

4.8.3.1 Dos embargos de declaração

Sobre o recurso de embargos de declaração, discute-se na doutrina do processo judicial, se a mencionada medida é propriamente uma espécie de recurso. Isso porque os embargos declaratórios não teriam a função natural de obter a "revisão da decisão" ou a "nulidade" do que foi decidido. Além disso, os embargos serão conhecidos e eventualmente providos pelo próprio órgão prolator da decisão, enquanto os recursos devem ser apreciados por outro órgão judicante. Sobre os embargos de declaração, Marinoni e Arenhart esclarecem que: "a falta de exame do recurso por outro órgão jurisdicional não lhe tolhe o caráter recursal, já que não é isso essencial à definição de recurso"[77]. Os recursos se caracterizam pela pretensão de modificação do que foi decidido e essa modificação, evidentemente, poderá conter correções no texto da decisão, sem as quais seu conteúdo não é preciso, podendo acarretar incertezas e inseguranças jurídicas. Daí a função recursal dos embargos de declaração.

Assim, consoante a regra do art. 116 do RICARF, cabem embargos de declaração das decisões proferidas no CARF para corrigir "obscuridade",

---

[77] MARINONI, Luiz Guilherme; ARENHART, Sérgio Cruz. *Curso de processo civil*, v. II, p. 553.

"contradição", "omissão" entre a decisão e seus fundamentos, ou quando for "omitido ponto" sobre o qual o órgão julgador deveria se pronunciar.

A "obscuridade" é definida como "falta de clareza no desenvolvimento das ideias que norteiam a fundamentação da decisão"[78]. Em termos mais simples, trata-se de texto confuso que obriga grande esforço de interpretação, ou às vezes não é compreensível, resultando na necessidade do seu esclarecimento. A "contradição", embora fomente os mesmos efeitos dúbios da obscuridade, define-se como o antagonismo de algum dos fundamentos da decisão com outros constantes do mesmo texto decisório, ou entre os fundamentos e a conclusão da decisão. No caso das decisões dos tribunais judiciais, a contradição poderá aparecer na incoerência entre a ementa, os fundamentos do voto ou a conclusão do acórdão. Em relação à "omissão", esta representa negativa de tutela jurisdicional ou administrativa, na medida em que é direito do contribuinte que o órgão se expresse em relação a todos os pontos suscitados na defesa[79]. Note-se que a omissão que permite o cabimento dos embargos poderá ser verificada entre os fundamentos e a conclusão da decisão. Caberão, igualmente, os Embargos de Declaração, caso o órgão julgador se omita a respeito de qualquer ponto que deveria se pronunciar, como, por exemplo, o indeferimento de prova ou diligência.

Conforme o § 1º do art. 116 do RICARF, tem legitimidade para interpor os Embargos de Declaração: a) conselheiro da Turma, inclusive o próprio Relator; b) o contribuinte, responsável ou preposto; c) o Procurador da Fazenda Nacional; d) os Delegados das DRJ, nos casos de determinação de retorno dos autos à 1ª instância, por decisão de colegiado do CARF; e) o titular da unidade da administração tributária encarregada da liquidação e execução do acórdão; f) o Presidente da Turma encarregada do cumprimento de acórdão de recurso especial.

Os embargos deverão ser apresentados, mediante petição fundamentada dirigida ao Presidente da Turma, no prazo de 5 dias contado da ciência do acórdão. A admissibilidade dos embargos declaratórios poderá ser apreciada pelo Relator ou Redator do voto vencedor objeto dos embargos para se pronunciar sobre sua admissibilidade. O Presidente da Turma não conhecerá de

---

78 MARINONI, Luiz Guilherme; ARENHART, Sérgio Cruz. *Curso de processo civil*, v. II, p. 554.

79 MARINONI, Luiz Guilherme; ARENHART, Sérgio Cruz. *Curso de processo civil*, v. II, p. 554.

Capítulo 4 **Processo administrativo tributário contencioso**

embargos "intempestivos" e os rejeitarão, de forma definitiva, quando as alegações de omissão, contradição ou obscuridade sejam "manifestamente improcedentes" ou não estiverem objetivamente apontadas, dando-se ciência ao embargante (RICARF, art. 116, § 3º). Com relação à intempestividade, a regra do RICARF está correta, quando não admite recurso contra a decisão que reconhecer a perda do prazo, devendo ser indubitável essa circunstância. Para os casos de "improcedência manifesta", é necessário redobrada prudência. A mínima dúvida deverá ser sanada para evitar a aplicação de decisões equivocadas que podem levar à cobrança incorreta do crédito tributário ou à sua dispensa. Para diminuir esse risco, seria importante que o RICARF previsse o cabimento de recurso contra a decisão que indeferisse os embargos de declaração, por manifesta improcedência.

Os embargos, uma vez tempestivos e admitidos, interrompem o prazo para interposição de recurso especial e serão decididos pela Turma recorrida. O embargante será sempre notificado da rejeição dos embargos de declaração.

É dispensável a interposição de Embargos Declaratórios nos casos de inexatidões materiais devidos a lapso manifesto e os erros de escrita ou de cálculo existentes na decisão. Esses erros serão retificados pelo Presidente da Turma, mediante requerimento dos legitimados para os Embargos. A falta de demonstração da inexatidão, ou do erro, importará na rejeição de plano do requerimento, por despacho irrecorrível do Presidente, dando-se ciência ao requerente.

4.8.3.2 Do recurso especial

Caberá "recurso especial" contra decisão que der à lei tributária interpretação divergente da que lhe tenha dado outra Câmara, Turma de Câmara, Turma Espacial, Turma Extraordinária ou a própria CSRF. O Recurso Especial é regulado pelos arts. 118 a 121 do RICARF e poderá ser interposto pelo Contribuinte ou pela Fazenda contra decisões que julgarem Recurso Voluntário ou Remessa de Ofício. Conforme o § 1º do art. 118: "O recurso deverá demonstrar a legislação tributária interpretada de forma divergente". Não caberá também Recurso Especial de decisão de qualquer das turmas que aplicar súmula de jurisprudência do extinto Conselhos de Contribuintes, da Câmara CSRF ou do próprio CARF, ainda que a súmula tenha sido aprovada posteriormente à data da interposição do recurso. Igualmente, não será

345

cabível Recurso Especial de decisão de qualquer das turmas que, na apreciação de matéria preliminar, decidir pela anulação da decisão de Primeira instância por vício na própria decisão.

É pressuposto para que se dê seguimento ao Recurso Especial o prequestionamento preciso da matéria da divergência na peça recursal. Entende-se por prequestionamento o ônus que terá o recorrente de demonstrar o ponto da divergência entre o acórdão recorrido e outro acórdão que decidiu a mesma matéria de forma diferente. Assim, no acórdão que decidir o Recurso Voluntário, deverá constar explicitamente a matéria que enseja a interposição do Recurso Especial, de modo que na admissão do recurso possa se examinar a divergência entre o acórdão recorrido e o acórdão paradigma. Caso o ponto da divergência não esteja explícito no acórdão recorrido, o interessado poderá interpor Embargos de Declaração para "prequestionar" a matéria e suprir a omissão do acórdão. É importante frisar que o prequestionamento somente será possível se no Recurso Voluntário a matéria foi arguida. Por essa razão, é aconselhável ao recorrente que, quando interpuser o Recurso Voluntário, estudar a jurisprudência do CARF sobre o assunto e destacar os acórdãos favoráveis. Assim, caso a Turma se omita na apreciação da matéria, poderá ser interposto Embargos de Declaração para prequestionar o assunto e viabilizar a admissão do Recurso Especial com base na divergência.

O recurso indicará até duas decisões divergentes por matéria, escolhendo-se as duas primeiras e descartando-se as demais, caso o recorrente apresente mais de duas divergências.

Além disso, não servem como paradigma acórdãos proferidos por turmas extraordinárias que, na data da interposição do especial, tenham sido reformados ou objeto de desistência ou renúncia do interessado na matéria que aproveita ao recorrente. Igualmente, não servirá de paradigma, o acórdão que, na data da análise da admissibilidade do especial, contrariar: a) súmula vinculante; b) decisão transitada em julgado do STF ou do STJ, proferida na sistemática da repercussão geral ou dos recursos repetitivos; c) súmula do CARF ou resolução do Pleno da CSRF; d) decisão plenária transitada em julgado do STF que declare inconstitucional tratado, acordo internacional, lei ou ato normativo, em sede de controle concentrado, ou em controle difuso, com a suspensão da execução do ato declarado inconstitucional por Resolução do Senado Federal. A divergência deverá ser demonstrada de

Capítulo 4 **Processo administrativo tributário contencioso**

forma analítica, isto é, deve-se explicar, por meio de argumentos de fato ou de direito, em que ponto reside a divergência. Deve-se instruir o recurso com cópia do inteiro teor dos acórdãos indicados como paradigmas ou com cópia da publicação em que tenha sido divulgado ou, ainda, com a apresentação de cópia de publicação de até duas ementas. Se preferir, o recorrente poderá transcrever as ementas no corpo da peça, admitindo-se ainda a reprodução parcial da ementa desde que o trecho omitido não altere a interpretação ou o alcance do trecho reproduzido. A indicação do acórdão paradigma poderá, alternativamente, ser feita mediante a informação da publicação da decisão no sítio do CARF.

O recurso especial deverá ser formalizado em petição dirigida ao Presidente da Câmara à qual esteja vinculada a turma que houver prolatado a decisão recorrida, no prazo de 15 dias, contados da data da ciência da decisão. A admissibilidade do recurso é feita pelo Presidente da Câmara por despacho fundamentado, que poderá acolher ou negar seguimento ao recurso. A decisão que negar seguimento ao recurso especial por intempestividade ou pela ausência dos requisitos de admissibilidade é recorrível por meio de agravo, conforme será explicado na próxima subseção. Ressalte-se que a redação original do Anexo II do RICARF, anterior à Portaria/MF n. 39, de 2016, previa o cabimento de recurso (inominado) ao Presidente do CARF, contra a decisão que negasse seguimento ao recurso especial. Esse recurso foi abolido, tornando a mencionada decisão recorrível por recurso próprio, o que tornou mais adequado o tratamento dessa matéria à garantia da ampla defesa. O § 2º, I do art. 122 do RICARF faz a ressalva de que poderá ser recorrível (por meio de agravo, conforme será exposto a seguir) a decisão que negar seguimento ao recurso por intempestividade.

Uma vez admitido o recurso especial será aberta vista à parte contrária para oferecimento de contrarrazões no prazo de 15 dias. Quando o recurso for interposto pelo Procurador da Fazenda Nacional será facultado ao Contribuinte, além do prazo para contrarrazões, o direito de apresentar Recurso Especial relativo à parte do acórdão que lhe foi desfavorável.

4.8.3.3 Do agravo

O Agravo está previsto no art. 122 do RICARF e caberá contra a decisão que negar seguimento, total ou parcialmente, ao recurso especial. Por essa redação, cabe agravo tanto nos casos em que o recurso especial for denegado por intempestividade ou quando não atender os requisitos de admissibilidade, conforme o entendimento do Presidente da Câmara.

O agravo, à semelhança do que ocorre com os demais recursos, será dirigido ao Presidente da CSRF em petição escrita, no prazo de 5 dias, contados da ciência da decisão agravada (despacho que negou seguimento ao Recurso Especial).

O § 2º do art. 122 do RICARF estabelece as hipóteses em que o agravo não será cabível. A primeira se refere à decisão que nega seguimento ao Recurso Especial por intempestividade, exceto se houver preliminar de tempestividade, que exponha os motivos de fato ou de direito que a fundamentem, acompanhada da respectiva documentação comprobatória, se for o caso. Isso significa que, nos casos em que haja dúvida sobre a tempestividade do recurso especial e a dúvida foi prequestionada como preliminar no agravo, o recorrente tem o direito de que seja revista a decisão do Presidente da Câmara que não tenha recebido o recurso especial por esse motivo. Nas edições anteriores deste livro, chegamos a observar que no regimento anterior esta hipótese não estava muito clara, tendo o RICARF de 2023 dirimido a dúvida.

As demais hipóteses de não cabimento do agravo dizem respeito aos casos em que a decisão que não admitiu o recurso especial tenha versado sobre: a) falta de juntada do inteiro teor do acórdão ou cópia da publicação da ementa que comprove a divergência, ou da transcrição integral da ementa no corpo do recurso; b) utilização de acórdão da própria Câmara do Conselho de Contribuintes, da própria Turma do CARF, que proferiu o acórdão recorrido; c) utilização de acórdão que já tenha sido reformado; c) falta de prequestionamento da matéria; d) aplicação de súmula de jurisprudência dos Conselhos de Contribuintes, da CSRF ou do CARF, bem como as hipóteses do § 12 do art. 118; e) absoluta falta de indicação de acórdão paradigma.

A competência para apreciar os requisitos de admissibilidade e para decidir o agravo é do Presidente CSRF, sendo sua decisão irrecorrível. No agravo, não serão admitidas novas provas da divergência alegada no Recurso Especial.

O Presidente da CSRF, em despacho fundamentado, acolherá ou rejeitará, total ou parcialmente, o agravo, com os seguintes desdobramentos, previstos no § 5º do art. 122: a) acolhido totalmente o agravo, o recurso especial será admitido abrindo-se vista ao contribuinte ou à Fazenda, conforme o caso; b) acolhido parcialmente o agravo, será dada ciência ao agravante e,

Capítulo 4 **Processo administrativo tributário contencioso**

após, o recurso especial terá a tramitação prevista nos arts. 120 ou 121, (ou seja, serão ouvidos contribuinte ou Fazenda, conforme o caso); c) rejeitado o agravo, será dada ciência ao agravante e, após, caso o recurso especial contenha matéria com seguimento prévio ao agravo, terá a tramitação prevista nos arts. 120 ou 121, conforme o caso.

Acolhido o agravo, após os procedimentos mencionados acima, o recurso será distribuído e encaminhado à análise do Colegiado que, se conhecer do recurso, julgará simultaneamente o mérito.

Será definitivo o despacho de agravo do Presidente da Câmara Superior de Recursos Fiscais, não sendo cabível pedido de reconsideração ou qualquer outro recurso.

4.8.4 Das súmulas e resoluções da CSRF

De acordo com o art. 123 do RICARF: "A jurisprudência assentada pelo CARF será compendiada em Súmula de Jurisprudência do CARF".

Diferentemente do que previa o regimento anterior, que vinculava somente os Conselheiros de segunda instância ao enunciado das súmulas, o novo RICARF estabelece no § 4º do art. 123, que as súmulas do CARF vinculam também os julgadores da primeira instância (DRJ). Trata-se de um bom avanço rumo à segurança jurídica e respeito aos precedentes. Dessa forma, a tendência é se dar mais agilidade às decisões do processo administrativo, aplicando-se as súmulas do CARF já na primeira instância.

Compete ao pleno da CSRF aprovar a edição de súmulas administrativas do CARF quando se tratar de matéria que, por sua natureza, for de competência de todas as Turmas da CSRF. As Turmas da CSRF poderão também aprovar súmulas de matéria relativa à sua competência, ou seja, considerando que as Turmas da CSRF têm sua competência definida conforme as matérias das Seções do CARF, a Primeira Turma da CSRF, por exemplo, poderá sumular matéria concernente a IRPJ, CSLL, IRRF etc. As súmulas serão aprovadas por maioria de 3/5 da totalidade dos conselheiros do respectivo colegiado, com participação obrigatória do Presidente e do Vice-Presidente do CARF.

Terão iniciativa de propor súmulas qualquer Conselheiro do CARF, o Procurador-Geral da Fazenda Nacional, o Secretário da Receita Federal do Brasil, ou de Presidente de quaisquer das Confederações com direito de indicar conselheiros ao CARF, que poderão pedir também ao Presidente do Conselho o encaminhamento de revisão ou de cancelamento de súmulas. A

349

superveniência de decisão definitiva do STF ou do STJ, na sistemática de Recursos Repetitivos, que contrariar o enunciado de súmula do CARF, implicará na sua revogação por ato do Presidente do órgão.

O art. 130 do RICARF prevê que o órgão pleno da CSRF poderá uniformizar decisões divergentes das Turmas da CSRF mediante Resolução. As resoluções são adotadas de forma abstrata e resolvem questões em tese e não sobre uma demanda recursal especificamente. As Resoluções do Pleno poderão ser provocadas por: o Presidente e o Vice-Presidente do CARF; o Procurador-Geral da Fazenda Nacional; o Secretário da Receita Federal do Brasil e o Presidente de quaisquer das confederações representativas. A Resolução será aprovada por maioria absoluta dos Conselheiros e, depois de publicada no DOU vincularão todas as Turmas julgadoras do CARF.

4.8.5 Da desistência dos recursos

O art. 133 do RICARF esclarece que o recorrente poderá desistir do recurso em tramitação em qualquer de suas fases, mediante petição ou termo nos autos. Neste caso, podemos chamar a desistência recursal de "expressa". Considera-se também desistência do recurso a apresentação de pedido de parcelamento, a confissão irretratável de dívida, a extinção sem ressalva do débito, por qualquer de suas modalidades (CTN, art. 156), ou a propositura, pelo contribuinte, de ação judicial com o mesmo objeto do recurso administrativo contra a Fazenda Nacional. Podemos classificar essas hipóteses como desistência "tácita".

De acordo ainda com o mencionado dispositivo, o caso de desistência, pedido de parcelamento, confissão irretratável de dívida e de extinção sem ressalva de débito configura renúncia ao direito sobre o qual se funda o recurso interposto, inclusive na hipótese de já ter ocorrido decisão favorável ao recorrente. Na hipótese de o sujeito passivo desistir de parte do recurso e mesmo que obtenha decisão favorável, o processo deverá retornar à unidade da Receita Federal de origem para ser apartado e restituído ao CARF para seguimento dos trâmites processuais. Isso porque, com a renúncia ao recurso, o crédito tributário devido será exigido, devendo o sujeito passivo ser intimado para fazê-lo dentro do prazo legal. A competência para os atos de cobrança do crédito tributário pertence à Receita Federal e não ao CARF, razão pela qual os autos terão que baixar à origem para as providências cabíveis. Quando se tratar de desistência total do recurso, ainda que o sujeito

Capítulo 4 **Processo administrativo tributário contencioso**

passivo obtenha decisão favorável, a desistência prevalece sobre a decisão, devendo o processo baixar também à unidade de origem para cobrança do crédito tributário.

A previsão de que as hipóteses de desistência "tácita" do recurso prevalecerão sobre eventual decisão administrativa favorável ao contribuinte é um assunto complexo, porque concede à Fazenda um privilégio que pode afetar a moralidade administrativa. Isso poderá ocorrer nos casos em que o contribuinte realiza uma das hipóteses de renúncia recursal mencionadas acima e, no dia seguinte, por exemplo, seu recurso é acolhido. Como renunciou tacitamente ao recurso, seu direito de não ser cobrado de tributo indevido, reconhecido como tal pela decisão administrativa, será afastado pela hipótese de renúncia recursal. A decisão favorável ao contribuinte implica o reconhecimento por parte da Fazenda de que a cobrança improcede, de modo que a renúncia tácita do direito de recorrer não deveria ter o condão de transformar em dívida fiscal o que a própria Fazenda considerou como indevido. Entendemos que, nesta hipótese, o contribuinte poderá demandar a justiça para obter decisão declaratória da inexigibilidade do crédito tributário, utilizando como fundamento a decisão administrativa que lhe foi favorável.

4.8.6 Do recurso hierárquico

Entende-se por Recurso Hierárquico medida processual administrativa em que se pretende a revisão de uma decisão proferida por órgão única ou de última instância, com fundamento no poder de supervisão do órgão supervisor sobre o supervisionado. Assim, em tese, tratando-se dos tributos federais, o Ministro de Estado da Fazenda poderia rever decisões de órgãos contra as quais não cabe recurso ou do CARF. Esse assunto é dotado de polêmicas, havendo opiniões contrárias e a favor da medida recursal. Os opositores do cabimento de Recurso Hierárquico nos dias de hoje defendem que a medida não possui previsão legal e suprime a garantia constitucional do contraditório. Os defensores da possibilidade de sua interposição argumentam que o recurso está baseado nos art. 19 e 20 do Decreto-lei n. 200, de 1967.

Além do mencionado Decreto-lei, o art. 26 do Decreto n. 70.235, de 1972, prevê que compete ao Ministro da Fazenda julgar, em instância especial, recursos de decisões do antigo Conselho de Contribuintes (atualmente CARF), interpostos pelos Procuradores da Fazenda atuantes junto ao órgão recursal.

CURSO COMPLETO DE DIREITO PROCESSUAL TRIBUTÁRIO

Para Eduardo Arruda Alvim, não é necessário a previsão em lei para se interpor Recurso Hierárquico, pois este decorre do controle objetivo de legalidade do lançamento tributário[80]. Não haveria inconstitucionalidade na admissão dessa medida, segundo o autor, porque se destinaria a proteger o interesse público, o que, aliás, ocorre similarmente com a remessa de ofício[81]. Além disso, o Recurso Hierárquico, ou impróprio como também é conhecido, estaria amparado pelo princípio constitucional do direito de petição. Como reforço de tese, observe-se que o art. 53 da Lei n. 9.784, de 1999, prevê a chamada "autotutela administrativa", instituto por meio do qual a administração pública poderá rever a legalidade de seus atos não importando a instância que o tenha praticado. Na mesma linha, a previsão de remessa de ofício nos casos em que a decisão administrativa de primeira instância contraria os interesses da Fazenda, seria uma prova de que o reexame de decisões contrárias à administração pública não afrontaria os fundamentos do processo, sempre que se visasse a proteção do interesse público.

Em linha oposta, José Eduardo Soares de Melo entende que a interposição de recurso hierárquico desprestigia as instâncias recursais colegiadas, na medida em que deixa os órgãos julgadores "totalmente desprovidos de autoridade, sujeitos a plena obediência"[82]. Além disso, o processo, seja ele judicial ou administrativo, "deve ser utilizado de acordo com a norma geral preordenada"[83]. De acordo com o princípio do devido processo legal, as medidas recursais deverão ser previstas em lei como um requisito de efetividade do processo. Nesse sentido, o recurso hierárquico não encontraria amparo no nosso ordenamento jurídico, porque os dispositivos legais citados e a remessa de ofício não se referem especificamente à mencio-

---

80 ALVIM, Eduardo Arruda. Apontamentos sobre o recurso hierárquico no procedimento administrativo federal. In: FISCHER, Otávio Campos (coord.). *Tributos e direitos fundamentais*. São Paulo: Dialética, 2004, p. 31- 44.

81 ALVIM, Eduardo Arruda. Apontamentos sobre o recurso hierárquico no procedimento administrativo federal. In: FISCHER, Otávio Campos (coord.). *Tributos e direitos fundamentais*, p. 41.

82 MELO, José Eduardo Soares de. *Processo tributário administrativo federal, estadual e municipal*. São Paulo: Quartier Latin, 2006, p. 242.

83 GRIEBACH, Frederico. O processo administrativo tributário como garantia fundamental: inconstitucionalidade do recurso hierárquico. In: FISCHER, Otávio Campos (coord.). *Tributos e direitos fundamentais*. São Paulo: Dialética, 2004, p. 54.

Capítulo 4 **Processo administrativo tributário contencioso**

nada espécie recursal. Por outro lado, os arts. 19 e 20 do Decreto-Lei n. 200, de 1967, preveem o exercício do poder hierárquico somente em favor da Fazenda Pública, violando dessa maneira a "paridade de armas", o contraditório e a ampla defesa, pois se trata de uma medida recursal sem similaridade para o contribuinte.

Nem mesmo a Súmula 473 do STF, que prevê a autotutela administrativa como princípio orientador da revisão dos atos administrativos, poderá ser utilizada como fundamento legítimo para o Recurso Hierárquico, pois a autoridade do Ministro da Fazenda não poderia se sobrepor ao órgão colegiado paritário, criado para dirimir tecnicamente os litígios tributários em última instância. A função do Ministro da Fazenda possui natureza política de conduzir a economia nacional e não propriamente decidir controvérsias tributárias entre o sujeito passivo e o Fisco, o que normalmente requer o exame jurídico e técnico da legislação fiscal.

Embora o caso não se referisse à matéria tributária, o STJ já aceitou o cabimento de Recurso Hierárquico fundado justamente na possibilidade de revisão dos atos do poder executivo por força da autotutela administrativa e desde que garantida a ampla defesa.

> Mandado de Segurança. Recurso Administrativo. Exigência de depósito. Poder de supervisão do Ministro de Estado aos órgãos a ele subordinados. Revogação de ato administrativo anulável. Aplicação da Súmula 473 do STF. Inobservância dos princípios da ampla defesa e do contraditório. Ilegalidade concessão da segurança. Precedentes do STJ. I – É legal a exigência, na interposição do recurso administrativo, da prova do depósito da multa, como condição para o seu recebimento. Todo e qualquer órgão da Administração Federal, direta ou indireta, está sujeito à supervisão do Ministro de Estado competente, cabendo-lhe também conhecer de recursos providos de órgãos subordinados ou de entidades vinculadas ao seu Ministério, com base na hierarquia ou na supervisão ministerial. A administração pode anular seus próprios atos, quando eivados de vícios que os tornam ilegais, porque deles não se originam direitos (Súmula n. 473 do STF). Todavia, este poder não é absoluto, porquanto deve respeitar as garantias constitucionais da ampla defesa e do contraditório. Precedentes do STJ. Segurança concedida (STJ. MS 6737/DF, Relatora Ministra Laurita Vaz, j. 10-4-2002, *DJ* 13-5-2002).

Em outro precedente, o STJ assentou que, embora seja viável o cabimento de Recurso Hierárquico no PAF com fundamento nos arts. 19 e 20 do

CURSO COMPLETO DE DIREITO PROCESSUAL TRIBUTÁRIO

Decreto-lei n. 200, de 1967, a atuação do Ministro da Fazenda se limita à revisão da legalidade da decisão do órgão colegiado. É vedado ao chefe da pasta fazendária ingressar nos aspectos meritórios da decisão do Conselho Administrativo.

> Administrativo. Mandado de segurança. Conselho de Contribuintes. Decisão irrecorrida. Recurso hierárquico. Controle ministerial. Erro de hermenêutica. I – A competência ministerial para controlar os atos da administração pressupõe a existência de algo descontrolado, não incide nas hipóteses em que o órgão controlado se conteve no âmbito de sua competência e do devido processo legal. II – O controle do Ministro da Fazenda (arts. 19 e 20 do DL 200/67) sobre os acórdãos dos conselhos de contribuintes tem como escopo e limite o reparo de nulidades. Não é lícito ao Ministro cassar tais decisões, sob o argumento de que o colegiado errou na interpretação da Lei. III – As decisões do conselho de contribuintes, quando não recorridas, tornam-se definitivas, cumprindo à Administração, de ofício, "exonerar o sujeito passivo "dos gravames decorrentes do litígio" (Dec. 70.235/72, Art. 45). IV – Ao dar curso a apelo contra decisão definitiva de conselho de contribuintes, o Ministro da Fazenda põe em risco direito líquido e certo do beneficiário da decisão recorrida (STJ. MS 8.810/DF, Rel. Min. Humberto Gomes de Barros, 1ª S., j. 13-8-2003, *DJ* 6-10-2003).

O julgado transcrito permite concluir que o Ministro da Fazenda poderá verificar os aspectos procedimentais que levaram à determinada decisão pelo órgão administrativo hierarquicamente inferior. Não pode ser outra a conclusão porque se o Ministro pudesse ingressar no mérito da decisão, sob o fundamento de que estaria sendo revista a legalidade da cobrança, ocorreria manifesta burla ao sistema processual tributário. Se existe a previsão de revisão das decisões por meio de órgão colegiado, o pronunciamento do órgão recursal deverá ser definitivo no âmbito da administração. Caso contrário as decisões do CARF seriam singelo "degrau" para o arbítrio final do Ministro da Fazenda.

Note-se que o Recurso Hierárquico em matéria tributária possui peculiaridade que compromete o interesse público, o que não ocorre com tanta evidência em outras áreas do direito administrativo. É que o Recurso Hierárquico interposto contra decisão do CARF contrária aos interesses do Fisco, pela Fazenda, dificilmente seria improvido. A função institucional do Ministro da Fazenda difere essencialmente da que é exercida pelos órgãos de julgamento de outros setores administrativos. Ao Ministério da Fazenda cumpre

Capítulo 4   **Processo administrativo tributário contencioso**

administrar as receitas tributárias em benefício do tesouro público, o que, naturalmente, interfere na desejável imparcialidade do Ministro nas decisões que toma na gestão das finanças do Estado. A decisão que, a pretexto de ser imparcial, favoreça ao sujeito passivo, poderia comprometer a indisponibilidade do interesse público por ato de uma única autoridade e não de um colegiado. Entendemos que as decisões do STJ citadas acima restringem-se a casos isolados e que o Recurso Hierárquico não tem mais amparo na ordem constitucional vigente para rever decisões do CARF, quaisquer que sejam elas.

4.8.7 Da suspeição e do impedimento dos Conselheiros

O art. 82 do RICARF menciona os casos em que o Conselheiro está impedido de decidir, quais sejam: a) quando tenha atuado como autoridade lançadora ou praticado ato decisório monocrático; b) caso tenha interesse econômico ou financeiro, direto ou indireto no processo; c) se for parte o seu cônjuge, companheiro, parente consanguíneo ou afim até o 3º (terceiro) grau. Para efeito da alínea "b", considera-se "interesse econômico ou financeiro", os casos em que o Conselheiro "preste ou tenha prestado consultoria, assessoria, assistência jurídica ou contábil ou perceba remuneração do sujeito passivo, ou de pessoa física ou jurídica a ele ligada, sob qualquer título, no período compreendido entre o primeiro dia do fato gerador objeto do processo administrativo fiscal até a data da sessão em que for concluído o julgamento do recurso". Essas vedações se estendem aos casos em que o Conselheiro faça ou tenha feito parte como: "empregado, sócio ou prestador de serviço, de escritório de advocacia que preste consultoria, assessoria, assistência jurídica ou contábil ao interessado, bem como tenha atuado como seu advogado, nos últimos dois anos". O conselheiro estará impedido de atuar como relator em recurso de ofício, voluntário ou recurso especial em que tenha atuado, na decisão recorrida, inclusive em resolução intermediária, ou no julgamento de embargos contra ela opostos, como relator ou redator relativamente à matéria objeto do recurso (RICARF, art. 82, §§ 1º ao 3º).

Com relação ao impedimento relacionado ao parentesco, o § 2º do art. 82 estende a vedação aos casos em que o Conselheiro "possua cônjuge, companheiro, parente consanguíneo ou afim até o 2º grau que trabalhe ou seja sócio do sujeito passivo ou que atue no escritório do patrono do sujeito passivo, como sócio, empregado, colaborador ou associado".

CURSO COMPLETO DE DIREITO PROCESSUAL TRIBUTÁRIO

O novo regimento trouxe uma novidade no art. 135 que pode acarretar problemas. Estabelece o dispositivo: "Os parentes consanguíneos ou afins, até o 2º grau, de Conselheiro, de representante da Fazenda Nacional ou dos Contribuintes ficam vedados de exercer a advocacia no CARF".

O impedimento ou suspeição como instrumentos de prevenção à impessoalidade das decisões deve recair sobre o julgador e não em relação aos seus parentes. E mesmo assim sobre o processo de relatoria do conselheiro ou do qual ele tenha participado do julgamento.

Vê-se que, neste caso, se está impedindo pessoas do relacionamento do conselheiro de desenvolverem atividade profissional de advocacia no CARF para qualquer processo. Dois problemas avultam, pelo menos. O primeiro, é a vedação do exercício de atividade econômica de quem não é membro do órgão julgador, o que é incompatível com o inciso XIII do art. 5º da Constituição Federal. Assim, o dispositivo regimental, resvala em inconstitucionalidade. O segundo problema é a ofensa à liberdade profissional do advogado com base em presunção de ilicitude que se lança sobre os Conselheiros e seus parentes advogados, o que não é aceitável juridicamente.

Vale lembrar que o art. 7º, I da Lei 8.906, de 1994 – Estatuto da Advocacia, afirma ser direito do advogado exercer, com liberdade, a profissão em todo o território nacional. O art. 135 viola esse direito do advogado com base em simples presunções e não em fatos concretos e comprovados.

De acordo com o art. 83, haverá "suspeição" do Conselheiro que tenha: "amizade íntima ou inimizade notória com o sujeito passivo ou com pessoa interessada no resultado do processo administrativo, ou com seus respectivos cônjuges, companheiros, parentes consanguíneos e afins até o 3º (terceiro) grau". Qualquer Conselheiro ou interessado poderá alegar o impedimento ou a suspeição de outro Conselheiro (RICARF, art. 84). Evidentemente, o impedimento e a suspeição poderão ser declarados pelo próprio Conselheiro impedido e suspeito, hipótese em que não poderá praticar atos no respectivo processo. Quando a suspeição ou o impedimento recair sobre o Relator, o processo deverá ser sorteado outra vez no âmbito das Turmas da mesma Seção de Julgamento, excluindo-se, obviamente, o Conselheiro impedido ou suspeito (RICARF, art. 84, § 1º).

O art. 131 do RICARF declara que serão nulas, na forma do art. 59, II, do Decreto n. 70.235, de 1972, as decisões proferidas nos casos de impedimento (RICARF, art. 82), ou quando afastar a aplicação ou deixar de obser-

Capítulo 4 **Processo administrativo tributário contencioso**

var tratado, acordo internacional, lei ou decreto (RICARF, arts. 98 a 100). A nulidade em questão será julgada pelo próprio colegiado que emitiu a decisão imputada como nula. Assim, se a decisão partiu da Primeira Turma, da Primeira Câmara, da Primeira Seção, caberá a essa Turma apreciar a alegação de nulidade. A arguição de nulidade será formalizada mediante Representação de Nulidade.

Salvo as hipóteses de comprovada má-fé, a Fazenda deverá decidir os casos de nulidade da decisão que favoreceu o contribuinte em 5 anos, sob pena de decadência (Lei n. 9.784, de 1999, art. 54). A Representação de Nulidade será apresentada pelo Presidente do CARF, de ofício, ou por provocação: a) do Secretário da Receita Federal do Brasil; b) do Procurador--Geral da Fazenda Nacional; c) do Corregedor-Geral do Ministério da Fazenda e d) do Ministério Público Federal. A arguição de nulidade suscitada por qualquer das autoridades mencionadas deverá ser instruída com os elementos comprobatórios do impedimento e dirigida ao Presidente do CARF. Após autuada em apartado, serão intimados para se manifestar, no prazo de 10 dias, as partes do processo administrativo fiscal e o Conselheiro ou Ex-Conselheiro arguido.

De acordo com o art. 131, § 5º, a Representação de Nulidade não possui natureza recursal, razão pela qual não suspende a exigibilidade do crédito tributário, nos termos do art. 151, III do CTN. Com exceção da hipótese em que o Conselheiro, "tenha atuado como autoridade lançadora ou praticado ato decisório monocrático", os demais casos de impedimento sugerem que a decisão proferida pelo impedido terá favorecido o sujeito passivo. Por essa razão, a Representação de Nulidade é incompatível com a suspensão da exigibilidade do crédito tributário porque, em regra, não haverá crédito tributário a ser suspenso. Com relação à hipótese em que o Conselheiro atuou como autoridade lançadora, ou praticou atos decisórios anteriormente, no mesmo processo em que seja Relator ou Conselheiro julgador, caso a decisão seja desfavorável ao sujeito passivo, sustentamos que é perfeitamente aplicável o disposto no inciso III do art. 151 do CTN. Isso porque a Representação de Nulidade estará abrangida no conceito de "reclamações" a que alude o dispositivo do CTN. Note-se que a nulidade do ato administrativo não gera direitos de parte a parte (STF, Súmula 473). Assim, enquanto não sanado o vício, o crédito tributário reconhecido como devido por julgador impedido não poderá gerar efeitos, especialmente a exigência do crédito tributário.

Assim, nessa hipótese, a Representação de Nulidade deverá suspender a exigibilidade do crédito tributário até a solução do incidente, devendo prevalecer a norma do CTN que hierarquicamente se sobrepõe ao RICARF.

A decisão da Turma Ordinária, isto é, da turma a que pertencer o Conselheiro arguido, que acolher ou rejeitar a Representação de Nulidade, ficará sujeita a Recurso Administrativo, no prazo de 10 dias, à Turma da CSRF competente para apreciar a matéria objeto do processo administrativo fiscal. De acordo com os §§ 11 e 12 do art. 131, poderão recorrer da decisão as partes do processo administrativo e conselheiro ou ex-conselheiro representado.

4.8.8 Do contencioso tributário de pequeno valor

O art. 23 da Lei n. 13.988, de 2020, criou o CTPV, em que as decisões tomadas pelas DRJs poderão ser revistas por órgão da própria RFB, nos casos em que a matéria em discussão não ultrapassar 60 SM. O artigo em referência possui a seguinte redação:

> Art. 23. Observados os princípios da racionalidade, da economicidade e da eficiência, ato do Ministro de Estado da Economia regulamentará:
>
> I – o contencioso administrativo fiscal de pequeno valor, assim considerado aquele cujo lançamento fiscal ou controvérsia não supere 60 (sessenta) salários mínimos; (Vigência)
>
> II – a adoção de métodos alternativos de solução de litígio, inclusive transação, envolvendo processos de pequeno valor.
>
> Parágrafo único. No contencioso administrativo de pequeno valor, observados o contraditório, a ampla defesa e a vinculação aos entendimentos do Conselho Administrativo de Recursos Fiscais, o julgamento será realizado em última instância por órgão colegiado da Delegacia da Receita Federal do Brasil de Julgamento da Secretaria Especial da Receita Federal do Brasil, aplicado o disposto no Decreto n. 70.235, de 6 de março de 1972, apenas subsidiariamente.

Além disso, para se encaixar no conceito de CTPV, é necessário que o sujeito passivo seja pessoa física, microempresa ou empresa de pequeno porte (Lei n. 13.988, de 2020, art. 24).

A lei em referência, dentre outras hipóteses de transação tributária, regula as regras gerais de transação para litígios dentro dessa alçada. No que toca ao processo contencioso, o art. 27 da Lei atribui ao Secretário

Capítulo 4 **Processo administrativo tributário contencioso**

Especial da RFB a competência de regulamentar as regras para efetivação do contencioso.

Assim, a Portaria MF n. 20, de 2023, que revogou a Portaria ME n. 340, de 2020, estabelece o procedimento de julgamento dos recursos interpostos no âmbito do CTPV.

Em linhas gerais, os julgamentos de recursos interpostos no CTPV seguem as regras definidas para as decisões relativas à impugnação e à manifestação de informidade, reguladas pela própria Portaria, e analisadas na subseção 4.6, bem como o rito do Decreto n. 70.235, de 1972.

Além disso, o parágrafo único do art. 23 da Lei n. 13.988, de 2020, declara, textualmente, que as decisões do CTPV estão vinculadas aos entendimentos do CARF. Isso é importante para se manter a coerência das decisões do PAF como um todo e, igualmente, oferecer mais segurança jurídica ao contencioso administrativo.

O art. 8º da Portaria criou as Câmaras Recursais que têm competência para decidir recurso voluntário, que poderá ser interposto contra a decisão da DRJ pelo sujeito passivo, observado o limite de alçada. As equipes de julgadores das Câmaras poderão abranger integrantes de mais de uma DRJ. As Câmaras Recursais serão especializadas por matéria e integradas por, no mínimo, três e, no máximo, sete julgadores, devendo os trabalhos ser dirigidos por um Presidente.

Os arts. 49 a 54 da Portaria regulamentam o rito de julgamento do recurso voluntário no âmbito do CTPV, que deverá ser interposto no prazo de 30 dias, contado da ciência da decisão.

Os recursos serão distribuídos pelo Presidente da Câmara Recursal e o julgador a quem o recurso for distribuído estará impedido de atuar como relator no julgamento de recurso em que tenha atuado, na decisão recorrida, como relator ou redator relativamente à matéria objeto do recurso.

No mais, conforme mencionado, o julgamento do recurso voluntário perante as Câmaras Recursais atenderá às regras relativas ao julgamento das defesas em primeira instância, disciplinadas pelos arts. 21 a 42 da Portaria.

As decisões tomadas pelas Câmaras Recursais no âmbito do CTPV não serão reapreciadas pelo CARF, possuindo efeito definitivo para o processo administrativo, mas poderão ser rediscutidas no Poder Judiciário, por força do art. 5º, XXXV, da CF.

359

4.9 NULIDADES NO PROCESSO ADMINISTRATIVO FISCAL

O regime jurídico das nulidades no PAF é disciplinado pelos arts. 59 a 61 do Decreto n. 70.235, de 1972. As hipóteses sobre as quais a nulidade poderá ser pronunciada constam do art. 59, incisos I e II, podendo decorrer em razão de "atos e termos", lavrados por pessoa incompetente, ou sobre "despachos e decisões" proferidos por autoridade também sem competência ou com preterição do direito de defesa.

Note-se que a legislação deu ênfase aos vícios de competência ou ofensa ao direito de defesa para reconhecer nulidades no processo administrativo federal. Deixou de lado defeitos formais do processo ou a inobservância dos demais princípios e garantias inerentes ao processo administrativo.

A Lei n. 9.784, de 1999, por sua vez, esclarece no art. 26, § 5º, que: "as intimações serão nulas quando feitas sem observância das prescrições legais, mas o comparecimento do administrado supre sua falta ou irregularidade". Adiante, nos arts. 53 a 55, a mencionada lei tece regras gerais sobre a anulação do ato administrativo, que poderão ser estendidas ao procedimento e ao processo administrativo contencioso.

Tratando-se do processo administrativo, a matéria em questão quase que se confunde com a teoria do ato administrativo. Assim, as nulidades em matéria tributária poderão estar presentes no lançamento ou nas demais obrigações tributárias, assim como no desenvolvimento do processo administrativo. As normas constantes tanto do Decreto n. 70.235, de 1972 quanto da Lei n. 9.784, de 1999, não distinguem as fases nas quais as nulidades poderão ocorrer. Ao contrário, a interpretação sistemática dessa legislação leva a crer que as nulidades poderão ser invocadas em razão de qualquer ato praticado no processo como um todo, especialmente porque ambas as leis não distinguem procedimento (não contencioso) de processo (contencioso).

De acordo com o Decreto n. 70.235, de 1972, os vícios que poderão ser alegados no processo administrativo tributário se referem tanto à "competência administrativa" quanto à "ampla defesa". O vício de competência poderá ser declarado de ofício pela autoridade competente tão logo tenha sido detectado, ainda que na fase não contenciosa, isto é, meramente procedimental, conforme a Súmula 473 do STF e o art. 53 da Lei n. 9.784, de 1999. Igualmente, o sujeito passivo poderá alegar o vício de competência como medida excepcional e fundada no direito de petição, visando corrigir de

Capítulo 4 **Processo administrativo tributário contencioso**

imediato a regularidade procedimental, pois o sujeito passivo tem o direito de ser processado por autoridade com competência legal.

Evidentemente, o sujeito passivo poderá também arguir nulidades presentes na fase procedimental com a impugnação, momento processual oportuno para se apontar toda matéria útil de defesa, dentre as quais as nulidades verificadas no procedimento. Assim, uma fiscalização (procedimento administrativo) conduzida por autoridade incompetente, poderá suscitar o argumento de nulidade antes ou no momento da impugnação. A alegação de incompetência poderá também ser oferecida no Recurso Voluntário ou na Remessa de Ofício, caso tenha ocorrido antes ou no próprio julgamento de primeira instância.

A nulidade decorrente de "preterição do direito de defesa", por sua vez, somente poderá ser alegada após a impugnação, porque antes dessa fase processual a ampla defesa não será propriamente assegurada. Por exemplo, o indeferimento irregular de produção de provas ou de diligências, poderá configurar violação do direito de defesa no âmbito do processo administrativo, mas não na fase procedimental. O procedimento, geralmente, é marcado pelo conjunto de atos que contrariam os interesses do particular, uma vez que visam a formalização da pretensão administrativa. Isso não significa que se deva garantir na fase procedimental contraditório e ampla defesa. Entretanto, caso ocorra alguma atitude aberrante no curso do procedimento, violadora de direitos fundamentais, cremos que a medida mais eficiente seja a impetração de mandado de segurança para a correção do ato. No âmbito administrativo, o procedimento não comporta incidentes processuais que possam transformá-lo em processo contencioso.

O art. 59 do Decreto n. 70.235, de 1972, gera dúvida em saber se cabe alegação de nulidade por outros motivos e não apenas os constantes do artigo mencionado. Entendemos que a preterição de princípios processuais ou de regras que demandem o equilíbrio do processo, ainda que não impliquem vício de competência ou ofensa à ampla defesa, poderá também ser alegado a título de nulidade.

4.9.1 Classificação das nulidades do processo

No exame aprofundado da teoria das nulidades processuais, a doutrina normalmente estabelece tipos de nulidade, o que facilita a análise da casuística em torno do assunto. As nulidades processuais poderão apresentar-se

CURSO COMPLETO DE DIREITO PROCESSUAL TRIBUTÁRIO

como "relativas" ou "absolutas". A doutrina menciona também as "meras ir-regularidades" e "os atos inexistentes". O acréscimo destas duas últimas figu-ras ao elenco das nulidades sugere que se substitua o vocábulo "nulidade" por "invalidade", pois que este seria mais abrangente[84].

As "nulidades relativas" se referem ao vício sobre norma que tutela inte-resse disponível da parte. Daí por que cabe ao interessado alegar a nulidade na primeira oportunidade que tenha de falar nos autos. Caso não o faça, o que era considerado em tese um vício do processo perde essa característica, passando à categoria dos atos válidos. Quanto às "nulidades absolutas", não existe a possibilidade de convalidação do ato no curso do processo, razão pela qual podem ser conhecidas de ofício pela autoridade julgadora ou me-diante alegação do interessado a qualquer momento. Isso porque a nulidade absoluta refere-se à validade do próprio processo e não exatamente aos inte-resses disponíveis da parte. Consequentemente, o vício do processo afeta o interesse público, pois a resolução do caso por processo contendo nulidade absoluta não produzirá decisão que assegure a legalidade da revisão do ato impugnado. Seria um verdadeiro paradoxo: um processo que, a pretexto de rever a legalidade de um ato não declara ilegalidade insanável no curso do seu próprio processamento.

As nulidades do processo, em perspectiva teórica, seguem o princípio da utilidade e do prejuízo sofrido por alguma das partes, uma vez que o proces-so não é um fim em si mesmo, mas um instrumento de efetivação de deter-minada finalidade. Em síntese, a função do processo é atingir finalidades que dizem respeito aos litigantes e ao interesse público. No processo civil, por exemplo, o art. 278 do CPC estabelece que: "A nulidade dos atos deve ser alegada na primeira oportunidade em que couber à parte falar nos autos, sob pena de preclusão". Em princípio, a norma em questão se aplica ao processo civil porque este, em regra, tutela interesses disponíveis. O pará-grafo único do mencionado artigo estabelece o seguinte: "Não se aplica o disposto no *caput* às nulidades que o juiz deva decretar de ofício, nem pre-valece a preclusão provando a parte legítimo impedimento". Com ambas as regras, o CPC distingue os regimes das nulidades absoluta e relativa, com base no interesse processual em questão. Quando se tratar de norma em

---

84   WAMBIER, Luiz Rodrigues (coord.). *Curso avançado de processo civil*. 9. ed. São Paulo: RT, 2007, p. 188, v. I.

Capítulo 4   **Processo administrativo tributário contencioso**

que o juiz deva se pronunciar de ofício, o ato ou decisão não poderá ser convalidado ainda que a parte interessada tenha se quedado inerte. Tratando-se de ato em que, ao contrário, o juiz não tenha que se pronunciar sobre a nulidade, esta será convalidada, se o interessado não a alegar.

Com relação ao PAF, o § 3º do art. 59 do Decreto n. 70.235, de 1972, traz a seguinte regra: "Quando puder decidir do mérito a favor do sujeito passivo a quem aproveitaria a declaração de nulidade, a autoridade julgadora não a pronunciará nem mandará repetir o ato ou suprir-lhe a falta". O dispositivo transcrito é reprodução do § 2º do art. 282 do CPC, e transforma o regime de nulidades do PAF em nulidades relativas, ao menos quando a decisão de mérito favorecer ao sujeito passivo. Assim, por exemplo, se a fiscalização não juntou os extratos bancários que demonstrariam a movimentação bancária do contribuinte em um auto de infração fundado na acusação de omissão de receita, a falta dessa documentação pode levar à nulidade do auto, pois, sem ela, não existe prova material da omissão. Porém, se por outros motivos o auto de infração deva ser cancelado no mérito, é dispensável a declaração de nulidade, aplicando-se a regra do § 3º do art. 59 do Decreto n. 70.235, de 1972.

O art. 60 do Decreto n. 70.235, de 1972, trata das "meras irregularidades" que "não importarão em nulidade e serão sanadas quando resultarem em prejuízo para o sujeito passivo". O dispositivo faz uma ressalva para os casos em que as incorreções ou omissões foram causadas pelo próprio sujeito passivo, hipótese em que o vício não será sanado como mera irregularidade. A mesma ressalva cabe quando as irregularidades ou omissões não influírem na solução do litígio, não cabendo, obviamente, declaração de nulidade. A primeira ressalva funda-se na máxima de que a ninguém é lícito valer-se da própria torpeza. No mesmo sentido, ressalte-se a proibição comum nos negócios jurídicos de direito privado conhecida por *venire contra factum proprium*, de modo que o particular que provocar a nulidade não poderá alegá-la em sua defesa. O princípio *venire contra factum proprium*, de uma forma extensiva, é o que explica a declaração de nulidade do processo nos casos de impedimento do julgador e que a decisão tenha favorecido ao sujeito passivo (v. subseção 4.8.7). O julgamento de que participe julgador que mantenha interesse com a parte vicia a decisão na medida em que o órgão perde sua imparcialidade, daí a necessidade de se anular a decisão, não sendo aplicável o § 3º do art. 59 do Decreto n. 70.235, de 1972.

CURSO COMPLETO DE DIREITO PROCESSUAL TRIBUTÁRIO

4.9.2 Extensão das nulidades

O processo se desenvolve através de um encadeamento lógico de atos válidos, de modo que o vício encontrado em um dos atos poderá acarretar a contaminação de outros que do ato viciado sejam dependentes.

Os §§ 1º e 2º do art. 59 do Decreto n. 70.235, de 1972, regulam as hipóteses de extensão da declaração de nulidade dos atos do PAF. Conforme o § 1º: "a nulidade de qualquer ato só prejudica os posteriores que dele diretamente dependam ou sejam consequência". O parágrafo seguinte dispõe que: "na declaração de nulidade, a autoridade dirá os atos alcançados, e determinará as providências necessárias ao prosseguimento ou solução do processo". Ambos os dispositivos confirmam o entendimento de que o processo é um conjunto de atos válidos e a nulidade de um deles poderá anular os demais que dele seja dependente.

A autoridade julgadora deverá estabelecer quais atos deverão ser praticados novamente, pois nem sempre está presente essa relação de dependência entre o ato nulo e dos demais atos processuais. Por exemplo, depois de oferecida a impugnação pelo contribuinte, na fase de diligências, se sua situação vier a ser agravada, para não ferir o contraditório e a ampla defesa deverá ser aberta nova oportunidade para o contribuinte se defender. Caso essa oportunidade não seja garantida, o processo será nulo a partir da ciência do agravamento, não sendo necessário anular-se todo o processo. Isso porque os atos processuais anteriores ao agravamento são independentes dele. Para corrigir a nulidade bastará que se dê oportunidade de defesa ao sujeito passivo para contestar o agravamento da infração e o processo poderá continuar o seu curso.

Finalmente, a declaração de nulidade compete à autoridade com legitimidade para praticar o ato ou para julgá-la. No caso do PAF, essa competência é dos órgãos julgadores de primeira e segunda instâncias administrativas.

4.10 PROCESSO ADMINISTRATIVO FISCAL DO SIMPLES NACIONAL

As normas gerais do Processo Administrativo Fiscal do Simples Nacional (PAF-SN) constam dos arts. 39 e 40 da Lei Complementar n. 123, de 2006. Em síntese, o PAF-SN será de competência da RFB e das Secretarias de Fazenda dos Estados e dos Municípios (SEFAZ), nestes dois últimos casos, conforme o contribuinte for sujeito passivo de ICMS e ISS. O art. 39 da LSN

Capítulo 4 **Processo administrativo tributário contencioso**

atribui aos órgãos fazendários locais, com competência para fiscalizar o lançamento, o indeferimento da opção, ou a exclusão de ofício do optante do regime do Simples Nacional, devendo ser observados os dispositivos legais atinentes aos processos administrativos fiscais de cada ente. De acordo com o art. 33 da LSN, a competência para fiscalizar o cumprimento das obrigações tributárias principal e acessória relativas ao Simples Nacional é de cada ente federado por meio dos seus órgãos fazendários. O Município, visando-se evidentemente diminuir os seus ônus administrativos, está autorizado a transferir para o respectivo estado o julgamento dos processos administrativos do Simples Nacional, mediante a celebração de convênio. De acordo com o § 4º do art. 39, combinado com art. 16 da LSN, o PAF-SN será eletrônico devendo as intimações fiscais seguirem essa sistemática.

A impugnação administrativa apresentada pelo contribuinte poderá versar sobre qualquer matéria relativa ao recolhimento dos tributos sujeitos ao regime especial, devendo o PAF-SN seguir as regras processuais administrativas de cada ente federado. Entretanto, na hipótese de exclusão do optante, a impugnação poderá ser decidida por outro órgão fazendário e não exatamente os que estão vinculados à SEFAZ do ente federado (LSN, art. 39, § 5º). O § 6º do art. 39 da LSN estabelece que o CGSN poderá definir ritos e prazos, bem como a previsão de efeito suspensivo para o processo de exclusão.

4.11 IMUTABILIDADE DA DECISÃO ADMINISTRATIVA DE ÚLTIMA INSTÂNCIA CONTRÁRIA À FAZENDA PÚBLICA

É importante salientar que a decisão administrativa será imutável para a administração tributária quando for contrária aos seus interesses e tenha sido decidida pela última instância administrativa. Falta interesse de agir à Fazenda Pública buscar tutela jurisdicional de nulidade de decisões administrativas emitidas por ela própria.

Por outro lado, sabe-se que a administração tributária poderá rever seus atos e decisões desde que não tenha decaído do direito de fazê-lo. Essa possibilidade é justificada pelo princípio da autotutela administrativa e da Súmula 473 do STF. Assim, em tese, poderia pedir a anulação de qualquer decisão administrativa em juízo, o que incluiria as decisões no âmbito do PAF.

Nessa linha de entendimento, o Parecer n. 1.087, de 2004, da Procuradoria-Geral da Fazenda Nacional, sustenta ser possível a adoção de medidas

365

CURSO COMPLETO DE DIREITO PROCESSUAL TRIBUTÁRIO

judiciais para invalidação de decisões proferidas pelo então Conselho de Contribuintes, hoje equivalente ao CARF. Sustenta o mencionado parecer que as decisões emitidas nos processos administrativos tributários se revestem da natureza de atos administrativos simples, pois são emitidas por um único órgão. Assim, a invalidade do ato poderá ser proferida tanto pela administração pública quanto pelo Poder Judiciário, inclusive quando se tratar de ato discricionário. Para invalidade do ato discricionário, aduz o parecer, que é necessário atentar-se para a juridicidade do ato e não apenas à sua legalidade. Afronta a juridicidade o ato atentatório aos princípios gerais do direito, estejam estes explícitos ou implícitos na Constituição Federal. A noção de legalidade, por sua vez, conforma-se com a percepção de ofensa formal a determinada regra jurídica. O controle de juridicidade do ato não significa avaliação de mérito por parte do Poder Judiciário, mas tão somente a conformidade do ato com os postulados constitucionais. Forte nesses fundamentos, conclui o parecer o seguinte:

40. Assim posta a questão, em síntese, respondendo de modo objetivo, os itens 1, 2 e 3, respectivamente, da consulta, pode-se concluir que:

1) existe, sim, a possibilidade jurídica de as decisões do Conselho de Contribuintes do Ministério da Fazenda, que lesarem o patrimônio público, serem submetidas ao crivo do Poder Judiciário, pela Administração Pública, quanto à sua legalidade, juridicidade, ou diante de erro de fato.

2) podem ser intentadas: ação de conhecimento, mandado de segurança, ação civil pública ou ação popular.

3) a ação de rito ordinário e o mandado de segurança podem ser propostos pela Procuradoria-Geral da Fazenda Nacional, por meio de sua Unidade do foro da ação; a ação civil pública pode ser proposta pelo órgão competente; já a ação popular somente pode ser proposta por cidadão, nos termos da Constituição Federal.

41. Finalmente, cabe registrar que, em face da complexidade e do alcance da matéria, aqui abordada, torna-se recomendável seja este Parecer submetido à aprovação do Excelentíssimo Senhor Ministro de Estado da Fazenda, com sugestão de publicação no Diário Oficial da União.

Em que pesem as conclusões do Parecer, delas divergimos porque o controle de legalidade do ato administrativo exercido pelo Poder Judiciário abrange somente as decisões administrativas que contrariem os interesses do particular. A Fazenda Pública detém a prerrogativa da autotutela,

Capítulo 4 **Processo administrativo tributário contencioso**

podendo exercer o controle de legalidade dos seus próprios atos inclusive de ofício. Além disso, conforme se viu, são inúmeros os controles de legalidade e de regularidade processual existentes no PAF. Possíveis ilegalidades decorrentes de atos violadores da moralidade administrativa ou praticados com suspeita de favorecimento ao contribuinte, podem ser declarados nulos no âmbito do próprio CARF. Com relação ao controle excepcional do mérito do ato administrativo pelo Poder Judiciário, o que equivaleria a um controle de juridicidade e não propriamente de legalidade, igualmente, não se aplica ao CARF, na medida em que as decisões adotadas pelo mencionado órgão são fundadas no princípio da legalidade. As exigências fiscais não se fundam em critérios de conveniência ou de oportunidade e os princípios tributários são aplicados sobre as controvérsias fiscais mediante regras que lhe conferem efetividade. Assim, não é possível postular perante o Poder Judiciário a revisão de decisões do CARF desfavoráveis à Fazenda, pois não existe diferença entre "legalidade tributária" e "juridicidade tributária", na medida em que as exigências fiscais são todas fundadas no princípio da legalidade e não na discricionariedade.

Acrescente-se que a tese favorável à revisão pelo Poder Judiciário das decisões do CARF, contrárias à Fazenda Pública, configura ofensa indireta ao princípio da separação dos poderes. Isso porque, caso seja aceita a ação fazendária, o seu efeito será no mínimo paradoxal, porque determinaria à Fazenda Pública a realização de novo lançamento, em relação ao qual a própria administração reconheceu que o tributo não era devido.

A decisão de última instância administrativa desfavorável à Fazenda garante ao contribuinte o direito adquirido de não ser exigido do cumprimento da obrigação tributária[85]. Daí por que o Poder Judiciário não poderá se pronunciar, pois incorreria na violação da garantia fundamental de proteção ao "direito adquirido", previsto no inciso XXXVI, do art. 5º da Constituição Federal. Além disso, seria extremamente contraproducente supor que o processo administrativo pudesse ser revisto pelo Poder Judiciário quando a decisão administrativa for contrária aos interesses do Fisco, pois fragilizaria o

---

85 MARQUEZI JÚNIOR, Jorge Sylvio. Estudo sobre a impossibilidade de revisão, por parte do judiciário, das decisões administrativas finais contrárias à Fazenda. In: CHIESA, Clélio; PEIXOTO, Marcelo Magalhães. *Processo judicial tributário*. São Paulo: MP Editora, 2006, p. 489.

princípio da eficiência (CF, art. 37). Realmente, admitir que a Fazenda ingresse com ação judicial contra o contribuinte depois de encerrada toda a via administrativa, banaliza o sistema processual administrativo.

Apenas para que nossos argumentos fiquem bem claros, os casos de nulidade das decisões do processo administrativo tributário de última instância deverão ser controlados pelo próprio Poder Executivo. Na hipótese de a decisão ter sido proferida mediante fraude ou crime contra administração tributária, ou ainda, por julgadores impedidos ou suspeitos, deverá ser revista pelos órgãos do Poder Executivo. Os responsáveis pelas decisões nulas porque decorrentes desse tipo de prática deverão ser processados e eventualmente punidos conforme as regras legais próprias para os respectivos casos.

Por fim, somente em situações muito excepcionais em que ficasse comprovado por indícios fortes o comprometimento de toda a estrutura do órgão julgador com práticas ilegais ou criminosas de favorecimento de decisões, defendemos que o Poder Judiciário poderá ser acionado para examinar essa circunstância especial. Se assim for demandado, é possível cassar-se os mandatos dos integrantes do órgão, devendo ser designados novos julgadores para exercer o controle de legalidade das decisões consideradas fraudulentas. Dessa forma, evita-se uma possível generalização em se transferir ao Poder Judiciário o controle de qualquer decisão administrativa do processo tributário, contrária à Fazenda Pública.

4.12   A TRANSAÇÃO DE TRIBUTOS FEDERAIS

A Medida Provisória n. 899, de 16 de outubro de 2019, convertida na Lei n. 13.988, de 2020, dispõe sobre a transação no âmbito do contencioso federal, incluindo créditos tributários ou não. Assim, a norma em questão se aplica somente aos créditos da União, devendo estados e municípios possuir leis próprias sobre o assunto, se pretenderem transacionar os créditos de suas respectivas competências. Em linhas gerais, a Lei regulamenta duas hipóteses de cabimento da transação, quais sejam, para créditos inscritos na DAU e para os demais casos em que haja processo contencioso, administrativo ou judicial.

A transação é um instituto do direito privado e, de acordo com o art. 840 do CC, destina-se a "prevenir" ou a "extinguir" um litígio. O art. 841 do mesmo Código estatui que a transação somente se aplica a direitos

Capítulo 4 **Processo administrativo tributário contencioso**

patrimoniais de caráter privado, o que, em tese, exclui a transação no direito tributário, por se tratar o crédito tributário de receita pública, portanto, indisponível.

Entendemos que o disposto no art. 841 do CC cede ao que prevê a norma do art. 109 do CTN, que estabelece: "os princípios gerais de direito privado utilizam-se para pesquisa da definição, do conteúdo e do alcance de seus institutos, conceitos e formas, mas não para definição dos respectivos efeitos tributários". Registre-se que a própria norma geral tributária, que é o CTN, admite a transação como modalidade de extinção do crédito tributário (CTN, art. 156, III), razão pela qual o CTN deve prevalecer sobre o CC. Nesse sentido, vale o comentário de Regina Helena Costa, para quem a transação no direito tributário deve ser realizada em consonância com a Constituição e com a lei tributária. Para a autora, a transação tributária consiste em autêntico instrumento de praticabilidade, de modo que, às vezes, "a transação revelar-se-á mais vantajosa ao interesse público do que o prolongamento ou a eternização do conflito"[86].

O art. 156, III do CTN prevê que a transação extingue o crédito tributário, e o art. 171, também do CTN, possui a seguinte redação: "a lei pode facultar, nas condições que estabeleça, aos sujeitos ativo e passivo da obrigação tributária celebrar transação que, mediante concessões mútuas, importe em determinação de litígio e consequente extinção de crédito tributário". A palavra "determinação", contida no dispositivo, para fazer sentido com o contexto da norma, deve possuir o significado de "resolução" e não, obviamente, as suas conotações mais conhecidas, tais como "persistência" ou "definição". Dessa forma, a transação no direito tributário admite a conotação restrita para a hipótese de "resolver" ou para "colocar fim" a litígio entre o contribuinte e o Fisco, extinguindo o crédito tributário. Assim, para a lei geral, a função da transação é extinguir o crédito tributário quando houver uma controvérsia jurídica, o que pressupõe um processo litigioso, administrativo ou judicial.

A Lei n. 13.988, de 2020, previu que a transação se aplica a três hipóteses: a) aos créditos tributários não judicializados sob a administração da Secretaria Especial da Receita Federal do Brasil do Ministério da Fazenda; b)

---

86   COSTA, Regina Helena. *Curso de Direito Tributário*: Constituição e Código Tributário Nacional. 2. ed. São Paulo: Saraiva, 2012, p. 282.

à dívida ativa e aos tributos da União, cuja inscrição, cobrança ou representação incumbam à Procuradoria-Geral da Fazenda Nacional, nos termos do disposto no art. 12 da Lei Complementar n. 73, de 1993; c) no que couber, à dívida ativa das autarquias e das fundações públicas federais, cuja inscrição, cobrança e representação incumbam à Procuradoria-Geral Federal e aos créditos cuja cobrança seja competência da Procuradoria-Geral da União, nos termos de ato do Advogado-Geral da União e sem prejuízo do disposto na Lei n. 9.469, de 1997.

Como se observa, a transação disciplinada pela Lei n. 13.988, de 2020, alcança tanto os créditos tributários quanto os não tributários, e, no detalhamento das regras gerais, observa-se que a Lei enveredou para o entendimento de que a transação tributária é cabível somente quando houver litígio.

Nesse sentido, a Lei se subordinou ao que dispõe o CTN, pois a transação sem a existência de contencioso é caso de "remissão", instituto previsto nos arts. 156, IV, e 172 do CTN, que não prevê concessões mútuas para sua efetivação. Nem se diga que, para viabilizar a transação sem controvérsia, se poderia invocar a norma do art. 840 do CC, a qual, conforme visto, permite a transação tanto para "extinguir" quanto para "prevenir" litígio. Ocorre que, de acordo com o art. 109 do CTN, quando a norma tributária der um efeito específico ao instituto de direito privado, deverá prevalecer a norma tributária, como é o caso em questão. À época em que o CTN foi promulgado, vigorava o art. 1.025 do CC de 1916, que já previa a transação para as mesmas hipóteses repetidas no CC de 2002, isto é, para "prevenir" ou "extinguir" litígio. Assim, se o legislador quisesse contemplar também o efeito de "prevenir litígio" para a transação tributária, teria feito isso expressamente. Não foi o caso, o CTN reservou à transação a função de "resolver" um litígio, e não de preveni-lo.

Seja como for, a litigiosidade como pressuposto para a transação no direito tributário gera divergências na doutrina, dividindo-se os autores entre os que consideram o litígio como precondição para a transação e os que sustentam o contrário. Os autores favoráveis à tese de que o litígio é necessário seguem a literalidade do CTN, que menciona o litígio como objeto da transação[87]. Os que argumentam o contrário entendem que a transação cabe

---

[87] CARVALHO, Paulo de Barros. *Curso de direito tributário*. 25. ed. São Paulo: Saraiva, 2013, p. 428.

Capítulo 4   Processo administrativo tributário contencioso

antes de se formar o litígio no seu sentido formal, de processo administrativo ou judicial. Para os defensores desta tese, a mínima tensão ou indefinição que influa na constituição do crédito tributário seria suficiente para ensejar a transação[88]. Há ainda os autores que dispensam o litígio judicial como requisito para a transação tributária, mas exigem que haja, ao menos, impugnação do lançamento, ou seja, um processo administrativo contencioso[89].

Na nossa opinião, o litígio, na qualidade de pretensão resistida, é um requisito legal à transação tributária, que, nos termos do art. 171 do CTN, não se aplica para evitar a controvérsia, mas para pôr fim a ela. Isso porque, antes de formar o litígio, não importando se este for administrativo ou judicial, a forma de se preveni-lo é a consulta e para terminá-lo pode ser a remissão. Nesses casos, não se exigem concessões mútuas, devendo-se simplesmente aplicar a lei em seus devidos termos.

No caso da transação, Fazenda e sujeito passivo deverão renunciar às suas expectativas de direito, visando a composição do litígio, porque não valerá a pena para ambos manter a discussão.

Apesar dessas considerações, não se pode ignorar que a transação, antes da formalização da lide, seria uma solução célere para controvérsias tributárias, por meio de uma melhora no diálogo entre o sujeito passivo e a Fazenda Pública, tendo como efeito a redução de litígios. No entanto, sem uma definição legal mais precisa do instituto, inclusive aplicável para todas as Fazendas Públicas, a transação, nos termos em que se encontra atualmente no CTN, se restringe aos casos em que existe uma resistência do contribuinte ao crédito tributário.

Seja como for, passa da hora de o direito processual tributário brasileiro criar instrumentos para mudar a realidade atual, em que a lentidão para solucionar os litígios tributários tem sido a marca do processo no país. Sobre este e outros temas correlatos, discorreremos no Capítulo 9.

Com as observações desenvolvidas, da transação disciplinada pela Lei em questão, podem-se destacar alguns pontos.

---

[88] FERRAZ, Beatriz Biaggi. *Transação em matéria tributária*. Lumen Juris: Rio de Janeiro, 2019, p. 45-46.

[89] FERNANDES, Tarsila Ribeiro Marques. *Transação tributária*: o direito brasileiro e eficácia da recuperação do crédito público à luz do modelo Norte-Americano. Curitiba: Juruá, 2014, p. 49.

CURSO COMPLETO DE DIREITO PROCESSUAL TRIBUTÁRIO

Com relação às regras gerais, o art. 3º estabelece as condições mínimas que deverão ser observadas pelo devedor para postular a transação, merecendo destaque a renúncia ao contencioso administrativo ou, eventualmente, ao processo judicial, referente aos débitos transacionados. No caso das ações judiciais, o devedor deverá renunciar a alegações de direito relacionadas ao crédito, atuais e futuras, inclusive as coletivas, mediante a comprovação por meio de sentença judicial com resolução do mérito. Uma vez deferida a transação, o sujeito passivo deverá aceitar todas as regras definidas na Lei, constituindo o acordo confissão de dívida irretratável. Quando a transação envolver moratória ou parcelamento, o crédito tributário ficará suspenso na forma dos incisos I e VI do art. 151 do CTN. A extinção do crédito tributário, objeto da transação, ocorrerá somente depois de cumpridas as condições previstas no acordo.

A transação será rescindida nas hipóteses do art. 4º da Lei, merecendo destaque o descumprimento das condições, cláusulas ou compromissos assumidos pelo devedor ou a inobservância de quaisquer das disposições da Lei ou do Edital que fixar regras para a adesão à transação. O interessado será notificado pela Fazenda quando for caso de rescisão, podendo impugnar o ato em 30 dias, e o processo tramitará na forma da Lei n. 9.784, de 1999. O § 2º do art. 4º da Lei assegura o direito de regularização da causa da rescisão, no prazo da impugnação, hipótese em que o acordo será preservado. Efetivando-se a rescisão, o contribuinte ficará impedido de realizar novo acordo, ainda que referente a outros débitos, pelo prazo de 2 anos.

Não cabe transação que reduza multas de natureza penal nem que conceda descontos referentes ao Simples Nacional, ressalvada a hipótese de Lei Complementar autorizar a transação para esse regime tributário. Também não será objeto de transação, débitos do FGTS, enquanto não autorizado pelo Conselho Curador do Fundo (art. 5º da Lei). O § 3º do art. 5º, entretanto, prevê a possibilidade de autorização tácita do Conselho Curador, caso este não se manifeste contrariamente ao Edital de Transação no prazo de 20 dias. O dispositivo prevê, ainda, que não poderá celebrar o acordo de transação o devedor contumaz, devendo lei específica definir o conceito desse tipo de devedor.

O art. 2º, no âmbito das normas gerais, previu os seguintes tipos de transação: (i) por proposta individual ou por adesão, na cobrança de créditos inscritos na dívida ativa da União, de suas autarquias e fundações

372

Capítulo 4 **Processo administrativo tributário contencioso**

públicas, ou na cobrança de créditos que seja competência da Procuradoria-Geral da União; (ii) por adesão, nos demais casos de contencioso judicial ou administrativo tributário.

Ao detalhar em seções essas modalidades, a lei atribuiu novos nomes e
especificou algumas regras que dão forma à transação tributária federal. Nas
subseções a seguir serão analisadas essas modalidades de transação.

4.12.1 A transação de créditos inscritos na DAU

Os arts. 10 a 15 da Lei tratam da transação de crédito inscrito em dívida
ativa da União, das autarquias e das fundações públicas federais. A iniciativa
para essa transação será da PGFN, da PGF e do PGU, podendo a proposta ser
individual ou por adesão, ou por iniciativa do devedor. Vê-se, portanto, que a
transação em questão não abrange somente a dívida tributária, mas, também,
créditos não tributários, tais como preços públicos e multas administrativas.

As concessões feitas pela Fazenda constam no rol do art. 11, destacando-
-se descontos nas multas, nos juros de mora e nos encargos legais, formas e
prazos de pagamento especiais, o oferecimento, a substituição ou a alienação de garantias e de constrições, podendo ser utilizada mais de uma dessas
alternativas. Por outro lado, a transação, neste caso, não poderá reduzir o
valor do crédito principal, com exceção da multa e dos juros, obviamente. A
redução de multa e de juros não poderá ser superior a 50%, nem o prazo de
pagamento ultrapassar 84 meses. No entanto, tratando-se de transação que
envolva pessoa natural ou optantes do Simples Nacional, o percentual de
desconto poderá atingir até 70% e o prazo de pagamento poderá alcançar
145 meses. As Santas Casas de Misericórdia, cooperativas, organizações da
sociedade civil sem fins lucrativos (definidas na Lei n. 13.019, de 2014) e
instituições de ensino gozam também desses benefícios especiais.

A lei autoriza o recebimento de quaisquer formas de garantias no acordo
de transação, inclusive bens imóveis e créditos havidos em face do Poder
Público. A proposta não suspende a exigibilidade do crédito tributário, mas
as partes poderão convencionar a suspensão do processo judicial, no caso a
ação de execução fiscal, até o cumprimento do acordo ou a sua rescisão.

Outras regras de procedibilidade serão regulamentadas por ato do Procurador-Geral da Fazenda Nacional ou pelo Advogado-Geral da União para
os créditos não tributários.

373

4.12.2 A transação no contencioso de relevante e disseminada controvérsia

Os arts. 16 a 22 da Lei estabelecem as normas gerais da transação referente ao contencioso tributário, qualificado como de relevante e disseminada controvérsia. Considera-se como relevante e disseminada a controvérsia tributária que ultrapasse os interesses subjetivos da causa, ou seja, a transação não deve possuir como motivação um caso concreto, mas o caráter abstrato de uma tese jurídica que seja fundamento de controvérsia envolvendo vários contribuintes.

Esse tipo de transação poderá ser proposto por inciativa do Ministro da Fazenda ou por adesão. Tratando-se da proposta por adesão, a Lei determina, no art. 17, que seja publicado edital estabelecendo, de maneira objetiva, as hipóteses fáticas e jurídicas nas quais a Fazenda Nacional propõe a transação no contencioso tributário. A proposta ficará aberta a todos os sujeitos passivos que se enquadrarem nos seus respectivos termos, bem como nas condições gerais fixadas na Lei.

Como se percebe, essa modalidade de transação recairá unicamente sobre o crédito tributário, diferentemente da outra espécie, que poderá ter por objeto cobranças não tributárias e se permite a iniciativa do particular.

O edital definirá as exigências que o contribuinte deverá cumprir e as concessões oferecidas pela Fazenda, destacando-se o previsto no inciso III do § 1º do art. 17, o qual prevê que edital estabelecerá a necessidade de conformação do sujeito passivo ao entendimento da Fazenda sobre fatos geradores futuros ou não consumados. Obviamente, esta previsão se refere ao tributo que for objeto da transação e empresta ao acordo efeitos prospectivos, de modo a alcançar não somente a dívida vencida, mas a vincenda também.

Desde que atendidas as condições previstas no edital, o sujeito passivo poderá postular sua adesão ao acordo, devendo a solicitação abranger todos os litígios administrativos ou judiciais existentes até a data do pedido, ainda que não definitivamente julgados. Evidentemente, os que tiverem sido julgados definitivamente pelo Poder Judiciário estarão protegidos pela coisa julgada, não podendo ser objeto de transação. Enquanto não deferido o acordo, os processos administrativos ficarão suspensos, mas a simples apresentação do pedido de transação não suspenderá a exigibilidade do crédito tributário definitivamente constituído, ou seja, os créditos inscritos em dívida ou aos quais não caiba mais discussão administrativa.

Capítulo 4 **Processo administrativo tributário contencioso**

No caso de adesão, o sujeito passivo deverá requerer a homologação judicial do acordo para os fins do art. 515, II e III, do CPC, de modo a transformar a transação em título executivo judicial. Dessa forma, ficará sujeito às regras de cumprimento de sentença previstas naquele e nos dispositivos seguintes do CPC.

Além disso, conforme já mencionado, ao aderir ao acordo, o contribuinte aceitará o entendimento da administração tributária dado à questão em litígio, referente aos fatos geradores futuros e não consumados. Essa condição evita que o sujeito passivo adira ao acordo e, posteriormente, ingresse com medida judicial ou até administrativa contestando o entendimento dado pela Fazenda à matéria que ele anuiu. Assim, ao mesmo tempo que aceita pagar a dívida contenciosa, se compromete a pagar o crédito tributário vincendo. A Lei ressalva, no entanto, no inciso II do § 1º do art. 19, a possibilidade de haver fixação de entendimento da matéria pelo Poder Judiciário. As hipóteses de entendimento da justiça, no caso, são as previstas nos incisos I, II, III e IV do art. 927 do CPC, ou seja, em geral, quando os Tribunais fixam entendimento que, obviamente, é diverso do que era defendido pela Fazenda quando o acordo foi celebrado. Na mesma linha, o dispositivo ressalva os casos do art. 19 da Lei n. 10.522, de 2002, que se refere a várias hipóteses em que a PGFN fica dispensada de se contrapor a processos administrativos ou judiciais em matérias tributária. Em todos esses casos, o acordo de transação será afetado, devendo ser cessada sua eficácia.

Igualmente, nos termos do art. 20, II, da Lei, a transação não poderá ter por objeto as hipóteses dos dispositivos legais supramencionados. Também é vedada transação com efeito prospectivo que resulte, direta ou indiretamente, em regime especial, diferenciado ou individual de tributação. Além dessas hipóteses, lei proíbe transação mais de uma vez sobre o mesmo crédito, o que visa a impedir prática recorrente nos casos de parcelamento, em que o sujeito passivo rompe o acordo e, posteriormente, adere a um novo, resolvendo, assim, problemas tributários imediatos, mas não a solução do litígio de forma definitiva.

A extinção do litígio administrativo ou judicial é condição para o deferimento do pedido de transação do crédito tributário, mas o § 2º do art. 19 ressalva a hipótese em que parte do objeto do crédito poderá ser cindida, de modo que a parcela que não for abrangida no entendimento da Fazenda, a

375

qual justifica a transação, poderá permanecer sendo debatida. Em tese, tem--se o seguinte exemplo: com relação ao principal do crédito, a Fazenda fechou o entendimento de que o tributo é devido, o que não ocorre quanto à multa isolada. Assim, é permitido fazer parte do acordo o valor do principal, excluída a discussão da multa isolada, que poderá seguir sendo contestada perante a administração ou no Poder Judiciário.

No mais, a lei delega ao Ministro da Fazenda a regulamentação das regras gerais pertinentes ao tipo de transação em comento e ao Secretário Especial da Receita quando não houver judicialização do litígio.

4.12.3 A transação no contencioso tributário de pequeno valor

A transação do contencioso tributário de pequeno valor está regulamentada nos arts. 23 a 27 da Lei e terá como objeto o crédito tributário, cujo montante não ultrapasse 60 salários mínimos.

A Lei também autoriza o Ministro da Fazenda a regulamentar outros métodos alternativos de solução de litígio envolvendo processos de pequeno valor, conforme o inciso II do art. 23. Assim, por exemplo e em tese, seria possível a mediação ou até a arbitragem. No entanto, a simples outorga de poderes ao ministro para regulamentar outros meios de solução de conflitos é muito vaga. O ideal, nesses casos, seria a Lei nomear quais seriam esses outros instrumentos e estabelecer balizas centrais, como fez para a transação.

Na subseção 4.8.8 discorremos sobre o contencioso tributário de pequeno valor, em que o parágrafo único do art. 23 da Lei permitiu a criação de órgão colegiado de segunda instância, vinculado à RFB para decidir recursos interpostos contra as decisões de DRJ dentro da alçada de 60 salários mínimos.

Nesta subseção, o alvo será a transação para resolver litígio tributário até esse valor. Assim, a transação em questão será possível se o crédito tributário estiver na pendência de impugnação, recurso ou inscrito em dívida ativa.

Além do limite de alçada mencionado, o sujeito passivo que poderá aderir a esse tipo de transação terá que ser pessoa física ou jurídica, qualificada, neste último caso, como microempresa ou empresa de pequeno porte. Dito de outro modo, grandes empresas não poderão celebrar o acordo, ainda que o crédito seja de pequeno valor.

Capítulo 4 **Processo administrativo tributário contencioso**

O art. 25 estabelece as concessões por parte da Fazenda que, de um modo geral, são as mesmas previstas para a transação de créditos tributários ou não, comentadas na subseção 4.12.1. O acordo será celebrado pela SRF no âmbito do contencioso administrativo e pela PGFN nas demais hipóteses, ou seja, quando o crédito estiver inscrito na DAU ou judicializado, a competência será da PGFN.

A transação poderá ser condicionada à homologação judicial do acordo, nos termos do art. 515, II e III, do CPC, hipótese em que será convertido em título executivo judicial, ficando sujeito às regras de cobrança previstas no citado Código.

Outras regras para efetivação da modalidade de transação em análise ficarão sujeitas à regulamentação pelo Procurador-Geral da Fazenda Nacional ou pelo Secretário Especial da RFB, em seus respectivos âmbitos de atuação.

CAPÍTULO 5
Dívida ativa

5.1 ASPECTOS GERAIS

No Capítulo 3 examinamos as diversas formas de constituição do crédito tributário, o que se chama de lançamento tributário. São três as modalidades de lançamento: de ofício (ou direto), por declaração (ou misto) e por homologação. Há também o lançamento por arbitramento em que a autoridade administrativa arbitrará o valor do crédito tributário. Se depois de notificado o sujeito passivo paga o crédito tributário, este se extingue na forma do art. 156, I, do CTN. Caso o sujeito passivo, depois de notificado, não quite a obrigação tributária e nem se defenda por meio de impugnação administrativa, o crédito deverá ser exigido de acordo com as regras procedimentais pertinentes. É possível também, conforme examinado no Capítulo 4, que o sujeito passivo, depois de notificado do lançamento, opte por impugnar a exigência tributária, em geral materializada na forma de AI ou NL. Nesse caso, sendo admitida a impugnação, o processo tributário se desenvolverá com suas fases de instrução e de julgamento. Na hipótese de a pretensão tributária ser considerada procedente e esgotados todos os recursos administrativos, a consequência será também a continuidade da exigência do crédito tributário até o seu pagamento. Se ainda assim o sujeito passivo continuar inadimplente, a Fazenda terá que ajuizar ação de Execução Fiscal para exigir em juízo o pagamento compulsório da dívida (Capítulo 7, subseção 7.2). Antes de ingressar com a ação de Execução Fiscal, é necessário que a Fazenda Pública gere o respectivo título executivo extrajudicial, devendo, para tanto, inscrever o crédito tributário na dívida ativa.

Com essas breves explicações percebe-se que o instituto "dívida ativa" no processo tributário cumpre papel destacado, razão pela qual merece abordagem mais cuidadosa neste Capítulo.

CURSO COMPLETO DE DIREITO PROCESSUAL TRIBUTÁRIO

O CTN dispõe sobre normas gerais de inscrição de créditos tributários em dívida ativa nos art. 201 a 204. Ressalte-se que o CTN disciplina somente a dívida ativa tributária. O registro em dívida ativa, porém, não necessita ser sempre de créditos oriundos de tributos. Qualquer ativo financeiro a que o Poder Público tem direito, para sua cobrança regular em juízo, deverá ser inscrito em dívida ativa, a fim de que se possa finalizar a etapa de cobrança administrativa e iniciar a judicial.

A Lei n. 6.830, de 1980, nos arts. 2º e 3º, complementa o CTN, dispondo sobre o conceito de dívida ativa, o procedimento de sua inscrição e elementos formais que devem estar contidos na CDA, requisito essencial para a viabilidade da Execução Fiscal.

5.2 CONCEITO E FINALIDADE DE DÍVIDA ATIVA

A locução "dívida ativa" talvez não seja a mais adequada para designar a espécie de crédito público constituído por ativos tributários ou de qualquer outra origem. Daí a crítica de Hugo de Brito Machado, para quem: "A expressão *dívida ativa* alberga palavras contraditórias, porque a palavra *dívida* expressa ideia de *passivo*, de débito, enquanto a palavra *ativa*, tratando-se de relação creditória, expressa ideia de crédito, de algo que se tem a receber"[1].

De qualquer forma, desde a Lei n. 4.320, de 1964, utiliza-se a locução "dívida ativa", de modo que está incorporada no jargão administrativo e na contabilidade pública. A lei expressa com a locução dívida ativa a noção de receita pública "a receber". Considerando que essa receita decorre de uma dívida do particular em face do Poder Público, reconhecida em procedimento ou em processos administrativos que se presumem regulares, a receita, neste caso, não se iguala às demais, que não estejam ainda líquidas e certas. Realmente, a dívida ativa concentra em si função binária que revela simultaneamente o crédito e sua presunção de certeza e liquidez, distinguindo-se das demais hipóteses em que o crédito não está certo e nem líquido. Assim, a receita tributária somente se torna "crédito tributário" depois de constituída pelo lançamento; e só se torna líquida e certa depois de inscrita na dívida ativa.

---

1   MACHADO, Hugo de Brito. *Comentários ao Código Tributário Nacional*, p. 817, v. III.

Capítulo 5 **Dívida ativa**

A Lei n. 4.320/1964 conceitua dívida ativa nos seguintes termos:

Art. 39. Os créditos da Fazenda Pública, de natureza tributária ou não tributária, serão escriturados como receita do exercício em que forem arrecadados, nas respectivas rubricas orçamentárias.

§ 2º Dívida Ativa Tributária é o crédito da Fazenda Pública dessa natureza, proveniente de obrigação legal relativa a tributos e respectivos adicionais e multas, e Dívida Ativa não Tributária são os demais créditos da Fazenda Pública, tais como os provenientes de empréstimos compulsórios, contribuições estabelecidas em lei, multa de qualquer origem ou natureza, exceto as tributárias, foros, laudêmios, alugueis ou taxas de ocupação, custas processuais, preços de serviços prestados por estabelecimentos públicos, indenizações, reposições, restituições, alcances dos responsáveis definitivamente julgados, bem assim os créditos decorrentes de obrigações em moeda estrangeira, de sub-rogação de hipoteca, fiança, aval ou outra garantia, de contratos em geral ou de outras obrigações legais.

Nota-se que a lei define dívida ativa como "crédito", indicando duas possíveis origens. A primeira é de natureza tributária; a outra é considerada não tributária, portanto, qualquer outra espécie de dívida perante a Fazenda ingressaria no conceito amplo de dívida ativa não tributária.

Para uma melhor análise do instituto, convém primeiramente lembrar que, na teoria, as receitas públicas dividem-se em "derivadas" ou "originárias". As primeiras se caracterizam pelo fato de que a obrigação que dará causa à receita deriva de imposição da lei. Assim, são exemplos típicos de receita derivada, os tributos e as multas. Consideram-se receitas originárias as que são oriundas de relações negociais com o Poder Público, podendo se classificar como "patrimoniais" ou "comerciais". São exemplos de receitas originárias patrimoniais: alienações, doações, foros, laudêmios, outorga onerosa de serviços públicos concedidos, compensações financeiras, herança vacante, sucessão testamentária e outras. No campo das receitas originárias comerciais, encontram-se os monopólios, atividade econômica de empresas estatais, loterias etc.

As receitas e os créditos são conceitos que guardam o traço comum de se referirem a recursos financeiros. A lei distingue o crédito conforme o fato de a Fazenda Pública tê-lo recebido ou não. Na primeira hipótese, o crédito será escriturado como receita do exercício de sua arrecadação, conforme o *caput* do art. 39 da Lei n. 4.320, de 1964. Quando o crédito não for pago e

CURSO COMPLETO DE DIREITO PROCESSUAL TRIBUTÁRIO

depois de apurada sua liquidez e certeza, será inscrito como dívida ativa da Fazenda Pública. A "receita", assim, pode significar um aspecto meramente financeiro, constituído pela previsão ou efetivo recebimento do crédito pelo Poder Público. O "crédito", por sua vez, possui conotação jurídica e indica o "direito" ao recebimento de determinada receita. Assim, ao se mencionar a expressão "crédito", deve-se entender que a lei presume a representação de uma obrigação pecuniária, compulsória ou voluntária. Extrai-se também da mencionada expressão, que a obrigação poderá não ser cumprida e, neste caso, após a apuração da liquidez e certeza da dívida, o crédito passará à categoria legal de "dívida ativa". Caso o valor do crédito seja pago, tem-se, obviamente, receita paga e não dívida ativa.

Tratando-se de tributos (receita derivada), o crédito é apurado, a princípio, pelo lançamento tributário, instituto analisado na subseção 3.1.1. Quanto às receitas não tributárias, igualmente, sua liquidação deve se dar por meio de procedimentos ou processos administrativos.

Para os fins da presente subseção, importa analisar o crédito tributário como elemento integrante do conceito de dívida ativa. A dívida ativa tributária é o conjunto de créditos tributários, com a presunção de que foram apurados em procedimento ou processo regular, servindo de condição necessária à cobrança judicial do tributo devido.

A necessidade de se inscrever o crédito tributário na dívida ativa pertence à sistemática do orçamento público, pois a dívida ativa é uma das previsões de receita da administração, caracterizada pelo crédito tributário constituído, a respeito do qual não devem mais existir discussões de ordem administrativa (Lei n. 4.320, de 1964, art. 39).

5.3 INSCRIÇÃO NA DÍVIDA ATIVA

O § 1º do art. 39 da Lei n. 4.320, de 1964, determina que os créditos tributários e não tributários exigíveis em razão do transcurso do prazo para o pagamento, serão inscritos na dívida ativa, após apurada a sua certeza e liquidez.

Nessa linha de entendimento, o CTN, no art. 201, também estabelece que a dívida tributária será regularmente "inscrita na repartição administrativa competente, depois de esgotado o prazo fixado, para pagamento, pela lei ou por decisão final proferida em processo regular".

382

Capítulo 5 **Dívida ativa**

A LEF considera em seu art. 2º, § 3º, que a inscrição na dívida é ato de controle administrativo da legalidade e será feita pelo órgão responsável pela apuração de certeza e de liquidez do crédito tributário. No caso da União, estabelece o § 4º do art. 2º da LEF, que a dívida ativa será inscrita pela Procuradoria da Fazenda Nacional.

Nos casos de tributos sujeitos aos lançamentos de ofício ou por declaração, antes da inscrição na dívida ativa, será sempre oferecida a oportunidade de o sujeito passivo pagar o valor devido antes do ato de inscrição. Esse direito está expresso no art. 201 do CTN que somente autoriza o ato de inscrição na dívida depois de: "esgotado o prazo fixado, para pagamento, pela lei ou por decisão final proferida em processo regular". Em geral, o prazo para se efetuar o pagamento do débito é de 30 dias (CTN, art. 160).

Tratando-se do lançamento por homologação, a inscrição na dívida ativa exige algumas explicações especiais. Nessa modalidade de lançamento, o pagamento do tributo é efetuado antes de qualquer pronunciamento da Fazenda Pública sobre o montante apurado (CTN, art. 150, § 1º). Para o controle de pagamento do crédito pelo Fisco, a legislação determina que o sujeito passivo entregue declarações sobre sua movimentação fiscal. O não pagamento dos valores declarados enseja a incidência de juros, multa moratória e atualização monetária, conforme previsto no art. 201, parágrafo único do CTN e no art. 2º, § 2º, da LEF. Assim, uma vez declarado ao Fisco o montante tributário devido e não pago, o crédito será diretamente inscrito na dívida ativa, sem que se garanta ao sujeito passivo o direito à impugnação, justamente porque os valores declarados pelo próprio sujeito passivo são considerados confissão de dívida, dispensando-se o contraditório e a ampla defesa contra ato do próprio contribuinte. Esse é o entendimento pacífico da jurisprudência do STJ.

> III. A entrega, pelo contribuinte devedor, da Guia de Informação e Apuração de ICMS ou outro documento fiscal assemelhado, revela natureza jurídica de confissão de dívida. Confessada a dívida, por meio da GIA ou outro documento assemelhado, tem-se por constituído o crédito tributário, sendo desnecessária a prática, pelo Fisco, de ato superveniente para autorizar a inscrição em dívida ativa. Precedentes. IV. Consoante a jurisprudência, "a apresentação, pelo contribuinte, de Declaração de Débitos e Créditos Tributários Federais – DCTF (instituída pela IN-SRF 129/86, atualmente regulada pela IN8 SRF 395/2004, editada com base no art. 5º do DL 2.124/84 e

art. 16 da Lei 9.779/99) ou de Guia de Informação e Apuração do ICMS – GIA, ou de outra declaração dessa natureza, prevista em lei, é modo de constituição do crédito tributário, dispensada, para esse efeito, qualquer outra providência por parte do Fisco. A falta de recolhimento, no devido prazo, do valor correspondente ao crédito tributário assim regularmente constituído acarreta, entre outras consequências, as de (a) autorizar a sua inscrição em dívida ativa; (b) fixar o termo a quo do prazo de prescrição para a sua cobrança; (c) inibir a expedição de certidão negativa do débito; (d) afastar a possibilidade de denúncia espontânea" (Recurso Especial 671.219/RS, Rel. Ministro Teori Albino Zavascki, Primeira Turma, *DJU* de 30-6-2008) (STJ. Recurso Especial 209.050/SC, Relatora Ministra Assusete Magalhães, j. 21-5-2015, *DJe* 29-5-2015).

Não é assegurada a oportunidade de defesa contra o crédito tributário porque o contribuinte foi quem declarou ao Fisco o montante devido, ainda que essa declaração seja compulsória. Eventuais erros materiais deverão ser objeto de procedimentos de retificação das declarações, mas não de impugnação. Tratando-se, entretanto, de agravamento dos valores declarados pelo contribuinte, nos casos de fiscalização ou qualquer outro procedimento em que sejam lançadas diferenças entre o valor declarado e o valor encontrado pela Fazenda, deverão ser consideradas como lançamento de ofício, contra o qual deve ser garantido o direito de defesa.

No caso dos tributos federais, o Decreto-lei n. 2.124, de 1984, prevê em seu art. 5º que as "declarações fiscais" constituem confissão de dívida e instrumento hábil para a exigência do crédito tributário. Por essa razão, o não pagamento dos tributos constantes dessas declarações acarretará acréscimos de multa, juros moratórios e atualização monetária e a posterior inscrição na dívida ativa sem abertura de prazo para defesa[2]. Na mesma linha, a "declaração

---

2   Decreto-lei n. 2.124, de 1984: "Art. 5º O Ministro da Fazenda poderá eliminar ou instituir obrigações acessórias relativas a tributos federais administrados pela Secretaria da Receita Federal. § 1º O documento que formalizar o cumprimento de obrigação acessória, comunicando a existência de crédito tributário, constituirá confissão de dívida e instrumento hábil e suficiente para a exigência do referido crédito. § 2º Não pago no prazo estabelecido pela legislação o crédito, corrigido monetariamente e acrescido da multa de vinte por cento e dos juros de mora devidos, poderá ser imediatamente inscrito em dívida ativa, para efeito de cobrança executiva, observado o disposto no § 2º do art. 7º do Decreto-lei n. 2.065, de 26 de outubro de 1983".

Capítulo 5   **Dívida ativa**

de compensação não homologada" pela Fazenda, nos termos do art. 74, §§ 6º
e 8º da Lei n. 9.430, de 1996 (Capítulo 3, subseção 3.4.2.2), também constitui
confissão de dívida e autoriza a inscrição automática dos valores indevidamente compensados na dívida ativa da União.

O regime de declarações para a previdência social possui regras semelhantes aos demais tributos federais, de modo que a GFIP é também instrumento de confissão de dívida e, como tal, permite a inscrição direta de
débitos na dívida ativa, conforme o art. 32, IV, e § 2º, c/c art. 39, ambos
da Lei n. 8.212, de 1991.

A prática de inscrição automática de débitos tributários declarados e não
pagos estende-se também ao Simples Nacional, cujos detalhes sobre o cumprimento das obrigações tributárias, fiscalização e processo administrativo
tributário foram analisados nas subseções 3.3.6 e 4.10, dos Capítulos 3 e
4, respectivamente.

Embora o Simples Nacional congregue tributos estaduais e municipais,
compete à Procuradoria da Fazenda Nacional inscrever na dívida ativa os
tributos declarados e não pagos pertencentes ao mencionado regime fiscal.
No entanto, conforme o art. 41, § 3º, da LSN, a União poderá delegar o ato
de inscrição na dívida aos estados e municípios em relação aos tributos de
suas respectivas competências, mediante convênio. De qualquer forma, as
empresas optantes do regime deverão apresentar declaração anual acerca de
sua situação socioeconômica e fiscal, que, a partir de 2012 deve ser feita no
próprio PGDAS-D, em módulo próprio do programa, chamado de Declaração de Informações Socioeconômicas e Fiscais – DEFIS (v. subseção 3.3.6).
Tratando-se de MEI, a declaração entregue será a DASN-SIMEI, de periodicidade anual. O PGDAS-D e a DASN-MEI, a primeira entregue mensalmente
pelas ME e EPP; a segunda, anualmente pelo MEI, são declarações fiscais e
têm valor de confissão de dívida, habilitando a Fazenda Pública à inscrição
do débito na dívida ativa (Lei Complementar n. 123, de 2006, art. 25, § 1º,
c/c art. 41, §§ 1º a 5º).

Apesar de ser possível a inscrição do crédito tributário diretamente na
dívida ativa no caso dos tributos submetidos ao lançamento por homologação, deverá ser garantido ao sujeito passivo o direito à notificação para
pagamento do crédito tributário. Isso porque o art. 201 do CTN prevê o
esgotamento do prazo para pagamento como condição para inscrição na
dívida ativa. A inscrição na dívida gera efeitos gravosos para o devedor, razão

CURSO COMPLETO DE DIREITO PROCESSUAL TRIBUTÁRIO

pela qual, mesmo que não tenha pago o valor no prazo regular, antes de proceder à inscrição na dívida, a Fazenda deverá notificar o sujeito passivo de que não acusou o recebimento do crédito. Decorrido o mencionado prazo que, na ausência de norma específica será de 30 dias, o crédito tributário estará apto a ser inscrito na dívida ativa.

Hugo de Brito Machado explica, mesmo no caso do lançamento por homologação, compete a Fazenda Pública pronunciar-se sobre os dados declarados pelo sujeito passivo[3]. A declaração por si não significa lançamento, porque esse procedimento é privativo da autoridade pública (CTN, art. 142). O contribuinte teria sempre o direito de se insurgir contra a obrigação tributária, até por que as declarações entregues ao Fisco decorrem de imposição legal e, por esse motivo, não deveriam implicar confissão ou reconhecimento do débito. Em abono a essa tese, acrescente-se que o pagamento do tributo não exonera o sujeito passivo do dever de entregar as declarações fiscais. Caso deixe de cumprir está última obrigação, ainda que tenha pago ou recolhido o tributo, será punido pelo não cumprimento da obrigação acessória.

Essas considerações levam à conclusão de que a Fazenda teria sempre que homologar as declarações fiscais que lhe são entregues. A homologação não seria um ato automático, resumido ao reconhecimento inconteste das informações prestadas pelo sujeito passivo. A exigência do crédito tributário, conforme salientado no Capítulo 3, subseção 3.2.1 se funda na busca da verdade material, de modo que a Fazenda não deve receber nem mais e nem menos do que o valor devido. A homologação da declaração entregue pelo sujeito passivo, sem um procedimento fiscalizador do Poder Público, poderia levar à exigência de valor abaixo do devido. Em face desses fatores seria relevante a homologação efetiva das declarações entregues pelos contribuintes.

Por outro lado, existem poucas razões para se exigir da Fazenda a homologação expressa em todas as declarações enviadas pelos contribuintes. O custo desse procedimento provavelmente não compensaria os resultados esperados. No lançamento por homologação, a finalidade é transferir o ônus da apuração do tributo ao sujeito passivo, reservando-se o Fisco à função meramente supervisora dessa atividade, daí por que são exigíveis as declarações

---

3   MACHADO, Hugo de Brito. *Comentários ao Código Tributário Nacional*, p. 835, v. III.

Capítulo 5   **Dívida ativa**

com efeito de confissão de dívida. Da mesma forma que é garantido à Fazenda o poder-dever de fiscalizar os contribuintes ainda que tenham sido entregues as declarações, em contrapartida terá o sujeito passivo o direito de retificar as declarações entregues, inclusive com os benefícios da denúncia espontânea (CTN, art. 138). Assim, entendemos que, na sistemática do lançamento por homologação, é razoável que a Fazenda possa inscrever diretamente na dívida ativa o crédito tributário declarado pelo contribuinte e não pago, sem a necessidade de pronunciamento prévio de que as informações estão regulares. Deve a Fazenda, no entanto, conforme sustentamos, garantir novo prazo para pagamento do crédito (CTN, art. 201), advertindo o contribuinte de que, não sendo pago o tributo nesse prazo, o crédito tributário será inscrito na dívida ativa, ficando apto a ser exigido em juízo mediante Execução Fiscal.

5.3.1 Principais consequências da inscrição na dívida

5.3.1.1 Exequibilidade do crédito

O procedimento de apuração do crédito tributário tem por finalidade tornar a obrigação tributária exigível. A legislação que institui cada tributo fixa os elementos centrais da obrigação tributária, quais sejam, fato gerador, sujeitos da obrigação, base de cálculo e alíquota. Determina também o prazo para pagamento do tributo. Não sendo observado este prazo, além dos acréscimos legais, a Fazenda fica habilitada a exigir o cumprimento da obrigação.

A exigência do crédito tributário, por sua vez, não é automática, depende de procedimentos administrativos a que se dá o nome de lançamento (CTN, art. 142). Esses procedimentos visam tornar o crédito tributário exigível, isto é, apto a ser cobrado administrativamente do sujeito passivo. A fase procedimental anterior à formalização da exigência do crédito tributário, qual seja, os atos que antecedem ao lançamento, não provocam efeito algum na direção do sujeito passivo, pois se destinam unicamente à constituição do crédito tributário. Depois de constituído pelo lançamento, isto é, com o fim do procedimento administrativo de lançamento, passa a existir uma pretensão por parte do Fisco, dirigida ao sujeito passivo, o que se chama de "exigibilidade do crédito tributário".

Com o crédito exigível, a Fazenda Pública tem o direito de adotar meios administrativos para efetivar a sua cobrança. No sistema processual brasileiro,

CURSO COMPLETO DE DIREITO PROCESSUAL TRIBUTÁRIO

o Poder Público não possui o direito de executar a exigibilidade de seu crédito na via administrativa. Em nosso sistema jurídico, a administração terá que se valer de ação judicial de Execução Fiscal para obter o pagamento compulsório da dívida tributária.

A exigibilidade do crédito tributário, porém, poderá ser suspensa por meio de impugnação ou outras medidas administrativas ou judiciais (CTN, art. 151). No primeiro caso, com o recebimento da impugnação, instaura-se o processo administrativo fiscal. Enquanto durar o mencionado processo não pode a Fazenda demandar o Poder Judiciário para pedir execução forçada do crédito. Isso por que, nesse caso, a legalidade do lançamento será objeto de revisão pela própria administração tributária.

Encerrado o processo, e se a validade do crédito tributário for confirmada na via administrativa, o sujeito passivo será notificado para pagar e, se não o fizer, o valor será inscrito na dívida ativa da administração competente. O ato de inscrição na dívida retoma a exigibilidade do crédito tributário. Assim, com a conclusão do processo administrativo desfavorável ao contribuinte, o principal efeito sobre o crédito inscrito em dívida ativa será o afastamento da suspensão da exigibilidade. Por conseguinte, a Fazenda estará apta a iniciar os atos necessários para executar judicialmente o devedor. A inscrição na dívida ativa torna o crédito "exequível".

5.3.1.2 Presunção de certeza e liquidez

Outras consequências poderão advir depois de inscrito o crédito na dívida ativa. Uma delas é a presunção de certeza e liquidez a que expressamente alude o *caput* do art. 204 do CTN: "a dívida regularmente inscrita goza da presunção de certeza e liquidez e tem o efeito de prova pré-constituída".

Hugo de Brito Machado ataca as mencionadas presunções chegando a qualificar de "autoritária" a interpretação dada por parcela dos agentes fiscais aos conceitos de presunção de liquidez e certeza do crédito tributário inscrito. Realmente, as presunções em questão não podem ser absolutas e interpretações abusivas desses vocábulos devem ser evitadas[4].

---

4   "A versão autoritária da tese de que se cuida é um resquício lamentável do nazismo e do fascismo. Doutrinas alemãs e italianas tiveram inegável influência na formação do pensamento administrativista em todo o mundo ocidental e mesmo que inconscientemente

Capítulo 5 **Dívida ativa**

Entendemos, no entanto, que as presunções de liquidez e certeza são artifícios jurídicos e não exatamente a essência ou finalidade central do ato de inscrição na dívida, que é viabilizar a cobrança executiva do crédito. Caso a lei não mencionasse essas expressões, nem por isso o crédito tributário deixaria de ser exequível, pois o relevante nesse caso é a expedição do título executivo extrajudicial, que servirá de prova pré-constituída da dívida na Execução Fiscal.

No Direito Tributário, as presunções de liquidez e certeza do crédito inscrito na dívida ativa constituem a suposição de que existiu procedimento ou processos administrativos válidos e findos, não mais cabendo discussões sobre o montante exigido. Nesse sentido já entendeu o STJ:

> 5. A inscrição em dívida ativa da Fazenda Pública é ato administrativo indispensável à formação e exequibilidade do título extrajudicial (art. 585, VII, do CPC). Consiste no reconhecimento do ordenamento jurídico de que o Poder Público pode, nos termos da lei, constituir unilateralmente título dotado de eficácia executiva (STJ. Recurso Especial 1.126.631/PR, Rel. Min. Herman Benjamin, j. 20-10-2009, *DJe* 13-11-2009).

No entanto, como toda suposição, as presunções de liquidez e certeza do crédito tributário, embora imbuídas de relevante juridicidade, são passíveis de contestações. Assim, poderá o interessado comprovar que o procedimento ou o processo de apuração do crédito não foram regulares. Poderá também sustentar que o crédito tributário não é exigível por outros fundamentos, tais como a inconstitucionalidade da lei que exige a obrigação tributária, a ilegitimidade do devedor ou nulidades no processo de apuração, ou no próprio ato de inscrição na dívida.

Outra consequência da inscrição em dívida ativa é que, depois dessa etapa, as discussões judiciais sobre o crédito tributário somente se darão por meio de embargos à execução fiscal, mandado de segurança, ação de repetição de indébito ou ação anulatória (LEF, art. 38).

Esse efeito restritivo às discussões sobre o crédito inscrito tem por escopo evitar o esvaziamento do ato de inscrição na dívida. Note-se que antes do

---

alguns juristas, ou pseudojuristas, ainda as defendem [...]. Teríamos então de aceitar a presunção de validade dos atos administrativos não porque tais atos sejam verdadeiramente válidos, mas porque seria necessário aceitá-los como tal". Cf. MACHADO, Hugo de Brito. *Comentários ao Código Tributário Nacional*, p. 874, v. III. ·

CURSO COMPLETO DE DIREITO PROCESSUAL TRIBUTÁRIO

crédito ser inscrito é facultado ao sujeito passivo ingressar com medidas judiciais que poderão suspender a exigibilidade do crédito ou até invalidá-lo. Caso não ingresse com essas medidas, depois de o crédito ser inscrito na dívida ativa, resta ao contribuinte se defender da execução fiscal. Poderá também atacar o ato de inscrição por meio de mandado de segurança, apontando a inexigibilidade do crédito em razão de fatores intrínsecos ou extrínsecos ao lançamento, ou ainda, a ilegalidade do próprio ato de inscrição. A ação de repetição de indébito seria utilizada na hipótese incomum de o contribuinte pagar o débito inscrito e depois pedir a restituição por discordar da cobrança inscrita. Por fim, tem-se a Ação Anulatória, que tem a pretensão de invalidar a dívida inscrita. Para se obter a suspensão da exigibilidade neste caso, prevê o art. 38 da LEF, a necessidade do depósito do montante cobrado. De acordo com a Súmula Vinculante 28 do STF: "É inconstitucional a exigência de depósito prévio como requisito de admissibilidade de ação judicial na qual se pretenda discutir a exigibilidade de crédito tributário". Assim, não poderá ser exigido o depósito em questão como condição ao ajuizamento da Ação Anulatória. Esses e outros desdobramentos sobre medidas judiciais depois que o crédito tributário é inscrito na dívida ativa serão analisados no Capítulo 8, em subseções específicas.

5.3.1.3 O encargo de 20% do débito inscrito de tributos federais

A inscrição na dívida poderá impactar também no montante do crédito tributário de outras formas, além dos juros moratórios, multas e correções monetárias. No caso da dívida ativa da União, o art. 1º do Decreto-lei n. 1.025, de 1969, extinguiu a participação de servidores públicos na cobrança da Dívida da União e determinou que o montante de 20% do montante do crédito passasse a ser pago pelo contribuinte em favor da União. O art. 3º do Decreto-lei n. 1.569, de 1977, estabeleceu que, na hipótese de o contribuinte pagar a dívida antes da remessa da CDA para ajuizamento da Execução Fiscal, o encargo em questão seria reduzido a 10% do valor atualizado da dívida.

A finalidade do encargo mencionado é viabilizar a cobrança antecipada de honorários advocatícios, o que, a nosso ver, atenta contra as regras de sucumbência fixadas no CPC. Como se sabe, os honorários advocatícios e despesas processuais, chamados de ônus da sucumbência, são devidos pelo vencido na demanda judicial. Ao ingressar com ação de Execução Fiscal a

Capítulo 5   Dívida ativa

Fazenda Pública mobiliza seus procuradores para o ajuizamento da medida, o que, pelas regras processuais, justificaria a incidência de honorários advocatícios. Atualmente, o § 2º do art. 85 do CPC prevê que os honorários serão fixados entre o mínimo de 10% e o máximo de 20% sobre o valor da condenação, do proveito econômico obtido ou, não sendo possível mensurá-lo, sobre o valor atualizado da causa. Para a fixação do percentual específico, o juiz observará os seguintes critérios, igualmente previstos no dispositivo legal citado: a) grau de zelo do profissional; b) o lugar de prestação do serviço; c) a natureza e importância da causa; d) o trabalho realizado pelo advogado e o tempo exigido para o seu serviço.

Tratando-se de causas em que a Fazenda Pública é parte, como é o caso da Execução Fiscal, da qual a inscrição na dívida ativa é ato preparatório, a fixação dos honorários observará os critérios mencionados nas alíneas acima. Além disso, deverá ser observada tabela regressiva de percentuais, que diminuem conforme a base de cálculo aumenta:

Valor da Condenação e Proveito Econômico	Mínimo e Máximo de percentual (%) de honorários
Até 200 salários mínimos	10 – 20
Acima de 200 até 2.000 salários mínimos	8 – 10
Acima de 2.000 Até 20.000 salários mínimos	5 – 8
Acima de 20.000 Até 100.000 salários mínimos	3 – 5
Acima de 100.000 salários mínimos	1 – 3

Outros detalhes sobre honorários sucumbenciais nas causas em que a Fazenda Pública for parte serão analisados no Capítulo 6 (subseção 6.2.10.3). Por ora, nosso objetivo é tratar do tema dos encargos de 20% sobre o montante inscrito na DAU. Como se observa, o simples oferecimento de Execução Fiscal, cuja petição inicial e CDA são geralmente produzidas por meio eletrônico, não deveria ensejar a fixação da verba honorária em seu maior percentual, quando aplicados os critérios do CPC. Nem serve de atenuação do problema a redução para 10% (Decreto-lei n. 1.569, de 1977, art. 3º), pois a hipótese de redução será aplicável nos casos em que o contribuinte pagar o crédito tributário antes de este ser executado em juízo. No entanto, o que legitima a incidência de honorários é exatamente a condenação do vencido.

Também não justifica a incidência dos encargos partindo-se do pressuposto de que a execução poderá não ser embargada, razão pela qual não

391

CURSO COMPLETO DE DIREITO PROCESSUAL TRIBUTÁRIO

haveria que se falar em "condenação". Nessas situações deve-se aplicar o § 8º do art. 85 do CPC, que estabelece a fixação equitativa dos honorários de sucumbência, devendo o juiz observar os requisitos do grau de zelo profissional, o local da prestação dos serviços etc. (CPC, art. 85, § 2º). Assim, não há como se garantir de antemão que os honorários na Execução Fiscal deverão ser sempre fixados no percentual máximo de 20% sobre o montante do valor inscrito na DAU.

Fica claro que a exigência do encargo de 20% sobre o valor do débito no ato de inscrição de tributos federais não possui natureza de verba de sucumbência. Para a caracterização desse ônus, conforme se apontou, devem estar presentes os requisitos processuais do art. 85 do CPC, notadamente o pressuposto da condenação do vencido.

A fixação abstrata de 20% sobre o valor do débito a título de supostos honorários não passa de mera cobrança indevida de tributo, disfarçada de verba sucumbencial. O encargo se destina a remunerar a Fazenda pelos custos administrativos de inscrição na dívida, atividade que em nada se relaciona com o trabalho dos procuradores da fazenda no processo judicial. Assim, o encargo em questão assume inegável característica de "prestação pecuniária compulsória prevista em lei", ou seja, "tributo".

Aliás, a cobrança preenche os outros elementos do conceito de tributo a que se refere o art. 3º do CTN. Em um ponto, porém essencial, o encargo em questão se divorcia do regime tributário e exatamente por esse motivo não poderia ser exigido como tal. É que o encargo não se alinha às características de nenhuma das espécies tributárias. Não é imposto, pois o seu possível fato gerador seria a atividade administrativa de condução do procedimento e inscrição na DAU. Também não poderia ser taxa, porque a atividade desempenhada pelo Fisco não se refere a "serviço público" e nem a "exercício do poder de polícia". Note-se que para a caracterização do serviço público é necessário haver a entrega de benefício ao sujeito passivo; quanto ao poder de polícia, o exercício de determinada atividade pelo particular exige do Poder Público a análise de requisitos legais, o que restringe direitos do administrado em prol do interesse público. Além disso, a inscrição na DAU é procedimento de iniciativa exclusiva da Fazenda Pública, não tendo nenhuma relação com atividades desempenhadas pelo particular a ensejar atuação estatal.

392

Capítulo 5   **Dívida ativa**

As demais espécies tributárias nem de longe se aproximam da previsão da mencionada cobrança, pois, no caso da contribuição de melhoria o pressuposto será a realização de obra pública com valorização imobiliária, o que não é o caso. Empréstimos compulsórios presumem devolução do valor exigido, o que está fora de cogitação na hipótese do encargo. Quanto às contribuições, estas dependerão do atendimento de uma das finalidades a que se refere o art. 149 da Constituição Federal. Como se sabe, as contribuições deverão atender a finalidades, social, de intervenção no domínio econômico, ou ao interesse de categorias profissionais e econômicas. O custeio do serviço público de fornecimento de energia elétrica também poderá ser atendido por meio de contribuição específica para essa finalidade (CF, art. 149-A), mas, igualmente, não é o caso.

Por conseguinte, o encargo é uma cobrança abusiva, quer por não ser verba de sucumbência, quer por não se tratar de tributo. O tema, entretanto, é controvertido no âmbito da doutrina e da jurisprudência. Leandro Paulsen lembra que o STF já se manifestou sobre questão semelhante e, antes da Constituição vigente, concluiu que esse tipo de cobrança era inconstitucional[5]. O caso específico se referia a determinada lei do Estado de São Paulo e, na referida oportunidade, ficou assentado que o acréscimo ao valor do débito inscrito na dívida ativa daquele Estado violava a Constituição, pois não se tratava de tributo e nem de multa, uma vez que o ato de inscrição na dívida é providência cabível à própria Fazenda Pública. Não poderia, portanto, a administração ser beneficiada com acréscimo sobre o valor inscrito em dívida ativa se possuía o privilégio de constituir seu próprio título de crédito. Assim entendeu o STF: "É inconstitucional o art. 1º. da Lei n. 10.421, de 3-12-71, do Estado de São Paulo, que institui acréscimo pela inscrição do débito fiscal. Recurso extraordinário parcialmente conhecido e provido" (STF. Recurso Extraordinário 84.994/SP, Rel. Min. Xavier de Albuquerque, j. 13-4-1977, *DJ* 16-6-1978).

Atualmente, no entanto, o STJ tem admitido como válida a cobrança do encargo em questão, inclusive como verba destinada a honorários advocatícios.

---

5   PAULSEN, Leandro et al. *Direito processual tributário*, p. 174-175.

393

CURSO COMPLETO DE DIREITO PROCESSUAL TRIBUTÁRIO

> 2. A orientação firmada por esta Corte é no sentido de reconhecer a legalidade da cobrança do encargo de 20% previsto no Decreto-Lei 1.025/69, uma vez que se destina a cobrir todas as despesas realizadas com a cobrança judicial da União, inclusive honorários advocatícios (STJ. Agravo Regimental no Agravo de Instrumento 11.05633/SP, Rel. Min. Benedito Gonçalves, j. 12-5-2009, *DJe* 25-5-2009).

Em outro julgado, o STJ ressalta que o encargo se destina à substituição da condenação em honorários, na hipótese de o devedor sucumbir nos embargos opostos à execução. Entretanto, se ocorrer o contrário, caberá à Fazenda Nacional arcar com a verba honorária.

> 3. É firme a jurisprudência desta Corte no sentido de ser devido o encargo de 20%, previsto no Decreto-Lei 1.025/69, nas execuções fiscais da União e que este substitui, nos embargos, a condenação do devedor em honorários advocatícios (STJ. Recurso Especial 10.074.339/SP, Rel. Min. Eliana Calmon, j. 19-2-2009, *DJe* 27-3-2009)[6].

Na linha da jurisprudência do STJ, o § 1º do art. 37-A da Lei n. 10.522, de 2002, estabelece que os créditos inscritos em Dívida Ativa das autarquias e fundações públicas federais "serão acrescidos de encargo legal, substitutivo da condenação do devedor em honorários advocatícios, calculado nos termos e na forma da legislação aplicável à Dívida Ativa da União". Assim, quando se tratar de inscrição na dívida ativa de créditos de autarquias e fundações federais deverá ser incluído o encargo de 20% no montante do débito.

O art. 85, § 19, do CPC estabeleceu que os advogados públicos receberão honorários advocatícios nos "termos da lei". No âmbito federal, portanto para as carreiras jurídicas subordinas à AGU, a Lei n. 13.327, de 2016, regulamentou as regras de pagamento da verba honorária em favor dos citados profissionais. Os incisos II e III do art. 30 da mencionada lei reiteram a aplicação dos encargos de 20%, estabelecendo que nos honorários do advogado público federal se incluem "até 75% (setenta e cinco por cento) do produto do encargo legal acrescido aos débitos inscritos na dívida ativa da União".

---

6   No mesmo sentido, confiram-se os seguintes precedentes também do STJ: AgRg no Ag 929.373/SP; Edcl nos Edcl no REsp 369.506-RS; REsp 625.566/RS; EREsp 252.668/MG; REsp 1.066.646/SP.

Capítulo 5 **Dívida ativa**

Com relação aos créditos das autarquias e fundações públicas federais, compõem os respectivos honorários: "o total do produto do encargo legal acrescido aos créditos das autarquias e das fundações públicas federais inscritos na dívida ativa da União". Isso significa que, tratando-se de execuções fiscais federais, os Procuradores da Fazenda Nacional receberão até 75% do valor do encargo acrescido ao crédito tributário e os Procuradores Federais (que defendem as autarquias e fundações públicas) receberão a totalidade do encargo.

Apesar da jurisprudência do STJ sobre o assunto e da Lei n. 13.327, de 2016, utilizar o encargo como referência para o pagamento dos honorários dos advogados públicos federais, entendemos que tanto a corte superior quanto a citada lei andam na contramão do pretendeu o CPC com as novas regras sobre honorários sucumbências da Fazenda Pública. Isso porque, embora o Decreto-lei n. 1.025, de 1969 possa ser considerado "lei especial" a regular os honorários advocatícios em favor da Fazenda Pública Federal, é inegável que o CPC de 2015 trouxe regras mais contemporâneas à questão. O fundamento do § 3º do art. 85 do CPC é a "equidade", não exatamente por um critério unicamente subjetivo do juiz, mas com uma escala de percentuais que diminuem conforme o valor da causa aumenta. Fica evidente a intenção da lei de primar pelo equilíbrio entre o valor financeiro da demanda, as características específicas da ação (CPC, art. 85, § 2º) e o menor nível de abstração possível na fixação dos honorários de sucumbência, na medida em que esses fatores deverão ser sopesados pelo juiz. Note-se que o § 5º do art. 85 do CPC determina que, se o valor da causa for superior ao valor mínimo da tabela regressiva, a fixação do percentual de honorários deve observar a faixa inicial (10% – 20%) e, naquilo que a exceder, a faixa subsequente, e assim sucessivamente. Essa regra visa conceder maior nível de pessoalidade entre o valor a ser fixado de honorários e a realidade da demanda. O art. 1º do Decreto-lei n. 1.025, de 1969, por sua vez, prevê norma que se opõe drasticamente ao valor jurídico que o CPC de 2015 procura proteger no § 3º do art. 85, que é a "equidade" na condenação do vencido ao pagamento dos honorários sucumbenciais. A previsão da inclusão de 20% do valor do montante do crédito tributário acrescido de juros e correção monetária no ato de inscrição na dívida ativa, é medida exageradamente abstrata e que não condiz com as novas normas sobre a matéria. Por essa razão, defendemos que o art. 1º do Decreto-lei n. 1.025, de 1969 foi logicamente revogado pelo CPC de 2015, razão pela

395

CURSO COMPLETO DE DIREITO PROCESSUAL TRIBUTÁRIO

qual é de se esperar que o STJ reveja sua jurisprudência a respeito e reconheça o evidente conflito de normas.

5.3.1.4 Outros efeitos da inscrição na dívida ativa

A perda da suspensão da exigibilidade do crédito pela inscrição na dívida ativa acarreta várias dificuldades ao sujeito passivo, como, por exemplo, a impossibilidade de se obter certidão negativa. No caso de tributos federais, o devedor será inscrito no Cadin, instituído pela Lei n. 10.522, de 2002. O ato de inscrição na dívida ativa não se confunde com o Cadin, pois se destina ao controle de legalidade do procedimento ou do processo de constituição do crédito tributário[7]. A inscrição no Cadin, porém, dificulta a obtenção de créditos e contratações com o Poder Público, uma vez que o registro nesse cadastro pode indicar o comprometimento da situação fiscal do devedor[8].

Outra consequência do ato de inscrição na dívida diz respeito ao art. 185 do CTN, com redação dada pela Lei Complementar n. 118, de 2005. De acordo com essa norma, "presume-se fraudulenta a alienação ou oneração de bens ou rendas, ou seu começo, por sujeito passivo em débito para com a Fazenda Pública, por crédito tributário regularmente inscrito como dívida ativa". A alienação fraudulenta de bens ou rendas leva à anulação do negócio jurídico. O texto original do CTN previa que a fraude à execução somente ocorreria depois que o devedor tributário fosse citado da Execução Fiscal. A Lei Complementar alterou essa redação e antecipou a presunção de fraude,

---

7   SILVA, Américo Luís Martins da. *A execução da dívida ativa da Fazenda Pública*. 2. ed. São Paulo: RT, 2009, p. 64.

8   Lei n. 10.522, de 2002. Art. 6º É obrigatória a consulta prévia ao Cadin, pelos órgãos e entidades da Administração Pública Federal, direta e indireta, para: I – realização de operações de crédito que envolvam a utilização de recursos públicos; II – concessão de incentivos fiscais e financeiros; III – celebração de convênios, acordos, ajustes ou contratos que envolvam desembolso, a qualquer título, de recursos públicos, e respectivos aditamentos. Parágrafo único. O disposto neste artigo não se aplica: I – à concessão de auxílios a Municípios atingidos por calamidade pública reconhecida pelo Governo Federal; II – às operações destinadas à composição e regularização dos créditos e obrigações objeto de registro no Cadin, sem desembolso de recursos por parte do órgão ou entidade credora; III – às operações relativas ao crédito educativo e ao penhor civil de bens de uso pessoal ou doméstico".

Capítulo 5 **Dívida ativa**

na medida em que o ato de inscrição previne a Fazenda de alienações posteriores de bens, o que pode comprometer o patrimônio do devedor. Nesse sentido, o STJ possui o entendimento de que, a partir de 9-6-2005, data em que entrou em vigor a Lei Complementar n. 118, de 2005, a inscrição do crédito tributário na dívida faz presumir fraudulenta a alienação de bens realizada após aquele ato. O Tema 290 de Recursos Repetitivos do STJ fixou a seguinte tese: "Se o ato translativo foi praticado a partir de 9-6-2005, data de início da vigência da Lei Complementar n. 118/2005, basta a efetivação da inscrição em dívida ativa para a configuração da figura da fraude". A contrário senso, as alienações realizadas antes dessa data não poderão ser consideradas fraudulentas com a simples inscrição na dívida ativa, devendo ocorrer a citação na Execução Fiscal para a caracterização da fraude.

Sobre a análise do art. 185 do CTN deve se considerar também sua interpretação sistemática e não simplesmente a literal. A inscrição na dívida ativa não pode significar a indisponibilidade de todos os bens do devedor, o que somente ocorrerá na hipótese do art. 185-A do CTN, que torna indisponíveis os bens do devedor da Execução Fiscal que, depois de citado, não paga a dívida, não oferece bens para garantir a execução e nem são encontrados bens para essa finalidade. Os desdobramentos do art. 185-A serão expostos e examinados na subseção 7.2.11.2 do Capítulo 7, sobre a Execução Fiscal. Voltando-se ao art. 185 do CTN, que regula etapa anterior, isto é, da inscrição na dívida ativa, a alienação fraudulenta de bens somente poderá ficar caracterizada se o alienante, possuindo débitos tributários inscritos, realiza a venda sem reservar outros bens para a garantia da dívida fiscal. Nesse sentido é o entendimento do STJ:

> 2. A Primeira Seção do STJ, no julgamento do REsp 1.141.990/PR, da relatoria do Ministro Luiz Fux, submetido ao rito dos feitos repetitivos, firmou o entendimento de que: a) a natureza jurídica tributária do crédito conduz a que a simples alienação ou oneração de bens ou rendas, ou seu começo, pelo sujeito passivo por quantia inscrita em dívida ativa, sem a reserva de meios para quitação do débito, gera presunção absoluta (*jure et de jure*) de fraude à execução (lei especial que se sobrepõe ao regime do direito processual civil); (STJ. Recurso Especial 1.654.320/SC, Rel. Min. Herman Benjamin, j. 4-4-2017, *DJe* 24-4-2017).

Assim, é condição para a presunção absoluta de alienação fraudulenta, isto é, sem a possibilidade de contestação pelo alienante, se a venda ocorre "sem a reserva de meios para quitação do débito" tributário. Caso o devedor, com débito inscrito na dívida ativa, possua outros meios para o pagamento da dívida fiscal não ocorrerá a hipótese do art. 185 do CTN, não podendo a venda do bem ser declarada nula, por significar restrição indevida na gestão patrimonial do particular.

Conforme sugere o julgado transcrito, o CTN, por ser lei especial para disciplinar a cobrança do crédito tributário, se sobrepõe à lei geral. Assim, o art. 792 do CPC, que possui outras condições sobre fraude à execução, não seria diretamente aplicável para regular a alienação de bens do devedor tributário com débitos inscritos na dívida ativa. Sobre esse ponto, de um modo geral, o art. 792 do CPC determina que a caracterização da fraude contra a execução depende de averbação do bem alienado no respectivo registro público (cartório imobiliário, ANAC, Capitania dos Portos, CVM etc.). Para a execução comum, portanto, vigora a Súmula 375 do STJ, com a seguinte orientação: "O reconhecimento da fraude à execução depende do registro da penhora do bem alienado ou da prova de má-fé do terceiro adquirente". Estabelece também o art. 792 do CPC, em linhas gerais, que será fraudulenta a venda de bens: "quando, ao tempo da alienação ou da oneração, tramitava contra o devedor ação capaz de reduzi-lo à insolvência". Antes do advento da Lei Complementar n. 118, de 2005, que alterou a redação do art. 185 do CTN, o STJ possuía entendimento na linha do CPC, isto é, a fraude à execução contra a Fazenda Pública dependia da citação na Execução Fiscal e da presumível situação de insolvência do devedor.

> Execução fiscal. Embargos de terceiro. Fraude à execução. Inexistência de situação de insolvência do devedor. 1. Não há como se presumir a alienação fraudulenta quando tal operação não decorrer de situação de insolvência do devedor. 2. A alienação de bens isoladamente considerada não é capaz de atrair a presunção de que trata o art. 185 do CTN, vez que esta somente pode ser entendida como fraudulenta quando ocasiona a diminuição patrimonial do executado. 3. Recurso especial improvido (STJ. Recurso Especial 493.131/RS, Relatora Ministra Eliana Calmon, j. 4-8-2005, DJ 10-10-2005).

Na proteção do crédito tributário, que constitui receita pública, a jurisprudência atual do STJ sobre a matéria sustenta que não se aplica à dívida fiscal a Súmula 375 citada acima. Isso porque a cobrança do crédito tributário

Capítulo 5 **Dívida ativa**

segue regras especiais regidas pelo CTN e não exatamente pelo CPC[9]. Assim, presume-se fraudulenta a venda de bens do contribuinte que, não possuindo meios de garantir a dívida fiscal, aliena bens do seu patrimônio depois de ter sido inscrito na dívida ativa, sendo irrelevante a boa-fé do terceiro adquirente ou a necessidade de averbação de restrição dos bens nos respectivos registros públicos.

5.3.1.5 Protesto da certidão de dívida ativa

O protesto da CDA gerou controvérsias no passado recente, notadamente após a edição da Portaria n. 321, de 2006, do Procurador-Geral da Fazenda Nacional, autorizando a referida medida. O protesto caberia especialmente para as inscrições em dívida ativa em que, por força do baixo valor do débito, não seria possível o ajuizamento da Execução Fiscal. Evidentemente que a intenção era forçar o devedor a pagar o débito fiscal na medida em que o protesto acarretava restrições mais severas sobre a reputação financeira do devedor.

O argumento mais usual contra o protesto da dívida ativa é que a geração do título executivo extrajudicial, nesse caso, compete unilateralmente à Fazenda Pública, tratando-se de direito potestativo do credor, em relação ao qual não é dado ao devedor o direito de intervir. A CDA é diferente dos títulos executivos extrajudiciais privados, em que a dívida decorre do contrato, portanto do ajuste de vontades dos contraentes.

Em precedentes passados, o STJ chegou a entender que o protesto da dívida ativa não seria cabível por ausência de previsão legal e por faltar à Fazenda Pública interesse de agir para marcar a impontualidade da obrigação, visando a decretação da falência do devedor tributário. Dito de outro modo, o protesto é medida necessária para se pedir a falência do devedor, não cabendo pedido de falência do Fisco em face do devedor tributário. Nesse sentido, com fortes argumentos, tem o seguinte precedente ao lado de tantos outros:

---

9   Cf.: "4. Registre-se, por oportuno, que se consolidou o entendimento segundo o qual não se aplica à execução fiscal a Súmula 375/STJ: 'O reconhecimento da fraude à execução depende do registro da penhora do bem alienado ou da prova de má-fé do terceiro adquirente'" (STJ. Recurso Especial 1.654.320/SC, Rel. Min. Herman Benjamin, j. 4-4-2017, *DJe* 24-4-2017).

I – A Certidão de Dívida Ativa, a teor do que dispõe o art. 204 do CTN, goza de presunção de certeza e liquidez que somente pode ser afastada mediante apresentação de prova em contrário. II – A presunção legal que reveste o título emitido unilateralmente pela Administração Tributária serve tão somente para aparelhar o processo executivo fiscal, consoante estatui o art. 38 da Lei 6.830/80. (Lei de Execuções Fiscais) III – Dentro desse contexto, revela-se desnecessário o protesto prévio do título emitido pela Fazenda Pública. IV – Afigura-se impróprio o requerimento de falência do contribuinte comerciante pela Fazenda Pública, na medida em que esta dispõe de instrumento específico para cobrança do crédito tributário. V – Ademais, revela-se ilógico o pedido de quebra, seguido de sua decretação, para logo após informar-se ao Juízo que o crédito tributário não se submete ao concurso falimentar, consoante dicção do art. 187 do CTN. VI – O pedido de falência não pode servir de instrumento de coação moral para satisfação de crédito tributário. A referida coação resta configurada na medida em que o art. 11, § 2º, do Decreto-Lei 7.661/45 permite o depósito elisivo da falência (STJ. Recurso Especial 287.824/MG, Rel. Min. Francisco Falcão, j. 20-10-2005, *DJ* 20-2-2006).

No entanto, o protesto da CDA, contra a lógica que fundamenta a necessidade do protesto, que é tornar pública a dívida para efeito do pedido de falência do devedor (a CDA já é pública), acabou sendo regulamentada pela Lei n. 12.767, de 2012. A lei em questão, na verdade, resultou da conversão da Medida Provisória n. 577, de 2012 que dispunha sobre "a extinção das concessões de serviço público de energia elétrica". A lei mencionada acrescentou o parágrafo único ao art. 1º da Lei n. 9.492, de 1997, prevendo o seguinte: "Incluem-se entre os títulos sujeitos a protesto as certidões de dívida ativa da União, dos Estados, do Distrito Federal, dos Municípios e das respectivas autarquias e fundações públicas". A Lei n. 12.767, de 2012, também alterou a redação do § 2º do art. 39 da Lei n. 8.212, de 1991, autorizando o protesto na dívida ativa dos créditos tributários da seguridade social[10].

---

10 "Art. 39. O débito original e seus acréscimos legais, bem como outras multas previstas em lei, constituem dívida ativa da União, promovendo-se a inscrição em livro próprio daquela resultante das contribuições de que tratam as alíneas *a*, *b* e *c* do parágrafo único do art. 11 desta Lei. § 2º É facultado aos órgãos competentes, antes de ajuizar a cobrança da dívida ativa de que trata o *caput* deste artigo, promover o protesto de título dado em garantia, que será recebido *pro solvendo*."

Capítulo 5 **Dívida ativa**

Depois da regulamentação legal, o STJ cedeu e passou a admitir o protesto da CDA[11]. Dentre vários fundamentos apresentados pesou o "II Pacto entre os Poderes da República" em prol de "um sistema de Justiça mais acessível, ágil e efetivo". Assim, medidas que pudessem diminuir o número de demandas judiciais deveriam ser adotadas por todos os Poderes, de modo que a Lei n. 12.767, de 2012 seria um exemplo desse "pacto". Realmente, o protesto da CDA é um meio coercitivo de obrigar o pagamento da dívida fiscal em razão dos constrangimentos gerados. É importante salientar, no entanto, que em um regime democrático, o acesso à justiça deverá ser sempre prestigiado. Medidas inibidoras desse direito de acesso, especialmente quando não passam pela possibilidade de conciliação entre as partes – e o protesto da CDA não permite negociações prévias – não devem ser comemoradas. Tratando-se de matéria fiscal o problema é mais grave, quando se sabe que é elevado o número de tributos no país declarados indevidos pela Justiça. O protesto da dívida ativa tolhe direitos do contribuinte e viabiliza o recebimento fácil e incontestável da dívida ativa, ainda que o crédito seja, realmente, controvertido.

Apesar dessas ponderações, o STF, no julgamento da ADI 5135-DF, fixou a seguinte tese favorável ao protesto da dívida ativa: "o protesto das certidões de dívida ativa constitui mecanismo constitucional e legítimo por não restringir de forma desproporcional quaisquer direitos fundamentais garantidos aos contribuintes e, assim, não constituir sanção política". O STF recomendou às Fazendas Públicas, no entanto, a adoção de algumas cautelas, a fim de evitar abusos no uso do instrumento. A despeito da flagrante obviedade, a Suprema Corte entendeu que não poderão ser objeto de protesto créditos tributários que, por exemplo, tenham sido declarados inválidos pelo Poder Judiciário, estejam decaídos ou prescritos.

5.3.1.6 A inconstitucionalidade da indisponibilidade coercitiva de bens do devedor inscrito na DAU

A "indisponibilidade coercitiva" de bens do devedor inscrito na DAU, por ato da PGFN, pode ser chamada simplesmente de "penhora administrativa", embora não seja uma terminologia adequada, por se tratar de uma simples generalização.

---

11 STJ. Recurso Especial 1.126.515, Rel. Min. Herman Benjamin, j. 3-12-2013, *DJe* 16-12-2013.

401

A Lei n. 13.606, de 2018, fez algumas alterações importantes nas regras de inscrição na DAU e nos procedimentos ao ajuizamento de Execução Fiscal de tributos federais, que estão previstos na Lei n. 10.522, de 2002.

Considerando o modelo constitucional de processo tributário vigente, as medidas em questão possuem diversos e profundos problemas jurídicos. Isso porque as funções do Poder Executivo na administração e controle de legalidade do crédito tributário são muito diferentes da atuação do Poder Judiciário sobre a mesma matéria.

Além disso, o art. 25 da Lei n. 13.606, de 2018, é um daqueles casos chocantes de oportunismo legislativo. A mencionada lei foi concebida para regulamentar o Programa de Regularização Tributária Rural (PRR), ou seja, praticamente veio para fixar normas de parcelamento de débitos da contribuição Funrural. Aproveitou-se o ensejo dessa regulamentação para se incluir o art. 25, que acrescenta dispositivos à Lei n. 10.522, de 2002, estabelecendo regras sobre inscrição de débitos fiscais federais na DAU e medidas preparatórias ao ajuizamento de execução fiscal, o que não pertence ao objeto da Lei n. 13.606, de 2018. Nesse sentido, ressalte-se que o art. 7º da Lei Complementar n. 95, de 1998, que estabelece normas gerais à elaboração das leis, determina que toda lei deverá possuir um único objeto e não deverá conter matéria estranha a esse objeto, exceto quando se tratar de Códigos ou quando os assuntos estiverem vinculados por afinidade, pertinência ou conexão. Não é o caso da Lei n. 13.606, de 2018, que, embora discipline o parcelamento de determinado tributo, acaba dispondo indevidamente sobre inscrição na dívida ativa de qualquer outro crédito tributário federal, em inegável afronta à Lei Complementar n. 95, de 1998. Acrescente-se que, em caso semelhante, o STF decidiu:

> Viola a Constituição da República, notadamente o princípio democrático e o devido processo legislativo (arts. 1º, *caput*, parágrafo único, 2º, *caput*, 5º, *caput*, e LIV, CRFB), a prática da inserção, mediante emenda parlamentar no processo legislativo de conversão de medida provisória em lei, de matérias de conteúdo temático estranho ao objeto originário da medida provisória (STF, ADI 5127/DF, Rel. p/ Acórdão Min. Edson Fachin, j. 15-10-2015, DJe 11-5-2016).

O julgado ressalvou, no entanto, o caso das leis de conversão que tivessem sido promulgadas até a data da mencionada ADI, o que ocorreu em 15 de outubro de 2015. Nota-se, portanto, que o STF concedeu efeitos *ex nunc* à

Capítulo 5 **Dívida ativa**

decisão, de modo que a Lei n. 13.606, de 2018, foi alcançada pela decisão da ADI 5127/DF, que emana efeitos abstratos sobre outras leis que contenham o mesmo vício de constitucionalidade.

Tirante esse aspecto, outro, não menos relevante, coloca em dúvida a constitucionalidade do art. 25 da Lei n. 13.606, de 2018. Conforme explicado, o citado dispositivo acrescentou à Lei n. 10.522, de 2002, os arts. 20-B a 20-E, dispondo, em geral, sobre a inscrição do crédito tributário na DAU e as consequências desse ato ao contribuinte.

As matérias em questão violam a reserva de Lei Complementar por se tratar de assunto vinculado às normas gerais em matéria tributária. Como se sabe, o art. 146, III, da Constituição Federal estabelece um rol "exemplificativo" de assuntos tributários, que deverão ser regulamentados por lei complementar. A redação do inciso III do art. 146 da Carta Magna não deixa dúvida quando diz que cabe à lei complementar estabelecer normas gerais em matéria de legislação tributária "especialmente sobre [...]", prevendo em seguida um rol exemplificativo de matérias gerais. O advérbio "especialmente" indica que outras matérias serão consideradas gerais e, portanto, suscetíveis de regulamentação por lei complementar.

As normas gerais em matéria tributária deverão ser estabelecidas por lei complementar, exatamente para impedir diferenças de tratamento sobre assuntos restritivos a direitos dos contribuintes. Não contribui para o equilíbrio federativo que os entes federados editem normas sobre assuntos estruturantes do sistema tributário de forma desarmônica, isto é, cada Fazenda adota um tipo de tratamento sobre prerrogativas ou direitos exercidos em face dos contribuintes. Note-se que a outorga de um direito fazendário pode implicar a limitação de outro do contribuinte. Para evitar desequilíbrios no pacto federativo, o balanceamento dos direitos de uns e as respectivas limitações sobre o direito de outros devem ser regulados por lei complementar, para nivelar todos os entes federados e contribuintes aos mesmos direitos e restrições. Caso contrário, haverá privilégios para um ente governamental em detrimento do pacto federativo e diminuição de direitos do contribuinte em face de determinada Fazenda Pública.

Foi exatamente o que, em linhas gerais, fez a Lei n. 13.606, de 2018, ao incluir os artigos 20-B a 20-E na Lei n. 10.522, de 2002. Para a presente subseção será analisada a norma do art. 20-B introduzido, que tem a seguinte redação:

403

Art. 20-B. Inscrito o crédito em dívida ativa da União, o devedor será notificado para, em até cinco dias, efetuar o pagamento do valor atualizado monetariamente, acrescido de juros, multa e demais encargos nela indicados.

§ 1º A notificação será expedida por via eletrônica ou postal para o endereço do devedor e será considerada entregue depois de decorridos quinze dias da respectiva expedição.

§ 2º Presume-se válida a notificação expedida para o endereço informado pelo contribuinte ou responsável à Fazenda Pública.

§ 3º Não pago o débito no prazo fixado no *caput* deste artigo, a Fazenda Pública poderá:

I – comunicar a inscrição em dívida ativa aos órgãos que operam bancos de dados e cadastros relativos a consumidores e aos serviços de proteção ao crédito e congêneres; e

II – averbar, inclusive por meio eletrônico, a certidão de dívida ativa nos órgãos de registro de bens e direitos sujeitos a arresto ou penhora, tornando-os indisponíveis.

O procedimento de inscrição do crédito tributário na dívida e os efeitos desse ato são matérias reservadas à lei complementar porque pertencem ao conceito de "normas gerais em matéria tributária". A inscrição na dívida ativa é ato administrativo de controle da legalidade do crédito, que prepara a sua cobrança em juízo, tornando-o mais do que exigível e, portanto, exequível. Assim, as regras que disciplinam a inscrição na dívida ativa deverão ser comuns para todas as Fazenda Públicas, conforme exige o art. 146, III, "b" da Constituição Federal. O art. 20-B da Lei n. 13.606, de 2018, desiguala as Fazendas, concedendo uma prerrogativa à União que não é extensível aos demais entes federativos. Para que as vantagens do dispositivo em questão pudessem ser aplicadas também aos estados e municípios, teriam que ser previstas em lei complementar, como determina a Constituição Federal.

A estratégia de se prever tais prerrogativas à Fazenda em lei ordinária obrigou o legislador federal a restringi-las apenas à União. Isso torna flagrante a inconstitucionalidade do dispositivo, pois "pegou-se carona" em projeto de lei ordinária para disciplinar tema de lei complementar que interessa de perto a todas as Fazendas Públicas. A previsão de lei complementar para dispor sobre normas gerais de legislação tributária permite debate mais amplo sobre a matéria, na medida em que envolve interesses fiscais de todos os entes federados. A lei em questão adultera as normas protetivas do pacto federativo

Capítulo 5 **Dívida ativa**

porque cria privilégios à União que deveriam ser estendidos a todos os entes federados por lei complementar. A indisponibilidade de bens do devedor inscrito na dívida ativa é medida de eficiência arrecadatória que interessa a todos os entes federados e não apenas à União. Tanto assim que o art. 185 do CTN prevê normas gerais a respeito do tema, aplicáveis a todas as Fazenda Públicas. Conforme foi analisado na subseção 5.3.1.4, o art. 185 do CTN dispõe que: "Presume-se fraudulenta a alienação ou oneração de bens ou rendas, ou seu começo, por sujeito passivo em débito para com a Fazenda Pública, por crédito tributário regularmente inscrito como dívida ativa". A indisponibilidade dos bens do devedor, que é medida muito mais vantajosa para a Fazenda, com mais razão deveria ser prevista em lei complementar.

5.3.1.7 Análise dos arts. 20-B a 20-E da Lei n. 10.522, de 2002

Primeiramente, o art. 20-E da Lei n. 10.522, de 2002, acrescentado pela Lei n. 13.606, de 2018, delega poderes à Procuradoria-Geral da Fazenda Nacional para editar atos complementares ao fiel cumprimento das normas dos arts. 20-B a 20-D. Essa regulamentação consta da Portaria PGFN n. 33, de 2018, que traz inovações relevantes tanto ao próprio texto da lei quanto ao processo administrativo tributário. Na mesma linha do art. 25 da Lei n. 13.606, de 2018, a Portaria em questão extrapola o princípio da legalidade e contém normas desproporcionais às garantias fundamentais do contribuinte, conforme será exposto. Por razões de praticidade, daqui para frente, chamaremos a Portaria PGFN n. 33, de 2018, simplesmente de Portaria.

Antes, entretanto, deve-se analisar o *caput* do art. 20-B da Lei n. 10.522, de 2002, que concede o prazo de 5 dias para o devedor pagar o crédito tributário federal inscrito na DAU. A fixação de prazo para pagamento do crédito inferior a 30 dias não é exatamente ilegal, uma vez que o art. 160 do CTN estabelece que, se lei específica não dispuser em contrário, será de 30 dias o prazo para o mencionado pagamento. No caso específico, a lei previu prazo diferente.

Igualmente, não há óbice nas normas dos §§ 1º e 2º do art. 20-B, que estabelecem o procedimento de notificação do contribuinte sobre a inscrição na DAU, que poderá ser por via eletrônica ou postal, para o domicílio tributário informado pelo contribuinte. Aliás, o Decreto n. 70.235, de 1972, já prevê tais modalidades de notificação para o lançamento tributário, conforme o art. 23, analisado na subseção 4.4.1.

CURSO COMPLETO DE DIREITO PROCESSUAL TRIBUTÁRIO

O § 3º do art. 20-B, no entanto, constitui o ponto central de todas as controvérsias. Trata-se da adoção de medidas restritivas ao direito do contribuinte inscrito em dívida ativa caso, notificado para pagar o débito, não o faça no prazo de 5 dias. Para o exame adequado do ponto, convém transcrever o dispositivo outra vez.

> Art. 20-B
>
> § 3º Não pago o débito no prazo fixado no *caput* deste artigo, a Fazenda Pública poderá:
>
> I – comunicar a inscrição em dívida ativa aos órgãos que operam bancos de dados e cadastros relativos a consumidores e aos serviços de proteção ao crédito e congêneres; e
>
> II – averbar, inclusive por meio eletrônico, a certidão de dívida ativa nos órgãos de registro de bens e direitos sujeitos a arresto ou penhora, tornando-os indisponíveis.

A previsão do inciso I do § 3º do art. 20-B extrapola a finalidade da norma contida no art. 198, § 3º, II, do CTN, que daria condições de validade ao questionado dispositivo. O artigo do CTN limita-se a prescrever que informações relativas à dívida ativa poderão ser divulgadas. A intenção do CTN, por óbvio, é prevenir terceiros de boa-fé a eventuais prejuízos caso realizem negócios com o devedor tributário, cujo débito esteja inscrito na dívida ativa. Assim, é necessário estabelecer um vínculo lógico de pertinência entre a existência do crédito tributário inscrito e o órgão ou entidade que poderá proteger interesses de terceiros. A previsão de que poderá ser comunicada a inscrição na DAU para órgãos que operam bancos de dados e cadastros relativos a consumidores ultrapassa o objetivo da norma do art. 198, § 3º, II, do CTN, tendo a única finalidade de expor e constranger o devedor tributário, sem nenhuma utilidade prática para prevenir direitos de terceiros.

A finalidade dos cadastros de consumidores é solucionar conflitos entre fornecedores e consumidores nas relações de consumo. Por exemplo, o Ministério da Justiça mantém na internet a página "consumidor.gov.br" com essa finalidade. A informação de que a empresa possui débitos inscritos em dívida ativa não facilita o recebimento do crédito pelo fisco nem interfere nas negociações entre o consumidor e a empresa fornecedora. Somente gera exposição desnecessária do devedor tributário com possíveis danos à sua imagem comercial. A existência de débitos tributários não torna melhor ou pior a qualidade da atuação comercial da empresa, nem significa que esteja

Capítulo 5 **Dívida ativa**

comprometida a saúde financeira do contribuinte inscrito. Diga-se, de passagem, que o débito inscrito em dívida ativa pode estar sujeito a decisões judiciais que podem declarar a invalidade do crédito tributário. Conforme explicita o art. 204 do CTN: "A dívida regularmente inscrita goza da presunção de certeza e liquidez", significando que, como uma presunção, poderá ser refutada em juízo, sendo desproporcional sua divulgação em órgãos de consumidor ou em bancos de dados.

Com relação à informação para serviços de proteção ao crédito, como é o caso do Serasa, SPC e outros, não há óbice jurídico, pois a função dessas entidades é exatamente prevenir interesses de entidades que atuam no sistema financeiro. É legítimo o direito das entidades que concedem crédito obter informações fiscais dos tomadores de empréstimos, pois isso influi nas condições do contrato. De acordo com o montante de crédito inscrito em dívida, a entidade concedente poderá avaliar a conveniência e eventuais riscos para a oferta do numerário. Diferentemente dos cadastros de consumidores, para as entidades de proteção ao crédito, existe pertinência lógica na previsão legal de informação de créditos tributários inscritos na DAU.

O inciso II do § 3º do art. 20-B é o mais polêmico de todos, pois institui o que se vulgarizou chamar de "penhora administrativa", consistente na possiblidade de a própria Fazenda tornar indisponíveis bens do devedor tributário inscrito em dívida ativa, depois que é notificado para pagar e não paga o crédito tributário no prazo estabelecido. Prevê a norma em questão que a Procuradoria da Fazenda Nacional poderá: "averbar, inclusive por meio eletrônico, a certidão de dívida ativa nos órgãos de registro de bens e direitos sujeitos a arresto ou penhora, tornando-os indisponíveis".

A norma transcrita viola o disposto no art. 185-A do CTN. Estabelece este dispositivo, em linhas gerais, que "o juiz" – portanto autoridade do Poder Judiciário – determinará a indisponibilidade de bens do devedor tributário, caso este, depois de citado da Execução Fiscal, não pague nem apresente bens à penhora no prazo legal e sejam encontrados bens penhoráveis. De acordo com a norma geral, somente depois de iniciado o processo judicial de cobrança do crédito tributário é possível ocorrer a indisponibilidade de bens do devedor tributário. Não se pode esquecer que a norma em questão está contida no CTN, que foi recepcionado como lei complementar para dispor sobre normas gerais de direito tributário. Assim, o CTN está em consonância formal com o art. 146, III, da Constituição Federal, o que não é o caso da Lei

407

n. 13.606, de 2018, porque, sendo lei ordinária, não poderia dispor sobre normas gerais de legislação tributária, especialmente para contrariar o art. 185-A do CTN. Nesse sentido, subsiste inconstitucionalidade material e direta entre o art. 25 da Lei n. 13.606, de 2018, e o art. 146, III, da Constituição Federal, com nítido caráter de sanção política de natureza tributária. Realmente, a indisponibilidade de bens do devedor tributário pelo próprio credor se destina a acelerar o recebimento do crédito tributário a qualquer custo. A norma do art. 185-A do CTN, diferentemente, possui alguns pressupostos inexistentes no § 3º, II, do art. 20-B, da Lei n. 10.522, de 2002. Conforme o CTN, o juiz somente determinará a indisponibilidade de bens do devedor caso este não pague a dívida depois de citado, não nomeie bens à penhora e não sejam encontrados bens penhoráveis. Trata-se de última medida de que a justiça poderá lançar mão para garantir o pagamento do crédito da Fazenda. A regra do § 3º, II, do art. 20-B, da Lei n. 10.522, de 2002, não estabelece condicionantes para a indisponibilidade, bastando o não pagamento do débito no prazo de 5 (cinco) dias para sua aplicação. Somente outra lei complementar poderia criar regime diverso ao previsto pelo art. 185-A do CTN.

Com a finalidade de regulamentar os efeitos da norma do art. 20-B, § 3º, II, da Lei n. 10.522, de 2002, a Procuradoria-Geral da Fazenda Nacional (PGFN), no uso da competência delegada pelo art. 20-E da mesma lei, estabeleceu um conjunto de regras sobre o assunto. Para fins didáticos, as subseções a seguir abordarão os aspectos mais relevantes.

5.3.1.8 Ilegalidade da regulamentação das consequências do ato de inscrição na dívida ativa

Conforme explicado, o art. 20-E da Lei n. 10.522, de 2002, atribuiu à PGFN a competência para regulamentar os dispositivos introduzidos pela Lei n. 13.606, de 2018, o que foi feito por Portaria.

Desde logo, deve-se alertar que a Portaria extrapola demasiadamente o âmbito do poder regulamentar, na medida em que introduziu institutos não previstos na mencionada lei e que restringem direitos dos contribuintes. Por outro lado, a Portaria previu medidas processuais que asseguram o contraditório e a ampla defesa logo após o ato de inscrição na DAU, ainda que tais providências não tenham ficado explícitas no texto da lei.

De acordo com os arts. 4º e 5º da Portaria, a Procuradoria da Fazenda Nacional fará o controle prévio de legalidade do ato de inscrição na dívida ativa, devendo devolver o procedimento sem a inscrição ao órgão solicitante,

Capítulo 5 **Dívida ativa**

se verificado vício de legalidade. O § 1º do art. 5º estabelece o rol de hipóteses em que não será possível a inscrição na DAU, destacando-se os casos em que houver pronunciamento dos Tribunais Superiores ou de súmulas do CARF aprovadas pelo Ministro da Fazenda.

Na hipótese de inscrição na DAU, estabelece o art. 6º da Portaria que o devedor será notificado para, em 5 dias, pagar o débito integral ou parcela-damente, neste último caso respeitando-se as regras vigentes sobre par-celamentos. A notificação garante também ao contribuinte, no prazo de 30 dias, o direito de ofertar garantia antecipada à Execução Fiscal ou apresentar Pedido de Revisão da Dívida Inscrita (PRDI).

A oferta antecipada de bens é um dos pontos em que a Portaria vai além do estatuído nos arts. 20-B a 20-E da Lei n. 10.522, de 2002. Os arts. 8º a 14 da Portaria trazem as regras sobre o mencionado instituto, o que será analisado adiante. Antes, entretanto, convém comentar as regras do art. 7º, que, por sua vez, influenciam na decisão de se fazer o oferecimento anteci-pado de bens à penhora.

Conforme o art. 7º da Portaria, caso o contribuinte seja notificado da ins-crição na DAU e não adote nenhuma das providências do art. 6º, quais sejam, não antecipe a garantia nem interponha o PRDI, serão adotadas várias providências restritivas dos seus direitos. O ponto relevante é que o art. 7º em questão possui dezessete incisos, sendo que somente os três primeiros refle-tem o que dispõe o art. 20-B da Lei n. 10.522, de 2002, os demais se fundam em outras leis.

Observe-se que o art. 99 do CTN – estatuto que estabelece as normas gerais em matéria tributária, conforme prevê o art. 146, III, da Constituição Federal – determina: "O conteúdo e o alcance dos decretos restringem-se aos das leis em função das quais sejam expedidos, determinados com obser-vância das regras de interpretação estabelecidas nesta Lei". Os procedimen-tos elencados nos incisos IV a XVII do art. 7º da Portaria, além de conterem efeitos extremamente restritivos e excludentes de direitos dos contribuintes, não se restringem ao conteúdo do art. 20-B da Lei n. 10.522, de 2002.

Os mencionados incisos do art. 7º da Portaria n. 33, de 2018, possuem inegável vício de legalidade formal. Note-se que o art. 20-B da Lei n. 10.522, de 2002, é taxativo ao estabelecer o seguinte: "A Procuradoria-Geral da Fazenda Nacional editará atos complementares para o fiel cumprimento do disposto nos arts. 20-B, 20-C e 20-D desta Lei". Assim, a delegação dada

409

CURSO COMPLETO DE DIREITO PROCESSUAL TRIBUTÁRIO

pelo legislador ao órgão central da Fazenda Nacional se limitou à regulamentação desses três artigos específicos, não podendo discrepar para a regulamentação de outras leis.

Com efeito, sobre o art. 7º da Portaria, somente os incisos II e III estão em conformidade com o princípio da legalidade formal, pois regulamentam o § 3º, I e II, da Lei n. 10.522, de 2002. Os demais incisos, ainda que façam menção a outras leis que supostamente dariam suporte legal às suas regras, não são compatíveis com o princípio da legalidade, pois a PGFN, conforme o art. 20-E da Lei n. 10.522, de 2002, só poderia regulamentar os arts. 20-B a 20-D da referida lei.

5.3.1.9 Da antecipação da garantia à Execução Fiscal

No âmbito do poder regulamentar atribuído pelo art. 20-E da Lei n. 10.522, de 2002, os arts. 8º a 14 da Portaria preveem o instituto da "antecipação da garantia à Execução Fiscal". Conforme o art. 6º, II, "a", da Portaria, depois que o crédito tributário é inscrito na dívida ativa, o contribuinte, no prazo de 30 dias, poderá oferecer garantia em favor da Administração Tributária. O contribuinte inscrito na dívida terá 5 dias para nomear a garantia, que poderá ser: a) o depósito em dinheiro, b) seguro garantia ou carta de fiança bancária, ou c) quaisquer outros bens ou direitos sujeitos a registro público, passíveis de arresto ou penhora, devendo, neste último caso, ser observada a ordem do art. 11 da LEF.

O instituto avança na consolidação do processo administrativo, visando desafogar o Poder Judiciário da quantidade expressiva de executivos fiscais. Além disso, pode resolver um problema frequente do processo tributário, que é a inscrição em dívida ativa e o retardamento da Fazenda em ajuizar a Execução Fiscal. Sem a antecipação da garantia, enquanto não for proposto o processo de execução, o contribuinte não poderá se defender contra a cobrança, ficando sujeito aos prejuízos decorrentes da inscrição na dívida ativa.

Com a possibilidade de antecipação, cabe ao devedor optar entre nomear desde a via administrativa garantia ao crédito tributário, ou aguardar o ajuizamento da Execução Fiscal para somente então garantir o juízo.

Se o contribuinte possui argumentos razoáveis para se opor à dívida fiscal, é salutar que possa oferecer, ainda na via administrativa, garantia ao crédito tributário inscrito. Além disso, de forma adequada, o parágrafo único do art. 8º prescreve que o oferecimento antecipado da garantia suspende as

410

Capítulo 5 **Dívida ativa**

providências previstas no art. 7º, também da Portaria. Na prática, a oferta antecipada de garantia serve de instrumento processual de regularidade fiscal, que inibe os atos unilaterais de constrição do patrimônio do contribuinte.

O bem nomeado em garantia no processo administrativo poderá ser recusado nas hipóteses do art. 12 da Portaria, devendo o Procurador da Fazenda se manifestar a respeito no prazo de 30 dias, contados depois do protocolo do pedido no e-CAC da Fazenda (Portaria, art. 11, § 1º)[12].

O art. 13 da Portaria declara, obviamente, que a garantia antecipada não suspende a exigibilidade do crédito tributário – caso contrário não haveria como executar a dívida em juízo. Esclarece, no entanto, que o contribuinte terá direito a certidão de regularidade fiscal, desde que a garantia seja no valor integral do débito, acrescido de juros, multas e demais encargos exigidos ao tempo da propositura da Execução Fiscal. Depois de oferecida a garantia e se esta não for recusada, o art. 14 da Portaria estabelece que o Procurador da Fazenda terá o prazo de 30 dias para ajuizar a Execução Fiscal, devendo indicar como garantia do juízo o bem ofertado pelo contribuinte na via administrativa.

Deve-se registrar que a Fazenda somente adotará as providências dos incisos II e III do art. 7º da Portaria caso o contribuinte não antecipe a penhora ou não apresente PRDI. Desde que superadas as alegações sobre ofensa ao princípio da legalidade esclarecidas acima, há que esclarecer que as demais providências, contidas no art. 7º da Portaria, ficarão suspensas com a oferta antecipada de garantia ou com o protocolo do PRDI.

5.3.1.10 Do Pedido de Revisão de Dívida Inscrita (PRDI)

A revisão da legalidade do ato de inscrição na dívida ativa, de acordo com a teoria do ato administrativo, poderá ocorrer a qualquer tempo, inclusive

---

12 Portaria PGFN n. 33, de 2018: Art. 12. O Procurador da Fazenda Nacional poderá recusar a oferta antecipada de garantia em execução fiscal, quando: I – os bens ou direitos forem inúteis ou inservíveis; II – os bens forem de difícil alienação ou não tiverem valor comercial; III – os bens e direitos não estiverem sujeitos à expropriação judicial; IV – os bens ou direitos forem objeto de constrição judicial em processo movido por credor privilegiado. Parágrafo único. Para os fins do disposto neste artigo, considera-se difícil alienação quando restarem frustradas 2 (duas) tentativas de alienação judicial, no caso de bens já penhorados em execução fiscal movida pela Procuradoria-Geral da Fazenda Nacional.

411

CURSO COMPLETO DE DIREITO PROCESSUAL TRIBUTÁRIO

de ofício. Nesse sentido, dispõe a Súmula 473 do STF, reforçada pelo art. 2º da Portaria e pelos arts. 15 a 20, que disciplinam o procedimento do PRDI. A medida em questão, assim como a garantia antecipada, é compatível com o poder regulamentar concedido pela Lei n. 10.522, de 2002.

Em síntese, o PRDI é um instrumento de defesa do contribuinte contra a inscrição na DAU, que permite a revisão da liquidez, certeza e exigibilidade do crédito tributário inscrito. A medida é salutar, pois tende a evitar o ajuizamento de Execuções Fiscais com vícios que poderão ser acolhidos pela Fazenda ainda na fase administrativa do processo. De acordo com o § 1º do art. 15 da Portaria, poderão ser objeto do PRDI diversas matérias que levam à revisão de legalidade ou de liquidez do crédito tributário inscrito, desde que a causa da alegação tenha ocorrido antes do ato de inscrição. Dentre as arguições se destacam: o pagamento ou parcelamento do crédito, decisões judiciais que determinem a suspensão da exigibilidade, decadência, prescrição ou qualquer outra causa de suspensão ou extinção do crédito tributário.

O art. 6º, II, da Portaria estabelece que o prazo para o protocolo do PRDI é de 30 dias contados da notificação do ato de inscrição e, se observado esse prazo, suspenderá a prática dos atos previstos no art. 7º da Portaria, analisados na subseção 5.3.1.8.

A Portaria fixa regras procedimentais para o andamento do PRDI, dentre as quais se destacam que o protocolo será no processo eletrônico (e-CAC) e o Procurador da Fazenda terá 30 dias para analisar o pedido, embora não seja fixada nenhuma consequência caso esse prazo não seja observado, tudo indicando se tratar de prazo impróprio e não peremptório. Entendemos, no entanto, que o prazo de 30 dias não é razoável para essa tarefa, principalmente considerando a quantidade elevada de PRDI que poderá ser protocolada para o número de Procuradores da Fazenda designados para essa função. De qualquer forma, é contraproducente e desgasta as expectativas do princípio da duração razoável do processo prever-se prazo para a prática de ato processual e não se impor consequências ao seu não atendimento. Assim, é defensável o argumento de que, caso não seja dado andamento ao procedimento, ou se não for decidido no prazo do § 1º do art. 17, deverão ser presumidas verdadeiras as alegações do contribuinte, devendo a inscrição ser cancelada, caso tenha sido esse o pleito do PRDI.

O art. 19 da Portaria estabelece que: "Deferido o pedido de revisão, a inscrição será, conforme o caso, cancelada, retificada ou suspensa a exigibilidade do dé-

Capítulo 5 **Dívida ativa**

bito, sendo que, nesse último caso, serão sustadas, no que couber, as medidas descritas no art. 7º, enquanto perdurar a suspensão". O parágrafo único do art. 19 prevê ser possível o cancelamento da inscrição sem extinção do crédito. Essa hipótese será possível se a alegação do devedor tiver se resumido a vício formal no ato de inscrição e não tiver requerido a extinção do crédito.

Se o PRDI não for acolhido caberá recurso no prazo de 10 dias sem efeito suspensivo, tendo sido silente a Portaria para a qual órgão o recurso será dirigido e a quem compete decidir.

5.3.1.11 Da averbação pré-executória de bens do devedor inscrito

Na esteira da regulamentação das providências previstas no art. 20-B da Lei n. 10.522, de 2002, a Portaria estabeleceu, dos arts. 21 a 30, regras sobre a averbação pré-executória de bens do devedor inscrito na DAU. Conforme será explicado, a mencionada regulamentação, semelhantemente às demais providências previstas na Portaria, extrapola o poder regulamentar da administração fiscal.

Em síntese, a citada averbação significa o ato pelo qual se anota nos órgãos de registros de bens e direitos sujeitos a arresto ou penhora a informação de que o titular do bem, ou o terceiro, teve débito inscrito na DAU, visando-se prevenir a fraude à execução de que tratam os art. 185 do CTN e art. 792 do CPC.

De acordo com a Portaria, depois que o devedor tem seu débito inscrito na DAU, será notificado para as providências do art. 6º, quais sejam, poderá: a) efetuar o pagamento integral ou parcelar a dívida; b) oferecer bens antecipadamente em garantia; c) apresentar PRDI. Entendemos que, logicamente, a solicitação de averbação aos órgãos competentes somente poderá ocorrer se nenhuma dessas providências for realizada, ou se o PRDI não for acolhido. A averbação caberá sobre bens móveis ou imóveis do inscrito, pessoa física ou jurídica, e, neste último caso, os bens averbados serão os do ativo não circulante. A averbação em questão poderá alcançar bens que não estejam registrados na contabilidade da empresa. A regulamentação estabelece ordem de preferência para o mencionado registro, devendo ser primeiramente averbados os imóveis não gravados, em seguida os imóveis gravados e, finalmente, os demais bens e direitos passíveis de registro.

413

O art. 23 da Portaria exclui da averbação os bens das Fazendas Públicas e de suas respectivas autarquias e fundações, assim como quando se tratar de empresa em recuperação judicial ou com falência decretada, sem prejuízo da averbação sobre bens de eventuais responsáveis. São também insuscetíveis da averbação a pequena propriedade rural, os bens de família e os considerados impenhoráveis, devendo-se seguir as leis de regência[13].

A PGFN encaminhará as informações necessárias à averbação aos órgãos competentes para realizar o registro, conforme a natureza do bem, podendo ser cartórios de registros de imóveis, Detran, CVM, ANAC, Capitania dos Portos etc.

O § 1º do art. 24 da Portaria estabelece que a solicitação de averbação será realizada por meio eletrônico, impondo aos registros públicos a celebração de acordo de cooperação para tal finalidade. Convém lembrar que sistemas de processamento envolvem custos, não ficando claro na norma a quem competirá arcar com as respectivas despesas de implantação dos sistemas eletrônicos.

Além disso, o § 3º do art. 24 da Portaria fixa o prazo de 10 dias para o órgão de registro promover a averbação, o que não é apropriado para uma regulamentação de terceiro escalão governamental. Acrescente-se que, em se tratando de bens imóveis e veículos terrestres, os departamentos de registro são estaduais, sendo discutível a competência da PGFN – enquanto órgão federal – para impor prazos à realização de atos administrativos de outro ente federado.

O art. 25 da Portaria garante ao devedor o direito de impugnar a averbação no prazo de 10 dias, contados da ciência de que a CDA foi averbada no registro do bem. Nos termos do art. 26, a impugnação somente poderá ser realizada pelo e-CAC, o que constitui uma forma de excluir a ampla defesa do devedor que não tiver acesso a essa plataforma, especialmente os de menor poder aquisitivo e residentes fora dos grandes centros. Assim, a norma deveria prever que o protocolo ocorrerá preferencialmente pelo processo eletrônico,

---

13 Para a pequena propriedade rural: Lei n. 9.393, de 1996, art. 2º; para os bens de família: Lei n. 8.009, de 1990, art. 1º; para os demais bens: Lei n. 6.830, de 1980, art. 10, c/c art. 833 do CPC.

Capítulo 5 **Dívida ativa**

podendo ser apresentado em meio físico quando o devedor não possuir meios de se defender pela via preferencial.

Dentre outras alegações, o devedor poderá impugnar a averbação, indicando outros bens, próprios ou de terceiros, para tal finalidade. No caso de bens de terceiro, exige ainda o § 1º do art. 26 da Portaria o consentimento dos terceiros e sua aceitação pela PGFN. O corresponsável poderá indicar bens do devedor principal na hipótese de serem os seus levados à averbação, mas será mantido o ônus se os bens do devedor principal não forem suficientes. Apesar de a norma não deixar isso claro, entendemos que, nesta hipótese, a interpretação razoável será a seguinte: deve ser averbado somente o montante de bens do corresponsável equivalente ao crédito descoberto, isto é, não garantido com bens do devedor principal.

O art. 27 da Portaria permite que o terceiro adquirente do bem averbado impugne a anotação. Tratando-se de bens imóveis, poderá fazê-lo alegando que a aquisição se deu antes ou depois da averbação, desde que os títulos aquisitivos da propriedade tenham sido levados a registro no cartório competente. Quando a compra do imóvel ocorrer depois da averbação da CDA, reza o dispositivo que o terceiro adquirente deverá indicar bens do alienante, devedor da CDA, no lugar dos bens adquiridos e gravados pela averbação. No caso de aquisição antes da averbação, consideramos abusiva a imposição ao terceiro de ter que registrar o título aquisitivo da propriedade. Essa providência é uma faculdade do adquirente e, em geral, não é gratuita. Além disso, tendo a aquisição se dado antes da averbação da CDA no registro do bem, presume-se que o terceiro estava de boa-fé, não cabendo exigir dele o registro da propriedade no cartório competente como condição para aceitação do seu pleito de impugnação. Assim, adquirido o imóvel antes da averbação da CDA no registro do bem, o terceiro adquirente de boa-fé não poderá ser onerado com exigências descabidas, devendo a Fazenda acolher o pleito do terceiro e diligenciar para obtenção de outra garantia junto ao devedor. As mesmas críticas cabem para a aquisição de bens móveis pelo terceiro, cujas regras vêm definidas no inciso II do art. 27 da Portaria.

Se a impugnação formulada pelo contribuinte devedor for julgada procedente, o Procurador da Fazenda deverá determinar o cancelamento da averbação perante os registros em que tenha sido efetuada. Na hipótese de o devedor indicar bens em substituição, o Procurador adotará as providências para averbação no bem substituído, liberando os anteriores.

415

De acordo ainda com a Portaria, no caso de rejeição ou de não apresentação da impugnação, a Fazenda terá o prazo de 30 dias para encaminhar o processo para ajuizamento da Execução Fiscal. Esse prazo será contado do primeiro dia útil seguinte ao término do prazo de 10 dias para impugnação, ou da data da ciência da sua rejeição. Com o ajuizamento da Execução Fiscal, a averbação pré-executória será convertida em penhora (Portaria, art. 30, c/c 36, § 2º). A averbação pré-executória será levantada na hipótese de não ajuizada a Execução Fiscal, ficando o bem desimpedido para alienações, não podendo o crédito tributário ser exigido antes do ajuizamento da execução.

O art. 31 da Portaria permite concluir que, enquanto não for ajuizada a Execução Fiscal, o Procurador da Fazenda Nacional, de ofício, ou a requerimento do interessado, poderá substituir os bens ou direitos averbados, independentemente de impugnação. Além disso, a averbação pré-executória poderá ser cancelada por eventos independentes do acolhimento da impugnação do interessado ou do não ajuizamento da execução fiscal, como, por exemplo, nas hipóteses de extinção do débito inscrito, desapropriação do bem pelo Poder Público ou por decisão judicial.

5.3.1.12 O entendimento do STF sobre a averbação pré-executória

As alterações realizadas pelos arts. 20-B a 20-E na Lei n. 10.522, de 2002, pela Lei n. 13.606, de 2018, analisadas nas subseções anteriores, foram objeto das seguintes ADIs: 5.881, 5.886, 5.890, 5.925, 5.931 e 5.932.

O STF julgou em conjunto todas essas ações, em 9-2-2020, tendo como paradigma a ADI 5.886. As questões debatidas pela Suprema Corte se resumiram, praticamente, sobre eventual inconstitucionalidade formal e material da averbação da inscrição do débito na DAU, junto à matrícula dos bens de propriedade do devedor, e a consequência de torná-los indisponíveis, por simples ofício do Procurador da Fazenda.

Com relação à inconstituciolidade formal, em 2019, portanto, antes do pronunciamento do STF, apresentamos nossas considerações, ainda por ocasição da 4ª edição deste Curso, as quais constam da subseção 5.3.1.6. Conforme se viu, nosso entendimento é de que a regulamentação da averbação do ato de inscrição na DAU viola o art. 146, III, *b*, da CF. Isso porque não

Capítulo 5 **Dívida ativa**

poderia lei ordinária federal estabelecer regras que criam prinvilégios à União, sem que tais prerrogativas fossem estendidas para as demais unidades federadas. É que, para tanto, a matéria teria que ser regulamentada por lei complementar, pois alcançaria as Fazendas Públicas dos demais entes federados. Uma das funções da lei complementar em matéria tributária é evitar desarmonias no pacto federativo, especialmente quando envolver a arrecadação de tributos.

No mais, em matéria de indisponibilidade de bens, o art. 185-A do CTN prevê em que condições isso poderá ocorrer e, como consta do citado dispositivo, depende de ordem judicial. Tratando-se de competências da Fazenda Pública em relação a essa matéria, o art. 185 do CTN apenas declara que se presume fraudulenta a alienção de bens do devedor inscrito na dívida ativa. Isso, entretanto, não autoriza que se estenda a norma em referência a ponto de autorizar a Fazenda Pública a tornar bens do devedor indisponíveis com o simples ato de inscrição.

Nesse sentido, o relator originário da ADI 5.886, Min. Marco Aurélio, considerou a averbação em questão como medida a extrapolar a competência do legislador ordinário. No ponto, veja-se o seguinte trecho da ementa do voto:

> CRÉDITO TRIBUTÁRIO – GARANTIA – INSTITUIÇÃO – LEI COMPLEMENTAR. Discrepa do previsto no artigo 146, inciso III, alínea *b*, da Constituição Federal, no que remete a lei complementar a instituição de "normas gerais em matéria de legislação tributária", a introdução, sob o figurino de lei ordinária, de instituto alusivo à concretização de instituto alusivo à concretização da indisponibilidade de bens e renda do contribuinte mediante simples averbação de certidão de dívida ativa, ante a ampliação do rol de instrumentos franqueados ao Fisco voltados à satisfação do crédito, conferindo-lhe nova garantia.

Assim, na visão do citado Relator e dos Ministros Edson Fachin, Ricardo Lewandowski e Nunes Marques, ainda que para alguns desses por outros fundamentos, a averbação com a consequente indisponibilidade dos bens do devedor inscritos na DAU não poderia ser realizada pelo Procurador da Fazenda, pois tal medida extrapola o âmbito da lei ordinária federal e dependeria de intervenção do Poder Judiciário.

No julgamento, entretanto, prevaleceu o entendimento médio, ou seja, a regulamentação da matéria por lei ordinária não afrontou o art. 146, III, *b*, da CF, pois, no caso, tratou-se de simples regulamentação de procedimentos. Daí por que a averbação da inscrição na DAU poderia ser oficiada pelo Procurador da Fazenda aos órgãos de registros de bens como medida de prevenção dos interesses e direitos do adquirente de tais bens na qualidade de terceiro de boa-fé.

Quanto à indisponibilidade dos bens como consequência da averbação, prevista na parte final do inciso II do art. 20-B da Lei n. 10.522, de 2002, introduzido pelo art. 25 da Lei n. 13.606, de 2018, seguindo divergência aberta pelo Min. Roberto Barroso, concluiu a maioria que, neste ponto, a lei se mostrou desproporcional à Constituição. Isso porque existem outros meios, menos restritivos de direitos fundamentais, para se alcançar o resultado desejado com a indisponibilidade, como a medida cautelar fiscal. O acórdão recebeu a seguinte ementa:

> Direito Constitucional, tributário e processual civil. Ações diretas de inconstitucionalidade. Averbação da Certidão de Dívida Ativa (CDA) em órgãos de registro e indisponibilidade de bens do devedor em fase pré-executória. 1. Ações diretas contra os arts. 20-B, § 3º, II, e 20-E da Lei n. 10.522/2002, com a redação dada pela Lei n. Lei n. 13.606/2018, que (i) possibilitam a averbação da certidão de dívida ativa em órgãos de registros de bens e direitos, tornando-os indisponíveis, após a conclusão do processo administrativo fiscal, mas em momento anterior ao ajuizamento da execução fiscal; e (ii) conferem à Procuradoria-Geral da Fazenda Nacional o poder de editar atos regulamentares. 2. Ausência de inconstitucionalidade formal. Matéria não reservada à lei complementar. Os dispositivos impugnados não cuidam de normas gerais atinentes ao crédito tributário, pois não interferem na regulamentação uniforme acerca dos elementos essenciais para a definição de crédito. Trata-se de normas procedimentais, que determinam o modo como a Fazenda Pública federal tratará o crédito tributário após a sua constituição definitiva. 3. Constitucionalidade da averbação da certidão de dívida ativa em registros de bens e direitos em fase anterior ao ajuizamento da execução fiscal. A mera averbação da CDA não viola o devido processo legal, o contraditório e a ampla defesa, a reserva de jurisdição e o direito de propriedade. É medida proporcional que visa à proteção da boa-fé de terceiros adquirentes de bens do devedor, ao dar publicidade à existência da dívida. Além disso, concretiza o comando contido no art. 185, *caput*, do Código Tributário Nacional, que presume "fraudulenta a alienação ou oneração de bens ou rendas, ou seu começo, por sujeito passivo em débito para com a

Capítulo 5 **Dívida ativa**

Fazenda Pública, por crédito tributário regularmente inscrito como dívida ativa". Tal presunção legal é absoluta, podendo ser afastada apenas "na hipótese de terem sido reservados, pelo devedor, bens ou rendas suficientes ao total pagamento da dívida inscrita". 4. Inconstitucionalidade material da indisponibilidade de bens do devedor na via administrativa. A indisponibilidade tem por objetivo impedir a dilapidação patrimonial pelo devedor. Todavia, tal como prevista, não passa no teste de proporcionalidade, pois há meios menos gravosos a direitos fundamentais do contribuinte que podem ser utilizados para atingir a mesma finalidade, como, por exemplo, o ajuizamento de cautelar fiscal. A indisponibilidade deve respeitar a reserva de jurisdição, o contraditório e a ampla defesa, por se tratar de forte intervenção no direito de propriedade. 5. Procedência parcial dos pedidos, para considerar inconstitucional a parte final do inciso II do § 3º do art. 20-B, onde se lê "tornando-os indisponíveis", e constitucional o art. 20-E da Lei n. 10.522/2002, ambos na redação dada pela Lei n. 13.606/2018.

Com essa decisão, a questão principal foi resolvida, ainda que por fundamentos diferentes do que sustentamos. O argumento central do Ministro Roberto Barroso é que a averbação na matrícula do bem, de que o seu proprietário possui dívida tributária inscrita na DAU, e tendo a averbação sido registrada por comunicação do Procurador da Fazenda, não viola a Constituição. Por se tratar de mero procedimento, a matéria não está subordinada à exigência de lei complementar a que alude o art. 146, III, *b*, da CF, ainda que se relacione com a expressão "crédito" tributário. No caso em questão, a averbação não altera as regras essenciais de constituição do crédito tributário fixadas pelo CTN, estas, sim, dependentes de lei complementar.

Por outro lado, a indisponibilidade do bem averbado, como consequência da própria averbação solicitada pelo Procurador da Fazenda, discrepa da Constituição Federal, por se tratar de medida desproporcional, visto que existem outros instrumentos para o alcance da mesma finalidade, que é preservar os interesses da Fazenda e de terceiros. Como exemplo, o Ministro destaca a medida cautelar fiscal, regulamentada pela Lei n. 8.397, de 1992, e comentada neste livro na subseção 7.1. A ação judicial, no caso, é um meio menos restritivo ao direito fundamental da propriedade, especialmente porque o deferimento da indisponibilidade de bens do devedor tributário depende de apreciação e ordem do Poder Judiciário.

Neste ponto, estamos de pleno acordo com a decisão do STF, eis que, realmente, a Lei n. 8.397, de 1992, especifica em que situações é cabível a

CURSO COMPLETO DE DIREITO PROCESSUAL TRIBUTÁRIO

medida cautelar fiscal, de modo que as hipóteses legais deverão ser sopesadas pelo Poder Judiciário para o deferimento da indisponibilidade dos bens. A simples previsão de que a averbação, por solicitação do Procurador da Fazenda, tornaria os bens, por consequência, indisponíveis é previsão genérica, cabível em qualquer caso, ainda que o devedor tenha outros bens a garantir a dívida.

Assim, no nosso entendimento, a previsão de indisponibilidade contestada perante a Suprema Corte atentou contra a Constituição, mostrando-se desproporcional aos direitos fundamentais de proteção da propriedade e do devido processo legal, pois, no caso, tem-se que garantir o contraditório e a ampla defesa para que a propriedade seja restringida. A título de reforço, o tema da proporcionalidade como instrumento geral de ponderação foi analisado na subseção 2.4.1.

5.3.2 Decadência e prescrição do crédito tributário em face da inscrição na dívida

Um dos temas mais tormentosos do direito tributário é a decadência e a prescrição do crédito tributário. No presente trecho serão examinadas as diversas formas de contagem do prazo relativo à perda do direito de constituição do crédito tributário (decadência), considerando-se a inscrição na dívida ativa como elemento preponderante. Isso porque é possível que se entenda ser a inscrição na dívida o ato definitivo de constituição do crédito tributário. Por outro lado, dependendo de alguns fatores, a constituição do crédito tributário poderá se dar em outro momento.

No que concerne à prescrição, a inscrição na dívida ativa atua igualmente de forma relevante, pois, conforme a linha que se adotar para conclusão do momento em que o crédito tributário é efetivamente constituído, a data da inscrição poderá significar o termo inicial de contagem da prescrição. O assunto é complexo e permeado de interpretações divergentes, ensejando, para os fins da presente subseção, uma síntese desses entendimentos para a compreensão adequada do tema.

5.3.2.1 Decadência e inscrição na dívida

Conforme já foi tratado neste Curso, são quatro as modalidades de lançamento tributário, o que significa o procedimento administrativo destinado

420

Capítulo 5 **Dívida ativa**

à constituição do respectivo crédito (Capítulo 3, subseção 3.1.2 e seguintes). Os lançamentos por declaração e de ofício (CTN, arts. 147 e 149) possuem a mesma ordem procedimental para a constituição do crédito tributário. Assim, em ambos os casos o Fisco atua como agente promotor do lançamento. No caso do lançamento de ofício, o sujeito passivo sequer participa do procedimento, de modo que o crédito tributário é apurado unicamente pelo sujeito ativo. Mesmo nos casos em que a Fazenda procede à revisão da apuração realizada pelo sujeito passivo, o resultado final será a apuração determinada pelo Poder Público, que servirá de suporte para pagamento do crédito tributário (CTN, art. 142 c/c o art. 149). No lançamento por declaração, a participação do sujeito passivo na formação do crédito tributário é anterior à determinação do valor devido. O cálculo do tributo é de responsabilidade da administração tributária. Por conseguinte, a notificação da Fazenda quanto ao valor do tributo apurado é essencial à caracterização do lançamento como procedimento de constituição do crédito tributário.

Nas modalidades de lançamento, por declaração ou de ofício, a notificação é instrumento de materialização e cientificação da constituição do crédito, porquanto, uma vez regularmente recebida pelo sujeito passivo, a obrigação tributária torna-se exigível. Nos exemplos do IPTU e do IPVA, o recebimento da notificação de lançamento pelo contribuinte demonstra que o crédito tributário foi constituído e, portanto, se torna exigível.

Depois de notificado do lançamento, caso o sujeito passivo o impugne, por força do art. 151, III, do CTN, a exigibilidade do crédito será suspensa enquanto durar o dissídio administrativo. Encerrado o processo e sendo o seu resultado favorável à Fazenda, o contribuinte será notificado para pagar o crédito que, se não for adimplido, ensejará sua inscrição na dívida ativa. Assim, pode-se considerar que a inscrição na dívida ativa significaria a constituição final e definitiva do crédito tributário[14]. Desse modo, a inscrição na dívida ativa serviria de marco inicial para a contagem do prazo de prescrição para a cobrança do crédito.

---

14 "Neste ponto, entenda-se como constituição definitiva, não o momento da exigibilidade supracitado, mas o momento da exequibilidade que coincide com a prática do ato administrativo que exaure toda a sequência de atos procedimentais necessários à aquisição do tributo: a inscrição da dívida ativa". Cf. DENARI, Zelmo. *Decadência e prescrição tributária*. Rio de Janeiro: Forense, 1984, p. 20-21.

CURSO COMPLETO DE DIREITO PROCESSUAL TRIBUTÁRIO

Em relação ao lançamento por homologação, cabe ao sujeito passivo apurar o crédito tributário e pagar o valor devido antes de qualquer notificação da Fazenda (CTN, art. 150). Deverá também informar por meio de declarações sua movimentação fiscal, o que, de acordo com a jurisprudência do STJ (v. STJ, Tema Repetitivo 383) constitui o crédito tributário no lançamento por homologação. Assim, a inscrição na dívida ativa não será o ato que constitui definitivamente o crédito tributário no lançamento por homologação, mas a entrega da declaração.

Entendemos que, qualquer que seja a modalidade de lançamento tributário a inscrição na dívida ativa é etapa prevista na legislação para, em uma espécie de saneamento de todo o processo administrativo, declarar-se publicamente que a fase administrativa de exigibilidade foi encerrada. A partir da inscrição, será extraída a CDA, habilitando a Fazenda a pedir o pagamento do crédito em juízo. Assim, o lançamento devidamente formalizado pelo Fisco e cientificado ao sujeito passivo, ou a entrega das declarações no lançamento por homologação, é o que constitui o crédito tributário. A inscrição na dívida ativa, reiteramos, saneia o processo administrativo para que ingresse na próxima fase que é a de execução, mediante as presunções de certeza e liquidez do crédito tributário. A locução "constituição definitiva do crédito tributário" como termo inicial do prazo de prescrição, dependerá de algumas variáveis que serão relembradas na subseção a seguir.

5.3.2.2 Prescrição e inscrição na dívida

As regras sobre prescrição do crédito tributário estão estatuídas no art. 174 do CTN, que esclarece: "a ação para a cobrança do crédito tributário prescreve em cinco anos, contados da data da sua constituição definitiva". É necessário considerar, portanto, quando a constituição do crédito tributário se torna definitiva para iniciar a contagem do prazo de prescrição. O STJ, no Recurso Especial 965.361/SC, Rel. Min. Luiz Fux, julgado em 5-5-2009, com fundamento na doutrina de Eurico Marcos Diniz de Santi, esclarece que existem cinco hipóteses para selar o termo inicial da prescrição contra a Fazenda Pública, dependendo de quando o crédito tributário foi definitivamente constituído[15].

---

15 DE SANTI, Eurico Marcos Diniz. *Decadência e prescrição no direito tributário*. 3. ed. São Paulo: Max Limonad, 2000, p. 221.

Capítulo 5 **Dívida ativa**

A primeira hipótese: "lançamento por homologação de tributo declarado e não pago, sem suspensão da exigibilidade do crédito ou interrupção da prescrição". Nesse caso, o prazo de cinco anos para a prescrição inicia sua contagem a partir da data do vencimento da obrigação declarada ao Fisco (por meio de DCTF, GIA/ICMS etc.) e não paga pelo contribuinte. Para tanto, deve obviamente não ter havido o pagamento antecipado (inexistindo, portanto, valor a ser homologado), nem quaisquer das causas suspensivas da exigibilidade do crédito (CTN, art. 151) ou interruptivas do prazo prescricional (CTN, art. 174, parágrafo único). No lançamento por homologação, conforme entendimento da jurisprudência do STJ (Tema 383), a declaração entregue pelo contribuinte tem natureza de confissão de dívida e constitui definitivamente o lançamento tributário, habilitando a Fazenda a proceder a inscrição na dívida ativa, caso o contribuinte declare o crédito tributário e não pague[16]. É importante lembrar que, conforme visto na subseção 5.3, deve a Fazenda conceder novo prazo para pagamento antes da inscrição na dívida ativa (CTN, art. 201).

A segunda hipótese: "lançamento de ofício ou por declaração, constituído pelo Fisco por meio de NL ou AI sem suspensão da exigibilidade do crédito tributário ou interrupção da prescrição". Nessa hipótese, o prazo prescricional de cinco anos começa a contar da data da notificação ao contribuinte, desde que inexista quaisquer causas de suspensão da exigibilidade ou de interrupção da prescrição.

A terceira hipótese: "lançamento por homologação em que tenha havido suspensão da exigibilidade do crédito tributário antes do vencimento do prazo para pagamento". Nesse caso, o termo inicial do prazo de cinco anos para a prescrição será o desaparecimento jurídico da causa da suspensão da exigibilidade do crédito tributário. Por exemplo, se o contribuinte obtiver liminar em mandado de segurança antes do vencimento da obrigação tribu-

---

16 STJ. Tema 383: "O prazo prescricional quinquenal para o Fisco exercer a pretensão de cobrança judicial do crédito tributário conta-se da data estipulada como vencimento para o pagamento da obrigação tributária declarada (mediante DCTF, GIA, entre outros), nos casos de tributos sujeitos a lançamento por homologação, em que, não obstante cumprido o dever instrumental de declaração da exação devida, não restou adimplida a obrigação principal (pagamento antecipado), nem sobreveio quaisquer das causas suspensivas da exigibilidade do crédito ou interruptivas do prazo prescricional".

423

CURSO COMPLETO DE DIREITO PROCESSUAL TRIBUTÁRIO

tária, o prazo prescricional de cinco anos só iniciará sua contagem no dia seguinte ao trânsito em julgado da sentença do *writ* em que a ordem tenha sido denegada e, portanto, a exigibilidade do crédito tributário terá seu curso iniciado outra vez.

A quarta hipótese: "lançamento por homologação em que tenha havido suspensão da exigibilidade do crédito tributário depois do vencimento do prazo para pagamento". Caso a suspensão da exigibilidade ocorra após o vencimento da obrigação, nessa hipótese, o prazo de cinco anos inicia sua contagem na data da constituição do crédito tributário (dia seguinte ao vencimento da obrigação), devendo ser descontado o tempo em que durou a causa da suspensão da exigibilidade.

A quinta hipótese: "reinício do prazo de prescrição do direito do Fisco decorrente de causas interruptivas do prazo prescricional". Trata-se das hipóteses taxativamente previstas no art. 174 do CTN que versam sobre interrupção do prazo de prescrição, devendo ser restituído ao Fisco a totalidade do lapso temporal a partir da ocorrência de uma daquelas causas interruptivas.

A tese referente à quarta hipótese não tem sido aceita pela jurisprudência do STF, que há muito não reconhece a possibilidade de as causas de suspensão da exigibilidade interferirem no cômputo do prazo da prescrição. Nesse sentido:

> Crédito tributário. Prescrição da ação de cobrança. CTN, art. 174. "dies a quo" do prazo. Somente a partir da constituição definitiva do crédito tributário é que ele se torna exigível, começando, então, a fluir o prazo prescricional de cinco anos, "ut" art. 174 do CTN. Desde que contestado o crédito pelo contribuinte, sua constituição definitiva ocorre com a decisão final do processo fiscal, desta devendo ter ciência o sujeito passivo. A partir daí o crédito tributário, que estava suspenso em sua exigibilidade, de acordo com o art. 151, III, do CTN, passa a ser exigível. Até ocorra esse fato, assim, não cabe falar em "dies a quo" do prazo prescricional do art. 174 do CTN, na hipótese de impugnação do crédito lançado. Antes da ciência da decisão definitiva, a satisfação do crédito tributário não pode ser exigida do contribuinte, decorrendo disso, por igual, a inviabilidade de existir violação do direito do titular do crédito, por parte do contribuinte, contra a qual se houvesse de dirigir a ação judicial do estado. O "dies a quo" do prazo prescricional ocorre, portanto, na data da ciência da decisão definitiva, ao contribuinte, por sua publicação no órgão oficial ou pela notificação, e não na data em que tomada a decisão administrativa final. Recurso extraordinário conhecido e provido,

424

Capítulo 5   **Dívida ativa**

tendo-se como violado o art. 174 do CTN pelo acórdão recorrido, que considerou, no caso, o "dies a quo" do prazo prescricional a data da decisão administrativa e não a de sua publicação (STF no Recurso Extraordinário 93.871/SP, Rel. Min. Neri da Silveira, j. 20-10-1981).

No entanto, é defensável o argumento doutrinário, porque, realmente, depois de iniciado o prazo da prescrição no lançamento por homologação após a data do vencimento da obrigação tributária, sobrevindo hipótese de suspensão da exigibilidade, não poderia o Fisco ter restituído a totalidade do prazo prescricional porque equivaleria a uma nova hipótese de interrupção da prescrição não prevista no art. 174 do CTN. A questão ganha relevo quanto a causa da suspensão da exigibilidade for a instauração de processo administrativo contencioso. A demora da Fazenda em solucionar o processo administrativo não deveria ultrapassar o prazo total de cinco anos, que coincide com o da prescrição. Na prática, não são poucos os processos administrativos tributários que levam quase uma década para serem concluídos e, mesmo depois de consumado esse tempo, reinicia-se o prazo de prescrição de cinco anos.

Em síntese, a relação entre prescrição e inscrição na dívida ativa consiste no seguinte: o prazo de cinco anos para prescrição do crédito tributário inclui o ato de inscrição na dívida ativa e o ajuizamento da Execução Fiscal. Esses eventos não poderão ultrapassar cinco anos contados, de um modo geral, da notificação do lançamento ou do vencimento da obrigação tributária. Tratando-se da hipótese de impugnação do crédito tributário, de acordo com o STF, o termo inicial em questão iniciará somente após a última decisão desfavorável ao contribuinte na esfera administrativa.

Outra questão atrelada a prescrição e inscrição na dívida ativa diz respeito ao disposto no § 3º do art. 2º da LEF, que estabelece regra de "suspensão" da prescrição da ação de Execução Fiscal pelo prazo de 180 dias, depois de inscrito o débito na dívida ativa. Diz ainda o dispositivo que essa suspensão se dará até o ajuizamento da Execução Fiscal, caso o protocolo da ação ocorra antes do encerramento aquele prazo. A lei determina também que a prescrição se interrompe com o despacho do juiz que ordenar a citação.

A interrupção e a suspensão de prazos diferem pelo resultado que geram no processo. A primeira permite o reinício integral do prazo, tão logo cesse a causa da interrupção. A outra, por sua vez, viabiliza a recontagem do prazo, descontando-se o período relativo à suspensão.

425

CURSO COMPLETO DE DIREITO PROCESSUAL TRIBUTÁRIO

O § 3º do art. 2º da LEF trata, portanto, da segunda hipótese. Essa regra, é de constitucionalidade duvidosa, uma vez que afronta o disposto no art. 146, III, *b,* da Constituição Federal. Em matéria tributária, de acordo com o dispositivo constitucional citado, cabe à lei complementar dispor sobre prescrição e decadência do crédito tributário. O dispositivo da LEF, que é lei ordinária, concede indevida vantagem processual à Fazenda Pública, na medida em que pode resultar na extensão do prazo de prescrição fixado no art. 174 do CTN. Na hipótese de o débito ser inscrito faltando menos de 180 (cento e oitenta) dias para a consumação da prescrição, o ato de inscrição, de acordo com o § 3º do art. 2º da LEF, oferece mais 180 dias para a perda do direito à Execução Fiscal (prescrição). Ocorre que prescrição e decadência do crédito tributário são matérias reservadas à lei complementar, de modo que o dispositivo da LEF não teria sido recepcionado pela Constituição vigente.

A Súmula Vinculante 8, do STF, tem a seguinte orientação para o assunto: "são inconstitucionais o parágrafo único do artigo 5º do Decreto-Lei n. 1.569/1977 e os artigos 45 e 46 da Lei n. 8.212/1991, que tratam de prescrição e decadência de crédito tributário". De acordo com os precedentes que levaram à adoção da súmula vinculante, prescrição e decadência são matérias reservadas à lei complementar por expressa disposição constitucional, tanto na atual Constituição Federal quanto na anterior[17]. Isso por que,

---

17 Por todos os precedentes, veja-se a seguinte ementa: "Prescrição e decadência tributárias. Matérias reservadas a lei complementar. Disciplina no código tributário nacional. Natureza tributária das contribuições para a seguridade social. Inconstitucionalidade dos arts. 45 e 46 da Lei 8.212/91 e do parágrafo único do art. 5º do Decreto-lei 1.569/77. Recurso extraordinário não provido. Modulação dos efeitos da declaração de inconstitucionalidade. I. Prescrição e decadência tributárias. Reserva de lei complementar. As normas relativas à prescrição e à decadência tributárias têm natureza de normas gerais de direito tributário, cuja disciplina é reservada a lei complementar, tanto sob a Constituição pretérita (art. 18, § 1º, da CF de 1967/69) quanto sob a Constituição atual (art. 146, III, b, da CF de 1988). Interpretação que preserva a força normativa da Constituição, que prevê disciplina homogênea, em âmbito nacional, da prescrição, decadência, obrigação e crédito tributários. Permitir regulação distinta sobre esses temas, pelos diversos entes da federação, implicaria prejuízo à vedação de tratamento desigual entre contribuintes em situação equivalente e à segurança jurídica. II. Disciplina prevista no código tributário nacional. O Código Tributário Nacional (Lei 5.172/1966), promulgado como lei ordinária e recebido como lei complementar pelas Constituições de 1967/69 e 1988, disciplina a prescrição e a decadência tributárias. III. Natureza tributária das contribuições. As contribuições,

Capítulo 5   **Dívida ativa**

traria instabilidade ao sistema jurídico e ofensa à isonomia, permitir-se que os entes federados pudessem regular o assunto como melhor lhe aprouvessem. Apesar de a súmula em questão não se referir ao § 3º do art. 2º da LEF, o entendimento jurisprudencial deve se aplicar a todos os casos de prescrição ou de decadência tributários, regulados por leis ordinárias.

5.3.2.3 Dispensa da inscrição na dívida ativa

Nos casos de dívida tributária de pequeno valor, a lei poderá dispensar a inscrição na dívida ativa ou até o ajuizamento da Execução Fiscal. Caberá a cada Fazenda Pública estabelecer o montante de dívida fiscal em que os custos administrativos de sua inscrição e cobrança não são compensatórios financeiramente, observando-se, evidentemente, critérios de razoabilidade.

No âmbito federal, a Lei n. 10.522, de 2002, prevê que o Procurador da Fazenda Nacional deverá requerer o arquivamento das Execuções Fiscais com valor consolidado igual ou inferior a R$ 10.000,00 (dez mil reais), não devendo ser dada baixa da execução no distribuidor (art. 20). Em razão desta última restrição, ultrapassado o valor mencionado, a execução tomara seu curso outra vez. A mencionada lei prevê também a extinção de execução de honorários advocatícios de valor igual ou inferior a R$ 1.000,00 (mil reais). Para efeito das medidas a serem adotadas acima, nos casos de reuniões de Execuções Fiscais contra o mesmo devedor (LEF, art. 28), os valores deverão ser somados e não considerados isoladamente[18].

---

inclusive as previdenciárias, têm natureza tributária e se submetem ao regime jurídico-tributário previsto na Constituição. Interpretação do art. 149 da CF de 1988. Precedentes. IV. Recurso extraordinário não provido. Inconstitucionalidade dos arts. 45 e 46 da Lei 8.212/91, por violação do art. 146, III, b, da Constituição de 1988, e do parágrafo único do art. 5º do Decreto-lei 1.569/77, em face do § 1º do art. 18 da Constituição de 1967/69. V. Modulação dos efeitos da decisão. Segurança jurídica. São legítimos os recolhimentos efetuados nos prazos previstos nos arts. 45 e 46 da Lei 8.212/91 e não impugnados antes da data de conclusão deste julgamento" (STF, RE 560.626/RS, Rel. Min. Gilmar Mendes, j. 12-6-2008, *DJe* 5-12-2008).

18   Lei n. 10.522, de 2002. "Art. 20. Serão arquivados, sem baixa na distribuição, mediante requerimento do Procurador da Fazenda Nacional, os autos das execuções fiscais de débitos inscritos como Dívida Ativa da União pela Procuradoria-Geral da Fazenda Nacional ou por ela cobrados, de valor consolidado igual ou inferior a R$ 10.000,00 (dez mil reais). (Redação dada pela Lei n. 11.033, de 2004) § 1º Os autos de execução a que

CURSO COMPLETO DE DIREITO PROCESSUAL TRIBUTÁRIO

Ainda no âmbito federal, na mesma linha da lei citada, a Portaria n. 75, de 2012, do Ministro da Fazenda estabelece no inciso I do art. 1º o seguinte: "a não inscrição na Dívida Ativa da União de débito de um mesmo devedor com a Fazenda Nacional de valor consolidado igual ou inferior a R$ 1.000,00 (mil reais)". No inciso seguinte, prevê a portaria: "o não ajuizamento de execuções fiscais de débitos com a Fazenda Nacional, cujo valor consolidado seja igual ou inferior a R$ 20.000,00 (vinte mil reais)". De acordo com os §§ 2º a 7º do art. 1º da Portaria, várias outras regras sobre o assunto deverão ser observadas, valendo destacar as principais. Considera-se valor consolidado, o valor do débito originário, "somado aos encargos e acréscimos legais ou contratuais, vencidos até a data da apuração". Para alcançar os valores mínimos previstos acima, o órgão responsável pela constituição do crédito poderá proceder à reunião dos débitos do devedor. Os órgãos competentes da RFB não remeterão à PGFN débitos que estejam dentro dos valores mencionados. Apesar dessas medidas, o Procurador da Fazenda poderá, por meio de despacho motivado nos autos do processo administrativo, promover a execução de débito inferior a R$ 20.000,00 (vinte mil reais), quando constatar elevado potencial de recuperabilidade do crédito. O Procurador-Geral da Fazenda Nacional poderá determinar a inscrição e ajuizamento de Execuções Fiscais de valores inferiores ao limite da portaria, atendendo a critérios de eficiência, economicidade, praticidade e as peculiaridades regionais ou do próprio débito.

O art. 2º da Portaria em questão outorga ao Procurador da Fazenda a mesma prerrogativa de pedir o arquivamento de Execução Fiscal de valor igual ou inferior a R$ 20.000,00 (vinte mil reais), sem baixa na distribuição. Estabelece, no entanto, que o pedido de arquivamento poderá ser formulado, "desde que não ocorrida a citação pessoal do executado ou não conste dos autos garantia útil à satisfação do crédito".

---

se refere este artigo serão reativados quando os valores dos débitos ultrapassarem os limites indicados. § 2º Serão extintas, mediante requerimento do Procurador da Fazenda Nacional, as execuções que versem exclusivamente sobre honorários devidos à Fazenda Nacional de valor igual ou inferior a R$ 1.000,00 (mil reais). (Redação dada pela Lei n. 11.033, de 2004) § 3º (Revogado pela Lei n. 13.043, de 2014) § 4º No caso de reunião de processos contra o mesmo devedor, na forma do art. 28 da Lei n. 6.830, de 22 de setembro de 1980, para os fins de que trata o limite indicado no *caput* deste artigo, será considerada a soma dos débitos consolidados das inscrições reunidas. (Incluído pela Lei n. 11.033, de 2004)".

Capítulo 5 **Dívida ativa**

A portaria prevê também, no art. 7º, que serão cancelados: a) os débitos inscritos na DAU, quando o valor consolidado remanescente for igual ou inferior a R$ 100,00 (cem reais); b) os saldos de parcelamentos concedidos no âmbito da PGFN ou da RFB, cujos montantes não sejam superiores aos valores mínimos estipulados para recolhimento por meio de documentação de arrecadação.

Sobre o tema das Execuções Fiscais de pequeno valor, caso o Procurador da Fazenda Nacional ajuíze a demanda sem observar os montantes mínimos de propositura dessa ação, não cabe ao juiz determinar a extinção de ofício do processo. De acordo com a Súmula 452 do STJ: "A extinção das ações de pequeno valor é faculdade da Administração Federal, vedada a atuação judicial de ofício". Conforme lembra Leonardo Carneiro da Cunha: "a redação do enunciado sumular é confusa". Realmente, prossegue o autor, a faculdade de requerer a extinção da execução nesses casos é da Fazenda Pública e não do Judiciário[19]. O STF já decidiu que viola o direito de acesso à justiça impedir a Fazenda de ajuizar executivo fiscal de pequeno valor, cabendo ao ente federado deliberar quando utilizará a prerrogativa do não ajuizamento[20].

5.4 REQUISITOS DO TERMO DE INSCRIÇÃO NA DÍVIDA ATIVA

O termo de inscrição na dívida ativa é popularmente conhecido como CDA e se destina a materializar o ato de inscrição, externando os elementos constitutivos do ato. O § 5º do art. 2º da LEF prevê os requisitos que o termo de inscrição na dívida ativa deverá conter.

> Art. 2º [...]
>
> § 5º O Termo de Inscrição de Dívida Ativa deverá conter:
>
> I – o nome do devedor, dos corresponsáveis e, sempre que conhecido, o domicílio ou residência de um e de outros;
>
> II – o valor originário da dívida, bem como o termo inicial e a forma de calcular os juros de mora e demais encargos previstos em lei ou contrato;
>
> III – a origem, a natureza e o fundamento legal ou contratual da dívida;

---

19 CUNHA, Leonardo Carneiro da. *A fazenda pública em juízo*. 14. ed. Rio de Janeiro: Forense, 2017, p. 411.

20 STF. RE 591.033, Relatora Ministra Ellen Gracie, j. 17-11-2010, *DJ* 25-2-2011.

429

CURSO COMPLETO DE DIREITO PROCESSUAL TRIBUTÁRIO

IV – a indicação, se for o caso, de estar a dívida sujeita à atualização monetária, bem como o respectivo fundamento legal e o termo inicial para o cálculo;

V – a data e o número da inscrição, no Registro de Dívida Ativa; e

VI – o número do processo administrativo ou do auto de infração, se neles estiver apurado o valor da dívida.

§ 6º A Certidão de Dívida Ativa conterá os mesmos elementos do Termo de Inscrição e será autenticada pela autoridade competente.

§ 7º O Termo de Inscrição e a Certidão de Dívida Ativa poderão ser preparados e numerados por processo manual, mecânico ou eletrônico.

§ 8º Até a decisão de primeira instância, a Certidão de Dívida Ativa poderá ser emendada ou substituída, assegurada ao executado a devolução do prazo para embargos.

§ 9º O prazo para a cobrança das contribuições previdenciárias continua a ser o estabelecido no artigo 144 da Lei n. 3.807, de 26 de agosto de 1960.

Os requisitos que integram a CDA servem para permitir os controles legais referentes ao procedimento ou ao processo administrativo contencioso, conforme o caso. Por ser considerado título executivo extrajudicial, a CDA se insere na ordem dos atos administrativos enunciativos, serve de prova pré-constituída do crédito tributário. Daí por que a petição inicial de Execução Fiscal será instruída basicamente com a mencionada certidão.

A CDA deve observar os requisitos formais supratranscritos porque, dessa maneira, se presume que foi assegurado o direito de defesa do sujeito passivo até o ato de inscrição, pois os elementos relativos ao procedimento ou ao processo contencioso que justificam a inscrição estarão expressos na CDA. Convém ressaltar, porém, não será qualquer problema formal que levará à nulidade da CDA. Somente a verificação de prejuízo à defesa dará ensejo ao reconhecimento da nulidade do título executivo[21].

5.4.1 Identificação do devedor

O inciso I do § 5º do art. 2º da LEF determina que deve constar do título executivo o nome do devedor e dos corresponsáveis, o que reflete o disposto no art. 202, I, do CTN. O "devedor" e o "corresponsável" em matéria tribu-

---

21   PAULSEN, Leandro; et al. *Direito processual tributário*, p. 195.

430

Capítulo 5 **Dívida ativa**

tária remete ao tema da sujeição passiva no direito tributário. Conforme o CTN, no art. 121, a sujeição passiva do crédito tributário cabe ao "contribuinte" ou ao "responsável" tributário. Assim, o sujeito passivo será "contribuinte, quando tenha relação pessoal e direta com a situação que constitua o respectivo fato gerador". Chama-se de responsável o sujeito passivo, "quando, sem revestir a condição de contribuinte, sua obrigação decorra de disposição expressa de lei". A "responsabilidade tributária", por sua vez, possui diversas modalidades, reguladas nos arts. 128 a 138 do CTN. No processo de Execução Fiscal, o "devedor" equivale ao que o CTN considera como contribuinte e o "corresponsável" seria a pessoa a quem a lei transfere a obrigação de pagar o tributo originariamente devido pelo devedor, portanto, o responsável tributário.

De um modo geral, alguém é corresponsável pela dívida tributária quando estiver incurso em uma das hipóteses de responsabilidade tributária. A necessidade de se inscrever na dívida ativa o nome do corresponsável se justifica, obviamente, para exigir o pagamento do crédito tributário também do corresponsável.

A questão ganha relevo quando se observam, na prática, com fundamento no art. 135, III do CTN, os pedidos de redirecionamento da Execução Fiscal contra os sócios-gerentes de contribuinte pessoa jurídica. Esse redirecionamento, cujos desdobramentos serão analisados na subseção 7.2.7.2 do Capítulo 7, pode ser resumido às hipóteses em que a pessoa jurídica não pode responder pela dívida tributária, obrigando a se redirecionar o executivo fiscal contra os seus sócios-gerentes, na qualidade de responsáveis tributários.

Esse redirecionamento, porém, não deve ocorrer automaticamente, isto é, não podendo a empresa responder por suas dívidas tributárias a execução não deve ser transferida de imediato aos sócios gerentes. Conforme a jurisprudência do STJ (o que será analisado na subseção 7.2.7.2 mais a fundo), é necessário que fique caracterizada a responsabilidade tributária segundo os requisitos do art. 135, III do CTN. Assim, deverá o sócio-gerente ter atuado contra a lei, com abuso de poder ou contra o contrato social ou estatutos da empresa contribuinte. Há muito tempo a jurisprudência do STJ tem sido nesse sentido:

> Processual – execução fiscal – citação de terceiro – prova da responsabilidade tributária – certidão de inscrição da dívida – presunção de certeza – alcance (L. 6.830/80, art. 3º). I – A presunção de liquidez da certidão de

431

dívida ativa só alcança as pessoas nela referidas. II – Para admitir que a execução fiscal atinja terceiros, não referidos na CDA, é lícito ao juiz exigir a demonstração de que estes são responsáveis tributários, nos termos do CTN (Art. 135) (STJ. Recurso Especial 272.236, Rel. Min. Humberto Gomes de Barros, j. 17-4-2001, *DJ* 25-6-2001).

A "dissolução irregular" da pessoa jurídica tem sido a forma mais comum de se atribuir a responsabilidade do art. 135, III do CTN ao sócio-gerente. Isso ocorre quando a pessoa jurídica, contribuinte, deixa de funcionar regularmente sem quitar o seu passivo tributário. A forma regular de se desconstituir uma empresa é quitando todas as suas dívidas, inclusive as fiscais e encerrando suas atividades perante os registros públicos. Quando, entretanto, os sócios gerentes deixam de administrar a pessoa jurídica sem resolver seu passivo fiscal, deixando a empresa simplesmente à deriva, pode ficar caracterizada a "dissolução irregular". Nessas situações, a Fazenda poderá requerer que a Execução Fiscal seja redirecionada contra as pessoas dos sócios-gerentes na qualidade de responsáveis tributários, capitulando a responsabilidade tributária na hipótese de "infração da lei" a que se refere o art. 135, III do CTN.

A jurisprudência do STJ sustenta que, para se permitir o redirecionamento da Execução Fiscal é necessário que os nomes dos sócios-gerentes constem da CDA, hipótese em que caberá aos sócios-gerentes se defenderem da cobrança. Caso não conste da CDA os nomes dos sócios-gerentes (codevedores), o ônus de comprovar na Execução Fiscal que os responsáveis atuaram na forma do art. 135, III do CTN (isto é, com infração da lei) passa a ser da Fazenda Pública.

Para se prevenir dessa situação, a Fazenda inclui desde logo na CDA os nomes dos sócios-gerentes criando, com esse procedimento, uma espécie de responsabilidade tributária "presumida" por infração à lei. Entendemos que esse tipo de responsabilidade tributária depende de provas, especialmente em função da distinção entre as responsabilidades da pessoa jurídica e as dos sócios-gerentes, comum no direito privado e extensível ao direito público. Com efeito, a inclusão dos nomes dos sócios-gerentes na CDA dependeria de provas no processo administrativo contencioso das situações que ensejam esse tipo de responsabilidade. Isso porque a presença do nome dos sócios na CDA acarreta consequências jurídicas negativas conforme se viu na subseção 5.3.1. Por conseguinte, deve se garantir aos sócios-gerentes o

Capítulo 5 **Dívida ativa**

direito ao contraditório e a ampla defesa na fase processual administrativa e, concluindo-se por suas respectivas corresponsabilidades pelo débito tributário da pessoa jurídica, deverão seus nomes figurarem no título executivo. Será aceitável, no entanto, a inclusão dos nomes dos sócios-gerentes na CDA sem garantia prévia do contraditório e da ampla defesa, desde que signifique simples referência aos responsáveis pela pessoa jurídica para fins de controle administrativo, sem qualquer vinculação jurídica com a responsabilidade tributária prevista no inciso III do art. 135 do CTN. Essa não tem sido a prática, infelizmente. Os nomes dos sócios-gerentes da pessoa jurídica são incluídos de forma preventiva ao redirecionamento da Execução Fiscal para os casos de dissolução irregular ou outra causa relacionada à responsabilidade pessoal dos sócios-gerentes.

Isso ocorrendo, o sócio-gerente poderá pedir judicialmente a exclusão de seu nome da CDA, por meio de mandado de segurança ou em exceção de pré-executividade, alegando, se for o caso, falta de justa causa para a medida adotada pela Fazenda. Mais detalhes sobre o assunto serão abordados, conforme anunciado, na subseção 7.2.7.2 do Capítulo 7.

5.4.2 Valor, origem, natureza e fundamento legal da dívida inscrita

Como título executivo extrajudicial a CDA deverá externar um valor que constitui objeto de sua força executiva. O art. 2º, § 5º, II, da LEF faz essa exigência amparado no que dispõe o art. 202, II, do CTN. A LEF estabelece que a CDA deverá conter, "o valor originário da dívida, bem como o termo inicial e a forma de calcular os juros de mora e demais encargos previstos em lei ou contrato".

Nos períodos de inflação alta pelos quais o país passou, a CDA teve que se adaptar à realidade de então, registrando como valor da dívida índices inflacionários que deveriam ser convertidos em moeda corrente por ocasião do pagamento da dívida. Os tributos federais, até o advento da Medida Provisória n. 1.973-67, de 2000, eram expressos nas respectivas CDA em UFIR, índice de correção monetária atualizado periodicamente pelo Governo Federal. Assim, a CDA indicava um valor flutuante, uma vez que a moeda nacional oscilava sua real expressão monetária ao sabor de sua própria desvalorização. Na ocasião, o judiciário chegou a decidir que não havia violação ao preceito legal a fixação do valor da CDA em unidades fiscais.

CURSO COMPLETO DE DIREITO PROCESSUAL TRIBUTÁRIO

> Processual – execução fiscal – certidão da dívida ativa – Utilização da UFIR – Lei 8.383/1991 – art. 202 do CTN – Compatibilidade entre os dois dispositivos. Não há contradição entre o art. 202 do CTN e o art. 57 da Lei 8.383/1991. Os dois se complementam: enquanto o art. 202 do CTN exige a indicação da quantia devida; o art. 57 da Lei 8.383/1991 unge a UFIR em instrumento para exprimir valores (STJ. Recurso Especial 106.177/RS, Rel. Min. Humberto Gomes de Barros, j. 20-3-1997, 5-5-1997).

O valor do débito deve ser expresso claramente, de modo a não trazer dificuldades de entendimento ao contribuinte ou ao juiz quando tiver que determinar o pagamento do título. Na maioria das vezes, para conferir mais transparência aos resultados obtidos, a CDA vem acompanhada de planilha de cálculo, que demonstra o montante do principal e também os acréscimos de correção monetária, juros e eventuais multas.

É importante ressaltar, embora a demonstração do crédito em planilhas seja medida adequada do ponto de vista da transparência e do respeito ao devido processo legal, não é requisito indispensável, consoante já assentou o STJ.

> 10. A petição inicial da execução fiscal apresenta seus requisitos essenciais próprios e especiais que não podem ser exacerbados a pretexto da aplicação do Código de Processo Civil, o qual, por conviver com a *lex specialis*, somente se aplica subsidiariamente. Consequentemente, é desnecessária a apresentação do demonstrativo de cálculo, em execução fiscal, uma vez que a Lei n. 6.830/80 dispõe, expressamente, sobre os requisitos essenciais para a instrução da petição inicial e não elenca o demonstrativo de débito entre eles. Inaplicável o à espécie o art. 614, II, do CPC (STJ. Recurso Especial 762.748/SC, Rel. Min. Luiz Fux, j. 6-3-2007, *DJ* 12-4-2007).

A expressão do objeto da execução fiscal de forma clara e precisa, inclusive quanto aos acréscimos legais, é medida de reforço para as presunções de certeza e de liquidez do título executivo. Daí por que já se decidiu que a inclusão de débitos relativos a vários exercícios em um só deles, desrespeita a ampla defesa do sujeito passivo, porque dificulta a apreciação, pelo executado, do quanto efetivamente devido. Nesse sentido é o seguinte precedente do STJ:

> 1. Os arts. 202 do CTN e 2º, § 5º da Lei n. 6.830/80, preconizam que a inscrição da dívida ativa somente gera presunção de liquidez e certeza na medida que contenha todas as exigências legais, inclusive, a indicação da natureza do débito e sua fundamentação legal, bem como forma de cálculo de juros e de correção monetária. 2. A finalidade dessa regra de constituição do título é atribuir à CDA a certeza e liquidez inerentes aos títulos de crédito,

Capítulo 5 **Dívida ativa**

o que confere ao executado elementos para opor embargos, obstando execuções arbitrárias. 3. *In casu*, verifica-se que CDA embasadora do executivo fiscal engloba vários exercícios num só, sem que haja discriminação do principal e dos consectários legais de cada ano, o que impossibilita o exercício constitucionalmente assegurado da ampla defesa, posto dificultar a exata compreensão do *quantum* exequendo. Dessarte, depreende-se que a CDA em comento não atende os requisitos dispostos no art. 202 do CTN. Precedentes: REsp 818.212 – RS, Relator Ministro Castro Meira, Segunda Turma, *DJ* de 30 de março de 2006; REsp 681.972 – RS, Relatora Ministra Eliana Calmon, Segunda Turma, *DJ* de 22 de março de 2006; REsp 810.863 – RS, Relator Ministro Teori Albino Zavascki, Primeira Turma, *DJ* de 23 de março de 2006 (STJ. Recurso Especial 798.330/RS, Rel. Min. Luiz Fux, j. 1º-6-2006, *DJ* 19-6-2006).

De acordo com o disposto no inciso II do § 5º do art. 2º da LEF é indispensável constar do título o termo inicial dos juros e forma de sua apuração e não somente o valor total de seu montante.

5.5 NULIDADE DO ATO DE INSCRIÇÃO NA DÍVIDA ATIVA

No item anterior foram examinados os requisitos formais que compõem o título executivo da Fazenda Pública. Assim, em tese, o não atendimento de um desses requisitos poderá levar à invalidade da CDA. O CTN prevê regra para a hipótese de nulidade da dívida ativa, ao estabelecer o seguinte:

> Art. 203. A omissão de quaisquer dos requisitos previstos no artigo anterior, ou o erro a eles relativo, são causas de nulidade da inscrição e do processo de cobrança dela decorrente, mas a nulidade poderá ser sanada até a decisão de primeira instância, mediante substituição da certidão nula, devolvido ao sujeito passivo, acusado ou interessado o prazo para defesa, que somente poderá versar sobre a parte modificada.

A LEF segue a linha do CTN, esclarecendo no § 6º do art. 2º, que: "a Certidão de Dívida Ativa conterá os mesmos elementos do Termo de Inscrição e será autenticada pela autoridade competente". Dispõe também no § 8º do mesmo artigo sobre providências que devem ser tomadas no processo, caso haja substituição da CDA: "Até a decisão de primeira instância, a Certidão de Dívida Ativa poderá ser emendada ou substituída, assegurada ao executado a devolução do prazo para embargos". No ponto específico da nulidade, o art. 38 da LEF oferece a alternativa de o sujeito passivo pedir a

CURSO COMPLETO DE DIREITO PROCESSUAL TRIBUTÁRIO

invalidação da CDA, desde que a medida judicial seja precedida do depósito do montante do débito. Conforme antecipado na subseção 5.3.1.2, essa exigência do depósito não mais prevalece, pois, a Súmula Vinculante 28 do STF considera inconstitucional a exigência de depósito como requisito para a ação que discuta suspensão da exigibilidade do crédito tributário. Esse tema será abordado também na subseção 8.3.3.3 do Capítulo 8.

Por ora, é relevante investigar o teor e o alcance do art. 203 do CTN que alude aos termos "omissão" e "erro" como causas para a nulidade do ato de inscrição na dívida ativa e do seu respectivo "processo de cobrança" (a Execução Fiscal). Fixe-se desde logo a premissa de que o art. 203 do CTN se refere à CDA, na medida em que faz remissão ao artigo anterior que estabelece os requisitos formais do título executivo em questão.

Para uma melhor compreensão, o art. 203 do CTN deve ser divido em duas partes. A primeira se refere à "confusão" entre a CDA com o ato de inscrição e a respectiva Execução Fiscal. Isso fica evidente na medida em que a ausência de um dos requisitos ou vícios presentes no título seria o bastante para a invalidade do ato de inscrição, por "omissão ou erro". Como se sabe, da nulidade dos atos administrativos não nascem direitos ou obrigações (STF, Súmula 473), de modo que, reconhecida a nulidade da CDA, a Fazenda não poderia prosseguir com a cobrança do crédito tributário, nem o contribuinte estaria obrigado ao seu pagamento, devendo o ato de inscrição ser refeito. A segunda parte da norma do art. 203 trata da forma e do momento em que a nulidade pode ser sanada, revelando, na verdade, que a CDA nunca será nula, mas anulável. Assim, diz a segunda parte do dispositivo que "a nulidade poderá ser sanada até a decisão de primeira instância, mediante substituição da certidão nula". Conforme essa regra, ainda que a Execução Fiscal tenha sido embargada, inclusive para alegar a nulidade da CDA, a Fazenda poderá reconhecer o vício e substituir o título, sanando assim a nulidade.

O art. 203 do CTN é ambíguo pois não poderia ter confundido na primeira parte da norma o título com o ato de inscrição e, na segunda parte, permitir a correção do vício com a simples substituição da CDA. Embora a substituição do título seja uma solução prática, para manter a coerência jurídica com essa solução, o CTN deveria ter restringido a nulidade da CDA somente ao título, de modo que o vício poderia ser sanado com a sua simples substituição. Se fosse para tratar com rigor à primeira parte do art. 203 do CTN, constatada a nulidade da CDA, o processo teria que ser declarado

Capítulo 5 **Dívida ativa**

nulo, devendo ser extinto, e emitida nova CDA com o ajuizamento de outra Execução Fiscal. Isso teria implicações, evidentemente, na prescrição contra a Fazenda Pública, o que ajuda a explicar a solução prática de simplesmente substituir a CDA mantendo-se o processo judicial em curso.

É importante frisar que, a parte final do art. 203 do CTN garante a reabertura do prazo de defesa ao executado para que este se manifeste sobre a modificação da CDA. Na hipótese de não se garantir esse direito ao executado, o processo será nulo por violação à lei, ao contraditório e à ampla defesa.

A jurisprudência do STJ fixou o entendimento de que para sanar erro material ou formal na CDA basta sua substituição, desde que até a sentença nos embargos, e que o vício não implique na alteração do sujeito passivo da execução. Nesse sentido é a orientação contida Súmula 392 do STJ: "A Fazenda Pública pode substituir a certidão de dívida ativa (CDA) até a prolação da sentença de embargos, quando se tratar de correção de erro material ou formal, vedada a modificação do sujeito passivo da execução". Assim, o vício sendo de ordem material ou formal, tais como simples erros de cálculo, grafia incorreta de nomes em que seja possível presumir claramente a identidade do devedor, erros de datas notoriamente verificáveis pelo contexto etc., a simples substituição da CDA sanará a irregularidade. Nesse sentido já entendeu o STJ que simples erros aritméticos podem ser sanados com a substituição da CDA:

> 3. Na espécie, em sede de embargos à execução, o Tribunal *a quo* julgou ilegítima a cobrança das Taxas de Limpeza e Conservação Pública e de Iluminação Pública e do IPTU com alíquotas progressivas, considerando este devido com base na menor alíquota, razão pela qual determinou o decote do título executivo, prosseguindo-se a execução. 4. É cediça a jurisprudência do STJ na linha de que as alterações que possam ocorrer na CDA por simples operação aritmética não ensejam a sua nulidade, fazendo-se no título que instrui a execução o decote da majoração indevida (AgRg no REsp 779.496/RS, 2ª T., Min. Eliana Calmon, *DJ* de 17-10-2007). 5. Agravo regimental não provido" (STJ. AgRg no AI 1.066.367/PR, Rel. Min. Mauro Campbell Marques, j. 16-10-2008, *DJ* 10-11-2009).

A contrario sensu, se o vício atingir a consistência do crédito tributário porque afeta a certeza e a liquidez do título executivo não será sanável com a simples substituição da CDA, devendo a execução ser extinta e refeito o ato de inscrição. Nesse sentido o seguinte precedente do STJ:

437

CURSO COMPLETO DE DIREITO PROCESSUAL TRIBUTÁRIO

3. Correto acórdão recorrido que entende que a CDA deve especificar os dados, inclusive o veículo e os exercícios cobrados, para o exercício do contraditório, sob pena de nulidade. Precedentes. Agravo regimental provido para negar provimento ao recurso especial (STJ. Agravo Regimental no Recurso Especial 946.617/RS, Rel. Min. Humberto Martins, j. 4-8-2009, *DJ* 17-8-2009).

De acordo com a corte superior, é vedado à Fazenda Pública a substituição da CDA quando o vício existente no título implicar na substituição do lançamento. Isso pode ocorrer em diversas hipóteses, desde quando se tratar de erro na identidade do executado (como no caso do precedente transcrito a seguir), até a questões relacionadas com a data da constituição definitiva do crédito tributário, podendo ensejar discussões sobre decadência ou prescrição.

3. Nos termos da jurisprudência do STJ, a substituição da Certidão de Dívida Ativa só é possível em se tratando de erro material ou formal, sendo vedada a substituição quando essa implica modificação do próprio lançamento. Nesse sentido: AgRg no Ag 1.022.215/BA, Rel. Min. Mauro Campbell Marques, julgado em 23-9-2008; AgRg no Ag 890.400/BA, Rel. Min. Mauro Campbell Marques, julgado em 19-8-2008; AgRg no Ag 1017431/BA, Rel. Min. Eliana Calmon, julgado em 19-8-2008; AgRg no Ag 992.425/BA, Rel. Min. Castro Meira, julgado em 3-6-2008; AgRg no Ag 987.095/BA, Rel. Min. José Delgado, julgado em 20-5-2008; AgRg no Ag 983.632/BA, Rel. Min. Teori Albino Zavascki, julgado em 17-4-2008; REsp 773.640/BA, Rel. Min. Herman Benjamin, julgado em 21-8-2007. Agravo regimental improvido (STJ: Agravo Regimental no Recurso Especial 1.102.285/BA, Rel. Min. Humberto Martins, j. 23-4-2009, *DJ* 8-5-2009).

Em outro julgado, da mesma corte, apesar de ter sido detectado vício que afetava a consistência do crédito e as garantias do contraditório e da ampla defesa, o STJ entendeu que deve sempre ser garantido à Fazenda a oportunidade de substituir a CDA visando sanar o vício. Isso não ocorrendo, o processo deve retornar ao juízo de origem para correção da irregularidade processual. Veja-se:

4. A Fazenda Pública, nada obstante, pode substituir ou emendar a Certidão de Dívida Ativa até a prolação da sentença, ante o teor do artigo 2º, § 8º, da Lei 6.830/80, não sendo possível o indeferimento liminar da inicial do processo executivo, por nulidade da CDA, antes de se possibilitar à exequente a supressão do defeito detectado no título executivo (Precedentes do STJ: AgRg nos EDcl no Ag 911.736/RS, Rel. Ministra Denise Arruda, Primei-

Capítulo 5 **Dívida ativa**

ra Turma, *DJ* de 31-3-2008; e REsp 837.250/RS, Rel. Ministra Eliana Calmon, Segunda Turma, *DJ* de 14-3-2007). 5. Na hipótese dos autos, restou assente na instância ordinária que: *"a falta de discriminação das parcelas integrantes do débito fiscal caracteriza defeito substancial da CDA, porque concerne ao conteúdo do título legalmente obrigatório. Não se trata, assim, de simples defeito de forma que possa ensejar a incidência do art. 203, do CTN"* (sentença – fl. 21). 6. Destarte, nem o Juízo Singular, nem o Tribunal local, procederam à abertura de prazo para que o Fisco substituísse ou emendasse a CDA, o que eiva de nulidade as decisões proferidas, impondo-se o retorno dos autos ao Juízo Singular, a fim de que seja observado o comando legal (STJ. REsp 816.069/RS, Rel. Min. Luiz Fux, j. 2-9-2008, *DJ* 22-9-2008).

Com relação à alteração do devedor na CDA, o entendimento pacífico da corte é que tal não é possível depois de ajuizada a Execução Fiscal, nem mesmo na hipótese de morte do executado. Assim, para incluir os herdeiros ou sucessores no título executivo, caso o erro tenha ocorrido no ato de inscrição na dívida ativa, a execução deve ser extinta e emitida nova CDA, com o ajuizamento de outra execução. Nesse sentido o seguinte precedente do STJ:

5. A notificação do espólio, na pessoa do seu representante legal, e a sua indicação diretamente como devedor no ato da inscrição da dívida ativa e, por conseguinte, na certidão de dívida ativa que lhe corresponde é indispensável na hipótese dos autos. 6. *In casu, "o devedor constante da CDA faleceu em 6-5-1999 (fls. 09) e a inscrição em dívida ativa ocorreu em 28-7-2003, ou seja, em data posterior ao falecimento do sujeito passivo"*, conforme fundamentou o tribunal de origem. 7. A emenda ou substituição da Certidão da Dívida Ativa é admitida diante da existência de erro material ou formal, não sendo possível, entretanto, quando os vícios decorrem do próprio lançamento e/ou da inscrição. Nestes casos, será inviável simplesmente substituir-se a CDA. Precedentes: AgRg no Ag 771386/BA, *DJ* 1º-2-2007; AgRg no Ag 884384/BA, *DJ* 22-10-2007. 8. Enunciado n. 392/STJ, o qual dispõe que "a Fazenda Pública pode substituir a certidão de dívida ativa (CDA) até a prolação da sentença de embargos, quando se tratar de correção de erro material ou formal, vedada a modificação do sujeito passivo da execução (STJ. Recurso Especial 1.073.494/ RJ, Rel. Min. Luiz Fux, j. 14-9-2010, *DJ* 29-9-2010).

Saliente-se que o precedente transcrito não se confunde com os casos em que, depois de ajuizada a Execução Fiscal o devedor vem a falecer. Nesses casos aplicam-se as regras do CPC sobre sucessão processual, gerando o incidente da habilitação a ser requerido pela Fazenda credora (CPC, art. 688, I).

439

CURSO COMPLETO DE DIREITO PROCESSUAL TRIBUTÁRIO

Tratando-se de incorporação de empresas, em que a incorporadora assume os créditos e débitos da empresa incorporada, o STJ entende que não se aplica a Súmula 392, podendo a CDA ser retificada para incluir o nome da incorporadora ou prosseguir-se com a Execução Fiscal contra a incorporada.

2. Todavia, verifica-se que a questão referente à possibilidade de substituição da CDA para alteração do sujeito passivo da execução, quando ocorre a incorporação da empresa executada, confere ao caso elemento diferenciador relevante (*distinguishing*) dos paradigmas que originaram a edição da Súmula 392/STJ, na medida em que as hipóteses tratadas nesses julgados não apreciaram o tema ora em exame, em que uma sociedade é absorvida pela outra, que lhe sucede em todos os direitos e obrigações, nos termos do art. 227 da Lei 6.404/1976 e art. 1.116 do Código Civil/2002, e o patrimônio da empresa incorporada, que deixa de existir, confundindo-se com o próprio patrimônio da empresa incorporadora. Peculiaridades do caso concreto, que afastam a incidência da orientação jurisprudencial sumulada nesta Corte Superior, relativamente ao tema dos autos. [...]

9. Assim, em observância aos princípios da celeridade e economia processuais, deve-se conceder à Fazenda Pública a oportunidade de retificação da CDA, a fim de se dar prosseguimento da Execução contra a responsável por sucessão tributária, ou mesmo de prosseguir com a execução proposta contra o devedor originário, que se confunde como incorporador, haja vista a extinção daquela pessoa jurídica executada, à época do lançamento, em razão de incorporação empresarial. Precedentes: REsp. 1.682.834/SP, Rel. Min. HERMAN BENJAMIN, *DJe* 9-10-2017; AgRg no REsp. 1.452.763/SP, Rel. Min. MAURO CAMPBELL MARQUES, *DJe* 17-6-2014. (STJ. Agravo de Instrumento no Recurso Especial 1.680.199/SP, Rel. Min. Napoleão Nunes Maia Filho, j. 12-6-2018, *DJe* 16-6-2018).

Embora o precedente transcrito se reporte a caso específico, concordamos com o pronunciamento da Corte Superior. Se a incorporação ocorrer após a expedição da CDA, não é razoável impor-se à Fazenda o ônus de ter extinta a execução movida contra a empresa incorporada. A CDA deverá espelhar o nome do devedor no momento da inscrição na dívida ativa.

O STJ também é rigoroso na aplicação da regra do art. 203 do CTN (segunda parte) e § 8º do art. 2º da LEF, isto é, a possibilidade de a Fazenda substituir a CDA para correção de erros materiais ou formais é garantida até a sentença nos embargos. Nesse sentido:

440

Capítulo 5   **Dívida ativa**

IV – A jurisprudência do Superior Tribunal de Justiça está consolidada no sentido de que a Fazenda Pública, até a prolação da sentença de embargos à execução, pode substituir a certidão de dívida ativa para corrigir erro formal ou material, entretanto, quando os vícios decorrem do próprio lançamento da dívida, como acontece quando existe erro na indicação do sujeito passivo em virtude de sucessão empresarial, está vedada a substituição do título executivo, em conformidade com a Súmula 392 do Superior Tribunal de Justiça. Precedentes: AgRg no REsp 1435515/SP, Rel. Ministro Og Fernandes, Segunda Turma, julgado em 14-4-2015, *DJe* 23-4-2015; AgRg no AREsp 131.469/RS, Rel. Ministro Humberto Martins, Segunda Turma, julgado em 24-4-2012, *DJe* 2-5-2012; AgInt no AREsp 785.026/SP, Rel. Ministra Assusete Magalhães, Segunda Turma, julgado em 2-6-2016, *DJe* de 13-6-2016. (STJ. Agravo de Instrumento no Recurso Especial 1.701.688/SP, Rel. Min. Francisco Falcão, j. 10-4-2018, *DJe* 13-4-2018).

Conforme o entendimento da corte superior não cabe alteração da CDA por determinação de ofício do juízo, cabendo à Fazenda a prerrogativa de requer a substituição do título para sanar a irregularidade:

6. A norma inserta no § 8º do art. 2º constitui uma faculdade da Fazenda Pública para emendar ou substituir o título executivo extrajudicial. Por ter essa natureza, a identificação de sua necessidade e a realização do ato estão a cargo exclusivamente do Fisco, não cabendo ao Judiciário fazer às vezes do credor (STJ. Recurso Especial 1.058.716/RJ, Rel. Min. Castro Meira, j. 2-9-2008, *DJ* 3-10-2008).

A nulidade do título na Execução Fiscal poderá ser alegada nos Embargos à Execução ou por meio de Exceção de Pré-executividade, conforme será melhor examinada nas subseções 7.2.13.1 e 7.2.13.2 do Capítulo 7. Depois de citado, nos termos do art. 9º da LEF, o devedor poderá pagar a dívida ou garantir o juízo visando sua defesa por meio de Embargos à Execução. Tratando-se de Exceção de Pré-executividade, essa medida poderá ser oposta a qualquer tempo antes de garantido o juízo. Nessas hipóteses, em razão da formação da relação processual, a alteração da CDA que reconhece o vício alegado pelo devedor implicará a condenação da Fazenda nos ônus da sucumbência, incluindo os honorários advocatícios em favor do defensor do executado. Nesse sentido é a orientação do STJ:

2. O acórdão *a quo*, após a substituição das CDAs, com a consequente redução do valor exequendo, em face da interposição de exceção de pré-exe-

441

CURSO COMPLETO DE DIREITO PROCESSUAL TRIBUTÁRIO

cutividade, deixou de condenar a ora recorrida na verba honorária, visto que não foram opostos embargos à execução. 3. O art. 26 da Lei de Execuções Fiscais (n. 6.830/80) estabelece que *"se, antes da decisão de primeira instância, a inscrição de dívida ativa for, a qualquer título, cancelada, a execução será extinta, sem qualquer ônus para as partes"*. 4. No entanto, pacífico o entendimento nesta Corte Superior no sentido de que, em executivo fiscal, sendo cancelada a inscrição da dívida ativa e já tendo ocorrido a citação do devedor, mesmo sem resposta, a extinção do feito implica a condenação da Fazenda Pública ao pagamento das custas e emolumentos processuais. 5. Para fins de formalização da relação processual, basta que a citação tenha sido realizada. *In casu*, a oposição de exceção de pré-executividade equivale ao ajuizamento dos embargos. 6. Aplicação da Súmula n. 153/STJ: *"A desistência da execução fiscal, após o oferecimento dos embargos, não exime o exequente dos encargos da sucumbência"*. Precedentes. 7. Agravo regimental não provido" (STJ. Agravo Regimental nos Embargos Declaração no Recurso Especial 812.597/PR, Rel. Min. José Delgado, j. 20-6-2006, *DJ* 3-8-2009).

Em outra oportunidade, entretanto, o STJ assentou que não cabe condenação de sucumbência, se o devedor opuser novos embargos contra a CDA alterada pela ocorrência de erro formal. Assim, os primeiros embargos seriam extintos e a validade do novo título seria apreciada nos novos embargos opostos.

Constatada a ocorrência de erro formal na CDA, consequentemente substituída pela Fazenda Nacional, ajuizou a empresa novos embargos. Dessa forma, outra solução não restava ao magistrado senão extinguir os primeiros embargos sem a condenação ao pagamento da verba advocatícia, uma vez que o inconformismo acerca da execução fiscal ainda virá a ser apreciado. A simples substituição da Certidão de Dívida Ativa, com a reabertura de prazo para oposição de embargos, não enseja a condenação da Fazenda Pública ao pagamento de honorários, pois apenas à decisão final do processo caberá fazê-lo. Recurso especial improvido (STJ. Recurso Especial 408.777/SC, Rel. Min. Franciulli Netto, j. 18-11-2004, *DJ* 25-4-2005).

Essa solução não parece ser a mais adequada porquanto houve atuação do advogado nos primeiros embargos, justamente para sustentar a nulidade do título. Assim, os argumentos do devedor nos embargos iniciais foram acolhidos e julgados procedentes. Daí o cabimento da fixação da sucumbência em valor equitativo, na forma do § 8º do art. 85 do CPC.

CAPÍTULO **6**
Processo judicial tributário

6.1 NOÇÕES BÁSICAS

Para se entender a expressão "Processo Judicial Tributário", algumas informações básicas são relevantes. Primeiramente, essa modalidade de processo judicial deriva do gênero "Processo Tributário", esta última expressão compreende tanto o "processo judicial tributário", obviamente proposto perante o Poder Judiciário e o "processo administrativo tributário", que se desenvolve em órgãos da própria administração pública interessada no processo (v. Capítulo 1, subseção 1.7).

Antes de tratar especificamente do processo judicial, convém se fazer uma síntese do que significa o "processo administrativo tributário" para melhor se compreender o processo judicial de mesma natureza.

A palavra "processo" pressupõe a formalização de uma pretensão jurídica perante órgãos estatais de quaisquer dos poderes da república, embora ao Poder Judiciário se reserve a competência de resolver definitivamente os conflitos de interesse entre particulares ou entre este e o Poder Público, o que é realizado por meio de processos. Nos assuntos tributários, essa pretensão poderá ser o cumprimento de qualquer exigência feita pelo Fisco ou o pagamento de tributos e multas. A pretensão que visa o pagamento de tributos é chamada de "obrigação principal"; enquanto as pretensões que, contrariamente, destinam-se a viabilizar o controle de arrecadação dos tributos são consideradas "obrigações acessórias", previstas no art. 113, §§ 1 e 2º, do CTN.

Para exigir o pagamento de um tributo ou o cumprimento de uma obrigação acessória, o Fisco deve instaurar procedimentos administrativos como forma de documentar seus atos. Além disso, deve-se dar ciência das conclusões desses procedimentos ao contribuinte, a fim de se garantir o direito ao contraditório e à ampla defesa. Diante disso, é possível se estabelecer uma diferença jurídica útil entre os termos "procedimento" e "processo" para efeitos fiscais, conforme analisado amplamente no Capítulo 1.

Considera-se "procedimento" a sucessão de atos administrativos desempenhados pelo Fisco em que não existe ainda a formalização de uma "pretensão fiscal". Por essa razão, não são garantidos o contraditório e a ampla defesa, pois o contribuinte não está em uma situação equivalente à de um "acusado em geral". A expressão "acusado em geral" é utilizada pelo inciso LIV do art. 5º da Constituição Federal para designar qualquer pessoa em relação a quem o Poder Público exija uma ação ou omissão ou a acuse da prática de um crime. Tratando-se de exigências fiscais, a locução "acusados em geral" refere-se ao dever de pagar tributos ou de cumprir obrigações acessórias. Assim, por exemplo, no lançamento do IPTU, o Fisco desenvolve uma série de expedientes internos que não obriga a administração tributária a dar ciência e garantir o contraditório ao contribuinte sobre todos os atos que pratica em seu expediente interno. Isso porque, embora esse procedimento afetará interesses do contribuinte, enquanto não forem formalizados por meio de uma notificação do respectivo lançamento não há que se falar nas garantias constitucionais do contraditório e da ampla defesa. Essa fase, portanto, é meramente procedimental. Igualmente, em uma fiscalização, a autoridade tributária realiza vários atos antes de formalizar a notificação do lançamento, que poderá se dar inclusive na forma de auto de infração. Enquanto não for formalizada a notificação do lançamento, a autoridade fiscal não está obrigada a dar ciência e garantir o contraditório e a ampla defesa ao contribuinte. Isso porque em ambos os exemplos se está diante de um procedimento fiscal.

Depois de notificado da pretensão fiscal por meio do lançamento ou da exigência de uma obrigação acessória, nasce para o contribuinte o direito de se defender. Caso exerça esse direito apresentando uma impugnação contra a pretensão do Fisco, neste caso o processo tributário muda de fase, deixando de ser mero procedimento para se transformar em processo administrativo tributário, em que devem ser garantidos o contraditório e a ampla defesa, além de outros princípios e garantias processuais.

Nem toda exigência de pagamento de tributo necessita da instauração de um procedimento ou de processo administrativo tributário. Isso porque a abertura desses procedimentos ou processos fica à mercê da modalidade de

Capítulo 6 **Processo judicial tributário**

constituição do crédito tributário, para o que se dá o nome de "lançamento tributário". O lançamento tributário é um procedimento desenvolvido, em regra pela autoridade pública competente, com o fim de identificar o contribuinte, determinar o que está sendo tributado, o valor devido e, se for o caso, incluir o valor de multa referente a alguma obrigação fiscal não cumprida (CTN, art. 142).

Neste livro consideramos existir quatro modalidades de lançamento tributário no direito brasileiro, embora, tradicionalmente, se considere existir somente três (lançamento de ofício, lançamento por declaração e lançamento por homologação). Além dessas modalidades acrescentamos o "lançamento por arbitramento". Didaticamente, tais espécies de lançamento podem ser explicadas na ordem a seguir.

A primeira é chamada de "lançamento de ofício" ou "lançamento direto" (CTN, art. 149). Neste caso, a lei atribui ao Fisco a competência de realizar as funções descritas acima que definem o conceito de lançamento. Concluída essa etapa, cabe ao Fisco notificar o contribuinte sobre o lançamento realizado, concedendo-lhe prazo para pagar o tributo. Ao receber a notificação, o contribuinte poderá pagar o débito ou impugná-lo. Na primeira hipótese, o pagamento extingue o crédito tributário, o que não impede o contribuinte de, futuramente, concluir que o pagamento foi indevido e pedir sua restituição administrativamente ou pela via judicial. Se decidir impugnar o lançamento, inicia-se um processo administrativo contencioso, em que são garantidos os direitos constitucionais ao contraditório e à ampla defesa, cabendo a cada ente federado disciplinar as regras e o rito de seus respectivos contenciosos tributários.

A segunda modalidade de lançamento é denominada de "lançamento por declaração" ou "lançamento misto". Esse tipo de lançamento está previsto no art. 147 do CTN e não é muito utilizado na atualidade, pois exige do contribuinte ou de terceiro o fornecimento de informações e, com base nelas, o Fisco realiza o lançamento notificando o contribuinte sobre os valores lançados. Podendo o fisco realizar o lançamento diretamente ou transferir a responsabilidade de apurar o crédito tributário para o próprio contribuinte, deixa de ser oportuno assumir a incumbência de calcular o valor do crédito tributário e praticar os demais atos típicos do lançamento. Por essa razão, a modalidade de lançamento mais usual na atualidade é o "lançamento por homologação", estabelecido no art. 150 do CTN.

O "lançamento por homologação" é a terceira modalidade de lançamento e consiste na obrigação dada ao contribuinte de realizar os cálculos para apuração do crédito tributário e posterior pagamento dos valores apurados. Depois disso realizado, o contribuinte deve informar o Fisco sobre os fatos geradores tributários que praticou e quanto apurou de tributos durante um período fixado pela lei. O Fisco, por sua vez, tem cinco anos para "homologar" os procedimentos e os valores pagos pelo contribuinte. Caso não o faça nesse prazo, os valores pagos serão considerados como definitivos, não podendo o fisco cobrar eventuais diferenças que não tenham sido recolhidas, exceto se for descoberto que o pagamento ocorreu mediante fraude, dolo ou simulação. Percebe-se, nesta última modalidade de lançamento, não é o Fisco quem realiza o lançamento, mas o próprio contribuinte, razão pela qual foi informado acima que, "em regra" o lançamento é feito pela autoridade administrativa, exatamente porque o lançamento por homologação é uma exceção, em que os procedimentos do lançamento são executados pelo próprio contribuinte.

A quarta modalidade denomina-se "lançamento por arbitramento" e, assim como o lançamento por declaração não é tão usual. Em síntese, aplica-se essa modalidade de lançamento nas hipóteses do art. 148 do CTN em que as informações prestadas pelo contribuinte sobre a base de cálculo do tributo não se mostram idôneas, levando o Fisco a arbitrar o valor do crédito tributário. Nessa modalidade de lançamento deve ser sempre assegurada a possibilidade de o contribuinte impugnar as avaliações realizadas pela Fazenda.

Nas duas primeiras modalidades de lançamento tributário (lançamento de ofício ou por declaração), o Fisco deve notificar o contribuinte sobre o lançamento, o que gera o direito de o contribuinte refutar a pretensão da Fazenda Pública, ingressando com a conhecida "impugnação administrativa", também chamada de "reclamação administrativa", prevista no art. 151, III, do CTN. O termo "reclamação" integra tanto a impugnação, que constitui a primeira peça de defesa do contribuinte no processo administrativo, quanto os recursos dirigidos a outras instâncias também administrativas. Enquanto não for resolvido o processo administrativo tributário fica suspenso o crédito referente ao tributo que o Fisco pretende exigir o pagamento.

Tratando-se de lançamento de ofício ou misto e, caso o contribuinte, depois de notificado do lançamento não pague o crédito tributário, o valor respectivo será inscrito na dívida ativa e, persistindo essa situação, será cobrado

Capítulo 6 **Processo judicial tributário**

por ação judicial, conhecida como "Execução Fiscal". Tendo o contribuinte se defendido por "reclamações administrativas", e caso seus pleitos não sejam acolhidos no processo administrativo, a Fazenda notifica o contribuinte sobre esse resultado e concede prazo para pagamento do valor pendente. Se o tributo devido e seus acréscimos (multa e correção) não forem pagos no prazo, o procedimento fiscal é o mesmo da hipótese anterior, isto é, inscrição na dívida ativa e posterior execução fiscal.

Quando se tratar de lançamento por homologação, considerando que cabe ao contribuinte realizar todos os atos necessários à apuração do crédito tributário, mediante as regras contidas na legislação, se o contribuinte não pagar os tributos que ele próprio apurou, a jurisprudência pacífica entende que o crédito deverá ser inscrito na dívida ativa, sem notificação para eventual defesa. Nesse sentido dispõe a Súmula 436 do STJ: "A entrega de declaração pelo contribuinte reconhecendo débito fiscal constitui o crédito tributário, dispensada qualquer outra providência por parte do fisco". De acordo com esse entendimento, considerando que foi o próprio contribuinte quem apurou o crédito tributário, declarou-o ao fisco e não o pagou, não será cabível a abertura de prazo de defesa para impugnação administrativa. Neste caso, portanto, não se forma um contencioso fiscal sobre o lançamento por homologação. Cabe ao Fisco apenas notificar o contribuinte de que terá prazo para pagar o tributo "declarado e não pago" (em geral esse prazo é de 30 dias). Se não for pago no prazo, a Fazenda está autorizada a inscrever o crédito na dívida ativa sem mais formalidades e, posteriormente, ingressará com a Execução Fiscal.

Até o momento fizemos uma síntese do procedimento e do processo administrativo tributário referente à exigência do cumprimento da obrigação tributária principal, que é o pagamento do tributo. Tratando-se da exigência de obrigações acessórias, não é necessário o ajuizamento de medidas judiciais para obrigar o contribuinte ao seu cumprimento, devendo a administração tributária aplicar a sanção prevista em lei, geralmente a multa. Para tanto, o Fisco deverá notificar o contribuinte sobre o cometimento da infração e, caso este não se defenda, ou mesmo tendo apresentado defesa, se o seu pleito não for acolhido, será notificado para pagar o valor da multa sob pena de inscrição na dívida ativa e posterior ação de Execução Fiscal do valor da multa não paga. Vê-se, portanto, que o não cumprimento de uma obrigação acessória somente demanda o ajuizamento de medidas judiciais

447

CURSO COMPLETO DE DIREITO PROCESSUAL TRIBUTÁRIO

quando o contribuinte não paga a multa correspondente à infração cometida, o que está previsto no art. 113, § 3º, do CTN. A explicação para isso é que, diferentemente da cobrança dos tributos, o Fisco tem o poder de exigir o cumprimento de suas ordens quando a natureza da obrigação fiscal for uma "obrigação de fazer algo". Neste caso prevalece o atributo da exigibilidade do ato administrativo.

Com a obrigação tributária principal (dever de pagar os tributos), o procedimento é diferente. Embora tenha que se formar um processo administrativo para a cobrança do tributo (nos casos de lançamento de ofício ou por declaração), se o contribuinte não o pagar, a Fazenda depende de uma ação judicial (chamada de Execução Fiscal) para obrigar o contribuinte a quitar o crédito tributário, o que ocorrerá por determinação da Justiça. Igualmente, no lançamento por homologação, se o contribuinte não pagar o tributo por ele próprio declarado, o poder máximo permitido à Fazenda é a inscrição na dívida ativa sem a garantia do contraditório e da ampla defesa (Súmula 436 do STJ), mas a ordem de pagamento forçado deverá também ser emitida pelo Poder Judiciário na ação de Execução Fiscal.

Se à Fazenda é assegurado o direito de acesso ao Poder Judiciário para o recebimento do crédito tributário, o contribuinte, por sua vez, tem o direito de ingressar com medidas judiciais, tanto para se defender das cobranças do Fisco quanto para tomar a iniciativa de pleitear direitos contra a Fazenda Pública. Essa via de mão dupla em que ambas as partes da relação jurídica tributária podem se valer de medidas judiciais para assegurar direitos, denomina-se, genericamente, de "processo judicial tributário". Os pontos principais deste instituto serão fixados nos itens a seguir.

6.1.1 O processo judicial tributário

A principal finalidade do processo judicial é solucionar conflitos de interesses que não puderam ser resolvidos amigavelmente entre as partes. Tratando-se de questões judiciais tributárias, as possibilidades de se solucionar a controvérsia jurídica sem o ajuizamento de medidas judiciais, limita-se ao processo administrativo tributário. Mesmo depois de resolvida a discussão nesse âmbito o contribuinte pode ingressar com medidas judiciais visando anular a decisão administrativa. Desde logo é necessário se fixar um dos fundamentos do processo judicial tributário: o esgotamento do processo administrativo tributário não é um pré-requisito para o contribuinte demandar o

Capítulo 6 **Processo judicial tributário**

Poder Judiciário com ações contra a Fazenda. O art. 5º, XXXV, da Constituição Federal assegura que "a lei não excluirá da apreciação do Poder Judiciário lesão ou ameaça a direito". Por essa razão, o contribuinte poderá procurar a Justiça para resolver conflitos com a Fazenda Pública antes de iniciado o processo administrativo, durante o seu desenvolvimento ou depois de sua conclusão final. A recíproca não é verdadeira, pois, conforme foi explicado na seção anterior, no sistema legal brasileiro, a Fazenda não tem o direito de ingressar com a cobrança judicial do crédito tributário sem que o contribuinte seja notificado do lançamento tributário. Além disso, em caso de impugnação, será instaurado o processo administrativo com as garantias do contraditório e da ampla defesa, exceto nos casos de lançamento por homologação, em que o contribuinte deve apurar o crédito tributário e declará-lo ao Fisco. Nesse caso, como a declaração de constituição do crédito tributário é elaborada pelo próprio contribuinte, na hipótese de não ocorrer o pagamento, a Fazenda poderá inscrever o crédito na dívida ativa e, em seguida, ingressar com a Execução Fiscal.

No Brasil, alguns fatores contribuem para o elevado número de demandas judiciais tributárias. O principal deles é a falta de regras regulamentadoras da transação no direito tributário, prevista no art. 156, III, do CTN. A transação é uma forma de se extinguir o crédito tributário, mediante concessões mútuas entre a Fazenda Pública e o contribuinte. Na imensa maioria dos conflitos que envolvem a administração pública, a negociação com o fisco é difícil em virtude do princípio da indisponibilidade do interesse público. Quando existe lei autorizando a transação, a margem de negociação do Procurador da Fazenda para transigir costuma ser pequena, nem sempre interessando ao contribuinte fazer acordo nos termos permitidos pela lei. Outra razão é a cultura de "judicialização dos conflitos" que prevalece no país. Por mais que o processo judicial seja lento, construiu-se, especialmente depois da Constituição de 1988, a mentalidade de que solucionar as questões jurídicas perante a autoridade judicial é um caminho natural. A ideia de garantia de acesso à justiça contribui para tendência de se procurar o Poder Judiciário como forma idealizada de se chegar a uma solução justa.

Se por um lado a democratização do acesso à justiça é salutar no Estado democrático de direito, por outro, acarreta a consequência óbvia de sobrecarga do Poder Judiciário e as dificuldades de prestação jurisdicional em um prazo desejável.

CURSO COMPLETO DE DIREITO PROCESSUAL TRIBUTÁRIO

Não se trata, evidentemente, de se demonizar os litigantes e advogados por demandarem a justiça sobre as questões fiscais, nem é o caso de se acusar o Poder Judiciário de não atender às demandas judiciais a contento. Trata-se de ampliar o debate sobre meios alternativos de solução de demandas fiscais, que fortaleça a solução administrativa dos assuntos tributários ou o entendimento entre contribuintes e Fazenda pública a respeito de tais temas. Enquanto isso não for uma realidade, o processo judicial tributário será utilizado como forma de solução das demandas, buscando a melhor interpretação às normas constitucionais e legais do processo, de modo a torná-lo o mais eficiente possível.

O presente capítulo se prestará ao exame do processo judicial tributário. Essa modalidade processual se insere no vasto campo do processo civil, pois o poder de coerção das decisões nele proferidas caracterizam-se, principalmente, pela indisponibilidade de bens do devedor, não ingressando, portanto, na esfera penal.

Haverá situações, porém, em que o não cumprimento da decisão judicial desencadeará a persecução penal para eventualmente punir quem não cumpriu a decisão do processo cível. Essa hipótese, entretanto, extrapola o processo tributário e se insere no processo criminal, que não será, obviamente, objeto de análise neste livro.

Pode ocorrer, igualmente, que o processo judicial tributário, em vez de ter como pretensão a execução do crédito tributário pela Fazenda ou o afastamento de sua cobrança no interesse do contribuinte, vise apenas obrigar a autoridade pública a fazer ou deixar de fazer algo, cuja ação ou omissão ofenda direitos. Para tanto, o remédio processual adequado será o mandado de segurança.

Como se vê, em geral, as lides de natureza tributária giram em torno de interesses pecuniários, seja o da Fazenda em pretender obter o pagamento do seu crédito tributário, ou o do sujeito passivo de ser desobrigado do pagamento total ou parcial do tributo. Pode o sujeito passivo também querer que se restituam valores recolhidos indevidamente como tributos, ou que seja autorizado a consignar em juízo o valor do montante tributário quando a Fazenda se recusa recebê-lo, evitando-se assim, a incidência de juros moratórios. Em todas essas situações o que se tem como pano de fundo é o interesse pecuniário de ambas as partes.

O processo judicial tributário pode ser dividido em dois segmentos: a) ações judiciais de interesse da Fazenda Pública e respectivas medidas de

Capítulo 6 **Processo judicial tributário**

defesa do contribuinte; b) ações de iniciativa do sujeito passivo. Com relação às primeiras, a execução fiscal é a medida processual tradicional para a Fazenda postular em juízo o pagamento do crédito tributário inscrito em dívida ativa. Para situações excepcionais, a Fazenda Pública poderá utilizar a Medida Cautelar Fiscal, ação destinada a tornar indisponíveis bens do contribuinte. O contribuinte, por sua vez, poderá ingressar com o mandado de segurança e as ações, declaratória, anulatória, repetição de indébito, medidas judiciais para declaração do direito à compensação e consignação em pagamento. Essas ações, evidentemente, servem para garantir direitos do sujeito passivo previstos na legislação tributária. A ação declaratória, por exemplo, poderá ser utilizada para que o juiz declare a inexistência da relação jurídica tributária ou o direito do sujeito passivo à compensação de tributos. O mandado de segurança, igualmente, poderá ser utilizado para assegurar diversos direitos do sujeito passivo, inclusive o de compensar débitos com créditos tributários, ou para impedir que a Fazenda pratique o lançamento de determinado tributo. Em geral, a ação anulatória pode se desdobrar nas pretensões de desconstituir o lançamento tributário, ou invalidar decisões em processos administrativos, ou ainda anular o ato de inscrição na dívida ativa.

Neste Capítulo, justamente em razão das características do processo judicial tributário, que na essência não destoam do processo civil, a ênfase será nos aspectos práticos de tais medidas e uma abordagem geral dos requisitos processuais de desenvolvimento válido do processo judicial como um todo.

Nos Capítulos 7 e 8 será analisado, respectivamente, o regime processual de cada uma das ações judiciais utilizadas à efetivação dos direitos da Fazenda Pública e do contribuinte. Esses capítulos versarão sobre cada uma das medidas judiciais cabíveis no processo judicial tributário, visando oferecer ao leitor os pontos comuns a qualquer ação judicial e as peculiaridades das lides tributárias, unindo explicações teóricas com o entendimento jurisprudencial sobre os pontos abordados.

Como estratégia didática, justamente porque se pretende analisar as medidas judiciais do processo tributário em sua perspectiva prática, convém que se façam desde logo comentários sobre a petição inicial, peça fundamental para a compreensão lógica do processo, a partir da qual todo o procedimento judicial se desdobra. Antes, entretanto, é importante tratar da competência do Juizado Especial da Fazenda Pública, o que influenciará na elaboração da petição inicial.

451

6.1.2 Juizado Especial da Fazenda Pública

As causas em que a Fazenda Pública é parte, ou quando, de alguma forma, intervém no processo, são geralmente processadas e julgadas perante Varas da Fazenda Pública. Trata-se de juízo especializado em matérias que envolvem o Poder Público, tais como Ação de Desapropriação Indireta, Mandados de Segurança, Ações Cominatórias, Ações Populares, Ações Civis Públicas e matéria fiscal.

A Lei n. 12.153, de 2009, estabeleceu regras gerais para instalação de juizados especiais da Fazenda Pública nos estados, no Distrito Federal e, se for caso, nos territórios. Para facilitar a comunicação, a Lei dos Juizados Especiais de Fazenda Pública será referenciada daqui para frente pela sigla LJFP.

Os juizados especiais cíveis (para causas que não envolvem a Fazenda Pública) existem desde a Lei n. 9.099, de 1995, que regulamentou o juizado especial no Poder Judiciário dos estados e do Distrito Federal; e a Lei n. 10.259, de 2001, que dispõe sobre o juizado especial federal. A novidade trazida pela lei de 2009 é a possibilidade de criação de juizados especiais para processamento e julgamento de questões relacionadas exclusivamente à Fazenda Pública.

Na verdade, os juizados especiais, sejam eles cíveis ou, como agora, da fazenda pública, encontram abrigo no art. 98 da Constituição Federal, que, por sua vez, inspira-se no princípio do amplo acesso ao Poder Judiciário, como efetivação da democracia[1]. A visão que se disseminou no Brasil era de que o Poder Judiciário se destinava a resolver as grandes causas. Com sua estrutura fora dos controles democráticos e o custo financeiro de se acessar a Justiça, o Poder Judiciário se transformou no mais elitizado dos poderes republicanos. A Constituição Federal de 1988 tentou modificar essa realidade prevendo a criação de juizados especiais para solução de causas cíveis de menor complexidade e para o julgamento de infrações penais de menor

---

1 "Art. 98. A União, no Distrito Federal e nos Territórios, e os Estados criarão: I – juizados especiais, providos por juízes togados, ou togados e leigos, competentes para a conciliação, o julgamento e a execução de causas cíveis de menor complexidade e infrações penais de menor potencial ofensivo, mediante os procedimentos oral e sumaríssimo, permitidos, nas hipóteses previstas em lei, a transação e o julgamento de recursos por turmas de juízes de primeiro grau; [...] § 1º Lei federal disporá sobre a criação de juizados especiais no âmbito da Justiça Federal."

Capítulo 6   **Processo judicial tributário**

potencial ofensivo. É evidente que nesse contexto se inclui a pretensão de se acelerar a tramitação de processos, uma vez que a motivação central da criação desses juizados especiais é a possibilidade de transação ou de conciliação, que pode ser realizada por juízes togados ou togados e leigos.

A Emenda Constitucional n. 22, de 1999 (EC n. 22), previu a criação de juizados especiais no âmbito da Justiça Federal, na linha do que se definiu para a Justiça Estadual. A Lei n. 9.099, de 1995 e Lei n. 10.259, de 2001, portanto, servem para concretizar os postulados constitucionais comentados. Depois do advento dos juizados especiais a imagem do Poder Judiciário pode ter melhorado um pouco perante o cidadão, uma vez que pequenas demandas de consumidor, de reparação do dano, de direito de vizinhança e até de questões previdenciárias são resolvidas com mais rapidez nos juizados especiais.

Retornando-se ao tema central, o art. 24, X da Constituição Federal estabelece ser competência concorrente entre a União, os estados e o Distrito Federal, legislar sobre "a criação, funcionamento e processo de juizados de pequenas causas". O citado dispositivo, combinado com o art. 98, I e § 1º, também da Constituição, remete à possível divergência entre "juizados especiais para causas de menor complexidade" e "juizados especiais de pequenas causas". Leonardo José Carneiro da Cunha esclarece que se trata de conceitos distintos a menção a causas de "menor complexidade" e "pequenas causas". Para o autor, "a Constituição Federal prevê a possibilidade de criação de juizados para causas de pouca complexidade, independentemente do valor envolvido, bem como de juizados destinados a causas de pequeno valor econômico"[2].

Os critérios para definição de menor complexidade da causa é matéria de direito processual e não exatamente de "criação, funcionamento e processo de pequenas causas", visto que estes últimos assuntos são afetos à organização judiciária local. Por essa razão, compete à União, com fundamento no art. 22, I, da Constituição Federal legislar sobre direito processual para todo o território nacional. A competência concorrente em matéria processual, que permite aos estados e ao Distrito Federal legislarem também sobre processo,

---

2   CUNHA, Leonardo José Carneiro da. *A Fazenda Pública em juízo*. 6. ed. São Paulo: Dialética, 2008, p. 580-581.

CURSO COMPLETO DE DIREITO PROCESSUAL TRIBUTÁRIO

resume-se à fixação de procedimentos que afetam à organização interna do Poder Judiciário de cada estado (CF, art. 24, X).

6.1.2.1 Competência do Juizado Especial da Fazenda Pública

De acordo com o art. 3º da Lei n. 9.099, de 1995, a competência do juizado especial cível dos estados e do Distrito Federal, para conciliação, processo e julgamento das causas cíveis de menor complexidade foi definida pelos seguintes critérios: a) as causas cujo valor não exceda a quarenta vezes o salário mínimo; b) as enumeradas no art. 275, inciso II, do CPC de 1973 (rito sumário); c) a ação de despejo para uso próprio; d) as ações possessórias sobre bens imóveis de valor não excedente também a quarenta salários mínimos. Destaque-se que o CPC de 2015 não previu o "processo sumário", tendo sido revogada implicitamente a hipótese que remetia às causas submetidas a esse rito.

De acordo com o art. 3º, § 2º, da Lei n. 9.099, de 1995, ficaram excluídas da competência do juizado especial as causas de natureza alimentar, falimentar, "fiscal", de "interesse da Fazenda Pública", e também as relativas a acidentes de trabalho, a resíduos e ao estado e capacidade das pessoas, ainda que de cunho patrimonial.

A Lei n. 10.259, de 2001, por sua vez, foi menos restritiva em assuntos fazendários, até porque a competência da Justiça Federal normalmente envolve matéria fazendária na medida em que afeta os interesses da União ou de suas autarquias, fundações públicas, ou empresas públicas federais (CF, art. 109). Assim, a Constituição Federal restringiu a competência do juizado especial federal em matéria cível ao valor correspondente a 60 salários mínimos, evitando atrelar-se ao critério da menor complexidade da causa. Em princípio, qualquer matéria de competência da Justiça Federal (CF, art. 109) poderá processar-se no juizado especial federal, exceto as exclusões do § 1º do art. 3º da Lei n. 10.259, de 2001.

> Art. 3º Compete ao Juizado Especial Federal Cível processar, conciliar e julgar causas de competência da Justiça Federal até o valor de sessenta salários mínimos, bem como executar as suas sentenças.
>
> § 1º Não se incluem na competência do Juizado Especial Cível as causas:
>
> I – referidas no art. 109, incisos II, III e XI, da Constituição Federal, as ações de mandado de segurança, de desapropriação, de divisão e demarcação, populares, execuções fiscais e por improbidade administrativa e as

454

Capítulo 6 **Processo judicial tributário**

demandas sobre direitos ou interesses difusos, coletivos ou individuais homogêneos;

II – sobre bens imóveis da União, autarquias e fundações públicas federais;

III – para a anulação ou cancelamento de ato administrativo federal, salvo o de natureza previdenciária e o de lançamento fiscal;

IV – que tenham como objeto a impugnação da pena de demissão imposta a servidores públicos civis ou de sanções disciplinares aplicadas a militares.

Conforme o inciso III do art. 3º supratranscrito, causas de natureza previdenciária e referentes a lançamentos fiscais poderão processar-se junto ao juizado especial federal cível, desde que, evidentemente, enquadradas no limite de 60 salários mínimos.

A Lei n. 12.153, de 2009, que dispõe sobre os juizados especiais de Fazenda Pública estaduais e municipais (LJFP) adota o mesmo critério de valor estabelecido pela Lei n. 10.259, de 2001, isto é, a alçada de 60 salários mínimos para o ajuizamento das ações no juizado federal.

O art. 2º da LJFP fixa que compete aos juizados especiais da Fazenda Pública processar, conciliar e julgar causas cíveis de interesse dos estados, do Distrito Federal, dos territórios e dos municípios, até o valor de 60 (sessenta) salários mínimos. Complementa esse critério da competência, determinando as causas que não poderão ser processadas pelo juizado especial. Por conseguinte, estabelece o § 1º do art. 2º da LJFP, que "não se incluem na competência do Juizado Especial da Fazenda Pública": a) as ações de "mandado de segurança", de desapropriação, de divisão e demarcação, populares, por improbidade administrativa, "execuções fiscais" e as demandas sobre direitos ou interesses difusos e coletivos; b) as causas sobre bens imóveis dos estados, Distrito Federal, territórios e municípios, autarquias e fundações públicas a eles vinculadas; c) as causas que tenham como objeto a impugnação da pena de demissão imposta a servidores públicos civis ou sanções disciplinares aplicadas a militares.

O § 2º do art. 2º da LJFP acrescenta que: quando a pretensão versar sobre obrigações vincendas, para fins de competência do juizado especial, a soma de 12 (doze) parcelas vincendas e de eventuais parcelas vencidas não poderá exceder o valor dos 60 (sessenta) salários mínimos.

A LJFP exclui o Mandado De Segurança da alçada do juizado especial, de modo que quando a ação for impetrada para afastar exigência de tributo

CURSO COMPLETO DE DIREITO PROCESSUAL TRIBUTÁRIO

ou obrigar a prática de atos em favor do contribuinte, a ação deverá tramitar em Varas da Fazenda Pública ou no juízo cível, quando aquelas não existirem na localidade.

O § 1º do art. 2º da LJFP afasta da competência do juizado especial, o processamento, conciliação e julgamento de Execuções Fiscais. As demais medidas judiciais em matéria tributária que serão examinadas no Capítulo 8 poderão tramitar no juizado especial desde que o valor da causa seja de até 60 salários mínimos.

Dispõe o § 4º do art. 2º da LJFP que: "no foro onde estiver instalado Juizado Especial da Fazenda Pública, a sua competência é absoluta". Assim, a causa que se enquadrar nos critérios de competência do juízo especial não poderá ser decidida em Juízo da Fazenda Pública ou outro juízo, podendo essa questão ser alegada a qualquer momento processual. A sentença proferida por um desses juízos em ação que deveria ser processada no Juizado Especial da Fazenda Pública deverá ser declarada nula. A recíproca deve ser verdadeira, ou seja, a decisão lançada pelo Juizado Especial da Fazenda em processo que não poderia tramitar por este juízo deve igualmente ser anulada por ofensa aos requisitos objetivos da competência do juizado especial, que são o valor da causa e a matéria controvertida. Nesse sentido decidiu o STJ o seguinte:

> O art. 2º da Lei 12.153/2009 possui dois parâmetros – valor e matéria – para que uma ação possa ser considerada de menor complexidade e, consequentemente, sujeita à competência do Juizado Especial da Fazenda Pública" (AgRg no Agravo em Recurso Especial 753.444 – RJ [2015/0185865-6], j. 13-10-2015; *DJe* 18-11-2015). Na mesma linha de entendimento, concluiu também o STJ: "O STJ entende que o valor dado à causa pelo autor fixa a competência absoluta dos Juizados Especiais" (Agravo Regimental no Agravo em Recurso Especial 384.682/SP, j. 1-10-2013; *DJe* 7-10-2013).

É importante considerar que a Fazenda Pública, para poder transigir junto ao juizado especial dependerá de lei do respectivo ente da federação que determine os critérios da conciliação. Isso porque os assuntos fazendários são regidos por razões de interesse público, consideradas como direitos indisponíveis. Nesse sentido, estabelece o art. 8º da LJFP o seguinte: "os representantes judiciais dos réus presentes à audiência poderão conciliar, transigir ou desistir nos processos da competência dos Juizados Especiais, nos termos e nas hipóteses previstas na lei do respectivo ente da Federação".

Capítulo 6 **Processo judicial tributário**

Essa regra dá respaldo para a conciliação em demandas tributárias no juizado especial, desde que exista lei fixando os critérios para que os procuradores da Fazenda Pública ré possam transigir.

A efetividade do funcionamento adequado dos Juizados Especiais da Fazenda Pública pressupõe a edição das leis locais fixando os critérios de transigência por parte dos procuradores fazendários. A falta da mencionada lei, porém, não inviabiliza o ajuizamento de causas junto ao juizado especial quando instalado. Somente uma das fases do procedimento especial será suprimida por ausência de critérios legais para que a conciliação possa se efetivar. As demais etapas do procedimento poderão ser cumpridas normalmente, em especial a que diz com o cumprimento da sentença (LJFP, art. 13).

6.1.2.2 Partes e procedimento do Juizado Especial da Fazenda Pública

O art. 5º da LJFP define que "podem ser partes no Juizado Especial da Fazenda Pública": a) como autores, as pessoas físicas e as microempresas e empresas de pequeno porte, assim definidas na Lei Complementar n. 123, de 2006; b) como réus, os Estados, o Distrito Federal, os Territórios e os Municípios, bem como autarquias, fundações e empresas públicas a eles vinculadas.

O dispositivo complementa os critérios da competência do juizado especial, de modo a excluir da competência do órgão jurisdicional demandas movidas por empresas de grande porte. A LJFP privilegia o acesso à justiça especial às pessoas físicas ou às microempresas, ou ainda sociedades de pequeno porte. Ainda que a empresa de grande porte possua demanda dentro de até 60 salários mínimos, não poderá demandar o juízo especializado, devendo mover sua ação nas Varas de Fazenda Pública.

A LJFP não esclarece se o autor poderá demandar o juizado especial sem assistência do advogado. Estabelece, porém, que a Fazenda será representada no juízo por seu procurador, conforme o art. 8º da LJFP. Entendemos que na hipótese de o autor propor a causa sem o auxílio de advogado, o juiz deverá adverti-lo sobre a conveniência de se constituir um profissional para a defesa dos seus interesses. Isso porque a Fazenda será sempre representada por um Procurador. Não tendo a parte condições de constituir um advogado particular, poderá ser aplicada, por analogia, a regra do § 1º do art. 9º

457

da Lei n. 9.099, de 1995, devendo o juiz nomear um advogado para assistir o demandante. Essa solução tem amparo na própria LJFP, que no art. 27 prevê a aplicação subsidiária da Lei n. 9.099, de 1995.

Observe-se também que as sociedades de economia mista não serão processadas perante o juizado especial, uma vez que não integram o conceito estrito de Fazenda Pública, por possuírem participação de capital privado (CF, art. 173, § 1º e Decreto-lei n. 200, de 1967, art. 5º, III).

Com relação a fase inicial do processo, isto é, de citação e demais intimações, o art. 6º da LJFP manda aplicar os dispositivos do CPC pertinentes ao ponto específico (CPC, arts. 238 a 258 para as citações) e (CPC, arts. 269 a 275 para as intimações). O art. 7º da LJFP determina que não haverá diferenciação de prazos para a Fazenda Pública, enfatizando a finalidade do juizado especial, que é a efetividade e celeridade processual em causas de valor reduzido, não tendo aplicação o disposto no art. 183 do CPC.

Quanto aos recursos, a lei impede a interposição de medidas recursais contra decisões interlocutórias, cabendo somente recursos contra a sentença (LJFP, art. 4º). O art. 11 da lei, na linha dos princípios da efetividade e da celeridade processual, exclui o mecanismo da remessa necessária. Portanto, ainda que de total procedência, a sentença que condenar a Fazenda Pública terá eficácia imediata, não devendo o juiz submeter sua decisão à confirmação do tribunal.

Os critérios de designação de conciliadores e os procedimentos para conciliação estão definidos nos arts. 15 e 16 da LJFP e sobre o procedimento poderão ser aplicadas, no que couber, disposições da Lei n. 9.099, de 1995 e Lei n. 10.259, de 2001.

6.1.2.3 Cumprimento do acordo ou da sentença no Juizado Especial da Fazenda Pública

O art. 12 da LJFP sugere que o acordo homologado ou a sentença proferida contra a Fazenda Pública, que disponham sobre obrigação de fazer, não fazer ou de entrega de coisa certa, ensejam a instauração da uma fase de simples "cumprimento da sentença". Nesses casos, depois de a sentença transitar em julgado, o juiz oficiará à autoridade administrativa, com cópia da sentença ou do acordo, determinando que se cumpram os termos do que foi decidido ou acordado.

Capítulo 6   **Processo judicial tributário**

Para os casos de ação de repetição de indébito e de compensação tributária (seções 8.4 e 8.5 do Capítulo 8), o art. 13 da LJFP prevê que o pagamento da sentença condenatória da Fazenda Pública será feito da seguinte forma: a) no prazo máximo de 60 (sessenta) dias, contado da entrega da requisição do juiz à autoridade citada para a causa, independentemente de precatório, na hipótese do § 3º do art. 100 da Constituição Federal; ou b) mediante precatório, caso o montante da condenação exceda o valor definido como obrigação de pequeno valor. Desatendida a requisição judicial, prescreve o § 1º do art. 13, que o juiz, imediatamente, determinará o sequestro do numerário suficiente ao cumprimento da decisão, dispensada a audiência da Fazenda Pública.

A propósito do tema, o § 2º do art. 13 da LJFP dispõe que os entes federados definirão, em leis próprias, os valores que servirão de teto para o cumprimento de obrigações judiciais sem a emissão de precatórios. O § 3º do mesmo artigo, por sua vez, determina que até que se dê a publicação das leis locais que fixem os valores em que o pagamento da obrigação se dará sem precatórios, os valores serão: a) 40 salários mínimos, quanto aos Estados e ao Distrito Federal; b) 30 salários mínimos, quanto aos municípios.

O § 4º do art. 13 estabelece que "são vedados o fracionamento, a repartição ou a quebra do valor da execução". Isso evita que o pagamento da verba condenatória se faça, em parte, mediante o procedimento da LJFP e também mediante expedição de precatório. Complementando essa regra, o § 5º esclarece:

> Se o valor da execução ultrapassar o estabelecido para pagamento independentemente do precatório, o pagamento far-se-á, sempre, por meio do precatório, sendo facultada à parte exequente a renúncia ao crédito do valor excedente, para que possa optar pelo pagamento do saldo sem o precatório.

Com relação ao pagamento do credor, rezam os §§ 6º e 7º do art. 13 da LJFP, que o "saque do valor depositado poderá ser feito pela parte autora, pessoalmente, em qualquer agência do banco depositário, independentemente de alvará". Quando o saque for feito por procurador, deverá ser realizado na agência destinatária do depósito, mediante procuração específica, com firma reconhecida, da qual constem o valor originalmente depositado e sua procedência.

459

6.2 A PETIÇÃO INICIAL NO PROCESSO JUDICIAL TRIBUTÁRIO

A petição inicial é um texto de persuasão por meio do qual o advogado pretende convencer o juiz que seus argumentos procedem. Para isso, poderá utilizar diversos recursos linguísticos ou técnicas jurídicas que convençam o juiz de que seu cliente tem o direito postulado. Recomendamos que as petições iniciais sejam redigidas de forma objetiva e clara, evitando-se argumentos repetitivos ou desnecessários. Lembremos que petições longas, com muitas citações de jurisprudência ou de doutrina repetitivas, principalmente quando pedem tutelas de urgência, podem impressionar do ponto de vista acadêmico, mas nem sempre são necessárias.

Em matéria tributária, no entanto, é comum redigir-se peças extensas, uma vez que nesse segmento jurídico discutem-se com frequência questões de direito e menos elementos de fato. O trabalho do advogado ao elaborar uma inicial tributária é muitas vezes meticuloso e demorado, procurando demonstrar ao juiz inconstitucionalidades, imprecisões ou incoerências na legislação ou na autuação fiscal, o que demanda razoável conhecimento de diversas disciplinas do direito. Uma boa peça judicial tributária pode articular argumentos de Direito Constitucional, Administrativo, Civil, Comercial, Internacional e outros. Permeando todas essas disciplinas, há a Teoria Geral do Direito como fundamento de muitas alegações do Direito Tributário. Por isso, às vezes, são necessárias várias e complexas argumentações para se desenvolver bem o raciocínio, incluindo-se citações doutrinárias e jurisprudenciais de diversos autores e tribunais.

Apesar dessas características, é recomendável o bom senso, razão pela qual sugerimos que se procure primar pela objetividade, uma vez que explicar os fundamentos jurídicos da petição ou demonstrar pressupostos para o deferimento de provimentos antecipatórios não significa prolixidade ou repetição. Esse tipo de prática pode transparecer ausência de razões jurídicas plausíveis para que o pedido seja acolhido.

Além disso, deve-se ter domínio das estruturas léxico-gramaticais, o que compreende o entendimento de processos de coordenação e subordinação de orações, uso adequado dos tempos verbais, dos substantivos, dos adjetivos, dos pronomes, dos advérbios e ortografia correta.

O vocabulário empregado no texto pode ser diversificado, mesclando erudição e coloquialismo. Quanto ao último, sugere-se que o seu uso ocorra

Capítulo 6 **Processo judicial tributário**

como técnica de abstração do raciocínio ou quando se tratar de citações literais (*ipisis litteris*) de algum autor ou de algo imprescindível ao convencimento do juiz. Outros processos de abstração do raciocínio, como indução, dedução e persuasão também devem estar presentes em uma boa petição inicial.

O redator da petição não pode esquecer a coerência e a coesão na elaboração do texto. Redigir uma peça jurídica (principalmente a petição inicial) é construir um texto com começo, meio e fim, o que pode ser interpretado como a exposição dos fatos, a fundamentação jurídica e o pedido. Daí por que a coerência e coesão são imprescindíveis, pois, o pedido deve ter conexão com a fundamentação e esta última com os fatos.

O domínio da gramática e do vocabulário pátrios são indispensáveis à elaboração de uma petição convincente. Para que isso se torne mais fácil, convém se evitar o emprego de termos estrangeiros (normalmente usados em latim). A utilização desse recurso deve ser precedida da certeza de que se trata de instrumento de persuasão, bem como da correção do seu significado em português.

6.2.1 Providências preliminares à elaboração da petição inicial

A petição inicial é uma peça de suma importância, porque inaugura o processo e limita a atividade jurisdicional ao que foi pedido. Atualmente, o § 2º do art. 322, do CPC estabelece que: "A interpretação do pedido considerará o conjunto da postulação e observará o princípio da boa-fé". Isso significa, diferentemente do CPC de 1973, que a vinculação do juiz ao pedido não pressupõe interpretação fechada, de modo que o juiz poderá colher da causa de pedir ou até da narrativa dos fatos, elementos que auxiliem no entendimento do pedido formulado. Não se trata de ampliar ou diminuir o que foi requerido pelo autor, mas de "interpretar" o pedido valendo-se de elementos contidos na própria inicial. Por exemplo, em uma petição inicial de ação de repetição de indébito, o juiz não poderá, a título de interpretação, ampliar ou diminuir o valor postulado, mas poderá declarar a nulidade do crédito tributário, caso o autor não o tenha postulado e do contexto da petição for possível deduzir que a invalidade dos procedimentos fiscais de constituição do crédito tributário foi a causa da restituição.

O primeiro passo após o cliente ter trazido a questão que o envolve é saber efetivamente qual ou quais medidas poderão ser adotadas. Assim, o

461

advogado deverá estudar o problema exposto com os requisitos para o ajuizamento das ações possíveis.

Caso se trate de algum vício na lei que criou o tributo, como, por exemplo, ofensa aos princípios constitucionais tributários ou o desrespeito a dispositivos do CTN, ou a alguma lei específica, é admissível o mandado de segurança, ação bastante utilizada na prática tributária. Nessa hipótese, deve-se levar em consideração pressupostos específicos, tais como: a) se o ato foi praticado por autoridade pública; b) se o ato violou ou está na iminência de violar direito subjetivo do impetrante, ou seja, a autoridade pública descumpriu a lei ou se desviou de sua finalidade; c) se decorreram menos de 120 dias da data da ciência da prática do ato até a propositura da ação; d) se o conflito não está sujeito a *habeas corpus* ou a *habeas data*; e) se é hipótese de ofensa a direito líquido e certo, isto é, se as provas reunidas conseguem comprovar a ilegalidade ou abuso de poder imediatamente. Isso significa que, não são necessários outros tipos de prova, tais como: a) oitiva de testemunhas; b) perícias; c) depoimentos pessoais; d) juntada de outros documentos etc. Se tais requisitos estiverem presentes, será possível, portanto, optar-se pelo mandado de segurança. Havendo a necessidade de dilação probatória pode ser que caiba Ação Declaratória de Inexistência de Relação Jurídica Tributária.

Quando couber mais de uma ação para o mesmo caso, a opção por uma ou outra medida é uma escolha do advogado, precedida da análise dos riscos que cada ação oferece aos interesses do demandante, levando-se em conta o caso concreto. É uma questão de estratégia do profissional e alguns critérios auxiliam nesta escolha, tais como: a) a urgência na solução do caso; b) as provas disponíveis no momento; c) o entendimento dos juízes ou do tribunal sobre o cabimento da ação escolhida.

Na hipótese de se tratar de recebimento indevido do tributo pela Fazenda Pública, a solução mais adequada é a Repetição de Indébito ou medidas que assegurem o direito à compensação. Para pedir a anulação de lançamentos fiscais realizados de ofício, a medida judicial apropriada é a Ação Anulatória de Débito Fiscal. Depois que o devedor for citado da execução fiscal e garantido do juízo, serão cabíveis Embargos à Execução, peça que também obedece aos requisitos de toda petição inicial.

Do lado da Administração Tributária, inscrito o crédito tributário na dívida ativa e tendo sido extraída a respectiva certidão, a Fazenda estará apta a ingressar com Ação de Execução Fiscal. Se presente qualquer das hipóteses

Capítulo 6 **Processo judicial tributário**

da Lei n. 8.397, de 1992, é possível promover a Medida Cautelar Fiscal, a fim de prevenir a Fazenda de garantias do recebimento do crédito tributário.

Feita a opção pela medida judicial mais adequada, deve-se, em seguida, estudar a matéria de fundo, verificando-se todas as implicações jurídicas decorrentes da controvérsia, inclusive prevendo os possíveis argumentos de defesa que o Poder Público poderá utilizar no caso concreto.

Quando o problema versar sobre legislação específica, principalmente direito municipal, estadual ou estrangeiro, neste último caso com influência na ordem jurídica interna (acordos e tratados internacionais privados ou públicos), é importante pesquisar os termos dessas normas e cotejá-los com a Constituição Federal. Vale também examinar a existência de eventuais leis complementares ou ordinárias relacionadas com a matéria. Enfim, é preciso que o advogado se convença de que existe violação à legalidade e que isso poderá ser restabelecido pela ação judicial escolhida.

Se não for possível chegar a uma conclusão pessoal quanto à interpretação da legalidade, ou para reforçar os argumentos expendidos, é salutar recorrer à opinião doutrinária e jurisprudencial, destacando trechos dos textos pesquisados e dos julgados pertinentes.

Tratando-se de processos físicos (isto é, que não são eletrônicos), as petições judiciais obedecem a certos padrões forenses de apresentação, uma vez que a petição é encartada nos autos de um processo e será compulsada e lida por muitas pessoas. É comum, portanto, os cartórios distribuidores padronizarem o formato das petições. Recomendamos a elaboração do texto dentro de medidas razoáveis que permitam a fácil leitura. Para a margem esquerda, convém observar uma distância mínima de 4,0 cm. em relação à extremidade da folha de papel A4 ou papel ofício. Para a margem direita, a distância poderá ser 2,5 cm. As margens superior e inferior podem ficar a uma distância de 3,0 cm. das extremidades.

Entre o endereçamento da petição à autoridade judiciária (cabeçalho) e o início do texto (preâmbulo da petição), deve haver distância de aproximadamente 10 cm. Esse espaço é reservado para carimbos de distribuição, etiquetas do número do processo e outros dados, bem como para eventuais despachos manuscritos.

Nos juízos com mais de uma vara, a petição inicial deve omitir a identificação do juízo, uma vez que é tarefa do cartório distribuir o processo a um dos juízes (CPC, art. 284). Nas hipóteses de distribuição por dependência

(CPC, art. 286), o advogado indicará a vara em que tramita o processo principal, devendo juntar a procuração que contenha o endereço profissional e o seu e-mail (CPC, art. 287). De acordo com o parágrafo único do art. 287 do CPC, dispensa-se a juntada de procuração nas hipóteses do art. 104 do CPC, quais sejam, para evitar preclusão decadência ou prescrição de direitos e para prática de ato considerado urgente. Nestes casos, o advogado deverá juntar a procuração no prazo de 15 dias, que pode ser prorrogado por igual período (CPC, art. 104, § 1º).

6.2.2 Fixação da competência jurisdicional

A petição inicial obedecerá aos requisitos do art. 319 do CPC, devendo ser dirigida a um juízo competente para processar a ação, o que inclui a competência originária dos tribunais (CPC, art. 319, I). Esse endereçamento deverá ser redigido no alto da folha de petição como um cabeçalho. É preciso dirigir a petição ao juízo correto. Isso está implícito na norma em referência, visto que a petição será dirigida a um juízo ou tribunal "competente". Apesar da simplicidade dessa etapa da elaboração da petição, seu significado jurídico para o processo é de cabal importância, visto que indica a competência do juízo da causa. A "competência", por sua vez, "é o limite da jurisdição", de modo que, em regra, o juiz só poderá permanecer na condução do processo se for competente para a causa desde a origem.

Diferentemente do art. 282 do CPC de 1973, o atual art. 319 não faz referência aos "tribunais" com competência originária para processar e julgar ações. Considera-se competência originária dos tribunais a atribuição concedida pela Constituição Federal, pela Constituição dos estados, ou por lei, em que os tribunais deverão processar e julgar causas desde a origem, como ocorre nos juízos de primeiro grau. Por exemplo, o art. 102, I, da Constituição Federal estabelece que compete ao STF processar e julgar, dentre outras medidas, a Ação Direta de Inconstitucionalidade (ADI). Nesses casos, a petição inicial da ADI será dirigida diretamente ao Presidente do Supremo Tribunal Federal e não a um juízo de primeiro grau. O Presidente do STF, embora não tenha a competência exclusiva de decidir a demanda, possui a função administrativa de determinar a distribuição dos processos para um dos demais Ministros da Corte, que atuará como Relator.

A partir desse momento alguns conceitos-chaves deverão ser fixados sobre competência jurisdicional. Costuma-se conceituar "competência jurisdicional"

Capítulo 6 **Processo judicial tributário**

como o limite da atuação do juiz ou do tribunal sobre um caso concreto. Esse conceito pode ser dividido em "competência internacional" ou "interna". A primeira é regulada pela legislação processual civil brasileira, nos arts. 21 a 25 do CPC. A competência internacional não significa necessariamente a incidência da lei processual de um país sobre a legislação de outro. Trata-se de elemento de definição do âmbito da legislação processual interna. Sobre o tema Vicente Greco Filho esclarece o seguinte:

> [...] salvo alguns tratados internacionais que procuram unificar os critérios determinadores da competência internacional (Código Bustamante, arts. 318 e s., algumas Convenções de Haia), os quais, ratificados, incorporam-se ao direito interno, cada país, como ato de soberania, determina a própria competência internacional segundo elementos próprios"[3].

A "competência interna", obviamente, é o poder jurisdicional do juiz brasileiro no território nacional. Essa competência se subdivide em a) competência territorial ou de foro; b) competência material ou de juízo e c) competência funcional. Essa classificação tripartida para a competência jurisdicional interna, elaborada por Chiovenda, mereceu críticas de Carnelutti, que não via relação lógica entre a competência territorial e a material, como ocorre com ambas e a funcional. Daí por que, conforme menciona Vicente Greco Filho, Carnelutti preferia a divisão bipartida entre as competências, separando o tema em competência "objetiva" e "funcional"[4]. O CPC preferiu a classificação chiovendiana[5].

A "competência territorial" ou "de foro", conforme o título indica, diz respeito ao local como elemento de fixação da competência (CPC, art. 53). De um modo geral, o CPC se refere à expressão "foro" para indicar o lugar que definirá onde uma causa deve ser processada. Essa palavra possui duas conotações em matéria processual, podendo significar a base territorial sobre a qual cada órgão judiciário exerce sua jurisdição ou a distribuição interna dos juízos[6]. Assim, o foro do STF e dos tribunais superiores é todo o território

---

3   GRECO FILHO, Vicente. *Direito processual civil brasileiro*. 19. ed. São Paulo: Saraiva, 2006, v. I, p. 177.

4   GRECO FILHO, Vicente. *Direito processual civil brasileiro*, v. I, p. 194.

5   GRECO FILHO, Vicente. *Direito processual civil brasileiro*, v. I, p. 195.

6   GONÇALVES, Marcus Vinicius Rios. *Novo curso de direito processual civil*. 3. ed. São Paulo: Saraiva, 2006, v. I, p. 54.

nacional, porquanto esses órgãos colegiados possuem jurisdição em qualquer lugar do Brasil. Isso significa que os efeitos de suas decisões e pronunciamentos podem ser aplicados sobre qualquer unidade da federação, conforme as regras que disciplinam os procedimentos junto a tais órgãos. O mesmo se diga dos Tribunais Regionais Federais (TRF) e Tribunais de Justiça (TJ). No caso dos primeiros, a jurisdição é aplicável sobre todas as unidades federadas vinculadas ao mencionado tribunal. Existem cinco TRF no Brasil, cada um abrangendo determinado número de unidades federadas. Os TJ possuem jurisdição sobre todos os municípios do estado em que estão situados, incluindo a capital. Por isso o foro desses tribunais é o território do estado ou do Distrito Federal. Conforme foi dito, o termo foro poderá se referir também à distribuição interna dos juízos. Nos estados é possível existir foros centrais e regionais. Em São Paulo, por exemplo, o foro central da capital reúne vários foros regionais. Em razão disso, a palavra foro, de acordo com o CPC, tem significado material mais amplo do que quando é empregada na acepção das leis de organização judiciária[7]. Assim, o CPC no art. 53 estabelece quando a competência jurisdicional será fixada, em geral, pelo foro da pessoa ou do lugar.

A "competência material" ou de juízo é definida pela Constituição Federal e pela Constituição dos estados e de acordo com as leis de organização judiciária dos estados. Lembramos que a competência para legislar sobre direito processual é atribuída à União, conforme o art. 22, I da Constituição Federal, mas as regras definidoras da competência de cada juízo nos estados são fixadas pelas leis locais de organização judiciária. A competência material não está sujeita a modificações por iniciativa das partes do processo, razão pela qual é considerada como competência absoluta.

A "competência funcional" se define pela necessidade de que uma causa acompanhe a competência de juízo de outra que já está em curso. É o que acontece com as tutelas de urgências concedidas em caráter incidental em que essa medida deve ser requerida perante o mesmo juízo da ação sobre a qual a tutela de urgência está vinculada.

A competência poderá também ser dividida em "relativa" ou "absoluta'. Esta última se caracteriza pela impossibilidade de modificação pelas partes

---

7   GONÇALVES, Marcus Vinicius Rios. *Novo curso de direito processual civil*, v. I, p. 54-55.

Capítulo 6 **Processo judicial tributário**

ou por fatos processuais como a conexão ou a continência. Por esse motivo, a qualquer tempo, o juiz poderá reconhecer sua incompetência absoluta para a causa, agindo de oficio ou mediante provocação das partes. O vício de competência absoluta acarreta nulidade do processo, inclusive após o seu trânsito em julgado, dando margem à ação rescisória (CPC, art. 966, II). A competência relativa, por sua vez, poderá sofrer modificações, o que é chamado de "prorrogações" ou "derrogações" de competência. Essas modificações poderão ocorrer por convenção das partes ou a requerimento de uma delas. A competência relativa se caracteriza também pela possibilidade de modificações provocadas por fatores processuais, tais como a "conexão" e a "continência" (CPC, art. 54). O tema da competência e de suas modificações influencia diretamente nas Ações Anulatória de Débito Fiscal e Execução Fiscal, o que será examinado na subseção 8.3.4 do Capítulo 8.

6.2.3 Qualificação das partes

A qualificação das partes segue o disposto no art. 319, II, do CPC, devendo constar do preâmbulo da petição inicial: os nomes, os prenomes, o estado civil, a existência de união estável, a profissão, o número de inscrição no Cadastro de Pessoas Físicas (CPF) ou no Cadastro Nacional da Pessoa Jurídica (CNPJ), o endereço eletrônico, o domicílio e a residência do autor e do réu. Sobre a qualificação do réu, caso a parte autora não tenha todos os elementos exigidos pelo dispositivo, poderá requerer ao juiz diligências necessárias para obtenção dessas informações. O juiz não poderá indeferir a petição inicial na falta desses dados se for possível realizar-se a citação. Também não se indeferirá a petição inicial se a obtenção das informações exigidas tornar excessivamente oneroso ou inviável o acesso à justiça (CPC, art. 319, §§ 1º a 3º). Nas lides tributárias não é comum ocorrer essas situações, pois, nas ações de rito ordinário ou especial, em regra, o réu será a Fazenda Pública, necessitando somente do nome da Fazenda (se nacional, estadual, distrital ou municipal) a inscrição no CNPJ e o endereço em que poderá ser citado o seu procurador.

Não é necessário apresentar a qualificação completa do advogado no corpo da petição, bastando seu nome completo no final da peça, seguido do número de inscrição na OAB. Tratando-se de procuradores da Fazenda Pública, é dispensável a informação do número de inscrição na OAB, porque

467

CURSO COMPLETO DE DIREITO PROCESSUAL TRIBUTÁRIO

o exercício do cargo de Procurador é exclusivo de advogados inscritos na Ordem (Lei n. 8.906, de 4-7-1994, art. 1º, § 1º – Estatuo da OAB).

6.2.4 A exposição da causa de pedir

A petição inicial deverá fazer a narrativa dos fatos e fundamentá-los juridicamente (CPC, art. 319, III). Os fatos, em linguagem processual, constituem a "causa de pedir remota", isto é, a descrição do conflito de interesses que justifica a demanda ao Poder Judiciário.

Por exemplo, no mandado de segurança, os fatos alegados serão o ato ilegal ou abusivo praticado pela autoridade pública. Esse ato não necessita ser todas as vezes uma conduta positiva (um "fazer", como a violação da lei). A omissão (não fazer), desde que a lei preveja que o agente público devesse praticar determinada ação e este não a realiza, é considerado uma ilegalidade e, como tal, suscetível da ação mandamental[8]. Nas outras medidas processuais tributárias, os fatos consistirão na narrativa do conflito de interesses entre o contribuinte e a Fazenda que desencadeará logicamente determinado pedido. Assim, na ação de repetição de indébito, os fatos (causa de pedir remota), serão a informação de que ocorreram pagamentos e recebimentos indevidos do tributo. Na ação anulatória, os fatos consistirão na informação de que o lançamento tributário de ofício possui vício de legalidade. A ação declaratória, por sua vez, relatará que o contribuinte está sendo obrigado pela legislação tributária a recolher tributo considerado indevido, o que legitimará o pleito de declaração de inexigibilidade do crédito tributário pretendido pela Fazenda Pública. Na ação de consignação em pagamento os fatos consistirão na demonstração de que a Fazenda se recusa ou exige condição ilegal para receber o crédito tributário; ou ainda, mais de uma Fazenda Pública exige de certo contribuinte o pagamento do crédito tributário pelo mesmo fato gerador tributário. As medidas assecuratórias do direito à compensação envolvem a

---

8 Celso Antônio Bandeira de Mello lembra que a "A Constituição consagra o direito de petição (art. 5º, XXXIV, 'a') e este presume o de obter resposta. Com efeito, simplesmente para pedir ninguém precisaria de registro constitucional assecuratório, pois não se imaginaria, em sistema algum, que pedir fosse proibido. Logo, se o administrado tem o direito de que o Poder Público se pronuncie em relação a suas petições, a Administração tem o dever de fazê-lo. Se se omite, viola o Direito". Cf. BANDEIRA DE MELLO, Celso Antônio. *Curso de Direito Administrativo*. 23. ed. São Paulo: Malheiros, 2007, p. 294.

Capítulo 6 **Processo judicial tributário**

descrição do pagamento indevido e a existência de obrigações tributárias vencidas ou vincendas passíveis do encontro de contas, que configura a hipótese geral da compensação. A ação de execução fiscal terá como narrativa dos fatos a menção de que a Certidão de Dívida Ativa (CDA) demonstra que o contribuinte deve o montante descrito no mencionado título executivo extrajudicial. Quanto aos embargos, será alegado, em suma, que a certidão de dívida ativa não é válida e o crédito tributário é indevido. Os fatos, na medida cautelar fiscal, serão quaisquer das situações previstas no art. 2º da Lei n. 8.397, de 1992.

A fundamentação jurídica é chamada também de "causa de pedir próxima". Trata-se das razões jurídicas que levam à demanda judicial, geralmente se referindo à violação da legalidade a gerar como consequência sua correção por força de decisão judicial. No caso das ações tributárias, o ponto central da controvérsia é a exigência atual ou iminente de tributos cuja legalidade é discutível. Os fundamentos jurídicos para esse tipo de afirmação significam a referida causa de pedir e que deverá ser explicada ao juiz. Como exemplo pode ser citado o art. 151 do CTN ao estabelecer que as "reclamações administrativas" suspendem a exigibilidade do crédito tributário. Não pode a autoridade tributária, portanto, recusar a expedição de certidão negativa nesse caso, porque, agindo dessa forma, descumprirá a regra do art. do 206 do CTN. De acordo com esse dispositivo, é autorizada a emissão de certidão negativa se configurada qualquer hipótese de suspensão da exigibilidade do crédito tributário. A fundamentação jurídica se destina a mostrar ao juiz, neste caso, que a atitude da administração contraria a conjugação de ambas as normas tributárias.

Não se deve confundir, no entanto, fundamentos jurídicos com fundamentação legal, uma vez que esta última significa simplesmente a menção ou a transcrição de dispositivos legais, enquanto a fundamentação jurídica é a articulação de diversos argumentos visando convencer o juiz de que o pedido é procedente em razão desses argumentos. Cabe ao advogado narrar os fatos e explicar a fundamentação jurídica, citando dispositivos legais pertinentes às suas alegações, sendo conveniente transcrever alguns dispositivos legais de caráter mais específico ou que formam a estrutura de determinada linha de argumentação. Por exemplo, em uma ação de repetição de indébito em que se discute o pagamento indevido de Cofins-Importação, é aconselhável transcrever os dispositivos legais que dão sustentação ao

469

argumento de que o pagamento é indevido. As transcrições legais e a articulação de argumentos demonstrativos de que o tributo não é devido revelam a interpretação do direito de uma forma sistemática. Isso é empregado como técnica de indução ao resultado que se pretende com a ação que é a procedência do pedido inicial. Em um caso como o do exemplo é dispensável a transcrição de alguns artigos legais de conhecimento amplo, tais como o art. 5º, LIV e LV, que tratam das garantias constitucionais do "devido processo legal", do "direito ao contraditório" e à "ampla defesa'; ou a transcrição de artigos de cunho didático, como é o caso do art. 319 do CPC, que trata dos requisitos da petição inicial. Em poucas palavras, as transcrições e argumentos relacionados fazem parte de uma estratégia fundada no bom senso, sempre se atentando para o risco de a petição perder a sua necessária força persuasiva.

Um recurso que funciona bem para evitar transcrições extensas e repetitivas de artigos de lei é a "paráfrase", ou seja, o redator da petição poderá fazer menção ao artigo e interpretar com suas palavras o conteúdo do dispositivo. Isto torna mais dinâmica a leitura da peça, porque permite que se explique e se interprete a lei simultaneamente. Conforme foi dito no início desta subseção: a combinação da narrativa dos fatos e a explicação do direito ofendido que levam à ideia de interpretação do direito aplicável ao caso concreto, constituem o que se chama na linguagem processual de "causa de pedir".

6.2.5 O pedido

Na sequência da causa de pedir deverão ser deduzidos o pedido e suas especificações. O pedido é o ápice da petição inicial, pois a partir dele a prestação jurisdicional (a sentença) será delimitada, podendo o juiz acolhê-lo total ou parcialmente, ou simplesmente rejeitá-lo, quando apreciar o mérito. No direito processual prevalece o princípio de que a jurisdição é "secundária" e "inerte", significando que ao se demandar o Poder Judiciário, em tese, presume-se que não houve meios de se solucionar o conflito mediante a transigência espontânea das partes (jurisdição como atividade secundária do Estado). Do mesmo modo, o Poder Judiciário só irá se manifestar sobre o conflito de interesses, caso seja provocado (inércia da jurisdição). Assim, para que o juiz emita sua decisão velando pela devida imparcialidade, é necessário que o autor da demanda explique e peça sua pretensão de

Capítulo 6   **Processo judicial tributário**

acordo com as boas técnicas processuais. Se o juiz pudesse agir de ofício para corrigir ou complementar a pretensão do autor, sua neutralidade poderia ficar comprometida.

O pedido não pode ser duvidoso, confuso, excessivo, prolixo e nem lacônico, devendo ser certo na medida do necessário. Deverá também decorrer logicamente da causa de pedir, sob pena de indeferimento da petição inicial por inépcia (CPC, art. 330, § 1º, III). Da mesma forma, o advogado ao elaborar a petição inicial deverá observar os outros requisitos do pedido, cuja ausência acarretará, igualmente, a decretação da inépcia. Por exemplo, a falta de pedido ou o pedido indeterminado fora das hipóteses legais em que se permite pedido genérico (CPC, art. 324, § 1º), provoca o indeferimento da petição inicial por inépcia, nos termos do art. 330, I, do CPC. Nesse caso, cumpre observar que o juiz indefere a petição inicial por sentença, ou seja, põe fim ao processo sem resolver o mérito. Na teoria do processo esse tipo de decisão é considerado como "sentença terminativa". A principal consequência dessas decisões é que as sentenças consideradas terminativas provocam a chamada "coisa julgada formal", cujos efeitos se atêm apenas ao processo em que a sentença foi proferida, não se projetando para além da ação extinta. Daí por que, quando ocorrer esse tipo de decisão, o interessado poderá repetir a demanda, sendo que nos casos de inépcia da petição inicial o erro que motivou o indeferimento deverá ser corrigido (CPC, art. 486, § 1º).

6.2.6 Tutelas provisórias

A denominação "tutelas provisórias" é uma novidade, disciplinada nos arts. 294 ao 311 do CPC de 2015. Na essência, o CPC nomeia como "tutelas provisórias" o que o CPC de 1973 chamava de "ações cautelares" e "antecipação dos efeitos da tutela". Essas medidas foram reordenadas e tiveram seus procedimentos alterados, especialmente a previsão de que serão processadas nos mesmos autos, o que não era previsto para o processo cautelar anterior.

As tutelas provisórias podem ser "de urgência" ou "de evidência" (CPC, art. 294). A "tutela provisória de urgência" será concedida na modalidade "cautelar" ou "antecipada" e, em ambos os casos, poderá ocorrer no processo de forma "antecedente" ou "incidental". A tutela de evidência será concedida nos casos previstos no art. 311 do CPC.

471

CURSO COMPLETO DE DIREITO PROCESSUAL TRIBUTÁRIO

De acordo com o CPC fica patente que as tutelas antecipada e cautelar pressupõem urgência como requisito para o seu deferimento, tanto assim que os arts. 300, 303 e 305 aludem à própria expressão "urgência" ou à frase "perigo de dano ou do risco ao resultado útil do processo", como condições que deverão ser verificadas pelo juiz antes de deferir as medidas. Essas condições remetem ao conhecidíssimo vocábulo "liminar". As decisões liminares são extremamente relevantes nas lides tributárias, uma vez que a palavra "liminar" significa uma expressão emblemática para todo tipo de tutela jurisdicional urgente. O vocábulo liminar possui sentido amplo, tendo a virtude de abarcar toda forma de pronunciamento acautelatório do juiz adotado no início do processo, esse entendimento inclui ambas as tutelas provisórias (cautelar e antecipada)[9].

A tutela de evidência, em princípio, dispensa o requisito da urgência ou da ameaça de dano ou risco ao resultado útil do processo, razão pela qual se limita a prever as hipóteses em que a medida poderá ser deferida (CPC, art. 311). Assim, a tutela de evidência será concedida quando: a) ficar caracterizado o abuso do direito de defesa ou o manifesto propósito protelatório da parte; b) as alegações de fato puderem ser comprovadas apenas documentalmente e houver tese firmada em julgamento de casos repetitivos ou em súmula vinculante; c) se tratar de pedido reipersecutório (reivindicação de coisas) fundado em prova documental adequada do contrato de depósito, caso em que será decretada a ordem de entrega do objeto custodiado, sob cominação de multa; d) a petição inicial for instruída com prova documental suficiente dos fatos constitutivos do direito do autor, a que o réu não oponha prova capaz de gerar dúvida razoável. Apesar de a urgência não ser requisito à concessão da tutela de evidência, o juiz poderá concedê-la liminarmente nos casos das alíneas "b" e "c", conforme o parágrafo único do mencionado artigo.

---

9   Mantovanni Cavalcante faz interessante distinção entre os termos *cautelar* e *liminar*, às vezes empregados no mesmo sentido. Escreve o autor: "Na verdade, o vocábulo liminar representa um *aspecto temporal de medida judicial*, sendo liminar toda medida concedida no início da ação, no *limiar* do feito. Assim, tanto a medida cautelar como a tutela antecipada podem ser concedidas *liminarmente*, vale dizer, *preambularmente, sem a ouvida da parte adversa*, o mesmo ocorrendo em se cuidando de medidas assecuratórias do direito, como as medidas possessórias" (grifos do autor). Cf. CAVALCANTE. Mantovanni Colares. *Mandado de segurança*. São Paulo: Dialética, 2002, p. 146.

Capítulo 6 **Processo judicial tributário**

Portanto, a palavra "liminar" abrange as modalidades de tutela provisória, significando um gênero destinado a simplificar a linguagem. A prática forense talvez mantenha a tradição, de modo que, ao se falar "o juiz concedeu uma liminar", esta poderá ser na forma das tutelas provisórias "cautelar", "antecipada" ou "de evidência".

6.2.6.1 Disposições gerais da tutela de urgência

O art. 300 do CPC estabelece regras gerais a respeito das tutelas provisórias de urgência que, conforme mencionado, poderão ser nas modalidades antecipada ou cautelar, podendo ocorrer de forma antecedente ou incidental a um processo. Além do pedido de sua concessão, a tutela de urgência pressupõe dois requisitos básicos: a) probabilidade do direito; b) o perigo de dano ou o risco de inviabilidade da discussão judicial. Esses requisitos serão analisados e exemplificados no processo tributário nas subseções adiante.

Sobre o pedido, tanto nas tutelas de urgência, quanto na ação de mandado de segurança, o pedido é fundamental para delimitar a extensão do direito postulado, razão pela qual em ambos os casos prevalece o "princípio dispositivo", por meio do qual o juiz não atuará sem ser demandado (CPC, art. 2º). Antes do CPC de 2015 já se entendia ser necessária a formulação precisa e delimitada do pedido para a concessão da liminar, ainda que o tipo da ação sugerisse atuação de ofício do juiz no deferimento da liminar, como é o caso, por exemplo, do mandado de segurança[10].

Conforme observado, as tutelas de urgência têm por pressuposto o perigo de dano ao direito da parte e o risco de o processo se tornar inútil para quem demanda a Justiça. Apesar desse pressuposto, o CPC vigente prevê a possibilidade de o juiz, antes de conceder as tutelas provisórias de urgência,

---

10 Eduardo Alvim aborda o tema da concessão de liminar em mandado de segurança sustentando que sua concessão não deve ocorrer de ofício, embora aluda aos autores que divergem desse entendimento, como é o caso de Hugo de Brito Machado, Sergio Sahione Fadel e José Cretella Júnior. Em virtude da semelhança da antecipação da tutela com a liminar do mandado de segurança, Arruda Alvim sustenta que não é possível a concessão de liminar em mandado de segurança de ofício porque tal medida violaria o princípio do dispositivo, eis que o pedido da parte, ainda que em sede de liminar, faz "romper com a inércia da jurisdição". ALVIM, Eduardo Arruda. *Mandado de segurança no direito tributário*. São Paulo: RT, 1998, p. 178-179.

CURSO COMPLETO DE DIREITO PROCESSUAL TRIBUTÁRIO

exigir caução real ou fidejussória idônea para ressarcir eventuais danos que a outra parte possa vir a sofrer.

Essa possibilidade deve ser analisada cuidadosamente no processo tributário. Como se verifica, trata-se de uma faculdade do juiz que deve ser devidamente justificada. Não pode a exigência de caução real (em bens móveis ou imóveis) ou fidejussória (por meio de fiança ou aval) transformar-se em regra geral, de modo a onerar o autor com o oferecimento de caução, como uma espécie de condição à concessão da tutela provisória, mesmo que o demandante possua direito manifesto ao deferimento da medida. A caução deve ser uma exceção, razão pela qual o CPC "facultou" ao juiz sua exigência como meio de acautelar o direito de o réu não ser prejudicado pelo deferimento da medida urgente, caso, ao final, não venha a ser confirmada. A caução, portanto, caberá nas situações em que o direito alegado pelo autor, embora urgente – o que justifica, em tese, a concessão da medida – não se mostra plausível o bastante a criar um juízo forte de probabilidade de sua confirmação na decisão definitiva. Mas não se trata também de uma alegação frágil, que permita o indeferimento imediato da tutela por ausência da probabilidade do direito.

Por exemplo, destoa da finalidade da norma do § 1º do art. 300 do CPC, a exigência de caução em uma lide tributária quando se visa afastar a exigibilidade do crédito tributário fundado em precedentes do STJ ou do STF, ainda que os julgados não tenham repercussão geral ou efeitos vinculativos. Os precedentes judiciais reforçam o juízo de probabilidade do direito, pois, na pior das hipóteses, sendo indeferido o pedido de tutela de urgência, o autor poderá interpor recurso de agravo de instrumento com chances de obter a concessão da tutela com base no art. 932, II, do CPC.

Quanto ao depósito em dinheiro, o CPC não o menciona como possível garantia do juízo para o deferimento da tutela de urgência, provavelmente se filiando ao entendimento de que o depósito é um direito da parte, razão pela qual cabe a esta a iniciativa de fazê-lo. No processo tributário, portanto, poderá o autor, pretendendo desde logo obter a suspensão da exigibilidade do crédito tributário, realizar o depósito integral de seu montante, hipótese em que caberá ao juízo deferir a tutela de urgência, se a alegação for plausível.

O § 1º do art. 300 do CPC também permite a dispensa da caução, caso o autor seja economicamente hipossuficiente e não possa oferecê-la, devendo comprovar essa circunstância.

474

Capítulo 6 **Processo judicial tributário**

Assim, o juiz poderá conceder liminarmente a tutela de urgência, isto é, com ou sem oitiva da parte contrária, ou após justificação prévia. Nas lides tributárias, a situação mais comum é o deferimento ou não da tutela de urgência sem audiência prévia, pois é rara a necessidade de oitiva da Fazenda para que o juiz forme o seu convencimento antes de deferir a medida. Na maioria das vezes as provas no processo tributário são documentais e pré-constituídas, ou dependem de perícia, o que, neste último caso, inviabiliza a tutela urgente se a concessão da medida exigir esse tipo de prova.

O § 3º do art. 300 do CPC traz a previsão de que a "tutela de urgência de natureza antecipada não será concedida quando houver perigo de irreversibilidade dos efeitos da decisão". Primeiramente, o dispositivo trata somente da "tutela antecipada", o que permite concluir que não se aplicaria à tutela provisória cautelar. De qualquer forma, a hipótese do § 3º do art. 300 é factível no processo tributário, especialmente quando o autor (contribuinte de tributos) é também conhecido devedor tributário, com vários processos de execução fiscal e pouca liquidez ou respaldo patrimonial para arcar com o seu passivo tributário. Neste caso, é recomendável prudência do juízo em conceder a tutela antecipada de urgência, diante dos riscos de irreversibilidade da medida. Observe-se que no processo tributário a pretensão do autor, mormente quando este for o contribuinte, é afastar a exigência do tributo. Nos casos de baixa solvência do contribuinte, se a tutela antecipada for concedida e a decisão final for a improcedência do pedido, é possível que a Fazenda tenha dificuldades (ou até seja impossível) recuperar o crédito tributário inicialmente afastado por decisão judicial.

Nessa situação, para evitar o indeferimento de plano da medida, caso o pedido de tutela antecipada reúna condições de ser deferida, o juiz poderá exigir caução, como forma de equilibrar o princípio da efetividade do processo em favor do autor contribuinte, com a hipótese de irreversibilidade do dano sofrido pela Fazenda. O indeferimento da tutela antecipada somente teria cabimento nesse caso se o autor não possuísse meios de oferecer caução ou se o seu patrimônio estivesse comprometido com o pagamento de dívidas tributárias ou de outra natureza. A hipossuficiência patrimonial pressupõe a inexistência de bens livres e desimpedidos para garantir dívidas. O comprometimento patrimonial com outras dívidas induz a presunção de iliquidez do contribuinte a recomendar prudência no deferimento de tutelas antecipadas. É importante ressaltar, no entanto, que a irreversibilidade dos efeitos da deci-

475

são, nesta hipótese exemplificada (a impossibilidade de a Fazenda Pública cobrar o crédito tributário futuramente), não é presumível e deve ser comprovada pela Fazenda na primeira oportunidade que tiver de falar nos autos.

A hipótese do art. 301 do CPC, que trata da efetivação da Medida Cautelar mediante "arresto, sequestro, arrolamento de bens, registro de protesto contra alienação de bem e qualquer outra medida idônea para asseguração do direito", não é aplicável ao processo tributário de iniciativa do contribuinte. O nosso sistema jurídico protege o patrimônio da Fazenda Pública contra essas medidas coercitivas, de modo que a sentença judicial que condenar a Fazenda ao pagamento de dinheiro será cumprida por precatórios ou RPV, sendo vedada a penhora de bens públicos, em razão de sua inalienabilidade (CC, art. 100). Quando a Fazenda for a autora serão possíveis algumas daquelas medidas restritivas, desde que o caso esteja de acordo com a Lei n. 8.397, de 1992, que disciplina a Medida Cautelar Fiscal (subseção 7.1 do Capítulo 7). Nos casos previstos na mencionada lei, a Fazenda poderá requerer a indisponibilidade de bens do devedor, inclusive com a desconsideração da pessoa jurídica.

Independentemente dos casos de reparação por dano processual (CPC, art. 79 a 81, que tratam da litigância de má-fé), o art. 302 do CPC prevê a obrigação de reparação do dano causado pela efetivação da tutela de urgência nas seguintes situações: a) se a sentença for desfavorável à parte beneficiada com a medida; b) obtida liminarmente a tutela em caráter antecedente, o autor não fornece os meios necessários para a citação do requerido no prazo de cinco dias; c) ocorrer a cessação da eficácia da medida em qualquer hipótese legal; d) o juiz acolher a alegação de decadência ou prescrição da pretensão do autor.

No processo tributário, quando se tratar de ações de iniciativa do contribuinte, é remota (para não dizer impossível) a reparação de eventual dano suportado pela Fazenda Pública diante do deferimento de tutelas de urgência, conforme a previsão do item "a". Isso porque, na hipótese de a sentença ou do acórdão ser desfavorável ao autor (contribuinte), o débito tributário não recolhido por força da tutela de urgência será atualizado de acordo com a legislação (sobre as regras de atualização de tributos, objeto de litígios judiciais, vide a subseção 8.4.5.2.1 do Capítulo 8). Nas hipóteses em questão, não há que se falar na fixação de verbas indenizatórias ou de juros compensatórios, sob pena de configurar violação de acesso à Justiça, na me-

Capítulo 6 **Processo judicial tributário**

dida em que o contribuinte seria punido por ter obtido liminar que posteriormente foi cassada. Diferente é o caso da Medida Cautelar Fiscal, disciplinada pela Lei n. 8.397, de 1992. Em que pese essa medida estar prevista em lei específica, o CPC poderá ser aplicado subsidiariamente diante da ausência de disposição direta sobre a hipótese em questão. Assim, ocorrendo prejuízos com a indisponibilidade dos bens de propriedade do contribuinte (requerido na medida cautelar fiscal), este poderá pedir a aplicação subsidiária da regra do art. 302, I, do CPC. Nas demais hipóteses, letras "b" a "d" do parágrafo anterior, em que fica patente a negligência processual do autor, em tese, é possível, no processo judicial tributário, a fixação de valor de indenização em favor da Fazenda Pública, que será liquidado, se possível, nos próprios autos do processo originário (CPC, art. 302, parágrafo único).

6.2.6.2 Tutela provisória antecipada no processo tributário

A tutela antecipada prevista no parágrafo único do art. 294 e nos arts. 303 e 304 do CPC de 2015, possui semelhanças com a "antecipação dos efeitos da tutela" prevista no art. 273 do CPC anterior. O CPC revogado foi alterado pela Lei n. 8.952 de 1994, que produziu profundas modificações no regime das liminares do processo civil da época, especialmente a criação da "antecipação dos efeitos da tutela". Na ocasião, a lei deu nova redação ao art. 273 do CPC, autorizando o juiz, a requerimento da parte interessada, antecipar, total ou parcialmente os efeitos da tutela pretendida no pedido inicial. Atualmente, a tutela antecipada – e mesmo à época do CPC revogado – se assemelha à "liminar" do Mandado de segurança[11].

O fundamento da antecipação da tutela é o tempo, inimigo implacável da prestação jurisdicional, na medida em que o processo ideal seria aquele em que as partes fossem ouvidas, com direito à ampla produção de provas e que as sentenças, analíticas, examinassem todos os pontos alegados pelo autor e pela defesa. Sabe-se, por outro lado, que a quantidade de processos

---

11 Com apoio em Celso Agrícola Barbi que sustenta a natureza jurídica da ação mandamental como "ação de cognição" exercida por procedimento especial (na qual, portanto, cabe o pedido de tutela antecipada), Mantovanni Cavalcante argumenta que, justamente por este aspecto, a dita "liminar" do Mandado de Segurança tem conteúdo de "antecipação de tutela". Cf. CAVALCANTE, Mantovani Colares. *Mandado de segurança*, p. 150.

477

judiciais é um dos fatores apontados como responsáveis pela lentidão da justiça. Além disso, o sistema processual brasileiro é intrincado, podendo levar as causas para os tribunais de segundo grau de jurisdição e tribunais superiores. Uma causa contra a Fazenda Pública pode durar mais de uma década na Justiça, considerando o início do processo até o seu trânsito em julgado. A ideia de se antecipar a tutela pretendida visa sobretudo amainar os efeitos extraprocessuais que a lentidão dos processos provoca na vida e nos interesses de quem procura o judiciário.

À época da edição do CPC de 1973, previu-se o processo cautelar sob a influência da teoria da instrumentalidade do processo, de modo a impedir que a pretensão cautelar se confundisse com o mérito da causa. A cautelar visava proteger "o direito" ameaçado de lesão pela parte contrária. Daí por que o processo cautelar era autônomo em relação ao direito principal, este último chamado de "lide" ou "mérito" da causa. Como se observa, o processo cautelar não resolvia os casos em que o autor demandava a justiça pelo rito então ordinário, ainda que possuísse alegações manifestamente plausíveis. De acordo com as regras processuais de então, a decisão de mérito em um processo de rito ordinário somente poderia ser proferida depois de ouvida a parte contrária, aberta vista dos autos para o autor apresentar réplica e oportunizada a produção de provas. Por conseguinte, nos juízos das capitais, por exemplo, uma ação de rito ordinário dificilmente era sentenciada em menos de seis meses. Nesse ínterim o direito do autor da ação poderia ter se inutilizado, o que comprometia a efetividade do acesso à justiça. Em algumas situações, a pretensão cautelar se confundia com a lide principal o que era chamado de "lide satisfativa", hipótese vedada pelo sistema processual da cautelar, que exigia a separação desta última pretensão em relação à lide principal. Diante de tanta dificuldade para se adequar o fator urgência com as regras do processo cautelar, criou-se o instituto da "antecipação dos efeitos da tutela", a fim de viabilizar o deferimento do direito pleiteado nos casos em que o objeto da lide era indivisível[12].

---

12 Antonio Salvador lembra, "o desejo de que se pudesse reconhecer a procedência de uma pretensão desde logo, sem se aguardar o momento da sentença definitiva, era antiga luta de nossos processualistas...". Cf. SALVADOR, Antonio Raphael Silva. *Da ação monitória e da tutela jurisdicional antecipada*. 2. ed. São Paulo: Malheiros, 1997, p. 59.

Capítulo 6 **Processo judicial tributário**

Vê-se, portanto, que a tutela antecipada prevista no atual CPC não é exatamente uma novidade, mas há que se reconhecer, conforme será exposto a seguir, que seu processamento adquiriu mudanças significativas, quase a transformado em outro instituto.

6.2.6.2.1 A petição inicial e o procedimento na tutela antecipada antecedente

O CPC vigente simplifica os procedimentos para a concessão de tutela antecipada desde a previsão dos seus requisitos autorizadores até o seu processamento, o que é louvável para a prática forense. O art. 303 do CPC disciplina que no ato do ajuizamento de uma ação de rito comum, o autor poderá verificar que sua demanda é urgente, na medida em que existe perigo de dano ou risco ao resultado útil do processo. O perigo de dano pode ser traduzido pela possibilidade de o autor sofrer prejuízos caso a decisão judicial não seja deferida, pois, somente a intervenção da justiça é capaz de evitar prejuízos de uma forma civilizada.

Nas questões tributárias é possível se dar vários exemplos para a tutela antecipada, fiquemos com o seguinte. Suponhamos uma empresa fabricante de agulhas e seringas descartáveis que é contribuinte de tributos federais, dentre os quais a Cofins. De acordo com o § 3º do art. 2º da Lei n. 10.833, de 2003, com redação dada pela Lei n. 11.196, de 2005, o Poder Executivo poderá reduzir a zero a alíquota da Cofins sobre a receita de alguns insumos utilizados nos procedimentos de diversas empresas na área da saúde. Além de poder reduzir a zero a alíquota da Cofins por Decreto, o Poder Executivo foi autorizado a restabelecer o percentual reduzido, também por Decreto. Obviamente, "restabelecer" o percentual de alíquota não é a mesma coisa que "aumentar" o percentual da alíquota. Vamos admitir que, depois de ter reduzido de 3,0% para zero a alíquota da Cofins incidente sobre a venda de agulhas e seringas descartáveis, o Poder Executivo Federal baixe, depois de um ano, outro decreto, fixando a alíquota em 7,6%, percentual padrão para o mencionado tributo (art. 2º da Lei n. 10.833, de 2003). Trata-se, neste caso, de possível violação ao § 3º do art. 2º da Lei n. 10.833, de 2003, porque mencionado dispositivo autorizou o Poder Executivo a "restabelecer" o percentual da alíquota que tinha sido reduzido a zero, mas não o elevar a percentual superior ao que existia.

479

CURSO COMPLETO DE DIREITO PROCESSUAL TRIBUTÁRIO

A empresa fabricante de agulhas e seringas poderá ingressar com o pedido de tutela antecipada na forma do art. 303 do CPC, pleiteando a inexigibilidade do pagamento da Cofins com a alíquota majorada para 7,6%, em razão da alteração irregular das alíquotas, o que afronta a Lei n. 10.833, de 2003. Nesse caso, a tutela definitiva pretendida pelo autor é a declaração de inexigibilidade da Cofins, caso tenha que ser calculada sob a alíquota de 7,6%, conforme determina o Decreto. Sem uma decisão liminar que antecipe essa tutela pretendida, para o fim de reconhecer o direto de o contribuinte recolher a Cofins sem o aumento indevido de alíquota, a consequência será o dever de calcular o valor do tributo com a incidência da alíquota majorada, caso contrário o contribuinte poderá ser autuado e multado por esta infração.

Fixado o problema do exemplo, vejamos como podem ser comprovados os requisitos legais ao deferimento da tutela antecipada na modalidade antecedente. O art. 303 do CPC está redigido da seguinte forma:

> Art. 303. Nos casos em que a urgência for contemporânea à propositura da ação, a petição inicial pode limitar-se ao requerimento da tutela antecipada e à indicação do pedido de tutela final, com a exposição da lide, do direito que se busca realizar e do perigo de dano ou do risco ao resultado útil do processo.

De acordo com o art. 303 do CPC, o primeiro requisito a ser demonstrado é "a urgência". No caso em questão, a urgência é contemporânea à propositura da ação e está presente na iminência dos lançamentos e pagamentos futuros do tributo com a alíquota indevidamente majorada. Se não for deferida a tutela antecipada urgentemente, todo mês o contribuinte será obrigado a calcular e recolher o tributo com a divergência de alíquotas.

O dispositivo estabelece que a petição inicial de tutela antecipada pode limitar-se ao seu respectivo requerimento e à indicação do pedido de tutela final, com a exposição da lide, do direito que se busca realizar e do perigo de dano ou do risco ao resultado útil do processo. Assim, o CPC permite a invocação de elementos processuais mínimos para a decisão liminar de tutela antecipada, quais sejam: a) urgência; b) requerimento da tutela antecipada; c) indicação do pedido de tutela final; d) exposição da lide e do direito que se busca realizar; e) demonstração do perigo de dano ou o risco ao resultado útil do processo.

Na doutrina colhem-se opiniões de que a tutela provisória antecipada poderá ser formulada isoladamente, isto é, para os casos de extrema urgência;

Capítulo 6 **Processo judicial tributário**

ou poderá ser completa com todos os seus elementos, o que dispensaria o aditamento da inicial a que alude o art. 303, § 1º, I, do CPC[13]. Nessa hipótese da petição completa, no entanto, o pedido deve se restringir ao deferimento da tutela provisória e não exatamente à procedência do pedido definitivo.

No caso do exemplo, a urgência será demonstrada com a iminência do dever de pagar o tributo com alíquota majorada. Quanto ao "requerimento de tutela antecipada", este terá por objeto o pedido de uma decisão que determine imediatamente a inexigibilidade do crédito tributário da Cofins para os lançamentos posteriores ao deferimento da medida. A "tutela final" será, igualmente, a declaração de inexigibilidade do crédito tributário, em função do aumento indevido da alíquota (Lei n. 10.833, de 2003, art. 2º § 3º), bem como na violação do art. 97, IV, do CTN, porque a fixação de alíquotas do tributo é matéria sujeita à reserva de lei, não podendo o decreto fazê-lo fora das hipóteses constitucionalmente permitidas. A "lide" é o direito ofendido. No caso, está também sendo descumprido o art. 150, I da Constituição Federal, que dispõe sobre o princípio da legalidade estrita, estabelecendo que somente é possível exigir-se a instituição ou majoração de tributos mediante lei. Além dessa alegação, constitui objeto da lide o aumento de alíquota que, no caso concreto, não observou outras limitações constitucionais, porquanto só é possível a alteração de alíquota por decreto nas hipóteses dos arts. 153, § 1º, 155, § 4º, IV, "c" e 177, § 4º, I, "b". Embora seja discutível o permissivo legal previsto no § 3º do art. 2º da Lei n. 10.833, de 2003, à luz dos dispositivos constitucionais citados, o ponto controvertido é que esse específico artigo de lei não autorizou o aumento de alíquota por Decreto, mas tão somente sua redução à zero e o restabelecimento do percentual ao patamar anterior. No caso, o "direito" que se busca realizar será o não recolhimento do tributo com a alíquota majorada. A "demonstração do perigo de dano ou o risco ao resultado útil do processo" reside no fato de que, somente a decisão liminar de tutela antecipada poderá evitar os prejuízos sofridos pelo contribuinte com a exigência de um aumento indevido de tributo. Caso essa decisão não seja deferida com a devida urgência, o processo não terá resultado útil ao contribuinte, pois este terá que pagar o tributo

---

13 CUNHA, Leonardo Carneiro. *A fazenda pública em juízo.* 14. ed. São Paulo: Forense, 2017, p. 317-318.

CURSO COMPLETO DE DIREITO PROCESSUAL TRIBUTÁRIO

para futuramente pedir a restituição do indébito, ou compensação, com todos os percalços financeiros e legais que tais medidas acarretam.

O requerente deverá também indicar na petição inicial que pretende valer-se do "benefício" do deferimento da tutela antecipada (CPC, art. 303, § 5º). Em princípio, esta regra não faz muito sentido pois o *caput* do art. 303 a que alude o § 5º não revela nenhum "benefício" explícito do qual possa se valer o autor. Cassio Scarpinella Bueno explica que esse dispositivo deve ser compreendido em duas acepções. A primeira teria a ver com o menor rigor que a inicial pode ser elaborada nos casos de tutela antecipada. A outra, um pouco mais explicável, diria respeito à hipótese de a tutela antecipada, que é provisória por natureza, vir a se tornar estável nos termos do art. 304[14]. O benefício seria o pleito de estabilização da medida na hipótese de o réu não recorrer da concessão da tutela antecipada. Mesmo nessa hipótese a exigência parece inócua porque a estabilidade da tutela antecipada decorre de previsão objetiva da lei e não da vontade da parte, conforme se conclui da leitura do art. 304 do CPC[15].

Caso seja concedida a tutela antecipada, "o autor deverá aditar a petição inicial, com a complementação de sua argumentação, a juntada de novos documentos e a confirmação do pedido de tutela final, em 15 (quinze) dias ou em outro prazo maior que o juiz fixar" (CPC, art. 303, § 1º, I). Esse aditamento será feito nos próprios autos do pedido de tutela antecipada sem a incidência do pagamento de custas[16]. Trata-se de simples

---

14 BUENO, Cassio Scarpinella. *Manual de direito processual civil*. 2. ed. São Paulo: Saraiva, 2016, p. 253.

15 Leonardo Carneiro da Cunha, por sua vez, lembra que a providência do § 5º do art. 303 do CPC: "[...] atende ao princípio da boa-fé (CPC, art. 5º) e ao da cooperação (CPC, art. 6º), cumprindo ao autor, com isso, o dever de esclarecimento e permitindo que tanto o juiz como o réu saibam que ele está a valer-se do procedimento previsto no art. 303 do CPC". Cf. CUNHA, Leonardo Carneiro da. *A fazenda pública em juízo*. 14. ed. São Paulo: Forense, 2017, p. 317.

16 Cassio Scarpinella Bueno levanta questão sobre a isenção das chamadas "custas judiciais" no caso de o autor confirmar o pedido de tutela final por meio do aditamento a inicial. Cf. BUENO, Cassio Scarpinella. *Manual de direito processual civil*, p. 253. De acordo com o autor, as "custas judiciais" têm natureza de taxa (que é espécie tributária). Assim, uma lei federal não poderia isentar tributação de outro ente federado, no caso os Estados, responsáveis pela organização da justiça estadual e do seu respectivo regime

Capítulo 6 **Processo judicial tributário**

petição nos autos, reiterando ou acrescentando argumentos que eventualmente auxiliem no convencimento da causa, com a confirmação da tutela final. Caso o aditamento não seja realizado, o processo será extinto sem resolução de mérito.

Se concedida a tutela antecipada, o juiz deverá também designar audiência de conciliação ou de mediação, o que, tratando-se de Fazenda Pública deve ser analisado com cautela. Caso seja possível a audiência, mas não se chegue a algum acordo, inicia-se a contagem do prazo para contestação (CPC, art. 303, § 1º). No processo tributário, a audiência de conciliação ou de mediação tende a não se realizar (v. subitem 6.2.6.2.2 desta subseção), razão pela qual deverá o juiz determinar a citação da Fazenda, na forma do art. 335, III, devendo o prazo para contestar iniciar-se conforme os eventos previstos no art. 231, ambos do CPC. Vale lembrar que, conforme o art. 183 do CPC, a Fazenda possui prazo em dobro para todas as suas manifestações processuais, de modo que a contestação poderá ser apresentada em até 30 dias.

Na hipótese de a tutela antecipada não ser liminarmente concedida pela ausência de elementos, o juiz determinará a emenda da petição inicial em

---

tributário, qual seja, a exigência de taxas pela utilização dos serviços judiciários. A questão pode levar ao tema das "isenções heterônomas", instituto conhecido como vedação constitucional em que a União não poderá dispensar o pagamento de tributos instituídos por outros entes federados (CF, art. 151, III). Em uma interpretação restrita da questão pode-se chegar a esse entendimento, de modo que a isenção prevista no § 3º do art. 303 do CPC se restringiria às custas cobradas pela Justiça Federal, abrangida pela competência tributária do legislador federal. Não parece que a solução enverede para essa linha. Entendemos que o CPC dispõe sobre normas processuais que se aplicam a ambas as justiças comuns, federal e estadual. A regra do aditamento sem o pagamento de custas é matéria processual, na medida em que o dispositivo regula como o autor deve proceder para formular seu requerimento de confirmação da tutela final. A isenção da taxa é regra meramente acessória, embora possua conexão com o direito tributário. Seria uma restrição de acesso à justiça exigir-se o pagamento de taxa no momento do requerimento de tutela antecipada e outra taxa no aditamento à inicial se este é uma sequência natural daquele, tanto assim que é mero aditamento e não uma nova ação judicial. No mais, o STF tem precedente em que ficou assentada a validade da isenção de emolumentos por Lei Federal para o registro de nascimento aos reconhecidamente pobres, lembrando que essa cobrança tem natureza de taxa e a competência para sua instituição é dos estados e do Distrito Federal (STF, ADC 1.800-1/DF, Rel. Min. Nelson Jobim, j. 6-4-1998, *DJ* 3-10-2003).

até cinco dias para que possam ser apresentados os dados ou argumentos exigidos pelo magistrado, sob pena de a medida antecipatória ser indeferida e de o processo extinto sem resolução de mérito (CPC, art. 303, § 6º).

O art. 304 do CPC traz a hipótese de estabilização da tutela antecipada, o que ocorrerá caso o réu (no processo tributário, a Fazenda Pública) não recorra da decisão que conceder a mencionada tutela. O recurso deverá ser de Agravo de Instrumento caso a tutela antecipada tenha sido concedida pelo juízo de primeiro grau (CPC, art. 1.015, I). Será, no entanto, o Agravo Interno, quando deferida por decisão monocrática do Relator, tratando-se de competência originária ou recursal dos tribunais (CPC, art. 1.021). Na hipótese de a tutela antecipada ser concedida em acórdão pelos tribunais, caberá Recurso Especial ou Extraordinário, conforme o caso[17]. A estabilização em questão se efetiva com a extinção do processo e, obviamente, a manutenção dos efeitos da tutela concedida, conforme se conclui dos §§ 1º e 3º do art. 304 do CPC. A estabilização da tutela provisória, obviamente, somente se aplica para a decisão concessiva e não à denegatória[18]. Leonardo Carneiro da Cunha sustenta que a tutela antecipada (nomeada pelo autor como tutela satisfativa) não se aplicaria às tutelas cautelar e de evidência, como também à tutela incidental[19]. Entendemos que razão assiste ao processualista, com a ressalva de que nada obsta se torne também estável a tutela de evidência na hipótese de o réu não recorrer do deferimento da medida. Diferentemente das tutelas cautelar e incidental, que dependem de um pedido principal, a tutela provisória de evidência poderá ser postulada isoladamente, devendo ser aditada a inicial na forma do art. 303, § 1º, I do CPC, embora o Código seja silente a esse procedimento para tutela de evidência. De qualquer forma, a tutela provisória de

---

17 Fabrício Lunardi refuta a possibilidade de estabilização da tutela quando esta for deferida pelos tribunais e o interessado não interponha o recurso cabível, sob o argumento de que tais recursos seriam desnecessários (agravo interno) ou inadmissíveis (Recurso Especial ou Extraordinário), o que levaria a "instabilidade no sistema jurídico". Cf. LUNARDI, Fabrício Castagna. *Curso de direito processual civil.* São Paulo: Saraiva, 2016, p. 339.

18 CUNHA, Leonardo Carneiro. *A fazenda pública em juízo.* 14. ed. São Paulo: Forense, 2017, p. 321.

19 CUNHA, Leonardo Carneiro. *A fazenda pública em juízo,* p. 319.

Capítulo 6 **Processo judicial tributário**

evidência não necessita de um pleito definitivo futuro para se tornar estável, bastando tão somente que o réu não recorra do deferimento da tutela provisória para que isso aconteça. A questão será retomada na subseção 6.2.6.4.

É importante frisar que, a despeito da estabilização da medida, o § 2º do art. 304 faculta a qualquer das partes o direito de demandar a outra para "rever", "reformar" ou "invalidar" a tutela antecipada estabilizada. No processo tributário essa hipótese é praticamente impossível porque não é comum o procurador da Fazenda deixar de recorrer das decisões contrárias aos interesses do ente público. De qualquer forma, o autor, beneficiário da medida, somente terá interesse na hipótese de "revisão" da decisão, pois a "reforma" ou "invalidação" são medidas de interesse do réu (no caso a Fazenda Pública). Por exemplo, concedida a tutela antecipada para declarar a inexigibilidade do crédito tributário sobre determinado período, o autor poderá pedir sua "revisão" para que alcance novos períodos, desde que as alegações, os tributos e a Fazenda ré sejam os mesmos.

Os pedidos de revisão, reforma ou invalidação serão deduzidos em ação judicial própria perante o mesmo juízo que concedeu a tutela antecipada tornada estável, podendo o interessado instruir a ação com cópia dos autos do pedido de tutela antecipada que será desarquivado para essa finalidade. Enquanto não for revista, reformada ou invalidada por decisão de mérito, a tutela antecipatória conservará seus efeitos. Percebe-se que no regime atual da tutela antecipada, a medida fica menos sujeita a alterações, comparando-se com o sistema anterior em que a tutela antecipada era decisão de natureza precária, podendo ser modificada ou revogada a qualquer momento até o trânsito em julgado da ação. O direito de pedir a revisão, reforma ou invalidação por ação própria prescreve em 2 anos contados da ciência da decisão que extinguiu o processo de tutela antecipada. A decisão que concede a tutela antecipada não transita em julgado, mas os efeitos da estabilidade somente deixarão de ser produzidos na hipótese de decisão que a reveja, a reforme ou a invalide.

O CPC de 2015 deu à tutela antecipada antecedente um procedimento autônomo em que o seu pedido não depende de um processo que lhe dê suporte. Tanto assim que, caso seja deferida, o autor deverá aditar a inicial reforçando os argumentos e provas. Se não o fizer a tutela antecipada será revogada. As regras atuais preveem também a hipótese em que a tutela não possui no ato de propositura todos os elementos autorizadores à sua concessão,

485

CURSO COMPLETO DE DIREITO PROCESSUAL TRIBUTÁRIO

caso em que o juiz concederá prazo para a regularização do requerimento, podendo ser deferida depois de regularizada.

O CPC não regulou como deve ficar a situação do processo caso o pedido de tutela antecipada preparatória seja indeferido. A omissão do CPC, em nossa opinião, não exclui a conclusão lógica de que caberá, nessa hipótese, recurso de Agravo de Instrumento, por se tratar de uma decisão interlocutória recorrível por meio dessa modalidade (CPC, art. 1.015, I). Caso o autor não recorra do indeferimento e nem adite a inicial, o processo será arquivado. Se recorrer, o recurso de Agravo de Instrumento deverá ser processado na forma do art. 1.019 do CPC, podendo o Relator "deferir, em antecipação de tutela, total ou parcialmente, a pretensão recursal, comunicando ao juiz sua decisão". Em seguida, ordenará a intimação do agravado pessoalmente, por carta com AR, para que responda o agravo no prazo de 15 dias, facultando-lhe juntar a documentação que entender necessária ao julgamento do recurso. A intimação pessoal ao réu por AR se justifica porque não foi ainda citado e, portanto, não terá procurador constituído nos autos.

Se o Relator não conceder a tutela recursal, mantendo a decisão recorrida, deverá o juízo de primeiro grau aguardar o decurso do prazo de 15 dias necessários para se ter certeza de que o autor aditará o pedido inicial ou não. Caso seja apresentado o aditamento, o processo seguirá seu curso normal, com a citação do réu e audiência de conciliação, quando possível. Se o autor não aditar o pedido de tutela antecipada preparatória no prazo legal o processo deverá ser arquivado. Sem prejuízo do aditamento do pedido de tutela antecipada, e se não for deferida a tutela recursal no agravo, o agravante (autor da medida) poderá interpor Agravo Interno, conforme previsão do art. 1.021 do CPC. Caso o Relator conceda a tutela recursal antecipada, o autor deverá também aditar a inicial, formulando o pedido principal, tal qual ocorreria se o deferimento da tutela tivesse sido concedido pelo juízo de primeiro grau.

6.2.6.2.2 A audiência de conciliação e de mediação no processo tributário

De um modo geral, o procedimento para decisão do pedido de tutela antecipada antecedente, consiste, inicialmente, na citação do réu e sua intimação para comparecer à audiência de conciliação ou mediação (CPC, art. 303, § 1º, II). No processo tributário esse dispositivo sofre limitações, pois

Capítulo 6 **Processo judicial tributário**

depende de leis dispondo a respeito de critérios e valores para a autocomposição de interesses envolvendo a Fazenda Pública. Em tese, a matéria tributária é transigível, não incorrendo na vedação do art. 334, § 4º, II, do CPC. Tanto assim que o art. 156, III, do CTN prevê a *transação* como modalidade de extinção do crédito tributário. Como se sabe, a transação é um regime de autocomposição em que são feitas concessões mútuas entre o contribuinte e a Fazenda Pública visando pôr fim ao crédito tributário. Em abono a essa tese, veja-se, por exemplo, no âmbito da União, a Portaria n. 109, de 2007, que autoriza desde então os procuradores federais a transigirem nos processos judiciais de competência do juizado especial federal. Na mesma linha, ainda no âmbito da União, a Lei n. 9.469, de 1997 também prevê a possibilidade da realização de acordos ou transações para prevenir ou terminar litígios, inclusive os judiciais. Para tanto, deverá ser observado o limite de alçada definido em regulamento para que os órgãos da Procuradoria-Geral da União sejam autorizados a não propor ações, a não interpor recursos, assim como a desistir das ações e dos respectivos recursos. As composições acima do valor definido no regulamento dependerão de autorização específica do Advogado-Geral da União e do Ministro de Estado da área de competência a que o assunto estiver afeto (Lei n. 9.469, de 1997, art. 1º, § 4º, com redação dada pela Lei n. 13.140, de 26-6-2015). Na União, o contencioso fiscal compete à Procuradoria-Geral da Fazenda Nacional e a seus órgãos regionais fracionários. No entanto, a Lei n. 9.469, de 1997 e o seu respectivo regulamento (Portaria n. 377, de 25-8-2011) não aludem ao Procurador-Geral da Fazenda Nacional como autoridade delegada para autorizar a celebração de acordos, o que exclui os assuntos tributários do âmbito da autocomposição.

Assim, nas causas tributárias, qualquer que seja a Fazenda Pública (federal, estadual distrital ou municipal), a audiência de conciliação ou de mediação, embora possível em tese, dependerá de Lei e eventualmente de outros atos normativos estabelecendo as regras básicas para a autocomposição. Caso essas normas não sejam editadas, convém ao procurador da Fazenda ré, por lealdade processual e velando pela celeridade do processo, protocolar petição, fundamentando as razões da impossibilidade de a audiência de autocomposição ser realizada. Tal petição deverá ser apresentada com 10 dias de antecedência, contados da data da audiência (CPC, art. 334, § 5º). Caso contrário, terá que comparecer à audiência designada para simplesmente manifestar a impossibilidade de celebrar o acordo, o que se repetirá em todas as ações envolvendo a respectiva Fazenda Pública, com alta probabilidade de tornar o processo contraproducente.

Outra solução seria o próprio juiz despachar a inicial determinando a citação da Fazenda ré sem marcação da audiência do art. 334, uma vez sabedor de que a Fazenda Pública está impossibilitada de fechar acordo em audiência. É possível também a celebração de protocolos entre a Fazenda e o Tribunal respectivo alertando para a impossibilidade justificada da realização da audiência de autocomposição, podendo os juízes vinculados ao tribunal, em razão do protocolo, deixarem de designar a audiência. Tais recomendações visam aderir aos fins da reforma processual de 2015, que se pautou pela celeridade processual.

Quando a Fazenda Pública for autora a questão não tem relevância porque, em matéria tributária, as ações de iniciativa da Fazenda são a medida cautelar fiscal e a execução fiscal, que possuem procedimentos judiciais próprios, que não preveem audiência de conciliação (Lei n. 8.397, de 1992 e Lei n. 6.830, de 1980, respectivamente). Quanto à execução fiscal, não obsta a aplicação subsidiária das regras sobre audiência de conciliação nos embargos à execução, observada a exigência de lei dispondo sobre os critérios e limites em que a transação processual poderá ser realizada.

6.2.6.3 Tutela provisória cautelar no processo tributário

Os arts. 305 a 310 do CPC disciplinam a tutela provisória cautelar antecedente. Primeiramente, deve-se considerar que as explicações a seguir sobre tutela cautelar antecedente não cabem para a "medida cautelar fiscal", de iniciativa da Fazenda Pública, porque esta medida é regulada por lei específica, qual seja, a Lei n. 8.397, de 1992. O CPC, por sua vez, trata de tutela cautelar a ser pleiteada pelo contribuinte, como ação judicial de sua iniciativa contra a Fazenda Pública.

A tutela cautelar antecedente é muito semelhante à tutela antecipada, tanto em seus fundamentos quanto ao procedimento. A principal distinção é de natureza conceitual, pois, enquanto na tutela antecipada o autor visa obter desde logo a prestação jurisdicional final, ainda que sejam somente os efeitos práticos esperados dessa tutela, na pretensão cautelar, pretende o autor, primeiramente, proteger a discussão sobre um direito que está ameaçado, em razão de uma conduta esperada do réu ou pela ação natural do tempo.

Capítulo 6   **Processo judicial tributário**

Na prática, essas circunstâncias que levam à distinção entre a tutela antecipada e a cautelar nem sempre são tão nítidas, abrindo espaço para algum subjetivismo opinativo. Às vezes, em um caso concreto, o autor supõe que o caso é de cautelar, para o juiz, entretanto, trata-se de antecipação de tutela e essa zona cinzenta sempre ofuscou a segurança em se afirmar que em determinado caso somente caberia cautelar, não sendo possível a tutela antecipada. Talvez visando evitar os prejuízos que a extinção do processo cautelar acarretaria ao seu postulante quando fosse caso de tutela antecipada, o CPC de 2015, na esteira do que estava igualmente previsto no CPC revogado, previu a aplicação do princípio da fungibilidade das formas no processo. Assim, o juiz pode receber como tutela antecipada o que o autor requereu como cautelar e vice-versa (CPC, art. 305, parágrafo único).

Embora sejam sutis as diferenças práticas entre a tutela antecipada e a cautelar, no processo tributário é possível exemplificar o processo cautelar no seguinte caso. Suponhamos que um contribuinte tenha sido autuado pelo não pagamento de um tributo e pelo não cumprimento de obrigações acessórias, o que acarretou a incidência de multa. Conquanto haja sido lavrado o auto de infração e o contribuinte notificado a respeito, em sua visão, o tributo não seria devido porque faz jus à imunidade tributária, argumento não considerado pela fiscalização. Também com relação às obrigações acessórias, segundo ainda o entendimento do contribuinte, essas não seriam exigíveis na forma como entendeu a fiscalização. Nesse caso, a tutela principal pretendida pelo autor é a "anulação" do auto de infração em razão de sua antijuridicidade, isto é, se o contribuinte era imune à incidência do tributo não poderia a autoridade tributária realizar o lançamento de ofício (no caso, por meio de auto de infração). Sabe-se que, com a notificação do auto de infração (lançamento tributário de ofício), o crédito tributário se torna exigível, ou seja, apto a ser cobrado pelo Fisco. Se o contribuinte não pagar nem se defender, o crédito tributário será inscrito na dívida ativa seguido de sua cobrança por Execução Fiscal. É verdade que o contribuinte, depois de notificado do auto de infração, poderá impugná-lo, o que suspenderá a exigibilidade do crédito tributário (CTN, art. 151, III). O direito de impugnar o crédito tributário não exclui o amplo acesso à jurisdição (CF, art. 5º, XXXV), de modo que o contribuinte pode optar pela demanda ao Poder Judiciário em vez de impugnar administrativamente o lançamento de ofício (auto de infração). Ainda que o impugne, pode decidir procurar a Justiça depois

489

da decisão administrativa que lhe seja desfavorável. Portanto, a iminência da inscrição na dívida ativa e a consequente Execução Fiscal poderão decorrer da notificação inicial do lançamento, depois da decisão de primeira instância ou após a decisão final do processo administrativo. O direito de acesso à Justiça no Brasil é amplo, cabendo ao interessado (o contribuinte, no caso), decidir o melhor momento de exercê-lo.

Voltando ao ponto do processo cautelar, caso não seja deferida uma decisão liminar que suspenda a exigibilidade do crédito tributário, de modo que a Fazenda fique impedida de inscrever o crédito na dívida ativa, o contribuinte sofrerá os efeitos do ato de inscrição. O que motiva o seu interesse em pedir uma decisão cautelar será, exatamente, a ameaça de inscrição na dívida ativa de crédito tributário que o contribuinte possui fortes razões para considerá-lo indevido (medida cautelar como proteção de determinado direito). Note-se que existe uma diferença entre os exemplos dados para a tutela cautelar e à tutela antecipada. Na tutela antecipada, o contribuinte pretendia a suspensão da exigibilidade de créditos tributários ainda não lançados. Portanto, o direito ao não pagamento do crédito tributário se confundia com a tutela antecipada pretendida, de modo que a diferença entre a tutela antecipada e a sentença definitiva era somente uma questão de momento processual. Na tutela antecipada antecedente, portanto, a declaração do direito ao não pagamento do crédito tributário com o inerente efeito de suspensão da sua exigibilidade são deferidos antes da prolação da sentença. Diferente é o caso da pretensão cautelar, em que o autor da medida pede primeiramente uma decisão que "suspenda" a exigibilidade do crédito tributário com a proibição de a Fazenda Pública inscrever o crédito na dívida ativa. Deverá o contribuinte alegar, na própria cautelar, que pretende pedir a "nulidade" do auto de infração fundado em fortes razões jurídicas. A diferença é sutil: no exemplo, "a cautelar" visa proteger um direito principal, qual seja, o de alegar a nulidade do lançamento tributário (auto de infração); "a tutela antecipada", por sua vez, pretende a antecipação do reconhecimento do direito de não se exigir o pagamento do crédito tributário.

O que o autor da pretensão cautelar necessita alegar e comprovar é que, sem uma decisão judicial liminar que impeça a Fazenda Pública de prosseguir nos atos legais para a consumação do pagamento do crédito tributário, de duas uma: ou o contribuinte paga o débito para depois pedir sua restituição administrativa ou judicial; ou será cobrado mediante Execução Fiscal.

Capítulo 6 **Processo judicial tributário**

A inscrição na dívida ativa e a Execução Fiscal iminentes constituem o "perigo de dano" a que alude o art. 305 do CPC. É verdade que a inscrição na dívida ativa e a Execução Fiscal talvez não tenham um significado proporcional ao senso comum que formamos inicialmente sobre a ideia de dano ou de prejuízo. Quando, entretanto, se observam os efeitos que a inscrição na dívida ativa pode acarretar ao contribuinte, a percepção do prejuízo fica nítida. É o caso, por exemplo, da inclusão do nome do devedor em cadastros tributários (Cadin), o protesto da CDA, restrições ao crédito e a impossibilidade de se habilitar em licitações, ou de receber financiamentos do Poder Público etc. Essas e outras medidas podem configurar, inegavelmente, o dano a que alude o art. 305 do CPC.

Quanto ao "resultado útil do processo", os efeitos extraprocessuais narrados exigem um pronunciamento do Poder Judiciário porque, isso não ocorrendo, a prestação jurisdicional pode se tornar desnecessária. Se a pessoa tem assegurado o direito constitucional de procurar a Justiça para proteger um direito que entende ameaçado (CF, art. 5º, XXXV), o processo não poderá ser um óbice que frustre essa lícita expectativa, em função de suas regras e ritos. No exemplo acima, vê-se também que sem uma decisão liminar cautelar suspendendo a exigibilidade do crédito tributário, a discussão sobre a nulidade do lançamento tributário (auto de infração), torna-se inútil para os interesses do autor, só restando os meios processuais de oposição à Execução Fiscal (essas medidas serão examinadas adiante nas subseções 7.2.13 e seguintes do Capítulo 7). Além disso, ficará muito bem configurada a hipótese de "risco ao resultado útil do processo", se o contribuinte, não pagando um tributo que considera justificadamente indevido, fique impedido de obter CND e o seu negócio, por exemplo, depende de fornecimento de bens ao Poder Público. De acordo com a jurisprudência do Tribunal de Contas da União, nos contratos de prestação continuada ou parcelada celebrados com a Administração Pública Federal, deverá constar dos editais de licitação que não serão realizados pagamentos a fornecedores que possuam débitos ficais, sem exigibilidade suspensa, porque, caso contrário, seriam violadas as condições iniciais de habilitação[20]. Assim, a empresa que não apresentar CND

---

20 [...] 9.3 firmar o entendimento, aplicável a todos os órgãos/entidades da Administração Pública Federal, no sentido da inclusão, em editais e contratos de execução continuada ou parcelada, de cláusula que estabeleça a possibilidade de subordinação do pagamento

CURSO COMPLETO DE DIREITO PROCESSUAL TRIBUTÁRIO

poderá não receber do Poder Público e isso caracteriza também o "risco ao resultado útil do processo" (Lei n. 8.666, de 1993, arts. 27, IV, 29, III, 55, XIII, e 78, II).

Não se pode esquecer que tanto a tutela cautelar quanto a antecipada são tutelas de urgência, conforme definição do parágrafo único do art. 294 do CPC. Assim, o autor da cautelar deverá, primeiramente, demonstrar a urgência do seu pleito, no caso caracterizada pela iminência da inscrição na dívida ativa e Execução Fiscal, com todos os danos e prejuízos a serem suportados pelo contribuinte. Além disso, não obstante os requisitos que toda petição inicial deve observar (CPC, art. 319), o autor deverá também atender aos seguintes requisitos do art. 305 do CPC: a) a indicação da lide e seu fundamento; b) exposição sumária do direito a ser assegurado; c) o perigo de dano ou ao resultado útil do processo.

A "lide" é o conflito que enseja a demanda ao Poder Judiciário, que de acordo com o exemplo dado é o argumento do autor de que tem direito a imunidade. O fundamento jurídico será a alegação de que foi violado o art. 150, VI da Constituição Federal (imunidade tributária). A exposição sumária do direito a ser assegurado resume-se ao pleito de nulidade do auto de infração (lançamento tributário). Por fim, o "perigo de dano" ou ao "resultado útil do processo", deve aduzir que a discussão sobre a nulidade do lançamento tributário será prejudicada com a inscrição na dívida. Isso porque a consumação dos efeitos administrativos, civis e econômicos danosos decorrentes daquele ato, tornará desnecessário o ajuizamento da Ação Anulatória, obrigando o contribuinte a discutir a nulidade da dívida ativa em Embargos à Execução, mediante garantia do juízo (LEF, arts. 9º).

De acordo com o art. 306 do CPC: "O réu será citado para, no prazo de cinco dias, contestar o pedido e indicar as provas que pretende produzir". Conforme o art. 300, § 1º, do CPC, o juiz poderá conceder a tutela de urgência (neste caso a cautelar) liminarmente e sem justificação prévia. Assim, convencido da urgência alegada, o juiz poderá conceder a tutela cautelar antes de qualquer outra providência, intimando o réu para o seu cumprimento e

---

à comprovação, por parte da contratada, da manutenção de todas as condições de habilitação, aí incluídas a regularidade fiscal para com o FGTS e a Fazenda Federal, com o objetivo de assegurar o cumprimento do art. 2º da Lei n. 9.012/95 e arts. 29, incisos III e IV, e 55, inciso XIII, da Lei n. 8.666/93. (TCU. Acórdão 837/2008, plenário).

Capítulo 6 **Processo judicial tributário**

determinando sua citação simultânea. Nas lides tributárias, a ameaça de inscrição do crédito na dívida ativa e a consequente Execução Fiscal são suficientes para justificar a urgência, pois o ato de inscrição poderá ocorrer a qualquer momento após a notificação do lançamento ou, se for o caso, após a decisão final do processo administrativo. Ressalte-se que, por força do art. 183 e 219 do CPC, a Fazenda terá o prazo em dobro, totalizando 10 dias úteis para contestar. Na contestação, a Fazenda, além de refutar o pedido, deverá indicar as provas que pretende produzir.

Em função do zelo e da responsabilidade funcional dos procuradores da Fazenda Pública não é comum, na prática forense contra o Poder Público, deixar de ser apresentada a contestação. De qualquer forma, caso não seja contestado o pedido cautelar, semelhantemente ao que ocorria no sistema processual anterior, não serão presumidos verdadeiros os fatos alegados contra a Fazenda como um dos efeitos da revelia, uma vez que a causa contra o Poder Público trata de direitos indisponíveis (CPC, 345, II). Nas lides tributárias, a pretensão do contribuinte de afastar a exigência fiscal versa sobre direito indisponível, na medida em que o tributo é espécie de receita pública. Assim, o tributo não se insere na esfera de direitos privados dos gestores públicos, constituindo uma receita que afeta o patrimônio e o interesse de toda sociedade, razão pela qual a falta de contestação da Fazenda não presumirá como verdadeiros os fatos alegados contra a Fazenda Pública.

O parágrafo único do art. 307 do CPC prevê que depois de contestado o pedido o processo seguirá o rito comum. Não obstante, o juiz poderá conceder a tutela cautelar mesmo depois da contestação, a fim de proteger o direito alegado pelo autor. Caso o juiz conceda a cautelar antecedente e depois de sua efetivação – o que se dá com a intimação da Fazenda e cumprimento do que foi decidido – o pedido principal será formulado pelo autor no prazo de 30 dias (art. 308 do CPC). Inovando na sistemática do CPC anterior, esse pedido deverá ser apresentado nos mesmos autos em que foi deduzido o pedido de tutela cautelar, não dependendo do pagamento de novas custas processuais (valem os comentários feitos sobre isenção heterônoma de taxas judiciárias na subseção 6.2.6.2.1 deste Capítulo). Anteriormente, na chamada ação cautelar preparatória, a lide (pedido principal) era autuada em novos autos, ficando o processo cautelar suspenso e apensado ao processo principal para decisão conjunta. O sistema vigente é mais lúcido e eficiente,

493

impondo ao autor somente a formulação do pedido principal por meio de petição nos autos da cautelar antecedente.

O § 1º do art. 308 do CPC traz dispositivo importante no seguinte sentido: "o pedido principal pode ser formulado conjuntamente com o pedido de tutela cautelar". Dessa forma, fica evidente a intenção do legislador de acelerar o procedimento, evitando a formulação de petição separada sobre o direito ameaçado quando já se conhece de antemão o risco de lesão a esse direito. Neste caso, a petição inicial deverá seguir todos os requisitos do art. 319, combinados com o art. 305, ambos do CPC.

Na hipótese de o autor renunciar à prerrogativa de formular o pedido cautelar e principal na mesma petição, estabelece o § 2º do art. 308 do CPC que a causa de pedir poderá ser aditada na petição do pedido principal. Esse aditamento pode corroborar com os argumentos para a concessão da liminar, caso não tenha sido ainda deferida, ou reforçar as alegações para assegurar a procedência do pedido principal.

Na tutela cautelar antecedente, a audiência de conciliação ou de mediação ocorrerá depois de apresentado o pedido principal, porque, logicamente, só tem utilidade processual que as partes se autocomponham sobre o mérito da pretensão principal, e não sobre a cautelar, que possui função meramente protetora do direito principal (CPC, art. 308, § 3º). Cabem à cautelar as mesmas observações feitas à antecipação de tutela, no tocante à audiência de conciliação ou de mediação envolvendo a Fazenda Pública (v. subseção 6.2.6.2.2 deste Capítulo). Nas lides tributárias, considerando as dificuldades da autocomposição em audiência, a tendência será, deferida ou indeferida a medida liminar acautelatória, o juiz determinar a citação da Fazenda para contestar, sem designação de audiência conciliatória ou de mediação, devendo o prazo para contestação ser contado na forma do art. 335 do CPC.

O art. 309 do CPC reza que a tutela cautelar concedida em caráter antecedente cessará sua eficácia nos seguintes casos: a) o autor não deduzir o pedido principal no prazo legal; b) não for efetivada dentro de 30 (trinta) dias; c) o juiz julgar improcedente o pedido principal formulado pelo autor ou extinguir o processo sem resolução de mérito. Havendo a cessação da eficácia da cautelar o autor não poderá renovar esse pedido, salvo por novo fundamento.

Capítulo 6 **Processo judicial tributário**

Finalmente, o art. 310 do CPC traz a regra de que o indeferimento da tutela cautelar antecedente não impede a formulação do pedido principal, nem influi no seu julgamento, exceto se o motivo for o reconhecimento da decadência ou da prescrição, que nas questões tributárias são regidos pelas regras do CTN (arts. 150, § 4º, 173 e 174)[21].

6.2.6.4 Tutela provisória de evidência no processo tributário

A tutela de evidência está prevista no art. 311 do CPC para as seguintes situações: a) ficar caracterizado o abuso do direito de defesa ou o manifesto propósito protelatório da parte; b) as alegações de fato (do autor) puderem ser comprovadas apenas documentalmente e houver tese firmada em julgamento de casos repetitivos ou em súmula vinculante; c) se tratar de pedido reipersecutório (reivindicação de coisas) fundado em prova documental adequada do contrato de depósito, caso em que será decretada a ordem de entrega do objeto custodiado, sob cominação de multa; d) a petição inicial for instruída com prova documental suficiente dos fatos constitutivos do direito do autor, a que o réu não oponha prova capaz de gerar dúvida razoável.

Conforme se observa, diferentemente das demais tutelas provisórias, a urgência não é propriamente exigida, figurando como requisito central para o deferimento da tutela de evidência, a clareza dos fatos, a plausibilidade das alegações ou as provas em favor do autor, o que justifica a sua denominação. Apesar disso, a tutela de evidência poderá ser deferida liminarmente nos casos acima referenciados nas alíneas "b" e "c", ou seja, o pedido poderá ser atendido antes de se ouvir o réu e sem audiência de justificação, esta última geralmente improvável em questões tributárias.

O *caput* do art. 311 do CPC estabelece que a tutela de evidência: "será concedida, independentemente da demonstração de perigo de dano ou de risco ao resultado útil do processo". Isso reforça o entendimento de que essa tutela provisória visa o atendimento imediato do pleito do autor, não em razão do decurso do tempo, mas em função da notória presença do direito

---

21 Sobre o tema da reserva legal ao CTN para disciplinar "prescrição" no Direito Tributário, tem-se a Súmula Vinculante n. 8, do STF com o seguinte enunciado: "São inconstitucionais o parágrafo único do artigo 5º do Decreto-Lei n. 1.569/1977 e os artigos 45 e 46 da Lei n. 8.212/1991, que tratam de prescrição e decadência de crédito tributário".

da parte, constatada desde o ajuizamento da medida. Nos casos previstos, portanto, contrariaria os fins de qualquer processo judicial impor ao autor o lento trâmite processual para obtenção de um direito que já se constata ser pouco discutível com base nas hipóteses legais preestabelecidas.

Tratando-se das lides tributárias, com exceção do inciso III do art. 311, as demais serão todas factíveis. Sobre o inciso I do mencionado artigo, pode acontecer de o autor (contribuinte) ingressar com medida judicial em que o abuso do direito de defesa fique caracterizado. Isso é possível quando se trata de argumento jurídico-tributário recorrente entre os contribuintes, e que vem sendo aceito pelo Poder Judiciário, embora a Fazenda insista em refutá-lo com os mesmos argumentos que não vêm convencendo. O CPC dá a entender que o juiz concederia a tutela de evidência de ofício, mas nem sempre o abuso do direito de defesa fica patente ao magistrado espontaneamente, daí por que cabe ao autor requerer a tutela de evidência tão logo tenha acesso a contestação e verifique a circunstância legal descrita.

A previsão do inciso II do art. 311 também é comum nas questões tributárias. O contribuinte normalmente se vê obrigado a ingressar com ação declaratória para suspender a exigibilidade de crédito tributário em que o STJ ou o STF firmaram tese de que um tributo não é devido. No entanto, a administração fiscal não reconhece a questão de plano, porque interpôs recursos. Quanto a súmula vinculante, de acordo com o art. 103-A da Constituição Federal, as administrações direta e indireta estão vinculadas ao seu cumprimento, de modo que seria uma afronta à legalidade o fisco insistir na cobrança de tributo ou de qualquer outra exigência tributária em que o seu descabimento é objeto de súmula vinculante. No tocante à fixação da tese jurisprudencial, embora esta tenha sido fixada nos precedentes, a Fazenda, legitimamente, pode utilizar todos os recursos judiciais possíveis para reverter a questão. Nesse ínterim, poderão ser lavradas autuações fiscais sobre a matéria controvertida, apesar da "evidência" de que o contribuinte tem direito ao afastamento da exigência tributária. Nesse caso, o que autoriza o deferimento da tutela de evidência não é exatamente o justificado receio de autuações, mas a evidência do direito invocado, comprovado por meio de decisões reiteradas do STJ ou do STF.

A hipótese do inciso IV do art. 311 trata da situação em que o réu (a Fazenda Pública) não é capaz de infirmar os fatos alegados e comprovados pelo autor na petição inicial, gerando uma forte probabilidade de certeza sobre os argumentos do autor. Essa circunstância poderá ficar patente nas lides

Capítulo 6 **Processo judicial tributário**

tributárias quando o autor, por exemplo, em uma ação anulatória ou declaratória, comprovar claramente, no primeiro caso, a nulidade do lançamento ou, no segundo, que o tributo não é devido em função de argumentos jurídicos consistentes. Diante dessas alegações, a Fazenda não consegue, em contrapartida, comprovar que o lançamento é válido, ou rebater satisfatoriamente que o tributo é exigível do contribuinte.

Tratando da ação anulatória, o juiz poderá deferir a tutela provisória de evidência para declarar nulo o lançamento, o que impedirá a Fazenda, obviamente, de prosseguir nos atos necessários à cobrança do tributo (inscrição na dívida ativa e execução fiscal) até a sentença transitar em julgado, exceto se a Fazenda reverter a decisão provisória por meio de recurso de agravo de instrumento. No caso da ação declaratória, os efeitos da tutela provisória de evidência serão semelhantes, de modo que o contribuinte ficará judicialmente autorizado a deixar de pagar o tributo considerado inexigível.

Diferentemente das demais tutelas provisórias, o CPC não disciplinou para a tutela de evidência os requisitos legais que a petição inicial deverá observar, nem peculiaridades ao procedimento. Assim, deverão ser observados os requisitos gerais da petição inicial previstos no art. 319 e o procedimento previsto nos arts. 300 a 310 do CPC.

O CPC também não previu regras para a estabilização da tutela de evidência, conforme disciplinou para a tutela antecipada, porém, será salutar para os fins do processo que se aplique a regra do art. 304 do CPC por analogia, inspirado no que dispõe o art. 4º do CPC, que declara: "as partes têm o direito de obter em prazo razoável a solução integral do mérito, incluída a atividade satisfativa". Assim, somente seria possível imaginar a estabilidade da tutela de evidência nas hipóteses que não pressupõem manifestação do réu para o seu cabimento, quais sejam, os incisos II e III do art. 311 do CPC[22]. Não caberá a estabilidade da tutela provisória de evidência nos casos

---

22 CPC: "Art. 311. A tutela da evidência será concedida, independentemente da demonstração de perigo de dano ou de risco ao resultado útil do processo, quando: II – as alegações de fato puderem ser comprovadas apenas documentalmente e houver tese firmada em julgamento de casos repetitivos ou em súmula vinculante; III – se tratar de pedido reipersecutório fundado em prova documental adequada do contrato de depósito, caso em que será decretada a ordem de entrega do objeto custodiado, sob cominação de multa".

497

dos incisos I e IV porque o cabimento da tutela de evidência nessas hipóteses depende de pronunciamento do réu, o que exclui a sua inércia com relação ao pedido. Muito pelo contrário, é a atitude abusiva do réu ou a insuficiência das provas que produziu que leva à caracterização da situação de evidência. Por outro lado, nos casos em que a evidência é extraída somente da petição inicial apresentada pelo autor, não sendo interposto recurso contra o deferimento da tutela provisória de evidência fundada nos incisos II e III do art. 311 do CPC, cremos ser possível postular-se o benefício do art. 304 do CPC, por analogia, devendo a tutela provisória de evidência tornar-se estável. Essa alternativa se concilia com os objetivos de duração razoável do processo, dispensando-se a instrução processual e prolação de sentença com resultado previamente conhecido, que neste caso seria a confirmação da tutela provisória proferida.

Para finalizar este tópico, entendemos que com o advento da regulamentação da tutela provisória de evidência, restabeleceu-se a possibilidade de o Poder Judiciário reconhecer, ainda que provisoriamente, o direito à compensação tributária, quando o crédito do contribuinte estiver fundado em tese repetitiva ou em súmula vinculante (CPC, art. 311, II). O assunto será mais bem abordado na subseção 8.5.1 do Capítulo 8.

6.2.6.5 Restrições à tutela provisória contra a Fazenda Pública

Conforme explicado nas subseções anteriores, o CPC atual disciplinou as tutelas provisórias a partir dos arts. 294 a 311, dispondo que esses provimentos judiciais se fundarão na "urgência" ou na "evidência", sendo que no primeiro caso as tutelas provisórias poderão ser concedidas nas modalidades "antecipada" ou "cautelar", de forma "antecedente" ou "incidental". De um modo geral, esses tipos de decisão judicial eram conhecidos desde o CPC de 1973, embora os pressupostos para sua concessão guardassem diferenças sutis e o processamento também não era o mesmo.

A concessão de tutelas de urgência contra a Fazenda Pública sempre causou polêmicas desde o CPC revogado, pois a execução ou o cumprimento de sentenças condenatórias em face da Fazenda, em princípio, supõe a certeza da decisão, o que depende do seu trânsito em julgado. Existem diversos argumentos para refutar a tese (equivocada) de que a concessão de tutelas de urgência (atualmente, tutelas provisórias) contra a Fazenda Pública deve ser restrita a hipóteses residuais, especialmente aquelas em que não

Capítulo 6 **Processo judicial tributário**

está em discussão o pagamento de valores[23]. O CPC vigente não conseguiu romper com a lógica de proteção desproporcional à Fazenda Pública, como se todas as causas tributárias contrárias à Fazenda dissessem respeito à sua condenação ao pagamento de valores. É verdade que em alguns casos, mesmo em se tratando de pagamento de valores condenatórios, as tutelas provisórias contra a Fazenda Pública deveriam ser deferidas como medida de eficiência do processo, abreviando o seu tempo de duração quando o resultado da ação é conhecido desde o início. Em determinadas situações o dever de a Fazenda Pública restituir valores cobrados indevidamente a título de tributos é indiscutível, de modo que a marcha processual até o trânsito em julgado é questão simplesmente de forma, de resultado previamente conhecido, que é a condenação do ente fazendário. Um exemplo diz tudo: qual a proporcionalidade e necessidade de se aguardar o trânsito em julgado de uma decisão que condena a Fazenda a restituir valores cobrados a título de tributo, em que o fundamento da ação de repetição de indébito é decisão do STF com efeitos vinculantes? Normalmente, as decisões proferidas pela Suprema Corte em matéria tributária ocorrem no âmbito do controle concentrado de constitucionalidade com efeitos vinculantes, ou no controle difuso, com repercussão geral. Nesses casos, quando a decisão favorece o contribuinte, é contraproducente impor-se restrições ao deferimento de tutelas provisórias contra a Fazenda, inclusive com a possibilidade do pagamento de valores, mediante a expedição de precatórios ou pagamento por Requisição de Pequeno Valor – RPV. Note-se que, caso a Fazenda ao final do processo consiga reverter a decisão – o que é praticamente impossível nas hipóteses cogitadas nos exemplos – nada impede que o contribuinte tenha que devolver os valores recebidos mediante os meios processuais cabíveis.

As tutelas provisórias estão inspiradas no princípio da "efetividade do processo" e nas disposições preliminares do CPC. Por exemplo, quando o art. 6º do CPC dispõe que: "Todos os sujeitos do processo devem cooperar entre si para que se obtenha, em tempo razoável, decisão de mérito justa e efetiva", significa que o processo deve disponibilizar meios para que se decida a controvérsia, de modo que o excesso de tempo para sua solução não consista em uma negação indireta de justiça e falta de efetividade na

---

23 Discorreremos longamente sobre o assunto na subseção 6.2.8.3.1 da primeira edição desta obra e na subseção 6.2.6.5.3 desta segunda edição.

tutela judicial de direito. Assim, a longa marcha processual, até o trânsito em julgado para a decisão integral do mérito, não pode ser um pressuposto que se aplique em todos os casos, exatamente porque a efetividade do processo demanda uma solução justa e célere, ainda que provisória. Tratando-se de Fazenda Pública deve ser reconhecido que o Poder Público necessita de tratamento processual diferente em determinados casos. Quando, entretanto, o direito do contribuinte estiver evidente desde a petição inicial, contradiz o princípio da efetividade do processo e a busca de uma solução justa para a causa em tempo razoável, impor-se ao autor suportar o longo tempo de tramitação regular de um processo, simplesmente porque a parte contrária é a Fazenda Pública. A violação de um direito, independentemente de quem seja o autor da violação, e com base nos valores e princípios que inspiraram a reforma processual constante do atual CPC, deverá ser, desde logo, reparada. Para tanto, deverão estar presentes e comprovados o dano processual e o risco ao resultado útil do processo (tutelas de urgência). Da mesma forma, se o direito postulado for evidente, com alta margem de certeza (tutela de evidência), sua concessão há de ser reconhecida liminarmente, não importando quem seja o réu, ou se o objeto do pedido é somente a declaração de um direito, a anulação de um ato ou a restituição de valores.

Apesar desses fundamentos jurídicos, permanece a visão legal de que a execução ou o cumprimento de sentenças condenatórias contra a Fazenda Pública, independentemente da certeza dos fatos ou do direito alegado, cabe somente em situações residuais. Nesse sentido, dispõe o art. 1.059 do CPC o seguinte:

> Art. 1.059. À tutela provisória requerida contra a Fazenda Pública aplica-se o disposto nos arts. 1º a 4º da Lei n. 8.437, de 30 de junho de 1992, e no art. 7º, § 2º, da Lei n. 12.016, de 7 de agosto de 2009.

O art. 1º da Lei n. 8.437, de 1992, a que alude o art. 1.059 do CPC, trata da proibição do deferimento de medidas liminares em processos cautelares contra atos do Poder Público, nas mesmas hipóteses em que não é possível a concessão de liminar em mandado de segurança, em virtude de vedação legal. A Lei n. 12.016, de 2009, que regula a Ação de mandado de segurança, no § 2º do art. 7º, veda o deferimento de liminar nas seguintes hipóteses: a) para compensação de créditos tributários; b) entrega de mercadorias e bens provenientes do exterior; c) reclassificação ou equiparação de servidores

Capítulo 6   **Processo judicial tributário**

públicos; d) concessão de aumento ou extensão de vantagens ou pagamento de qualquer natureza.

No processo judicial tributário têm aplicação as alíneas *a* e *d*. Isso porque a compensação de créditos tributários é, obviamente, matéria atinente a tributação e o contribuinte pode recorrer ao Poder Judiciário para que seu crédito seja reconhecido e, consequentemente, compensado com tributos devidos ou vincendos (CTN, art. 170). No caso da alínea "d", a vedação legal que atinge as lides tributárias diz respeito a "pagamentos de qualquer natureza". Em uma interpretação abrangente, caracteriza a hipótese de "pagamento de qualquer natureza" condenar a Fazenda à restituição de valores pagos indevidamente pelo contribuinte a título de tributos (repetição de indébito).

A remissão que o art. 1.059 do CPC faz às Leis n. 8.437, de 1992 e 12.016, de 2009, quase inviabiliza a concessão de tutelas provisórias no processo judicial tributário, naquilo que pode ser mais útil aos contribuintes, ou seja, quando se tratar de pagamento indevido de tributo, a exigir tutelas provisórias de repetição ou de compensação dos valores repetíveis. O art. 1.059 do CPC afronta os valores e princípios que inspiraram a reforma processual e se insubordina contra o inciso XXXV do art. 5º da Constituição Federal, que emana o princípio do livre acesso ao Poder Judiciário ou inafastabilidade da jurisdição efetiva.

Uma observação relevante. No processo judicial tributário, as restrições à concessão de tutelas provisórias a que alude o art. 1.059 do CPC devem ser interpretadas, de modo a abranger somente os casos de compensação e restituição de valores. As ações, Declaratória de Inexistência de relação Tributária e a Anulatória de Débito Fiscal, por não estarem abrangidas nas vedações do § 2º do art. 7º da Lei n. 12.016, de 2009, poderão ser objeto de tutelas provisórias, na forma do CPC vigente.

Outra questão é a previsão do § 3º do art. 1º da Lei n. 8.437, de 1992. Entendemos que esse dispositivo perdeu objeto quando dispõe que: "não será cabível medida liminar que esgote, no todo ou em qualquer parte, o objeto da ação". Isso porque, com o surgimento da tutela antecipada, ainda na época do CPC revogado, tornou-se lícita a possibilidade de a tutela urgente coincidir com a tutela final. Na vigência do CPC de 2015, conforme explicado na subseção 6.2.6.2.1 deste Capítulo, o juiz poderá deferir antecipação da tutela, confirmá-la ou até torná-la estável futuramente. A restrição mencionada é ineficaz, portanto, bastando ao contribuinte em vez de pleitear cautelar para proteger o seu direito, pedir diretamente antecipação da tutela, na forma do art. 304 do CPC.

Os subitens a seguir fazem um breve histórico dessas restrições à concessão de tutelas de urgência à época do CPC de 1973 e demonstram por que, atualmente, apesar da restrição legal do art. 1.059 do CPC de 2015, pode-se sustentar o cabimento de tutelas provisórias, mesmo nos casos em que o objeto da decisão se refira a valores.

6.2.6.5.1 A inconsistência dos óbices à concessão por força do duplo grau necessário

Semelhantemente à tutela provisória antecedente prevista nos arts. 294 e 303 do CPC vigente, o CPC revogado tratava da "antecipação dos efeitos da tutela", incluída no CPC de 1973 pela Lei n. 8.952, de 1994. No sistema processual anterior, se por um lado não se especificou exatamente se poderia ser deferida a tutela antecipada contra a Fazenda Pública, por outro, também não houve vedação expressa. Essa falta de clareza do CPC anterior sobre o assunto abriu margem a argumentos contrários ao cabimento da medida quando o réu fosse o Poder Público[24].

Dois argumentos embasavam a oposição de processualistas a respeito da questão. O primeiro considerava que a tutela antecipada cuidaria de *adiantamento* da sentença, de modo que a decisão concessiva da antecipação da tutela teria que ser confirmada pelo tribunal a que estivesse vinculado o juízo que concedeu a medida. O fundamento para esse argumento residia no art. 475 do CPC de 1973, que declarava que a sentença condenatória da Fazenda só seria eficaz depois de confirmada pelo duplo grau de jurisdição necessário. Assim, o artigo em questão impediria a concessão de antecipação dos efeitos da tutela contra a Fazenda Pública.

O segundo argumento, atrelado ao anterior, residia nas regras especiais de execução de decisão judicial condenatória contra o Poder Público. Nos

---

24 SALVADOR, Antonio Raphael Silva, *Da ação monitória e da tutela jurisdicional antecipada*: comentários às Leis n. 9.079, de 14-7-95 e 8.952, de 13-12-94, p. 68-70; CONTE, Francesco. A Fazenda Pública e a antecipação jurisdicional da tutela. *Revista dos Tribunais* n. 718/18; CALMON DE PASSOS, J. J. *Inovações no Código de Processo Civil*. 2. ed. Rio de Janeiro: Forense, 1995, p. 30.

Capítulo 6 **Processo judicial tributário**

termos do art. 100 da Constituição Federal, o credor da Fazenda deveria obedecer a um regime cronológico de precatórios quando pretendesse cobrar a pessoa jurídica de direito público.

Com base nesse procedimento (revisão da decisão condenatória e submissão ao regime de precatórios), não seria lícito deferir tutela antecipatória contra o Poder Público, eis que tais medidas seriam incompatíveis com a celeridade da execução da decisão antecipada. Aguardar a confirmação do deferimento da antecipação dos efeitos da tutela, ou ter que executá-la por precatórios, afastaria o requisito fundamental da antecipação, que era – e continua sendo – a urgência, consubstanciada no "receio de prejuízo de difícil reparação".

Concomitantemente, outra parte da doutrina procurou demonstrar ser possível deferir tutela antecipatória contra a Fazenda Pública, levando-se em conta o princípio da "efetividade do processo", que se opõe à noção de "plenitude processual"[25]. O princípio da efetividade do processo inspirou o legislador das minirreformas instituídas pela Lei n. 8.952, de 1994, especialmente no que concerne à antecipação da tutela. O princípio em questão pretendeu garantir a aplicação irrestrita do inciso XXXV do art. 5º da Constituição Federal, que consagrou o princípio da "inafastabilidade da jurisdição". Isso implica entender a relação processual sem óbices formais ou desnecessários à satisfação dos interesses em conflito. Outro exemplo de jurisdição "efetiva" é o da Lei n. 9.099, de 1995 (lei do juizado especial de pequenas causas civis e criminais de competência da Justiça Estadual) e da Lei n. 10.259, de 2001 (que disciplina normas processuais do juizado especial cível no âmbito da Justiça Federal). Essas leis, a fim de conferir maior acesso ao Poder Judiciário e solução rápida dos conflitos, primam pela efetividade do processo.

O princípio da "efetividade do processo" difere da ideia de "processo pleno", pois, neste último caso, o processo se fundamentaria em dois princípios que se completam: a "formalidade" e a "segurança" processuais. Quanto mais formal for a relação processual, no sentido de conferir todos os tipos de garantias formais às partes litigantes, mais ampla e segura será a

---

25 BUENO, Cassio Scarpinella. *Liminar em mandado de segurança*: um tema com variações. 2. ed. São Paulo: Revista dos Tribunais, 1999, p. 31.

CURSO COMPLETO DE DIREITO PROCESSUAL TRIBUTÁRIO

prestação jurisdicional, ficando a decisão final menos sujeita a erros. A plenitude da jurisdição, obviamente, diminui o grau de celeridade necessário para a adequada satisfação do direito de acesso ao Poder Judiciário. As relações econômicas e pessoais da atualidade não se compatibilizam com a longa espera de decisões finais da justiça.

Assim, o art. 475, II, do CPC de então não seria impedimento à antecipação da tutela contra a Fazenda. Em primeiro lugar, porque a Lei n. 8.952, de 1994, ao alterar a redação dos arts. 273 e 461 do CPC revogado, não teria vedado o deferimento da medida contra Fazenda Pública, descabendo à doutrina criar restrição não prevista em lei. Por outro lado, ainda que a lei processual restringisse a antecipação dos efeitos da tutela quando a parte contrária fosse a Fazenda, haveria inegável ofensa ao princípio da isonomia e ao Estado de direito. Isso porque, se o Poder Público podia, na condição de autor, requerer o deferimento de antecipação de tutela contra os particulares, o mesmo direito teria que ser assegurado ao cidadão contra o Estado[26].

Além disso, tratando-se de Fazenda Pública, somente estava sujeita ao duplo grau de jurisdição no regime do art. 475 do CPC anterior, a sentença condenatória da Fazenda e não as "decisões interlocutórias" contra ela proferidas. A decisão concessiva da antecipação dos efeitos da tutela, tanto no CPC revogado quanto no atual, é de natureza interlocutória porque, em princípio, não extingue o processo com o seu deferimento. A efetividade do processo impediria interpretação restritiva aos objetivos da antecipação da tutela, visando-se tornar útil a procura ao Poder Judiciário para a solução de conflitos de interesses, ainda que a raiz destes conflitos envolvesse o próprio Estado.

6.2.6.5.2 A falsa premissa do impedimento à tutela antecipada com base no regime de precatórios

Outro óbice apresentado para evitar a concessão de tutela em face do Poder Público consistia no argumento de que o regime de execução de sentenças condenatórias contra da Fazenda Pública era incompatível com a urgência, pressuposto básico para esse tipo de tutela. Como se sabe, nos

---

26 FRIAS, J. E. S. Tutela antecipada em face da fazenda pública. *Revista dos Tribunais* n. 728, p. 63.

Capítulo 6   **Processo judicial tributário**

termos do art. 100 da Constituição Federal, as pessoas jurídicas de direito público constitucional devem ser executadas por meio de precatórios, procedimento que, por seus próprios fundamentos constitucionais, pressupõe o direito de a Fazenda Pública pagar sua dívida até o final do exercício financeiro seguinte à inscrição do precatório no orçamento público.

A execução judicial de uma obrigação jurídica presume a existência de um título executivo, que pode ser, inclusive, extrajudicial. Daí o princípio consagrado do processo: não há execução sem título (*nulla executio sine titulo*). O art. 273 do CPC, à época, rompia com a lógica de que seria sempre necessário exaurir o contraditório para que se obtivesse o cumprimento de certas obrigações jurídicas[27]. Isso porque a antecipação da tutela traria para o início do processo parte ou a totalidade dos efeitos pretendidos com a decisão. A condenação judicial da Fazenda para o pagamento de valores, quando não fosse o caso de RPV, dependia da expedição dos precatórios, do procedimento de sua inscrição no orçamento público da Fazenda, e das regras para sua quitação, pressupondo decurso de tempo incompatível com a ideia de urgência, requerida pela antecipação de tutela.

Em contraponto a esse entendimento, retornava-se ao princípio da "efetividade do processo" a embasar a possibilidade do deferimento da antecipação de tutela pelos seus próprios fundamentos. Assim, os efeitos antecipatórios da tutela assemelhavam-se à execução sem título, porque o seu deferimento não garantia a existência de um título executivo definitivo, que somente seria obtido depois do trânsito em julgado da sentença.

Outra questão suscitada no contexto da antecipação dos efeitos da tutela à época da alteração do CPC de 1973 era a distinção entre "pagamento" e "escriturações contábeis" (acertamento), como forma de cumprimento de sentenças contra a Fazenda Pública. A restituição do indébito tributário poderia ocorrer mediante o "pagamento" feito pelo Poder Público ao credor, o que dependeria dos precatórios. Por outro lado, o contribuinte poderia "compensar" o crédito decorrente do tributo indevido com tributos vincendos em operação contábil realizada em seus próprios registros. Em princípio, não haveria empecilhos ao deferimento de tutela ante-

---

27   MARINONI, Luiz Guilherme; ARENHART, Flávio Cruz. *Curso de processo civil*: processo de conhecimento. 7. ed. São Paulo: RT, 2008, v. II, p. 207-210.

505

cipada para autorizar esta última operação porque, tecnicamente, não se tratava de pagamento[28].

Em ambos os casos, tanto para o "pagamento" quanto ao "acertamento contábil", seria defensável o deferimento de antecipação de tutela com base na efetividade do processo. A medida antecipatória, neste caso, seria instrumentalizada nos requisitos de "receio de dano de difícil reparação", a ser suportado pelo contribuinte com a demora para o recebimento do seu crédito, e ausência de "irreversibilidade do provimento dado em liminar", porque se o crédito do contribuinte não fosse legítimo a Fazenda poderia cobrá-lo mediante Execução Fiscal (CPC, de 1973, art. 273).

6.2.6.5.3 A superação dos óbices à antecipação da tutela contra Fazenda Pública

Aos poucos os percalços sobre antecipação dos efeitos da tutela contra o Poder Público foram se superando tanto na doutrina quanto na jurisprudência[29]. Referente à matéria tributária, com o advento da Lei Complementar n. 104, de 2001, mais razão passou a assistir a essa conclusão.

Para a doutrina especializada, a antecipação dos efeitos da tutela poderia ser deferida contra a Fazenda porque os seus pressupostos não se adaptavam exatamente às previsões processuais do art. 475, II, do CPC de 1973 e ao regime de precatórios do art. 100 da Constituição Federal, conforme foi explicado.

Na antecipação dos efeitos da tutela bastava a presença de seus pressupostos autorizadores para sua concessão, uma vez que o CPC não qualificou as pessoas que poderiam ser atingidas pela medida processual[30].

---

28 "[...] sendo o aspecto patrimonial perseguido em determinada ação contra o Poder Público *indireto* ou contábil não tem sentido indicar como óbice para a antecipação de tutela em ações contra o Poder Público, o precitado art. 100, precisamente porque dispensado na espécie, o sistema de precatórios, sendo, ademais, a irreversibilidade da medida aferível a partir do exame de cada caso concreto". Cf. BUENO, Cassio Scarpinella. *Liminar em mandado de segurança*: um tema com variações, p. 40.

29 James Marins narra a evolução da jurisprudência em torno da antecipação da tutela contra a Fazenda Pública. Cf. MARINS, James. *Direito processual tributário brasileiro*: administrativo e judicial. 11. ed. São Paulo: RT, 2018, p. 653.

30 MACHADO, Hugo de Brito Machado. Tutela jurisdicional antecipada na repetição de indébito tributário. *Repertório IOB de Jurisprudência* n. 24/25, p. 450-452, *apud*

Capítulo 6 **Processo judicial tributário**

Os fundamentos do instituto giravam em torno da efetividade do processo, princípio processual que relativizou a ideia de que contra a Fazenda Pública o processo deveria sempre ser exauriente, passando por todas as fases para somente então a sentença produzir efeitos.

Cleide Previtalli Cais, por exemplo, notou que: "A tutela antecipada de que trata o art. 273, em matéria tributária, não acarreta a irreversibilidade do provimento porque em caso de improcedência o contribuinte responderá pelos encargos decorrentes da mora, tornando-se, exigível a obrigação desde o momento em que indevidamente concedida a tutela"[31].

Assim, nas lides fiscais, na maior parte das vezes, o que estava em questão era o afastamento da exigência tributária. Caso a medida não se confirmasse na sentença, a Fazenda tinha condições de exigir o pagamento do crédito tributário por meio de procedimentos administrativos ou pela via da Execução Fiscal.

Nunca foi totalmente convincente o argumento de que a tutela antecipada contra a Fazenda Pública tornaria a respectiva decisão mais importante do que a sentença. A tutela antecipada devia ser compreendida exatamente como a transferência dos efeitos da tutela final para o momento em que os pressupostos do art. 273 do CPC eram apreciados pelo juiz. Não por outro motivo que possuía pressupostos especiais (CPC de 1973, art. 273, I e II). Se fosse para ter o mesmo regime da sentença, não seria "antecipação dos efeitos da tutela", de modo que o instituto cairia no vazio.

As regras contidas nos dispositivos do CPC revogado e da Constituição, citados ao longo desse retrospecto, eram aplicáveis somente em relação à "sentença definitiva e de mérito", que condenasse a Fazenda Pública. A decisão interlocutória que antecipasse os efeitos da tutela era executável de plano em razão de seu caráter urgente. Para tanto, bastaria que a alegação fosse verossímil, houvesse perigo de dano de difícil reparação e o direito concedido não se mostrasse irreversível.

Ainda a respeito da matéria tributária, com o advento da Lei Complementar n. 104, de 2001, as dúvidas sobre a antecipação de tutela contra a

---

BUENO, Cássio Scarpinella. *Liminar em mandado de segurança*: um tema com variações, p. 33.

31 CAIS, Cleide Previtalli. *O processo tributário*. 6. ed. São Paulo: Revista dos Tribunais, 2009, p. 256.

Fazenda Pública foram resolvidas a favor do cabimento da medida. Isso porque mencionada lei complementar acrescentou ao art. 151 do CTN o inciso V, que incluiu a "tutela antecipada" como causa de suspensão de exigibilidade do crédito tributário. Não havia outra razão para a previsão de tutela antecipada no artigo em referência a não ser para explicitar que a medida era possível em matéria fiscal.

Em abono a essa tese, ressaltava-se que o art. 475 do CPC de 1973, com redação dada pela Lei n. 10.532, de 2001, que acrescentou o § 2º a esse dispositivo, excluiu da remessa de ofício as condenações judiciais da Fazenda Pública, quando o valor da condenação não excedesse 60 salários mínimos. Deste modo, o juiz poderia perfeitamente antecipar a tutela contra a Fazenda Pública até o limite mencionado, confirmando a possibilidade jurídica do cabimento da medida contra o Poder Público.

Esse mesmo entendimento poderia ser sustentado quando o pedido de antecipação do provimento estivesse fundado em jurisprudência do plenário do STF ou de suas súmulas ou de Tribunais Superiores, conforme dispunha o CPC de 1973 no art. 475, § 3º, também incluído pela Lei n. 10.532, de 2001.

Essas últimas alterações realizadas no CPC revogado foram a prova cabal de que o duplo grau necessário nunca poderia ter sido óbice para o não deferimento de tutela antecipada contra a Fazenda Pública. Tanto assim que, até mesmo para a sentença contra a Fazenda, nos casos mencionados, o legislador resolveu dispensar a revisão obrigatória da decisão pelo tribunal competente.

Com o advento do CPC de 2015, o legislador teve a oportunidade de eliminar toda a contenda e permitir explicitamente o cabimento de tutelas provisórias contra a Fazenda Pública, pois, em determinadas situações, o direito do contribuinte é verificável de plano, especialmente quando se funda em precedentes da Suprema Corte. A previsão do art. 1.059 do CPC de 2015, embora traga algum embaraço para a tese da possibilidade de concessão das tutelas provisórias contra a Fazenda em qualquer caso, pode ser interpretada favoravelmente aos valores e princípios inspiradores da reforma processual. Por tais motivos, nos limites do que expusemos nas subseções 6.2.6.2 e seguintes deste Capítulo, cremos ser possível a tutela antecipada contra a Fazenda Pública em matéria tributária, especialmente quando se tratar de Ações anulatória ou declaratória visando afastar a exigência de tributos indevidos.

Capítulo 6 Processo judicial tributário

6.2.6.6 Tutelas provisórias nas causas de repetição de valores

Um dos temas mais difíceis do processo judicial tributário é a antecipação dos efeitos da tutela nas ações de repetição de indébito ou nas medidas judiciais para efetivação do direito à compensação.

Quanto à restituição do indébito, a questão se resume à possibilidade ou não de se executar a Fazenda antecipadamente, uma vez que a restituição pressupõe certeza e liquidez dos valores tidos como recebidos indevidamente pela Fazenda. Por uma linha de argumentação ortodoxa, tal certeza só se obteria com o trânsito em julgado da decisão condenatória do Poder Público. Nesse contexto, deve-se considerar que a motivação da restituição do indébito com maior margem de segurança jurídica é o reconhecimento de que o tributo indevido decorre de decisão do STF, com efeitos para todos (*erga omnes*). A rigor, nesses casos, deveria a Fazenda restituir os valores de ofício. Essa prática, infelizmente, não é usual, daí as inúmeras ações judiciais para devolução de valores pagos indevidamente a título de tributo. No ponto, inexistindo controvérsia sobre a antijuridicidade do tributo e nem dúvida quanto ao montante pago indevidamente, o deferimento de tutelas provisórias na restituição do indébito seria a medida que melhor simbolizaria "a justiça" no processo tributário. É claro que a concessão da medida nessa hipótese pressupõe atuação prudencial do juiz, de modo a garantir oportunidade de a Fazenda refutar os argumentos do autor e impugnar valores ou os documentos comprobatórios dos pagamentos indevidos. Ainda assim, a tutela antecipada deveria ser possível caso a impugnação não fosse suficiente para desconstituir as alegações e provas do autor.

A alegação de que o comando do art. 100 da Constituição Federal impediria a antecipação dos efeitos da tutela não se aplicaria ao caso, porquanto a antecipação dos efeitos da tutela obedece à lógica da execução de decisão sem título, especialmente em função de não haver dúvidas sobre o recolhimento indevido dos valores. Assim, não concorreria, na hipótese, a possibilidade de a Fazenda vencer a demanda posteriormente. A inexistência de dúvidas jurídicas sobre o pagamento indevido excluiria qualquer chance de perigo de dano inverso. Por conseguinte, eventual incidência do art. 100 da Constituição Federal só se explicaria por razões interligadas ao orçamento público, uma vez que os recursos que deveriam ser restituídos não constariam, necessariamente, do orçamento da Fazenda.

509

CURSO COMPLETO DE DIREITO PROCESSUAL TRIBUTÁRIO

A solução para o pagamento de tais valores, como salientamos em outra oportunidade, seria a abertura de créditos orçamentários para restituição do credor sem que se ingressasse na fila dos precatórios[32]. Não se pode igualar o particular, credor de valores recebidos indevidamente pelo Estado, ao credor comum, em que o seu direito de crédito está a depender de reconhecimento prévio do seu direito em ação de conhecimento. Nesta última hipótese, o regime dos precatórios pode ser justificável a fim de evitar o risco de reversão da decisão favorável ao credor particular. Da mesma forma que não se pode comparar o credor de dívida de natureza alimentar, ou de pequeno valor, com o credor comum, não se pode também nivelar o credor tributário com o credor de qualquer valor, quando aquele comprova cabalmente o pagamento indevido de tributo desde a petição inicial. Daí por que a própria Constituição Federal discrimina que o credor de dívida de viés alimentar e o de pequeno valor se sujeitam a regime mais célere de recebimento do seu crédito. Na restituição de indébito de valores pagos indevidamente, quando o indébito é decorrência de invalidação da norma tributária impositiva, declarada pela mais alta Corte de Justiça, isso equivale à expedição de título executivo, cuja liquidez é aferida na oportunidade em que a Fazenda se defende da demanda na contestação.

Essa tese, embora plausível, eis que mantém coerência com a lógica das tutelas provisórias, especialmente a tutela antecipada e a que se funda na evidência, possui algumas dificuldades impostas pela legislação processual. A primeira delas é o disposto no art. 2º-B, introduzido pela Medida Provisória n. 2.180-35, de 2001, à Lei n. 9.494, de 1997. De acordo com essa norma, "a sentença que tenha por objeto a liberação de recurso, inclusão em folha de pagamento, reclassificação, equiparação, concessão de aumento ou extensão de vantagens a servidores da União, dos Estados, do Distrito Federal e dos Municípios, inclusive de suas autarquias e fundações, somente poderá ser executada após seu trânsito em julgado". Assim, a restituição de valores pagos indevidamente a título de tributos se enquadraria na previsão de "liberação de recurso", razão pela qual a execução teria que se dar após trânsito em julgado da sentença condenatória da Fazenda. Considerando

---

32 NUNES, Cleucio Santos. Tutela antecipada em ação para entrega de coisa: uma nova concepção para as ações de repetição de indébito e compensação. *Revista Dialética de Direito Tributário*, n. 85, p. 43-55, out. 2002.

Capítulo 6 **Processo judicial tributário**

que, de acordo com o art. 100 da Constituição Federal, a execução da sentença judiciária condenatória dá-se por meio de precatórios, a restituição do indébito ficaria vinculada a esse regime.

O segundo obstáculo é a jurisprudência dominante. O STJ firmou o entendimento de que não cabe antecipação dos efeitos da tutela em ação de repetição de indébito, o que acabou abrindo margem à compensação através de tutela de urgência no processo judicial, medida posteriormente combatida pelo próprio Tribunal Superior e proscrita também em lei. Nesse sentido, um dos primeiros precedentes foi o Agravo Regimental no Recurso Especial 221.014/PE, Rel. Min. José Delgado, julgamento em 5-10-1999, *DJ* 29-11-1999. Posteriormente, veio o Recurso Especial 360.002/RJ, Rel. Min. João Otávio de Noronha, julgamento em 15-12-2005, *DJ* 20-2-2006, em que ficou assentado: "A compensação de créditos tributários não pode ser deferida em sede de antecipação de tutela".

Para contornar essas dificuldades, à época da vigência do CPC de 1973, algumas soluções eram propostas pela doutrina, que podem ser adaptadas ao regime processual atual. Por exemplo, a possibilidade de deferimento da antecipação dos efeitos da tutela, somente para garantir a expedição dos precatórios, que deverão ficar depositados no processo até a solução final da causa[33]. Isso reduziria o tempo de espera do credor para o recebimento do crédito, mas não significaria garantia de recebimento.

A proposta que defendemos é que do ponto de vista processual e com base no princípio da efetividade do processo, as tutelas provisórias contra a Fazenda podem ser deferidas em qualquer caso, não sendo o disposto no art. 1.059 do CPC de 2015, nem o art. 2º-B da Lei n. 9.494, de 1997, óbices para tais decisões, em razão de sua constitucionalidade duvidosa. Assim, se o empecilho às tutelas provisórias contra a Fazenda, que envolvem o pagamento de valores, forem as regras orçamentárias, esse também não seria exatamente um problema, na medida em que tal pagamento poderia se dar à conta de créditos especiais abertos para dar cumprimento à decisão judicial antecipatória. Insistimos que as tutelas provisórias para restituição de valores somente teriam cabimento quando fundadas em precedentes do STF ou de outros órgãos da Justiça, ou de reconhecimento administrativo de que o tributo pago é indevido,

---

33 MACHADO SEGUNDO, Hugo de Brito. *Processo tributário*. São Paulo: Atlas, 2004, p. 442-443.

CURSO COMPLETO DE DIREITO PROCESSUAL TRIBUTÁRIO

mas o contribuinte não consegue efetivar a restituição por óbices formais. Além disso, as dúvidas sobre valores e comprovação do pagamento indevido deverão ser sanadas com a contestação da Fazenda. Na hipótese de o órgão fazendário não conseguir refutar os argumentos e provas do autor, a tutela provisória teria que ser deferida. Outra possibilidade seria o deferimento de tutela de evidência fundada no art. 311, II, combinada com parágrafo único do CPC, em que o juiz poderá deferir a tutela liminarmente.

6.2.6.7 Tutelas provisórias na compensação de créditos tributários

A compensação tributária pode ser compreendida como uma espécie de restituição, por meio da qual o credor particular recebe seu crédito deixando de quitar créditos/débitos tributários que possui perante a Fazenda. O art. 170 do CTN estabelece o direito à compensação, delegando à lei específica de cada Fazenda Pública o procedimento administrativo para o exercício desse direito.

O STJ, por meio da Súmula 212, firmou o entendimento de que "a compensação de créditos tributários não pode ser deferida em ação cautelar ou por medida liminar cautelar ou antecipatória". Antes disso, o art. 2º-B da Lei n. 9.494, de 1997, introduzido pela MP n. 2.180-35, de 2001, conforme explicado na subseção 6.2.6.6 deste capítulo, impediu o desembolso de recursos financeiros por parte da Fazenda antes do trânsito em julgado da respectiva decisão judicial.

A mencionada súmula visou obstar o deferimento de medidas liminares em mandado de segurança ou em ações cautelares preparatórias, que autorizavam a compensação tributária com a consequente extinção do crédito tributário, conforme previsto pelo art. 156, II do CTN. A Súmula 212 do STJ, entretanto, não impedia o ajuizamento de mandado de segurança ou de Ação Declaratória em que a pretensão consistia na "declaração" do direito de o contribuinte aproveitar créditos que considerasse devidos pela Fazenda com créditos tributários vincendos, mediante compensação em sua escrita fiscal. Esse tipo de compensação era adaptável aos tributos sujeitos ao lançamento por homologação (CTN, art. 150), em que cabe ao próprio contribuinte apurar o valor do tributo devido. A necessidade de ingressar com ações judiciais nesse caso, se justificava para pedir tutela de urgência que assegurasse a suspensão da exigibilidade do crédito tributário compensado. Caso a tutela urgente fosse deferida, o Fisco não poderia autuar e exigir o pagamento dos valores compensados pelo contribuinte em sua escrita fiscal.

Capítulo 6 **Processo judicial tributário**

Nesse sentido, em 1998, o STJ editou a Súmula 213, com o seguinte verbete: "O mandado de segurança constitui ação adequada para a declaração do direito à compensação tributária". Fixado o entendimento de que o mandado de segurança poderia ter efeitos declaratórios para garantir a segurança do direito à compensação, o pedido de liminar para a efetivação imediata desse direito era um consectário natural que passou a ser utilizado pelos contribuintes. Para tentar impedir a concessão de liminares, inclusive nos casos da súmula 213 do STJ, promoveu-se alteração no CTN que atinge o direito material à compensação.

Assim, a Lei Complementar n. 104, de 2001, acrescentou ao CTN o art. 170-A, com a seguinte redação: "É vedada a compensação mediante o aproveitamento de tributo, objeto de contestação judicial pelo sujeito passivo, antes do trânsito em julgado da respectiva decisão judicial".

O advento dessa norma gerou controvérsias na doutrina sobre sua aplicação no âmbito do processo judicial tributário. Hugo de Brito Machado, por exemplo, entendeu que as restrições previstas no art. 170-A aplicavam-se à compensação de créditos tributários sujeitos ao lançamento de ofício (e não ao lançamento por homologação, adaptável à Súmula 213 do STJ), porque o art. 170 do CTN exige a presença de "crédito tributário" com "créditos líquidos e certos" do contribuinte para a operação de compensação. Para haver "crédito tributário", explica o professor, é necessária manifestação da Fazenda anterior à notificação do contribuinte para pagamento do crédito respectivo; o que, no lançamento por homologação, ocorre posteriormente ao pagamento do tributo. Além disso, o crédito do contribuinte teria que ser líquido e certo, justamente porque a compensação extingue o crédito tributário por força do art. 156, II, do CTN. No lançamento por homologação, a extinção do crédito tributário só ocorreria depois do pronunciamento expresso da Fazenda ou com o decurso de cinco anos contados da ocorrência do fato gerador. Assim, nos tributos sujeitos ao lançamento por homologação, a compensação continuaria a ser regulamentada pelo art. 66 da Lei n. 8.383, de 1991 e art. 74 da Lei n. 9.430, de 1996[34]. Com tais argumentos, sustentava não ser possível aplicar-se o art. 170-A do CTN para a compensação

---

34 MACHADO, Hugo de Brito. O direito de compensar e o artigo 170-A do CTN. In: ROCHA, Valdir de Oliveira (coord.). *Problemas de processo judicial tributário*. São Paulo: Dialética, 2002, v. 5, p. 115-121.

CURSO COMPLETO DE DIREITO PROCESSUAL TRIBUTÁRIO

com tributos sujeitos ao lançamento por homologação, em que o "acerta-mento" é feito pelo próprio sujeito passivo em sua escrita fiscal e contábil. Nos tributos sujeitos a lançamento por homologação, portanto, não seria neces-sária a adoção de medidas judiciais para garantir o direito à compensação tributária.

Outro argumento utilizado na interpretação do art. 170-A do CTN era o defendido por James Marins, para quem a norma do mencionado artigo era dirigida ao administrador tributário e não ao juiz[35]. Observe-se que a norma regente da matéria, o art. 170 do CTN outorga à autoridade administrativa o poder de autorizar, nos termos da lei, a compensação. Assim, não poderia a autoridade administrativa autorizar a compensação de créditos tributários com créditos líquidos e certos do sujeito passivo, se tal crédito fosse objeto de ação judicial.

As duas teses colocam a salvo a utilização do mandado de segurança e da Ação Declaratória do alvo pretendido pelo art. 170-A do CTN, que era impe-dir o deferimento de tutelas de urgência para assegurar a compensação.

O STJ, no entanto, concluiu que o contribuinte não pode deixar de pagar o tributo a pretexto de que esteja realizando compensação, porquanto o art. 170-A do CTN impede essa operação antes do trânsito em julgado da decisão judicial que reconhece a compensação[36]. Na atualidade, no STJ, prevalece

---

35 MARINS, James. A compensação tributária e o art. 170-A do CTN: regra de procedimen-to dirigida à autoridade administrativa ou regra de processo civil dirigida ao juiz? In: ROCHA, Valdir de Oliveira (coord.). *Problemas de processo judicial tributário*. São Paulo: Dialética, 2002, v. 5, p. 153-162.

36 "Tributário e processual civil. Cautelar. Compensação x suspensão da exigibilidade do crédito tributário (art. 151 do CTN). LC 104/2001. Aplicação do art. 170-A do CTN. 1. Apesar de o pedido ter sido formulado como de suspensão da exigibilidade do crédito tributário, encerra a pretensão verdadeiro pedido de compensação, na medida em que se quer deixar de recolher débitos vencidos e vincendos de contri-buição previdenciária incidente sobre a folha de salários até o limite dos créditos decorrentes dos valores indevidamente recolhidos a título de contribuição pró-labo-re de administradores, avulsos e autônomos. 2. Não se há de falar, portanto, em aplicação do art. 151 do CTN e, sim, do art. 170-A do mesmo diploma, segundo o qual não pode o contribuinte deixar de pagar tributo devido antes do trânsito em julgado da decisão que reconhece a compensabilidade dos créditos. 3. Recurso especial provido (STJ. REsp 650.219/PB, Rel. Min. Eliana Calmon, j. 4-4-2006, *DJ* 16-5-2006).

Capítulo 6   **Processo judicial tributário**

o entendimento do Tema 346 dos Recursos Repetitivos, em que se firmou a seguinte tese:

> Nos termos do art. 170-A do CTN, "é vedada a compensação mediante o aproveitamento de tributo, objeto de contestação judicial pelo sujeito passivo, antes do trânsito em julgado da respectiva decisão judicial", vedação que se aplica inclusive às hipóteses de reconhecida inconstitucionalidade do tributo indevidamente recolhido.

Apesar da definição da tese pelo STJ, que impede a concessão de liminares (tutelas provisórias na linguagem do CPC) para compensar tributos por meio do aproveitamento de créditos na escrita fiscal do contribuinte, insistimos no desacerto desse entendimento por parte do Tribunal. A norma do art. 170-A do CTN é de constitucionalidade duvidosa, na medida em que restringe a efetividade do processo para proteger a Fazenda Pública de direito plenamente reversível, na hipótese de insucesso da liminar deferida.

Assim como defendemos o cabimento de tutelas provisórias para o caso de restituição de tributos exigidos indevidamente, nos casos em que haja decisão do STF com efeitos vinculantes, ou reiteradas decisões de outros tribunais, ou ainda, quando houver entendimento administrativo de que o tributo não é devido, é contraproducente ao princípio da efetividade do processo e aos valores que inspiraram a mudança do CPC, impedir concessão de tutelas provisórias tanto na repetição de indébito quanto na compensação. Nesse sentido, o art. 311, II, combinado com parágrafo único do CPC, prevê a possibilidade do deferimento liminar de tutela de evidência, fundada na hipótese em que o direito do autor esteja amparado por tese de recursos repetitivos ou em súmula vinculante.

O entendimento jurisprudencial não deve se eternizar e, ao contrário, é sempre aconselhável que acompanhe as mudanças legislativas e os interesses da sociedade, razão pela qual, talvez, o atual CPC possa servir de mote à revisão da jurisprudência sobre tutelas provisórias em matéria de compensação tributária. A concessão de liminares em tutela provisória para o aproveitamento de créditos pelo contribuinte, mediante a suspensão do crédito tributário compensado (ou aproveitado), não torna irreversível o direito de a Fazenda Pública cobrar o contribuinte caso a liminar não seja confirmada na sentença, ou em outras decisões nas esferas recursais. Note-se que a reversão da liminar na hipótese que defendemos é remota, pois, o que está a fundamentar tanto a tutela provisória de restituição de tributos

515

ou de compensação, é o conjunto jurisprudencial favorável à tese do contribuinte, de que o tributo é indevido. Se, ainda assim, houver margem para se argumentar que a Fazenda poderá reverter a decisão liminar em recursos posteriores, caberá sempre observar que a Fazenda terá os instrumentos legais de cobrança do contribuinte.

Os argumentos despendidos nestas duas últimas subseções não escondem a expectativa de que, sendo mais bem examinada a matéria pelos tribunais, especialmente à luz dos valores e princípios que nortearam a elaboração do CPC vigente, seja dado tratamento igualitário aos jurisdicionados em matéria de concessão de tutelas provisórias, independentemente de o réu ser a Fazenda a Pública.

Em abono a essas considerações, cumpre ressaltar que o STF, por ocasião do julgamento da ADI 4.296-DF, declarou inconstitucionais o § 2º do art. 7º e o § 2º do art. 22 da Lei n. 12.016, de 2009, da LMS. Na subseção 8.3.1 serão mais bem explicados os fundamentos do tribunal para essa decisão.

Por ora, cabe ressaltar que a Suprema Corte entendeu que o § 2º do art. 7º da LMS é inconstitucional porque limita a concessão de liminar para, dentre outras hipóteses, autorizar a compensação de tributos. Em linhas muito gerais, o fundamento principal da decisão é que o poder geral de cautela do juiz não poderá ser limitado pela lei a ponto de obstá-lo. Nota-se que o dispositivo questionado veda a concessão de liminar nessa hipótese, diferente do que se entendeu em relação ao inciso III do art. 7º da referida Lei. Neste último dispositivo, a lei facultou ao juiz exigir do impetrante caução, fiança ou depósitos antes de determinar a suspensão do ato coator. No caso do inciso III do art. 7º, conforme ficou assentado no voto do Ministro Alexandre de Moraes, ainda que como *obter dictum*, o citado dispositivo apenas limita o poder geral de cautela do magistrado, sem o excluir. Tanto assim que o juiz poderá, diante do caso concreto, entender ser necessária a exigência de uma dessa garantias para acautelar eventual inversão do direito invocado pelo impetrante.

A hipótese do § 2º do art. 7º da LMS, diferentemente, impede o juiz, de uma forma abstrata, de conceder a liminar quando se tratar de compensação tributária.

A decisão do STF sobre o assunto é mais uma demonstração de que, dependendo do caso concreto, não é proporcional à Constituição Federal a lei impedir a concessão de tutelas provisórias para se compensar créditos do contribuinte com débitos tributários.

Capítulo 6 **Processo judicial tributário**

Aliás, diga-se de passagem, o voto Ministro Gilmar Mendes sobre o tema da compensação consignou que a inconstitucionalidade do § 2º do art. 7º residia nas situações em que a lei vedava a liminar para compensar tributos em qualquer caso. No entanto, quando se tratasse de matéria pacificada pela jurisprudência por meio de súmula vinculante ou de casos repetitivos, não poderia ser obstada a compensação por medida liminar.

Assim, tratando-se de compensação tributária, defendemos que o entendimento assentado para a liminar em mandado de segurança pelo STF é extensível para as tutelas provisórias previstas no CPC, para os mesmos casos.

6.2.7 Atribuição do valor da causa nas ações tributárias

O art. 319, V, do CPC determina que a petição inicial deverá conter também um valor à causa. Assim, após a elaboração do pedido, é necessário atribuir valor econômico à demanda. Normalmente se deixa o cumprimento desse requisito para o fim do texto da petição, embora o dispositivo em referência elenque-o na sequência do inciso IV do referido artigo. A ordem, neste caso, não é relevante, o imprescindível é que a causa contenha um valor.

Há algumas discussões sobre a necessidade da indicação de um valor a todos os tipos de causa. Por exemplo, nos Embargos à Execução ou até no mandado de segurança esse requisito seria dispensável. No primeiro caso, a razão é a ausência de regras explícitas sobre o assunto; no segundo, fica por conta da natureza mandamental da sentença, que implica uma ordem à autoridade pública para que esta pratique ou se omita em praticar determinado ato administrativo. Considerando que tais condutas, normalmente, não possuem conteúdo econômico imediato, argumenta-se que não haveria necessidade de se atribuir valor à causa nesse tipo de ação. Nos comentários sobre essas medidas judiciais se voltará ao tema com mais detalhes (subseções 7.2.13.2.3 e 8.1.4).

Por ora, registre-se que a toda causa deve ser atribuído um valor certo, ainda que não possua um conteúdo econômico imediatamente determinável (CPC, art. 291). A maioria das ações tributárias carrega um valor econômico certo. Nas ações de repetição de indébito e de compensação, o conteúdo econômico da causa está, respectivamente, no montante de tributo recolhido indevidamente e que se pretende repetir e no valor total do crédito que o autor quer compensar, fundando-se, portanto, no art. 292, I, do CPC. No caso do mandado de segurança, quando impetrado sobre um ato de conteúdo econômico determinado, o valor da causa será o valor econômico decorrente do ato. Por exemplo: na retenção de mercadorias em trânsito pela fiscalização, o conteúdo econômico do ato será o valor das mercadorias retidas, valor este que deverá constar como valor da causa. Nos casos de lançamento de ofício, em que cabe normalmente Ação Anulatória, o conteúdo econômico da causa será o valor do crédito lançado que se pretender ver anulado, de modo que o valor da causa neste caso estará fundamentado no art. 292, II, do CPC, porquanto é a validade do lançamento o objeto da demanda.

Alguma dificuldade para atribuição de valor à causa se acha nas ações que visam discutir exigência futura de tributos, em que o fato gerador obviamente ainda não ocorreu, razão pela qual sua base de cálculo não é certa no momento do ajuizamento da medida. Isto ocorre, por exemplo, na Ação Declaratória de Inexistência de Relação Jurídica Tributária, em que os efeitos da decisão que acolhe o pedido se projetam para os tributos vincendos.

Na prática, às vezes, o advogado do impetrante atribui à causa um valor aleatório, suficiente ao pagamento do valor mínimo da taxa judiciária. Nesses casos corre-se o risco de haver impugnação ao valor atribuído à causa, quando esta visar um benefício econômico muito superior ao valor expresso na inicial[37]. A impugnação ao valor da causa deverá ser formulada em preliminar na contestação (CPC, art. 293).

Além da impugnação por iniciativa da parte contrária, o juiz poderá corrigir de ofício o valor da causa e arbitrá-lo, devendo o autor proceder ao recolhimento das custas (CPC, art. 292, § 3º). Nada impede também que o juiz determine a correção do valor da causa por emenda à petição inicial, inclusive, antes de qualquer pronunciamento sobre a tutela de urgência requerida. Essas providências visam adequar a utilidade econômica que o provimento jurisdicional propicia ao demandante, caso este sucumba na ação e o cálculo da sucumbência mostrar-se ínfimo diante do baixo valor atribuído à causa.

---

37   MELO, José Eduardo Soares de. Mandado de segurança preventivo em matéria tributária: questões práticas. In: CHIESA, Clélio; PEIXOTO, Marcelo Magalhães (coord.). *Processo judicial tributário*. São Paulo: MP Editora, 2006, p. 82.

Capítulo 6 **Processo judicial tributário**

Para exemplificar, suponha-se que uma instituição financeira, cujo faturamento mensal ultrapasse a casa dos milhões de reais, resolva discutir a incidência de PIS e Cofins nas obrigações vincendas. A base de cálculo dessas contribuições é a receita ou o faturamento (Leis n. 9.718 de 1998, n. 10.637 de 2002 e n. 10.833 de 2003). Como não se sabe precisar o faturamento dos meses seguintes em que se estenderá a discussão, atribui-se à causa valor aleatório, como, por exemplo, um salário mínimo. Deferida a liminar, a instituição deixa de recolher valores elevados. Na sentença, entretanto, entende o juiz que não é o caso de julgar procedente o pedido e fixa o valor da sucumbência em 20% (vinte por cento) do valor atribuído à causa. Esta quantia pode não conseguir remunerar dignamente o procurador da Fazenda Pública, em conformidade com o princípio da sucumbência. Lembre-se ainda que, durante o período em que a liminar vigorou, a empresa obteve benefício econômico considerável. Com o fim de evitar essa distorção entre a capacidade contributiva da empresa que gera altos valores de impostos e contribuições e a ausência de regras explícitas sobre o valor da causa em ações de obrigações tributárias futuras, é que será exigida a adequação do valor da causa ao benefício econômico visado.

Na época do CPC anterior, o STJ já havia se pronunciado no sentido de que em questões tributárias deve se adequar o valor da causa ao conteúdo econômico visado (STJ. Agravo Regimental no Recurso Especial 486.077/RS, Rel. Min. Francisco Falcão, 1ª T., v.u., j. 9-11-2004, *DJ* 13-12-2004)[38].

Por outro lado, tratando-se de mandado de segurança, é possível em casos específicos a fixação de valor aleatório para meramente servir de base de cálculo para custas e taxas judiciárias, quando a causa não possuir conteúdo econômico explícito. Nesse sentido também já decidiu o STJ: "Admite-se o valor da causa para efeitos meramente fiscais em razão do próprio procedimento do *mandamus*, que não comporta valor certo e determinado (STJ. Recurso Especial 638.353/RS, Rel. Min. José Delgado, 1ª T., v.u., j. 19-8-2004, *DJ* 20-9-2004).

No CPC atual, assim como no anterior, não existe uma regra específica para calcular o valor da causa nas ações tributárias que discutem obrigações

---

38 Precedentes: Recurso Especial 396.599/RS, Rel. Min. Franciulli Netto, *DJ* 25-2-2004; e Agravo no Recurso Especial 528.413/MG, Rel. Min. Luiz Fux, *DJ* 19-12-2003.

CURSO COMPLETO DE DIREITO PROCESSUAL TRIBUTÁRIO

futuras, quando não se dispõe precisamente dos valores vincendos. É possível, porém, aplicar-se por analogia o disposto no § 2º do art. 292 do CPC, que prevê o seguinte: "o valor das prestações vincendas será igual a uma prestação anual, se a obrigação for por tempo indeterminado ou por tempo superior a 1 (um) ano [...]". O tributo vincendo pode encaixar-se no conceito de obrigação por tempo indeterminado, de modo que será possível multiplicar o montante do tributo discutido do mês de competência da distribuição da ação por doze vezes, resultando no valor que se deve atribuir à causa.

O valor da causa deve sempre ser escrito na moeda nacional e não poderá ser redigido por meio de índices econômicos, como, por exemplo, o "valor correspondente ao salário mínimo" ou o valor "de alçada", ou ainda "dez vezes a taxa Selic do presente mês". Assim, a forma correta de expressar o valor da causa será: "Atribui-se à causa o valor de R$ 20.000,00". Se o valor atribuído à causa não conseguir remunerar dignamente o advogado do vencedor da ação, o juiz, nestas hipóteses, deverá aplicar as regras dos §§ 2º e 8º do art. 85 do CPC e arbitrar valor equitativo à sucumbência na sentença. Caso o contribuinte seja o sucumbente e a Fazenda Pública, portanto, a vencedora da causa, deverão ser observados os §§ 3º e 4º do art. 85 do CPC.

Excepcionalmente, poderá ser postulada a gratuidade de justiça quando se tratar de pessoa jurídica sem fins lucrativos, o que pode ser alegado na inicial ou em outra oportunidade de falar nos autos (CPC, arts. 98 a 102). Na hipótese de o beneficiário ser pessoa jurídica com fins lucrativos, é necessária a prova da falta de condições econômicas para arcar com as despesas do processo, conforme a orientação da Súmula 481 do STJ: "Faz jus ao benefício da justiça gratuita a pessoa jurídica com ou sem fins lucrativos que demonstrar sua impossibilidade de arcar com os encargos processuais".

O benefício da gratuidade pressupõe o direito fundamental de acesso à Justiça, muito mais amplo do que as normas sobre exigência de taxas, despesas processuais e honorários advocatícios que compõem o conceito de ônus da sucumbência.

6.2.8 Requerimento de produção de provas

Geralmente, nas ações tributárias cabem todos os meios de prova admitidos em direito. Tratando-se de mandado de segurança, por exemplo, não

Capítulo 6 **Processo judicial tributário**

cabe requerimento de provas, pois as provas com que o impetrante pretende convencer o juiz deverão ser pré-constituídas.

O direito à prova tem amparo no princípio do devido processo legal, conduzindo à máxima de que "quem alega tem o ônus de provar". Se, por exemplo, o contribuinte afirma em sua petição inicial que pagou indevidamente um tributo ou que o auto de infração do qual foi notificado ofendeu a legalidade, deverá, respectivamente, comprovar o pagamento indevido por meio das guias de recolhimento e juntar à inicial cópia do auto de infração que contém a alegada ilegalidade.

Nos exemplos acima, trata-se de prova documental que é uma das mais simples modalidades de prova. As lides tributárias, entretanto, comportam outros meios probatórios, tais como: perícias (normalmente a contábil) ou, ainda que muito raras, a oitiva de testemunhas ou o depoimento pessoal. A razão de haver pouca probabilidade na produção destas duas últimas espécies probatórias se explica porque, os fatos que cercam os litígios tributários quase sempre derivam de interpretações controvertidas da lei, o que leva a discussão para o campo unicamente do direito. Daí por que é mais usual nas ações tributárias o juiz extinguir o processo julgando antecipadamente a lide (CPC, art. 355, I).

Se houver necessidade de produzir outras provas além da documental, o momento oportuno de se fazer o respectivo requerimento é na petição inicial (CPC, art. 319, VI). Assim, no procedimento comum, o juiz saneará e organizará o processo para julgamento na forma do art. 357, I ao V do CPC. Tratando-se da necessidade de prova pericial, serão seguidas as regras do art. 465 do CPC, devendo o juízo estabelecer desde logo o calendário para realização da perícia (CPC, art. 357, § 8º).

6.2.9 Documentos que devem acompanhar a inicial

Não sendo hipótese de litigância em causa própria, à inicial deverá ser juntada a procuração com a cláusula *ad judicia*, documento que comprova a outorga de poderes ao advogado para falar no processo em nome de seu cliente[39]. Se o autor é pessoa jurídica, deve juntar também cópia do contrato

---

39 Com o advento do Processo Judicial Eletrônico (PJe), os verbos "juntar", "anexar", "protocolizar" etc. devem ser compreendidos como inclusões de documentos no sistema eletrônico.

521

social consolidada, ou o contrato com a cláusula atualizada de representação da sociedade. Este detalhe se justifica porque pode o cliente providenciar somente a cópia do contrato social em sua primeira versão. Ocorre que o representante legal da sociedade, que consta do contrato antigo, não é a mesma pessoa que administrava a sociedade ao tempo em que se outorgou procuração ao advogado. Isto pode levar à necessidade de regularização do documento, devendo ser juntado o contrato com a cláusula de representação atualizada. Mesmo em situações que pedem celeridade, um despacho para regularizar o contrato social pode retardar a tutela de urgência em semanas, com prejuízos manifestos ao demandante.

Existem litígios tributários que versam sobre tributo já lançado, o que obriga a anexação de documento referente ao lançamento. Por exemplo, em um mandado de segurança que tenha por objetivo requerer ordem para não ser exigido o IPTU, como esse tributo é lançado de ofício, emitindo-se um carnê ou boleto de pagamento para o endereço do contribuinte, o documento é indispensável para comprovar a prática do ato coator.

Tratando-se de discussão tributária envolvendo direito local, estadual ou estrangeiro que influa na ordem jurídica interna, ou ainda direito consuetudinário (CTN, art. 100, III), o autor poderá juntar cópia da legislação respectiva em vigor ou cópias das decisões que refletem o direito consuetudinário, na hipótese do art. 100, III, do CTN. O CPC, no art. 376, não obriga a apresentação desses documentos com a inicial, condicionando a juntada de documentos que comprovem o teor e a vigência dessa legislação à eventual determinação judicial. Ocorre, tratando-se de ações tributárias que normalmente requerem providências rápidas, deixar de apresentar esses documentos na inicial pode dificultar a tramitação do processo e tornar mais morosa a prestação jurisdicional, o que vai de encontro aos interesses do jurisdicionado e da justiça célere.

Não existe uma ordem obrigatória para a juntada dos documentos. Sugere-se, contudo, primeiramente, junte-se a procuração, visto que é o documento que comprova a legitimidade do advogado para postular em nome do impetrante; em seguida, se for o caso, o contrato social, estatuto ou atos constitutivos, conforme a natureza societária da pessoa jurídica; na sequência, deverão ser juntados os documentos comprobatórios da ilegalidade que funda o pedido e, por fim, as guias recolhidas das taxas judiciárias.

Capítulo 6   Processo judicial tributário

6.2.10 Distribuição

Com a implantação do Processo Judicial Eletrônico, o procedimento de distribuição de um processo dá-se remotamente, via sistema, o que será comentado na subseção 6.2.10.2. As explicações desta subseção e da próxima aplicam-se à distribuição de processos físicos, supondo-se que o PJe não esteja funcionando na totalidade do Poder Judiciário.

A petição inicial será distribuída no juízo competente em três vias. A primeira, acompanhada dos documentos anexados, formará a peça inaugural dos autos do processo. A segunda servirá de contrafé, isto é, uma cópia da petição inicial que será entregue ao réu junto com o mandado de citação.

No caso do mandado de segurança, a contrafé virá acompanhada de todos os documentos que instruem a inicial e que será encaminhada junto com a notificação para a autoridade coatora, de acordo com exigência do art. 6º da Lei n. 12.016, de 2009. A terceira via é para o protocolo do advogado, a fim de comprovar a distribuição da ação.

6.2.10.1 Distribuição em regime de urgência

Em casos de distribuição com urgência convém formular requerimento nesse sentido expressamente na inicial. Além disso, deverá ser solicitado ao cartório do distribuidor que se proceda conforme o expediente adequado, tomando providências para que o processo seja prontamente autuado e distribuído. Normalmente, a ordem de "distribuição com urgência", fora do expediente normal, deve ser colhida do juiz encarregado de distribuir as ações. Caberá ao magistrado a decisão de mandar distribuir urgentemente ou dentro da normalidade do serviço.

Nos períodos de feriados ou de recessos forenses, é possível também o pedido de distribuição urgente, desde que devidamente justificado. O pressuposto para distribuições emergenciais é o perecimento do direito que demanda a adoção de medidas urgentes. Ressalte-se que essas situações devem ser comprovadas, conforme orientação jurisprudencial (STJ. SS 1930, despacho do Min. Hamilton Carvalhido no plantão judiciário, no exercício da Presidência do Tribunal em 13-1-2009, *DJ* 2-2-2009).

Nos casos de distribuição urgente, o advogado tem o direito de ser recebido pessoalmente pelo juiz para esclarecer as razões da urgência. A Lei n. 8.906, de 1994 (Estatuto da Advocacia), estabelece no art. 7º, VII, que o advogado tem direito a dirigir-se diretamente aos magistrados, sem a necessidade de

523

CURSO COMPLETO DE DIREITO PROCESSUAL TRIBUTÁRIO

horário previamente marcado ou outra condição, respeitada tão somente a ordem de chegada. Nestes casos, o juiz é obrigado a receber o profissional a fim de que este explique as razões da urgência na distribuição do pedido e reforce, oralmente, os motivos para o provimento urgente. É abusiva e contrária à lei a conduta do juiz que se recusa a receber o advogado. O STJ firmou entendimento de que o advogado possui a prerrogativa legal de ser atendido pessoalmente pelo juiz (STJ. RMS 28.091/PR, Rel. Min. Denise Arruda, j. 18-6-2009, *DJe* 5-8-2009).

A urgência e a necessidade da prestação jurisdicional poderão levar a decisões excepcionais. Por exemplo, encerrado o expediente bancário e se não tiverem sido recolhidas as custas de distribuição (taxa judiciária), dependendo da natureza da causa deve o cartório forense receber a petição e tomar as primeiras providências. Em virtude da urgência e da necessidade da prestação jurisdicional o pedido de liminar deve ser submetido à apreciação do juiz, que não deverá se recusar a decidir em razão da falta de comprovação do recolhimento das custas, sobretudo se considerar que estão preenchidos os pressupostos para o deferimento da tutela de urgência.

Em abono a essa argumentação, saliente-se que, sendo as "custas de distribuição" espécie de taxa de prestação de serviço (CF, art. 145, II e CTN, art. 77), a justificativa do recolhimento está na prestação jurisdicional com a atuação do juízo no processo. O mero registro da ação no distribuidor (CPC, art. 284) não é a função precípua da Justiça, porém apenas meio burocrático de se alcançar a prestação jurisdicional. Por outro lado, a parte poderá fazer o pagamento da taxa no dia subsequente de expediente bancário. Por isso, não justifica o juiz deixar de apreciar o pedido de liminar enquanto não houver a comprovação do pagamento da taxa. Seria uma contradição ao principal requisito do regime das liminares, que é a urgência, criar-se entrave burocrático por questão de pouca relevância quando comparada com a necessidade da liminar.

Não comprovado o recolhimento no prazo, intima-se o procurador da parte a fazê-lo em 15 dias, persistindo a omissão, a distribuição é cancelada, nos termos do art. 290 do CPC e, por conseguinte, tornará sem efeito a liminar antes deferida, extinguindo-se o processo (CPC, art. 354 e 485, IV).

6.2.10.2 Possibilidade de distribuição por meios eletrônicos

O processo eletrônico é uma das mais amplas reformas (ou revoluções) da forma como o processo se exterioriza. Além da economia financeira, o

Capítulo 6 **Processo judicial tributário**

processo eletrônico traz vantagens sociais, na medida em que o consumo de meios para sua viabilização se resume praticamente à energia elétrica e à tecnologia da informação. Considerando que o computador e seus acessórios são bens mais duráveis do que o papel destinado a impressão de petições ou para documentação de provas, as vantagens do processo eletrônico são inegavelmente consideráveis. Ressalte-se também a economia de espaço, pois a expectativa é que as repartições forenses não necessitem mais de prédios espaçosos para arquivos de processos em papel.

Além dos ganhos sociais do processo eletrônico, deve-se enfatizar a economia de tempo. Nos primeiros anos em que surgiu o processo eletrônico, com a edição da Lei n. 9.800, de 1999, houve alguma desconfiança sobre a sua efetividade e vulnerabilidade para fraudes. Atualmente, essa visão foi substituída pelos ganhos de eficiência do processo eletrônico, desde que os sistemas de processamento funcionem eficientemente, o que nem sempre ocorre como desejado.

O CPC prevê normas gerais sobre "a prática eletrônica de atos processuais" nos arts. 193 a 199, esclarecendo que os sistemas de processo eletrônicos respeitarão "a publicidade dos atos, o acesso e a participação das partes e de seus procuradores, inclusive nas audiências e sessões de julgamento" (CPC, art. 194). Além disso, compete ao Conselho Nacional de Justiça e a cada tribunal "regulamentar a prática e a comunicação oficial de atos processuais por meio eletrônico e velar pela compatibilidade dos sistemas" (CPC, art. 196). O parágrafo único do art. 197 considera como justa causa a impedir os efeitos da preclusão dos atos processuais, a ocorrência de "problema técnico do sistema e de erro ou omissão do auxiliar da justiça responsável pelo registro dos andamentos", hipótese em que poderá ser aplicada a regra do art. 223 *caput* e § 1º todos do CPC.

Em linhas gerais, os requisitos da petição inicial e os procedimentos analisados nas subseções anteriores deste livro se aplicam ao processo judicial eletrônico, observando-se, evidentemente, as peculiaridades de cada sistema eletrônico disponibilizado pelas unidades do Poder Judiciário na internet. Assim, os usuários dos sistemas eletrônicos deverão praticar os atos processuais, desde o protocolo da petição inicial, petições, recursos e documentos probatórios por meio do processo eletrônico.

Considerando que o acesso à internet no País não é garantido a todos, o art. 198 e parágrafo único do CPC determina que os fóruns deverão manter

525

acesso gratuito para a prática dos atos processuais e consulta aos processos eletrônicos. Na hipótese de isso não ser disponibilizado será assegurada a prática dos atos processuais de forma não eletrônica, o que converge com o princípio constitucional de amplo acesso à Justiça (CF, art. 5º, XXXV).

Em 2011, o Conselho Nacional de Justiça lançou o PJe, sistema eletrônico com a pretensão de ser uma solução única para o processo eletrônico, integrando todos os tribunais brasileiros a esse sistema. Pelo PJe, a distribuição e a prática de todos os demais atos processuais serão realizadas por meio eletrônico, devendo os advogados, juízes e servidores possuir certificação digital para a prática dos seus respectivos atos.

A Lei n. 12.016, de 2009, Lei do Mandado de Segurança, prevê a possibilidade da impetração da ação por fax ou meio eletrônico de autenticidade comprovada. Atualmente, é raro utilizar-se fax, radiograma ou telegrama como meios de comunicação, razão pela qual se encontram em desuso, tendo sido substituídos pelo processo eletrônico.

6.2.10.3 Os ônus da sucumbência nas ações tributárias

A necessidade de abrir uma subseção para tratar do tema da sucumbência nas ações judiciais tributárias decorre especialmente das novas regras sobre a condenação em honorários advocatícios nas ações em que a Fazenda Pública for parte. Primeiramente, é necessário lembrar que compõem os ônus da sucumbência os valores das despesas processuais antecipadas pela parte vencedora como também a verba de honorários em favor do seu advogado. Estabelece o art. 82 do CPC que incumbe às partes: "prover as despesas dos atos que realizarem ou requererem no processo, antecipando-lhes o pagamento, desde o início até a sentença final ou, na execução, até a plena satisfação do direito reconhecido no título". Quando o ato processual motivador da despesa for determinado pelo juiz ou requerido pelo Ministério Público, nos casos em que este funcionar como fiscal da lei (*custos legis*), caberá ao autor antecipar as despesas com o respectivo ato. São exemplos de despesas processuais, o pagamento de honorários de perito, diligências de locomoção dos oficiais de justiça, taxas judiciárias, despesas com hospedagem ou deslocamento de testemunhas entre outras (CPC, art. 84). De acordo com a técnica processual, a sentença condenará o vencido ao ressarcimento das despesas antecipadas pela parte vencedora (CPC, art. 82, §§ 1º e 2º).

Capítulo 6 **Processo judicial tributário**

Com relação aos honorários advocatícios, convém desde logo distinguir "honorários contratuais" dos "honorários de sucumbência". A primeira espécie é valor do trabalho do advogado que é ajustado contratualmente com seu cliente. O outro tipo de honorário é o fixado pelo juiz na sentença, por força do princípio da sucumbência em que o vencido arcará com os honorários e despesas do processo eventualmente antecipadas.

Na presente subseção serão analisadas as principais regras sobre honorários sucumbenciais nas ações tributárias em que a Fazenda Pública for parte. O *caput* do art. 85 do CPC estabelece a regra geral sobre honorários sucumbenciais, qual seja: "A sentença condenará o vencido a pagar honorários ao advogado do vencedor". Em seguida, os §§ 1º ao 19 do mencionado artigo preveem diversas regras sobre a fixação dos honorários de sucumbência, sendo explicadas a seguir as mais relevantes para a temática do processo tributário.

O valor de condenação dos honorários será fixado entre 10% a 20% do valor da condenação ou do proveito econômico obtido com o resultado favorável da ação. Quando a condenação não possuir um valor específico ou um proveito econômico mensurável, a base de cálculo dos honorários será o valor atualizado da causa. Nas lides tributárias é incomum a causa não possuir valores determinados ou ao menos algum proveito econômico mensurável, de modo que é normalmente possível fixar o percentual de honorários advocatícios com base nos valores determinados na sentença. Nas ações de iniciativa da Fazenda, como a Execução Fiscal, em regra, os honorários serão fixados com base no valor atualizado da CDA, exceto quando se tratar de execuções de tributos federais em que o encargo de 20% é utilizado como substitutivo da verba honorária, conforme foi explicado na subseção 5.3.1.3. Na ação anulatória de débito fiscal ou na repetição de indébito, por exemplo, o valor de condenação da Fazenda será necessariamente determinado na sentença. Em outro exemplo, tratando-se de mandado de segurança repressivo contra a apreensão de mercadoria em razão do não pagamento de tributo, mesmo que a ação mandamental neste caso não vise exatamente o não pagamento do crédito tributário, mas sim a liberação da mercadoria, os honorários poderão ser baseados no valor do tributo "economizado". Observe-se também o exemplo das ações declaratórias ou do mandado de segurança preventivo. Se o objeto dessas ações for afastar a exigência de tributo vincendo, ainda assim será possível calcular o percentual de honorários entre 10% e

527

20% sobre o proveito econômico obtido com a decisão. Nessa hipótese serão aplicáveis as regras dos §§ 1º e 2º do art. 292 do CPC, devendo-se multiplicar o valor da obrigação de um mês de referência por doze vezes e, desse resultado, calculam-se os percentuais de 10% a 20% sobre a mencionada base de cálculo.

A lei concede ao juiz a discricionariedade de fixar o percentual de honorários entre o mínimo de 10% e o máximo de 20% sobre o valor da condenação, o proveito econômico obtido com a causa ou, não sendo possível mensurar este último, utilizará o valor da causa como referência. Para fixar, entretanto, o percentual preciso, o juiz deverá atentar para os seguintes critérios, previstos no § 2º do art. 85 do CPC: a) o grau de zelo do profissional; b) o lugar de prestação do serviço; c) a natureza e a importância da causa; d) o trabalho realizado pelo advogado e o tempo exigido para o seu serviço.

Tratando-se das ações judiciais em que a Fazenda Pública for parte, como necessariamente serão as ações tributárias, os critérios para fixação do percentual de honorários serão os mesmos da regra geral. Assim, deverá o magistrado se orientar, conforme o "grau de zelo do profissional", "o lugar de prestação do serviço" etc. Os percentuais, entretanto, deverão observar uma escala regressiva em que, quanto maior for a base de cálculo, menores serão os percentuais mínimos e máximos, conforme a tabela abaixo (CPC, art. 85, § 3º):

Valor da Condenação e Proveito Econômico	Mínimo e Máximo de percentual (%) de honorários
Até 200 salários mínimos	10 – 20
Acima de 200 até 2.000 salários mínimos	8 – 10
Acima de 2.000 até 20.000 salários mínimos	5 – 8
Acima de 20.000 até 100.000 salários mínimos	3 – 5
Acima de 100.000 salários mínimos	1 – 3

O legislador pretendeu estabelecer, desde a lei, critérios equitativos no pagamento de honorários quando a Fazenda Pública for autora ou ré em ações judiciais. Note-se que, tanto maior for o valor da condenação ou do proveito econômico, menor será o percentual de honorários, evitando-se assim as condenações vultosas de honorários advocatícios ou seu aviltamento por razões discricionárias dos magistrados. No regime do CPC anterior, a regra para fixação de honorários sucumbenciais envolvendo a Fazenda se limitava ao mínimo de 10% e ao máximo de 20% sobre o valor da condenação.

Capítulo 6 **Processo judicial tributário**

Quando a sentença for líquida, os percentuais serão aplicados desde logo e, quando for ilíquida, a conta deverá ser realizada no momento da sua liquidação, devendo ser utilizado o valor do salário mínimo vigente à época da sentença ou de sua liquidação, conforme o caso.

Nas situações em que o valor da condenação ou o proveito econômico for até o piso da tabela, isto é, 200 salários mínimos, o juiz fixará os honorários advocatícios entre 10% e 20% sobre esta base. Mas se a condenação ou proveito econômico for superior ao mínimo da tabela, isto é, acima de 200 salários mínimos, o cálculo final dos honorários deverá atender à regra do § 5º do art. 85 do CPC, que determina o uso escalonado das faixas dos percentuais da tabela acima. Assim, por exemplo, em uma condenação de 100.000 salários mínimos, para os primeiros 200 salários mínimos será fixado um percentual entre 10% e 20%; para a próxima faixa de valor, isto é, entre 200 e 2.000 salários mínimos, serão aplicados os percentuais de 8% a 10%, descontando--se o montante de salários mínimos sobre o qual já incidiu o percentual anterior e assim sucessivamente, até chegar no valor final da condenação.

Essa forma de calcular os honorários é aplicável independentemente do tipo de sentença, com ou sem resolução do mérito, inclusive quando a sentença extinguir o processo. Nas causas em que for inestimável ou irrisório o proveito econômico, ou ainda, quando o valor da causa for muito baixo, o juiz fixará o valor dos honorários por apreciação equitativa, devendo observar os critérios de "grau de zelo do profissional", "o lugar de prestação do serviço" etc. Assim, será determinado um valor fixo em reais, dispensando-se, portanto, a escala de percentuais.

O § 11 do art. 85 do CPC previu o instituto dos honorários de sucumbência recursais. Com efeito, o tribunal majorará os honorários fixados na sentença na hipótese de interposição de recurso, devendo observar os mesmos critérios estabelecidos para os honorários em primeiro grau. A majoração não poderá ultrapassar os limites de honorários previstos na fase de conhecimento. Por conseguinte, se o juiz fixar no primeiro grau o maior percentual de honorários, isto é, 20%, não será mais possível aos tribunais fixarem honorários recursais uma vez que a condenação inicial utilizou o percentual máximo. Mas, se na fase de conhecimento o juiz determinar o percentual mínimo, isto é, 10%, e se a parte vencida recorrer por meio de Apelação e se o seu recurso for improvido, o tribunal, respeitando os critérios legais, poderá majorar os honorários em mais 5%. Havendo outro recurso e sendo outra

529

CURSO COMPLETO DE DIREITO PROCESSUAL TRIBUTÁRIO

vez improvido, o tribunal competente poderá majorar em mais 5% o valor da condenação, hipótese em que se atingirá o teto legal de 20%.

De acordo com o § 14 do art. 85 do CPC de 2015, na linha do que dispõe o art. 22 da Lei n. 8.906, de 1994 (Estatuto da Advocacia), os honorários de sucumbência constituem direito do advogado. Por possuírem natureza alimentar, terão "os mesmos privilégios dos créditos oriundos da legislação do trabalho, sendo vedada a compensação em caso de sucumbência parcial". Se a decisão transitada em julgado for omissa sobre os honorários, inclusive quanto ao seu valor, caberá o ajuizamento de ação autônoma para sua fixação, mas enquanto não transitar em julgado ficará sujeita ao sistema de recursos previsto no CPC.

O art. 85, § 19 do CPC estabeleceu que os advogados públicos receberão honorários advocatícios nos "termos da lei". No âmbito federal, portanto para as carreiras jurídicas subordinas à AGU, a Lei n. 13.327, de 2016 regulamentou as regras de pagamento da verba honorária em favor dos citados profissionais.

CAPÍTULO 7
Ações judiciais de iniciativa da Fazenda Pública

7.1 MEDIDA CAUTELAR FISCAL

A medida cautelar fiscal é disciplinada pela Lei n. 8.397, de 1992, constituindo instrumento cautelar à disposição da Fazenda Pública, quando for credora de tributos ou de quaisquer outros valores, para obter a indisponibilidade de bens do devedor visando garantir o pagamento da dívida (Lei n. 8.397, de 1992, arts. 2º e 4º). Em síntese, a medida é cabível nas situações em que o Poder Público receia não receber o crédito em razão do seu elevado montante, contraposto com o patrimônio reduzido do devedor; ou nos casos de comportamento temerário do requerido, previstos no art. 2º incisos I a V e VII a IX, da mencionada lei. Para facilitar a comunicação, doravante, a Lei n. 8.397, de 1992, será referida pela sigla LMCF, que corresponde a Lei da Medida Cautelar Fiscal.

O interesse de agir na Medida Cautelar Fiscal pressupõe a constituição do crédito tributário, de modo que a medida visa garantir o pagamento do respectivo crédito constituído. Portanto, a liquidez e certeza da dívida são relevantes. No entanto, a medida poderá ser ajuizada antes do lançamento nos casos em que a fiscalização, terminando o procedimento fiscalizatório, notifica o sujeito passivo e este põe ou tenta pôr seus bens em nome de terceiros, ou aliena bens ou direitos sem comunicação prévia à Fazenda, quando esta providência for exigida por lei.

Apesar do disposto no parágrafo único do art. 1º da LMCF, que faculta o ajuizamento da medida cautelar fiscal antes do lançamento, nas hipóteses mencionadas acima, quais sejam, as do art. 2º, V, *b*, e VII, não cabe medida cautelar fiscal quando pendente processo administrativo sobre o respectivo

CURSO COMPLETO DE DIREITO PROCESSUAL TRIBUTÁRIO

tributo. Notificado o contribuinte a respeito do crédito tributário, está inaugurada a via contenciosa administrativa, tendo o sujeito passivo o direito de impugnar o lançamento feito por auto de infração. A medida somente seria possível caso o contribuinte, depois de notificado, não tenha apresentado defesa administrativa ou tenha perdido a discussão após decisão administrativa final, devendo estar presente uma das hipóteses de cabimento previstas no art. 2º da LMCF. Nesse sentido, decidiu o STJ que: "Improcede a medida cautelar fiscal contra contribuinte que está, ainda, discutindo, na instância administrativa, pela via recursal, o valor tributário que lhe está sendo exigido [...]" (STJ, Recurso Especial 270.209/RS, 1ª T., Rel. Min. José Delgado, j. 20-2-2001, DJ 2-4-2001).

Como medida cautelar, a ação poderá ser preparatória de ação principal ou incidental a outra ação preexistente. Quando preparatória, considera-se como ação principal a Execução Fiscal, que visa cobrar judicialmente o crédito tributário. Neste caso, a execução deve ser ajuizada em 60 dias contados da constituição definitiva do crédito tributário. O não ajuizamento da Execução Fiscal leva à cessação da eficácia da liminar eventualmente concedida (LMCF, arts. 11 e 13, I).

Caso a Fazenda Pública ingresse com Ação Cautelar Fiscal incidentalmente em determinado processo de Execução Fiscal e se os fatos motivadores da ação forem a existência de débitos inscritos ou não em dívida ativa, que culminarão em outras execuções (LMCF, art. 2º, VI), neste caso, a cautelar fiscal, deferida incidentalmente à execução originária, abrangerá os demais créditos tributários que forem sendo executados. Nesta hipótese, a Fazenda pedirá a distribuição das próximas execuções fiscais por dependência ao juízo da primeira execução e os feitos seriam reunidos na forma do art. 28 da Lei n. 6.830 de 1980.

É importante destacar que a Medida Cautelar Fiscal não se confunde com as tutelas de urgência previstas no CPC, possuindo, portanto, regramento legal específico, de modo que o CPC será aplicado de forma excepcional, quando não houver dispositivo expresso na LMCF.

7.1.1 Extensão do objeto da medida aos bens dos sócios

Tendo em vista a natureza acautelatória da ação, a indisponibilidade de bens poderá ser estendida ao patrimônio do acionista controlador ou de quem, em razão do contrato social ou estatutos, tenha poderes

Capítulo 7   Ações judiciais de iniciativa da Fazenda Pública

de cumprir tempestivamente as obrigações fiscais da empresa (LMCF, art. 4º, § 1º). Esta norma certamente se inspira no que dispõem os arts. 134 e 135 do CTN.

A hipótese do inciso VII do art. 134 do CTN pode ter aplicação na Medida Cautelar Fiscal nos casos em que a empresa foi liquidada e os sócios se omitiram no cumprimento das obrigações fiscais da sociedade, não possuindo esta meios para arcar com o seu passivo tributário.

Com relação ao art. 135 do CTN, exige-se que o terceiro responsável tenha atuado com excesso de poderes ou infração de lei, contrato social ou estatutos da empresa. Nesses casos, a responsabilidade dos sócios-gerentes será pessoal, devendo responder pelas dívidas fiscais da sociedade com o seu próprio patrimônio.

A diferença entre as duas hipóteses é que, no caso do art. 134, VII, a empresa tem que ter sido liquidada (o que equivale à sua dissolução ou falência) e os sócios-gerentes se omitiram, não pagando os créditos tributários da empresa. Além disso, a sociedade não possui ativos para responder pelos débitos tributários. Na hipótese do art. 135, a empresa até pode possuir patrimônio, mas os sócios responderão pessoalmente pelos créditos tributários da sociedade em razão de seu comportamento atentatório à empresa.

A prática tem demonstrado que os casos mais frequentes de responsabilidade pessoal dos sócios-gerentes em matéria tributária decorrem da chamada "dissolução irregular de sociedade", o que pode dar margem ao redirecionamento da Execução Fiscal contra os sócios-gerentes. O assunto será analisado na subseção 7.2.7.2.

Por ora, entendemos que o juiz somente poderá estender a Medida Cautelar de indisponibilidade sobre os bens dos sócios se a Fazenda comprovar as situações presentes nos arts. 134, VII, e 135 do CTN.

Embora configure meio extremo de assegurar a solvência do crédito tributário, a Medida Cautelar Fiscal poderá ser substituída por garantia prestada na forma do art. 9º da Lei n. 6.830, de 1980 (LMCF, art. 10). A finalidade da Medida Cautelar é a garantia do juízo, não fazendo sentido a permanência da indisponibilidade de bens se o devedor nomeia outros em garantia na Execução Fiscal. De qualquer forma, a Fazenda deverá ser intimada a se manifestar em 5 dias sobre o pedido de substituição, sob o risco de concordar com os bens substituídos.

533

CURSO COMPLETO DE DIREITO PROCESSUAL TRIBUTÁRIO

A Medida Cautelar fiscal é precária, podendo ser revogada ou modifica-da a qualquer momento. Sua eficácia durará por 60 dias anteriores ao ajuizamento da Execução Fiscal ou enquanto não for extinta a própria Cautelar Fiscal (LMCF, art. 12).

Se deferida a Medida Cautelar Fiscal, eventual suspensão do crédito tributário (CTN, art. 151) não afeta a indisponibilidade dos bens, salvo decisão em contrário. Neste caso, para obter a revogação da indisponibilidade dos bens, o requerido na cautelar fiscal terá que demonstrar ao juízo que a suspensão da exigibilidade do crédito tributário tornou inútil ou desproporcional a medida constritiva dos bens, razão pela qual poderá ser revogada. Isso só seria possível nas hipóteses em que a suspensão da exigibilidade se deu pelo depósito do montante do crédito tributário ou nos casos de parcelamento deferido (CTN, art. 151, II e VI). Isso porque, com o depósito, ocorrerá inexoravelmente sua conversão em renda da Fazenda caso o desfecho da causa seja favorável ao Poder Público. Daí por que a pretensão da Fazenda de obter a indisponibilidade de bens do sujeito passivo sobre o mesmo débito será exagerada, razão pela qual a Fazenda careceria de interesse de agir na Cautelar Fiscal. Quanto a hipótese de parcelamento, enquanto o acordo estiver sendo cumprido, falece interesse de agir à Fazenda para requerer a Medida Cautelar Fiscal porque a dívida está sendo paga.

A Medida Cautelar Fiscal cessa sua eficácia se ocorrerem as seguintes situações: a) a não propositura da Execução Fiscal dentro do prazo legal de 60 dias; b) se a indisponibilidade dos bens não for efetivada pelo requerente em 30 dias; c) se a Execução Fiscal for extinta; d) se o débito fiscal for quitado. A Fazenda não poderá requerer a medida novamente se esta perder a eficácia por quaisquer desses fundamentos (LMCF, art. 13).

Se a medida não for concedida isso não obsta o ajuizamento da Execução Fiscal nem influi no seu processamento. Caso o juiz reconheça na Cautelar Fiscal que o crédito tributário está extinto por força do pagamento ou de qualquer outra modalidade de extinção do crédito, a Medida Cautelar e a Execução Fiscal serão extintas (LMCF, art. 15).

7.1.2 Requisitos da petição inicial

Os requisitos da petição inicial da Medida Cautelar Fiscal são praticamente os mesmos do art. 319 do CPC.

534

Capítulo 7 **Ações judiciais de iniciativa da Fazenda Pública**

A competência jurisdicional é fixada pelo juízo da Execução Fiscal, quer a medida seja incidental ou preparatória. Caso a execução esteja no tribunal, a competência para apreciar a cautelar será do relator, conforme prevê o art. 5º, parágrafo único, da LMCF. É pouco provável a hipótese de a execução fiscal ser processada em um tribunal, por ausência de previsão constitucional nesse sentido. Seja como for, a execução fiscal é suspensa com o ajuizamento dos embargos à execução, de modo que o processo de execução fiscal sobe apensado ao dos embargos em caso de procedência. Se os embargos forem improcedentes, a execução toma seu curso outra vez, subindo para o tribunal somente os autos dos embargos. Ainda assim seria pouco provável o ajuizamento incidental de Cautelar Fiscal no tribunal, uma vez que, em havendo embargos, não caberá mais Medida Cautelar Fiscal porque o juízo já estará garantido.

Tratando-se de cautelar incidental, deverá ser requerida a distribuição por dependência ao juízo da execução. Em qualquer dos casos, os autos do procedimento cautelar serão apensados aos da execução (LMCF, art. 14 da lei).

É parte legítima para figurar no polo ativo da demanda a Fazenda Pública competente para exigir o tributo, qualquer que seja a esfera federativa. Também as autarquias públicas dessas entidades poderão ingressar com a ação, atuando em regime de parafiscalidade (LMCF, art. 1º). A lei não alude às fundações mantidas pelo Poder Público, mas, neste caso, vale invocar o disposto no inciso XIX do art. 37 da Constituição Federal, que nivela as fundações públicas ao patamar das autarquias. No polo passivo, figurará o contribuinte ou responsável. Na hipótese da responsabilidade subsidiária (CTN, art. 134) e art. 4º, §§ 1º e 2º, da LMCF, querendo a Fazenda atingir os bens do terceiro, deverá formar litisconsórcio facultativo, promovendo a ação contra o sujeito passivo (pessoa jurídica) e os terceiros responsáveis a que alude o dispositivo (pessoas físicas). Não é caso de litisconsórcio necessário unitário porque a responsabilidade, como vimos, é subsidiária, não devendo atingir inicialmente os bens dos terceiros.

Os fatos que motivam a demanda serão as situações do art. 2º da LMCF, sendo imprescindível a prova pré-constituída da situação que dá causa ao requerimento cautelar. A fundamentação jurídica é o direito ao crédito, concomitantemente à ameaça de não recebimento, em virtude do compor-

CURSO COMPLETO DE DIREITO PROCESSUAL TRIBUTÁRIO

tamento temerário do requerido ou do elevado passivo fiscal, superior a 30% do patrimônio conhecido do contribuinte.

O pedido será de citação do requerido, a fim de se obter a indisponibilidade dos seus bens ou os do responsável, na forma do § 1º do art. 4º da LMCF. Saliente-se que, no caso de pessoa jurídica, a indisponibilidade recairá somente sobre os bens do ativo permanente. Isso leva ao entendimento de que recursos financeiros não são suscetíveis de indisponibilidade, o que não ocorre na hipótese de extensão da medida contra bens de acionistas controladores, administradores e sócios-gerentes.

A Execução Fiscal constitui a ação principal tanto na Ação Cautelar Fiscal Preparatória quanto na incidental. Diferentemente da cautelar prevista no art. 305 do CPC, a lei não exige a indicação da lide, uma vez que o direito a ser protegido será a Execução Fiscal, que visa a cobrança do crédito tributário.

Na Medida Cautelar Fiscal, todas as provas lícitas poderão ser produzidas pelas partes (LMCF, art. 6º, III). Como as situações que ensejam a medida envolvem fatos específicos, é natural a ampla possibilidade de prová-las. De qualquer forma, o juiz não condicionará a liminar à audiência de justificação prévia, o que leva ao entendimento de que a prova da urgência e da justificativa da liminar deverão ser pré-constituídas (LMCF, art. 7º). Aliás, o art. 3º, II da LMCF dispõe que a Fazenda deverá provar as situações motivadoras da Medida Cautelar Fiscal com prova documental.

O valor da causa será, obviamente, o valor do crédito tributário que se visa garantir. Por se tratar de Fazenda Pública as taxas judiciárias incidentes em razão da movimentação da máquina judiciária não serão antecipadas pela Fazenda. Somente arcará com tais valores caso sucumba na ação (CPC, art. 91).

7.1.3 Procedimento

Depois de distribuída a inicial o juiz apreciará o requerimento de liminar, podendo deferi-la, inclusive de ofício, não exigindo caução (LCMF, art. 7º). A possibilidade do deferimento de liminar de ofício na Medida Cautelar Fiscal é explicável porque a urgência é imanente ao pleito de cautelar, fundado em atitudes temerárias do devedor, ou do elevado comprometimento patrimonial com dívidas fiscais, de modo que a urgência e relevância são presumidas na cautelar. Para o deferimento da liminar, ocorrendo uma das

Capítulo 7   Ações judiciais de iniciativa da Fazenda Pública

situações do art. 2º da LMCF, basta sua comprovação nos autos e o receio de que a Fazenda poderá não conseguir a garantia de bens na Execução Fiscal. De qualquer maneira, para evitar discussões acerca de inobservância do princípio dispositivo no processo civil (CPC, art. 2º), é recomendável sempre se formular o requerimento de liminar. A omissão poderá gerar a alegação de que o juiz está adstrito ao que a parte pediu e não tendo sido requerida liminar não estaria o magistrado obrigado a concedê-la.

Quanto à inexigibilidade de caução é assente o entendimento de não se requerer essa providência em face do Poder Público, pois se presume sua condição idônea de arcar com eventuais despesas decorrentes dos ônus da sucumbência, caso não obtenha êxito com a medida. Por outro lado, os bens públicos são indisponíveis, só podendo ser alienados, em regra, com autorização legal e avaliação específica (Lei n. 8.666, de1993, art. 17).

Refere-se a LMCF, no parágrafo único do art. 7º, que caberá recurso de Agravo de Instrumento contra a decisão que defere a medida liminar, sendo omissa sobre a hipótese contrária. Sobre o assunto, entendemos incabível o argumento de que a liminar da Medida Cautelar Fiscal não poderá ser negada pelo juiz, haja vista que as situações que lhe dão causa são determinadas pela lei e a urgência, neste caso, é presumível. O juiz não está obrigado a deferir a liminar se entender que não existem motivos para tornar indisponíveis os bens do requerido. Várias razões concorrem para isto: a) a falta de requerimento específico de liminar e o princípio dispositivo; b) a insuficiência de provas da situação de fato; c) a ausência de prova documental da situação; d) o juízo de que a indisponibilidade de bens não é imprescindível, podendo o Poder Público obter a garantia do crédito tributário em processo regular de Execução Fiscal. A liminar poderá não ser concedida e, neste caso, não caberá recurso, pois o art. 1.015 do CPC de 2015, diferentemente do art. 522 do CPC anterior, estabelece rol taxativo para o cabimento do Agravo de Instrumento, não se encaixando nesse rol a hipótese em questão. Em abono desta tese, o inciso XIII do art. 1.015 do CPC prevê o cabimento de agravo de instrumento em "outros casos expressamente referidos em lei". Sobre o ponto, o parágrafo único do art. 7º da LMCF prevê o cabimento de Agravo de Instrumento somente nos casos de "deferimento" da medida, visando, pois, proteger os interesses do contribuinte. Não tendo previsto Agravo de Instrumento no caso de "indeferimento", segue-se não existir previsão legal que dê amparo ao recurso

537

da Fazenda, quer com base no CPC, quer com fundamento na própria lei de regência da Cautelar Fiscal.

O requerido terá prazo de 15 dias para contestar a medida, contados da juntada do mandado cumprido. No caso de deferimento de liminar, tal prazo inicia da execução da medida. Há que se saber o que a lei considera como "execução da medida". Isso leva a dois entendimentos: a) "execução da medida" seria a simples intimação do requerido quanto a impossibilidade de dispor dos seus bens; ou b) a prática dos registros a que alude o art. 4º, § 3º, da LMCF. Cremos que basta a intimação da liminar ao requerido, devendo constar do mandado de intimação a transcrição ou cópia do despacho em que seja definida claramente a restrição dos bens. A eficácia dessas medidas perante terceiros depende, entretanto, das providências do § 3º do art. 4º da LMCF, isto é, o registro da indisponibilidade perante os registros públicos.

Na contestação o requerido apontará toda matéria útil à sua defesa, requerendo provas, inclusive. Após a contestação, sendo necessário, o juiz designará audiência de instrução e julgamento (LMCF, art. 9º, parágrafo único).

Apesar de a lei referir-se apenas a "contestação", outras modalidades de resposta parecem viáveis. A fim de se preservar o caráter de urgência e celeridade típico das cautelares, eventuais exceções de competência ou de suspeição deverão ser deduzidas na forma de preliminares. A falta de resposta gera a aplicação de um dos efeitos da revelia, que é a confissão ficta da matéria de fato (CPC, art. 344), e autoriza o julgamento antecipado da lide (CPC, art. 355, II).

Não sendo caso de julgamento antecipado, após as provas produzidas, o juiz deverá julgar a ação proferindo sentença. Tal decisão poderá ser definitiva (com resolução do mérito) ou meramente terminativa (sem resolução do mérito). Independentemente da natureza da sentença, não poderá esta afetar a Execução Fiscal, salvo o reconhecimento de extinção do crédito tributário (LCMF, art. 15).

Consoante ao art. 17 da LCMF, da sentença caberá Recurso de Apelação sem efeito suspensivo, exceto se o recorrente apresentar garantia ao juízo, na forma do art. 9º da Lei n. 6.830, de 1980. Essa regra é de utilidade duvidosa porque se a sentença cautelar for de procedência, isso significa que os bens indicados pela Fazenda na Cautelar Fiscal ficarão indisponíveis. É pouco provável que o requerido deposite o montante do crédito ou preste

Capítulo 7   Ações judiciais de iniciativa da Fazenda Pública

fiança bancária – ambos na forma do art. 9º da Lei n. 6.830, de 1980 –
porque são medidas mais gravosas do que a indisponibilidade de bens da
Cautelar Fiscal.

A inteligência da norma do art. 17, combinado com o art. 10 da LMCF,
indica, entretanto, que o recorrente poderá requerer a substituição dos bens
indisponibilizados com a decretação da Medida Cautelar Fiscal, por outros
bens e, neste caso, poderá apelar e o recurso será recebido no duplo efeito.
De qualquer forma, a Fazenda terá que concordar com a substituição, conforme o parágrafo único do art. 10 da LMCF.

7.2 EXECUÇÃO FISCAL

Por força do art. 5º, LIV da Constituição Federal, ninguém será privado
da liberdade ou de seus bens sem o devido processo legal. Esta disposição
constitucional é de suma importância para a efetividade do Estado de direito,
uma vez que obriga o Poder Público a observar normas processuais para
que possa privar alguém de sua liberdade ou de sua propriedade.

No caso da cobrança de tributos, a Fazenda Pública deverá primeiramente constituir o crédito tributário pelo lançamento, procedimento administrativo que inicia a atividade de cobrança do tributo. Normalmente, no caso
dos tributos sujeitos aos lançamentos "de ofício" ou "direto" como também é
chamada essa modalidade de lançamento (CTN, art. 149), ou no lançamento "por declaração" ou "misto" (CTN, art. 147), a Fazenda notifica o contribuinte por via postal. É o caso, por exemplo, dos tributos que incidem sobre
a propriedade imobiliária ou sobre veículos automotores (IPTU e IPVA), em
que a Fazenda Pública previamente possui os dados necessários ao lançamento em registros oficiais. O lançamento misto quase não é utilizado, embora
ainda esteja previsto no CTN.

Com relação ao chamado lançamento por homologação (CTN, art. 150),
existem algumas controvérsias sobre o fato de ser ou não modalidade de
lançamento, uma vez que o procedimento, neste caso, é desenvolvido pelo
próprio contribuinte e o conceito de lançamento tributário (CTN, art. 142)
prevê que o procedimento será praticado por autoridade pública. Polêmicas
à parte, para o Processo Judicial Tributário, importa saber que essa modalidade também inicia a fase administrativa de cobrança do crédito tributário,
em que pese necessitar de algumas explicações adicionais.

539

CURSO COMPLETO DE DIREITO PROCESSUAL TRIBUTÁRIO

No lançamento por homologação, se o contribuinte ou responsável não pagar o tributo, compete à Fazenda Pública constituir o crédito tributário de ofício, notificando-o sobre o montante do débito e eventuais penalidades. Nos casos de fiscalizações, será lavrado auto de infração contra o sujeito passivo, que poderá exercer seu direito de defesa dentro das regras do Processo Administrativo Fiscal.

Sendo desfavorável a decisão administrativa contra a impugnação ou contra o recurso interposto em face da decisão de primeira instância, ou ainda, não pagando nem se defendendo, o débito do contribuinte deverá ser inscrito na dívida ativa e emitida CDA. De posse da CDA, que tem natureza de prova pré-constituída da existência do crédito tributário líquido e certo, a Fazenda poderá ingressar com a Ação de Execução Fiscal contra o devedor.

Dívida ativa, por definição legal, constitui o crédito tributário ou de outra natureza atribuído como receita do Poder Público (Lei n. 4.320, de 1964, art. 39, § 2º). A dívida ativa é um registro dos créditos tributários ou não tributários que não foram pagos na data legalmente prevista. Assim, a dívida ativa pode ser compreendida como o conjunto de receitas tributárias ou não tributárias das pessoas jurídicas de direito público com capacidade de cobrar tributos diretamente, ou em regime de parafiscalidade. A União, os estados e o Distrito Federal, bem como os municípios, deverão inscrever suas receitas não quitadas nesse registro, denominado de dívida ativa, assim como as autarquias com capacidade para cobrar receitas próprias poderão inscrever seus ativos no mesmo registro, que receberá o nome de dívida ativa não tributária.

Caso depois de inscrito o crédito tributário na dívida ativa e expedida a CDA o contribuinte não pague o crédito tributário, a Fazenda Pública está habilitada a ajuizar Ação de Execução Fiscal. A Lei n. 6.830, de 1980, traz regras a respeito das formalidades que a CDA deve observar e regula o procedimento da Ação de Execução Fiscal e o ajuizamento dos respectivos Embargos, que constituem o meio de defesa do devedor contra a execução. Desse ponto em diante será utilizada a sigla LEF para a Lei n. 6.830, de 1980, Lei de Execução Fiscal. O CPC será aplicado no processo de execução fiscal de forma subsidiária, isto é, quando não houver disposição expressa na LEF.

Frise-se que a inscrição na dívida ativa e o ajuizamento da execução são medidas que visam o pagamento do crédito tributário, mas a inadimplência do contribuinte gera efeitos extraprocessuais anteriores à Execução Fiscal.

540

Capítulo 7 **Ações judiciais de iniciativa da Fazenda Pública**

No caso dos tributos federais, por exemplo, com a inscrição na dívida ativa, a Lei n. 10.522, de 2002, prevê a inclusão do nome do devedor tributário no Cadastro Informativo de Créditos não Quitados do Setor Público Federal (Cadin). Um dos efeitos extraprocessuais sofridos pelo devedor inscrito no Cadin são as dificuldades que enfrenta para contratar com o Poder Público, o impedimento de participação em procedimentos licitatórios e até a obtenção de empréstimos. Aluísio Mendes e Larissa Silva, após discorrem sobre o Cadin, alertam para o Cadastro de Inadimplentes previsto no art. 782, § 3º ao § 5º do novo CPC. De acordo com o CPC vigente, a inclusão do nome do devedor no Cadastro de Inadimplentes depende de ordem judicial, o que não ocorre com o Cadin. Apesar de a inscrição no citado cadastro constituir uma prática assimilada no entorno do processo de execução de tributos federais, a previsão do § 3º do art. 782 do CPC, ao exigir ordem judicial para inclusão do devedor no Cadastro de Inadimplentes, abre margem para a argumentação de que a mesma ordem judicial deve ser um pressuposto para inscrição no Cadin. Não sendo observado esse requisito, o devedor poderá questionar a validade da inscrição mediante ação própria (o mandado de segurança ou ação anulatória) ou nos Embargos à Execução Fiscal[1].

Na esteira das dificuldades geradas ao devedor com a inscrição na dívida ativa federal, a Lei n. 13.606, de 2018, acrescentou os arts. 20-B a 20-E à Lei n. 10.522, de 2002, permitindo a indisponibilidade de bens do contribuinte ainda na fase administrativa. A lei em questão possui pontos de constitucionalidade duvidosa, conforme a análise das subseções 5.3.1.6 a 5.3.1.11 e 7.3.

7.2.1 Suspensão e interrupção da prescrição na Execução Fiscal

Como se sabe, a prescrição é a perda do direito de se exigir uma pretensão jurídica, o que pode ocorrer inclusive perante o Poder Judiciário. A Fazenda Pública também não está imune a essa perda de direito, razão pela qual o exame do tema na Execução Fiscal possui certo relevo. A LEF trata da suspensão do prazo de prescrição por um período de 180 dias ou até a distribuição da ação de execução (o que ocorrer antes), contados do

---

1 MENDES, Aluisio Gonçalves de Castro; SILVA, Larissa Clare Pochmam da. O CADIN e o cadastro de inadimplentes do novo CPC. In: *A LEF e o novo CPC*: reflexões e tendências: o que ficou e o que mudará. Rio de Janeiro: Lumen Juris, 2016, p. 95-96.

541

ato de inscrição do crédito tributário na dívida ativa (LEF, art. 2º § 3º). Argumenta-se que este dispositivo não teria aplicação sobre créditos de natureza tributária, porquanto a prescrição no direito tributário é especialmente disciplinada pelo art. 174 do CTN. Assim, o § 3º do art. 2º da LEF regularia a prescrição quanto aos créditos não tributários inscritos na dívida ativa[2].

De fato, o disposto na LEF sobre prescrição não deve ser aplicado à cobrança do crédito tributário. Entende-se por "suspensão" do prazo de prescrição a paralisação de seu curso por algum motivo (normalmente determinação legal). Cessada a causa da suspensão o prazo retorna a ser contado sobre o restante.

A respeito do assunto cabem algumas ponderações. Em primeiro lugar, a Constituição Federal prescreve, no art. 146, III, b, que uma das funções da lei complementar a respeito de normas gerais de direito tributário é dispor sobre "prescrição" do crédito tributário. Assim, não seria a LEF norma formalmente adequada para disciplinar prescrição em matéria tributária, uma vez que, de um modo geral, essa lei trata de matéria processual sobre a cobrança do crédito tributário em juízo. Assim, tendo sido o CTN recepcionado como a lei complementar a que alude o mencionado dispositivo constitucional, o seu art. 174 afastaria a incidência do § 3º do art. 2º da LEF.

Desse modo, o art. 174 do CTN estabelece que o prazo para ingressar com ação de Execução Fiscal é de 5 anos contados da constituição definitiva do crédito tributário[3]. O prazo prescricional, entretanto, é interrompido, caso ocorra uma das situações previstas no parágrafo único do art. 174 do CTN, quais sejam: a) o despacho do juiz que ordenar a citação do devedor; b) o protesto judicial; c) qualquer ato judicial que constitua em mora o devedor; d) qualquer ato inequívoco, ainda que extrajudicial, que signifique o reconhecimento do débito pelo devedor. O § 2º do art. 8º da LEF também prevê a interrupção da prescrição com o despacho do juiz que ordenar a citação. Por conseguinte, para a Fazenda assegurar o seu direito de pedir o pagamento

---

2   BOTTESINI, Maury Ângelo et al. *Lei de Execução Fiscal: comentada e anotada*. 3. ed. São Paulo: RT, 2000, p. 52.

3   Súmula 150, do STF: "prescreve a execução no mesmo prazo de prescrição da ação".

Capítulo 7   Ações judiciais de iniciativa da Fazenda Pública

do crédito tributário judicialmente, além de protocolar a petição inicial dentro do prazo de cinco anos, o juiz deverá despachar a petição inicial para que o prazo prescricional tenha sua fluência interrompida.

7.2.2 Prescrição intercorrente

A prescrição intercorrente se define basicamente pela perda do direito de se prosseguir em uma ação judicial, mesmo após o seu ajuizamento. A prescrição intercorrente na Execução Fiscal está prevista na LEF, no art. 40, com redação dada pela Lei n. 11.051, de 2004. Antes dessa alteração legal havia controvérsias sobre a redação original do art. 40, que permitia a eternização do processo de Execução Fiscal nos casos em que não se conseguia citar o contribuinte para dar início ao processo ou nas situações em que não era possível garantir o juízo da execução com bens do devedor. De acordo ainda com a redação original do art. 40, §§ 1º ao 3º, da LEF, decorrido o prazo de um ano sem que o devedor tivesse sido localizado, o juiz determinaria o arquivamento dos autos até ulterior localização do executado ou de bens para garantia do juízo (LEF, art. 40, §§ 2º e 3º).

O arquivamento em questão conduzia à estranha situação em que o processo de Execução Fiscal não tinha fim, podendo permanecer apto a ser desarquivado para cobrança do crédito tributário a qualquer tempo. Por outro lado, toda pretensão jurídica está sujeita à prescrição, exceto as ações de ressarcimento ao erário, conforme previsão do § 5º do art. 37 da Constituição Federal.

Depois de várias divergências, o STJ, no Recurso Especial 1.340.553-RJ, julgado em 12 de setembro de 2018, fixou as teses 566, 567, 568 e 570 de Recursos Repetitivos. Em síntese, o tribunal definiu que a Execução Fiscal será suspensa por 1 ano, contado da não localização do devedor ou de bens para garantir o juízo, devendo a Fazenda ser intimada dessa suspensão. Finalizado o período de 1 ano, tem início automaticamente o prazo de 5 anos para a decretação da prescrição intercorrente, que será pronunciada de ofício pelo juiz. Na prática, iniciada a contagem do prazo prescricional, eventuais diligências da Fazenda para localizar o devedor ou penhorar bens não são suficientes para impedir a decretação da prescrição intercorrente, que só será obstada se for efetivada a citação do devedor ou localizados bens para garantir a execução.

A Súmula 314 do STJ ratifica as regras da prescrição intercorrente com o seguinte verbete: "Em execução fiscal, não localizados bens penhoráveis, suspende-se o processo por um ano, findo o qual se inicia o prazo da prescrição quinquenal intercorrente". Assim, basta que a Fazenda Pública exequente fique inerte na execução ou não localize o devedor ou bens para garantir a execução e a prescrição intercorrente iniciará seus efeitos.

7.2.3 A petição inicial de execução fiscal

A petição inicial de execução fiscal não difere essencialmente da petição de execução do processo comum. No entanto, deve ser um texto objetivo que atenda aos requisitos do art. 6º da LEF. A prova do título executivo na execução fiscal deve ser pré-constituída, razão pela qual não há necessidade de se descrever a origem da dívida, formalizada pela CDA.

A fundamentação jurídica é a inscrição na dívida ativa, representada pela CDA, que presume a liquidez e certeza do crédito tributário, embora essas presunções possam ser contestadas por meio dos Embargos à Execução.

O pedido será de citação do devedor para pagar o débito atualizado, no prazo legal de 5 dias, ou nomear bens que garantam o juízo da execução, nos termos do art. 9º da LEF. Se não realizar uma das opções legais, o juízo executivo deve ser garantido por penhora coercitiva na forma do art. 10 da LEF, excluindo-se os bens absolutamente impenhoráveis (CPC, art. 833).

Não devem ser requeridas provas, pois a CDA serve também para provar o direito ao crédito. O valor da causa na Execução Fiscal, obviamente, será o valor do crédito tributário atualizado.

7.2.4 Competência jurisdicional

A competência territorial será o foro do domicílio do devedor, não importando se este mudar de domicílio após a propositura da execução. Nesse sentido é a Súmula 58 do STJ, com o seguinte enunciado: "Proposta a execução fiscal, a posterior mudança de domicílio do executado não desloca a competência já fixada". Os tributos municipais e estaduais terão suas ações de Execução Fiscal promovidas em uma das varas da Justiça Estadual. A competência funcional dependerá da lei de organização judiciária do estado ou do Distrito Federal, sendo comum atribuir-se aos juízes da Fazenda Pública a competência para processar a Execução Fiscal e os respectivos embargos. Em algumas comarcas é possível que a lei de

Capítulo 7 **Ações judiciais de iniciativa da Fazenda Pública**

organização judiciária crie juízos especializados no processamento de Execuções Fiscais.

As Execuções Fiscais relativas a tributos federais, portanto aqueles administrados pela Receita Federal do Brasil e cobrados judicialmente pela Procuradoria da Fazenda Nacional, serão executadas na vara da Justiça Federal do domicílio do devedor. Pode existir nas seções da Justiça Federal competência funcional específica para processar Execuções Fiscais.

O art. 109, § 3º, da Constituição Federal prevê hipóteses em que a competência da Justiça Federal é deslocada para a Justiça Estadual. Uma dessas hipóteses é a cobrança de tributos federais, quando na localidade em que o devedor reside não houver vara da Justiça Federal. De acordo com o art. 15 da Lei n. 5.010, de 1966, caberá à Justiça Estadual a competência para processar e julgar as Execuções Fiscais propostas pela União ou suas autarquias como também Ação Anulatória contra a CDA. Nesse sentido é a orientação do STJ:

> 3. A competência federal delegada (art. 15, I, da Lei n. 5.010/66) para processar a execução fiscal estende-se para julgar a oposição do executado, seja por meio de embargos, seja por ação declaratória de inexistência da obrigação ou desconstitutiva do título. 4. Conflito conhecido para declarar a competência do Juízo de Direito (STJ. CC, 98.090/SP, Rel. Min. Benedito Gonçalves, j. 22-4-2009, *DJ* 4-5-2009).

A propósito dessa competência delegada da Justiça Estadual para processar Execuções Fiscais federais, a Súmula 190 do STJ esclarece: "Na execução fiscal, processada perante a Justiça Estadual, cumpre à Fazenda Pública antecipar o numerário destinado ao custeio das despesas com o transporte dos oficiais de justiça".

7.2.5 Exclusividade do juízo da execução fiscal

O art. 5º da LEF reserva ao juízo da execução o monopólio da competência, excluindo qualquer outro, inclusive o juízo da falência, da liquidação, da insolvência ou do inventário[4]. Na prática, isso significa que a Execução Fiscal

---

4 Lei n. 6.830/1980: "Art. 5º A competência para processar e julgar a execução da Dívida Ativa da Fazenda Pública exclui a de qualquer outro Juízo, inclusive o da falência, da concordata, da liquidação, da insolvência ou do inventário".

CURSO COMPLETO DE DIREITO PROCESSUAL TRIBUTÁRIO

continuará sendo processada no juízo competente, ainda que sejam requeridas as medidas judiciais mencionadas no dispositivo.

A Lei n. 11.101, de 2005, regula a recuperação judicial, a extrajudicial e a falência do empresário e da sociedade empresária. O art. 6º da mencionada lei estabelece que "a decretação da falência ou o deferimento do processamento da recuperação judicial suspende o curso da prescrição e de todas as ações e execuções em face do devedor". O § 7º do mencionado artigo, porém, exclui da regra geral da suspensão as execuções de natureza fiscal, na hipótese de deferimento de "Recuperação Judicial", ressalvando, a concessão de parcelamento nos termos do art. 151 do CTN. Assim, ainda que deferida a Recuperação Judicial, as Execuções Fiscais poderão ser requeridas perante o juízo competente para a execução e terão curso normal. Lembre-se que as hipóteses de suspensão da Execução Fiscal estão previstas no art. 40 da LEF, não se incluindo a decretação de falência em seu rol, conforme já se pronunciou o STJ (STJ. Recurso Especial 912.483/RS, Rel. Min. Eliana Calmon, j. 19-6-2007, *DJe* 29-6-2007).

A autonomia do juízo da execução deve ser estendida aos pedidos de falência porque o juízo da Execução Fiscal possui exclusividade sobre os juízos universais, dentre os quais o da falência. Acrescente-se que o art. 187 do CTN, com redação dada pela Lei Complementar n. 118, de 2005, fixa que a cobrança judicial do crédito tributário não está sujeita a concurso de credores ou habilitação em falência, recuperação judicial, concordata, inventário ou arrolamento, ratificando assim a autonomia do juízo da execução prevista no art. 5º da LEF.

Ressalte-se que a decretação da falência poderá ensejar a responsabilização dos sócios da pessoa jurídica se ficar comprovado, nas vias processuais adequadas, que o sócio-gerente ou administrador da empresa atuou conforme a previsão do art. 135 do CTN. Neste caso, os responsáveis tributários mencionados no dispositivo terão que ter agido com excesso de poderes ou violação de leis que regulam a atividade empresarial e a responsabilidade civil do sócio sobre a pessoa jurídica e seus demais consortes. Como reforço a esses argumentos, tem sido esse o entendimento do STJ sobre o assunto:

> III – Na hipótese de processo falimentar, o Superior Tribunal de Justiça já decidiu no sentido de que a falência não equivale a dissolução irregular da empresa e que somente quando esgotados os bens da sociedade empresária falida é que a execução pode ser redirecionada para o patrimônio dos

Capítulo 7   Ações judiciais de iniciativa da Fazenda Pública

sócios-gerentes, caso comprovada a prática de atos com excesso de poderes ou infração à lei. Nesse sentido: AgRg no AREsp 128.924/SP, Rel. Ministro Herman Benjamin, Segunda Turma, julgado em 28-8-2012, *DJe* 3-9-2012; AgRg nos EDcl no REsp 1227953/RS, Rel. Ministro Humberto Martins, Segunda Turma, julgado em 26-4-2011, *DJe* 3-5-2011 (Agravo de Instrumento no Recurso Especial 1.648.735/RS, Rel. Min. Francisco Falcão, j. 1º-3-2018, *DJe* 6-3-2018).

A superveniência da falência ensejará, portanto, a penhora de bens da massa falida para garantia do crédito tributário e não o redirecionamento direto da Execução Fiscal contra os sócios-gerentes ou administradores. Obedecida a preferência legal do crédito tributário e restando insuficiente o acervo de bens da massa falida para pagamento da Fazenda Pública, a execução terá que ser extinta, e não redirecionada aos sócios-gerentes ou administradores, pois não será hipótese de dissolução irregular da sociedade.

Saliente-se que o próprio art. 4º da LEF prescreve que a execução poderá ser proposta contra universalidades de direito, dentre as quais a massa falida. Em síntese, a recuperação judicial ou a falência não alteram a regra do art. 5º da LEF, justamente porque o dispositivo evita que o juízo da falência tenha que se pronunciar sobre o pagamento da dívida fiscal. Observe-se que a Execução Fiscal poderá exigir o pagamento de tributos federais e a falência estar sendo processada na Justiça Estadual, acarretando conflito de competência, caso a execução tivesse que ser deslocada para o juízo falimentar. Daí a conclusão do STJ de que, havendo falência, a Execução Fiscal poderá continuar tramitando até o leilão de bens. O produto da venda compulsória dos bens deverá ser entregue ao juízo da falência para pagamento dos credores, observada a ordem de preferência legal (Embargos em Recurso Especial 536.033/RS, Rel. Min. Eliana Calmon, j. 1º-2-2004, *DJ* 9-2-2005).

A Fazenda, portanto, executará a massa falida no juízo competente para processar a execução, conforme as regras de competência funcional e de foro.

O síndico da massa falida deverá, de qualquer maneira, informar o juízo da execução sobre a quebra do devedor tributário, a fim de que se estabeleça eventual concurso de preferência de créditos fazendários na forma do parágrafo único do art. 187 do CTN.

Embora a execução fiscal exclua o juízo universal da falência, consoante a regra do art. 5º da LEF, convém à Fazenda Pública comunicar o juiz da falência a respeito da existência do crédito fiscal. Em seguida, deverá requerer

CURSO COMPLETO DE DIREITO PROCESSUAL TRIBUTÁRIO

a reserva de importância a que se referem os arts. 6º, § 3º e 149 da Lei de Falências, como forma de se prevenir o pagamento do crédito fazendário[5].

7.2.6 Competência na execução fiscal e as ações declaratórias ou anulatórias

No processo tributário, a função da Ação Declaratória, em geral, é afastar a exigência do tributo antes da constituição do crédito tributário, razão pela qual pede-se seja declarada a "inexistência de relação jurídica tributária". O art. 20 do CPC, entretanto, prevê como "admissível a ação meramente declaratória, ainda que tenha ocorrido a violação do direito". Nesse caso, a Ação Declaratória possui a função de declarar que um direito foi violado, o que dará ensejo a eventual reparação do dano. Na matéria fiscal, a cobrança indevida do tributo não enseja, em regra, reparação do dano, o que conduz a pretensão do contribuinte ao pleito de nulidade do lançamento tributário ou de outros atos tendentes à cobrança do tributo aparentemente indevido. Se procedente a pretensão do contribuinte, isto é, se a cobrança indevida for declarada nula, a consequência será a extinção do crédito tributário indevidamente constituído.

Por essas explicações iniciais, tão logo o contribuinte é notificado do lançamento tributário poderá optar entre impugná-lo na via administrativa ou mover ação anulatória do crédito fiscal. Igualmente, caso o crédito seja inscrito na dívida ativa, quer porque o contribuinte perdeu a discussão administrativa, quer por não ter se defendido e nem pago o crédito tributário, a ação cabível será a Ação Anulatória do Crédito Tributário. O que não parece adequado é o ajuizamento de ação declaratória de inexistência de relação tributária, se o crédito já foi constituído pelo lançamento. Portanto, a

---

5   É possível também a penhora no rosto dos autos como medida suficiente para acautelar o Poder Público do crédito que possui em face do devedor. Cf. ABRÃO, Carlos Henrique, CHIMENTI, Ricardo Cunha, ÁLVARES, Manoel, FERNANDES, Odmir, BOTTESINI, Maury Ângelo. *Lei de Execução Fiscal: comentada e anotada*. 3. ed. São Paulo: Revista dos Tribunais, 2000, p. 97. Considera-se "penhora no rosto dos autos" a reserva de créditos do credor na ação em que o devedor possui a expectativa de recebimento de um crédito (CPC, art. 855). Desse modo, no caso da recuperação judicial ou de falência, a Fazenda poderá requer no juízo falimentar a reserva do seu crédito do montante de créditos que a empresa em recuperação ou a massa falida eventualmente vier a receber de seus devedores.

Capítulo 7   Ações judiciais de iniciativa da Fazenda Pública

ação cabível depois que o lançamento é efetivado será ação declaratória da invalidade do crédito tributário ou simplesmente Ação Anulatória.

No caso de o crédito ser inscrito na dívida ativa existe previsão expressa de cabimento da ação anulatória e também do mandado de segurança e ação de repetição de indébito (LEF, art. 38). Quaisquer dessas medidas ajuizadas após a distribuição da execução fiscal podem levar a questionamentos sobre a competência para processar e julgar essas ações, sobretudo quando se sabe que o juízo da execução é excludente dos demais.

Assim, caso tenha sido promovida a ação de execução e o devedor ingresse com ação anulatória do ato de constituição do crédito tributário (lançamento), esta ação será considerada conexa à execução fiscal nos termos do art. 55, § 2º, I, do CPC, devendo as ações ser reunidas a fim de evitar decisões conflitantes (CPC, art. 56). Conforme o art. 58 do CPC, a reunião dos processos se dará no juízo prevento (o que despachou primeiramente a causa), de modo que as decisões sejam simultâneas. Tratando-se de execução fiscal, a regra do art. 58 do CPC será aplicável caso o contribuinte ingresse com a ação anulatória após o ajuizamento da execução. A hipótese inversa, isto é, o protocolo da Execução Fiscal após o ajuizamento da ação anulatória não é conciliável com o art. 58 do CPC, não podendo a execução ser reunida ao juízo da anulatória por prevenção porque o juízo da Execução Fiscal é exclusivo, conforme foi visto.

Percebe-se, portanto, que o objetivo da reunião dos processos é evitar sentenças conflitantes entre a da anulatória e a dos embargos à execução. A tramitação separada dos processos poderá gerar situações embaraçosas como, por exemplo, tendo o contribuinte perdido a discussão nos embargos, poderá ganhar o litígio na ação anulatória, gerando controvérsia sobre qual decisão deverá prevalecer. Nesse sentido já decidiu o STJ:

> 1. A jurisprudência da Primeira Seção do Superior Tribunal de Justiça é firme no sentido de que, constatada conexão entre a ação de execução fiscal e ação anulatória de débito fiscal, impõe-se a reunião de processos para julgamento simultâneo, a fim de evitar decisões conflitantes, exsurgindo competente o Juízo onde proposta a anterior ação executiva. 2. A ação anulatória do título executivo encerra forma de oposição do devedor contra a execução, razão pela qual induz a reunião dos processos pelo instituto da conexão, sob pena de afronta à segurança jurídica e economia processual (STJ. Conflito de

Competência 98.090/SP, Rel. Min. Benedito Gonçalves, j. 22-4-2009, *DJ* 4-5-2009).

Quando o contribuinte se antecipa ao ajuizamento da Execução Fiscal e desde logo promove a Ação Anulatória, a exigibilidade do crédito tributário poderá ser suspensa por força da realização de depósito do montante do crédito tributário ou pelo deferimento de tutelas de urgência (CTN, art. 151, II, IV e V e CPC, arts. 303 a 305). Tratando-se da hipótese do depósito, se a Execução Fiscal for distribuída depois de deferida a suspensão da exigibilidade do crédito tributário com fundamento no art. 151, II, do CTN, poderá o contribuinte executado comunicar o juízo da Execução Fiscal sobre a suspensão da exigibilidade, o que poderá ser formulado por exceção de pré-executividade ou por simples petição nos autos da execução, com a comprovação da decisão concessiva da suspensão. Observe-se que em função do juízo exclusivo da execução fiscal, não há como se modificar a competência do processo de execução, o que permitiria a remessa do feito ao juízo da anulatória para apensamento e decisão pelo juízo da anulatória. Além disso, considerando que o depósito suspende a mora do devedor em caso de sucumbência na Ação Anulatória e o valor depositado será convertido em renda da Fazenda Pública (CTN, art. 156, VI), a execução fiscal perderá seu objeto em função do depósito, razão pela qual terá que ser extinta. No caso de deferimento de tutela de urgência (sem depósito do montante do crédito), a execução poderá prosperar caso a tutela de urgência perca seus efeitos, por isso o executado deverá comunicar o juízo da execução fiscal sobre tal circunstância e pedir a suspensão da Execução Fiscal enquanto durarem os efeitos da tutela de urgência na Ação Anulatória.

Sem prejuízo desse entendimento, o STJ já decidiu pela possibilidade de remessa da Execução Fiscal ao juízo da Anulatória, fundado nas seguintes razões:

> 1. A propositura de qualquer ação relativa ao débito constante do título executivo não inibe o credor de promover-lhe a execução (§ 1º, do artigo 585, do CPC). 2. A finalidade da regra é não impedir a execução calcada em título da dívida líquida e certa pelo simples fato da propositura da ação de cognição, cujo escopo temerário pode ser o de obstar o processo satisfativo desmoralizando a força executória do título executivo. 3. À luz do preceito e na sua exegese teleológica, colhe-se que a recíproca não é verdadeira, vale dizer: proposta a execução torna-se despicienda e, portanto, falece interesse de agir a propositura de ação declaratória porquanto os embargos cumprem

Capítulo 7 **Ações judiciais de iniciativa da Fazenda Pública**

os desígnios de eventual ação autônoma. 4. Conciliando-se os preceitos, tem-se que, precedendo a ação anulatória à execução, aquela passa a exercer perante esta inegável influência prejudicial a recomendar o *simultaneus processus*, posto conexas pela prejudicialidade, forma expressiva de conexão a recomendar a reunião das ações, como expediente apto a evitar decisões inconciliáveis. 5. O juízo único é o que guarda a mais significativa competência funcional para verificar a verossimilhança do alegado na ação de conhecimento e permitir prossiga o processo satisfativo ou se suspenda o mesmo. 6. Refoge à razoabilidade permitir que a ação anulatória do débito caminhe isoladamente da execução calcada na obrigação que se quer nulificar, por isso que, exitosa a ação de conhecimento, o seu resultado pode frustrar-se diante de execução já ultimada (Recentes precedentes desta Corte sobre o tema: REsp 887607/SC, Relatora Ministra Eliana Calmon, Segunda Turma, publicado no *DJ* de 15-12-2006; REsp 722303/RS, desta relatoria, Primeira Turma, publicado no *DJ* de 31-8-2006; REsp 754586/RS, Relator Ministro Teori Albino Zavascki, Primeira Turma, publicado no *DJ* de 3-4-2006). 7. *In casu*, a execução fiscal restou ajuizada enquanto pendente a ação declaratória da inexistência da relação jurídica tributária, o que reclama a remessa dos autos executivos ao juízo em que tramita o pleito ordinário, em razão da patente conexão. 8. Conflito conhecido para declarar a competência do Juízo da 7ª Vara Federal de Campinas/SP (STJ. Conflito de Competência 81.290/SP, Rel. Min. Luiz Fux, j. 12-11-2008, *DJ* 15-12-2008).

Em que pesem as referências legais aludirem ao CPC de 1973, no ponto em questão a decisão é atual. Note-se que a conclusão do julgado é pela remessa da Execução Fiscal ao juízo da Anulatória, o que, em princípio, contraria a regra do art. 5º da LEF, que exige exclusividade ao juízo da Execução Fiscal. A solução encontrada pelo STJ prestigia o caráter cognoscitivo da Ação Anulatória, de modo que o juízo dessa medida estaria mais apto a decidir pela suspensão ou não do feito executivo. Entendemos que essa solução somente seria conveniente se o juízo da Anulatória também fosse competente para processar Execuções Fiscais e Embargos, de modo que a modificação da competência não violaria a regra do art. 5º da LEF, regra específica para o assunto. Se o juízo da Anulatória não for competente para processar Execuções Fiscais, a solução que melhor atenderia à conciliação das regras do CPC com o art. 5º da LEF seria a suspensão da execução por deliberação do seu juízo respectivo. Outras controvérsias sobre esse tema serão retomadas na subseção 8.3.4 do Capítulo 8.

551

CURSO COMPLETO DE DIREITO PROCESSUAL TRIBUTÁRIO

7.2.7 Legitimidade processual

Será parte legítima para ingressar com a Execução Fiscal o ente federado competente para exigir o tributo ou a autarquia ou fundação pública nos casos de parafiscalidade, uma vez que estas últimas entidades possuem personalidade jurídica para postular em juízo. Por parafiscalidade entende-se a transferência da competência de se exigir o pagamento de tributos para entidades de direito público, por meio de lei, podendo em alguns casos essa cobrança constituir receita da própria da entidade.

A ação deverá ser movida contra o devedor que, no direito tributário, poderá ser contribuinte ou responsável (CTN, art. 121). Poderá também ser requerida em face do fiador, espólio, massa falida, responsáveis por dívidas tributárias e sucessores a qualquer título (LEF, art. 4º).

Quando se tratar de substituição tributária, nos termos do art. 128 do CTN ou do art. 150, § 7º, da Constituição, é considerado devedor (parte legítima passiva), o substituto, isto é, quem a lei conferiu a tarefa de recolher o tributo em nome de outra pessoa (o substituído). Isto quer dizer que o substituto possui responsabilidade exclusiva em relação ao débito do substituído.

O CTN, no entanto, regula os casos de responsabilidade (CTN, arts. 129 a 138), de modo que a execução deverá ser proposta contra quem a lei ou a situação de fato determine seja o responsável pelo pagamento (LEF, art. 4º, V combinado com § 2º).

Há também os casos de solidariedade que, no direito tributário, não comportam "benefício de ordem" (CTN, art. 124 e parágrafo único), pelo que se conclui não ser necessário cobrar-se o crédito primeiramente do devedor principal (contribuinte).

O art. 134 do CTN trata de hipóteses de "responsabilidade subsidiária", embora a redação do dispositivo se refira à "solidariedade". Registre-se, primeiramente, que a "solidariedade" é regulada pelo CTN no art.124, não havendo lógica em se abrir nova disposição sobre o assunto dez dispositivos à frente. Além disso, o art. 134 do CTN, ao se referir que "nos casos de 'impossibilidade' de exigência do cumprimento da obrigação principal pelo contribuinte respondem...", está-se, diante de hipótese de responsabilidade subsidiária. Isso porque o responsável pela dívida de outra pessoa somente será obrigado a pagá-la se o devedor principal não tiver meios de responder por sua dívida com seu patrimônio. Assim, nos casos estipulados nos incisos do art. 134 do CTN, a execução só será promovida contra o responsável se

Capítulo 7   **Ações judiciais de iniciativa da Fazenda Pública**

o contribuinte não puder responder pela dívida. Esta circunstância deverá ficar comprovada em processo administrativo fiscal ou por sentença judicial transitada em julgado.

A LEF concede ao responsável tributário o direito de nomear bens do devedor (contribuinte) livres e desembaraçados, tantos quantos bastem para a satisfação do crédito. Caso existam bens e estes sejam insuficientes, os bens dos responsáveis deverão ficar à disposição do juízo da execução. Na prática, a LEF cria hipótese de subsidiariedade para todos os casos de responsabilidade regulados no CTN, quando assegura essa faculdade ao terceiro (LEF, art. 4º, § 3º).

7.2.7.1 Responsabilidade de terceiros na execução fiscal

Conforme demonstrado na subseção anterior, é parte legítima para figurar no polo passivo da execução o devedor, assim entendido o sujeito passivo da obrigação tributária. A sujeição passiva, de acordo com o art. 121 do CTN poderá ficar a cargo do contribuinte, isto é, a pessoa natural ou jurídica que realizar o fato gerador e, justamente por esse motivo, é obrigada a pagar o tributo. Será responsável tributário, a pessoa natural ou jurídica que a lei atribuir a obrigação de recolher tributo de terceiro, conforme o art. 128, também do CTN. Tais pessoas são responsáveis diretas pela dívida tributária, quer por sua posição natural frente ao fato jurídico tributário, como é caso do contribuinte, quer em função de se relacionar com a situação que dá origem à obrigação tributária, o que ocorre com o responsável tributário.

Outras pessoas poderão responder pela dívida fiscal, geralmente em razão da solidariedade regulada pelo CTN ou em leis específicas, ou ainda por subsidiariedade. Nestes casos, a obrigação tributária é compartilhada entre o devedor e o corresponsável.

A jurisprudência do STJ firmou o entendimento de que a responsabilização de terceiros como corresponsáveis pela dívida tributária depende do reconhecimento dessa circunstância no ato de inscrição na dívida ativa. Isso levaria à inscrição da linha de corresponsabilidade na dívida ativa, de modo que a execução fiscal seria aparelhada com a CDA da qual constassem os nomes e dados dos devedores e codevedores. Nesse sentido:

> 1. Pacífica a jurisprudência desta Corte no sentido de que o sócio somente pode ser pessoalmente responsabilizado pelo inadimplemento da obrigação tributária da sociedade se agiu dolosamente, com fraude ou excesso de

poderes. 2. A CDA é documento que goza da presunção de certeza e liquidez de todos os seus elementos: sujeitos, objeto devido, e quantitativo. Não pode o Judiciário limitar o alcance dessa presunção. 3. Decisão que vulnera o art. 3º da LEF, ao excluir da relação processual o sócio que figura na CDA, a quem incumbe provar que não agiu com dolo, má-fé ou excesso de poderes nos embargos à execução. 4. Hipótese que difere da situação em que o exequente litiga contra a pessoa jurídica e no curso da execução requer o seu redirecionamento ao sócio-gerente. Nesta circunstância, cabe ao exequente provar que o sócio-gerente agiu com dolo, má-fé ou excesso de poderes. 5. Recurso especial parcialmente conhecido e, nessa parte, provido (STJ. Recurso Especial 729.996/PR, Rela. Min. Eliana Calmon, j. 5-5-2005, *DJ* 6-6-2005).

Sem o preenchimento dessa condição – a inclusão dos nomes e dados dos corresponsáveis na fase de inscrição na dívida e emissão da CDA – não será possível responsabilizar os sócios-gerentes ou outros responsáveis quando a execução fiscal já estiver em curso. A alteração de elementos substancias do título executivo no curso do processo de Execução Fiscal exclui seus atributos naturais de certeza e de liquidez. Daí por que a Execução Fiscal não poderia ser confundida com processo de conhecimento, no qual seria dada ampla oportunidade às partes de debaterem os fatos que levem à corresponsabilidade. A ausência do nome do corresponsável na CDA não consiste em mera formalidade, razão pela qual não poderá ser corrigida ou suprida com base no § 8º do art. 2º da LEF. A falta de indicação do codevedor no título deve implicar nova inscrição, com a consequente oportunidade de o codevedor se defender na via administrativa.

7.2.7.2 Redirecionamento da execução fiscal

A responsabilidade no direito tributário é um assunto não muito bem resolvido e um dos reflexos práticos da falta de clareza do CTN sobre o tema reside no processo de Execução Fiscal, mais precisamente quanto ao que se popularizou chamar de "redirecionamento da execução". Esse redirecionamento é entendido como a situação em que a Fazenda Pública não consegue dar prosseguimento à Execução Fiscal por razões relacionadas ao comportamento do executado. Isso poderá motivar a Fazenda a pedir ao juiz que o processo de execução seja dirigido contra o responsável tributário. Assim, pode-se concluir preliminarmente que só seria possível o redirecionamento da Execução Fiscal nas hipóteses em que o fato que pode levar à responsabilização

Capítulo 7 **Ações judiciais de iniciativa da Fazenda Pública**

tributária do terceiro seja superveniente ao ato de inscrição na dívida. Se os motivos que levariam à corresponsabilidade eram conhecidos pela Fazenda Pública antes da distribuição da Execução Fiscal, o processo não deveria ser protocolado e a inscrição na dívida ativa deveria ser refeita, a fim de se fazer constar os nomes e demais dados dos corresponsáveis.

Com o advento do CPC de 2015 foi inserido o "incidente de desconsideração da personalidade jurídica". Os arts. 133 a 137 do CPC disciplinam o instituto em questão. Em síntese, instaurado o incidente o processo será suspenso até a sua conclusão, inclusive quando ocorrer no curso de execução de dívida extrajudicial (CPC, art. 134, § 3º). No ponto, a questão que se levanta é saber se o mencionado incidente é aplicável às hipóteses de redirecionamento da Execução Fiscal. É possível se argumentar, em princípio, que o incidente deverá ser aplicado à Execução Fiscal em função da ausência de previsão legal específica na LEF. Por outro lado, como sustenta Gilson Bomfim, o incidente é inaplicável à Execução Fiscal porque, dentre outros argumentos, a desconsideração da pessoa jurídica não se dirige às situações de responsabilidade legal de terceiros, como é o caso da "responsabilidade tributária". Além disso, a instauração do incidente promove automaticamente a suspensão do processo e, caso possa ser aplicado à Execução Fiscal, equivaleria a uma nova hipótese de suspensão da exigibilidade do crédito tributário não prevista pelo CTN, o que seria vedado pelo art. 146, III, *b*, da Constituição Federal[6]. Não parece ser uma nem outra tese a conclusão adequada para o caso. O fato de a LEF não prever o procedimento para a desconsideração e o atual CPC ter incluído essa previsão não autoriza, por si só, a aplicação do CPC sobre a LEF. Primeiramente, nem todas as lacunas processuais entre a LEF e o CPC se resolvem pela subsidiariedade, até porque não seria de boa hermenêutica defender-se a aplicação subsidiária somente quando o argumento favorecer a parte da Execução Fiscal para a qual o intérprete se inclina. É necessária a apresentação de sólidos argumentos na linha dos princípios processuais a embasar a aplicação subsidiária do CPC sobre a LEF. Quanto a tese da não aplicabilidade do incidente, embora o art. 151 do CTN preveja,

---

6   BOMFIM, Gilson Pacheco. O redirecionamento da execução fiscal e o incidente de desconsideração da personalidade jurídica previsto pelo novo Código de Processo Civil. In: *A LEF e o novo CPC*: reflexões e tendências: o que ficou e o que mudará. Rio de Janeiro: Lumen Juris, 2016, p. 142.

por determinação constitucional, as hipóteses de suspensão da exigibilidade do crédito tributário, a suspensão do processo de que trata o art. 134, § 3º, do CPC não se confunde com os casos do art. 151 do CTN. A suspensão da exigibilidade do crédito tributário regulada pelo CTN ocorre independentemente da ação de Execução Fiscal. Por conseguinte, a suspensão do processo de Execução Fiscal deve ser regulada pelas regras processuais e não pelo direito material tributário. Tanto assim que os Embargos "suspendem" a Execução Fiscal e essa hipótese não está elencada no art. 151 do CTN.

O redirecionamento da Execução Fiscal se baseia nas hipóteses do art. 135, III do CTN, que prevê a responsabilização legal de terceiros pelo crédito tributário não pago nos casos de atos praticados "com excesso de poderes ou infração de lei, contrato social ou estatutos". A desconsideração da pessoa jurídica se funda na ideia de má utilização dos fins de uma empresa em geral para prejudicar terceiros, na linha do que dispõe o art. 50 do CC. Assim, entendemos que, realmente, o redirecionamento é procedimento mais singelo porque se funda em hipóteses legais de responsabilização exclusiva de terceiros pelo crédito tributário, na medida em que o art. 135, III, do CTN prevê situações em que o responsável age em afronta à legislação. Isso, por si só, já daria ensejo à desconsideração da pessoa jurídica nesses casos. Entretanto, o caso mais frequente de redirecionamento da execução fiscal contra os sócios-gerentes é a chamada "dissolução irregular da sociedade", prática em que se presume que os sócios-gerentes negligenciaram ou premeditaram a dissolução da empresa com o objetivo de lesar o Fisco, na medida em que a sociedade é "abandonada" por seus responsáveis legais sem o pagamento das dívidas tributárias. Por conseguinte, nos casos de dissolução irregular da sociedade, com mais razão ainda, deve-se concluir que se trata de hipótese de "desconsideração da pessoa jurídica".

Na linha do que propõem Brunno Lorenzoni e Sérgio André Rocha: "O incidente se volta para apurar as situações reais em que "um sócio seja plenamente responsabilizado por uma obrigação assumida pela pessoa jurídica, respondendo com o seu patrimônio pessoal"[7]. Daí por que o incidente previsto nos arts. 133 e seguintes do CPC asseguram um nível de certeza muito

---

7   LORENZONI, Brunno; ROCHA, Sérgio André. O incidente de desconsideração da personalidade jurídica e sua aplicação no processo de execução fiscal. In: *A LEF e o novo CPC*: reflexões e tendências: o que ficou e o que mudará, p. 161.

Capítulo 7   Ações judiciais de iniciativa da Fazenda Pública

maior do que o simples redirecionamento, fundado na premissa de que basta a inclusão do nome do sócio-gerente na CDA para se presumir sua responsabilidade pessoal, como defende a jurisprudência do STJ até o momento.

De qualquer forma, caberá à jurisprudência dos tribunais reformar ou não o entendimento pacificado de que a responsabilidade tributária não se confunde com os casos de desconsideração da pessoa jurídica. Por essa razão, cabe tão somente o redirecionamento da Execução Fiscal para responsabilizar o sócio-gerente pelos atos praticados na forma do art. 135, III do CTN. Enquanto isso não ocorre, é necessário estudar-se o panorama processual e jurisprudencial do momento, que defende a tese do simples redirecionamento.

Tratando-se de redirecionamento de Execução Fiscal, a casuística tem demonstrado que a imensa maioria dos litígios sobre essa matéria tem a ver com o redirecionamento do feito em face do sócio ou administrador da pessoa jurídica. É comum após o ajuizamento da Execução Fiscal não se encontrarem bens da pessoa jurídica para garantir o débito da execução ou ocorrer dificuldades de se localizar representantes da empresa para receber a citação ou intimações, neste último caso para garantir o juízo. A primeira situação pode ensejar discussão sobre a idoneidade patrimonial da empresa; a outra pode sugerir que a sociedade tenha se dissolvido irregularmente. A certidão do oficial de justiça declarando tais dificuldades é indício de dissolução irregular, o que pode conduzir à responsabilização do sócio-gerente com base no art. 135, do CTN, sob alegação de dissolução irregular da sociedade. Nesse sentido tem decidido o STJ:

> 2. A certidão emitida pelo Oficial de Justiça, que atesta que a empresa devedora não mais funciona no endereço constante dos assentamentos da junta comercial, é indício de dissolução irregular, apto a ensejar o redirecionamento da execução para o sócio-gerente, nos termos da Súmula 435/STJ. Incidência da Súmula 83 do STJ (STJ. Recurso Especial 1.675.067/RS, Rel. Min. Herman Benjamin, j. 17-8-2017, *DJe* 13-9-2017).

A reiteração de decisões sobre esse tipo de situação ensejou a edição da Súmula 435 do STJ, com o seguinte enunciado: "Presume-se dissolvida irregularmente a empresa que deixar de funcionar no seu domicílio fiscal, sem comunicação aos órgãos competentes, legitimando o redirecionamento da execução fiscal para o sócio-gerente". Embora esse ponto esteja atualmente pacífico na jurisprudência da Corte, o assunto é historicamente controvertido.

557

CURSO COMPLETO DE DIREITO PROCESSUAL TRIBUTÁRIO

Nos anos oitenta, considerava-se válido o redirecionamento da execução qualquer que fosse a dificuldade em se dar seguimento ao feito contra a pessoa jurídica. O argumento era que o sócio cotista, ainda que não exercesse funções administrativas na empresa, responderia pelos débitos da pessoa jurídica com fundamento no art. 135, III, do CTN. A alegação era superficial, pois fazia interpretação literal do dispositivo sem considerar o contexto da responsabilidade da pessoa física sobre o negócio que empreende. Afirmava-se que o não pagamento do tributo caracterizava automaticamente a hipótese de "infração à lei", prevista no inciso III do art. 135 do CTN. Por conseguinte, entendia-se que o sócio seria responsável pelos débitos tributários da pessoa jurídica, porque os tributos da empresa são pagos por alguém, isto é, pelas pessoas físicas dos seus sócios-gerentes ou administradores, que assumem os riscos do negócio, inclusive os de natureza fiscal. O STF chegou a decidir que a execução fiscal poderia ser redirecionada ao sócio-gerente nos casos de ausência de patrimônio da sociedade (STF. Recurso Extraordinário 110.597/RJ, Rel. Min. Célio Borja, j. 7-10-1986, *DJ* 7-11-1986).

Posteriormente, o STF refinou esse entendimento, sustentando ser necessária a comprovação, pela via própria, das circunstâncias aludidas no art. 135 do CTN.

> O sócio não responde, em se tratando de sociedade por quotas de responsabilidade limitada, pelas obrigações fiscais da sociedade, quando não se lhe impute conduta dolosa ou culposa, com violação da lei ou do contrato. Hipótese em que não há prova reconhecida nas decisões das instâncias ordinárias de a sociedade haver sido criada objetivando causar prejuízo a Fazenda, nem tampouco restou demonstrado que as obrigações tributárias resultaram de atos praticados com excesso de poderes ou infração de lei, contrato social ou dos estatutos, por qualquer dos sócios (STF. Recurso Extraordinário 108.728/SP, Rel. Min. Néri da Silveira, j. 3-2-1989, *DJ* 14-11-1991).

Esse entendimento foi se alterando ao longo dos anos e, na atualidade, a jurisprudência do STJ enverada-se para sustentar que o redirecionamento de Execução Fiscal contra o sócio ou administrador de sociedade empresarial, não pode se fundar no simples inadimplemento da obrigação fiscal, dependendo, pois, da comprovação das situações previstas no art. 135 do CTN, quais sejam, as práticas de "excesso de poderes" ou "infração à lei" por parte dos sócios-gerentes. Nesse sentido: "1. Segundo a jurisprudência do STJ, a

558

Capítulo 7   **Ações judiciais de iniciativa da Fazenda Pública**

simples inadimplência da obrigação tributária não enseja o redirecionamento da Execução Fiscal" (STJ. Agravo Regimental no Recurso Especial 738.117/ PR, Rel. Min. Herman Benjamin, j. 25-8-2009, *DJ* 31-8-2009). Também de acordo com a jurisprudência do STJ, é lícito, no entanto, o redirecionamento da Execução Fiscal nas hipóteses de dissolução irregular da sociedade, o que equivale à "infração à lei", mas a alegação de dissolução irregular depende de prova nos autos.

> 3. A dissolução irregular da empresa enseja o redirecionamento da Execução Fiscal contra os sócios-gerentes, nos termos do art. 135 do CTN. Precedentes do STJ. 4. O Tribunal de origem, com base na prova dos autos, considerou caracterizada a hipótese de dissolução irregular (STJ. Agravo Regimental no Agravo de Instrumento 1.122.753/SP, Rel. Min. Herman Benjamin, j. 20-8-2009, *DJ* 27-8-2009).

É necessário esclarecer primeiramente o papel do sócio enquanto pessoa física na sociedade comercial. Para isso, é de se relembrar a essência do conceito de pessoa jurídica. Conforme Fabio Ulhôa Coelho:

> O instituto da pessoa jurídica é uma técnica de separação patrimonial. Os membros dela não são os titulares dos direitos e obrigações imputados à pessoa jurídica. Tais direitos e obrigações formam um patrimônio distinto do correspondente aos direitos e obrigações imputados a cada membro da pessoa jurídica[8].

Observe-se que o conceito se refere a determinada técnica que separa o patrimônio dos membros da pessoa jurídica dos bens pertencentes à sociedade empresária. Isso significa que o sistema jurídico é que decide quando e como se distingue a pessoa natural da pessoa jurídica. Maria Helena Diniz explica que são várias as teorias civilistas que procuram esclarecer a natureza jurídica da pessoa jurídica. A mais aceita é a "teoria da realidade das instituições jurídicas". Essa tese, desenvolvida na França por Hauriou, sustenta que "a personalidade jurídica é um atributo que a ordem jurídica estatal outorga a entes que o merecem"[9]. Daí por que pode-se afirmar com

---

8   COELHO, Fábio Ulhoa. *Curso de direito civil*. 2. ed. São Paulo: Saraiva, v. 1, 2006, p. 233.

9   DINIZ, Maria Helena. *Curso de direito civil brasileiro*. 22. ed. São Paulo: Saraiva, v. 1, 2007, p. 230-231.

segurança que "a pessoa jurídica é uma realidade jurídica"[10]. A pessoa física e a jurídica são conceitos do sistema jurídico e não realidades que se explicam por critérios fenomenológicos. Por isso não se pode confundir "fenomenologicamente" a pessoa dos seus dirigentes com a própria pessoa jurídica, entidade abstrata em torno da qual as pessoas naturais se unem para o alcance de determinado fim econômico ou não econômico. Não se sustenta o argumento de que toda pessoa jurídica é gerida por pessoas e, por esse motivo, os erros e omissões da pessoa jurídica são igualmente atribuídos às pessoas físicas de seus gestores.

Com essa explicação, tratando-se de responsabilidade por obrigações tributárias da pessoa jurídica empresarial, é necessário detectar qual o regime jurídico da responsabilidade tributária que permite desconsiderar a pessoa jurídica a ponto de se atingirem bens dos seus sócios ou administradores. Registre-se que o redirecionamento da execução fiscal contra sócios e administradores configura a chamada "desconsideração da pessoa jurídica", uma vez que para se defender na execução tais pessoas poderão responder com o patrimônio pessoal pelos débitos tributários da pessoa jurídica a qual estão vinculados, sem que esta, necessariamente, tenha se dissolvido[11].

O CTN prevê no art. 135 que os diretores, gerentes ou representantes de pessoas jurídicas de direito privado serão responsáveis "pessoalmente" por créditos correspondentes a obrigações tributárias, desde que estas resultem de atos praticados com "excesso de poderes" ou "infração de lei", "contrato social" ou "estatutos". O não cumprimento de obrigações tributárias por parte da pessoa jurídica não poderá implicar necessária e automaticamente a responsabilidade dos sócios ou administradores da pessoa jurídica se não ficar comprovado que tais pessoas (físicas) tenham atuado com excesso de poderes ou infração à lei.

Verifica-se, portanto, que não é todo sócio que poderá ter contra si redirecionada a Execução Fiscal, mas somente o que tenha condições de agir de acordo com a conduta prevista no art. 135 do CTN. O sócio que não desempenha funções administrativas ou diretivas na empresa dificilmente poderá agir com excesso de poderes ou infração à lei. Estão sujeitos à regra do dis-

---

10   DINIZ, Maria Helena. *Curso de direito civil brasileiro*, p. 230-231.

11   DINIZ, Maria Helena. *Curso de direito civil brasileiro*, p. 305-306.

Capítulo 7 **Ações judiciais de iniciativa da Fazenda Pública**

positivo, portanto, o sócio-gerente que exerce função de direção ou administração da sociedade, ou o administrador contratado pela pessoa jurídica para geri-la. Nesse sentido, há a seguinte orientação do STJ:

1. A jurisprudência do Superior Tribunal de Justiça definiu as seguintes orientações: a) o redirecionamento da execução fiscal ao sócio, em razão de dissolução irregular da empresa, pressupõe a respectiva permanência no quadro societário ao tempo da dissolução; e b) o redirecionamento não pode alcançar os créditos cujos fatos geradores são anteriores ao ingresso do sócio na sociedade. 2. Na situação em que fundamentado o pedido de redirecionamento da execução fiscal na dissolução irregular da empresa executada, é imprescindível que o sócio contra o qual se pretende redirecionar o feito tenha exercido a função de gerência no momento dos fatos geradores e da dissolução irregular da sociedade. Precedentes: AgRg no REsp 1.497.599/SP, Relator Ministro Napoleão Nunes Maia Filho, *DJe* 26-2-2015; AgRg no Ag 1.244.276/SC, Relator Ministro Sérgio Kukina, *DJe* 4-3-2015; e AgRg no AREsp 705.298/BA, Rel. Min. Benedito Gonçalves, Primeira Turma, *DJe* 1º-9-15; AgRg no REsp 1.364.171/PE, Rel. Ministra Regina Helena Costa, Primeira Turma, *DJe* 29-2-2016 (STJ. Agravo Interno no Recurso Especial 1569844/SP, Rel. Min. Benedito Gonçalves, j. 22-9-2016, *DJ* 4-10-2016).

Exatamente por esse motivo, a jurisprudência consolidada do STJ sustenta que a responsabilidade do sócio-gerente deve ser contemporânea ao fato que enseja essa responsabilidade: "1. Em caso de dissolução irregular da sociedade, o redirecionamento será feito contra o sócio-gerente ou o administrador contemporâneo à ocorrência da dissolução (STJ. Agravo Regimental no Agravo em Recurso Especial 534560/SC, Rel. Min. Benedito Gonçalves, j. 22-9-2016, *DJ* 4-10-2016).

Confirmando esse entendimento, o STJ também já decidiu que é possível o redirecionamento do executivo fiscal contra o sócio-gerente, se este era sócio por ocasião da caracterização da "dissolução irregular" da sociedade, ainda que ao tempo do fato gerador da obrigação tributária ou do não pagamento do tributo, esse sócio-gerente não pertencesse ao quadro societário da empresa executada.

1. Hipótese em que o Tribunal local consignou: "ao redirecionamento da execução fiscal, na hipótese de dissolução irregular da sociedade, interessa a condição de sócio-gerente à época da dissolução irregular, e não do inadimplemento do tributo, porque é aquele fato, e não este, o que desencadeia a responsabilidade pessoal do administrador. Essa é, aliás, a jurisprudência do-

561

minante da 1ª Seção do Superior Tribunal de Justiça, do que é exemplo o seguinte julgado [...]" (fl. 471, e-STJ). 2. A Segunda Turma do STJ passou a decidir que, se o motivo da responsabilidade tributária é a infração à lei consubstanciada pela dissolução irregular da empresa (art. 135, III, do CTN), é irrelevante para efeito de redirecionamento da Execução Fiscal ao sócio-gerente ou ao administrador o fato de ele não integrar a sociedade quando do fato gerador do crédito tributário. Nesse sentido: AgRg no REsp 1.515.246/SP, Rel. Ministro Humberto Martins, Segunda Turma, *DJe* 10-2-2016; REsp 1.520.257/SP, Rel. Ministro Og Fernandes, Segunda Turma, *DJe* 23-6-2015 (STJ. Agravo Interno na Petição no Agravo em Recurso Especial 741233/SC, Rel. Min. Herman Benjamin, j. 15-9-2016, *DJ* 10-10-2016).

Ressalte-se também que a escassez de recursos financeiros para pagamento de obrigações tributárias não significa atuação com "excesso de poderes" ou "infração de lei". Exceder aos poderes é conduta que se pode atribuir ao sócio-gerente que recebeu poderes de representação da sociedade, ou ao administrador com iguais poderes, nas situações em que assumam obrigações que vão além dos poderes outorgados. Essa hipótese é de difícil ocorrência, pois, em geral, nas empresas, os sócios gerentes atuam vinculados ao objeto social da entidade. O elevado vulto dos negócios não poderá ser caracterizado como "excesso de poderes" pelo simples fato de a empresa ter se expandido. É claro que o crescimento da sociedade empresarial acarretará aumento do pagamento de tributos, mas a inadimplência tributária não poderá ser considerada excesso de poderes, porque o descumprimento de obrigações tributárias não se encaixa no sentido jurídico da locução "excesso de poderes". As obrigações tributárias decorrem de fato praticado pela pessoa jurídica e não pelo mandatário.

O não pagamento do tributo não pode ser caracterizado diretamente como omissão a ensejar a infração à lei, na linha do que prescreve o art. 135 do CTN. A lógica é a mesma, o descumprimento da obrigação tributária, por si, não caracteriza automaticamente infração à lei exigida pelo CTN. O não pagamento do tributo é omissão da pessoa jurídica e não infração à lei cometida pelo sócio-gerente ou administrador. Nesse sentido já decidiu o STJ:

1. O redirecionamento com base no art. 13 da Lei 8.620/1993 exige a presença das hipóteses listadas no art. 135 do CTN. Precedentes do STJ. 2. *In casu*, o Tribunal de origem consignou que a Execução Fiscal originou-se de descumprimento de obrigação acessória, culminando no simples inadimplemento do débito. Desse modo, não está configurada a prática de atos com

Capítulo 7   Ações judiciais de iniciativa da Fazenda Pública

infração à lei ou ao estatuto social. 3. Agravo Regimental não provido (STJ. Agravo Regimental no Recurso Especial 1.082.881/PB, Rel. Min. Herman Benjamin, j. 18-8-2009, *DJ* 27-8-2009).

Assim, para que possa responder pessoalmente com seu patrimônio por dívidas tributárias da pessoa jurídica é essencial que fique comprovado que o sócio-gerente ou o administrador agiu com excesso de poderes de administração ou infringiu normas jurídicas, tendo o descumprimento das obrigações tributárias relação direta com as referidas condutas. É praticamente impossível identificar-se o excesso de poder praticado pelo sócio-gerente que leve a esse tipo de responsabilização, daí por que o caso mais frequente de responsabilidade de sócio-gerente é o de dissolução irregular da sociedade, caracterizada pelo abandono da empresa sem a quitação do passivo fiscal.

A Fazenda Pública deve observar o prazo de prescrição para requerer a citação dos corresponsáveis. O art. 174, parágrafo único, I, do CTN dispõe que a prescrição se interrompe "pelo despacho do juiz que ordenar a citação em execução fiscal". Essa redação decorre da alteração produzida pela Lei Complementar n. 118, de 2005. Conforme Machado Segundo, essa disposição do CTN determinou que o prazo prescricional para citação de eventuais corresponsáveis deve ser contado a partir do "despacho do juiz determinando a citação"[12]. O STJ, no entanto, tem entendido que esse prazo deve ser contado após a citação da pessoa jurídica, que é a principal devedora.

> II – O pedido de redirecionamento da execução fiscal para o sócio-gerente da pessoa jurídica executada deve ser realizado até cinco anos da citação válida da empresa, sob pena de se consumar a prescrição. Nesse sentido: AgRg no REsp 1120407/SP, Rel. Ministro NAPOLEÃO NUNES MAIA FILHO, PRIMEIRA TURMA, julgado em 18/0/2017, *DJe* 4-5-2017; AgRg no Ag 1239258/SP, Rel. Ministra ELIANA CALMON, Rel. p/ Acórdão Ministro HERMAN BENJAMIN, SEGUNDA TURMA, julgado em 5-2-2015, *DJe* 6-4-2015. (STJ. Agravo de Instrumento no Recurso Especial 1.646.402/RJ, Rel. Min. Francisco Falcão, j. 5-4-2018, *DJe* 10-4-2018).

Essa interpretação, que se justificaria pelo fato de que o despacho de citação não implica na ciência automática acerca do processo para o devedor, pode desfavorecer os codevedores em manifesta contrariedade ao texto legal.

---

12   MACHADO SEGUNDO, Hugo de Brito. *Processo tributário*, p. 252.

CURSO COMPLETO DE DIREITO PROCESSUAL TRIBUTÁRIO

Note-se que entre a "data do despacho de citação" e "a citação dos eventuais corresponsáveis" poderá ter decorrido mais de 5 anos. Se o prazo for contado a partir da efetiva citação da pessoa jurídica, a Fazenda é beneficiada com o diferimento do termo inicial da contagem do prazo de prescrição, em momento não previsto em lei, ou, o que é pior, contra a previsão do art. 174 do CTN, que fixa o termo inicial da prescrição na data do despacho de citação e não em outro momento.

Conforme foi explicado, a infração à lei a que o art. 135 do CTN se refere não pode ser o simples "não pagamento do tributo", pois, além de configurar confusão entre o regime jurídico de separação dos conceitos de pessoa física e de pessoa jurídica, levaria à situação em que jamais se responsabilizaria a pessoa jurídica pelo não pagamento de suas obrigações fiscais. Note-se que o art. 135 do CTN alude a "responsabilidade direta e pessoal" das pessoas mencionadas no dispositivo. Assim, não haveria necessidade de se executar a pessoa jurídica pelo não pagamento de seus tributos, se fosse possível responsabilizar diretamente o sócio-gerente, ou os administradores, pela inadimplência da pessoa jurídica. Considerando que é o sócio-gerente ou o administrador quem efetua o pagamento dos tributos da empresa, na hipótese de inadimplência, essa omissão seria atribuída aos próprios dirigentes da pessoa jurídica. Por conseguinte, a Fazenda teria sempre que executar o sócio-gerente ou o administrador. É difícil defender esse argumento, exatamente porque é necessário que se configure a conduta excessiva ou contrária à lei, requisitos que não se vinculam à ideia de inadimplência. Isso é a prova de que prevalece a tese que explica a separação de regimes jurídicos entre a pessoa jurídica e as pessoas físicas dos seus dirigentes. Pode-se considerar infração à lei e, por esse motivo responderia pelas dívidas tributárias da empresa, o administrador ou empresário que, por exemplo, desvia os recursos financeiros da empresa para interesse próprio ou alheio, comprometendo a saúde financeira da empresa, que passa a não ter liquidez suficiente para pagar seus tributos. Para a responsabilização do sócio-gerente há de ficar caracterizada a malícia, o ardil, a ilicitude, a finalidade de se obter vantagem às custas dos interesses tributários da Fazenda, pouco importando os fins da sociedade empresarial. Nessas situações, desde que devidamente comprovadas pela Fazenda, é possível o redirecionamento da Execução Fiscal contra sócios-gestores ou administradores da pessoa jurídica, quer por excesso de poderes ou por infração à lei.

Capítulo 7   Ações judiciais de iniciativa da Fazenda Pública

É importante frisar que, se constar da CDA os nomes da pessoa jurídica e dos corresponsáveis (sócios-gerentes), a jurisprudência do STJ tem entendido que cabe ao sócio-gerente o ônus de comprovar a não ocorrência de qualquer das hipóteses do art. 135 do CTN (excesso de poderes ou infração à lei).

> 1. A orientação da Primeira Seção do STJ firmou-se no sentido de que, se a Execução Fiscal foi promovida apenas contra pessoa jurídica e, posteriormente, redirecionada contra sócio-gerente cujo nome não consta da Certidão de Dívida Ativa, cabe ao Fisco comprovar que o referido sócio agiu com excesso de poderes ou infração a lei, contrato social ou estatuto, nos termos do art. 135 do CTN. 2. Por outro lado, ajuizada a Execução somente contra pessoa jurídica, o ônus de demonstrar que não incorreu nas hipóteses previstas no art. 135 compete ao sócio cujo nome consta da CDA, em virtude da presunção relativa de liquidez e certeza da referida certidão (STJ. Agravo Regimental no Recurso Especial 1.096.876/RS, Rel. Min. Herman Benjamin, j. 6-8-2009, *DJ* 25-8-2009).

Esse entendimento pode neutralizar os esforços que a Fazenda Pública teria que empreender para caracterizar as condutas exigidas pelo artigo em questão. Impor aos dirigentes da empresa o ônus de provar que não atuaram com excesso de poderes ou com infração à lei (CTN, art. 135) pelo simples fato de que a CDA foi expedida constando os seus respectivos nomes, pode ensejar a obrigação de se provar fato negativo. O ideal seria que o procedimento ou processo administrativo que deram ensejo à inscrição na dívida ativa viessem devidamente instruídos com as provas das ilicitudes previstas no art. 135 do CTN.

Registre-se que se não constar da CDA os nomes dos dirigentes da pessoa jurídica, o ônus de provar que os gestores da empresa atuaram na forma do art. 135 do CTN passa a ser da Fazenda Pública. Apesar de não ser a Execução Fiscal o meio próprio para produção de provas que vão além da juntada da CDA, o STJ tem admitido a produção anômala de provas documentais na Execução Fiscal (STJ. Agravo Regimental no Agravo de Instrumento 1.122.753/SP, Rel. Min. Herman Benjamin, j. 20-8-2009, *DJ* 27-8-2009). A solução encontrada pelo tribunal nesse caso é adequada, pois se coaduna com o princípio da economia processual e da garantia de duração razoável do processo (CPC, art. 4º). Caso contrário, a Fazenda teria que mover ação própria para o reconhecimento das situações a que alude o art. 135 do CTN.

CURSO COMPLETO DE DIREITO PROCESSUAL TRIBUTÁRIO

Não se deve, pois, impor óbices processuais para a juntada de documentos comprobatórios das circunstâncias envolvendo as práticas do art. 135 do CTN. Mas se esses fatos dependerem de provas não documentais, que destoam das presunções de certeza e liquidez típicas da Execução Fiscal, cremos que o mais razoável seria suspender a execução e remeter as partes para o processo comum, em que a Fazenda poderá ouvir testemunhas, pedir perícia sobre documentos e comprovar idoneamente que os dirigentes da executada atuaram com excesso de poderes ou com infração à lei. Nesse caso teria que mover Ação Declaratória do Reconhecimento de Responsabilidade Tributária. Acrescente-se que a Fazenda teria, igualmente, meios administrativos de obter as provas necessárias à responsabilização dos gestores da empresa, mediante o exercício do poder de polícia fiscalizador.

7.2.8 Causa de pedir, pedido e valor da causa

O art. 6º da LEF limita-se a prescrever que a petição inicial indicará apenas: a) o juiz a quem é dirigida; b) o pedido; e c) o requerimento para a citação. Isso porque, na Execução Fiscal, os fatos que ensejam a procura do Judiciário (causa de pedir remota) é a inadimplência de um crédito, que pode ser ou não tributário. Quanto a fundamentação jurídica, (causa de pedir próxima), depois de definitivamente constituído o crédito tributário com a inscrição na dívida ativa e emitida a CDA, a Fazenda tem o direito de demandar a Justiça para pedir o pagamento compulsório da dívida. Caso o contribuinte não pague ou não apresente uma das garantias a que alude o art. 9º da LEF, os bens do devedor poderão ser arrestados ou penhorados como garantia do juízo da execução.

O direito ao crédito na execução fiscal é representado pela CDA, que é a prova pré-constituída da situação de inadimplência do devedor. Daí por que as petições iniciais de Execução Fiscal são mais sintéticas e não necessitam de elementos persuasórios como as demais iniciais. Basta a exposição sumária do fato e a juntada do documento que faz presumir a inadimplência.

O valor da causa na execução será, naturalmente, o valor do crédito tributário exigível, acrescido de juros, correção e eventual multa (LEF, art. 6º, § 4º). No momento, os tributos federais são atualizados pela chamada Taxa Selic. Referida sigla, que significa, Sistema Especial de Liquidação e Custódia, em verdade não é uma taxa, pois não é espécie tributária. Trata-se de um índice arbitrado pelo Banco Central do Brasil e foi instituído inicialmente para

Capítulo 7   **Ações judiciais de iniciativa da Fazenda Pública**

corrigir títulos da dívida pública emitidos pelo Tesouro Nacional (Circulares BACEN n. 1.124, de 1986 [revogada], n. 2.727, de 1996, n. 2.868, de 1999 [revogada] e n. 2.900, de 1999). Por força do art. 13 da Lei n. 9.065, de 1995, Lei n. 9.250, de 1995 e Lei n. 9.430, de 1996 que alteraram sucessivamente o art. 84 da Lei n. 8.981, de 1995, esse índice passou a ser adotado como de correção dos tributos. No passado existiram discussões judiciais sobre a possibilidade de a Selic ser utilizada como correção monetária fiscal, uma vez que a sua forma de instituição não se deu por lei, mas por atos normativos do Banco Central. Vale lembrar ainda que a Selic teve como concepção inicial criar indexador para títulos negociados no mercado financeiro, em que a taxa de juros costuma ser alta para atrair os investidores. Em um primeiro momento, o STJ chegou a afastar a aplicação da taxa Selic sobre os tributos, em razão dos argumentos sumariados acima (STJ. Recurso Especial 215.881/PR, Rel. Min. Franciulli Netto, j. 24-9-2002, *DJ* 12-8-2003). Logo em seguida, no entanto, esse entendimento foi modificado, de modo que a jurisprudência atual do STJ admite a utilização da taxa Selic como índice de correção dos tributos federais (STJ. Embargos no Recurso Especial 463.167/SP, Rel. Min. Teori Albino Zavascki, j. 13-4-2005, *DJ* 2-5-2005). A correção dos tributos estaduais e municipais dependerá da legislação local, mas poderão utilizar a taxa Selic, se assim dispuser a legislação própria.

Na execução não há lide, razão pela qual o juiz não resolverá a causa mediante sentença. Isso confirma o argumento de que a Fazenda deve pedir na Execução Fiscal que a justiça determine a citação do devedor para que este pague o débito ou ofereça garantia ao juízo da execução no prazo legal de 5 dias (LEF, art. 8º). É lícito requerer os benefícios do art. 212, § 2º, do CPC, de modo que a citação, intimações e penhoras sejam realizadas no período de férias forenses ou fora do horário de expediente, que é até as 20 horas. Evidentemente, a regra em questão somente será aplicável nos casos de diligências realizadas por oficial de justiça, o que contraria a tendência de se praticar a comunicação dos atos processuais pelos Correios (LEF, art. 8º, I).

7.2.9 Provas e documentos que acompanham a inicial

A LEF, no art. 6º, § 1º, estabelece que "a petição inicial será instruída com a Certidão da Dívida Ativa, que dela fará parte integrante, como se estivesse transcrita". Em seguida, o § 2º do citado artigo, prescreve que "a petição inicial e a Certidão de Dívida Ativa poderão constituir um único documento, preparado inclusive por processo eletrônico".

Fica dispensado requerimento de produção de provas por parte da Fazenda Pública porque a dívida fiscal é comprovada com a CDA, não cabendo dilação probatória. Lembremos que na Execução Fiscal não há lide e nem controvérsias sobre fatos. O meio próprio de o contribuinte se opor à execução fiscal são os embargos e nesta medida judicial cabem todas as modalidades probatórias.

É obrigatória a juntada da CDA à inicial, se possível com a demonstração dos cálculos do valor do débito. A CDA é prova essencial à demonstração do interesse de agir do credor e sua ausência implicará a necessidade de emenda da inicial, em 15 dias, para constar dos autos o título executivo, sob pena de extinção da execução fiscal (CPC, art. 321, parágrafo único).

Por força do art. 39 da LEF, "a Fazenda Pública não está sujeita ao pagamento de custas e emolumentos". Além disso, continua o dispositivo, "a prática dos atos judiciais de seu interesse independerá de preparo ou de prévio depósito". No entanto, se a Fazenda Pública for vencida, deverá ressarcir o valor das despesas feitas pelo executado.

É importante salientar que a CDA é o documento que comprova a sujeição passiva da dívida tributária, não sendo possível alterar a pessoa do executado e nem substituir a CDA depois que a execução fiscal estiver em curso, salvo a correção de erros materiais. O art. 2º da LEF prevê que a CDA poderá ser emendada ou substituída até decisão de primeiro grau nos embargos à execução. De acordo com a orientação do STJ, essas modificações deverão se limitar a correção de erros materiais ou formais, tais como grafias incorretas dos nomes, mas não a substituição dos executados, salvo, evidentemente, o redirecionamento da execução fiscal nos casos comentados na subseção 7.2.7.2 deste Capítulo, o que não significa substituição da CDA. Nesse sentido é a súmula 392 do STJ: "A Fazenda Pública pode substituir a certidão de dívida ativa (CDA) até a prolação da sentença de embargos, quando se tratar de correção de erro material ou formal, vedada a modificação do sujeito passivo da execução".

No entanto, o STJ tem precedentes em que, tendo ocorrido sucessão de empresas por incorporação, a incorporadora responde pelos débitos fiscais da incorporada, sendo possível a substituição da CDA, redirecionando-se a Execução Fiscal contra a empresa incorporadora ou prosseguir com a execução

Capítulo 7 **Ações judiciais de iniciativa da Fazenda Pública**

contra a empresa incorporada, em razão da confusão entre as duas empresas (incorporada e incorporadora). Nessa hipótese não teria aplicação a Súmula 392 (STJ. Agravo Interno no Recurso Especial 1.680.199/SP, Rel. Min. Napoleão Nunes Maia Filho, j. 12-6-2018, *DJe* 19-6-2018).

7.2.10 Procedimento da execução fiscal

No processo judicial a expressão "procedimento" possui o sentido de rito ou forma como o processo se desenvolve. A execução fiscal, a rigor, é um procedimento judicial, porque sua função é viabilizar o pagamento compulsório da dívida e não exatamente resolver um litígio entre o devedor e a Fazenda, o que se dará nos embargos à execução fiscal.

Caso o executado, depois de citado, não ofereça defesa, a execução poderá se resolver pelo pagamento compulsório da dívida, mediante a alienação forçada em leilão dos bens penhorados ou pela extinção do feito em razão da prescrição intercorrente.

Na maioria das vezes, o devedor de valores tributários elevados se opõe à cobrança por meio de embargos à execução fiscal, que constituem o meio comum de defesa na execução, ou ingressa com "exceção de pré-executividade", que consiste, resumidamente, na defesa do devedor antes de garantido o juízo da execução.

Por ora, serão comentados os aspectos gerais do procedimento da execução fiscal em razão de alguns pontos relevantes. O propósito do momento é verificar as implicações centrais do procedimento da execução fiscal nas hipóteses em que o devedor é citado, mas não se defende (ausência de defesa do executado), ou tem seus Embargos rejeitados liminarmente (rejeição liminar dos embargos). A hipótese de pagamento do débito dispensa comentários, pelo óbvio motivo de que extinguirá a execução pelo reconhecimento do débito pelo devedor.

7.2.10.1 Citação do devedor

O art. 7º da LEF dispõe que o despacho do juiz que deferir a inicial importa em ordem para: a) citação, pelas sucessivas modalidades previstas no art. 8º da LEF; b) penhora, se não for paga a dívida, nem garantida a execução, por meio de depósito ou fiança; c) arresto, se o executado não tiver domicílio ou dele se ocultar; d) registro da penhora ou do arresto, independentemente

CURSO COMPLETO DE DIREITO PROCESSUAL TRIBUTÁRIO

do pagamento de custas ou outras despesas, observado o disposto no art. 14 da LEF; e) avaliação dos bens penhorados ou arrestados.

O art. 8º da LEF, por sua vez, estabelece normas relativas à citação, dando conta de que "o executado será citado para, no prazo de 5 (cinco) dias, pagar a dívida com os juros e multa de mora e encargos indicados na Certidão de Dívida Ativa, ou garantir a execução". Quanto às formas por meio das quais a citação na execução poderá processar-se, os incisos do artigo em referência articulam o seguinte: a) a citação será feita pelo correio, com aviso de recepção, se a Fazenda Pública não a requerer por outra forma; b) a citação pelo correio considera-se feita na data da entrega da carta no endereço do executado, ou, se a data for omitida, no aviso de recepção, 10 dias após a entrega da carta à agência postal; c) se o aviso de recepção não retornar no prazo de 15 dias da entrega da carta à agência postal, a citação será feita por Oficial de Justiça ou por edital; d) o edital de citação será afixado na sede do juízo, publicado uma só vez no órgão oficial, gratuitamente, como expediente judiciário, com o prazo de 30 dias, e conterá, apenas, a indicação da exequente, o nome do devedor e dos corresponsáveis, a quantia devida, a natureza da dívida, a data e o número da inscrição no Registro da Dívida Ativa, o prazo e o endereço da sede do Juízo.

Como se observa, a preferência do legislador é pela citação por via postal, devendo a inicial de execução requerer, se for o caso, que a citação seja feita por oficial de justiça.

Observe-se que a citação por carta, embora possa significar maior dinamismo ao procedimento, não é garantia de que a citação ocorra sem entraves. Daí a regra de que a citação se dará por oficial de justiça, caso não retorne o aviso de recebimento no prazo de 15 dias.

Conforme adverte Machado Segundo, a citação de eventuais codevedores deverá ser realizada individualmente, uma vez que a citação da pessoa jurídica, por exemplo, não presume tenham sido o sócio-gerente ou administrador também citados[13].

O § 1º do art. 8º da LEF determina que o executado ausente do país será citado por edital, com prazo de 60 dias. Para não se colocar em risco a eficácia jurídica da garantia do contraditório e da ampla defesa, deve-se pressupor que a exequente diligenciou por meio de ofícios aos órgãos públicos que possam ter informações sobre o possível endereço do executado no

---

13 MACHADO SEGUNDO, Hugo de Brito. *Processo tributário*, p. 251.

Capítulo 7   Ações judiciais de iniciativa da Fazenda Pública

Brasil. O cartório eleitoral ou registros de bens poderão fornecer informações sobre o paradeiro do devedor. Somente depois de encerradas essas diligências é que se deve lançar mão da citação por edital. Essa cautela é necessária, pois o devedor poderá ter regressado do exterior sem ter informado tal circunstância à Fazenda. Pela letra do dispositivo em tela, a citação por edital seria automática.

Na linha do que dispõe o art. 174, I, do CTN, o § 2º do art. 8º da LEF dispõe que o despacho do juiz, que ordenar a citação, interrompe a prescrição. Além disso, conforme entendimento pacífico da jurisprudência, a demora da citação atribuída ao Poder Judiciário não gera prescrição, nos termos da Súmula 106 do STJ: "Proposta a ação no prazo fixado para o seu exercício, a demora na citação, por motivos inerentes ao mecanismo da justiça, não justifica o acolhimento da arguição de prescrição ou decadência".

7.2.10.2 Procedimento da execução fiscal ante a ausência de defesa do executado

Depois de citado, o devedor poderá garantir o juízo da execução com o depósito em dinheiro, fiança bancária, seguro garantia ou nomear bens à penhora. Essas providências visam garantir o juízo da execução (LEF, art. 9º). As garantias em questão constituem condição para a admissibilidade dos embargos, que são considerados o meio ordinário de o executado se opor à cobrança judicial (LEF, art. 16, § 1º). Como se observa, primeiramente, cabe ao devedor a prerrogativa de optar pela modalidade de garantia do juízo. Com a restrição que a lei estabelece a essa opção, na hipótese da penhora, deverá o executado observar a ordem de preferência de bens penhoráveis prevista no art. 11 da LEF.

Se o devedor não utilizar a mencionada prerrogativa, a critério do juiz ou por requerimento da Fazenda, a penhora poderá recair sobre quaisquer bens do executado, que servirão para pagamento forçado do débito. O art. 10 da LEF estabelece que, "não ocorrendo o pagamento, nem a garantia da execução de que trata o artigo 9º, a penhora poderá recair em qualquer bem do executado, exceto os que a lei declare absolutamente impenhoráveis". O dispositivo dá a entender que a ordem de preferência não precisa ser observada na hipótese, podendo ser exigida, por exemplo, a penhora de veículo ou imóveis no lugar de títulos da dívida pública.

Decorrido o prazo de 30 dias sem que o executado se defenda por meio de Embargos à Execução Fiscal e uma vez realizada a penhora, o procedimento

571

deve prosseguir com a intimação da Fazenda para requerer o leilão dos bens penhorados. Ressalte-se, conforme o art. 23 da LEF, a alienação de quaisquer bens penhorados será feita em leilão público, no lugar designado pelo Juiz.

Antes de requerer o leilão a Fazenda Pública poderá adjudicar os bens penhorados pelo preço da avaliação se a execução não for embargada ou se rejeitados os embargos. Caso o valor da avaliação dos bens supere o crédito executado, a adjudicação dependerá do depósito da diferença por parte da Fazenda (LEF, art. 24, parágrafo único).

O art. 13 da LEF dispõe que o termo ou auto de penhora conterá, também, a avaliação dos bens penhorados, efetuada por quem o lavrar. Antes de designar o leilão dos bens, deverá ser realizada a avaliação dos bens penhorados, dando-se oportunidade ao executado para impugnar a avaliação. Apresentado o laudo, o juiz decidirá de plano sobre a avaliação.

A LEF não disciplina o procedimento judicial de leilão e arrematação dos bens, limitando-se a tecer regras superficiais sobre o assunto nos art. 23 e 24, que foram sucintamente analisadas nos parágrafos anteriores. Assim, deverão ser aplicadas, no que couber, as regras sobre alienação de bens contidas nos arts. 879 a 903 do CPC e, sobre a satisfação do crédito, as disposições dos arts. 904 a 909, também do CPC.

Sob a vigência do CPC anterior, o extinto Tribunal Federal de Recursos – TFR e o STJ construíram farta jurisprudência sobre os procedimentos em torno da arrematação de bens em leilão no processo de Execução Fiscal. Por exemplo, a intimação do leilão deverá ser pessoal, conforme a Súmula 121 do STJ: "na execução fiscal o devedor deverá ser intimado, pessoalmente, do dia e hora da realização do leilão". Além desse entendimento, o STJ sumulou ser ilícita a realização de segundo leilão em processo de execução, caso no primeiro leilão não tenha havido lance superior à avaliação. Esse é o teor da Súmula 128: "Na execução fiscal haverá segundo leilão, se no primeiro não houver lanço superior à avaliação". Na época do extinto TFR, era consagrado o entendimento de que a falta de arrematação de bens levados a leilão não implicava extinção do processo de execução, conforme a Súmula 224: "O fato de não serem adjudicados bens que, levados a leilão, deixaram de ser arrematados, não acarreta a extinção do processo de execução".

Essa jurisprudência não é incompatível com as novas regras de alienação judicial no processo de execução, aplicáveis subsidiariamente ao processo

Capítulo 7   **Ações judiciais de iniciativa da Fazenda Pública**

de Execução Fiscal. O CPC vigente prevê a possibilidade de realização da "alienação particular" e do "leilão eletrônico". Será necessário compatibilizar o CPC com a LEF, que prevê como forma de alienação dos bens penhorados somente o leilão judicial e presencial. É possível se alegar que a alienação particular não cabe na Execução Fiscal, considerando-se a previsão na LEF do leilão judicial presencial como forma de alienação forçada dos bens penhorados, especialmente quando se sabe que a LEF é lei específica para o assunto. Por outro lado, o art. 880, § 2º, do CPC estabelece que a alienação particular será realizada por iniciativa da parte exequente, mas com a intervenção judicial, o que velaria pela regularidade do procedimento, evitando-se a supremacia dos interesses do exequente sobre os direitos do executado. Por outro lado, não há como negar o avanço na satisfação dos interesses do credor que o instituto da alienação particular pode viabilizar, principalmente quando se sabe que os leilões judiciais são procedimentos morosos e na maioria das vezes não chegam a resultados satisfatórios, exigindo a repetição do ato várias vezes. Entendemos não haver empecilho jurídico para a adoção da alienação particular na execução fiscal, devendo a Fazenda promover os meios necessários para sua realização.

Da mesma forma, não há óbice para a realização de leilão eletrônico em execução fiscal, desde que sejam observados os princípios do processo e as garantias processuais do executado, especialmente da intimação do devedor por meio idôneo, uma vez que este tem o direito de pagar o débito antes do leilão (CPC, art. 882). É importante ressaltar que, a despeito dessas regras do CPC com relação a essa fase do processo de execução, o devedor tem o direito de ingressar com a ação autônoma a que se refere o § 4º do art. 903 do CPC, a fim de pleitear a invalidação da arrematação. Deverá o executado, no entanto, apresentar pedido devidamente fundamentado, sob risco de responder pela multa prevista no § 6º do art. 903 do CPC.

7.2.10.3 Procedimento da execução fiscal nos casos de rejeição liminar dos embargos (intempestividade e penhora insuficiente)

Depois de garantido o juízo da execução, conforme se viu, abre-se prazo para o devedor se defender por meio de Embargos à Execução. Pode ocorrer de o juízo rejeitar os embargos liminarmente. As causas para essa rejeição poderão variar. As mais comuns são o protocolo extemporâneo da citada

573

CURSO COMPLETO DE DIREITO PROCESSUAL TRIBUTÁRIO

medida de defesa ou a penhora insuficiente de bens. Quanto a primeira hipótese, não há o que se comentar. A perda do prazo para embargar é causa objetiva de não aceitação da medida. No entanto, para garantia da ampla defesa, é razoável admitir-se a oposição extemporânea de Embargos à Execução Fiscal como Ação Anulatória. O STJ possui precedentes nesse sentido, que primam pela instrumentalidade das formas e economia processual (STJ. Recurso Especial 729.149/MG, 1ª T, Rel. Min. Teori Albino Zavascki, j. 24-5-2005, *DJ* 6-6-2005).

Deve-se salientar que o prazo para embargar conta-se da intimação da penhora. Quando esta se der de forma pessoal por oficial de justiça, o prazo é contado na forma do art. 224 do CPC, excluindo-se o dia do começo e se incluindo o do fim, não iniciando e nem vencendo a contagem de prazo quando o expediente forense for encerrado antes ou iniciado depois da hora normal, ou houver indisponibilidade da comunicação eletrônica.

A outra hipótese tem a ver com a situação em que o devedor, depois de citado, demonstra não possuir bens suficientes para garantir o juízo da execução em qualquer das modalidades previstas no art. 9º da LEF (depósito do montante integral da dívida, penhora, fiança bancária ou seguro-garantia). Apesar de, em tese, ser possível a rejeição liminar dos embargos por falta de garantia ao juízo da execução, tem-se argumentado que os embargos podem ser recebidos, processados e julgados por força dos princípios constitucionais do contraditório e da ampla defesa que não poderão ser restringidos por requisito de ordem econômica[14].

O primeiro ponto que se deve observar é o seguinte: não havendo bens suficientes para garantir o juízo, nada impede que se cumulem as modalidades de garantia, de modo que o devedor poderá garantir uma parcela do débito em dinheiro, outra em bens penhoráveis ou fiança bancária. Na maioria das vezes em que ocorre a insuficiência de garantia do juízo, no entanto, o executado só dispõe de bens móveis para oferecer à penhora. Nessas situações a Fazenda pode pedir reforço de penhora até conseguir completar o valor do crédito tributário. Depois de intimado da penhora, ainda que tal medida não tenha garantido totalmente a execução, deve o executado opor os

---

14   Com fortes argumentos no sentido de que é possível opor-se embargos sem garantia integral do juízo. Cf. MACHADO SEGUNDO, Hugo de Brito. *Processo Tributário*, p. 256-270.

574

Capítulo 7   **Ações judiciais de iniciativa da Fazenda Pública**

Embargos dentro do prazo de 30 dias. A jurisprudência do STJ tem entendido que não cabe reabertura de prazo para embargos na hipótese de reforço de penhora (STJ. Agravo Regimental no Recurso Especial 1.523.916/PR, Rel. Ministra Assusete Magalhães, j. 17-9-2015, *DJe* 28-9-2015). Por conseguinte, encontrando-se outros bens penhoráveis do devedor posteriormente ao protocolo dos embargos, nada impede que se lavre o auto de penhora e referidos bens passam a constar do conjunto de bens garantidor da execução.

No entanto, nem sempre são obtidos bens penhoráveis além dos que já foram penhorados. A questão que deflui dessa situação diz respeito ao cabimento de Embargos à Execução, mesmo que o juízo não esteja totalmente garantido pela penhora. Conforme alerta Machado Segundo, há decisões de primeiro grau rejeitando os embargos nesses casos e, para agravar, o juiz determina a realização de leilão dos bens penhorados sem apreciar os argumentos de defesa do executado. Isso naturalmente traz inúmeros transtornos ao devedor, sem falar na possível ofensa à ampla defesa, principal finalidade do processo[15].

O art. 16, § 1º, da LEF evidencia que "não são admissíveis embargos do executado antes de garantida a execução". Uma das formas de se interpretar esse dispositivo é considerar que a garantia deve ser integral e ninguém nega que essa interpretação deve ser defendida quando se conhece que o devedor possui bens suficientes para abarcar todo o montante devido.

O STJ possui a jurisprudência pacífica de que as alterações realizadas pela Lei n. 11.382, de 2006 no CPC anterior, e que dispensaram a garantia do juízo para a oposição dos Embargos, não se aplicam para a Execução Fiscal, em razão do princípio da "especialidade". Assim, havendo previsão expressa no art. 16 da LEF de que a fluência do prazo de 30 dias para o protocolo dos embargos é contada da garantia do juízo, a alteração do CPC não se aplicaria no processo de Execução Fiscal.

> 6. Em atenção ao princípio da especialidade da LEF, mantido com a reforma do CPC/73, a nova redação do art. 736, do CPC dada pela Lei n. 11.382/2006 – artigo que dispensa a garantia como condicionante dos embargos – não se aplica às execuções fiscais diante da presença de dispositivo

---

15   MACHADO SEGUNDO, Hugo de Brito. *Processo tributário*, p. 260.

CURSO COMPLETO DE DIREITO PROCESSUAL TRIBUTÁRIO

específico, qual seja o art. 16, § 1º da Lei n. 6.830/80, que exige expressamente a garantia para a apresentação dos embargos à execução fiscal (STJ. Recurso Especial 1272827/PE, Rel. Min. Mauro Campbell Marques, j. 22-5-2013, *DJ* 31-5-2013).

O CPC vigente prevê no art. 914 a mesma norma prevista pelo art. 736 do CPC revogado, de modo que a tendência do STJ é manter o entendimento consolidado com o acórdão transcrito. Assim, a garantia do juízo permite a oposição dos Embargos do Devedor e a suspensão da execução enquanto não forem julgados os Embargos em primeiro grau de jurisdição[16].

A questão adquire relevo quando o devedor não possuir patrimônio suficiente para garantir o juízo da execução e, caso se realize a penhora sobre os bens insuficientes do devedor, não deve o executado ficar sem defesa, tendo o direito de embargar a execução. Na doutrina, são colhidas opiniões avalizando a possibilidade de se embargar a Execução Fiscal sem a garantia do juízo quando o devedor for hipossuficiente, emprestando-se aplicação subsidiária do CPC à LEF[17].

Quando o devedor possuir bens para garantia do juízo, ainda que insuficientes para a totalidade da Execução Fiscal, com mais razão será plausível a oposição dos Embargos do Devedor. Nesse sentido é a orientação do STJ:

> 2. No julgamento do REsp 1.127.815/SP, sob o rito do art. 543-C do CPC/1973, esta Corte consolidou o entendimento de que "não se deve obstar a admissibilidade ou apreciação dos embargos à execução pelo simples fato de que o valor do bem constrito é inferior ao valor exequendo, devendo o juiz proceder à intimação do devedor para reforçar a penhora". Ressaltou-se, entretanto, que "a insuficiência patrimonial do devedor é a justificativa plausível à apreciação dos embargos à execução sem que o executado proceda ao reforço da penhora, [...], desde que comprovada inequivocamente" (STJ.

---

16   Marco Aurélio Mello sustenta que o novo CPC não deve alterar a jurisprudência atual de que no processo de Execução Fiscal, em razão de previsão legal específica no art. 9º da LEF, a garantia do juízo é um requisito para o recebimento dos Embargos à Execução Fiscal. Cf. MELLO, Marco Aurélio. Efeito suspensivo dos embargos à execução fiscal e o novo Código de Processo Civil. In: *A LEF e o novo CPC*: reflexões e tendências: o que ficou e o que mudará, p. 287.

17   MURAYAMA, Janssen. Defesa sem garantia pelo hipossuficiente na execução fiscal e o novo CPC. In: *A LEF e o novo CPC*: reflexões e tendências: o que ficou e o que mudará, p. 263-278.

Capítulo 7   **Ações judiciais de iniciativa da Fazenda Pública**

Agravo de Instrumento no Agravo em Recurso Especial 919.657/RN, Rel. Min. Benedito Gonçalves, j. 7-8-2018, *DJe* 16-8-2018).

Pode-se argumentar que, quando a garantia do juízo não for integral, não teria força jurídica bastante para suspender a totalidade da execução, porque uma parte da dívida não estaria garantida. Assim, a parte descoberta do débito autorizaria o leilão direto dos bens antes do julgamento dos embargos. Evidentemente, essa solução não é adequada, visto que a defesa do executado não pode ser divisível. Se é lícito realizar-se penhora de bens que garante parte da dívida fiscal, não poderá ser negado, por outro lado, o direito de o devedor se defender da totalidade do débito executado, alegando toda a matéria útil à sua defesa. O leilão dos bens penhorados, nesta hipótese, não exclui a possibilidade de os embargos serem acolhidos integralmente, acarretando prejuízos de difícil reparação ao embargante.

Note-se que se trata de situação excepcional, somente aceita nos casos em que o devedor não possui patrimônio suficiente para garantir a execução. A rejeição liminar dos embargos nesses casos constitui agressão injustificável à ampla defesa. Desde a década dos anos dois mil, o STJ tem abonado a tese do cabimento dos Embargos à Execução ainda que a garantia do juízo não tenha sido suficiente para cobrir o débito (STJ. Recurso Especial 80.723/PR, Rel. Min. Nancy Andrighi, j. 16-6-2000, *DJe* 1º-8-2000).

Na mesma linha de entendimento, o STJ concluiu que "constituiria injusto favorecimento ao exequente a continuação da constrição parcial, se impedido o devedor de oferecer embargos para a defesa do seu patrimônio constrito" (STJ. Embargos no Recurso Especial 80.723/PR, j. 10-4-2002, *DJ* 17-6-2002). Mais recentemente, em Recurso Repetitivo, o STJ definiu o Tema 260, em que se colhe o seguinte entendimento:

> 9. A insuficiência de penhora não é causa bastante para determinar a extinção dos embargos do devedor, cumprindo ao magistrado, antes da decisão terminativa, conceder ao executado prazo para proceder ao reforço, à luz da sua capacidade econômica e da garantia pétrea do acesso à justiça (Precedentes: REsp 973.810-RS, Rel. Ministra Eliana Calmon, Segunda Turma, julgado em 28-10-2008, *DJe* 17-11-2008; REsp 739.137/CE, Rel. Ministra Denise Arruda, Primeira Turma, julgado em 23-10-2007, *DJ* 22-11-2007; AgRg no Ag 635829-PR, Rel. Ministro Castro Meira, *DJ* 18-04-2005; REsp 758266-MG, Rel. Ministro Teori Albino Zavascki, *DJ* 22-08-2005).

A jurisprudência do STJ, portanto, não deixa dúvidas sobre o cabimento de Embargos do Devedor quando este não possuir patrimônio suficiente para garantir a dívida fiscal, em homenagem às garantias constitucionais do contraditório e da ampla defesa.

7.2.11 Penhora de bens

De todas as modalidades de garantia do juízo na Execução Fiscal a penhora é a mais complexa, razão pela qual são frequentes os questionamentos judiciais sobre o instituto. Algumas peculiaridades a respeito da penhora merecem reflexões e serão comentadas a seguir. Antes, entretanto, é necessário compreender o papel da penhora no processo de execução como um todo, pois a LEF apenas se apropria do conceito de penhora presente na legislação processual civil e na teoria geral do processo para deflagrar, no art. 10, que: "não ocorrendo o pagamento, nem a garantia da execução de que trata o artigo 9º, a penhora poderá recair em qualquer bem do executado, exceto os que a lei declare absolutamente impenhoráveis".

No processo civil de execução de quantia certa contra devedor solvente – e nesse contexto também se inclui a execução fiscal – a penhora desempenha função relevante, porquanto inicia o procedimento de expropriação de bens do executado com o propósito de satisfazer o crédito do exequente[18]. Em determinadas circunstâncias, o bem penhorado poderá ser transferido *in natura* ao credor, o que se chama de adjudicação e, também nesta hipótese, ocorrerá a quitação da dívida até o montante correspondente ao valor atualizado da coisa penhorada.

A penhora, como se intui, recairá sobre bens do próprio devedor ou de terceiro coobrigado, ou quem a ofereça para viabilizar o pagamento da dívida de outra pessoa. Ressalte-se, portanto, que a penhora é produto do patrimônio do devedor ou de terceiros (LEF, art. 4º, § 3º e art. 9º, §§ 1º e 2º).

O instituto em análise tem relação umbilical com as condições materiais que permitem se conceber o processo de execução. Na medida em que a penhora decorre da existência de algum patrimônio é que se pode afirmar que o patrimônio do devedor é a garantia genérica de seus credores (CPC, art. 789).

---

18 THEODORO JR., Humberto. *Curso de direito processual civil*. 46. ed. Rio de Janeiro: Gen-Forense, 2011, p. 273.

Capítulo 7   Ações judiciais de iniciativa da Fazenda Pública

O processo de execução contra devedor solvente presta-se a apurar bens do devedor suficientes para satisfazer o crédito, além de forçar o pagamento da dívida. Vê-se mais uma vez que a penhora exerce papel fundamental à existência de um processo de execução, porquanto este se destina à expropriação de bens do devedor para a satisfação do direito do credor (CPC, art. 824).

Na esteira desses fundamentos, pode-se conceituar penhora como "o ato pelo qual se apreendem bens para empregá-los, de maneira direta ou indireta, na satisfação do crédito exequendo"[19]. Mais do que o ato de apreender, conforme salientado, a penhora significa o início de um procedimento de expropriação, uma vez que a finalidade do processo de execução é a satisfação do direito do credor por meio do patrimônio do devedor. José Frederico Marques, ressalta que a penhora consiste no "ato inicial de expropriação do processo de execução, para individualizar a responsabilidade executiva, mediante apreensão material, direta ou indireta, de bens constantes do patrimônio do devedor"[20].

Deste último conceito é possível se abstrair, ao menos, duas finalidades que a penhora cumpre no processo de execução. A primeira é a de individualizar o bem que poderá ser expropriado; a outra é de conservá-lo a fim de que o devedor possa tê-lo disponível no momento da expropriação. Para isso, cabe à Justiça proceder à apreensão do bem, sem que, contudo, deva o executado forçosamente perder a posse da coisa[21].

De acordo com o ensinamento sempre atual de Liebman, apesar de referente ao CPC de 1939:

> A penhora tem finalidade dupla: 1 – visa individuar e apreender efetivamente os bens que se destinam aos fins da execução, preparando assim o ato futuro de desapropriação; 2 – visa também conservar os bens assim

---

19   MOREIRA, José Carlos Barbosa. *O novo processo civil brasileiro*. 10. ed. Rio de Janeiro: Forense, 1990, p. 304-305.

20   MARQUES, José Frederico. *Instituições de direito processual civil*. 1. ed. atualizada. Campinas: Millennium, 2000, v. 5, p. 161.

21   Humberto Theodoro Jr. esclarece o seguinte: "A apreensão judicial decorrente da penhora não retira os bens da posse (indireta) e do domínio do dono. Ditos bens ficam apenas vinculados à execução, sujeitando-se ao poder sancionatório do Estado. Não se verifica, porém, sua indisponibilidade ou inalienabilidade". Cf. THEODORO JR., Humberto. *Processo de execução*. 18. ed. São Paulo: Leud, 1997.

CURSO COMPLETO DE DIREITO PROCESSUAL TRIBUTÁRIO

individuados na situação em que se encontram, evitando que sejam escondidos, deteriorados ou alienados em prejuízo da execução em curso[22].

Essa função que a penhora possui de conservação do bem no interesse do credor e, evidentemente, na credibilidade e autoridade do juízo, não se confunde com o arresto, a despeito das semelhanças entre ambos. Observe-se que o arresto possui natureza cautelar, porquanto se presta a tutelar direito ainda incerto, ao passo que a penhora é ato de início do processo de expropriação, justamente porque se funda em processo de execução que tem por pressuposto a existência de título líquido e certo[23].

O fato de a penhora estar atrelada aos atos judiciais de natureza executória, daí por que, conforme Liebman, "é com eles que o órgão da execução realiza as atividades de maior transcendência no caminho da atuação da sanção", implica vincular o bem à satisfação do crédito[24].

Essa afetação da condição jurídica do bem, de caráter constitutivo, se explica pela modificação de sua situação jurídica anterior, tornando ineficaz quaisquer atos de transferência do domínio do bem a terceiros. Isso, de um modo geral, é confundido com a perda do direito de disponibilidade do bem[25].

Análise mais minuciosa levará à conclusão de que o instituto sob exame não gera o efeito de paralisar o poder de disposição do proprietário do bem penhorado. Tanto é assim que o devedor que tem bens apreendidos pela penhora poderá continuar com a sua posse direta ou indireta[26]. Nesse sentido,

---

22 LIEBMAN, Enrico Tullio. *Processo de execução*. São Paulo: Saraiva, 1946, p. 191.

23 LIEBMAN, Enrico Tullio. *Processo de execução*, p. 192.

24 LIEBMAN, Enrico Tullio. *Processo de Execução.*, p. 106.

25 Apesar de não ver afetação sobre a condição jurídica do bem penhorado, Celso de Mello questiona se a penhora, de fato, enquanto ato de natureza processual teria a força suficiente de gerar efeitos de ordem material, a ponto de caracterizar-se, como no Direito alemão, em um "direito real de penhor ou de garantia pignoratícia". Pondera, com apoio nas lições de Liebman, que existe erro das doutrinas de direito privado em querer explicar os atos da autoridade judicial por meio dos institutos do direito civil. E conclui que a penhora "não afeta ou atinge o direito material do executado sobre o bem penhorado, que continua a integrar o seu patrimônio". Cf. MELLO, José Celso de. *Apontamentos sobre a penhora no atual Código de Processo Civil: seus efeitos. Justitia*, ano XXXVI, v. 86, p. 59-62, jan./mar. 1974.

26 Nesse sentido: "O devedor, após a penhora, não é sem posse [...] Se o devedor foi nomeado depositário, acima de sua posse de depositário fica a do juízo, mas isso não lhe tira a posse

Capítulo 7   Ações judiciais de iniciativa da Fazenda Pública

a penhora é um instrumento de segurança ao credor de que o bem a ser expropriado no processo de execução está a ele reservado, de tal sorte que o juízo poderá desfazer a venda simplesmente em razão de o bem estar com a referida chancela de reserva. Eventual desconstituição da venda de bem penhorado não se dá exatamente porque a alienação continha vício.

A penhora, portanto, é ato processual da classe dos executórios que simplesmente gera o direito de preferência do credor, salvo o concurso de credores e o direito de preferência legal de obter primeiramente a expropriação do bem penhorado, ainda que a coisa não esteja mais sob o domínio do devedor[27].

O conceito de penhora, sua finalidade e os efeitos que gera do ponto de vista do direito são úteis para ajudar a análise das situações práticas e das iniciativas do legislador em alterar a legislação a fim de dar mais eficácia à indisponibilidade dos bens do devedor pela penhora (CTN, art. 185-A).

7.2.11.1 Antecipação da penhora

Depois de inscrito o débito na dívida ativa a Fazenda deve ajuizar a Execução Fiscal, mas enquanto isso não ocorrer, a exigibilidade do crédito tributário produzirá normalmente os seus efeitos. Isso significa que o sujeito passivo terá dificuldades de realizar negócios jurídicos em que sua eficácia dependa de regularidade fiscal. Assim, sem certidões que atestem a regularidade perante a Fazenda Pública, o contribuinte não poderá habilitar-se em

---

própria, mediata, que ele tinha". Cf. PONTES DE MIRANDA, Francisco C. *Comentários ao Código de Processo Civil*. 2. ed. rev., aum. [atualização legislativa de Sergio Bermudes]. Rio de Janeiro: Forense, 2002, t. X, arts. 612-735, p. 127.

27   Pontes de Miranda argumenta que a venda de bens penhorados pelo devedor não é exatamente "nula" ou anulável", mas "ineficaz" perante o credor. Tanto assim que o devedor poderá pagar a dívida ou substituir o bem penhorado e essas providências não trarão prejuízo ao credor ou à execução. Uma vez paga a dívida ou substituído o bem penhorado, a alienação do bem originalmente penhorado não deverá ser nula ou anulada. Nesse sentido, escreve o jurista: "Os atos de alienação pelo devedor penhorado são *ineficazes*; isso significa que não lhe foi tirado todo o poder de dispor, e sim que se lhe tirou o poder de dispor *eficazmente*, em prejuízo do exequente (ineficácia relativa). A compra-e-venda de bens penhorados não é nula, nem anulável; é apenas ineficaz, não se pode opor ao exequente". Cf. PONTES DE MIRANDA, Francisco C. *Comentários ao Código de Processo Civil*, p. 124.

CURSO COMPLETO DE DIREITO PROCESSUAL TRIBUTÁRIO

licitações, ficará impedido de contratar com o Poder Público, seu nome será registrado nos cadastros públicos e privados de devedores, podendo dificultar a obtenção de créditos. Em resumo, sem a suspensão da exigibilidade do crédito tributário os transtornos suportados pelo contribuinte são altamente prejudiciais.

Em princípio, a inscrição na dívida ativa somente será contestável mediante embargos à execução, que é o meio de defesa do devedor previsto no art. 16 da referida LEF. Para embargar a execução, o art. 9º da LEF exige garantia do juízo, o que poderá ocorrer por depósito, fiança bancária, seguro-garantia ou penhora. O art. 38 da LEF, por sua vez, prevê a possibilidade de se discutir a dívida tributária depois de inscrita pelo ajuizamento de mandado de segurança, ação de repetição de indébito ou ação anulatória precedida de depósito do montante exigido.

As ressalvas previstas no art. 38 da LEF nem sempre podem ser utilizadas facilmente pelo devedor. Para o cabimento de mandado de segurança é necessário que se observe o prazo de 120 dias para sua impetração e às vezes esse lapso temporal foi extrapolado entre a data da inscrição na dívida e a da impetração da ação. É possível também que as alegações do contribuinte dependam de dilação probatória, o que é incompatível com o processo de mandado de segurança.

Em relação à ação de repetição de indébito, teria que se pressupor que o contribuinte pagou o débito e depois pretende reavê-lo, por entender que o pagamento era indevido. Essa hipótese se afasta, por razões óbvias e lógicas, da situação de que ora se trata. Cogitar da adoção de medidas processuais para antecipar a nomeação de bens à penhora supõe que o contribuinte discorda da exigência tributária e não pretende pagá-la para depois repeti-la.

Por fim, a ação anulatória precedida do depósito do montante tributário exigido, é absolutamente possível, não podendo o depósito constituir requisito para o ajuizamento da ação, mas uma opção do contribuinte que pretenda obter a suspensão da exigibilidade do crédito tributário com fundamento no art. 151, II do CTN. De acordo com a Súmula Vinculante 28, do STF: "É inconstitucional a exigência de depósito prévio como requisito de admissibilidade de ação judicial na qual se pretenda discutir a exigibilidade de crédito tributário". Assim, o art. 38 da LEF não foi recepcionado neste ponto específico, que exige o depósito prévio para se ingressar com a Ação Anulatória.

582

Capítulo 7 **Ações judiciais de iniciativa da Fazenda Pública**

As medidas judiciais previstas no art. 38 da LEF como forma de questionar a inscrição na dívida ativa fundamentam-se nas inconveniências que o ato de inscrição provoca na vida civil do devedor. A lentidão da Fazenda em exigir judicialmente o pagamento da dívida gera prejuízos ao sujeito passivo, no ponto em que, sem a execução fiscal ajuizada, o contribuinte não tem como exercer seu direito de defesa da forma usual, que é por meio dos Embargos. Esse prejuízo ou sua ameaça justificam a procura ao Poder Judiciário para atenuar os efeitos que a mencionada omissão da Fazenda causa na esfera de direitos do particular.

Para contornar esse problema, é defensável o ajuizamento de tutela de urgência cautelar em que seriam oferecidos bens à penhora para o fim de suspender a exigibilidade do crédito tributário com base no art. 9º da LEF. A tutela cautelar, nesse caso, teria a função de proteger o direito do contribuinte à regularidade fiscal e assegurar seu direito de discutir a exigibilidade do crédito, enquanto não for possível embargar a Execução Fiscal diante do seu não ajuizamento pela Fazenda. Se a Execução Fiscal tivesse sido proposta em tempo razoável, a penhora suspenderia o seu curso para discussão da exigência do crédito tributário nos embargos e, em razão disso, o contribuinte teria direito à certidão de regularidade fiscal com fundamento nos arts. 205 e 206 do CTN. De acordo com o jargão fiscal, a certidão de regularidade prevista nesses dispositivos é conhecida como Certidão Positiva com Efeito de Negativa. Antes do atual CPC, a doutrina sustentava o cabimento de Ação Cautelar Preparatória de Ação Anulatória de Débito, apelidada de "antecipação da penhora". Caso fosse deferida a liminar autorizando a penhora oficial dos bens, o requerente teria que ingressar com a ação principal (anulatória) no prazo legal de 30 dias. Depois de ajuizada a execução e sendo opostos embargos, estes e a anulatória seriam reunidos para julgamento conjunto. Após algumas oscilações de entendimento, o STJ passou a admitir essa possibilidade.

> 2. É possível ao contribuinte, após o vencimento da sua obrigação e antes da execução, garantir o juízo de forma antecipada, para o fim de obter certidão positiva com efeito negativo (art. 206 CTN). 3. A caução pode ser obtida por medida cautelar e serve como espécie de antecipação de oferta de garantia, visando futura execução (STJ. Embargos de Declaração nos Embargos no Recurso Especial 815.629/RS, Relatora Min. Eliana Calmon, j. 13-12-2006, *DJ* 12-2-2007).

583

CURSO COMPLETO DE DIREITO PROCESSUAL TRIBUTÁRIO

A nova sistemática do CPC, que prevê no art. 305 a tutela cautelar em caráter antecedente não destoa da medida cautelar preparatória do regime processual anterior. O art. 301 do CPC prevê o seguinte: "A tutela de urgência de natureza cautelar pode ser efetivada mediante arresto, sequestro, arrolamento de bens, registro de protesto contra alienação de bem e qualquer outra medida idônea para asseguração do direito". O oferecimento de bens à penhora por meio da tutela cautelar é forma compatível com o arrolamento de bens mencionado no art. 301 do CPC, podendo servir à finalidade de asseguração do direito à regularidade fiscal. Os fundamentos e requisitos da mencionada tutela de urgência no processo tributário foram examinados nas subseções 6.2.6.1 e seguintes para a qual remetemos o leitor.

7.2.11.2 Indisponibilidade de bens e direitos do devedor

A Lei Complementar n. 118, de 2005, dentre algumas alterações realizadas no CTN, introduziu o art. 185-A. Conforme o dispositivo, tem-se o seguinte:

> Art. 185-A. Na hipótese de o devedor tributário, devidamente citado, não pagar nem apresentar bens à penhora no prazo legal e não forem encontrados bens penhoráveis, o juiz determinará a indisponibilidade de seus bens e direitos, comunicando a decisão, preferencialmente por meio eletrônico, aos órgãos e entidades que promovem registros de transferência de bens, especialmente ao registro público de imóveis e às autoridades supervisoras do mercado bancário e do mercado de capitais, a fim de que, no âmbito de suas atribuições, façam cumprir a ordem judicial.
>
> § 1º A indisponibilidade de que trata o *caput* deste artigo limitar-se-á ao valor total exigível, devendo o juiz determinar o imediato levantamento da indisponibilidade dos bens ou valores que excederem esse limite.
>
> § 2º Os órgãos e entidades aos quais se fizer a comunicação de que trata o *caput* deste artigo enviarão imediatamente ao juízo a relação discriminada dos bens e direitos cuja indisponibilidade houverem promovido.

Essa norma se espelha em determinadas práticas oriundas do processo trabalhista, cuja finalidade precípua é tutelar os interesses do trabalhador, parte mais frágil nos litígios da Justiça do Trabalho. Em 20-9-2000, o Tribunal Superior do Trabalho – TST emitiu a Orientação Jurisprudencial n. 60 (OJ 60), que foi cancelada em razão de sua conversão na Súmula do TST 417, de 22-8-2005. Naquele ato jurisprudencial-normativo, permitia-se a penhora de dinheiro depositado em Banco, uma vez que essa medida não atentaria

584

Capítulo 7   Ações judiciais de iniciativa da Fazenda Pública

contra a regra do art. 655 do CPC de 1973[28]. A partir da OJ 60 foram proferidas várias decisões do juízo cível que aproveitaram aquele entendimento para deferir penhora de recursos financeiros depositados em Bancos[29]. Nesses casos, a requerimento do credor, a Justiça pedia ao Banco Central informações de depósitos de titularidade do devedor e o nome da instituição financeira em que os recursos estavam depositados. Havendo saldo positivo promovia-se a indisponibilidade do dinheiro enquanto se resolvia o processo de execução.

O legislador decidiu normatizar essas práticas no âmbito do processo de execução da dívida ativa, invertendo a lógica que justificava tais medidas na Justiça do Trabalho, de modo a proteger o lado mais forte da relação, que é a Fazenda Pública. Como se sabe, na execução fiscal, a parte mais frágil da relação é o sujeito passivo, a quem cumpre tão somente se defender da imputação de devedor, decorrente de título executivo extrajudicial produzido unilateralmente pela Fazenda Pública.

Sob o aspecto histórico e causal, as primeiras interpretações do art. 185-A do CTN levaram à conclusão de que o dispositivo autorizou em qualquer caso a penhora de dinheiro por meios eletrônicos. No mesmo período da inclusão do art. 185-A ao CTN, o CPC anterior foi também alterado pela Lei n. 11.382, de 2006 que inseriu o art. 655-A, abrigando norma semelhante à que foi acrescentada no CTN, prevendo a indisponibilidade por meio eletrônico de recursos financeiros depositados em nome do executado em instituições financeiras.

A regra do art. 185-A, do CTN, no entanto, é mais abrangente pois possibilita a indisponibilidade de quaisquer bens do devedor e não apenas recursos financeiros. A questão relevante a ser dirimida é se a indisponibilidade geral de bens do devedor tributário deve ser precedida da tentativa de se penhorar recursos financeiros, inclusive por sistema *on-line*.

---

28 OJ n. 60: Mandado de segurança. Penhora em dinheiro. Banco. Inserida em 20-9-2000 – (cancelada em decorrência da sua conversão na Súmula n. 417 – *DJ* 22-8-2005). Não fere direito líquido e certo do impetrante o ato judicial que determina penhora em dinheiro de banco, em execução definitiva, para garantir crédito exequendo, uma vez que obedece à gradação prevista no art. 655 do CPC.

29 Nesse sentido: STJ. Agravo Regimental no Recurso Especial 633.535, Rel. Min. Carlos Alberto Menezes Direito, *DJ* 4-12-2006.

585

A propósito do tema, o STJ possui fortes precedentes que condicionam a aplicação da regra do art. 185-A do CTN ao cumprimento de outras medidas restritivas contra o devedor, visando-se a garantia do juízo da execução. Nesse sentido é a Súmula 560 do STJ, decorrente do tema 714 de Recursos Repetitivos:

> Súmula 560. A decretação da indisponibilidade de bens e direitos, na forma do art. 185-A do CTN, pressupõe o exaurimento das diligências na busca por bens penhoráveis, o qual fica caracterizado quando infrutíferos o pedido de constrição sobre ativos financeiros e a expedição de ofícios aos registros públicos do domicílio do executado, ao Denatran ou Detran.

De acordo com a súmula, a indisponibilidade de bens e direitos do executado por dívida fiscal é medida extrema e secundária às diligências iniciais que visam localizar bens penhoráveis, inclusive à penhora de recursos financeiros.

7.2.12 Impacto da execução comum na execução fiscal

De acordo com os fundamentos da hermenêutica estudados no âmbito da Teoria Geral do Direito, nos casos de conflito entre lei geral e especial esta deve prevalecer, o que dá margem ao "princípio da subsidiariedade do processo". A LEF não foi revogada e nem alterada pelo CPC vigente. Assim, somente em caso de omissão da LEF sobre determinado ponto é que seria aplicado subsidiariamente o CPC como lei geral.

Sob o aspecto da consistência, a LEF abriga também fundamentos de direito material tributário. Portanto, não se trata do direito material comum, razão pela qual não se poderia confundir a consistência das matérias. Por outro lado, há que se manter a coerência interna dos sistemas normativos, o que impediria a importação de alterações tópicas realizadas no processo de execução comum a todo o texto da LEF.

A jurisprudência do STJ, em alguns casos que serão comentados adiante, chegou a afirmar que as alterações realizadas pela Lei n. 11.382, de 2006 no processo de execução disciplinado pelo CPC anterior – que aliás são muito semelhantes às do CPC atual – seriam aplicáveis sobre a LEF. Essa aplicação se daria caso a LEF não possuísse regra coincidente com o CPC. Essa interpretação, que provavelmente será mantida para o atual CPC, pode ferir as premissas da subsidiariedade, consistência e coerência interna das normas jurídicas interpretadas.

Capítulo 7   **Ações judiciais de iniciativa da Fazenda Pública**

Por outro lado, não se pode ignorar a teoria do "dialogo das fontes", concebida pelo jurista alemão Erick Jayme e desenvolvida no Brasil por Claudia Lima Marques. E síntese, a teoria do "dialogo das fontes" é antagônica ao princípio da especialidade na medida em que permite a aplicação de leis em conflito desde que possuam pontos de convergência, de modo que a lei posterior não exclui a anterior totalmente. De acordo com Marcio Faria:

> No "dialogo" [refere-se à teoria do diálogo das fontes], ao revés, não se opera uma exclusão: leis com campos de aplicação diferentes, porém convergentes, convivem de forma harmônica num mesmo sistema jurídico plural, fluído, mutável e complexo, interagindo entre si através de diferentes possibilidades de diálogos como forma de alcançarem, conjuntamente, suas finalidades (*telos*)[30].

O autor sustenta o cabimento da mencionada teoria nos aparentes conflitos que podem ocorrer entre o atual CPC e a LEF em razão da obsolescência desta última lei diante da maior efetividade do novo CPC[31]. Essa tese é relativa pois depende dos interesses subjacentes ao processo. Do ponto de vista fazendário, as reformas do processo de execução desde a Lei n. 11.382, de 2006, absorvidas em grande medida pelo atual CPC, conferem, sem dúvida, mais efetividade ao processo de Execução Fiscal. No entanto, a mesma efetividade do processo não é aplicada na mesma escala quando os interesses processuais se invertem, ou seja, quando a busca de efetividade processual é pretendida pelo contribuinte são vários os obstáculos a tornarem o processo menos ágil e efetivo, como ficará evidente nos comentários à liminar do mandado de segurança e as tutelas provisórias para a compensação de tributos.

A propósito, o procedimento da Execução Fiscal poderá adquirir um reforço no campo das medidas coercitivas para o recebimento célere do crédito tributário. O art. 139, IV do CPC prevê que incumbe ao juiz: "determinar todas as medidas indutivas, coercitivas, mandamentais ou sub-rogatórias necessárias para assegurar o cumprimento de ordem judicial, inclusive nas

---

30   FARIA, Marcio Gustavo Senra. Interações entre o novo CPC e a LEF: a teoria do diálogo das fontes no processo de execução fiscal. In: *A LEF e o novo CPC*: reflexões e tendências: o que ficou e o que mudará, p. 60-61.

31   FARIA, Marcio Gustavo Senra. Interações entre o novo CPC e a LEF: a teoria do diálogo das fontes no processo de execução fiscal. In: *A LEF e o novo CPC*: reflexões e tendências: o que ficou e o que mudará, p. 61.

ações que tenham por objeto prestação pecuniária". De acordo com Leandro Juzinskas, o juiz passa a ter o poder de impor multas coercitivas "visando obter o pagamento ou a garantia do juízo" na execução fiscal[32]. Poderá também o juiz, sugere o autor, adotar medidas de sua iniciativa para localizar os bens e direitos que poderão ser expropriados. É necessário ter-se cautela na aplicação de dispositivos do CPC voltados à efetividade do processo para não se correr o risco de vulnerar os princípios constitucionais de proteção dos direitos individuais. Embora seja absolutamente louvável velar-se pelo recebimento rápido do crédito tributário, isso não significa que o CPC vigente tenha dotado o juiz de poderes que ultrapassam a iniciativa das partes e o princípio de que a execução se processe pelo rito menos gravoso ao devedor. Daí por que é recomendável prudência na aplicação de teses como a da subsidiariedade das leis processuais e do diálogo das fontes.

Assentadas essas premissas, serão apresentados a seguir os dispositivos do CPC que influenciam de modo mais relevante no processo de Execução Fiscal.

7.2.12.1 Indicação de bens à penhora pelo exequente

O CPC permitiu a prerrogativa de o exequente indicar bens à penhora, o que não está previsto na LEF (CPC, art. 829, § 2º). O dispositivo permite, no entanto, que o executado indique os bens, mas a indicação deverá ser aceita pelo juiz, devendo ser demonstrado que os bens oferecidos pelo executado são menos gravosos e não trarão prejuízo ao exequente. Esta regra poderá significar uma alternativa às questões que serão pontuadas sobre a "penhora *on-line*", de modo que caberia ao executado realizar essas comprovações ao juiz.

A LEF, por sua vez, prevê regra diferente ao CPC, quando dispõe que o "devedor será citado para pagar o débito ou garantir a execução" (LEF, art. 8º). Assim, o art. 829, § 2º, do CPC possui aplicação subsidiária à LEF, só

---

32 JUZINSKAS, Leandro Gonçalves. O poder geral de execução no CPC/2015 e a utilização de medidas executivas inominadas nos processos de execução fiscal. In: *A LEF e o novo CPC*: reflexões e tendências: o que ficou e o que mudará, p. 119.

Capítulo 7 **Ações judiciais de iniciativa da Fazenda Pública**

podendo ser utilizado na Execução Fiscal nos casos em que o executado, depois de citado, não nomeia bens à penhora no prazo legal. Em consequência de seu comportamento omissivo ao bom andamento do processo, o exequente passa a ter o direito de indicar bens do executado à penhora, observando, inclusive, a ordem do art. 11 da LEF.

A propósito da utilização subsidiária do CPC sobre a LEF, a Primeira Seção do STJ (com competência para julgar matéria de Direito Público), admitiu a aplicação subsidiária do CPC anterior sobre a LEF em precedente relacionado à substituição de depósito por fiança bancária em Execução Fiscal. De acordo com o julgado, em regra, a fiança bancária não poderá substituir o depósito em dinheiro no executivo fiscal sem a anuência da Fazenda Pública, porque aquela (a fiança) "não possui especificamente os mesmos efeitos jurídicos do depósito em dinheiro" (STJ. Embargos de Divergência em Recurso Especial 1077039/RJ, Rel. Min. Mauro Campbell Marques, 1ª S., j. 9-2-2011, *DJ* 12-4-2011). Excepcionalmente, entretanto, e visando conciliar o entendimento divergente entre as duas Turmas da mencionada Seção, decidiu-se pela possibilidade da substituição, condicionada ao seguinte:

> 8. Em conclusão, verifica-se que, regra geral, quando o juízo estiver garantido por meio de depósito em dinheiro, ou ocorrer penhora sobre ele, inexiste direito subjetivo de obter, sem anuência da Fazenda Pública, a sua substituição por fiança bancária. 9. De modo a conciliar o dissídio entre a Primeira e a Segunda Turmas, admite-se, em caráter excepcional, a substituição de um (dinheiro) por outro (fiança bancária), mas somente quando estiver comprovada de forma irrefutável, perante a autoridade judicial, a necessidade de aplicação do princípio da menor onerosidade (art. 620 do CPC), situação inexistente nos autos (STJ. Embargos de Divergência em Recurso Especial 1077039/RJ, Rel. Min. Mauro Campbell Marques, 1ª S., j. 9-2-2011, *DJ* 12-4-2011).

É possível que o STJ venha a modificar esse entendimento, devendo ser aplicado subsidiariamente ao art. 15 da LEF o art. 835, § 2º, do CPC, que equipara a "dinheiro" as modalidades de garantia "fiança bancária" e "seguro fiança". Considerando que o dispositivo do CPC permite que a execução proceda de forma menos prejudicial ao devedor, velando especialmente pela mantença do empreendedorismo, a jurisprudência do STJ talvez reveja sua orientação e passe a admitir de forma "regular" e não mais "excepcional", a substituição das garantias do depósito (meio mais gravoso ao devedor) por fiança ou seguro garantia (meios menos gravosos ao devedor) na Execução Fiscal. É importante frisar que o precedente transcrito acima utilizou o CPC revogado, porque o caso em questão estava abrangido pela hipótese do Enunciado Administrativo n. 2, do Plenário do STJ, aprovado em 9-3-2016, que dispõe: "Aos recursos interpostos com fundamento no CPC/1973 (relativos a decisões publicadas até 17 de março de 2016) devem ser exigidos os requisitos de admissibilidade na forma nele prevista, com as interpretações dadas, até então, pela jurisprudência do Superior Tribunal de Justiça". Assim, os recursos posteriores a essa data, fundados no CPC de 2015, poderão ter entendimento diverso.

Por outro lado, é possível a substituição da garantia quando esta é realizada originalmente por "fiança bancária" e pretenda o devedor substituí-la por "seguro garantia", conforme dispõe o art. 15 da LEF. O STJ possui precedente em que ficou assentada a possibilidade de se substituir, a qualquer tempo, fiança bancária por seguro garantia.

> 3. O art. 15, I, da LEF, dispõe que: "Art. 15 – Em qualquer fase do processo, será deferida pelo Juiz: I – ao executado, a substituição da penhora por depósito em dinheiro, fiança bancária ou seguro garantia". 4. No referido artigo não há limitação quantitativa, isto é, não define a quantidade de vezes que é possível efetuar a substituição da penhora, razão pela qual cabe à autoridade judicial fazer a devida análise, caso a caso. 5. Em regra geral, não há vedação para a substituição de fiança pelo seguro-garantia, pois as garantias são equivalentes, o que não ocorreria na hipótese de substituição de dinheiro depositado judicialmente por fiança ou seguro-garantia, caso em que a substituição, em regra, seria inadmissível em razão do entendimento da Primeira Seção nos EREsp 1.077.039/RJ 6. Superado o fundamento quanto à limitação quantitativa, os autos devem retornar a origem para que se verifique, no caso concreto, se o seguro garantia reúne condições objetivas (liquidez, capacidade financeira da instituição seguradora, entre outras) para substituir a fiança bancária (STJ. Recurso Especial 1.637.094/SP, Rel. Min. Herman Benjamin, 2ª T., j. 6-12-2016, DJ 19-12-2016).

Esse julgado reforça a tese anterior, de modo que, se é possível substituir seguro-garantia por fiança, porque têm a mesma natureza jurídica, será lícito também, com o mesmo fundamento, e no lastro do que dispõe o art. 835, § 2º, do CPC, trocar, a qualquer momento no processo de execução fiscal, o depósito em dinheiro por fiança ou seguro-garantia, mediante autorização do juízo, inclusive sem a necessária anuência da Fazenda Pública.

Capítulo 7 Ações judiciais de iniciativa da Fazenda Pública

7.2.12.2 Penhora sobre bens de corresponsáveis ou do meeiro

Outro ponto para considerações tem a ver com a incidência da penhora sobre bens indivisíveis e a quota-parte do coproprietário e a meação do cônjuge alheios à Execução Fiscal. De acordo com o art. 843 do CPC, a quota-parte do corresponsável ou a meação do cônjuge não é empecilho para a penhora de bens indivisíveis, como um imóvel, por exemplo. Nessas hipóteses, o bem será leiloado e do produto da arrematação será reservada a parte dos terceiros não responsáveis pela dívida. O art. 674, § 2º, I do CPC afasta o cabimento de Embargos de Terceiro pelo cônjuge ou companheiro na hipótese do art. 843 do CPC, que trata da penhora de bem indivisível, devendo a meação ser garantida com o produto da arrecadação do bem leiloado.

7.2.12.3 Penhora de percentual de faturamento de empresa

O art. 866 do CPC disciplina a chamada penhora de faturamento de empresa, hipótese factível nos processos de Execução Fiscal quando o executado não possui recursos financeiros encontráveis em instituições financeiras ou bens físicos que possam ser penhorados. O dispositivo restringe o cabimento da penhora de faturamento aos casos em que o executado não possui outros bens penhoráveis ou, ainda que os tenha, esses bens são de difícil alienação ou insuficientes para pagar a dívida. Assim, a penhora de faturamento é medida nitidamente excepcional, devendo a Fazenda, no caso de Execução Fiscal, diligenciar na tentativa de obter outros bens à penhora.

O CPC deixa aberta a possibilidade de a penhora recair sobre o faturamento da própria empresa executada ou sobre outra pessoa jurídica da qual a executada seja sócia. Igualmente, a penhora de faturamento de sociedade poderá recair sobre o faturamento de empresa da qual os sócios-gerentes da executada sejam sócios. Nesse caso, entretanto, deverão ficar configurados os requisitos do art. 135 do CTN que trata de responsabilidade pessoal de terceiros, conforme explicado na subseção 2.7.2 deste Capítulo. Na penhora de faturamento, o juiz fixará um percentual do faturamento da empresa que será constrito e que permita o pagamento da dívida em tempo razoável, sem tornar inviável o exercício da atividade empresarial. Será nomeado um administrador-depositário que prestará contas de sua gestão ao juiz, entregando ao juízo da execução a quantia de faturamento arrecadada, com os respectivos

CURSO COMPLETO DE DIREITO PROCESSUAL TRIBUTÁRIO

balancetes mensais. Os valores recebidos serão descontados do montante da dívida executada até sua liquidação final.

O STJ, à época da vigência do CPC anterior, admitia a penhora de faturamento, conforme se pode constatar no seguinte precedente:

> 2. Consolidou-se o entendimento desta Corte no sentido de que a penhora sobre o faturamento da empresa é admitida se preenchidos os seguintes requisitos: (a) não localização de outros bens passíveis de penhora e suficientes à garantia da execução ou, se localizados, de difícil alienação; (b) nomeação de administrador, na forma do art. 677 e seguintes do CPC; (c) não comprometimento da atividade empresarial. 3. Na hipótese dos autos, verifica-se a presença de todos os requisitos necessários à manutenção da excepcional medida de constrição do faturamento da empresa executada. 4. Agravo regimental desprovido (STJ. Agravo Regimental no Agravo de Instrumento 1.093.247/RS, Rel. Min. Denise Arruda, 1ª T., v.u., j. 17-3-2009, DJ 20-4-2009).

Em resumo, é possível a penhora de faturamento na Execução Fiscal, desde que atendidas as seguintes premissas: a) não localização de outros bens passíveis de penhora e suficientes à garantia da execução ou, se localizados, de difícil alienação; b) nomeação de administrador, na forma do art. 866, § 2º, do CPC; c) não comprometimento da atividade empresarial.

7.2.12.4 Penhora *on-line* de recursos financeiros

De todas as medidas do processo de execução comum influentes sobre o processo de Execução Fiscal, a mais relevante é a chamada "penhora *on-line* de recursos financeiros".

A penhora de recursos financeiros, desde o advento do art. 655-A do CPC anterior, sempre foi ponto de tensão no processo de execução diante do fato de a indisponibilidade do dinheiro afetar diretamente a mobilidade econômica do devedor, especialmente quando a dívida está pendente de discussão em Embargos. A penhora de recursos financeiros, em geral em face das empresas, pode, em muitos casos, comprometer sua liquidez, criando um círculo vicioso de dificuldades econômicas.

À época do CPC de 1973, o STJ fixou a orientação de que a penhora *on-line* de recursos financeiros do executado somente seria possível na Execução Fiscal como primeira alternativa de bens penhoráveis, nas execuções posteriores à Lei n. 11.382, de 2006, que alterou o regime processual da

Capítulo 7 **Ações judiciais de iniciativa da Fazenda Pública**

execução comum (STJ. Recurso Especial 1.101.288/RS, Rel. Min. Benedito Gonçalves, j. 2-4-2009, *DJe* 20-4-2009)[33].

O art. 11 da LEF prevê o dinheiro como o primeiro bem na ordem de preferência dos bens penhoráveis e o art. 835 do CPC vigente faz a mesma previsão. Em uma interpretação meramente literal de ambas as leis é legalmente possível a penhora de dinheiro como primeira alternativa. Nesse sentido tem decidido o STJ em julgados mais recentes (STJ. Agravo Interno no Agravo em Recurso Especial 899.969 – SP, Rel. Min. Sérgio Kukina, j. 22-9-2016, *DJe* 4-10-2016).

Como se observa, o juiz poderá determinar a penhora de dinheiro ou de valores depositados em instituições financeiras em nome do devedor via sistema Bacen-JUD antes de se tentar penhorar qualquer outro bem, o que se tornou conhecido como "penhora *on-line*".

A penhora de dinheiro e de investimentos financeiros como medida imediata é discutível em qualquer processo de execução. Sem pretender dizer mais do que o legislador disse, no processo de execução da dívida ativa a penhora de recursos financeiros deveria ser uma medida excepcional, aplicável nos casos de comportamento temerário do devedor. Diferentemente da dívida comum, em que o título executivo é contraído em razão da vontade do devedor, a Execução Fiscal resulta do lançamento tributário e da inscrição do respectivo crédito na dívida ativa por procedimentos unilaterais da Fazenda Pública. Ainda que se alegue a garantia do contraditório e da ampla defesa no Processo Administrativo Fiscal, não há como se assegurar que a matéria discutida no processo administrativo tenha sido judicialmente interpretada. Isso porque, enquanto as decisões administrativas não forem definitivas (v. Cap. 9), a última palavra sobre a interpretação da Constituição e das leis, em nosso sistema jurídico, será reservada ao Poder Judiciário. Assim, o devedor poderá reunir razões de fato e de direito a seu favor, o que seria alegado perante o juiz por meios próprios, ou seja, pelos Embargos ou pela Ação Anulatória e a conclusão poderá ser contrária à do processo administrativo. A penhora imediata de recursos financeiros de forma eletrônica (*on-line*), na prática, é uma forma indireta de pagamento antecipado da dívida, levando

---

33 No mesmo sentido: STJ. Agravo Regimental no Recurso Especial 1.103.760/CE; STJ. Embargos de Declaração no Agravo Regimental no Recurso Especial 1.073.910/BA.

593

à neutralidade do direito de defesa do executado. A explicação dessa afirmação é que o contribuinte que tem recursos financeiros indisponibilizados e convertidos em penhora como condição para que sua defesa seja processada em juízo sofre uma medida restritiva de direitos desproporcional ao simples ajuizamento do processo de Execução Fiscal, principalmente quando o bem jurídico que está em questão é o interesse financeiro da Fazenda contra o direito de defesa do executado. Em que pese o entendimento do STJ de que a ordem legal de preferência dos bens deva ser seguida na execução fiscal, permitindo-se a "penhora *on-line*" de dinheiro, esta medida só poderá ser proporcional aos fins do processo de execução e aos propósitos do direito de defesa do executado, se este der causa a essa medida constritiva em função do seu comportamento temerário.

Outro argumento importante sobre a interpretação dada pelo STJ à penhora de recursos financeiros como primeira alternativa de bem penhorado, é que o devedor tributário, na Execução Fiscal, possui a prerrogativa de indicar os bens à penhora nos cinco dias que se seguirem à citação (LEF, art. 8º). Nesse sentido, a regra do art. 11 da LEF, que trata da ordem de preferência de bens penhoráveis, não possui aplicação quando couber ao executado indicar bens à penhora. Não é plausível que o devedor ofereça à penhora recursos financeiros para garantir o juízo da Execução Fiscal possuindo outros bens para essa nomeação. Assim, a ordem prevista no art. 11 da LEF e no art. 835 do CPC só terá cabimento quando couber ao "exequente" pedir a penhora dos bens do devedor, hipótese que, na Execução Fiscal, terá cabimento apenas nos casos em que o executado, tendo sido citado, não nomeou bens à penhora no prazo legal de 5 dias ou atuou de forma temerária no processo. Nessas situações, pela sistemática do processo de Execução Fiscal, a Fazenda passa a ter a prerrogativa de indicar bens à penhora, devendo ser observada a ordem do art. 11 da LEF.

De acordo com o que foi esclarecido na subseção 7.2.12.1, não deve ser aplicada na Execução Fiscal a regra do art. 829, § 2º, do CPC, em que cabe ao exequente indicar bens do executado à penhora, uma vez que a LEF, enquanto lei específica, não prevê esse procedimento inicialmente. Não poderá o CPC, como lei geral que é, sobrepor-se à regra específica contida na lei destinada a regular o processo de Execução Fiscal.

Por outro lado, se for para admitir o cabimento da penhora *on-line* de dinheiro nos termos do art. 854 do CPC na Execução Fiscal, por razões

Capítulo 7   Ações judiciais de iniciativa da Fazenda Pública

de coerência, a sistemática do CPC deveria ser aplicada completamente sobre a LEF. Assim, terá o devedor na execução fiscal o direito de alegar a substituição dos valores penhorados por outros bens, caso tais valores se encaixem na hipótese de bens impenhoráveis, prevista no art. 833, IV, combinado com art. 854, § 3º, I, ambos do CPC. Além disso, Daniel Marins esclarece que entre o regime anterior de penhora *on-line* e o previsto no CPC de 2015, a principal alteração ocorreu na diminuição dos prazos de 15 para 5 dias, para o executado se manifestar sobre eventual impenhorabilidade dos valores; e o prazo de 24 horas, para a instituição financeira transferir os valores bloqueados a uma conta judicial[34]. Assim, o CPC atual conferiu maior efetividade ao processo de execução e, consequentemente, à penhora *on-line* de recursos financeiros.

A penhora *on-line*, no entanto, deveria ocorrer nos casos em que o devedor se escusasse de ser citado ou não nomeasse bens à penhora, ou de alguma forma transferisse ou tentasse transferir seu patrimônio para terceiros. A penhora de recursos financeiros, como foi alertado, traz consequência prejudiciais obvias ao contribuinte que pretende se defender na Execução Fiscal. Essas consequências vão além da garantia do juízo para o exercício do direito de defesa do executado, na medida em que poderá comprometer a saúde financeira da sociedade empresária, levando ao não pagamento de clientes e fornecedores e até do fisco, agravando-se a situação econômica da empresa.

Convém lembrar que os processos de execução fiscal deveriam ser rapidamente resolvidos se contassem com número suficiente de juízos especializados. Talvez assim a penhora sobre outros bens pudesse chegar às consequências visadas pelo processo de Execução Fiscal em tempo razoável. Não sendo os bens penhorados alienados judicialmente em razão de seguidos leilões negativos, a substituição do bem penhorado pela penhora *on-line* de dinheiro passaria a ser uma medida inevitável. Não deve ser alegado que a penhora *on-line* é uma forma de garantir desde logo o pagamento da dívida e, na hipótese de o executado vencer a discussão, os valores seriam restituídos com o seu levantamento. Ainda que se trate de outras formas de penhora, que

---

34   MARINS, Daniel. A penhora "online" e a celeridade na satisfação do crédito tributário. In: *A LEF e o novo CPC*: reflexões e tendências: o que ficou e o que mudará, p. 102-104.

CURSO COMPLETO DE DIREITO PROCESSUAL TRIBUTÁRIO

não seja a penhora *on-line* de dinheiro, a dívida deverá ser igualmente paga depois de encerrada a discussão judicial, mediante o leilão dos bens penhorados ou o executado poderá, depois de ter perdido a discussão judicial, parcelar o pagamento de sua dívida com todos os acréscimos. Além disso, apesar de não ser o ideal, a Fazenda dispõe de cadastros de negativação do nome do devedor e outros meios indiretos de forçar o pagamento da dívida, tais como desconsideração da pessoa jurídica devedora, restrição ao crédito, impedimento de o devedor-executado contratar com o Poder Público etc. Depois de encerrada a discussão judicial, de uma forma ou de outra, o crédito tributário tenderá a ser pago, inclusive mediante a indisponibilidade geral de bens a que se refere o art. 185-A do CTN.

É importante lembrar que o CPC vigente permite, além da penhora *on-line* de dinheiro, a aplicação da mesma medida sobre títulos de crédito (CPC, art. 855 a 860), sobre cotas ou ações de sociedades personificadas (CPC, art. 861), a penhora de empresas e outros estabelecimentos e semoventes (CPC, arts. 862 a 865) e a penhora de percentual de faturamento de empresa (CPC, art. 866). Portanto, a penhora de recursos financeiros não é o único ou mais eficiente meio de se garantir a execução quando confrontada proporcionalmente à garantia constitucional do direito de defesa.

Para finalizar este tópico, registre-se o teor da Súmula 406 do STJ, que esclarece: "A Fazenda Pública pode recusar a substituição do bem penhorado por precatório". Embora a questão devesse ser analisada caso a caso, a jurisprudência dominante é que a penhora de dinheiro prefere a qualquer outro bem penhorável, inclusive títulos, como é o caso do precatório, ainda que emitido contra a própria Fazenda credora da execução. De acordo com a súmula, caso tenham sido penhorados créditos financeiros na conta do executado, este não poderá substituí-los por precatórios se a Fazenda não concordar com a substituição. Em complementação sugerimos a leitura dos comentários sobre substituição de penhora expostos na subseção 7.2.12.1 deste Capítulo.

7.2.13 Medidas de defesa do executado na execução fiscal

7.2.13.1 Exceção de pré-executividade

A doutrina e a jurisprudência construíram o entendimento da possibilidade de se arguir exceção ou objeção de pré-executividade para evitar as

596

Capítulo 7   Ações judiciais de iniciativa da Fazenda Pública

restrições patrimoniais que decorrem da penhora, nos casos em que a execução não teria condições de ser admitida. Portanto, a exceção de pré-executividade teria a finalidade de proteger o devedor dos ônus com a garantia do juízo da execução fiscal. Ocorre que, às vezes, é tênue a fronteira entre a matéria arguível por meio de embargos à execução (que é o meio previsto em lei para se opor à execução fiscal) e a que pode ser alegada em exceção de pré-executividade. No passado, nessas situações, o juiz poderia entender que a matéria suscitada na exceção era, na verdade, assunto para os embargos, sendo que estes dependeriam da garantia do juízo para sua admissão, conforme a sistemática da LEF. Era comum também o juiz sobrestar a exceção até a penhora dos bens para depois receber a peça como embargos. Havia também casos de indeferimento da medida processual, por falta de fundamentação legal específica no processo de execução fiscal, podendo inclusive ser determinado o seu desentranhamento.

Depois de vários dissídios judiciais, o STJ sumulou a questão em matéria tributária. A Súmula 393 do STJ esclarece o seguinte: "A exceção de pré-executividade é admissível na execução fiscal relativamente às matérias conhecíveis de ofício que não demandem dilação probatória".

A Súmula 393 do STJ delimitou o cabimento da medida processual em questão, de modo que o executado poderá alegar, antes de garantido o juízo da execução fiscal, matérias que poderiam ser conhecidas de ofício pelo juiz e não dependem de produção de provas. Os casos mais comuns de exceção de pré-executividade são os relacionados à ilegitimidade manifesta de parte, erros formais no título executivo, iliquidez, decadência e prescrição do crédito tributário.

Quanto a ilegitimidade do executado, a questão é delicada, pois o STJ tem entendido que não cabe alegação de pré-executividade com o fim de afastar o corresponsável, pois essa arguição depende de prova, o que terá que ser realizado pela via dos embargos.

> 1. A exceção de pré-executividade é cabível quando atendidos simultaneamente dois requisitos, um de ordem material e outro de ordem formal, ou seja: (a) é indispensável que a matéria invocada seja suscetível de conhecimento de ofício pelo juiz; e (b) é indispensável que a decisão possa ser tomada sem necessidade de dilação probatória. 2. Conforme assentado em precedentes da Seção, inclusive sob o regime do art. 543-C do CPC (REsp 1104900, Min. Denise Arruda, sessão de 25-3-2009), não cabe exceção de

CURSO COMPLETO DE DIREITO PROCESSUAL TRIBUTÁRIO

pré-executividade em execução fiscal promovida contra sócio que figura como responsável na Certidão de Dívida Ativa – CDA. É que a presunção de legitimidade assegurada à CDA impõe ao executado que figura no título executivo o ônus de demonstrar a inexistência de sua responsabilidade tributária, demonstração essa que, por demandar prova, deve ser promovida no âmbito dos embargos à execução. 3. Recurso Especial provido. Acórdão sujeito ao regime do art. 543-C do CPC (STJ. Recurso Especial 1.110.925/SP, Rel. Min. Teori Albino Zavascki, j. 22-4-2009, *DJ* 4-5-2009).

A partir desse e de outros precedentes, em recursos repetitivos, o STJ firmou a seguinte Tese do Tema 108: "Não cabe exceção de pré-executividade em execução fiscal promovida contra sócio que figura como responsável na Certidão de Dívida Ativa – CDA". A contrário senso, se não constar o nome do sócio-gerente na CDA, caso seja redirecionada a Execução Fiscal contra ele, terá cabimento a Exceção de Pré-Executividade, pois, nesta hipótese, a questão poderia ser conhecida de ofício pelo juiz e não depende de dilação probatória, por se tratar de vício da CDA.

Na execução comum, a exceção de pré-executividade é desnecessária, uma vez que, para embargar, não é mais requisito o oferecimento de garantia ao juízo (CPC, art. 914). A Execução Fiscal, por possuir lei específica que prevê a garantia do juízo como requisito para a admissão dos embargos, admite a Exceção de Pré-Executividade como instrumento processual útil para evitar a garantia do juízo, quando se verifica, desde logo, o não cabimento da execução fiscal.

7.2.13.1.1 Sucumbência na exceção de pré-executividade

É admissível a condenação nos ônus da sucumbência na Exceção de Pré-executividade quando o juiz acolher o pedido. Neste caso deve a Fazenda Pública ser condenada a pagar as despesas processuais e os honorários advocatícios ao advogado do excipiente (o executado, requerente na exceção de pré-executividade), por força do princípio da sucumbência (CPC, art. 84 e 85).

A exceção de pré-executividade é meio de defesa que só pode ser deduzido por advogado (CPC, art. 103), de modo que se a Fazenda Pública deu causa a execução fiscal, rejeitada afinal por alegação que poderia ter sido reconhecida de ofício, sem produção de provas, sendo lógica a condenação nos ônus da sucumbência para ressarcir o executado das despesas que foi

Capítulo 7 **Ações judiciais de iniciativa da Fazenda Pública**

obrigado a despender para sua defesa. Além disso, o exercício do direito de defesa, ainda que por exceção de pré-executividade, depende do trabalho técnico do advogado, razão pela qual cabe igualmente a condenação da Fazenda Pública no pagamento de honorários advocatícios em favor do advogado do excipiente. O STJ possui precedentes nesse sentido.

> 1. A jurisprudência desta Corte é firme no sentido de que não obstante a exceção de pré-executividade se trate de mero incidente processual na ação de execução, o seu acolhimento com a finalidade de declarar a ilegitimidade passiva *ad causam* do recorrente torna cabível a fixação de honorários advocatícios, ainda que tal ocorra em sede de agravo de instrumento (STJ. Recurso Especial 884.389/RJ, Rel. Min. Eliana Calmon, j. 16-6-2009, *DJ* 29-6-2009).

Não obstante, a MP n. 2.180-35, de 2001, acrescentou à Lei n. 9.494, de 1997, o art. 1º-D, vedando a condenação da Fazenda Pública em honorários advocatícios. Esse dispositivo foi objeto de análise pelo STF, concluindo-se como indevidos os honorários advocatícios somente nas causas em que a Fazenda for a executada e não apresentar embargos, pagando diretamente o débito. Na hipótese inversa, isto é, quando a Fazenda é a exequente e a execução é extinta sem oposição de embargos, é possível a condenação de honorários advocatícios em favor do advogado do devedor (STF, Agravo Regimental em Recurso Extraordinário 478.242-Agravo Regimental nos Embargos de Declaração/RS, Rel. Min. Sepúlveda Pertence, j. 26-6-2007, *DJ* 17-8-2007).

No mais, a questão em torno do cabimento de honorários advocatícios em Exceção de Pré-executividade, nos casos em que a Fazenda Pública é a sucumbente foi pacificada pelo STJ com a fixação do Tema 421 em Recursos Repetitivos, com o seguinte verbete: "É possível a condenação da Fazenda Pública ao pagamento de honorários advocatícios em decorrência da extinção da Execução Fiscal pelo acolhimento de Exceção de Pré-Executividade".

7.2.13.1.2 *Petição de exceção de pré-executividade*

Não existe forma definida em lei para se elaborar a petição da exceção de pré-executividade. Recomenda-se, entretanto, que seja adotada a mesma estrutura da petição inicial, com algumas adaptações ao que foi visto nas subseções 6.2 e seguintes do Capítulo 6.

CURSO COMPLETO DE DIREITO PROCESSUAL TRIBUTÁRIO

Em relação às regras de competência, devem ser observadas as relativas aos Embargos à Execução, que serão comentadas adiante. Em geral, a competência será a do juízo da execução.

A estrutura do texto, conforme se referiu, poderá seguir a das petições iniciais do juízo cível. Na fase do preâmbulo, portanto, deve-se externar a qualificação das partes, menção ao nome da medida (Exceção de Pré-executividade, como é conhecida no meio forense) e justificativa de que a medida se funda no direito de petição assegurado no art. 5º, XXXIV, *a* da Constituição Federal. Pode-se fechar o preâmbulo da petição mencionando-se que o pedido se funda ainda nas razões de fato e de direito que serão expostas. Os fatos serão relatados de forma resumida, de modo que o juiz observe que foi ajuizada execução fiscal para a cobrança de determinado tributo contra o executado excipiente. Em seguida será aduzida a causa de pedir com todos os argumentos úteis à defesa, que deverão justificar a invalidade da CDA pelos motivos comentados. A peça será concluída com pedido de extinção imediata da Execução Fiscal por força dos argumentos expendidos na causa de pedir.

Note-se que não é cabível requerimento de provas ou atribuição de valor à causa, eis que a Exceção não é ação. Mas é recomendável o pleito de condenação em honorários advocatícios a fim de se atender ao princípio dispositivo (CPC, art. 2º).

7.2.13.2 Embargos à execução

Os Embargos à Execução Fiscal constituem ação autônoma, porém incidente a um processo principal, qual seja, a Execução Fiscal. Daí por que, quando da elaboração da peça processual deve-se observar os requisitos do art. 319 do CPC. O fundamento legal da mencionada ação encontra-se no art. 16 da LEF. Embora se revista da natureza jurídica de ação, os Embargos dependem do ajuizamento da Execução Fiscal para serem protocolados. Por razões didáticas, os Embargos serão examinados na sequência das medidas de defesa do executado porque, caso contrário, se confundiriam com a Ação Anulatória do título executivo.

Cleide Previtalli Cais refere que os embargos são ação do tipo "coacta", isso porque "o devedor executado é coagido a utilizar-se dessa 'ação' caso queira defender-se"[35]. Os embargos são a alternativa para defesa na Execução

---

35   CAIS, Cleide Previtalli. *O processo tributário*, p. 594-595.

600

Capítulo 7 **Ações judiciais de iniciativa da Fazenda Pública**

Fiscal que permite suspender a exigibilidade do crédito tributário, uma vez garantido o juízo da execução, mas não pode ser o único meio de o devedor se opor à cobrança da dívida ativa em juízo. Observe-se que a própria LEF, no art. 38, permite ao devedor ajuizar, além do mandado de segurança e da ação de repetição de indébito, a ação anulatória, que poderá ter como fim a desconstituição da CDA.

A característica de ação autônoma dos Embargos é o que permite sua autuação em apartado e submissão aos preceitos de toda petição inicial. Não se ignora, contudo, que, nos embargos, os elementos de defesa do executado serão expostos como em contra-ataque, revelando certa carga de peça defensiva. Essa característica defensiva decorre da garantia constitucional da ampla defesa, eis que na formação do título executivo extrajudicial e objeto da execução fiscal pode ter havido ou não a manifestação ampla de defesa do devedor. Ainda que tenha se defendido na via administrativa, no processo administrativo brasileiro atual, o regime de oposição do cidadão contra os atos administrativos, inclusive os de natureza tributária, implicam simples direito de revisão da legalidade e não exatamente julgamento definitivo.

A execução fiscal ou qualquer outra modalidade de execução caracteriza-se pela pretensão de pagamento compulsório do débito, o que poderá acarretar a expropriação obrigatória de bens do devedor. Assim, o próprio processo de execução não comporta a defesa exaustiva do executado, porque isso desnaturaria a força executória do título e sua inerente exigibilidade. Por esse motivo, os Embargos à Execução Fiscal serão processados em autos apartados, porém apensos à Execução Fiscal, semelhantemente ao que ocorreria com a Ação Anulatória contra a exigibilidade do crédito tributário.

A diferença essencial entre os Embargos à Execução e a Ação Anulatória reside nas condições para a suspensão da exigibilidade do crédito tributário. Nos embargos, a suspensão da execução é automática, desde que o juízo seja garantido por uma das formas previstas no art. 9º da LEF. A Ação Anulatória somente viabilizará a suspensão da exigibilidade do crédito e, portanto, a paralisação do andamento da execução, se for realizado o depósito do montante do crédito tributário exigido ou se o juízo deferir tutela de urgência, determinando a suspensão da exigibilidade do crédito tributário com base nos argumentos do contribuinte.

7.2.13.2.1 Prazo para oposição dos embargos à execução

Conforme o art. 16 da LEF, o prazo para oposição dos embargos é de 30 dias, não podendo, como qualquer prazo peremptório, ser alterado pelas partes ou pelo juiz, ressalvada a hipótese do art. 222 do CPC.

O termo inicial da contagem do prazo será a data da garantia do juízo, ou seja, a data do depósito nos autos, a juntada da prova da fiança bancária ou do seguro garantia ou ainda da intimação da penhora. Quanto aos dois primeiros termos iniciais, a comprovação dos respectivos atos marca, obviamente, o início da contagem dos 30 dias para oposição dos embargos. Com relação à intimação da penhora, cabem algumas observações. A primeira é que a citação na Execução Fiscal é geralmente realizada pelo correio, de modo que cabe ao executado, depois de citado, pagar o débito ou nomear bens à penhora no prazo de cinco dias (LEF, art. 8º). Na hipótese de o executado não garantir o juízo por qualquer das formas previstas no art. 9º da LEF, a Fazenda poderá requer a penhora de bens e a intimação, nesse caso, será realizada pessoalmente no domicilio do executado por meio do oficial de justiça. O oficial lavrará o auto de penhora, intimando o devedor sobre o prazo de 30 dias para oposição dos embargos. Do mandado de intimação deverá constar o prazo para defesa, no caso, os Embargos à Execução. Assim, o devedor poderá opor embargos a partir do primeiro dia útil (que tenha expediente forense na comarca), contado da intimação pessoal. Por exemplo, se o devedor foi intimado pessoalmente no dia 10 e se esse dia foi uma sexta-feira, o prazo inicia sua contagem a partir do dia 13, isto é, a segunda-feira subsequente. Se nesse dia não houver expediente forense o prazo iniciará no dia seguinte ou no dia em que tiver expediente. Sendo pessoal a intimação da penhora é dispensável a publicação do respectivo ato de intimação na imprensa, exigência prevista no art. 12 da LEF.

O art. 12 da LEF estabelece que a intimação da penhora será feita por publicação na imprensa oficial do ato de juntada do termo ou do auto de penhora. Ainda que a intimação seja feita pessoalmente ao devedor, a lei prevê a juntada do auto de penhora e a publicação deste ato na imprensa oficial. Só após isso é que passaria a ser contado o prazo para a oposição dos embargos. Na prática tem prevalecido o entendimento de que, sendo a intimação da penhora pessoal e constando do auto de penhora menção ao prazo de 30 dias para embargar, o prazo é contado a partir da intimação pessoal e

Capítulo 7   **Ações judiciais de iniciativa da Fazenda Pública**

não de sua eventual publicação[36]. Nesse sentido é o Tema 131 de Recursos Repetitivos, em que o STJ firmou a seguinte tese: "O termo inicial para a oposição dos Embargos à Execução Fiscal é a data da efetiva intimação da penhora, e não a da juntada aos autos do mandado cumprido".

7.2.13.2.2 *Juízo competente*

A competência jurisdicional nos Embargos à Execução dependerá das normas de organização judiciária de cada estado, sendo regra o ajuizamento dos embargos perante o juízo da execução. Em geral, tal competência é atribuída aos Juízos de Fazenda Pública. Nas comarcas em que há divisão em anexos fiscais, será dos juízos dos respectivos anexos em que estiver tramitando a execução.

Quanto à competência territorial, tendo em vista o caráter incidental da ação de embargos, esta deverá seguir, logicamente, o foro de competência da execução.

Nas hipóteses em que o executado é citado por precatória e indica à penhora bem que venha a ser penhorado em localidade diferente de onde tramita a Execução Fiscal, deverá ser observada a regra do art. 20 da LEF, que determina que os embargos devem ser oferecidos perante o juízo deprecado (destinatário da carta precatória), mas serão instruídos e julgados pelo juízo deprecante (remetente da carta). Eventuais arguições de nulidade sobre a penhora ou demais atos de competência do juízo deprecado serão apreciados por este (LEF, art. 20, parágrafo único). Nesse sentido é a Súmula 46 do STJ: "Na execução por carta, os embargos do devedor serão decididos no juízo deprecante, salvo se versarem unicamente vícios ou defeitos da penhora, avaliação ou alienação dos bens".

7.2.13.2.3 *Valor da causa*

A LEF é omissa a respeito da fixação do valor da causa nos embargos, referindo-se sobre o tema somente em relação à inicial de Execução Fiscal, no § 4º do art. 6º, cabendo ao intérprete da lei valer-se das disposições processuais gerais. O art. 291 do CPC determina que a toda causa deve ser

---

36 Súmula 190, do TFR: "A intimação pessoal da penhora ao executado torna dispensável a publicação de que trata o art. 12 da Lei das Execuções Fiscais".

atribuído um valor certo, ainda que a ação não tenha conteúdo econômico imediatamente aferível.

É inegável o conteúdo econômico dos Embargos do Executado, pois sua pretensão é a invalidação da CDA, título executivo que determina o valor do débito executado. Obviamente, o valor da causa dos embargos deverá ser o valor do débito fiscal executado, em analogia ao disposto no art. 292, II, que dispõe que será atribuído à causa o valor do ato quando o objeto da ação for sua validade. O ato nesse caso é a inscrição na dívida ativa da qual se extrai a CDA, que servirá de título executivo extrajudicial.

Ressalte-se que se os embargos forem opostos somente contra parcela do débito, o valor da causa deverá expressar, logicamente, o valor impugnado e não a totalidade da Execução Fiscal. O valor dos embargos poderá também servir de base de cálculo para as despesas processuais. Em algumas unidades federadas, assim como no âmbito da Justiça Federal, dispensa-se o devedor de taxas judiciárias para o protocolo de Embargos à Execução.

7.2.13.2.4 *Documentos que deverão instruir a ação*

É indispensável a anexação de procuração com cláusula *ad judicia* à petição inicial dos embargos, sem a qual a representação processual não está regularizada (CPC, art. 104). Se o prazo para oposição dos embargos estiver próximo do vencimento e não houver tempo hábil para providenciar a procuração, a fim de se evitar a preclusão temporal para embargar, a lei permite que o advogado ajuíze a medida em nome da parte independentemente de procuração. Neste caso, ficará o advogado obrigado a apresentar o documento em 15 (quinze) dias que podem ser prorrogados por igual prazo pelo juiz (CPC, art. 104, § 1º).

Tratando-se de pessoa jurídica, deverá ser juntada cópia autenticada do contrato social da empresa ou dos estatutos, conforme o caso, especialmente com a cláusula gerencial, isto é, a que dá poderes de representação aos sócios, para que se possa saber se o sócio que assinou a procuração recebeu poderes para praticar esse tipo de ato.

Devem-se juntar também cópias da CDA e do auto de penhora, porque, em eventual sucumbência do devedor, o recurso de apelação interposto contra a sentença é recebido no efeito meramente devolutivo (CPC, art. 1.012, § 1º, III). Assim, caberá execução definitiva da CDA, conforme entendimento da jurisprudência do STJ:

Capítulo 7 **Ações judiciais de iniciativa da Fazenda Pública**

STJ. Súmula 317: É definitiva a execução de título extrajudicial, ainda que pendente apelação contra sentença que julgue improcedentes os embargos.

A execução definitiva da CDA nessa hipótese será processada nos autos principais, isto é, da própria execução fiscal e não por carta de sentença ou autos suplementares. Nestes casos, o processo de execução ficará no juízo de primeiro grau podendo subir para o tribunal apenas os embargos, instruídos com os documentos mencionados, fundamentais ao julgamento da apelação.

No mais deverão ser juntados todos os documentos que a parte executada julgar convenientes.

7.2.13.2.5 *Provas e incidentes processuais*

Nos Embargos do Executado cabem todas as provas admitidas em direito, inclusive oitiva de testemunhas se for o caso. O momento oportuno para requerer as provas é com o ajuizamento dos embargos, o que deve ser feito na inicial. Não se deve aguardar eventual despacho de especificação de provas, eis que a lei não prevê essa fase processual. Se o juiz entender que a questão é meramente de direito e julgar antecipadamente os embargos, o embargante que não tiver requerido provas na inicial não poderá alegar cerceamento de defesa (LEF, art. 17, parágrafo único).

Na prática, nos embargos, pouco se vê a possibilidade de incidentes processuais tais como intervenção de terceiros, reconvenção e exceções. Aliás, a este respeito, o § 3º do art. 16 da LEF estabelece que não serão admitidas reconvenção nem compensação. As exceções, salvo as de incompetência, suspeição e de impedimento, serão arguidas como preliminares aos embargos e serão julgadas com eles. Em relação à compensação, a Súmula 394 do STJ traz o seguinte esclarecimento:

STJ. Súmula 394 – É admissível, em embargos à execução, compensar os valores de imposto de renda retidos indevidamente na fonte com os valores restituídos apurados na declaração anual.

Assim, para a jurisprudência, é permitido ao contribuinte abater da dívida fiscal executada, os valores compensados anteriormente ao ajuizamento da execução fiscal. Os precedentes da súmula em questão dão conta da situação em que o contribuinte teria sido descontado de IRRF sobre verbas de natureza indenizatória. Em razão deste desconto, o contribuinte, em sua declaração de ajustes, realizou a compensação dos valores retidos indevidamente com débito de IR apurado em sua Declaração Anual de Ajustes – DAA. Caso a Fazenda execute o contribuinte por entender que os valores não deveriam ter sido compensados é direito do devedor alegar em seu favor que sejam descontados do valor executado os montantes compensados na DAA.

Ainda sobre a possibilidade de se compensar ou não créditos do contribuinte com créditos tributários nos embargos à Execução Fiscal, o STJ firmou a seguinte tese no Tema 294 de Recursos Repetitivos:

> A compensação efetuada pelo contribuinte, antes do ajuizamento do feito executivo, pode figurar como fundamento de defesa dos embargos à execução fiscal, a fim de ilidir a presunção de liquidez e certeza da CDA, máxime quando, à época da compensação, restaram atendidos os requisitos da existência de crédito tributário compensável, da configuração do indébito tributário, e da existência de lei específica autorizativa da citada modalidade extintiva do crédito tributário.

A questão alegada dizia respeito sobre a compensação tributária com fundamento na Lei n. 8.383, de 1991, que autoriza a compensação de créditos com débitos tributários na contabilidade do próprio contribuinte. Na hipótese de o Fisco, discordando dessa iniciativa, cobrar por meio de Execução Fiscal o crédito tributário compensado, o contribuinte poderá alegar como defesa nos embargos a legitimidade da compensação iniciada antes do ajuizamento da Execução Fiscal.

7.2.13.2.6 Recursos

Para impugnar as decisões interlocutórias proferidas nos embargos cabem Agravo de Instrumento (CPC, art. 1.015, II) e Embargos de Declaração, uma vez que o CPC de 2015 permite a interposição deste recurso contra qualquer decisão judicial (CPC, art. 1.022). Contra a sentença nos embargos são possíveis os seguintes recursos: a) apelação; b) embargos de declaração, pelos mesmos motivos de cabimento nas decisões interlocutórias; c) embargos infringentes, obedecido o valor de alçada do art. 34 da LEF[37].

---

37 A LEF permite que o próprio juiz da causa reveja a decisão proferida quando esta não ultrapasse o limite de 50 ORTN (esse valor, evidentemente, dever ser atualizado ao tempo da distribuição da apelação). Essa regra é de constitucionalidade duvidosa, pois, independentemente do valor da execução, cremos que o embargante tem direito ao duplo grau de jurisdição composto por um juízo colegiado (CF, art. 5º, LV).

Capítulo 7 **Ações judiciais de iniciativa da Fazenda Pública**

Com relação à apelação, a sentença que julgar improcedente os embargos, ou extingui-los sem julgamento do mérito, caberá essa modalidade recursal sem efeito suspensivo (CPC, art. 1.012, § 1º, III). A sentença de procedência, por sua vez, gerará a sucumbência da Fazenda Pública, ficando a decisão sujeita ao duplo grau de jurisdição necessário, de modo que a decisão não produzirá efeitos enquanto não for confirmada pelo tribunal competente, o que se dá o nome de "remessa necessária" (CPC, art. 496, II). Produzirá, no entanto, efeitos imediatos, conforme os §§ 3º e 4º do art. 496 do CPC, as sentenças contrárias à Fazenda Pública, quando a condenação ou o proveito econômico obtido na causa for de valor certo e líquido inferior a: 1.000, 500 e 100 salários mínimos para, respectivamente, a União, aos estados, Distrito Federal e Municípios que sejam capitais e demais municípios. Assim, se a sentença proferida em Embargos à Execução Fiscal de tributo federal, concluir que o tributo não é devido, e o valor do crédito tributário for inferior a 1.000 salários mínimos não caberá remessa de ofício. A mesma sistemática se refere aos demais entes da federação obedecidos os parâmetros de salários mínimos mencionados acima. Incluem-se nesses valores de alçada, também respectivamente, as autarquias e fundações de direito público de cada um dos entes federados mencionados. Também não dependerá de remessa necessária a sentença contrária à Fazenda Pública que estiver fundada em: a) súmula de tribunal superior; b) acórdão do STF ou do STJ em julgamento de recursos repetitivos; c) entendimento firmado em incidente de resolução de demandas repetitivas ou de assunção de competência; d) entendimento coincidente com orientação vinculante firmada no âmbito administrativo do próprio ente público, consolidada em manifestação, parecer ou súmula administrativa.

É importante assinalar que, quando a sentença dos embargos for de improcedência, e considerando que neste caso o Recurso de Apelação não possuirá efeito suspensivo (CPC, art. 1.012, § 1º, III), os efeitos da decisão poderão acarretar risco de dano grave ou de difícil reparação contra o embargado, especialmente porque com a sentença de improcedência, a execução fiscal suspensa pelos embargos se torna definitiva (Súmula 317 do STJ). Em razão disso, o embargante poderá pedir a concessão de efeito suspensivo à Apelação com base nos §§ 3º e 4º do art. 1.012 do CPC. Para o pedido de efeito suspensivo, o embargante deverá primeiramente protocolar o recurso de apelação. Se o recurso não tiver sido distribuído para um relator, o pleito de efeito suspensivo com a demonstração do prejuízo deverá ser dirigido ao Presidente

607

do Tribunal competente para julgar a apelação, devendo o pedido ser distribuído a um relator que ficará prevento para apreciar o recurso de apelação. Caso a apelação já tenha sido distribuída, o requerimento fundamentado de efeito suspensivo deverá ser dirigido ao Relator.

7.2.13.2.7 *Resposta aos embargos à execução*

Ao receber os embargos o juiz intimará a Fazenda para impugná-los, conforme o art. 17 da LEF. A intimação da Fazenda Pública será realizada perante o órgão de Advocacia Pública responsável por sua representação judicial, conforme o disposto no § 3º do art. 269 do CPC. A intimação do procurador da Fazenda Pública será pessoal (LEF, art. 25), efetivando-se por meio de carga nos autos, remessa à Procuradoria ou meio eletrônico (CPC, art. 183, § 1º).

Considerando que a LEF é norma específica para regular o procedimento da Execução Fiscal e dos Embargos contra ela opostos, o prazo para impugnação dos embargos é de 30 dias, conforme o disposto no art. 17 da LEF. Não há, por isso, contagem de prazo em dobro, uma vez que, de acordo com o § 2º do art. 183 do CPC: "Não se aplica o benefício da contagem em dobro quando a lei estabelecer, de forma expressa, prazo próprio para o ente público".

Também não serão considerados os efeitos da revelia na hipótese de a Fazenda não impugnar os embargos, porque a cobrança judicial do crédito tributário trata de direitos indisponíveis (CPC, 345, II). Na defesa, a Fazenda poderá alegar toda a matéria útil a essa finalidade, conforme o princípio processual da eventualidade.

7.3 REGRAS ESPECIAIS À EXECUÇÃO FISCAL DE TRIBUTOS FEDERAIS

No Capítulo 5 apontamos as possíveis inconstitucionalidades dos arts. 20-B a 20-D da Lei n. 10.522, de 2002, introduzidos pelo art. 25 da Lei n. 13.606, de 2018. Isso porque a Lei n. 13.606, de 2018, possui inegável vício de forma, na medida em que o art. 25 não pertence ao seu objeto, pois a lei em referência foi promulgada para regulamentar Programa de Parcelamento de débitos do Funrural e não para dispor sobre a cobrança administrativa e judicial de todos os tributos federais. Os arts. 20-B a 20-D da citada lei de 2002 tratam basicamente da indisponibilidade de bens do devedor na fase de inscrição na DAU e do ajuizamento de Execução Fiscal seletiva. Tanto uma

Capítulo 7 **Ações judiciais de iniciativa da Fazenda Pública**

matéria quanto a outra deveriam ser regulamentadas por lei complementar, em obediência ao art. 146, III da Constituição Federal, porque tratam do crédito tributário. Caso fossem realizadas as alterações por Lei Complementar, as regras valeriam para todas as administrações tributárias e não apenas à União, além de se cumprir o requisito constitucional. Nas subseções 5.3.1.6 a 5.3.1.11 discorremos sobre as impropriedades da lei referenciada e da Portaria PGFN n. 33, de 2018, que a regulamenta. Doravante chamaremos esta última norma simplesmente de Portaria.

Não serão diferentes as conclusões para a presente e as próximas subseções deste capítulo, pois a Portaria inovou indevidamente na ordem jurídica, extrapolando outra vez os poderes atribuídos pelo art. 20-E da Lei n. 10.522, de 2002. Por outro lado, a lei traz alguns pontos positivos, visando racionalizar o ajuizamento de executivos fiscais, especialmente quando fadados ao insucesso por circunstâncias que independem da Fazenda. O artigo pertinente à presente análise possui a seguinte redação:

> Art. 20-C. A Procuradoria-Geral da Fazenda Nacional poderá condicionar o ajuizamento de execuções fiscais à verificação de indícios de bens, direitos ou atividade econômica dos devedores ou corresponsáveis, desde que úteis à satisfação integral ou parcial dos débitos a serem executados.
>
> Parágrafo único. Compete ao Procurador-Geral da Fazenda Nacional definir os limites, critérios e parâmetros para o ajuizamento da ação de que trata o *caput* deste artigo, observados os critérios de racionalidade, economicidade e eficiência.

O art. 33 da Portaria regulamenta o dispositivo transcrito, reafirmando o cabimento do ajuizamento seletivo da Execução Fiscal e define o que se considera bens inúteis como sendo os de difícil alienação, sem valor comercial ou de valor irrisório.

A execução será protocolada não se aplicando a regra do ajuizamento seletivo, quando decorrer de: a) aplicação de multa criminal; b) dívida do FGTS; c) elevado valor, conforme definido pelo Ministro da Fazenda; d) responsabilidade de pessoas jurídicas de direito público (autarquias e fundações públicas) ou pessoas jurídicas de direito privado submetidas ao regime de direito público (entidade do sistema S, entidades de classe etc.); e) devedores com falência decretada ou recuperação judicial deferida.

Para localizar bens do devedor, a PGFN realizará consultas periódicas às bases de dados patrimoniais e econômico-fiscais do devedor ou corresponsável,

609

CURSO COMPLETO DE DIREITO PROCESSUAL TRIBUTÁRIO

devendo instaurar procedimento administrativo para essa finalidade (Portaria, art. 34). As mencionadas providências tornaram-se regra precedente ao ajuizamento da Execução Fiscal de tributos federais protocoladas pela PGFN, não cabendo mais o protocolo de executivos fiscais em que não tenham sido realizadas diligências para sua viabilidade e efetividade processual.

O parágrafo único do art. 34 da Portaria, no entanto, excetua a abertura do citado procedimento, permitindo o ajuizamento não seletivo, "desde que demonstrado potencial de recuperabilidade do débito e apresentados, na petição inicial, indícios da existência de bens ou direitos em nome do devedor ou corresponsável". Nesse caso, presume-se que a Fazenda possuía as informações necessárias para o ajuizamento da Execução Fiscal sem as diligências condicionantes de viabilidade do processo.

De acordo com o art. 35 da Portaria, o procedimento de verificação de viabilidade da execução poderá envolver providências adotadas diretamente pela PGFN perante órgãos das administrações direta ou indireta ou entidade de direito privado.

Pelo novo regime, a petição inicial da Execução Fiscal deverá seguir os requisitos do art. 36 da Portaria, especialmente os pedidos para pagamento da dívida com os juros, multas e demais encargos indicados na CDA ou para garantia da execução. O pleito da Fazenda para a garantia da execução indica que o devedor poderá nomear nova garantia para o débito fiscal, o que implica a substituição do bem tornado indisponível na esfera administrativa. Na hipótese de ter ocorrido oferta antecipada de bens à penhora pelo devedor, a petição inicial deverá arrolar os mencionados bens, assim como os que tiverem sido submetidos ao procedimento de averbação pré-executória, que serão convertidos em penhora[38].

O § 3º do art. 36 da Portaria traz a exigência de se instruir a petição inicial da execução com as informações referentes às diligências de viabilidade do processo. Considerando que essa providência é requisito ao ajuizamento das Execuções Fiscais federais, entendemos que a ausência dessa demonstração levará ao indeferimento da petição inicial.

No mais, dos art. 37 ao 40 a Portaria trata da citação e providências que deverão ser adotadas pelo Procurador responsável após o ajuizamento da

---

38 Discorremos sobre o tema da averbação pré-executória na subseção 5.3.2.11.

Capítulo 7 Ações judiciais de iniciativa da Fazenda Pública

execução. Os arts. 41 a 45 disciplinam a alienação de bens do devedor por iniciativa da PGFN e os arts. 46 a 49 trazem normas procedimentais para os casos de suspensão da execução com base no art. 40 da LEF. Todas as matérias referidas, na nossa opinião, carregam pontos criticáveis, por extrapolarem os limites da lei de regência (Lei n. 10.522, de 2002) e por afrontarem a Constituição Federal e o CTN.

Além disso, a Portaria recorre insistentemente a dispositivos do CPC de 2015 para dar a impressão de que também estão sendo regulamentados os dispositivos do Código. Na verdade, trata-se da utilização de regras do CPC para aplicação no processo de Execução Fiscal, contrariando o princípio da especialidade, uma vez que a execução da dívida ativa possui regras próprias disciplinadas pela LEF. À época do CPC de 1973, o STJ pacificou o entendimento de que as regras sobre execução previstas naquele Código, mesmo após as alterações feitas pela Lei n. 11.382, de 2006, não poderiam ser aplicadas irrestritamente sobre o processo de Execução Fiscal, em respeito ao princípio da especialidade (STJ. Recurso Especial 1.272.827/PE. Rel. Min. Mauro Campbell Marques, j. 22-5-2013, *DJe* 31-5-2013). Os temas mais relevantes sobre ofensas à Constituição Federal e ao CTN serão abordados nas subseções a seguir.

7.3.1 Dos limites da responsabilidade tributária

As regras relativas ao ajuizamento seletivo de Execuções Fiscais preveem procedimentos que se voltam contra interesses do contribuinte e do corresponsável. Em que pese a Portaria não definir exatamente quem seria "corresponsável" para efeito de aplicação de suas regras, é possível concluir que se trate do responsável tributário a que se refere a regra geral do art. 128 do CTN.

Considera-se responsável tributário a terceira pessoa, vinculada ao fato gerador da respectiva obrigação, a quem a lei atribui a responsabilidade de pagar o tributo gerado pelo contribuinte (CTN, arts. 121, II, e 128).

As regras da Portaria não deixam dúvida de que, igualando o devedor ao corresponsável, quer-se alcançar a pessoa física dos sócios administradores das pessoas jurídicas devedoras de créditos tributários federais.

No entanto, conforme foi visto nas subseções 7.2.7.1 e 7.2.7.2, a responsabilidade dos sócios por débitos fiscais da pessoa jurídica está limitada à comprovação de sua conduta violadora do art. 135 do CTN, isto é, o empresário, para responder com seu próprio patrimônio, pelas dívidas fiscais da empresa de que é sócio, deverá atuar "com excesso de poderes ou infração de lei, contrato social ou estatutos". Essa conduta antijurídica deveria ser apurada na fase administrativa do processo, garantindo-se ao envolvido direito ao contraditório e à ampla defesa. Assim, não é lícito tornar indisponíveis bens do correspável sem que lhe tenha sido imputada, comprovada e decidida sua responsabilidade por uma das condutas narradas no art. 135 do CTN. Nesse sentido, é pacífica a jurisprudência do STJ:

> 2. A jurisprudência deste Tribunal Superior possui precedente no sentido de que "o redirecionamento da execução fiscal, e seus consectários legais, para o sócio-gerente da empresa, somente é cabível quando reste demonstrado que este agiu com excesso de poderes, infração à lei ou contra o estatuto, ou na hipótese de dissolução irregular da empresa. Precedentes: REsp n. 738.513/SC, deste relator, *DJ* de 18-10-2005; REsp n. 513.912/MG, *DJ* de 1º-8-2005; REsp n. 704.502/RS, *DJ* de 2-5-2005; EREsp n. 422.732/RS, *DJ* de 9-5-2005; e AgRg nos EREsp n. 471.107/MG, deste relator, *DJ* de 25-10-2004" (AgRg no REsp 1.200.879/SC, Rel. Ministro Luiz Fux, Primeira Turma, julgado em 5-10-2010, *DJe* 21-10-2010). (STJ. Recurso Especial 1.690.621/RS. Rel. Min. Og Fernandes, j. 3-4-2018, *DJe* 10-4-2018).

Com efeito, a Fazenda deverá oportunizar ao devedor e ao correspável o direito de apresentar PRDI, oportunidade em que poderá alegar a inexistência de provas de que tenha atuado na forma do art. 135 do CTN e que a questão se resume, portanto, a simples inadimplemento do crédito tributário. Apesar de a Portaria padecer de vício de sistematização – uma vez que o art. 6º é silente sobre o direito de o correspável poder apresentar o PRDI –, o § 1º do art. 21 permite concluir que a notificação será também expedida ao correspável, garantindo-se também a este o contraditório e a ampla defesa.

Daí por que as medidas constritivas sobre bens e direitos do correspável – quando se tratar de responsabilidade pessoal dos sócios-gerentes de pessoa jurídica – somente serão possíveis se ficar comprovada no processo administrativo tributário sua atuação na forma do art. 135 do CTN. Isso significa que, desde o lançamento, deverá a Fazenda notificar o responsável para se defender da alegação de que tenha atuado na forma do art. 135 do CTN. Caso o lançamento prevaleça com a presença do sócio correspável, deverá

Capítulo 7 **Ações judiciais de iniciativa da Fazenda Pública**

ser notificado outra vez da inscrição do crédito na dívida ativa. Tratando-se de tributo declarado (pelo lançamento por homologação) e não pago, considerando que a declaração entregue é uma espécie de confissão de dívida, a jurisprudência do STJ sustenta que a inscrição na dívida ativa poderá ocorrer diretamente, sem abertura ao contraditório e à ampla defesa. No entanto, a interpretação sistemática do § 1º do art. 21 com o art. 6º, ambos da Portaria, indicam que deve ser garantido ao corresponsável (sócio-gerente) o direito de ofertar antecipadamente garantia à Execução Fiscal ou apresentar PRDI, antes do ajuizamento da Execução Fiscal.

Assim, somente depois de frustradas as alegações do corresponsável de que não agiu na forma do art. 135 do CTN será possível adotar as providências relativas à Execução Fiscal seletiva contra o corresponsável tributário. Não será admissível, portanto, que o corresponsável seja obrigado a responder pelo débito fiscal do contribuinte sem ter sido notificado na fase administrativa para se defender, comprovando o abuso da inclusão do seu nome como codevedor, especialmente se não agiu conforme o art. 135 do CTN.

7.3.2 Dos vícios jurídicos na indisponibilidade de bens da Execução Fiscal federal

Conforme o § 4º do art. 36 da Portaria, a ausência de oferta antecipada de bens à penhora e a identificação de indícios de atividade econômica do devedor ou corresponsável levarão ao pedido de indisponibilidade de ativos financeiros a serem realizados concomitantemente com a citação na Execução Fiscal.

O dispositivo possui graves vícios de legalidade. Primeiramente, a indisponibilidade de bens do devedor é regulada pelo art. 185-A do CTN e pela LEF. No tocante a esta última lei, o tema se resume à penhora de bens, o que comentamos nas subseções 7.2.11 e 7.2.12.

Por ora, o objetivo é examinar a legalidade de determinação da indisponibilidade de bens do devedor e do corresponsável por ato administrativo do Procurador da Fazenda. Entendemos que o § 4º do art. 36 da Portaria, semelhantemente a tantos outros dispositivos da norma em questão, viola o princípio da legalidade, na medida em que extrapola as previsões dos arts. 20-B e 20-C da Lei n. 10.522, de 2002. O § 3º do art. 20-B disciplina as consequências do não pagamento do crédito tributário inscrito na DAU. Assim, notificado da inscrição, se o devedor não pagar a dívida, a Fazenda poderá comunicá-la aos bancos de dados, cadastros protetivos dos consumidores e serviços de proteção ao crédito. Além disso, no caso de arresto ou penhora, poderá a PGFN proceder à averbação pré-executória, tornando os bens penhorados indisponíveis.

O parágrafo único do art. 20-C da Lei n. 10.522, de 2002, estabelece que compete ao Procurador-Geral da Fazenda Nacional definir os limites, critérios e parâmetros para o ajuizamento da Execução Fiscal, observados os critérios de racionalidade, economicidade e eficiência.

Como se observa, nenhum dos dispositivos citados autoriza a PGFN a criar regra de natureza restritiva dos direitos do devedor tributário, especialmente o pedido de indisponibilidade de recursos financeiros na petição inicial de Execução Fiscal. Além disso, há inegável vício de constitucionalidade no parágrafo único do art. 20-C da Lei n. 10.522, de 2002. A competência para regulamentar leis, decretos e outros atos normativos dessa magnitude é do Ministro de Estado da área, no caso o Ministro da Fazenda. Nesse sentido, o art. 87, II, da Constituição Federal não deixa dúvida ao estabelecer que compete ao Ministro de Estado: "expedir instruções para a execução das leis, decretos e regulamentos". Assim, não poderia a Lei n. 10.522, de 2002, no parágrafo único do art. art. 20-C, atribuir ao Procurador-Geral da Fazenda Nacional competência para definir "critérios e parâmetros para o ajuizamento da Execução Fiscal", o que constitui simples eufemismo ao poder de regulamentar leis, atribuição inerente ao Chefe do Executivo ou ao Ministro de Estado.

Por outro lado – mas não longe dessa temática –, o art. 100 do CTN, ao prever a expedição de normas complementares pelas autoridades administrativas, não deve ser interpretado fora dos limites objetivos do próprio CTN. Note-se que a regulamentação em questão trata de regras sobre o processo de Execução Fiscal, matéria diversa do âmbito normativo do CTN. O procedimento da Execução Fiscal é disciplinado pela Lei n. 6.830, de 1980, na qual não se encontra nenhuma previsão de regulamentação por atos do Poder Executivo. Nem poderia ser diferente, pois as leis processuais são autoaplicáveis porque versam sobre direitos fundamentais, vinculados ao princípio do devido processo legal e às garantias constitucionais do contraditório e da ampla defesa. Os atos constritivos de direitos das partes no processo, como são os procedimentos judiciais em questão, tratam de matéria reservada à lei *stricto sensu*, cabendo à União legislar (mediante lei) as regras do processo.

Capítulo 7   **Ações judiciais de iniciativa da Fazenda Pública**

A definição de regras processuais é assunto de alta relevância em um Estado democrático, razão pela qual não deve ficar a cargo do Chefe do Poder Executivo promover regras regulamentares, pois sempre haverá o risco de extrapolar o âmbito restrito da legalidade. Com mais razão não pode caber a um órgão tecnocrata (como é o caso da PGFN) disciplinar regras processuais que restrinjam direitos de terceiros, como no caso em questão.

Não cabe também o argumento de que, neste caso, estariam sendo regulamentados os arts. 53 da Lei n. 8.212, de 1991, e 854 do CPC. Sobre esse ponto deve prevalecer o princípio da especialidade das leis. Conforme dito e repetido, o processo de Execução Fiscal é regulado pela LEF, que não autoriza o órgão tecnocrata da Fazenda Nacional a editar regras sobre o respectivo processo, especialmente norma de extrema relevância, como o pedido de indisponibilidade de ativos financeiros do devedor. Se já não seria razoável permitir-se tal regulamentação por decreto do Presidente da República, autoridade que representa a sociedade pelo voto majoritário, com muito mais razão não cabe admitir que órgão técnico possa pleitear providência que acarreta a indisponibilidade de recursos financeiros do devedor, antes de sua defesa ser julgada.

Escapa das atribuições do Poder Executivo restringir direitos de terceiros sem previsão explícita na lei pertinente, o que, como se viu, não consta tanto da Lei n. 10.522, de 2002, quanto da LEF.

Não bastassem os argumentos apresentados, outro é inescapável. Trata-se da previsão do art. 185-A do CTN, que estabelece ser competência do juiz da execução determinar a indisponibilidade de bens e direitos do devedor tributário, somente nas hipóteses em que, devidamente citado, não pague nem apresente bens à penhora no prazo legal e não sejam encontrados bens penhoráveis.

Assim, é descabido desde a petição inicial o pleito de indisponibilidade de recursos financeiros do devedor tributário, pois há fase processual própria para esse evento, qual seja, depois da citação e caso o devedor não pague, não ofereça bens em garantia ou não sejam encontrados bens à penhora. É indevida a previsão do § 4º do art. 36 da Portaria quando estabelece como requisito da inicial da Execução Fiscal o pedido de indisponibilidade de ativos financeiros do devedor. Mais grave ainda é a previsão de que tal indisponibilidade deverá ocorrer com a citação, o que conduz à inacreditável

CURSO COMPLETO DE DIREITO PROCESSUAL TRIBUTÁRIO

hipótese em que uma Portaria de órgão técnico do Poder Executivo emite ordem ao Poder Judiciário.

Todos os argumentos expostos são extensíveis à hipótese de indisponibilidade de bens do corresponsável. Além disso, acrescente-se que somente cabe a inserção do corresponsável no polo passivo da Execução Fiscal quando seu nome constar da CDA e tenha sido garantido a ele, na fase administrativa, o direito de se defender, alegando a ausência das hipóteses do art. 135 do CTN.

7.3.3 Da suspensão da execução e a inconstitucionalidade da regra de interrupção da prescrição intercorrente

Os arts. 46 a 49 da Portaria tratam de regras procedimentais ao Procurador da Fazenda para requerer a suspensão da Execução Fiscal com base no art. 40 da LEF. De acordo com este dispositivo legal, nas hipóteses em que o devedor não for citado ou não forem encontrados bens para garantia do juízo, o processo será suspenso por um ano e depois desse período, sem novidades, será arquivado. O § 3º do art. 40 da LEF estabelece que, uma vez encontrados o devedor ou bens para garantia do juízo, o feito será desarquivado. O § 4º, por sua vez, prevê que, decorrido o prazo de prescrição, contado da data do arquivamento, o juiz deverá decretar a prescrição, sem necessidade de ouvir a Fazenda (subseção 7.2.2).

Conforme se observa, a LEF não previu qualquer prazo de interrupção à prescrição intercorrente, instituto que extingue o processo de execução pela falta de informações do devedor ou pela impossibilidade de se garantir o juízo no prazo de 5 anos, contados do arquivamento dos autos.

Os §§ 1º e 2º do art. 49 da Portaria, no entanto, tratam da hipótese de interrupção da prescrição intercorrente, o que ocorreria com a efetivação da penhora, devendo a interrupção retroagir à data da indicação do bem pela Fazenda.

O dispositivo é mais um a desrespeitar o sistema jurídico, pois não compete ao órgão técnico da Fazenda Nacional legislar sobre prescrição e, muito menos, determinar evento que enseje a interrupção do prazo. O § 2º do art. 49 da Portaria é ousado e inova na ordem jurídica, pois cria vantagem processual à Fazenda Pública não prevista em lei. Observe-se que de acordo com o § 1º do art. 49 o que faria interromper a prescrição intercorrente seria "a efetivação da penhora dos bens ou direitos indicados". No parágrafo seguinte, no entanto, tem-se regra que retroage a interrupção à data da indicação dos bens em garantia. Como se sabe, na prática processual, a indicação dos bens garantidores da execução é feita por petição e, entre a data do seu protocolo e a efetiva penhora dos bens, poderá decorrer prazo razoável, em que a prescrição intercorrente já poderia ser decretada. Os §§ 1º e 2º do art. 49 da Portaria, inegavelmente, alteram o art. 40 da LEF para fixar regra desfavorável ao executado, que não foi prevista pelo legislador. Trata-se de inequívoca invasão de competência legislativa que desrespeita o princípio da separação dos poderes, tornando os §§ 1º e 2º da Portaria inconstitucionais.

CAPÍTULO **8**
Ações judiciais de iniciativa do sujeito passivo da obrigação tributária

8.1 MANDADO DE SEGURANÇA EM MATÉRIA TRIBUTÁRIA

As primeiras iniciativas de se instituir no país uma ação judicial contra o abuso de poder estatal nos casos não relacionados à proibição do direito de ir e vir nasceram do esforço do STF em ampliar o *habeas corpus*. No início da república, o *habeas corpus* era utilizado também para repreender determinados atos de autoridade pública não necessariamente vinculados ao direito de locomoção, mas nem por isso menos opressores da liberdade. No entanto, a iniciativa mais concreta nesse sentido, de acordo com Castro Nunes, ocorreu na Seção de Direito Judiciário, do Congresso Jurídico de 1922, presidida pelo Ministro Muniz Barreto. Entretanto, o mandado de segurança somente foi previsto nas Constituições brasileiras a partir de 1934, tendo sido regulamentado pela Lei n. 191, de 16-1-1936, sucedida pela Lei n. 1.533, de 31-12-1951[1].

Atualmente, a ação de mandado de segurança está prevista no art. 5º, LXIX e LXX, da Constituição Federal, sendo disciplinado pela Lei n. 12.016, de 2009. Apesar de no início ter despertado dúvidas sobre o seu cabimento em matéria tributária, hoje há consenso na doutrina e na jurisprudência do uso do Mandado de Segurança para impedir a cobrança de tributos que atente contra a ideia de legalidade em sentido amplo. De fato, o Mandado de Segurança é ação frequentemente utilizada em discussões que envolvem o direito tributário. Isso acontece porque o tributo decorre de exigência legal

---

1   NUNES, Castro. *Do mandado de segurança*: e outros meios de defesa contra atos do Poder Público. 6. ed. Rio de Janeiro: Forense, 1961, p. 19-33.

CURSO COMPLETO DE DIREITO PROCESSUAL TRIBUTÁRIO

e para o exercício da competência tributária é necessário a prática de procedimentos administrativos realizados normalmente por agentes públicos. O Mandado de Segurança é um dos instrumentos processuais mais eficazes contra atos de autoridades públicas que violarem a legalidade. Nos termos do art. 5º, LXIX, da Constituição Federal, caso o sujeito passivo da obrigação tributária possua fundamentos jurídicos para refutar exigências da administração fiscal é viável o Mandado de Segurança.

O sistema tributário do Brasil é rígido, tendo suas normas fundamentais inseridas no texto constitucional (CF, arts. 145 a 156). Atualmente, existem muitas regras tributárias abaixo da Constituição Federal visando a eficiência do sistema fiscal. São leis complementares, leis ordinárias, instruções normativas, portarias, resoluções do senado, medidas provisórias etc., que, quase sempre, elevam as discussões em matéria tributária para o campo da constitucionalidade das leis, porque essas normas têm que estar em fina sintonia com a Constituição Federal.

As lides do direito tributário, justamente em função das alterações da legislação, projetam-se para o futuro. Assim, o Mandado de Segurança se tornou meio processual estrategicamente adequado para impedir, nos períodos subsequentes, a cobrança do tributo supostamente inválido.

Em função dessa utilização do mandado de segurança como meio preventivo à cobrança de tributos considerados inexigíveis, o objeto da mencionada ação judicial pode coincidir com os fins da ação declaratória de inexistência de relação jurídica tributária. A diferença entre o Mandado de Segurança e a ação declaratória em questão residirá praticamente no pedido de ambas as ações. Na ação mandamental (Mandado de Segurança), pretende o impetrante que a autoridade pública se abstenha de praticar determinado ato tido por ilegal, como é o caso da cobrança de um tributo inconstitucional; ou quer o demandante que o impetrado aja, isto é, pratique determinado ato, pois sua omissão é abusiva de direito líquido e certo. Na ação declaratória, o contribuinte deverá pretender afastar a incidência do tributo, razão pela qual o pedido dessa ação não visa propriamente impedir "uma ação da autoridade administrativa", mas a "declaração de que o tributo não é devido", exatamente porque não pode incidir sobre o caso concreto.

Apesar do uso abundante do Mandado de Segurança em matéria tributária, esta não é a única ação recomendável para dirimir esse tipo de questão jurídica. A escolha da medida processual mais adequada dependerá do caso

Capítulo 8   Ações judiciais de iniciativa do sujeito passivo da obrigação tributária

concreto e da estratégia do advogado ao se deparar com os fatos. Normalmente, ocorrendo situações em que existe a prática de ato ilegal ou abusivo de autoridades públicas, e se tal fato tiver ocorrido dentro do prazo de 120 dias, é quase certo o cabimento do Mandado de Segurança.

É comum se impetrar o Mandado de Segurança contra a ameaça de cobrança de tributo, tendo-se como pano de fundo a lei que o instituiu. Nesses casos o Mandado de Segurança traz resultados práticos imediatos, mas não seria, academicamente, a única medida processual a ser utilizada. A ação declaratória também cabe nesses casos porque ataca o ponto exato, que é a "lei em tese" e não "o ato de cobrança do tributo". Na medida em que a lei instituidora do tributo é inválida, a consequência jurídica do reconhecimento dessa invalidade será a impossibilidade de o tributo ser exigido pela autoridade tributária e esse efeito irá satisfazer a pretensão do autor, de não ter que pagar o tributo.

Antes do advento da Lei n. 9.494, de 1997, algumas ações ordinárias que visavam discutir obrigações tributárias de vencimento futuro eram ajuizadas contendo pedidos de antecipação dos efeitos da tutela. Desde que atendidos os pressupostos legais, era possível se obter sucesso com essas ações. Posteriormente, a doutrina e a jurisprudência passaram a atentar para os possíveis óbices à antecipação da tutela contra a Fazenda Pública, conforme foi explicado na subseção 6.2.6.5 do Capítulo 6. Além dos argumentos contrários ao deferimento da antecipação de tutela contra o Poder Público, o que incluía as causas tributárias, outros entraves de natureza processual surgiram com habitualidade, de tal sorte que diminuiu a incidência de ações ordinárias em matéria tributária e aumentou a utilização do Mandado de Segurança.

Em matéria tributária, ou mesmo em outros segmentos jurídicos que permitam o uso do Mandado de Segurança, deve-se pedir ao juiz, conforme os fatos, que se expeça uma ou mais ordens em face da autoridade pública. Daí por que cita a doutrina uma quarta espécie de provimento jurisdicional, qual seja, a "sentença mandamental"[2]. Considerando que o pedido é o que

---

2   "Alguns doutrinadores consideram a existência de uma outra espécie de sentença, por eles denominada de sentença mandamental (categoria idealizada por Kunttner, em 1914 e posteriormente retomada por James Goldschmidt)". Cf. ALVIM, Eduardo Arruda. *Mandado de segurança no direito tributário*, p. 255.

determina o tipo de provimento judicial a ser concedido, são exemplos de pedido mandamental, consistentes em uma ordem para se fazer algo, os que se destinam: a) obrigar a autoridade aduaneira a desembaraçar uma mercadoria; b) mandar a autoridade tributária expedir certidão negativa ou positiva com os mesmos efeitos de negativa (CTN, art. 206); c) deferir inscrições fiscais cassadas pela autoridade administrativa; d) suspender a inscrição de débito na dívida ativa etc. No caso das condutas omissivas (não fazer), são exemplos de pedido de mandado de segurança: a) ordem de não inscrição em dívida; b) não autuação por força de outra decisão judicial ou administrativa; c) ordem para abstenção de exigência de pagamento de tributo vincendo etc.

Percebe-se que, em todos os casos, o pedido se resume em se requerer que o juiz emita uma ordem contra a autoridade pública para que algo seja feito ou deixe de ser praticado, por se considerar tais condutas ilegais ou abusivas. A sentença mandamental, por dar aplicação coativa ao direito líquido e certo reclamado pelo impetrante é considerada como autoexecutável. A ordem judicial do Mandado de Segurança, por ser um mandamento decorrente do reconhecimento da existência de um direito líquido e certo preexistente ao processo, faz com que a ordem judicial seja cumprida de plano para se dar efetividade à decisão[3]. A propósito, o Mandado de Segurança há muito tempo segue os objetivos do "cumprimento da sentença", atualmente previsto nos arts. 513 e seguintes do CPC como instrumento de dinamização do processo (embora essa técnica já fosse conhecida do CPC anterior a partir das alterações realizadas pelo art. 475- A e seguintes).

Na prática forense tributária, cabe Mandado de Segurança para se pedir a nulidade de uma norma, a declaração de inexistência de relação jurídico-tributária ou a condenação em uma obrigação de fazer ou não fazer[4]. Apesar

---

3   Sobre o assunto Pontes de Miranda é taxativo: "Na sentença mandamental, o juiz não constitui: 'manda' [...] Na ação mandamental, pede-se que o juiz mande, não só que declare (pensamento puro, enunciado de existência), nem que condene (enunciado de fato e de valor); tampouco se espera que o juiz por tal maneira fusione o seu pensamento e o seu ato que dessa fusão nasça a eficácia constitutiva". Cf. MIRANDA, Pontes de. *Comentários ao Código de Processo Civil.* t. V, p. 48-49.

4   Essa classificação da sentença do mandado de segurança em um quarto tipo de provimento, qual seja, o "provimento mandamental" é questão meramente de taxionomia

Capítulo 8 Ações judiciais de iniciativa do sujeito passivo da obrigação tributária

do uso generalizado do Mandado de Segurança com diversas pretensões processuais, cabe salientar que na ação mandamental não se litiga contra "lei em tese" (como seria o caso do controle difuso de inconstitucionalidade de uma lei). Em matéria tributária, quando a questão for a inexigibilidade de tributo, caberá o Mandado de Segurança, ainda que a sentença tenha alguma carga de declaração (a declaração de inexigibilidade do tributo), mas o objeto da demanda será o ato de cobrança do tributo considerado indevido e não propriamente a lei.

8.1.1 Fundamentação legal e cabimento do Mandado de Segurança

O Mandado de Segurança é antes de tudo uma garantia de cidadania, tendo seu fundamento jurídico na Constituição Federal. É também chamado no Brasil de *writ*, expressão obviamente derivada do inglês e *mandamus*,

---

formal. Toda decisão judicial terá presente as três características conhecidas, de modo isolado, alternativo ou cumulativo. O mandado de segurança, a despeito de todos seus aspectos peculiares, no caso de concessão da ordem, também geraria uma sentença com carga "condenatória", na medida em que obrigaria a autoridade pública a "fazer" ou "não fazer" determinada conduta; "constitutiva", porque alteraria uma relação jurídica anterior entre o indivíduo e o Poder Público; e "declaratória", uma vez que ao conceder ou negar a segurança, em verdade, o juiz está proclamando a existência ou inexistência de direito líquido e certo. Sobre o tema, Celso Agrícola Barbi não admite a classificação da sentença do mandado de segurança como "mandamental" e argumenta que a sentença do "writ" poderá ser, "condenatória", "declaratória" ou "constitutiva", de acordo com o que for pedido na inicial. Cf. BARBI, Celso Agrícola. *Do mandado de segurança*. 3. ed. Rio de Janeiro: Forense, 1976, p. 247-250; Para Lúcia Valle Figueiredo: "A sentença proferida no mandado de segurança pode ser constitutiva, condenatória e, até mesmo, declaratória, em casos especialíssimos". Cf. FIGUEIREDO, Lúcia Valle. *Mandado de segurança*. São Paulo: Malheiros, 1996, p. 172; Sérgio Ferraz, por sua vez, considera a natureza da sentença do mandado de segurança tema de menor relevância, admitindo todas as formas de provimento, conforme o pedido (condenatória, constitutiva e declaratória). Sobre a natureza declaratória da sentença do mandado de segurança, pondera, no entanto, o seguinte: "Cumpre ponderar que não se trata, salvo as exceções já antes focalizadas, de uma carga declaratória aberta, de cunho normativo, invocável como regra regedora para situações administrativas análogas: a força declaratória dirige-se unicamente ao ato coator já praticado, atingindo, no máximo, outros idênticos, já em vias de consumação". Cf. FERRAZ, Sérgio. *Mandado de segurança: individual e coletivo*: aspectos polêmicos. 3. ed. São Paulo: Malheiros, 1996, p. 175.

CURSO COMPLETO DE DIREITO PROCESSUAL TRIBUTÁRIO

de origem latina[5]. O Mandado de Segurança pode ser "individual" (CF, art. 5º, LXIX) ou "coletivo" (CF, art. 5º, LXX), "repressivo" ou "preventivo".

A diferença entre o Mandado de Segurança "individual" e o "coletivo" reside na legitimidade da parte impetrante (isto é, que ingressa com a ação). Assim, no Mandado de Segurança coletivo, o inciso LXX do art. 5º da Constituição Federal prevê taxativamente quem são as entidades legitimadas a ingressar com a medida, o que não ocorre com o Mandado de Segurança Individual. Nesta última modalidade, qualquer pessoa, natural ou jurídica, poderá impetrar o Mandado de Segurança para proteger direito propriamente seu, enquanto no Mandado de Segurança Coletivo, as entidades constitucionalmente legitimadas impetrarão a ação para defender interesses de seus membros ou associados, o que caracteriza o instituto da "substituição processual" ou "legitimação extraordinária".

Considera-se Mandado de Segurança Repressivo, quando o pedido do *writ* visar corrigir ilegalidade praticada pela autoridade pública que já tenha sido cometida; será "preventivo" o Mandado de Segurança, nos casos em que o ato considerado ilegal não foi ainda praticado, mas existem evidências de sua realização, o que gera o temor da prática da ilegalidade e a consequente conveniência da impetração.

Além da previsão constitucional do art. 5º LXIX e LXX, a ação mandamental, no plano infra legal, é disciplinada atualmente pela Lei n. 12.016, de 2009. Antes dessa última norma, o Mandado de Segurança era regulado pelas Leis n. 1.533, de 1951; 4.348, de 1964; e 5.021, 1966. A Lei de 1951 foi promulgada com base na Constituição Federal de 1946, que já previa o Mandado de Segurança como ação constitucional para afastar ilegalidades praticadas por agentes do Poder Público. Tratava-se de uma lei antiga, mas que regulou o cabimento e o processamento do *writ* até o advento da lei de 2009. As outras duas leis, em síntese, versavam sobre vedações ao deferimento de

---

5   Também é conhecido com essa terminologia (*writ*), importada do direito anglo-saxão. Conforme José Cretella Jr, trata-se de "remédio jurídico, do sistema do *common law* (direito inglês e direito norte-americano), para a defesa de direitos privados por arbitrariedades do Poder Público, citando-se, entre eles, o *mandamus*, o *injunction*, o *certiorari*, o *quo warranto* e o *habeas corpus*." CRETELLA JÚNIOR, José. *Dicionário de Direito Administrativo*. 3. ed. Rio de Janeiro: Forense, 1978, p. 490. O Direito mexicano também conhece o mandado de segurança e o chama de "amparo".

624

Capítulo 8   Ações judiciais de iniciativa do sujeito passivo da obrigação tributária

medidas liminares quando a impetração afetasse pagamento de vencimentos de servidores públicos (o que atualmente pode ser estendido também a subsídios, em face da Emenda Constitucional n. 19, de 1998, que criou o regime dessa outra espécie remuneratória dos agentes públicos).

A Lei n. 12.016, de 2009 reúne toda a legislação esparsa em um só texto normativo, o que torna mais racional a aplicação de seus dispositivos. De acordo com o art. 1º da Lei n. 12.016, de 2009, caberá Mandado de Segurança sempre que houver lesão existente (Mandado de Segurança Repressivo) ou iminente (Mandado de Segurança Preventivo) de direito líquido e certo não amparado por *habeas corpus* ou *habeas data*, praticada por autoridade pública. Para facilitar a linguagem, desse ponto em diante, utilizaremos a sigla LMS (Lei do Mandado de Segurança) para nos referirmos à Lei n. 12.016, de 2009.

Sobre o conceito de "direito líquido e certo" cambem algumas explicações de ordem técnica. Com efeito, essa modalidade de direito deve ser entendida como a certeza de que a autoridade agiu ou está prestes a agir de modo a gerar lesão a qualquer direito individual ou coletivo do impetrante, conforme for o caso de Mandado de Segurança Individual ou Coletivo.

O art. 1º da LMS refere-se a "direito líquido e certo" como o bem jurídico ofendido apto a dar ensejo ao Mandado de Segurança. Essa locução, "direito líquido e certo", sugere a exigência de prova da existência de tal direito de forma pré-constituída, caso contrário não teria relevância alguma a lei se referir a um direito dessa natureza. É necessário entender, porém, que o sentido jurídico apropriado para "direito líquido e certo" se dirige às "provas dos fatos" e não exatamente sobre "o direito". Ao autor cabe levar ao juiz os fatos que entende justificar a violação ao direito líquido e certo. Portanto, as provas recairão sobre tais fatos. São exemplos da demonstração dos fatos no *writ* o indeferimento de um requerimento de autorização para emissão de notas fiscais que, por interpretação da autoridade pública, entendeu que não foram atendidos os requisitos legais; ou até a exigência de tributo que, conforme a interpretação do contribuinte, a lei ou qualquer outro ato normativo vinculado à exigência fiscal seja considerado inconstitucional – o que certamente será refutado pela autoridade pública. Não caberia o *writ* se o autor, embora entendendo ofendida sua esfera de direitos subjetivos, não conseguisse demonstrar que a ofensa decorre de ato de autoridade. No Mandado de Segurança a prova dos fatos terá que demonstrar, de plano, ter ocorrido ofensa a direito líquido e certo do impetrante e o ato ofensivo desse direito foi praticado por

625

autoridade pública, não dependendo o Mandado de Segurança da produção de outras provas para a comprovação da mencionada ofensa. É possível haver lesão a direito de alguém pelo Poder Público sem que se consiga provar a prática de ato de autoridade pública por meio de documentos desde o ajuizamento da ação, razão pela qual não há que se falar em lesão a direito líquido e certo. Por exemplo, se certo licitante for desclassificado de concorrência pública na fase de julgamento da proposta técnica, e se existem razões jurídicas plausíveis para se contestar essa desclassificação, em tese, a lesão foi praticada pelo Poder Público. Mas se a causa da desclassificação foi a qualidade do produto ou do serviço proposto, não haverá direito líquido e certo se a prova do fato da desclassificação depender de exame pericial. Nesta hipótese, pois, o Mandado de Segurança não será cabível.

As provas no *mandamus* devem ser pré-constituídas, exatamente por não ser possível dilação probatória nesse tipo de demanda. Em resumo, consideram-se provas pré-constituídas as que são produzidas com a petição inicial no ato de propositura da ação, sendo normalmente externadas na forma de documentos. Às vezes, o documento indispensável ao conhecimento da ação está em poder da autoridade coatora, que se recusa a fornecê-lo ao impetrante. Pela regra do § 1º do art. 6º da LMS, o juiz oficiará a autoridade a apresentar o documento no prazo de 10 dias. Se quem detém o documento for a própria autoridade coatora, a ordem constará do ofício de notificação para as suas informações.

A ofensa a direito líquido e certo, além da inobservância da lei, pode estender-se aos princípios constitucionais e aos tratados internacionais de que o país seja parte. No Mandado de Segurança Individual, a ofensa ao direito líquido e certo deverá ser sofrida, obviamente, pelo impetrante. O juiz não dará Mandado de Segurança para obstar ato coator que não atinja a esfera de direitos do titular do direito ofendido. Há que se ressaltar, entretanto, o disposto no art. 3º da LMS, em que a pessoa diretamente relacionada com o objeto da ação, diante da omissão do titular do direito, poderá ingressar com o Mandado de Segurança, desde que o titular do direito tenha sido notificado judicialmente para agir e não o fez[6].

---

6   Vamos supor a situação em que o contrato de locação de imóvel residencial tenha estabelecido que o locatário arcará com o pagamento do IPTU. Esse tipo de cláusula é recorrente

Capítulo 8   Ações judiciais de iniciativa do sujeito passivo da obrigação tributária

Deve-se ter claramente que o objeto do Mandado de Segurança é corrigir ato de autoridade pública, de modo que a mera disposição legal abstrata, que não tenha atingido a esfera de direitos do administrado, não pode ser considerada como ofensa a direito líquido e certo[7]. Assim, não é viável mandado de segurança contra "lei em tese". Nesse sentido é amplamente conhecida a Súmula 266 do STF: "Não cabe mandado de segurança contra lei em tese".

Da mesma forma que não cabe Mandado de Segurança contra "lei em tese", não se admite essa ação para atacar decisão judicial sujeita a recurso com efeito suspensivo ou transitada em julgado (LMS, art. 5º, II e III). O *mandamus* é ação autônoma e não admite ser utilizado como meio de impugnação de atos judiciais, suscetíveis de recurso. A LMS esclarece que o Mandado de Segurança é incabível contra decisão judicial que tenha "efeito suspensivo". Assim, a contrário senso, caberia a impetração do *writ* quando o recurso não possuísse esse efeito processual. Convém, porém, conciliar a disposição legal com a evolução da jurisprudência sobre o assunto. Há muito tempo se firmou o entendimento de que o Mandado de Segurança não é substituto de recursos

---

nos contratos de locação residencial. Na vigência do contrato, o locatário, inconformado com fundada ilegalidade na exigência do imposto, pretende ingressar com mandado de segurança. Ocorre que, do ponto de vista do direito tributário, o Fisco municipal não tem qualquer relação jurídica tributária com o locatário, visto que o sujeito passivo da imposição fiscal é o locador, proprietário do imóvel (CTN, art. 123). Nestes casos, como a todo direito corresponde uma ação (CC, art. 75) – e não se pode negar que o locatário tem direito a discutir a exigência de tributo, cuja responsabilidade do pagamento lhe foi transferida por meio de um contrato válido – pode o inquilino notificar judicialmente o locador a respeito de sua intenção. De acordo com o art. 3º da LMS, caso o notificado (no caso o locador) se recusar a ingressar com a ação, o locatário poderá impetrar o *writ*, para afastar a ilegalidade na cobrança do tributo, em que o encargo financeiro será suportado por ele, o inquilino.

7   Vale lembrar que, na Teoria Geral do Direito, são estudados dois planos de existência da norma jurídica: o da "vigência" e o da "eficácia". Não cabem aqui muitas reflexões sobre o tema, apenas para que se tenha uma noção singela do assunto, a vigência é a mera aptidão da lei para produzir efeitos e isto ocorre após sua publicação, decorrido o prazo de *vacatio legis*, se for o caso, porque há leis que entram em vigor na data de sua publicação, segundo a Lei de Introdução às Normas do Direito Brasileiro – LINDB (Decreto--lei n. 4.657, de 1942, art. 1º). A eficácia da norma ocorre em momento posterior, ou seja, quando a lei produz efeitos de modo efetivo e atinge as relações pessoais, sempre respeitando o ato jurídico perfeito, a coisa julgada e o direito adquirido (LINDB, art. 6º).

previstos na legislação processual. Nesse sentido é a Súmula 267 do STF: "não cabe mandado de segurança contra ato judicial passível de recurso ou correição". Daí por que defendemos que a forma mais adequada de se interpretar o art. 5º da LMS é: quando a decisão judicial for recorrível por meio de recurso sem efeito suspensivo, o recurso deverá ser necessariamente interposto e o efeito suspensivo deverá ser postulado perante o tribunal competente, por meio de tutela provisória (CPC, art. 932, II).

O art. 23 da LMS estabelece o prazo de 120 dias para se ingressar com a ação, prazo esse contado da ciência do ato impugnado pelo interessado. Esse prazo não é interrompido pela protocolização de pedidos de reconsideração na via administrativa, conforme orientação do STF, por meio da Súmula 430, que estabelece: "Pedido de reconsideração na via administrativa não interrompe o prazo para mandado de segurança".

Na época da vigência da Lei n. 1.533, de 1951, o STJ entendia que o prazo de 120 não era exigível no mandado de segurança preventivo:

> O mandado de segurança, que objetiva impedir autuação fiscal em razão de compensação de créditos, revela feição eminentemente preventiva, posto que não se volta contra lesão de direito já concretizada, razão pela qual não se aplica o prazo decadencial de 120 dias previsto no art.18 da Lei 1.533/51 (Precedentes jurisprudenciais desta Corte: EREsp 512.006/MG, Rel. Min. Teori Albino Zavascki, *DJU* 17-9-2004; REsp 291.720/ES, Rel. Min. Denise Arruda, *DJU* 4-8-2004; AgRg no Ag 491.591/TO, Rel. Min. José Delgado, *DJU* 17-5-2004; e AgRg no Ag 563.305/RJ, Rel. Min. João Otávio de Noronha, *DJU* 3-5-2004). 4. Embargos de declaração rejeitados (STJ. Embargos de Declaração no Agravo Regimental no Recurso Especial 770.041/RJ, 1ª T., Rel. Min. Luiz Fux, v.u., j. 4-8-2009, *DJ* 3-9-2009).

Esse entendimento é perfeitamente aplicável à LMS atual, porque, tratando-se de Mandado de Segurança Preventivo, o prazo em questão não se aplica pela óbvia razão de que, nessa modalidade, o *mandamus* visa exatamente impedir a prática do ato da autoridade pública.

No entanto, tratando-se de Mandado de Segurança Repressivo, o prazo decadencial de 120 dias é aplicável, devendo ser contado da data da ciência do ato impugnado. No julgamento da ADI 4.296, o STF confirmou a constitucionalidade do art. 23 da LMS, que prevê o prazo em questão.

Capítulo 8   Ações judiciais de iniciativa do sujeito passivo da obrigação tributária

8.1.2 Legitimidade processual

A legitimidade ativa para impetrar Mandado de Segurança é do titular do direito lesado ou ameaçado de lesão, respeitando-se sempre os requisitos processuais da capacidade para ingressar com ações judiciais. Pode ser pessoa física ou jurídica, ou ainda, entes sem personalidade jurídica, como é o caso das "universalidades de direitos". Admite-se que certas "universalidades" como a massa falida, o condomínio e o espólio, tenham capacidade para estar em juízo independentemente da qualidade de ser pessoa jurídica ou física porque para o acesso à Justiça não é relevante indagar-se quanto à regularidade da pessoa perante os registros públicos. Saliente-se também a regra do art. 3º, da LMS que trata de substituição processual, conforme comentado.

Quanto à legitimidade passiva, em princípio, o Mandado de Segurança será impetrado contra a autoridade que tenha praticado o ato ilegal ou abusivo, que também é chamado de "ato coator". Esse ato pode ser praticado por agente da Administração Direta das pessoas jurídicas de direito público (União, estados, Distrito Federal e municípios). De acordo com o § 1º do art. 1º da LMS, equiparam-se às autoridades para fins de impetração de Mandado de Segurança, os representantes ou órgãos de partidos políticos e os administradores de entidades autárquicas. Também serão autoridades coatoras, os dirigentes de pessoas jurídicas ou as pessoas naturais no exercício de atribuições do poder público, somente no que disser respeito a essas atribuições. Nesse sentido, é a orientação do STF, constante da Súmula 510: "Praticado o ato por autoridade, no exercício de competência delegada, contra ela cabe o mandado de segurança ou a medida judicial".

Observe-se ainda que a ação de Mandado de Segurança deve sempre dirigir-se contra ato abusivo de direito praticado por autoridade pública. Assim, em princípio, a pessoa jurídica de direito público, ou as entidades delegadas que obedecem ao regime jurídico do direito privado (CF, arts. 173 e 175 e Lei n. 8.987, de 1995), não são partes legítimas para figurarem no polo passivo da demanda.

Por se tratar de ação judicial destinada a corrigir ato de autoridade pública que tenha abusado de suas competências, não deve o Mandado de Segurança ser impetrado contra atos negociais. Tanto que o § 2º do art. 1º da LMS esclarece que: "Não cabe mandado de segurança contra os atos de gestão comercial praticados pelos administradores de empresas públicas, de sociedade de economia mista e de concessionárias de serviço público". O

629

STF, por ocasião do julgamento da ADI 4.296-DF, confirmou a constitucionalidade deste dispositivo legal.

A autoridade coatora do Mandado de Segurança será, de acordo com o § 3º do art. 6º da LMS, aquela que tenha praticado o ato impugnado ou da qual emane a ordem para a sua prática. Esse dispositivo preencheu lacuna deixada pela Lei n. 1.533, de 1951, na medida em que definiu o conceito de autoridade coatora. No regime da lei anterior, era comum haver dúvidas sobre o agente público que efetivamente determinou o ato coator. Isso porque nem sempre se conhece a fundo normas de organização interna da administração a que está vinculado o impetrado. Às vezes, o secretário de governo é a autoridade que determinou a execução do ato, mas quem o praticou foi outro agente. A melhor maneira de se entender esse assunto sempre foi chegar-se a conclusão se o agente que praticou o ato tinha poderes para desfazê-lo em caso de determinação judicial. A ordem da justiça deverá se dirigir àquele que pode determinar a inexecução do ato. Nunca fez sentido empregar-se o conceito de autoridade ao agente que tenha simplesmente que cumprir as ordens emitidas por seu superior[8]. A lei atual resolve as dificuldades na identificação da autoridade coatora, pois a ação poderá ser impetrada contra quem praticou ou irá praticar o ato (neste último caso para o Mandado de Segurança Preventivo), ou ainda, a medida poderá ser interposta em face de quem ordenou a execução do ato.

No âmbito municipal, na prática jurídica, eventual dificuldade em se identificar a autoridade que praticou o ato coator pode ser resolvida inserindo-se no polo passivo o Prefeito, autoridade pública dotada de quaisquer poderes para desfazer atos dos agentes do Município que administra. Além disso, o prefeito tem legitimidade para representar o Município em juízo (CPC, art. 75, III).

Tratando-se de autoridades estaduais ou federais em causas tributárias, é recomendável a impetração contra os agentes que dirigem os órgãos de execução da gestão fiscal ou tributária e não exatamente os agentes políticos, responsáveis pela direção e representação política da pessoa jurídica de direito público ou do órgão. Assim, no caso da exigência de tributos, não cabe Mandado de Segurança contra o Presidente da República, o Ministro da Fa-

---

8   MEIRELLES, Hely Lopes. *Mandado de segurança, ação popular, ação civil pública, "habeas data" e mandado de injunção*. 31. ed. São Paulo: Malheiros, p. 66.

Capítulo 8 **Ações judiciais de iniciativa do sujeito passivo da obrigação tributária**

zenda, o Governador do Estado ou Secretário de Finanças. Tais agentes políticos representam a pessoa de direito público ou o órgão, no tocante às funções políticas do Poder Executivo. A execução das leis e demais atos normativos perante o particular, o que leva à possível impetração de Mandado de Segurança, é atribuição de gestores de escalão inferior, mas que podem possuir poderes decisórios.

Caberá Mandado de Segurança contra os dirigentes máximos do Poder Executivo, Ministros ou Secretários de Governo, quando subscreverem diretamente o ato ou o ordenarem expressamente por meio de despachos ou atos normativos de efeitos concretos (portaria, instruções normativas, resoluções etc.).

8.1.3 Liminar

No Mandado de Segurança, diz-se que o direito assegurado provisoriamente pela liminar é *in natura*, isto é, tanto a liminar quanto a ação têm por objeto o pleito de uma ordem contra a autoridade pública para que faça ou deixe de fazer algo, o que resultará na proteção a direito líquido e certo do impetrante. Significa que o direito postulado e eventualmente provido, exaure-se em si próprio, não servindo de instrumento para uma lide mais ampla e por isso considerada como "principal". Por esse motivo, pode-se dizer que a liminar do Mandado de Segurança assemelha-se à tutela antecipada prevista no art. 303 do CPC.

Por outro lado, a liminar é medida inerente à finalidade do *writ* constitucional. Isso pode levar à consideração de que a medida é ato compulsório do juiz no momento em que despacha a inicial. Assim, seria possível o deferimento de liminar "de ofício" (*ex officio*) no Mandado de Segurança, uma vez que o art. 7º, III, da LMS determina que o juiz, dentre outras providências que deverá observar ao despachar a inicial, ordenará que se suspenda o ato que deu motivo ao pedido, quando houver fundamento relevante e do ato impugnado puder resultar a ineficácia da medida, caso seja finalmente deferida. O mesmo dispositivo faculta-lhe exigir do impetrante caução, fiança ou depósito, com o objetivo de assegurar o ressarcimento à pessoa jurídica.

Apesar dessa disposição legal, não é recomendável que o litigante ingresse com o Mandado de Segurança sem deduzir o pedido de liminar. Dificilmente no processo cível o juiz toma iniciativas que estariam ao alcance das partes. É o interessado que sabe dimensionar a urgência e a violação de seu

631

CURSO COMPLETO DE DIREITO PROCESSUAL TRIBUTÁRIO

direito. Ao juiz compete entregar o direito pleiteado como garantia de mandamento constitucional[9].

Pode ocorrer também que o pedido de liminar seja reiterado antes da sentença, o que se fará por meio de petição nos autos, nas hipóteses em que a liminar foi indeferida no início do processo por ausência de provas e, posteriormente, o impetrante conseguiu reuni-las.

Para Hugo de Brito Machado, no caso do Mandado de Segurança, nem seria necessário o pedido de concessão definitiva da ordem por sentença, além do pedido de liminar. Em função da natureza da ação mandamental e de seu rito célere, a liminar é o próprio pedido de segurança, sendo que a sentença viria apenas para ratificar a liminar ou para suspendê-la[10].

Entendemos, entretanto, que a função da sentença no mandado de segurança ou em qualquer outro processo que preveja a possibilidade de provimento antecipatório, não é de ratificação da medida liminar. A liminar não é fim do processo, o que tornaria a sentença sua mera ratificação. A liminar é uma necessidade que se impõe para aplacar o conflito existente ou iminente, diante das regras naturais do processo, as quais visam dar instrumentalidade às garantias constitucionais do contraditório e da ampla defesa, o que demanda decurso de tempo, podendo tornar a prestação jurisdicional inútil. Sabe-se que, para efetivar esses princípios, a oitiva das partes em tempo razoável – e até a mínima produção de provas – são garantias fundamentais ao equilíbrio do processo. A produção desses atos demanda tempo e formas processuais que não são compatíveis com a urgência de uma decisão que impeça a continuidade do conflito de interesses. A oitiva adequada das partes e análise das provas destinam-se à certeza jurídica (ou algo próximo disso), que é pressuposto para a emissão de decisões judiciais justas. Exatamente porque a liminar não pode se valer de uma análise mais funda dos argumentos e fatos compro-

---

9   Alfredo Buzaid afirmava que não cabia pedido de liminar no curso do processo ou ao despachar a inicial, sem o devido requerimento da parte. "A liminar é uma medida acautelatória e corresponde à função preventiva do processo. Ela pressupõe requerimento do impetrante, que fica inerido na petição inicial; por isso não pode ser concedida de ofício pelo juiz nem ao despachar a petição inicial, nem no curso do processo do mandado de segurança". Cf. BUZAID, Alfredo. *Do mandado de Segurança*. São Paulo: Saraiva, v. I, 1989, p. 213.

10 MACHADO, Hugo de Brito. *Mandado de segurança em matéria tributária*. 3. ed. São Paulo: Dialética, 1998, p. 97.

Capítulo 8   Ações judiciais de iniciativa do sujeito passivo da obrigação tributária

vados, sua natureza é de decisão provisória e será substituída – e não ratificada – por outra decisão emitida, de forma muito mais analítica.

Ressalte-se, também, a principal diferença entre a liminar e a sentença é
a eficácia de uma e de outra. A sentença é permanente, só podendo ser
substituída, total ou parcialmente, por outra decisão, especialmente a de
órgão superior ao juízo que a proferiu. A liminar é provisória e poderá ser
suspensa pelo próprio juiz que a concedeu bem como pelo órgão recursal.

Saliente-se também que a sentença pode entender não ser o caso de
concessão da segurança postulada, pelo que fará cessar os efeitos da liminar
antes deferida, revogando-a. Caso a ordem seja concedida parcialmente, deverão ser extintos os efeitos que a liminar estiver produzindo no ponto em
que a segurança não foi atendida.

Assim, no Mandado de Segurança, dois podem ser os pedidos formulados: a) pedido de liminar com demonstração dos fundamentos para sua
concessão; b) pedido de concessão da segurança em definitivo, fundado
nas mesmas bases, mas com força de norma jurídica concreta, estável e
não mais provisória.

Na prática, a sentença concessiva de mandado de segurança mantém
os fundamentos da liminar, nos casos em que tal medida foi deferida
anteriormente.

A LMS prevê regras relevantes sobre a liminar que possuem algumas
peculiaridades. A parte final do inciso III do art. 7º da LMS estabelece que
ao juiz, antes de deferir liminar para suspensão do ato que motivou a impetração, é "facultado exigir do impetrante caução, fiança ou depósito, com o
objetivo de assegurar o ressarcimento à pessoa jurídica". Essa disposição
confirma tendência que vinha se firmando no processo judicial em matéria
tributária. Para assegurar a suspensão da exigibilidade do crédito tributário,
objeto do litígio, era comum, ainda sob a vigência da Lei n. 1.533, de 1951,
exigir-se do impetrante o depósito do montante do crédito tributário. Ocorre que o depósito como condição para o deferimento da liminar em Mandado de Segurança era objeto de questionamentos. Note-se que o Mandado de
Segurança é ação destinada a proteger ofensa a direitos individuais praticada
por autoridade pública. O sistema jurídico, portanto, não pode se conformar
com a ilegalidade e nem condicionar a sua correção provisória a um ônus
econômico, como é o caso do depósito ou qualquer outra modalidade de
garantia do juízo. Além disso, exigir garantias ao juízo em lides tributárias

633

CURSO COMPLETO DE DIREITO PROCESSUAL TRIBUTÁRIO

pode significar um excesso de cautela, uma vez que a Fazenda possui a prerrogativa de inscrever o crédito tributário em dívida ativa e exigi-lo judicialmente mediante Execução Fiscal. Na hipótese de comportamento temerário do sujeito passivo, é possível também requerer Medida Cautelar Fiscal, conforme se viu na subseção 7.1.

No entanto, a jurisprudência superou eventuais óbices sobre a possibilidade de depósito em Mandado de Segurança para o deferimento da liminar que determina a suspensão do crédito tributário, conforme precedentes do STJ.

> Processo civil e tributário. Mandado de segurança. Resolução do processo sem julgamento de mérito. Trânsito em julgado. Levantamento do depósito judicial. Art. 151, II, do CTN. Impossibilidade. Garantia do juízo. Finalidade dúplice. Precedentes. 1. A garantia prevista no art. 151, II, do CTN tem natureza dúplice, porquanto, ao tempo em que impede a propositura da execução fiscal, a fluência dos juros e a imposição de multa, também acautela os interesses do Fisco em receber o crédito tributário com maior brevidade, permanecendo indisponível até o trânsito em julgado da sentença e tendo seu destino estritamente vinculado ao resultado da demanda em cujos autos se efetivou. (Precedentes: EREsp 813.554/PE, *DJe* 10-11-2008; EREsp 548.224/CE, *DJ* 17-12-2007; REsp 862.711/RJ, *DJ* 14-12-2006; REsp 767328/RS, *DJ* 13-11-2006; REsp 252.432/SP, *DJ* 28-11-2005; EREsp 270083/ SP, *DJ* 2-9-2002) 2. Permitir o levantamento do depósito judicial sem a anuência do Fisco significa esvaziar o conteúdo da garantia prestada pelo contribuinte em detrimento da Fazenda Pública. 3. Agravo regimental desprovido (STJ. Agravo Regimental no Recurso Especial 921.123/RJ. 1ª T., Rel. Ministro Luiz Fux, v.u, j. 23-4-2009, *DJ* 3-6-2009).

Observa-se do precedente transcrito a possibilidade de levantamento de depósito feito com base no art. 151, II do CTN, destinado a suspender a exigibilidade do crédito tributário em Mandado de Segurança. Embora a questão central fosse a possibilidade do levantamento, a ação em que o caso foi discutido era o Mandado de Segurança. A propósito, o Tema 378 do STJ, firmou a Tese de que a fiança bancária não é equiparável ao depósito a que alude o art. 151, II, do CTN. O enunciado teve como processo de referência o Mandado de Segurança. Os precedentes afastam objeções à possibilidade de se exigir depósito em Mandado de Segurança, principalmente porque essa exigência é possível em outras medidas judiciais do processo tributário, que diferem do Mandado de Segurança somente quanto a forma. Não faz sentido

Capítulo 8   Ações judiciais de iniciativa do sujeito passivo da obrigação tributária

poder se exigir garantias para o deferimento de antecipação dos efeitos da tutela em ações de rito comum e não se permitir a mesma providência no processo de Mandado de Segurança. Nesse sentido, o STJ fixou a Tese 271 de Recursos Repetitivos, com o seguinte verbete:

> Os efeitos da suspensão da exigibilidade pela realização do depósito integral do crédito exequendo, quer no bojo de ação anulatória, quer no de ação declaratória de inexistência de relação jurídico-tributária, ou mesmo no de mandado de segurança, desde que ajuizados anteriormente à execução fiscal, têm o condão de impedir a lavratura do auto de infração, assim como de coibir o ato de inscrição em dívida ativa e o ajuizamento da execução fiscal, a qual, acaso proposta, deverá ser extinta.

Assim, conclui-se que é possível exigir-se garantias para ao deferimento de liminares em mandado de segurança. A questão relevante é saber se essas garantias deverão ser exigidas em todos os casos.

O inciso III do art. 7º da LMS estabelece que se trata de uma "faculdade" do juiz exigir que o impetrante preste caução, fiança ou depósito como garantias do juízo para o deferimento da liminar, o que, aliás, também é previsto no § 1º do art. 300, do CPC. Especificamente sobre as modalidades de caução, esta poderá ser real ou fidejussória, como, por exemplo, papéis de crédito, títulos da União ou dos Estados, pedras e metais preciosos, hipoteca e penhor. Nesse caso, o juiz terá em seu poder geral de cautela a possibilidade de escolher a forma de garantia que poderá ser a caução, a fiança ou o depósito, ou deixar a cargo do impetrante a escolha sobre uma das formas. No caso da caução, poderá ser especificada desde logo a modalidade (real ou fidejussória). Se o juiz determinar que a garantia do juízo se dê por fiança, deverá o impetrante comprovar a garantia mediante a juntada de cópia do respectivo contrato. Tratando-se de depósito, o impetrante deverá realizá-lo junto à Caixa ou Banco do Brasil e comprovar documentalmente sua realização.

O inciso III do art. 7º da LMS teve a sua constitucionalidade questionada pela ADI 4.296, mas prevaleceu o entendimento de que o dispositivo não violou a Carta Magna, pois o poder geral de cautela do magistrado permaneceu assegurado pela lei, e apenas se concedeu a faculdade de, observadas as peculiaridades do caso concreto, ser possível exigir-se do impetrante garantias, visando-se acautelar os interesses da Fazenda Pública. Não se tratou de uma norma de caráter abstrato a impedir que o juiz exerça o poder geral de cautela diante do caso concreto. No ponto, assim foi ementada a decisão:

635

2. No exercício do poder geral de cautela, tem o juiz a faculdade de exigir contracautela para o deferimento de medida liminar, quando verificada a real necessidade da garantia em juízo, de acordo com as circunstâncias do caso concreto. Razoabilidade da medida que não obsta o juízo de cognição sumária do magistrado.

Na linha do que defendemos anteriormente, vê-se que o STF entendeu que, ao se prever a faculdade de o juiz exigir garantias para o deferimento de liminar em mandado de segurança, não houve afronta à cláusula de acesso ao Poder Judiciário, inscrita no art. 5º, XXXV, da CF. Cabe ao juízo sopesar os argumentos do impetrante e as provas juntadas, decidindo, no caso específico, se convém exigir uma das garantias previstas no inciso III do art. 7º da LMS. Essa previsão legal, ao contrário de vulnerar o processo, prestigia o alcance da justiça na situação concreta, que é uma das finalidades do processo, ainda que em sede de medida liminar.

Contra a decisão que conceder ou negar a liminar em Mandado de Segurança caberá agravo de instrumento, conforme prevê o § 1º do art. 7º da LMS. Em matéria tributária, quando o juiz exige garantias para deferir liminar suspendendo a exigibilidade do crédito tributário, a Fazenda não terá interesse em agravar de instrumento, porquanto o crédito tributário estará coberto pela garantia. Com a hipótese inversa, obviamente, é diferente. Se a liminar for indeferida, inclusive porque o impetrante não apresentou a garantia exigida, caberá Agravo de Instrumento, podendo o recorrente demonstrar o risco de dano ao seu direito e postular o deferimento da tutela recursal de urgência para suspender a exigibilidade do crédito, sem a exigência da garantia (CPC, art. 932, II e 1.019, I). Para tanto, deverá comprovar a impossibilidade de fazê-lo sem comprometimento de sua capacidade financeira ou patrimonial, ou ainda, convencer o Relator do recurso no tribunal que seus argumentos são plausíveis e que inexiste risco de não recebimento do crédito tributário caso a liminar seja concedida.

O § 2º do art. 7º da LMS prevê o seguinte: "Não será concedida medida liminar que tenha por objeto a compensação de créditos tributários, a entrega de mercadorias e bens provenientes do exterior, a reclassificação ou equiparação de servidores públicos e a concessão de aumento ou a extensão de vantagens ou pagamento de qualquer natureza". A maioria dessas restrições ao deferimento de liminar em Mandado de Segurança já estava prevista em legislações anteriores, tais como as Leis n. 4.348, de 1964, n. 5.021, de 1966, n. 8.437, de 1992, n. 9.494, de 1997 e o próprio art. 170-A do CTN.

Capítulo 8   Ações judiciais de iniciativa do sujeito passivo da obrigação tributária

No tocante a matéria tributária, duas são as limitações aplicáveis, quais sejam, o impedimento de liminar para compensar tributos e a que proíbe a entrega de mercadorias e bens provenientes do exterior. Esta última, realmente, causa espécie pela afronta manifesta à Constituição Federal. A apreensão de mercadorias provenientes do exterior é regulada pela legislação aduaneira (Decreto-lei n. 37, de 1966 e Decreto n. 6.759, de 2009). Impedir o deferimento de liminar nesses casos vulnera o disposto no art. 5º, XV, que consagra o direito de locomoção, ao dispor que: "é livre no território nacional em tempo de paz, podendo qualquer pessoa, nos termos da lei, nele entrar, permanecer ou dele sair com seus bens".

Ofende o postulado da proporcionalidade impedir o juiz de deferir liminar para liberação de bens, principalmente se estes forem de natureza perecível, o que pode acarretar prejuízos de difícil reparação ao importador. A reforçar essa ideia, sem a concessão da liminar, nestes casos, ao importador restará somente a penosa via da reparação do dano contra o Poder Público.

O STF, no julgamento da ADI 4.296, declarou inconstitucional o § 2º do art. 7º da LMS, pois, neste caso, a vedação à concessão de liminar violou o princípio de acesso à jurisdição e excluiu o poder geral de cautela do juiz de forma abstrata. No ponto, assim ficou ementada a decisão:

> 4. A cautelaridade do mandado de segurança é ínsita à proteção constitucional ao direito líquido e certo e encontra assento na própria Constituição Federal. Em vista disso, não será possível a edição de lei ou ato normativo que vede a concessão de medida liminar na via mandamental, sob pena de violação à garantia de pleno acesso à jurisdição e à própria defesa do direito líquido e certo protegida pela Constituição. Proibições legais que representam óbices absolutos ao poder geral de cautela.

Realmente, ainda que por outros fundamentos, mais amplos que os apresentados nesta obra desde a sua primeira edição, o STF concluiu que o § 2º do art. 7º da LMS ofende a Constituição Federal, porque cria norma abstrata a excluir o poder geral de cautela do juiz; poder este que é inerente à função jurisdicional do Estado, sendo uma das manifestações da garantia de acesso à justiça.

A declaração de inconstitucionalidade, por óbvio e pelos mesmos motivos, alcança também a previsão de impedimento de liminar em compensação de tributos, tema que foi mais bem analisado na subseção 6.2.6.7, que versou sobre tutelas provisórias na compensação tributária.

637

8.1.4 Valor da causa

De acordo com o que proclama o art. 291 do CPC: "A toda causa será atribuído valor certo, ainda que não tenha conteúdo econômico imediatamente aferível". Assim, não seria diferente com a ação de Mandado de Segurança que, para esse efeito, é uma "causa judicial" em sentido amplo. Em função de o pedido da ação mandamental consistir na pretensão de uma ordem contra a autoridade coatora para "praticar" ou "se omitir" sobre um ato administrativo, é possível se argumentar que não caberia atribuição de valor à causa em Mandado de Segurança[11].

Além disso, considerando que no mandado de segurança não é cabível a condenação em honorários de sucumbência, a atribuição do valor da causa perderia utilidade, quando muito serviria de referência para o recolhimento de taxas judiciárias, quando lei determinar o seu cálculo em percentuais.

Na prática forense o valor da causa é exigência da elaboração da petição inicial, conforme os arts. 291 e 319, V, ambos do CPC. Ainda que não seja possível aferir imediatamente conteúdo econômico para a demanda, é necessário atribuir-se a ela um valor, conforme determina o CPC. Ao mandado de segurança, ainda que regulado por lei específica, deve-se aplicar subsidiariamente as normas gerais de processo, estatuídas no CPC. O tipo de provimento jurisdicional no mandado de segurança, isto é, "o fazer" ou "não fazer", dirigido à autoridade pública, não é suficiente para rebater o requisito do valor da causa, pois as causas que tramitam pelo procedimento comum, de obrigação de fazer ou não fazer, também devem possuir um valor, devendo ser extinto o processo que não atender os requisitos da petição inicial (CPC, art. 321, parágrafo único).

Conforme foi mencionado, ainda que a questão debatida na impetração não possua valor econômico determinado, deve-se atribuir valor à causa de mandado de segurança em cumprimento à regra do art. 291 do CPC, podendo esse valor corresponder ao mínimo que permita servir de base de cálculo para o pagamento das taxas judiciárias. Não possuindo um conteúdo econômico aferível de plano, é possível atribuir-se um valor aleatório à ação, mas não será permitido à autoridade pública, como preliminar nas informações, ou à Fazenda em sua

---

11 Sobre a desnecessidade de atribuição de valor da causa no mandado de segurança, decidiu o TRF/1ª Região: Ag Reg em MS 95.01.21411-7/BA, Rel. Juiz Carlos Fernandes Mathias.

Capítulo 8   Ações judiciais de iniciativa do sujeito passivo da obrigação tributária

manifestação, impugnar o valor atribuído à causa, caso a impugnação demande a necessidade de produção de provas que não sejam documentais[12].

Apesar de sua natureza mandamental, o mandado de segurança não está imune ao pagamento de taxa judiciária, ao contrário das ações de *habeas corpus* e *habeas data* que gozam de imunidade tributária (CF, art. 5º, LXXVII), o que reforça a necessidade de atribuição de valor à causa no *writ*.

Quando a causa versar sobre obrigações tributárias futuras, o valor da causa deverá atender ao benefício econômico pretendido com a impetração do *writ* tributário. Tratando-se de Mandado de Segurança visando afastar lançamento realizado, como, por exemplo, um auto de infração, o conteúdo econômico da causa será facilmente aferível e corresponderá ao valor da autuação ou da notificação fiscal recebida pelo contribuinte.

No caso de Mandado de Segurança impetrado para afastar a exigência de tributos vincendos, especialmente quando incidem sobre o faturamento das pessoas jurídicas, como são o PIS e a Cofins, não há como precisar o faturamento dos períodos seguintes a fim de se quantificar, exatamente, o benefício econômico pretendido. Nessa hipótese deve-se aplicar a regra do § 2º do art. 292 do CPC, que disciplina o valor da causa quando se tratar de prestações vincendas. O valor dos tributos futuros equivale ao que o CPC considera como "prestações vincendas". Conforme a regra em questão: "O valor das prestações vincendas será igual a uma prestação anual, se a obrigação for por tempo indeterminado ou por tempo superior a 1 (um) ano, e, se por tempo inferior, será igual à soma das prestações". Assim, poderá se multiplicar o valor do tributo do mês imediatamente anterior e multiplicar-se por doze, resultando no valor da causa.

8.1.5 Provas no Mandado de Segurança

Consoante foi referido na subseção 8.1.1 deste Capítulo as provas do direito líquido e certo lesado deverão ser pré-constituídas. O rito inicial do processo de Mandado de Segurança é composto praticamente por quatro fases: ajuizamento, com o protocolo da petição inicial, oferecimento de informações da autoridade coatora, parecer do ministério público e sentença. Não é permitida dilação probatória na ação de Mandado de Segurança, de modo que se os

---

12   ALVIM, Eduardo Arruda. *Mandado de segurança no direito tributário*, nota 12, p. 93.

fatos motivadores da ação exigirem essa providência, a ação será incabível. Por isso é inadequado fazer na petição inicial de Mandado de Segurança requerimento de provas, tal como é necessário nas ações de rito comum.

O impetrante antes de distribuir a inicial deverá juntar na peça as provas sobre as quais recaem as razões de seu pedido. As provas pré-constituídas devem ser produzidas por meio de documentos, embora seja possível se cogitar da possibilidade de outras modalidades de prova desde que ofertadas com a inicial[13]. Isso porque a prova pré-constituída não significa prova documental necessariamente e a própria coisa litigiosa poderia ser apresentada em face do magistrado[14].

Em reforço da tese de que a prova pré-constituída deva ser documental, não se pode negar que a LMS, nos arts. 6º e 7º, I e II, utiliza o vocábulo "documentos" para se referir às provas que acompanham a petição inicial, induzindo à conclusão de que outro tipo de prova material não seria possível. Assim, na atualidade, não é admissível dilação probatória Mandado de Segurança.

É importante registrar que toda prova se reduz a termo ou a um documento, como é o caso do depoimento do réu, a perícia, a oitiva de testemunhas etc. Se a lei se conforma com a prova na forma documental, é possível, por exemplo, juntar com a petição inicial do Mandado de Segurança, depoimentos colhidos em processos administrativos ou em outro processo judicial, desde que reduzidos a termo.

A prova no Mandado de Segurança deve ser sempre apresentada no ato de propositura da ação, mas poderá, excepcionalmente, ser anexada em

---

13 MEIRELLES, Hely Lopes. *Mandado de segurança, ação popular, ação civil pública, "habeas data" e mandado de injunção*, p. 39.

14 Os processualistas em geral não defendem a opinião de que no Mandado de Segurança seja possível outra modalidade probatória além da documental. Mantovanni Cavalcante, por exemplo, é categórico: "em mandado de segurança a prova há de ser *necessariamente documental*, no sentido de prova emanada de *documento escrito...* [grifos no original]". Cf. CAVALCANTE, Mantovanni Colares. *Mandado de segurança*, p. 96. O autor, invocando lições de Luiz Guilherme Marinoni, destaca a diferença entre prova "documentada" de prova "documental". A declaração antecipada do depoimento de uma testemunha é exemplo da primeira e prova somente o fato da antecipação do depoimento, mas não os fatos declarados. Esse tipo de declaração não serviria para demonstração do direito líquido e certo, eis que estaria sujeita à contestação da outra parte.

Capítulo 8   Ações judiciais de iniciativa do sujeito passivo da obrigação tributária

outro momento. Isso ocorre nas hipóteses dos §§ 1º e 2º do art. 6º da LMS. Se o impetrante alegar que não pode juntar a prova do ato coator porque esta estaria em repartição pública que se recusou a entregá-la, o juiz oficiará a quem de direito para que apresente a prova em 10 dias, devendo o escrivão fazer cópia dos documentos e juntar aos autos. Quando a prova estiver em poder da própria autoridade coatora esta será intimada para sua apresentação no próprio ofício de notificação para prestar informações. Nesta última hipótese, a lei não fixa prazo, ficando a critério do juiz assinar prazo inferior aos 10 dias, na hipótese de a prova documental se mostrar essencial para a deliberação urgente do pedido de liminar.

O conceito de prova pré-constituída pode se confundir com a hipótese central de seu cabimento, que é a ofensa a direito líquido e certo, razão pela qual uma parte da doutrina afirmou anteriormente que o Mandado de Segurança só teria cabimento se o direito material dissesse respeito a questões incontestáveis e incontroversas.

Alfredo Buzaid sustentava que o Mandado de Segurança necessitava sempre de incontestabilidade absoluta, nas palavras do autor: "Não se objete que a Constituição de 1946 e as que lhe sucederam, tendo adotado a locução *direito líquido e certo,* afastaram o requisito da *incontestabilidade*, como que era qualificado na Constituição de 1934"[15].

A observação do autor era porque a doutrina passou a sustentar que, para o cabimento do Mandado de Segurança, cumpria ao impetrante demonstrar a certeza dos fatos, isto é, no Mandado de Segurança repressivo competia ao impetrante comprovar a ocorrência do ato coator (o fato para efeito da ação mandamental); e no caso do Mandado de Segurança Preventivo, teria que ser demonstrada a iminência da prática do ato por parte da autoridade pública. Quanto ao direito, uma vez existente pela promulgação de uma lei, este seria sempre "líquido e certo" pelo simples fato de existir e incidir sobre o fato concreto, contestado no *writ*. Alfredo Buzaid refutava essa tese, insistindo na ideia de que fato e direito são incindíveis, razão pela qual, no Mandado de Segurança, o direito alegado como ofendido teria que ser tão incontestável quanto a certeza dos fatos. Segundo o autor:

---

15   BUZAID, Alfredo. *Do mandado de segurança.* São Paulo: Saraiva, v I, n. 45, 1989, p. 88.

CURSO COMPLETO DE DIREITO PROCESSUAL TRIBUTÁRIO

A função judicial é a de declarar e reconhecer a subsunção do fato à lei, dando lugar e nascimento ao remédio processual adequado. Como, pela índole do mandado de segurança, há sempre um ato de autoridade pública que ameaça ou lesa a esfera jurídica individual, a certeza do direito está intimamente relacionada com a ilegalidade ou abuso de poder, formando uma unidade incindível[16].

Em suma, para essa corrente – embora não seja esse exatamente o argumento de Buzaid – o impetrante não poderia alegar questões de alta indagação jurídica ou de difícil interpretação. O mandado de segurança teria cabimento somente em situações exageradamente abusivas, teratológicas e de violação grosseira ao direito consagrado.

Para os defensores dessa linha de argumentação, a certeza e a liquidez recairiam sobre o "direito", enquanto causa de pedir próxima. Se a situação comportasse mais de uma interpretação jurídica não seria caso de direito líquido e certo amparado pelo remédio constitucional. Esse entendimento se fundava no texto constitucional de 1934, que estabelecia em seu art. 113, § 33 que a ação mandamental teria cabimento somente nos casos de "ilegalidade manifesta". Atualmente, caberá Mandado de Segurança tanto nos casos em que não há dúvida sobre o ponto jurídico que ampara a impetração quanto naqueles em que a causa possa suscitar diversas interpretações.

O divisor de águas entre as duas correntes interpretativas sobre o cabimento do Mandado de Segurança em questões complexas, foi o voto do Ministro Costa Manso, do STF, no Mandado de Segurança 333, em 9-12-1936. Naquela oportunidade, conforme lembra Arnoldo Wald, "O Ministro Costa Manso procurou demonstrar com habilidade e poder de argumentação que o direito era sempre certo. Incerto só poderia ser o fato"[17]. Sobre o ponto em questão, naquele julgado ficou assentado o seguinte:

> O fato é que o peticionário deve tornar certo e incontestável, para obter o mandado de segurança. O direito será declarado e aplicado pelo juiz, que lançará mão dos processos de interpretação estabelecidos pela ciência para esclarecer os textos obscuros ou harmonizar os contraditórios. Seria absurdo admitir se declare o juiz incapaz de resolver *de plano* um litígio, sob o pretexto

---

16 BUZAID, Alfredo. *Do mandado de segurança*, p. 88.

17 WALD, Arnoldo. *Do mandado de segurança na prática judiciária*. 3. ed. Rio de Janeiro: Forense, 1968, p. 128.

Capítulo 8   Ações judiciais de iniciativa do sujeito passivo da obrigação tributária

de haver preceitos legais esparsos, complexos ou de inteligência difícil ou duvidosa. Desde, pois, que o fato seja certo e incontestável, resolverá o juiz a questão de direito, por mais difícil e intrincada que se apresente, para conceder ou denegar o mandado de segurança.

Dessa interpretação em diante consolidou-se o entendimento de que o direito supostamente ofendido pode revestir-se de interpretações diferenciadas. É típico do direito controvérsias sobre a interpretação das normas, de sorte que os argumentos da administração pública e do impetrante divirjam em sutilezas sobre o texto legal e nem por isso deverá ser negado o Mandado de Segurança. Nesse sentido, tem-se a Súmula 625, do STF, que esclarece: "Controvérsia sobre matéria de direito não impede concessão de mandado de segurança".

Atualmente, descabe discutir se no Mandado de Segurança a análise do direito líquido e certo remete ou não à complexidade da questão juridicamente posta. O art. 5º, LXIX e LXX da Constituição Federal, não condiciona a impetração do *writ* à determinada "incontestabilidade" do direito. Aliás, em retrospectiva histórica, a "ilegalidade manifesta" esteve presente como condicionante do *mandamus* somente na Carta de 1934. De lá para cá, o entendimento dominante, especialmente após o advento da Constituição de 1988, finca-se na tese de que o Mandado de Segurança é meio constitucional para a correção da ilegalidade, independentemente da complexidade do direito alegado.

Essas considerações são importantes na medida em que as provas no Mandado de Segurança não versam sobre o "direito líquido e certo", mas sobre os "fatos" (*mihi factum, dabu tibi jus*)[18]. Os fatos devem ser certos e a liquidez um *plus* que a lei previu para ressaltar que sobre os fatos alegados não pode haver dúvidas. Ao fazer a prova do fato na inicial, o impetrante deverá demonstrar que o ato foi praticado ou alegar que está na iminência de acontecer e sobre isso não poderá haver a mínima obscuridade. Deverá ser comprovado também que o ato foi ou deverá ser praticado por autoridade pública, o que exclui a conduta do particular. Há que se provar, igualmente, que o ato da autoridade atingiu, ou está por atingir, a esfera de direitos do impetrante.

---

18   ALVIM, Eduardo Arruda, *Mandado de segurança no direito tributário*, p. 101.

Na ação mandamental, portanto, não se pretende que o impetrante prove qual o "direito" que alega possuir porque o direito não é exatamente objeto de prova, mas de argumentações. Os "fatos" é que deverão ser comprovados. O que se exige é a comprovação imediata por documentos de que a autoridade praticou ou irá praticar determinado ato que se entende ilegal. Portanto, os documentos demonstrarão a prática do ato ou a iminência de sua ocorrência. O juízo sobre a violação da legalidade diante da prática do ato é um exercício de intelecção feito pelo magistrado, cotejando a causa de pedir (alegações jurídicas do impetrante) com os documentos comprobatórios (prova da existência do ato e suas implicações).

8.1.6 A prova no Mandado de Segurança Preventivo

Não é necessária a prova do ato coator no Mandado de Segurança Preventivo pela obvia razão de que o ato considerado ilegal e abusivo, que se pretende combater, está ainda na iminência de ocorrer.

Na história do Mandado de Segurança no Brasil encontram-se argumentos sustentando o não cabimento da ação contra ato administrativo que não tivesse sido efetivamente praticado. Em matéria tributária, como é perceptível, o Mandado de Segurança na modalidade preventiva cumpre papel destacado porque na maior parte das vezes pretende o contribuinte prevenir-se da exigência tributária reputada ilegal. No passado, Castro Nunes apresentou algumas divergências sobre o cabimento do Mandado de Segurança na modalidade preventiva em matéria fiscal. Para o autor, em síntese, o cabimento de Mandado de Segurança em matéria tributária dependia da prática de um ato administrativo com "executoriedade", como, por exemplo, a cobrança de um tributo por coerção direta, tais como: "apreensão de bens ou a inibição do exercício de um direito (fechamento do estabelecimento comercial, por exemplo)"[19]. Com relação a arguição de inconstitucionalidade da lei tributária no Mandado de Segurança, o que levaria à inexigibilidade do tributo caso concedida a ordem, o autor entendia não ser possível o cabimento do *writ*, porque em matéria fiscal os atos administrativos relativos à cobrança do tributo não tem força exequível, pois servem apenas para preparar a cobrança judicial por meio de execução fiscal, esta sim, dotada de força exequível, contra

---

19 NUNES, Castro. *Do mandado de segurança*, p. 264.

Capítulo 8   Ações judiciais de iniciativa do sujeito passivo da obrigação tributária

a qual o remédio processual para se opor não seria, evidentemente, o Mandado de Segurança[20]. Alfredo Buzaid elenca vários autores nacionais, como, por exemplo, Caio Tácito, Othon Sidou e Celso Agrícola Barbi, todos sustentando que para o cabimento de Mandado de Segurança Preventivo, a ameaça do ato coator deve ser concreta, iminente e inevitável[21]. Mas o próprio Buzaid relata caso em que o Tribunal de Justiça de São Paulo admitiu Mandado de Segurança Preventivo para afastar decisão administrativa que concluiu ser possível a inclusão de "juros e demais encargos cabidos ao comprador" na base de cálculo do ICM (à época o imposto não se chamava ICMS)[22].

Atualmente, considera-se perfeitamente possível o cabimento do Mandado de Segurança em que se pretende impedir a prática de ato imputado ilegal. Sergio Sahione Fadel explica que se a sentença do Mandado de Segurança garantir a entrega do direito *in natura* não haveria, em muitos casos, como se assegurar o exercício de um direito se, "para impetrar a segurança, a parte devesse aguardar a consumação do ato que reputa violador de seu direito"[23]. O art. 1º da LMS reforça essa ideia quando prevê que o Mandado de Segurança poderá ser concedido quando houver "justo receio" de que a ilegalidade será praticada.

Não existe nenhuma dificuldade em se adaptar esse preceito legal ao direito tributário. A questão é como interpretar essa regra sem distorcer a

---

20   NUNES, Castro. *Do mandado de segurança*, p. 264.

21   BUZAID, Alfredo. *Do mandado de segurança*, p. 203-204.

22   BUZAID, Alfredo. *Do mandado de segurança*, p. 205.

23   "Assim, se a autoridade resolveu demolir o prédio cuja construção não obedeceu às posturas municipais, nenhum sentido teria que o impetrante aguardasse a demolição para, então, ajuizar o remédio, porque, nesse caso, ele não teria qualquer objeto. Só se justificaria, no exemplo apontado, a impetração do *writ*, preventivamente, ante o justo receio de ocorrer a demolição, já decidida na resolução administrativa". Cf. FADEL, Sergio Sahione. *Teoria e prática do mandado de segurança*. 2. ed. Rio de Janeiro: José Konfino, 1976, p. 38. Com bons argumentos sobre o cabimento do mandado de segurança preventivo e de que o receio de lesão ao direito do impetrante deverá ser fundado, atual e individual, um temor justificado e não uma mera suposição subjetiva, tem-se também, dentre outras, as seguintes doutrinas: BASTOS, Celso Ribeiro. Do mandado de segurança. São Paulo: Saraiva, 1978, p. 44-45 e THEODORO JR., Humberto. Mandado de segurança preventivo e a lei em tese. In: TEIXEIRA, Sálvio de Figueiredo. *Mandado de segurança e de injunção*. São Paulo: Saraiva, 1990, p. 292-293.

645

CURSO COMPLETO DE DIREITO PROCESSUAL TRIBUTÁRIO

finalidade do *writ*, que demanda provas cabais da situação que gera a necessidade da impetração. A mínima necessidade de dilação probatória poderá acarretar a falta de interesse de agir no Mandado de Segurança, como foi explicado.

Deve-se entender como "justo receio" a ameaça objetiva, capaz de permitir ao julgador a constatação do direito líquido e certo violado, sem demandar outras provas além daquelas que instruem a petição inicial. Eventual probabilidade de que os fatos narrados não ocorrerão, denotará falta de objetividade da ameaça de lesão ao direito, configurando ataque à lei em tese, o que não é permitido em Mandado de Segurança.

Como se percebe, tanto a doutrina quanto a jurisprudência construíram interpretação calcada na objetividade e individualidade do justo receio da ilegalidade. O "receio objetivo" deve ser compreendido como aquele que não está nas impressões pessoais do impetrante que se sente ameaçado. Não se trata de análise que se passe somente nas conjecturas do autor da ação, deve ser uma certeza de que o ato a ser praticado pela autoridade pública será consumado por determinação legal. Essa certeza de que a lei será cumprida constitui a ameaça ao direito líquido e certo do impetrante para efeito do Mandado de Segurança Preventivo. Embora pareça paradoxal essa afirmação, ou seja, o "cumprimento da lei" como uma "ameaça ao direito do impetrante", a questão deve ser compreendida no campo da argumentação jurídica. No Mandado de Segurança Preventivo – como de resto na maior parte das atuações que se fazem com o direito – a função de quem alega é interpretar a norma jurídica a partir de uma linha determinada de argumentação. Não está em questão uma abordagem entre o "certo e o errado", mas qual argumento se compatibiliza mais adequadamente às normas constitucionais ou à harmonia do sistema jurídico. Da mesma forma que a autoridade coatora pode entender que seus argumentos sobre a interpretação da norma jurídica são os mais adequados – e por isso está cumprindo a lei – com base em outras afirmações o impetrante pode considerar esses argumentos inconsistentes. Para o sistema jurídico não basta que se cumpra cegamente a lei, mas sim interpretá-la de modo que o seu cumprimento seja harmônico com o sistema. É verdade que em certos casos o vício jurídico está na própria lei e a autoridade pública não terá alternativas, pois a prática de um ato administrativo consistente em cumprir uma lei viciada tornará o ato viciado também. São essas alegações que podem ser apresentadas em um Mandado de

646

Capítulo 8   Ações judiciais de iniciativa do sujeito passivo da obrigação tributária

Segurança Preventivo e da dialética dos argumentos expostos no processo nascerá a sentença judicial.

Para finalizar o ponto, a impetração de mandado de segurança a fim de que a autoridade pública se abstenha de exigir determinado tributo por inconstitucionalidade da lei a ser aplicada não é um "receio subjetivo" de que o tributo será exigido. Trata-se de temor objetivo, pois a norma que exige o tributo supostamente inconstitucional incidirá sobre o fato gerador tributário a ser realizado pelo contribuinte. Assim, a probabilidade de se exigir do contribuinte o pagamento de um tributo inconstitucional é a ameaça objetiva ao seu direito.

8.1.7 Exaurimento da instância administrativa

O art. 5º, I da Lei n. 1.533, de 1951, previa o esgotamento do processo administrativo como condição à impetração do Mandado de Segurança. Estabelecia a lei revogada que não cabia Mandado de Segurança contra ato administrativo sujeito a recurso com efeito suspensivo no âmbito da administração. Desde 1964, porém, vigora a Súmula 429 do STF com a seguinte orientação: "a existência de recurso administrativo com efeito suspensivo não impede o uso do mandado de segurança contra omissão da autoridade". Há tempos, portanto, entende-se que o Poder Judiciário não pode ser tolhido da função de apreciar qualquer lesão a direitos, efetiva ou potencial, levando-se a crer que o dispositivo da lei anterior trafegava na contramão do que se entende como amplo acesso à Justiça.

O art. 5º, XXXV, da Constituição Federal, reforça o entendimento de que o dispositivo da Lei n. 1.533, de 1951, não teria sido recepcionado, ao dispor que a lei não poderá excluir da apreciação do Poder Judiciário lesão ou ameaça a direito.

O legislador teve ótima oportunidade de atualizar o ponto em análise às correntes modernas do processo, que primam pelo amplo acesso à justiça e sua efetividade. Não foi o que ocorreu, pois, o art. 5º, I, da LMS, estabelece que não cabe Mandado de Segurança quando se tratar "de ato do qual caiba recurso administrativo com efeito suspensivo, independentemente de caução".

No sistema constitucional vigente não se pode impor a alguém o ônus de aguardar a decisão administrativa final, até porque, em matéria de controle de

647

CURSO COMPLETO DE DIREITO PROCESSUAL TRIBUTÁRIO

constitucionalidade das leis (assunto de maior incidência nas discussões tributárias), a Fazenda sequer toma conhecimento desse tipo de alegação, dando-se por incompetente e sugerindo a remessa da questão ao judiciário, salvo as hipóteses do art. 26-A, do Decreto n. 70.235, de 1972, com redação dada pela Lei n. 11.941, de 2009. Assim, o art. 5º, I, da LMS possui os mesmos problemas de incompatibilidade com o texto constitucional da lei de 1951.

Na prática, tem-se contornado a questão com a "perda do objeto" do recurso administrativo, caso o interessado demande a Justiça para questionar o ponto que é objeto do seu recurso recebido com efeito suspensivo. A lógica dessa solução baseia-se no entendimento de que se o Judiciário dará a palavra final sobre o assunto, ante o controle judicial dos atos administrativos, não haverá razões para se prosseguir concomitantemente com o recurso administrativo até o fim. No PAF, tem-se exigido a renúncia ou desistência do processo administrativo, conforme visto na subseção 4.4.3.4.

8.1.8 Procedimento do Mandado de Segurança

8.1.8.1 Ajuizamento da ação

Os requisitos da petição inicial do Mandado de Segurança são fundamentalmente os mesmos do art. 319 do CPC, que foram comentados na seção 6.2, com a ressalva do requerimento de produção de provas, que deve ser evitado, uma vez que as provas no Mandado de Segurança devem ser pré-constituídas (subseções 8.1.1 e 8.1.5 deste Capítulo).

A competência jurisdicional territorial no Mandado de Segurança é determinada pelo foro da autoridade coatora. Existem autoridades que possuem a prerrogativa de responderem a mandado de segurança diretamente em um tribunal. Nestes casos, a competência material para processar e julgar o Mandado de Segurança é originária do órgão colegiado. Para o *writ* impetrado contra atos do Presidente da República, das Mesas da Câmara dos Deputados e do Senado Federal, do Tribunal de Contas da União, do Procurador Geral da República e dos ministros do STF, a competência originária é do próprio STF. Compete ao STJ, os Mandado de Segurança impetrados contra Ministros de Estado, dos Comandantes da Marinha, do Exército e da Aeronáutica ou do próprio STJ. Aos Tribunais de Justiça dos Estados a competência originária dos tribunais para o Mandado de Segurança será fixa pela Constituição estadual. No Distrito Federal, essa competência é definida pela Lei Federal que organiza

Capítulo 8   Ações judiciais de iniciativa do sujeito passivo da obrigação tributária

a justiça do Distrito Federal e Territórios (Lei n. 11.697, de 2008). Os Tribunais Regionais Federais têm competência para processar e julgar Mandados de Segurança impetrados contra atos do próprio Tribunal ou dos juízes federais vinculados às suas respectivas jurisdições. De acordo com o art. 16 da LMS, "nos casos de competência originária dos tribunais, caberá ao relator a instrução do processo, sendo assegurada a defesa oral na sessão do julgamento".

Para apreciação do Mandado de Segurança a competência dependerá também das normas de organização judiciária locais. Assim, há estados da federação que instituem Varas Privativas para a Fazenda Pública, com a competência de somente processar e julgar ações que envolvam o Poder Público. É o caso do Mandado de Segurança, uma vez que essa ação é impetrada contra ato atual ou iminente de autoridade pública, tendo a administração pública interesse reflexo na solução da contenda. As varas de fazenda, normalmente, trazem também para o âmbito de sua competência as ações que envolvem a administração pública indireta do estado e dos municípios (autarquias, fundações públicas e empresas públicas). As sociedades de economia mista, por possuírem capital privado, não têm suas causas decididas em Varas de Fazenda Pública.

Quando a matéria se referir à administração tributária federal, por força do art. 109 da Constituição da República, as ações deverão ser promovidas perante a Justiça Federal. Nos estados, nas localidades em que não houver vara privativa para a Fazenda Pública, a competência será originária dos juízos cíveis.

8.1.8.2 Despacho inicial

Recebida a inicial, o juiz tomará as providências do art. 7º da LMS. A primeira delas é examinar se a petição preenche os requisitos formais do art. 319, do CPC ou se é caso de extinção do processo sem resolução do mérito (CPC, art. 485). Deverá examinar também se realmente se trata de hipótese de mandado de segurança (LMS, arts. 1º e 5º). Caso não estejam presentes os requisitos para a ação ou não seja caso de Mandado de Segurança, o juiz deverá indeferir a inicial por decisão motivada (LMS, art. 10). Se o juiz extinguir o processo sem resolver o mérito, hipótese em que não examina a existência de ofensa ao direito do interessado, é permitido ao impetrante, observado o prazo de 120 dias contatos da ocorrência do ato coator, ingressar com novo pedido de Mandado de Segurança (LMS, art. 6º, § 5º).

649

CURSO COMPLETO DE DIREITO PROCESSUAL TRIBUTÁRIO

Não sendo o caso de extinção do processo sem solução de mérito, pressupõe-se, a princípio, que a ação tem condições de prosseguir até o final, de modo que o juiz deverá despachar a inicial determinando a notificação da autoridade coatora para prestar informações em 10 dias. Se tiver sido deferida a liminar, a notificação será acompanhada da intimação e de cópia da decisão concessiva para o cumprimento do que foi decido na liminar. Na hipótese de indeferimento da liminar, da notificação para prestar informações deverá constar também que a medida não foi concedida. Caso o impetrante tenha alegado que não pode ter acesso aos documentos necessários para a prova do ato coator, deverá constar da notificação intimação à autoridade coatora para apresentar os mencionados documentos requeridos pelo impetrante.

A LMS, no inciso II do art. 7º, estabelece que o juiz dará ciência do feito ao órgão de representação judicial da pessoa jurídica interessada, enviando-lhe cópia da inicial sem documentos, para que, querendo, ingresse no feito. A razão desse dispositivo é permitir que a Fazenda Pública à qual pertença a autoridade impetrada possa acompanhar o feito e interpor recursos. A LMS deu legitimidade à autoridade coatora para apelar contra a sentença que conceder total ou parcialmente a segurança, o que não era previsto na lei anterior. É legítima a intenção do impetrado em apelar para preservar seus interesses enquanto gestor público. Na hipótese de a Fazenda não interpor recurso voluntário e a remessa de ofício não ser provida, restam ainda os argumentos do impetrado em seu recurso de apelação. Note-se que o pressuposto do Mandado de Segurança é a ilegalidade cometida pelo administrador público. Sabe-se, porém, que a atuação do agente público se pauta pela legalidade, cabendo à justiça definir se o ato cometido ou a ser praticado ofende direitos do impetrante. Depois de transitada em julgado a sentença que concedeu a ordem de segurança, confirmando a ilegalidade praticada pela autoridade pública, o impetrante poderá ingressar com ação de reparação do dano contra a Fazenda, caso tenha sofrido prejuízos aferíveis financeiramente. Essa possibilidade ratifica o interesse jurídico de tanto a Fazenda quando a autoridade coatora recorrerem no Mandado de Segurança até as últimas consequências, a fim de evitar medidas judiciais regressivas e reparatórias de eventuais danos. Por conseguinte, compete ao tribunal, nos casos de concessão de segurança, apreciar o recurso de apelação da Fazenda ou do impetrado e a remessa de ofício, quando for o caso (LMS, art. 14, §§ 1º e 2º).

Capítulo 8   Ações judiciais de iniciativa do sujeito passivo da obrigação tributária

8.1.8.3 Notificação da autoridade e informações

A autoridade coatora será notificada para prestar informações em 10 dias (LMS, art. 7º, I). A autoridade não é citada para responder à ação, mas somente notificada para informar as razões da prática do ato que realizou ou está na iminência de realizar, considerado pelo impetrante como ofensivo a legalidade. A notificação, evidentemente, equivale a citação do processo comum e será formalizada por meio de ofício dirigido à autoridade coatora, acompanhada da contrafé, de todos os documentos que instruem a inicial e dos despachos preliminares, especialmente a cópia da decisão que conceder ou indeferir a liminar.

As informações deverão conter toda a matéria útil à defesa, inclusive as preliminares processuais, razão pela qual tem o mesmo valor processual da contestação. As informações diferenciam-se da contestação em virtude da presunção de legalidade dos atos administrativos, ainda que essa presunção seja relativa. Portanto, salvo prova em contrário, o ato impugnado é válido, devendo a autoridade "informar" as razões que levaram à prática do ato atacado.

A lei não estabelece uma forma específica para apresentação das informações, até porque são pessoais, não sendo peça privativa do advogado. Assim, cabe a autoridade pública subscrever as informações e se responsabilizar pelo que for informado. No entanto, as informações poderão chegar ao conhecimento do juízo de várias formas. Uma das mais utilizadas são as informações elaboradas pelos órgãos de assessoria jurídica da administração pública, tais como consultorias jurídicas, procuradorias e departamentos jurídicos. Nesses casos, a autoridade impetrada ou o órgão a que o ato coator estiver vinculado fornecerá os elementos de fato que deverão compor as informações da autoridade pública. O órgão de assessoramento jurídico poderá elaborar a peça de defesa jurídica da autoridade coatora e esta adotará como seus os argumentos constantes da mencionada peça. Isso ocorrendo, a autoridade impetrada subscreverá ofício, remetendo-o ao juízo, fazendo constar deste documento a necessária informação de que as informações preparadas e subscritas pela assessoria jurídica são adotadas como as informações do impetrado.

Outra forma de se oferecer as informações será a assinatura conjunta do advogado público que a subscreveu em conjunto com a autoridade, o que demonstra sua concordância pessoal com os termos das informações.

CURSO COMPLETO DE DIREITO PROCESSUAL TRIBUTÁRIO

Se a autoridade pública não apresentar as informações não se aplicam os efeitos da revelia, uma vez que o ato administrativo é protegido pela presunção de indisponibilidade do interesse público, hipótese em que não são presumidos os efeitos da revelia, especialmente a veracidade dos fatos alegados na inicial (CPC, art. 345, II).

Pode ocorrer que a autoridade, ao prestar as informações, junte documentos visando desconstituir o direito alegado pelo impetrante, neste caso não há necessidade de se abrir vista ao impetrante para impugná-los, em função do rito célere e especial do mandado de segurança. Aliás, o juiz poderá se convencer dos argumentos e documentos juntados pelo impetrado e revogar a liminar antes de proferir sentença.

8.1.8.4 Oitiva do Ministério Público

Prestadas ou não as informações, o processo deve seguir com vistas ao Ministério Público que funcionará como fiscal da legalidade no caso concreto. No prazo de 10 dias o órgão do Ministério Público competente (promotor, procurador da república ou procurador de justiça) deverá lançar seu parecer pela extinção do processo sem julgamento do mérito, ou será favorável ou não à impetração. Se esse prazo não for respeitado, causando retardamento na solução da demanda, o juiz poderá avocar o processo para proferir sentença, independentemente do parecer.

O impetrante também poderá provocar a avocatória do seu processo por petição, denunciando o período em que o processo se encontra no órgão ministerial e requer a emissão da sentença. A falta de parecer do Ministério Público não deve gerar nulidade do processo, de modo que a LMS tão somente assegura a oportunidade de sua oitiva. Daí por que o parágrafo único do art. 12 da LMS prescreve que "com ou sem o parecer do Ministério Público, os autos serão conclusos ao juiz, para a decisão, a qual deverá ser necessariamente proferida em 30 (trinta) dias".

8.1.8.5 Sentença

De acordo com o parágrafo único do art. 12 da LMS, a sentença deve ser proferida em 30 dias. O CPC, no art. 203, § 1º define que a sentença é o pronunciamento por meio do qual o juiz põe fim à fase cognitiva do procedimento comum ou extingue a execução. O dispositivo ressalva desse

Capítulo 8   Ações judiciais de iniciativa do sujeito passivo da obrigação tributária

conceito as disposições expressas nos procedimentos especiais, como é o caso do Mandado de Segurança. Assim, na ação mandamental, pode-se adotar o conceito amplo de sentença, que consiste no ato processual que extingue o processo com ou sem resolução do mérito. A sentença é uma das espécies do gênero decisão e pertence à classe dos atos processuais de competência exclusiva do juiz ou do tribunal, neste último caso a peça que contém a decisão recebe o nome de acórdão, quando resultar dos votos de mais de um julgador.

Além da sentença, as decisões poderão ser interlocutórias, homologatórias ou despachos. Este último nem sempre tem conteúdo decisório no sentido de resolver uma questão que afete o interesse das partes. Pode simplesmente decidir acerca de um ponto do processo, como, por exemplo, a notificação da autoridade impetrada ou a determinação de oitiva do Ministério Público, razão pela qual não são suscetíveis a recursos (CPC, art. 1.001). As decisões interlocutórias, às vezes chamadas também de despachos, podem resolver questão processual que afeta a esfera de direitos da outra parte, como, por exemplo, o deferimento de liminar. Não há quase diferença de conteúdo entre a decisão interlocutória e a sentença. A diferença reside nos efeitos que ambas produzem no processo, de modo que a sentença extingue o processo com ou sem resolução do mérito e a decisão interlocutória apenas resolve questão processual (CPC, art. 203, § 2º).

A sentença pode ser "terminativa" ou de "mérito", esta última também é conhecida como sentença definitiva. As duas poderão ser pronunciadas no Mandado de Segurança e suas diferenças recaem sobre o objeto e os efeitos da coisa julgada. Quanto ao objeto, a sentença terminativa apenas extingue o processo sem resolver o mérito (CPC, art. 485) ou nos casos do art. 6º, § 6º e art. 10, ambos da LMS. A sentença de mérito (definitiva) aprecia as razões de fundo (mérito do pedido), concedendo ou negando a ordem de segurança. Assim, enquanto o objeto da sentença terminativa é a extinção do processo simplesmente sem resolver o mérito, a sentença definitiva também extingue o processo, mas define se o pedido é ou não procedente.

No que concerne aos efeitos da coisa julgada essas distinções passam a ser relevantes. A coisa julgada significa que a matéria decidida se tornou imutável. Primeiramente, é necessário constatar se houve interposição de recursos dentro do prazo legal, pois se isso não tiver ocorrido a sentença

653

poderá se tornar imutável pela prescrição do direito de recorrer. Depois de prolatada a sentença e até o resultado do processo, em tese, poderão ser interpostos os recursos de embargos de declaração, apelação, recurso especial e extraordinário. Caso os recursos sejam interpostos tempestivamente, deverão ser decididos em última instância para a caracterização da coisa julgada. No caso das sentenças extintivas do processo sem análise do mérito, os efeitos decorrentes da coisa julgada são considerados formais, de modo que a decisão não irradia efeitos para outros processos além daquele em que foi proferida. A consequência prática da coisa julgada formal é que o impetrante poderá ajuizar outra vez a ação, devendo suprimir a falha processual que acarretou a extinção do feito anterior.

As sentenças definitivas que apreciam o mérito da causa produzem coisa julgada material com a característica de projetar seus efeitos para outras ações que discutam o mesmo objeto entre as mesmas partes. Para evitar insegurança no sistema jurídico, a Constituição Federal, no art. 5º, XXXVI, protege a coisa julgada, proclamando que não se pode rediscutir matéria anteriormente apreciada por sentença de mérito transitada em julgado. É importante frisar que a proteção à coisa julgada envolve dois planos: um a que está sujeito o legislador, ou seja, a lei não pode afetar a coisa julgada; o outro se realiza no direito processual, isto é, um juiz está impedido de proferir decisão sobre caso transitado em julgado, cujo mérito tenha sido apreciado.

A sentença concessiva da ordem de segurança pode ser executada provisoriamente, salvo nos casos em que não for possível a concessão de liminar (LMS, art. 14, § 3º). A exceção à regra procura manter a coerência com o art. 7º, § 2º, da LMS, que veda a concessão de liminar para compensar créditos tributários, ou para a entrega de mercadorias e bens provenientes do exterior e a questões relacionadas a pagamentos de servidores públicos. Apesar da constitucionalidade duvidosa dessa restrição legal, se a sentença pudesse ser executada provisoriamente na hipótese de concessão da ordem, nos casos em que não fosse possível o deferimento de liminar, a execução da sentença destoaria da finalidade principal da vedação em questão, que é remeter a um juízo de certeza verificável somente após o trânsito em julgado da decisão.

A regra do § 3º do art. 14, embora coerente com o § 2º do art. 7º da LMS não é a melhor solução no campo da efetividade do processo. Ao sentenciar,

Capítulo 8 Ações judiciais de iniciativa do sujeito passivo da obrigação tributária

o juiz tem condições de apreciar se é ou não o caso de antecipar os efeitos da tutela mandamental, de forma que a sentença do Mandado de Segurança deveria permitir execução provisória, conforme a necessidade de cada caso. Na hipótese de a sentença concessiva da segurança resultar em dano grave ou de difícil reparação em face do Poder Público, poderia ser aplicada a regra do § 4º do art. 1.012 do CPC, atribuindo-se efeito suspensivo à apelação da Fazenda ou da autoridade impetrada. Assim, as situações excepcionais seriam examinadas caso a caso, e não de forma abstrata como resultou da disposição legal que veda a execução provisória nos mesmos casos em que não é possível a concessão de liminar.

Para remediar a situação, embora não seja essa a melhor alternativa, seria o caso de, por analogia, o juiz facultar ao impetrante, nos casos do dispositivo ora analisado, o oferecimento de garantias na forma do inciso III do art. 7º da LMS. Dessa forma, a sentença poderia ser executada provisoriamente, mesmo nos casos em que não pode ser deferida liminar, desde que garantido o juízo.

8.1.8.5.1 Cassação da liminar pela sentença denegatória de segurança e meios para sua manutenção

A sentença que denega a segurança resolverá sobre a liminar eventualmente concedida, devendo prevalecer sobre a medida antecipatória, hipótese em que a sentença, por ser definitiva, retroagirá seus efeitos ao tempo em que foi deferida a liminar. Isso pode ter influência considerável no processo tributário, pois a liminar que tenha afastado exigência tributária, deferindo a suspensão da exigibilidade do crédito tributário, caso sobrevenha sentença que a contrarie, implicará o recolhimento dos valores não pagos no período da vigência da liminar.

Aliás, sobre essa hipótese teria incidência a Súmula 405 do STF, com o seguinte enunciado: "Denegado mandado de segurança pela sentença, ou no julgamento do agravo dela interposto fica sem efeito a liminar concedida, retroagindo os efeitos da decisão contrária".

O entendimento sumulado tem sido rebatido pela doutrina do processo tributário, sob a alegação de que o contribuinte tem o direito de não ficar inadimplente. Sem prejuízo dessa premissa, existem argumentos doutrinários, sustentando que a liminar não dispõe exatamente sobre o mérito da impetração, mas a respeito de questões processuais relacionadas a urgência e relevância. A sentença denegatória do *writ*, se por um lado examina o mérito da causa, concluindo não haver direito líquido e certo, por outro, não dispõe exatamente sobre os pressupostos da liminar. Assim, interposto recurso contra a sentença denegatória, a matéria referente a cassação da liminar não será necessariamente devolvida ao tribunal, por não dizer respeito ao mérito[24].

Entendemos, entretanto, que a devolução dos efeitos da liminar cassada ao tribunal recorrido dá-se lógica e automaticamente, ainda que o juiz se omita sobre a cassação da liminar. Não podem duas decisões coexistirem de forma contraditória no mesmo processo, quer porque depõe contra a segurança jurídica, quer porque entre decisões judiciais é perfeitamente aplicável o entendimento da temporalidade, que resolve conflitos entre leis contraditórias. Por conseguinte, a decisão mais recente prevalece sobre a anterior quando forem opostas, à semelhança do que prevê o art. 1.008 do CPC.

No entanto, a cassação da liminar depois de proferida a sentença poderá acarretar, no processo tributário, duas consequências de difícil solução. Primeiramente, com a cassação da liminar na sentença, poderão incidir juros moratórios durante o período em que a exigibilidade do crédito tributário esteve suspensa por força da decisão liminar. Em segundo lugar, se for atribuído efeito suspensivo ao recurso de apelação, conforme o § 4º do art. 1.012 do CPC, na prática, a liminar terá seus efeitos restabelecidos[25].

Quanto ao primeiro ponto, registre-se que, no âmbito dos tributos federais, existe o § 2º do art. 63, da Lei n. 9.430, de 1996, que dispõe o seguinte:

> Art. 63. Na constituição de crédito tributário destinada a prevenir a decadência, relativo a tributo de competência da União, cuja exigibilidade houver sido suspensa na forma dos incisos IV e V do art. 151 da Lei n. 5.172, de 25 de outubro de 1966, não caberá lançamento de multa de ofício.

---

24 DINIZ, Marcelo de Lima Castro. Suspensão da exigibilidade do crédito tributário em face da sentença de improcedência em mandado de segurança. In: CHIESA, Clélio; PEIXOTO, Marcelo Magalhães (coord.). *Processo judicial tributário*. São Paulo: MP editora, 2006, p. 125.

25 DINIZ, Marcelo de Lima Castro. Suspensão da exigibilidade do crédito tributário em face da sentença de improcedência em mandado de segurança. In: CHIESA, Clélio; PEIXOTO, Marcelo Magalhães (coord.). *Processo judicial tributário*, p. 124.

Capítulo 8   Ações judiciais de iniciativa do sujeito passivo da obrigação tributária

§ 1º O disposto neste artigo aplica-se, exclusivamente, aos casos em que a suspensão da exigibilidade do débito tenha ocorrido antes do início de qualquer procedimento de ofício a ele relativo.

§ 2º A interposição da ação judicial favorecida com a medida liminar interrompe a incidência da multa de mora, desde a concessão da medida judicial, até 30 dias após a data da publicação da decisão judicial que considerar devido o tributo ou contribuição.

Adotando-se a norma em questão como base para análise do ponto, tem-se que o contribuinte que tiver obtido a suspensão da exigibilidade do crédito tributário por meio de liminar, seja em mandado de segurança, seja em tutelas provisórias, não haverá multa de mora até 30 dias após a data da publicação da decisão judicial que considerar devido o tributo. A lei é omissa, porém, quanto aos juros moratórios, o que leva ao debate a respeito de sua incidência sobre o período em que o contribuinte esteve protegido pela liminar cassada posteriormente.

A doutrina que defende a não incidência dos juros, sustenta que se o contribuinte obteve a decisão liminar favorável antes do vencimento da obrigação tributária, segue-se que a suspensão da exigibilidade do crédito tributário deve ser interpretada amplamente, isto é, cassada a liminar não devem incidir juros moratórios, pois a decisão liminar interrompeu igualmente o fluxo da mora[26]. Outra linha de argumentação considera imprópria essa conclusão, pois os juros moratórios se prestam a remunerar o credor ante o fato da obrigação não adimplida. A decisão que permite a suspensão da exigibilidade do crédito tributário apenas impede que se cumpra a obrigação enquanto a matéria é resolvida no processo. Depois de proferida a sentença, se o resultado for a obrigação de pagar o tributo, a decisão liminar não pode ter, obviamente, o poder de desfazer a obrigação durante o tempo em que vigorou.

Realmente, não há que se falar em incidência de juros moratórios na cassação de liminar pela sentença nas hipóteses em que a decisão suspendeu a exigibilidade do crédito tributário antes do seu vencimento. Primeiramente porque, ao menos no caso dos tributos federais, o disposto no § 2º do art. 63 da Lei n. 9.430, de 1996, não autoriza conclusão diferente, na me-

---

26   MICHELIS, Gilson Wessler. A revogação da liminar em mandado de segurança e seus efeitos em matéria tributária. In: CHIESA, Clélio; PEIXOTO, Marcelo Magalhães (coord.). *Processo judicial tributário*. São Paulo: MP editora, 2006, p. 149-150.

dida em que se referiu somente à multa de mora e não aos juros. Assim, se a decisão judicial que determina a suspensão da exigibilidade do crédito tributário é deferida antes do seu vencimento, impede-se que este produza efeitos sobre a obrigação tributária, de modo que o crédito não vence, razão pela qual o contribuinte não entra em mora, justamente porque a decisão judicial passou a constituir óbice a essa ocorrência. Com a revogação da liminar, retorna-se ao estado anterior à concessão da decisão antecipatória, ou seja, o momento em que a obrigação tributária não havia ainda vencido. Por esse motivo, a cassação da liminar, neste caso, não poderá ensejar a incidência de juros moratórios. Por outro lado, deferida a liminar após o vencimento da obrigação tributária, é razoável concluir-se pela cobrança dos juros moratórios a partir da data do vencimento da obrigação.

Desde 2008 o STJ havia pacificado a questão na linha da Súmula 405 do STF e concluído pelo cabimento da cobrança de juros moratórios e multa, embora o entendimento da Suprema Corte não tenha reconhecido essas cobranças.

> 1. O STJ pacificou a orientação de que a suspensão de medida liminar possui efeitos retroativos, com o retorno da situação dos autos ao *status quo ante*. Assim, "denegado o mandado de segurança pela sentença, ou no julgamento do agravo dela interposto, fica sem efeito a liminar concedida, retroagindo os efeitos da decisão contrária" (Súmula 405/STF). 2. Hipótese em que os contribuintes deixaram de recolher a CPMF durante a vigência de liminar concedida em Ação Civil Pública. Com sua cassação, é devido o pagamento do tributo acrescido de multa e juros moratórios. Precedentes do STJ. 3. Agravo Regimental não provido (STJ. Agravo Regimental no Recurso Especial 742.280/MG, Rel. Min. Herman Benjamin, 2ª T., v.u., j. 25-11-2008, *DJ* 19-12-2008).

As decisões mais recentes do STJ, também referentes à CPMF, seguem o mesmo entendimento, apesar de o art. 63 da Lei n. 9.430, de 1996 prever não ser exigível multa de mora na hipótese em questão desde 2001, com a alteração feita pela MP 2158-31. Nesse sentido os seguintes precedentes: Agravo Regimental no Recurso Especial 1.253.445/MG, Rel. Min. Arnaldo Esteves Lima, Primeira Turma, *DJe* 11-3-2014; Agravo Regimental no Recurso Especial 1.278.672/MG, Rel. Min. Castro Meira, Segunda Turma, *DJe* 16-2-12; Agravo Regimental no Recurso Especial 1.253.445/MG, Rel. Ministro Arnaldo Esteves Lima, Primeira Turma, *DJe* 11-3-2014. Entendemos que o STJ deve-

Capítulo 8   Ações judiciais de iniciativa do sujeito passivo da obrigação tributária

ria rever sua jurisprudência a respeito da aplicação de multa de mora sobre o crédito tributário nos casos em que a liminar for cassada pela sentença, diante da expressa vedação legal mencionada, não sendo razoável que a decisão judicial contrarie a lei, especialmente quando não há que se falar em mora de obrigação tributária exatamente porque foi suspensa por decisão liminar da Justiça. Quanto aos juros moratórios, diante dos argumentos expostos acima, também merece revisão o entendimento do STJ para o fim de afastar a incidência de juros moratórios nos casos de liminar cassada pela sentença denegatória do mandado de segurança, quando aquela medida tiver sido deferida antes do vencimento da obrigação tributária.

Outra consequência decorrente da cassação da liminar pela sentença que denega a segurança consiste no retorno da exigibilidade do crédito tributário, o que poderá trazer dificuldades ao contribuinte que antes estava protegido pela decisão provisória. Em síntese, considerando que o recurso no mandado de segurança não possui efeito suspensivo, com a cassação da liminar, o contribuinte, uma vez notificado pela Fazenda para pagar o débito tributário, permanecendo inadimplente, será cobrado por Execução Fiscal com todas as suas consequências.

A solução processual para restabelecimento dos efeitos da liminar será o pleito de suspensão da eficácia da sentença até o julgamento da apelação, devendo ser demonstrada a probabilidade de provimento do recurso ou a existência de risco de dano grave ou de difícil reparação (CPC, art. 1.012, § 4º). O pedido de suspensão da eficácia da sentença dever ser dirigido ao Relator do recurso de apelação no tribunal, conforme se depreende do parágrafo único do art. 995 do CPC.

Como medida excepcionalíssima, é possível também a impetração de outro Mandado de Segurança para o fim de se obter a suspensão da exigibilidade do crédito tributário, fundamentando a ação no risco de dano grave ou de difícil reparação. Nas questões tributárias, esses pressupostos deverão ser a probabilidade de reversão da sentença no tribunal diante da plausibilidade dos fundamentos da apelação ou da jurisprudência favorável ao recorrente. Esses requisitos serão combinados com a impossibilidade financeira de pagamento imediato da dívida fiscal, sem prejuízo da mantença regular do contribuinte. Apesar de existir previsão de recurso contra a sentença que denega o Mandado de Segurança (LMS, art. 14), o STJ já aceitou a impetração de novo *mandamus* para se obter outra vez os efeitos da liminar cassada na sentença recorrida.

659

CURSO COMPLETO DE DIREITO PROCESSUAL TRIBUTÁRIO

> Mandado de segurança. Recurso especial. Apelação. Efeito Suspensivo. Liminar. Restauração da medida através de outro "mandamus". Precedentes. Em casos excepcionais, diante da possibilidade concreta de danos irreparáveis ou de difícil reparação, sendo relevantes os fundamentos da causa, é possível manter os efeitos da liminar através de outro "mandamus", até o julgamento da apelação. Recurso não conhecido (STJ. Recurso Especial 87390/PB, Rel. Min. Peçanha Martins, 2ª T., m.v., j. 6-10-1998, *DJ* 22-3-1999).

É importante frisar dois pontos. O primeiro, cassada a liminar pela sentença, o impetrante poderá apelar desde logo e pleitear a suspensão da eficácia da decisão conforme explicado. A impetração de outro Mandado de Segurança não pode substituir o recurso cabível, no caso a apelação. O segundo ponto, é que o pleito de renovação dos efeitos da liminar em outro Mandado de Segurança deve ser fortemente motivado e comprovado o dano iminente. A motivação passará necessariamente pelo caráter controvertido da questão jurídica em que se funda a impetração. Se a matéria debatida no primeiro *writ* estiver pacificada na jurisprudência contra os interesses do impetrante, haverá pouquíssima chance de sua reversão no julgamento da apelação, não se justificando a renovação dos efeitos da liminar por meio de novo Mandado de Segurança.

8.1.8.5.2 *Implicações entre a sentença e a coisa julgada no mandado de segurança*

Uma questão importante são as consequências da sentença que denega o Mandado de Segurança pelo não atendimento do seu principal requisito constitucional de cabimento, que é a violação a direito líquido e certo. Antes de se analisar esse ponto, é importante lembrar que a sentença que extingue o mandado de segurança pelo não cumprimento de pressupostos processuais (CPC, art. 485 e art. 6º, § 5º, da LMS) é considerada meramente terminativa por não apreciar o mérito, podendo o Mandado de Segurança ser novamente impetrado, desde que no prazo de 120 dias, conforme previsão do § 6º do art. 6º da LMS[27]. Na mesma linha de decisão extintiva do proces-

---

27 O art. 6º, § 6º, da LMS faz referência ao art. 267 da Lei n. 5.869, de 1973, que era o artigo do CPC anterior, parelho ao art. 485 do atual CPC.

Capítulo 8   Ações judiciais de iniciativa do sujeito passivo da obrigação tributária

so, o art. 10 da LMS prevê o seguinte: "A inicial será desde logo indeferida, por decisão motivada, quando não for o caso de mandado de segurança ou lhe faltar algum dos requisitos legais ou quando decorrido o prazo legal para a impetração".

Será denegado também o Mandado de Segurança quando o impetrante não consegue comprovar a prática do ato coator, faltando, desse modo, a prova essencial para o deslinde da ação, o que também provoca a extinção do processo sem resolução do mérito, com fundamento no art. 485, IV do CPC. Nesse caso é possível, igualmente, aplicar-se a regra do § 6º do art. 6º da LMS, que permite o ajuizamento de outro Mandado de Segurança com o mesmo pedido. Se preferir, o impetrante poderá se valer de outra via processual, a fim de obter efeito judicial semelhante ao que alcançaria com a ação mandamental.

Sobre esse assunto, é importante ressaltar o teor da Súmula 304 do STF: "Decisão denegatória de Mandado de Segurança, não fazendo coisa julgada contra o impetrante, não impede o uso da ação própria". Essa súmula decorreu da interpretação dos arts. 15 e 16 da Lei n. 1.533, de 1951, que dispunham o seguinte:

> Art. 15. A decisão do mandado de segurança não impedirá que o requerente, por ação própria, pleiteie os seus direitos e os respectivos efeitos patrimoniais.
>
> Art. 16. O pedido de mandado de segurança poderá ser renovado se a decisão denegatória não lhe houver apreciado o mérito.

A interpretação literal do art. 15 da Lei anterior, conduzia à possibilidade de o impetrante pleitear seus direitos e os respectivos efeitos patrimoniais por meio de outras ações, ainda que o Mandado de Segurança tivesse resolvido o mérito da questão. Na hipótese de o mérito não ser apreciado, como ocorre nos casos de extinção do Mandado de Segurança pela carência dos requisitos constitucionais e legais, poderia ser ajuizado novo *writ*. A interpretação sistemática de ambos os dispositivos, porém, levou ao entendimento de que, nos casos em que o juiz aprecia o mérito da causa, reconhecendo que o impetrante não tem direito líquido e certo ao que postulou, essa sentença faria coisa julgada material, de modo que não seria possível o ajuizamento de outro Mandado de Segurança e nem de outras ações judiciais com o mesmo objeto do Mandado de Segurança.

661

CURSO COMPLETO DE DIREITO PROCESSUAL TRIBUTÁRIO

Os arts. 6º, § 6º e 19 da LMS renovam a questão e lançam luzes mais claras sobre o assunto. Com relação ao art. 6º, § 6º, se a sentença no Mandado de Segurança não julgou o mérito da causa, é pacífico o cabimento de novo *mandamus*, desde que observado o prazo de 120 dias contatos da ciência do ato coator pelo impetrante. O art. 19, por sua vez, autoriza o ajuizamento de outras ações para o pleito de direitos e os respectivos efeitos patrimoniais, desde que, igualmente, não tenha se decidido o mérito. Assim, consagrou-se a jurisprudência que vinha prevalecendo desde antes, qual seja, a sentença do Mandado de Segurança que apreciar o mérito e denegar a ordem, faz coisa julgada material, não podendo o impetrante ajuizar outras ações para o pleito do mesmo direito ou efeitos patrimoniais decorrentes desse direito.

Assim, em matéria tributária só será possível ao contribuinte ingressar com Ação Declaratória ou Anulatória do lançamento que diga respeito ao direito discutido no Mandado de Segurança, caso a sentença denegatória do *writ* não tenha apreciado o mérito.

8.1.8.5.3 *O alcance da coisa julgada do Mandado de Segurança e as relações jurídicas tributárias de trato sucessivo*

As obrigações tributárias, sejam elas principais ou acessórias, são relações jurídicas que se estabelecem entre um sujeito passivo e o sujeito ativo tão logo ocorre o fato previsto na lei tributária como gerador da respectiva obrigação (CTN, art. 113).

A obrigação tributária principal tem em seu núcleo um crédito tributário, assim entendido o montante pecuniário apurado em um procedimento da administração fiscal chamado de lançamento. As obrigações acessórias, por sua vez, explicam-se pela exigência legal de certa atividade a ser desenvolvida pelo sujeito passivo no interesse da administração tributária. O não cumprimento tanto de uma quanto de outra obrigação pode acarretar consequências punitivas ao inadimplente.

Os fenômenos para serem apreendidos pela mente humana deverão suceder em coordenadas de tempo e de espaço. Os fatos que dão ensejo ao nascimento de obrigações tributárias, portanto, podem ser percebidos no tempo de modo instantâneo ou continuativo. No primeiro caso, trata-se de obrigações que são constituídas em função da ocorrência do fato gerador de modo eventual. O critério da eventualidade não reside exatamente no espaço de tempo da ocorrência dos acontecimentos que dão ensejo à obriga-

Capítulo 8   Ações judiciais de iniciativa do sujeito passivo da obrigação tributária

ção, mas no próprio fato que, em cada ocorrência, é diferente em relação ao anterior. Por exemplo: seria uma relação jurídica instantânea a cobrança em um dado exercício financeiro do IPTU, cujas alíquotas foram majoradas por Decreto. Como se sabe, não há autorização constitucional para tanto. No exercício seguinte, a municipalidade resolve calcular o IPTU, embutindo na sua base de cálculo percentual de aumento não aprovado por lei, mas por outro Decreto do Poder Executivo. Sabe-se também que, neste caso, a majoração da base de cálculo só poderia ser exigida mediante lei, sob pena de violação ao princípio da legalidade tributária (CF, art. 150, I e CTN, art. 97, IV). As relações jurídicas tributárias de ambos os impostos são instantâneas na medida em que diferem umas das outras. Em um exercício, o município aumentou as alíquotas do imposto por Decreto, o que é vedado; no outro, modificou a base de cálculo por um critério também não permitido pelo direito. Caso não houvesse a segunda mudança, a relação tributária não seria instantânea, mas continuativa.

São continuativas, por excelência, as relações jurídicas tributárias dos tributos indiretos. É que estes tributos são exigidos em uma cadeia de fatos geradores até que esta cesse e um dos partícipes da relação, mesmo não pertencendo diretamente à relação jurídica tributária, assume o encargo econômico do tributo, o chamado contribuinte de fato. É o caso, por exemplo, do IPI e do ICMS. Nestes impostos de apuração mensal, uma corrente de pessoas une a obrigação tributária anterior à posterior, emprestando manifesto caráter continuativo à relação jurídica atual.

No caso do IPI, ao se industrializar um produto, o contribuinte acresce ou retira determinadas parcelas do bem manufaturado, incidindo o imposto em razão dessas modificações realizadas no produto. O sujeito passivo (industrial) poderá compensar os valores pagos a título de IPI incidente sobre os insumos em relação ao produto que manufaturou. Isso é efetuado através de uma operação de compensação entre crédito (o IPI dos insumos) e débito (o IPI do produto final). Se o total dos créditos for maior que o débito, o contribuinte poderá transferir tal crédito para o período seguinte de apuração do imposto, caso contrário terá imposto a pagar. Esse contato entre um período anterior e o posterior também justifica a existência de uma relação jurídica tributária continuativa.

A relevância dos argumentos acima expostos é fundamental para a compreensão da sentença no Mandado de Segurança, quando o tributo se

663

CURSO COMPLETO DE DIREITO PROCESSUAL TRIBUTÁRIO

revestir de natureza instantânea ou continuativa. No caso da primeira modalidade, para cada obrigação tributária, caberá uma ação autônoma e a coisa julgada material ficará restrita à obrigação tributária que serviu de objeto da impetração.

Tratando-se de relação jurídica tributária continuativa, poderá a sentença do Mandado de Segurança protrair seus efeitos a fatos futuros. O que caracteriza a relação jurídica continuativa é a identidade dos fatos tributáveis. Se a obrigação tributária decorre do mesmo fato e da mesma lei, seria contra a eficiência esperada do processo a impetração de sucessivos Mandados de Segurança Preventivos até que a lei seja modificada ou haja qualquer outra mudança de fato.

A sentença judicial não perde sua característica essencial de norma jurídica concreta com a função de dirimir conflitos, quando seus efeitos são estendidos para fatos futuros, em havendo continuidade fática determinada pela identidade de objetos (os fatos). Ao afastar a cobrança de ICMS indevido, o juiz profere decisão que se aplica toda vez que o imposto incidir sobre o fato jurídico que motivou a impetração da segurança. Volta à tona a característica de sentença mandamental inerente ao *writ*. A ordem dada à autoridade coatora é para que se abstenha de exigir o imposto incidente sobre o fato questionado e não exatamente quanto à incidência do tributo em determinado período. Do contrário, seria ineficaz o uso do Mandado de Segurança nas lides tributárias em face da necessidade da repetição da ação em cada período de apuração do imposto, que normalmente é mensal.

A Súmula 239 do STF contém a seguinte orientação: "Decisão que declara indevida a cobrança do imposto em determinado exercício não faz coisa julgada em relação aos posteriores"[28]. Pode-se argumentar, na linha dessa súmula, para que a coisa julgada possa ser aplicada sobre outro caso concreto deveria haver a tríplice identidade de pessoas, causa e objeto. Não havendo um desses pressupostos da coisa julgada, a decisão anterior será um simples precedente e não haveria coisa julgada propriamente dita. Atualmente, são raras as decisões que dão vigência à Súmula 239 do STF, especialmente

---

28 No mesmo sentido: "a declaração de intributabilidade, no pertinente a relações jurídicas originadas de fatos geradores que se sucedem no tempo, não pode ter o caráter de imutabilidade e de normatividade a abranger eventos futuros" (STF. Recurso Extraordinário 99.435-1, Rel. Min. Rafael Mayer, 1ª T., j. 17-6-1983, *DJ* 19-8-1983).

Capítulo 8   Ações judiciais de iniciativa do sujeito passivo da obrigação tributária

diante da adaptação do Mandado de Segurança à matéria tributária e o princípio da economia processual, não sendo defensável em tempos de imposição de metas de julgamento ao Poder Judiciário, a impetração de um Mandado de Segurança para cada cobrança de tributo sobre o mesmo fato.

8.1.8.5.4 A coisa julgada tributária de trato sucessivo e as decisões supervenientes do STF

Considera-se "coisa julgada" a decisão judicial em relação à qual não cabe mais nenhum recurso. Nesse sentido, o Decreto-lei 4.647, de 1942, também conhecido como Lei de Introdução às Normas do Direito Brasileiro – LINDB, no art. 6º, § 3º, estabelece que:"Chama-se coisa julgada ou caso julgado a decisão judicial de que já não caiba recurso".

Assim, quando uma decisão judicial transita em julgado, gera-se um efeito jurídico relevante, ou seja, a decisão se torna definitiva, não podendo, em princípio, ser modificada por nenhuma outra decisão, de qualquer outro Poder da República, inclusive do próprio Poder Judiciário. Deve-se ressalvar, porém, os casos de ação rescisória, previstos no art. 966 do CPC. No entanto, a ação rescisória não se confunde com recursos, os quais têm o poder de modificar decisões anteriores no curso do próprio processo. A ação rescisória é uma nova relação jurídica processual, com a função de desconstituir uma decisão definitiva da justiça, devendo, para tanto, estar presente,pelo menos,uma das hipóteses do artigo 966 do CPC.

O art. 5º, XXXVI da Constituição Federal confirma essa afirmação, quando declara o seguinte: "a lei não prejudicará o direito adquirido, o ato jurídico perfeito e a coisa julgada".

O dispositivo constitucional é considerado um direito fundamental. Dessa forma, não poderá ser objeto de emenda constitucional que vise sua mitigação ou exclusão do texto constitucional, caracterizando o que se chama de "cláusula pétrea" (CF, art. 60, § 4º, IV).

O dispositivo constitucional é da mais alta relevância. No caso da proteção à coisa julgada, nota-se que a intenção do constituinte originário é impedir que os Poderes Legislativo e Executivo, os quais participam do processo legislativo, criem leis que prejudiquem o que foi decidido pela justiça de forma definitiva. Essa atitude poderia gerar atritos na harmonia entre os Poderes. Por exemplo, depois de transitada em julgado uma decisão, não

665

poderia o legislador criar uma lei que afetasse as pessoas beneficiadas por uma decisão da justiça em relação aos fatos apreciados na referida decisão. No caso da administração pública, igualmente, se alguém obteve uma decisão favorável do Poder Judiciário, não poderá a autoridade administrativa contrariá-la, praticando um ato que a viole.

Para o Poder Judiciário, logicamente, não poderá um órgão da justiça decidir contra uma decisão transitada em julgado, pois isto desrespeita a própria lógica do sistema processual. Se contra uma decisão não cabe mais recursos, não faz sentido decidir-se novamente a causa para se desfazer ou mitigar o que foi decidido. Isso levaria a um processo sem fim e totalmente descabido. A exceção é a ação rescisória, conforme mencionado.

A questão adquire um certo nível de complexidade quando órgão do Poder Judiciário, abaixo do STF, decide uma causa que transita em julgado, mas, posteriormente, o STF toma uma decisão em controle difuso ou abstrato de constitucionalidade, que contraria a decisão transitada em julgado. Neste caso, qual decisão deve prevalecer: a do órgão inferior ou a do STF? Ou ainda, o próprio STF decidiu em última instância um recurso que transitou em julgado para as partes, mas, posteriormente, decide em outro caso contrariamente ao que foi decidido no primeiro. Neste caso, qual decisão deve ser aplicada?

Para resolver essa dúvida, primeiramente, deve-se distinguir decisões de trato sucessivo(ou continuadas) das de natureza não continuada. Chamam-se de "trato sucessivo" ou "continuado", as decisões da justiça que, embora transitada em julgado, a situação de fato e de direito continua latente porque se repete sucessivamente depois que o processo termina. As discussões tributárias, conforme explicado na subseção 8.1.8.5.3, costumam produzir esse tipo de efeito, pois quando o contribuinte demanda a justiça para impedir a incidência ou a exigibilidade de um tributo, pretende que tal decisão produza efeitos não apenas para as situações de fato anteriores ao ajuizamento da medida, mas também para todas as outras que se sucederem depois que o processo for decidido.

É o caso do mandado de segurança preventivo em que se pede que a autoridade administrativa não exija o pagamento do tributo ou a declaração de inexistência da relação jurídica tributária em ação declaratória, que leva ao mesmo resultado. Em ambos os casos, a decisão que transitar em julgado deverá produzir os seus efeitos concretos em favor do contribuinte, toda

Capítulo 8   Ações judiciais de iniciativa do sujeito passivo da obrigação tributária

vez que tiver que pagar o mesmo tributo, cuja exigência foi afastada. Se não for assim, o contribuinte teria que ingressar com uma nova medida judicial antes do vencimento de cada tributo lançado, o que seria algo contraproducente.

O CPC, no art. 505, prevê o seguinte:

> Art. 505. Nenhum juiz decidirá novamente as questões já decididas relativas à mesma lide, salvo:
>
> I – se, tratando-se de relação jurídica de trato continuado, sobreveio modificação no estado de fato ou de direito, caso em que poderá a parte pedir a revisão do que foi estatuído na sentença;
>
> II – nos demais casos prescritos em lei.

A previsão do CPC ratifica o dispositivo constitucional de proteção à coisa julgada, dirigindo-se diretamente aos membros do Poder Judiciário e proíbe que se altere a sentença definitiva, salvo nos casos dos incisos transcritos. Como se o observa, o inciso I se refere exatamente às situações de que ora se trata.

As decisões judiciais não continuativas, são aquelas em que os efeitos da decisão não alcançam situações de fato que se repetem, constituindo, cada nova situação, um fato novo ou contexto fático diverso. Por exemplo, se o contribuinte impetra mandado de segurança ou ação anulatória contra uma autuação fiscal, referente a um período determinado, a decisão que lhe for favorável, depois de transitada em julgado, atinge somente os fatos geradores abrangidos no período da autuação. Daí por que, se for lavrado um novo auto de infração, referente a outro período, contra o mesmo contribuinte inclusive, ainda que sobre o mesmo tributo, a decisão anterior transitada em julgado estará protegida pela coisa julgada. Isso significa, que o juiz que apreciar a segunda autuação poderá decidir diferente do juiz que resolveu a primeira demanda, inclusive quanto ao mérito, mas essa decisão não poderá interferir na sentença transitada em julgado.Ambas as decisões, portanto, não se referem a situações de trato sucessivo, pois a relação entre os fatos e o direito de uma ação não são os mesmos da outra medida.

O tema das decisões transitadas em julgado de trato continuado em matéria tributária ganha relevo e complexidade, entretanto, nos casos em que esse tipo de decisão passa em jugado e sobrevém decisão do STF em sentido contrário, ou que modifica seus efeitos, em controle incidental ou abstrato

667

de constitucionalidade, ou mediante Recurso Extraordinário com repercussão geral. Esse assunto ganhou importância nos últimos tempos, chegando a ser apelidada de "julgamento do século", em razão de sua abrangência. Trata-se dos Recursos Extraordinários n. 955.227-BA e 949.297-CE.

O STF enfrentou essa questão, objeto dos temas 881 e 885, em que se fixou as teses, conforme descrito abaixo:

Tema

881 – Limites da coisa julgada em matéria tributária, notadamente diante de julgamento, em controle concentrado pelo Supremo Tribunal Federal, que declara a constitucionalidade de tributo anteriormente considerado inconstitucional, na via do controle incidental, por decisão transitada em julgado.

Tese

As decisões do STF em controle incidental de constitucionalidade, anteriores à instituição do regime de repercussão geral, não impactam automaticamente a coisa julgada que se tenha formado, mesmo nas relações jurídicas tributárias de trato sucessivo. 2. Já as decisões proferidas em ação direta ou em sede de repercussão geral interrompem automaticamente os efeitos temporais das decisões transitadas em julgado nas referidas relações, respeitadas a irretroatividade, a anterioridade anual e a noventena ou a anterioridade nonagesimal, conforme a natureza do tributo.

Tema

885 – Efeitos das decisões do Supremo Tribunal Federal em controle difuso de constitucionalidade sobre a coisa julgada formada nas relações tributárias de trato continuado.

1. As decisões do STF em controle incidental de constitucionalidade, anteriores à instituição do regime de repercussão geral, não impactam automaticamente a coisa julgada que se tenha formado, mesmo nas relações jurídicas tributárias de trato sucessivo. 2. Já as decisões proferidas em ação direta ou em sede de repercussão geral interrompem automaticamente os efeitos temporais das decisões transitadas em julgado nas referidas relações, respeitadas a irretroatividade, a anterioridade anual e a noventena ou a anterioridade nonagesimal, conforme a natureza do tributo.

Como se observa, o STF entendeu que quando a Corte decide exercendo o controle incidental de constitucionalidade, o que se dá, em regra, por RE, essa decisão não afeta automaticamente a coisa julgada contrariada por essa

Capítulo 8   Ações judiciais de iniciativa do sujeito passivo da obrigação tributária

nova decisão. Assim, o interessado em efetivar a nova decisão deverá tomar providências para efetivar o seu direito, conforme será visto à frente.

Note-se que esse entendimento só se aplica para decisões de controle incidental anteriores ao regime de repercussão geral, criado pela EC n. 45, de 2004, que incluiu o § 3º ao art. 102 da Constituição Federal, e regulamentado posteriormente, conforme será explicado.[29]

Tratando-se de controle concentrado de constitucionalidade, o que se dá via ADI e ADC, ou nos casos de RE com repercussão geral, a decisão do STF que decidir contrariamente a decisões transitadas em julgado, tem a consequência prática de interromper, automaticamente, a produção de efeitos das decisões com trânsito em julgado, nas relações tributárias de trato sucessivo.

Em relação às decisões nas ações diretas, nunca se teve dúvida de que o entendimento do STF poderia desfazer a coisa julgada em processos que tivessem decidido diferentemente da Suprema Corte, ainda que tal decisão transitasse em julgado. É que tais instrumentos de controle concentrado de constitucionalidade foram concebidos exatamente para assegurar estabilidade e segurança ao regime jurídico. Se cabe ao STF a função de ser o guardião da Constituição e dar a última palavra sobre o direito, não milita a favor da segurança jurídica ter-se decisões da Suprema Corte em determinado sentido, e decisões de outros tribunais ou juízes de primeiro grau contrárias, ainda que tenham transitado em julgado.

A cláusula constitucional de proteção à coisa julgada, embora seja um direito fundamental, está longe de ser um direito absoluto. Aliás, todo direito guarda um certo nível de relativização no tempo, pois os fatos e as condições jurídicas podem se alterar no curso da História, cabendo ao STF ter esse olhar atento. Não se deve confundir esta observação com a vedação ao retrocesso de direitos fundamentais. Neste último caso, trata-se de conquistas que afirmam direitos de igualdade e de dignidade da pessoa humana, razão pela qual são abstratos e atingem a todos. Por serem conquistas no campo dos direitos fundamentais, não podem ser interpretados no futuro, visando-se sua mitigação ou eliminação.

---

29   O instituto da repercussão geral foi regulamentado pela Lei n. 11.418, de 2006, que introduziu no CPC de 1973, os arts. 543-A e 543-B.

669

Isso é muito diferente de uma decisão em matéria tributária transitada em julgado. Nesse tipo de questão, o bem jurídico tutelado é o direito individual do contribuinte, e não questões sociais que unem todas as pessoas.

Feita esta observação, no caso de decisão em RE com repercussão geral, a grande questão é entender a natureza ou talvez a finalidade da criação desse regime. Note-se que antes da criação do sistema de repercussão, conforme mencionado, era possível existir decisões conflitantes da própria Suprema Corte, ambas transitadas em julgado. Era uma situação difícil de explicar racionalmente, quando um contribuinte estava desonerado de pagar o mesmo tributo por decisão final da Justiça e outro não.

O sistema de repercussão geral, atribui ao RE efeitos abstratos de controle de constitucionalidade, equivalendo ao controle exercido pelas ações diretas. O que decidiu o STF com a fixação das teses aos temas 881 e 885, foi a equiparação da repercussão geral em RE aos efeitos abstratos naturais das ações diretas de controle de constitucionalidade.

Fixados esses pontos, é importante considerar outras questões relevantes. A primeira delas diz respeito ao advérbio "automaticamente" integrante do texto das teses. Convém transcrevê-la novamente:

> As decisões do STF em controle incidental de constitucionalidade, anteriores à instituição do regime de repercussão geral, *não impactam automaticamente* a coisa julgada que se tenha formado, mesmo nas relações jurídicas tributárias de trato sucessivo. 2. Já as decisões proferidas em ação direta ou em sede de repercussão geral *interrompem automaticamente* os efeitos temporais das decisões transitadas em julgado nas referidas relações, respeitadas a irretroatividade, a anterioridade anual e a noventena ou a anterioridade nonagesimal, conforme a natureza do tributo.

Como se observa, no caso do controle difuso de constitucionalidade exercido antes da regulamentação do § 3º do art. 102 da Constituição Federal, com redação dada pela EC n. 45, de 2004, a decisão do STF não deve impactar "automaticamente" a coisa julgada, ainda que se trate de relações de trato sucessivo. Isso significa que as decisões anteriores transitadas em julgado poderão ser questionadas pela parte interessada, que suscitará o direito a seu favor, constituído a partir da decisão tomada pelo STF no controle difuso. Note-se que a premissa nesse caso é que a decisão do STF em controle difuso ocorreu antes de 30.04.2007, data em que foi publicada a Emenda Regimental n. 21 ao RISTF. Essa alteração regimental ocorreu na

Capítulo 8   Ações judiciais de iniciativa do sujeito passivo da obrigação tributária

esteira da Lei n. 11.418, de 2006, que, por sua vez, regulamentou o § 3º do art. 102, da Constituição Federal, introduzido pela EC n. 45, de 2004.

Esse entendimento se alinha com a tese do tema 733 do STF, que sustenta a necessidade de provocação da parte interessada, por meio de recurso próprio, ou até ação rescisória, para a modificação da coisa julgada depois que o STF exerce o controle de constitucionalidade de uma lei.

Tese

A decisão do Supremo Tribunal Federal declarando a constitucionalidade ou a inconstitucionalidade de preceito normativo não produz a automática reforma ou rescisão das decisões anteriores que tenham adotado entendimento diferente. Para que tal ocorra, será indispensável a interposição de recurso próprio ou, se for o caso, a propositura de ação rescisória própria, nos termos do art. 485 do CPC, observado o respectivo prazo decadencial (CPC, art. 495).

Pois bem, para os casos decididos antes de 30.04.2007, data da regulamentação da repercussão geral, o controle incidental de constitucionalidade pelo STF pode até atingir a coisa julgada formada anteriormente, mas o interessado deverá recorrer invocando o precedente do STF ou ingressar com ação rescisória, observado o prazo de 2 anos da última decisão proferida no processo, previsto no art. 975 do CPC de 2015.

Diferentemente da hipótese anterior é o caso do controle abstrato de constitucionalidade, realizado por ADI e ADC ou o RE com repercussão geral. Nestes casos, a Suprema Corte sugere que a decisão equivale à criação de uma norma abstrata, razão pela qual interrompe os efeitos da coisa julgada automaticamente, ou seja, sem a necessidade de interposição de recurso, ou ação rescisória.

Esse entendimento é aplicável de lado a lado. Vamos supor que um contribuinte tenha perdido uma ação declaratória, de modo que passou a ser obrigado a pagar o tributo e a decisão transitou em julgado. Caso não tenha ainda pago, e sobrevenha decisão do STF em controle abstrato, entendendo que o tributo não é devido, o contribuinte não precisa recorrer ou ingressar com ação rescisória, pois os efeitos são automáticos, ou seja, a Fazenda não poderá exigir o pagamento do referido tributo, independentemente de qualquer decisão no processo em que o contribuinte perdeu a discussão. Igualmente, se o contribuinte moveu ação declaratória contra a Fazenda

671

ou mandado de segurança e venceu a causa, transitando em julgado, caso venha decisão do STF em controle abstrato declarando ser constitucional o tributo, a coisa julgada favorável ao contribuinte tem seus efeitos continuativos interrompidos, de modo que a Fazenda não necessita recorrer ou ajuizar ação rescisória para desfazer a coisa julgada anterior.

Vê-se que o STF mudou o entendimento da tese fixada no tema 733, caracterizando hipótese de *overruling*, previsto nos §§ 2º ao 4º do art. 927 do CPC.

Para finalizar esse assunto, as teses dos temas 881 e 885 do STF estabeleceram que, tratando-se de decisão em controle abstrato, deverão ser observados os princípios constitucionais tributários da irretroatividade, da anterioridade anual e da noventena ou da anterioridade nonagesimal, conforme a natureza do tributo. Nesse caso, o entendimento se volta para os casos em que o tributo é considerado constitucional, de modo que a decisão do STF equivale a instituir o tributo novamente. Daí por que devem ser observados os citados princípios de proteção do contribuinte.

Toda essa questão é candente e complexa, existindo argumentos favoráveis e contrários ao que ficou decidido pelo STF. Há muito se tinha dúvidas como ficavam as relações jurídicas depois que o STF exercia o controle de constitucionalidade, especialmente na modalidade abstrata e os efeitos dessa decisão sobre outras transitadas em julgado. O entendimento expresso nas teses ora analisadas são passos importantes para a estabilidade das relações jurídicas tributárias. Nossa intenção não foi assumir um lado, pois este livro pretende ser didático e explicar, da melhor maneira que puder, os assuntos do processo tributário.

8.1.8.5.5 *Eficácia mandamental* versus *natureza declaratória da sentença no Mandado de Segurança*

Conforme foi explicado na subseção 8.1 deste Capítulo, a sentença do Mandado de Segurança possui natureza mandamental, isto é, o objeto da ação é a determinação de uma ordem contra a autoridade coatora para praticar ou se omitir sobre a prática de determinado ato administrativo. No entanto, é possível que a sentença do *writ* também declare direitos. É o caso, por exemplo, da declaração de inconstitucionalidade incidental da norma que criou o tributo, ou a declaração do direito à compensação, ou ainda a

Capítulo 8   Ações judiciais de iniciativa do sujeito passivo da obrigação tributária

declaração de inexigibilidade do crédito tributário. Sustentamos anteriormente, em outro livro, não ser possível pretensão declaratória em sede de Mandado de Segurança[30]. Isso porque a declaração de determinado direito poderia ser obtida por meio de Ação Declaratória, inclusive com pleito de tutela antecipada como se previa à época, não havendo utilidade em se impetrar Mandado de Segurança, se o seu efeito prático seria possível por ação mais adequada. O Mandado de Segurança visaria corrigir ilegalidade praticada por agente público e não atacar a norma abstrata. Daí a Súmula 266 do STF, esclarecendo que "Não cabe mandado de segurança contra lei em tese". A inconstitucionalidade da norma, caso arguida no Mandado de Segurança, serviria como simples causa de pedir sobre a qual não incidiria a prestação jurisdicional.

Para Hugo de Brito Machado é viável o pedido declaratório em Mandado de Segurança. Neste caso, o juiz poderá declarar o direito e ainda determinar o "fazer" ou "não fazer" à autoridade impetrada. Mas a declaração está sempre sujeita ao pedido do impetrante[31].

A Súmula 213 do STJ consagra o entendimento de que "O mandado de segurança constitui ação adequada para a declaração do direito à compensação tributária". Atualmente, é admissível pedido declaratório em Mandado de Segurança, constituindo formalismo excessivo impedir que o impetrante postule a declaração positiva ou negativa de uma pretensão, cumulada com a ordem de segurança, contra a autoridade impetrada. No Mandado de Segurança em matéria tributária é lícito, por exemplo, pedir o afastamento do ato abusivo e a declaração de inconstitucionalidade de uma norma pela via incidental. Isso não viciará a ação mandamental, pois permanecerá o pedido de suspensão da ilegalidade contra a autoridade coatora.

8.1.8.6 Recursos no Mandado de Segurança

8.1.8.6.1 *Agravo de instrumento*

Contra as decisões interlocutórias no Mandado de Segurança cabe agravo de instrumento, fundado no art. 1.015 do CPC e deverá ser interposto direta-

---

30   NUNES, Cleucio Santos. *Teoria e prática do processo tributário*. São Paulo: Dialética, 2002, p. 70.

31   MACHADO, Hugo de Brito. *Mandado de segurança em matéria tributária*, p. 271.

mente no tribunal, por meio de petição, no prazo de 15 dias (CPC, arts. 1.016 e 1.010, respectivamente). Os recursos, de um modo geral, não possuem efeito suspensivo, significando que proferida a decisão esta gerará seus efeitos tão logo a parte é intimada do seu conteúdo. O art. 995 do CPC, entretanto, estabelece que a eficácia das decisões poderá ser impedida pela interposição dos recursos se a lei assim dispuser ou por decisão judicial. Em reforço dessa regra, o parágrafo único daquele dispositivo esclarece o seguinte: "A eficácia da decisão recorrida poderá ser suspensa por decisão do relator, se da imediata produção de seus efeitos houver risco de dano grave, de difícil ou impossível reparação, e ficar demonstrada a probabilidade de provimento do recurso".

A principal decisão interlocutória proferida no Mandado de Segurança é a concessão ou denegação da liminar. Depois desse ato processual passa a ser remota a prática de decisões interlocutórias porque o rito do Mandado de Segurança foi concebido para ser célere. Daí por que o art. 7º, § 1º, da LMS estabelece que contra a decisão que defere ou não o pleito de liminar cabe agravo de instrumento.

Nas questões tributárias, a liminar exerce uma influência relevante no interesse do contribuinte em demandar a justiça, porque, em geral, visa-se por meio dessa decisão a suspensão da exigibilidade do crédito tributário (CTN, art. 151, IV). Se a liminar não for concedida para que se alcance esse efeito de suspender a exigência do crédito, abre-se o interesse do impetrante de postular sua concessão perante o Relator do recurso de Agravo de Instrumento no tribunal. O art. 932, II do CPC determina que, compete ao Relator: "apreciar o pedido de tutela provisória nos recursos e nos processos de competência originária do tribunal". No mesmo sentido, o art. 1.019, I, do CPC autoriza o relator a conceder, "em antecipação de tutela, total ou parcialmente, a pretensão recursal, comunicando ao juiz sua decisão".

Contra a decisão do Relator que conceder ou negar a tutela recursal antecipada, caberá agravo interno na forma do art. 1.021 do CPC. Se o relator conceder a tutela recursal de forma antecipada como preveem os dispositivos mencionados, essa decisão, logicamente, substituirá a do juiz de primeiro grau que indeferiu o pleito de liminar (CPC, art. 1.008). Apesar de o art. 1.020 do CPC estabelecer o prazo de um mês para o Relator pedir dia para julgamento ao Agravo de Instrumento, contado da intimação do agravado, a prática demonstra que o juiz de primeiro grau poderá decidir o mandado de segurança antes do julgamento final do recurso, em face do acúmulo de

Capítulo 8 Ações judiciais de iniciativa do sujeito passivo da obrigação tributária

processos nos tribunais. Caso a sentença seja favorável ao impetrante, não haverá muitos desdobramentos porque, nesse caso, substituirá a decisão do tribunal no Agravo de Instrumento e o julgamento do recurso restará prejudicado. A questão traz complicações se a sentença do Mandado de Segurança for denegatória, hipótese em que a decisão do Relator do agravo perderá eficácia, uma vez que a sentença é decisão definitiva e a concessão da tutela recursal de forma antecipada é decisão provisória, ainda que proferida por órgão hierarquicamente superior. Nesse sentido, dispõe o art. 7º, § 3º, da LMS que "os efeitos da medida liminar, salvo se revogada ou cassada, persistirão até a prolação da sentença".

Para assegurar os efeitos da tutela recursal antecipada deferida no Agravo de Instrumento, poderá o impetrante apelar e pedir ao Relator da Apelação no tribunal (CPC, art. 1.012, § 3º) a concessão de efeito suspensivo ao apelo. Este pleito deverá se fundamentar nas razões à concessão da tutela recursal antecipada no Agravo e no risco de dano de difícil reparação que a sentença denegatória da segurança acarretará, na medida em que substitui a decisão do Agravo. O art. 946 do CPC deixa entrever que a Apelação, nesta hipótese, deverá ser distribuída ao Relator do Agravo, uma vez que este recurso deverá ser julgado antes do outro.

8.1.8.6.2 Apelação, remessa de ofício e demais recursos em Mandado de Segurança

Contra a sentença que conceder ou denegar mandado de segurança cabe apelação, sendo que a sentença concessiva está sujeita obrigatoriamente ao duplo grau de jurisdição (LMS, art. 14 e § 1º), o que recebe o nome de "remessa de ofício". Consoante o § 3º do art. 14 da LMS, a sentença concessiva poderá ser executada provisoriamente, embora a lei não regule o procedimento da execução provisória de que trata. Diante dessa omissão deverão ser observados, no que couber, os arts. 536 e 537 do CPC, que regulamentam o procedimento de cumprimento de sentença que reconhece a exigibilidade de obrigação de fazer e de não fazer. Considerando que a sentença concessiva do Mandado de Segurança não diz respeito a pagamento de valores, não se aplica o art. 525 do CPC. Assim, concedida a ordem de segurança, o juiz deverá intimar a autoridade pública a cumprir imediatamente o que ficar determinado na decisão ou fixar prazo razoável ao cumprimento, se for caso (LMS, art. 13).

675

CURSO COMPLETO DE DIREITO PROCESSUAL TRIBUTÁRIO

O art. 26 da LMS esclarece que constitui crime de desobediência o não cumprimento das decisões proferidas em mandado de segurança, sem prejuízo das sanções administrativas e da aplicação da Lei n. 1.079, de 1950, que prevê os crimes de responsabilidade. Saliente-se, por oportuno, que conforme o art. 14, § 3º, da LMS, não cabe execução provisória de sentença nos casos em que o juiz está impedido de conceder liminar, conforme salientado na subseção 8.1.3.

O Recurso de Apelação deve ser interposto no prazo de 15 dias úteis perante o juiz de primeiro grau (CPC, arts. 1.003 e 1.010, respectivamente), aplicando-se a regra do prazo em dobro quando o recorrente for a Fazenda Pública ou o Ministério Público, arts. 180 e 183, contando-se o prazo da intimação pessoal por carga nos autos, remessa ou meio eletrônico (CPC, art. 183). Tem legitimidade para recorrer, em caso de concessão da ordem, a autoridade impetrada ou a Fazenda a que estiver vinculado o impetrado; ou o impetrante, se denegada a segurança. O Ministério Público, ainda que atue no Mandado de Segurança como fiscal da ordem jurídica, terá também legitimidade para apelar com fundamento no art. 179, II do CPC. Havendo sucumbência recíproca, nos casos em que a ordem não é concedida totalmente, ambas as partes poderão recorrer, cabendo, inclusive, o recurso adesivo a que alude o art. 1.010, § 2º, do CPC. A resposta ao recurso também será oferecida no prazo de 15 dias úteis (CPC, art. 1.010, § 1º).

O prazo para a autoridade impetrada apelar será contado em dobro, em analogia ao direito da Fazenda (LMS, art. 14, § 2º e CPC, art. 183).

Saliente-se, assim como para o Agravo de Instrumento, poderá ser concedido efeito suspensivo ao Recurso de Apelação ou antecipação da tutela recursal, com fundamento no art. 1.012, §§ 3º e 4º do CPC. Terá interesse na suspensão dos efeitos da sentença o impetrado ou a Fazenda, uma vez que serão intimados a darem cumprimento à sentença concessiva da ordem (LMS, art. 13). A sentença denegatória também é apelável por iniciativa do impetrante e, caso seja cassada a liminar anteriormente deferida, poderá ensejar o pleito de manutenção dos efeitos da liminar, conforme explicado na subseção 8.1.8.6.1 deste Capítulo.

Tratando-se de Mandado de Segurança impetrado em tribunal, caberá Agravo na forma regimental contra a decisão do relator que deferir ou não a medida liminar (LMS, art. 16, parágrafo único). Caso a inicial do *writ* impetrado originariamente no tribunal seja indeferida, caberá igualmente agravo

Capítulo 8   Ações judiciais de iniciativa do sujeito passivo da obrigação tributária

para o órgão competente, de acordo com o Regimento Interno da Corte (LMS, art. 10, § 1º). Das decisões em Mandado de Segurança proferidas em última instância pelos tribunais cabem recursos extraordinário ou especial, conforme houver questão interpretativa de direito federal ou matéria constitucional, devendo-se observar as regras constitucionais de cabimento desses recursos (CF, arts. 102, III e 105, III) e as processuais (CPC, arts. 1.029 a 1.041). Quando a decisão for "concessiva da ordem de segurança" e sendo a decisão de única instância proferida pelos Tribunais Superiores, isto é, quando o Mandado de Segurança é impetrado diretamente nesses Tribunais (STJ, TST, TSE e STM), e desde que observadas as hipóteses constitucionais de cabimento (CF, arts. 102, III e 105, III), poderá ser interposto, também, Recurso Especial ou Extraordinário para o STJ ou STF, respectivamente. Tratando-se de decisão "denegatória da ordem" em única instância pelos Tribunais Superiores, caberá Recurso Ordinário para o STF (CF, art. 102, II, *a*). Nos casos de decisões denegatórias de Mandado de Segurança impetrado em única instância nos Tribunais Regionais Federais, Tribunais de Justiça e Tribunal de Justiça do Distrito Federal e Territórios, o Recurso Ordinário será julgado pelo STJ (CF, art. 105, II, "b"). Nesse sentido dispõe também o art. 18 da LMS.

8.1.8.7 Suspensão da liminar ou da sentença de Mandado de Segurança

Não há muito consenso na doutrina sobre a natureza jurídica da Suspensão de Segurança na ação mandamental, sustentando-se que pode ser recurso ou medida cautelar incidental[32]. Não é oportuno tecer profundas considerações sobre o tema em razão dos propósitos deste livro, que versa sobre direito processual tributário como um todo. Cremos que realmente não se trata de recurso, pois a finalidade da medida não é reformar a decisão alvejada pelo pedido de suspensão. O nome da peça indica que se trata de medida excepcional fundada em fatores relevantes, os quais recomendam aguardar-se o pronunciamento final da justiça para que a decisão a ser suspensa produza os efeitos que dela se espera.

---

32   GUTIÉRREZ. Cristina. *Suspensão de liminar e de sentença na tutela do interesse público.* São Paulo: Forense, 2000, passim.

CURSO COMPLETO DE DIREITO PROCESSUAL TRIBUTÁRIO

O pedido de suspensão da liminar ou da sentença em Mandado de Segurança poderá ser requerida em matéria de tributária quando as respectivas decisões se enquadrarem nas hipóteses do art. 15 da LMS.

A chamada "Suspensão de Liminar" ou "Suspensão de Segurança" é medida muito criticada, especialmente depois da Constituição Federal de 1988, que consagra de forma evidente a proteção aos direitos individuais e coletivos. A Suspensão dos efeitos de decisões judiciais como meio de defender os interesses Fazendários soa como uma reminiscência do Golpe Militar, de inegável viés protetivo do Estado sobre o cidadão. Assim, a Lei n. 4.348, de 1964, já revogada, no seu art. 4º, definiu as hipóteses de cabimento de Suspensão da Segurança, dando poderes ao Presidente do Tribunal de impedir que ordem judicial emitida por órgão de hierarquia inferior produza os seus efeitos esperados. A despeito dessa referência histórica questionável, a LMS em seu art. 15, repetiu a previsão da Lei n. 4.348, de 1964 e o art. 4º da Lei n. 8.347, de 1992, que dão suporte legal para a adoção da medida nos casos de liminar em processo cautelar ou antecipação de tutela contra a Fazenda Pública. Os pedidos de suspensão de liminar ou de sentença em Mandado de Segurança ou de liminares ou tutela antecipada, passaram a ser denominados no meio forense pela sigla SLAT (Pedido de Suspensão de Liminar ou Antecipação de Tutela). A LMS, no art. 15, estabelece:

> Quando, a requerimento de pessoa jurídica de direito público interessada ou do Ministério Público e para evitar grave lesão à ordem, à saúde, à segurança e à economia públicas, o presidente do tribunal ao qual couber o conhecimento do respectivo recurso suspender, em decisão fundamentada, a execução da liminar e da sentença, dessa decisão caberá agravo, sem efeito suspensivo, no prazo de 5 (cinco) dias, que será levado a julgamento na sessão seguinte à sua interposição.

Observa-se que o interessado no pedido de suspensão será sempre a Fazenda Pública ou Ministério Público, neste último caso quando estiver velando pelos interesses da sociedade e não exatamente do Estado. O objetivo da medida é evitar grave lesão aos bens jurídicos por ela tutelados, a saber, a ordem, a saúde, a segurança e a economia públicas. Esses bens sociais possuem conteúdo jurídico fluido, cabendo ao Presidente do Tribunal competente para apreciar o recurso que pode ser interposto contra a decisão liminar (Agravo de Instrumento), avaliar a extensão do dano sobre esses valores. Se entender que os bens sociais em questão serão maculados pela

Capítulo 8   Ações judiciais de iniciativa do sujeito passivo da obrigação tributária

decisão atacada, a ponto de comprometê-los, a fim de evitar prejuízo mais amplo, poderá "suspender os efeitos da decisão judicial", o que não significa prejulgamento ou reforma do seu conteúdo.

Quando se tratar de Mandado de Segurança de competência originária dos Tribunais Estaduais ou Federais, nestes casos, dependendo da matéria questionada, o pedido de suspensão será decido pelos Presidentes do STJ ou STF. Se a questão de fundo do *writ* se refere a assunto relacionado à constitucionalidade de norma tributária, a competência será do Presidente do STF (RI/STF, art. 297), quer a decisão impugnada seja de relator (suspensão de liminar) quer do órgão colegiado (suspensão da ordem). Caso trate de tema infraconstitucional, como, por exemplo, ofensa ao CTN, a competência será do STJ (Lei n. 8.038, de 1990, art. 25 e RI/STJ, art. 271). O STF fixou as linhas gerais da competência dos tribunais superiores nos pedidos de suspensão, como é possível observar no seguinte precedente:

> Reclamação. Preservação de competência do STF. Art. 156 RI/STF. Suspensão pelo presidente do tribunal de justiça estadual de liminar concedida por desembargador-relator em mandado de segurança originário. Procedimento não previsto em lei. Impossibilidade. Suspensão de segurança. Instrumento apropriado expressamente previsto em lei: art. 4. Da Lei 4.348/64, art. 25 da Lei 8.038/90 e art. 297 do RI/STF. Competência perante as cortes superiores. Presidente do tribunal ao qual couber o conhecimento do respectivo fundamento, art. 4º da Lei 4.348/64. Se a causa tiver por fundamento matéria constitucional compete ao presidente do supremo tribunal federal, se o fundamento for de ordem infraconstitucional a competência é do presidente do superior tribunal de justiça, art. 25 da Lei 8.038/90. Precedência do pedido, por invasão de jurisdição, com a consequente cassação do despacho do presidente do tribunal de justiça, que suspendeu a execução da liminar deferida pelo relator do mandado de segurança, e avocação do procedimento, no qual foi formulado o pedido de suspensão, para que seja submetido ao conhecimento do presidente do STF (STF, Reclamação n. 443/PI, Rel. Paulo Brossard, Pleno, v.u., j. 8-9-1993, *DJ* 8-10-1993).

A decisão que suspende a liminar ou a sentença em Mandado de Segurança deverá ser fundamentada, podendo ser agravada pelo interessado, que nas lides tributárias será o contribuinte. O agravo, nesse caso, além de não ter efeito suspensivo, correrá na forma regimental, tendo suas regras gerais disciplinadas pelo art. 1.021 do CPC.

Caso o pedido de suspensão não seja aceito pelos Presidentes do Tribunal de Justiça ou do Tribunal Regional Federal, ou se provido o agravo interposto pelo interessado contra decisão do Presidente do Tribunal que concedeu a suspensão, a Fazenda poderá formular outro pedido de suspensão perante o Presidente do STJ ou do STF, se a matéria em discussão for suscetível de recurso especial ou extraordinário. No primeiro caso, o novo pedido de suspensão se justifica em razão do indeferimento do pedido de suspensão original; no segundo, porque o provimento do agravo do contribuinte implica o restabelecimento da situação que ensejou a suspensão anterior.

Vê-se, portanto, concedida liminar por juiz de primeiro grau, além do recurso de Agravo de Instrumento, conforme o § 1º do art. 7º da LMS, cabe também o pedido de Suspensão da Liminar fundado no art. 15 da mencionada lei. Havendo mais de uma liminar com objetos idênticos, o Presidente do Tribunal poderá suspendê-las em uma única decisão, podendo também estender os efeitos da suspensão a liminares supervenientes, mediante simples aditamento do pedido original. Assim, compete à Fazenda informar a existência de outras liminares deferidas no mesmo sentido da que foi suspensa. Isso evita o efeito multiplicador de decisões polêmicas, de sorte que a suspensão pode abarcar todas as demais decisões que tenham o mesmo objeto, o que corrobora com a segurança jurídica.

Depois de sentenciado o Mandado de Segurança, tendo a ordem sido concedida na sentença, considerando a possibilidade de sua execução provisória, nos termos do art. 14, § 3º, da LMS, é lícito também o pleito de suspensão da sentença do Mandado de Segurança, que será processado de acordo com as mesmas regras da suspensão de liminar.

O Presidente do Tribunal poderá atribuir ao pedido efeito suspensivo liminar se constatar, em juízo prévio, a plausibilidade do direito invocado e a urgência na concessão da medida.

No âmbito da Fazenda Pública o pedido de suspensão é medida extrema, tomada somente quando se constata vulnerabilidade aos bens tutelados pelo art. 15 da LMS. Caso a decisão judicial não tome proporções graves, recomenda-se prudência, de sorte a se interpor o recurso previsto para o caso. Pode ocorrer, com efeito, que o pedido de suspensão seja concomitante ao recurso de Agravo de Instrumento ou de Apelação, conforme o caso. Daí a previsão do art. 15, § 3º, da LMS, que dispõe: "a interposição de agravo de instrumento contra liminar concedida nas ações movidas contra o

Capítulo 8   **Ações judiciais de iniciativa do sujeito passivo da obrigação tributária**

poder público e seus agentes não prejudica nem condiciona o julgamento do pedido de suspensão a que se refere este artigo".

Quanto a matéria tributária, a SLAT se relaciona com a preservação da economia pública. O tributo é espécie do gênero receita pública. Assim, os recursos arrecadados pelo tesouro integram o patrimônio disponível do Estado, uma vez que serão empregados nos mais diversos setores de atuação do Poder Público. O não recebimento dessa receita, desde que em valores consideravelmente altos, pode levar a um desfalque no orçamento, afetando toda a economia pública. O desequilíbrio das contas públicas, principalmente se for pela carência do recebimento de tributos, influi no mercado econômico-financeiro, porque pode gerar aumento de juros, mudanças na política de câmbio etc. Além desse aspecto, o não recebimento de tributos proporciona, na via reflexa, danos à ordem pública, pois, sem recursos, o Estado não terá meios de executar as tarefas que lhe incumbem.

Na prática, quando um tributo de abrangência nacional é instituído, normalmente os contribuintes ingressam com ações na Justiça visando afastar a cobrança da exação. A ação utilizada habitualmente é o mandado de segurança. Se liminares ou sentenças concessivas da ordem representarem ameaça de déficit nas contas públicas, a Fazenda poderá pedir a suspensão das liminares ou da segurança alegando a existência de grave lesão à ordem ou à economia públicas.

A suspensão vigorará enquanto não transitar em julgado a decisão definitiva que houver sido suspensa, salvo se ao deferi-la o Presidente do Tribunal decidir de forma diferente. Nesse sentido é o que prevê a Súmula 626 do STF:

> A suspensão da liminar em mandado de segurança, salvo determinação em contrário da decisão que a deferir, vigorará até o trânsito em julgado da decisão definitiva de concessão da segurança ou, havendo recurso, até a sua manutenção pelo Supremo Tribunal Federal, desde que o objeto da liminar deferida coincida, total ou parcialmente, com o da impetração.

De acordo com a súmula, se o Presidente do Tribunal deferir a SLAT, essa decisão não produzirá efeitos enquanto não transitarem em julgado, exceto se, na concessão da suspensão, o Presidente da Corte modular os efeitos da decisão suspensiva de forma diversa ao que dispõe a súmula. Assim, por exemplo, no despacho que deferir a suspensão o Presidente do Tribunal poderá estabelecer que a medida vigorará até a decisão do recurso de apelação

681

CURSO COMPLETO DE DIREITO PROCESSUAL TRIBUTÁRIO

contra a sentença no mandado de segurança. Nesta hipótese, caso a sentença concessiva da segurança seja mantida pelo tribunal no recurso de apelação, iniciará a produção dos seus efeitos, independentemente de eventuais recursos especial ou extraordinário para o STJ ou STF, respectivamente. Nestes casos, a Fazenda ou o Ministério Público poderão requerer novo pedido de suspensão perante o Presidente do Tribunal que houver de decidir os recursos interpostos contra o acórdão que tiver decidido a apelação.

8.1.9 Mandado de Segurança Coletivo no direito tributário

O Mandado de Segurança Coletivo tem fundamento constitucional no artigo art. 5º, LXX, da Constituição Federal. Esta modalidade de *writ* surgiu com a Carta de 1988, que dividiu a ação mandamental em individual e coletiva. Antes da LMS atual, o processamento de ambas as espécies era disciplinado pelas regras do Mandado de Segurança Individual, com base na seguinte legislação: Lei n. 1.533, de 1951, Lei n. 4.348, de 1964, Lei n. 5.021, de 1966 e o CPC, este último aplicado subsidiariamente. Nesse sentido decidiu o STF:

> Os princípios básicos que regem o mandado de segurança individual informam e condicionam, no plano jurídico-processual, a utilização do *writ* mandamental coletivo. Atos em tese acham-se pré-excluídos do âmbito de atuação e incidência do mandado de segurança, aplicando-se, em consequência, às ações mandamentais de caráter coletivo, a Súmula 266/STF (STF. Mandado de Segurança 21.615/RJ, Rel. Min. Celso de Mello, Pleno, j. 10-2-1994, *DJ* 13-3-1998).

A diferença fundamental entre os Mandado de Segurança Individual e Coletivo reside na legitimidade da parte impetrante, uma vez que a Constituição Federal estabelece especificamente quem são as pessoas legitimadas para ingressar com o mandado de segurança coletivo.

Assim, de acordo com o inciso LXX do art. 5º da Constituição da República, poderão impetrar Mandado de Segurança Coletivo: a) partido político com representação no Congresso Nacional; b) organização sindical, c) entidade de classe ou associação legalmente constituída e em funcionamento há pelo menos um ano, em defesa dos interesses de seus membros ou associados.

O art. 21 da LMS restringe a impetração de Mandado de Segurança Coletivo por partido político com representação no Congresso Nacional, desde que o faça na defesa de seus interesses legítimos relativos a seus integrantes

Capítulo 8   Ações judiciais de iniciativa do sujeito passivo da obrigação tributária

ou à finalidade partidária. Tal restrição não está no texto da Constituição, mas não discrepa da lógica, pois não deve o partido político impetrar Mandado de Segurança Coletivo na defesa de qualquer interesse ou de quaisquer coletividades. Note-se que a intenção do Constituinte com o Mandado de Segurança Coletivo foi assegurar a proteção de direitos de determinadas coletividades, dentre as quais os agremiados dos partidos políticos. Caso contrário, o partido político faria as vezes do Ministério Público, órgão do Estado responsável, dentre outras atribuições, pela tutela dos interesses difusos e coletivos da sociedade. Nesse sentido decidiu o STF:

> Uma exigência tributária configura interesse do grupo ou classe de pessoas, só podendo ser impugnada por eles próprios, de forma individual ou coletiva. Precedente: STF. RE, Rel. Min. Ilmar Galvão, Pleno, *DJ* 7-4-2000. O partido político não está, pois, autorizado a valer-se do mandando de segurança coletivo para, substituindo todos os cidadãos na defesa de interesses individuais, impugnar majoração de tributo" (STF. Recurso Extraordinário 196.184/AM, Rel. Min. Ellen Gracie, Pleno, j. 27-10-2004, *DJ* 18-2-2005).

O Ministério Público não possui legitimidade para impetrar Mandado de Segurança Coletivo, mas tem à sua disposição a ação civil pública que, além de ser mais abrangente, poderá conter pedido cominatório contra a administração pública, o que se aproxima das pretensões do mandado de segurança. Ressalte-se que, em matéria tributária, o Ministério Público não tem legitimidade para mover ação civil pública, conforme será explicado adiante.

As organizações sindicais, entidades de classe ou associações legalmente constituídas e em funcionamento há, pelo menos, 1 (um) ano, nos termos do mencionado artigo, também podem ingressar com o Mandado de Segurança Coletivo e, semelhantemente ao que ocorre com o partido político, a ação deverá visar a defesa de direitos líquidos e certos da totalidade, ou de parte dos seus membros ou associados. A lei exige também que haja pertinência temática entre as finalidades de tais entidades e o objeto do Mandado de Segurança Coletivo, na forma dos estatutos da pessoa jurídica. O STF, contudo, entendeu que é desnecessário haver vinculação dos estatutos da entidade com o objeto da impetração.

> O objeto do mandado de segurança coletivo será um direito dos associados, independentemente de guardar vínculo com os fins próprios da entidade impetrante do *writ*, exigindo-se, entretanto, que o direito esteja compreendido nas atividades exercidas pelos associados, mas não

se exigindo que o direito seja peculiar, próprio, da classe (STF. Mandado de Segurança 22.132/RJ, Rel. Min. Carlos Velloso, Pleno, j. 21-8-1996, *DJ* 18-10-1996).

Dispensa-se, entretanto, autorização especial dos integrantes da entidade, conforme, aliás, já decidiu também a Suprema Corte:

> A legitimação das organizações sindicais, entidades de classe ou associações, para a segurança coletiva, é extraordinária, ocorrendo, em tal caso, substituição processual. CF, art. 5º, LXX. Não se exige, tratando-se de segurança coletiva, a autorização expressa aludida no inciso XXI do art. 5º da Constituição, que contempla hipótese de representação (STF. Recurso Extraordinário, Rel. Min. Carlos Velloso, Pleno, j. 28-6-1996, *DJ* 20-9-1996).

A interpretação do STF sobre a impetração de Mandado de Segurança Coletivo é mais ampla e favorável possível ao acesso à Justiça. Assim, a decisão de ingressar com mandado de segurança coletivo para afastar a exigência de determinado tributo depende apenas de nos estatutos da entidade sindical ou de classe constar previsão de que estas poderão atuar na defesa judicial dos interesses da categoria. Também não será necessário convocar-se uma assembleia extraordinária para essa deliberação ou documento de cada interessado autorizando o ajuizamento da medida judicial.

8.1.9.1 Disciplina do Mandado de Segurança Coletivo na LMS

O parágrafo único do art. 21 da LMS, semelhantemente ao que prevê o Código de Defesa do Consumidor, estabelece quais são os direitos protegidos pelo Mandado de Segurança Coletivo, a saber: a) "direitos coletivos", assim entendidos os transindividuais, de natureza indivisível, de que seja titular grupo ou categoria de pessoas ligadas entre si ou com a parte contrária por uma relação jurídica básica; b) "direitos individuais homogêneos", assim entendidos, para efeito da LMS, os decorrentes de origem comum e da atividade ou situação específica da totalidade ou de parte dos associados ou membros do impetrante.

O conceito desses direitos decorre do fenômeno atual das relações jurídicas das sociedades de massa. A urbanização do meio social, a tecnologia e as facilidades de comunicação trouxeram desenvolvimento econômico, mas depositaram sobre a própria sociedade beneficiada o ônus de conviver harmonicamente, apesar dos conflitos que podem surgir de forma natural ao se

Capítulo 8   Ações judiciais de iniciativa do sujeito passivo da obrigação tributária

oferecerem esses bens. Isso faz com que o direito construa instrumentos de proteção às pessoas que compõem essas coletividades, pois a ofensa ao direito de todos, ou a alguém isoladamente, pode gerar efeitos lesivos multiplicadores, colocando em risco a sociedade destinatária dos bens em questão e o próprio ordenamento jurídico, caso se mostre incapaz de viabilizar proteção a todos.

Nas relações de consumo, ambientais e do sistema financeiro, a proteção aos diretos e interesses difusos e coletivos é manifesta, pois as pessoas podem se unir por pressupostas relações jurídicas sem que necessariamente se conheçam mutuamente. Em outras situações, a lesão a determinado direito ou interesse pode fazer nascer a união entre as pessoas, necessária à proteção do direito de todos os ofendidos. Uma propaganda veiculada nos meios de mídia poderá atingir uma gama indeterminada de pessoas, de sorte que alguém com capacidade para representar todos poderá demandar a justiça, a fim de que decida se é o caso de suspender a veiculação da propaganda. Note-se que nessa hipótese nem todos podem se sentir lesados, mas, como não é possível precisar quais são os efetivamente prejudicados, tem-se, pois, nesse caso, a presença dos chamados "interesses difusos".

A LMS não previu, obviamente, a possibilidade de Mandado de Segurança para defesa de interesses difusos, porque assim fazendo poderia confundir o *writ* com a ação civil pública, típica medida para a proteção dessa espécie de relação jurídica, fundada na indefinição do grupo de pessoas atingidas pela possível lesão ao seu respectivo direito. Nessa linha há o seguinte precedente do STF:

> Em se tratando de mandado de segurança, é imprescindível a demonstração de que o ato ilegal da autoridade prejudicou direito subjetivo, líquido e certo do impetrante, ou de seus representados, no caso de Mandado de Segurança Coletivo (STF. RMS 22.350/DF, Rel. Min. Sydney Sanches, 1ª T., j. 3-9-1996, *DJ* 8-11-1996).

A LMS, no entanto, regula a proteção judicial dos direitos coletivos, praticamente reproduzindo as disposições constantes do art. 81, parágrafo único, incisos II e III, da Lei n. 8.078, de 1990, o Código de Defesa do Consumidor – CDC. Tais incisos se reportam à proteção dos direitos e interesses "coletivos" ou direitos ou interesses "individuais homogêneos". De acordo com o CDC, a primeira categoria se define em direitos "transindividuais" e "indivisíveis" e seus titulares podem ser grupos, categorias ou classe

685

de pessoas ligadas entre si ou com a parte contrária por uma relação jurídica base. Os "interesses individuais homogêneos" são definidos a partir de uma causa (motivo), que deve ser comum.

O parágrafo único do art. 21 da LMS transportou para o mandado de segurança exatamente essas previsões, pretendendo talvez implantar no regime jurídico da ação mandamental os limites que constituem finalidade das ações para tutela de interesses coletivos, de modo a não se confundir com a proteção dos interesses difusos. Realmente, ao menos quanto ao partido político, o inciso LXX do art. 5º da Constituição da República não vinculou o mandado de segurança à tutela de interesses da agremiação, de sorte que o partido político poderia pleitear através de mandado de segurança qualquer direito tido por ofendido por ato de autoridade pública, inclusive os de natureza difusa. Com a limitação do parágrafo único do art. 21 da LMS, vê-se que a impetração do Mandado de Segurança coletivo se voltará à proteção de grupo determinado ou de pessoas determinadas lesadas pelo mesmo ato.

8.1.9.2 Distinção entre interesses e direitos difusos, coletivos e individuais homogêneos

A distinção entre interesses e direitos difusos, coletivos e individuais homogêneos sustenta-se em bases sutis. Primeiramente, deve-se advertir que não existem distinções ontológicas para efeitos jurídicos entre os vocábulos "interesses" e "direitos"[33]. Convém, entretanto, considerar que a expressão "direito" é mais adequada do que interesse, porquanto são os direitos que, uma vez lesados, poderão ser protegidos em juízo. Além disso, a palavra "direito" é mais precisa, pois condiciona o intérprete a identificar a legislação que tutela o direito lesado. A noção jurídica de interesses difusos reside na indeterminação dos possíveis lesados em seus respectivos direitos[34]. No interesse difuso, as pessoas lesadas não pertencem exatamente a um grupo ou categoria, como é o caso dos filiados a uma agremiação política ou os integrantes de uma associação. Os ofendidos no caso dos interesses difusos são

---

33 WATANABE, Kazuo; GRINOVER, Ada Pelegrini. *Código brasileiro de defesa do consumidor*. 8. ed. Rio de Janeiro: Forense Universitária, 2004, p. 800.

34 WATANABE, Kazuo, et. al. *Código brasileiro de defesa do consumidor*, p. 800.

Capítulo 8   Ações judiciais de iniciativa do sujeito passivo da obrigação tributária

todos. O que leva o legitimado a agir nas hipóteses de ofensa a direitos difusos, como o Ministério Público, por exemplo, é a verificação da extensão da lesão a gama indeterminada de pessoas, a partir da observação da realidade. Para isso, o Ministério Público poderá se valer de investigação civil, de modo a ouvir pessoas envolvidas para melhor formar sua convicção.

Do ponto de vista subjetivo, a união das pessoas lesadas no interesse difuso, caracteriza-se não exatamente pela interligação por uma relação jurídica base. Assim, antes da lesão sofrida, as pessoas não estão juridicamente unidas. Por exemplo, o dano ambiental de dimensões nacionais atinge toda a população fixa ou flutuante, as quais não precisam se conhecer ou manter vínculos jurídicos obrigacionais. A relação jurídica-base pressupõe um vínculo preexistente à lesão. No aspecto objetivo, o bem jurídico tutelado pelo direito difuso há de ser indivisível, sob pena de se confundir com os interesses individuais. O exemplo do meio ambiente é próprio para essa conceituação: a emissão de gases poluentes sobre a atmosfera atinge indeterminadamente o direito de todos ao meio ambiente sadio. Não importa saber se alguém foi ou não lesado, pois a qualidade do meio ambiente ecologicamente equilibrado é direito de todos (CF, art. 225). Esse entendimento, na prática, serve para justificar o direito de ação dos entes legitimados, que não poderiam ficar inibidos de agir se dependessem da prova de unanimidade da lesão ao direito de cada um.

A ofensa a "direitos coletivos transindividuais" se diferencia da lesão aos interesses difusos, em razão da relação jurídica-base ser preexistente à lesão aos direitos coletivos. As pessoas não se unem em função da lesão, como os parentes de mortos em um acidente aéreo, mas porque realizaram vínculos jurídicos entre si anteriormente à lesão, o que permite a determinação do grupo ou categoria de pessoas lesadas. Uma associação que tem sua reputação ofendida com a veiculação de campanha publicitária; ou os acionistas de determinada companhia que são lesados por golpes na bolsa de valores, servem para ilustrar que, nesses casos, o grupo ou categoria são determináveis, pois nem todas as associações ou companhias foram atingidas pela atitude lesiva. Os valores juridicamente tutelados, embora indivisíveis para os integrantes de cada grupo (honra dos associados e interesses financeiros dos acionistas) é cindível entre as demais categorias assemelhadas que não foram alvo das ilicitudes. Assim, a diferença essencial entre "direitos difusos" e "direitos coletivos", reside na certeza ou possibilidade de determinação dos que tiveram lesado o bem jurídico tutelado pelo direito. Tanto o interesse difuso quanto o coletivo são indivisíveis, daí por que não importa se um membro do grupo não se sentiu lesado. A entidade com poderes de representação judicial do grupo lesado poderá intentar medidas judiciais que beneficiarão a todos do grupo.

Quanto aos direitos "individuais homogêneos", o vínculo jurídico entre os lesados é posterior à lesão. Portanto, não se confunde com os direitos coletivos transindividuais, em que as pessoas são unidas por relação jurídica-base anterior à ofensa. O que é relevante na tutela daquele tipo de direito é que a causa da lesão é comum a todos e isso é o que os une, de sorte que a relação jurídica se estabelece entre os lesados e o ofensor. Além disso, tais direitos são classificáveis como individuais porque a extensão da lesão poderá ser diferente entre os ofendidos. Isso é o que viabiliza a determinação das pessoas atingidas e ao mesmo tempo permite que se diferencie os interesses individuais homogêneos dos direitos difusos. Justamente porque a lesão a direitos individuais homogêneos poderá ser diferente quanto a extensão do dano entre os lesados, há uma zona cinzenta entre a separação do interesse individual subjetivo e o interesse individual homogêneo. Saliente-se, desde logo, que a promoção de medidas judiciais coletivas em favor dos lesados por causa comum (direitos individuais homogêneos) não pode impedir o ajuizamento de medidas individuais. Daí por que o art. 22 da LMS esclarece que "no mandado de segurança coletivo, a sentença fará coisa julgada limitadamente aos membros do grupo ou categoria substituídos pelo impetrante". Além disso, o Mandado de Segurança Coletivo não induz litispendência para as ações individuais, mas os efeitos da coisa julgada da impetração coletiva só beneficiarão o impetrante a título individual se requerer a desistência de seu mandado de segurança no prazo de 30 dias a contar da ciência comprovada da impetração da segurança coletiva. Somente o resultado da causa coletiva é que poderá ser utilizado em favor do que ficou inerte ou, tendo acionado a Justiça, desistiu de sua demanda individual no prazo legal. Igualmente, o direito individual homogêneo, quando ofendido, não se vincula a um período determinado com relação aos lesados, o que remete a certa imprecisão. Por exemplo, o uso de um medicamento em período prolongado por determinados consumidores, sendo o medicamento condenado posteriormente pelas autoridades sanitárias, poderá ser causa determinante de danos para alguns, mas para outros não. Essa imprecisão do sistema

Capítulo 8   Ações judiciais de iniciativa do sujeito passivo da obrigação tributária

causa-efeito terá que ser superada por presunções de que a dimensão coletiva do dano prevalece sobre a individual[35].

8.1.9.3 Limites do Mandado de Segurança Coletivo em matéria tributária

Fixadas as premissas em torno do conteúdo jurídico dos direitos difusos, coletivos e individuais homogêneos, resta explicar se tais se amoldam às questões tributárias. Ressalte-se desde logo que a matéria tributária não é tutelada pelo regime de proteção de direitos difusos. Isso porque o requisito da indivisibilidade não está presente no campo da obrigação tributária, eis que esta é "divisível" por excelência. A forma como o tributo repercute na economia de cada contribuinte é diferente, de modo a afastar argumentação de que possa afetar direitos difusos dos contribuintes.

Saliente-se também a necessidade de se excluir, preliminarmente, a hipótese de se pretender restituir valores tributários por meio do Mandado de Segurança Coletivo. Sobre o assunto, a Súmula 271 do STF é taxativa: "Concessão de mandado de segurança não produz efeitos patrimoniais, em relação a período pretérito, os quais devem ser reclamados administrativamente ou pela via judicial própria".

Quanto à tutela de direitos coletivos e individuais homogêneos, a situação se distingue da proteção dada aos direitos difusos. Reitere-se que os direitos difusos, são, realmente, inadaptáveis às lides tributárias (STF. RE 196.184, Rel. Ministra Ellen Gracie, Plenário, j. 27-10-2004, *DJ* 18-2-2005). Em relação aos direitos coletivos transindividuais, existem pronunciamentos de doutrina e de jurisprudência admitindo a impetração do *writ* coletivo, desde que a discussão tributária afete os integrantes da entidade impetrante[36].

Em julgado esclarecedor, o STF assentou que a cobrança de tributos ou a exigência de obrigações acessórias impostas de forma antijurídica, inflige a relação jurídica-base preexistente entre os integrantes da entidade que representa o grupo. Entre os componentes do grupo é possível ocorrer dife-

---

35   GRINOVER, Ada Pellegrini Grinover, et. al. *Código brasileiro de defesa do consumidor*, p. 863.

36   CAIS, Cleide Previtalli. *O processo tributário*, p. 366.

CURSO COMPLETO DE DIREITO PROCESSUAL TRIBUTÁRIO

renças quanto ao impacto econômico da exigência tributária, mas isso é irrelevante, justamente porque os integrantes do grupo uniram-se anteriormente às exigências consideradas ilícitas para defenderem seus interesses jurídicos, sociais ou estatutários. Daí por que o sindicato, a entidade de classe ou associação poderão pleitear, em nome próprio, a defesa dos interesses dos integrantes da respectiva coletividade, inclusive os direitos de natureza tributária. Nesse sentido:

> Mandado de segurança coletivo. Legitimação. Natureza do interesse. O interesse exigido para a impetração de mandado de segurança coletivo há de ter ligação com o objeto da entidade sindical e, portanto, com o interesse jurídico desta, o que se configura quando em jogo a contribuição social sobre o lucro das pessoas jurídicas prevista na Lei n. 7.689/88. Na espécie, a controvérsia está relacionada com a própria atividade desenvolvida pelas empresas, o lucro obtido e a incidência linear, considerada toda a categoria, da contribuição social. Portanto, se as atribuições do sindicato se fazem em prol daqueles que congrega, forçoso é concluir pela existência do indispensável nexo (STF. Recurso Extraordinário 157.234, Rel. Min. Marco Aurélio, 2ª T, j. 16-6-1995, *DJ* 22-9-1995).

No caso dos direitos individuais homogêneos, a análise é mais complexa. Note-se que, neste caso, as pessoas afetadas não estão unidas por uma relação jurídica-base preexistente. Essa relação surge a partir da lesão, que deve ser comum a todos os ofendidos. Em matéria tributária isso não é impossível. Imagine-se a edição de norma tributária que afete os contribuintes de determinado tributo. Todos os contribuintes da espécie tributária passarão a estar unidos por uma causa comum, qual seja, a exigência abusiva desse tributo.

Não seria possível, entretanto, a tutela de interesses individuais homogêneos, visando o ressarcimento de determinado prejuízo sofrido com a exigência indevida de tributo. Em tese, essa hipótese se assemelharia muito às ações coletivas previstas no CDC, em que os consumidores lesados poderiam se habilitar na ação coletiva promovida por alguma entidade legitimada, a fim de obterem sua respectiva parte na indenização. É o que ocorre, por exemplo, em ação por vício do produto ou do serviço nas relações de consumo, em que os valores excedentes da indenização fixada pela Justiça em relação às habilitações individuais são revertidos a um fundo. Em matéria tributária, a situação que mais se assemelharia à lesão capaz de levar à

Capítulo 8   Ações judiciais de iniciativa do sujeito passivo da obrigação tributária

verificação de prejuízos, seria o pagamento indevido de tributo, em que o indébito viesse a ser reconhecido pela Suprema Corte. Por hipótese, todos os contribuintes do tributo passariam a se unir a partir de uma causa comum geradora do "prejuízo", isto é, a relação jurídica tributária declarada inválida e causadora da repetição de indébito. No entanto, não seria possível impetrar-se Mandado de Segurança Coletivo, porque esta ação não se presta para restituição de valores, conforme a Súmula 271 do STF. Nem poderia ser ajuizada ação civil pública por alguma entidade legitimada, porque o parágrafo único do art. 1º da Lei n. 7.347, de 1985, veda a tutela de questões tributárias por meio da mencionada ação.

Restam, portanto, as hipóteses de exigência de obrigação tributária principal vincenda ou prestações acessórias vencidas ou vincendas. Estas últimas, por não possuírem caráter reparatório ou de restituição de valores, poderão ser objeto de mandado de segurança coletivo. Nesses casos, o ponto-chave é entender que a previsão da tutela de interesses individuais homogêneos, só se justifica para tentar dar estabilidade jurídica à solução do evento antijurídico. Observe-se que não contribui para a estabilidade do sistema jurídico a coexistência de decisões diferentes para o mesmo fenômeno ilícito. A promoção de uma só demanda em favor de todos os lesados a partir de uma causa comum exigiria maior utilidade e mais eficiência do Poder Judiciário.

Na hipótese de todos os contribuintes do imposto de renda serem afetados por alteração da legislação do tributo, a impetração de mandado de segurança coletivo por associação de proteção ao contribuinte, permitiria que a tutela jurisdicional atingisse todos os sujeitos passivos do imposto, que ficariam isentos do cumprimento da obrigação tributária indevida.

É necessário igualmente esclarecer que se a impetração coletiva for exercida por sindicato, entidade de classe ou associações com objeto estatutário não voltado à proteção do contribuinte, será caso de tutela coletiva de direitos transindividuais e não exatamente de direitos individuais homogêneos, pois a legitimidade processual ativa dessas entidades decorre da relação jurídica-base preexistente entre os associados, o que, aliás, permite a individualização do grupo. No caso da defesa de interesses individuais homogêneos, não se tem previamente determinado o número de ofendidos pela causa comum. Mas o fato de a associação litigar na defesa do contribuinte, permite que a decisão tomada na ação de caráter coletivo atinja todos os contribuintes

691

do imposto, desde que, sendo o caso, tenham desistido de suas respectivas ações individuais dentro do prazo legal.

Acrescente-se que a defesa de interesses individuais homogêneos por associação de proteção ao contribuinte, não se confunde com a ilegitimidade de parte do Ministério Público para a Ação Civil Pública em matéria tributária. Note-se que o Ministério Público não pode atuar na defesa de interesses individualmente determinados, como é o caso dos direitos individuais homogêneos. Assim, o órgão ministerial está impedido de atuar na defesa de interesses de contribuintes por força do parágrafo único do art. 1º da Lei n. 7.347, de 1985. A vedação legal encontra respaldo na Constituição Federal, pois, embora tenha o texto constitucional permitido ao Ministério Público a defesa da ordem jurídica, do regime democrático e dos interesses sociais e individuais indisponíveis (CF, art. 127), no âmbito da Ação Civil Pública não foi dada legitimidade ao órgão ministerial para atuar na defesa de interesses individuais homogêneos (CF, art. 129, III). Nesse sentido decidiu o STF:

> Ministério Público. Ação civil pública. Taxa de iluminação pública do município de Rio Novo-MG. Exigibilidade impugnada por meio de ação pública, sob alegação de inconstitucionalidade. Acórdão que concluiu pelo seu não cabimento, sob invocação dos arts. 102, I, *a*, e 125, § 2º, da Constituição. Ausência de legitimação do ministério público para ações da espécie, por não configurada, no caso, a hipótese de interesses difusos, como tais considerados os pertencentes concomitantemente a todos e a cada um dos membros da sociedade, como um bem não individualizável ou divisível, mas, ao revés, interesses de grupo ou classe de pessoas, sujeitos passivos de uma exigência tributária cuja impugnação, por isso, só pode ser promovida por eles próprios, de forma individual ou coletiva. Recurso não conhecido (STF. Recurso Extraordinário 213.631/MG, Rel. Min. Ilmar Galvão, Pleno, j. 9-12-1999, *DJ* 7-4-2000).

Vale acrescentar, a orientação da Súmula 630, do STF: "A entidade de classe tem legitimação para o Mandado de Segurança ainda quando a pretensão veiculada interesse apenas a uma parte da respectiva categoria". Em complemento a essa ideia, a Súmula 629, do STF estabelece: "A impetração de mandado de segurança coletivo por entidade de classe em favor dos associados independe de autorização destes".

A LMS abarcou previsão contida no art. 2º da Lei n. 8.437, de 1992, prevendo em seu art. 22, § 2º que no Mandado de Segurança Coletivo, a

Capítulo 8   Ações judiciais de iniciativa do sujeito passivo da obrigação tributária

liminar só poderá ser concedida após a audiência do representante judicial da pessoa jurídica de direito público, que deverá se pronunciar no prazo de 72 horas. O STF, na já citada ADI 4.296-DF, declarou a inconstitucionalidade deste dispositivo, por entender que, assim como em relação à vedação da concessão de liminar nos casos do § 2º do art. 7º, houve violação ao poder geral de cautela do juiz, ao se impor um prazo de 72 horas para se ouvir a Fazenda Pública. Essa regra impede a concessão de medida liminar, sem oitiva da parte contrária, nos casos de mandado de segurança coletivo, o que também restringe o acesso do impetrante ao Poder Judiciário, em afronta ao inciso XXXV do art. 5º da CF.

Cabe observar que, de acordo com o § 3º do art. 6º da LMS, "considera-se autoridade coatora aquela que tenha praticado o ato impugnado ou da qual emane a ordem para a sua prática". Considerando que os efeitos da decisão no Mandado de Segurança Coletivo impetrado para proteger direitos individuais homogêneos podem abranger a totalidade dos contribuintes de determinado tributo, a autoridade coatora, neste caso, não deveria ser necessariamente a que praticou o ato ou tenha emitido a ordem para sua prática, mas autoridade com poderes mais amplos de gestão sobre a cobrança de tributos. O critério legal para fixação da competência está previsto no artigo mencionado, de modo que, apesar dos amplos efeitos da decisão do Mandado de Segurança Coletivo, a autoridade coatora será a que praticou o ato ou determinou sua prática. De qualquer forma, a decisão tomada no Mandado de Segurança Coletivo poderá conferir estabilidade jurídica à controvérsia para todos os que estiverem sujeitos à incidência da norma combatida no processo.

8.2 AÇÃO DECLARATÓRIA

A Ação Declaratória em matéria tributária insere-se no âmbito das tutelas do processo de conhecimento. O interesse do autor da mencionada ação pode se limitar à "declaração" da "existência", "inexistência" ou "modo de ser" de relação jurídica, ou da "autenticidade" ou "falsidade" de documento (CPC, art. 19). Com essa previsão, o CPC oferece ao interessado o direito de demandar a justiça para simplesmente dirimir incerteza jurídica que pode pairar sobre determinada relação regulada pelo direito, ou para atestar a verdade de documentos ou comprovar sua falsidade. Neste último caso, a eliminação de incertezas se reporta a fatos.

693

CURSO COMPLETO DE DIREITO PROCESSUAL TRIBUTÁRIO

A declaração, portanto, poderá ser "positiva", no sentido de que a relação jurídica existe, como, por exemplo, o sujeito passivo tem direito à isenção de determinado tributo. Poderá, ao contrário, mostrar-se "negativa", isto é, afirmando-se que a relação supostamente jurídica não existe. Exemplo típico em matéria tributária é a "ação declaratória de inexistência de relação jurídica tributária". Neste caso, a sentença declarará que a lei que dá ensejo à exigência do tributo possui vícios, que não permitirão exigir-se licitamente do contribuinte o cumprimento da obrigação tributária.

Como se viu, o autor poderá utilizar a ação declaratória antes de qualquer outra, tratando-se, pois, de "ação declaratória originária". O art. 20 do CPC proclama que: "É admissível a ação meramente declaratória, ainda que tenha ocorrido a violação do direito".

Em matéria tributária, geralmente, a ação declaratória visa impedir a constituição de crédito tributário futuro, por alguma razão relacionada à legalidade da norma tributária. O vocábulo "legalidade" deve ser compreendido em sentido amplo, isto significa que qualquer ofensa ao sistema jurídico tributário é arguível por ação declaratória. As hipóteses mais comuns se relacionam a ofensa à Constituição Federal, notadamente às limitações ao poder de tributar (CF, art. 150). Pode ocorrer, igualmente, inobservância de normas gerais de direito tributário previstas no CTN.

Diferentemente do que ocorre no mandado de segurança preventivo (subseções 8.1.1 e 8.1.6), é pacífico no âmbito da ação declaratória o pedido de afastamento da lei sobre o caso concreto, sem transpor a vedação contra "a lei em tese". Isso porque, enquanto no Mandado de Segurança o objeto do pedido é a ordem emitida à autoridade pública para "fazer" ou "deixar de fazer" um ato administrativo, na ação declaratória, o pleito se dirige aos efeitos da lei sobre o caso concreto. Desse modo, sendo declarada a inexistência de relação tributária, a lei não poderá incidir sobre os fatos geradores praticados pelo autor da ação.

8.2.1 Cabimento no processo tributário

O cabimento de Ação Declaratória em matéria tributária é mais usual quando o sujeito passivo da obrigação tributária pretende afastar a incerteza da incidência de lei tributária sobre suas atividades, que possa ensejar obrigação tributária principal ou acessória. Cleide Previtalli Cais argumenta que

Capítulo 8   Ações judiciais de iniciativa do sujeito passivo da obrigação tributária

"a ação requerendo provimento declaratório, em matéria tributária, tem cabimento quando presente estado de incerteza em relação ao contribuinte, por força de exigência fiscal"[37].

Vê-se, portanto, que a incerteza poderá se referir a obrigação principal ou acessória. No caso da obrigação principal, pode-se citar como exemplo o caso em que a lei exige o pagamento de tributo que, no entendimento do sujeito passivo, viola a Constituição Federal. A ação declaratória poderá ser proposta para "declarar a inexistência de relação jurídica tributária" entre o contribuinte e a Fazenda por inconstitucionalidade da lei que cria a obrigação principal. Também caberá Ação Declaratória caso a lei tributária obrigue o sujeito passivo a, por exemplo, entregar dados considerados sigilosos. A medida, nesse caso, será uma ação declaratória de não fazer, embora o mandado de segurança seja ação judicial mais apropriada para afastar esse tipo de exigência fiscal.

A declaração de inexistência de relação jurídica não precisa se referir à exigência constante de lei "em sentido estrito". Por exemplo, poderá ser ajuizada a ação declaratória contra um decreto ou instrução normativa que tenha fixado prazo para entrega de declarações, quando o prazo em questão se mostra desproporcional com a finalidade esperada com a entrega do documento.

A Ação Declaratória que pretender a "inexistência de relação jurídica tributária", conforme mencionado nas considerações gerais, poderá gerar sobre a relação jurídica que dá suporte ao seu ajuizamento, os efeitos "negativo" ou "positivo", de acordo com a resolução da lide. Se julgado procedente o pedido, o efeito gerado será "negativo", pois se reconhecerá que não existe relação jurídica que sustente a exigência tributária. Caso o pedido seja julgado improcedente, a consequência decorrente dessa decisão sobre a relação jurídica controvertida será, obviamente, "positivo", porquanto a relação jurídica tributária é válida.

Ainda que efetuado o lançamento tributário, quer com a finalização do processo administrativo ou com a inscrição do débito em dívida ativa, é possível pedir-se a "declaração" de nulidade de tais atos por violação a determinado conjunto de direitos ou um direito específico. O art. 20 do CPC

---

37   CAIS, Cleide Previtalli. *O processo tributário*, p. 446.

CURSO COMPLETO DE DIREITO PROCESSUAL TRIBUTÁRIO

permite ação declaratória mesmo depois de o direito ter sido violado. Nessa hipótese será possível também o ajuizamento de ação anulatória com o fim de desconstituir o procedimento do lançamento tributário ou o ato de inscrição na dívida, o que será abordado na subseção 8.3.2 deste Capítulo. Voltando ao tema da ação declaratória, para conferir maior utilidade à medida, o contribuinte tem a opção de requerer as tutelas provisórias de urgência, cautelar ou antecipada, ou a tutela de evidência, conforme exposto nas subseções 6.2.6 e seguintes do Capítulo 6. Caberá também o oferecimento de depósito do montante integral do débito ou caução para suspensão da exigibilidade do crédito tributário.

A Ação Declaratória poderá ser cumulada com o pedido de restituição de indébito. Nesse caso, o juiz, declarando a inexistência de relação jurídica tributária e se convencendo da certeza dos valores repetíveis, condenará também a Fazenda à restituição do crédito do contribuinte. Poderá também ser utilizada para que se declare o direito de o sujeito passivo compensar débitos que a Fazenda Pública tenha com o contribuinte com créditos tributários, vencidos ou vincendos, que o contribuinte possua perante a mesma Fazenda. Esse instrumento processual possui inúmeras implicações, razão pela qual será analisado na seção 8.5 deste Capítulo, destinada às medidas judiciais para compensação tributária.

Há outras hipóteses de cabimento de ação declaratória em matéria tributária citadas pela doutrina. São os casos de: a) reconhecimento de direito subjetivo a crédito fiscal pelo respectivo valor corrigido; b) declaração de inexistência de relação de débito e crédito; c) reconhecimento de prescrição da obrigação tributária[38].

8.2.2 Requisitos da petição inicial

8.2.2.1 Competência de foro e funcional

A matéria tributária é de natureza cível, razão pela qual a competência funcional será de um juízo de direito da respectiva área. Nas comarcas estaduais, onde houver juízos especializados no julgamento de ações que envolvam a Fazenda Pública, a competência funcional será determinada em razão da pessoa (*ratione personae*). Neste caso, a qualidade do réu de entidade

---

38 CAIS, Cleide Previtalli. *O processo tributário*, p. 452.

Capítulo 8   Ações judiciais de iniciativa do sujeito passivo da obrigação tributária

pública impõe que ação seja dirigida a um juiz de uma das Varas da Fazenda Pública da comarca competente.

Também em razão da pessoa, tratando-se de tributos federais, compete à Justiça Federal (CF, art. 109, I) processar e julgar causas tributárias que envolvam a União, suas autarquias e empresas públicas. A Constituição é omissa sobre as fundações públicas federais com capacidade de arrecadar tributos. Em razão da paridade de regime jurídico das autarquias aos das fundações públicas, compete também à Justiça Federal processar e julgar causas que envolvem fundações autárquicas federais. Nesse sentido há o registro da seguinte decisão do STF:

> Recurso extraordinário. Fundação nacional de saúde. Conflito de competência entre a justiça federal e a justiça comum. Natureza jurídica das fundações instituídas pelo poder público. 1. A Fundação Nacional de Saúde, que é mantida por recursos orçamentários oficiais da União e por ela instituída, é entidade de direito público. 2. Conflito de competência entre a Justiça Comum e a Federal. Artigo 109, I da Constituição Federal. Compete à Justiça Federal processar e julgar ação em que figura como parte fundação pública, tendo em vista sua situação jurídica conceitual assemelhar-se, em sua origem, às autarquias. 3. Ainda que o artigo 109, I da Constituição Federal, não se refira expressamente às fundações, o entendimento desta Corte é o de que a finalidade, a origem dos recursos e o regime administrativo de tutela absoluta a que, por lei, estão sujeitas, fazem delas espécie do gênero autarquia. 4. Recurso extraordinário conhecido e provido para declarar a competência da Justiça Federal (STF. Recurso Extraordinário, Rel. Min. Mauricio Corrêa, 2ª T., j. 29-3-1999, *DJ* 4-6-1999).

O mesmo não se pode dizer das sociedades de economia mista federais, que serão processadas perante a Justiça Estadual, não só por ausência de previsão constitucional, mas em razão do seu regime jurídico de direito privado, fundado em critérios de intervenção do estado no domínio econômico. Sobre o assunto, o STJ e o STF possuem súmulas com a seguinte orientação:

> STJ. Súmula 42: Compete à justiça comum estadual processar e julgar as causas cíveis em que é parte sociedade de economia mista e os crimes praticados em seu detrimento.

> STF. Súmula 556: É competente a justiça comum para julgar as causas em que é parte sociedade de economia mista.

CURSO COMPLETO DE DIREITO PROCESSUAL TRIBUTÁRIO

As causas envolvendo tributos estaduais e municipais serão julgadas pela justiça comum estadual, já que a competência da Justiça Federal é excludente da competência da Estadual, salvo as exceções do § 3º do art. 109 da Constituição Federal.

8.2.2.2 Legitimidade

É parte legítima para ingressar com ação declaratória o sujeito passivo da obrigação tributária que, nos termos do art. 121 do CTN, poderá ser o "contribuinte" ou o "responsável". Tratando-se de pessoa jurídica, o contribuinte é a sociedade empresária ou a entidade, nunca a pessoa dos seus sócios. Estes serão representantes da pessoa jurídica, mas não sujeitos da relação jurídica tributária.

A ação será movida contra a pessoa jurídica de direito público, entidade autárquica ou fundacional, desde que estas duas últimas tenham recebido a competência para fiscalizar e exigir o tributo no regime de parafiscalidade. Portanto, diferentemente do mandado de segurança, no qual, a rigor, a ação terá por objeto o desfazimento de um ato ou o impedimento de sua prática por uma autoridade pública, na ação declaratória, o juiz deverá declarar inválida a norma tributária. Assim, subjacente a este efeito declaratório o contribuinte ficará autorizado a não pagar o tributo indevido. Por essa razão, o interesse direto é da pessoa jurídica de direito público a quem compete a receita do tributo. A autoridade pública seria mero agente ou representante do Poder Público, que não tem necessidade de figurar no polo passivo da ação declaratória.

A legitimidade passiva para a causa será da entidade de direito público com competência ou capacidade para fiscalizar ou exigir o tributo. Para os tributos federais, será parte legítima a União, suas autarquias ou fundações, nestes dois últimos casos quando se tratar de parafiscalidade. As ações declaratórias movidas para contestar a exigência de tributos estaduais ou municipais terão como réus as respectivas pessoas jurídicas de direito público constitucional. Em quaisquer dos casos, essas entidades serão representadas por seus procuradores (CPC, art. 75). Somente o Município será representado, em juízo, pelos procuradores ou pelo Prefeito. Neste caso, ambos poderão receber citações (CPC, art. 75, III).

698

Capítulo 8   Ações judiciais de iniciativa do sujeito passivo da obrigação tributária

8.2.2.3 Causa de pedir e pedido

Causa de pedir significa a combinação dos fatos e fundamentos jurídicos que levam ao pedido de prestação jurisdicional. Na Ação Declaratória, a causa de pedir remota (os fatos) será a menção de que o autor é contribuinte ou responsável pelo pagamento do tributo, ou ainda, obrigado a cumprir obrigação acessória. Para tanto, devem ser fornecidos dados essenciais ao juízo, ou seja, deverá o advogado indicar: a) a legislação em que se funda a exigência tributária, b) o ramo de atividade da empresa, a fim de justificar a prática do fato gerador do tributo; c) que o crédito tributário não foi constituído, mas poderá sê-lo em seguida. Deverá concluir a narrativa dos fatos mencionando que se opõe à exigência fiscal e não vislumbra outro meio de afastá-la, a não ser com o ajuizamento da Ação Declaratória.

A causa de pedir próxima, isto é, a fundamentação jurídica será desenvolvida por meio de toda a matéria útil para demonstrar as razões do afastamento da incidência tributária. Envolve, portanto, argumentos sobre a constitucionalidade da norma de instituição do tributo, como, por exemplo, violação às limitações constitucionais ao poder de tributar; alegação de que ato administrativo desrespeita lei específica ou a lei geral tributária (CTN); incongruências entre dispositivos da norma tributária, como a base de cálculo que não é compatível com o fato gerador; ou a utilização de base de cálculo de imposto quando a hipótese tributária corresponde à espécie taxa, entre outras situações.

8.2.2.4 Pedido e a opção pelas tutelas provisórias de urgência

Da fundamentação jurídica decorrerá logicamente o pedido. Na ação declaratória de inexistência de relação jurídica tributária, o pedido, conforme se deixou intuir anteriormente, objetiva atacar a norma sobre a qual o Poder Executivo se funda para cobrar o tributo. Isso porque, diante da fundamentação jurídica apresentada, a norma tributária contém vícios de legalidade. Portanto, visa-se com tal medida sentença declaratória acerca de uma situação jurídica. Caso julgue procedente o pedido, o juiz declarará que a relação jurídica é inválida e, com efeito, o Fisco não terá o direito de exigir o cumprimento da obrigação tributária e nem de constituir o respectivo crédito tributário.

Na hipótese de se tratar de ação declaratória para suspensão da exigibilidade do crédito tributário, o pedido deverá conter essa pretensão suspensiva.

As hipóteses de suspensão do crédito tributário estão previstas no art. 151 do CTN. Tanto a declaratória de inexistência quanto a de inexigibilidade são negativas. Se for deduzida declaratória positiva, como, por exemplo, a declaração de que o contribuinte está isento de determinado tributo, o pedido deverá postular a declaração do direito a esse benefício.

O pleito de tutela antecipada poderá ser formulado nesse tipo de ação, devendo ser observados os requisitos e o procedimento previstos nos arts. 303 e 304 do CPC, que foram examinados nas subseções 6.2.6.2 do Capítulo 6. A tutela antecipada é cabível na ação declaratória tributária porque a exigência fiscal é compulsória e as consequências do seu não cumprimento normalmente acarretam despesas elevadas para o contribuinte, com multas e correções e, obviamente, o principal da dívida. Se for evidente a inconstitucionalidade ou ilegalidade da exigência, é recomendável o pedido de antecipação de tutela, a fim de que o contribuinte fique protegido, antes do trânsito em julgado da ação, das medidas ficais de cobrança. Caso a ilegalidade ou inconstitucionalidade da exigência fiscal esteja fundada na contrariedade a tese firmada em julgamento de casos repetitivos, ou em súmula vinculante, será possível pedir tutela de evidência, inclusive em caráter liminar (CPC, art. 311), conforme se explicou na subseção 6.2.6.4 do Capítulo 6.

Na subseção 6.2.6.5 do Capítulo 6, explicamos que o art. 1.059 do CPC determina às tutelas provisórias (cautelar, antecipada e de evidência) requeridas contra a Fazenda Pública, a aplicação das mesmas restrições à liminar e à tutela antecipada disciplinadas nos arts. 1º a 4º da Lei n. 8.437, de 1992 e art. 7º, § 2º, da Lei n. 12.016, de 2009. Naquela subseção foram expostos argumentos que criticam a insistência do legislador em restringir – na nossa opinião inconstitucionalmente – o pleno acesso à efetividade do processo.

Considerando essa premissa, qual seja, que essas restrições tolhem o direito do cidadão de obter tutelas rápidas e efetivas como é possível em face de qualquer outro réu, serão nesta fase acrescidos aos argumentos despendidos naquela subseção, outras ponderações, sempre visando o uso mais efetivo possível do processo, inclusive no âmbito da Ação Declaratória em matéria tributária.

A Lei n. 9.494, de 1997, impede a concessão de antecipação de tutela contra a Fazenda Pública em alguns casos. O art. 1º da citada lei manda aplicar tal restrição para as mesmas hipóteses em que o juiz não pode conceder liminar

Capítulo 8   Ações judiciais de iniciativa do sujeito passivo da obrigação tributária

em mandado de segurança, sendo que as limitações constam das revogadas Leis n. 4.348, de 1964 e Lei n. 5.021, de 1966. Igualmente, o magistrado está impossibilitado de conceder antecipação de tutela, nos mesmos casos em que não pode adotar providência semelhante (liminar) em ação cautelar requerida em face da Fazenda Pública, com base na Lei n. 8.437, de 1992. Estas últimas normas, de fato, criam restrições para o deferimento de medidas liminares em mandado de segurança e cautelares, quando, em síntese, o objeto da ação for concessão de benefícios pecuniários a servidor público ou reclassificação de funcionários públicos.

O art. 2º-B, da Lei n. 9.494, de 1997, estabelece que a sentença que tiver por objeto a liberação de recursos em face do Poder Público só poderá ser executada depois de transitada em julgado. Essa disposição, que pode afetar discussões tributárias na medida em que alude à "liberação de recursos", presume igualmente o impedimento de deferimento de antecipação da tutela, quando a causa se referir à restituição de recursos exigidos indevidamente na forma de tributo. Aplica-se, pois, a lógica de que, se a lei proibiu "o mais" (execução provisória de sentença), não há como sustentar a permissão para "o menos" (a tutela antecipada). No STJ há um precedente que esclarece o assunto:

> 1. O art. 1º-B da Lei n. 9.494/97 estabeleceu a impossibilidade de concessão da tutela antecipada contra a Fazenda Pública que objetivem reclassificação, equiparação, aumentos ou extensão de vantagens pecuniárias a servidores públicos, bem como lhes conceder pagamento de vencimentos. 2. Essas vedações foram interpretadas por esta Corte de forma restritiva, reforçando o entendimento de que, a *contrario sensu*, é permitida a eficácia da medida antecipatória em desfavor do ente público nas hipóteses não previstas no aludido dispositivo legal. 3. A pretensão de cumulação das vantagens pessoais incorporadas com o subsídio, regime remuneratório instituído pela Lei n. 11.361/2006, não configura exceção à regra estabelecida no art. 1º-B da Lei n. 9.494/97, pois demonstra desejo de aferir verdadeiro aumento de vencimentos. 4. Recurso ordinário improvido (STJ. RMS 25.828/DF, Rel. Min. Jorge Mussi, 5ªT, j. 25-8-2009, *DJ* 13-10-2009).

Existem outras discussões de natureza tributária que não se incluem nas limitações dos arts. 1º e 2º-B, da Lei n. 9.494, de 1997. Esse ponto também já foi superado pelo STJ, de modo que a interpretação do dispositivo legal mencionado deve ser restritiva e não extensiva, a ponto de alcançar outras discussões que envolvam obrigações contrárias à Fazenda.

701

CURSO COMPLETO DE DIREITO PROCESSUAL TRIBUTÁRIO

2. É entendimento deste Tribunal que o artigo 1º da Lei n. 9.494/97 deve ser interpretado de forma restritiva, de modo a não existir vedação legal à concessão de antecipação dos efeitos da tutela contra a Fazenda Pública nas hipóteses em que envolvam pagamento de verba de natureza alimentar, como ocorre no presente caso. Agravo regimental improvido (STJ. Agravo Regimental no Recurso Especial 1.101.827/MA, Rel. Min. Humberto Martins, 2ª T, j. 7-5-2009, *DJ* 27-5-2009).

Assim, a despeito dos arts. 1º e 2º-B, da Lei n. 9.494, de 1997, é lícito o deferimento de antecipação de tutela que impeça a Fazenda de exigir o crédito tributário, na ação declaratória de inexistência de relação jurídica tributária. Note-se que nesses casos não há que se falar em liberação de recursos, apenas a Fazenda será impedida de continuar nos atos tendentes à exigibilidade do crédito tributário enquanto não transitar em julgado a ação.

Toda lei que restringe a atividade jurisdicional no que concerne ao poder geral de cautela do juiz é de constitucionalidade duvidosa. Não pode ser diferente com as leis mencionadas e mais recentemente as limitações à concessão de liminar em mandado de segurança, previstas no art. 7º, § 2º, da LMS. A mesma conclusão cabe para o art. 1.059 do CPC de 2015 que determina a aplicação das restrições às tutelas de urgência contra a Fazenda Pública, constantes da Lei n. 8.437, de 1992 e do art. 7º, § 2º, da LMS.

A possível inconstitucionalidade desses dispositivos de lei reside no fato de se privar o Poder Judiciário da possibilidade de evitar lesão a direito (CF, art. 5º, XXXV), com possíveis prejuízos irreversíveis ao interessado.

Com o advento da Lei Complementar n. 104, de 2001, ficou evidente a possibilidade de deferimento de antecipação da tutela contra a Fazenda Pública em matéria tributária. Referida lei acrescentou o inciso V ao art. 151 do CTN, que prescreve que a concessão de medida liminar ou de tutela antecipada, em outras espécies de ação judicial, também é causa de suspensão da exigibilidade do crédito tributário. Assim, não é mais somente a liminar em mandado de segurança que permite a suspensão desse tipo de crédito.

Deve-se ressaltar que, mesmo antes da Lei Complementar n. 104, de 2001, o Poder Judiciário deferia antecipação de tutela ou liminar em processo cautelar contra a Fazenda nas lides tributárias. O inciso XXXV do art. 5º da Constituição Federal determina que a lei não deve excluir da apreciação do Poder Judiciário lesão ou ameaça a direito. A única explicação para não constar do art. 151 do CTN até 2004 a possibilidade dessas medidas processuais não suspenderem o crédito tributário, era que, quando da promulgação do

Capítulo 8   Ações judiciais de iniciativa do sujeito passivo da obrigação tributária

CTN, no ano de 1966, as mencionadas medidas não existiam. A liminar do processo cautelar surgiu com o CPC de 1973 e a antecipação da tutela foi incluída com a minirreforma do CPC anterior, em 1994.

Em abono da tese de que o art. 104 do CTN concedeu toda a condição de se deferir tutela antecipada contra a Fazenda Pública em matéria tributária, e sem restrições, acrescente-se os argumentos explanados na subseção 6.2.6.5 do Capítulo 6 sobre a inconstitucionalidade, em tese, do art. 1.059 do CPC.

Com fundamento naqueles argumentos é defensável o pleito de antecipação dos efeitos da tutela contra a Fazenda Pública, inclusive nos casos vedados pelo art. 1.059 do CPC e art. 7º, § 2º, da LMS, em que pese o entendimento jurisprudencial contrário. Fora dos casos vedados pelos artigos em questão são plenamente cabíveis as tutelas provisórias em matéria tributária, especialmente em ação declaratória que vise afastar a exigência de crédito tributário vincendo.

8.2.2.5 Requerimentos de citação e produção de prova

Na sequência da formulação do pedido deverão ser elaborados os requerimentos de citação e de produção de provas. O primeiro é indispensável, sem o qual o juiz não mandará chamar o réu para o processo. Lembre-se que o direito de ação é exercido diante do juiz e não contra a parte adversa. Por isso, deve o autor manifestar expressamente a intenção de trazer o réu para comparecer perante autoridade judiciária, a fim de responder ao pleito inicial.

No que diz respeito ao requerimento de provas, caso não seja formulado, importará preclusão da oportunidade de produzi-las ao longo do processo. O juiz e a parte contrária necessitam tomar conhecimento de quais provas o autor intenciona oferecer para demonstrar a verdade dos fatos alegados. Somente as provas produzidas nos autos terão valor de convencimento ao juiz e deverão ser lícitas.

Como se vê, na ação declaratória, as provas não precisam ser pré-constituídas e se admitem todas as modalidades, inclusive provas orais, se for caso. O autor deverá, pois, especificar as modalidades probatórias que pretende produzir, isto é, se serão provas documentais, perícias, inspeções judiciais entre outras.

Com a inicial deverão ser juntados: procuração *ad judicia*, cópia integral do contrato social da empresa, se consolidado, ou cópia do contrato e da

703

CURSO COMPLETO DE DIREITO PROCESSUAL TRIBUTÁRIO

última alteração, em que conste a cláusula que dá poderes de representação ao sócio que outorgar a procuração ao advogado; se possível, cópia da inscrição da pessoa jurídica como contribuinte do tributo e cópia da legislação local ou estrangeira, se for preciso (CPC, art. 376).

Caso se trate de sociedade por ações, deverá ser juntada cópia dos estatutos sociais e da assembleia que elegeu a atual diretoria e deu poderes de representação ao administrador.

Se a parte for condomínio ou qualquer outra entidade legitimada a litigar, deverão ser juntados a convenção ou os estatutos sociais e ata de eleição do atual representante legal.

8.2.2.6 Valor da causa e audiência de conciliação ou de mediação

Aplicam-se ao valor da causa e à audiência de conciliação e de mediação, nas Ações Declaratórias em matéria tributária, as mesmas explicações das subseções 6.2.7 e 6.2.6.2.2 do Capítulo 6, respectivamente.

Em relação aos critérios do valor da causa, semelhantemente ao que ocorre com o mandado de segurança preventivo, não há como se determinar com precisão o valor da causa, especialmente quando se reporta às relações tributárias futuras. É que nas hipóteses em que a ação declaratória tem por finalidade impedir a constituição do crédito tributário nem sempre é possível determinar o conteúdo econômico da ação. Quando o contribuinte pretende a declaração de nulidade da cobrança de um tributo sujeito ao lançamento de ofício, relativo a determinado exercício, como no caso do IPTU e do IPVA, o valor da causa deverá refletir o montante do crédito tributário expresso no respectivo lançamento.

Quando, todavia, a exigência tributária se fundar em dimensões econômicas como faturamento ou receita mensais, podem ocorrer dificuldades em se determinar o valor da causa. Tributos indiretos como PIS, Cofins, ICMS, IPI permitem, em princípio, que se atribua valor aleatório à causa. Esse valor deverá ser suficiente ao cálculo das taxas judiciárias de distribuição da ação. Além disso, é importante adequar o valor da causa ao proveito econômico visado com a ação. Em ambos os casos, um critério razoável é a aplicação dos §§ 1º e 2º do art. 292 do CPC, conforme se explicou na subseção 6.2.7 do Capítulo 6.

Capítulo 8   Ações judiciais de iniciativa do sujeito passivo da obrigação tributária

8.2.3 Síntese do rito

A Ação Declaratória tramitará pelo rito comum previstos nos arts. 318 a 538 do CPC. A seguir serão mencionados os pontos específicos do procedimento da Ação Declaratória em matéria tributária, em complementação e reforço aos institutos básicos de ação sujeita ao rito comum, analisados nas subseções 6.2 e seguintes do Capítulo 6.

Em resumo, o procedimento comum tem início com o protocolo da petição inicial que, para ser recebida pelo juiz, deverá estar em termos e vir instruída com os documentos indispensáveis à propositura da ação. Compete ao juiz verificar se a petição atende aos requisitos do art. 319 do CPC e, caso não tenham sido todos preenchidos, atuará na forma do art. 321 do CPC, fixando o prazo de 15 dias para que o autor emende a inicial e corrija as impropriedades, sob pena de indeferimento da petição inicial. Eventuais correções da petição deverão ser realizadas com o protocolo de petição simples, sanando as falhas.

Se a petição estiver em termos e se não for também caso de improcedência liminar do pedido, conforme o art. 334 do CPC, o juiz convocará as partes para audiência de conciliação ou de mediação, com antecedência mínima de 30 dias. Sobre a mencionada audiência e as dificuldades para celebração de acordos nas ações envolvendo a Fazenda Pública, foram feitos comentários na subseção 6.2.6.2.2 do Capítulo 6.

Caso haja pedido de tutelas provisórias, o juiz deverá apreciar os fundamentos constantes dos arts. 300 a 311 do CPC. Deverá também avaliar a aplicação das limitações legais à concessão dessas medidas, conforme o art. 1.059 do CPC, cujas implicações foram externadas nas subseções 6.2.6.5 e seguintes do Capítulo 6.

A Fazenda Pública tem prazo em dobro para todas as suas manifestações processuais, o que inclui, obviamente, a contestação. A contagem dos prazos para a Fazenda terá início a partir da intimação pessoal, que será feita por carga, remessa dos autos ou meio eletrônico (CPC, art. 183). A contagem do prazo para as partes, procuradores, Advocacia Pública, Defensoria Pública e ao Ministério Público será da citação, da intimação ou da notificação (CPC, art. 230), lembrando que nos prazos contados em dias, somente serão considerados os dias úteis (CPC, art. 219). Salvo disposição legal em contrário, na contagem dos prazos processuais será excluído o dia do começo e inclu-

705

ído o do vencimento, não iniciando e nem vencendo prazos "se coincidirem com dia em que o expediente forense encerrou-se antes ou iniciado depois da hora de expediente normal do fórum ou se a comunicação eletrônica estiver indisponível" (CPC, art. 224). Durante o período de 20 de dezembro a 20 de janeiro os prazos processuais ficarão suspensos em razão das férias forenses (CPC, art. 220).

Nas ações de rito comum, como são as declaratórias, a Fazenda utiliza a contestação como meio de resposta e defesa, podendo ser arguidas preliminares de incompetência de foro ou de juízo (CPC, art. 337, II). Se isso ocorrer o juiz dará o prazo de 15 dias para o autor se manifestar, permitindo-se a juntada de provas (CPC, art. 351). A hipótese de reconvenção não é possível em razão da natureza da pretensão principal na Ação Declaratória em matéria tributária, não havendo como a Fazenda reconvir para afirmar que o direito reclamado na petição inicial (direito de não pagar o tributo), em verdade, não pertence ao autor, mas à ré Fazenda Pública.

Contra a Fazenda Pública não serão aplicados os efeitos da revelia, especialmente a confissão dos fatos alegados pelo autor, em função de a matéria tributária inserir-se no conceito de direitos indisponíveis em face dos quais não se produzem os efeitos da revelia (CPC, arts. 344 e 345, II). Dessa forma, o juiz atuará conforme o art. 348 do CPC, determinando a produção de provas. Nas Ações Declaratórias em matéria tributária, no entanto, as provas normalmente são documentais e vêm em conjunto com a inicial, de modo que essa fase probatória poderá ser dispensada. Em réplica a Fazenda poderá alegar fatos impeditivos, modificativos ou extintivos do direito do autor, como, por exemplo, em uma ação declaratória em que se pede o reconhecimento do direito à imunidade tributária de uma entidade de educação ou de assistência social, pode ser alegado que a autora não possui o direito postulado porque distribuiu lucros em determinado período. Nesse caso, o juiz abrirá o prazo de 15 dias para o autor manifestar-se em réplica, podendo juntar provas que rebatam a alegação fazendária (CPC, art. 350).

Se não for caso de extinção do processo sem resolução do mérito (CPC, art. 485) ou de reconhecimento de decadência ou de prescrição, o juiz julgará antecipadamente o pedido, isto é, apreciando o mérito, se não houver necessidade de produção de provas, que em matéria tributária seria a perícia contábil (CPC, art. 355, I). Não sendo possível a extinção do processo sem

Capítulo 8 Ações judiciais de iniciativa do sujeito passivo da obrigação tributária

resolução do mérito ou julgamento antecipado do pedido, será proferido despacho saneador e de organização do processo. Tratando-se de discussões tributárias, o caso mais comum a ensejar o mencionado despacho será a preparação da prova pericial contábil, devendo o juiz, "delimitar as questões de fato sobre as quais recairá a atividade probatória" e "delimitar as questões de direito relevantes para a decisão do mérito" (CPC, art. 357). Nas causas fiscais é raro ocorrer a necessidade de provas testemunhais, o que evita a realização de audiência de instrução para a finalidade de ouvir testemunhas. O § 3º do art. 357 do CPC estabelece que: "Se a causa apresentar complexidade em matéria de fato ou de direito, deverá o juiz designar audiência para que o saneamento seja feito em cooperação com as partes, oportunidade em que o juiz, se for o caso, convidará as partes a integrar ou esclarecer suas alegações". As discussões tributárias oferecem certo grau de complexidade jurídica, mas, na prática, não será o caso de se designar a audiência a que alude o dispositivo, porque, em geral, a questão é apresentada por meio de argumentos jurídicos expostos pelos advogados de ambas as partes.

A prova pericial será produzida em consonância com as regras dos arts. 464 a 480 do CPC. Concluída a perícia, o processo está pronto para a sentença de mérito, na forma dos art. 487, I, do CPC. Apesar de ter sido realizada a prova pericial, é possível o julgamento do processo sem resolução de mérito, nas hipóteses dos incisos II, III e VIII do art. 485 do CPC. Quanto às demais hipóteses, entendemos que deverão ser resolvidas antes da prova pericial, sendo contraproducente à efetividade do processo deixar-se o autor produzir a prova pericial para extingui-lo posteriormente sem solução do mérito, fundado em hipóteses perfeitamente passíveis de verificação antes da realização da perícia, que, aliás, demanda custos com honorários e, às vezes, despesas com diárias ou locomoção do perito.

Se a ação for julgada procedente deverão ser observadas as regras sobre remessa de ofício, previstas no art. 496 do CPC. Não serão remetidos ao tribunal para julgamento da remessa de ofício as causas que estiverem abaixo dos valores especificados no § 3º do art. 496. Embora a ação declaratória não possua como objeto a condenação da Fazenda ao pagamento de valores, a procedência do pedido poderá implicar proveito econômico a ser desfrutado pelo autor. Isso porque o reconhecimento de que o tributo não incide levará à economia dos respectivos valores, daí a manifesta presença de proveito econômico em Ações Declaratórias de matéria tributária. O processo

CURSO COMPLETO DE DIREITO PROCESSUAL TRIBUTÁRIO

também não será necessariamente remetido ao tribunal nos casos do § 4º do art. 496 do CPC, que trata de sentenças proferidas contra a Fazenda, lastreadas em precedentes dos tribunais ou em orientações vinculantes do próprio ente público.

Julgado improcedente o pedido, o autor tem direito a recorrer por meio de embargos de declaração, cabendo este recurso para os casos de esclarecimento de obscuridade ou eliminação de contradição na sentença, ou ainda para suprimir omissão ou corrigir erros materiais na decisão (CPC, art. 1.022). Caberá também apelação visando a reforma total ou parcial da sentença (CPC, art. 1.009). Contra as decisões interlocutórias proferidas na Ação Declaratória, caberá recurso de agravo de instrumento (CPC, art. 1.015).

8.3 AÇÃO ANULATÓRIA

Não existem diferenças profundas entre as ações anulatória e declaratória. Aliás, conforme anota Cleide Previtalli Cais, citando Celso Agrícola Barbi, não haveria nenhuma diferença entre as mencionadas ações, porquanto a "anulatória" seria espécie de "ação declaratória negativa", na qual se pede o reconhecimento da inexistência de uma dívida fiscal, de modo que a distinção entre essas ações se resumiria à denominação[39].

Realmente, a estrutura da ação e o rito processual são os mesmos. Por isso, os comentários realizados sobre a Ação Declaratória no tocante aos requisitos da petição inicial e ao procedimento podem ser estendidos à Ação Anulatória de Lançamento Tributário (subseções 8.2.2 e 8.2.3 deste Capítulo). Observe-se, no entanto, em relação aos "requisitos da petição inicial", que o valor a ser atribuído à causa na Ação Anulatória de Débito Fiscal expressará o montante do crédito que se quer ver desconstituído, diferentemente da declaratória, cujo valor poderá ser aleatório ou ser fixado com base no art. 292, §§ 1º e 2º, do CPC, quando a ação pretender afastar a incidência futura de tributo. Além disso, na ação declaratória, por ser possível discutir-se a "lei em tese", tem condições de prescindir de provas, comportando discussão meramente de direito. A ação anulatória, por sua vez, dependerá da juntada de

---

39 CAIS, Cleide Previtalli. *O processo tributário*, p. 459-460.

Capítulo 8   Ações judiciais de iniciativa do sujeito passivo da obrigação tributária

documentos indispensáveis ao desenvolvimento válido do processo, quais sejam, cópias do lançamento ou do ato administrativo tributário apontado como inválido (CPC, arts. 321 e 485, IV).

Em relação aos fundamentos de uma e de outra medida, o que inevitavelmente influenciará no pedido formulado na inicial, há distinções relevantes que merecem análise mais meticulosa.

8.3.1 Fundamentos da ação anulatória

O tributo, sob o prisma da Teoria Geral do Direito, é uma relação jurídica obrigacional. Isso porque se trata de "prestação pecuniária compulsória...", "instituída em lei..." (CTN, art. 3º). Assim, a "lei" cria obrigação para uma das partes e um direito para outra. É "relação jurídica" porque, além de ser criada por lei, envolve mais de uma pessoa em torno de um objeto, que é o crédito tributário, ou o dever de cumprir obrigação acessória, embora esta última não necessite ser instituída por lei, uma vez que não está prevista no rol de matérias reservadas à lei, constantes do art. 97 do CTN.

É "relação obrigacional", haja vista que o vínculo capaz de unir o sujeito passivo ao ativo da obrigação tributária principal é uma prestação de "dar" parcela do patrimônio do contribuinte ao Poder Público. Entre os sujeitos da relação existe um objeto, isto é, o "crédito", distinto da obrigação que lhe dá ensejo, mas que só será exigido se essa obrigação existir. Tratando-se de obrigação acessória, o vínculo obrigacional decorre da previsão legal de que o sujeito passivo deverá realizar determinada ação ou omitir-se no interesse da administração fiscal. Para exigir o crédito tributário, a Fazenda Pública tem que necessariamente constituí-lo e o fará por meio de um procedimento denominado "lançamento tributário". Este procedimento poderá ser de três espécies: a) "direto", também conhecido como "lançamento de ofício" ou *ex officio*, b) "misto" ou "por declaração"; c) "por arbitramento"; d) "por homologação". As informações básicas sobre constituição do crédito tributário e as modalidades de lançamento, especialmente sobre o lançamento por homologação foram examinadas nas subseções 3.1.2 e seguintes do Capítulo 3, para onde remetemos o leitor se necessário.

Constituído o crédito tributário por quaisquer das modalidades acima, nasce ao Fisco o direito de exigir o seu pagamento. Para tanto, notificará o sujeito passivo a fim de que pague, caso contrário, inscreverá o débito na dívida ativa (CTN, art. 201). O detalhe fica por conta do lançamento por homologação em que a Fisco homologará de forma expressa ou tacitamente o valor pago pelo contribuinte antecipadamente à homologação.

Para o ajuizamento da ação anulatória basta a constituição do crédito tributário pelo lançamento, não sendo a inscrição na dívida ativa requisito para a propositura da medida. A ação anulatória visa atacar o ato da administração pública, geralmente o lançamento tributário, que teria algum vício jurídico, colocando-se em discussão sua validade. Este vício poderá ser de natureza formal, isto é, defeito de legalidade no ato de inscrição; ou poderá ser material, ou seja, o vício é o próprio ato, já que não poderia ter sido constituído o crédito tributário pelo lançamento, nem inscrito em dívida ativa, pairando, portanto, incertezas sobre a validade jurídica do tributo. Esse caso é emblemático, porque se presume que não existiu obrigação tributária válida, razão pela qual, tanto o lançamento quanto a inscrição não deveriam ter ocorrido. Assim, caberá ação anulatória para invalidar o lançamento elaborado com vício formal ou material. Tratando-se de vício formal, tem-se, por exemplo, as situações em que o lançamento é realizado por autoridade incompetente ou cerceamento do direito de defesa do contribuinte na fase do contencioso administrativo. Na outra hipótese, é exemplo o lançamento de tributo instituído por lei considerada inconstitucional.

Embora não existam nítidas diferenças teóricas entre a ação anulatória e a declaratória – tanto assim que o art. 20 do CPC esclarece ser possível ação declaratória mesmo depois de o direito ter sido violado – em matéria tributária, a constituição do crédito tributário pelo lançamento pode ser um elemento prático a facilitar o uso de uma ou de outra modalidade de ação. A declaratória seria perfeitamente cabível nos casos em que o lançamento não tenha sido ainda efetuado. O juiz poderá declarar que a obrigação tributária não existe, porquanto não há condições jurídicas de se formar relação jurídica tributária válida, o que impediria a constituição do crédito tributário pelo lançamento. A ação anulatória teria cabimento mais apropriado nos casos em que o crédito tributário foi constituído pelo lançamento, pressupondo-se válido o respectivo ato administrativo, de modo que a Justiça seria demandada para decidir sobre a validade do lançamento. Na prática, essa distinção levaria tão somente ao impedimento da constituição do crédito tributário pelo lançamento, caso o contribuinte optasse pela Ação Declaratória e suas alegações fossem acolhidas, preferencialmente em antecipação de tutela ou cautelarmente.

Capítulo 8   Ações judiciais de iniciativa do sujeito passivo da obrigação tributária

Em conclusão, o pedido da ação anulatória de débito fiscal será a anulação do ato de exigência da obrigação tributária, principal ou acessória, o que poderá estar lastreado em procedimento ou processo administrativo tributários.

8.3.2 Cabimento da ação anulatória

Conforme visto na subseção anterior, a ação anulatória tem por base ato da Fazenda Pública capaz de ensejar o pleito de sua nulidade perante a Justiça. É evidente que a ação supostamente ilícita da administração fiscal não precisa, necessariamente, ser debatida perante o Poder Judiciário, pois o processo administrativo fiscal também se presta a essa finalidade. Diante da garantia constitucional de amplo acesso à Justiça (CF, art. 5º, XXXV), segue-se que o contribuinte poderá pleitear a anulação do ato, independentemente da instauração do respectivo processo administrativo.

A pretensão anulatória mais comum em matéria tributária é a ação anulatória de débito fiscal, que pressupõe a prática do "lançamento tributário", veiculado por meio de "notificações" de lançamento ou de "auto de infração". É lícita também ação anulatória contra ato administrativo que determine a prática de obrigação acessória abusiva ou desproporcional. Igualmente, qualquer ato que indefira pretensão administrativa tributária poderá ensejar ação anulatória. Nesse caso, porém, não é adequado chamar-se a medida de ação anulatória de débito fiscal, porque, obviamente, não há que se falar em débito tributário, mas simples ato administrativo. Assim, trata-se de ação anulatória de ato administrativo tributário. Neste tipo de pretensão se inclui a hipótese do art. 169 do CTN, que prevê o prazo prescricional de 2 anos para se pleitear em juízo a anulação do ato administrativo que indefere pedido de restituição de tributo.

O parágrafo único do art. 169 do CTN possui regra inaceitável, que estabelece o seguinte: "o prazo de prescrição [de 2 anos] é interrompido pelo início da ação judicial, recomeçando o seu curso, por metade, a partir da data da intimação validamente feita ao representante judicial da Fazenda Pública interessada". Além das impropriedades terminológicas, pois para fazer algum sentido deveria aludir à "citação", ato de chamamento do réu ao processo, e não "intimação", que se volta para o cumprimento de decisões judiciais, o dispositivo é de constitucionalidade duvidosa.

De acordo com o § 1º do art. 240 do CPC, "A interrupção da prescrição, operada pelo despacho que ordena a citação, ainda que proferido por juízo

711

incompetente, retroagirá à data de propositura da ação". Conforme se observa, o despacho do juiz ordenando a citação do réu – ainda que o juízo seja incompetente – interrompe a prescrição a partir da data da propositura da ação. A regra em questão tem a finalidade de proteger o autor dos efeitos jurídicos da prescrição que é a perda do direito de acionar a justiça para reclamar algum direito. O CPC não faz ressalvas à mencionada regra de interrupção do prazo prescricional. Nem poderia fazê-lo, pois a prescrição existe para marcar o momento da perda do direito de ação. Se o direito em questão for exercido antes do marco temporal que faz nascer a prescrição, não tem sentido ser criada uma nova hipótese de prescrição, a não ser a prescrição intercorrente, que possui outros fundamentos, conforme foi visto na subseção 7.2.2 do Capítulo 7. A regra do parágrafo único do art. 169 do CTN é tão atípica que chega a reduzir à metade o prazo de prescrição contra o contribuinte, depois de iniciado o processo com a "intimação" da Fazenda. Note-se que dificilmente um processo movido contra a Fazenda se resolve antes de um ano.

A ação anulatória fundada no art. 169 do CTN apresenta mais utilidade processual se o pedido de anulação for cumulado com o de repetição do indébito ou de compensação.

Além dessa hipótese, a ação anulatória de débito fiscal poderá se fundar, basicamente, em duas previsões legais. A primeira é o art. 784, § 1º, do CPC, que estabelece: "a propositura de qualquer ação relativa ao débito constante do título executivo não inibe o credor de promover-lhe a execução". Isso leva ao entendimento de que é possível ingressar-se com ação anulatória, sem que tal medida tenha força jurídica de impedir a exigência do pagamento da dívida pela via da execução forçada. Conforme Cleide Previtalli Cais:

> [...] a ação anulatória de débito fiscal admite duas roupagens, segundo o sistema: ou sem depósito, nos termos do art. 585, § 1º, do CPC [refere-se ao CPC de 1973], quando a Fazenda poderá propor a execução fiscal, ou com depósito, na forma do art. 38 da Lei n. 6.830/80 c/c o art. 151, II, do CTN, o que inibe a Fazenda de distribuir sua execução, uma vez que o depósito efetuado tem o escopo de garantir seu crédito, cuja exigibilidade fica suspensa"[40].

---

40 CAIS, Cleide Previtalli. *O processo tributário*, p. 458.

Capítulo 8   Ações judiciais de iniciativa do sujeito passivo da obrigação tributária

É importante reforçar que o fundamento jurídico para o ajuizamento da Ação Anulatória encontra-se primeiramente situado no art. 5º, XXXV da Constituição da República. Tanto o § 1º do art. 784 do CPC, quanto o art. 38 da LEF disciplinam o cabimento de ação anulatória em outra fase da discussão sobre o débito. Note-se que o dispositivo do CPC regula as espécies de título executivo, dentro do capítulo reservado aos requisitos de qualquer execução. Portanto, o direito de o devedor propor ação anulatória de débito fiscal subsiste mesmo em face da existência de um título executivo, mas não impedirá o credor de requerer a execução do título. A ação anulatória, além disso, possui escopo muito mais abrangente, de forma que seu fundamento jurídico não se atém somente às hipóteses em que se pretenda desconstituir título representativo da dívida. Observe-se que a ação anulatória em matéria tributária visa invalidar ato ou procedimento da administração, independentemente da existência de título executivo.

Assim, é possível ingressar-se com ação anulatória tão logo o sujeito passivo seja notificado do lançamento tributário, como, por exemplo, no lançamento do IPTU e do IPVA, em que o contribuinte é notificado via postal em seu domicílio tributário (CTN, art. 127). Igualmente, é lícita a utilização da medida depois que o contribuinte é notificado do lançamento de ofício decorrente de fiscalização. Ressalte-se que nesses exemplos não há título executivo formalizado, mas somente pretensão administrativa que torna a obrigação exigível, mas não exequível. Daí por que a ação anulatória que vier a ser intentada contra a pretensão fazendária não pode ter qualquer condição que dificulte ou inviabilize o acesso à Justiça, exceto as condições processuais e procedimentais a todos imposta, independentemente da condição econômica do contribuinte autor da demanda. Nesses casos, não poderá a lei exigir que o sujeito passivo ofereça depósito do montante do crédito tributário como condição para o processamento da ação. Isso se deve ao seguinte: ingressando com a ação anulatória tão logo for notificado do lançamento, o contribuinte abre mão de discussões administrativas sobre o lançamento tributário. O sistema jurídico brasileiro, com base no art. 5º, XXXV da Constituição Federal, dá direito ao sujeito passivo de pedir revisão do lançamento e para isso não precisa garantir a instância, tanto administrativa quanto a judicial. A decisão do juiz na ação anulatória definirá se o lançamento é ou não válido juridicamente.

Para obter a suspensão da exigibilidade do crédito tributário, uma vez que o contribuinte abriu mão do processo administrativo que lhe conferiria

713

esse direito prontamente (CTN, art. 151, III), há que se pedir a tutela antecipada ou a cautelar, pedindo-se o deferimento de liminar para suspender a exigibilidade do crédito tributário. Isso porque o simples ajuizamento da ação não interrompe a exigibilidade do crédito tributário, salvo decisão judicial para essa finalidade (CTN, art. 151, IV e V).

Assim, o fundamento legal para a ação anulatória de débito fiscal não será unicamente o disposto no § 1º do art. 784 do CPC, que se refere à fase em que o credor possui título contra o devedor.

Por outro lado, depois que a Fazenda inscreve o sujeito passivo na dívida ativa, é necessário examinar algumas variáveis para que se possa concluir sobre o interesse processual no ajuizamento da ação anulatória. Para isso convém analisar o tema na subseção seguinte.

8.3.3 Ação anulatória de débito fiscal e a exigência de depósito (Lei n. 6.830, de 1980, art. 38)

Nos termos do art. 38 da LEF, depois que o crédito tributário é inscrito na dívida ativa só é possível discuti-lo por meio das ações mencionadas no dispositivo. No caso da ação anulatória, a lei exige o depósito do montante atualizado do crédito tributário como condição de admissibilidade da ação. Além disso, o depósito deve ser realizado em dinheiro para poder suspender a exigibilidade do crédito tributário. Nesse sentido é a Súmula 112 do STJ: "O depósito somente suspende a exigibilidade do crédito tributário se for integral e em dinheiro".

Embora essa questão esteja superada em razão da Súmula Vinculante 28, do STF, é importante salientar os fundamentos que levaram ao entendimento adotado pela Suprema Corte, como parâmetro para outras exigências semelhantes. É o caso da exigência de depósito ou de caução para o deferimento de liminares contra a Fazenda Pública.

Há tempos a doutrina sustenta que não se pode condicionar o ajuizamento da ação anulatória ao oferecimento de depósito, por afronta ao inciso XXXV do art. 5º da Constituição Federal, que determina não ser possível à lei excluir da apreciação do Poder Judiciário, lesão ou ameaça a direito[41].

---

41 "Insista-se que o depósito é uma faculdade do contribuinte que pretender a suspensão da exigibilidade do crédito tributário discutido em juízo. Não é uma imposição ao exer-

Capítulo 8   Ações judiciais de iniciativa do sujeito passivo da obrigação tributária

Isso deu margem à construção jurisprudencial de que o depósito a que alude o art. 38 da LEF, conquanto não seja condição para o exercício do direito de ação anulatória de débito fiscal, é instrumento para a suspensão de exigibilidade do crédito tributário na concomitância da mencionada ação. Tanto que ensejou a Súmula 247 do extinto TFR, com a seguinte orientação: "Não constitui pressuposto da ação anulatória do débito fiscal o depósito de que cuida o art. 38 da Lei 6.830, de 1980".

Havia, entretanto, o argumento de que o art. 38 da LEF impediria o ajuizamento de ação declaratória negativa de débito fiscal, uma vez que essa ação não estaria inserida no rol de ações a que alude o artigo em referência[42]. É necessário esclarecer, porém, que a Ação Declaratória é cabível para eliminar a situação de incerteza quanto à incidência da norma sobre o fato concreto ou para declarar a violação de um direito (CPC, art. 20). Por conseguinte, tanto a declaratória quanto a anulatória seriam medidas equivalentes para se obter a nulidade da inscrição na dívida ativa, embora a ação anulatória seja preferível porque os efeitos de sua decisão favorável anulam o ato de inscrição, não necessitando de medidas posteriores para excluir o nome do contribuinte do registro fiscal.

Atualmente, o entendimento que prevalece tanto na doutrina quanto na jurisprudência, é o de que o depósito do montante atualizado do crédito tributário na ação anulatória pode ser uma opção do contribuinte para obter a suspensão da exigibilidade do crédito tributário (CTN, art. 151, II).

Conforme mencionado no início desta subseção, o STF editou Súmula Vinculante que encerra qualquer resquício de debate sobre a exigência do depósito a que alude o art. 38 da LEF como condição de admissibilidade de ação anulatória. De acordo com o enunciado da Súmula Vinculante 28: "É inconstitucional a exigência de depósito prévio como requisito de admissibilidade de ação judicial na qual se pretenda discutir a exigibilidade de crédito tributário".

---

cício do direito de ação, pois o artigo 38 da Lei de Execuções Fiscais, que determina a feitura de depósito do montante integral do crédito tributário no âmbito da ação anulatória, deve ser interpretado *conforme a Constituição*". MACHADO SEGUNDO, Hugo de Brito. *Processo tributário*, p. 393.

42   SILVA, Américo Luís Martins da. *A execução da dívida ativa da Fazenda Pública*. 2. ed. São Paulo: RT, 2009, p. 711-712.

CURSO COMPLETO DE DIREITO PROCESSUAL TRIBUTÁRIO

Antes da inscrição ou da emissão do ato enunciativo de inscrição (CDA), o sujeito passivo tem direito à ação anulatória sem a obrigação de depositar o montante do crédito tributário, eis que tal direito decorre do princípio constitucional do acesso à Justiça. Para suspender a exigibilidade do crédito tributário nessa hipótese, o contribuinte tem a sua disposição o poder de argumentação, que poderá convencer o juiz a determinar a suspensão da exigibilidade do crédito tributário por meio de tutela antecipada ou cautelar, conforme exposto nas subseções 6.2.6.2 e 6.2.6.3 do Capítulo 6.

Isso leva à conclusão de que o depósito será sempre faculdade do contribuinte para suspender a exigibilidade do crédito tributário, fazendo cessar os acréscimos de juros e correção que incidirão sobre o principal da dívida, caso o contribuinte perca a demanda. Será, contudo, uma condição para suspender a exigibilidade do crédito tributário, se o sujeito passivo pretender anular o crédito depois de inscrito na dívida ativa, mas antes do ajuizamento da Execução Fiscal. Enquanto o crédito não é inscrito na dívida ativa, ele não pode ser tecnicamente considerado exequível, pois não houve a presunção de exaurimento de processo administrativo, em que se tenha assegurado ao contribuinte os direitos ao contraditório e a ampla defesa. Depois de inscrito na dívida, presume-se certeza administrativa sobre o fato da dívida, inclusive com a garantia de contraditório e de ampla defesa. Daí por que o tratamento jurídico há de ser diferente. Antes da inscrição o depósito é mera opção para suspensão da exigibilidade do crédito; depois desse evento, passa a ser condição para que se dê a mencionada suspensão. É necessário lançar novas luzes sobre esse assunto, razão pela qual será desdobrado nas subseções a seguir.

8.3.3.1 Suspensão da exigibilidade mediante depósito na ação anulatória

Quando o contribuinte é notificado do lançamento tributário e decide impugná-lo, dando margem, portanto, à instauração de processo administrativo tributário, a interpretação do art. 38 da LEF não pode ser a mesma que se daria para as hipóteses em que o débito é inscrito diretamente na dívida ativa, sem oportunidade do contraditório e da ampla defesa administrativas. Para se entender adequadamente essa afirmação é necessário explicar melhor quando o crédito tributário pode ser inscrito diretamente na dívida ativa, sem oportunizar o contraditório e a ampla

Capítulo 8   Ações judiciais de iniciativa do sujeito passivo da obrigação tributária

defesa ao contribuinte. Isso ocorre nos casos em que o tributo é sujeito ao lançamento por homologação e o contribuinte é obrigado a informar sua movimentação fiscal à Fazenda Pública. Essas informações, que em geral se materializam em declarações (eletrônicas ou em papel), são consideradas pela jurisprudência dominante como "confissões de dívida", porque, uma vez que são elaboradas pelo contribuinte, não poderão ser impugnadas por ele próprio. Assim, caso o contribuinte declare seus débitos tributários ao Fisco e não os recolha, a Fazenda está autorizada a inscrever o débito tributário na dívida ativa diretamente, isto é, sem dar garantia ao contraditório e à ampla defesa ao contribuinte em processo administrativo. Nesse sentido tem-se o seguinte julgado:

> Processual civil e tributário. Agravo regimental no agravo em recurso especial. Embargos à execução. Violação do art. 535 do CPC não configurada. Responsabilidade do sócio cujo nome consta na CDA. Entendimento firmado em recurso repetitivo. Resp. 1.104.900/ES. Tributo sujeito a lançamento por homologação. Desnecessidade de procedimento administrativo prévio para inscrição em dívida ativa.
>
> 3. Em se tratando de débito declarado pelo próprio contribuinte, é desnecessário o prévio procedimento administrativo, eis que sua declaração já é suficiente para a constituição do crédito tributário. Precedentes: AgRg no AREsp 177.137/MG, Rel. Ministro Arnaldo Esteves Lima, Primeira Turma, DJe 9-4-2014; AgRg no AREsp659.733/PR, Rel. Ministro Humberto Martins, Segunda Turma, DJe 22-4-2015 (STJ. Agravo Regimental no Agravo em Recurso Especial 626.314/ES, Rel. Min. Benedito Gonçalves, 1ª T, j. 20-10-2015, DJe 4-11-2015).

Conforme se observa, depois que o crédito é declarado pelo contribuinte e não pago, a Fazenda poderá inscrevê-lo diretamente na dívida ativa, sem oportunidade para o contraditório e a ampla defesa. Deve, porém, conceder prazo para o contribuinte pagar o débito antes de efetivar a inscrição. Não obstante esse procedimento, de certo modo prático e coerente à lógica da exigibilidade do crédito tributário, esses casos de inscrição direta na dívida ativa não poderão resultar na exclusão do direito de suspender a exigibilidade do crédito tributário por outros meios.

Insista-se na seguinte tese: quando o contribuinte é notificado do lançamento e procura o Poder Judiciário com a pretensão de invalidar o crédito tributário lançado, as garantias constitucionais do contraditório e da ampla

717

CURSO COMPLETO DE DIREITO PROCESSUAL TRIBUTÁRIO

defesa são transpostas para o âmbito do Poder Judiciário. Tanto assim que eventual processo administrativo fica prejudicado. Nesse sentido, o depósito não seria uma condição para a suspensão da exigibilidade, mas simples faculdade, ancorada no art. 151, II do CTN. Nessa hipótese, o contribuinte teria à sua disposição o direito de convencer o juiz de que é caso de suspensão da exigibilidade do crédito tributário por meio de liminares, nas tutelas provisórias antecipada ou cautelar, ambas não necessariamente precedidas de depósito (CPC, arts. 303 e 305; CTN, art. 151, V).

Quando se tratar de lançamento de ofício, procedimento em que compete ao Fisco realizá-lo sem a participação do contribuinte, como, por exemplo, nas autuações fiscais ou nos lançamentos do IPTU e do IPVA, a inscrição na dívida não poderá ocorrer diretamente, de modo que deverá ser dada oportunidade ao contraditório e à ampla defesa, o que caracteriza, consoante visto na subseção 4.4 do Capítulo 4, o processo administrativo tributário. As garantias constitucionais em evidência dão ao ato de inscrição na dívida a presunção de que o débito tributário encontra-se exequível, porque se esgotou toda a discussão administrativa, que estava protegida pela suspensão da exigibilidade do crédito tributário na forma do art. 151, III, do CTN. Exatamente porque nesses casos se garante o contraditório e a ampla defesa administrativas, para impedir a execução do crédito tributário por meio de execução fiscal, as exigências legais impostas ao contribuinte têm que ser mais rigorosas e onerosas do que nos casos em que não foram garantidos os direitos constitucionais do contraditório e da ampla defesa, em razão da inscrição direta na dívida ativa.

Na hipótese de o contribuinte impugnar o débito fiscal na esfera administrativa e levar essa intenção até o fim, a suspensão da exigibilidade do crédito tributário, por meio do ajuizamento de ação anulatória, deverá ser precedida do depósito. Observe-se que a inscrição do crédito tributário na dívida ativa quando o contribuinte impugna o lançamento, somente pode ocorrer depois de finalizado o processo administrativo. A inscrição precedida do processo administrativo, conforme foi esclarecido, presume a garantia constitucional do contraditório e da ampla defesa, bem como o insucesso do contribuinte no debate administrativo. Somente depois de inscrito na dívida ativa o crédito tributário assume o poder de exequibilidade, característica que abrange a exigibilidade. Por conseguinte, a suspensão da exigibilidade do crédito tributário exequível, na hipótese de ser acionada a máquina judi-

Capítulo 8   Ações judiciais de iniciativa do sujeito passivo da obrigação tributária

ciária por meio de ação anulatória, dependerá do depósito, pois que, se não for assim, corre-se o risco de se tornar inócuo o processo de Execução Fiscal a ser ajuizado pela Fazenda.

Acrescente-se, na ação anulatória, a juntada da prova do ato ou do procedimento de lançamento é indispensável ao desenvolvimento válido e regular do processo, sob pena de extinção do feito (CPC, art. 485, IV). Assim, ao despachar a inicial, o juiz deve verificar se houve inscrição na dívida precedida de processo administrativo tributário. Em caso afirmativo, deverá exigir o depósito do montante corrigido para que a Ação Anulatória permita a suspensão da exigibilidade do crédito tributário anulável. Dois motivos pesam para tanto. Primeiramente, porque o contribuinte não terá mais o direito de pedir a suspensão judicial da exigibilidade sem depositar o montante, porquanto teve tal oportunidade quando recebeu a notificação do lançamento e decidiu discutir na via administrativa. Em segundo lugar, tendo sido garantidos o contraditório e a ampla defesa ao contribuinte no processo administrativo, segue-se que a matéria está resolvida para a administração. A fase seguinte é preparar o débito para a Execução Fiscal e se a Ação Anulatória puder ser ajuizada sem depósito e suspender a exigibilidade do crédito tributário, o executivo fiscal será medida inócua.

8.3.3.2 Suspensão da exigibilidade sem depósito na ação anulatória

A Fazenda Pública poderá inscrever diretamente o crédito tributário na dívida ativa em ato unilateral, sem garantia do contraditório e da ampla defesa, quando o tributo for sujeito ao lançamento por homologação, e tenha sido declarado e não pago. Nesse caso, defendemos a tese de que, não tendo o sujeito passivo oportunidade ao contraditório e à ampla defesa na esfera administrativa, segue-se que poderá ajuizar Ação Anulatória contra o ato declarativo da dívida ativa, sem oferecimento de depósito. Nessa hipótese, pode-se pedir a suspensão da exigibilidade do crédito tributário mediante as tutelas provisórias de urgência antecipada ou cautelar (subseções 6.2.6.2 e 6.2.6.3 do Capítulo 6). O pleito de suspensão da exigibilidade terá fundamento no art. 151, V do CTN. Para tanto, não se aplicaria como fundamento legal à Ação Anulatória o art. 38 da LEF, mas o § 1º do art. 784 do CPC.

Quando o contribuinte ingressa com a ação anulatória de débito fiscal, abrindo mão da discussão administrativa, o juiz poderá determinar a suspensão da exigibilidade sem depósito, pois que o processo judicial substituirá

719

a discussão administrativa, e para a instauração do processo administrativo não se exige depósito como condição para suspender a exigibilidade do crédito. A própria discussão gera esse efeito jurídico, de modo que a mesma consequência deverá ocorrer com o processo judicial quando substituir o processo administrativo fiscal.

Registre-se, nas hipóteses em que o juiz puder suspender a exigibilidade do crédito sem depósito, se o contribuinte vencer a causa, a falta de depósito não acarretará prejuízos para nenhuma das partes. Se resultar no contrário, isto é, o contribuinte perder a ação, igualmente, não haverá prejuízos à Fazenda, porque nestes casos deverá o Fisco inscrever o débito na dívida ativa e promover a execução fiscal.

Convém lembrar que o depósito oferece mais celeridade na resolução da controvérsia tributária. Isso porque, caso a decisão seja desfavorável ao contribuinte, será viabilizado o recebimento mais rápido do crédito tributário com a conversão do valor depositado em renda da Fazenda, extinguindo-se, consequentemente, o crédito tributário (CTN, art. 156, VI). Essa ideia de celeridade, no entanto, só se justifica quando a ação anulatória é movida depois que o crédito tributário é inscrito na dívida ativa. Observe-se que, caso o contribuinte ingressasse com a impugnação administrativa – em relação a qual não se exige depósito – custasse o tempo que fosse para se resolver o processo administrativo, o Fisco teria que aguardar o fim do processo para receber o crédito tributário. Se ação anulatória movida para impugnar o lançamento tributário substitui a discussão administrativa, não deve ser exigido o depósito para suspender a exigibilidade do crédito tributário, tal qual ocorreria com a impugnação administrativa. Assim, deve o Fisco aguardar o desfecho final da ação anulatória para, conforme o seu resultado, exigir o crédito tributário, assim como teria que aguardar na hipótese de haver processo administrativo.

De qualquer forma, ao juiz será sempre facultado, conforme o caso concreto, avaliar se deve ser exigida caução como condição à suspensão da exigibilidade do crédito tributário nas tutelas provisórias de urgência, conforme previsão do art. 300, § 1º, do CPC. A caução é forma de garantia do juízo em bens que não se confunde com o depósito, que deverá ser sempre em dinheiro e no montante integral do débito (STJ, Súmula 112). Para finalizar este ponto, o que se pretendeu afirmar é que a suspensão da exigibilidade do crédito tributário na ação anulatória não deve ser sempre depen-

Capítulo 8   Ações judiciais de iniciativa do sujeito passivo da obrigação tributária

dente de depósito, quando o lançamento do tributo impugnado for da modalidade por homologação e o crédito tenha sido diretamente inscrito na dívida ativa. Lembremos sempre que o lançamento por homologação não significa um atestado irrefutável de confissão de dívida. O lançamento é obrigação acessória que não se confunde com a obrigação principal, de modo que o contribuinte pode não concordar com a incidência do tributo, mas se vê obrigado a realizar o lançamento por homologação para evitar maiores complicações. Daí por que é razoável o contribuinte ingressar com ação anulatória sem exigência de depósito depois que o crédito tributário é inscrito diretamente na dívida ativa, especialmente quando o tributo estiver sujeito ao lançamento por homologação, porque, nesse caso, a ação judicial será o único meio de se assegurar o contraditório e a ampla defesa contra a exigência fiscal indevida.

8.3.4 Implicações sobre ação anulatória e o ajuizamento de execução fiscal

Conforme explicado nas seções anteriores, a ação anulatória de débito fiscal poderá ser proposta depois de formalizado o lançamento tributário, bem como após a inscrição do débito na dívida ativa. A falta de depósito, ou de pronunciamento judicial liminar para o fim de suspender a exigibilidade do crédito tributário na ação anulatória, terá como consequência o direito de a Fazenda permanecer nos atos necessários para cobrança do crédito tributário, dentre os quais o ajuizamento da execução fiscal.

Por conseguinte, mesmo que proposta a ação anulatória contra o lançamento ou contra o ato declaratório de inscrição na dívida, sem suspensão da exigibilidade do crédito tributário (CTN, art. 151), a Fazenda poderá propor Execução Fiscal contra o sujeito passivo. Isso ocorrendo, coexistirão a Ação Anulatória, movida pelo contribuinte, e a execução fiscal, proposta pela Fazenda, ambas em relação ao mesmo crédito tributário. A existência de duas ações judiciais, ainda que com ritos diferentes sobre o mesmo objeto (o crédito tributário não quitado) poderá ensejar decisões conflitantes. Isso porque o pedido da ação anulatória poderá ser julgado procedente e na Execução Fiscal poderão ser bloqueados recursos do contribuinte ou leiloados os bens penhorados.

Entre a ação anulatória e a execução fiscal não há relação de "litispendência", uma vez que esse instituto se define quando se reproduz determinada

721

CURSO COMPLETO DE DIREITO PROCESSUAL TRIBUTÁRIO

ação ajuizada anteriormente (CPC, art. 337, § 3º). A ação anulatória e a execução fiscal não são, obviamente, ações repetidas, especialmente porque possuem pretensões antagônicas, razão pela qual não podem ser logicamente da mesma espécie. Além disso, para existir identidade entre as ações deve ocorrer repetição das partes, da causa de pedir e do pedido, conforme preceitua o § 2º do art. 337 do CPC. Entre a ação anulatória e a execução fiscal, embora possa haver coincidência entre as partes, a causa de pedir coincide somente quanto a narração dos fatos, mas a fundamentação jurídica de ambas as ações é oposta. Na execução afirma-se que o crédito tributário existe e na anulatória essa afirmação é negada. A mesma ambiguidade ocorre em relação ao pedido: na ação anulatória o pedido visa a declaração de nulidade do crédito tributário e na execução fiscal, a pretensão da Fazenda é o pagamento da dívida, o que pressupõe a validade do crédito tributário.

Na mesma linha de entendimento, não há que falar em "continência" entre a execução fiscal e a ação anulatória porque considera-se continência entre duas ou mais ações "sempre que há identidade quanto às partes e à causa de pedir, mas o pedido de uma, por ser mais amplo, abrange o das demais" (CPC, art. 56). Os pedidos das ações anulatória e de execução fiscal não são convergentes, ao contrário, são opostos, razão pela qual não se alinham ao conceito de continência.

Resta examinar o instituto da "conexão". De acordo com o art. 55 do CPC, "Reputam-se conexas 2 (duas) ou mais ações quando lhes for comum o pedido ou a causa de pedir". Aliás, o § 3º do mencionado artigo estabelece que serão reunidas para decisão conjunta as ações que oferecerem risco de decisões conflitantes ou contraditórias, ainda que não haja conexão entre elas. Como se observa, o CPC procura prevenir o conflito de decisões, porque, do contrário, acarreta insegurança jurídica e desgaste à credibilidade da Justiça.

Diferentemente da litispendência e da continência, o regime da conexão é mais flexível, as ações se aproximam pela simples comunhão dos "pedidos" (objetos das ações) ou da "causa de pedir" (narração dos fatos e fundamentação jurídica). Cleide Previtalli Cais explica que "a conexão, segundo o art. 103 do CPC [refere-se ao CPC de 1973], não exige identidade das partes, bastando para sua caracterização a identidade do pedido ou da causa de pedir, facilmente caracterizáveis em relação à execução fiscal e à anulatória de débito fiscal". E conclui: "sendo assim, basta a identidade de um dos ele-

Capítulo 8   Ações judiciais de iniciativa do sujeito passivo da obrigação tributária

mentos contidos no art. 103 [CPC de 1973] para tornar conexas uma ou mais ações, em relação à primeira que foi proposta"[43].

A jurisprudência do STJ, desde o começo da década passada tem entendido que entre a Ação Anulatória e a Execução Fiscal existe relação de conexão.

> Execução fiscal. Ação de conhecimento declaratória. Suspensão da execução quando realizado depósito integral. Conexão entre causas. 1. Desde que realizado o depósito integral da quantia em questão, o processo de execução deve ser suspenso, conforme artigo 151, II, do CTN, até que seja decidida a ação de conhecimento declaratória que versa sobre o mesmo crédito tributário. 2. A ação de conhecimento, ajuizada pelo executado, encontra-se conexa com a de execução e, portanto, devem ser reunidas e julgadas pelo juiz que despachou em primeiro lugar. 3. Recurso especial provido (STJ. Recurso Especial 169.868/SP, Rel. Castro Meira, 2ª T., j. 5-10-2004, *DJ* 16-11-2004).

Quando a Execução Fiscal é embargada na pendência de julgamento da ação anulatória fundada na mesma dívida fiscal, tem-se identidade de partes, causa de pedir e pedido entre ambas as medidas. Não é por acaso que o STJ já entendeu que pode ocorrer litispendência entre a ação anulatória e os embargos à execução quando aquela medida é ajuizada antes da execução fiscal, a respeito do mesmo crédito tributário.

> Processo civil e tributário. Ação anulatória. Posterior ajuizamento de execução fiscal. Embargos do devedor. Litispendência reconhecida na instância ordinária. Correta extinção do processo. Condenação da exequente no ônus da sucumbência. Impossibilidade. 1. A iterativa jurisprudência desta Corte tem firmado o entendimento de que deve ser reconhecida a litispendência entre os embargos à execução e a ação anulatória ou declaratória de inexistência do débito proposta anteriormente ao ajuizamento da execução fiscal, se identificadas as mesmas *partes, causa de pedir* e *pedido*, ou seja, a tríplice identidade a que se refere o art. 301, § 2º, do CPC. Precedentes. 2. Extintos os embargos à execução, sem resolução do mérito, não há que se falar em condenação da exequente ao ressarcimento das custas processuais e ao pagamento dos honorários advocatícios, em razão da necessidade do executado contratar advogado para se defender, pois, ausente qualquer causa suspensiva da exigibilidade, a Fazenda Pública tinha o dever de ajuizar a

---

43   CAIS, Cleide Previtalli. *O processo tributário*, p. 464.

CURSO COMPLETO DE DIREITO PROCESSUAL TRIBUTÁRIO

execução fiscal, sob pena de o crédito tributário restar atingido pela prescrição. 3. Recurso especial não provido (STJ. Recurso Especial 1.040.781/PR, Rel. Min. Eliana Calmon, 2ª T., j. 18-12-2008, *DJ* 17-3-2009).

O § 2º do art. 57 do CPC declara que existe conexão de ações entre a "execução de título extrajudicial e à ação de conhecimento relativa ao mesmo ato jurídico". O § 1º do desse dispositivo prescreve que: "Os processos de ações conexas serão reunidos para decisão conjunta, salvo se um deles já houver sido sentenciado".

Diferentemente do regime do CPC anterior, o § 2º do art. 55 reconhece a conexão entre a execução de título extrajudicial e a ação de conhecimento relativa ao mesmo ato jurídico. No caso do processo tributário, essa hipótese se ajusta perfeitamente à situação em que o contribuinte moveu ação anulatória contra a Fazenda, mas não obteve a suspensão da exigibilidade do crédito tributário, razão pela qual foi ajuizada a execução fiscal para cobrança do mesmo crédito. Para evitar decisões conflitantes os processos deverão ser reunidos para decisão conjunta, ou seja, se o pedido da Ação Anulatória for julgado "procedente", a execução fiscal será necessariamente extinta e arquivada; do contrário, terá seu curso prosseguido.

De acordo com o art. 58 do CPC o juízo competente para decidir ambas as ações se resolve pela prevenção, sendo "o registro ou a distribuição da petição inicial", o termo inicial da prevenção. Nas causas tributárias, normalmente compete ao juízo da Fazenda Pública processar e julgar as Execuções Fiscais e as ações de rito comum movidas contra o Poder Público, de modo que ao primeiro juízo a que for registrada ou distribuída uma dessas ações ficará prevento para a decisão conjunta. Não havendo Vara de Fazenda Pública na comarca, será competente o juízo cível em que primeiramente for registrada ou distribuída uma das ações. Na Justiça Federal não haverá dificuldade para a reunião das ações, uma vez que sua competência é exclusiva para solução de causas envolvendo a União e entidades públicas vinculadas a essa pessoa jurídica, resolvendo-se a conexão entre as Execuções Fiscais e Ações Anulatórias por meio da prevenção.

8.3.5 Ação anulatória depois de consumado o prazo para embargos à execução fiscal

Depois que o devedor é citado da Execução, o meio comum de defesa do executado são os embargos à execução, conforme explicado na subseção

Capítulo 8 Ações judiciais de iniciativa do sujeito passivo da obrigação tributária

7.2.13.2 do Capítulo 7. A rigor, não opostos os Embargos à Execução e nem sendo o caso de exceção de pré-executividade, está preclusa a oportunidade de defesa na execução em função do decurso do prazo para embargar.

Realmente, consumada a oportunidade de embargar a Execução Fiscal, tem-se como consequência a "preclusão temporal", o que impede o prosseguimento dos embargos à execução, caso venham a ser protocolados fora do prazo. Apesar disso, não se pode entender que a preclusão temporal leve ao reconhecimento de outras formas de preclusão, como a preclusão "lógica" ou "consumativa". Assim, em tese, é possível o ajuizamento de outras medidas processuais autônomas, ressalvada, obviamente, a ocorrência da prescrição do direito de ação contra o Fisco. Permanecendo o entendimento de que o tributo inscrito na dívida não é devido, a inscrição não poderá subsistir. Daí por que é razoável o ajuizamento de Ação Anulatória precedida do depósito, quando estiver preclusa a oportunidade de defesa por embargos. Não seria coerente a admissão de Ação Anulatória sem depósito nesta hipótese, porque assim seriam neutralizados os ônus para o cabimento dos Embargos, consistentes nas formas de garantia do juízo (depósito, fiança ou seguro garantia e penhora), previstas no art. 9º da LEF. Ora, se o contribuinte puder ingressar com ação anulatória e suspender a exigibilidade do crédito tributário sem depósito mesmo depois de perder o prazo para embargar, os embargos perderiam a razão de ser.

Além do cabimento de ação anulatória na hipótese comentada, o STJ, desde meados dos anos dois mil, possui a jurisprudência de que é possível a admissão intempestiva de embargos à execução não tendo a medida, neste caso, o poder de suspender a Execução Fiscal.

> Processual civil. Embargos à execução fiscal, visando ao reconhecimento da inexistência da dívida. Natureza de ação cognitiva, idêntica à da ação anulatória autônoma. Intimação da fazenda pública para impugnação. Interrupção da prescrição. 1. Embargos à execução, visando ao reconhecimento da ilegitimidade do débito fiscal em execução, têm natureza de ação cognitiva, semelhante à da ação anulatória autônoma. Assim, a rigor, a sua intempestividade não acarreta necessariamente a extinção do processo. Interpretação sistemática e teleológica do art. 739, I, do CPC, permite o entendimento de que a rejeição dos embargos intempestivos não afasta a viabilidade de seu recebimento e processamento como ação autônoma, ainda que sem a eficácia de suspender a execução. Esse entendimento é compatível

725

CURSO COMPLETO DE DIREITO PROCESSUAL TRIBUTÁRIO

com o princípio da instrumentalidade das formas e da economia processual, já que evita a propositura de outra ação, com idênticas partes, causa de pedir e pedido da anterior, só mudando o nome (de embargos para anulatória). 2. De qualquer modo, extintos sem julgamento de mérito, os embargos intempestivos operaram o efeito próprio da propositura da ação cognitiva, que é o de interromper a prescrição. No particular, é irrelevante que a embargada não tenha sido citada para contestar e sim intimada para impugnar os embargos, como prevê o art. 17 da Lei 6.830/80. Para os efeitos do art. 219 do CPC, aquela intimação equivale à citação. Não fosse assim, haver-se-ia de concluir, absurdamente, que não há interrupção da prescrição em embargos do devedor. 3. Recurso especial a que se dá provimento (STJ. Recurso Especial 729.149/MG, Rel. Min. Teori Albino Zavascki, 1ª T., j. 25-5-2005, DJ 6-6-2005).

Observa-se, portanto, conquanto não tenha a força jurídica capaz de suspender a execução fiscal, os embargos intempestivos, na hipótese do julgado, serão processados como ação anulatória autônoma. Essa interpretação sistemática se compatibilizaria com o princípio processual da instrumentalidade das formas e de amplo acesso à jurisdição e às garantias constitucionais do contraditório e da ampla defesa.

8.3.6 Conversão do depósito em renda da Fazenda Pública

O art. 38 da LEF exige depósito do montante do crédito tributário como condição ao recebimento da ação anulatória depois de o débito tributário ser inscrito na dívida ativa. O depósito é também uma opção do sujeito passivo quando pretender suspender a exigibilidade do crédito tributário (CTN, art. 151, II) por meio de ação autônoma. Esses temas foram analisados na subseção 8.3.3 e seguintes deste Capítulo com suas complexidades. Vale ressaltar, porém, com o advento da Súmula Vinculante 28, do STF, não restam dúvidas de que o depósito a que alude o art. 38 da LEF não poderá servir como condição de admissibilidade da Ação Anulatória, mas poderá ser utilizado para suspender a exigibilidade do crédito tributário.

Relacionado a esse assunto, o STJ, no Tema 378 de Recurso Repetitivos, fixou a seguinte a tese: "A fiança bancária não é equiparável ao depósito integral do débito exequendo para fins de suspensão da exigibilidade do crédito tributário, ante a taxatividade do art. 151 do CTN e o teor do Enunciado Sumular n. 112 desta Corte".

Capítulo 8   Ações judiciais de iniciativa do sujeito passivo da obrigação tributária

Lembremos sempre de que para suspender a exigibilidade do crédito tributário, o depósito deverá ser em dinheiro e no montante integral da dívida (STJ, Súmula 112). Assim, de acordo com o entendimento do STJ, realizado o depósito para suspender a exigibilidade do crédito tributário este não poderá ser substituído por outra forma de garantia, em função da alta fungibilidade que possui o dinheiro. Além disso, conforme será explicado adiante, o sistema legal atual dos depósitos judiciais autoriza a transferência do numerário à Fazenda Pública credora, o que dificulta o levantamento do depósito para eventuais substituições de garantias judiciais. A recíproca não é verdadeira, de modo que qualquer outra forma de garantia do juízo poderá ser substituída pelo depósito a qualquer tempo.

É importante frisar que o art. 835, § 2º, do CPC equiparou ao dinheiro a fiança bancária e o seguro garantia. Embora essa regra seja aplicável diretamente ao processo de execução nos casos de substituição de penhora, pode ser estendida para o processo de rito comum. Talvez o STJ possa rever a orientação do Tema 378 à luz do novo CPC. Mais detalhes sobre o assunto poderão ser encontrados na subseção 7.2.12.1 do Capítulo 7.

Realizado o depósito nos autos, suspende-se a incidência de juros e de correção monetária relativos ao crédito tributário em discussão, uma vez que o depósito estanca a exigibilidade do crédito tributário, ficando depositados em instituição financeira oficial (LEF, art. 32, II). Apenas para reforçar esse entendimento, tem-se o seguinte precedente do STJ:

> 1. O depósito do montante integral do débito tributário não constitui pressuposto para a discussão judicial da dívida, mas é feito pelo devedor para o fim de obstar a exigibilidade do crédito, evitando a mora e a sua eventual cobrança mediante execução fiscal. Só com o julgamento definitivo da demanda em que se discute a obrigação tributária é que o depósito será destinado a quem a sentença for favorável (STJ. Recurso Especial 761.186/RS, Rel. Min. Denise Arruda, 1ª T., v.u., j. 21-10-2008, *DJe* 12-11-2008).

A Lei n. 9.703, de 1998 confirma essa assertiva ao disciplinar a forma e destinação da receita dos depósitos judiciais relativos a tributos federais. De acordo com o *caput* do art. 1º, os depósitos relativos a tributos federais, inscritos ou não em dívida ativa, deverão ser efetuados em dinheiro junto a alguma agência da Caixa Econômica Federal, mediante Documento de Arrecadação de Receitas Federais – DARF.

Estabelece também a mencionada lei, no § 2º do art. 1º, que "os depósitos serão repassados pela Caixa Econômica Federal para a Conta Única do

727

CURSO COMPLETO DE DIREITO PROCESSUAL TRIBUTÁRIO

Tesouro Nacional, independentemente de qualquer formalidade, no mesmo prazo fixado para recolhimento dos tributos e das contribuições federais".

Quanto à destinação final dos recursos, isto é, após o trânsito em julgado da ação na qual os valores foram depositados, o § 3º do art. 1º, dispõe:

> Art. 1º [...]
>
> § 3º Mediante ordem da autoridade judicial ou, no caso de depósito extrajudicial, da autoridade administrativa competente, o valor do depósito, após o encerramento da lide ou do processo litigioso, será:
>
> I – devolvido ao depositante pela Caixa Econômica Federal, no prazo máximo de vinte e quatro horas, quando a sentença lhe for favorável ou na proporção em que o for, acrescido de juros, na forma estabelecida pelo § 4º do art. 39 da Lei n. 9.250, de 26 de dezembro de 1995, e alterações posteriores; ou
>
> II – transformado em pagamento definitivo, proporcionalmente à exigência do correspondente tributo ou contribuição, inclusive seus acessórios, quando se tratar de sentença ou decisão favorável à Fazenda Nacional.

Como se vê, o depósito, além de suspender a exigibilidade do crédito tributário, é utilizado como antecipação de receita da Fazenda, na medida em que a Caixa deve repassar os recursos depositados à conta única do tesouro, devendo restituí-los ao depositante, acrescidos de juros calculados com base na Taxa Selic. Essa devolução se dará somente na hipótese de vitória do depositante, que é o contribuinte, autor da ação judicial. Ocorrendo o contrário, isto é, a ação intentada pelo contribuinte é julgada improcedente, os valores, já em poder da Fazenda, são "transformados em pagamento definitivo". Isso significa que ao fazer o depósito o contribuinte realiza espécie de pagamento provisório, sujeito a condição resolutória de a ação judicial confirmar ou não a "transformação" do "depósito" em pagamento do crédito tributário discutido.

Ressalte-se que a inobservância de tais procedimentos pela Caixa, sujeita o gestor às penalidades a que alude o parágrafo único do art. 2º-A, da Lei n. 9.703, de 1998.

A Lei Complementar n. 151, de 2015, fixa regras semelhantes para a sistemática do depósito judicial e resgate dos valores depositados para os estados, Distrito Federal e municípios.

O instituto da conversão em renda da Fazenda é consequência natural do depósito feito nos autos de ação judicial que visa suspender a exigibilida-

Capítulo 8   Ações judiciais de iniciativa do sujeito passivo da obrigação tributária

de do crédito tributário, em especial na ação anulatória. É possível também a realização do depósito em outras medidas processuais relativas à matéria tributária, como o mandado de segurança preventivo e a ação declaratória (respectivamente, subseções 8.3.1 e 8.2.2.4 deste Capítulo). No ponto, a conversão do depósito em renda tem o condão de extinguir o crédito tributário, consoante previsão contida no art. 156, VI, do CTN. Na prática, a conversão em questão é medida de efetivação do princípio da economia processual. Não teria lógica que o sistema processual do depósito permitisse a suspensão da exigibilidade do crédito tributário e, na hipótese de improcedência do pedido, o autor pudesse levantar o valor depositado e a Fazenda tivesse que ingressar com ação de execução fiscal para exigir o pagamento do seu crédito. A transferência dos recursos recolhidos a título de depósito reduz o tempo para a efetivação do pagamento do débito, que foi reconhecido por decisão judicial transitada em julgado.

Por conseguinte, é fundamental a solução final da lide para que se dê a devolução atualizada dos valores ao depositante, assim como para que o pagamento provisório se transforme em definitivo. No mesmo julgado citado anteriormente, ficou assentado o seguinte:

> 2. As Leis 9.703/98 (art. 1º, § 3º), 10.482/2002 (art. 5º) e 10.819/2003 (arts. 4º e 6º), ao disciplinarem os depósitos judiciais referentes a tributos de competência, respectivamente, da União, dos Estados (ou do Distrito Federal) e dos Municípios, corroboram o entendimento de que os valores depositados, após o encerramento da lide, serão entregues a quem houver ganho a causa (STJ. Recurso Especial 761.186/RS, Rel. Min. Denise Arruda, 1ª T., v.u., j. 21-10-2008, *DJe* 12-11-2008).

A jurisprudência tem entendido que o depósito judicial equivale ao pagamento antecipado a que alude o art. 150, § 1º, do CTN, nos casos em que o contribuinte decide discutir a validade de tributo sujeito ao lançamento por homologação (STJ. Recurso Especial 757.311/SC, Rel. Min. Luiz Fux, 1ª T., v.u., j. 13-5-2008, *DJe* 18-6-2008)[44].

O precedente do STJ é pertinente porque, na medida em que o depósito deve ser realizado em dinheiro e corresponder ao montante supostamente

---

44   No mesmo sentido: STJ. Agravo Regimental no Recurso Especial 999.224/SP, Rel. Min. Humberto Martins, 2ª T., v.u., j. 18-8-2009, *DJe* 31-8-2009.

CURSO COMPLETO DE DIREITO PROCESSUAL TRIBUTÁRIO

devido, equipara-se ao pagamento provisório previsto na sistemática do lançamento por homologação, razão pela qual, não há que se alegar decadência relativa aos fatos geradores tributários dos valores depositados. Admita-se que o contribuinte, em vez de realizar o pagamento antecipado, resolva discutir a validade da exigência do crédito tributário por meio das ações anulatória ou declaratória. Para suspender a exigibilidade do crédito tributário, decide o autor da ação depositar o montante que teria que pagar antecipadamente no lançamento por homologação. Caso a ação judicial dure mais de 5 anos, contados da ocorrência do fato gerador, não terá o contribuinte o direito de opor à Fazenda o argumento da decadência, sob o fundamento de que o Poder Público não teria constituído seu crédito tributário de ofício. Seria inegável burla à sistemática legal do depósito judicial a admissão da decadência nessa hipótese, porquanto a ação judicial é instrumento para eliminação de situações de incerteza jurídica e não um artifício para se levar o credor à perda do seu direito.

É importante salientar, no entanto, entendendo a Fazenda que o crédito tributário é superior ao valor depositado, ocorrerá a decadência sobre a diferença não depositada, caso Fisco não tenha exercido o seu direito de constituir o crédito tributário sobre essa diferença.

O depósito possui a força jurídica de suspender a exigibilidade do crédito, de sorte que a Fazenda não poderá iniciar os atos relativos à execução do crédito tributário sem que a ação judicial tenha se resolvido. Se proposta a Execução Fiscal apesar do depósito realizado, o processo fiscal deverá ser imediatamente extinto. Caso a Ação Anulatória seja julgada improcedente, a Fazenda está autorizada a postular a conversão do depósito em renda, o que equivale ao pagamento definitivo do débito, não havendo motivos para a manutenção da Execução Fiscal. Ressalte-se que conversão do valor depositado em renda da Fazenda (em verdade, por força da legislação citada, trata-se de "conversão" do pagamento provisório em definitivo) somente se dará após o trânsito em julgado. O mesmo argumento se utiliza na hipótese inversa: se procedente a anulatória, o depósito poderá ser levantado pelo contribuinte, o que acarretará também a extinção da Execução Fiscal.

>1. O depósito do montante integral do débito, nos termos do artigo 151, inciso II, do CTN, suspende a exigibilidade do crédito tributário e impede o ajuizamento da execução fiscal por parte da Fazenda Pública. Precedentes: REsp 193.402/RS, 2ª Turma, Min. Franciulli Netto, *DJ* de 31-3-2003;

Capítulo 8   Ações judiciais de iniciativa do sujeito passivo da obrigação tributária

> REsp 677.212/PE. 1ª T., Min. Teori Albino Zavascki *DJ* de 17-10-2005; REsp 156885/SP, 2ª Turma, Min. Castro Meira, *DJ* 16-11-2004; REsp 181758/SP, 1ª Turma, Min. Milton Luiz Pereira, *DJ* de 6-5-2002; REsp 62767/PE, 2ª Turma, Min. Antônio de Pádua Ribeiro, *DJ* de 28-4-1997. [...] 3. No caso dos autos – incontroverso o depósito do montante integral – o Tribunal de origem consignou que foi a "ação anulatória de débito fiscal proposta anteriormente à execução fiscal ajuizada" (fl.116). Assim, merece reforma a decisão recorrida, porquanto de acordo com os precedentes citados, deve ser declarada a extinção da execução fiscal. Precedente: REsp 1040603/MG, Rel. Min. Mauro Campbell, *DJ*. 23-6-2009 REsp 807685/RJ, Rel. Ministro Teori Albino Zavascki, *DJ* 8-5-2006. 4. Recurso especial a que se dá provimento (STJ. Recurso Especial 1.074.506/SP, Rel. Min. Luiz Fux, 1ª T., v.u., j. 6-8-2009, *DJe* 21-9-2009).

Conforme se viu, a conversão do depósito em renda ou transformação do pagamento provisório em definitivo, só poderá ocorrer depois de transitado em julgado o pedido. A perspectiva ideal é a de que a Ação Anulatória se resolva com a apreciação do mérito, ensejando a certeza jurídica esperada com a propositura da ação. De acordo com o que ficar resolvido no mérito pelo Poder Judiciário, o depósito poderá ser levantado ou convertido em pagamento definitivo do crédito tributário.

Questão controvertida ocorre quando o processo é extinto sem resolução de mérito (CPC, art. 485) e tenha sido realizado depósito para suspender a exigibilidade do crédito tributário. A Primeira Seção do STJ firmou o entendimento de que na hipótese de o processo ser extinto essa decisão é desfavorável, ficando o contribuinte impedido de pleitear o levantamento da quantia depositada e a Fazenda autorizada a pedir a conversão do depósito em pagamento definitivo.

> 2. A Primeira Seção firmou entendimento de que, mesmo sendo extinto o feito sem julgamento do mérito, os depósitos para suspensão da exigibilidade do crédito tributário devem ser convertidos em renda da Fazenda Pública e não levantados pelo contribuinte. 3. Ressalva a posição da Relatora. 4. Embargos de divergência conhecidos em parte e, nessa parte, não providos (STJ. Embargos no Recurso Especial 813.554/PE, Rel. Min. Eliana Calmon, 1ª S. v.u., j. 22-10-2008, *DJe* 10-11-2008)[45].

---

45   No mesmo sentido: STJ. Recurso Especial 901.052/SP; Embargos no Recurso Especial

Essa conclusão é questionável, uma vez que a ação judicial que é rejeitada sem resolução de mérito não atinge o cerne da controvérsia e se limita ao direito potestativo de ação. A extinção do processo sem pronunciamento se o crédito tributário é ou não procedente, mantém o estado de incerteza original, tanto assim que o contribuinte poderá, de acordo com o sistema processual, mover outra ação para discutir o mesmo crédito tributário. Se o depósito puder ser convertido em renda da Fazenda, a despeito de a decisão não ter solucionado o mérito da causa, o particular terá indiretamente prejudicado o direito de ingressar com nova ação para pleitear a nulidade do crédito tributário, o que resulta em indisfarçável negativa de acesso ao Poder Judiciário.

A extinção do processo sem julgamento do mérito não se confunde com as hipóteses em que o contribuinte, depois de ter ingressado com Ação Declaratória ou Anulatória, mediante depósito para suspender a exigibilidade do crédito tributário, adere a programas de parcelamento de débitos tributários. Em geral, as leis que fixam as regras do parcelamento, por expressarem manifesta transação no direito tributário, condicionam o deferimento do parcelamento à desistência de eventuais ações judiciais ou processos administrativos movidos pelo contribuinte contra a Fazenda Pública.

A desistência da ação constitui renúncia do direito sobre o qual se funda a demanda. Nesse sentido já decidiu o STJ:

> 2. A questão central dos autos refere-se à possibilidade – ou não – de levantamento dos valores depositados judicialmente para suspender a exigibilidade do crédito tributário, em razão de pedido de desistência, por adesão do contribuinte ao Programa de Recuperação Fiscal-REFIS. 3. *"Pacificou-se no Superior Tribunal de Justiça o entendimento de que a adesão ao Refis depende de confissão irrevogável e irretratável dos débitos fiscais, o que leva à extinção do feito com julgamento do mérito em razão da renúncia ao direito sobre o qual se funda a ação, na forma do disposto no art. 3º, I, da Lei n. 9.964/2000. Em razão disso, a extinção do feito deve ocorrer com fundamento no art. 269, V, do Código de Processo Civil."* (REsp 614.246/SC, Rel. Min. João Otávio de Noronha, Segunda Turma, DJ 27-2-2007 p. 241). 4. É legítima a conversão dos depósitos judi-

---

548.224/CE; Embargos no Recurso Especial 479.725/BA; Recurso Especial 553.541/CE; Embargos no Recurso Especial 215.589/RJ; Embargos no Recurso Especial 279.352/SP; Embargos no Recurso Especial 227.835/SP.

Capítulo 8   Ações judiciais de iniciativa do sujeito passivo da obrigação tributária

ciais em renda da União, ante a desistência do pedido, devidamente homologado por sentença, após o trânsito em julgado. Precedentes: EDcl no REsp 815810/RS, Rel. Min. Luiz Fux, Primeira Turma, *DJe* 18-6-2008; REsp 642965/RS, Rel. Min. Castro Meira, Segunda Turma, *DJ* 21-11-2005 p. 183; AgRg no REsp 774.579/PR, Rel. Min. Humberto Martins, Segunda Turma, *DJe* 11-3-2009). Embargos de declaração acolhidos, com efeitos infringentes, para dar provimento ao recurso especial da Fazenda Nacional (STJ. Embargos de Declaração nos Embargos de Declaração no Agravo Regimental no Recurso Especial 827375/SP, Rel. Min. Humberto Martins, 2ª T., v.u., j. 15-10-2009, *DJe* 23-10-2009).

Na hipótese do julgado transcrito, é lícita a conversão do depósito em renda, porque o acordo firmado com a Fazenda implica concessões de ambas as partes. Em geral, o credor abre mão de parcelas do seu crédito, oferecendo descontos para quem aderir ao programa de parcelamento; o contribuinte, por sua vez, tem que desistir das ações movidas contra a Fazenda Pública, podendo aderir a essa condição.

Essa situação poderá ensejar o seguinte: deduzidos os descontos do parcelamento, o valor depositado poderá ser superior ao saldo devedor com a incidência dos benefícios fiscais atribuídos pelo parcelamento. Nesses casos, o contribuinte tem direito a levantar a diferença, que significa, exatamente, a vantagem econômica em aderir ao acordo. A outra parte do depósito será convertida em renda da Fazenda, mediante confirmação do pagamento. Nesse sentido há o seguinte precedente:

> 1. Com a desistência da ação judicial como condição imposta pelas MP n. 38/2002, para que fosse efetivada a adesão ao programa de benefício fiscal, os valores depositados devem ser imediatamente convertidos em renda da União, entretanto apenas na parte devida à Fazenda, com a dedução do benefício fiscal. Precedente: REsp 939.385/RS, Rel. Min. Francisco Falcão, Primeira Turma, *DJe* 5-5-2008 (STJ. Agravo Regimental no Recurso Especial 774.579/PR. Rel. Min. Humberto Martins. 2ª T., v.u., j. 10-2-2009, *DJe* 11-3-2009).

No processo aduaneiro é lícito ao importador realizar o depósito do valor da mercadoria importada acrescido dos tributos incidentes sobre a importação, em especial o Imposto de Importação, o Imposto sobre Produtos Industrializados (IPI/Importação) e a Contribuição para Seguridade Social sobre a Importação (Cofins/Importação). O mencionado depósito pode ser realizado

733

em mandado de segurança ou ação anulatória, a fim de que a mercadoria considerada como importada irregularmente possa ser liberada enquanto se decide sobre a validade da importação. Caso se confirme que a importação era irregular e se declarada a pena de perdimento dos bens, os valores depositados deverão ser convertidos em renda da Fazenda, uma vez que o depósito substituirá os bens importados ilicitamente.

O ponto controvertido desse tipo de caso tem a ver com a incidência dos tributos sobre a mercadoria importada. Isso porque a mercadoria sujeita ao perdimento de bens não sofre a incidência do Imposto de Importação. O fundamento para essa assertiva reside no disposto no art. 1º, § 4º, III, do Decreto-lei n. 37 de 1966 (Regulamento Aduaneiro), que exclui da incidência do mencionado imposto a mercadoria importada, que se tornou objeto de perdimento, exceto na hipótese em que não seja localizada, tenha sido consumida ou revendida. A questão tem a ver com a aplicação do princípio do *non olet* no direito tributário (CTN, art. 118). Quando o fato ilícito for essencial para a incidência do imposto, não há como se abstrair a ilicitude de modo que a norma tributária pode incidir sobre mencionado fato. Se a importação era ilícita, inválida será também a exigência tributária, por se fundar em fato repudiado pelo direito. Diferente será a situação da incidência dos demais tributos relativos a importação, como é caso do IPI e da Cofins/Importação. Tais tributos se fundam sobre a industrialização do produto e sobre o faturamento, respectivamente. Daí por que a ilicitude, que recaiu, sobre a importação dos bens, é acidental em relação aos fatos geradores do IPI e da Cofins. Assim, apesar da pena de perdimento dos bens, tais tributos serão exigíveis. Em acórdão didático, tem-se o seguinte precedente do STJ:

> Tributário. Apreensão de mercadorias. Importação irregular. Pena de perdimento. Conversão em renda. 1. Nos termos do Decreto-lei n. 37/66, justifica-se a aplicação da pena de perdimento se o importador tenta ingressar no território nacional, sem declaração ao posto fiscal competente, com mercadorias que excedem, e muito, o conceito de bagagem, indicando nítida destinação comercial. 2. O art. 118 do CTN consagra o princípio do "non olet", segundo o qual o produto da atividade ilícita deve ser tributado, desde que realizado, no mundo dos fatos, a hipótese de incidência da obrigação tributária. 3. Se o ato ou negócio ilícito for acidental à norma de tributação (= estiver na periferia da regra de incidência), surgirá a obrigação tributária com todas as consequências que lhe são inerentes. Por outro lado, não se admite que a ilicitude recaia sobre elemento essencial da norma de tributação. 4. Assim, por

Capítulo 8   Ações judiciais de iniciativa do sujeito passivo da obrigação tributária

exemplo, a renda obtida com o tráfico de drogas deve ser tributada, já que o que se tributa é o aumento patrimonial e não o próprio tráfico. Nesse caso, a ilicitude é circunstância acidental à norma de tributação. No caso de importação ilícita, reconhecida a ilicitude e aplicada a pena de perdimento, não poderá ser cobrado o imposto de importação, já que "importar mercadorias" é elemento essencial do tipo tributário. Assim, a ilicitude da importação afeta a própria incidência da regra tributária no caso concerto. 5. A legislação do imposto de importação consagra a tese no art. 1º, § 4º, III, do Decreto-Lei 37/66, ao determinar que "o imposto não incide sobre mercadoria estrangeira [...] que tenha sido objeto de pena de perdimento". 6. Os demais tributos que incidem sobre produtos importados (IPI, PIS e COFINS) não ensejam o mesmo tratamento, já que o fato de ser irregular a importação em nada altera a incidência desses tributos, que têm por fato gerador o produto industrializado e o faturamento, respectivamente. 7. O art. 622, § 2º, do Regulamento Aduaneiro (Decreto 4.543/02) deixa claro que a "aplicação da pena de perdimento" [...] "não prejudica a exigência de impostos e de penalidades pecuniárias". 8. O imposto sobre produtos industrializados tem regra específica no mesmo sentido (art. 487 do Decreto 4.544/02 – Regulamento do IPI), não dispensando, "em caso algum, o pagamento do imposto devido". 9. O depósito que o acórdão recorrido determinou fosse convertido em renda abrange, além do valor das mercadorias apreendidas, o montante relativo ao imposto de importação (II), ao imposto sobre produtos industrializados (IPI), à contribuição ao PIS e à COFINS. 10. O valor das mercadorias não pode ser devolvido ao contribuinte, já que a pena de perdimento foi aplicada e as mercadorias foram liberadas mediante o depósito do valor atualizado. Os valores relativos ao IPI, PIS e COFINS devem ser convertidos em renda, já que a regra geral é de que a aplicação da pena de perdimento não afeta a incidência do tributo devido sobre a operação. 11. O recurso deve ser provido somente para possibilitar a liberação ao contribuinte do valor relativo ao imposto de importação. 12. Recurso especial provido em parte (STJ. Recurso Especial 984.607/PR. Rel. Min. Castro Meira, 2ª T., v.u., j. 7-10-2008, *DJe* 5-11-2008).

Retornando-se ao ponto da conversão do depósito em renda, nesses casos, resolvido que a mercadoria foi importada irregularmente dando ensejo ao perdimento dos bens, deverá ser convertido em renda da Fazenda o valor da mercadoria, acrescido do IPI e da Cofins, quando for o caso. O Imposto de Importação não incide diante do fato de que a ilicitude da importação não pode constituir o fato gerador do respectivo imposto. Assim, ao realizar o depósito, o contribuinte deverá depositar somente o valor da mercadoria acrescido dos valores do IPI e da Cofins. Caso tenha depositado também o valor do Imposto de Importação, com o objetivo de evitar dificuldades na liberação das mercadorias, na hipótese de se confirmar o perdimento, o contribuinte tem direito de levantar o valor correspondente ao Imposto de Importação.

8.4 AÇÃO DE REPETIÇÃO DE INDÉBITO

O sujeito passivo da obrigação tributária que pagar tributos indevidamente à Fazenda Pública poderá pleitear a devolução dos valores perante a própria administração tributária, ou poderá demandar a Justiça diretamente. Essa opção de procurar o Poder Judiciário diretamente, se fundamenta, por óbvio, no princípio do "acesso à jurisdição" (CF, art. 5º, XXXV).

No processo judicial, a restituição tributária é conhecida como "ação de repetição de indébito". Isso porque, conforme ensina Hugo de Brito Machado "repetir" também significa "restituição do que a título de tributo foi pago indevidamente"[46].

A ação de repetição de indébito tem sua origem no antigo instituto *solve et repete*, que pressupunha que todo contribuinte quando pretendesse discutir a validade de um tributo, deveria pagá-lo primeiramente para depois pleitear a devolução dos valores recolhidos.

Com o decorrer dos anos e aperfeiçoamento dos conceitos de "cidadania" e "Estado de direito" verificou-se, no Ocidente, que essa regra privilegiava desigualmente a Fazenda Pública em detrimento do cidadão. Além disso, era injusta, visto que somente os mais ricos teriam condições de pagar a obrigação tributária para depois refutar sua validade. Na Itália, por exemplo, a regra do *solve et repete* foi considerada inconstitucional pela Suprema Corte daquele país, em 1961. O precedente italiano, de certa maneira, passou a ser seguido por outros países que davam aplicação à referida cláusula[47].

No Brasil, o art. 38 da LEF pode ser considerado resquício da cláusula em questão, quando determina que o depósito é condição para se ingressar

---

46 MACHADO, Hugo de Brito. *Comentários ao Código Tributário Nacional*. São Paulo: Atlas, 2005, v. III, p. 383.

47 CAIS, Cleide Previtalli. *O processo tributário*, p. 393.

Capítulo 8   Ações judiciais de iniciativa do sujeito passivo da obrigação tributária

com a Ação Anulatória de Débito Fiscal inscrito em dívida ativa. Por outro lado, a interpretação predominante de que o depósito nesse caso é requisito apenas para a suspensão da exigibilidade do crédito tributário, podendo-se ingressar com a medida anulatória independentemente do mencionado depósito, reforça a tese de banimento da cláusula *solve et repete*[48].

Por outro lado, no âmbito dos tributos federais, a ação de repetição de indébito pode ser em grande escala substituída pelas soluções administrativas no campo da compensação tributária. Somente quando não for possível ao contribuinte submeter-se às regras da mencionada compensação, reguladas basicamente pelo art. 66 da Lei n. 8.383, de 1991 e art. 74 da Lei n. 9.430, de 1996, a ação judicial em questão traria efeitos práticos ao contribuinte.

Normalmente, em razão do tempo de tramitação da ação de repetição de indébito, o contribuinte se sente desestimulado em pedir a restituição de tributos pagos indevidamente perante o Poder Judiciário. Acresça-se ainda que, geralmente, depois de encerrado o processo com o trânsito em julgado da sentença condenatória da Fazenda, terá o autor que se submeter ao regime de pagamento por meio de precatórios (CF, art. 100). É verdade, conforme será visto adiante, tem-se oferecido ao contribuinte o direito de optar em executar a Fazenda mediante compensação, em vez dos precatórios. Esta alternativa traz algum alento para o pleito da ação de repetição de indébito no plano da efetividade do processo, pois torna mais célere o recebimento do crédito do contribuinte.

8.4.1 Cabimento no processo tributário

O pressuposto para o cabimento da ação judicial de repetição de indébito é o pagamento da obrigação tributária principal ou acessória, neste último caso depois de convertida em obrigação principal, nos termos do art. 113 do CTN. Para facilitar a comunicação, daqui em diante, as obrigações tributárias principal e acessória, que justifiquem a ação de repetição de indébito, serão referidas como "tributo indevido" ou "indébito tributário".

---

48 Súmula Vinculante 28, do STF: "É inconstitucional a exigência de depósito prévio como requisito de admissibilidade de ação judicial na qual se pretenda discutir a exigibilidade de crédito tributário".

737

CURSO COMPLETO DE DIREITO PROCESSUAL TRIBUTÁRIO

Diferentemente das demais medidas judiciais examinadas, a ação em questão decorre do fato de o sujeito passivo da obrigação tributária ter reconhecido em momento anterior que deveria cumprir a obrigação. Nas ações de mandado de segurança preventivo, ação declaratória e ação anulatória, a oposição do contribuinte sobre a obrigação tributária é prévia ao pagamento do tributo, daí por que é possível o depósito judicial do montante supostamente devido para suspender a exigibilidade do crédito tributário. Na repetição de indébito, o contribuinte demanda o Poder Judiciário para reaver os valores pagos indevidamente a título de tributo, fundado na "proibição de enriquecimento ilícito de terceiro", no caso a Fazenda Pública.

Conforme foi mencionado no início desta seção, o pedido de repetição ou restituição de tributos pagos indevidamente poderá ser exercido na instância administrativa, isto é, perante a própria Fazenda Pública a quem foi pago o tributo. Saliente-se que na hipótese de a administração tributária indeferir o pedido administrativo de restituição, a propositura de Ação Anulatória para tornar sem efeito essa decisão deverá ocorrer no prazo de 2 anos, na forma do art. 169 do CTN, podendo o pedido de anulação ser cumulado com o de restituição (CPC, art. 327).

A ação de repetição de indébito também é cabível depois que o crédito tributário é inscrito na dívida ativa, conforme o art. 38 da LEF. Assim, o direito protege o contribuinte de boa-fé que paga o crédito tributário indevido e, simultaneamente, repele o enriquecimento sem causa, permitindo a ação de repetição de indébito, mesmo após a inscrição na dívida ativa. Trata-se de outro resquício do princípio *solve et repete*, na medida em que o contribuinte, para regularizar sua situação fiscal, poderá pagar o tributo para que o seu nome e sua dívida sejam excluídos da dívida ativa. Em seguida, poderá postular a restituição dos valores pagos e considerados indevidos por meio de ação de repetição de indébito.

A Constituição Federal não possui dispositivo expresso em que se refira à ação de repetição de indébito, mas o seu art. 37 consagra os princípios norteadores da administração pública, que a respeito do tema em questão destacam-se a "legalidade" e a "moralidade". A exigência de tributos em confronto com a legalidade ofende a Constituição, porque a cobrança de tributos deve ser fundada em lei e esta deverá ser compatível com os preceitos constitucionais tributários. A noção de legalidade é tam-

738

Capítulo 8   Ações judiciais de iniciativa do sujeito passivo da obrigação tributária

bém afetada quando há discrepância entre leis tributárias específicas com as regras gerais de tributação previstas no CTN. Assim, o pagamento de tributo não amparado em lei, com base em lei inconstitucional ou em desacordo com o CTN pode levar à repetição de indébito, fundada na noção de ofensa à legalidade.

Quanto à moralidade administrativa, o direito a repetição do indébito tributário está relacionado com a vedação ao enriquecimento sem causa, um dos mais importantes axiomas jurídicos. Portanto, se o sujeito passivo pagar tributo espontaneamente acima do valor devido, a Fazenda deverá devolver a diferença a maior por manifesta ofensa à moralidade.

Cleide Previtalli Cais encontra fundamentos mais específicos na Constituição Federal para a ação de repetição de indébito. De acordo com a autora, a Repetição de Indébito se funda nos seguintes preceitos constitucionais: a) o art. 150, § 7º, que assegura ao contribuinte o direito de reaver valores recolhidos nos casos de substituição tributária para frente, quando o fato gerador presumido não se consumar; b) arts. 5º e 150, I, que consagram, respectivamente, os princípios da legalidade e legalidade estrita em matéria tributária; c) art. 37, que vincula a administração pública ao princípio da moralidade; d) art. 5º, § 2º, que alude aos direitos fundamentais decorrentes do regime constitucional, bem como os que se fundam em tratados internacionais dos quais o Brasil figura como parte; e) os arts. 145 a 149-A, que disciplinam o sistema tributário nacional, limitando competências e exigências tributárias[49].

Os fundamentos constitucionais para a ação de repetição de indébito deveriam garantir a essa medida processual maior efetividade ao direito à restituição de tributos indevidos. Sobre o tema, Machado Segundo alerta para o seguinte:

> [...] a principal consequência que se pode extrair de tal fundamento constitucional – mas que por vezes é solenemente ignorada pelo Poder Judiciário – é a de que o direito à restituição de tributo pago indevidamente não pode ser suprimido, embaraçado ou impossibilitado pela legislação de inferior hierarquia[50].

---

49   CAIS, Cleide Previtalli. *O processo tributário*, p. 379.

50   MACHADO SEGUNDO, Hugo de Brito. *Processo tributário*, p. 421.

CURSO COMPLETO DE DIREITO PROCESSUAL TRIBUTÁRIO

O art. 165 do CTN prevê a ação de repetição de indébito, deixando entrever que as hipóteses de cabimento da medida estão fundadas no princípio geral de "proibição do enriquecimento ilícito". Em síntese, são três as causas que motivam a ajuizamento da ação, prevendo o CTN desde logo que o acesso à Justiça independe de prévio protesto, isto é, não se exige do contribuinte notificar a Fazenda Pública para manifestar sua intenção de pedir a repetição do indébito tributário.

A primeira hipótese trata da "cobrança ou pagamento espontâneo de tributo", que não deveria ter sido pago em decorrência de lançamento de ofício ou pago antecipadamente conforme o lançamento por homologação, ou ainda, não deveria ter sido pago acima do valor devido, qualquer que fosse a causa do pagamento indevido. Dentre os motivos do pagamento indevido está, por exemplo, a inconstitucionalidade da lei que exige o pagamento do tributo ou sua incompatibilidade com o CTN etc.

A segunda hipótese são "erros contidos no lançamento tributário" que, apesar disso, não impediram o pagamento do tributo. É o caso do lançamento feito contra quem não é o verdadeiro devedor do tributo; na determinação da alíquota correta ou no cálculo do valor a ser pago, resultando, obviamente, no pagamento indevido. A hipótese de "erro na identificação" do sujeito passivo raramente poderá levar ao pagamento indevido do tributo, pois o sujeito passivo que for notificado para pagar o crédito tributário em relação ao qual entende não ser o contribuinte ou responsável, normalmente age de forma preventiva ao pagamento, impugnando o lançamento indevido.

Quanto ao lançamento por homologação, é ainda mais remota a possibilidade de pagamento indevido com erro sobre a pessoa do contribuinte, porquanto cabe ao próprio sujeito passivo apurar o crédito tributário, não sendo crível o pagamento indevido nesses casos. Nesta segunda hipótese é prevista também uma causa mais rara de pagamento indevido, consistente no "erro na conferência de documentos relativos ao pagamento".

A última hipótese de pagamento indevido é a reforma, anulação, revogação ou rescisão de decisão condenatória. Essas hipóteses previstas no inciso III do art. 165, também não são comuns e partem de pressupostos pouco prováveis. De acordo com o dispositivo mencionado, o contribuinte teria pago o tributo por força de decisão condenatória (administrativa ou judicial) que foi posteriormente reformada, anulada, revogada ou rescindida, gerando, assim, o crédito do contribuinte.

Capítulo 8   Ações judiciais de iniciativa do sujeito passivo da obrigação tributária

8.4.2 Restituição de tributos indiretos (CTN, art. 166)

O art. 166 do CTN prevê a hipótese de restituição de tributos que comportem, por sua natureza, transferência do respectivo encargo financeiro a terceiros. Nesse caso, a restituição só será possível se o credor provar ter assumido o referido encargo, ou, no caso de tê-lo transferido a terceiro, estar por este expressamente autorizado a recebê-lo.

A previsão legal em questão conduz à polêmica distinção entre tributos "diretos" e "indiretos" e à classificação dos contribuintes como "de direito" e "de fato". Sem pretender ingressar nas controvérsias desse tema, a refrega acadêmica sobre o assunto se resume no reconhecimento ou não de que os tributos possuem repercussão econômica e se isso é relevante de um ponto de vista jurídico. Para os defensores da tese da repercussão, existe relevância no fato de os tributos repercutirem sobre a economia dos consumidores, que afinal arcam com os encargos financeiros dos tributos embutidos no preço das mercadorias e serviços consumidos[51]. Essa repercussão não pode ser ignorada pelo direito, daí por que o art. 166 do CTN se refere à exigência de "prova" de quem assumiu o encargo financeiro do tributo para ser legitimado a postular sua respectiva restituição. Os defensores da tese de que a repercussão econômica é irrelevante sustentam que essa característica não é jurídica, razão pela qual não deve ser alvo das regras do direito[52]. Além

---

51   MOREIRA, André Mendes. *A não cumulatividade dos tributos*. 2. ed. São Paulo: Noeses, 2012, p. 5-56; BALEEIRO, Aliomar. *Uma introdução à ciência das finanças*. 16. ed. Rio de Janeiro: Forense, 2006, p. 279-281; MORSHBACHER, José. *A restituição dos impostos indiretos*. Porto Alegre: Editora Síntese, 1977, p. 107-115; DENARI, Zelmo. *Curso de direito tributário*. 8. ed. São Paulo: Atlas, 2002, p. 85-88; SZKLAROWSKY, Leon Frejda. Repetição do indébito. In: MARTINS, Ives Gandra da Silva (coord.). *Caderno de pesquisas tributárias n. 8*: repetição de indébito. São Paulo: Resenha tributária, 983, p. 22; CASSONE, Vittorio. *Direito tributário*. 22. ed. São Paulo: Atlas, 2011, p. 56; NOGUEIRA, Ruy Barbosa. *Curso de direito tributário*. 10. ed. São Paulo: Saraiva, 1990, p. 163.

52   BECKER, Alfredo Augusto. *Teoria geral do direito tributário*. 3. ed. São Paulo: Lejus, 1998, p. 536; ATALIBA, Geraldo. *Hipótese de incidência tributária*. 5. ed. São Paulo: Malheiros, 1996, p. 126; BOTALLO, Eduardo Domingos; MELO, José Eduardo Soares. *Comentários às súmulas tributárias do STF e do STJ*. São Paulo: Quartier Latin, 2007, p. 87; NEVIANI, Tarcísio. Repetição do indébito. In: MARTINS, Ives Gandra da Silva (coord.). *Caderno de Pesquisas Tributárias n. 8*: repetição de indébito. São Paulo: Coedição do Centro de Estudos de Extensão Universitária e Editora Resenha tributária, 1983, p. 308; CANTO, Gilberto de

CURSO COMPLETO DE DIREITO PROCESSUAL TRIBUTÁRIO

disso, argumentam que todo tributo naturalmente tem repercussão econômica, especialmente quando se tratar do consumo de bens e serviços, sendo de certa forma um mito acreditar que somente os tributos indiretos repercutem sobre o consumo, na medida em que o IR, Contribuições Sociais e até o IPTU são repassados como custos nos preços das mercadorias.

A propósito, a diferença entre tributos diretos e indiretos pode ser resumida na ideia de que, no primeiro caso, não é possível transferir para terceiros o encargo financeiro do tributo, enquanto, no segundo, esse repasse é possível. Por exemplo, no IPTU ou no IR, o contribuinte não possui meios legais de embutir o valor dos mencionados impostos em algum negócio jurídico, de modo que o ônus econômico do tributo seja arcado por terceiro relacionado a esse negócio. Esses impostos incidem bastando para tanto a prática de seus respectivos fatos geradores (propriedade imobiliária e renda) e o encargo financeiro dos mencionados tributos são suportados unicamente por seus contribuintes. É diferente dos tributos que incidem sobre o consumo de produtos ou de serviços porque, nesses casos, a legislação autoriza que o valor dos tributos seja embutido no preço dos bens vendidos, sendo o seu respectivo valor suportado pelo adquirente, consumidor dos bens. Assim, o vendedor é considerado como "contribuinte de direito" porque tem relação jurídica tributária com o fisco, que é a de pagar os tributos incidentes sobre o consumo, e o consumidor é chamado "contribuinte de fato", pois, embora não tenha relação jurídica tributária com o Fisco, é quem suporta o ônus econômico dos tributos indiretos. Na prática, o contribuinte de direito é ressarcido do valor do tributo na medida em que insere o seu valor como um dos custos das mercadorias.

O art. 166 do CTN tenta solucionar uma questão jurídica delicada que é evitar o enriquecimento ilícito da Fazenda nos casos em que os tributos indiretos tenham sido pagos indevidamente pelo contribuinte de direito,

---

Ulhôa. Repetição do indébito. In: MARTINS, Ives Gandra da Silva (coord.). *Caderno de Pesquisas Tributárias n. 8*: repetição de indébito. São Paulo: Coedição do Centro de Estudos de Extensão Universitária e Editora Resenha tributária, 1983, p. 8-9; *Comentários ao Código Tributário Nacional*. São Paulo: Atlas, v. III, 2005, p. 394-430; MACHADO, Hugo de Brito. Imposto indireto, repetição do indébito e imunidade subjetiva. *Revista dialética de direito tributário n. 2*. São Paulo: Dialética, nov./1995, p. 32-35; COELHO, Sacha Calmon Navarro. *Curso de direito tributário brasileiro*. 11. ed. Rio de Janeiro: Forense, 2010, p. 724-728.

742

Capítulo 8   **Ações judiciais de iniciativa do sujeito passivo da obrigação tributária**

porém sua repercussão financeira atingiu somente o contribuinte de fato. Essa é uma das normas de mais difícil aplicação pragmática do CTN. Isso porque a incidência de qualquer tributo sobre mercadorias ou produtos interfere no seu preço, de sorte que quase sempre serão incorporados no custo dos produtos comercializados. O tributo é um custo da mercadoria tal qual a matéria prima e insumos que a compõem. Assim, sem os tributos, a mercadoria ou o serviço poderia custar menos. De qualquer forma, pretende o art. 166 do CTN evitar a situação em que o vendedor, tendo embutido os custos da tributação no preço da mercadoria, possa postular a restituição total ou parcial dessa tributação sem comprovar que o ônus do tributo foi unicamente suportado por ele. A lógica dessa norma é que o vendedor do bem é apenas intermediário da relação econômica que inicia na produção da mercadoria e termina na aquisição pelo consumidor final. Este, em última análise, é quem suporta os encargos finais da tributação. Por esse motivo, seria o consumidor legítimo postulante da restituição de tributos incidentes sobre mercadorias e produtos, mas poderá, de acordo com o mencionado dispositivo legal, autorizar o contribuinte de direito a pedir sua restituição.

No caso de mercadorias, produtos e serviços inseridos no comércio, essa autorização é praticamente impossível. Imagine-se uma loja de eletrodomésticos ou magazine promovendo uma espécie de *recall* com seus compradores, a fim de obter a citada autorização. Tratando-se de bens muito específicos, talvez isso seja possível, mas não se pode ignorar que, se o consumidor pode autorizar o vendedor a pedir a restituição do indébito, por qual razão não o faria diretamente? A norma do art. 166 do CTN, conforme se alertou, possui difícil aplicação e essas dificuldades provavelmente não passaram despercebidas pelo legislador da época. O dispositivo legal indica que se optou pelo questionável propósito de que o tributo, mesmo quando indevido, é socialmente preferível que seja mantido em poder da Administração do que devolvido a quem o pagou diretamente (contribuinte de direito) ou suportou seu encargo financeiro (contribuinte de fato). Teoricamente, pode-se supor que o tributo depositado nos cofres públicos será sempre devolvido em bens coletivos.

Essa linha de raciocínio, contudo, é uma via de mão de dupla quando se observa que o tributo pago indevidamente não condiz com a moralidade jurídica, uma vez que não seria dado à administração fiscal demonstrar

743

o mau exemplo, apropriando-se indevidamente de dinheiro que deveria estar em poder do particular. Isso equivaleria a uma espécie de "confisco oficial". Saliente-se que, mesmo em se tratando de tributo indireto, se o valor tributário não deveria ser pago, a mercadoria poderia custar menos ou o lucro do vendedor ser maior. Essa dedução pertence à lógica natural da economia de mercado, sobre a qual o Estado não deveria interferir de modo a prejudicá-la. Significa dizer que, mesmo que a repercussão seja suportada pelo consumidor final, não seria antijurídico permitir ao vendedor da mercadoria a restituição do indébito tributário sem os embaraços do art. 166 do CTN. Isso porque o valor restituído, ou repercutiria a favor da diminuição dos preços de novos produtos inseridos no mercado, ou aumentaria os lucros da empresa, o que daria mais solidez econômica para geração de mais empregos ou investimentos diretos ou indiretos. Dito de outro modo, a sociedade ganharia também com a restituição do tributo a quem o pagou indevidamente. Mas é de se reconhecer que não há como se garantir na economia de mercado que o empresário venha a "socializar" o valor do tributo restituído mediante a criação de postos de trabalho ou diminuição de preços.

Na doutrina erguem-se argumentos no sentido de que o art. 166 do CTN inviabiliza a restituição do indébito no caso de tributos indiretos (ICMS, IPI entre outros). Gabriel Lacerda Troainelli, por exemplo, sustenta que o direito à restituição decorre dos princípios da moralidade e legalidade, inscritos na Constituição Federal, não podendo o art. 166 do CTN, com sua norma restritiva ao direito de restituição ser invocada para dificultar ou até inviabilizar a repetição de indébito de tributos indiretos[53]. Na mesma linha de entendimento, a respeito da norma do art. 166 do CTN, sustenta Schubert Machado:

---

53 "A norma do art. 166 do Código Tributário Nacional confere, no que concerne aos tributos ditos indiretos, um sabor todo especial à inconstitucionalidade útil, uma vez que, mesmo após declarado indevido o tributo, não poderá o contribuinte – há casos em que a expressa permissão do terceiro que assumiu o encargo financeiro é praticamente impossível – obter de volta o que pagou, permanecendo o indébito com o Estado. A norma em exame, assim, anima a imoralidade legiferante e promove a inconstitucionalidade útil a inconstitucionalidade utilíssima". Cf. TROIANELLI, Gabriel Lacerda. Repetição de indébito, compensação e ação declaratória. In: MACHADO, Hugo de Brito (coord.). *Repetição do indébito e compensação no direito tributário.* São Paulo: Dialética/ICET, 1999, p. 122.

Capítulo 8   Ações judiciais de iniciativa do sujeito passivo da obrigação tributária

"Como vimos, todo pagamento indevido de tributo faz surgir o direito subjetivo do contribuinte a repeti-lo. A lei não pode suprimir esse direito sob pena de ofensa à Constituição Federal"[54]. Para os autores, portanto, o direito de repetir o indébito decorre diretamente da Constituição, na medida em que os tributos se escoram fundamentalmente no princípio da legalidade. A ausência desse requisito impõe a devolução incondicional do tributo, sob pena de inconstitucionalidade das restrições acometidas no direito à restituição.

Hugo de Brito Machado, no entanto, discorda em parte dessas afirmações. O autor admite a incidência da norma do art. 166 do CTN quando a repercussão do tributo for "jurídica" e não exatamente "econômica"[55]. Para o professor, quando a mercadoria tiver preços fixados por regra de direito, como exemplo, a energia elétrica, a imposição de tributos sobre esse preço será jurídica, razão pela qual o tributo não repercute sobre o lucro do vendedor. Nesse caso, a restituição somente será possível se o vendedor estiver autorizado pelo adquirente ou conseguir comprovar que não repassou o valor do tributo ao comprador. Nas hipóteses em que o preço do produto é livremente fixado pelo comerciante, não se aplicariam as restrições do art. 166 do CTN porque o tributo incidente na mercadoria repercute nos ganhos que o vendedor terá com a venda. Conforme as condições do mercado concorrencial, quanto mais elevados forem os custos de um comerciante, menor poderá ser seu lucro, eis que a repercussão do tributo é um custo fixo. Assim, a repercussão econômica assumida pelo vendedor (contribuinte de direito) é decorrência lógica das regras de mercado relativas à fixação dos preços, de modo que não se aplicaria a exigência de autorização do consumidor final ou a prova da repercussão econômica para se pedir a restituição dos tributos sobre o consumo.

Na atualidade, são poucos os produtos cujo preço é tabelado pelo Estado. O que tem ocorrido é uma simples orientação de preços a fim de viabilizar a substituição tributária "para frente". Ainda nessas hipóteses o vendedor não está obrigado a comercializar conforme o preço sugerido pelo Fisco. Poderá vender por menos, sendo proporcionalmente menor o valor do tributo.

---

54   MACHADO, Schubert de Farias. O direito à repetição do indébito tributário. In: MACHADO, Hugo de Brito (coord.). *Repetição do Indébito e compensação no direito tributário*. São Paulo: Dialética/ICET, 1999, p. 402.

55   MACHADO, Hugo de Brito. *Comentários ao Código Tributário Nacional*, v. III, p. 397-398.

Fica sempre a indagação se no Brasil há realmente repercussão jurídica do valor dos tributos sobre as mercadorias e se a norma do art. 166 do CTN é compatível com a Constituição Federal.

O STF há muitos anos editou a Súmula 71, com a seguinte orientação: "Embora pago indevidamente, não cabe restituição de tributo indireto". Esse entendimento se sustentava na tradicional divisão dos tributos nos grupos "direto" e "indireto".

Posteriormente a essa primeira interpretação, o STF migrou para a edição da Súmula 546, que reza: "cabe a restituição do tributo pago indevidamente quando reconhecido por decisão que o contribuinte *de jure* não recuperou do contribuinte de *facto* o *quantum* respectivo". Por esse entendimento, compete ao comerciante comprovar que assumiu o encargo do tributo. O art. 166 do CTN adotou esse fundamento, apesar de não ter conseguido suplantar a polêmica doutrinária que acusa a norma de impraticável, porquanto todo tributo incidente sobre produtos, serviços ou mercadorias repercute economicamente no preço de venda. A norma do art. 166 do CTN parece pretender dirigir-se aos tributos sujeitos ao regime de não cumulatividade, em que se destacam em separado os impostos, facilitando eventual pedido de restituição. Machado Segundo contradita esse entendimento quando assevera que: "de um ponto de vista econômico, todo tributo comporta transferência do encargo financeiro"[56]. É claro que essa conclusão fica mais evidente em relação ao ICMS e IPI, mas até impostos tradicionalmente considerados diretos como IPTU e IR podem ser embutidos no preço dos negócios relativos aos respectivos fatos geradores da incidência desses impostos.

Luciano Amaro justifica a presença do art. 166 do CTN sob o argumento de que esse dispositivo seguiu a mudança de entendimento do STF sobre a Súmula 71 do próprio tribunal. Observa o professor que o CTN "preocupou-se com a hipótese de alguém se por na condição de 'contribuinte de direito', recolher o tributo indevido, repassá-lo a terceiro e, maliciosamente, pleitear para si a restituição, sem dela dar conta ao terceiro"[57]. Daí por que o CTN exige autorização do terceiro ou prova de assunção do encargo financeiro pelo contribuinte de direito.

---

56 MACHADO SEGUNDO, Hugo de Brito. *Processo tributário*, p. 375-376.

57 AMARO, Luciano. *Direito Tributário Brasileiro*. 15ª São Paulo: Saraiva, 2009, p. 424.

Capítulo 8   Ações judiciais de iniciativa do sujeito passivo da obrigação tributária

Enfim, entendemos ser difícil pedir a restituição de outros tributos incorporados nos preços das mercadorias ou que de alguma forma tenham sido transferidos a terceiros, renunciando-se à sistemática prevista no art. 166 do CTN. Apesar dos argumentos em torno de que o direito à restituição decorreria da Constituição Federal e não propriamente do CTN, não há como efetivá-lo sem uma regra geral mínima que possa assegurar o pleito de restituição a quem realmente pagou de forma indevida e sofreu a repercussão financeira desse pagamento. No caso dos tributos indiretos, o contribuinte de direito somente pode estar legitimado à restituição se comprovar que assumiu o encargo financeiro do tributo no lugar do contribuinte de fato ou se estiver autorizado por este a fazê-lo.

Superada a polêmica, as dificuldades de interpretação do art. 166 do CTN convergem para duas ordens de ideias: a) prova do encargo financeiro por parte do contribuinte de direito; b) legitimidade à restituição. José Morschbacker menciona alguns meios de se provar o encargo financeiro de tributos para fins de cumprimento da regra do art. 166 do CTN, como é o caso do tabelamento de preços e a prática de preços conhecidos do mercado[58]. Por meio do tabelamento de preços seria possível comprovar que o comerciante não teve margem de alteração de lucro, de modo que o tributo incidiu igualmente sobre a mesma base para todos os fornecedores. Eventual pedido de restituição do indébito pelo contribuinte de direito se fundaria no argumento de que os preços praticados são os conhecidos pelo Governo.

Saliente-se que na atualidade é raro ocorrer tabelamento de preços e nas economias de mercado não se tolera alinhamento de preços ou monopólios comerciais. Assim, para ter direito à restituição de tributos indiretos, o contribuinte de direito terá que comprovar que não repassou ao contribuinte de fato o encargo econômico do tributo, tendo sido essa a orientação do STJ sobre a matéria.

> Recurso especial. Tributário. ICMS. Majoração de alíquota de 17% para 18%. Pedido de devolução de valores recolhidos indevidamente. Imposto indireto. Repercussão. Art. 166 do CTN. Recurso provido. 1. É exigida, nas hipóteses em que se pretende a compensação ou restituição de tributos

---

58   MORSCHBACKER, José. *A restituição dos impostos indiretos*. Porto Alegre: Editora Síntese, 1977, p. 107-115.

747

CURSO COMPLETO DE DIREITO PROCESSUAL TRIBUTÁRIO

indiretos, como no caso do ICMS, a comprovação da ausência de repasse do encargo financeiro, nos termos do disposto no art. 166 do CTN e na Súmula 546/STF. Precedentes. 2. No caso dos autos, a empresa ajuizou ação ordinária objetivando a declaração de ilegalidade da majoração da alíquota de ICMS (de 17% para 18%), bem como a repetição de indébito dos respectivos valores. Desse modo, é plenamente aplicável a norma inserta no art. 166 do CTN, que exige, para fins de restituição do indébito, a comprovação pelo contribuinte de direito que não repassou ao contribuinte de fato o encargo financeiro do tributo. 3. Recurso especial provido (STJ. Recurso Especial 832.340/SP, Rel. Min. Denise Arruda, *DJ* 10-12-2007)[59].

Sobre o tema específico dos pedidos de restituição de indébito por parte dos contribuintes de direito, em relação ao acréscimo de 1% do ICMS paulista, o STJ firmou a seguinte tese no Tema 114: "O art. 166 do CTN tem como cenário natural de aplicação as hipóteses em que o contribuinte de direito demanda a repetição do indébito ou a compensação de tributo cujo valor foi suportado pelo contribuinte de fato". Isso não significa que se deva dispensar os requisitos do art. 166 do CTN comentados acima. Tanto é assim que, em 2010, na esteira desses e de outros acórdãos, o STJ pacificou a questão com o Tema 398, que fixou a seguinte tese:

> A pretensão repetitória de valores indevidamente recolhidos a título de ISS incidente sobre a locação de bens móveis (cilindros, máquinas e equipamentos utilizados para acondicionamento dos gases vendidos), hipótese em que o tributo assume natureza indireta, reclama da parte autora a prova da não repercussão, ou, na hipótese de ter a mesma transferido o encargo a terceiro, de estar autorizada por este a recebê-los.

Por outro lado, o STJ já decidiu que é dispensável a prova da repercussão econômica nos Embargos à Execução Fiscal em que o contribuinte de direito visa afastar a exigência de alíquota indevida, como no caso do acréscimo de 1% de ICMS do Estado de São Paulo. Assim, a regra do art. 166 se aplica so-

---

59 No mesmo sentido os seguintes precedentes do STJ: Recurso Especial 874.531/SP; Agravo Regimental no Recurso Especial 807.584/RJ; Recurso Especial 759.893/PR; Recurso Especial 874.531/SP; Embargos de Declaração no Agravo Regimental no Agravo 853.712/SP; Recurso Especial 784.264/SP; Agravo Regimental no Agravo 910.440/SP; Recurso Especial 997.244/SP; Recurso Especial 968.083/SP.

Capítulo 8   Ações judiciais de iniciativa do sujeito passivo da obrigação tributária

mente para os casos de restituição e não de afastamento da incidência de tributo que se reputa indevido.

> 1. É exigida, nas hipóteses em que se pretende a compensação ou restituição de tributos indiretos, a comprovação da ausência de repasse do encargo financeiro, nos termos do disposto no art. 166 do CTN e na Súmula 546/STF. Precedentes. 2. Tratando-se de embargos à execução buscando a exclusão dos valores declarados e não pagos referentes ao aumento de 1% na alíquota do ICMS no Estado de São Paulo, cuja inconstitucionalidade fora reconhecida, não há necessidade de comprovação da não transferência do encargo financeiro. 3. Recurso especial provido (STJ. Recurso Especial 825451/SP, Min. Denise Arruda, *DJ* 15-10-2007).

Sobre o tema da restituição de tributos indiretos, o STJ também firmou o entendimento de que o consumidor final de energia elétrica tem legitimidade para postular a repetição de indébito de ICMS sobre a demanda contratada e não utilizada. No Tema 537 firmou-se a seguinte tese:

> Diante do que dispõe a legislação que disciplina as concessões de serviço público e da peculiar relação envolvendo o Estado-concedente, a concessionária e o consumidor, esse último tem legitimidade para propor ação declaratória c/c repetição de indébito na qual se busca afastar, no tocante ao fornecimento de energia elétrica, a incidência do ICMS sobre a demanda contratada e não utilizada.

No entanto, quando se tratar da tarifa de energia elétrica, cobrança que se distingue do regime tributário, o STJ possui precedente declarando que não incide a regra do art. 166 do CTN, uma vez que tal norma somente seria aplicável à restituição de tributos.

> 3. À repetição de tarifas não se aplica o dispositivo do CTN – art. 166 – que estabelece a necessidade de comprovação da não repercussão do encargo financeiro ou a autorização de terceiro para que o contribuinte se veja autorizado a receber os tributos indiretos pagos indevidamente. 4. Recurso especial a que se dá provimento (STJ. Recurso Especial 759893/PR. Rel. Min. Teori Albino Zavascki, *DJ* 22-9-2008).

Enfim, para o procedimento de restituição de indébito de tributos indiretos, é necessário que se observe a regra do art. 166 do CTN enquanto não forem modificadas as orientações dos tribunais superiores.

749

8.4.3 Prazo para propositura da ação

A ação de repetição de indébito deverá ser proposta no prazo de 5 cinco anos, de acordo com as regras definidas pelo art. 168 do CTN, que assim se expressa:

> Art. 168. O direito de pleitear a restituição extingue-se com o decurso do prazo de 5 (cinco) anos, contados:
>
> I – nas hipóteses dos incisos I e II do artigo 165, da data da extinção do crédito tributário;
>
> II – na hipótese do inciso III do artigo 165, da data em que se tornar definitiva a decisão administrativa ou passar em julgado a decisão judicial que tenha reformado, anulado, revogado ou rescindido a decisão condenatória.

É necessário esclarecer, primeiramente, que o dispositivo legal em referência não distingue o pleito administrativo do pedido de restituição formulado no processo judicial. Na hipótese de o contribuinte optar pelo requerimento administrativo, deve-se acrescentar à análise a norma do art. 169 do CTN, que define um prazo diferente de prescrição: "prescreve em dois anos a ação anulatória da decisão administrativa que denegar a restituição". Nesse caso, embora o autor da Ação Anulatória da decisão administrativa possa pedir em juízo somente a anulação do processo administrativo, será mais útil, do ponto de vista processual, a cumulação do pedido da Ação Anulatória com o de Repetição de Indébito ou de compensação. A simples decisão judicial da Ação Anulatória, em caso de procedência, exigiria a adoção de nova medida administrativa para restituição dos valores, ou de ação judicial autônoma de Repetição de Indébito, o que dificultaria a restituição em favor do contribuinte. Os desdobramentos dessa Ação Anulatória, inclusive com a indicação de cumulação de pedidos, foram examinados na subseção 8.3.2 deste Capítulo.

Voltando ao ponto do art. 168 do CTN, Ação de Repetição Indébito deverá ser ajuizada no prazo de 5 anos contados na forma do mencionado dispositivo. Nos casos de pagamento indevido decorrente de cobrança (lançamento direto ou misto) ou derivado de lançamento por homologação, o prazo em referência terá como termo inicial a "extinção do crédito tributário". Quando se tratar de anulação, revogação ou rescisão de decisão condenatória, que obrigue direta ou indiretamente ao pagamento do tributo, o prazo

Capítulo 8   Ações judiciais de iniciativa do sujeito passivo da obrigação tributária

para ajuizar Ação de Repetição do Indébito terá início a partir da data em que se tornar definitiva a decisão administrativa, ou transitar em julgado a decisão que reconhecer os mencionados eventos, os quais fulminam o crédito tributário, tornando-o indevido.

Em relação aos pagamentos indevidos com base nos incisos I e II do art. 165 do CTN, a data do "pagamento do tributo" é considerada como termo inicial da prescrição ao direito à ação de repetição de indébito. Com relação aos lançamentos direto ou misto, nunca existiu dúvidas de que o "pagamento" extingue o crédito tributário e, sendo a extinção do crédito, de acordo com o art. 168 do CTN, o termo inicial da contagem da prescrição do direito de ação de repetição de indébito, finalizado o quinquênio, o contribuinte não poderia mais pleitear a restituição dos valores pagos indevidamente. Nesse sentido é a jurisprudência do STJ:

> 2. Em se tratando de tributos cujo lançamento se dá de ofício, como é o caso do IPTU e das demais Taxas lançadas conjuntamente, o prazo quinquenal para se pleitear a repetição do indébito tem como termo inicial a data de extinção do crédito tributário pelo pagamento. Jurisprudência pacífica nas 1ª e 2ª Turmas do STJ. 3. Recurso especial desprovido (STJ. Recurso Especial 797.293/SP. Min. Teori Albino Zavascki. 1ª T., v.u., j. 16-4-2009, *DJ* 6-5-2009).

Tratando-se de tributo sujeito ao lançamento por homologação, o STJ consolidou o entendimento de que a "extinção" do crédito tributário somente se ultimaria com o decurso de 5 anos contados da data da ocorrência do fato gerador. Depois desse quinquênio seriam contados mais 5 anos referentes ao prazo de prescrição do direito à ação de repetição de indébito. Assim, no caso dos tributos em que a modalidade de lançamento era por homologação, o prazo total para repetição do indébito passou a ser de 10 anos contados da data da ocorrência do fato gerador. No fundo, o STJ promoveu uma interpretação sistemática dos arts. 150, § 4º e 168, I, ambos do CTN, para assentar o que ficou conhecido nos meios forenses tributários como "tese dos 5+5". Para fins de conhecimento histórico vale consultar o seguinte precedente do STJ: Agravo Regimental no Recurso Especial 239.584/ MG, Rel. Min. José Delgado, 1ª T., v.u., j. 16-3-2000, *DJ* 2-5-2000.

Essa interpretação foi forçosamente alterada pela Lei Complementar n. 118, de 2005, que pretendendo "interpretar" quando ocorre a "extinção do crédito tributário" no lançamento por homologação, definiu ser a data

CURSO COMPLETO DE DIREITO PROCESSUAL TRIBUTÁRIO

do "pagamento indevido" o momento dessa ocorrência. São os seguintes os termos da lei:

> Art. 3º Para efeito de interpretação do inciso I do art. 168 da Lei n. 5.172, de 25 de outubro de 1966 – Código Tributário Nacional, a extinção do crédito tributário ocorre, no caso de tributo sujeito a lançamento por homologação, no momento do pagamento antecipado de que trata o § 1º do art. 150 da referida Lei.
>
> Art. 4º Esta Lei entra em vigor 120 (cento e vinte) dias após sua publicação, observado, quanto ao art. 3º, o disposto no art. 106, inciso I, da Lei n. 5.172, de 25 de outubro de 1966 – Código Tributário Nacional.

De acordo com o art. 106, I do CTN, as leis que se definirem "interpretativas", que se incluem, portanto, no rol da chamada "interpretação autêntica", retroagem, excluindo-se a aplicação de penalidade à infração dos dispositivos interpretados. O art. 4º da Lei Complementar n. 118, de 2005, visou a aplicação desses efeitos retroativos na contagem do prazo de prescrição da Ação de Repetição, sob o entendimento de que se tratava o art. 3º da mencionada lei complementar de dispositivo de natureza "interpretativa", que poderá retroagir em qualquer caso. Na hipótese de retroatividade do art. 3º da Lei Complementar n. 118, de 2005, os contribuintes que não tivessem ingressado com a ação de repetição de indébito e que estivessem se valendo da contagem de prazo anterior à lei complementar, isto é, os 10 anos contados da data da ocorrência do fato gerador (tese dos 5 + 5) teriam seus prazos de prescrição reduzidos. Isso porque, passando a ser considerado o termo inicial da prescrição para a ação de repetição de indébito, a data do pagamento indevido (momento de extinção do crédito tributário), o lapso de 5 anos entre a data da ocorrência do fato gerador e o termo final dos 5 anos para extinguir o crédito tributário, teriam sido suprimidos pela interpretação dada pelo art. 3º da Lei Complementar n. 118, de 2005.

Deve-se acentuar que o art. 4º da Lei Complementar n. 118, de 2005 previu um período de *vacatio legis* de 120 dias, de modo que o art. 3º somente entraria em vigor decorrido o mencionado período. Considerando, entretanto, que depois de 120 dias, a forma de contagem da prescrição contou com a redução do prazo pela metade, a retroatividade da lei gerou o efeito de prejudicar o contribuinte e não o de beneficiá-lo. Isso contraria a finalidade da norma do art. 106, I do CTN, que é "beneficiar" o contribuinte com a retroatividade,

Capítulo 8   Ações judiciais de iniciativa do sujeito passivo da obrigação tributária

especialmente quando prevê o abono de penalidade contra o contribuinte em razão dos dispositivos interpretados.

A questão da retroatividade da Lei Complementar n. 118, de 2005, acendeu diversas controvérsias e chegou ao STJ e ao STF. Na Corte Superior, entendeu-se, em suma que:

> 5. O artigo 4º, segunda parte, da LC 118/2005, que determina a aplicação retroativa do seu art. 3º, para alcançar inclusive fatos passados, ofende o princípio constitucional da autonomia e independência dos poderes (CF, art. 2º) e o da garantia do direito adquirido, do ato jurídico perfeito e da coisa julgada (CF, art. 5º, XXXVI). 6. Arguição de inconstitucionalidade acolhida" (AI nos Embargos de Divergência em Recurso Especial 644.736/ PE, Rel. Min. Teori Albino Zavascki, Corte Especial, v.u., j. 6-6-2007, *DJ* 27-8-2007).

A Suprema Corte, por sua vez, pacificou as contendas em 2011, com o argumento de que o art. 3º da lei complementar em questão, apesar de ter se autoproclamado como "interpretativo", sua norma, ao contrário, inovou no mundo jurídico estabelecendo outra forma de contagem do prazo de prescrição, diferentemente do que se conhecia com a jurisprudência do STJ. Além disso, o art. 3º da Lei Complementar n. 118, de 2005, restringiu direitos do contribuinte na medida em que abreviou a contagem do prazo para a data do pagamento indevido do tributo e não mais ao decurso do prazo de 5 anos, contados da data de ocorrência do fato gerador. Esse encurtamento do prazo demandaria uma regra de transição para que os contribuintes, conhecedores da forma anterior de contagem do prazo, pudessem se adaptar e adotar as medidas necessárias na proteção de seus direitos. Assim, a retroatividade do art. 3º da Lei Complementar n. 118, de 2005, ao reduzir os prazos em questão para as ações judiciais em curso, não seria admitido, devendo a nova regra redutora do prazo incidir somente nas ações judiciais que fossem protocoladas depois do período de *vacatio legis,* o que ocorreu somente após 9-6-2005.

> Direito tributário – Lei interpretativa – Aplicação retroativa da lei complementar n. 118/2005 – Descabimento – Violação à segurança jurídica – Necessidade de observância da *vacacio legis* – Aplicação do prazo reduzido para repetição ou compensação de indébitos aos processos ajuizados a partir de 9 de junho de 2005. Quando do advento da LC 118/05, estava consolidada a orientação da Primeira Seção do STJ no sentido de que, para os tributos

753

CURSO COMPLETO DE DIREITO PROCESSUAL TRIBUTÁRIO

sujeitos a lançamento por homologação, o prazo para repetição ou compensação de indébito era de 10 anos contados do seu fato gerador, tendo em conta a aplicação combinada dos arts. 150, § 4º, 156, VII, e 168, I, do CTN. A LC 118/05, embora tenha se autoproclamado interpretativa, implicou inovação normativa, tendo reduzido o prazo de 10 anos contados do fato gerador para 5 anos contados do pagamento indevido. Lei supostamente interpretativa que, em verdade, inova no mundo jurídico deve ser considerada como lei nova. Inocorrência de violação à autonomia e independência dos Poderes, porquanto a lei expressamente interpretativa também se submete, como qualquer outra, ao controle judicial quanto à sua natureza, validade e aplicação. A aplicação retroativa de novo e reduzido prazo para a repetição ou compensação de indébito tributário estipulado por lei nova, fulminando, de imediato, pretensões deduzidas tempestivamente à luz do prazo então aplicável, bem como a aplicação imediata às pretensões pendentes de ajuizamento quando da publicação da lei, sem resguardo de nenhuma regra de transição, implicam ofensa ao princípio da segurança jurídica em seus conteúdos de proteção da confiança e de garantia do acesso à Justiça. Afastando-se as aplicações inconstitucionais e resguardando-se, no mais, a eficácia da norma, permite-se a aplicação do prazo reduzido relativamente às ações ajuizadas após a *vacatio legis*, conforme entendimento consolidado por esta Corte no enunciado 445 da Súmula do Tribunal. O prazo de *vacatio legis* de 120 dias permitiu aos contribuintes não apenas que tomassem ciência do novo prazo, mas também que ajuizassem as ações necessárias à tutela dos seus direitos. Inaplicabilidade do art. 2.028 do Código Civil, pois, não havendo lacuna na LC 118/08, que pretendeu a aplicação do novo prazo na maior extensão possível, descabida sua aplicação por analogia. Além disso, não se trata de lei geral, tampouco impede iniciativa legislativa em contrário. Reconhecida a inconstitucionalidade art. 4º, segunda parte, da LC 118/05, considerando-se válida a aplicação do novo prazo de 5 anos tão somente às ações ajuizadas após o decurso da *vacatio legis* de 120 dias, ou seja, a partir de 9 de junho de 2005. Aplicação do art. 543-B, § 3º, do CPC aos recursos sobrestados. Recurso extraordinário desprovido. (STF. Recurso Extraordinário 566.621/RS. Rel. Ministra Ellen Gracie, *DJe* 11-10-2011).

Após a decisão do STF, a contagem do prazo para ação de repetição de indébito ou para as medidas judiciais à compensação tributária passou a ser 5 anos (CTN art. 168, I), contados da data do "pagamento indevido", qualquer que fosse a forma de lançamento tributário, especialmente no caso do lançamento por homologação.

Capítulo 8 Ações judiciais de iniciativa do sujeito passivo da obrigação tributária

8.4.4 Repetição de indébito fundada em inconstitucionalidade de lei tributária

Cumpre tecer considerações sobre o termo inicial do prazo para se propor Ação Repetitória nas hipóteses em que a lei tributária é declarada inconstitucional. Para isso é necessário relembrar os dois modelos de controle de constitucionalidade de normas jurídicas. De acordo com Gomes Canotilho, "por controlo de normas entende-se o processo constitucional dirigido à fiscalização e decisão com força obrigatória geral (com força de lei) da validade formal ou material de uma norma jurídica"[60]. Esse controle "abstrato", continua o professor português, "pode fazer-se antes de os diplomas entrarem em vigor – *controlo preventivo* –, ou depois de as normas serem plenamente válidas e eficazes – *controlo sucessivo*"[61]. O outro sistema de controle é exercido de forma "difusa" ou "incidental". A explicação de Canotilho mostra que "a competência para fiscalizar a constitucionalidade das normas é reconhecida a todos os tribunais que, quer por impugnação das partes, quer *ex officio* pelo juiz, apreciam a inconstitucionalidade das normas aplicáveis ao caso concreto submetido a decisão judicial"[62].

No Brasil, como se sabe, existem as duas formas de controle de constitucionalidade. O controle difuso ou incidental, que se caracteriza pela possibilidade de quaisquer órgãos do Poder Judiciário examinar a conformidade das leis infraconstitucionais ao texto da Constituição Federal, o que pode significar um pressuposto para a decisão de mérito. Apesar do princípio dispositivo, é lícito o afastamento de ofício de norma inconstitucional. Daí por que, no lastro do que ocorre em Portugal, também no Brasil, é nula uma norma em desconformidade material, formal ou procedimental com constituição, devendo o juiz, antes de decidir qualquer caso concreto de acordo com esta norma, examinar ('direito de exame', 'direito de fiscalização') se ela viola as normas e princípios da constituição[63].

---

60 CANOTILHO, J. J. Gomes. *Direito constitucional e teoria da constituição*. 7. ed. Coimbra: Almedina, 2003, p. 1005.

61 CANOTILHO, J. J. Gomes. *Direito constitucional e teoria da constituição*, p. 1005.

62 CANOTILHO, J. J. Gomes. *Direito constitucional e teoria da constituição*, p. 982.

63 CANOTILHO, J. J. Gomes. *Direito constitucional e teoria da constituição*, p. 983.

CURSO COMPLETO DE DIREITO PROCESSUAL TRIBUTÁRIO

A técnica do controle difuso permite aos juízes realizarem, o que Canotilho chama de "acesso direto à constituição". Com isso, o Poder Judiciário pode aplicar ou não normas em que sua constitucionalidade tenha sido impugnada[64].

O controle concentrado de constitucionalidade de normas jurídicas do Brasil é exercido por órgãos do Poder Judiciário depois que a lei é publicada. No tocante às leis federais e estaduais, assim como atos normativos federais ou estaduais, compete ao STF processar e julgar as ações destinadas ao controle concentrado ou abstrato dessas normas (CF, art. 102), por meio de Ação Direta de Inconstitucionalidade (ADI). É cabível, igualmente, nos casos de controvérsia jurídica nos tribunais sobre determinada norma, a Ação Declaratória de Constitucionalidade (ADC). Tratando-se de normas municipais, a Constituição do respectivo estado poderá atribuir ao Tribunal de Justiça estadual competência para exercer controle concentrado de constitucionalidade das mencionadas normas, na hipótese de ocorrer ofensa à Constituição estadual. Ambas as ações declaratórias, de inconstitucionalidade ou de constitucionalidade, guardam eficácia contra todos e produzem efeitos vinculantes, inclusive em face dos demais órgãos do Poder Judiciário e das administrações públicas dos entes federados (CF, art. 102, § 2º e Lei n. 9.868, de 1999, art. 28, parágrafo único).

Nesta subseção, pretendemos definir o marco inicial de contagem do prazo para propositura da ação de repetição de indébito, nas hipóteses em que a lei criadora da obrigação tributária tenha sido declarada inconstitucional pela Suprema Corte.

Existem argumentos na doutrina afirmando não haver prazo de prescrição para ação de repetição de indébito fundada em inconstitucionalidade de lei. Isso porque os arts. 168 e 169 do CTN, interpretados sistematicamente, não autorizariam concluir que se referem à ação judicial, mas ao pedido de restituição no âmbito da administração tributária[65]. Nem mesmo o Decreto n. 20.910, de 1932, poderia ser aplicado na hipótese de restituição com base em matéria de inconstitucionalidade, eis que essa norma se voltaria aos casos em que a própria administração do Poder Executivo tem competência

---

64 CANOTILHO, J. J. Gomes. *Direito constitucional e teoria da constituição*, p. 983.

65 MACHADO, Hugo de Brito. *Comentários ao Código Tributário Nacional*, p. 460.

Capítulo 8 Ações judiciais de iniciativa do sujeito passivo da obrigação tributária

para reconhecer o direito do particular. Em matéria de inconstitucionalidade de lei, essa atribuição não cabe à administração tributária[66].

Além desses argumentos de ordem formal, Hugo de Brito Machado distingue "o direito" de o contribuinte "não se submeter a leis inconstitucionais", do direito de se "reaver tributo pago indevidamente por ter sido instituído ou aumentado por lei inconstitucional". No primeiro caso, o direito deve ser protegido mediante ação judicial, porque o controle de legalidade das leis dá-se por meio da intervenção da Justiça, por via direta ou difusa. No outro caso, o direito será exercido perante a própria administração credora, o que não impede que ambos os direitos possam também ser postulados em uma ação judicial. O "direito de não submissão a leis inconstitucionais", entretanto, prossegue o professor, pode ser exercido tão logo a lei for editada. Por essa razão o direito de ação seria "imprescritível", pois, enquanto a lei produzir efeitos, não é possível se perder o direito de acionar a Justiça e pedir o afastamento da norma considerada inconstitucional. Assim, o pleito de repetição do indébito fundado em lei declarada inconstitucional não se sujeitaria a qualquer prazo de prescrição[67].

Embora esse argumento possa se mostrar plausível e coerente com a lógica do sistema de controle de constitucionalidade das normas, sua defesa intransigente pode levar a instabilidades no ordenamento jurídico. Isso porque entendemos que o sujeito passivo da obrigação tributária tem a obrigação de proteger seu direito nas mesmas condições em que a Fazenda deve perseguir o crédito tributário. Não poderia a ordem jurídica considerar imprescritível a repetição de tributo declarado inconstitucional e, em contrapartida, estabelecer à Fazenda Pública o prazo geral de 5 anos para cobrança do crédito tributário (CTN, art. 174).

Portanto, na ação de repetição de indébito fundada em inconstitucionalidade, tratando-se de pedido sujeito ao controle difuso, a regra de prescrição está prevista no art. 168, I, do CTN, que remete à hipótese de "pagamento indevido", prevista no art. 165, I, também do CTN. A interpretação da regra de prescrição dever ser a que foi pacificada pelo STF e STJ ao art. 3º

---

66   MACHADO, Hugo de Brito. *Comentários ao Código Tributário Nacional*, p. 460-461.

67   MACHADO, Hugo de Brito. *Comentários ao Código Tributário Nacional*, p. 462-463.

da Lei Complementar n. 118, de 2005, argumento desenvolvido na subseção 8.4.3 deste Capítulo.

No tocante ao controle abstrato, exercido no âmbito do STF ou dos Tribunais de Justiça, conforme o caso, o ideal é que, em homenagem à segurança jurídica, depois de declarada inconstitucional a norma que deu ensejo ao pagamento do tributo, o contribuinte passará a ter direito a repetir os valores pagos. Esse direito fluirá a partir da extinção do crédito tributário, obedecidas as regras de contagem do prazo a que se refere o art. 3º da Lei Complementar n. 118, de 2005. O marco temporal, que detecta o pagamento indevido, nesse caso, será o resultado do julgamento pela Suprema Corte em controle concentrado de constitucionalidade. Assim, deverá o contribuinte considerar os 5 anos de prescrição (CTN, art. 168), contados retroativamente à propositura da ação de repetição de indébito, desde a data do primeiro pagamento indevido ocorrido após a declaração de inconstitucionalidade.

Sobre esse ponto, James Marins acrescenta a hipótese do nascimento do direito à restituição do indébito quando ocorrer o reconhecimento da inconstitucionalidade da norma tributária em controle difuso de constitucionalidade, nos casos em que houver Resolução do Senado Federal, suspendendo a execução da norma, nos termos do art. 52, X da Constituição Federal[68]. Para o autor, o direito à restituição depende de inovação abstrata na ordem jurídica, o que somente seria possível em controle concentrado ou, tratando-se de controle difuso, se houver a suspensão da eficácia da norma pelo Senado da República.

Por outro lado, em razão do permissivo legal de modulação dos efeitos das decisões em ADI, estabelecido no art. 27 da Lei n. 9.868, de 1999, o STF, nessa matéria, pode estabelecer restrição temporal sobre os efeitos da declaração de inconstitucionalidade, de modo a alcançar as situações posteriores ao trânsito em julgado ou em outro momento:

> Art. 27. Ao declarar a inconstitucionalidade de lei ou ato normativo, e tendo em vista razões de segurança jurídica ou de excepcional interesse social, poderá o Supremo Tribunal Federal, por maioria de dois terços de seus membros, restringir os efeitos daquela declaração ou decidir que ela só tenha eficácia a partir de seu trânsito em julgado ou de outro momento que venha a ser fixado.

---

68   MARINS, James. *Direito processual tributário brasileiro*. 9. ed. São Paulo: RT, 2016, p. 336.

Capítulo 8   Ações judiciais de iniciativa do sujeito passivo da obrigação tributária

Na prática, isso significa, no caso das Ações de Repetição de Indébito, o STF poderá reconhecer a inconstitucionalidade de uma norma tributária, o que ensejará o direito à restituição dos valores pagos, mas poderá também restringir os efeitos da decisão. Nesta hipótese, os contribuintes que requereram restituição administrativa, ou ingressaram com ações de Repetição de Indébito, poderão ser alcançados pela decisão reconhecedora da inconstitucionalidade. Assim, suas ações, ainda que não estejam em curso no STF, poderão ser julgadas procedentes no mérito, mediante o reconhecimento do pedido de restituição. Os contribuintes que, por sua vez, não ingressaram com suas ações antes do pronunciamento do STF, somente serão legitimados a pedir a repetição do indébito referente aos pagamentos indevidos que ocorrerem após a decisão do STF, reconhecendo a inconstitucionalidade da norma.

Esse entendimento foi fixado no Recurso Extraordinário 556.664/RS, em que o STF reconheceu a inconstitucionalidade dos arts. 45 e 46 da Lei n. 8.212, de 1991, por violação do art. 146, III, *b*, da Constituição de 1988, e do parágrafo único do art. 5º do Decreto-lei n. 1.569, de 1977, em face do § 1º do art. 18 da Constituição de 1967/69. Nessa oportunidade, a Corte modulou os efeitos da decisão, de modo a reconhecer como legítimos (ou devidos) os pagamentos realizados de acordo com a norma declarada inconstitucional, mas ressalvou desse entendimento às ações de Repetição de Indébito ajuizadas até a data do julgamento final do recurso. Assim, os efeitos da declaração de inconstitucionalidade que passaram a dar direito à restituição dos valores pagos indevidamente, atingiram somente os contribuintes com ações ajuizadas até o final do julgamento pela Corte. Os contribuintes que não ajuizaram suas ações até a citada decisão, passaram a ter direito à restituição dos valores eventualmente pagos após a finalização do julgamento. No ponto, transcreve-se o trecho pertinente da decisão do STF:

> [...] V. Modulação dos efeitos da decisão. Segurança jurídica. São legítimos os recolhimentos efetuados nos prazos previstos nos arts. 45 e 46 da Lei 8.212/91 e não impugnados antes da data de conclusão deste julgamento. Decisão: O Tribunal, por maioria, vencido o Senhor Ministro Marco Aurélio, deliberou aplicar efeitos *ex nunc* à decisão, esclarecendo que a modulação aplica-se tão somente em relação a eventuais repetições de indébitos ajuizadas após a decisão assentada na sessão do dia 11-6-2008, não abrangendo, portanto, os questionamentos e os processos já em curso, nos ter-

CURSO COMPLETO DE DIREITO PROCESSUAL TRIBUTÁRIO

mos do voto do relator, Ministro Gilmar Mendes (Presidente). Plenário, 12-6-2008 (STF. RE 556.664/RS, Rel. Min. Gilmar Mendes, Pleno, m.v., j. 11-6-2008, *DJ* 14-11-2008).

No mesmo sentido, o STF decidiu pela modulação dos efeitos no Recurso Extraordinário 560.626/RS, também da Relatoria do Ministro Gilmar Mendes, julgado pelo Pleno na mesma data e publicado no Diário da Justiça em 5-12-2008. Conclui-se, portanto, tratando-se de lei considerada inconstitucional pelo STF, o período referente à restituição dos pagamentos indevidos poderá ter início a partir da data fixada pela Suprema Corte em razão dos impactos financeiros que a retroatividade absoluta da norma poderá produzir.

8.4.5 Requisitos da inicial

8.4.5.1 Competência e legitimidade

Na subseção 8.2.2.1 deste Capítulo discorreu-se sobre o tema competência jurisdicional para a Ação Declaratória em matéria tributária. As regras de competência material e de foro são as mesmas para as ações de rito comum, daí por que os argumentos desenvolvidos naquele subitem podem ser aproveitados para a ação de repetição de indébito.

Quanto à legitimidade, algumas considerações em torno do art. 166 do CTN foram articuladas na subseção 8.4.2 deste Capítulo. No presente tópico, a intenção é trazer à tona apontamentos práticos do processo judicial de Repetição de Indébito e enfrentar outras questões que tornam discutível o tema da legitimidade ativa da ação nos casos de repetição dos tributos indiretos.

Primeiramente, deve-se fazer o registro de que, geralmente, o ente federado que institui o tributo é também o que recebe o seu crédito, razão pela qual é réu nas Ações de Repetição de Indébito. No entanto, pode ocorrer de a competência para exigir o pagamento do tributo seja atribuída a outro ente da federação. É o caso, por exemplo, das repartições de receitas tributárias e o Imposto de Renda Retido na Fonte (IRRF). Note-se que, de acordo com os arts. 157, I e 158, I, da Constituição Federal, pertence às próprias Fazendas Públicas estaduais, distrital e municipais a receita do IRRF, decorrente da renda paga aos seus respectivos servidores (vencimentos e subsídios). Assim, a ação de repetição de indébito deverá ser movida pelo contribuinte (servidor público de quem o imposto foi descontado) contra o estado, Distrito

Capítulo 8   Ações judiciais de iniciativa do sujeito passivo da obrigação tributária

Federal ou município que pagou a renda e recebeu os valores do imposto descontado. Nesse sentido é a jurisprudência do STJ:

> 4. *In casu*, o Juízo Federal extinguiu o processo sem julgamento do mérito, com fulcro no art. 267, I e VI, do CPC, em decorrência da ilegitimidade passiva ad causam da União Federal, determinando a remessa dos autos à Justiça Estadual, por tratar-se de demanda cujo escopo é a repetição de indébito relativo ao IRRF incidente sobre proventos percebidos por pensionista estadual beneficiário de isenção, nos termos do art. 157, I, da Constituição Federal, porquanto o produto da arrecadação do Imposto de Renda, em tais casos, pertence a esse Ente Federado, cujo patrimônio responderia por eventual condenação (STJ. Recurso Especial 999.582/RS, Rel. Min. Luiz Fux, 1ª T., v.u, j. 27-10-2009, *DJ* 9-11-2009)[69].

Esses precedentes ensejaram a tese firmada no Tema 193 de Recursos Repetitivos sobre a matéria nos seguintes termos: "Os Estados e o Distrito Federal são partes legítimas na ação de restituição de imposto de renda retido na fonte proposta por seus servidores". Este enunciado foi aproveitado para a Súmula 447, publicada em 2010.

Em situações excepcionais, o particular poderá ser corréu em ação de repetição de indébito. Walter Piva Rodrigues lembra a situação em que, nas hipóteses de substituição tributária, o substituído é tratado como "responsável em caráter supletivo". Nesses casos, o contribuinte e o responsável deverão formar litisconsórcio ativo necessário, promovendo a ação de repetição de indébito contra a Fazenda Pública, que exigiu o recolhimento do tributo em face do responsável, mediante o desconto do tributo perante o substituído. Se o contribuinte substituto se negar a promover a ação em litisconsórcio com o substituído, deverá ser citado para integrar a lide na ação movida unicamente pelo substituído contra a Fazenda Pública, podendo o substituto, inclusive, contestar[70]. A lógica dessa conclusão decorre

---

69   No mesmo sentido encontram-se os seguintes precedentes: Precedentes: Conflito de Competência 59.576/MG, Rel. Ministra Denise Arruda, Primeira Seção, j. 11-4-2007, *DJ* 7-5-2007; Conflito de Competência 33.045/RS, 2ª Seção, Rel. Min. Castro Filho, Segunda Seção, *DJ* de 22-9-2003; Conflito de Competência 35.060/MG, Rel. Ministro Humberto Gomes de Barros, Primeira Seção, j. 27-11-2002, *DJ* 19-12-2002.

70   RODRIGUES, Walter Piva. A regularidade da legitimação do contribuinte no ajuizamento da ação de repetição de indébito fiscal. In: CEZAROTI, Guilherme (coord.). *Repetição do*

CURSO COMPLETO DE DIREITO PROCESSUAL TRIBUTÁRIO

da responsabilidade supletiva do substituído nos casos de substituição tributária. É o que ocorre, por exemplo, quando o empregador (substituto) não desconta o Imposto de Renda Retido na Fonte (IRRF) do salário do empregado (substituído), de modo que este poderá responder supletivamente pela omissão da empresa (Decreto n. 3.000, de 1999, art. 723). Por outro lado, na hipótese de o imposto ser descontado indevidamente pelo empregador e recolhido em favor do Fisco, se a empresa não se interessar em pedir a restituição, apesar de possuir os comprovantes de recolhimento do tributo, o empregado tem interesse jurídico na devolução, pois os valores indevidos foram descontados do seu salário. Isso daria margem ao ajuizamento da ação de repetição de indébito pelo empregado (substituído) contra a Fazenda e contra o empregador em litisconsórcio. Este último comporia a lide apenas para comprovar que os recolhimentos tributários foram feitos; a Fazenda, por sua vez, seria citada para restituir os valores.

Prosseguindo no tema das peculiaridades da legitimidade passiva da ação de repetição de indébito tributário, tem-se os casos de concessão ou permissão de serviço público, em que cabe à concessionária recolher imposto indireto, no qual o encargo financeiro é suportado pelo consumidor dos serviços. É o que ocorre com a cobrança de ICMS sobre o serviço de comunicação. Note-se que o particular que utiliza o serviço suporta o ônus financeiro do imposto na medida em que o tributo integra o valor da fatura dos serviços paga pelo usuário. O papel da concessionária é lançar o valor do imposto na fatura e recolhê-lo ao fisco. A concessionária do serviço público, entretanto, não é parte legítima passiva para responder pela repetição do indébito em litisconsórcio com a Fazenda Pública. Isso porque a concessionária não é titular da receita, apenas realiza a arrecadação e recolhimento do imposto por determinação legal, não possuindo qualquer interesse na relação entre o contribuinte e a Fazenda. Nesse sentido já decidiu o STJ:

> 3. O sujeito passivo da obrigação tributária relativa ao ICMS sobre serviços de comunicação é o consumidor, que assume a condição de contribuinte de fato, sendo sujeito ativo desta relação o Estado – ou o Distrito Federal – onde se tenha iniciado a prestação do serviço. 4. A concessionária de serviço público figura, portanto, como mera responsável pela retenção e recolhimento

---

indébito tributário. São Paulo: Quartier Latin, 2005, p. 93.

762

Capítulo 8   Ações judiciais de iniciativa do sujeito passivo da obrigação tributária

do tributo – ato material de "fazer", imposto pelo Estado -, carecendo, portanto, de legitimidade para integrar o polo passivo da ação de repetição de indébito, porquanto não faz parte da relação de incidência tributária. 5. Deveras, por força do princípio de hermenêutica *ubi eadem ratio ibi eadem legis dispositio*, aplicável se revela a orientação jurisprudencial que pugna pela ilegitimidade da concessionária de distribuição de energia elétrica para figurar no polo passivo de demanda que objetive extirpar a incidência de ICMS (Precedentes da Primeira Turma: AgReg. REsp 797.826/MT, Rel. Ministro Luiz Fux, julgado em 3-5-2007, *DJ* 21-6-2007; REsp 1.036.589/MG, Rel. Ministro José Delgado, julgado em 6-5-2008, *DJe* 5-6-2008; e REsp 871.386/RJ, Rel. Ministro Luiz Fux, julgado em 9-9-2008, *DJe* 1-10-2008). 6. Recurso especial dos consumidores/contribuintes desprovido (STJ. Recurso Especial 1.004.817/ MG. 1ª S. Rel. Min. Luiz Fux, v.u., j.14-10-2009, *DJ* 22-10-2009).

No tocante a legitimidade ativa, saliente-se o caso do locatário que normalmente assume no contrato de locação a obrigação de pagar o IPTU e outros tributos incidentes sobre o imóvel, tais como Taxas de Coleta Domiciliar de Lixo e eventuais Contribuições de Melhoria. De acordo com o CTN:

> Art. 123. Salvo disposições de lei em contrário, as convenções particulares, relativas à responsabilidade pelo pagamento de tributos, não podem ser opostas à Fazenda Pública, para modificar a definição legal do sujeito passivo das obrigações tributárias correspondentes.

Não é comum a lei local excetuar essa regra geral, de modo que o locatário não teria legitimidade para pedir restituição de indébito contra a Fazenda Municipal, ficando na dependência do locador demandar a administração tributária para postular a devolução do tributo pago indevidamente. Caso o locador se recuse, a solução ortodoxa para essa situação deve ser regida pelo direito privado. Assim, teria o locatário direito de ação contra o locador, devendo comprovar que o pagamento realizado a título de tributo foi indevido. Entendemos, contudo, que a Fazenda não poderá locupletar-se de valores pagos indevidamente, ainda que por terceiro. Daí por que, comprovando o locatário a existência da cláusula contratual que o obrigou ao pagamento dos tributos, comprovando também a efetivação do pagamento por meio de guias autenticadas e que notificou o locador para que demandasse a Fazenda, cremos ser lícito o ajuizamento da ação pelo locatário, apesar de não se tratar de substituição processual, tal qual regula o art. 18 do CPC. Nesse caso, o locatário é parte legítima por ter arcado com o pagamento de valores que deixa-

CURSO COMPLETO DE DIREITO PROCESSUAL TRIBUTÁRIO

ram de ser considerados tributos, eis que reconhecida a ausência de suporte jurídico ao recebimento daqueles valores, o que tornou o tributo indevido. Com efeito, o locatário comparece em juízo para postular a devolução dos valores indevidamente recebidos, não exatamente na condição de responsável tributário, nem muito menos de contribuinte, mas de simples interessado no reconhecimento e cobrança do seu crédito. É condição para a caracterização da legitimidade, nesse caso, que o inquilino tenha notificado validamente o proprietário a pleitear a devolução dos valores. Nesse sentido é o seguinte precedente do STJ:

> Processual civil e tributário. IPTU. Repetição de indébito. Legitimidade ativa do locatário, que pagou o valor indevido. Repetição de indébito. Lançamento de ofício. Termo inicial do prazo prescricional. Data de extinção do crédito tributário pelo pagamento. 1. É certo que não se pode imputar ao locatário a condição de sujeito passivo direto do IPTU, pois "contribuinte do imposto", preceitua o art. 34 do CTN, "é o proprietário do imóvel, o titular do seu domínio útil, ou o seu possuidor a qualquer título". Entretanto, não se pode negar ao locatário, que efetivamente recolheu a título de imposto um valor indevido, a legitimidade para propor demanda visando a haver a sua restituição. Tal legitimidade não decorre da sua condição de contribuinte, que não existe, mas da sua condição de credor do valor recolhido, que existe, já que o referido valor saiu indevidamente do seu patrimônio. É esse o sentido normativo que subjaz ao art. 166 do CTN (STJ. Recurso Especial 797.293/SP. Min. Teori Albino Zavascki. 1ª T., v.u., j. 16-4-2009, *DJ* 6-5-2009).

Tratando-se de imposto pago por quem não é proprietário, mas goza da condição de promitente comprador, a jurisprudência do STJ tem aceitado o adquirente como possuidor e responsável pelo pagamento do tributo.

> 1. A jurisprudência desta Corte Superior é no sentido de que tanto o promitente comprador (possuidor a qualquer título) do imóvel quanto seu proprietário/promitente vendedor (aquele que tem a propriedade registrada no Registro de Imóveis) são contribuintes responsáveis pelo pagamento do IPTU. Precedentes: RESP n. 979.970/SP, Rel. Min. Luiz Fux, Primeira Turma, *DJ* de 18-6-2008; AgRg no REsp 1022614/SP, Rel. Min. Humberto Martins, Segunda Turma, *DJ* de 17-4-2008; REsp 712.998/RJ, Rel. Min. Herman Benjamin, Segunda Turma, *DJ* 8-2-2008; REsp 759.279/RJ, Rel. Min. João Otávio de Noronha, Segunda Turma, *DJ* de 11-9-2007; REsp 868.826/RJ, Rel. Min. Castro Meira, Segunda Turma, *DJ* 1º-8-2007; REsp 793073/RS, Rel. Min. Castro Meira,

764

Capítulo 8   Ações judiciais de iniciativa do sujeito passivo da obrigação tributária

Segunda Turma, *DJ* 20-2-2006 (Recurso Especial 1111202/SP, Rel. Min. Mauro Campbell, Primeira Seção, j. 10-6-2009).

Assim, pela paridade entre ônus e direitos, o promitente comprador será também parte legítima para pedir a repetição de tributos. No mesmo sentido é o seguinte entendimento do STJ:

4. O promitente comprador tem legitimidade para figurar em ação que pleiteia restituição de indébito tributário. Precedentes. 5. Recurso especial parcialmente conhecido e, nessa parte, não provido (STJ. Recurso Especial 769.969/RJ. 2ª T., Rel. Min. Eliana Calmon, v.u., j. 4-7-2007, *DJ* 26-9-2007).

É necessário se fazer registro ao tema da legitimidade ativa à repetição do indébito de tributos nos casos de tributos indiretos. De acordo com o CTN:

Art. 166. A restituição de tributos que comportem, por sua natureza, transferência do respectivo encargo financeiro somente será feita a quem prove haver assumido o referido encargo, ou, no caso de tê-lo transferido a terceiro, estar por este expressamente autorizado a recebê-la.

Conforme se demonstrou na subseção 8.4.2 deste Capítulo, depois de algumas hesitações sobre a possibilidade de se repetir valores pagos indevidamente a título de tributos indiretos, firmou-se o entendimento no STF de que é lícita essa postulação. Para tanto, o contribuinte de direito deve comprovar que suportou o encargo financeiro relativo ao tributo, sem tê-lo transferido ao contribuinte de fato, ou esteja autorizado por este a pedir a restituição. Nesse sentido é o enunciado da Sumula 546 do STF: "cabe a restituição do tributo pago indevidamente, quando reconhecido por decisão, que o contribuinte 'de jure' não recuperou do contribuinte 'de facto' o 'quantum' respectivo". Não é diferente a jurisprudência do STJ, conforme exemplifica o seguinte precedente:

Tributário. Repetição de indébito. IPI. Tributo indireto. Art. 166 do CTN. Prova do não repasse do encargo. Necessidade. 1. Trata-se de ação declaratória proposta com o objetivo de reconhecer o direito de excluir da base de cálculo do IPI os valores referentes a frete e seguro, com a consequente repetição dos valores indevidamente pagos. O Tribunal de origem entendeu pelo reconhecimento do direito da agravante, porém condicionou a repetição de indébito pela contribuinte de direito, ao cumprimento dos requisitos descritos no art. 166 do CTN, o qual, na espécie, não foram comprovados. 2. Segundo jurisprudência assente nesta Corte, em se tratando de tributo indireto, como é o caso do IPI e do ICMS, é necessário que o contribuinte de direito comprove que suportou o encargo financeiro ou, no caso de tê-lo transferido a terceiro, estar por este expressamente autorizado a pleitear a repetição do indébito. Portanto, não há como afastar a incidência do art. 166 do CTN à espécie. Precedentes. 3. Agravo regimental não provido (STJ. Agravo Regimental no Recurso Especial 752.367/SC. 2ª T., Rel. Min. Mauro Campbell Marques, v.u., j. 6-10-2009, *DJ* 15-10-2009).

Sobre esse tema, Marcelo Knoepfelmacher aduz não ser possível aplicar-se a regra do art. 166 do CTN nos pleitos de repetição de indébito relativos ao Imposto Sobre a Prestação de Serviços – ISSQN. Isso porque, conforme sustenta, não há que se falar em transferência de encargo financeiro em matéria de ISS. Somente nas hipóteses previstas no art. 6º da LC n. 116, de 2003 poder-se-ia cogitar da incidência da norma do art. 166 do CTN[71].

Entendemos, no entanto, que não existe diferença entre o ISS e qualquer outro tributo incidente nas atividades do comércio, no tocante a transferência do encargo. Exatamente por isso, o prestador poderá provar que arcou unicamente com o encargo do imposto, pois não conseguiu transferir o seu custo no preço do serviço. Poderá ainda receber autorização do tomador do serviço para postular a repetição do indébito. Para aplicação do art. 166 basta que o tributo comporte "a transferência do respectivo encargo financeiro", característica presente em qualquer tributo incidente sobre atividade do comércio. Nesse sentido tem se posicionado o STJ:

> 1. A jurisprudência desta Corte posicionou-se no sentido de que o ISS é um tributo indireto, necessitando, por conseguinte, da demonstração da prova da sua não repercussão financeira ou a autorização de quem a assumiu, nos termos do art. 166 do CTN, para fins de repetição de indébito (STJ. Agravo Regimental no Recurso Especial 1.128.094/SC. 2ª T., Rel. Min. Humberto Martins, v.u., j. 17-9-2009, *DJ* 25-9-2009).

A respeito do tema da legitimidade ativa restam tecer considerações sobre a Repetição de Indébito e os casos de transformação, incorporação, fusão e cisão de sociedades. Isso porque, quando tais negócios jurídicos ocorrem, a sociedade que deu origem à nova empresa poderá ter feito recolhimentos de

---

71 KNOEPFELMACHER, Marcelo. O artigo 166 do CTN e a repetição do indébito do ISSQN. In: CEZAROTI, Guilherme (coord.). *Repetição do indébito tributário*. São Paulo: Quartier Latin, 2005, p. 181-196.

Capítulo 8   Ações judiciais de iniciativa do sujeito passivo da obrigação tributária

tributos que passaram a ser considerados indevidos. A quem compete postular a repetição do indébito é um tema que merece considerações.

No ponto, as conclusões de Rodrigo Monteiro de Castro são bastante elucidativas e dizem por si. Para o autor, nos casos de transformação, a legitimidade ativa é da empresa transformada. Tratando-se de incorporação, a legitimidade só poderá ser da entidade incorporadora, o que também ocorre quando a empresa nova resulta de fusão, cabendo a essa entidade o direito a repetição[72]. Quanto a cisão, manifesta-se o doutrinador com os seguintes argumentos:

> O direito de postular a restituição do indébito pertence à sociedade cindida, se se tratar de falsa cisão, e não houver, no protocolo, expressa transferência do direito; no que concerne à cisão pura, à sociedade a quem o direito tiver sido transferido. Na ausência de convenção, a todas as sucessoras, na exata proporção do que houverem recebido do patrimônio da sociedade primitiva; a mesma solução se aplica à cisão-absorção: à sociedade a qual o direito tiver sido expressamente transferido pertence o direito de ação. Na falta de estipulação, a cada sucessora, na proporção do que tiver sido absorvido[73].

Essas conclusões seguem a lógica dos fenômenos jurídicos de formação de novas empresas a partir de outras existentes. A tendência natural é que as empresas transformadas, incorporadas, fundidas ou cindidas deixem de existir, razão pela qual não podem ter legitimidade para postular em juízo créditos em face da Fazenda Pública. Saliente-se que o art. 132 do CTN, ao fixar os limites da obrigação tributária nos casos em questão, impõe, em geral à empresa nova, o ônus de responder pelas dívidas tributárias das sociedades sucedidas. De acordo com a paridade de ônus e direitos, é óbvio que a sociedade transformada a partir de outra seja parte legítima para pleitear a restituição de indébitos tributários da empresa sucedida.

---

72 CASTRO, Rodrigo Monteiro. Legitimidade para pedir a restituição do indébito tributário em decorrência de operações de transformação, incorporação, fusão e cisão. In: CEZAROTI, Guilherme (coord.). *Repetição do indébito tributário*. São Paulo: Quartier Latin, 2005, p. 220.

73 CASTRO, Rodrigo Monteiro. Legitimidade para pedir a restituição do indébito tributário em decorrência de operações de transformação, incorporação, fusão e cisão. In: CEZAROTI, Guilherme (coord.). *Repetição do indébito tributário*, p. 223.

767

CURSO COMPLETO DE DIREITO PROCESSUAL TRIBUTÁRIO

8.4.5.2 Causa de pedir e pedido

A "causa de pedir" da ação de repetição de indébito tributário consistirá na narrativa dos fatos que, em suma, alegará que o tributo foi pago durante determinado período, que não deverá ultrapassar 5 anos anteriores à data propositura da ação, conforme explicado na subseção 8.4.3 deste Capítulo. A "fundamentação jurídica" que dá base ao pedido de repetição será a demonstração dos argumentos sobre o porquê o tributo não era devido, o que poderá ser a inconstitucionalidade da lei instituidora da exação fiscal, o pagamento acima do devido, o pagamento por quem não seria o contribuinte, enfim, de um modo geral, o fundamento jurídico da repetição de indébito é a proibição do enriquecimento sem causa, alinhando-se a quaisquer dos motivos previstos no art. 165 do CTN.

Com relação ao pedido, em síntese, consiste no pleito de condenação da Fazenda para restituir os valores recebidos de forma indevida com todos os acréscimos legais correspondentes.

De acordo com o art. 167 do CTN, "a restituição total ou parcial do tributo dá lugar à restituição, na mesma proporção, dos juros de mora e das penalidades pecuniárias, salvo as referentes a infrações de caráter formal não prejudicadas pela causa da restituição". Com essa regra, as verbas acessórias, tais como juros e penalidades eventualmente incidentes sobre o pagamento do principal, consideram-se também indevidas, razão pela qual devem ser restituídas.

Assim, o pedido da repetitória é composto pela soma do principal, isto é, o tributo pago indevidamente, e, quando for o caso, acompanhado dos mencionados acréscimos.

Sobre esse montante deverão incidir juros e correção. A propósito desse tema, cabem algumas considerações a respeito dos conceitos de juros e correção, uma vez que a incidência desses acréscimos na Repetição de Indébito Tributária traz algumas controvérsias.

8.4.5.2.1 A incidência de acréscimos legais na repetição de indébito

A doutrina costuma sintetizar o conceito de juros como os "rendimentos" do capital[74]. Desdobrando-se essa definição, percebe-se que os juros cum-

---

74 GONÇALVES, Carlos Roberto. *Direito civil brasileiro*. 3. ed. São Paulo: Saraiva, 2007, v. II, p. 378.

Capítulo 8 Ações judiciais de iniciativa do sujeito passivo da obrigação tributária

prem a finalidade de remunerar o credor pela privação do capital transferido ao terceiro ou temporariamente apropriado pelo devedor. Essa remuneração poderá ter como causa "o tempo" em que o credor ficou impossibilitado de usar seu próprio capital, ou "o risco" de não receber os valores de que foi privado.

É importante considerar que a privação do capital poderá se dar, primeiramente, de forma convencional. Assim, o credor, ao contratar com o devedor, oferta o capital de sua titularidade e negocia com o devedor os juros aplicáveis sobre o valor ofertado, pelo tempo que deve durar o empréstimo, ponderando os riscos de não receber espontaneamente o valor emprestado. É o que ocorre em geral no mercado de capitais, de modo que as instituições financeiras concedem créditos a mutuários mediante o pagamento de juros que configuram o custo do capital emprestado, computando-se no valor dos juros os riscos de inadimplência.

A privação do capital poderá ocorrer, também, por fatores exógenos à vontade do credor, como, por exemplo, na prática de um ato lesivo. O credor assume essa condição justamente em razão de ter sido lesado. O prejuízo que uma pessoa causa a outra enseja o dever de indenizar e o direito do prejudicado de receber a indenização. Os juros incidentes sobre o valor da indenização serão calculados, tendo por base o "tempo" ou a "compensação" em valores monetários, do bem jurídico que o lesado deixou de usufruir em razão da lesão praticada. A privação de um direito ou sobre o que se pode desfrutar de um bem é o que justifica, geralmente, o reconhecimento do dano. Na desapropriação, essa hipótese é nítida. Por exemplo, o desapropriado tem direito ao recebimento de juros moratórios calculados com base no tempo em que a administração pública demorar em pagar o valor da indenização, de acordo com os parâmetros fixados pela lei. O particular expropriado terá igualmente direito a juros compensatórios, com fundamento no tempo em que ficou impedido de usufruir do bem. Isso se justifica diante do fato de o Poder Público ter tomado a posse da coisa, sem que o valor da indenização tivesse se definido. Nesse sentido, a Súmula 164 do STF consagra que: "No processo de desapropriação, são devidos juros compensatórios desde a antecipada imissão de posse, ordenada pelo juiz, por motivo de urgência".

Com isso, pode-se verificar que os juros se classificam como "moratórios", "compensatórios", "convencionais" e "legais". Os moratórios são

769

CURSO COMPLETO DE DIREITO PROCESSUAL TRIBUTÁRIO

os juros devidos em razão do inadimplemento de uma obrigação a partir do momento em que o devedor é constituído em mora[75]. Por esse motivo, essa modalidade de juros tem caráter sancionador. Os juros compensatórios, também chamados de remuneratórios, por sua vez, se destinam a compensar o credor pela privação do capital. Essa espécie decorre normalmente do contrato, mas poderá ser admitida por imposição legal ou da justiça[76]. Os juros convencionais se ajustam conforme a vontade das partes no contrato, razão pela qual, tanto os juros moratórios quanto os compensatórios, poderão ser também convencionais, bastando que sejam fixados em contrato. Entende-se por juros legais, os que decorrem de imposição da lei. À falta de critério de convenção dos juros moratórios, aplica-se a regra do art. 406 do Código Civil, que remete à taxa de juro que estiver em vigor para a mora do pagamento de impostos devidos à Fazenda Nacional.

Fixadas essas premissas, é necessário definir-se quais as espécies de juros incidentes sobre o crédito do sujeito passivo em face da Fazenda Pública na Repetição do Indébito.

Esse assunto guarda certas controvérsias no âmbito tributário em razão das guinadas da legislação e da jurisprudência para vários sentidos. Inicialmente, conforme alerta Ernesto Johannes Trouw, no direito tributário também se encontra a dualidade de espécies de juros, quais sejam, as espécies de juros moratórios e compensatórios[77]. Sobre estes últimos, no caso dos tributos federais, a Taxa Referencial do Sistema Especial de Liquidação e de Custódia – Taxa Selic, apesar de ter sido criada para remunerar títulos da dívida pública federal, contém a vertente de juros compensatórios para efeitos tributários. Quanto aos juros moratórios, saliente-se que sua função no direito tributário "é recompor o patrimônio do credor pela mora do devedor em adimplir a obrigação"[78]. Esse raciocí-

---

75 GONÇALVES, Carlos Roberto. *Direito civil brasileiro*, p. 379.

76 GONÇALVES, Carlos Roberto. *Direito civil brasileiro*, p. 378-379.

77 TROUW, Ernesto Johannes. Os juros incidentes sobre a repetição do indébito. In: CEZAROTI, Guilherme (coord.). *Repetição do indébito tributário*. São Paulo: Quartier Latin, 2005, p. 326-327.

78 TROUW, Ernesto Johannes. Os juros incidentes sobre a repetição do indébito, p. 327.

Capítulo 8   Ações judiciais de iniciativa do sujeito passivo da obrigação tributária

nio se aplica tanto para a Fazenda, quando figura como credora, quanto a situação inversa, isto é, quando o contribuinte é credor da Fazenda, como é o caso da Repetição de Indébito.

O CTN fixa a regra de que os juros na restituição do indébito serão fixados à taxa de 1% ao mês, caso lei específica não determine outro critério. O parágrafo único do art. 167, também do CTN, esclarece que "a restituição vence juros não capitalizáveis, a partir do trânsito em julgado da decisão definitiva que a determinar".

No caso dos tributos federais, a Taxa Selic passou a ser um marco regulatório a respeito da espécie de juros incidentes sobre débitos tributários e créditos do sujeito passivo, bem como quanto ao momento da incidência dos juros na Repetição de Indébito.

O art. 13 da Lei n. 9.065, de 20-6-1995, previu a incidência da Taxa Selic como fator de correção de débitos tributários federais, incluindo os impostos e contribuições[79]. Em seguida, foi editada a Lei n. 9.250, de 26-12-1995, que estabeleceu, no § 4º do art. 39, que a Taxa Selic passaria a ser utilizada como critério de remuneração de créditos a serem restituídos ao contribuinte ou por ele compensados[80].

A Taxa Selic gerou muita controvérsia no âmbito do direito tributário em razão de sua finalidade, que é a de remunerar títulos emitidos pela União no

---

79   Lei n. 9.065/1995: "Art. 13. A partir de 1º de abril de 1995, os juros de que tratam a alínea c do parágrafo único do art. 14 da Lei 8.847, de 28 de janeiro de 1994, com a redação dada pelo art. 6º da Lei n. 8.850, de 28 de janeiro de 1994, e pelo art. 90 da Lei 8.981, de 1995, o art. 84, inciso I, e o art. 91, parágrafo único, alínea a da Lei 8.981, de 1995, serão equivalentes à taxa referencial do Sistema Especial de Liquidação e de Custódia – Selic para títulos federais, acumulada mensalmente".

80   Lei n. 9.250/1995: "Art. 39. A compensação de que trata o art. 66 da Lei 8.383, de 30 de dezembro de 1991, com a redação dada pelo art. 58 da Lei 9.069, de 29 de junho de 1995, somente poderá ser efetuada com o recolhimento de importância correspondente a imposto, taxa, contribuição federal ou receitas patrimoniais de mesma espécie e destinação constitucional, apurado em períodos subsequentes. § 4º A partir de 1º de janeiro de 1996, a compensação ou restituição será acrescida de juros equivalentes à taxa referencial do Sistema Especial de Liquidação e de Custódia – SELIC para títulos federais, acumulada mensalmente, calculados a partir da data do pagamento indevido ou a maior até o mês anterior ao da compensação ou restituição e de 1% relativamente ao mês em que estiver sendo efetuada".

CURSO COMPLETO DE DIREITO PROCESSUAL TRIBUTÁRIO

mercado financeiro. O STJ chegou a se pronunciar questionando a legitimidade desse critério para fixação de juros sobre débitos tributários, fundado no argumento de que a Taxa Selic não se prestaria exatamente a fixar juros, mas correção monetária e juros remuneratórios, a fim de se neutralizar os efeitos da inflação (STJ. Recurso Especial 450.422/PR. 2ª T., Rel. para o Acórdão Min. Franciulli Netto, m.v., j. 9-3-2004, *DJ* 28-6-2004). Em resumo, o STJ entendeu que a Taxa Selic é um índice típico do mercado financeiro, pois pretende gerar renda ao credor dos títulos que empresta numerário ao Governo. No caso dos débitos tributários, a lógica é diferente, devendo a lei fixar o percentual de juros sobre o débito tributário com fundamento no atraso pelo não pagamento, na forma do art. 161 do CTN e não para "remunerar" o Poder Público pelo fato de ter ficado privado do capital (débito tributário) não adimplido pelo contribuinte[81].

Esse primeiro entendimento do STJ sobre a aplicação da Taxa Selic na atualização de débitos tributários federais foi posteriormente superado, sob o argumento central de que o § 1º do art. 161 do CTN, ao disciplinar o critério de incidência dos juros moratórios sobre débitos tributários, condiciona o índice de 1% (um por cento) ao mês na ausência de outro critério definido em lei. No caso, a Lei n. 9.065, de 1995 estabeleceu um índice específico para corrigir o crédito tributário não pago e esse índice passou a ser a Taxa Selic.

> Tributário. Parcelamento de débito. Juros moratórios. Taxa Selic. Cabimento. 1. O artigo 161 do CTN estipulou que os créditos não pagos no vencimento serão acrescidos de juros de mora calculados à taxa de 1%, ressalvando, expressamente, em seu parágrafo primeiro, a possibilidade de sua regulamentação por lei extravagante, o que ocorre no caso dos créditos tributários, em que a Lei 9.065/95 prevê a cobrança de juros equivalentes à taxa referencial do Sistema Especial de Liquidação e de Custódia – SELIC para títulos federais (art. 13). 2. Diante da previsão legal e considerando que

---

81 CTN: "Art. 161. O crédito não integralmente pago no vencimento é acrescido de juros de mora, seja qual for o motivo determinante da falta, sem prejuízo da imposição das penalidades cabíveis e da aplicação de quaisquer medidas de garantia previstas nesta Lei ou em lei tributária. § 1º Se a lei não dispuser de modo diverso, os juros de mora são calculados à taxa de um por cento ao mês".

Capítulo 8   Ações judiciais de iniciativa do sujeito passivo da obrigação tributária

a mora é calculada de acordo com a legislação vigente à época de sua apuração, nenhuma ilegalidade há na aplicação da Taxa SELIC sobre os débitos tributários recolhidos a destempo, ou que foram objeto de parcelamento administrativo. 3. Também há de se considerar que os contribuintes têm postulado a utilização da Taxa SELIC na compensação e repetição dos indébitos tributários de que são credores. Assim, reconhecida a legalidade da incidência da Taxa SELIC em favor dos contribuintes, do mesmo modo deve ser aplicada na cobrança do crédito fiscal diante do princípio da isonomia. 4. Embargos de divergência a que se dá provimento (STJ. Recurso Especial 396.554/SC. 1ª S. Rel. Min. Teori Albino Zavascki, v.u., j. 25-8-2004, *DJ* 13-9-2004).

As decisões do STJ nesse sentido abriram passagem para a conclusão de que em matéria tributária os juros poderão incidir sobre suas duas bases conceituais, quais sejam, o "tempo", o que dá margem aos juros moratórios; e a "remuneração do capital", esta a ensejar juros remuneratórios. A Taxa Selic, em razão de sua destinação original para remunerar o capital tomado no mercado financeiro, contém, pois, esta última faceta dos juros[82]. Daí por que se pode considerar que é a Taxa Selic, simultaneamente, juros moratórios, remuneratórios e correção monetária, substituindo, com efeito, a miríade de índices de correção monetária que vigorava no país nos anos de inflação descontrolada.

No tocante a ação de repetição de indébito, a jurisprudência afastou a dúvida da doutrina de que o parágrafo único do art. 167 do CTN só se aplicaria para a restituição administrativa[83]. No âmbito do STJ, convencionou-se que os juros incidentes sobre o crédito do sujeito passivo na Repetição de Indébito serão computados a partir do trânsito em julgado da decisão, dando efetividade, portanto, ao disposto no parágrafo único do art. 167 do CTN. Nesse sentido esclarece a Súmula 188 do STJ: "Os juros moratórios, na repetição do indébito tributário, são devidos a partir do trânsito em julgado da sentença". Tanto o artigo do CTN quanto a Súmula 188 do STJ, podem ser aplicáveis para as Ações de Repetição de Indébito de tributos estaduais ou municipais. Para o caso dos tributos federais, o STJ possui outra jurispru-

---

82   TROUW, Ernesto Johannes. Os juros incidentes sobre a repetição do indébito, p. 331.

83   MACHADO, Hugo de Brito. *Comentários ao Código Tributário Nacional*, v. III, p. 434-438.

773

CURSO COMPLETO DE DIREITO PROCESSUAL TRIBUTÁRIO

dência sobre a incidência de juros moratórios, em razão da composição e legislação da Taxa Selic, o que será explicado adiante.

Quanto a correção monetária, realmente, não há disciplina no CTN a respeito, uma vez que, quando o Código foi promulgado, em 1966, a correção monetária ainda estava sendo introduzida na economia nacional. Como se sabe, a correção monetária foi concebida para defender o mercado financeiro dos efeitos devastadores da inflação, de modo que Governo Federal passou a divulgar índices que remuneravam a moeda em percentuais compatíveis com a sua desvalorização provocada pela inflação.

Em relação à Repetição de Indébito, o Recurso Especial 879.479/SP é bastante esclarecedor e didático, dando conta de que diversos índices incidiram sobre a correção do crédito do contribuinte em face da Fazenda. Quanto aos juros moratórios, a corte fixou o entendimento de que, antes do advento da Lei n. 9.250, de 1995, sobre o crédito a ser restituído incidiam correção monetária em conformidade com o índice vigente ao tempo da restituição mais juros de mora computados a partir do trânsito em julgado da decisão condenatória da Fazenda. Após janeiro de 1996, a repetição de indébito passou a contar juros a partir do pagamento indevido, excluindo-se outro índice de correção monetária ou de juros que não fosse a Taxa Selic.

> Processual civil. Recurso especial. Matéria constitucional. Impossibilidade de apreciação. Tributário. Limites percentuais à compensação. Aplicabilidade. Juros de mora. Correção monetária. Expurgos inflacionários. 1. A competência atribuída pelo art. 105, III, da Constituição Federal ao STJ restringe-se à uniformização da interpretação da legislação infraconstitucional, sendo inviável a apreciação, por esta Corte, de matéria constitucional. 2. Restou pacificado, no âmbito da 1ª Seção, por ocasião do julgamento do RESP 796.064/RJ, Min. Luiz Fux, *DJe* de 10-11-2008, o entendimento segundo o qual os limites estabelecidos pelas Lei 9.032/95 e 9.129/95 são aplicáveis à compensação de créditos indevidamente recolhidos. 3. Está assentada nesta Corte a orientação segundo a qual os índices a serem adotados para o cálculo da correção monetária na repetição do indébito tributário devem ser os que constam do Manual de Orientação de Procedimentos para os Cálculos da Justiça Federal, aprovado pela Resolução 561/CJF, de 2-7-2007, do Conselho da Justiça Federal, a saber: (a) a ORTN de 1964 a fevereiro/86; (b) a OTN de março/86 a dezembro/88; (c) a BTN de março/89 a fevereiro/90; (d) o IPC, nos períodos de janeiro e fevereiro/1989 e março/1990 a fevereiro/1991; (e) o INPC de março a novembro/1991; (f) o IPCA – série

Capítulo 8   Ações judiciais de iniciativa do sujeito passivo da obrigação tributária

especial – em dezembro/1991; (g) a UFIR de janeiro/1992 a dezembro/1995; (h) a Taxa SELIC a partir de janeiro/1996. 4.Nos casos de repetição de indébito tributário, a orientação prevalente no âmbito da 1ª Seção quanto aos juros pode ser sintetizada da seguinte forma: (a) antes do advento da Lei 9.250/95, incidia a correção monetária desde o pagamento indevido até a restituição ou compensação (Súmula 162/STJ), acrescida de juros de mora a partir do trânsito em julgado (Súmula 188/STJ), nos termos do art. 167, parágrafo único, do CTN; (b) após a edição da Lei 9.250/95, aplica-se a taxa SELIC desde o recolhimento indevido, ou, se for o caso, a partir de 1º-1-1996, não podendo ser cumulada, porém, com qualquer outro índice, seja de atualização monetária, seja de juros, porque a SELIC inclui, a um só tempo, o índice de inflação do período e a taxa de juros real. 5. Recurso especial a que se dá parcial provimento (STJ. Recurso Especial 879.479/SP. 1ª T., Rel. Min. Teori Albino Zavascki, v.u., j. 17-2-2009, DJ 5-3-2009).

Apesar desse entendimento, é necessário explorar o conteúdo das Súmulas 162 e 188, ambas do STJ. De acordo com a primeira, "na repetição de indébito tributário, a correção monetária incide a partir do pagamento indevido". A outra orienta que "os juros moratórios, na repetição do indébito tributário, são devidos a partir do trânsito em julgado da sentença". Considerando que a Selic é ao mesmo tempo taxa remuneratória de juros e correção monetária, sua incidência na Repetição de Indébito deve se dar a partir do primeiro pagamento indevido, observado o prazo de prescrição, conforme examinado na subseção 8.4.3 deste Capítulo.

O momento da contagem dos juros moratórios com base no trânsito em julgado da decisão condenatória é um tema controvertido. Em síntese, caso se considere que o parágrafo único do art. 167 do CTN deve ser interpretado como aplicável somente para os casos de restituição administrativa, não haverá regra de fixação do termo inicial dos juros moratórios na Repetição de Indébito. Assim, teria que se aplicar o arts. 240 e 322, § 1º, do CPC, de sorte que os juros de mora iniciariam sua contagem a partir da citação da Fazenda. Não é esse, entretanto, o entendimento prevalecente no âmbito da jurisprudência do STJ, na medida em que a sua Súmula 188 nega a aplicação da regra geral do art. 240 do CPC.

Ressalte-se que, nesse assunto, a jurisprudência do STJ não é absolutamente segura. Nos últimos anos foram diversas idas e vindas. Há julgado afastando a aplicação da Lei n. 9.250, de 1995 na compensação tributária – cujo fundamento pode ser estendido por analogia à repetição de indébito –,

775

quando o pleito se fundar em erro do contribuinte, que pagou mais do que o devido no lançamento tributário por homologação (STJ. Recurso Especial 189.242/SP, Rel. Min. Francisco Peçanha Martins, 2ª T., v.u., j. 15-12-1998, *DJ* 29-3-1999). Em outro momento, entendeu o mesmo Tribunal ser inaplicável a Taxa Selic na Repetição de Indébito, por conter em seu bojo juros compensatórios (STJ. Recurso Especial 443.496/PR, Rel. Min. Eliana Calmon, 2ª T., v.u., j. 17-6-2004, *DJ* 13-9-2004).

Contemporaneamente, no entanto, o STJ tem firmado o entendimento de que, na ação de repetição de indébito que tenha por fundamento a devolução de "tributo federal" pago indevidamente, a orientação da jurisprudência é no sentido de que, após 1º de janeiro de 1996, incide somente a Taxa Selic sobre os pagamentos indevidos, sem quaisquer outros acréscimos de correção monetária ou juros, sejam eles moratórios ou compensatórios.

> Processo civil e tributário. Recurso especial. Violação do art. 535 do CPC configurada. Dispensa da remessa dos autos à instância de origem para novo julgamento. Inteligência do art. 249, § 2º, do CPC. IPI repetição de indébito. Correção monetária. Precedentes do STJ. 1. Nos termos do art. 249, § 2º, do CPC, é desnecessária a remessa dos autos à instância ordinária se a questão de fundo puder ser decidida por este tribunal de forma favorável ao recorrente. 2. Nos casos de repetição de indébito tributário, a orientação prevalente no âmbito da 1ª Seção quanto aos juros pode ser sintetizada da seguinte forma: (a) antes do advento da Lei 9.250/95, incidia a correção monetária desde o pagamento indevido até a restituição ou compensação (Súmula 162/STJ), acrescida de juros de mora a partir do trânsito em julgado (Súmula 188/STJ), nos termos do art. 167, parágrafo único, do CTN; (b) após a edição da Lei 9.250/95, aplica-se a taxa SELIC desde o recolhimento indevido, ou, se for o caso, a partir de 1º-1-1996, não podendo ser cumulada, porém, com qualquer outro índice, seja de atualização monetária, seja de juros, porque a SELIC inclui, a um só tempo, o índice de inflação do período e a taxa de juros real. 3. Recurso especial provido (STJ. Recurso Especial 1.045.752/RJ, Rel. Min. Eliana Calmon, 2ª T., v.u., j. 28-10-2008, *DJe* 17-11-2008).

Por conseguinte, para cumprir o disposto no art. 322 do CPC, que determina a formulação de pedido "certo", o pleito na ação de repetição de indébito de tributos federais deverá postular a condenação da União a restituir a soma do principal, acrescida da Taxa Selic incidente sobre os pagamentos mensais indevidos. Sobre este montante não deve haver aplicação de juros moratórios

Capítulo 8   Ações judiciais de iniciativa do sujeito passivo da obrigação tributária

ou qualquer outro índice inflacionário, porque a Selic inclui em seu cômputo juros de mora e remuneratórios mais correção monetária. Esse entendimento está pacificado no âmbito do STJ, que em Recursos Repetitivos, Tema 145, fixou a seguinte tese:

> Aplica-se a taxa SELIC, a partir de 1º-1-1996, na atualização monetária do indébito tributário, não podendo ser cumulada, porém, com qualquer outro índice, seja de juros ou atualização monetária. Se os pagamentos foram efetuados após 1º-1-1996, o termo inicial para a incidência do acréscimo será o do pagamento indevido; havendo pagamentos indevidos anteriores à data de vigência da Lei 9.250/95, a incidência da taxa SELIC terá como termo a quo a data de vigência do diploma legal em tela, ou seja, janeiro de 1996.

No entanto, os juros moratórios de 1% a.m. somente incidirão depois de transitada em julgado a decisão condenatória da Fazenda até 1º-1-1996, data em que entrou em vigor a Lei n. 9.250, de 1995, razão pela qual a incidência de juros moratórios somente repercute na fase de execução da sentença, o que é reforçado pela Súmula 188 do STJ.

> Processo civil. Tributário. PIS. Valores recolhidos a maior. Repetição do indébito. Juros de mora. Termo *a quo*. Trânsito em julgado da decisão que permitiu a compensação. A partir de 1º-1-1996 somente a taxa Selic. Precedentes. Os valores recolhidos indevidamente devem sofrer a incidência de juros de mora de 1% (um por cento) ao mês do trânsito em julgado da decisão até 1º-1-1996. A partir desta data deve incidir somente a Taxa SELIC, vedada sua cumulação com quaisquer outros índices, seja de correção monetária, seja de juros. Por isso, se a decisão ainda não transitou em julgado, aplica-se, a título de juros moratórios, apenas a Taxa SELIC. Precedentes. Agravo regimental provido (STJ. Recurso Especial 626.191/SP, Rel. Min. Humberto Martins, 2ª T., v.u., j. 15-10-2009, *DJ* 23-10-2009).

Assim, as Ações de Repetição de Indébito relativas a tributos federais e ajuizadas depois de janeiro de 1996, atualizarão o crédito do contribuinte utilizando somente a Taxa Selic desde o primeiro pagamento indevido e juros moratórios de 1% a.m., contados a partir do trânsito em julgado até a data do efetivo pagamento (STJ. Súmula 188 e Tema/Repetitivo 295). Ressalte-se, embora o pedido inicial deva conter os acréscimos legais até a data do ajuizamento, na fase de liquidação, deverá ser acrescentada a Taxa Selic relativa ao período entre o ajuizamento da demanda e o efetivo cumprimento da sentença, este último deverá seguir as regras do arts. 534 e 535 do CPC. Assim, no momen-

CURSO COMPLETO DE DIREITO PROCESSUAL TRIBUTÁRIO

to processual oportuno, o credor (contribuinte) requererá o cumprimento da sentença contra a Fazenda, instruindo o pedido com demonstrativo que conterá todos os requisitos do art. 534 do CPC.

8.4.5.2.2 Cumulação de pedidos

De acordo com o art. 327 do CPC é lícito ao autor cumular, em um único processo, contra o mesmo réu, vários pedidos, ainda que não haja conexão entre eles. De acordo com o § 1º do mencionado artigo, para que se possa cumular pedidos em um mesmo processo, é necessário observar-se: a) que os pedidos sejam compatíveis entre si; b) que seja competente para conhecer deles o mesmo juízo; c) que seja adequado para todos os pedidos o tipo de procedimento. Assim, na ação de repetição de indébito é possível cumular-se o pedido de restituição com o de compensação do crédito relativo ao pagamento indevido com débitos tributários vencidos ou vincendos.

> Além dos requisitos processuais expostos, deverão ser observadas as regras sobre prescrição do direito à restituição e o cômputo dos juros, comentadas anteriormente. Na prática, o pleito de compensação previne o autor de se submeter à sistemática dos precatórios, na hipótese de procedência do pedido da Ação de Repetição de Indébito. De qualquer forma, o pedido de compensação será sempre uma opção da parte (STJ. Recurso Especial 902.458/SP, Rel. Min. Luiz Fux, 1ª T., v.u., j. 17-3-2009, *DJ* 30-3-2009).

Desde meados dos anos dois mil, o STJ tem a jurisprudência firmada sobre a opção do contribuinte de, em vez de executar a Fazenda Pública por precatórios, poder fazê-lo por compensação, depois de transitada em julgado a sentença condenatória da Fazenda na ação de repetição de indébito.

> Processual civil e tributário. Finsocial. Declaração de inconstitucionalidade pelo STF. Art. 66 da Lei n. 8.383/91. Execução. Empresa inativa. Opção por repetição de indébito via precatório. Possibilidade. Precedente da 1ª seção. Nos termos do art. 66, § 2º, da Lei n. 8.383/91, e da pacífica jurisprudência deste Tribunal, é direito do contribuinte optar pela forma como pretende receber os valores indevidamente recolhidos aos cofres públicos, se via compensação ou precatório. Recurso conhecido e provido (STJ. Recurso Especial 652.475/RS, Rel. Min. Francisco Peçanha Martins, 2ª T., v.u., j. 1º-9-2005, *DJ* 10-10-2005).

Em reforço desses precedentes, tem-se a Súmula 461 do STJ, com a seguinte orientação: "O contribuinte pode optar por receber, por meio de

Capítulo 8   Ações judiciais de iniciativa do sujeito passivo da obrigação tributária

precatório ou por compensação, o indébito tributário certificado por senten-ça declaratória transitada em julgado".

Ressalte-se que a possibilidade de cumulação entre os pedidos é conve-niente em função das restrições ao deferimento de tutelas de urgência para compensar créditos com débitos tributários, em especial o disposto no art. 170-A do CTN e o art. 7º, § 2º, da LMS. Apesar de ser tema extremamente controvertido quanto a sua constitucionalidade, as restrições em questão têm sido toleradas pelo Poder Judiciário (ver subseções 6.2.6.5 do Capítulo 6 e 8.1.3 deste Capítulo).

Assim, a ação de repetição de indébito serve para o reconhecimento de que o tributo foi pago indevidamente, mas o cumprimento da sentença – o que pressupõe o trânsito em julgado da decisão – poderá se dar através de compensação. Note-se que essa possibilidade esvazia a forma ordinária de cumprimento da sentença da ação repetitória, que deveria correr, a rigor, em conformidade com o regime de precatórios judiciais (CF, art. 100). Por con-seguinte, cabe ao contribuinte avaliar a vantagem do ponto de vista econô-mico e processual que poderá obter entre exigir o cumprimento da sentença por precatórios ou por compensação. Para empresas em atividade, normal-mente é mais rápida a satisfação do crédito do contribuinte mediante com-pensação. A execução por precatórios teria utilidade e necessidade somente nos casos em que a empresa está inativa, não tendo, em princípio, débitos tributários para compensar.

No campo da cumulação de pedidos, é lícito igualmente ao autor, se for caso, formular, juntamente com o pleito de restituição, a declaração de in-constitucionalidade incidental acerca da norma que criou a obrigação tribu-tária. No caso de o lançamento tributário que motivou o pagamento indevi-do ter sido realizado na modalidade direta ou de ofício, é possível também pedir-se a nulidade do lançamento, cumulada com repetição de indébito. A ação fundada no art. 169 do CTN, conforme já se esclareceu na subseção 8.3.2 deste Capítulo, poderá ser cumulada com o pedido de restituição.

8.4.5.3 Provas e valor à causa

Além dos documentos indispensáveis que habilitam a postulação em juízo, sobre os quais já se comentou na subseção 6.2.9 do Capítulo 6, na ação de repetição de indébito, pode-se considerar documento relevante os

779

comprovantes de recolhimento dos tributos, uma vez que essa documentação comprova o interesse de agir. No caso de não ter sido pago o tributo em algum período, isto deve ser explicado na inicial e o período em questão não pode integrar o cômputo dos valores que se quer repetir, sob pena de litigância de má-fé.

As provas serão todas as admitidas em direito, devendo-se chamar atenção à possibilidade de perícia, porque a apuração da veracidade dos documentos e dos cálculos pode exigir do julgador critérios técnicos de que ele não dispõe pessoalmente.

A inicial, pois, deverá vir acompanhada dos comprovantes de recolhimento do tributo que se considera como pago indevidamente.

> 1. O Tribunal de segundo grau exarou o entendimento de que a questão referente à inconstitucionalidade dos DLs 2.445 e 2.449/88 já foi dirimida pelo STF e que para a pretensão de realizar pedido de compensação ou repetição é necessário o efetivo recolhimento do tributo em questão, para o que seria necessária a juntada do documento de arrecadação. No caso, a autora deixou de colacionar documentação, fato que torna incabível o acolhimento do pedido (STJ. Recurso Especial 902.458/SP. 2ª T., Rel. Min. Mauro Campbell Marques, v.u., j. 18-12-2008, *DJ* 19-2-2009).

Sem prejuízo dessas considerações, o STJ, em outra oportunidade, dispensou a totalidade dos comprovantes de recolhimento do tributo no ato de ajuizamento da ação, podendo essa providência ser postergada para o momento da liquidação da sentença.

> 1. De acordo com a jurisprudência pacífica do STJ, em ação de repetição de indébito, no Município de Londrina, os documentos indispensáveis mencionados pelo art. 283 do CPC são aqueles hábeis a comprovar a legitimidade ativa ad causam do contribuinte que arcou com o pagamento indevido da exação. Dessa forma, conclui-se desnecessária, para fins de reconhecer o direito alegado pelo autor, a juntada de todos os comprovantes de recolhimento do tributo, providência que deverá ser levada a termo, quando da apuração do montante que se pretende restituir, em sede de liquidação do título executivo judicial. Acórdão sujeito ao regime do art. 543-C do CPC e da Resolução STJ 08/08. Recurso especial improvido (STJ. Recurso Especial 1.111.003/PR. 1ª S. Rel. Min. Humberto Martins, v.u., j. 13-5-2009, *DJ* 25-5-2009).

O valor da causa corresponderá ao crédito que se pretende restituir, acrescido de correção monetária conforme o índice legal definido, ressalvado

Capítulo 8 Ações judiciais de iniciativa do sujeito passivo da obrigação tributária

o caso dos tributos federais em que, a partir de 1º-1-1996, aplica-se somente a Taxa Selic para a correção do crédito do contribuinte, conforme explicado na subseção 8.4.5.2.1 deste Capítulo.

8.5 MEDIDAS JUDICIAIS PARA COMPENSAÇÃO NO DIREITO TRIBUTÁRIO

8.5.1 Das medidas judiciais

Nos comentários sobre ação de repetição de indébito ficou patente que esta ação é o instrumento próprio para a devolução de valores recebidos indevidamente pela Fazenda Pública a título de tributo. Explicou-se também nas subseções 8.4.1 e 8.4.2 deste Capítulo que o direito à repetição de indébito encontra fundamento na Constituição da República e não somente no CTN. Os princípios da legalidade e da moralidade seriam suficientes para vedar o enriquecimento sem causa do Estado e, portanto, gerar o direito à restituição do indébito tributário. A exigência de tributo sem lei ou que contrarie a ideia ampla de legalidade ensejaria o direito a repetição. Esse fundamento é reforçado pela moralidade administrativa, que restaria violada caso não se garantisse ao contribuinte o direito à repetição dos valores pagos indevidamente.

Com isso se percebe que a Constituição Federal rege o fundamento jurídico da restituição de valores pagos ao Estado de forma indevida e, exatamente por esse motivo, não será a ação de repetição de indébito o único meio para o recebimento de valores pagos a título de tributos considerados posteriormente como indevidos. A "compensação" pode ser uma alternativa de efetivação do direito à restituição.

No direito tributário, a compensação é considerada modalidade especial de extinção do crédito tributário (CTN, art. 170 e 156, II). Assim, o núcleo do conceito jurídico da compensação não é exatamente o crédito de titularidade do contribuinte, mas o crédito tributário de que a Fazenda é credora e o contribuinte dele é devedor. Isso justifica a necessidade de se examinar a idoneidade do crédito do contribuinte para que a compensação seja homologada, eis que a forma usual de extinção do crédito tributário é o seu pagamento. A compensação substitui o pagamento, de modo que a Fazenda deixa de receber o crédito tributário a que tem direito pelo pagamento, ao mesmo tempo em que restitui o crédito do contribuinte, dando quitação do crédito

781

tributário compensado. Isso explica a necessária interferência da Fazenda na análise dos elementos que compõem a compensação, em especial a pertinência do crédito que o contribuinte alega ser titular.

O direito a compensação poderá ser efetivado pela via administrativa, daí por que as medidas judiciais para efetivação do direito à compensação devem ser examinadas de forma oblíqua ao procedimento administrativo. A rigor, o ideal é que esse direito seja reconhecido pela Administração Tributária de forma eficiente, mas isso nem sempre é possível, normalmente porque a Fazenda não concorda com o entendimento do contribuinte sobre a legalidade do crédito. A justificativa para a existência desse crédito, em regra, tem a ver com questões de legalidade ou constitucionalidade da norma que exige o pagamento do tributo. Daí as dificuldades de a administração se pronunciar se o crédito é válido, uma vez que o controle de constitucionalidade das normas no direito pátrio está a cargo do Poder Judiciário. Essa situação canaliza obviamente o pleito de restituição para Justiça, ficando a Administração Pública, na maioria das vezes, restrita a examinar as situações de pagamento indevido motivadas por erros de cálculo que levam ao pagamento maior do que o valor devido, ou quando a matéria jurídica que determina o crédito do contribuinte é incontroversa, por força de pronunciamentos da própria administração ou de decisões judiciais.

Até o advento do art. 170-A do CTN, introduzido pela Lei Complementar n. 104, de 2001, as medidas judiciais para efetivação da compensação tributária eram mais efetivas do que a tradicional ação de repetição de indébito. Isso porque, antes dessa alteração no CTN, a jurisprudência não era pacífica sobre a impossibilidade de se reconhecer em tutelas de urgência o direito de o contribuinte compensar, por sua conta e risco, créditos apurados em sua escrita fiscal, os quais poderiam ser compensados com créditos tributários vincendos. Era mais vantajoso optar-se pela compensação judicial, porque por essa via permitia-se o aproveitamento liminar dos créditos, medida mais difícil – para não dizer impossível – na ação de repetição de indébito, em que a sentença definitiva, para ser cumprida, dependia da ordem cronológica dos precatórios.

Depois da introdução do art. 170-A ao CTN, a compensação por meio judicial perdeu força e a situação se inverteu. O processo pode iniciar-se como ação de repetição de indébito, podendo o contribuinte ter seu crédito reconhecido e, na fase do cumprimento da sentença, poderá optar pela com-

Capítulo 8   Ações judiciais de iniciativa do sujeito passivo da obrigação tributária

pensação, conforme orientação da Súmula 461 do STJ: "O contribuinte pode optar por receber, por meio de precatório ou por compensação, o indébito tributário certificado por sentença declaratória transitada em julgado".

De qualquer forma, as medidas judiciais utilizadas anteriormente para o reconhecimento do direito à compensação resistem e serão analisadas nesta e nas subseções seguintes.

Alertamos para o fato de que a jurisprudência fundada na interpretação do art. 170-A, contrária às liminares para a compensação tributária, sempre foi alvo de controvérsias (subseções 6.2.6.5 e seguintes). Exatamente por isso, com o advento do CPC de 2015 e a previsão da tutela de evidência, cremos que o cenário poderá ser alterado. Isso porque o art. 311, II, combinado com parágrafo único do CPC, prevê o deferimento liminar de tutela de evidência, quando: "as alegações de fato puderem ser comprovadas apenas documentalmente e houver tese firmada em julgamento de casos repetitivos ou em súmula vinculante". Assim, caso o contribuinte comprove que a tese jurídica que legitima o seu crédito está fundada em tese de "casos repetitivos" ou em "súmula vinculante", a tutela de evidência para compensação tributária deverá ser concedida. Note-se que um dos principias fins da reforma processual que levou à instituição de um novo CPC foi a efetividade do processo, princípio este que visa a outorga do direito da parte de forma útil e célere. A tutela de evidência é expressão relevante da adoção desse princípio. Com efeito, na hipótese do inciso II do art. 311, combina-se a "evidência do direito" com a "urgência", razão pela qual o parágrafo único do mencionado dispositivo autoriza o deferimento liminar desse tipo de tutela. O pleito judicial de compensação – em ação declaratória ou mandado de segurança – desde que devidamente instruído e assentado em tese repetitiva ou súmula vinculante favorável ao contribuinte, não poderá levar a outro resultado que não seja o reconhecimento da evidência do direito. Assim, caberá o deferimento liminar de tutela de evidência que, conforme foi mencionado, alia o requisito da urgência com o manifesto direito em favor de uma das partes. Com o CPC de 2015, cremos que a jurisprudência do STJ deverá ser revista para admitir a tutela de evidência que permita a compensação de créditos do contribuinte com débitos tributários, fundada na hipótese do art. 311, II, combinado com parágrafo único, do CPC. A tutela de evidência deverá ressalvar, obviamente, o direito de a Fazenda fiscalizar os valores compensados e glosá-los caso discorde de seus montantes. No entanto, a exigibilidade dos

783

CURSO COMPLETO DE DIREITO PROCESSUAL TRIBUTÁRIO

créditos glosados deverá ficar suspensa até o trânsito em julgado da ação ou se a tutela provisória se tornar estável, na hipótese de não haver recurso contra o seu deferimento.

Apesar dos fundamentos acima expostos, enquanto não for rediscutida a questão nos tribunais, nem o STJ alterar o seu entendimento, ressaltamos a importância de se conhecer a jurisprudência atual sobre liminares para a compensação de tributos, conforme exposto na subseção 6.2.6.5 e nas observações a seguir.

Para pedir o reconhecimento do direito à compensação tributária – no fundo é a efetivação do direito a Repetição de Indébito – o contribuinte poderá utilizar o mandado de segurança ou a ação declaratória. De acordo com a jurisprudência do STJ, depois da entrada em vigor do art. 170-A do CTN, não poderá ser concedida tutela antecipada ou liminar em mandado de segurança que permita o aproveitamento dos créditos mediante compensação, com créditos tributários vencidos ou vincendos. Nesse sentido é o Tema 345 de Recursos Repetitivos, que fixou a seguinte tese:

> Em se tratando de compensação de crédito objeto de controvérsia judicial, é vedada a sua realização "antes do trânsito em julgado da respectiva decisão judicial", conforme prevê o art. 170-A do CTN, vedação que, todavia, não se aplica a ações judiciais propostas em data anterior à vigência desse dispositivo, introduzido pela LC 104/2001.

Assim, o contribuinte poderá ajuizar as mencionadas ações, mas caso pleiteie o deferimento de liminar para o aproveitamento imediato dos créditos na sua escrita fiscal, a medida não será deferida pela Justiça em razão da interpretação dada pelo STJ ao art. 170-A do CTN. Desse modo, o contribuinte, caso vença a demanda, deverá aguardar o trânsito em julgado da sentença para iniciar o seu cumprimento, aproveitando o seu crédito reconhecido em juízo para pagamento do crédito tributário, ou seja, a compensação.

De acordo também com a jurisprudência do STJ, não pode ser tolhido pelo Fisco o direito de acesso à Justiça para a garantia do direito à compensação tributária regulamentada pelo art. 66 da Lei n. 8.383, de 1991. O Tema 337 de Recursos Repetitivos deixa isso evidente, ao firmar o seguinte entendimento:

> O interesse de agir se caracteriza pelos entraves rotineiramente opostos pela Secretaria da Receita Federal àquele que postula a compensação tributária dos valores indevidamente recolhidos a maior a título de PIS, sem as

Capítulo 8   Ações judiciais de iniciativa do sujeito passivo da obrigação tributária

exigências que são impostas pela legislação de regência, notadamente em relação aos critérios que envolvem o encontro de contas, à aplicação de expurgos inflacionários no cálculo da correção monetária dos valores a serem repetidos, à incidência de juros moratórios e compensatórios, bem como à definição do prazo prescricional para o exercício do direito à compensação, considerando, em especial, o disposto no artigo 3º da Lei Complementar n. 118/2005. Assim, é inegável a necessidade do contribuinte buscar tutela jurisdicional favorável, a fim de proteger seu direito de exercer o pleno exercício da compensação de que trata o art. 66 da Lei 8.383/91, sem que lhe fosse impingidos os limites previstos nas normas infralegais pela autoridade administrativa.

Nessa mesma linha do enfrentamento dos óbices ao direito à compensação, o STJ também firmou o entendimento de que não é cabível a imputação de pagamento por parte do Fisco com base no Código Civil, de modo que na compensação devam ser quitados primeiramente os juros da dívida para posteriormente serem quitados o principal. Nesse sentido é a Súmula 464 do STJ: "A regra de imputação de pagamentos estabelecida no art. 354 do Código Civil não se aplica às hipóteses de compensação tributária".

Conforme explicado, para garantir o direito à compensação com base na Lei n. 8.383, de 1991, o contribuinte poderá ajuizar Ação Declaratória ou mandado de segurança Preventivo, pedindo a declaração do direito à compensação, mas somente poderá realizar o aproveitamento do seu crédito com os créditos tributários compensáveis depois de transitada em julgado a sentença, caso esta, obviamente, seja favorável aos seus argumentos. A impossibilidade do aproveitamento imediato dos créditos decorre da interpretação dada pela jurisprudência do STJ ao art. 170-A do CTN.

Embora a Súmula 212 do STJ tenha impedido o deferimento de liminares para se compensar crédito do contribuinte com crédito tributário, a Súmula 213 do mencionado Tribunal orienta que é permitida a impetração de mandado de segurança para se obter a declaração do direito à compensação: "O mandado de segurança constitui ação adequada para a declaração do direito à compensação tributária". Apesar desse entendimento, o mandado de segurança não poderá ser utilizado para a convalidação de compensação tributária realizada administrativamente pelo contribuinte, conforme a Súmula 460 do STJ: "É incabível o mandado de segurança para convalidar a compensação tributária realizada pelo contribuinte".

CURSO COMPLETO DE DIREITO PROCESSUAL TRIBUTÁRIO

Conforme orientação do STJ, tratando-se de mandado de segurança preventivo, em que se peça a declaração do direito à compensação, é dispensável prova pré-constituída dos fatos relacionados à causa de pedir (pagamento indevido de um tributo *versus* crédito tributário vencido ou vincendo). No entanto, se o contribuinte pretende que o juízo analise os próprios elementos materiais que dão substrato ao direito à compensação é exigível, evidentemente, prova pré-constituída dos elementos alegados.

1. No que se refere a mandado de segurança sobre compensação tributária, a extensão do âmbito probatório está intimamente relacionada com os limites da pretensão nele deduzida. Tratando-se de impetração que se limita, com base na Súmula 213/STJ, a ver reconhecido o direito de compensar (que tem como pressuposto um ato da autoridade de negar a compensabilidade), mas sem fazer juízo específico sobre os elementos concretos da própria compensação, a prova exigida é a da "condição de credora tributária" (ERESP 116.183/SP, 1ª Seção, Min. Adhemar Maciel, *DJ* de 27-4-1998). 2. Todavia, será indispensável prova pré-constituída específica quando, à declaração de compensabilidade, a impetração agrega (a) pedido de juízo sobre os elementos da própria compensação (v.g.: reconhecimento do indébito tributário que serve de base para a operação de compensação, acréscimos de juros e correção monetária sobre ele incidente, inexistência de prescrição do direito de compensar), ou (b) pedido de outra medida executiva que tem como pressuposto a efetiva realização da compensação (v.g.: expedição de certidão negativa, suspensão da exigibilidade dos créditos tributários contra os quais se opera a compensação). Nesse caso, o reconhecimento da liquidez e certeza do direito afirmado depende necessariamente da comprovação dos elementos concretos da operação realizada ou que o impetrante pretende realizar. Precedentes da 1ª Seção (EREsp 903.367/SP, Min. Denise Arruda, *DJe* de 22-9-2008) e das Turmas que a compõem. 3. No caso em exame, foram deduzidas pretensões que supõem a efetiva realização da compensação (suspensão da exigibilidade dos créditos tributários abrangidos pela compensação, até o limite do crédito da impetrante e expedição de certidões negativas), o que torna imprescindível, para o reconhecimento da liquidez e certeza do direito afirmado, a pré-constituição da prova dos recolhimentos indevidos. (Recurso Especial 1.111.164/BA, Rel. Ministro Teori Albino Zavascki, j. 13-5-2009, *DJe* 25-5-2009).

Para os tributos federais, na hipótese de o contribuinte ter o seu direito à restituição reconhecido na ação de repetição de indébito e optado pela

786

Capítulo 8   Ações judiciais de iniciativa do sujeito passivo da obrigação tributária

compensação, após o trânsito em julgado das referidas decisões, deve-se observar as regras contidas na IN/RFB n. 1.717, de 2017. Os arts. 98 a 105 da norma mencionada disciplinam o procedimento em que o contribuinte deverá requerer o direito à compensação e o prazo para o deferimento da autorização de habilitação dos créditos, que deve ocorrer em 30 dias, conforme o § 3º do art. 100 da IN/RFB n. 1.717, de 2017. As mesmas normas se aplicam à ação declaratória ou ao mandado de segurança ajuizados para a declaração do direito à compensação de indébitos tributários.

8.5.2 Prescrição do direito à compensação e atualização do crédito do sujeito passivo

A jurisprudência do STJ firmou entendimento de que o direito à compensação prescreve de acordo com as mesmas regras referentes à Lei Complementar n. 118, de 2005. Nesse sentido o seguinte precedente:

> Tributário. Mandado de segurança. ICMS. Inclusão na base de cálculo do PIS e da COFINS. Compensação. Prazo prescricional. Tributo sujeito a lançamento por homologação. LC n. 118/2005. 1. Autos recebidos da Vice-Presidência para fins do art. 543-B, § 3º, do CPC. 2. No julgamento do RE n. 566.621/RS, Relatora a Ministra Ellen Gracie, submetido ao regime da repercussão geral, o Supremo Tribunal Federal reconheceu a inconstitucionalidade do art. 4º, segunda parte, da Lei Complementar n. 118, de 2005, considerando válida a aplicação do novo prazo de 5 (cinco) anos tão somente às ações ajuizadas após o decurso da *vacatio legis* de 120 dias, ou seja, a partir de 09 de junho de 2005. 3. Hipótese em que a ação foi ajuizada em data posterior à vigência da Lei Complementar n. 118, de 2005, estando sujeita ao novo prazo prescricional de 5 (cinco) anos. 4. Acórdão proferido pela Primeira Turma que, seguindo a orientação da Corte Especial adotada no julgamento da Arguição de Inconstitucionalidade nos EREsp 644.736/PE, destoa do entendimento consagrado pelo Supremo Tribunal Federal. 5. Agravo regimental interposto pela Fazenda Nacional provido, em juízo de retratação, para que seja mantida a incidência da prescrição quinquenal reconhecida pelas instâncias ordinárias (STJ. Agravo Regimental no Agravo Regimental no Agravo de Instrumento 1.093.754/PR, 1ª T., Rel. Ministra Marga Tessler (Juíza Convocada), v.u., j. 14-4-2015, *DJ* 20-4-2015).

Conforme foi esclarecido na subseção 8.4.3 deste Capítulo, quando o crédito do contribuinte decorrer de tributo pago indevidamente, sujeito ao lançamento por homologação, só se aplicam os arts. 3º e 4º da Lei Complemen-

787

tar n. 118, de 2005 para as ações judiciais proposta depois de 9-6-2005, data da entrada em vigor da mencionada lei complementar. No caso das medidas judiciais promovidas antes dessa data, o STJ pacificou que seria aplicada a "tese do 5+5" para a prescrição do direito à repetição. Essa interpretação poderá ser estendida às Ações Declaratória e Mandados de Segurança que visarem a declaração do direito à compensação.

Quanto aos critérios de atualização do crédito do contribuinte, note-se que a compensação equivale à restituição na medida em que a Fazenda Pública, em vez de devolver os valores pecuniários atualizados, consente que o contribuinte deixe de pagar determinado tributo, descontando do crédito de sua titularidade o valor correspondente ao tributo devido. Assim, os critérios de correção monetária e de juros serão os mesmos adotados na Repetição de Indébito, conforme jurisprudência do STJ:

> 6. Nos casos de repetição de indébito tributário ou na compensação, a orientação prevalente no âmbito da 1ª Seção quanto aos juros pode ser sintetizada da seguinte forma: (a) antes do advento da Lei 9.250/95, incidia a correção monetária desde o pagamento indevido até a restituição ou compensação (Súmula 162/STJ), acrescida de juros de mora a partir do trânsito em julgado (Súmula 188/STJ), nos termos do art. 167, parágrafo único, do CTN; (b) após a edição da Lei 9.250/95, aplica-se a taxa SELIC desde o recolhimento indevido, ou, se for o caso, a partir de 1º-1-1996, não podendo ser cumulada, porém, com qualquer outro índice, seja de atualização monetária, seja de juros, porque a SELIC inclui, a um só tempo, o índice de inflação do período e a taxa de juros real. 7. Recurso especial a que se dá provimento (STJ. Recurso Especial 834.907/PR, 1ª T., Rel. Min. Teori Albino Zavascki, v.u., j. 20-6-2006, DJ 30-6-2006).

Em síntese, caso o crédito do contribuinte decorra do pagamento indevido de tributos federais, a partir de 1º-1-1996, o critério de correção do crédito repetível será a taxa Selic. Se o contribuinte estiver em mora e queira compensar os tributos devidos com créditos repetíveis o critério de correção será o mesmo.

8.5.3 Compensação e precatórios judiciais

A eventual possibilidade de compensação de precatórios judiciais com tributos não é exatamente um tema típico de direito processual tributário, mas possui algumas questões de ordem prática que merecem análise.

Capítulo 8   Ações judiciais de iniciativa do sujeito passivo da obrigação tributária

O art. 78 do Ato das Disposições Constitucionais Transitórias – ADCT, introduzido pela Emenda Constitucional n. 30, de 2000, afirma que em determinadas condições o precatório não pago terá poder liberatório de tributos, o que sugere a realização de compensação entre o crédito decorrente do precatório e débitos tributários. De acordo com o ADCT:

> Art. 78. Ressalvados os créditos definidos em lei como de pequeno valor, os de natureza alimentícia, os de que trata o art. 33 deste Ato das Disposições Constitucionais Transitórias e suas complementações e os que já tiverem os seus respectivos recursos liberados ou depositados em juízo, os precatórios pendentes na data de promulgação desta Emenda e os que decorram de ações iniciais ajuizadas até 31 de dezembro de 1999 serão liquidados pelo seu valor real, em moeda corrente, acrescido de juros legais, em prestações anuais, iguais e sucessivas, no prazo máximo de dez anos, permitida a cessão dos créditos.
>
> § 1º É permitida a decomposição de parcelas, a critério do credor.
>
> § 2º As prestações anuais a que se refere o *caput* deste artigo terão, se não liquidadas até o final do exercício a que se referem, poder liberatório do pagamento de tributos da entidade devedora.
>
> § 3º O prazo referido no *caput* deste artigo fica reduzido para dois anos, nos casos de precatórios judiciais originários de desapropriação de imóvel residencial do credor, desde que comprovadamente único à época da imissão na posse.
>
> § 4º O Presidente do Tribunal competente deverá, vencido o prazo ou em caso de omissão no orçamento, ou preterição ao direito de precedência, a requerimento do credor, requisitar ou determinar o sequestro de recursos financeiros da entidade executada, suficientes à satisfação da prestação.

Observa-se que o dispositivo criou regime de parcelamento de precatórios em 10 anos para os casos comuns e de 2 para os precatórios decorrentes de indenizações por desapropriação de imóvel residencial do credor. Assim, em vez de os precatórios, nas situações mencionadas no *caput* do art. 78 do ADCT, serem liquidados em uma só vez, na forma do art. 100 da Constituição Federal, de acordo com o regime criado pela EC n. 30 de 2000, as dívidas da Fazenda Pública, oriundas de decisão judicial, passariam a ser pagas parceladamente.

Para amenizar os efeitos do parcelamento, a norma introduzida previu que o não pagamento da parcela anual teria poder liberatório do pagamento de tributos da entidade devedora. Trata-se de inegável hipótese de compen-

789

sação em que o crédito do particular não deriva necessariamente do pagamento indevido de tributos, mas de precatórios das mais diversas origens.

A legislação tributária, ao disciplinar amplamente a compensação, não especificou a origem do crédito do contribuinte, bastando tão somente que seja líquido e certo (CTN, art. 170). Isso dá margem ao entendimento de que é lícita a compensação de crédito de precatório com créditos tributários. Além disso, de acordo com o CTN, o crédito do contribuinte poderá ser vencido ou vincendo. O § 2º do art. 78 do ADCT, entretanto, refere-se a "crédito vencido", de modo que o poder liberatório de tributos deverá corresponder à parcela anual não paga pela Fazenda. O ideal seria que a Emenda Constitucional tivesse determinado igualdade de tratamento entre os parcelamentos de débitos tributários e o mencionado parcelamento dos precatórios. Assim, não paga uma parcela anual, implicaria o vencimento antecipado das demais, podendo o contribuinte realizar a compensação de todo o crédito constante dos precatórios e não somente do valor relativo à prestação anual.

Apesar do aparente avanço do § 2º do art. 78 do ADCT na tentativa de esvaziar o estoque interminável de precatórios, o dispositivo não conseguiu prosperar. Conforme jurisprudência pacífica do STJ, para a efetivação da regra de liberação do pagamento de tributos, mediante a compensação de precatórios não quitados, é necessário haver lei específica disciplinando essa compensação. Além disso, considerando que a interpretação do § 2º do art. 78 do ADCT não se encaixa no conceito de "legislação federal" para efeito de análise pelo STJ, o entendimento dessa Corte é que o tema encerra matéria constitucional, desviando-se, portanto, de sua alçada. Nesse sentido é o seguinte precedente:

> Tributário. Processual Civil. Compensação Tributária. Precatório Judicial. Inexistência de Lei Autorizativa. Impossibilidade. Incidência da Súmula 83/STJ. Dispositivo Constitucional. Inviabilidade de Análise. 1. Conforme entendimento firmado pelas turmas que compõem a Seção de Direito Público, para haver a compensação almejada, deve haver lei autorizando a compensação, não havendo, portanto, autoaplicabilidade do art. 170 do CTN, mas existência de norma para uniformizar o procedimento de compensação. Precedentes. 2. "Não é possível, em sede de Recurso Especial, analisar matéria de compensação tributária em face do poder liberatório dos precatórios de que se trata o art. 78, § 2º, do ADCT da CF/88, por demandar interpretação de dispositivo de natureza constitucional, cuja

Capítulo 8   Ações judiciais de iniciativa do sujeito passivo da obrigação tributária

competência é exclusiva da Suprema Corte, porquanto o referido dispositivo não se enquadra no conceito de lei federal, nos termos do art. 105, III, 'a', da Constituição Federal. Precedentes do STJ (AgRg no AREsp 387.186/RS, Rel. Ministro Herman Benjamin, Segunda Turma, *DJe* de 6-12-2013)." (AgRg no AREsp 72.525/RS, Rel. Ministra Assusete Magalhães, Segunda Turma, julgado em 16-9-2014, *DJe* 23-9-2014). Agravo regimental improvido (STJ. Agravo Regimental no Agravo em Recurso Especial 834.726/ SC, 2ª T., Rel. Min. Humberto Martins, v.u., j. 1º-3-2016, *DJ* 8-3-2016).

No âmbito do STF a questão está sob análise no Recurso Extraordinário 566.349/MG, com Repercussão Geral reconhecida em 2-10-2008, relativo ao Tema 111.

> Precatório. Art. 78, § 2º, do Ato das Disposições Constitucionais Transitórias. Compensação de Precatórios com Débitos Tributários. Repercussão Geral Reconhecida. Reconhecida a repercussão geral dos temas relativos à aplicabilidade imediata do art. 78, § 2º, do ato das disposições constitucionais transitórias – ADCT e à possibilidade de se compensar precatórios de natureza alimentar com débitos tributários. (STF. Recurso Extraordinário com Repercussão Geral 566.349/MG, Pleno. Relatora. Ministra Carmem Lúcia, j. 2-10-2008, *DJ* 31-10-2008).

É razoável a jurisprudência do STJ sobre a questão. O § 2º do art. 78 do ADCT estabeleceu norma geral de compensação tributária e, exatamente por isso, não é possível se extrair dela as regras específicas por meio das quais será operacionalizada a compensação. Lembre-se que o art. 170 do CTN prevê a compensação no direito tributário, determinando que "a lei pode, nas condições e sob as garantias que estipular", permitir que a autoridade fiscal autorize a compensação. Sem a existência de regras específicas, o exercício do direito à compensação poderá ser inaplicável na prática. Por outro lado, não poderá o contribuinte ficar à mercê do legislador caso este não elabore a lei necessária à efetivação do direito.

A questão deveria ser resolvida por meio das medidas constitucionais que asseguram a implantação dos direitos fundamentais previstos na Constituição Federal, tais como a Ação Declaratória de Inconstitucionalidade por Omissão ou o Mandado de Injunção. Ocorre que o STF possui entendimento ambíguo sobre o tema, ora tendendo à conclusão de que não cabe à Suprema Corte obrigar outro poder a legislar; ora flexibilizando esse ar-

791

CURSO COMPLETO DE DIREITO PROCESSUAL TRIBUTÁRIO

gumento. Sobre o assunto consultem-se os seguintes precedentes. Na ADI 3.682 (Rel. Min. Gilmar Mendes, j. 9-5-2007, *DJ* de 6-9-2007), entendeu-se ser possível conceder prazo "razoável" para elaboração de determinada lei ao Congresso Nacional. No Agravo Regimental no Recurso Extraordinário 485.087 (Relatora Ministra Cármen Lúcia, j. 21-11-2006, 1ª T, *DJ* de 7-12-2006), o entendimento foi oposto ao primeiro. Concluiu-se neste último julgado não ser possível "pela via do controle abstrato, obrigar o ente público a tomar providências legislativas necessárias para prover omissão declarada inconstitucional". Com relação ao Mandado de Injunção, há decisões do STF garantido o direito do impetrante à regulamentação do seu direito individual, ainda que por analogia a outro direito já regulamentado. É o que se depreende do seguinte precedente:

> Mandado de injunção. Natureza. Conforme disposto no inciso LXXI do art. 5º da CF, conceder-se-á mandado de injunção quando necessário ao exercício dos direitos e liberdades constitucionais e das prerrogativas inerentes à nacionalidade, à soberania e à cidadania. Há ação mandamental e não simplesmente declaratória de omissão. A carga de declaração não é objeto da impetração, mas premissa da ordem a ser formalizada. Mandado de injunção. Decisão. Balizas. Tratando-se de processo subjetivo, a decisão possui eficácia considerada a relação jurídica nele revelada. Aposentadoria. Trabalho em condições especiais. Prejuízo à saúde do servidor. Inexistência de lei complementar. Art. 40, § 4º, da CF. Inexistente a disciplina específica da aposentadoria especial do servidor, impõe-se a adoção, via pronunciamento judicial, daquela própria aos trabalhadores em geral – art. 57, § 1º, da Lei 8.213/1991. (STF. Mandado de Injunção 721. Rel. Min. Marco Aurélio, j. 30-8-2007, *DJ* 30-11-2007).

Assim, caso venha a prevalecer no âmbito do STF o entendimento de que a norma do § 2º do art. 78 do ADCT não é autoaplicável para assegurar efetivação do direito à compensação, caberá o ajuizamento de ADI por omissão, pelos legitimados do art. 103 da Constituição Federal, na forma do art. 12-F, da Lei n. 9.868, de 1999. Note-se que com o advento da Lei n. 12.063, de 2009, o STF poderá fixar liminarmente "outra providência" que possa dar eficácia à ADI por omissão. Assim, é lícito afirmar que a Suprema Corte, no exercício da competência constitucional de processar e julgar a ADI por omissão, poderá impor ao Poder Legislativo omisso, o dever de regulamentar o disposto no § 2º do art. 78 do ADCT. Tratando-se

792

Capítulo 8   Ações judiciais de iniciativa do sujeito passivo da obrigação tributária

de tributo municipal, deverá observar-se na Constituição do Estado se há previsão de ADI por omissão e dispositivo semelhante à regra do § 1º do art. 12-F da Lei n. 9.868 de 1999.

Na mesma linha de entendimento, para dar efetividade ao direito à compensação tributária emanado do § 2º do art. 78 do ADCT, poderá o contribuinte, previamente, impetrar Mandado de Injunção e, à ausência de norma regulamentadora específica para o direito em questão, seria aplicada para os precatórios federais, por analogia, a norma do art. 74 da Lei n. 9.430, de 1996. Para precatórios estaduais e municipais aplicar-se-ia, quando fosse o caso, a lei regulamentadora do direito à compensação do respectivo ente federado.

Para finalizar esse tema, embora não se trate de compensação, é importante frisar a orientação contida na Súmula 406 do STJ que prevê o seguinte: "A Fazenda Pública pode recusar a substituição do bem penhorado por precatório".

8.5.4 Requisitos da petição inicial

8.5.4.1 Juízo competente

As medidas judiciais de efetivação da compensação deverão seguir os mesmos requisitos formais examinados para o mandado de segurança e para a ação declaratória, conforme as subseções 8.1 e 8.2 deste Capítulo. Saliente-se que o Mandado de Segurança deverá ser impetrado em face da autoridade pública e não contra a pessoa jurídica de direito público. As regras de competência no processo judicial foram também examinadas, de um modo geral, nas subseções 6.2.2 do Capítulo 6. Tratando-se de tributos federais, no caso do mandado de segurança, a ação é normalmente impetrada contra o Delegado da Receita Federal do domicílio tributário do impetrante, razão pela qual a competência territorial é fixada conforme o domicílio da autoridade coatora. A Ação Declaratória, ainda com relação aos tributos federais, poderá ser distribuída na seção ou subseção judiciária federal em que o autor for domiciliado, ou em Brasília, onde a União está sediada.

No caso de tributos estaduais ou municipais, vale a observação de que o art. 170 do CTN depende de especificações que deverão ser dadas pelo legislador local. Não havendo lei da localidade dispondo sobre compensação tributária, esta não poderá ser realizada na esfera administrativa, razão pela qual não há como se postular judicialmente a declaração de um direito à compensação que depende de regulamentação local para ser exercido. Assim, a

CURSO COMPLETO DE DIREITO PROCESSUAL TRIBUTÁRIO

restituição do pagamento indevido poderá ser requerida por meio de ação de repetição de indébito, ressalvada a hipótese do art. 78, § 2º, do ADCT, conforme comentado na subseção anterior.

8.5.4.2 Causa de pedir e pedido

A causa de pedir deverá narrar os fatos, isto é, que o autor pagou tributo indevido (causa de pedir remota) e também as razões que determinam o seu crédito, notadamente os vícios da legislação que levaram ao cumprimento de obrigação tributária indevida ou eventuais erros que permitiram o pagamento de valor maior do que o devido (causa de pedir próxima). Ainda com relação à causa de pedir, o autor informará quais os tributos serão compensados, inclusive se o crédito tributário a ser extinto é vencido ou vincendo. É prudente indicar a legislação que específica a compensação, bem como a que disciplina a incidência dos acréscimos legais.

O pedido do mandado de segurança observará a orientação da Súmula 213 do STJ, que reconhece ser o *mandamus* meio idôneo para a declaração do direito à compensação. Assim, semelhantemente à ação declaratória, no *writ*, o contribuinte pedirá concessão da ordem de segurança para o fim de se declarar o direito à compensação de créditos com determinado tributo (vencido ou vincendo), indicando seus respectivos montantes.

Tratando-se ainda de mandado de segurança, o art. 7º, § 2º, da LMS impede a concessão de liminar para compensar tributo, o que é reforçado pelo art. 170-A do CTN. No caso da Ação Declaratória, além do art. 170-A do CTN, há a vedação contida do § 5º do art. 1º da Lei n. 8.437, de 1992 e do art. 2º-B da Lei n. 9.494, de 1997, extensíveis à compensação.

Note-se que a compensação só se efetivará com o trânsito em julgado da decisão favorável ao contribuinte. Depois de transitada em julgado a sentença seja no mandado de segurança ou na ação declaratória, tratando-se de tributos federais, o crédito deverá ser homologado pela RFB, consoante as regras dos arts. 98 a 105 da IN/RFB n. 1.717, de 2017.

8.5.4.3 Valor da causa

O valor da causa será o do crédito que se pretende compensar. O conteúdo econômico é manifesto e este valor servirá de base de cálculo para o pagamento das taxas judiciárias e dos honorários de sucumbência (CPC, arts. 82 e 85).

Capítulo 8 Ações judiciais de iniciativa do sujeito passivo da obrigação tributária

A condenação em honorários advocatícios na Ação Declaratória visando a pretensão compensatória será lastreado no valor atribuído à causa ou fixados em montante determinado e não no valor da condenação. Isso porque o valor da condenação resulta do valor líquido entre o valor cobrado pelo credor (Fazenda Pública) e o valor efetivamente devido, isto é, depois de descontado o crédito do contribuinte. Nesse sentido é a tese firmada pelo STJ em Recursos Repetitivos referente ao Tema 347: "Nas demandas de cunho declaratório, até por inexistir condenação pecuniária que possa servir de base de cálculo, os honorários devem ser fixados com referência no valor da causa ou em montante fixo".

8.5.4.4 Provas

No mandado de segurança as provas serão pré-constituídas, de sorte que cabe ao impetrante juntar os documentos com que pretende provar a legitimidade do seu direito na inicial, não podendo haver dilação probatória para comprovação dos fatos. Basicamente deverão ser juntados os comprovantes de pagamento do tributo indevido e os documentos de praxe.

Na Ação Declaratória, com a finalidade de efetivar o direito à compensação tributária, serão admitidas, naturalmente, quaisquer modalidades de provas desde que sejam lícitas. Destaque deve ser dado à prova pericial contábil que examinará a idoneidade dos documentos e dos valores, caso venham a ser contraditados na defesa da Fazenda.

É recomendável que o contador elabore e assine planilha de fácil análise, demonstrando o valor principal do crédito do contribuinte e acréscimos legais. Caso a compensação recaia sobre débitos vencidos, deverá ser elaborada planilha correspondente com as mesmas características.

8.6 AÇÃO DE CONSIGNAÇÃO EM PAGAMENTO

Em resumo, as ações judiciais tributárias de iniciativa do sujeito passivo visam afastar o pagamento do tributo ou pretendem a restituição de valores pagos indevidamente, como é o caso das últimas medidas analisadas. A Ação de Consignação em Pagamento, por sua vez, objetiva exatamente o oposto das demais ações, na medida em que o contribuinte almeja pagar o crédito tributário, impedindo assim a incidência de juros moratórios (CTN, art. 161).

795

O CTN, no art. 164, regulou a Ação de Consignação em Pagamento do crédito tributário como direito material do sujeito passivo, daí por que citou as hipóteses em que tal medida poderá ser intentada, bem como os efeitos jurídicos dos depósitos realizados.

Art. 164. A importância de crédito tributário pode ser consignada judicialmente pelo sujeito passivo, nos casos:

I – de recusa de recebimento, ou subordinação deste ao pagamento de outro tributo ou de penalidade, ou ao cumprimento de obrigação acessória;

II – de subordinação do recebimento ao cumprimento de exigências administrativas sem fundamento legal;

III – de exigência, por mais de uma pessoa jurídica de direito público, de tributo idêntico sobre um mesmo fato gerador.

§ 1º A consignação só pode versar sobre o crédito que o consignante se propõe pagar.

§ 2º Julgada procedente a consignação, o pagamento se reputa efetuado e a importância consignada é convertida em renda; julgada improcedente a consignação no todo ou em parte, cobra-se o crédito acrescido de juros de mora, sem prejuízo das penalidades cabíveis.

Quando em condições normais o sujeito passivo pagar o tributo cumprirá um "dever jurídico", cabendo ao Fisco dar quitação sobre o pagamento realizado. Se por determinados motivos o credor, Fazenda Pública, se recusar a receber o valor correspondente ao tributo, nasce em favor do contribuinte o "direito" de pagá-lo. Como a todo direito corresponde uma ação, a consignação em pagamento é medida judicial cabível para desonerar o sujeito passivo de sua obrigação tributária. Hugo de Brito Machado acentua que direitos e deveres são faces da mesma moeda[84]. Um "direito" pode ser considerado um "dever" dependendo da valoração que se dê a ele. Quando for dada valoração "positiva" ao dever, será, pois, um "direito". Se a valoração for "negativa", o que era "direito" passa a ser "dever". O autor sintetiza a ideia com a seguinte passagem: "quem não gosta de trabalhar, diz que o trabalho é um dever. Quem gosta, diz que é um direito"[85].

---

84 MACHADO, Hugo de Brito. *Comentários ao Código Tributário Nacional*, v. III, p. 374.

85 MACHADO, Hugo de Brito. *Comentários ao Código Tributário Nacional*, v. III, p. 374.

Capítulo 8   Ações judiciais de iniciativa do sujeito passivo da obrigação tributária

Se pagar o crédito tributário não fosse também um "direito", não teria o contribuinte à sua disposição a ação consignatória, pois quem pretende cumprir um dever o cumprirá sem a necessidade de intervenção do Poder Judiciário. A omissão do devedor em cumprir a obrigação dará direito ao credor de exigir o seu cumprimento com acréscimos legais ou contratuais conforme o caso. O interesse do sujeito passivo em ingressar com ação judicial para consignar o valor do crédito tributário em favor da Fazenda pode decorrer de fatores jurídicos e não somente de um dever de consciência. Isso porque, de um ponto de vista objetivo, a inadimplência, ainda que motivada pela resistência do credor em receber o crédito, gera acréscimos sobre o montante da dívida.

A Ação de Consignação em Pagamento, portanto, tem a finalidade de efetivar o direito-dever do sujeito passivo de cumprir sua obrigação nas hipóteses reguladas pelo art. 164 do CTN.

A legislação civil, igualmente, alude ao direito de se consignar o valor de determinada obrigação, o que afirma o paradoxo de que o dever de pagar é também um direito de se desvencilhar da obrigação. Com efeito, reza o art. 334 do Código Civil, "considera-se pagamento, e extingue a obrigação, o depósito judicial ou em estabelecimento bancário da coisa devida, nos casos e formas legais".

A consignação judicial extingue a obrigação de pagar, razão pela qual o § 2º do art. 164 do CTN prevê o seguinte: "julgada procedente a consignação, o pagamento se reputa efetuado e a importância consignada é convertida em renda". Adiante, no art. 156, VIII, do CTN, está previsto que a consignação extingue o crédito tributário.

Ressalte-se que a ação consignatória se destina a pagar o crédito tributário e não a outro tipo de finalidade. Assim, tendo o contribuinte a pretensão de contestar a obrigação tributária, não poderá utilizar a medida judicial em questão. Nesse sentido o § 1º do art. 164 do CTN é categórico: "a consignação só pode versar sobre o crédito que o consignante se propõe pagar".

Apesar disso, James Marins informa que a jurisprudência já admitiu a invocação de inconstitucionalidade em ação consignatória, em um caso envolvendo a progressividade de IPTU[86]. O STJ também admitiu declaração

---

86   MARINS, James. Ação de consignação do crédito tributário. In: CHIESA, Clélio; PEIXOTO, Marcelo Magalhães. *Processo judicial tributário*. São Paulo: MP Editora, 2006, p. 567.

CURSO COMPLETO DE DIREITO PROCESSUAL TRIBUTÁRIO

de inconstitucionalidade na Ação Consignatória, embora não tenha sido essa a questão central do julgado. Além disso, equivale a recusa ao recebimento, o lançamento tributário em que o Fisco exige mais do que o valor considerado devido.

3. Como em qualquer outro procedimento, também na ação consignatória o juiz está habilitado a exercer o seu poder-dever jurisdicional de investigar os fatos e aplicar o direito na medida necessária a fazer juízo sobre a existência ou o modo de ser da relação jurídica que lhe é submetida a decisão. Não há empecilho algum, muito pelo contrário, ao exercício, na ação de consignação, do controle de constitucionalidade das normas. 4. Não há qualquer vedação legal a que o contribuinte lance mão da ação consignatória para ver satisfeito o seu direito de pagar corretamente o tributo quando entende que o fisco está exigindo prestação maior que a devida. É possibilidade prevista no art. 164 do Código Tributário Nacional. Ao mencionar que "a consignação só pode versar sobre o crédito que o consignante se propõe a pagar", o § 1º daquele artigo deixa evidenciada a possibilidade de ação consignatória nos casos em que o contribuinte se propõe a pagar valor inferior ao exigido pelo fisco. Com efeito, exigir valor maior equivale a recusar o recebimento do tributo por valor menor. 5. Recurso especial provido (STJ. Recurso Especial 659779/RS, Rel. Min. Teori Albino Zavascki. 1ª T., v.u., j. 14-9-2004, *DJe* 27-9-2004).

O direito a consignação em pagamento se efetiva através de depósitos judiciais em pecúnia da importância considerada devida. Tais depósitos poderão ocorrer de uma vez só ou periodicamente, conforme for o vencimento das obrigações. Os depósitos efetuados no âmbito da consignação em pagamento não se confundem com o depósito para suspensão da exigibilidade do crédito tributário. Daí por que, corretamente, o art. 151 do CTN não elenca a consignação em pagamento como hipótese de suspensão da exigibilidade do crédito tributário. Conforme ensina Luciano Amaro, "depositar" o montante do crédito tributário é diferente de "consignar". Nas palavras do professor, "o depositante não quer pagar, quer discutir o questionado débito e, se vencedor, recobrar o depósito. Já o consignante não quer discutir o débito, quer pagá-lo"[87]. Por conseguinte, o depósito para suspensão da exigibilidade deve ser do valor integral da dívida, a consignatória será do valor

---

87   AMARO, Luciano. *Direito tributário brasileiro*, p. 394.

Capítulo 8   Ações judiciais de iniciativa do sujeito passivo da obrigação tributária

que se entende devido, o qual poderá ser inferior ao total do crédito exigido pela Fazenda.

No entanto, o depósito da consignatória tem os mesmos efeitos do depósito para suspender a exigibilidade do crédito tributário. A exegese lógica do art. 164 do CTN leva à conclusão de que a ação de consignação em pagamento restaria inócua se o credor pudesse executar o devedor na pendência de ação consignatória.

Registre-se também que, às vezes, pode-se confundir o cabimento das ações anulatória e declaratória com os casos de ação de consignação em pagamento, o que é um equívoco, conforme será explorado adiante.

8.6.1 Hipóteses de cabimento

8.6.1.1 Recusa de recebimento e subordinação do recebimento ao cumprimento de outras obrigações

De acordo com o CTN, o crédito tributário poderá ser consignado em juízo quando houver "recusa" ao recebimento do tributo ou "subordinação" do recebimento ao pagamento de outro tributo ou de penalidade, ou ao cumprimento de obrigação acessória (CTN, art. 164, I). Essas duas primeiras hipóteses de consignação do crédito tributário em juízo caberão nos casos de lançamento direto e, em tese, no lançamento misto, uma vez que esta última modalidade não tem sido habitualmente utilizada.

Conforme explicado na subseção 3.1.2.2 do Capítulo 3, a maioria dos tributos do Brasil está sujeita ao lançamento por homologação (CTN, art. 150), modalidade em que a apuração do crédito tributário é realizada pelo próprio contribuinte, seguida do pagamento antecipado do tributo sob condição resolutória de a Fazenda Pública homologá-lo posteriormente. Diante disso, eventual recusa do Fisco em receber o tributo ou subordinação do recebimento do crédito tributário ao pagamento de outro tributo, passa a ser pouco provável.

Isto posto, as hipóteses de "recusa de recebimento" ou de "subordinação do recebimento de um tributo ao pagamento de outro", podem ocorrer nos casos de lançamento de ofício realizado conjuntamente com dois ou mais tributos. No lançamento do IPTU, por exemplo, a Fazenda pode realizar o lançamento do valor da Taxa de Coleta Domiciliar de Lixo ou de Contribuições de Melhoria relativas ao imóvel no mesmo documento em que fez o lançamento do IPTU.

799

CURSO COMPLETO DE DIREITO PROCESSUAL TRIBUTÁRIO

O STJ possui vários precedentes no sentido de que é viável a ação de consignação em pagamento para que o contribuinte consigne o tributo que entende devido, quando o lançamento for realizado conjuntamente com outro tributo.

> Processual civil e tributário. Agravo regimental. Consignação em pagamento de tributo. Art. 164 do CTN. Possibilidade. Precedentes. 1. Agravo regimental contra decisão que desproveu agravo de instrumento. 2. O acórdão *a quo* julgou procedente ação de consignação em pagamento objetivando efetuar em separado o pagamento da Taxa de Coleta de Resíduos, cobrada na mesma guia do IPTU, tendo em vista que este tributo foi depositado judicialmente, em ação declaratória de inconstitucionalidade. 3. É correta a propositura da ação consignatória em pagamento para fins de o contribuinte se liberar de dívida fiscal cujo pagamento seja recusado ou dificultado pelos órgãos arrecadadores – arts. 156, VIII, e 164 do CTN. 4. Tem-se por legítima a consignação em pagamento de tributo que o Fisco se recusa a receber sem que esteja acompanhado de obrigação acessória. 5. Precedentes desta Corte Superior: REsp 538764/RS, Rel. Min. Castro Meira, *DJ* de 13-6-2005; REsp 197922/SP, Rel. Min. Castro Meira, *DJ* de 16-5-2005; REsp 169951/SP, Rel. Min. Francisco Peçanha Martins, *DJ* de 28-2-2005; REsp 659779/RS, Rel. Min. Teori Albino Zavascki, *DJ* de 27-9-2004; REsp 606289/RS, Rel. Min. Teori Albino Zavascki, *DJ* de 30-8-2004; REsp 628568/RS, deste Relator, *DJ* de 14-6-2004; REsp 261995/PE, deste Relator, *DJ* de 27-11-2000. 6. Agravo regimental não provido" (STJ. Agravo Regimental no Agravo de Instrumento 767.295/MG, Rel. Min. José Delgado. 1ª T., v.u., j. 19-9-2006, *DJe* 27-9-2006).

Cabe também a ação consignatória fundada no art. 164, I, do CTN para que o contribuinte consigne o valor do principal do tributo, nos casos em que Fazenda, aproveitando o mesmo lançamento, inclui valores de outra exação fiscal ou de penalidades pecuniárias, relativas a outras obrigações tributárias do próprio contribuinte ou de terceiros. Outra possibilidade de ação consignatória ocorre se a Fazenda condiciona o recebimento do tributo ao cumprimento de obrigação acessória, como, por exemplo, condicionar o recebimento do Imposto sobre a Renda à entrega da respectiva declaração.

Ainda sobre o cabimento da ação consignatória, tratando-se de lançamento tributário de ofício, algumas decisões do STJ esclarecem que a ação de consignação em pagamento não é meio hábil para se contestar o montante do crédito tributário, porque, nesse caso, a medida processual adequada será a ação anulatória. Isso porque faltaria interesse de agir ao contribuinte

800

Capítulo 8   Ações judiciais de iniciativa do sujeito passivo da obrigação tributária

na medida em que a motivação para ação de consignação não seria a recusa da Fazenda ou subordinação ao recebimento de outro tributo, mas o próprio valor do crédito tributário.

> 3. No caso presente não se constata a negativa de recebimento dos valores por parte do Fisco nem a imposição de obrigações administrativas ilegais, ou a exigência de tributo idêntico sobre um mesmo fato gerador por mais de uma pessoa de direito público. Trata-se apenas de pretensão de discutir o próprio valor do tributo questionado, socorrendo-se, para tanto, da ação consignatória. 4. Inocorrentes as hipóteses taxativamente previstas no art. 164, incisos I, II e III, do CTN, que dão supedâneo à propositura da ação consignatória, há de se reconhecer a inadequação da via eleita. 5. Recurso especial improvido (STJ. Recurso Especial 685.589/RS, Rel. Min. José Delgado. 1ª T., v.u., j. 22-2-2005, *DJe* 11-4-2005).

Esse tema não é consentâneo, pois o STJ tem precedentes que reconheceram a possibilidade de o contribuinte consignar o valor do tributo que entende ser devido em vez de propor ação anulatória contra o lançamento.

> Tributário. IPTU. Progressividade. Ação de consignação em pagamento. Art. 164 do CTN. 1. A ação de consignação é instrumento processual admissível para pagamento de tributo em montante inferior ao exigido, o que implica em recusa do Fisco ao recebimento do tributo por valor menor. 2. Precedentes desta Corte. 3. Recurso especial conhecido e provido (STJ. Recurso Especial 538.764/RS, Rel. Min. Castro Meira. 2ª T., v.u., j. 12-4-2005, *DJ* 13-6-2005).

Sobre esse tema, Machado Segundo, esclarece que: "ainda que não seja o instrumento mais adequado, não há qualquer prejuízo em se acolher o uso da ação de consignação, nesse caso [depósito do valor menor que o lançado]". E complementa: "convencendo-se o magistrado de que a exigência impugnada é realmente ilegal, deixar de acolher os pedidos do autor da ação em homenagem à forma processual implica subversão da finalidade para a qual o processo e o próprio Poder Judiciário existem"[88]. A solução mais sensata é realmente aceitar-se tanto uma como outra medida, em homenagem à fungibilidade das formas e o amplo acesso à Justiça.

O cabimento da ação de consignação com base no inciso II do art. 164 do CTN, (que trata da subordinação do recebimento ao cumprimento de

---

88   MACHADO SEGUNDO, Hugo de Brito. *Processo tributário*, p. 476-477.

exigências administrativas sem fundamento legal), insere-se no contexto das explicações anteriores. Além disso, subordinar o recebimento do tributo ao cumprimento de exigências administrativas ilegais afronta a legalidade e caracteriza abuso de poder do Fisco.

8.6.1.2 Recusa e subordinação ao recebimento de tributo e imputação de pagamento

As hipóteses dos incisos I e II do art. 164 do CTN, no que tange ao lançamento de ofício, também se relacionam com o controvertido instituto da "imputação de pagamento" prevista no art. 163 do CTN:

> Art. 163. Existindo simultaneamente dois ou mais débitos vencidos do mesmo sujeito passivo para com a mesma pessoa jurídica de direito público, relativos ao mesmo ou a diferentes tributos ou provenientes de penalidade pecuniária ou juros de mora, a autoridade administrativa competente para receber o pagamento determinará a respectiva imputação, obedecidas as seguintes regras, na ordem em que enumeradas:
>
> I – em primeiro lugar, aos débitos por obrigação própria, e em segundo lugar aos decorrentes de responsabilidade tributária;
>
> II – primeiramente, às contribuições de melhoria, depois às taxas e por fim aos impostos;
>
> III – na ordem crescente dos prazos de prescrição;
>
> IV – na ordem decrescente dos montantes.

O lançamento conjunto de que se tratou acima não constitui exatamente as hipóteses de imputação de pagamento descritas no art. 163 do CTN. Para a imputação de que se trata, tem que existir "débito vencido" e, no lançamento conjunto, o crédito tributário ainda irá vencer, o que permite ao contribuinte a adoção de medidas preventivas ao pagamento dos tributos, como, por exemplo, Ação Anulatória.

A imputação de pagamento, de acordo com a sistemática do CTN, pressupõe que o sujeito passivo, possuindo diversos débitos com a Fazenda, ao pretender realizar o pagamento de qualquer deles, o Fisco poderá aplicar a ordem sucessiva do art. 163 do CTN. A imputação de pagamento como prerrogativa do credor pode ser caracterizada como abuso de direito da Fazenda[89].

---

89 COELHO, Sacha Calmon Navarro. *Curso de direito tributário brasileiro*, 10. ed. Rio de Janeiro: Forense, 2009, p. 751.

Capítulo 8   Ações judiciais de iniciativa do sujeito passivo da obrigação tributária

Note-se que atribuir ao Poder Público o direito de escolher, ainda que conforme ordem definida em lei, qual débito será pago primeiramente, permite que se dê quitação a débito que o contribuinte não pretendia pagar, ou a colocar em mora tributo que o contribuinte queria que fosse pago. Por exemplo, pretendendo pagar o IPTU, mas possuindo débito de contribuição de melhoria e de taxas, o contribuinte realiza o pagamento do imposto, mas, pela ordem legal do art. 163, II, a Fazenda fará, primeiramente, a quitação da contribuição de melhoria, depois da taxa e, por último do IPTU. Não possuindo o contribuinte condições de pagar todos os tributos lançados, a imputação de pagamento acaba por desrespeitar as garantias do contraditório e da ampla defesa. Isso porque não é dado ao contribuinte o direito de impugnar a cobrança considerada como primeira da lista da imputação.

Ressalte-se que a imputação de pagamento no direito privado é diferente, pois a prerrogativa de indicar qual débito será quitado é do devedor e não do credor, razão pela qual não há ofensa ao devido processo legal. O direito de o credor escolher o débito que será quitado somente se dará se o devedor "não" indicar o débito que pretende ver quitado (CC, arts. 352 e 353).

A relação que se faz entre a imputação de pagamento e a consignação é que esta seria meio de defesa contra aquela. É possível se vislumbrar certa contradição entre a "imputação de pagamento" e o direito à "consignação". Se o Fisco puder subordinar o seu pagamento ao de outro tributo, como ocorre com a imputação, isso refuta o próprio direito à consignação em pagamento. Para Hugo de Brito Machado essa contradição é aparente, pois as normas dos arts. 163 e 164 do CTN possuem naturezas distintas. A primeira se reporta ao direito material; a outra é de índole processual. Assim, realizada a imputação fora da ordem legal teria direito o contribuinte à Ação Consignatória; se dentro das hipóteses legais, a medida não seria cabível[90].

O instituto da imputação de pagamento não deveria existir como iniciativa da Fazenda Pública, credora da obrigação e responsável pelo lançamento tributário de ofício. Não obstante, realmente, só caberia Ação Consignatória com base no art. 163 do CTN, se a ordem estabelecida pelo dispositivo fosse violada, tendo o contribuinte interesse em quitar determinado tributo no lugar de outro. Isso caracterizaria a recusa em receber o tributo a ser quitado

---

90   MACHADO, Hugo de Brito. *Comentários ao Código Tributário Nacional*, v. III, p. 370-371.

803

CURSO COMPLETO DE DIREITO PROCESSUAL TRIBUTÁRIO

primeiramente, incidindo, portanto, a regra do art. 164, I combinada com 163 ambas do CTN.

8.6.1.3 Direito a consignação fundada na dúvida

Das hipóteses de consignação em pagamento do crédito tributário, a mais plausível é a do inciso III do art. 164 do CTN. O dispositivo prevê a adoção da Ação Consignatória nos casos de exigência por mais de uma pessoa jurídica de direito público, de tributo idêntico sobre um mesmo fato gerador. Trata-se da Ação de Consignação em Pagamento "fundada na dúvida", pois, nessa situação, o contribuinte não tem segurança em pagar o tributo para determinada Fazenda Pública sendo também cobrado por outra. Por outro lado, não seria razoável obrigar-se o sujeito passivo a primeiramente pagar o crédito tributário a ambas as Fazendas credoras para depois pedir a repetição do indébito. O CTN prevê nessas hipóteses a consignação do tributo em favor da Fazenda Pública que o contribuinte entende ser a credora, cabendo a aquelas disputarem o valor depositado.

A dúvida que leva ao cabimento da Ação Consignatória deve ser subjetiva, isto é, a lei não prevê claramente a quem o tributo é devido[91]. Caso contrário, poderão ser ajuizadas as outras medidas judiciais já examinadas, como, por exemplo, o mandado de segurança ou a ação declaratória de inexistência de relação jurídica tributária, ambas destinadas a afastar a cobrança do tributo por parte da Fazenda que o exige indevidamente[92]. Assim, se dois municípios exigem o ISS do mesmo prestador, o que resultaria no pagamento do imposto para as duas municipalidades, é necessário verificar se existe solução "objetiva" no art. 3º da Lei Complementar n. 116, de 2003, que define as regras do local em que o imposto é devido. Se com base na lei houver solução para o caso, caberá mandado de segurança contra a autoridade do

---

91 Conforme anota James Marins: "O Código Tributário Nacional, no art. 164, III, o Código Civil, no art. 335, IV, e o Código de Processo Civil, no art. 898, contemplam expressamente a possibilidade jurídica de o devedor promover a consignação judicial do débito em havendo *incerteza subjetiva* quanto ao credor, isto é, a dúvida do devedor quanto a titularidade do sujeito ativo para a cobrança do tributo". MARINS, James. Ação de consignação do crédito tributário. In: CHIESA, Clélio; PEIXOTO, Marcelo Magalhães. *Processo judicial tributário*, p. 574.

92 COELHO, Sacha Calmon Navarro. *Curso de direito tributário brasileiro*, p. 756.

Capítulo 8   Ações judiciais de iniciativa do sujeito passivo da obrigação tributária

município que não possui competência para exigir o imposto. O mesmo se diga a respeito da Ação Declaratória, devendo ser movida contra a Fazenda Municipal incompetente para exigir o tributo.

A dúvida subjetiva, pois, trata da situação em que as soluções jurídicas em favor de uma ou de outra Fazenda Pública são juridicamente aceitáveis. Essa característica repele o entendimento equivocado de que a ação consignatória fundada na dúvida subjetiva seja uma espécie de consulta enviesada à justiça para saber a quem o tributo deverá ser pago. O Poder Judiciário é demandado, mesmo no caso da consignatória em questão, para dirimir controvérsia jurídica em que dois entes públicos se intitulam legitimados ao crédito tributário e a legislação não resolve objetivamente a contenda, de modo que a lei seria aplicável em favor das duas pessoas jurídicas. Caberá ao Poder Judiciário interpretar a legislação da forma mais adequada possível para resolver a dúvida, o que afasta a alegação de que terá respondido a uma consulta. Daí por que o autor da consignatória deverá alegar e comprovar que ambas as Fazendas exigem o tributo e que a lei poderá ser aplicada em benefício de ambas. Saliente-se também que, diferentemente da consulta administrativa, a Ação de Consignação pressupõe a realização do depósito em juízo do valor que se entende devido.

Alguns exemplos colhidos da doutrina de James Marins ilustram as situações práticas em que se pode utilizar a consignatória fundada na dúvida subjetiva. Com relação ao IPTU, é possível que mais de um município faça o lançamento do IPTU na hipótese de dúvida sobre a localização efetiva do imóvel, se no território de uma ou de outra municipalidade[93].

Outra situação factível, refere-se ao ISS. Determinados serviços podem estar previstos tanto na regra que define que o imposto será devido para o município do domicílio do prestador ou à municipalidade do local da prestação do serviço. É o que ocorre com os serviços de "varrição, coleta, remoção, incineração, tratamento, reciclagem, separação e destinação final de lixo, rejeitos e outros resíduos quaisquer", e os serviços de "higienização", previstos, respectivamente, nos subitens 7.09 e 7.13 da Lista de Serviços da Lei Complementar n. 116, de 2003. De acordo com o art. 3º da Lei Complementar n. 116, de 2003, os serviços do subitem 7.09 constituem exceções à regra

---

93   MARINS, James. Ação de consignação do crédito tributário. In: CHIESA, Clélio; PEIXOTO, Marcelo Magalhães. *Processo judicial tributário*, p. 581-582.

805

CURSO COMPLETO DE DIREITO PROCESSUAL TRIBUTÁRIO

geral, de modo que o ISS será devido no local da prestação dos serviços. Os serviços do subitem 7.13 não estão nas exceções, razão pela qual o ISS será devido ao município do domicílio do prestador. Assim, se um contribuinte presta os serviços de higienização catalogados no subitem 7.13 da Lista e o município em que estiver domiciliado entender que a hipótese deve ser os serviços, também de higienização, previstos no subitem 7.09, gera-se um conflito de competência tributária ativa, fundado em dúvida subjetiva. Isso porque ambos os subitens da Lista de Serviços são cabíveis.

Outro exemplo – também levantado por James Marins – era a controvérsia sobre a incidência de ICMS nos serviços de provedores de internet, que poderiam ser caracterizados como serviços de comunicação para fins do ICMS. A dúvida se dava na medida em que muitos municípios previram a incidência de ISS sobre os mesmos serviços. Depois de vários precedentes, o STJ pacificou a divergência por meio da Súmula 334, que dá a seguinte orientação: "O ICMS não incide no serviço dos provedores de acesso à Internet". O STF, por sua vez, eximiu-se de apreciar a matéria sustentando que não há, na questão, afronta direta à Constituição Federal, tratando-se de discussão de assunto infraconstitucional (STF. Recurso Extraordinário 596.805/DF, Rel. Min. Eros Grau. 2ª T., v.u., j. 27-10-2009, *DJe* 20-11-2009).

8.6.2 Requisitos da petição inicial
8.6.2.1 Competência e legitimidade

Consoante a regra do art. 540 do CPC, o interessado requererá a consignação no lugar do pagamento, cessando para o devedor, a partir da data do depósito, "os juros e os riscos, salvo se a demanda for julgada improcedente".

A competência jurisdicional nas Ações Consignatórias em matéria tributária merece algumas considerações preliminares. Primeiramente, a regra do art. 540 do CPC é dirigida para as relações contratuais em que as partes fixam o foro em que os litígios serão resolvidos. O local do pagamento, portanto, seguirá o foro eleito pelas partes no contrato. Tratando-se de obrigações menos formais, portanto sem contrato escrito, fixará a competência jurisdicional o local onde o pagamento seria feito (tratando-se do primeiro pagamento) ou vem sendo regularmente realizado (quando se tratar de parcelas sucessivas).

Nas relações tributárias – que como se sabe não são contratuais – o pagamento do crédito tributário é realizado normalmente pela rede bancária

Capítulo 8   Ações judiciais de iniciativa do sujeito passivo da obrigação tributária

ou por meios eletrônicos, sendo o local do pagamento irrelevante para definir a competência jurisdicional. Além disso, o art. 127 do CTN define as regras de domicílio tributário, de modo que, na hipótese de alguma dúvida sobre a fixação da competência para a Ação de Consignação em Pagamento, seria possível aplicar-se subsidiariamente o artigo do CTN.

Assim, tratando-se das hipóteses dos incisos I e II do art. 164 do CTN, a competência jurisdicional para a Ação Consignatória poderá ser definida de acordo com a regra geral para as ações tributárias, conforme foi examinado na subseção 6.2.2 do Capítulo 6. Tratando-se de tributos federais, a ação será movida na Justiça Federal da seção ou subseção judiciária em que o contribuinte estiver domiciliado ou na seção judiciária de Brasília, Distrito Federal, onde está sediada a União (CF, art. 109, § 2º). No caso dos tributos estaduais ou municipais, a causa será proposta nos Juízos da Fazenda Pública, onde houver, ou vara cível, quando inexistente aquele juízo. Se a causa for de até 60 salários mínimos, será processada perante Juizado Especial de Fazenda Pública do foro do domicílio da Fazenda ré (v. subseção 6.1.2.1 do Capítulo 6).

A Ação de Consignação em Pagamento fundada no inciso III do art. 164 do CTN, possui algumas peculiaridades. Primeiramente, caso os tributos cobrados sejam de competência da União e do estado, ou do Distrito Federal, sobre o mesmo fato gerador – apesar de praticamente impossível esta hipótese – a competência para processar e julgar a Ação de Consignação em Pagamento será da seção ou subseção judiciária federal em que o autor consignante estiver domiciliado, ou na seção judiciária do Distrito Federal (CF, art. 109, § 2º).

Na doutrina, sustenta-se que, nesses casos de consignatória envolvendo mais de um ente federado, posteriormente à realização do depósito, a competência jurisdicional deverá ser deslocada ao STF, por força do art. 102, I, "f", da Constituição Federal[94]. A explicação para isso é que, na Ação Consignatória fundada na "dúvida subjetiva", existem duas relações processuais. A primeira se estabelece com o deferimento da inicial e despacho determinando a citação dos réus. Nesta relação, seriam aplicadas as regras comuns de competência do juízo, com base no art. 109, I e § 2º da Constituição Federal. Caso as Fazenda rés compareçam em juízo para disputar o valor consignado, surgiria nova relação jurídica processual, marcada por um conflito entre entes

---

94   CAIS, Cleide Previtalli. *O processo tributário*, p. 474.

federados, forçando o deslocamento da competência para o STF, com base no art. 102, I, *f*, da Constituição Federal[95].

Em tese, o mesmo entendimento seria estendido à hipótese de uma causa consignatória envolvendo mais de uma Fazenda Pública estadual. Na primeira relação a competência material seria da justiça estadual e a competência territorial seria determinada de acordo com a regra do § 4º do art. 46 do CPC, que autoriza o autor a escolher o foro de qualquer dos réus. Na segunda relação, a competência seguiria a norma do art. 102, I, "f", da Constituição Federal, uma vez que as demandas judiciais entre estados seriam também dirimidas pela Suprema Corte. A súmula 503 do STF, no entanto, dá orientação diferente: "A dúvida, suscitada por particular, sobre o direito de tributar, manifestado por dois estados, não configura litígio da competência originária do Supremo Tribunal Federal".

Apesar de a súmula se referir a tributação entre dois estados, em tese, o mesmo raciocínio se aplicaria para o conflito de competência jurisdicional entre a União e os Estados. Nota-se que a finalidade da súmula é estabelecer o marco divisório da competência originária do STF para decidir sobre conflitos entre os entes da federação em matéria consignatória tributária.

Vale alertar que a súmula foi aprovada em 1969, anteriormente, portanto, à vigente Constituição da República, mas não houve modificação de texto neste ponto entre a Constituição anterior e a atual, de modo que é possível aplicar-se o mesmo entendimento[96].

O dispositivo constitucional em questão tem a finalidade de atribuir ao STF a competência de dirimir conflitos que possam colocar em risco o pacto federativo, do ponto de vista da estabilidade política que a Constituição procura assegurar. A dúvida subjetiva sobre sujeição ativa em matéria tributária não afeta diretamente o pacto federativo, a ponto de exigir a intervenção direta do STF. Assim, entendemos que mesmo depois de ter comparecido em juízo as Fazendas Públicas para disputar o valor consignado, não deve o feito ter sua competência deslocada, prevalecendo o que está assentado na Súmula 503 do STF.

---

95 MACHADO SEGUNDO, Hugo de Brito. *Processo tributário*, p. 478.

96 Consignação em pagamento: imposto disputado entre dois estados. Não configurando a hipótese a que se refere o art. 119, I, d, da Constituição Federal vigente, descabe a competência do supremo tribunal federal. Aplicação da Súmula 503 (STF. ACO 113/GB, Rel. Min. Thompson Flores, Pleno, v.u., j. 30-4-1970, *DJ* 1-7-1970).

Capítulo 8   Ações judiciais de iniciativa do sujeito passivo da obrigação tributária

Quando se tratar de Ação Consignatória contra mais de uma Fazenda Municipal, ou contra uma delas e o estado ou a União, estando a ação fundada no inciso III do art. 164 do CTN, podem ocorrer as seguintes variáveis. Se os tributos forem exigidos pela União e pelo Município, a competência será definida com base no art. 109, I e § 2º da Constituição Federal, ou seja, a competência será da Justiça Federal. Caso a demanda seja requerida em face do estado e de um município, compete à Justiça Estadual processar e julgar a causa, devendo a ação ser distribuída conforme as regras locais de organização judiciária. Se proposta contra mais de um município, a competência poderá ser definida na forma do § 4º do art. 46 do CPC.

Com relação à legitimidade, será parte legítima para intentar a Ação de Consignação em Pagamento o sujeito passivo da obrigação tributária, o que inclui o contribuinte e o responsável, na forma do art. 121, parágrafo único, I e II do CTN. Conforme argumenta Cleide Previtalli Cais, a conjugação das normas dos arts. 204 e 164 do CTN, bem como o disposto no art. 304 do CC, tornam lícito ao terceiro requerer também consignação em pagamento em favor do devedor[97]. Realmente, o terceiro poderá consignar o crédito tributário que indiretamente aproveite a ele, como é o caso do sócio-gerente que consigna o crédito tributário em favor da pessoa jurídica da qual é sócio.

Sobre a legitimidade passiva, quando a ação se fundar nas hipóteses do art. 164, I e II, do CTN, será ré a Fazenda Pública que tiver se recusado a receber o crédito tributário ou praticado a exigência ilegal como condição para o recebimento do crédito.

Tratando-se da ação fundada na dúvida subjetiva (CTN, art. 164, III), a consignatória deverá ser proposta contra as Fazendas Públicas que estiverem exigindo simultaneamente o crédito tributário, conforme prevê o art. 547 do CPC.

8.6.2.2 Causa de pedir, pedido, provas e valor da causa

A narrativa dos fatos na Ação Consignatória deverá se referir à existência de crédito tributário lançado e as práticas de recusa ou de exigências ilegais da Fazenda, que impedem o contribuinte de pagar o tributo no prazo correto. Tratando-se da consignação fundada na dúvida subjetiva, os fatos deverão

---

97   CAIS, Cleide Previtalli. *O processo tributário*, p. 473.

CURSO COMPLETO DE DIREITO PROCESSUAL TRIBUTÁRIO

demonstrar quais as Fazenda Públicas que estão a exigir o pagamento simultâneo de tributos sobre o mesmo fato gerador.

A fundamentação jurídica deverá ser o direito de pagar a dívida tributária nascido das situações previstas no art. 164 do CTN, seguido da intenção do contribuinte de não ser onerado com os acréscimos legais sobre os tributos não pagos pontualmente.

O pedido requererá o direito de se depositar o valor correspondente ao crédito tributário que se entende devido, quando se tratar de consignatória baseada nas hipóteses dos incisos I e II do art. 164 do CTN; ou será requerido a consignação em favor da Fazenda Pública que o contribuinte considera ser a credora, na hipótese do art. 164, III do CTN. Além disso, deverão ser feitos os requerimentos de praxe, tais como a citação do réu para levantar o valor ou oferecer resposta, as provas com que o consignante pretende provar suas alegações e à causa será atribuído o valor do crédito que se pretende consignar. No caso da consignatória fundada na dúvida deverá ser requerida a citação de todas as Fazendas Públicas que estiverem exigindo o tributo.

8.6.3 Procedimento da ação de consignação em pagamento

A Ação de Consignação em Pagamento do crédito tributário tem seu rito disciplinado pelos art. 540 e seguintes do CPC. De acordo com o art. 539, § 1º do CPC é prevista a consignação extrajudicial de valores, mediante o depósito da quantia devida em estabelecimento bancário.

A consignatória extrajudicial constava do CPC anterior e foi introduzida pela Lei n. 8.951, de 1994. Desde então, a doutrina se divide sobre o cabimento ou não da consignatória extrajudicial em matéria tributária. Para James Marins não é viável a consignatória extrajudicial contra a Fazenda Pública, pois referida modalidade de consignação só seria possível quando a lei não disciplinasse especialmente a consignação em pagamento. Conclui essa linha de argumentação ressaltando o seguinte:

> [...] não há previsão legal em matéria fiscal que atribua efeito jurídico extintivo da obrigação aos depósitos feitos extrajudicialmente, fora dos processos judiciais ou administrativos, de modo que a opção do § 1º do art. 890 do CPC deve ser tida como inaplicável às dívidas tributárias[98].

---

98 MARINS, James. Ação de consignação do crédito tributário. In: CHIESA, Clélio; PEIXOTO, Marcelo Magalhães. *Processo judicial tributário*, p. 573.

Capítulo 8   Ações judiciais de iniciativa do sujeito passivo da obrigação tributária

Na opinião de Cleide Previtalli Cais, a sistemática do depósito extrajudicial é aplicável em face da Fazenda Pública, exatamente por se tratar de procedimento extrajudicial, razão pela qual não seriam aplicadas as regras do processo judicial protetivas da Fazenda Pública[99].

Na nossa opinião não se aplica o procedimento de consignação extrajudicial contra a Fazenda Pública. Primeiramente, o art. 164 do CTN se refere à "consignação judicial". Em segundo lugar, a Fazenda não poderá ficar à mercê de sistemática que induza ao regime de disponibilidade de direitos. Observe-se que pela regra do § 2º do art. 539 do CPC, decorrido o prazo de 10 dias sem a manifestação de recusa por parte do requerido, no caso a Fazenda Pública, reputar-se-á o devedor liberado da obrigação, ficando à disposição do credor a quantia depositada. O crédito tributário respeita procedimento especial de apuração e cobrança, como instrumento de garantia da sociedade, não podendo depender sempre da conduta diligente dos servidores públicos em apurarem a correção dos valores depositados, especialmente no exíguo prazo de 10 dias.

Afastada a possibilidade de consignatória extrajudicial, dispõe o art. 540 do CPC: "Requerer-se-á a consignação no lugar do pagamento, cessando para o devedor, à data do depósito, os juros e os riscos, salvo se a demanda for julgada improcedente". O CTN possui disposição semelhante, esclarecendo na segunda parte do § 2º do art. 164, que, "julgada improcedente a consignação no todo ou em parte, cobra-se o crédito acrescido de juros de mora, sem prejuízo das penalidades cabíveis".

Assim, caso o requerente tenha a ação julgada improcedente por ter depositado menos do que o valor correto, os juros moratórios e eventuais penalidades incidirão sobre a parcela não depositada, nunca sobre a totalidade do crédito, como sugerem os dispositivos legais. Tratando-se de tributos federais, a atualização deve se dar pela Taxa Selic, conforme a Lei n. 9.250, de 1995 e em consonância com a jurisprudência do STJ, explicados na subseção 8.4.5.2.1 deste Capítulo.

Na petição inicial o autor requererá o depósito da quantia e a citação do réu para levantar o depósito ou contestar o pedido. O depósito deverá ser efetivado no prazo de 5 dias contados do deferimento. Se o valor não for

---

99   CAIS, Cleide Previtalli. *O processo tributário*, p. 476.

depositado no prazo legal, o feito será extinto sem resolução do mérito (CPC, art. 542, parágrafo único).

A Ação Consignatória do crédito tributário exige que o depósito seja feito em dinheiro, não sendo admitido o depósito de coisa, conforme o art. 164 do CTN e a jurisprudência do STJ:

> I – A ação de consignação em pagamento é o meio hábil para que o devedor possa exonerar-se da obrigação, obtendo, com o depósito da coisa devida, os efeitos do pagamento. É necessário, para se alcance tal fim, que a recusa do credor em receber seja injusta. II – No caso, o procedimento da ação de consignação em pagamento é inadequado para o fim visado pelo devedor, pois este pretende o depósito de documentos para que o credor venha a analisá-los e a reconhecer a alegada compensação de créditos. III – Recurso especial improvido (STJ. Recurso Especial 708.421/RS, Rel. Min. Francisco Falcão, 1ª T., v.u., j. 16-3-2006, *DJ* 10-4-2006).

Em abono desse entendimento, se o objetivo da ação consignatória é o pagamento do crédito tributário, que normalmente deve ser realizado em dinheiro ou por meio de documento que o represente (CTN, art. 162), o valor consignado também deve ser em pecúnia. Nesse sentido há o seguinte precedente do STJ:

> 5. Na ação de consignação em pagamento o credor não pode ser compelido a receber coisa diversa do objeto da obrigação. Em se tratando de dívida tributária, indisponível à Autoridade Fazendária, não há como se admitir a dação em pagamento por via de título da dívida pública, se este procedimento escapa à estrita legalidade. 6. Recurso Especial parcialmente conhecido e, nessa parte, desprovido (STJ. Recurso Especial 480.404/MG, Rel. Min. Luiz Fux. 1ª T., v.u., j. 20-11-2003, *DJe* 19-12-2003).

Os valores consignados poderão ser instantâneos ou periódicos. No primeiro caso, tratando-se de obrigação tributária certa e única, como, por exemplo, o valor do IPTU de determinado ano base, o requerente pedirá na inicial o deferimento do depósito do valor que corresponde ao montante que entende devido. Se a pretensão consignatória se referir ao pagamento de valores sucessivos, como, por exemplo, a dívida de ICMS, de apuração e pagamento mensais, os depósitos serão realizados na forma do art. 541 do CPC.

É importante salientar que o depósito insuficiente não leva à improcedência total do pedido. Esse tem sido o entendimento do STJ, embora os precedentes não envolvam matéria tributária.

Capítulo 8   Ações judiciais de iniciativa do sujeito passivo da obrigação tributária

I – Na ação de consignação em pagamento, a insuficiência do depósito não conduz à improcedência do pedido, mas sim à extinção parcial da obrigação até o montante da importância consignada, que poderá ser futuramente complementada. II – Recurso improvido (STJ. Agravo Regimental no Agravo de Instrumento 1.041.570/DF, Rel. Min. Massami Uyeda, 3ª T., v.u., j. 16-9-2008, *DJ* 30-9-2008).

A Fazenda será citada para contestar, podendo alegar em sua defesa: a) não houve recusa ou mora em receber a quantia ou coisa devida; b) foi justa a recusa; c) o depósito não se efetuou no prazo ou no lugar do pagamento; d) o depósito não é integral. Tratando-se de alegação de que o depósito não foi efetuado integralmente, deverá o Poder Público indicar o valor corretamente devido (CPC, art. 544).

Se alegada insuficiência do depósito, poderá a Fazenda requerer desde logo a confirmação do pagamento da quantia depositada e a ação prosseguirá sobre a parcela controvertida (CPC, art. 545, § 1º). Se o credor receber a quantia depositada e der quitação total à dívida, o juiz declarará extinta a obrigação e julgará procedente o pedido, condenando a Fazenda nas custas e honorários advocatícios. Acolhendo o fundamento de que o valor depositado não era suficiente, declarará extinta parcialmente a obrigação e determinará que o devedor complemente os valores, fixando o prazo de 10 dias previsto no art. 545 do CPC.

Se o valor consignado não for complementado, o credor poderá executar a sentença que determinou o valor devido nos mesmos autos da consignatória, na forma do § 2º do art. 545 do CPC. Sobre este ponto cabem algumas considerações. Como se sabe, a execução judicial do crédito tributário depende de inscrição na dívida ativa e notificação do devedor. Na opinião de James Marins não é viável a execução do crédito tributário remanescente nos próprios autos, não tendo o § 2º do art. 545 do CPC aplicação na consignatória do crédito tributário[100]. Além disso, nas comarcas das capitais e em algumas seções da justiça federal, a organização judiciária mantém juízo exclusivo para execuções fiscais. Trata-se, portanto, de fixação de competência material que, por ser absoluta, caracteriza-se como indeclinável e improrrogável.

---

100 MARINS, James. Ação de consignação do crédito tributário. In: CHIESA, Clélio; PEIXOTO, Marcelo Magalhães. *Processo judicial tributário*, p. 571-572.

Nesta hipótese, não teria como a Fazenda excetuar as regras de competência e executar o devedor nos próprios autos da consignatória. Segundo esse entendimento, a Fazenda teria que inscrever o crédito na dívida ativa, notificar o devedor e, permanecendo a inadimplência, ajuizar a Execução Fiscal do remanescente no juízo próprio, observadas as regras de prescrição (CTN, art. 174). Entendemos que essa conclusão vai de encontro ao princípio da celeridade processual. Desde que garantido o amplo direito de defesa, podendo o contribuinte recorrer da sentença que arbitrou o valor da dívida tributária superior ao que foi consignado, não haverá problemas em se executar o contribuinte nos próprios autos da consignatória depois que a sentença transitar em julgado.

O art. 548 do CPC disciplina o procedimento da Ação de Consignação em Pagamento fundada na dúvida subjetiva. O processo inicia como procedimento especial e pode ser concluído como processo de rito comum. A participação do autor é singular, podendo ou não permanecer na relação processual até o término. No caso de as Fazendas Públicas não comparecerem aos autos para disputar o valor consignado, o depósito é convertido em arrecadação de coisas vagas, instituto disciplinado no art. 746 do CPC.

Nas ações de consignação em pagamento fundadas na dúvida subjetiva, pode ocorrer que os valores do crédito tributário sejam diferentes. Se o contribuinte depositar o montante correspondente ao menor valor, continuará vinculado à demanda, pois, se o juiz entender que o crédito tributário é devido à Fazenda que exigia o valor mais alto, o contribuinte será intimado na forma do § 2º do art. 545 do CPC para complementar a diferença. Se o depósito for pelo maior valor, as Fazendas credoras disputarão o valor consignado, aplicando-se ao contribuinte a regra do art. 548, III, do CPC, extinguindo-se a obrigação tributária relativa ao contribuinte.

Se a Ação Consignatória for julgada procedente ou se o credor receber e der quitação à dívida, "o juiz declarará extinta a obrigação e condenará o réu ao pagamento das custas e honorários advocatícios" (CPC, art. 546). Tratando-se de tributos federais, a conversão em renda a que alude o § 2º do art. 164 do CTN ocorrerá em consonância com as regras da Lei n. 9.703, de 1998. Quanto aos tributos estaduais e municipais, aplicam-se as normas da Lei Complementar n. 151, de 2015.

Na hipótese da consignatória ser julgada improcedente, o consignante tem direito a reaver o valor depositado, aplicando-se para a devolução as regras

Capítulo 8   Ações judiciais de iniciativa do sujeito passivo da obrigação tributária

estabelecidas na Lei n. 9.703, de 1998, para os tributos federais e Lei Complementar n. 151, de 2015, para os demais tributos. Contra a sentença caberá Recurso de Apelação (CPC, art. 1.009), ressaltando-se que a sentença de procedência gera o efeito de extinguir o crédito tributário, consoante ao art. 156, VIII, do CTN.

8.6.4 Implicações sobre os ônus da sucumbência

A sentença que julgar improcedente o pedido, com fundamento nas hipóteses do art. 544, I a III, do CPC, condenará o autor vencido nos ônus da sucumbência, com fundamento na interpretação sistemática do art. 546, combinado com os arts. 82, § 2º e 85 do CPC. Nesse sentido é o seguinte precedente do STJ:

> Processo civil. Agravo interno. Arrendamento mercantil (*leasing*). Consignação em pagamento. Procedência em parte. Honorários. Efetivo proveito econômico da lide. Procedente em parte o pedido de consignação em pagamento, os honorários de sucumbência devem ser fixados em função do efetivo proveito econômico, consistente na diferença entre as pretensões das partes (STJ. Agravo Regimental no Recurso Especial 784.256/DF, Rel. Min. Humberto Gomes de Barros, 3ª T., v.u., j. 20-3-2007, *DJ* 16-4-2007).

Será facultado, porém, o direito de o contribuinte levantar o valor depositado, se a recusa da Fazenda ao recebimento for considerada justa, devendo o crédito tributário ser pago pelos meios convencionais. Do valor consignado deverão ser descontados os ônus da sucumbência, que pertencerão à Fazenda vencedora. Tratando-se de tributos federais, conforme mencionado na subseção anterior, o levantamento dos valores consignados observará as regras do inciso I do § 3º do art. 1º da Lei n. 9.703, de 1998. Se os tributos forem estaduais ou municipais serão aplicadas ao levantamento as regras da Lei Complementar n. 151, de 2015. Nos casos em que o juiz entender que não houve recusa no recebimento nem recusa injusta por parte da Fazenda (CPC, art. 544, I e II), os valores depositados poderão ser aproveitados para pagamento do crédito tributário, devendo a causa ser, igualmente, julgada improcedente. Nesse caso, os valores consignados serão convertidos em renda da Fazenda, sem prejuízo da condenação do autor nos ônus da sucumbência. A conversão do depósito em renda seguirá também as regras da Lei n. 9.703, de 1998 para os tributos federais e as da Lei Complementar n. 151, de 2015 para os demais tributos.

815

CURSO COMPLETO DE DIREITO PROCESSUAL TRIBUTÁRIO

Tratando-se de Ação Consignatória fundada na dúvida subjetiva (CTN, art. 164, III), caberão igualmente ônus sucumbenciais. Isso porque o comparecimento das Fazendas Públicas demandará prolação de sentença que declarará uma das Fazenda Públicas a credora dos valores depositados. Se ambas as Fazendas comparecerem para disputar o valor, serão estas condenadas a pagar os ônus da sucumbência em favor do autor da consignatória. A Fazenda que ficar vencida deverá pagar os ônus da sucumbência à Fazenda vencedora e ressarcir esta da parcela de ônus sucumbenciais que teve que pagar ao autor da demanda, de acordo com exegese sistemática do parágrafo único do art. 546, combinado com os arts. 82, § 2º e 85 do CPC. Nesse sentido é também o seguinte precedente do STJ:

> Processual civil. Recurso especial. Tributário. ISS. Ação de consignação em pagamento fundada em dúvida quanto à titularidade do crédito. Ônus sucumbenciais. 1. Em ação de consignação em pagamento fundada em dúvida quanto à titularidade do crédito, declarado procedente o depósito, são devidos honorários advocatícios pelos supostos credores em favor do autor, permanecendo a lide em relação àqueles. Posteriormente, resolvida a questão relativa à titularidade do crédito, em favor do réu vencedor são devidos honorários advocatícios, além do reembolso dos honorários já pagos ao autor da consignatória. 2. No caso concreto, julgou-se procedente o depósito e o Município do Rio de Janeiro foi considerado credor dos valores consignados. Contudo, em relação à verba honorária, foi fixada exclusivamente em favor da autora (ora recorrida), em face do Município de Nova Iguaçu. Nesse contexto, ao contrário do que alega o recorrente, não são devidos honorários pela autora, pois, como acima ressaltado, o depósito foi julgado procedente. Entretanto, quanto à segunda parte da demanda – lide entre os municípios envolvidos –, são devidos honorários advocatícios pelo Município de Nova Iguaçu em favor do ora recorrente. 3. Recurso especial parcialmente provido (STJ. Recurso Especial 784.256/RJ, Rel. Min. Denise Arruda, 1ª T., v.u., j. 16-9-2008, DJ 1º-10-2008).

Se o consignante depositar o valor menor entre as exigências tributárias, será legítima sua permanência como assistente simples na causa, pois terá interesse jurídico no seu desfecho em favor da Fazenda indicada como credora (CPC, arts. 119 a 124). Julgada procedente a consignatória, a Fazenda vencida deverá arcar com os ônus da sucumbência tanto ao contribuinte consignante quanto à Fazenda vencedora.

> Processo civil. Ação de consignação em pagamento. Dúvida quanto ao credor: ação bifásica. Honorários. 1. Na especialíssima ação de consignação

Capítulo 8   Ações judiciais de iniciativa do sujeito passivo da obrigação tributária

abre-se ensejo à hipótese em que a demanda se bifurca, para extinguir-se a relação entre o autor e os credores chamados para receberem a obrigação e uma segunda relação, quando ambos os credores não se entendem. 2. Ao ser extinta a relação com o autor, vitorioso e desonerado da obrigação, tem direito a receber as custas desembolsadas e os honorários. 3. Encargos debitados a ambos os réus, os credores serão de logo pagos com o depósito, para posterior ressarcimento ao vencedor da segunda fase. 4. Recurso especial provido (STJ. Recurso Especial 325.140/ES, Rel. Min. Eliana Calmon, 2ª T., v.u., j. 16-5-2002, *DJ* 30-9-2002).

Ainda sobre o caso de haver diferença entre os tributos cobrados, se o contribuinte fizer o depósito do menor valor e caso o juiz entenda que a Fazenda credora é a que exige o maior valor, nesse caso, o contribuinte consignante também sucumbe, permanecendo no feito até o seu trânsito em julgado, devendo complementar o depósito na forma do § 2º do art. 545 do CPC. Se o contribuinte se omitir, a Fazenda credora poderá executá-lo nos próprios autos.

Essa hipótese é diferente daquela em que o contribuinte, discordando do valor cobrado pela Fazenda, consigna em juízo o valor que entende devido e perde a ação. O valor da diferença dependerá de inscrição na dívida e de Execução Fiscal, por constituir "novo crédito tributário", definido na ação judicial (vide subseção anterior). Quando o contribuinte ingressa com a consignatória fundada na dúvida subjetiva e deposita o valor em favor da Fazenda que a justiça declare como não sendo a credora, a divergência sobre os valores há ser resolvida no próprio processo da consignatória, pois não se trata de novo crédito tributário, mas de "erro" sobre o credor. Assim, não se justifica impor-se a Fazenda credora, que compareceu ao processo, adotar o procedimento de inscrição na dívida e de Execução Fiscal pela via própria. Nessa hipótese deverão arcar com a sucumbência a Fazenda que perdeu a demanda e o contribuinte consignante.

A extinção da Ação Consignatória fundada na dúvida enseja o pagamento de honorários advocatícios em favor das Fazendas Públicas que compareceram ao processo para se defender.

Processual civil. Honorários advocatícios. I – Proposta a ação de consignação contra dois réus, e julgada extinta a ação, o pagamento da verba honorária deve ser feita a ambas as partes que efetuaram gastos para a defesa de seus interesses em Juízo. II – Agravo regimental desprovido (STJ. Agravo Regimental no Agravo de Instrumento 352.499/MA, Rel. Min. Antônio de Pádua Ribeiro, 3ª T., v.u., j. 25-5-2004, *DJ* 21-6-2004).

817

CURSO COMPLETO DE DIREITO PROCESSUAL TRIBUTÁRIO

A desistência da Ação de Consignação em pagamento, apesar da realização dos depósitos, e mesmo que a desistência da demanda seja motivada por adesão a programa de parcelamento, ainda assim, enseja a condenação em honorários advocatícios, conforme entendeu o STJ (STJ. Recurso Especial 908.355/RS, Rel. Min. Francisco Falcão, 1ª T., v.u., j. 15-3-2007, *DJ* 12-4-2007). Outra situação singular sobre sucumbência em Ação Consignatória encontrada na jurisprudência do STJ, é o caso em que o contribuinte desiste da ação para aderir a um programa de anistia ou de remissão fiscal. A adesão ao programa que concede anistia implica reconhecimento de que havia crédito tributário devido, apesar da possibilidade de se deduzir dos depósitos o valor correspondente ao crédito anistiado ou remido. A desistência da consignatória pelo motivo em questão não afastou a condenação nos ônus da sucumbência, de acordo com o precedente jurisprudencial (STJ. Recurso Especial 786.215/PR, Rel. Min. Francisco Falcão, 1ª T., v.u., j. 6-4-2006, *DJ* 4-5-2006).

CAPÍTULO 9
Propostas básicas para um novo processo tributário

9.1 ASPECTOS GERAIS

Conforme foi visto ao longo deste livro, a locução "processo tributário" é um gênero que abriga os processos administrativo e judicial em matéria tributária. O processo administrativo está dividido em duas partes: a) procedimentos (não contenciosos) e b) processo administrativo contencioso. O processo judicial, por sua vez, é constituído por: a) ações de iniciativa da Fazenda e b) ações de iniciativa do contribuinte. No momento, ambos os segmentos processuais (administrativo e judicial) passam por notórios pontos de estrangulamento que comprometem sua efetividade e a dos princípios e garantias constitucionais, em especial a expectativa de duração razoável do processo.

O presente capítulo e seus desdobramentos têm a finalidade de lançar ideias, na forma de propostas, para ampliar-se a discussão sobre possível atualização do processo tributário visando sua melhor eficiência. São propostas iniciais e não exatamente o resultado de uma pesquisa profunda e muito elaborada, até porque fugiria dos propósitos deste livro, que é analisar o processo existente. Conforme será visto, o ponto de partida de toda a argumentação será a alteração do texto constitucional por meio de Emenda para viabilizar as mudanças, inclusive de paradigmas de sistemas de jurisdição. A Emenda Constitucional traçaria diretrizes centrais sobre quatro pontos básicos que serão expostos adiante. Em seguida, deverão ser realizadas adaptações no CPC e editada lei complementar disciplinando aspectos pontuais – mas não menos relevantes – de uma reforma processual tributária.

Primeiramente, é preciso acentuar que o processo administrativo tributário do Brasil necessita de uniformização de suas regras gerais. Atualmente, em tese, têm-se o Decreto n. 70.235, de 1972 como "lei" do processo administrativo fiscal federal e mais vinte e seis leis estaduais e uma distrital, bem como cinco mil, quinhentos e setenta leis municipais sobre processo administrativo tributário. No caso dos municípios, não há como assegurar que todos possuam normas sobre o processo administrativo contencioso, mas é presumível que pelo menos nas capitais e nas cidades mais populosas haja leis disciplinando o processo administrativo fiscal.

Essa quantidade excessiva de leis dispondo sobre o processo administrativo tributário – embora seja reflexo do nosso sistema federativo, que atribui competência para cada ente federado instituir e exigir seus próprios tributos – não está imune à perda de efetividade. Isso porque a existência de muitas leis sobre esse assunto abre margem para variadas controvérsias que, geralmente, se transformam em processos judiciais. Seria inegavelmente salutar que o processo administrativo tributário contasse com regras gerais que valessem para toda a federação, devendo a Constituição Federal ser emendada para abrigar as normas básicas. Posteriormente, conforme alinhavamos, Lei Complementar autônoma ou alteração no CTN estabeleceria as normas gerais vinculativas a todos os entes federados.

No tocante ao processo judicial tributário, sem dúvida, a Execução Fiscal é a modalidade processual que requer mais cuidado, exatamente porque se responsabiliza pela cobrança judicial da dívida ativa. Os indicadores brasileiros expõem uma realidade difícil e preocupante. De acordo com dados do CNJ, "A maior parte dos processos de execução é composta pelas execuções fiscais, que representam 74% do estoque em execução"[1]. O órgão destaca que "Esses processos são os principais responsáveis pela alta taxa de congestionamento do Poder Judiciário, representando aproximadamente 39% do total de casos pendentes, e congestionamento de 92% em 2017 – a maior taxa entre os tipos de processos constantes nesse Relatório"[2].

Em 2021, os processos de execução fiscal representaram, aproximadamente, 35% do total de casos pendentes e 65% das execuções pendentes no

---

1   CNJ. Relatório Justiça em Números 2018. Disponível em: <http://cnj.jus.br/files/conteudo/arquivo/2018/08/44b7368ec6f888b383f6c3de40c32167.pdf>. Acesso em: 14 ago. 2019.

2   Idem, ibidem.

Capítulo 9 **Propostas básicas para um novo processo tributário**

Poder Judiciário, com taxa de congestionamento de 90%. Ou seja, de cada cem processos de execução fiscal que tramitaram no ano de 2021, apenas 10 foram baixados. Desconsiderando esses processos, a taxa de congestionamento do Poder Judiciário cairia 6,3 pontos percentuais, passando de 74,2% para 67,9% em 2021.

O maior impacto das execuções fiscais está na Justiça Estadual, que concentra 86% dos processos. A Justiça Federal responde por 14%; a Justiça do Trabalho por 0,2%; e a Justiça Eleitoral por apenas 0,01%.[3]

Segundo ainda o Relatório Justiça em Números, do total de 26,8 milhões de execuções fiscais pendentes, 12 milhões (44,8%) estão na justiça estadual de São Paulo; 4 milhões (14,9%) estão no Tribunal de Justiça do Estado do Rio de Janeiro; e 1,7 milhão (6,4%) estão no Tribunal Regional Federal da 3ª Região (SP/MT). Juntos, esses três tribunais detêm 66% das execuções fiscais em tramitação no país e 25% do total de processos em trâmite no primeiro grau do Poder Judiciário.

Em números percentuais, verifica-se que, apesar de as execuções fiscais representarem cerca de 39% do acervo de primeiro grau na Justiça Estadual, somente três tribunais possuem percentual superior a essa média: TJRJ (58%); TJSP (57%); e TJDFT (44%). Na Justiça Federal, apenas o TRF3 (54%) possui percentual de acervo em execução fiscal maior que a média de seu segmento.

O Relatório informa ainda que a maior taxa de congestionamento de execução fiscal está na Justiça Federal (93%), seguida da Justiça Estadual (89%) e da Justiça do Trabalho (89%). A menor é a da Justiça Eleitoral (86%). O tempo de giro do acervo desses processos é de 8 anos e 8 meses, ou seja, mesmo que o Judiciário parasse de receber novas execuções fiscais, ainda seria necessário todo esse tempo para liquidar o acervo existente.

Com relação aos valores executados, em 2019, dados da PGFN expunham um estoque de dívida ativa, somente da União, de R$ 2,1 trilhões, sendo que, desse total, R$ 1,6 trilhão correspondia à dívida não previdenciária e R$ 491,2 bilhões às decorrentes da previdência[4]. Apenas a título de

---

3   CNJ. Justiça em números, ano-base 2021.

4   PGFN. Disponível em: <http://www.pgfn.fazenda.gov.br/noticias/2019/pgfn-propoe--medidas-para-fortalecer-a-cobranca-da-divida-ativa-da-uniao>. Acesso em: 14 ago. 2019.

comparação, o orçamento fiscal da União para aquele ano estimou uma receita de R$ 1,7 trilhão e de R$ 752,7 bilhões para a seguridade social[5].

Em 2022, segundo ainda a PGFN, o estoque de dívida ativa da União, incluindo o FGTS, registrou R$ 2,7 trilhões, apesar dos valores arrecadados com a transação tributária prevista pela Lei n. 13.988, de 2020.[6]

De um modo geral, a baixa efetividade do sistema de processo judicial reflete nas causas tributárias e em todas as outras discussões que aportam nos fóruns brasileiros. No entanto, se o processo tributário puder ser resolvido em outra esfera de poder com a devida segurança jurídica, talvez auxiliasse na construção de um sistema processual mais eficiente.

Considerando a natureza jurídica dessas propostas que serão apresentadas e para que não se corram riscos de inconstitucionalidade, é fundamental que as alterações sejam perpetradas por Emenda à Constituição. As disposições processuais gerais vinculativas a todas as unidades da federação poderiam ser reguladas por Lei Complementar, regulamentadora da Emenda. Assim, entendemos que a Emenda Constitucional deveria dispor sobre as seguintes diretrizes básicas: a) dos tribunais administrativos; b) da possibilidade de transação administrativa ou conciliações tributárias; c) das decisões administrativas definitivas; d) da alienação ou securitização do estoque de dívida ativa.

Caso o modelo proposto fosse aprovado pela Emenda Constitucional sugerida, seria necessário realizar-se ajustes no CPC para permitir o cumprimento da decisão administrativa definitiva, conforme as regras atualmente existentes para o cumprimento de sentença fundada em título judicial. Obviamente, essas adaptações poderão ser efetivadas por lei.

Na mesma linha das alterações legais no CPC, caso a Emenda fosse aprovada, deveria ser editada lei complementar dispondo sobre "normas processuais gerais" vinculativas a todas as unidades da federação, o que, por ora, chamamos de Lei Geral do Processo Administrativo. A mencionada lei complementar poderia ser editada de forma autônoma ou mediante alteração no

---

5   Cf. Lei n. 13.808, de 2019 (Lei Orçamentária Anual da União).

6   PGFN. PGFN em números, 2023. Disponível em < chrome-extension://efaidnbmnnnibpcajpcglclefindmkaj/https://www.gov.br/pgfn/pt-br/acesso-a-informacao/institucional/pgfn-em-numeros/pgfn-em-numeros-2023-versao-20042023.pdf>

Capítulo 9 **Propostas básicas para um novo processo tributário**

CTN, com efeitos vinculativos a todos os entes federados. A função dessa lei complementar seria estabelecer as regras gerais do processo administrativo tributário, aderentes ao novo modelo.

A seguir, portanto, discorreremos em linhas gerais sobre os fundamentos e finalidades das alterações propostas. As subseções 9.2 a 9.5 tratarão das matérias relativas à Emenda Constitucional sugerida, ao passo que os subitens 9.6 e 9.7, versarão, respectivamente, sobre "o cumprimento da decisão administrativa definitiva" e sobre as "disposições processuais gerais vinculativas a todas as unidades da federação". A subseção 9.8 e seus subitens comentarão as iniciativas sobre a arbitragem tributária.

Antes, deve-se ressaltar que em 2022, uma comissão de juristas fez um conjunto de propostas de melhorias ao processo tributário, que resultou nas seguintes Projetos de Lei:

PROJETO DE LEI	ASSUNTO
PLP 124/2022	Dispõe sobre normas gerais de prevenção de litígio, consensualidade e processo administrativo, em matéria tributária.
PLP 125/2022	Estabelece normas gerais relativas a direitos, garantias e deveres dos contribuintes.
PL 2481/2022	Reforma da Lei 9.784/1999 (Lei do Processo Administrativo).
PL 2483/2022	Dispõe sobre o processo administrativo tributário federal e dá outras providências.
PL 2484/2022	Dispõe sobre o processo de consulta quanto à aplicação da legislação tributária e aduaneira federal.
PL 2485/2022	Dispõe sobre a mediação tributária na União e dá outras providências.
PL 2486/2022	Dispõe sobre a arbitragem em matéria tributária e aduaneira.
PL 2488/2022	Dispõe sobre a cobrança da dívida ativa da União, dos estados, do Distrito Federal, dos municípios e das respectivas autarquias e fundações de direito público, e dá outras providências.
PL 2489/2022	Dispõe sobre as custas devidas à União, na Justiça Federal de primeiro e segundo graus, e dá outras providências.

As propostas que apresentaremos na sequência, de alguma forma se relacionam com os PLs e já haviam sido feitas desde a segunda edição deste Curso em 2018.

9.2 DOS TRIBUNAIS ADMINISTRATIVOS

Os tribunais administrativos constituem medida necessária e lógica para o desenvolvimento das demais diretrizes propostas. Atualmente, o modelo

823

predominante de processo administrativo fiscal brasileiro prevê julgamento em uma primeira instância, composta por fiscais de carreira, e uma segunda instância paritária, com representantes da Fazenda e dos contribuintes. O Estado de Pernambuco é uma exceção porque, desde 1975, por meio da Lei Estadual n. 7.034, alterou a composição anterior do órgão julgador e criou cargos de Conselheiro Fiscal. Os cargos de conselheiro passaram a ser de provimento efetivo, mediante concurso público de provas, devendo o ocupante do cargo possuir como requisito principal o diploma de Bacharel em Direito. Depois de diversas alterações, inclusive o retorno dos conselheiros classistas indicados por órgãos comerciais, a composição atual dos órgãos julgadores do processo administrativo fiscal pernambucano é de julgadores integrantes de uma carreira própria.

Entendemos que a composição paritária é um modelo democraticamente aceitável, porque, em tese, viabiliza decisões mais dialéticas, contrapondo as tendências tanto dos contribuintes quanto da Fazenda. Além disso, o exercício da função pública, a ideia de vinculação à legalidade, a existência de princípios administrativos e, especialmente, a previsão de um rito processual que garanta a ampla defesa são os instrumentos básicos para a presunção de imparcialidade dos julgadores.

Em edições anteriores deste Curso, no entanto, defendemos a hipótese de constituição de tribunais de carreira para decidir processos tributários na segunda instância para todos os entes federados. O argumento central de nossa tese residia na necessidade de as decisões do processo administrativo tributário serem "definitivas", o que não se conciliaria com o modelo atual, em que os tribunais ou conselhos administrativos são formados por representantes da Fazenda e dos Contribuintes.

Na ocasião, nosso argumento principal tinha como suporte teórico as garantias constitucionais da magistratura, que seriam condição ao caráter definitivo das decisões jurisdicionais. Tais garantias somente poderiam ser concedidas aos servidores que ingressassem na carreira pública por meio do concurso. A forma atual de ingresso nos tribunais administrativos, isto é, mediante indicação dos conselhos de classe econômica e de representação dos trabalhadores, não preencheria o requisito em questão.

Depois de melhor refletir sobre o assunto, chegamos à conclusão de que a proposta apresentada nas edições anteriores é inviável por uma

Capítulo 9 **Propostas básicas para um novo processo tributário**

razão prática: não existe nos curto e longo prazos espaço orçamentário para a criação de uma nova carreira pública com as exigências financeiras da magistratura.

Para que as garantias constitucionais da vitaliciedade e inamovibilidade pudessem ser efetivas, seria necessário, obviamente, criar carreiras públicas de apoio, instalações adequadas para um número razoável de servidores etc. Ainda nessa linha das dificuldades orçamentárias, não haveria justificativa jurídica plausível para se remunerar os julgadores tributários com subsídio inferior aos dos demais juízes se as garantias constitucionais fossem as mesmas. Além disso, para que se pudesse decidir de forma eficiente a quantidade de processos tributários em estoque e os futuros, o número de julgadores tributários deveria ser compatível com a demanda, aumentando-se as despesas com o órgão. Por essas razões, não há no horizonte financeiro próximo condições de se instalar um modelo de órgão público que acarrete mais aumento de despesas.

Feita essa observação, propomos alguns ajustes na estrutura existente dos tribunais administrativos tributários de segunda instância, mantendo-se sua composição paritária e atual forma de provimento dos cargos.

Os tribunais administrativos tributários deverão ser mantidos como órgãos que compõem a estrutura do Poder Executivo, e sua competência para decidir os processos seguirá a distribuição da competência tributária prevista na Constituição Federal, devendo ser compostos por representantes da Fazenda e dos contribuintes. Assim, no âmbito da União, o órgão julgador poderia ser chamado de Tribunal Administrativo Tributário Federal, com sede em Brasília, devendo a primeira instância ser composta por fiscais de carreira, designados para a função julgadora. A segunda instância deveria ser paritária, com representantes da Fazenda e dos contribuintes. Semelhante estrutura se repetiria nos estados, de modo que na capital estaria sediado o Tribunal Administrativo Tributário Estadual, competente para decidir os recursos oriundos da primeira instância, também composta por fiscais de carreira, destacados para a função julgadora. Com relação aos tributos municipais, entendemos que a segunda instância deverá ser exercida preferencialmente pelo Tribunal Administrativo Tributário do Estado, que possuirá seções com competência para decidir os recursos municipais, podendo constituir-se por julgadores indicados pela Fazenda municipal e pelos contribuintes. A ideia de se transferir a competência para decidir os

825

conflitos tributários para tribunais estaduais aliviaria custos que os municípios têm que suportar com a instituição desses órgãos, especialmente as municipalidades menores.

No entanto, a Emenda Constitucional que organizasse a competência dos tribunais administrativos poderia facultar, às capitais e aos municípios mais populosos de um mesmo Estado, a conveniência de se consorciarem para a criação de Tribunais Administrativos Tributários Comuns, com competência para decidir em segunda instância os recursos oriundos de cada um dos municípios consorciados. Para a eficácia da proposta, a Emenda Constitucional deverá fixar prazo máximo para a criação do consórcio, caso contrário a competência passará para o Tribunal Administrativo do Estado. Para a criação dos consórcios públicos poderá ser aplicada, no que couber, a Lei n. 11.107, de 2005, que dispõe sobre regras gerais para os consórcios dessa natureza.

O ponto central da proposta defende que as decisões dos Tribunais Administrativos sejam definitivas. Os fundamentos jurídicos para essa possibilidade serão desenvolvidos na subseção 9.4. Para que a proposta de reestrutura dos órgãos julgadores se concilie adequadamente à tese das decisões administrativas definitivas, será necessário que os julgadores tributários sejam remunerados dignamente e possuam alguma forma de estabilidade no cargo. Para os representantes do Fisco isso não será um problema, pois basta que se defina que a ocupação desse tipo de cargo exige tempo superior ao período de estágio probatório. Tratando-se dos representantes dos contribuintes, no entanto, o modelo é mais complexo em razão das formas constitucionais de acesso ao serviço público, o que, em regra, dá-se mediante concurso público (CF, art. 37, II).

Dessa forma, propomos algo semelhante ao que já ocorre no CARF, de modo que os julgadores deverão possuir mandato por tempo determinado em lei, só podendo ser afastados de suas funções nos casos de descumprimento de seus deveres funcionais, estatuídos igualmente por lei. O modelo de mandato é mais flexível do que o regime de cargos de provimento efetivo, devendo a remuneração dos mandatários corresponder à dignidade do cargo, sem garantia de estabilidade superior ao período de mandato. Assim, a forma de provimento dos cargos de julgadores tributários se assemelharia ao regime de cargos em comissão, com a diferença de que seria vedada a exoneração do julgador do seu respectivo mandato por razões discricionárias.

Capítulo 9 **Propostas básicas para um novo processo tributário**

Todos os processos deveriam ser eletrônicos, reduzindo-se custos de gestão existentes em processos físicos. Além disso, as medidas processuais só poderiam ser praticadas por advogados e procuradores fazendários, assegurando-se adequado nível técnico para as discussões.

Por se tratar de processo administrativo definitivo, seria importante a aplicação do princípio da sucumbência, devendo a lei geral determinar as regras e parâmetros da fixação dos respectivos ônus para o vencido.

Saliente-se que o Anteprojeto de Código de Processo Administrativo Tributário, proposto em 1995, disciplinou a competência do Tribunal Administrativo Tributário (TAT), prevendo aos seus membros julgadores garantias que se aproximam do modelo que ora propomos, tais como: a) autonomia administrativa, patrimonial e financeira; b) vantagens remuneratórias aos seus membros; c) inamovibilidade; d) suspensão de subordinação hierárquica[7]. Como se sabe, mencionado anteprojeto não se transformou em lei, embora tenha se mostrado um verdadeiro avanço de regulamentação do processo administrativo tributário no país. A principal crítica que se pode tecer ao Anteprojeto foi seu conservadorismo em não permitir ao tribunal administrativo apreciar a constitucionalidade da norma tributária. Essa competência o texto manteve com o Poder Judiciário[8].

9.3 POSSIBILIDADE DE TRANSAÇÃO ADMINISTRATIVA OU CONCILIAÇÕES TRIBUTÁRIAS

Para a eficiência do processo administrativo tributário a partir dessa nova concepção, em que se reorganizaria a estrutura dos tribunais administrativos e suas decisões passariam a ser definitivas, seria fundamental que a Emenda Constitucional previsse a possibilidade da transação tributária e de conciliações. Caberia à Lei Complementar Geral definir as regras tanto de um quanto do outro instituto.

---

7   MARINS, James. *Direito processual tributário brasileiro*: administrativo e judicial. 11. ed. São Paulo: Saraiva, p. 420.

8   Anteprojeto. "Art. 172. A competência dos órgãos julgadores administrativos não inclui o exame da legalidade e da constitucionalidade de disposição de lei em matéria ainda não reconhecida por decisões reiteradas do STJ ou por decisão definitiva do STF".

827

Em princípio, a transação seria um regime mais amplo, em que o contribuinte poderia oferecer contrapartidas para resolver suas pendências com a Fazenda. Por exemplo, para aderir a um programa de parcelamento proporia a desistência de processos administrativos ou de ações judiciais sobre a exigência do crédito tributário parcelável. A transação é um regime de negociação de concessões e vantagens mútuas, diferente dos programas atuais de parcelamento em que o contribuinte é "obrigado" a renunciar ao direito de ação e de recursos, como condição para o programa. Na transação, caberia ao contribuinte propor à administração fiscal que ele renunciaria às discussões administrativas ou judiciais sobre o tributo, caso a Fazenda aceitasse receber a dívida parcelada mediante critérios negociados de atualização do crédito. Na mesma linha de entendimento, o sujeito passivo poderia propor ao Fisco a suspensão temporária de determinados incentivos fiscais ou de imunidades tributárias, se a Fazenda perdoasse a totalidade ou uma parte de multas relativas a outros tributos. Enfim, no campo das transações tributárias existem inúmeras possibilidades. Aliás, o art. 156, III do CTN, prevê a transação como modalidade de extinção do crédito tributário. Arnaldo Sampaio de Moraes Godoy, em obra de referência sobre o assunto, faz resenha da doutrina nacional e estrangeira sobre o tema da transação no direito tributário, comentando, inclusive, a legislação de diversos estados e municípios brasileiros que preveem a transação como forma de extinção do crédito[9].

A transação é pouco utilizada no Brasil, especialmente porque seu objeto é muito restrito, ficando normalmente atrelado às multas, uma vez que o principal da dívida tributária é inegociável pela Fazenda. Assim, a transação fica restrita às reduções de penalidades mediante contrapartida do contribuinte. Antonio Souza Ribas e Lídia Maria Ribas informam que a ideia de se implantar a transação no direito tributário brasileiro decorreu das discussões sobre o Modelo de Código Tributário para América Latina, em 1967[10]. Nessa proposta, a transação servia somente para extinguir matéria de fato, mas não

---

9   GODOY, Arnaldo Sampaio de Moraes. *Transação tributária*: introdução à justiça fiscal consensual. Belo Horizonte: Editora Fórum, 2010, passim.

10   RIBAS, Antonio Souza; RIBAS, Lídia Maria Lopes Rodrigues. Arbitragem como meio alternativo na solução de controvérsias tributárias. In: *Revista tributária e de finanças públicas*, n. 60, jan.-fev. 2005, p. 230.

Capítulo 9 **Propostas básicas para um novo processo tributário**

para a interpretação da norma de direito. Segundo os autores, somente o Brasil e a Venezuela incluíram em suas legislações tributárias a transação. Decorridos mais de cinquenta anos da presença do instituto da transação no direito tributário brasileiro, são poucas as iniciativas para sua efetivação. Um novo modelo de processo administrativo poderia levar à regulamentação do instituto de modo a estimular a Fazenda Pública a reduzir o montante de processos pendentes, propondo transações com os contribuintes, mediante a redução dos acréscimos legais, desde que parceladas todas as dívidas fiscais dos contribuintes existentes há determinado tempo.

As conciliações ficariam restritas ao montante do crédito tributário, incluindo-se o principal e acessórios, devendo a autoridade administrativa, ao receber a impugnação, convocar o contribuinte à audiência de conciliação em que seriam realizadas ofertas de descontos por ambas as partes sobre o crédito para pagamento em uma só vez ou parcelado em pequeno número de vezes. O processo só seria instruído e decidido caso não se chegasse a um acordo, podendo a conciliação ocorrer a qualquer momento.

Para que a proposta do contribuinte pudesse ser aceita, teria que apresentar garantias reais ou fidejussórias compatíveis com o montante da dívida. Por se tratar de acordo, na audiência de conciliação, o sujeito passivo teria que renunciar ao direito de embargar a execução fiscal, caso não honrasse o instrumento e viesse a ser executado.

É importante mencionar que as regras sobre transação ou conciliações tributárias deverão ser fixadas em lei de diretrizes gerais para todos os entes federados, devendo o Procurador da Fazenda possuir discricionariedade para celebrar os acordos dentro de certos parâmetros e mediante a observação dos princípios do direito financeiro e administrativo. Os acordos realizados que aviltassem as finanças públicas deveriam ser objeto de investigação e de eventuais sanções. As transações e acordos ocorreriam depois de constituído o crédito tributário.

Desde 2009 tramitava no Congresso Nacional o PLC 469 propondo alterações no CTN, que visam à regulamentação da transação. Em linhas gerais, o PLC incluía a transação nos arts. 151 e 156 do CTN, como hipótese, respectivamente, de suspensão e de extinção do crédito tributário. No mais, alterava a redação do art. 171, também do CTN, delegando à lei geral ou específica, a função de regulamentar a transação com a finalidade de resolver o conflito e extinguir o crédito tributário. Na nossa opinião, o PLC pecava pelo laconismo. Assim como o CTN, a proposta em questão hesitou em disciplinar as regras gerais da transação. Seria necessário prever se seria possível ou não à Fazenda reduzir o montante do principal ou dos acessórios como forma de compor o litígio. Igualmente, faltou à proposta prever outras formas de transação que, mesmo não importando em redução do montante do crédito tributário, gerassem consequências de parte a parte, visando à solução do litígio tributário. Talvez a previsão de que, propondo a renúncia a certos direitos, o contribuinte poderia parcelar o débito em um número maior de vezes com redução de multa ou de juros. Seja como for, foi um avanço a previsão de um PLC com essa intenção.

Nossa proposta central de alteração do processo administrativo tributário prevê que as decisões administrativas seriam definitivas para o contribuinte que a ele aderisse. Desse modo, logicamente, o acordo celebrado entre o Fisco e o contribuinte teria os mesmos efeitos definitivos, devendo o seu cumprimento seguir as regras propostas no subitem 9.6 deste capítulo.

Diante da falta de uma norma geral que detalhasse a transação para todos os entes federados, a União, por meio da Lei n. 13.988, de 2020, regulamentou o instituto para os tributos federais.

De acordo com a PGFN, a transação se mostrou uma forte aliada na eficiência arrecadatória. Segundo o Relatório PGFN em números:

> A Procuradoria-Geral da Fazenda Nacional arrecadou R$ 39,1 bilhões inscritos em dívida ativa, em 2022. Desse total, R$ 14,1 bilhões são resultado de acordos de transação tributária. Essa estratégia de cobrança representou 36% do total arrecadado pela instituição e explica o crescimento expressivo da arrecadação no ano passado.

Percebe-se que, mesmo sem uma regulamentação para todos os entes federados, a transação demonstra ser um instrumentos eficaz de resolução dos conflitos tributários. Além disso, tem um potencial de incremento nas contas públicas que não pode ser ignorado, principalmente quando se observa déficit nas contas públicas e a necessária aplicação do orçamento para a correção de desigualdades sociais.

9.4 DAS DECISÕES ADMINISTRATIVAS DEFINITIVAS

Como se sabe, a impugnação do lançamento na via administrativa suspende a exigibilidade do crédito tributário enquanto o processo administra-

Capítulo 9 **Propostas básicas para um novo processo tributário**

tivo não é decidido, o que pode durar anos. Depois de resolvido o processo, se a decisão não for favorável ao contribuinte, poderão ser ajuizadas ações com o fim de desconstituir a decisão administrativa. Em síntese, o Poder Judiciário normalmente é acionado para dar a "última palavra".

Primeiramente, não se trata aqui de uma crítica explícita ou velada às estratégias legais adotadas pelo contribuinte na defesa dos seus interesses. O sistema processual propicia que se rediscuta no Poder Judiciário o que ficou decidido no processo administrativo, por melhor ou pior que sejam suas decisões.

É provável que as decisões dos julgadores administrativos tributários sejam mais fiéis ao sistema tributário, porque se dedicam especificamente a resolver as singularidades do direito tributário, especialmente com relação aos aspectos contábeis, cumprimento de obrigações acessórias e planejamentos tributários complexos. Como se sabe, nem todo juiz, ainda que com muitos anos de atuação em varas de fazenda pública domina de forma específica os temas peculiares e áridos da tributação.

Assim, quanto mais especialista o julgador for em matéria tão sensível ao interesse público – como são os dissídios tributários –, melhor para as finanças públicas e aos direitos do contribuinte.

Nesse sentido, propomos que as decisões administrativas tributárias sejam definitivas quanto ao mérito, isto é, não poderão ser revistas perante o Poder Judiciário sobre a matéria de fundo, incluindo-se nesse contexto os valores que eventualmente venham a ser decididos. Somente poderiam ser revistas pela justiça, as decisões da segunda instância que contivessem nulidades, ou quando proferidas por julgadores suspeitos ou impedidos. Por outro lado, as nulidades, suspeições e impedimentos das decisões de primeira instância seriam julgados pelo próprio Tribunal Administrativo, sem revisão judicial.

Para que não haja alegação de afronta da presente proposta ao inciso XXXV do art. 5º da Constituição Federal, que consagra o princípio de acesso à jurisdição, seria necessário que a Emenda Constitucional estabelecesse algumas condições à admissão do processo administrativo. Assim, o contribuinte teria que renunciar ao direito de demandar a justiça para rediscutir o mérito da decisão administrativa na hipótese de sair vencido. Ficariam ressalvados, no entanto, os casos de ação anulatória motivada por vícios processuais insanáveis na instância administrativa ou de decisão proferida por julgador impedido ou suspeito.

Cremos que eventual imposição legal que obrigue o contribuinte a não demandar a justiça depois de instaurado o processo administrativo esbarraria na cláusula constitucional que assegura o acesso ao Poder Judiciário, seja qual for a lesão ou ameaça a direito pré-existente. A Emenda Constitucional deveria prever que a lei poderá disciplinar os casos em que a decisão administrativa será definitiva, desde que assegurada ao interessado uma segunda instância colegiada e que tenha renunciado ao direito de ação. Assim, o processo administrativo passaria a ser uma opção de resolução do litígio tributário, em que o contribuinte poderia esperar uma definição mais célere e especializada nas peculiaridades da matéria tributária.

Iniciativa semelhante é adotada no art. 18 da Lei n. 9.307, de 1996, que disciplina a arbitragem. Note-se que a sentença arbitral é definitiva e substitutiva da decisão judicial, não estando sujeita a homologação ou revisão pelo Poder Judiciário. Para tanto, os arts. 1º e 3º da Lei de Arbitragem facultam às partes submeter seus litígios a um tribunal arbitral. A escolha fica a cargo dos interessados, mas uma parte pode exigir judicialmente que a outra compareça perante o Poder Judiciário quando se recusar à instituição da arbitragem, nos casos em que exista cláusula compromissória em um contrato (Lei n. 9.307, de 1996, art. 7º).

Assim, desde que por adesão voluntária, não há ofensa ao inciso XXXV do art. 5º da Constituição considerar-se definitiva a decisão do processo administrativo, especialmente se o órgão é regido sob os princípios da administração pública, como é o caso da primeira instância e dos tribunais administrativos tributários. Nessa linha de entendimento, tem-se proposto a instituição da arbitragem tributária no Brasil como opção do contribuinte para solucionar controvérsias tributárias. Caso seja possível a instalação de tribunais de arbitragem em matéria fiscal, substitutivos do Poder Judiciário, com muito mais razão se deve aceitar a previsão de decisões administrativas definitivas. A propósito do tema da arbitragem no processo tributário, confiram-se nossos comentários na subseção 9.8 e seus subitens.

Ressalte-se que, por ocasião da decisão da Homologação de Sentença Estrangeira 5.206/Espanha, o STF assentou o entendimento de que não ofende a Constituição Federal a vedação ao direito de se rediscutir no Poder Judiciário decisão arbitral, exatamente porque se trata de uma opção contratual da parte envolvida e não exatamente uma imposição legal. Por outro lado, também não vulnera a Constituição exigir que uma das partes

Capítulo 9 **Propostas básicas para um novo processo tributário**

do contrato seja acionada na justiça para observar compromisso arbitral quando se recusar a se submeter à arbitragem[11]. Isto posto, se a impossibilidade de revisão judicial é compatível com a Constituição Federal no caso da arbitragem, o mesmo entendimento poderá ser estendido à decisão administrativa definitiva.

Voltando-se ao ponto, cremos que as soluções administrativas definitivas aos litígios tributários trariam também ganhos significativos de eficiência no processo tributário.

Primeiramente porque, não sendo permitida a rediscussão da matéria decidida na esfera administrativa perante o Poder Judiciário, a tendência será a diminuição do número de processos judiciais tributários, ressalvadas as hipóteses de nulidade da decisão, impedimento ou suspeição dos julgadores administrativos.

Em segundo lugar, o contribuinte deverá se sentir estimulado a debater sua impugnação no processo administrativo, à medida que adquirir mais confiança na qualidade das decisões administrativas, que deverão atender fielmente às peculiaridades da matéria tributária. Nesse sentido, seria fundamental que a Emenda Constitucional que autorizasse as decisões adminis-

---

11 "3. Lei de Arbitragem (L. 9.307/96): constitucionalidade, em tese, do juízo arbitral; discussão incidental da constitucionalidade de vários dos tópicos da nova lei, especialmente acerca da compatibilidade, ou não, entre a execução judicial específica para a solução de futuros conflitos da cláusula compromissória e a garantia constitucional da universalidade da jurisdição do Poder Judiciário (CF, art. 5º, XXXV). Constitucionalidade declarada pelo plenário, considerando o Tribunal, por maioria de votos, que a manifestação de vontade da parte na cláusula compromissória, quando da celebração do contrato, e a permissão legal dada ao juiz para que substitua a vontade da parte recalcitrante em firmar o compromisso não ofendem o artigo 5º, XXXV, da CF. Votos vencidos, em parte – incluído o do relator – que entendiam inconstitucionais a cláusula compromissória – dada a indeterminação de seu objeto – e a possibilidade de a outra parte, havendo resistência quanto à instituição da arbitragem, recorrer ao Poder Judiciário para compelir a parte recalcitrante a firmar o compromisso, e, consequentemente, declaravam a inconstitucionalidade de dispositivos da Lei 9.307/96 (art. 6º, parág. único; 7º e seus parágrafos e, no art. 41, das novas redações atribuídas ao art. 267, VII e art. 301, inciso IX do C. Pr. Civil; e art. 42), por violação da garantia da universalidade da jurisdição do Poder Judiciário. Constitucionalidade – aí por decisão unânime, dos dispositivos da Lei de Arbitragem que prescrevem a irrecorribilidade (art. 18) e os efeitos de decisão judiciária da sentença arbitral (art. 31)". STF. SE 5.206/ Espanha. Rel. Min. Sepúlveda Pertence, j. 12-12-2001, DJ 30-4-2004.

CURSO COMPLETO DE DIREITO PROCESSUAL TRIBUTÁRIO

trativas definitivas também permitisse os controles de legalidade e de constitucionalidade das normas tributárias.

Sobre o controle de legalidade, seria possível ao órgão administrativo decidir a respeito da regularidade do lançamento e outras questões tributárias correlatas. Com relação à matéria constitucional, o controle de constitucionalidade da lei tributária deveria ocorrer de forma difusa ou incidental, gerando efeitos unicamente entre as partes. Na hipótese de a decisão administrativa contrariar o entendimento do Poder Judiciário em matéria constitucional, deveria ser garantido ao contribuinte, também, o direito de rediscutir a demanda na justiça, ficando limitado ao ponto constitucional.

Para estimular a opção ao processo administrativo, deve-se manter a suspensão da exigibilidade do crédito tributário a partir da impugnação em primeira instância. Com relação ao processo judicial, a suspensão não poderia ser automática, isto é, o juiz deveria continuar analisando caso a caso, salvo a hipótese de depósito do montante do crédito.

Não se deve confundir a proposta que ora apresentamos com o contencioso administrativo da França ou o sistema de dupla jurisdição, como também é conhecido. No sistema jurisdicional francês, assuntos relacionados à administração pública ou matéria fiscal são resolvidos pelo Poder Executivo, que mantém um Conselho de Estado com o poder de proferir decisões definitivas[12]. Nesse caso, o interessado não tem a opção de ingressar com a demanda perante a justiça comum (o Poder Judiciário). Conforme mencionado várias vezes, defendemos neste livro que o processo administrativo, devidamente reestruturado, composto por julgadores remunerados e com a garantia de exercício do cargo durante o período do seu respectivo mandato, reforçará a presunção de imparcialidade exigida da função de julgar. Exatamente por isso, o contribuinte optará entre o processo administrativo ou a justiça comum, tal qual pode optar entre o Poder Judiciário e a arbitragem. No entanto – frise-se mais uma vez – o processo administrativo não seria a única forma de se impugnar o lançamento tributário, facultando-se ao contribuinte ingressar com as ações judiciais conhecidas.

---

12 ROCHA, Sérgio André. *Processo administrativo fiscal*. 2. ed. São Paulo: Lumen Juris, 2007, p. 124.

Capítulo 9 **Propostas básicas para um novo processo tributário**

9.5 ALIENAÇÃO OU SECURITIZAÇÃO DA DÍVIDA ATIVA

A autorização constitucional para alienação da dívida ativa é proposta que auxilia na eficácia do processo e no recebimento mais célere do crédito tributário. Na linguagem do mercado financeiro, esse tipo de alienação, em que uma dívida é convertida em ativos e adquirida por novos credores, costuma ser chamada de securitização. De acordo com dados da PGFN disponíveis na internet, em 2011, o estoque de créditos inscritos em dívida ativa correspondia a R$ 9,9 bilhões[13]. Em 2016, de acordo ainda com dados da PGFN, o estoque saltou para R$ 1,8 trilhão[14]. Em 2022, conforme mencionado na subseção 9.1, a União registrou um estoque de dívida ativa de R$ 2,7 trilhões, incluindo FGTS. Em 2019, a dívida ativa dos Estados estava em R$ 896,2 bilhões.[15]

Segundo reportagem da Agência Brasil (EBC), 63,7% dos valores inscritos se referem a débitos de 12.859 devedores que, juntos, devem aproximadamente R$ 900 bilhões. Conforme ainda a reportagem, a PGFN declara que tais créditos são de difícil recuperação[16]. Para se ter uma ideia comparativa do montante de estoque em dívida ativa e o orçamento fiscal da União, a Lei Orçamentária de 2016 (Lei n. 13.255, de 2016), estimou uma receita fiscal de R$ 1,4 trilhão para o mencionado exercício, mas a arrecadação efetiva, segundo dados da RFB, ficou em R$ 1,2 trilhão, ambos abaixo do passivo fiscal[17]. Em 2019, conforme informado no subitem 9.1, o montante de dívida ativa da União consolidado alcançou R$ 2,1 trilhões e R$ 2,7 trilhões em 2022.

---

13 Disponível em: <http://www.pgfn.fazenda.gov.br/divida-ativa-da-uniao/dados-estatisticos>.

14 Disponível em: <http://agenciabrasil.ebc.com.br/economia/noticia/2016-11/divida-ativa-da-uniao-cresce-14-em-cerca-de-dez-meses-e-chega-r-18-trilhao>.

15 GOULARTI, Juliano Giassi; MESSIAS, Talita Alves de. Dívida ativa dos estados brasileiro: uma análise crítica. In: Le Monde Diplomatic Brasil, de 05.11.2021. Disponível em <https://diplomatique.org.br/divida-ativa-dos-estados-brasileiros-uma-analise-critica/>

16 Disponível em: <http://agenciabrasil.ebc.com.br/economia/noticia/2016-11/divida-ativa-da-uniao-cresce-14-em-cerca-de-dez-meses-e-chega-r-18-trilhao>.

17 Disponível em: <http://idg.receita.fazenda.gov.br/dados/receitadata/arrecadacao/relatorios-do-resultado-da-arrecadacao/arrecadacao-2016/dezembro2016/apresentacao-arrecadacao-dez-2016.pdf>.

Se forem acrescentados a essa conta os valores de dívida ativa em estoque dos estados, Distrito Federal e municípios, os montantes se multiplicam de forma significativa. Diante de um estoque de dívida ativa dessa proporção e das dificuldades processuais encontradas para recuperação dos créditos, a alienação do estoque pode ser alternativa viável e adequada para o problema.

A proposta que defendemos prevê emenda à Constituição Federal que autorize a União e os demais entes federados a alienarem por meio de leilão no mercado financeiro parte do estoque da dívida, de difícil recuperação mediante percentual de deságio a ser estudado tecnicamente, conforme as variáveis de mercado.

Em princípio, a alienação do estoque de dívida ativa independeria das demais propostas de modificação do processo tributário. Assim, os adquirentes dos créditos se sub-rogam nos direitos creditórios da respectiva unidade federada. Quando se tratar da aquisição de créditos inscritos, decorrentes das decisões dos Tribunais Administrativos, considerando que as respectivas CDA terão natureza de título executivo judicial tal qual a sentença arbitral (CPC, art. 515, VII), os adquirentes se sub-rogariam no direito de pedir o cumprimento da decisão administrativa na forma do art. 523 do CPC. O devedor poderia impugnar o cumprimento da decisão conforme o art. 525, também do CPC.

Tratando-se de inscrição na dívida decorrente de crédito tributário não impugnado administrativamente ou quando não tenha havido recurso ao Tribunal Administrativo, a CDA teria natureza jurídica de título executivo extrajudicial (CPC, art. 784, IX). Assim, o adquirente da dívida ativa, neste caso, teria que se sub-rogar nos direitos creditórios da Fazenda, devendo propor execução de título executivo extrajudicial, seguindo as regras do art. 797 e seguintes do CPC.

Além da previsão constitucional por emenda, a alienação do estoque da dívida ativa deveria ter suas regras específicas reguladas em Lei Complementar, a fim de que possa valer para todas as unidades da federação.

No Congresso Nacional está tramitando o Projeto de Lei n. 459, de 2017. Em linhas gerais, o PL regulamenta a cessão onerosa de direitos originados de créditos tributários ou não tributários, inclusive os inscritos em dívida ativa, para pessoas jurídicas de direito privado ou a fundos de investimentos. A iniciativa se afina parcialmente com nossa proposta, embora, em parte, conflite com o texto constitucional.

Capítulo 9 **Propostas básicas para um novo processo tributário**

Observe-se que o art. 167, IV, da Constituição veda a vinculação da receita dos impostos a órgão, fundo ou despesa, o que é conhecido na linguagem do direito financeiro como "princípio da não vinculação dos impostos". Assim, se é vedado ao ente federado vincular a receita dos impostos a órgão, fundos ou despesas específicas, que dirá cedê-los a terceiros. O objetivo da norma constitucional é assegurar o funcionamento adequado das instituições estatais, mediante a garantia de receitas tributárias decorrentes dos impostos. Assim, para que esse tipo de receita possa ser desvinculado dessa finalidade é necessário alteração na Constituição Federal, o que só é possível por Emenda.

O PL n. 459, de 2017, com todo o respeito, viola a Constituição na medida em que vulnera o sentido da norma do inciso IV do art. 159 da Constituição Federal no tocante à receita dos impostos. No mesmo sentido, descumpre também o disposto no inciso XI do referido art. 167 da Constituição, pois dá destino diverso à receita das contribuições vinculadas à manutenção da previdência, quando estas possuem como fonte de custeio a folha de salários das empresas ou a remuneração dos trabalhadores (CF, art. 195, I, *a* e II).

Ainda que tais óbices citados sejam superados sob o argumento de que os dispositivos constitucionais se referem à receita realizada e não ao seu respectivo crédito, cremos que o PL n. 459 de 2017 é pouco factível. Isso porque a proposta prevê a inclusão do art. 39-A à Lei n. 4.320, de 1964. De acordo ainda com a proposição, os incisos II e IV do mencionado art. 39-A determinam que a cessão de crédito onerosa deverá manter inalterados os valores do principal e acréscimos legais, desonerando a Administração cedente de qualquer encargo relativo à dívida tributária, que deverá ser paga inteiramente pelo devedor tributário. É pouco provável que esse tipo de operação desperte o interesse do mercado financeiro. Isso porque a dívida fiscal recebível é um tipo de ativo com larga margem de risco de não recebimento, tanto que o estoque de dívida ativa da União, por exemplo, soma R$ 2,7 trilhões. Ainda que a redação do art. 39-A, I e III da proposta garantam os mesmos privilégios do crédito tributário e o direito de a Fazenda continuar podendo executar judicial e extrajudicialmente a dívida fiscal, é pouco provável que alguma instituição financeira se interesse em pagar pela cessão dos créditos sem algum tipo de deságio ou pelo menos o direito de executar o devedor contribuinte com prerrogativas.

CURSO COMPLETO DE DIREITO PROCESSUAL TRIBUTÁRIO

Com esses fundamentos, embora o PL n. 459, de 2017, seja uma proposta que avança na solução do passivo consolidado de dívidas fiscais, possui dificuldades jurídicas e práticas que necessitam de ajustes.

9.6 DO CUMPRIMENTO DA DECISÃO ADMINISTRATIVA DEFINITIVA

Conforme exposto, propomos um modelo de solução do processo administrativo tributário contencioso em que as decisões se tornem definitivas, isto é, não serão passíveis de revisão judicial, exceto os casos de ação anulatória mencionados na subseção 9.4.

Partindo-se desse pressuposto, a decisão administrativa que fixar o montante do crédito tributário que não for cumprida no prazo legal para pagamento deverá ser inscrita na dívida ativa, seguida da emissão do título executivo, que é a CDA. Na atualidade, a CDA é considerada título executivo "extrajudicial", que habilita a Fazenda Pública a ingressar com a ação de Execução Fiscal para exigir o pagamento do crédito tributário em juízo.

De acordo com o modelo proposto, a CDA, quando emitida em razão de decisão de segunda instância administrativa, terá natureza de título executivo "judicial", tal qual a sentença arbitral. O CPC de 2015 (art. 515, VII) equiparou a sentença arbitral aos títulos executivos judiciais, o que abre espaço para a equiparação de outros títulos da mesma natureza. Note-se que os arts. 523 e seguintes do CPC estabelecem o rito processual para o cumprimento definitivo da sentença que reconhece a exigibilidade de obrigação de pagar quantia certa. É exatamente a hipótese da decisão administrativa definitiva, em que a liquidez e certeza não poderão ser objeto de discussão na fase de cumprimento. Essa impossibilidade deriva do fato de que foi oportunizada a discussão sobre a liquidez e certeza do crédito tributário e tal questão foi resolvida por um tribunal administrativo.

Assim, depois de decidido o processo pelo Tribunal Administrativo reconhecendo a procedência do crédito tributário, este será inscrito na dívida ativa e extraída a CDA. A Fazenda deverá requerer o cumprimento da sentença perante o juízo competente, seguindo o procedimento previsto no art. 523 do CPC. O devedor poderá impugnar o pleito de cumprimento de sentença, podendo alegar, no que couber, as matérias constantes dos incisos do § 1º do art. 525 do CPC.

Capítulo 9 **Propostas básicas para um novo processo tributário**

Quando a inscrição em dívida ativa resultar de débito tributário em que o contribuinte não impugnou o lançamento na via administrativa, ou, tendo impugnado, não tenha recorrido para o Tribunal Administrativo, a CDA não terá a mesma natureza de título judicial. Assim, tratando-se de CDA extraída de débito tributário não impugnado ou de que não tenha havido recurso para o Tribunal Administrativo, deverá a Fazenda proceder conforme as regras atuais, ajuizando a execução fiscal regulada pela Lei n. 6.830, de 1980.

Em síntese, a proposta que formulamos permitirá a utilização das regras processuais existentes, conforme a natureza do título gerado na fase do processo administrativo. Entendemos que a decisão definitiva do Tribunal Administrativo dispensa a abertura do processo de Execução Fiscal nos termos existentes, devendo se submeter ao procedimento de cumprimento de sentença de quantia certa. A Execução Fiscal ficaria reservada para os casos em que a inscrição na dívida decorra de débito não impugnado.

9.7 DISPOSIÇÕES PROCESSUAIS GERAIS VINCULATIVAS A TODAS AS UNIDADES DA FEDERAÇÃO

Nossa proposta prevê inicialmente a alteração da Constituição Federal com relação aos pontos das subseções acima, excetuando-se o item "*do cumprimento da decisão administrativa definitiva*", que necessita de simples adaptação do CPC, que poderá ser realizada por lei ordinária.

Depois de alterada a Constituição por Emenda em relação aos pontos mencionados, deverá ser editada Lei Complementar para dispor sobre as regras gerais do processo administrativo tributário, que valerão para todos os entes da federação. Conforme previsto no art. 24, XI da Constituição Federal, compete à União legislar concorrentemente sobre: "procedimentos em matéria processual". Como se sabe, no âmbito da competência concorrente, a função da lei da União limita-se a "estabelecer normas gerais".

Assim, a Lei Complementar elaborada pela União visaria estabelecer as regras gerais do processo administrativo tributário aplicáveis a todos os entes federados, respeitando-se, obviamente, a competência tributária de cada unidade federada, os interesses locais e a autonomia orçamentária.

A lei geral em questão deverá dispor, necessariamente, sobre os seguintes pontos, todos vinculativos aos entes federados: a) normas gerais de procedimentos de fiscalização tributária (para a fase não contenciosa); b) requisitos

839

formais e prazo unificado para as impugnações administrativas; c) produção de provas; d) julgamento em primeira instância; e f) recurso à segunda instância administrativa.

Defendemos a tese de que a segunda instância administrativa assegura a ampla defesa, sem prejuízo da definição da fixação de "teses decorrentes de recursos administrativos repetitivos". Dessa forma, os recursos que forem interpostos contra as teses fixadas não deverão ser decididos na segunda instância, seguindo-se a orientação da tese. Entretanto, para a racionalidade e equilíbrio do sistema administrativo recursal, deverão ser definidos outros requisitos objetivos de admissão dos recursos, tais como prazos, interesse de recorrer e modalidades. Não será lícito, porém, a adoção de critérios abstratos de valores de alçada para impedir a subida dos recursos. Sobre o assunto discorremos com mais fundamentos na subseção 2.9.2.3 do Capítulo 2.

Para finalizar, urge que se discutam e se adotem medidas legais que possam aliviar o congestionamento do Poder Judiciário brasileiro. Por outro lado, não se pode, conforme o dito popular, "cobrir um santo e descobrir o outro". As propostas alinhavadas *supra* deverão contar com uma legislação analítica, que não permita transferir os problemas atuais de efetividade da justiça para o processo administrativo tributário. Igualmente, não devemos criar superestrutura burocrática, cara, movida por corporativismos e altos salários. O cálculo de economicidade deverá levar em consideração as despesas correntes com as causas tributárias até a última instância da justiça, não podendo o modelo proposto custar mais do que isso. Com um sistema processual em que as soluções dos processos forem mais rápidas, os ganhos sociais virão nos médio e longo prazos. Por isso, as regras processuais administrativas deverão ser concebidas com o desafio de permitir maior rapidez ao processo de recebimento dos ativos tributários, com a segurança da ampla defesa.

9.8 DA ARBITRAGEM NO PROCESSO TRIBUTÁRIO

9.8.1 Aspectos gerais da arbitragem

No direito brasileiro, a arbitragem é um método alternativo de solução de conflitos baseado na heterocomposição e regulamentado pela Lei n. 9.307, de 1996.

Possui como principais vantagens a especialidade, a celeridade, a confidencialidade, a imparcialidade e a liberdade procedimental. Tem, por outro

Capítulo 9   **Propostas básicas para um novo processo tributário**

lado, as desvantagens de ser um procedimento de alto custo e de correr o risco de a sentença arbitral ser anulada por decisão judicial ou mesmo descumprida.

A convenção de arbitragem pode ser realizada por meio de cláusula compromissória-arbitral ou por meio de compromisso arbitral. A primeira consiste na previsão contratual de solução arbitral prévia, ou seja, para litígios futuros, enquanto o último é estabelecido após a existência do litígio.

Vale lembrar que, de acordo com a doutrina da separabilidade, a cláusula arbitral não é vinculada ao contrato, ou seja, se o contrato não for cumprido, a cláusula arbitral continua vigendo.

Os efeitos da arbitragem são dois: um negativo (impedimento da atuação do judiciário) e um positivo (vinculação das partes à arbitragem e à sentença arbitral).

Por muito tempo discutiu-se se a arbitragem seria inconstitucional. Isso porque a CF estabelece, em seu art. 5º, XXXV, o princípio da inafastabilidade, o qual estabelece que "a lei não excluirá da apreciação do Poder Judiciário lesão ou ameaça a direito". Atualmente, contudo, entende-se que a arbitragem não fere o princípio da inafastabilidade por envolver direitos patrimoniais disponíveis e se basear no consentimento das partes, conforme expresso no art. 1º da Lei n. 9.307, de 1996 (Lei de Arbitragem). O STF, no julgamento do processo de Homologação de Sentença Estrangeira 5.206/Espanha, também assentou o entendimento de que a Lei n. 9.307, de 1996 não ofende a Constituição Federal.

A arbitragem possui como princípios fundamentais o consentimento (que obrigatoriamente deve ser expresso por escrito) e a autonomia da vontade (que abrange tanto o escopo da matéria quanto a escolha dos procedimentos e a indicação dos árbitros).

Pode ser árbitro qualquer pessoa capaz e que tenha a confiança das partes (Lei n. 9.307/1996, art. 13), devendo sempre ser escolhido um número ímpar de árbitros. Seus deveres são os de imparcialidade e independência. Para fins penais, os árbitros são equiparados a servidores públicos (Lei n. 9.307/1996, art. 17).

A administração pública direta e indireta pode resolver litígios sobre direitos patrimoniais disponíveis por meio da arbitragem. Para tanto, deve ser respeitado o princípio da publicidade, conforme as alterações à Lei de Arbitragem realizadas pela Lei n. 13.129, de 2015.

841

CURSO COMPLETO DE DIREITO PROCESSUAL TRIBUTÁRIO

As partes têm liberdade para decidir o prazo em que a sentença arbitral deve ser proferida. Caso não haja prazo definido, a sentença arbitral deve ser prolatada em seis meses (Lei n. 9.307, de 1996, art. 23).

9.8.2 Óbices à arbitragem no processo tributário

A hipótese da arbitragem no processo tributário depende de se transpor um obstáculo jurídico poderoso, isto é, a indisponibilidade do interesse público. Como se sabe, o tributo é uma espécie de receita pública e, como tal, está subordinado à ideia de legalidade estrita. Assim, o montante do crédito tributário não poderia ser reduzido ou aumentado por deliberação das partes. Nesse sentido, o art. 11 da Lei n. 4.320, de 1964, declara expressamente que os tributos constituem receita pública. A Lei n. 9.307, de 1996, por outro lado, declara que a arbitragem se aplica para dirimir litígios patrimoniais disponíveis.

Dessa forma, a solução de controvérsia tributária por meio de arbitragem exigiria regulamentação legal específica, em que ficasse evidente a possibilidade de se arbitrar solução para discussões tributárias por árbitros privados, escolhidos ou designados para essa função.

É importante destacar que a arbitragem não pode ser confundida com a transação, em que seria dado às partes o livre poder de transigir sobre o montante do crédito tributário, a fim de extingui-lo. A transação resolve o direito material tributário, a arbitragem regula procedimentos em que as partes têm liberdade de ajustar a forma como será resolvida eventual controvérsia sobre o crédito tributário e qual seria o órgão apto a emitir a respectiva decisão. A respeito do tema da transação remetemos o leitor à subseção 9.3 deste livro.

A arbitragem no processo tributário, portanto, constituiria uma alternativa para a solução do litígio em que um ou mais árbitros privados seriam designados para resolver uma impugnação administrativa.

9.8.3 A arbitragem tributária em Portugal

Portugal regulamentou a arbitragem no processo tributário, prevendo, em suma, um órgão que centraliza os tribunais arbitrais, chamado de Centro de Arbitragem Administrativa (CAAD).

842

A Lei portuguesa n. 3-B, de 2010, em seu artigo 124º, autorizou o governo a disciplinar a arbitragem como meio alternativo de solução de litígios tributários, o que foi aprovado pelo Decreto-lei n. 10, de 2011.

Em síntese, os contribuintes poderão recorrer a esses tribunais privados para resolver litígios fiscais, em substituição aos tribunais estatais administrativos e fiscais a que se refere o art. 212 da Constituição portuguesa. No regime de arbitragem tributária português, os árbitros serão designados pelo Presidente do Conselho Deontológico que, por sua vez, será um juiz jubilado do Conselho Superior dos Tribunais Administrativos Fiscais (CSTAF)[18]. Assim, os árbitros do processo tributário de Portugal são previamente designados e não exatamente escolhidos pelos litigantes.

9.8.4 Das propostas de regulamentação da arbitragem tributária no Brasil

Como se sabe, no Brasil não existem tribunais de arbitragem em matéria tributária, apresentando-se alguns óbices à sua regulamentação, os quais podem ser resumidos nas seguintes ideias: a) o princípio da indisponibilidade do interesse público; b) o veículo normativo apropriado para sua eventual regulamentação.

Sobre o primeiro obstáculo, sua superação passa necessariamente pela compreensão do que seja exatamente a decisão arbitral. Conforme mencionamos anteriormente, a solução de controvérsia pela arbitragem não se confunde com a transação, na qual, em tese, o montante do crédito tributário poderia ser objeto de concessões por parte da Fazenda e do contribuinte. O regime da arbitragem permite somente que órgão não estatal, portanto, privado, decida o litígio tributário tal qual o Poder Judiciário decidiria, isto é, nos termos da lei. Tanto assim que, com o advento da Lei n. 13.129, de 2015, foi incluído ao art. 1º da Lei n. 9.307, de 1996, a previsão de que: "a administração pública direta e indireta poderá utilizar-se da arbitragem para dirimir conflitos relativos a direitos patrimoniais disponíveis". Desse modo,

---

18 VILA-LOBOS, Nuno; PEREIRA, Tania Carvalhais. Implementação da arbitragem tributária em Portugal: origens e resultados. In: PISCITELLI, Tathiane; MASCITTO, Andréa; MENDONÇA, Priscila Faricelli de. *Arbitragem tributária*: desafios institucionais brasileiros e a experiência portuguesa. São Paulo: Revista dos Tribunais, 2018, p. 39.

deixou de ser um dogma a impossibilidade de um árbitro que não seja o juiz decidir conflitos envolvendo a administração pública.

Esse permissivo legal poderá servir de fundamento para eventual regulamentação da arbitragem no processo tributário. Assim, nossa opinião vai ao encontro dos autores que têm sustentado o cabimento da arbitragem no processo tributário brasileiro. O principal argumento é que, na arbitragem tributária, não existe ofensa à indisponibilidade do interesse público, pois, ao contrário de ser uma porta aberta para a renúncia de receita, a arbitragem no processo tributário simplesmente substitui o juiz estatal (membro do Poder Judiciário) pelo árbitro privado, garantindo-se o dever de imparcialidade[19].

Em tempos de escassez de receita pública e crise fiscal, qualquer alternativa que vise dar mais eficiência ao processo tributário deve ser bem-vista[20].

Nesse sentido, desde 2009 tramita no Congresso Nacional o PL n. 469 que propõe alteração no CTN para incluir o laudo arbitral como modalidade de extinção do crédito tributário, na forma da lei. Na mesma linha, o PL n. 4.257, de 2019, modifica a LEF, autorizando o devedor a optar pela arbitragem para julgar os respectivos Embargos à Execução Fiscal, depois de garantir o juízo com o depósito, fiança bancária ou seguro garantia (LEF, arts. 16-A a 16-F). O art. 41-T, acrescentado à LEF pelo mencionado PL, prevê também a possibilidade de o sujeito passivo optar por tribunal de arbitragem para decidir a ação consignatória ou a anulatória do ato de inscrição na dívida ativa (LEF, art. 38), desde que seja garantido o juízo arbitral com os mesmos meios dos embargos. A intenção do PL, obviamente, é diminuir o elevado número de processos judiciais de Execução Fiscal que atualmente tramitam na justiça do país.

O segundo óbice a ser transposto para a implantação da arbitragem em litígios tributários é a sua forma de regulamentação. Considerando tratar-se de modalidade processual para extinção do crédito tributário, entendemos

---

19 NOLASCO, Rita Dias; LIMA, Osvaldo Antonio de. In: PISCITELLI, Tathiane; MASCITTO, Andréa; MENDONÇA, Priscila Faricelli de. *Arbitragem tributária*: desafios institucionais brasileiros e a experiência portuguesa. São Paulo: Revista dos Tribunais, 2018, p. 106-122.

20 PISCITELLI, Tathiane. Arbitragem no direito tributário: uma demanda do estado democrático de direito. In: PISCITELLI, Tathiane; MASCITTO, Andréa; MENDONÇA, Priscila Faricelli de. *Arbitragem tributária*: desafios institucionais brasileiros e a experiência portuguesa. São Paulo: Revista dos Tribunais, 2018, p. 123-134.

Capítulo 9 **Propostas básicas para um novo processo tributário**

que a matéria deve ser regulamentada por lei complementar, a fim de não gerar dúvidas sobre sua constitucionalidade. Isso porque, como se sabe, o art. 146, III, *b*, determina que cabe a lei complementar estabelecer normas gerais em matéria tributária, dentre as quais se incluiu o crédito tributário.

O PL n. 4.257, de 2019, por sua vez, disciplina regras gerais sobre arbitragem de crédito tributário executado, razão pela qual propõe simples alteração da LEF, que é lei ordinária, disciplinadora do procedimento de Execução Fiscal.

Por outro lado, eventual regulamentação geral da arbitragem deveria caber a lei complementar, que estabeleceria regras gerais de arbitragem no processo tributário para todos os entes da federação.

Nesse sentido, o PLC n. 469, de 2009, é insuficiente para regular a matéria, na medida em que propõe a inclusão do art. 171-A ao CTN, com a seguinte redação: "A lei poderá adotar a arbitragem para a solução de conflito ou litígio, cujo laudo arbitral será vinculante". Note-se que se remete à lei específica de cada ente federado a função de regulamentar o dispositivo genérico, o que, fatalmente, gerará uma enormidade de leis locais com disposições provavelmente diferentes ou até divergentes entre si. Seria melhor que o PLC trouxesse mais detalhes sobre como se procederia à arbitragem em matéria tributária, especialmente os requisitos para a função de árbitro e a forma de sua designação.

O PL 2486/2022, fruto dos estudos da Comissão de Juristas mencionada na subseção 9.1, é mais completo e detalha pontos que não foram observados pelos outros PLs citados.

Em síntese, não nos opomos à implantação da arbitragem no processo tributário, desde que observada a superação dos dois óbices apresentados.

No entanto, nos inclinamos mais à proposta de decisões definitivas no processo administrativo tributário, conforme explicamos na subseção 9.4. A decisão do processo administrativo, uma vez definitiva, confere ao processo tributário maior dinamicidade, na medida em que será vedado à parte que optar por essa modalidade processual pedir a revisão da decisão administrativa perante o Poder Judiciário.

Desde que definitivas, as decisões do processo administrativo tributário substituem com mais garantias de imparcialidade a decisão arbitral, especialmente se o tribunal de segunda instância possuir composição paritária.

845

Súmulas do processo tributário

	SÚMULAS VINCULANTES DO STF
N. 8	São inconstitucionais o parágrafo único do artigo 5º do Decreto-Lei n. 1.569/1977 e os artigos 45 e 46 da Lei n. 8.212/1991, que tratam de prescrição e decadência de crédito tributário.
N. 14	É direito do defensor, no interesse do representado, ter acesso amplo aos elementos de prova que, já documentados em procedimento investigatório realizado por órgão com competência de polícia judiciária, digam respeito ao exercício do direito de defesa.
N. 17	Durante o período previsto no parágrafo 1º do artigo 100 da Constituição, não incidem juros de mora sobre os precatórios que nele sejam pagos.
N. 21	É inconstitucional a exigência de depósito ou arrolamento prévios de dinheiro ou bens para admissibilidade de recurso administrativo.
N. 28	É inconstitucional a exigência de depósito prévio como requisito de admissibilidade de ação judicial na qual se pretenda discutir a exigibilidade de crédito tributário.
N. 53	A competência da Justiça do Trabalho prevista no art. 114, VIII, da Constituição Federal alcança a execução de ofício das contribuições previdenciárias relativas ao objeto da condenação constante das sentenças que proferir e acordos por ela homologados.
	SÚMULAS DO STF
N. 150	Prescreve a execução no mesmo prazo de prescrição da ação.
N. 267	Não cabe mandado de segurança contra ato judicial passível de recurso ou correição.
N. 304	Decisão denegatória de mandado de segurança, não fazendo coisa julgada contra o impetrante, não impede o uso da ação própria.
N. 405	Denegado mandado de segurança pela sentença, ou no julgamento do agravo dela interposto fica sem efeito a liminar concedida, retroagindo os efeitos da decisão contrária.
N. 439	Estão sujeitos à fiscalização tributária ou previdenciária quaisquer livros comerciais, limitado o exame aos pontos objeto da investigação.
N. 473	A administração pode anular seus próprios atos, quando eivados de vícios que os tornam ilegais, porque deles não se originam direitos; ou revogá-los, por motivo de conveniência ou oportunidade, respeitados os direitos adquiridos, e ressalvada, em todos os casos, a apreciação judicial.
N. 503	A dúvida, suscitada por particular, sobre o direito de tributar, manifestado por dois estados, não configura litígio da competência originária do Supremo Tribunal Federal.
N. 510	Praticado o ato por autoridade, no exercício de competência delegada, contra ela cabe o mandado de segurança ou a medida judicial.

CURSO COMPLETO DE DIREITO PROCESSUAL TRIBUTÁRIO

SÚMULAS DO STF	
N. 546	Cabe a restituição do tributo pago indevidamente quando reconhecido por decisão que o contribuinte de *jure* não recuperou do contribuinte de *facto* o *quantum* respectivo.
N. 556	É competente a justiça comum para julgar as causas em que é parte sociedade de economia mista.
N. 634	Não compete ao Supremo Tribunal Federal conceder medida cautelar para dar efeito suspensivo a recurso extraordinário que ainda não foi objeto de juízo de admissibilidade na origem.
N. 635	Cabe ao presidente do tribunal de origem decidir o pedido de medida cautelar em recurso extraordinário ainda pendente do seu juízo de admissibilidade.
N. 667	Viola a garantia constitucional de acesso à jurisdição a taxa judiciária calculada sem limite sobre o valor da causa.

SÚMULAS DO STJ	
N. 42	Compete à justiça comum estadual processar e julgar as causas cíveis em que é parte sociedade de economia mista e os crimes praticados em seu detrimento.
N. 46	Na execução por carta, os embargos do devedor serão decididos no juízo deprecante, salvo se versarem unicamente sobre vícios ou defeitos da penhora, avaliação ou alienação dos bens.
N. 58	Proposta a execução fiscal, a posterior mudança de domicílio do executado não desloca a competência já fixada.
N. 106	Proposta a ação no prazo fixado para o seu exercício, a demora na citação, por motivos inerentes ao mecanismo da justiça, não justifica o acolhimento da arguição de prescrição ou decadência.
N. 112	O depósito somente suspende a exigibilidade do crédito tributário se for integral e em dinheiro.
N. 128	Na execução fiscal haverá segundo leilão, se no primeiro não houver lanço superior à avaliação.
N. 153	A desistência da execução fiscal, após o oferecimento dos embargos, não exime o exequente dos encargos da sucumbência.
N. 162	Na repetição de indébito tributário, a correção monetária incide a partir do pagamento indevido.
N. 188	Os juros moratórios, na repetição do indébito tributário, são devidos a partir do trânsito em julgado da sentença.
N. 213	O mandado de segurança constitui ação adequada para a declaração do direito à compensação tributária.
N. 235	A conexão não determina a reunião dos processos, se um deles já foi julgado.
N. 311	Os atos do presidente do tribunal que disponham sobre processamento e pagamento de precatório não têm caráter jurisdicional.
N. 317	É definitiva a execução de título extrajudicial, ainda que pendente apelação contra sentença que julgue improcedentes os embargos.
N. 318	Formulado pedido certo e determinado, somente o autor tem interesse recursal em arguir o vício da sentença ilíquida.
N. 392	A Fazenda Pública pode substituir a certidão de dívida ativa (CDA) até a prolação da sentença de embargos, quando se tratar de correção de erro material ou formal, vedada a modificação do sujeito passivo da execução.
N. 393	A exceção de pré-executividade é admissível na execução fiscal relativamente às matérias conhecíveis de ofício que não demandem dilação probatória.

Súmulas do processo tributário

SÚMULAS DO STJ	
N. 409	Em execução fiscal, a prescrição ocorrida antes da propositura da ação pode ser decretada de ofício (art. 219, § 5º, do CPC).
N. 435	Presume-se dissolvida irregularmente a empresa que deixar de funcionar no seu domicílio fiscal, sem comunicação aos órgãos competentes, legitimando o redirecionamento da execução fiscal para o sócio-gerente.
N. 436	A entrega de declaração pelo contribuinte reconhecendo débito fiscal constitui o crédito tributário, dispensada qualquer outra providência por parte do fisco.
N. 460	É incabível o mandado de segurança para convalidar a compensação tributária realizada pelo contribuinte.
N. 464	A regra de imputação de pagamentos estabelecida no art. 354 do Código Civil não se aplica às hipóteses de compensação tributária.

SÚMULAS DO EXTINTO TRIBUNAL FEDERAL DE RECURSOS	
N. 190	A intimação pessoal da penhora ao executado torna dispensável a publicação de que trata o art. 12 da Lei das Execuções Fiscais.
N. 247	Não constitui pressuposto da ação anulatória do débito fiscal o depósito de que cuida o art. 38 da Lei n. 6.830, de 1980.
N. 224	O fato de não serem adjudicados bens que, levados a leilão, deixaram de ser arrematados não acarreta a extinção do processo de execução.

TEMAS REPETITIVOS DE PROCESSO JUDICIAL TRIBUTÁRIO NO STJ	
TEMA 103	Tese Firmada: Se a execução foi ajuizada apenas contra a pessoa jurídica, mas o nome do sócio consta da CDA, a ele incumbe o ônus da prova de que não ficou caracterizada nenhuma das circunstâncias previstas no art. 135 do CTN, ou seja, não houve a prática de atos "com excesso de poderes ou infração de lei, contrato social ou estatutos". (Recurso Especial 1104900/ES. Julgamento em 25-3-2009)
TEMA 131	Tese Firmada: O termo inicial para a oposição dos Embargos à Execução Fiscal é a data da efetiva intimação da penhora, e não a da juntada aos autos do mandado cumprido. (Recurso Especial 1112416/MG. Julgamento em 27-5-2009).
TEMA 143	Tese Firmada: Em casos de extinção de execução fiscal em virtude de cancelamento de débito pela exequente, define a necessidade de se perquirir quem deu causa à demanda a fim de imputar-lhe o ônus pelo pagamento dos honorários advocatícios. (Recurso Especial 1111002/SP. Julgamento em 23-9-2009)
TEMA 260	Tese Firmada: O reforço da penhora não pode ser deferido ex officio, a teor dos artigos 15, II, da LEF e 685 do CPC. (Recurso Especial 1127815/SP. Julgamento em 24-11-2012)
TEMA 273	Tese firmada: A Fazenda Pública, quer em ação anulatória, quer em execução embargada, faz jus à expedição da certidão positiva de débito com efeitos negativos, independentemente de penhora, posto inexpropriáveis os seus bens. (Recurso Especial 1123306/SP. Julgamento em 9-12-2009)
TEMA 288	Tese Firmada: É admissível o ajuizamento de novos embargos de devedor, ainda que nas hipóteses de reforço ou substituição da penhora, quando a discussão adstringir-se aos aspectos formais do novo ato constitutivo. (Recurso Especial 1116287/SP. Julgamento em 2-12-2009)

CURSO COMPLETO DE DIREITO PROCESSUAL TRIBUTÁRIO

TEMAS REPETITIVOS DE PROCESSO JUDICIAL TRIBUTÁRIO NO STJ	
TEMA 340	Tese Firmada: Não é possível a cobrança da Contribuição Social sobre o Lucro (CSLL) do contribuinte que tem a seu favor decisão judicial transitada em julgado declarando a inconstitucionalidade formal e material da exação conforme concebida pela Lei n. 7.689/88, assim como a inexistência de relação jurídica material a seu recolhimento. O fato de o Supremo Tribunal Federal posteriormente manifestar-se em sentido oposto à decisão judicial transitada em julgado em nada pode alterar a relação jurídica estabilizada pela coisa julgada, sob pena de negar validade ao próprio controle difuso de constitucionalidade. (Recurso Especial Recurso Especial 1.118.893/MG. Julgamento em 23-3-2011)
TEMA 345	Tese Firmada: Em se tratando de compensação de crédito objeto de controvérsia judicial, é vedada a sua realização "antes do trânsito em julgado da respectiva decisão judicial", conforme prevê o art. 170-A do CTN, vedação que, todavia, não se aplica a ações judiciais propostas em data anterior à vigência desse dispositivo, introduzido pela LC 104/2001. (Recurso Especial 1164452/MG. Julgamento em 25-8-2010)
TEMA 346	Tese Firmada: Nos termos do art. 170-A do CTN, "é vedada a compensação mediante o aproveitamento de tributo, objeto de contestação judicial pelo sujeito passivo, antes do trânsito em julgado da respectiva decisão judicial", vedação que se aplica inclusive às hipóteses de reconhecida inconstitucionalidade do tributo indevidamente recolhido. (Recurso Especial 1167039/DF. Julgamento em 25-8-2010).
TEMA 378	Tese Firmada: A fiança bancária não é equiparável ao depósito integral do débito exequendo para fins de suspensão da exigibilidade do crédito tributário, ante a taxatividade do art. 151 do CTN e o teor do Enunciado Sumular n. 112 desta Corte. (Recurso Especial 1156668/DF. Julgamento em 24-11-2010)
TEMA 383	Tese Firmada: O prazo prescricional quinquenal para o Fisco exercer a pretensão de cobrança judicial do crédito tributário conta-se da data estipulada como vencimento para o pagamento da obrigação tributária declarada (mediante DCTF, GIA, entre outros), nos casos de tributos sujeitos a lançamento por homologação, em que, não obstante cumprido o dever instrumental de declaração da exação devida, não restou adimplida a obrigação principal (pagamento antecipado), nem sobreveio quaisquer das causas suspensivas da exigibilidade do crédito ou interruptivas do prazo prescricional. (Recurso Especial 1120295/SP. Julgamento em 12-5-2010)
TEMA 400	Tese Firmada: A condenação, em honorários advocatícios, do contribuinte, que formula pedido de desistência dos embargos à execução fiscal de créditos tributários da Fazenda Nacional, para fins de adesão a programa de parcelamento fiscal, configura inadmissível *bis in idem*, tendo em vista o encargo estipulado no Decreto-lei n. 1.025/69. (Recurso Especial 1143320/RS. Julgamento em 12-5-2010).
TEMA 421	Tese Firmada: É possível a condenação da Fazenda Pública ao pagamento de honorários advocatícios em decorrência da extinção da Execução Fiscal pelo acolhimento de Exceção de Pré-Executividade. (Recurso Especial 1185036/PE. Julgamento em 8-9-2010)
TEMA 566	Tese Firmada: O prazo de 1 (um) ano de suspensão do processo e do respectivo prazo prescricional previsto no art. 40, §§ 1º e 2º da Lei n. 6.830/80 – LEF tem início automaticamente na data da ciência da Fazenda Pública a respeito da não localização do devedor ou da inexistência de bens penhoráveis no endereço fornecido, havendo, sem prejuízo dessa contagem automática, o dever de o magistrado declarar ter ocorrido a suspensão da execução.
TEMA 567	Tese Firmada: Havendo ou não petição da Fazenda Pública e havendo ou não pronunciamento judicial nesse sentido, findo o prazo de 1 (um) ano de suspensão inicia-se automaticamente o prazo prescricional aplicável.

Súmulas do processo tributário

TEMA 568	Tese Firmada: A efetiva constrição patrimonial e a efetiva citação (ainda que por edital) são aptas a interromper o curso da prescrição intercorrente, não bastando para tal o mero peticionamento em juízo, requerendo, v.g., a feitura da penhora sobre ativos financeiros ou sobre outros bens.
TEMA 570	Tese Firmada: A Fazenda Pública, em sua primeira oportunidade de falar nos autos (art. 245 do CPC/73, correspondente ao art. 278 do CPC/2015), ao alegar nulidade pela falta de qualquer intimação dentro do procedimento do art. 40 da LEF, deverá demonstrar o prejuízo que sofreu (exceto a falta da intimação que constitui o termo inicial – 4.1., onde o prejuízo é presumido), por exemplo, deverá demonstrar a ocorrência de qualquer causa interruptiva ou suspensiva da prescrição.
TEMA 630	Tese Firmada: Em execução fiscal de dívida ativa tributária ou não tributária, dissolvida irregularmente a empresa, está legitimado o redirecionamento ao sócio-gerente.
TEMA 633	Tese Firmada: O artigo 6º, § 1º, da Lei n. 11.941, de 2009, só dispensou dos honorários advocatícios o sujeito passivo que desistir de ação judicial em que requeira "o restabelecimento de sua opção ou a sua reinclusão em outros parcelamentos". Nas demais hipóteses, à míngua de disposição legal em sentido contrário, aplica-se o artigo 26, *caput*, do Código de Processo Civil, que determina o pagamento dos honorários advocatícios pela parte que desistiu do feito. (Recurso Especial 1353826/SP. Julgamento em 12-6-2013)

TEMAS REPETITIVOS DE PROCESSO JUDICIAL TRIBUTÁRIO NO STJ

TEMA 649	Tese Firmada: A pessoa jurídica não tem legitimidade para interpor recurso no interesse do sócio. (Recurso Especial 1347627/SP. Julgamento em: 9-10-2013).

REPERCUSSÕES GERAIS DE PROCESSO JUDICIAL TRIBUTÁRIO

Ementa: Processual civil e constitucional. Recurso extraordinário. Ministério Público. Ação civil pública. Cabimento para a veiculação pretensão que envolva o Fundo de Garantia do Tempo de Serviço (FGTS). Interpretação do art. 1º, parágrafo único, da Lei n. 7.347/85 em face da disposição do art. 129, III, da Constituição Federal. Repercussão geral configurada. 1. Possui repercussão geral a questão relativa à legitimidade do Ministério Público para a propositura de ação civil pública que veicule pretensão envolvendo o Fundo de Garantia do Tempo de Serviço (FGTS). 2. Repercussão geral reconhecida. (RE 643978 RG/DF. Julgamento em 17-9-2015)

Ementa: Direito constitucional. Tributário. Apelação interposta em face de sentença proferida em sede de ação civil pública que discute matéria tributária (direito dos contribuintes à restituição dos valores pagos à título de taxa de iluminação pública supostamente inconstitucional). Ilegitimidade ativa "ad causam" do Ministério Público para, em ação civil pública, deduzir pretensão relativa à matéria tributária. Reafirmação da jurisprudência da corte. Repercussão geral reconhecida. (ARE 694294 RG/MG. Julgamento em 25-4-2013)

Ementa: Legitimidade. Ministério Público. Ação civil pública. Nulidade de acordo para pagamento de débito tributário. Detrimento do patrimônio público e da ordem tributária. Repercussão jurídica. (RE 576155 RG/DF. Julgamento em 3-4-2008)

Bibliografia

ABRÃO, Carlos Henrique; CHIMENTI, Ricardo Cunha; ÁLVARES, Manoel; FERNANDES, Odmir; BOTTESINI, Maury Ângelo. *Lei de Execução Fiscal*: comentada e anotada. 3. ed. São Paulo: Revista dos Tribunais, 2000.

ALEXANDRE, Ricardo. *Direito tributário esquematizado*. 2. ed. São Paulo: Gen/Método, 2008

ALVIM, Eduardo Arruda. *Mandado de segurança no direito tributário*. São Paulo: Revista dos Tribunais, 1998.

ALVIM, Eduardo Arruda. Apontamentos sobre o recurso hierárquico no procedimento administrativo federal. In: FISCHER, Otávio Campos (coord.). *Tributos e direitos fundamentais*. São Paulo: Dialética, 2004.

ALVIM, Teresa Arruda. *Medida cautelar, mandado de segurança e ato judicial*. 3. ed. São Paulo: Revista dos Tribunais, 1992. v. 2.

AMARO, Luciano. *Direito tributário brasileiro*. 15. ed. São Paulo: Saraiva, 2009.

ARAUJO, Izaias Batista de. Poderes do juiz na execução forçada e a quebra do sigilo bancário para a busca de bens penhoráveis: art. 600, IV, do CPC. *Revista Jurídica*, n. 276, out. 2000.

ARAUJO, Luis Alberto David; NUNES JÚNIOR, Vidal Serrano. *Curso de direito constitucional*. 9. ed. São Paulo: Saraiva, 2005.

ATALIBA, Geraldo. *Hipótese de incidência tributária*. São Paulo: Malheiros, 2000.

ÁVILA, Humberto. *Teoria dos princípios*: da definição à aplicação dos princípios jurídicos. 2. ed. São Paulo: Malheiros, 2003.

BALEEIRO, Aliomar. *Uma introdução à ciência das finanças*. 16. ed. Rio de Janeiro: Forense, 2006.

BANDEIRA DE MELLO, Celso Antônio. *Curso de direito administrativo*. 23. ed. São Paulo: Malheiros, 2007.

BARBI, Celso Agrícola. *Do mandado de segurança*. 3. ed. Rio de Janeiro: Forense, 1976.

BARROS, José Fernando Cedeño. *Aplicações dos princípios constitucionais do processo no direito tributário*. 2. ed. São Paulo: Manole, 2004.

BASTOS, Celso Ribeiro. *Curso de direito administrativo*. 3. ed. São Paulo: Saraiva, 1999.

_____. *Curso de direito financeiro e de direito tributário*. São Paulo: Saraiva, 2000.

_____. *Do mandado de segurança*. São Paulo: Saraiva, 1978.

BECKER, Alfredo Augusto. *Teoria geral do direito tributário*. 3. ed. São Paulo: Lejus, 1998.

BERMUDES, Sérgio. *A reforma do Código de Processo Civil*. 2. ed. São Paulo: Saraiva, 1996.

BOBBIO, Norberto. *Teoria do ordenamento jurídico*. 10. ed. Brasília: UnB, 1999.

BOMFIM, Gilson Pacheco. O redirecionamento da execução fiscal e o incidente de desconsideração da personalidade jurídica previsto pelo novo Código de Processo Civil. In: *A LEF e o novo CPC*: reflexões e tendências: o que ficou e o que mudará. Rio de Janeiro: Lumen Juris, 2016.

BONAVIDES, Paulo. *Curso de direito constitucional*. 9. ed. São Paulo: Malheiros, 2000.

BORGES, José Souto Maior. Relações entre tributos e direitos fundamentais. In: FICHER, Octávio Campos. *Tributos e direitos fundamentais* (coord.). São Paulo: Dialética, 2004.

BOTALLO, Eduardo Domingos; MELO, José Eduardo Soares. *Comentários às súmulas tributárias do STF e do STJ*. São Paulo: Quartier Latin, 2007.

BOTTESINI, Maury Ângelo et al. *Lei de Execução Fiscal*: comentada e anotada. 3. ed. São Paulo: RT, 2000.

BUCCI, Maria Paula Dallari. *Direito administrativo e políticas públicas*. São Paulo: Saraiva, 2002.

BUENO, Cassio Scarpinella. *Liminar em mandado de segurança*: um tema com variações. 2. ed. São Paulo: Revista dos Tribunais, 1999.

_____. *Manual de direito processual civil*. 2. ed. São Paulo: Saraiva, 2016.

BUZAID, Alfredo. *Do mandado de segurança*. São Paulo: Saraiva, 1989.

CAIS, Cleide Previtalli. *O processo tributário*. 6. ed. São Paulo: Revista dos Tribunais, 2009.

CALMON DE PASSOS, J. J. *Inovações no Código de Processo Civil*. 2. ed. Rio de Janeiro: Forense, 1995.

CAMPOS, Dejalma. *Processo tributário*. 8. ed. São Paulo: Atlas, 2004.

CAMPOS, Marcelo. *Direito processual tributário*: a dinâmica da interpretação. São Paulo: Revista dos Tribunais, 2008.

Bibliografia

CANOTILHO, J. J. Gomes. *Direito constitucional e teoria da Constituição*. 7. ed. Coimbra: Almedina, 2003.

CANTO, Gilberto de Ulhôa. Repetição do indébito. In: MARTINS, Ives Gandra da Silva (coord.). *Caderno de Pesquisas Tributárias n. 8*: repetição de indébito. São Paulo: Coedição do Centro de Estudos de Extensão Universitária e Editora Resenha Tributária, 1983.

CARRAZZA, Roque Antonio. *Curso de direito constitucional tributário*. São Paulo: Malheiros, 1996.

CARVALHO, Paulo de Barros. *Curso de direito tributário*. São Paulo: Saraiva, 2000.

CASSONE, Vittorio. *Direito tributário*. 22. ed. São Paulo: Atlas, 2011.

CASTRO, Alexandre Barros. *Teoria e prática do direito processual tributário*. São Paulo: Saraiva, 2000.

CASTRO, Rodrigo Monteiro. Legitimidade para pedir a restituição do indébito tributário em decorrência de operações de transformação, incorporação, fusão e cisão. In: CEZAROTI, Guilherme (coord.). *Repetição do indébito tributário*. São Paulo: Quartier Latin, 2005

CAVALCANTE, Mantovanni Colares. *Mandado de segurança*. São Paulo: Dialética, 2002.

_____. A antecipação da segurança, a compensação de créditos tributários e as Súmulas 212 e 213 do STJ. In: ROCHA, Valdir de Oliveira (org.). *Problemas de processo judicial tributário*. São Paulo: Dialética, v. 3.

CAVALCANTI, Themistocles Brandão. *Do mandado de segurança*. Rio de Janeiro: Freitas Bastos, 1934.

CINTRA, Antonio Carlos de Araújo et al. *Teoria geral do processo*. 16. ed. São Paulo: Malheiros, 2000.

CINTRA, Marcos. Paradigmas tributários: do extrativismo colonial à globalização na era eletrônica. In: DE SANTI, Eurico Marcos Diniz (coord.). *Curso de direito tributário e finanças públicas*. São Paulo: Saraiva, 2008.

COELHO, Sacha Calmon Navarro. *Curso de direito tributário brasileiro*. 10. ed. Rio de Janeiro: Forense, 2009.

_____. *Curso de direito tributário brasileiro*. 11. ed. Rio de Janeiro: Forense, 2010.

COELHO, Fábio Ulhoa. *Curso de direito civil*. 2. ed. São Paulo: Saraiva, 2006. v. 1.

COMPARATO, Fábio Konder. *A afirmação histórica dos direitos humanos*. 3. ed. São Paulo: Saraiva, 2004.

_____. *Ética*: direito, moral e religião no mundo moderno. São Paulo: Cia. das Letras, 2006.

CONRADO, Paulo Cesar (coord.). *Processo tributário analítico*. São Paulo: Dialética, 2003.

CURSO COMPLETO DE DIREITO PROCESSUAL TRIBUTÁRIO

CONTE, Francesco. A Fazenda Pública e a antecipação jurisdicional da tutela. *Revista dos Tribunais*, São Paulo, n. 718, p.18-21, ago. 1995.

CONTI, José Maurício (coord.). *Orçamentos públicos:* a Lei 4.320/1964 comentada. São Paulo: Revista dos Tribunais, 2008.

COSTA, Nelson Nery. *Processo administrativo e suas espécies*. 2. ed. Rio de Janeiro: Forense, 2000.

COSTA, Regina Helena. Notas sobre a existência de um direito aduaneiro. In: FREITAS, Vladimir Passos. *Importação e exportação no direito brasileiro*. 2. ed. São Paulo: RT, 2007.

_____. *Curso de Direito Tributário*: Constituição e Código Tributário Nacional. 2. ed. São Paulo: Saraiva, 2012.

COUTURE, Eduardo J. *Fundamentos del derecho procesal civil*. 3. ed. Buenos Aires: Depalma, 1976.

COVELLO, Sérgio Carlos. O sigilo bancário como proteção à intimidade. *Revista de Direito Bancário e do Mercado de Capitais*, n. 3, 1998.

CRETELLA JÚNIOR, José. *Dicionário de direito administrativo*. 3. ed. Rio de Janeiro: Forense, 1978.

_____. *Curso de direito romano*. 4. ed. Rio de Janeiro: Forense, 1970.

_____. *Comentários à lei do mandado de segurança*. 8. ed. Rio de Janeiro: Forense, 1997.

CUNHA, Leonardo José Carneiro da. *A fazenda pública em juízo*. 6. ed. São Paulo: Dialética, 2008.

DABUL, Alessandra. *Da prova no processo administrativo tributário*. 2. ed. Curitiba: Juruá, 2007.

DALLARI, Adilson; FERRAZ, Sérgio. *Processo administrativo*. 2. ed. São Paulo: Malheiros, 2007.

DALLARI, Dalmo de Abreu. *Elementos de teoria geral do Estado*. 24. ed. São Paulo: Saraiva, 2003.

DALLAZEM, Dalton Luiz. O princípio constitucional tributário do não confisco e as multas tributárias. In: FICHER, Octávio Campos. *Tributos e direitos fundamentais* (coord.). São Paulo: Dialética, 2004.

DENARI, Zelmo. *Decadência e prescrição tributária*. Rio de Janeiro: Forense, 1984.

_____. *Curso de direito tributário*. 8. ed. São Paulo: Atlas, 2002.

DE PLÁCIDO E SILVA. *Vocabulário jurídico*. 3. ed. Rio de Janeiro: Forense.

DERZI, Misabel de Abreu Machado. O sigilo bancário e a guerra pelo capital. *Revista de Direito Tributário*, n. 81.

DE SANTI, Eurico Marcos Diniz. *Decadência e prescrição no direito tributário*. 3. ed. São Paulo: Max Limonad, 2000, p. 221.

Bibliografia

DINAMARCO, Cândido Rangel. *A reforma do Código de Processo Civil*. 3. ed. São Paulo: Malheiros, 1995.

_____. *A instrumentalidade do processo*. 13. ed. São Paulo: Malheiros, 2008.

_____. *Teoria geral do processo*. 16. ed. São Paulo: Malheiros, 2000.

DINIZ, Maria Helena. *Curso de direito civil brasileiro*. 22. ed. São Paulo: Saraiva, 2007

DINIZ, Marcelo de Lima Castro. Suspensão da exigibilidade do crédito tributário em face da sentença de improcedência em mandado de segurança. In: CHIESA, Clélio; PEIXOTO, Marcelo Magalhães (coord.). *Processo judicial tributário*. São Paulo: MP editora, 2006

DI PIETRO, Maria Sylvia Zanella. *Direito administrativo*. 18. ed. São Paulo: Atlas, 2005.

FADEL, Sérgio Sahione. *Teoria e prática do mandado de segurança*. 2. ed. Rio de Janeiro: José Konfino, 1976.

_____. *Antecipação da tutela no processo civil*. 2. ed. São Paulo: Dialética, 2002.

FALEIRO, Kelly Magalhães. *Procedimento de consulta fiscal*. São Paulo: Noeses, 2005.

FARIA, Marcio Gustavo Senra. Interações entre o novo CPC e a LEF: a teoria do diálogo das fontes no processo de execução fiscal. In: *A LEF e o novo CPC*: reflexões e tendências: o que ficou e o que mudará. Rio de Janeiro: Lumen Juris, 2016.

FAZZALARI, Elio. *Istituzioni di diritto processuale*. 8. ed. Padova: CEDAM, 1996.

FERRAZ, Sérgio. *Mandado de segurança: individual e coletivo*: aspectos polêmicos. 3. ed. São Paulo: Malheiros, 1996.

FIGUEIREDO, Lúcia Valle. *A autoridade coatora e o sujeito passivo do mandado de segurança*. São Paulo: Revista dos Tribunais, 1991.

_____. *Mandado de segurança*. São Paulo: Malheiros, 1996.

FRANCO, Fernão Borba. *Processo administrativo*. São Paulo: Atlas, 2008.

FREITAS, Vladimir Passos de (coord.). *Execução fiscal: doutrina e jurisprudência*. São Paulo: Saraiva, 1998.

FRIAS, J. E. S. Tutela antecipada em face da Fazenda Pública. *Revista dos Tribunais*, São Paulo, n. 728, 1996.

GODOY, Arnaldo Sampaio de Moraes. *Transação tributária*: introdução à justiça fiscal consensual. Belo Horizonte: Editora Fórum, 2010

GONÇALVES, Marcus Vinicius Rios. *Novo curso de direito processual civil*. 2. ed. São Paulo: Saraiva, 2006, v. 2

GONÇALVES, Carlos Roberto. *Direito civil brasileiro*. 3. ed. São Paulo: Saraiva, 2007.

GOULARTI, Juliano Giassi; MESSIAS, Talita Alves de. Dívida ativa dos estados brasileiro: uma análise crítica. In: *Le Monde Diplomatic Brasil*, de 05.11.2021. Disponível em https://diplomatique.org.br/divida-ativa-dos-estados-brasileiros-uma-analise-critica/

GRECO, Marco Aurélio; PONTES, Helenilson Cunha. *Inconstitucionalidade da lei tributária: repetição do indébito.* São Paulo: Dialética, 2002.

GRECO FILHO, Vicente. *Direito processual civil brasileiro.* 17. ed. São Paulo: Saraiva, 2006.

_____. *Execução fiscal.* São Paulo: Saraiva, 1994.

GRIEBACH, Frederico. O processo administrativo tributário como garantia fundamental: inconstitucionalidade do recurso hierárquico. In: FISCHER, Otávio Campos (coord.). *Tributos e direitos fundamentais.* São Paulo: Dialética, 2004.

GUEDES, Jefferson Carlos Carús. *Princípio da oralidade.* São Paulo: Revista dos Tribunais, 2003.

GUTIÉRREZ. Cristina. *Suspensão de liminar e de sentença na tutela do interesse público.* São Paulo: Forense, 2000.

HART, Herbert. *O conceito de direito.* Tradução A. Ribeiro Mendes. Lisboa: Fundação Calouste Gulbenkian, 1996.

HORVATH, Estevão. Considerações sobre a possibilidade de suspensão de exigibilidade do crédito tributário pela concessão de liminar em ação cautelar. In: ROCHA, Valdir de Oliveira (org.). *Problemas de processo judicial tributário.* São Paulo: Dialética, 1999. v. 3.

_____. *O princípio do não confisco no direito tributário.* São Paulo: Dialética, 2002

HOUAISS. *Dicionário Houaiss da língua portuguesa.* Rio de Janeiro: Objetiva, 2004.

JENIÊR, Carlos Augusto. O processo de consulta fiscal. In: DE PAULA, Rodrigo Francisco (coord.). *Processo administrativo fiscal federal.* Belo Horizonte: Del Rey, 2006.

JUSTEN FILHO, Marçal. *O direito das agências reguladoras independentes.* São Paulo: Dialética, 2002.

JUSTEN FILHO, Marçal. Considerações sobre o processo administrativo fiscal. *Revista Dialética de Direito Tributário,* v. 33.

JUZINSKAS, Leandro Gonçalves. O poder geral de execução no CPC/2015 e a utilização de medidas executivas inominadas nos processos de execução fiscal. In: *A LEF e o novo CPC:* reflexões e tendências: o que ficou e o que mudará. Rio de Janeiro: Lumen Juris, 2016.

KANT, Immanuel. *Crítica da razão pura.* Tradução Lucimar A. Coghi Anselmi; Fúlvio Lubisco. São Paulo: Martin Claret, 2009.

KELSEN, Hans. *Teoria geral do direito e do Estado.* 3. ed. São Paulo: Martins Fontes, 2000.

KNOEPFEMACHER, Marcelo. O artigo 166 do CTN e a repetição do indébito do ISSQN. In: CEZAROTI, Guilherme (coord.). *Repetição do indébito tributário.* São Paulo: Quartier Latin, 2005.

LEAL, Rosemiro Pereira. *Teoria geral do processo:* primeiros estudos. 7. ed. Rio de Janeiro: Forense, 2008.

Bibliografia

LIEBMAN, Enrico Tullio. *Processo de execução*. São Paulo: Saraiva, 1946.

LORENZONI, Brunno; ROCHA, Sérgio André. O incidente de desconsideração da personalidade jurídica e sua aplicação no processo de execução fiscal. In: *A LEF e o novo CPC*: reflexões e tendências: o que ficou e o que mudará. Rio de Janeiro: Lumen Juris, 2016.

LÓPEZ, Maria Teresa Martínez; BIANCHINI, Marcela Cheffer. Aspectos polêmicos sobre o momento de apresentação da prova no processo administrativo fiscal federal. In: NEDER, Marcos Vinicius; DE SANTI, Eurico Marcos Diniz; FERRAGUT, Maria Rita (coord.). *A prova no processo tributário*. São Paulo: Dialética, 2010.

LUHMANN, Niklas. *Legitimação pelo procedimento*. Brasília: UnB, 1980.

LUNARDI, Fabrício Castagna. *Curso de direito processual civil*. São Paulo: Saraiva, 2016.

MACHADO, Hugo de Brito. *Mandado de segurança em matéria tributária*, 3. ed. São Paulo: Dialética, 1998.

_____. *Curso de direito tributário*. 20. ed. São Paulo: Malheiros, 2002.

_____. *Comentários ao Código Tributário Nacional*. São Paulo: Atlas, 2005

_____. O direito de compensar e o artigo 170-A do CTN. In: ROCHA, Valdir de Oliveira (coord.). *Problemas de processo judicial tributário*. São Paulo: Dialética, 2002. v. 5.

MACHADO, Schubert de Farias. O direito à repetição do indébito tributário. In: MACHADO, Hugo de Brito (coord.). *Repetição do indébito e compensação no direito tributário*. São Paulo: Dialética/ICET, 1999.

MACHADO SEGUNDO, Hugo de Brito. *Processo tributário*. São Paulo: Atlas, 2004.

_____. *Processo tributário*. 8. ed. São Paulo: Atlas, 2015.

MANCUSO, Rodolfo de Camargo. *Recurso extraordinário e recurso especial*. 6. ed. São Paulo: Revista dos Tribunais, 2000.

MARINONI, Luis Guilherme. Teoria geral do processo. In: *Curso de processo civil*. 3. ed. São Paulo: Revista dos Tribunais, v. 1.

MARINONI, Luiz Guilherme; ARENHART, Flávio Cruz. *Curso de processo civil*: processo de conhecimento. 7. ed. São Paulo: RT, 2008.

MARINS, Daniel Vieira. A penhora "online" e a celeridade na satisfação do crédito tributário. In: *A LEF e o novo CPC*: reflexões e tendências: o que ficou e o que mudará. Rio de Janeiro: Lumen Juris, 2016.

MARINS, James. *Princípios fundamentais do direito processual tributário*. São Paulo: Dialética, 1998.

_____. *Direito processual tributário brasileiro*: administrativo e judicial. 2. ed. São Paulo: Dialética, 2002.

_____. *Direito processual tributário brasileiro*. 9. ed. São Paulo: RT, 2016.

_____. A compensação tributária e o art. 170-A do CTN: regra de procedimento

CURSO COMPLETO DE DIREITO PROCESSUAL TRIBUTÁRIO

dirigida à autoridade administrativa ou regra de processo civil dirigida ao juiz? In: ROCHA, Valdir de Oliveira (coord.). *Problemas de processo judicial tributário*. São Paulo: Dialética, 2002. v. 5.

_____. Ação de consignação do crédito tributário. In: CHIESA, Clélio; PEIXOTO, Marcelo Magalhães. *Processo judicial tributário*. São Paulo: MP Editora, 2006.

MARQUES, José Frederico. *Instituições de direito processual civil*. 1. ed. atual. Campinas: Millennium, 2000. v. 5.

MARQUEZI JÚNIOR, Jorge Sylvio. Estudo sobre a impossibilidade de revisão, por parte do judiciário, das decisões administrativas finais contrárias à Fazenda. In: CHIESA, Clélio; PEIXOTO, Marcelo Magalhães. *Processo judicial tributário*. São Paulo: MP Editora, 2006.

MARTINS, Andrade. Compensação tributária autônoma e direito sumular. In: ROCHA, Valdir de Oliveira (org.). *Problemas de processo judicial tributário*. São Paulo: Dialética, v. 3.

MARTINS, Ives Gandra da Silva (coord.). *Curso de direito tributário*. São Paulo: Saraiva, 2000.

MARTINS, Ives Gandra da Silva (coord.). *Processo judicial tributário*. São Paulo: Quartier Latin, 2005.

MARTINS JÚNIOR, Wallace Paiva. *Transparência administrativa*: publicidade, motivação, e participação popular. São Paulo: Saraiva, 2004.

MEDAUAR, Odete. *Direito administrativo moderno*. 4. ed. São Paulo: RT, 2000.

_____. *A processualidade no direito administrativo*. 2. ed. São Paulo: RT, 2008.

MEIRELLES, Hely Lopes. *Direito administrativo brasileiro*. 33. ed. São Paulo: Malheiros, 2008.

_____. *Mandado de segurança, ação popular, ação civil pública, "habeas data" e mandado de injunção*. 31. ed. São Paulo: Malheiros, 2008.

MELO, José Eduardo Soares de. *Processo tributário administrativo federal, estadual e municipal*. São Paulo: Quartier Latin, 2006.

_____. Mandado de segurança preventivo em matéria tributária: questões práticas. In: CHIESA, Clélio; PEIXOTO, Marcelo Magalhães (coord.). *Processo judicial tributário*. São Paulo: MP Editora, 2006.

MELLO, José Celso de. Apontamentos sobre a penhora no atual Código de Processo Civil: seus efeitos. *Justitia*, ano XXXVI, v. 86, jan./mar. 1974.

MELLO, Marco Aurélio. Efeito suspensivo dos embargos à execução fiscal e o novo Código de Processo Civil. In: *A LEF e o novo CPC*: reflexões e tendências: o que ficou e o que mudará. Rio de Janeiro: Lumen Juris, 2016.

MENDES, Gilmar et al. *Curso de direito constitucional*. 2. ed. Saraiva: São Paulo, 2008.

860

Bibliografia

_____; FORSTER JÚNIOR, José. Brasil. Presidência da República. *Manual de redação da Presidência da República*. 2. ed. rev. e atual., 2002.

MENDES, Aluisio Gonçalves de Castro; SILVA, Larissa Clare Pochmam. O CADIM e o cadastro de inadimplentes do novo CPC. In: *A LEF e o novo CPC*: reflexões e tendências: o que ficou e o que mudará. Rio de Janeiro: Lumen Juris, 2016.

MENDONÇA, Maria Luiza Vianna de. Multas tributárias: efeito confiscatório e desproporcionalidade – tratamento jusfundamental. In: FICHER, Octávio Campos. *Tributos e direitos fundamentais* (coord.). São Paulo: Dialética, 2004.

MESSIAS, Talita Alves de; GOULARTI, Juliano Giassi. Dívida ativa dos estados brasileiro: uma análise crítica. In: *Le Monde Diplomatic Brasil*, de 05.11.2021. Disponível em https://diplomatique.org.br/divida-ativa-dos-estados-brasileiros-uma-analise-critica/

MICHELIS, Gilson Wessler. A revogação da liminar em mandado de segurança e seus efeitos em matéria tributária. In: CHIESA, Clélio; PEIXOTO, Marcelo Magalhães (coord.). *Processo judicial tributário*. São Paulo: MP editora, 2006.

MINATEL, José Antonio. Suspensão da exigibilidade do crédito tributário por liminar em ação cautelar. In: OLIVEIRA, Valdir de (org.). *Problemas de processo judicial tributário*. São Paulo: Dialética, 1999. v. 3.

MONTESQUIEU, Charles de Secondat. *O espírito das leis*. Tradução Cristina Murachco. 2. ed. São Paulo: Martins Fontes, 2000

MORAES, Alexandre de. *Direito constitucional*. 13. ed. São Paulo: Atlas, 2003.

MOREIRA, Egon Bockmann. *Processo administrativo*: princípios constitucionais e a Lei 9.784/1999. 3. ed. São Paulo: Malheiros, 2009.

MOREIRA, José Carlos Barbosa. *O novo processo civil brasileiro*. 10. ed. Rio de Janeiro: Forense, 1990.

MOREIRA, André Mendes. *A não cumulatividade dos tributos*. 2. ed. São Paulo: Noeses, 2012.

MORSCHBACKER, José. *A restituição dos impostos indiretos*. Porto Alegre: Síntese, 1977.

MURAYAMA, Janssen. Defesa sem garantia pelo hipossuficiente na execução fiscal e o novo CPC. In: *A LEF e o novo CPC*: reflexões e tendências: o que ficou e o que mudará. Rio de Janeiro: Lumen Juris, 2016.

NASCIMENTO, Carlos Valder; DELGADO, José Augusto (org.). *Coisa julgada inconstitucional*. Belo Horizonte: Fórum, 2006.

NEDER, Marcus Vinicius; LOPES, Maria Tereza Martinez. *Processo administrativo fiscal federal comentado*: Decreto n. 70.235/72 e 9.784/99. São Paulo: Dialética, 2002.

NEGRAO, Theotônio. *Código de Processo Civil e legislação processual em vigor*. 28. ed. São Paulo: Saraiva, 1997.

NERY JUNIOR, Nelson; NERY, Rosa Maria Andrade. *Código de Processo Civil comentado*. 4. ed. São Paulo: RT, 1999.

NEVIANI, Tarcísio. Repetição do indébito. In: MARTINS, Ives Gandra da Silva (coord.). *Caderno de pesquisas tributárias n. 8*: repetição de indébito. São Paulo: Coedição do Centro de Estudos de Extensão Universitária e Editora Resenha tributária, 1983.

NIEBUHR, Joel de Menezes. *O novo regime constitucional da medida provisória*. São Paulo: Dialética, 2001.

NOGUEIRA, Alberto. *O devido processo legal tributário*. 3. ed. Rio de Janeiro: Renovar, 2002.

NOGUEIRA, Ruy Barbosa. *Curso de direito tributário*. 10. ed. São Paulo: Saraiva, 1990.

NOLASCO, Rita Dias; LIMA, Osvaldo Antonio de. In: PISCITELLI, Tathiane; MASCITTO, Andréa; MENDONÇA, Priscila Faricelli de. *Arbitragem tributária*: desafios institucionais brasileiros e a experiência portuguesa. São Paulo: Revista dos Tribunais, 2018, p. 106-122.

NUNES, Castro. *Do mandado de segurança*: e de outros meios de defesa contra atos do Poder Público. 6. ed. Rio de Janeiro: Forense, 1961.

NUNES, Cleucio Santos. *Teoria e prática do processo tributário*. São Paulo: Dialética, 2002.

_____. Tutela antecipada em ação para entrega de coisa: uma nova concepção para as ações de repetição de indébito e compensação. *Revista Dialética de Direito Tributário*, n. 85.

_____. A Lei 11.382/06 e as principais alterações no instituto da penhora. *Revista Dialética de Direito Processual*, n. 48.

_____. Legitimidade do Estado para impetrar mandado de segurança. *Revista Dialética de Direito Processual* n. 24.

OLIVEIRA, Régis Fernandes. *Ato administrativo*. 5. ed. São Paulo: RT, 2007.

PACHECO, José da Silva. *O mandado de segurança e outras ações constitucionais típicas*. 3. ed. São Paulo: Revista dos Tribunais, 1998.

_____. *Comentários à Lei de Execução Fiscal*. 8. ed. São Paulo: Saraiva, 2001.

PAULSEN, Leandro et al. *Direito processual tributário*. 4. ed. Porto Alegre: Livraria do Advogado, 2008.

PISCITELLI, Tathiane. Arbitragem no direito tributário: uma demanda do estado democrático de direito. In: PISCITELLI, Tathiane; MASCITTO, Andréa; MENDONÇA, Priscila Faricelli de. *Arbitragem tributária*: desafios institucionais brasileiros e a experiência portuguesa. São Paulo: Revista dos Tribunais, 2018.

PONTES DE MIRANDA, Francisco C. *Comentários ao Código de Processo Civil*. 2. ed. rev., aum. [atualização legislativa de Sergio Bermudes]. Rio de Janeiro: Forense, 2002. t. X, arts. 612-735.

Bibliografia

_____. *Comentários ao Código de Processo Civil*. 2. ed. rev., aum. [atualização legislativa de Sergio Bermudes]. Rio de Janeiro: Forense, 2002. t. V, arts. 444-475.

RIBAS, Antonio Souza; RIBAS, Lídia Maria Lopes Rodrigues. Arbitragem como meio alternativo na solução de controvérsias tributárias. In: *Revista tributária e de finanças públicas*, n. 60, jan.-fev. 2005, p. 223-247.

ROCHA, Valdir de Oliveira (coord.). *Problemas de Processo Judicial Tributário*. São Paulo: Dialética, 1998, 1999, 2000. v. 1, 2, 3 e 4.

_____ (coord.). *Processo administrativo fiscal*. São Paulo: Dialética, 1997, v. 2.

_____ (coord.). *Planejamento fiscal:* teoria e prática. São Paulo: Dialética, 1998, v. 2.

ROCHA, Carmen Lúcia Antunes. Princípios constitucionais do processo administrativo no direito brasileiro. *Revista de Informação Legislativa*, n. 136, out./dez. 1997.

ROCHA, Sérgio André. *Processo administrativo fiscal*. 2. ed. São Paulo: Lumen Juris, 2007.

_____; LORENZONI, Brunno. O incidente de desconsideração da personalidade jurídica e sua aplicação no processo de execução fiscal. In: *A LEF e o novo CPC:* reflexões e tendências: o que ficou e o que mudará. Rio de Janeiro: Lumen Juris, 2016.

RODRIGUES, Walter Piva. A regularidade da legitimação do contribuinte no ajuizamento da ação de repetição de indébito fiscal. In: CEZAROTI, Guilherme (coord.). *Repetição do indébito tributário*. São Paulo: Quartier Latin, 2005.

ROUSSEAU, Jean-Jacques. *Do contrato social*. São Paulo: Hemus, 1981.

SALVADOR, Antonio Raphael Silva; SOUZA, Osni. *Mandado de segurança:* doutrina e jurisprudência. São Paulo: Atlas, 1994.

_____. *Da ação monitória e da tutela jurisdicional antecipada:* comentários às Leis ns. 9.079, de 14-7-95 e 8.952, de 13-12-94. 2. ed. São Paulo: Malheiros, 1997.

SANTOS FILHO, Roberto Lemos. Desembaraço aduaneiro. In: FREITAS, Vladimir Passos. *Importação e exportação no direito*. 2. ed. São Paulo: RT, 2007.

SARAIVA FILHO, Oswaldo Othon de Pontes. Relativizar o sigilo bancário em face da administração tributária. *Fórum Administrativo*, n. 5.

SCHMITT, Carl. *Legalidad y legitimidad*. Traducción Jose Diaz Garcia. Madrid: Aguilar, 1971.

SEIXAS FILHO, Aurélio Pitanga. Princípios constitucionais tributário. *Caderno de Pesquisas Tributárias*, n. 18, São Paulo: Resenha Tributária, 1993.

SIDOU, J. M. OTHON. *"Habeas corpus", mandado de segurança, ação popular*. 2. ed. Rio de Janeiro: Forense, 1983.

SILVA, Américo Luís Martins da. *A execução da dívida ativa da Fazenda Pública*. 2. ed. São Paulo: RT, 2009.

SILVA, José Afonso. *Curso de direito constitucional positivo*. 25. ed. São Paulo: Malheiros, 2005.

CURSO COMPLETO DE DIREITO PROCESSUAL TRIBUTÁRIO

_____. *Aplicabilidade das normas constitucionais*. 2. ed. São Paulo: Malheiros, 1999.

SILVA, Larissa Clare Pochmam; MENDES, Aluisio Gonçalves de Castro. O CADIM e o cadastro de inadimplentes do novo CPC. In: *A LEF e o novo CPC*: reflexões e tendências: o que ficou e o que mudará. Rio de Janeiro: Lumen Juris, 2016.

SOUZA, Maria Helena Raul de. In: FREITAS, Vladimir Passos de (coord.). *Código tributário nacional comentado*. 4. ed. São Paulo: Revista dos Tribunais, 2007.

SZKLAROWSKY, Leon Frejda. Repetição do indébito. In: MARTINS, Ives Gandra da Silva (coord.). *Caderno de pesquisas tributárias n. 8*: repetição de indébito. São Paulo: Resenha tributária, 1983.

TAVOLARO, Agostinho Toffoli. Princípios fundamentais do processo. In: CAMPOS, Marcelo. *Direito processual tributário*. São Paulo: Revista dos Tribunais, 2008.

THEODORO JR., Humberto. *As inovações no Código de Processo Civil*. 5. ed. São Paulo: Forense.

_____. *Curso de direito processual civil*. 46. ed. Rio de Janeiro: Gen-Forense, 2011.

_____. Mandado de segurança preventivo e a lei em tese. In: TEIXEIRA, Sálvio de Figueiredo (coord.). *Mandado de segurança e de injunção*: estudos de direito processual--constitucional em memória de Ronaldo Cunha Campos. São Paulo: Saraiva, 1990.

_____. *Processo cautelar*. 15. ed. São Paulo: Leud, 1994.

_____. *Processo de execução*. 18. ed. São Paulo: Leud, 1997.

TOLEDO, Moacyr. *Direitos do contribuinte e da fiscalização*. São Paulo: Atlas, 2008.

TORRES, Ricardo Lobo. *Curso de direito financeiro e tributário*. Rio de Janeiro: Renovar, 1999.

TROIANELLI, Gabriel Lacerda. *Compensação do indébito tributário*. São Paulo: Dialética, 1998.

_____. Repetição de indébito, compensação e ação declaratória. In: MACHADO, Hugo de Brito (coord.). *Repetição do indébito e compensação no direito tributário*. São Paulo: Dialética/ICET, 1999.

TROUW, Ernesto Johannes. Os juros incidentes sobre a repetição do indébito. In: CEZAROTI, Guilherme (coord.). *Repetição do indébito tributário*. São Paulo: Quartier Latin, 2005.

VIANA, Juvêncio Vasconcelos. Novas considerações acerca da execução contra a Fazenda Pública. *Revista Dialética de Direito Tributário*, v. 5, São Paulo: Dialética.

VILA-LOBOS, Nuno; PEREIRA, Tania Carvalhais. Implementação da arbitragem tributária em Portugal: origens e resultados. In: PISCITELLI, Tathiane; MASCITTO, Andréa; MENDONÇA, Priscila Faricelli de. *Arbitragem tributária*: desafios institucionais brasileiros e a experiência portuguesa. São Paulo: Revista dos Tribunais, 2018.

VITTA, Heraldo Garcia. *Mandado de segurança*. São Paulo: Jurídica Brasileira, 2000.

Capítulo 9 **Bibliografia**

WALD, Arnoldo. *Do mandado de segurança na prática judiciária*. 3. ed. Rio de Janeiro: Forense, 1968.

WAMBIER, Luiz Rodrigues (coord.). *Curso avançado de processo civil*. 9. ed. São Paulo: Revista dos Tribunais, 2007.

WAMBIER, Teresa Arruda Alvim. *O novo regime do agravo*. 2. ed. São Paulo: Revista dos Tribunais, 1996.

WATANABE, Kazuo; GRINOVER, Ada Pelegrini. *Código brasileiro de Defesa do Consumidor*. 8. ed. Rio de Janeiro: Forense Universitária, 2004.

WEBER, Max. *Economia e sociedade*. Brasília: UnB, 2004.

XAVIER, Alberto. *Do lançamento: teoria geral do ato, do procedimento e do processo tributário*. 2. ed. Rio de Janeiro: Forense, 1998.

_____. *Princípios do processo administrativo e judicial tributário*. Rio de Janeiro: Forense, 2005.

_____. *Direito tributário internacional do Brasil*. 6. ed. Rio de Janeiro: Forense, 2005.